추천의 글

우리말 속담은 이 땅에 살아왔던 보통 사람들의 지혜이면서 해학이다. 우리 속담을 잘 쓰는 일은 우리말 문화를 풍성하게 하는 것이면서도 인류의 말문화를 다양하게 하는 데 이바지하는 일이다. 『우리말 절대지식』은 화석화하고 있는 우리말 속담에 지금 시대의 기운을 불어넣어 그것을 우리들의 이야기 자리로 다시 끌어오고 있는 점에 미덕을 보이고 있다.

_김상일(동국대학교 국어국문문예창작학부 교수)

술 많이 마시고 들어온 날이면, 어머니는 이렇게 말씀하셨다. "네 속도 너 보고 사는데…." 늦잠 자고 일어나면 이렇게 말씀하셨다. "눈곱 떨어져 발등 깨졌다." 이런 어머니의 말로 언젠가 사전을 만들어야겠다고 마음먹었지만 시작도 하지 못했다. 그런데 그럴 필요가 없어졌다. 『우리말 절대지식』이 벌써 그 일을 이뤄냈다. 글쓴이는 사전에 있는 속담만 다루는 것이 아니라 그것과 관련 있는 다른 표현, 오늘날 새롭게 만들어진 '현대 속담'까지 아우르고 있다. 온라인과 오프라인 가리지 않고 발품을 판 흔적이 역력하다. '강 건너 불구경' 항목을 보면 뜻새김이 있고, 이를 한자로 '수수방관(袖手傍觀)'이라 쓰며, 다양한 유사 속담을 펼쳐 보이며, 오늘날엔 '내 알바 아니면 내 알 바 아니다'로 표현한다고 적고 있다. 무릎을 치지 않을 수 없다! 글 쓰는 책상 위에 반드시 놓아두어야 할 책이다.

_백승권(백승권글쓰기연구소 대표)

여느 속담사전과 질적으로 다르다. 뜻풀이를 피하거나 에두르지 않고, 누구나 알아듣기 쉬운 현대어로 차근차근 풀어간다. 속담의 유래와 맥락을 살피고, 같은 뜻의 사자성어는 물론 요즘 사람들이 쓰는 관용적 표현까지 대응시켜, 그 속담이 갖고 있는 뉘앙스까지 정확하게 집어낸다. 벽초 홍명희의 『임꺽정』이나 이문구의 『관촌수필』에 필적할 만한 생생한 입말의 향연이다. 전통시대를 연구하는 사람은 물론, 전통시대를 재현하려는 작가들이 반드시 갖추어야 할 공구서(工具書)라 하겠다.

_김일환(동국대학교 국어국문문예창작학부 조교수)

우리말 절대지식

절대(絕對) : [1] 대립되거나 비교될 만한 것이 없이 압도적으로 많은 상태

절대지식 : 우리말 표현과 우리 삶이 속담에 막대하고 무궁하게 담겼다는 뜻.

개정증보판

우리말 절대지식

글말이 넘치는 우리 속담의 품격

김승용 엮고 씀

동아시아

개정증보판을 내면서

 속담의 시작은 글이 아니라 '말'입니다. 초판을 내고 나서 뭔가 놓치고 있다고 줄곧 생각하던 게 이 단순한 사실이었습니다. 글은 적힌 그대로 변치 않지만 말은 그렇지 않습니다. 같은 말도 '아 다르고 어 다르다'라는 속담처럼, 고저장단과 끊어 말하기에 따라, 또 전하려는 감정을 어떤 음색으로 담느냐로 같은 말이 사뭇 달리 들립니다.

 경상도 사투리 '가가 가가 가가'(그 애가 가씨라던 그 애냐)는 그곳 억양을 모르면 '가'가 여섯 개일 뿐입니다. 전라도 사투리 '거시기해부러'는 그때의 상황과 맥락을 모르면 어쩌란 건지 하나도 모릅니다. 줄임말 많은 충청도 사투리에서 '혀'는 입속의 '혀'도 '해라'도 '할 줄 알아?'에 '먹을 줄 알아?'까지 두루 뜻합니다.

 속담 역시 어떤 음절은 길게, 어떤 음절은 높게 말해 전하고자 하는 뜻을 은근하게 알아채도록 했을 겁니다. 앞뒤로 어떤 말이 오느냐로 같은 말로 다른 말도 했겠지요. '내 콩이 크니 네 콩이 크니 한다'에서 콩으로 공(功)을 논하고, '집 태우고 못 줍는다'에서는 '못을 줍는다'와 '줍지 못한다'를 [몯 줍는다]와 [몬 줍는다]로 슬쩍 달리 말했을 것입니다.

 사람은 말로만 말하지 않습니다. 눈짓하고 손짓하며 표정 짓고 헛기침 신호도 보냅니다. 두 손으로 맞장구치고 입으로 입방아 찧고 팔로 삿대질합니다. 의심 가득한 눈초리 앞에선 "나 아니야!" 홰홰 손바닥 내젓습니다. 그럴수록 손가락 사이 어른대는 물갈퀴는 '오리발 맞네!' 심증을 굳게 합니다. '절터'를 '저얼터'로 늘여 말하며 절레절레 억양과 몸짓을 섞어야 대충 건너다봐도 이미 텄네, '건너다보니 절터'가 완성됩니다.

 속담은 의성어와 의태어도 대신합니다. '식은 죽 먹기'를 가지고 '훌훌' 가볍게 해치우는 것이 '훌훌' 죽 넘김과 같다고 합니다. 하나의 의성어나 의태어에 여러 뜻이 있기도 하지만, 우리는 즐겨 쓰는 한 가지 뜻만 압니다. 일은 '설렁설렁' 할 줄 알면서 땅 짚고 '설렁설렁' 헤엄칠 줄은 모릅니다.

들여다보는 눈이 달라진 뒤로 지난 10년에 이어 또 5년을 속담에 빠져 지냈습니다. 초판의 수천 속담들을 참빗으로 서캐 훑듯 다시 싹싹 훑었습니다. 동음이의어와 다의어, 비슷한 발음을 가진 낱말을 사전에서도 박박 훑었습니다. 일반적인 띄어 읽기나 익숙한 억양과 장단을 벗어나고자, 연극배우가 드라이 리딩(dry reading)을 하듯 국어책처럼도 읽어봤습니다. 이 속담은 과연 어떤 표정과 손짓을 섞어 말했을까, 카페와 전철, 버스 안에서 누가봐도 넋 나간 사람이게 마임(mime)을 했습니다. 그렇게 해서 새로이 개정증보판(2판)을 꾸릴 수 있게 됐습니다.

다른 시각으로 연구하면서 놀라고 감탄한 적이 많았습니다. 알다시피 우리말의 조어력은 막강합니다. 속담은 우리말의 힘을 십분 다, 아니 십이분도 넘게 활용하고 있었습니다. 온갖 비유와 상징과 몸짓과 형용을 담는 것도 모자라 기막힌 말재간으로 속담을 친친 싸맸습니다. 이름 없는 옛 작가들의 '한마디로' 뼈 때리는 말들이 하나씩 풀릴 때마다 참으로 즐거웠답니다.

한마디 말이었던 것이 한 줄의 문장으로 남았습니다. 처음 만들어진 모습거의 그대로, 우리말 유전자를 잔뜩 품은 채 우리 곁에 속담은 늘 있어왔습니다. 하지만 그 멋진 말재간이 글자로, 문장으로 옮겨지며, 아니 이미 그러기도 전에 속담 속 비언어적 요소들이 사라지고 담기지 못했습니다. 지금에 와서는 속담을 '문자 그대로'밖에 못 받아들이게 된 것이지요. 다행히 그 속담이 무슨 뜻으로 쓰이는지 그 도착지는 알기에, 지난 5년간 글쓴이는 속담과 그 뜻 사이를 사전과 상징과 인지상정을 챙겨 들고 탐험할 수 있었습니다.

이 책에는 일반 독자뿐 아니라 연구하는 이와 글 쓰는 이들에게도 제가 봤던 속담의 안쪽 세계를 같이 보자는 뜻을 담았습니다. 저와 함께 들어가 저보다 깊이 탐험하실 수 있기를 바랍니다. 가설은 한길이 아니라 다른 길도 일러주는 거라고 믿습니다.

어슴새벽 창문을 열며,
김승용

머리말

　지혜로우신 나의 어머니께서는 살아오신 당신 인생만큼이나 참으로 많은 속담을 알고 계신다. '~하다더니'로 시작되는 말씀에는 언제나 삶의 지혜가 녹아 있으며, 제때 필요한 내용이 군더더기 없이 담겨 있었다. 어린 시절부터 숱하게 들어온 그 말씀들이 인생을 반 가까이 산 지금에야 비로소 와닿는 것은, 나 자신이 미처 당신의 깊고 진한 삶을 다 살아보지 못한 탓도 있으려니와 옛날과 너무나 달라진 지금으로는 선조들의 옛 삶을 이해하기 어려워졌기 때문이기도 할 것이다. 사전과 인터넷을 뒤져본들 숱하고 뻔한 내용들뿐이다. 급박하게 돌아가는 세상, 지식의 대폭발이라 할 현시대, 감당 못 할 정보의 홍수에 휩쓸려 사는 우리다. 그렇기 때문에 삶의 참맛은 모른 채 세상을 겉핥으며 사는 건 아닐까?

　100여 년 사이 일제의 치밀한 문화말살 정책과 한국전쟁, 서구와의 문화충돌로 속담에 담겨왔던 오랜 우리 문화는 부서지고 희미해졌다. 그와 함께 속담 역시 흐려지는 문화 뒤에서 암호가, 또 화석이 되었다. '현대적'이란 관념에 사로잡혀, 이제 속담 따위는 케케묵은 고려 적 이야기가 되어 아이들 베끼기 숙제로나 남았다. 근 일 만을 헤아리는 속담 대부분이 존재도 모른 채 일상에서 사라지고, '시쳇말'로 살아남은 속담들조차 정작 물음표를 달고 생각하면 고개만 갸웃거릴 뿐이다. 그래서 글쓴이는 흔한 단답풀이가 아닌 '지나칠 만큼 친절한' 속담 책을 꼭 만들고 싶었고, 무식하게 용감하게 시작했다.

　만 9년이라는 시간, 그 안에는 지겹고 피곤해 게으름으로 늘어진 시간도 포함된다. '왜'와 '어째서'로 머리 쥐어뜯다가 몇 달씩 의욕 없이 내팽개치기도 했다. 그러다가 연세 지긋하신 어르신들과의 대화, 인터넷과 다큐멘터리, 박물관, 숲과 들에서 뜻하지 않게 속담 속 '그것'들이 전광석화처럼 발견되면 '어? 혹시!' 하며 까먹을세라 황급하게 기록하고 신들려 자판을 두드렸다. 그렇게 권태와 나태와 황홀 속에 수집·입력·수정·삭제·선별하여 다듬은 게 바로 이 책이다. 부끄럽지만.

속담에 관심을 갖고 빠져 살다 보니 세상일들이 모두 속담으로 풀리고 어느덧 어머니 당신처럼 '~하다더니'가 입에 붙었음을 깨닫는다. 한숨으로 야근하는 직원에게 "일 다 하고 죽은 무덤 없대요. 그만하고 퇴근합시다"로 해맑게 빵 터트리고, "집에 밥 있는데 돈 아깝게…"라고 하시는 어머니께 "늙은 이 망령은 곰국으로 고친다잖아요"라며 피식 웃겨드려 마음 편히 드시게 한다. 밀린 일이 산더미라 초조한 시간을 보내다가도 "눈은 아이구 하고 손은 이까짓 것 한다!" 다짐하며 손부터 대보는 대견한 자신을 돌아볼 때도 있다. 그렇게 나의 삶에 든든한 돛과 방향타를 얻었다.

지금 세상에는 얼마나 많은 자기계발서와 처세서들이 끝없이 쏟아져 나오는가. 그러나 가만 들춰보면 그 모두 우리 선배들이 경험에서 배우고 느낀 바를 담아둔 속담의 그것 아니던가! 습관은 평생이다, 서두르지 마라, 말을 아껴라, 웃으며 대해라, 실천이 중요하다, 꾸준하면 성공한다, 훌륭한 사람을 가까이해라, …. 솔직히 살아가면서 필요한 것은 어려서 다 배웠다. 다만 스스로 절실하게 깨닫지 못하니 자기로 살아내지 못하고 부질없이 남이 탔던 사다리들만 오르내리는 건 아닐까?

속담은 한 문장의 우화다. 삶의 폭죽 같은 깨달음의 이야기다. 그리고 지혜와 삶이 압축된 파일이다. 그 압축을 이 책에 풀어놓았다. 이 책은 사전 같지만 사전이 아니다. 어디선가 알 도리 없는 앎을 갈망하는 이에게 글쓴이가 느낀 '불역열호(不亦說乎)'의 짜릿함을 느끼라 부르는 사전답사기다.

이제 감사를 표해야 할 분들이시다. 원고에 대한 조언을 얻으러 갔을 뿐인데 덜컥 "이거 책 내봅시다!" 하신 한성봉 대표님, 그저 감사합니다. 어리석은 저자에게 하나하나 디딤돌 놓아주신 동아시아 출판사 여러분, 죄송하고 감사합니다. 집필을 응원하고 기다려주신 모든 분들, 사랑합니다. 그리고 동아시아와 귀한 인연을 맺어준 후배 차수연 양에게 별빛 하늘에 고마움을 전합니다. 모두 고맙습니다.

가재 없는 가재울에서,
김승용

차례

일러두기

● 〈보기〉와 같은 속담 꾸러미에서 속담에 표시된 다음 것들은 이러한 뜻이다.

[成語] : 한자성어,	**[반대]** : 반대속담,	**[현대]** : 현대속담,	**[맥락]** : 숨은 속뜻
[ ] : 대체 가능,	**( )** : 생략 가능,	²⁺ : 2판에서 추가되거나 크게 달라진 것	

믿는 도끼에 발등 찍힌다 ①믿었던 사람이나 은혜를 베푼 사람에게 오히려 해를 입는다는 말. ②절대 안 그러리란 믿음도 예기치 않게 깨질 수 있다는 말.

[成語] 배은망덕(背恩忘德) : 은혜를 배반하고 베푼 덕을 잊는다.

[반대] 개도 주인을 알아본다

[현대] 헌신하니 헌신짝 됐다 / 개처럼 일해주니 개처럼 취급받는다 / 남편도 남 편 / 사랑은 믿어도 사람은 믿지 마라
그런데 그것이 실제로 일어났습니다 ▸ 루리웹이라는 사이트에서 시행한 이벤트에서, 당첨되기가 무려 3조 분의 1(벼락 맞을 확률보다 낮다는 로또보다도 8배니 낮음)의 확률임에도 IP번호가 같고 아이디만 다른 사람이 무려 3차례나 1, 2등으로 당첨된 사건에 대해 운영진이 쓴 해명에서 유래한다. {…}
블랙스완(Black Swan) ▸ 도저히 일어날 수 없는 일이 실제로 일어났을 때 쓰는 말. 수천 년 동안 유럽인들은 백조가 하얗다고 생각해왔는데 18세기 호주 남부에서 검은 백조, 즉 흑고니가 발견되면서 {…}

■ **믿는[아는] 도끼에 발등 찍힌다²⁺**
|도끼질은 혼자 하는 것보다 2인 1조로 하는 것이 편하고 빠르다. 모탕에 팰 장작을 올리고 도끼로 뻐갠 뒤, 나동그라진 것을 수습해 옆에 쌓고 다시 팰 거리를 모탕에 올려가며 하면 능률이 안 오른다. {…}
[맥락] 도끼질은 장작을 '패는' 일이고, '패다'에는 사람을 마구 때린다는 뜻도 있다. 장작 패는 것을 돕듯 사람 패는 것을 돕던 사람이 있다 치자. {…} "우리가 남이가!"를 섣불리 믿다가 제가 주범으로 찍힌다.

■ **기르던 개에 다리 물린다 / 삼 년 먹여 기른 개가 (주인) 발등 문다 / 앞에서 꼬리 친 개가 나중에 발뒤축을 문다**
|배고플 때는 사람도 짐승도 예민해진다. 개밥을 줄 때 한 어떤 작은 행동에 불만이 있으면 밥그릇 놓고 돌아설 때 왕! 발을 물기도 한다.

일러두기

- 여러 유사한 속담들 가운데 저자의 경험상 사용빈도가 높을 것으로 생각되는 적당한 것을 대표속담으로 삼아 이를 가나다순 배열하고, 그 아래 유사속담들을 관련성 등을 고려해 임의로 배치하여 한 꾸러미로 묶었다.

- 속담들을 쉽게 찾아갈 수 있도록 뒤쪽에 따로 〈대표속담 찾아가기〉를 두어, 가나다순으로 정렬된 속담들로 그것이 속한 대표속담을 찾아갈 수 있도록 구성했다.

- 마찬가지로 뒤쪽에 같이 〈한자성어 찾아가기〉를 두어 한자성어로 대표속담을 찾아갈 수 있도록 하여, 한자성어에 맞는 우리 속담이 무엇인지 알아보면서 그 성어의 뜻과 유래까지도 자세히 알 수 있도록 구성했다. 다만, "堂狗三年吠風月(당구삼년폐풍월)"처럼 우리 속담 "서당 개 삼 년이면 풍월을 읊는다"를 단순히 한역(漢譯)한 것들은 한자성어로 볼 수 없어 넣지 않았다.

- 대표속담과 찾아가기의 순서는 가나다순을 기본으로 하되, 띄어쓰기를 포함하지 않는 순서로 배치해 찾아볼 때 편하도록 구성하였다.

- 현대속담은 정식으로 인정된 속담은 아니다. 참고를 위해 글쓴이의 기억과 인터넷과 SNS 검색 등을 통해 수집한 것들이다. 개중에는 꽤 익숙한 것들도 있는데, 이런 것들은 앞으로 속담으로 자리 잡을 가능성이 있다. 또한 속담은 아니지만 마치 속담처럼 흔하게 쓰이는 용어나 문구들도 같이 현대속담에 엮어 넣었다.

- 이해를 돕기 위해 다양한 사진과 그림들을 넣었는데, 거의 모두 글쓴이가 직접 촬영하고 그린 것들이며 여의치 않을 때는 원저자의 동의를 얻었다. 저작권에 무관하거나 관례상 묵인되는 것들은 원저자의 동의 없이 일부를 발췌하여 수록했음을 밝힌다.

- 마지막으로, 이 책은 사전식으로 구성했지만 사전이 아니다. 찾아보는 용도로도 쓸 수 있지만 본래의 목적은 읽히는 데 있다. 읽어주길 바란다.

가까운 무당보다 먼 데 무당이 용하다 평소 익숙하던 것은 결점만 보이고, 반대로 멀리 있어 잘 모르는 것을 좋은 줄 안다는 말.

> **[成語] 가계야치(家鷄野雉)** : 집에서 키우는 닭은 천하게 여기고 들판에 사는 꿩은 귀하게 여긴다. ▶ 중국 진(晉)나라 때 유익(庾翼)이라는 사람이 있었는데, 전국에서 유익의 필체를 배우려고 사람들이 몰려들었다. 하지만 정작 그의 가족들은 당시 다른 명필인 왕희지(王羲之)의 서체를 배우려고 안달했다. 이에 자기 친구에게 보낸 편지에 "애들이 집 안의 닭은 천하게 여기고 들판의 꿩은 귀하게 여겨 모두 왕희지체만 배우려 드니 가슴을 칠 노릇이다"라고 적었다 한다.
> **귀이천목(貴耳賤目)** : 들은 소문은 귀히 여기고 보던 것은 천히 여긴다.
> **중요경근(重遙輕近)** : 아득한 건 중히 여기고 가까운 건 가벼이 여긴다.

> **[현대]** 유부남의 적은 아내 친구 남편 / 장점만 말하면 엄마 자식도 엄친아 엄친딸 / 서울 사람 서울 볼 거 없다 하고 부산 사람 부산 볼 거 없다 한다

- **가까운 무당보다 먼 데 무당이 용하다[영하다·영험하다] / 근처 무당 용[영]한 줄 모른다**

  | 영(靈)하다 또는 영험(靈驗)하다는, 기원하는 사람이 바라는 대로 영적인 경험이나 좋은 결과를 얻게 해주는 것을 말한다. 다른 말로는 '용하다'라고 한다.

- **제 고을에 명창 없다**

  | 제 고을 명창(名唱) 연습 소리는 흔하게 들어 그 소리가 그 소리 같으니 다른 고을에 색다른 명창이 있더라는 소문에만 더 귀가 솔깃하다.

- **가까운 집은 깎이고 먼 데 절은 비친다**

  | 사찰은 경치 좋은 산자락에 자리하고, 양반집보다 집채 덩실하고 단청(丹靑)까지 화려해 보기에는 아주 괜찮게 비치게 마련이다. 하지만 '절간 같다'라는 말이 있듯 늘 적적하고 심심한 데다 고기나 젓갈, 술도 못 먹고 즐기며 노는 것도 엄격히 금지

사찰의 단청. | 서울 봉원사 삼천불전

돼 있는 곳이다. 가서 살아보면 지겹고 답답해, 거지소굴 같아도 집에서 발 뻗고 지내고만 싶다. 그런데도 이를 깨닫지 못하고 겉모습만 보고 동경한다. 여기서 '비치다'는 빛을 받은 듯이 밝고 훤해 보인다는 뜻. 눈이 높아지니 내 집도 이웃집도 한참 아래로 보여 '이놈의 집구석'을 벗어날 궁리만 한다.

■ 가까운 집 며느리일수록 흉이 많다 / 이웃집 며느리 흉도 많다
  | 가까이 살면 시어머니들끼리 모여 며느리 흉을 자주 보기 때문에 이웃집 며느리들은 하나같이 평판이 좋지 못하다.

가깝던 사람이 원수 된다 가까운 사이에 틀어지면 원한이 더욱 깊어진다는 말.

■ 가깝던 사람이 원수 된다
  | 안 친한 사람에게는 섭섭한 일을 당해도 그러려니 하고 말지만, 평소 가까이 지내던 사이에선 기대만큼 배신감도 커 훨씬 서운한 법이다. 가까울수록 조심하고 배려하고 신경 쓰고 챙겨야 한다.

가난 가난 해도 인물 가난이 제일 서럽다 가까운 친구나 인맥이 없으면 힘들 때 위로나 도움을 받지 못해 더 힘들다는 말.

  [현대] 인맥도 재산
  죽을 사(死)는 일 사(事)로 피한다 · 직업에 사(事)자가 들어간 판사, 검사, 형사 같은 인맥이 있으면 급하고 힘들 때 큰 도움이 된다는 말.

■ 가난 가난 해도 인물 가난이 제일 서럽다

가난도 비단가난 가난 속에서도 고결하게 사는 사람도 있다는 말.

  [반대] 가난과 거지는 사촌 간이다

■ 가난도 비단가난
  | 지독한 가난 속에서도 낡은 옷이나마 깨끗하게 빨아 정성껏 다려 입고, 몸을 함부로 굴리지 않으며, 비굴하게 고개 숙이지 않는 사람도 있게 마련이다.

가난도 암가난 수가난이 있다 가난한 삶에는 아내 탓과 남편 탓 각각 있다는 말.

  [반대] 남편은 두레박 아내는 항아리

■ 가난도 암가난 수가난이 있다
  | 도박, 게임, 술값, 취미생활에 버는 것보다 더 쓰기도 하고 치장과 쇼핑, 지나친 사교육 등으로 가계부에 구멍을 내기도 한다.

가난이 싸움 붙인다 가난하면 사소한 일이나 이익에도 다툼이 잦다는 말.

[현대] 가난이 대문으로 들어오면 사랑이 창문으로 도망간다

▪ 가난이 싸움 붙인다 / 가난하면 집안싸움이 잦다

먹고살기 힘들어지면 당장 나부터 챙기려는 심리 탓에 서로 이기적으로 바뀌고, 가난한 탓으로 욕구와 욕망을 못 채운 걸 상대 탓으로만 돌린다.

가난한 상주 방갓 대가리 같다 ①사람이나 물건의 모양이 허술하고 볼품없다고 놀리는 말. ②나이가 많이 들어 머리카락이 듬성듬성 희게 센 모양을 일컫는 말.

▪ 가난한 상주 방갓 대가리 같다

방갓. |국립민속박물관

'방갓'은 삿갓의 일종으로 방립(方笠) 또는 상립(喪笠)이라고도 한다. 임진왜란 이후에는 상을 당한 사람들이 외출 때 주로 써서 '상갓'이라고 불리고 이후 상을 당한 사람들만 썼다.[1] 부모를 제대로 모시지 못해 일찍 돌아가시게 한 불효자라 하늘 보기 부끄럽다는 의미로 쓰거나, 상중(喪中)이라 세상 즐거움을 보지 않겠다는 뜻으로 어깨까지 푹 내려서 썼다. 그런데 가난한 사람이면 방갓을 새로 사 쓰지 못하고 계속 물려 쓰니 머리통처럼 둥근 방갓 꼭대기가 헐고 삭아 산발한 머리처럼 댓살이 삐죽빼죽 터져 나온다. 흰 종이를 바른 방갓이라면 발라놓은 종이가 해져 너덜너덜해진다. 늙어서 머리가 세고 듬성듬성해지고 머리카락이 차분히 가라앉지도 않는 노인의 머리가 딱 그렇다.

가난한 양반 향청에 들어가듯 하기 싫은 일을 주저하고 머뭇거리거나 맥없이 하는 모양을 일컫는 말.

[현대] 명절 청문회•결혼을 못 했거나 아직 애가 없거나 취업을 못 했거나 진학에 실패했거나 하면 친척들 모이는 명절이 끔찍하게도 싫다. 결혼은 왜 안 하니, 애는 안 생기는 거니 안 낳는 거니, 취업 아직 못 했니, 우리 애는 좋은 데 들어갔는데 넌 어쩌니 …. 당사자도 안 하고 싶어 안 하는 거 아닌데 도와줄 거 아니면 제발 아무 말 말자. 그저 "요새 힘들지?" 용돈만 슬쩍 쥐어줄 일이다.

▪ 가난한 양반 향청에 들어가듯

관직이나 넉넉한 재산을 가진 양반이 있으면, 초라하고 가난한 양반도 있는 법. 초라해 기가 죽은 양반은 지역 양반들이 정해진 때에 모여 의논하는 향청에 들

---

1 구한말에는 외국인 선교사들이 방갓으로 얼굴을 감추고 다니며 포교를 했다. 방갓이 어깨까지 내려와 얼굴이 전혀 보이지 않는 데다, 상을 당한 사람에게는 검문조차 삼갔기 때문이다.

어갈 때마다 문 앞에서 머뭇댄다. 안 들어갈 수는 없으니 서성거린다. 지금도 변변한 직장이 없거나 가난하게 살면 동창회 자리마저 불편하다.

향청(鄕廳)[2]은 중앙에서 파견돼 내려와 지역 사정을 잘 모르는 수령을 그 지역 양반들이 보좌하던 조선 중후기 지방자치기구로, 향리(鄕吏 : 아전, 지방 하급관리)의 부정부패도 감시하려 만들어졌다. 향청의 수장은 향정(鄕正) 또는 좌수(座首)라 불렸다. 조선 후기에는 간혹 향청의 힘이 너무 강해 수령의 권한을 넘어서는 힘을 행사하기도 했다.

가난할수록 기와집 짓는다 ①남의 업신여김이 싫어 허세를 부리려 한다는 말. ②상황이 안 좋지만 이를 이겨내자고 부담스러워도 투자한다는 말.

[현대] 위기가 기회다

■ 가난할수록 기와집 짓는다

ㅣ먹고살기도 힘든 사람이 남들 눈을 의식해 없는 돈을 들여 기와집 짓고 산다는 부정적인 경우와, 집이 누추하면 귀한 손님을 모실 수 없다는 생각으로 훗날을 도모하려 번듯한 집에 투자한다는 긍정적인 경우로 나뉘어 해석된다. 분수에 안 맞는 걸 알면서도 명품 가방에 최고급 옷과 신발로 치장하고, 고급 자가용을 몰고 다닌다. 당장 남들 시선부터 의식하니 형편이 좋아질 리 없다. 반대로 비록 지금 이 형편에 꽤 부담스럽지만, 중요한 사람들을 만나기 위해서 세련되고 깔끔한 차림새에 투자하는 이도 있다. '입은 거지는 얻어먹어도 벗은 거지는 못 얻어먹는다'라는 속담도 있고 '좋은 옷은 좋은 소개장'이라는 서양 속담도 있다.

■ 가난할수록 밤마다 기와집만 짓는다

ㅣ가난하면 헛된 공상만 한다는 말. 어느 방송 사연에, 너무 가난한 남자와 결혼한 여자가 가난에 찌들다 못해 '이 남자 원래 재벌 2세인데, 나를 시험해보느라 일부러 고생시키는 건가?' 하는 생각까지 들더란다. 오죽 사는 게 힘들었으면 그런 생각까지 들었을까. 많은 이들이 로또 사며 밤마다 대저택을 짓는다.

가는 날이 장날 ①하필 그때 딱 뜻하지 않게 낭패를 겪는다는 말. ②하필 그때 딱 뜻하지 않게 좋은 일을 겪는다는 말.

[반대] 방귀 길나니 보리양식 떨어진다

[현대] 머피의 법칙·바라는 대로 이루어지지 않고 공교롭게 나쁜 방향으로만 일이 벌

---

2 현재 남아 있는 향청은 거의 없다. 경북 상주향청이 남아 있고, 충북 괴산 연풍향청 건물이 일부 남아 있다.

어질 때를 말하는 용어다. '일어날 일은 언젠가 일어난다(잘못될 가능성이 있는 것은 어떻게든 잘못된다)'라고 처음 주장한 사람의 이름에서 따왔다. 다음은 DJ.DOC의 노래 〈머피의 법칙〉 한 소절이다. "오랜만에 꼬질꼬질한 모습으로 우리 동네 목욕탕을 찾은 날은 한 달에 두 번 있는 정기휴일이 왜 꼭 걸리는 거야. 꼬질꼬질 지저분한 내 모습 그녀에게 들키지 말아야지 하면 벌써 저기에서 그녀가 날 왜 어이없이 바라볼까." 왠지 일진이 안 좋은 날은 뭐든 꼬인다.

샐리의 법칙 · 바라는 대로만 이루어지는 경우를 말하는 용어다. 영화 〈해리가 샐리를 만났을 때〉(1989)에서 여주인공 샐리의 이름에서 따왔다. 샐리가 온통 좋지 않은 일만 겪지만 결국에는 그것이 해피엔딩으로 연결된 데서 나온 말이다. 예컨대, 숙제 안 해 가서 혼날까 걱정했는데 그날따라 선생님이 결근이시라든가.

■ **가는[가던 · 오는] 날이 장날**[2+]

| 이 속담은 긍정과 부정 두 가지로 사용되는데, ①장이 서는 날을 놓치게 되면 필요한 물건을 사기 위해 다음 장이 설 때까지 한참 기다려야 한다. 그런데 ②다른 볼일이 있어서 우연히 장터를 지나다 운 좋게도 장이 서는 날이라 굳이 따로 멀리 장에 나서지 않고도 바로 장볼 수 있었다. 또는 누군가 만나러 갔는데 그 사람이 장에 가서 못 만났거나, 하필 그 집이 상을 당해 장사 치르는 날이라 목적한 일을 하지 못했다는 뜻이라기도 한다.

[맥락] 이 속담 풀이에 흔히 들어가는 말은 '마침'과 '하필'과 '딱'이다. 이것을 다시 섞어 넣으면 '가는 날이 (하필이면 딱 맞게) 장날'이 된다. 공교롭게도 '딱 맞았을 때' 쓰는 이 속담의 '딱 맞다'를 어떤 때를 딱 맞다 대신, 말장난으로 '딱 (소리 나게) 맞다'로도 볼 수 있다. 그러면 '거기 간 날이 하필 (다른 사람들 맞고 있는 날이라 싸잡혀서 같이) 딱 장(杖 : 매) 맞은 날'이 된다. 본래는 운이 없다는 의미로 쓰였다가 '가는 날이 딱 장(場) 맞은 날'과 '가는 날이 딱 장(杖) 맞은 날'이라는 말장난을 이해 못 한 후세 사람들이, '가는 날이 마침 장날이면 좋은 거 아닌가?' 해서 운이 좋다는 뜻으로도 쓰기 시작했다고 보인다.

■ **가는 날이 생일[대사 날 · 잔칫날]**

| 대사(大事)는 결혼이나 회갑, 초상 따위로 치르는 큰 잔치나 예식을 뜻한다.

■ **술 익자 체장수 지나간다**

| '체장수'는 말총이나 대나무 등으로 만든 체를 지고 다니며 팔거나 수리해주는 사람. 막걸리를 빚은 뒤 다 익으면 길고 움푹한 용수를 술독에 박아 지게미[3] 는 거르고 그 안에 고인 술만 퍼낸다. 용수 쓸 일이 막 생겼는데 마침 마을에 체장수가 왔더라는 얘기. *용수→ 채반이 용수 되도록 욱인다

---

3 술을 담글 때 쓴 밥알이 삭은 것. 술 찌꺼기.

■ 장모 장 떨어지자 사위 국 싫어한다 / 주인 장 떨어지자 나그네 국 싫단다
  ┃사위가 처가에 오면 백년손님으로 아주 극진히 대접했다. 시집간 딸의 행복이
  사위에게 달렸기 때문이다. 그런데 하필 장이 똑 떨어졌을 때 사위가 찾아오면
  장모는 참 난감하다. 우리나라에서 국 없는 손님상이란 있을 수 없는 손님 대접
  인 까닭이다. 마침 사위가 그날따라 국 생각 없다니 난감한 중 다행이다.

■ 계집 때린 날 장모 온다
  ┃아내는 울고 집안 분위기도 안 좋은데 하필 그날 장모가 집에 찾아오면 정말
  난감해진다. 장인이 아닌 장모를 넣은 건, 장인은 같은 남자끼리라 '사내가 제
  계집 좀 때릴 수 있지. 나도 그랬으니' 하고 흔한 일로 넘길 것이기 때문이다.

■ 약 지으러 가니 약방도 굴건 썼더라²⁺
  ┃굴건(屈巾)은 상을 당한 집 남성이 머리에 쓰는 효건(孝
  巾 : 삼베로 만든 모자) 위에 꺾어서 다는 좁은 띠. 굴건
  (달린 효건)을 쓰고 있으면 상을 당했다는 것이다. 상을
  당하면 모든 일을 제치고 오로지 상을 치르는 데만 전력
  했다. 내 집에 아픈 사람이 있어 찾아갔더니 거긴 아예
  돌아가셨다는 말이다. 어려운 처지를 도와달라고 찾아
  갔더니 거긴 나보다 더 힘든 처지더라는 뜻이다.

■ 칠 년 가뭄에 하루 쓸 날 없다
  ┃7년 동안 비 한 방울 내리지 않다가 정작 하루 날 잡아서
  행사를 치르려니 하필 그날따라 비가 내린다는 말. 고대
  중국 은(殷)나라 탕왕 때 7년 동안 비가 오지 않았다는
  이야기로 만든 속담.

굴건과 효건 종이로 심을 넣은
뒤 삼베로 감싸고 중간을 꺾어
효건 겉에 다는 것이 굴건.
┃국립민속박물관 아카이브

■ 가루 팔러 가니 바람 불고 소금 팔러 가니 비 온다²⁺
  ┃소풍이든 여행이든 장사든 하늘이 안 도와주면 되는 일이 별로 없다.

■ 이 아픈 날 콩밥 한다²⁺
  ┃이가 들뜨면 씹을 때마다 잇몸이 너무 아파 씹을 수 없다. 밥알이야 안 씹고
  삼킬 수라도 있지만, 콩밥은 안 씹고 삼키기가 여간 힘들지 않다. 게다가 안
  씹고 넘긴 콩알은 소화도 잘 안 되고 변에 그대로 섞여 나와 누기 힘들게 한다.

가는 말이 고와야 오는 말이 곱다 남을 대하는 대로 남도 그렇게 대한다는 말.
  [현대] 예의는 대우의 시작 / 이유 없이 싫어하면 이유를 만들어주겠다 /
    네가 경기도 성남이면 나는 경기도 하남

- 가는 말이 고와야 오는 말이 곱다 / 가는 말이 거칠면 오는 말도 거칠다 / 엑 하면 떽 한다
  | "에끼 이놈!" 하면 상대도 "떼끼 이놈!" 하고 맞받아친다.

- 말이 고마우면 비지 사러 갔다가 두부 사 온다
  | 두부를 만들고 남은 찌꺼기가 '비지'로 두부보다 값어치가 낮아 값이 쌌다. 돈이 없으면 비지로 국을 끓였다. 이 속담의 이해를 돕도록 상황을 들어본다.
  어느 날 남편이 빈말인지는 모르겠지만 출근하면서 "요새 당신이 고생 많구려" 한다. 그날 아내는 저녁상에 고등어구이나 올릴 생각으로 생선가게에 간다. 생선을 고르다 문득 아침에 남편이 했던 '고생이 많구려'가 떠올라 빙긋 웃는다. '다른 데서 좀 더 아끼지, 뭐.' 아내는 돈을 더 보태 비싼 장어를 사서 기쁘게 돌아온다. 만일 반대로 "당신 요즘 왜 그래!" 하고 남편이 핀잔을 줬다면, 아내는 남편이 미워서 생선구이는커녕 알아서 차려 먹으라고 싸늘하게 TV만 볼 것이다. 좋은 말은 결국 말한 사람에게 더 좋은 결과로 돌아온다. 빈말로도 다정할 줄 모르는 사람들이 많다.

- 비단 대단 곱다 해도 말같이 고운 것 없다
  | 비단이 대단히 곱다 해도 고운 말씨만큼 고운 것이 없다는 말이다. 대단(大緞)이라는 비단을 들어, 비단의 '단'과 맞춰 '대단히'를 줄인 말 '대단'도 나타냈다.

- 가는 떡이 커야 오는 떡이 크다 / 가는 떡이 하나면 오는 떡도 하나다 / 오는 떡이 두터워야 가는 떡이 두텁다[2+]
  | 떡은 두껍지 두터울 수 없다. 그럼에도 두텁다고 한 것은, 여기서 두터운 건 정이나 신의인 까닭이다. 속담에서 '떡'은 대개 '덕(덕분)'이나 '횡재' '뇌물'을 뜻한다. 내가 상대에게 크게 덕 본 적이 있어야 상대에게도 후(厚)한 덕을 베푼다는 말이다.

- 돌로 치면 돌로 치고 떡으로 치면 떡으로 친다
  | 돌로 치면 상대도 돌을 집어 들지만, 떡을 친 김에 가져다주면 저쪽도 훗날 떡을 칠 때 고마움을 떠올리고 더 큰 떡접시를 들려 보낸다.

- 인정도 품앗이 / 가는 정이 있어야 오는 정이 있다
  | 이쪽 일손이 부족할 때 저쪽이 일을 도와주고, 나중에 저쪽 일품이 부족할 때 이쪽이 되갚는 것이 '품앗이'. 상대방이 어려울 때 인정을 베풀어주면 나중에 이쪽이 힘들 때 상대도 도와주는 게 인지상정이라는 말이다. 이는 실수에서도 마찬가지. 상대의 실수를 몰아세우기보다 한 번 넘어가주면 행여 자신이 실수했을 때 상대도 봐줄 가능성이 크다.

■ 실이 와야 바늘 가지 / 보리 주면 외 안 주랴[2+]

  | 저쪽이 실 부족할 때 빌려줘야 이쪽이 바늘 필요할 때 실보다 귀한 바늘도 빌려
  주는 법이다. 바늘에 실을 꿸 때 실과 바늘이 서로 다가가듯, 다가가는 게 있어
  야 마주 다가오는 게 있다는 말이다.

     보리는 6월에 수확한다. 그때 먹고살기 힘들어 보리 좀 꿔달라 했는데 안 꿔
  준 사람에게 다음 철인 여름에 난 오이를 줄 리가 없다는 말. '오이'의 준말 '외'
  는 '왜'와 발음이 같다. 저번에 네가 내 사정을 봐줬으면 이번에 내가 네 사정을
  왜 안 봐주겠냐는 말이다.

■ 제 부모 위하려면 남의 부모를 위해야 한다

■ 고운 일 하면 고운 밥 먹는다

  | '고운 일'에서의 '곱다'는 '밉다'의 반대말이며, '고운 밥'에서의 '곱다'는 '거칠다'
  의 반대말이며 부드럽다, 순하다, 걸림이 없다는 뜻도 있다. 미운 짓을 하면
  보리밥 같은 거친 밥이나 주고 싶을 것이요, 마음에 드는 일을 하면 부드럽고
  기름진 쌀밥으로 주고 싶은 것이 사람 마음이다. 쌀밥을 '고운 밥' 또는 '곤밥'이
  라고도 부른다.

■ 웃는 낯[얼굴]에 침 뱉으랴 / 존대[절]하고 뺨 맞으랴

  | 웃으며 대한다는 것은 '나는 당신을 적대하지 않습니다'라는 뜻. 그러니 상대도
  내게 적대감을 갖기 어렵다. 미소는 모든 마음을 여는 열쇠. 당장 기분 나쁘다고
  맞서기보다 부드럽게 상대를 끌어들이는 것이 인자무적(仁者無敵)이다.

가는 며느리가 세간 사랴   이미 마음이 틀어져 그만두는 판에 나중을 생각하고 돌아
다볼 리 없다는 말.

■ 가는 며느리가[년이] 세간 사랴

  | 세간(世間)은 살림에 필요한 물건들. 같이 못 살겠다고 나가는 마당에 내가 쓸
  것도 아닌 살림을 굳이 사들일 리 없다. 누구 좋으라고.

■ 가는 며느리가[년이] 물 길어다 놓고 가랴 / 가는 며느리가[년이] 보리방아
  찧어놓고 가랴

  | 옛날에는 수도시설이 없어 마을 공동우물이나 남의 집 우물에서부터 힘들게 물
  을 길어다 채워야 했다. 부엌 큰 항아리에 여러 차례 오가며 채우는 건 보통
  힘든 일이 아니었다. 보리방아 찧는 일도 힘들긴 마찬가지. 보리를 물에 축여
  마찰력을 올린 뒤에 세 차례나 찧어야 해서 보리 찧는 일은 많은 수고와 시간이
  필요한 일이었다. 갈라서자며 친정 간다는 아내가 그런 수고를 할 리 없다.

가는 손님은 뒤통수가 예쁘다 손님은 돌아갈 때를 잘 알아야 한다는 말.

■ 가는 손님은 뒤통수[꼭뒤]가 예쁘다

| '꼭뒤'는 뒤통수의 한가운데. 손님 치레에는 신경이 많이 쓰인다. 손님상도 그렇
고 잠자리도 그렇다. 손님에게 행여 누가 될까 싶어 식구들 옷차림이나 행동,
말 하나하나까지 여간 조심스럽지 않다. 손님이 너무 오래 머물면 그 집 식구들
이 자기 집에서 불편하게 생활한다. 그런 폐가 없다. 하지만 주인이 차마 손님에
게 그만 가달라고는 말 못 한다. 그러니 아무리 주인이 더 머물다 가라 붙잡아도
적당한 때 빨리 자리를 털고 일어나야 한다. 드디어 가시는 손님 뒷모습이 얼마
나 예뻐 보일까. 관련한 우스개가 있다.

어느 손님이 며칠 머물다 떠나려니 마침 이슬비가 내린다. 그러자 바깥양반이
"더 있으시라고 이슬비가 오는군요" 했다. 이걸 엿들은 안주인은 얼른 우산 들고
뛰어나와 "아유, 곧 가랑비 되겠어요" 하며 쥐어주더란다. 이슬비가 더 있으시
라는 거면 가랑비는 그만 가라는 것. 손겪이에 힘든 건 언제나 안주인이니까.

가다가 아니 가면 아니 감만 못하다 무슨 일이든 하다가 그만두면 그때까지 애쓴
시간과 노력이 허사가 되니 중간에 그만두지 말라는 말.

■ 가다가 아니 가면 아니 감만 못하다[2+]

| '가다가 아니 가면 간 만큼은 이익'이라는 우스개도 있지만, 아니다. 하던 일을
접고 새로 시작하려면 간 만큼 되돌아와야 하니 안 간 것보다 시간과 노력 모두
에서 그만큼 손해다. 그러니 끝까지 안 갈 거면 아예 안 가는 게 차라리 낫다.

가랑니가 더 문다 하찮고 시시한 것이 더 괴롭히거나 애
먹인다는 말.

■ 가랑니가 더 문다[2+]

| '가랑니'는 알(서캐)에서 깨어난 지 얼마 안 되는 새끼
이[蝨]. 이가 낳은 알이 부화하면 수백 마리의 가랑니
가 들끓는다. 그리고 새끼들이란 자라기 위해 많은 양
분이 필요하니 쉴 새 없이 먹게 마련이다.

[맥락] 여기서 '이'는 아전(衙前)인 이(吏)를 뜻한다. 백
성의 몸에서 고혈을 짜내는 탐관오리가 있으면, 그
'가랑이' 아래에는 자잘하게 백성의 피를 빠는 하급관
리가 꼭 있다. 일제의 앞잡이마냥 그런 시시한 구실아

이의 성충과 가랑니. |KBS, 〈KBS
환경스페셜〉, "충격보고, 도시해
충이 몰려온다"

치들이 사실상 더 악착같고 지독스럽게 군다. 그리고 '공납금을 물다'처럼 '갚아야 할 것을 치르다'라는 동음이의의 '물다'도 있다. 구실아치가 백성에게 자잘하게 물게 하는 것이 벼슬아치보다 더 많다는 말이다.

가랑비에 옷 젖는 줄 모른다   아무리 사소한 것도 거듭되면 무시할 수 없다는 말.

[成語] 적우침주(積羽沈舟) : 깃털도 쌓이면 배가 가라앉는다.

■ **가랑비에 옷 젖는 줄 모른다**

| '가랑비'는 가늘게 가닥가닥 내린다. 잠깐 사이에는 모르지만 한참 뒤에 보면 어느새 옷이 푹 젖었다는 걸 깨닫는다. 평소에 '짜증 나'를 자주 쓰는 사람은 대개 성공하지 못한다. 짜증이란 '나는 이 상황을 어쩔 수 없고 어쩔 생각도 없다'라는 말과 같기 때문. '어쩔 수 있도록' 자신을 키우는 사람은 쉽게 짜증을 말하지 않는다. 평소의 말들이 모여 인생이 된다.

■ **숫돌이 저 닳는 줄 모른다²⁺**

| 숫돌에 칼을 갈면 칼만 갈리는 게 아니라 숫돌도 눈에 띄지 않게 갈려 닳는다.

[맥락] 여기서 '닳다'는 '애가 닳다'라는 말이다. 날마다 이를 갈고 마음에 칼을 갈면 제 속마저 갈아먹는다.

숫돌이 닳은 오랜 시간.
| 경주 민속공예촌

■ **마른나무 좀먹듯 한다²⁺ / 강물도 쓰면 준다**

| '좀'은 낡고 오래된 책, 옷, 나무, 가구 등에 살면서 이것을 갉아 먹는 해충이다.⁴ 좀이 갉아 먹는 양은 매우 미세하다. 하지만 시간이 오래면 갉아 먹은 양이 상당하다. 이 속담은 건강이나 재산이 모르는 사이 조금씩 나빠지거나 줄어들 때 쓴다.

좀. 방망이 모양의 몸통에 세 갈래 꼬리를 가졌다. 낡은 집에서 간혹 발견된다.

먼지다듬이. 1~2mm. 밀가루에도 잘 꼬인다. ⓒMJ Richardson [geograph.org.uk]

---

4 좀은 두 종류가 있어 진짜 좀은 종이나 나무, 옷 등을 갉아 먹지만, '책벌레'라 불리는 먼지다듬이(또는 책다듬이)는 전분도 먹지만 주로 곰팡이를 먹는다. 습해서 핀 곰팡이를 먹었을 뿐인데 같은 해충으로 싸잡히니 그 좀은 좀 억울하다. 먼지다듬이는 병도 옮기지 않는다.

- **돌절구도 밑 빠질 날 있다**[2+] / 어린애[계집의] 매도 많이 맞으면 아프다
  | 단단한 돌절구도 수없이 쳐대면 단단한 밑바닥이 뚫려 빠지듯, 아무리 단단한 사람도 자꾸 맞으면 기운 빠져 못 버틴다. '밑'에는 기초나 바탕이란 뜻도 있다.

가랑잎에 불붙듯 한다 ①성미가 급하고 속이 좁아 걸핏하면 발끈하고 화를 잘 내는 사람을 이르는 말. ②호응이나 반응이 빠름을 이르는 말.

- **가랑잎에 불붙듯[불 달리듯] 한다**
  | '가랑잎'은 활엽수의 마른 잎, 그중 특히 참나무의 낙엽을 뜻한다. 마른 낙엽이 삽시간에 '화르륵' 불붙듯, 작은 일에도 '화르륵' 불같이 화를 내는 사람을 놀리거나 빗대는 말이다. 이런 사람들이 자신은 다혈질이라는 핑계를 대지만, 그 어떤 무서운 상대 앞에서도 똑같이 그럴 수 있어야 진짜 다혈질이다. 만만하고 약한 상대 앞에서만 벌컥 화를 내는 것은 다혈질이 아니라 안 참아도 되니 안 참은 것. 버스나 전철에서 취한 듯 미친 듯 행패 부리는 사람도 덩치 앞에서는 꼬리 내리고 '흐르르' 삽시간에 얌전해진다. *참나무→ 도토리 키 재기

가루 가지고 떡 못 만들랴 누구나 다 할 수 있는 일을 뽐내는 것을 비웃는 말.

- **가루 가지고 떡 못 만들랴**[2+]
  | 떡을 만들 때 가장 힘든 게 떡가루 내는 일이다. 옛날에는 곡식 빻아 키질로 껍질을 날리고, 맷돌로 갈고 체로 거르고 또 갈고 또 걸러 고운 가루가 될 때까지 참을성 있게 반복해야 했다. 그 떡가루는 물 붓고 간을 해서 찌기만 하면 된다.
  [맥락] '떡'은 '떡하니 해냈다'에서처럼, 보란 듯이 의젓하거나 여유가 있게라는 부사 '떡하니'의 준말이기도 하다. 이렇게 놓고 보면 '가루'는 뒤의 '(~을) 가지고'에 이으면 '가르(가를)' 비슷하게 발음했을 듯하다. '그것'의 준말 '것'의 다른 말이 '거'다. '거'는 경상도 사투리에서처럼 '가'와의 사이에서 발음하기도 한다. 원래는 "다 된 거를 가지고 누가 떡(하니) 못 해내겠어"였지 않았을까 싶다.

가르침은 배움의 반 가르치는 과정에서 배우는 것 또한 적지 않다는 말.

- **가르침은 배움의 반**
  | 누군가에게 가르쳐주겠다는 마음으로 공부하면 더 확실히 머릿속에 들어가고, 가르치는 과정에서 자신의 부족함마저 깨닫게 된다.

가마가 많으면 모든 것이 헤프다 일이나 살림을 여럿 벌여두면 낭비가 심하다는 말.

- 가마가 많으면 모든 것이 헤프다

  | 여기서 가마는 두 가지를 말한다. 하나는 혼인 후 신부를 태워서 오는 가마로, 가마가 많다는 것은 남자가 여러 첩을 두어 여러 살림을 차렸다는 얘기다. 생활비를 대야 할 곳이 많으니 씀씀이가 보통 커지지 않는다. 가마솥의 준말인 '가마'로 보면, 가마솥이 많으면 아무래도 솥들을 놀리기 뭐해서 이것저것 해 먹게 되고, 그러다 보면 식재료가 헤프게 없어질 것은 당연한 일이다. 딴살림 차리는 남자와 쓸데없이 살림 늘리는 여자를 깨우치기 위해 만들어진 속담인 듯하다.

가마솥에 엿을 붙여놨나 집으로 돌아가려 서두르는 사람을 붙잡을 때 하는 말.

  [현대] 집에 연예인 왔나

- 가마솥[솥뚜껑 · 가마목 · 화롯가]에 엿을 붙여놨나[2+] / 이불 밑에 엿을 묻어두었나[2+]

  | '가마목'은 부뚜막과 아궁이 및 그 주변을 아울러 일컫는 말. 가마목은 따뜻해서 엿을 붙여놓으면 녹아 흘러내린다. 엿이 녹아내릴까 봐 그리 급하게 돌아가느냐며 더 있다가 가라고 붙잡을 때 쓰는 말이다.

  [맥락] 엿처럼 '진득하게' 붙어 있지 못하고 벌써 일어서냐는 말이다.

가마 타고 시집가기는 다 틀렸다 일이 제대로 되지 않아 격식과 채비를 갖추어서 하기는 이미 틀렸다는 말.

- 가마 타고 시집가기는 다 틀렸다 / 가마 타고 시집가기는 콧집이 앵돌아졌다

  | 혼례를 치른 새색시는 당연히 가마를 타고 시댁으로 가야 하는데, 무언가 일이 잘못되었거나 떳떳하게 혼인한 것이 아니면 번듯하게 가마를 타고 시댁에 못 들어간다. 혼인 전에 임신했거나, 재혼이거나, 파혼하고 다시 한 혼인이든가, 신부 쪽 집에서 뭔가 큰 잘못을 했다거나 등등. 하지만 가마 대신 말을 타고 시댁으로 가는 일도 꽤 있었음을 김홍도의 풍속화를 보면 알 수 있다.

혼인 사흘 뒤 훌쩍이며 말 타고 신랑 따라가는 신부. |김홍도, 〈신행길〉 (일부)

  '콧집'은 코 전체. 코는 세로로 길쭉하다. 따라서 '앵!' '에이!' 하고 한쪽 입가를 찡그리면 콧대 역시 '/' 모양으로 삐뚤어진다. 이렇게 옆으로 비틀어 돌며 기울어지는 것을 '앵돌아지다'라고 한다. 이 말에는 '마음에 들지 않아 화가 나 토라지다'라는 뜻도 있다. 지금은 '콧집이 앵돌아졌다'라는 말을 거의 안 쓰지만, 예전에는 '일이 이미 다 틀어졌다'라는 뜻으로 쓰였다.[5]

가면이 천 리 남모르게 하는 거면 온갖 부끄러운 짓도 다 하기 마련이라는 말.

　[현대] 익명에 운명한다

■ **가면이 천 리**

|이 속담은 원래 '벌거벗고도 가면을 쓰면 천 리를 간다'라는
말이었을 것으로 생각된다. 목욕탕에 불이 나서 알몸으로 뛰
어나와야 할 때 어디를 가리는 게 가장 효과적일까? 정답은
얼굴이다. 내가 누군지만 모르게 하면 그 어떤 부끄러운 것
을 드러내도 괜찮다고 여기는 법이다. 지금도 인터넷상에서
자신이 싫어하는 연예인이나 주변의 아는 사람, 인터넷에서
아는 사람들을 욕하고 거짓 소문을 퍼트리는 사람들이 있다.
실제로 그런 사람들을 검거하고 보면 평소에는 정말 안 그렇

탈. |국립민속박물관

게 생긴 사람들이다. 내가 누군지 모를 거라고 믿을 때만 용감한 사람은 못난이
다. 고통당한 사람이 언제든 마음먹고 고소장 제출하면 100% 다 경찰서로 출두
하라는 연락이 간다. 글 지우고 이리저리 숨어도 경찰이 다 찾아낸다.

가뭄에 도랑 친다 ①어려울수록 나중을 위해 더 준비한다는 말. ②일이 잘못된
뒤에 바로잡으려 든다는 말. ③아무 보람 없는 헛된 일을 한다는 말.

■ **가뭄[가물]에 도랑 친다**

|①비가 오지 않아 물이 없으므로 도랑을 정비하기 훨씬 편하다. 가뭄을 탓만
하지 말고 가뭄 끝나고 큰비 올 때를 대비해두라는 뜻이다. ②미리 도랑을 안
치워 물난리 겪고는 뒤늦게, 그것도 가뭄 때 도랑을 치운다는 뜻이다. ③가물어
비도 안 오는데 쓸데없이 도랑을 치우는 헛수고를 한다는 뜻이다.

가뭄에 콩 나듯 어떤 일이나 물건이 매우 드문드문하게 있음을 이르는 말.

■ **가뭄에 콩 나듯 (한다)**

|콩은 가뭄에 강한 작물이기는 하지만 많은 수분을 흡수해야 비로소 싹을 틔운
다.6 날이 가물어 흙 속에 수분이 거의 없으면 싹을 안 내고 있다가, 조금씩

---

5 〈방아타령〉에는 이 말이 아직 남아 있다. "에- 에- 에헤이야 우거라 방아로구나 / 반 넘어
늙었으니 다시 젊기는 꽃집이 앵돌아졌다 / 옛다 좋구나". 민요는 입에서 입으로 전수받는 일이
많아 이렇게 '콩집'이 '꽃집'으로 잘못 전수되기도 한다.

6 마른 콩은 제 무게의 130~150%까지도 수분을 흡수한다. 발아하기 위해선 적어도 제 무게의
80~100% 되는 수분을 흡수해야 한다. 따라서 그만큼의 수분을 먼저 채운 콩부터 싹을 틔운다.

주변의 미미한 수분을 흡수하여 충분히 흡수된 콩부터 한두 개, 두세 개씩 '어쩌다 드문드문' 감질나게 싹이 올라온다.

가을 간식이 봄 양식 풍족할 때일수록 낭비하지 말고 아껴야 한다는 말.

■ **가을 간식[식은 밥]이 봄 양식 / 가을 곡식을 아껴야 봄 양식이 된다**
│가을걷이하고 나면 먹을 것이 많아 끼니 말고도 간식 따위로 헤프게 먹게 마련이다. 하지만 그렇게 헤프게 먹다 보면 늦봄 보릿고개 때 끼닛거리조차 없어진다. 넉넉할 때 아끼란 뜻이다.

■ **가을에 쉰밥[쉬어버린 밥] 김매기 철[김 철]에 생각난다**
│'김'은 논밭에 난 잡초를, '김매기'는 그 잡초를 없애는 일이다. 김매기는 잡초가 돋기 시작하는 늦봄부터 많이 하는데 이때가 이른바 보릿고개다. 지난가을에 거둬들인 곡식이 바닥나고 보리는 아직 여물지 않아 먹을 수 없는 음력 4~5월 무렵. 땡볕에 일은 고되고 먹을 건 없어 허기지는 김매기 때면 지난가을에 못 먹겠다 내다 버린 쉰밥조차 간절하다.

■ **가을 낟가리 보고 밥 짓다간 여름 밭을 묵힌다**
│추수한 곡식을 낟알이 붙은 채로 묶어 쌓아둔 큰 더미가 '낟가리'. 산처럼 높이 쌓인 낟가리를 보고 푸짐하게 지어 먹다간 이듬해 늦봄, 보릿고개를 맞아 굶어 죽지 않으려 심을 종자까지 탈탈 털어먹게 되니 여름 밭이 빈 밭으로 논다.

가을 다람쥐 같다 욕심 많은 사람을 표현하는 말.

■ **가을 다람쥐 같다**
│다람쥐는 겨울잠[7]을 자기 위해 부지런히 싸다니며 두 볼이 터져라 먹이를 잔뜩 머금고, 미처 먹지 못한 것은 나중에 먹으려고 땅 곳곳에 묻어두거나 나무 구멍마다 꼭꼭 숨겨둔다. 어디 숨겼는지 자신도 다 모르도록 쉼 없이 감춰놓는다. 행여 다른 사람이 먹을세라 다람쥐마냥 제 볼이 터지도록 먹는 사람이나, 제 것을 꼭꼭 숨겨놓고 내놓지 않는 사람을 조롱하는 말이다.

가을마당에 빗자루 몽당이를 들고 춤을 춰도 농사 밑이 어둑하다 별로 남는 게 없어 보여도 농사일이 먹고살기에 꽤 든든한 일이라는 말.

■ **가을마당에 빗자루 몽당이를 들고 춤을 춰도 농사 밑이 어둑하다**

---

7 같은 다람쥣과이지만 청설모는 겨울잠을 안 잔다. 다람쥐처럼 볼에 먹이를 머금지도 못한다.

|거둔 수확이 많다 해도 소작료나 꾼 돈, 꾼 곡식을 갚고 나면 얼마 안 남는다.8 그래서 땅바닥에 흩어진 낟알 하나라도 더 건지려 빗자루가 짧은 몽당이가 될 때까지 춤추듯이 박박 쓸어 모으는 판이라도 농사란 게 어느 정도 남는 건 있다는 말이다. '밑이 어둑하다'는 저 밑바닥이 잘 안 보일 만큼 깊다는 뜻이며, 바닥을 금세 드러낼 정도로 부족하진 않다는 말이다.

마름(땅주인 대신 관리하는 사람)이 돗자리 깔고 한가롭게 누워 타작마당을 감독하고 있다. |김홍도, 〈벼타작〉

■ 일 년 농사를 지으면 삼 년 먹을 것이 남는다 / 삼 년 농사를 지으면 구 년 먹을 것이 남는다

가을 물은 소 발자국에 괸 물도 먹는다 가을의 물은 깨끗해서 마셔도 탈이 안 난다는 말.

■ 가을 물은 소 발자국에 괸 물도 먹는다
|날이 선선해지면서 물의 온도도 내려가 질병을 유발하는 각종 세균도 잘 번식하지 않는다. 소 발자국만큼 얕게 고인 물을 먹어도 탈이 안 난다는 말이다. 물론 말이 그렇다는 얘기지 마시진 않았을 것이다.

가을밭에 가면 가난한 친정에 가는 것보다 낫다 가을철에는 누구에게나 먹을 것이 풍족하다는 말.

■ 가을밭에 가면 가난한 친정에 가는 것보다 낫다[2+]
|시집간 딸이 친정에 오면 시댁에서 눈치 보여 제대로 못 먹었을 걸 알기에 친정이 가난해도 이것저것 거둬 먹인다. 돌아갈 때도 바리바리 싸준다. 그런 친정보다 더 실컷 먹을 만큼 가을은 풍족하다는 말이다.

가을 부채 필요한 때가 지나서 소용이 없어진 것을 이르는 말.

[成語] 하로동선(夏爐冬扇) : 여름 화로와 겨울 부채

■ 가을 부채 / 가을 부채는 시세가 없다
|에어컨이나 히터 같은 계절상품이 제철 지나면 반값까지 떨어지듯, 여름 지난 부채는 아무도 돌아보지 않는다. 참고로 초여름이 곧 시작되는 단오절 때는 서로 부채를 선물하는 풍습이 있었다.

---

8 땅주인 대신 관리·감독하는 마름 몰래 눈치껏 살살 타작해놓고는, 마름이 돌아가면 그걸 다시 탈탈 털어 낟알을 더 챙기기도 했다.

가을비는 떡 비요 봄비는 잠 비라 가을에 비가 오면 먹고 놀고, 봄에 비가 오면 잠이나 잔다는 말.

■ **가을비는 떡 비요 봄비는 잠 비라 / 가을비는 떡 비요 겨울비는 술 비라**
 │가을에는 추수도 마쳤고 먹을 것도 풍족하니 굳이 비 맞으며 논밭 돌아볼 것 없이 떡이나 해 먹으며 집에서 놀고, 봄에는 비가 알아서 다 해주는 시기고 먹을 것도 없으니 배고픔을 잊게 잠이나 잔다는 말이다.

가을비는 장인 구레나룻 밑에서도 피한다 ①가을비는 잠깐 오다 그치기 마련이라는 말. ②잔걱정은 금방 지나간다는 말. ③잠깐의 어려움은 처가의 도움을 받더라도 흉이 되지 않는다는 말.
 [반대] 가을 빚이면 소도 잡아먹는다

■ **가을비는 장인[가시아버지 · 가시애비 · 영감] 구레나룻 밑에서도 피한다**[2+]
 │'구레나룻'은 귀와 턱 사이를 따라 나는 수염. 그 짧은 터럭 밑에서도 피할 수 있을 만큼 가을비는 잠깐 아주 적게 내린다는 뜻이다.
 [맥락] 장인의 구레나룻 밑에서 비를 피하는 이는 호칭상 사위다. 예나 지금이나 장인과 사위 사이는 서먹하고 매우 어려운 관계. 가까이 다가서기 어려운 관계인데도 사위가 장인 귀 아래 머리를 들이민다는 건 어깨에 기댄다는 뜻이다. 지아비 체면에 처가에 기대는 것은 자존심이 몹시 상하는 일이지만, 살다 보면 방 안에도 비가 내릴 수 있는 노릇이니 잠깐 처가 도움에 기대서 비 좀 피한다고 그리 흉 될 것은 아니다. 여기서 '가을비'는 추수를 앞둔 생활고 정도를 뜻한다. 남편으로서 자존심 상하겠지만 잠깐 처가에 기대고 있으면 곧 추수 때도 돌아온다. '가시아비 · 가시어미'는 장인 · 장모의 순우리말.

■ **가을비는 빗자루 밑에서도 피한다**[2+]
 │성긴 싸리 빗자루로도 비를 가릴 수 있을 만큼 가을비는 약하다는 말이다.
 [맥락] 추수는 아직인데 식량이 떨어졌다면 당연히 빚을 내서 당장의 끼니를 해결하는 것이 옳다. '빗자루'와 '빚 자루'는 발음이 같다. 곡식 꾼 '빚 자루'를 머리에 이고 오며 초가을 비(어려움)를 피한다는 뜻.

■ **가을비는 오래[많이] 오지 않는다**[2+]
 │추수하면 곧 갚을 수 있으니 이자가 세도 가을 빚은 낼 만하다는 뜻.

가을 빚이면 소도 잡아먹는다 당장에 뒤로 미룰 수 있는 일이라면 나중에 더 힘들더라도 일단 응하고 봄을 이르는 말.

[반대] 가을 비는 빗자루 밑에서도 피한다

■ **가을 빚이면 소도 잡아먹는다**[2+]
 | 수확하면 갚겠노라고 농부의 재산 1호, 소를 담보로 곡식이든 돈이든 꾼다. 추수하면 틀림없이 갚을 수 있을 테니 소를 걸고 빌린다. 하지만 사람 일은 어찌될지 알 수 없다. 다 지어놓은 농사를 어느 천재지변으로 망치면, 결국 그 사람은 얼마 안 되는 빚 때문에 피눈물 흘리며 소를 내어줘야 한다.

가을에는 부지깽이도 덤벙인다 가을걷이 때는 하찮은 힘도 아쉬울 만큼 바쁘고 손이 모자란다는 말.

■ **가을에는 부지깽이도 덤벙인다**[2+] / **가을 메는 부지깽이도 덤벙인다**[2+]
 | '부지깽이'는 부엌데기를 뜻하고, '덤벙이다'는 들떠서 함부로 뛰어든다는 말이다. 가을에는 비가 오기 전에 곡식을 빨리빨리 거둬들여야 낭패가 없다. 힘쓰는 장정 아니라도 온 집안 식구가 다 나서는 때다. 그래도 손이 부족하니 절절맨다. 오죽하면 아궁이에 불이나 땔 여자까지 동동거리며 뛰어들까.
  그리고 '메'는 산(山)의 순우리말 '뫼'를 예스럽게 이르는 말이다. 늦가을 산에서는 도토리 전쟁이 벌어진다. 먹을 수 있는 것은 모두 식량이며, 그중 도토리는 중요한 식량이었으니까. 산골에서 도토리 수십 가마를 마련해두면 부자 소리 들을 만큼 겨울나기에 큰 도움이 됐고, 흉년이 닥치면 구황작물 역할도 톡톡히 해냈다. 그래서 추수가 끝나면 사람들은 모두 산에 올라가 도토리 줍기에 바빴다.[9]

■ **가을에는 송장도 꿈지럭거린다**
 | 갓 죽은 사람도 일 걱정에 눈 뜨고 움찔거릴 만큼 가을철은 바쁘다는 말이다.

■ **가을걷이에는 대부인 마님이 나막신 들고 나선다 / 가을[가을 판]에는 대부인 마누라도 나무 신짝 가지고 나온다**
 | 가을 일이 바쁘고 일손 모자라 허덕이니 높으신 대부인 마님까지 일손을 거들러 나선다. 하지만 평소 신던 가죽신 신고 일하면 좋은 신이 망가질 테니, 급한 대로 비 올 때 신는 나막신

우리 나막신은 일본 게타(下駄)와 전혀 다르다. | 국립민속박물관

---

9 나라에서도 흉년이나 전쟁을 대비해 각 관아 창고에 쌓아둘 도토리 할당량을 내리고 그 지역 참나무 숫자까지 파악해 올리라 했다. 백성들은 도토리를 수확하면 정해진 양을 관청에 바치고 나머지를 자기 식량으로 삼았다. 한국전쟁 때도 도토리 덕에 많은 사람이 목숨을 건졌다고 한다.

이라도 챙겨 나오신다는 뜻이다. 대부인(大夫人)은 높은 관직을 가진 이의 어머니를 높여 부르는 말10 이니 연세도 많다. 나이 지긋한 분마저 일손 거들러 나설 만큼 가을엔 손이 많이 필요하다는 말이다.

가을에는 손톱 발톱이 다 먹는다 가을에는 식성도 좋아진다는 말.

  [成語] 천고마비(天高馬肥) : 하늘은 높고 말은 살찐다.

■ 가을에는 손톱 발톱이 다 먹는다[2+]
  | 먹을 게 부족한 겨울을 대비하느라 몸은 본능적으로 식욕을 끌어올린다. 이때 잘 먹으면 푸석거리던 손톱 발톱에도 윤기가 흐른다.

가을에 못 지낸 제사 봄엔들 지낼까 형편이 좋을 때도 못 한 것을 형편이 좋지 않을 때 할 수 있을 리 없다는 말.

■ 가을에 못 지낸 제사 봄엔들 지낼까
  | 풍족한 가을에도 없어 못 지냈는데, 춘궁기(春窮期)라 먹을 것 귀한 봄에 어찌 제사상을 차릴 수 있겠냐는 말.

■ 가을에 내 아비 제사[재]도 못 지냈거늘 봄에 의붓아비 제사[재] 지내랴
  | '의붓아비'는 계부(繼父),11 곧 어머니의 새 남편이다. 풍족한 가을에 친아버지 제사도 못 지냈는데 형편이 어려운 봄에 내 아비도 아닌 의붓아버지 제사를 지내주겠냐는 말. 재(齋)는 죽은 이의 명복을 비는 불교의식으로, 조상을 기리는 제사인 제(祭)와 다르다.

■ 가을에 못 한 동냥 봄에 할까

가을에 중 싸대듯 사방을 바쁘게 싸돌아다닌다는 말.

  [현대] 공사가 다 망하다 · 실속 없이 바쁜 사람에게 공사다망(公私多忙)을 비틀어서 놀리는 말이다.

■ 가을에 중 싸대듯[2+]
  | '싸댄다'는 지금 말로 '싸돌아다닌다'라는 뜻. 가을엔 집집마다 먹을 것이 풍족하

---

10 요새는 간혹 남의 어머니를 높여 부르는 말로 '대부인'을 쓰기도 한다.

11 의부(義父)라는 말 자체가 '새아버지'라는 뜻인데, 그 말로는 의미가 약해지자 뒤에 '아버지'를 또 붙여 '의붓아버지'라고 부른다. '새아버지아버지'인 셈. 이후 '의붓'은 '새로 결혼해서 생긴'이란 뜻이 되어 의붓어미, 의붓딸, 의붓아들 등으로도 쓰이게 됐다.

니, 평소엔 먹고살기 곤란해 잘 않던 시주도 이때만큼은 다들 넉넉히 담아준다. 그러니 시주 승려는 가을 대목을 노리고 집마다 바삐 드나든다. 이 모습을 빗대 어디 한 군데 머물지 않고 이 집 저 집 자꾸 '들락거리는' 사람을 나타냈다.

가을 전어 굽는 냄새에 나갔던 며느리도 돌아온다 제철에 가장 맛있는 음식들을 표현하는 말.

[반대] 오뉴월 낙지는 개도 안 먹는다

■ 가을 전어 굽는 냄새에 나갔던 며느리도 돌아온다 / 가을 전어 머리에는 깨가 서 말²⁺ / 봄 도다리 가을 전어²⁺

｜모진 맘을 먹고 다신 안 돌아오겠다며 집을 나가버린 며느리조차 못 참고 시댁에 돌아오게 할 만큼 전어 굽는 냄새가 매우 고소하다는 말. 전어(錢魚)¹² 살에는 지방이 많아 구우면 고소한 냄새가 진하게 풍기는데, 산란을 앞둔 가을철에 잡은 전어에는 지방이 가장 많이 축적돼 있어 맛도 냄새도 훨씬 고소하다.

■ 가을 상추는[아욱국은] 문 걸어 잠그고 먹는다 / 가을 아욱국은 사위만 준다 / 가을 아욱국은 부인 내보내고 먹는다

｜귀한 씨암탉 잡아서 먹일 만큼 귀하게 대접하는 사위에게만 줄 정도로, 가을 아욱으로 끓인 아욱국 맛이 매우 좋다는 말.

가을 중의 시주 바가지 같다 넉넉하게 가득 담긴 모습을 이르는 말.

■ 가을 중의 시주 바가지 같다

｜시주(施主)는 사찰에 곡식이나 돈 등을 기부하는 것이나, 승려들이 집마다 돌아다니면서 청해서 받아 오는 곡식이나 돈 등이다.¹³ 가을에는 양식이 넉넉해 시주도 넉넉히 주므로 바가지가 시주로 그득하다.

오른쪽이 동령. 옛날에는 동령을 흔들며 시주를 다녔다. ｜진주 청곡사

---

12 물고기 이름에 왜 '돈 전(錢)'자를 썼는지는 아직 모른다. 서유구(徐有榘)의 『임원경제지(林園經濟志)』에는 "소금에 절여 와 한양에 파는데, 귀천을 가리지 않고 모두 즐겨, 돈 생각 않고 사 먹어서 전어(錢魚)라 한다"라고 적었는데, 별로 믿기지 않는 설명이다.

13 '동냥'이란 말은 사실 불교 용어 동령(動鈴 : 방울을 흔든다)에서 유래한다. 동령은 번뇌를 깨고 불심을 일으키기 위해 불교의식 때 흔드는 법구(法具)인데, 스님들이 민가에 시주를 청할 때도 문 앞에서 이 방울이 달린 막대를 흔들었다. 그런데 먼 훗날 수행을 위한 걸식이 생계를 위한 걸식으로 변하면서 '동령'이 거지의 구걸을 뜻하는 천한 말이 되었다. 동령>동녕>동냥.

가재는 게 편 모양이나 형편이 비슷한 것끼리 사정 봐주며 감싸주기 쉽다는 말.

[成語] 초록동색(草綠同色) : 풀색과 녹색은 같은 색.

[현대] 친목질·끼리끼리 뭉쳐서 그릇된 행동을 하거나 가해자를 두둔하는 짓을 말한다.

■ **가재는 게 편**[2+]

ㅣ가재는 뒷걸음을 하고 게는 옆걸음을 한다. 둘 다 똑바로 걷지 않는다. 바른
길을 안 가는 사람들끼리는 서로 사정을 봐주게 마련이다. 끼리끼리 유착관계라
게의 범죄가 들키면 가재의 부정도 탈탈 털리니까.

■ **검둥개 돼지 편**[2+]

ㅣ검둥개와 토종 돼지는 둘 다 털이 검다. 우리가 흔히 보는 돼지는 서양 돼지다.
토종 돼지는 털빛이 검고 크는 속도가 느리며 다 커도 서양 돼지의 1/3밖에 안
된다. 현재 몇몇 축산 농가를 빼고는 거의 키우지 않는다. 토종 흑돼지[14] 라고
광고하는 것 대부분은 서양 돼지와 토종 돼지를 교배한 잡종이며 토종 돼지와는
거리가 아주 멀다.

[맥락] 흔히 누군가의 하수인을 '개'라 하고 탐욕스러운 사람은 '돼지'라 한다.
탐욕스럽게 남의 돈을 갈취해서 긁어모으는 돼지 같은 주인과, 그 돼지를 충성
스럽게 모시고 지키는 개가 현대에도 흔하게 많다.

■ **솔개는 매 편**[2+]

ㅣ솔개는 수릿과에 속하는, 매보다 조금 작은 맹금류다. 매는 맷과이고 솔개는
수릿과지만 사는 환경이나 습성은 비슷하다.

[맥락] 맹금류들은 높은 하늘에서 빙빙 맴돌며 채 갈 거 없나 아래쪽을 굽어본다.
백성의 재산을 가로채려 눈독 들이는 벼슬아치들도 그렇다. 매보다 작은 솔개는
탐관오리 밑에서 백성의 남은 재산마저 채 가는 구실아치를 뜻할 것이다.

■ **이리가 짖으니 개가 꼬리 흔든다**[2+]

ㅣ이리, 즉 늑대는 갯과의 동물로 개와 여러 부분에서 그 습성이 같다. 아직도
개에게는 늑대의 습성이 남아 있어 애먼 달을 보고 울기도 한다. 한밤중에 먼
산에서 늑대가 울부짖으면 개도 본능적으로 따라 울거나 꼬리를 흔든다.

[맥락] 이리는 포악한 고위관리를 뜻한다. 개는 물론 그 하수인이다. 모시는 주인
이 백성들에게 포악하게 굴고 재물을 갈취할 때마다 "아주 훌륭하십니다!" '꼬리
치고' 아첨한다.

---

14 제주도에서는 흑돼지를 '꺼먹돼지'라고 부른다. 2015년 3월 문화재청에서는 제주특별자치도
축산진흥원에서 별도로 사육하고 있는 순수혈통의 제주 흑돼지들을 천연기념물 제550호로 지정했다.

가재 물 짐작하듯 무엇이든 미리 짐작을 잘하는 것을 이르는 말.

■ 가재 물 짐작하듯²⁺

| 가재는 아가미로 호흡할까 아니면 허파로 호흡할까? 가재가 물 밖에서도 견디는 걸 보고 허파로 호흡할 거라 생각하겠지만, 틀렸다. 가재는 물고기처럼 아가미로 호흡한다. 아가미로 호흡하면서 가재는 어떻게 물 밖에서 오래 있을 수 있을까. 비밀은 가재의 커다란 머리 투구에 있다. 가재는 그 안쪽 공간 틈에 물을 저장하여 그것으로 아가미 호흡을 하며 버티는 것이다. 게 역시 그런 방식으로 아가미 호흡을 한다. 가재는 왜 그런 신체구조가 필요했을까. 이 의문에 대한 해답은 가재가 사는 곳에서 얻을 수 있다. 가재는 상류의 맑고 얕은 물에서 산다. 그런데 물이 얕다 보니 계절에 따라 물이 늘고 줄어 물 많은 곳으로 옮겨야 할 때가 생긴다. 가재에게 물을 저장해서 아가미로 숨 쉬는 능력이 없었다면 물고기처럼 헐떡이다가 죽고 말았을 것이다. 가재는 살던 곳의 물이 마르면 물이 있는 곳으로 찾아간다. 가재는 물 냄새를 귀신같이 맡을 수 있는 독특한 감각기관도 갖추고 있다. 옛사람들은 가재가 물을 잘 찾아가는 걸 알고 있었다. 지금도 애완용 가재가 수조 밖으로 탈출하면 대개 화장실이나 부엌 근처, 외부 습기가 들어오는 창틀 홈에서 발견된다고 한다.

[맥락] 여기서 '가재'는 '갓에'로 읽을 수 있고, '물'은 '뭘'과 발음이 비슷하다. 이제 갓 시작부터 '뭘' 그리 미리 짐작을 잘하냐는 말이다.

가죽 상하지 않고 호랑이 잡을까 크고 어려운 일을 이루는 데는 마땅히 어느 정도의 손해와 고통이 뒤따른다는 말.

[成語] 이대도강(李代桃僵) : 복숭아나무를 대신해 자두나무를 쓰러트린다 ▸ 더 가치 있는 복숭아나무를 살리기 위해 그 옆에 늘 자두나무를 함께 심고, 복숭아나무 같은 품종을 좋아하는 벌레가 비슷한 품종의 자두나무를 먼저 배불리 갉아 먹게 한 과수농법에서 유래했다. 이 성어는 중국의 『악부시집(樂府詩集)』에 실린 〈계명(鷄鳴)〉이라는 시에서 유래한다.

> 桃生露井上　복숭아나무 우물가에 자라고
> 李樹生桃旁　그 곁에 자두나무 자랐네.
> 蟲來齧桃根　벌레들이 복숭아나무 뿌리 갉아 먹기에
> 李樹代桃僵　복숭아나무 대신해 자두나무 쓰러지네.
> 樹木身相代　나무도 서로를 대신해 몸을 바치는데
> 兄弟還相忘　형제는 다시금 그걸 잊고들 있구나.

자두나무가 복숭아나무를 대신해 벌레들에 갉아 먹혀 희생하는 것을 형제의 우애에 빗댄 시다. 여기서 유래하여 『손자병법』에서는, 어느 정도 아군을 희생하여 결과적으로 큰 승리를 얻는 전술로서 이 말을 36계 중 하나의 항목으로 가져다 썼다. "싸움에는 반드시 피해가 따르기 마련이다. 뒤로 적은 손해를 봄으로써 앞으로 큰 이익을 취해야 한다(勢必有損 損陰以益陽)."
육참골단(肉斬骨斷) : 내 살을 베이고 적의 뼈를 끊는다 • 요새는 흔히 '살을 주고 뼈를 취한다'라는 말로 바뀌어 쓰인다.

[현대] 살을 주고 뼈를 취한다

■ **가죽 상하지 않고 호랑이 잡을까**[2+]
| 호랑이의 가치는 호피(虎皮)에 있다. 천금 가격의 호랑이 가죽이 행여 상할까, 활과 창 쓰는 데 주저하면 도리어 호랑이 밥이 된다. 큰일을 이루려 할 때는 어느 만큼의 손해나 피해는 감수하고 시작해야 한다는 말이다.
[맥락] 여기서 '가죽'은 호랑이의 가죽도 뜻하지만 호랑이를 잡으려는 사람의 거죽, 즉 몸도 뜻한다. 제 몸 아껴서는 큰일을 도모하지 못한다는 말이다.

가지 많은 나무 바람 잘 날 없다 자식이나 식구가 많은 집은 항상 소란스럽고 근심 거리가 생기기 마련이라는 말.

■ **가지 많은 나무 바람 잘 날 없다**
| 가지가 많으면 바람 받는 면적도 커지니 항시 작은 바람에도 가지가 흔들린다. 그리고 나무는 한 가문이나 집안을 상징한다. 서양에서 가계도를 그릴 때 나뭇가지나 뿌리 형태로 그리는 경우가 많고, 생물의 계통을 밝히는 그림도 그렇게 잘 그린다. '나무'와 '가지'는 부모와 자식의 관계를 나타낸 말이다.

■ **새끼 많은 소 멍에 벗을 날 없다 / 새끼 아홉 둔 소[말] 길마 벗을 날 없다**
| 새끼가 많으면 그 새끼들을 먹일 주인을 위해 부모 된 소와 말은 더 많이 부림을 당해야 한다. '멍에'는 수레나 쟁기를 끌기 위해 소의 목 뒤와 어깨 사이의 우묵한 곳에 얹어 걸치는 구부러진 모양의 막대다. 이 막대에 수레나 쟁기의 끈을 고정해 끌게 하는데, 여기에 뜻이 더해져 '멍에'는 억압이나 구속, 부담을 뜻하기도 한다. 그리고 '길마'는 수레를 고정하거나 짐을 실으려 등에 지워 고정하는 틀을 말한다. '길마→ 굽은 가지는 길맛가지 된다 / 멍에→ 일 못하는 소 멍에만 탓한다

간도 쓸개도 다 빼 준다 ①아주 친하거나 매우 믿는 사이에는 무엇이든 다 주고자 한다는 말. ②남에게 지나치게 모든 것을 다 내어줌을 이르는 말.

■ **간도 쓸개도 다 빼 준다 / 간이라도 빼어[뽑아] 먹이겠다**
| 간(肝)은 우리 몸에서 가장 중요하고 중심이 되는 부위다. 간이 없으면 영양분을 저장하지 못하고 몸 안의 독소를 해독하지도 못한다. 쓸개[膽]는 간에서 만들어

진 쓸개즙을 보관하는 주머니로, 쓸개즙은 지방을 분해하는 역할을 한다. 이런 중요한 간과 쓸개까지 빼서 줄 정도로 친하거나 철석같이 믿는다는 말.

이와 관련한 이야기가 있다. 평소 친구가 많다고 자랑하는 아들에게 그들이 진짜 친구인지 시험해보자 하고는 돼지를 잡아 마치 사람의 시체인 것처럼 둘둘 싸서 아들의 친구 집을 방문했다. 그리고 실수로 사람을 죽였는데 이것을 숨겨 달라 하니 모두 문을 닫아버렸다. 이에 아버지는 한 명뿐인 자기 친구에게 가서 똑같이 하니 어서 들어오라 하고 황급히 문을 잠그더란다. 살인자를 숨겨주면 자신도 큰 벌을 받는 걸 알면서도 친구의 힘듦 말고는 아무 생각이 안 드는 친구.

간에 붙었다 쓸개에 붙었다 한다   지조 없이 자기 유리한 형편에 따라 이편저편에 붙는다는 말.

[현대] 양다리 걸친다 / 이기는 편 우리 편

■ 간에 붙었다 쓸개[염통·섶]에 붙었다 한다 / 박쥐 노릇
 |영양가 있는 사람마다 옮겨다니며 들러붙는다는 말. 간과 쓸개와 마찬가지로 심장과 허파도 매우 중요한 장기로 역시 서로 맞닿아 있다. '염통'은 심장의 다른 말이며 '섶'은 허파의 이북 말.

■ 화냥년 시집 다니듯[2+]
 |'화냥년'은 돈 받고 몸 파는 여자나 몸가짐이 헤픈 여자다. 그런 여자는 사랑이 아니라 재물이나 명성만 보고 이 남자 저 남자와 잠자리를 한다.
  '화냥녀'는 병자호란(丙子胡亂) 때 오랑캐에게 끌려가 몸을 더럽히고 고향으로 돌아온 여자를 환향녀(還鄕女 : 고향으로 돌아온 여자)라고 손가락질[15] 하며 부르던 데서 생겼다는 민간어원[16] 이 있다. 이 '환향녀'가 '환향녀＞화냥녀＞화냥년'으로 바뀌었다는 것이다. 그러나 현재 받아들여지는 학설은 중국 당·송나라 때부터 첩이나 기녀, 창녀를 화낭(花娘)이라고 부른 데서 유래했다는 설이다. 이미 병자호란 이전인 『성종실록』에도 이 '화낭'이 몸 파는 여자를 뜻한다고 기록되어 있다. 그리고 화낭의 중국어 발음은 [huāniáng. 후아니앙=화냥]으로,

---

15 못난 남자들이 정치를 잘못해서 전쟁통에 욕보게 해놓고 그 피해자를 손가락질하는 못된 짓은 지금도 마찬가지인 듯하다. 죄를 지은 범죄자보다 오히려 성폭행을 당한 여자를 손가락질하는 게 지금의 현실이니 말이다. 손가락은 언제나 가해자를 향해야 맞다.

16 민간어원 또는 민간어원설이란, 낱말의 어원을 언어학적 방법이나 사실에 기초하지 않고 어형이나 음운적 유사성으로만 설명하는 것을 말한다. 대표적인 예가, 지금 비가 쏟아질지 아닐지를 소를 두고 내기를 해서 '소내기＞소나기'가 됐다는 이야기다.

화낭이란 단어를 받아들일 때 중국 발음 그대로 받아들인 것으로 보고 있다.[17]

간이 부었다 배짱이 있거나 겁 없이 무모함을 이르는 말.

　[반대] 간이 콩알만 해지다

　[현대] 겁을[겁대가리를] 상실했다

■ 간이 부었다

　| 간이 크면 배포나 배짱이 좋다고 믿었다. 담대(膽大)도 '쓸개가 크다'라는 말. 그런데 이것이 지나쳐 무모하게 행동하면 간이 크다 못해 부었다고 한다. 그리고 한의학에서는 간에 정신, 즉 '혼'이 깃들어 있다고 보는데, 간이 크면 추진력이나 의지, 배짱이 크고 넉넉하다고 본다. 어떤 사람은 평소 거칠 것 없는 헌헌장부였는데 간이 나빠진 뒤로는 왠지 새로운 일에 겁이 나고 소심해지더란다.

■ 간이 배 밖으로 나왔다

　| 간이 부어서 커지다 못해 배 위로 두드러지게 튀어나왔다는 말. 지금도 희귀병으로 간이 부어서 배 밖으로 두드러지게 보이는 경우가 있다.

간이 콩알만 해지다 매우 놀라거나 무서워 간담이 서늘해짐을 이르는 말.

　[반대] 간이 부었다

■ 간이 콩알만 해지다

　| 사람이 너무 놀라면 간에 영향을 준다고 한다. 실제로 크게 겁이 날 때 간이 졸아드는지는 밝혀지지 않았다. 옛날에는 용기와 배짱은 간과 쓸개에서 나온다고 믿었다. 매우 담대하고 용감하던 사람도 저항할 수 없을 만큼 무서운 일을 겪고 나면 보통 사람보다 겁쟁이가 된다고 한다.

갈모형제 아우가 형보다 잘나고 형이 아우만 못한 경우를 이르는 말.

　[반대] 형만 한 아우 없다

■ 갈모형제

17　이런 식으로 중국어 발음 그대로 받아들인 단어들이 좀 있다. 무궁화도 사실 목근화(木槿花)의 중국 발음 '무긴후아'를 무긴화 > 무긍화 > 무궁화로 받아들인 것이며(無窮花는 발음에 맞게 한자를 골라 붙인 것), 무명 역시 목면(木綿)의 중국 발음 '무미엔'에서 유래한다. 나무 목(木)의 중국 발음이 무[mu]다. 참고로 중국 설화를 바탕으로 만든 디즈니 애니메이션 〈뮬란Mulan〉도 사실은 '무란'이다. 주인공 이름이 목란(木蘭 : 모란)이기 때문이다. 그걸 우리나라에서 상영할 때 '디노사우르스'를 〈다이너소어〉로 했듯이 영어식으로 읽은 그대로 받아들였다.

|'갈모'는 비가 올 때 비싼 갓이 젖지 않도록 갓 위에 얹어 씌우는 모자로, 기름 먹인 질긴 종이를 주름 접어 원뿔 형태로 만든 것이다. 원뿔형이라서 위쪽은 뾰족하고 아래로 갈수록 넓게 퍼진다. 이 모양을 본떠 형이 아우보다 도량이나 그릇이 좁고 오히려 아우가 형보다 더 나을 때 '갈모형제'라고 불렀다. 갈모 아래가 넓게 퍼질수록 꼭지는 상대적으로 더욱 작아 보이

갈모. 우산처럼 펴서 갓 위에 씌운 뒤 갈모에 달린 끈을 턱에 붙잡아 매서 고정한다. 비가 그치면 물을 털고 접어서 휴대한다.

듯, 옹졸한 형은 동생이 잘나갈수록 더욱 시기하는 법이다. '아비는 자식이 자기보다 잘났다면 기뻐하고 형은 동생이 자기보다 잘났다면 시기한다'라는 말이 있듯이.

갈수록 태산 갈수록 더욱 어려운 지경에 이른다는 말.

[成語] **설상가상**(雪上加霜) : 눈 내려 추운데 그 위에 차가운 서리까지 친다.
병상첨병(病上添病) : 병을 앓고 있어 힘겨운데 다른 병까지 걸린다.
점입가경(漸入佳境) : 점점 들어갈수록 멋진 경관. ‣ 긍정적인 경우에는 상황이 점점 재미있게 전개된다는 뜻이나, 부정적인 경우에는 상황이 갈수록 어렵고 대책 없이 된다는 뜻이 된다.

[현대] 월급 빼고 다 오른다 / 입술 찢어졌는데 하품 나온다 / 흰 바지 입은 날 비 맞고 팬티까지 컬러 / 비는 오지요 발은 빠졌죠 소는 도망가죠 인민군은 쫓아오죠 똥은 마렵죠 바지는 안 내려가죠 / 직장은 죽도록 일하고 사업은 죽지 못해 한다 무더위 장마에 생리 ‣ 한여름, 그것도 무더위와 장마 속 생리는 여자들에게 저주스러운 지옥이다. 심지어 생리 중에는 설사하는 일도 잦다.

■ 갈수록 태산[수미산·숭산·심산] / 산 넘어 산

|태산(泰山 : 1,535m)과 숭산(嵩山 : 1,600m)은 중국에 있는 큰 산의 이름.[18] '태산'은 역대 황제들이 하늘에 제사를 지내며 신령스럽게 여겼던 산이고, '숭산' 역시 소림사(少林寺)가 있는 산으로 유명하다. 수미산(須彌山)은 세상 한가운데 있다고 믿는 고대 인도 전설 속 산의 이름으로 높이와 폭이 모두 수백만 km라고 한다. 이 산은 세계의 중심에 솟아 있으며 금과 은 등 네 가지 귀금속과 보석으로 이루어져 있다고 한다. 수미산을 중심으로 네 개 대륙과 아홉 개의 산이 있고, 산과 산 사이에 여덟 개의 바다가 있으며, 수미산 중턱에는 사천왕(四天王)이

---

18 중국에는 5악(岳)이라 하여 높게 쳐주는 산들이 있는데, 동=태산(泰山, 산동성), 서=화산(華山, 섬서성), 남=형산(衡山, 호남성), 북=항산(恒山, 산서성), 중=숭산(嵩山, 하남성)이 있다.

거주하는 사왕천(四王天)이 있고 그 정상에는 도리천(忉利天)이 있다고 한다. 심산(深山)은 숲이 우거진 깊은 산. 한 고비를 힘겹게 넘으니 다른 고비들 또 줄이어 있다는 말이다.

■ **산은 오를수록 높고 물은 건널수록 깊다**
| 산은 올라갈수록 경사가 가팔라지고 물은 들어갈수록 급격히 깊어진다.

■ **가난한 집에 자식이 많다**
| 먹고살기도 어려운 형편에 자식까지 많으면, 자식들을 굶길 수도 버릴 수도 없어 어렵고 곤란한 지경이 된다. 옛사람들은 어떻게든 낳아만 놓으면 제 살길은 알아서 생긴다며 일단 아이를 많이 낳고 보았다. 가난하여 먹고살기 힘들수록 동물적 본능으로 더 많은 자식을 낳는 경향이 크다. 동물 세계에서도 약자의 위치에 있거나 힘든 환경에 있을수록 많이 낳아서 유전자 생존율을 높인다.

■ **쥐구멍에도 눈 들 날 있다[2+]**
| 이 이상 나빠질 것 같지 않은 쥐구멍 같은 궁색한 집안에도 시련이 더 닥칠 수 있다는 말.

■ **엎친 데 덮친 격[2+]**
| 하던 일이 엎어져 일어나기도 힘든데 더한 불행이나 부담까지 덮쳐 온다는 말.

■ **하품하는 데 딸꾹질**

■ **국 쏟고 허벅지 덴다**

■ **외눈에 안질**
| 멀쩡한 눈이 하나뿐인데 그 눈마저도 안질(眼疾), 즉 눈병이 났다는 말.

■ **가난한 집 제사[제삿날·젯날] 돌아오듯**
| 당장 먹고살기도 힘든데 정성을 다해 모셔야 할 제삿날이 어김없이 돌아오니 죽은 제사 모시려다 산 사람 제사를 지낼 판이다. 더구나 옛날에는 4대조까지 제사를 모셨으니 한 해에 지내야 하는 제사가 한두 개가 아니었다.[19]

갈치가 갈치 꼬리 문다 친하고 가까운 사이 또는 서로 보듬어야 할 사이끼리 외려 서로 헐뜯고 해를 입힌다는 말.

---

19 조선 『경국대전(經國大典)』에는 제사를 몇 대조까지 지내야 하는지 규정해놓았는데, 사대부 이상은 4대봉사(四代奉祀), 6품 이상은 3대봉사, 7품 이하는 2대봉사, 일반 백성은 부모 제사만 지내게 되어 있다. 하지만 이 규정과 무관하게 대부분은 예의상 4대봉사를 했다. 봉사(奉祀)는 제사를 받들어 모신다는 뜻.

[成語] 골육상잔(骨肉相殘) : 뼈와 살처럼 아주 밀접한 사이끼리 서로 해친다.

동족상잔(同族相殘) : 같은 민족이나 친척끼리 서로 해친다.

자두연두기(煮豆燃豆萁) : 콩대를 태워 콩을 삶다·위(魏)나라 조조(曹操)가 죽자 형제간 권력다툼 후 조비(曹丕), 즉 문제(文帝)가 왕위에 올랐다. 그런데 조비는 동생 조식(曹植)이 재주와 시문이 뛰어나 주변에 많은 사람이 모이자 이를 시기하고, 자신의 입지도 불안하다 여겨 어떻게든 구실을 들어 동생을 없앨 궁리를 한다. 그래서 아버지 장례식에 오지 않았음을 들어 죄를 묻고 만약 일곱 걸음 안에 시를 지으면 용서하겠으나, 절대 형제(兄弟)라는 단어를 쓰지 않고 형제의 정을 읊으라 명한다. 그런데 조식이 일곱 걸음 안에 시를 지어 읊으니 이에 유래하여 이 시를 칠보시(七步詩)라고 한다.

煮豆燃豆萁(자두연두기)	콩대를 태워 콩을 삶으니
豆在釜中泣(두재부중읍)	솥 안에서 콩이 눈물 흘리네.
本是同根生(본시동근생)	본디 같은 뿌리에서 났건만
上煎何太急(상전하태급)	들볶음 어찌 이리 심한 건가.

같은 부모에게서 태어난 형제끼리 왜 서로 죽이려 하느냐는 내용이다. 이 시를 듣고 주변 신하들이 모두 눈물을 흘리니 형 조비는 어쩔 수 없이 동생 조식을 풀어줄 수밖에 없었다.

[반대] 개도 개뼈다귀는 뜯지 않는다 / 과부 사정은 홀아비가 안다

[현대] 여자의 적은 여자·시어머니 위에 말없이 지시하는 시아버지가 있듯, 여직원의 옷차림을 지적하는 여자 상사 위엔 검열을 떠맡긴 허허허 남자 상사가 있다.

■ 갈치가 갈치 꼬리 문다[2+]

|갈치는 강한 이빨을 가진 육식성 어족으로, 식욕이 왕성해질 때는 동족끼리도 서로의 꼬리를 잘라 먹는 일이 많다. 그래서 갈치를 낚아 올리면 간혹 꼬리가 뜯긴 갈치가 걸려 올라온다고 한다.

[맥락] 여기서 '갈치'는 어쩌면 갈치잠(비좁은 방에서 여럿이 모로 끼어 자는 잠)을 자는 사이, 또는 갈치배(못 먹어서 배가 갈치처럼 홀쭉해진 배)를 말하는 것인지도 모르겠다. 어렵게 부대끼며 함께한 사이끼리 뒤에서 물어뜯는다는 뜻.

■ 망둥이 제 동무[새끼] 잡아먹듯

|망둥이는 잡식성 어족으로, 굶주리거나 식욕이 왕성할 때는 자기 동족이나 새끼도 잡아먹는다고 알려져 있다(짱뚱어는 망둥이와 같은 농어목 망둑엇과의 물고기지만 육식을 하지 않는다). 망둥이는 입이 크고 뭐든 잘 삼키기 때문에 망둥이 낚시를 할 때는 아무 미끼든 낚싯바늘에 끼워 던지면 무조건 물어 삼키는 버릇이 있는데, 심지어는 다른 작은 망둥이를 바늘에 꿰어 던져도 삼킨다고 한다. 그래서 정약전은『자산어보(玆山魚譜)』에서 '조상을 모르는 물고기'라고 적었다.

■ 까마귀가 까치집 뺏는다

| 까마귀와 까치는 전혀 다르다고 생각하지만, 자세히 보면 둘의 생김새가 매우 닮았다. 둘 다 '참새목 까마귓과' 친척이기 때문이다. 그래서 까마귀와 까치는 식성도 습성도 사는 곳도 비슷하다. 집 짓는 곳이나 집의 모양, 재료도 거의 비슷하다. 다만, 까치는 매년 새로 집을 짓지만 까마귀는 대체로 전에 지었던 집을 고쳐서 사는 게 다르다. 그래서 까마귀 집은 매년 조금씩 커지고 까치집은 버려지고 허물어진다. 이 버려진 까치집을 까마귀가 고쳐서 사는 걸 본 옛사람들이 까마귀가 까치의 집을 빼앗았다고 오해했다. 아무튼 까마귀처럼 재수 없고 속 시커먼 사람이 같은 '까막까치'면서도 제 이웃을 해한다는 말이다.

제주도에는 원래 까치가 없고 까마귀만 살았는데, 대한민국 길조인 까치가 우리 땅 제주도에 없다는 게 말이 되냐며 1989년 모 기업들이 까치 50마리를 데려다 풀었다. 얼마 뒤 까치들이 크게 번식하면서 까마귀들을 밀어내 한라산으로 터전을 옮겨 산다.[20] 오히려 까치가 까마귀 집을 빼앗은 것이다. 자연에 인간이 끼어들면 좋지 않다.

■ 거지끼리 자루 찢는다 / 동냥치가 동냥치 꺼린다

| 옛 거지들은 깡통이 아니라 쪽박이나 자루를 들고 구걸을 다녔다. 구걸한 걸 자기가 더 갖겠다고 자루 잡고 실랑이하다가 동냥자루만 찢어진다는 뜻이다. 없이 살면 서로 돕기보다 더 악착같이 구는 일이 많다.

'동냥치'는 '동냥아치'[21] 의 준말이며 거지의 다른 말이다. 다른 거지가 마을에 들면 자기가 구걸 얻을 몫이 줄어드니 그 거지가 제 구역에 못 오게 쫓아낸다.

■ 한솥밥 먹고 송사한다

| 송사(訟事)는 재판. 사소한 이익을 두고 다툼이 커져 아주 가깝게 지내던 사이끼

---

20 까마귀는 까치보다 덩치는 크지만 대개 까치한테 못 이긴다. 가끔 '까치와 까마귀가 싸우면 누가 이기냐'라는 질문이 인터넷상에 올라오곤 하는데, 1 대 1로 하면 까마귀가 이기겠으나 평소에는 까치가 이길 것이다. 까마귀는 까치보다 덩치가 크고 지능도 높지만, 까치는 대신 2 대 1로 협공한다. 독수리나 매 같은 맹금류도 까치의 협공에 쫓기기 일쑤다. 게다가 까마귀는 협력을 모른다. 떼 지어 다니기는 하지만 따로 행동하기 때문에 집단의 힘을 발휘하지 못한다. 그래서 오합지졸(烏合之卒)이란 말이 생겼다. 까마귀 대여섯과 까치 둘이 벌이는 공중전을 지켜본 적이 있다. 까치 둘이 까마귀 한 마리를 공격하자 정신없이 추락하듯 도망치기 바빴다. 주변의 다른 까마귀들은 겉돌기만 할 뿐 도와주지 않다가 공격이 제 차례가 되니 황급히 쫓겨 도망쳤다. 오합지졸이 맞다.
21 이 동냥아치가 달리 줄어들어 '양아치'가 됐다. 한국전쟁 등으로 구걸이 어렵자 거지들이 넝마나 고물을 줍는 넝마주이가 되기도 했다. 이들이 여기저기 다니며 남의 살림을 슬쩍하거나 약한 여성이나 애들에게 추행을 저질러 품행이 천박하고 못된 짓을 일삼는 사람을 양아치라고 부르게 됐다.

리 법정까지 간다는 말이다.

■ **장님이 귀머거리 나무란다**[2+]
    |장님은 앞이 보이지 않으니, 귀머거리가 아무리 난 못 듣는다 손짓 발짓을 한들 못 알아채고 버럭 화만 낸다. "아니, 사람이 물었으면 대답을 해야 할 거 아냐!"

감기는 밥상머리에 내려앉는다 ①아플수록 잘 먹어야 빨리 낫는다는 말. ②앓다가도 먹을 것이 생기면 아픈 사람 같지 않게 잘 먹는 경우를 이르는 말.

■ **감기는 밥상머리에 내려앉는다 / 고기 한 점이 귀신 천 마리를 쫓는다**
    |아프면 입맛도 없다. 하지만 그럴수록 잘 먹어야 기운을 차려 병을 이긴다. 아픈 사람이 밥 생각 없다고 수저를 도로 놓을 때 이 말을 하며 손에 다시 들렸다. 또 병균이란 걸 몰랐던 옛사람들은 병은 몸에 나쁜 귀신이 붙어 생기는 거라 믿었다. 사람이 기가 허해지면 없는 귀신이나 허깨비도 보이니까. 참고로 인간의 평균 수명이 옛날보다 크게 늘어난 것은 양질의 식사를 하게 되면서부터다. 특히 단백질과 지방의 섭취가 늘면서 몸의 저항력이 높아졌다. 조선시대에도 어느 지역에 전염병이 돌면 치료할 의원들을 보내면서 식량도 같이 실어 보냈다.

■ **인삼 녹용도 배부른 뒤에야 약 된다**
    |환자가 약을 버틸 만큼은 회복돼야 인삼이든 녹용이든 쓸 수 있다. 약도 독으로 만든 것이라 몸에 간에 부담이 간다. 지금도 대개 빈속에는 약을 먹지 않는다.

감나무 밑에 누워 입에 홍시 떨어지기 기다린다 아무런 노력도 하지 않고 좋은 결과가 이루어지기를 바란다는 말.
    [반대] 복은 누워서 기다린다

■ **감나무 밑에 누워 입에 홍시[연시] 떨어지기 기다린다[바란다]**[2+]
    |다 익은 홍시도 따기 귀찮아 제 입에 저절로 떨어져줄 때까지 밑에 누워 입 딱 벌리고만 있다는 말. 홍시가 되면 저절로 떨어지는 감이 많다. 하지만 어느 감이 언제 어디 떨어질 줄 알고. 연시(軟柿)와 홍시(紅柿)는 같은 말.
    [맥락] 여기서 '감'은 사윗감, 신붓감, 기둥감, 정승감처럼 어떤 자격이나 그 자격에 맞는 자리를 뜻하는 '~감'이다. 어떤 자리를 가만히 앉아 받아먹을 생각 말고 열심히 찾아 먹을 궁리를 하라는 뜻이다.

감 씨에서 고욤나무 난다 훌륭한 부모나 스승 밑에서 못난 자식이나 제자가 나옴을 이르는 말.

[반대] 개천에서 용 난다

▪ 감 씨에서 고욤나무 난다

| 감 씨를 묻으면 감나무가 자랄 것 같지만, 감나무 조상인 고욤나무가 자란다.[22] 이 고욤나무가 조금 자라면 밑동을 자르고 감나무 가지를 접붙여야 비로소 감나무로 자라 탐스러운 감이 열린다. 달고 큰 감의 씨앗을 심어 자란 것이 고작 자잘하고 덜 단 고욤이니 부모나 윗사람의 훌륭함을 이어받지 못했다는 말이다.[23]

고욤은 지름이 2~2.5cm가량으로 포도알만큼 작지만 씨는 감만큼 5~6개씩 들어 있어 먹어볼 것이 적고 먹기도 상당히 성가셨다. 게다가 다 익었다 생각할 때는 아직 떫다.[24] 검고 쪼그라들어야 비로소 단맛이 난다.

올망졸망 달린 고욤. 거의 익은 거 같지만 떫었다. | 서울 화계사(華溪寺) 산문 안

감은 눈 못 본다   무슨 일이든 애당초 하지 않으려 드는 태도를 이르는 말.

▪ 감은 눈 못 본다

| 처리해야 하거나 시비를 가려야 하는데 일부러 하지 않으려 아예 눈을 감아버린 척을 한다는 말이다. 지금도 부정이나 비리가 있을 때 이것을 철저하게 밝혀내 처벌해야 하는데도 그러지 않으려 아예 모른 척하는 경우가 종종 있다.

감투가 커도 귀가 짐작이라   ①귀로 가늠하여 머리에 맞는 감투의 크기를 짐작할 수 있다는 뜻으로, 어떤 사물의 내용을 어느 정도 짐작할 수 있음을 비유적으로 이르는 말. ②자신의 분수나 능력보다 더한 것을 얻는다 해도 감당할 수 있는 한계가 있음을 이르는 말.

▪ 감투가 커도 귀가 짐작이라[2+]

| '감투'는 기본적으로 탕건(宕巾)을 뜻한다. 상투 튼 맨머리 위에 탕건을 쓰고

---

22 과육은 씨방이 부풀어 만들어진 것으로, 이 씨방이 자연적·인위적 돌연변이로 매우 커졌다 하더라도 안에 든 씨는 원시 상태 그대로라 그 씨를 심어도 조상의 유전자대로 자랄 수밖에 없다.

23 사극에서 흔히 쓰는 불초소생(不肖小生)이란 말의 '불초'가 부모님의 훌륭함을 '미처 닮지 못했다'라는 뜻이다.

24 다 익었을 때의 색깔은 감처럼 주황색이 아니라 어두운 갈색을 띤다. 이때 따 먹어도 덜 달다. 그래서 고욤은 따서 묵히거나 쌀독에 담아 숙성시켜가며 꺼내 먹었다. 따지 않은 자연 상태에서도 겉이 완전히 쪼글쪼글해졌을 때는 곶감 비슷한 맛이 난다.

그 위에 다른 관(冠)을 썼다. 탕건은 머리 위에 걸리도록 앞이 낮고 상투가 들어갈 자리를 만들어야 해서 뒤가 높다. 또한 감투는 '감투를 쓰다'에서처럼 벼슬이나 지위를 속되게 이르는 말이기도 하다. 그래서 이 속담은 감투가 그 사람에게 맞는지는 귀에 걸리는지로 알 수 있고, 그 벼슬자리가 감당할 수 있는 자리인지는 그 사람의 능력 '머리' 크기로 알 수 있다는 말이다. 감투가 그 이상으로 크면 귀 아래로 쑥 내려가버릴 테니까. 그러므로 여기서의 감투는 탕건이 아니라 탕건 위에 쓰는 다른 모자, 특히 정자관(程子冠)을 뜻하겠다. 높은 양반이 쓰는 정자관은 위가 뚫려 있어 귀보다 크면 어깨까지 쑥 내려간다.

[맥락] 여기서 '귀가 짐작'이란 것은 스스로 제 머리에 맞는 감투인지를 귀에 걸리는지로 알 수 있다는 말이기도 하지만, 남들이 수군대는 소리로도 짐작할 수 있다는 말이기도 하다. 분수에 넘치는 자리를 얻으면 좋은 소리가 안 들린다.

방건(方巾). 고양이를 황급히 쫓는 와중에 방건이 벗겨진다. 방건 안에 탕건을 받쳐 쓰기도 하고 맨머리에 바로 쓰기도 한다.
|김득신, 〈야묘도추(野猫盜雛)〉

방건은 사방이 네모지고 턱이 없는 거의 민짜 형태며 위쪽은 편평하게 막혀 있다.
|작자미상, 〈윤집 초상화〉 (일부)

◁ 탕건틀과 탕건. 탕건은 앞이 낮고 뒤는 높은 형태라 머리가 일정 깊이 이상은 안 들어간다. 탕건은 주로 양반들이 받쳐 썼다.
▷ 정자관(程子冠). 산(山)자 모양으로 되어 있으며 실내에서 썼다. 정자관을 쓰기 전에 탕건을 먼저 받쳐 쓴다. 중국 북송(北宋)시대 정자(程子)가 처음 썼다고 한다. 위세 있는 양반들이 많이 썼다. |코리아나 화장박물관

■ 감투가 크면 어깨를 누른다

|귀에도 걸리지 않을 만큼 큰 감투라면 어깨까지 쑥 내려올 거라는 과장이며, 분에 넘치는 감투를 쓰면 버거운 일로 인해 어깨가 무거워진다는 뜻도 담고 있다.

값싼 갈치자반 값이 싸서 만만하고 그러면서 쓰기도 무난한 것을 이르는 말.

[반대] 싼 게 비지떡

■ 값싼 갈치자반 (맛만 좋다)

|조선 후기에는 얼음창고가 있어 어느 정도 운송은 가능했지만 지금 같은 냉동기
술은 없어 오래 보관하거나 길게 유통하기는 힘들었다. 그래서 갈치를 소금에
절여 파는 경우가 많았다. 절인 갈치는 저렴해서 서민들이 많이 사다 먹었다.
맛이 생물 갈치만 못하지만 꽤 먹을 만했다. 그래서 정조 때 실학자 서유구는
『난호어목지』에 "돈을 헛되이 쓰지 않으려면 소금에 절인 갈치를 사서 먹으라"
라고 적었다. 그만큼 갈치자반이 저렴하고 먹을 만했다는 뜻이다.

갓 마흔에 첫 버선 ①오래 기다리던 일을 마침내 이루게 됨을 뜻하는 말. ②나이가
꽤 들어서야 비로소 처음 해보는 것을 이르는 말.

■ 갓 마흔에 첫 버선 / 사십에 첫 버선

|조선 후기 조재삼(趙在三)이 자녀교육을 위한 생활교육서로 쓴 『송남잡지(松南
雜識)』에는 다음 이야기로 이 속담의 유래를 적고 있다.

　어느 양반집 부인이 워낙 바느질 솜씨가 없어 남편이 마흔이 되었을 때야 겨
우 버선 한 켤레를 지어주었다. 남편이 이것을 신고 조정에 들어가니 동료들이
볼품없는 버선이라며 놀렸다. 그러자 내 나이 마흔에 아내가 처음 만들어준 버
선이라며 오히려 자랑스러워했다.

　대부분의 속담 유래라는 이야기들은 있는 속담에 맞추어 나중에 그럴듯하게
지어낸 것이 많다.

[맥락] 버선[25] 은 옛 양말이다. 양말(洋襪)이란 말도 '서
양 버선'이란 뜻. 살기가 어려우면 버선도 신기기 어려
워, 옛 서민들의 사진이나 그림을 보면 맨발에 짚신 신은
것을 많이 볼 수 있다. 그러다가 시집 장가를 가면서 혼
례복에 맞춰 처음 버선을 신는다. 따라서 혼인이 너무

어린 아기의 보온을 위해 신기
던 타래버선. |국립민속박물관

늦어서 나이 마흔이 되어 겨우 제 가정을 꾸렸다는 말이
다. 그 얼마나 오래 기다리던 끝인가. 특히나 머슴[26] 들은 새경 가지고는 집

25　버선의 옛말이 '보선'이다. 그래서 훗날 사람들이 보선과 버선이 같은 말인 줄 모르고 '보선'이
　　보살(菩薩)의 잘못된 말인 줄 알고 '첫 보선'을 '갓 마흔에 첫 보살'로 잘못 쓰기도 했다.

26　머슴은 상민(常民), 즉 평민이라 자유롭게 계약을 맺고 그만큼의 일을 해주었다. 하지만 노비(奴
　　婢)는 천민, 즉 노예이므로 집안의 재산이나 물건으로 취급받으며 마음대로 결혼할 수도 없고 허락

장만하고 혼례 치를 비용을 대기 힘들어 서른이 넘도록 장가를 못 가는 더벅머리 총각들이 허다했다. 지금의 가난한 젊은이들 사정도 다르지 않다.

갓방에 인두 달듯 자기 혼자 애태우며 어쩔 줄 몰라 하는 모양을 이르는 말.

■ 갓방에 인두 달듯

|갓방[27] 은 갓 만드는 곳. 갓을 만들 때, 양태갓은 말총으로 만든 갓모자 부분과 댓살로 만들어진 양태 부분을 따로 작업하여 나중에 하나로 끼워 조립한다. 가는 대오리를 판판하게 엮어 만든 양태(차양 역할을 하는 갓의 넓은 챙 부분)를 프리스비 원반처럼 안팎 동심원의 중간 부분만 살짝 위로 둥글게 올라오도록 하려면, 둥근 틀에 양태를 대고 인두로 조금씩 지져가며 대오리를 휘어야 한다. 이 트집을 잡을 때 인두가 중요한 역할을 했다. 이때 너무 오래 지지면 대오리가 타고 너무 짧게 지지면 모양이 안 잡힌다. 눈대중으로 정확한 대칭과 미적인 곡선을 내야 해서 '트집 잡기'[28] 는 갓방에서 가장 숙련된 사람이 맡았다.

◁ 갓의 양태를 엮을 때 쓰는 틀. 틀에 대고 대오리를 걸었다.
▷ 갓방에서는 인두질이 끊이지 않으니 숯불에 묻힌 인두가 식을 새가 없다. 오른쪽에 보이는 둥그런 틀에 판판한 양태를 대고 인두로 일일이 문질러 지저 고르게 휘는 '트집 잡기'를 한다.
|경남 통영 세병관(洗兵館) 12공방(工房)

트집을 잡자면 이리저리 꼼꼼하고 모양을 보아가며 인두질을 수백 번 한다. 그러니 화로 속 인두는 항상 뜨겁게 달궈진 채 식을 줄 모른다. 그렇게 항상 애가 달아 어쩔 줄 모르는 사람을 갓방의 달아오른 인두로 표현했다.

없이 주인집을 떠나 다른 데서 살 수도 없었다. 하지만 조선 후기로 갈수록 노비가 노예보다는 머슴에 가까워지는 경향을 보였다.

27 지금도 더러 갓을 만드는 곳이 있기는 하다. 물론 현대에는 갓을 쓰는 사람이 거의 없다시피 하니 거의 전량이 방송국 소품용이다.

28 '트집을 잡는다'라는 말이 여기서 나왔다. 갓의 트집을 잡든, 누군가의 흠을 찾아내든 뭐 하나 꼬투리 잡을 것 없나, 눈살 찌푸리고 훑어보는 눈매가 꼭 양태 트집 잡으려 가늘게 뜬 눈과 같다.

갓 사러 갔다 망건 사 온다 ①사러던 것이 없어 그와 비슷하지만 쓰임은 전혀 다른 것을 산다는 말. ②남의 말에 흔들려 제 목적을 바꾼다는 말.

■ **갓 사러 갔다 망건 사 온다**

통영에서 만든 갓은 인기가 좋았으며 따로 '통량갓'이라고 부른다.
ㅣ경남 통영 통영시립박물관

ㅣ갓과 망건은 매우 비싼 물건이었고 둘의 가격은 거의 같았다. 또한 갓과 망건은 같은 데서 팔았다. 갓을 사러 갔더니 마침 갓이 다 팔려서 없을 때 모처럼 장에까지 나왔는데 그냥 빈손으로 오기 뭐하니 '비슷한 값의' 망건이라도 사서 온다는 말이다. 물건 사러 가서 그러는 일이 많다.

또는 자기가 원래 사려던 것은 갓인데 장사꾼의 말에 흔들려서 망건을 산다는 말도 된다. "아이구! 손님. 마음에 드는 갓이 없으신가 보네요. 그럼 갓은 다음에 사시고 지금 좋은 망건이 싸게 나왔으니 이걸 사시죠. 값도 얼추 같은데" 하니 솔깃해서 갓 대신 망건을 사 올 수도 있다. *망건→ 가진 돈이 없으면 망건 꼴이 나쁘다

갓 쓰고 망신 점잔을 빼거나 멋을 낸 채로 뜻하지 않은 망신을 당해 더욱 창피하게 되었다는 말.

■ **갓 쓰고 망신**[2+]

ㅣ글깨나 한다는 양반이 의외의 것을 몰라서 망신을 당하거나, 또는 자신보다 한참 못한 사람에게 욕을 보아 체면이 말이 아니라는 뜻이다.

강 건너 불구경 자기와 직접적인 관련이 없다고 아무런 행동도 하지 않고 지켜보기만 한다는 말.

[成語] 수수방관(袖手傍觀): 팔짱 끼고 곁에서 바라보기만 한다.
[현대] 내 알바 아니면 내 알 바 아니다.

■ **강 건너 불구경**[2+] / **강 건너 불 보듯** / **건넛마을 불구경**

ㅣ보통 불이 나면 우리 집까지 불이 번지지 않을까 발을 동동 구르며 애를 태운다. 하지만 강 건너나 이웃 마을에서 난 불은 어차피 이쪽으로 옮겨 번질 일 없으니 오히려 화려한 불꽃놀이마냥 좋은 구경거리다.
[맥락] 누군가 열불이 나도록 화가 났든, 경황없는 일을 당해 부랴부랴[29] 사방천지 뛰어다니며 수습하든 먼 데 일이라고 가만 손 놓고 구경만 한다는 말이다.

■ 강 건너 호랑이[2+]

| 호랑이는 강을 넘어오지 못한다. 여기서의 호랑이는 다른 고을의 무서운 벼슬아
치를 뜻하는 듯하다. 강은 고을의 경계가 된다.

■ 남의 굿 보듯

| 남의 집에서 우환이나 병으로 인해 굿을 하느라 푸닥거리를 열심히 하건 말건
자기 집 굿이 아니니 내 알 바 아니다. 그저 좋은 구경거리일 뿐.

■ 남의 소 날뛰는 건 구경거리[2+]

| 소가 미친 듯이 날뛰는 것은 담석이 생겼을 때다. 이때면 소는 미쳐 날뛰고 물을
벌컥벌컥 마셔댄다. 그렇게 날뛰다 담석을 토해내면 언제 그랬냐는 듯 다시 얌
전해진다. 이때 토한 담석이 우황이며 우황청심원[30] 의 재료가 된다.

강물이 돌을 굴리지 못한다   세상의 흐름에 영향을 받지 않으며 지조 있고 꿋꿋하게
살아감을 우러를 때 쓰는 말.

■ 강물이 돌을 굴리지 못한다

| 이 말은 두보(杜甫)가 제갈공명(諸葛孔明)을 칭송하기 위해 지은 〈팔진도〉라는
시에서 유래한다. '강물은 흘러도 그 안의 돌은 물결 따라 이리저리 구르지 않는
다'라는 제갈공명의 '팔진도(八陣圖)' 가운데서 한 문장을 가져와 썼다.

功蓋三分國(공개삼분국)	공적은 삼국을 모두 뒤덮고
名成八陣圖(명성팔진도)	팔진도 명성 자자하네.
江流石不轉(강류석부전)	강물은 흘러도 돌은 굴리지 못하니
遺恨失吞吳(유한실탄오)	오(吳)나라 치지 못함만이 한이로다.

강원도 포수   오래도록 돌아오지 않거나 아예 소식이 없는 사람, 또는 그런 경우를
이르는 말.

[成語] 함흥차사(咸興差使) : 함흥으로 보낸 차사. · 심부름 가서 늦도록 오지 않거나 연
락도 없이 매우 늦는 사람을 이르는 말. 태조 이성계의 둘째 아들 이방원이 형제
들을 죽이고 왕위에 오르자 분노한 태조가 자기 세력이 있는 함흥으로 가서 돌아
오지 않았다. 이에 이방원은 왕위를 인정받기 위해 차사(差使 : 임금의 특명을

---

29 이 말은 '불이야 불이야'에서 왔다. 불붙은 듯 급하게 사태를 끄려는 모양이나 동작.

30 '청심환'이라고 잘못 쓰는 일이 많은데, 우리나라의 것은 따로 '청심원'이라 부른다. 워낙 품질이
뛰어나서 중국에 사신으로 가는 사람들은 뇌물조로 많이 챙겨갔다고 한다. 가는 곳마다 그곳 관리들이
청심원을 요구할 정도로 인기가 높았다.

받고 가는 관리. 지금의 특사)를 보내 모셔 오게 했는데, 그때마다 이성계가 차사들을 죽이거나 가두어 돌아올 수 없었다는 역사적 사실에서 유래한다.

■ 강원도[지리산] 포수
| 강원도와 지리산은 산이 험하고 숲이 깊어 포수(砲手 : 사냥꾼)가 이곳으로 사냥을 한번 떠나면 쉽게 돌아오지 못했다는 데서 이 말이 생겼다. 죽었는지 살았는지 오래도록 소식이 없다는 뜻이다.

■ 꿩 구워 먹은 소식[2+]
| 흔히 자기들만 꿩을 몰래 구워 먹었다는 말(소식)은 전하지 않았다는 데서 유래했다고 알려져 있다.
[맥락] 이 속담이자 관용구는 사실 말장난이다. '꿩 구워 먹은'을 빨리 말하면 '껑꺼먼'이 된다. 이것은 '깜깜소식' '깜깜무소식' '깜깜무식'이라는 말이 있듯 '어떤 사실을 전혀 모르거나 까맣게 잊음'을 뜻하는 '깜깜하다'의 센말 '껌껌하다'를 이용한 말장난이다. '껌껌헌(깜깜한) 소식'이란 말이다.

■ 의붓아비 소 팔러 보낸 것 같다[2+]
| 심부름하러 가서 오래도록 안 돌아올 때 쓴다. 친아버지도 아닌 의붓아비에게 전 재산과 같은 소를 팔러 보냈으니 그저 불안하다. 그 돈을 잃어버리지 않을까, 투전판이나 색싯집에서 다 날리지 않을까, 들고 도망가지 않을까, 노심초사 기다리는데 돌아올 기미가 없으니 더 불안하다.

강한 말은 매인 기둥을 상하게 한다   자식과 인재는 너무 구속하면 안 좋다는 말.

■ 강한 말은 매인 기둥을 상하게 한다
| 거칠고 강한 말을 오래 묶어놓으면 달리고 싶어서 마구 날뛰게 마련이다. 활동적인 사람이나 꿈이 큰 자식을 무조건 억누르거나 부모 뜻대로만 살게 하지 말고 줄을 풀어 제 기량대로 내달릴 수 있게 해주어야 한다는 말이다.

강화도령인가   우두커니 넋 놓고 앉아 있는 사람을 이르는 말.

■ 강화도령인가 (왜 우두커니 앉았나)
| '강화도령'은 조선 25대 왕 철종(哲宗)의 별명이다. 그의 이복형인 회평군(懷平君)이 옥에 갇히면서 가족이 왕족의 자격을 박탈당하고 강화도 등지로 유배를 갔다가, 훗날 필요에 의해 갑자기 불려나와 얼떨결에 왕이 되었기 때문이다. 강화도에서 농사를 짓거나 나무를 해서 팔거나 행상을 하며 자란 데다가, 출신 또한 서자라서 양반들이 뒤로 그를 조롱하여 부른 별명이 바로 강화도령이다.

이후 이 별명은 평민들 사이에도 유행하게 되었다. 제대로 된 왕실의 예법이나 세자 교육을 받지 못한 탓에 정치를 할 줄 몰랐고, 양어머니 순원왕후의 수렴청정을 받은 뒤에도 순조-헌종-철종에 이르는 외척 장동김씨(안동김씨) 세력에 의해 기를 펴지 못했다. 스스로도 자괴감에 정사보다는 술과 여자만 가까이하며 살았다. 그래서 아무것도 못 하고 손 놓고 우두커니 앉아만 있는 사람에게 '강화도령인가 (왜 우두커니 앉았나)'라는 말을 했다.

철종 어진(御眞). 한국전쟁 때 역대 조선 왕들의 어진들을 보관한 부산 창고에 불이 나서 반 이상 불타 없어진 것을 복원하여 그린 것이다.

갓바치 내일 모레 약속한 날짜를 자꾸 미루는 것을 이르는 말.

[成語] 차일피일(此日彼日) : 이 날 저 날 계속 뒤로 미룸.

■ 갓바치[피장이] 내일 모레²⁺ / 고리장이[고리백정] 내일 모레²⁺

┃갓바치는 '피(皮)장이'라고도 하며 가죽(옛말로 '갗')으로 신발 만드는 장인이고, 고리장이는 버드나무 가지나 싸리나무, 대나무 등을 가늘게 쪼갠 것으로 '고리'라는 여러 수납함을 짜던 장인이다. 이들은 천민에 속했기 때문에 얕잡아서 천민 직업인을 뜻하는 '백정'31 을 하는 일 뒤에 붙여 부르기도 했다. 그런데 이들 갓바치나 고리장이는 요즘 말로 치면 '배 째라' 식으로 일했다고 한다. 언제까지 해준다고 약속해놓고도 그날 되면 내일 와라, 이튿날 가면 모레 와라, 차일피일 미루며 약속을 잘 안 지켰다고 한다. 이는 자신들을 천민이라고 함부로 대하는 사람에 대한 반발심 때문에 일부러 그런 것이라는 말도 있다.

[맥락] '갗'과 발음이 같은 '갓'은 '이제 막' '이제 곧'이란 뜻이고, '바치'는 '밭이'의 구개음화된 형태로 볼 수 있다. '밭'은 '시간이나 길이가 아주 짧게'라는 뜻의 부사 '바투'로 쓰였을 듯하다. '바투'가 '밭'으로 쓰인 예는, 곁에 바짝 붙어 사는 임자(배우자)도 속 썩는 건 모른다는 '동아 속 썩는 것은 밭 임자도 모른다'라는 속담에도 들었다. 이제 곧 얼마 안 있어가 내일, 모레, 글피로 날짜가 늘어난다는 말이다.

같은 값이면 다홍치마 값이 같거나 같은 품이 든다면 그중에서 더 나은 것을 고른다는 말.

---

31 그냥 '백정'이라고 하면 가축을 도살하고 그 고기를 파는 사람들을 일컫는다. 백정의 조상은 귀화한 여진족 또는 백인인 타타르족이라고도 한다.

[成語] 동가홍상(同價紅裳) : 같은 값이면 붉은 치마.[32]

[현대] 벤치에서 우느니 벤츠에서 울어라

■ **같은 값이면 다홍치마[처녀] / 같은 과부면 젊은[애 없는] 과부 얻는다**

외출한 기녀가 돌아와 댓돌에 올라서자 아랫도리를 급히 포대기로 덮은 남자가 아무 일도 없었다는 듯 애인을 맞는데, 노랑저고리에 다홍치마를 입은 기녀의 몸종 처녀는 미처 자세를 수습 못 했다. 어쨌든 오늘도 무사한 기방.
|김홍도, 〈기방무사(妓房無事)〉

| 많은 사람이 이왕이면 예쁜 다홍색 치마를 고른다는 뜻으로 이 속담을 알고 있지만, 여기서 다홍치마는 그것을 입는 사람을 뜻한다. 다홍치마를 입을 수 있는 사람은 대개 시집갈 나이가 다 된 꽃다운 처녀 또는 새색시다. 새장가 가거나 늦장가 가는 남자가, (돈 주고 신붓감을 데려와) 결혼할 때는 자신과 나이나 처지가 비슷한 과부보다는 아무래도 훨씬 어린 여자나 처녀와 결혼하고 싶어 한다는 말이다. 남자가 제 나이는 생각 않고 어린 여자만 찾는다면 여자는 '돈 많고 명 짧은 남자'를 찾기도 하는 법이다. 참고로 혼기가 찬 처녀는 노랑저고리에 다홍치마, 새색시는 초록저고리에 다홍치마, 즉 녹의홍상(綠衣紅裳)을 입었다.

■ **같은 값이면 검정소[검정돼지] 잡아먹는다**

까만소 라면(1985)

| 우리나라 토종 소에는 몇 종류가 있다. 우리가 흔히 보는 누렁소, 검정색의 흑소나 흰색 흰소, 그리고 얼룩덜룩 줄무늬가 있는 칡소[33] 등.

흑돼지와 마찬가지로 소도 흑소(검정소)가 고기 맛이 더 좋다고 한다. 그래서 예전에 '까만소'라는 이름의 라면이 나온 적도 있다. 그 라면에 정말 검정소 고기를 스프 재료로 넣지는 않았겠지만, 검정소가 맛있다는 속설이 라면 이름에도 반영된 것은 아닐까 한다.

■ **같은 새경이면[값이면] 과붓집 머슴살이**

| '새경'은 머슴에게 주는 품삯. 지금처럼 연봉제로 계약해 보통 1년에 한 번 쌀이나 가축 등으로 받는 경우가 많았다. 새경은 훗날 주인집에서 나와 가정을 꾸리고 땅 사는 데 쓸 것이므로 머슴들은 이에 아주 민감했다. 그런데 받는 새경이

---

32 원래는 위에 입는 옷을 의(衣)라 하고 아래에 입는 옷을 상(裳)이라 하여 둘을 합쳐 의상(衣裳)이라 하였는데 이후 상(裳)은 치마라는 뜻으로만 쓰이게 되었다.

33 호랑이 같은 줄무늬라 하여 호반우(虎斑牛)라고도 한다.

똑같다고 했을 때 이왕이면 과붓집 머슴살이를 선호했다. 과부는 여자 혼자 살아 늘 불안하고 여러 일에서 힘에 부치기 마련이라, 남자 하나쯤 집에 있으면 든든하기도 하거니와 힘쓰는 여러 일에도 많은 도움이 된다. 그러니 아무래도 머슴에게 더 신경 써주고 잘해줄 수밖에 없다. 더군다나 '홀아비는 서캐가 한 말, 과부는 은이 한 말'이라고 할 정도로 홀아비는 돈 모으기보다 쓰기 바쁘지만, 과부는 의식주를 제외하고는 따로 돈 쓸 일이 없어 차곡차곡 돈이 모인다. 그래서 새경은 남들과 똑같이 주더라도 다른 면으로 넉넉하게 챙겨줄 수 있을 것이다. 게다가 과부는 외로운 신세라, 잘만 공들이면 그 과부와 연을 맺어볼 수도 있을 테니 '꿩 먹고 알 먹고'다.

■ 이왕 맞을 거면 은가락지 낀 손에 맞으랬다[2+]

│'가락지'는 손가락에 끼는 한 쌍의 장식용 고리를 말한다. 이 중 한 개만 끼는 것을 반지(斑指)라 한다.[34] 가락지는 여성의 장신구이며 사랑의 증표로 남자에게 하나를 건네주기도 했다. 그리고 은가락지는 가격이 비싸서 평민 여성에겐 귀한 물건이며, 간혹 혼수로 해 간다 해도

은가락지. │국립민속박물관

장롱이나 반닫이 속에 고이고이 모셔두지 평소에 끼고 다니진 않았을 것이다. 가락지는 반드시 결혼한 여성만이 끼었고[35] 미혼 여성은 반지를 끼므로, 은가락지를 낀 채 뺨을 때린다면 아마도 양반가의 마님 정도는 될 듯하다. 결과적으로 맞을 일이 있을 때 그래도 지체 있고 손 고운 여자한테 맞는 게 더 낫다는 말이다. 힘써본 적 없는 마님이 때리는 뺨이 아프면 또 얼마나 아플까.

[맥락] 여성에게 뺨 맞을 상황이란 무엇일까. 글쓴이는 '희롱'이라고 생각한다. 그게 아니고선 가만있는 여성에게 뺨 맞을 일이 없다. 그리고 가락지는 기혼여성이 낀다. 왜 기혼여성만 희롱할까? 희롱하는 남자가 어느 정도 나이가 있기 때문이며, 처녀를 희롱했다간 곧장 집안 남자들에게 일러바칠 공산이 있고, 너무 어린 여자를 희롱했다간 주변 시선도 곱지 않기 때문이다. 기혼여성은 살아오면서 하도 희롱을 당해 기분 나빠도 그냥 넘어가는 일도 많다. 크든 작든 모든 희롱은 이미 모욕이지만, 설령 아주 모욕적인 희롱을 들었대도 남편에게까지는

---

34 반지(斑指)의 한자는 원래 절반 반(半)의 반지(半指)였다. 가락지를 둘로 나누었다는 뜻이다. 반(斑)이라는 한자도 '나눈다'라는 뜻을 갖고 있다. 또한 '쌍(雙)가락지'라는 말도 있었는데, 1989년 맞춤법 개정을 통해 '가락지'로 통일했다. 가락지는 본디 쌍으로 끼는 것이기 때문이다.

35 기혼 여성이 가락지의 한 짝, 즉 반지로만 끼는 경우도 종종 있었다. 하지만 쌍으로, 즉 가락지로 끼는 건 반드시 기혼 여성뿐이었다.

말하지 않는 것도 알기 때문이다. 괜히 말해봐야, 지금도 어리석은 남자들이 똑같이 그렇듯, "도대체 처신을 어떻게 하고 다녔길래 그딴 소리를 들어!" 하며, 위로해주거나 쫓아가 한바탕 멱살잡이를 해주기는커녕 되레 아내에게 역정을 내니까. 그러니 웬만하면 문제 안 커지는 기혼여성을 희롱하되, 이왕이면 자기보다 지체가 높은 사람의 부인을 희롱하는 게 더 쾌감이 있다는 뜻이 된다.

■ **죽어도 큰 칼에 맞아 죽어라²⁺**

| 어차피 죽게 될 거라면 이왕이면 아주 큰일을 하다가 죽으라는 말.

■ **이왕이면 창덕궁²⁺**

| 조선시대의 궁궐은 경복궁(景福宮), 창덕궁(昌德宮), 창경궁(昌慶宮), 경운궁(慶運宮 : 덕수궁(德壽宮)), 경희궁(慶熙宮) 다섯 개가 있는데, 그 가운데서 왕이 기거하면서 정사를 돌보는 궁전을 정궁(正宮)이라 하고, 그 외의 궁들은 별궁(別宮)이라 한다. 그리고 전란, 화재 등으로 정궁에 문제가 생겼을 때 정궁 역할을 대신하는 별궁은 이궁(離宮)이라 한다. 조선 건국 때는 경복궁이 정궁이었으나, 태종 때 경복궁 동쪽에 창덕궁과 창경궁을 짓고[그 둘을 합쳐 동쪽에 있는 궁궐이라 하여 동궐(東闕)이라 부른다] 그중 창덕궁으로 거처를 옮긴 뒤 그 이궁에서 정사를 보았다.³⁶ 그러면서 정사를 돌보느라 지친 왕이 편히 쉴 수 있도록 뒤쪽에 후원(後苑)도 크게 마련했고 후대의 왕들도 그 편안함으로 인해 임진왜란 전까지 이곳 이궁에서 정사를 처리했다. 그 후 임진왜란이 일어나 왜군에 의해 모든 궁궐이 불타자 광해군 때 궁궐을 새로 지으면서 정궁인 경복궁이 아닌 이궁인 창덕궁을 먼저 재건하여 그곳을 아예 정궁으로 삼았다. 임진왜란을 겪으면서 왠지 경복궁 터가 좋지 않다는 느낌 때문이었다고도 한다. 이후 고종이 보위에 오르고 흥선대원군이 경복궁을 크게 키워 다시 정궁으로 삼기 전까지³⁷ 270년 동안 창덕궁이 조선의 정궁 역할을 했다. 그리고 대원군이나 왕자, 공주 등이 사는 거처도 궁이라고 한다. 따라서 여러 궁궐 가운데 왕이 있는 가장 높은 궁, 창덕궁(정궁)에서 일하는 편이 대우나 이익 등 여러 면에서 훨씬 낫다는 말이다.
[맥락] '이왕이면'은 '이왕(二王)이면'으로도 읽을 수 있다. 어차피 누군가를 우두머리로 모셔야만 한다면 아무래도 진짜 왕, 가장 실세(實勢) 밑으로 들어가는 게 낫다는 말일 듯하다.

---

36 형제들끼리 죽고 죽이는 두 차례의 왕자의 난을 겪으면서 태종 이방원은 경복궁을 꺼리게 되었다고 하고, 자신이 싫어하던 정도전이 설계한 궁궐이라 싫어했다고도 한다.
37 고종 때 경복궁이 정궁이 되면서 자연스레 창덕궁은 이궁이자 별궁이 되었다.

동궐도(東闕圖 : 1828~1830). 좌측에 크게 창덕궁 인정전이 보인다.

같은 떡도 맏며느리 주는 떡이 더 크다 맏며느리는 집안에서 중요한 사람으로 대한
　다는 말.

■ 같은 떡도 맏며느리 주는 떡이 더 크다[2+]
　ㅣ맏며느리는 그 집안의 살림을 모두 아우르며 시부모 봉양까지 책임지는 자리라
　다른 며느리보다 맏며느리가 더 '덕'을 보게 해준다는 말이다.

같이 우물 파고 혼자 먹는다 같이 수고하고 그 결과는 혼자 차지하는 욕심쟁이를
　이르는 말.

■ 같이 우물 파고 혼자 먹는다
　ㅣ우물 파는 일은 밑에서 한 사람이 흙을 파서 담으면 위에서 흙부대를 끌어 올리
　고, 암반을 만나면 교대로 바위를 쪼는 등 절대 혼자서는 못 하는 고된 일이다.
　공동으로 쓰자 하고 여러 집 남자들이 함께 고생해 우물을 팠는데, 다 파놓으니
　마음이 바뀌어 내 집에 있는 우물이니 다른 집에선 퍼 가지 말란다.

개같이 벌어 정승같이 쓴다 천하고 힘들게 벌더라도 쓸 때는 보람차고 빛나게 쓰라
　는 말.

■ 개같이 벌어 정승같이 쓴다[산다·먹는다]
　ㅣ온갖 궂은 일, 천한 일 안 가리고 힘들게 번 돈은 허랑방탕 쓰지 말고 좋은 일에
　도 써서 사람들이 정승처럼 우러러보게 하라는 뜻이다. 하지만 훗날 개처럼 일
　해 벌더라도 나중에 잘 먹고 잘살기만 하면 된다는 뜻으로도 쓰이게 됐다. 그
　흔적이 '정승처럼 산다' '정승처럼 먹는다'에 남은 듯하다.

- 과거를 보되 진사 이상은 하지 마라.
- 재산은 만 석 이상 모으지 마라.
- 흉년에는 재산을 늘리지 마라.
- 과객을 후하게 대접하라.
- 사방 백 리 안에 굶어 죽는 사람이 없게 하라.
- 최씨 가문의 며느리들은 시집온 후 3년간 무명옷을 입게 하라.

경주 최 부잣집 가훈. 주위를 돌아보며 베풀 줄 아는 '진짜 부자'가 없는 요즘이다.

■ 번 자랑 말고 쓴 자랑 하랬다[2+]

| 재산 모은 과정을 무용담처럼 자랑하지 말고 누구 입에서도 참 잘 썼다 소리가 나오도록 빛나고 자랑스러운 일에 쓰라는 말이다. 자수성가한 사람들 가운데는 자기 출세담은 침이 마르도록 하면서 남에게는 쩨쩨하게 구는 사람도 있다.

개구리 낯짝에 물 끼얹기   ①어떤 일을 당해도 꿈적하지 않음을 이르는 말. ②아무 소용 없는 짓을 한다는 말.

[成語] 요지부동(搖之不動) : 흔들어도 꼼짝하지 않음.

타면자건(唾面自乾) : 남이 내 얼굴에 침을 뱉어도 상대를 자극하지 않고 저절로 마를 때까지 기다린다는 뜻으로, 처세에는 인내가 필요하다는 말. ‣당(唐)나라 측천무후(則天武后) 때 누사덕(婁師德)이라는 신하가 있었는데 성격이 온화하고 아무리 남이 무례하게 굴어도 태평하게 넘겼다. 어느 날 그의 아우가 대주(代州)에 자사(刺史)로 임명되자 아우에게 다음과 같이 말했다. "우리 형제가 모두 출세하여 황제의 총애를 받게 되는 만큼 남들의 시기도 두 배가 되는 것이다. 이 시기와 모략을 면하려면 어찌하면 좋겠다고 생각하느냐"하니 아우가 이르길, "남이 제 얼굴에 침을 뱉더라도 상관하지 않고 잠자코 닦아내겠습니다. 매사 이렇게 하여 형님께 누를 끼치지 않겠습니다." 그러자 형 누사덕이 다음과 같이 말했다. "그것이 내가 염려하는 바이니라. 누군가 네게 침을 뱉었다는 것은 네게 매우 화가 나 있다는 것이 아니겠느냐. 그런데 그 자리에서 침을 닦아버리면 상대의 기분을 거스르는 게 되어 더 화를 돋울 것이다. 적은 양의 침 같은 건 안 닦아도 자연히 마르니 가만히 얼굴에 침을 받아두는 게 제일이다." _『십팔사략(十八史略)』

[현대] 멘탈(Mental)이 메탈(Metal)

■ 개구리 낯짝에 물 끼얹기[붓기]

| 개구리는 위험을 감지하면 꼼짝하지 않는 습성이 있다. 개구리의 피부색은 어느 정도 보호색을 띠고 있어 가만히 있으면 쉽게 찾지 못하는데, 섣불리 움직였다 간 천적들에게 노출돼 오히려 위험해진다. 그래서 물을 끼얹어도 팔짝 뛰어 달아나지 않고 앉은 자리에서 꼼짝도 않는다.[38]

[맥락] 사람 얼굴에 물을 끼얹으면? 대번에 펄쩍 뛰고 펄펄 날뛴다. 그러니 이 속담은 공연히 싸워서 입는 상처나 손해보다는 모욕 좀 당하더라도 나으니 참고 넘어갈 줄도 알아야 한다는 말이다.

개구리도 움츠려야 뛴다   평소 능숙한 일이라도 서두르지 말고 충분히 준비한 뒤에 비로소 시작할 필요가 있다는 말.

■ **개구리도 움츠려야 뛴다**[2+] **/ 새도 깃을 쳐야 난다**[2+]

| 개구리가 뛰기 전에 몸을 움츠리며 어디로 뛸지 가늠하는 것처럼, 새가 날아오르기 전에 푸덕푸덕 제 깃을 쳐보는 것처럼, 덮어놓고 바로 시작부터 할 게 아니라 숨 한 번 고르며 잘 살피고 둘러본 뒤에 시작하라는 말이다.

개구리 올챙이 적 생각 못 한다   ①못나거나 부족했던 과거의 자기는 생각 못 하고 뭐든 지금의 자신의 시각으로만 판단하며 우쭐거린다는 말. ②처지가 달라지면 예전에 같은 처지에 있는 사람을 모른 척하거나 오히려 더 심하게 대한다는 말.

[현대] 서는 곳이 달라지면 풍경도 달라진다 / 요즘 사람들 전철에서 폰만 본다지만 옛날 사람들 신문만 봤다

■ **개구리 올챙이 적 생각 못 한다**[2+] **/ 올챙이 적 생각은 못 하고 개구리 된 생각만 한다 / 잠자리 맹구쟁이 적 생각 못 한다**[2+]

| '맹구쟁이'는 잠자리 애벌레를 이르는 '학배기'의 사투리. 개구리와 잠자리는 어릴 때와 다 자라서의 모습이 전혀 다른 대표적인 생물이다. 올챙이가 몸통에 꼬리 하나로 꼬물꼬물 헤엄치다 팔딱팔딱 개구리 되어 뛰어다니니, 또 잠자리 애벌레가 물속에서 설설 기다가 잠자리 되어 붕붕 날아다니니, 어설프고 모자랐던 과거는 까맣게 잊고 날뛰며 함부로 가르치려 든다는 말이다.

[맥락] '올챙이'에는 초짜, 초보자, 신입, 말단직이라는 뜻도 있다. 어벙한 초보였던 사람이 이제 능수능란해졌다고, 말단이 높은 자리로 올라가 앉았다고 배 속에서 날 때부터 잘난 줄 알고 자만하며 고고한 체한다는 뜻이다.

또한 '맹구쟁이'는 '맹구+쟁이'로 읽을 수도 있다. 어쩌면 옛날에도 맹한 바보를 '맹구'라고 불렀을지 모르겠다.

■ **며느리 늙어[자라] 시어미 된다 / 며느리 시어미 되니 시어미 노릇 더 한다**

■ **종이 종을 부리면 식칼로 형문을 친다**[2+]

---

38   우리가 무서운 일을 당하면 다리가 얼어붙는 것도 어쩌면 이런 본능 때문일지 모른다.

| 형문(刑問)은 의자에 앉혀 발을 묶어놓고 굵은 회초리로 정강이를 때리는 형벌, 또는 그렇게 해서 취조하는 것을 말한다. 아랫사람을 통솔하라는 권한을 주면 주인에게 더 잘 보이려고 아랫사람들을 주인보다 더 모질게 대하기도 한다. 요즘 군대나 직장에서도 마찬가지다. 알량한 권력을 가졌다고 '조인트'를 깐다(정강이를 걷어차는 것).

태(笞)로 정강이를 치는 형벌.
|김준근, 〈형문치는 모양〉(일부)

■ **거지가 밥술이라도 뜨게 되면 거지 밥 한 술 안 준다**[2+]

| 밥 한 술 얻어먹기 힘들어 늘 배를 곯다가 어쩌다 팔자가 편 거지가 좀 먹고살게 되자 힘들고 어려웠던 자기를 생각 못 하고, 찾아온 거지를 빈손으로 내쫓는다는 말이다.

[맥락] 힘들게 고생했던 사람은 어려운 이를 보면 옛 생각에 돕고 싶은 마음이 들지만, 자기 현재만 생각하는 사람은 과거의 자신과 같은 처지의 사람에게 오히려 더 인색하고 무례하게 대하기도 한다. 자기도 그런 시절이 있었다는 걸 기억 못 하는 듯, 아니 그런 적 없던 듯 애써 감추려는 심리가 작용해서다.

개구리 주저앉는 뜻은 멀리 뛰자는 뜻이다   하찮아 보이거나 잠시 머무는 행동이 사실은 더 큰 목적을 이루기 위한 준비이기도 하다는 말.

[현대] 이 보 전진을 위한 일 보 후퇴
내가 무릎을 꿇은 건 추진력을 얻기 위함이지 · 김성모의 만화 〈볼트맨〉의 한 장면에서 유래한 말. 상대에게 무릎을 꿇은 뒤 무릎을 용수철처럼 펴 상대에게 일격을 가하면서 한 말이다.

■ **개구리 주저앉는 뜻은 멀리 뛰자는 뜻이다**[2+]

| '주저앉다'에는 하던 일이 힘에 겨워 도중에 그만둔다는 뜻도 있다. 다시 뛰려고 잠시 주저앉은 사람도 있다는 말이다.

■ **굼벵이가 지붕에서 떨어질 때도 다 생각이 있어 떨어진다 / 굼벵이가 지붕에서 떨어지는 것은 매미 될 셈이 있어 떨어진다**

| 지푸라기를 두껍게 얹은 초가지붕 속은 참새가 둥지를 틀거나 애벌레들이 안전하게 자라는 공간을 제공하는데, 여기서 오래 자란 굼벵이[39] 가 땅에 굴러떨어

---

39 초가지붕을 교체하려고 짚단을 걷어내면 애벌레들이 많이 발견되는데, 여기 사는 애벌레는

지는 건 미련해서가 아니라 다른 곳에 기어올라 허물 벗
고 날개를 펴려는 뜻이라는 말이다. 단순히 한 과정, 한
부분만 보고 섣불리 짐작하고 얕보지 말라는 뜻이다.

매미가 우화(羽化)하고 난 뒤
의 껍질 단 며칠의 목청을 위해
몇 해를 땅속에서 보낸다.

개구멍에 망건 치기   되지도 아니할 일을 어리석게 시작하였
다가 도리어 손해를 입거나 망신을 당한다는 말.

■ 개구멍에 망건 치기[2+]

ㅣ망건(網巾)은 결혼한 남자들이 상투를 틀어 올리고 나서
나머지 잔머리가 흘러내리지 않도록 앞머리를 걷어 올려
고정하는 데 사용하는 넓고 긴 띠다. 말총이나 머리카락
등으로 만들기에 가격이 비싸며 갓과 값이 비슷하다. 이 비싼 망건을 고작 개구
멍 막으려고 그물처럼 쳐봤자 폭이 좁아 개가 주둥이 비집고 들어오니 비싼 망
건만 망가질 뿐이다. *망건→ 가진 돈이 없으면 망건 꼴이 나쁘다

[맥락] '개구멍'은 몰래 드나들거나 몰래 빼돌리는 데 쓴다. 내 것을 누가 빼돌리
지 않을까 걱정스러워 개구멍에조차 머리 대고 감시한다는 말이다. 그러자면
바닥에 납작 엎드려야 하고 옷도 더러워진다. 제 것을 작은 것 하나 잃지 않으려
들면 머리에 두른 망건 망가지듯 채신머리도 사납게 된다는 말이다.

개 눈에는 똥만 보인다   자기가 좋아하는 바에 어김없이 관심을 보인다고 놀림조로
이르는 말.

■ 개 눈에는 똥만 보인다[2+]

ㅣ옛날에는 개한테 먹을 것을 잘 챙겨주지 않아 개들이 돌아다니며 길바닥이나
측간의 똥을 먹었다. 그래서 똥만 보이면 옆도 안 돌아보고 바로 달려들었다.
'똥'은 가치 없는 것, 더러운 것도 뜻한다. 그래서 이 속담은 마음이 더러운 사람
은 남도 자기와 똑같이 속내가 더러울 줄 안다는 뜻으로도 쓰인다.

개도 사나운 개를 돌아본다   무서운 사람에게 더 신경 쓰고 조심하게 마련이라는 말.

■ 개도 사나운[무는] 개를 돌아본다[2+]

ㅣ사람은 아무래도 무섭고 자기에게 해를 끼칠 것 같은 사람에게 더 신경 쓰고

매미의 유충인 '굼벵이'가 아니다. 매미의 유충은 땅속에서만 살기 때문이다. 초가지붕에 사는 것은
대개 딱정벌레류의 유충이다. 옛사람들이 잘못 안 것이다.

잘해주는 경향이 있다. 그래서 평소 자기를 챙겨주거나 온화하게 대해준 사람을 오히려 소홀히 하는 어이없는 일도 생긴다. 대개의 사람 마음은 위기 앞에서 이기적이기 마련이다.

[맥락] 개 같은 사람도 자기보다 더 개차반인 사람한테는 더 신경 쓰고 잘해준다는 말이다. '돌아보다'에는 관심을 가지고 보살핀다, 즉 돌본다는 뜻도 있다.

개도 세 번 보면 꼬리를 친다   안면이 있는 사이인데 만나도 아는 척을 않거나 인사성이 없는 사람을 빗대서 이르는 말.

■ 개도 세 번 보면 꼬리를 친다[2+]

   | 개가 꼬리를 치는 건 좋다, 반갑다는 표현이다. 아는 사람을 보고 반기기는커녕 아는 척도 않는다고 나무라는 말이다.

개도 얻어맞은 골목엔 가지 않는다   과거의 실패를 교훈 삼아 같은 잘못을 저지르지 말아야 한다는 말.

[成語] 전거복철 후차지계(前車覆轍 後車之戒) · 전철(前轍) : 앞에 가던 수레의 바퀴가 (움푹 팬 곳에 빠져) 엎어진 것을 보고 뒤에 따라오는 수레는 이를 경계하여 앞 수레의 바퀴 자국을 똑같이 따라가지 않는다.

[현대] 한 번은 실수 두 번은 호구

■ 개도 얻어맞은 골목엔 가지 않는다

   | 개도 기억력이 좋아 어디서 해코지당하면 이후로 그곳에 얼씬하지 않는다. 이처럼 사람도 한 번 호되게 당했다면 같은 잘못을 되풀이하지 말아야 한다는 말이다. 공부 잘하는 학생은 시험 끝나면 왜 틀렸는지 바로 확인하고, 못하는 학생은 이미 끝난 시험이라고 잊어버렸다가 다음에 같은 문제를 또 틀린다. 프로 바둑기사도 대국이 끝나면 이겼든 졌든 두었던 판을 항시 복기(復碁)한다.

개도 제 털을 아낀다   몸을 돌보지 않고 함부로 하는 사람에게 제 몸을 잘 간수하라는 뜻으로 하는 말.

■ 개도 제 털을 아낀다

   | 효는 단순히 부모를 잘 모시는 것만이 아니다. 부모는 자식이 아프거나 다치거나 잘못되면 자식보다 더 괴로워하고 슬퍼한다. 그러므로 부모를 걱정시키지 않는 것이 효의 가장 기본이며, 그것이 몸과 털과 피부는 부모로부터 받은 것이니 함부로 상하게 하거나 다치지 않게 한다는 '신체발부 수지부모 불감훼상(身

體髮膚 受之父母 不敢毀傷'이다. 이렇듯 몸을 돌보지 않고 함부로 하는 사람에게, 개도 사방을 구르다 수시로 제 털을 핥는데 사람이 몸을 함부로 굴리기만 하고 추스르지 않아서야 되겠냐는 충고다.

개도 주인을 알아본다 베풀어준 은혜를 저버려서는 안 된다는 말.
　[반대] 믿는 도끼에 발등 찍힌다
■ 개도 (닷새만 되면) 주인을 알아본다
■ 개도 주인을 보면 꼬리를 친다 / 개도 꼬리 치고 밥 먹는다

개도 텃세한다 먼저 자리 잡은 사람이 나중에 온 사람에게 쉽게 자리나 기회를 내주지 않음을 이르는 말.
■ 개[닭]도 텃세한다 / 닭싸움에도 텃세한다²⁺
　│먼저 자리 잡은 사람이 나중에 온 사람을 밀어내거나 업신여기는 것이 텃세. 개도 자기 영역을 갖고 있어 다른 개가 오면 으르렁 경계하고 싸운다. 길고양이들도 밤마다 영역싸움을 한다. 눈 하나 깜박이지 않고 노려보며 겁주는 소리로 기 싸움을 한다.
　　새로운 닭을 우리에 넣어주면 전부터 있던 닭들이 쪼고 할퀴며 못살게 군다. 칸막이를 쳐주면 날아 넘어가서라도 괴롭힌다. 닭의 텃세와 따돌림은 유명하다. 서열이 정해지면 싸움이 끝나지만, 끝끝내 따돌리는 일도 있다.
　　[맥락] 외지에서 온 사람이 그 동네 사람들에게 텃세를 당하고 투덜거리며 한 말이라고 생각된다. "에이, 별것도 아닌 것들이. 개나 닭도 텃세한다더라!"

개똥도 약에 쓰려면 없다 평소에 흔하던 것도 막상 필요해서 구하면 없다는 말.
■ 개똥[소똥·고양이똥]도 약에 쓰려면 없다²⁺
　│한방이나 민간요법에서 개똥도 약으로 쓰였다. 약으로 쓸 개똥이 필요해 길로 나서니 평소에는 널리고 널렸던 개똥이 하나도 없다. 하필 부지런한 농부가 거름으로 쓰려고 다 집어 가버렸기 때문이다.
　　[맥락] '개똥'에는 흔히 '개똥 같은' 것이라고 하는, 보잘것없거나 천하거나 엉터리라는 뜻도 있다. '개똥도 약→ 개똥도 약에 쓴다
■ 까마귀 똥도 약이라니까 물에다 갈긴다²⁺ / 까마귀 똥도 약이라 하니 오백 냥이란다²⁺ / 급하면 산 닭 주고 죽은 닭 못 바꾼다²⁺
　│까마귀는 재수 없는 사람을 뜻한다. 싫은 사람이 가진 하찮은 어떤 게 어느 때

급하게 필요하다. 그래서 그것 좀 달라니 약 올리며 안 주고 시간을 끌거나, 일부러 못쓰게 만든다. 평소 자신을 함부로 대한 데 대한 앙갚음이다. 아무 값어치 없는 거지만 당장 급해서 얼마면 팔겠냐니 거의 집 한 채 값을 부른다. 안 팔겠다는 소리다. 그런 식으로, 무슨 사정인지는 모르나 '어떻게' 죽은 닭이 꼭 필요한데, 이쪽 사정이 급한 걸 알고는 가격을 자꾸 올려 받으려 한다.

개똥도 약에 쓴다   아무리 하찮은 것도 다 쓰일 때가 있다는 말.

■ **개똥도 약에 쓴다**

| 허준의 『동의보감(東醫寶鑑)』에는 잘 낫지 않는 깊은 종기에는 개똥을 약으로 쓴다고 나온다. 실제로 개똥이든 사람 똥이든 똥을 약으로 쓰는 일이 종종 있었다. 일제강점기 때 깡패들은 다친 자리에 오래 묵은 똥통에서 똥물을 걸러 발랐다고도 한다.[40]   제주도에서는 변변한 치료소나 약이 없는 곳이면 7월에 '개똥물'을 만들어 먹는 경우도 많았다. 개똥을 불에 태운 뒤 찬물에 담가 그 열로 물이 끓으면 그 물을 마셨는데, 뼈가 아프거나 신경통, 요통이 있을 때 효과가 좋았다고 한다. 개똥도 약에 쓰듯 '개똥 같은' 것도 언젠가 쓸모가 생긴다는 말이다. 중국에는 이런 이야기가 전해온다.

배를 만들고 남은 대나무, 톱밥 같은 것들을 인부들이 버리려 하자 주인이 버리지 말고 따로 모아두라 하였다. 인부들은 주인을 좀스러운 사람이라 여겼는데, 어느 날 못이 다 떨어졌는데 구할 데가 없어 발을 동동 구르니 주인이 대나무 토막을 쪼개서 그것으로 못을 만들어 쓰라 하고, 진수식 전날 비가 많이 와 진창이 되어 하객들이 오지 못할까 염려하니 톱밥을 가져다 길에 깔도록 했다. 사소한 물건이나 하찮은 사람이라도 언젠가는 귀하게 쓰일 날이 있다.

■ **개천에 내다 버릴 종 없다**[2+]

| 아무리 일을 형편없는 하인이라도 급하고 바쁠 땐 어떻게든 한몫을 하게 되니 함부로 내쫓지 말라는 뜻. 쫓겨난 종은 거지 신세가 될지 모른다. 개천이나 다리 밑은 거지들이 움막 치고 살던 곳이다.

[맥락] 소리가 좋지 않은 종(鍾)은 내다 버려도 되지만, 투덜거리고 곱지 않은 소리나 해도 종은 사람이니 집에 두면 나중에 뭐에든 쓸모가 있을 거라는 말이다.

■ **일 못하는 늙은이 쥐 못 잡는 고양이도 있으면 낫다**[2+] / 쥐 안 잡는 고양이와

---

40 병 입구를 지푸라기나 솔잎 등으로 막고 병 목에 줄을 달아 오래된 변소에 담가두면 똥물만 걸러 들어가는데, 이 똥물을 찢기고 베인 곳에 발랐다. 아마 항생제 역할을 하지 않았을까 싶다.

일 안 하는 남편도 써먹을 때가 있다[2+] / 사람과 그릇[쪽박]은 있는 대로
다 쓴다[2+]

| '그릇'과 '바가지'는 역량을 뜻한다. 간장 담을 때는 종지만 한 작은 그릇이 가장
적합한 그릇이 되고, 샘물 떠 마실 바가지로는 쪽박이 어울린다.

■ 굽은 나무는 길맛가지 된다

| '길마'는 소나 말의 등에 짐을 싣거나 사람이 올
라타려고 마소의 등 모양에 맞춰 짠 나무틀이
다. 길마는 두꺼운 널판을 곡면으로 잘라 좌우
를 맞대서 짜지만, 아예 많이 굽은 나무를 베어
살짝 다듬어 쓰는 게 더 편했다. '곧은 나무 먼
저 베인다'라는 말처럼 곧게 자란 나무의 상품
가치가 높다. 하지만 휘어 자라 가치가 없는 나
무도 길마 재료로는 으뜸이라 곧은 나무보다
더 가치 있다. 한 분야를 제대로 못한다고 부적
응자나 바보로 취급하면 안 된다. 사람은 누구
나 자신만의 특별한 재능을 타고나기 때문이
다. 공부할 머리가 못 된다고 학교에서 쫓겨난
아이가 발명왕이 될 줄 누가 알았을까.

길마 밑에는 멍석이나 포대를 먼저 깔아
소나 말의 등을 보호한다.
|국립민속박물관 아카이브

■ 뺨 맞는 데 구레나룻도 한 부조[2+]

| 옛사람들은 얼굴이 훤해 보이길 원해서 이마의
잔털을 뽑아 이마를 위로 넓히고, 지저분해 보이는 구레나룻도 가위로 열심히
다듬었다.

■ 메밀이 세 모라도 한 모는 쓴다더니[2+]

| 차지지 않고 메진 밀이라는 '메밀'의 사투리는 '모밀'이
다. 세모꼴로 모가 난 밀이라 그렇게 부른다고 한다.[41]
메밀묵을 쑤어서 자르면 '네모 반듯한' 육면체 한 모가
생긴다. 그런데 메밀은 세모라 네 모에서 '모' 하나가 부
족하다. 다시 말해서 '뭐 하나가' 부족하다. 이렇듯 뭐
하나 부족한 사람이 웬일로 일을 반듯하게 해낼 때도 다

메밀. |ⓒMariluna [위키미디어]

---

41 '메밀'은 찹쌀과 멥쌀의 관계처럼, 차지지 않는 밀이라서 '메'가 붙은 밀이라는 뜻으로 만들어진
낱말. 메밀만으로는 반죽이 안 돼 밀가루를 섞는다. 메밀과 밀은 전혀 다른 품종이다.

있다고 놀리는 말이다. 따라서 이 속담은 뭐 하나 부족한 사람도 남은 '뭐'에서
하나는 쓸 만한 게 있다는 말이다.

개똥밭에 굴러도 이승이 좋다　아무리 천하고 힘들게 살더라도 사는 게 죽는 것보다
　는 낫다는 말.

■ **개똥밭에 굴러도 이승이 좋다 / 땡감을 따 먹어도 이승이 좋다²⁺ / 거꾸로**
매달아놔도 사는 세상이 좋다
　│개똥 천지인 더러운 땅에 뒹굴며 천하게 살더라도 죽는 것보다는 낫다는 말.
　'땡감'은 덜 익어서 단단하고 떫은 감으로, 먹을 게 없어서 떫은 땡감으로 배를
　채우며 살더라도 죽는 것보다는 낫다는 말.
　[맥락] 이 꼴 저 꼴 온갖 더럽고 떫은 꼴을 보더라도, 그래도 죽는 것보다는 낫다
　며 누군가에게 또는 스스로를 위로할 때 쓴 속담으로 보인다.

■ **산 개가 죽은 정승보다 낫다 / 죽은 정승이 산 개만 못하다 / 죽은 석숭보다**
산 돼지가 낫다
　│석숭(石崇)은 중국 진(晉)나라 때 사람으로, 옛날에는 '석숭' 하면 세계 최고의
　부자를 대표했다. 석숭은 관직을 이용해 향료 무역 등을 독점하여 큰 부자가
　되었는데, 100여 명의 처첩(妻妾)을 거느렸으며 하인도 800여 명에 달했고, 화
　장실에 간 손님이 너무 화려해서 침실인 줄 알고 놀라서 얼른 도로 나왔다고
　할 정도로 사치스러운 생활을 즐긴 것으로 유명하다. 하지만 석숭은 나중에 정
　치적 반대파에 의해 목이 잘려 처형되고 만다. 아무리 호화롭게 살았다 해도
　제 명에 죽지 못하고 죽임을 당했으니 허망한 부귀영화가 살아 있는 개돼지만도
　못하다는 말이다.

■ **죽사발이 웃음이요 밥사발이 눈물이라²⁺**
　│근심과 걱정 속에서 잘 먹고 잘사는 것보다 못 먹고 못살아도 걱정 없이 사는
　편이 낫다는 말.

■ **소여 대여에 죽어 가는 것이 헌옷 입고 볕에 앉은 것만 못하다**
　│소여(小輿)는 보통 상여, 대여(大輿)는 국상(國喪) 때 사용한 큰 상여다. 상여(喪
　輿)는 매장할 곳까지 관을 옮길 때 사용하는 가마로, 온갖 화려한 장식으로 치장
　되어 있다. 죽어서 화려한 꽃상여를 타고 가서 어둡고 축축한 땅속에 묻히기보
　다 살아서 누더기를 입고 집도 없이 나앉는 편이 훨씬 더 낫다는 말이다.

상여. |국립민속박물관

개 미워 낙지 산다 싫어하는 사람에게 좋을 일은 하지 않는 법이라는 말.

■ 개 [꼬라지·꼬락서니] 미워 낙지 산다

｜낙지는 연체동물이라 개가 신나게 씹을 뼈가 안 나온다. 꼴 보기 싫은 사람에게 좋을 일일 것 같으면 내가 손해 좀 보더라도 다른 것을 고르게 마련이다.

■ 굿하고 싶어도 맏며느리 춤추는 꼴 보기 싫어 안 한다[2+]

｜굿하는 집안 식구들은 무당의 지시에 따라 춤을 춰야 할 때도 있다. 옛날에 여자가 마음 놓고 춤출 곳은 없었다. 여자들은 감성이 발달해서 예로부터 노래하고 춤추기를 매우 좋아한다. 그런데 집안 건사에 책임이 큰 맏며느리가 굿을 핑계로 원 없이 춤출 것을 생각하니 괘씸해서 하고 싶은 굿도 안 하고 만다는 말이다. **[맥락]** '춤추다'에는 기뻐 날뛴다는 뜻도 있다. 굿을 하려면 반드시 굿상을 차려야 한다. 굿상에는 평소에 먹어보지 못할 것들이 잔뜩 올라가는데, 그걸 준비하면서 입에 들어가는 것이 쏠쏠하고 끝나고도 먹을 게 남는다. 하지만 굿판에는 많은 돈이 든다. 그걸 모를 리 없는 맏며느리가 굿을 핑계로 잘 먹을 생각을 하니 아무리 감춰도 표정에 드러나지 않을 리 없다.

개미 쳇바퀴 돌듯 아무 발전이나 결과 없이 제자리걸음만 한다는 말.

[현대] 인생여전 ▸ 인생역전(人生逆轉)을 고쳐서 만든 말.
　　　　어제보다 나은 내일은 토요일뿐 / 이번 생은 망했어요

- 개미[다람쥐] 쳇바퀴 돌듯 (한다) / 돌다가 보아도 물레방아

|곡식 가루를 곱게 거를 때 쓰는 체의 몸통이 '쳇
바퀴'. 널빤지로 얇게 두른 쳇바퀴에 개미가 올
라가면 계속 쳇바퀴만 따라 뱅뱅 돌지 쉽사리
밖으로 나오지 못한다. 개미는 시력이 매우 나
쁜 까닭이다. 코앞만 보고 가니 실제로는 제자
리서 돌고 있는데 앞으로 나아가는 줄 안다. 물
레방아도 쉬지 않고 바퀴를 굴리지만 축이 고

체. |서울 농업박물관

정돼 있어 어디로 굴러가지 못하고 제자리만 뱅뱅 돈다. 이처럼 진척이나 발전
없이 '뱅뱅' 돈다는 말이다.

- 돌다가 보아도 마름

|'마름'은 물 밑 진흙에 뿌리를 두고 긴 줄기를
올려 잎을 수면에 띄우는 풀이다. 그래서 아무
리 물결과 바람에 이리저리 움직여도 그 주변
만 계속 떠돈다.

[맥락] 식물인 '마름'과 발음이 같은, 땅 주인을
대신해 소작을 관리·감독하는 '마름'이 있다.
아무리 여기저기 가서 열심히 일해도 결국 남
의 밑에서 땅을 부치는 소작농 신세를 면치 못
한다는 뜻. 마름은 소작농들에게 증오의 대상
이었다. 그 마름 하는 짓이 보기 싫어 여기저기

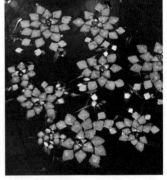

마름. |ⒸEggmoon [위키미디어]

떠돌아다녀 봐도 결국은 마름의 개짓거리를 겪으며 일할 수밖에 없는 뻔한 신세
라는 말이다.

개밥 갖다 주고도 워리 해야 먹는다　남에게 무언가를 주거나 도울 때는 상대방이
제대로 받도록 해주어야 한다는 말.

- 개밥 갖다 주고도 워리 해야 먹는다[2+]

|밥을 놓아주어도 눈치 보느라 냉큼 못 먹는 개도 있다. 성급하게 밥그릇에 달려
들다 호되게 맞은 적이 있기 때문이다. 그러니 이제 먹으라는 신호로 '워리!'
해준다(지금도 개를 훈련할 때 "기다려!" "먹어!"부터 시작한다).어떤 이에게 뭔
가를 건네줄 때 이걸 왜 주는지, 이게 어디서 난 건지 명확하게 알려주지 않으면
받기를 꺼린다. 무턱대고 받았다가 잘못 엮이거나 호된 꼴을 당할지도 모르는
까닭이다. 그러니 무슨 목적으로 주는지, 받아도 괜찮다고 분명히 말해줘야 한

다. 이 속담은 어쩌면 말을 잘해야 뇌물도 '받아먹는다'라는 뜻이 아니었을까?

개밥에 도토리　따돌림당하거나 함께 어울리지 못하는 사람이나 물건을 이르는 말.

[현대] 왕따(왕급으로 최고 심하게 따돌림) / 아싸(아웃사이더)

■ 개밥에 도토리²⁺

|개의 조상은 늑대지만 인간과 함께 오래 살아오면서 육식성에서 잡식성으로 변했다. 잡식성으로 바뀌었다지만 아직 도토리는 못 먹는다. 밥그릇에 도토리가 들었으면 옆으로 밀쳐가며 밥만 싹싹 비운다. 그래서 빈 밥그릇엔 도토리만 덩그러니 남는다. 무리에 섞였어도 따로 놀거나 따돌림받는 모양이 외따로 덩그러니 남은 이 도토리 같다.

[맥락] '외톨박이'와 같은 말이 '도토리'와 말이 비슷한 '외돌토리'다. 그러므로 '개밥에 도토리마냥 외돌토리로'라고도 쓸 수 있다. 개밥은 먹고 남은 걸 모두 뒤섞어서 주니 잡탕이다. 이런 잡탕 같은 무리 속에서도 외돌토리로 남겨지거나 외돌토리로 따로 노는 사람이 꼭 있다.

■ 찬물에 기름방울 떠돌듯²⁺

|기름은 온도가 낮으면 물과 섞이지 않고 수면에서 방울이 진다. 찬물에 기름을 떨어트리면 방울져 떠돈다. 기름방울끼리는 뭉치지 못하고 따로 논다.

[맥락] 정처 없이 옮겨 다닌다는 '떠돌다'는 '떠 돌다'로도 읽을 수 있다. '뜨다'에는 착 달라붙지 못해 틈이 생긴다는 뜻도 있다. 그러므로 '떠 돌다'는 같이 붙어 있으면서도 거리를 두고 있다는 말이다.

개 벼룩 씹듯　했던 말을 자꾸 되풀이하거나 잔소리를 끊임없이 하는 모양을 이르는 말.

■ 개 (입에) 벼룩 씹듯²⁺

|개는 벼룩 때문에 가려우면 그 자리를 계속 씹는다. 벼룩을 잡기보다 가려움을 없애려는 행동이다.

[맥락] '씹다'에는 다른 사람의 행동이나 말을 꼬집거나 비난한다는 뜻도 있다. 개가 씹은 데 씹고 씹듯, 이미 했던 잔소리나 비난을 하고 또 한다는 말이다.⁴²

개 보름 쇠듯　명절을 즐기지도 잘 먹지도 못하며 쓸쓸하게 보낸다는 말.

42　요새는 '읽고 씹다' '듣고 씹다'처럼 '남의 말을 묵살하거나 못 들은 체하다'라는 뜻으로 더 많이 쓰이지만, 이는 사전에 없는 뜻이다.

■ 개 보름 쇠듯

|음력 1월 15일은 정월 대보름이다. 이날이 되면 오곡밥에 오색나물(아홉 가지 나물을 하기도 한다)에 부럼을 깨고 잣불을 켜며 귀밝이술도 마신다. 아이들은 논두렁에서 밤늦도록 쥐불놀이를 한다. 먹을 거 많고 흥겨운 날이 대보름이다. 하지만 이날 개한테는 밥을 주지 않고 저녁 한 끼나 종일 굶긴다. 속설에는 정월 대보름에 개밥을 주면 파리가 꼬인다, 개가 파리해진다(비쩍 마른다) 해서 주지 않는다고 한다. 파리해진다는 말 때문에 파리가 꼬인다는 속설도 생긴 듯하다. 이때부터 슬슬 파리가 보이기 시작하나, 파리 때문이라면 겨울 빼고 세 계절을 노상 굶겨야 하지 않을까?

[맥락] 개의 조상은 늑대인데, 가축화되어 인간과 오래 살면서 곡물도 먹는 잡식성으로 바뀌었다. 하지만 보리 같은 일부 곡물은 소화를 잘 못 시켜 일부가 변에 섞여 나오기도 한다(사람도 소화기관이 약하면 잡곡밥을 먹고 소화가 안 돼 가스가 차고 신물이 올라온다). 늑대와 달리 개의 흔한 질병 중 하나가 소화불량이다. 소화불량에 걸린 개는 잘 먹지 않아 비쩍 마른다고 한다. 그러니 사람이 먹다 남긴 오곡밥과 오색나물을 뒤섞어 개밥을 주면 개가 소화시키기 어렵다. 그렇다고 개를 위해 따로 밥을 지을 수 없으니 차라리 굶기는 게 낫다 싶었겠다.

또한 월견상극(月犬上剋)이란 말이 있다. 개에겐 늑대의 유전자가 남아서 공연히 달을 보고 울기도 한다. 그래서 옛사람들은 달과 개는 상극 관계라고 생각했다.[43] 또 달은 음기와 여성을 상징하므로 여자들이 달의 정기를 받아야 자손과 집안이 번창한다고 믿었다. 그래서 달이 가장 크게 보이는 정월 대보름이면 여성들은 동산에 올라 달을 쳐다보고 크게 숨을 쉬어 달의 정기를 받는 몸짓을 했다. 이 달밤에 개가 짖으면 일을 잡치니 굶겨서 기운을 뺀 것은 아닌가 한다.

개와 어린애는 괴는 대로 간다 누구든 아끼고 위해주는 쪽을 따르기 마련이라는 말.

■ 개와 어린애는 괴는 대로 간다

|'괴다'는 아끼고 사랑한다는 뜻의 옛말.

■ 개는 안주인을 따르고 소는 바깥주인을 따른다

|개밥은 안주인인 아내가 주고, 여물은 바깥주인인 남편이 준다. 그러니 먹여주고 돌봐주는 사람을 더 따르는 게 당연하다. '정이란 받는 걸까 주는 걸까'라는 노래 가사가 있는데, 정을 주면 받는 쪽도 주는 쪽도 정이 생긴다.

---

43 여러 민족의 전설에도 월식은 늑대나 개가 달을 물어서 일어나는 것이라는 이야기가 나온다.

개와 친하면 옷에 흙칠을 한다   어떤 환경을 겪고 어떤 사람을 사귀었느냐로 나중 됨이 달라진다는 말.

[成語] **근묵자흑(近墨者黑)** : 먹을 가까이 하면 검어진다. ㆍ『묵자(墨子)』에 "근묵자흑 근주자적(近墨者黑 近朱者赤)"이라는 구절이 나온다. "먹을 가까이하는 자는 검어지고, 인주를 가까이하는 자는 붉어진다."

맹모삼천(孟母三遷) : 맹자 어머니의 세 차례 이사. ㆍ맹자(孟子)는 어려서 아버지를 여의고 홀어머니 밑에서 자랐다. 맹자의 어머니가 처음에 공동묘지 근처로 이사하니 아들이 매장과 곡소리 흉내를 냈다. 그래서 이곳은 자식 기를 곳이 못 된다 하여 시장 근처로 이사했다. 그러자 아들이 장사꾼 흉내를 냈다. 그래서 여기서도 자식을 옳게 못 기르겠다 여겨 서당 근처로 옮기니 그제야 맹자가 글공부와 예절에 관심을 보이고 열심히 공부했다고 한다. _『열녀전(烈女傳)』

귤화위지(橘化爲枳)ㆍ남귤북지(南橘北枳) : 회남에서 키우던 귤을 회북으로 옮겨 심으면 탱자로 변한다.⁴⁴ ㆍ초(楚)나라에 제나라 사신으로 안자(晏子)가 갔다. 영왕(靈王)은 안자를 보자 "제나라에는 사람이 없소? 어찌 그대와 같은 사람을 사신으로 보냈소?"하며 안자의 키가 작은 것을 비웃었다. 달변가로 유명한 안자의 명성을 눌러보자는 심사였다. 그러자 안자가 태연히 대답했다. "제나라에서는 사신을 보낼 때 작은 나라에는 작은 사람을, 큰 나라에는 큰 사람을 보내는 관례가 있습니다." 안자의 말에 부아가 끓은 영왕은 마침 근처에 제나라 사람으로 초나라에서 도둑질하다 잡힌 자가 끌려가는 것을 보고 "제나라 사람은 도둑질을 잘하는군!" 하고 들으라는 듯 혼잣말을 했다. 그러자 안자가 말했다. "귤이 회남(회수라는 강의 남쪽)에서 자라면 귤이 되지만, 회북에서 자라면 탱자가 된다 들었습니다. 그 잎은 서로 닮았으나 열매의 맛은 전혀 다릅니다. 그 까닭이 무엇이겠습니까? 물과 흙이 다르기 때문입니다. 제나라에서 나고 자란 사람은 도둑질하지 않습니다. 하지만 초나라로 오면 도둑질을 합니다. 초나라의 물과 땅이(풍토가) 도둑질을 하게 만드는 것입니다." 이에 영왕이 웃으며 자신의 잘못을 인정했다. _『안자춘추(晏子春秋)』

마중지봉(麻中之蓬) : 삼밭에서 자란 쑥. ㆍ꾸불꾸불 제멋대로 자라는 쑥도 곧게 자라는 삼들 가운데서 크면 따로 붙잡아 세우지 않아도 저절로 곧게 자라고, 흰 모래알도 진흙 가운데 섞이면 진흙과 더불어 같이 더러워진다. _『순자(荀子)』 「권학편(勸學篇)」

[현대] 욕하면서 배운다 ㆍ 나는 저러지 말아야지 하지만, 어느 순간 보면 자신도 그러고 있다. 좋지 않은 것은 아예 가까이도 말아야 한다는 말이다. 비슷한 말로 '흉보면 닮는다'도 있다.
좋은 사람을 만나면 여운이 남고 나쁜 사람을 만나면 여파만 남는다

■ 개와 친하면 옷에 흙칠을 한다²⁺ / 궂은 날 개 사귄 것 같다

---

44 자라는 곳이 달라진다고 귤이 탱자로 품종이 바뀌지는 않는다. 감나무를 고욤나무에 접붙여 키우듯 귤나무도 야생성이 강한 탱자나무에 접붙여서 키운다. 귤 가지가 접붙지 않는 기후 탓에 탱자나무 그대로라는 의미인 듯하다.

| 개는 사람과 친한 동물이다. 하지만 같이 놀다 보면 개가  흙 묻은 앞발을 들고 달려들어 안겨 옷이 흙투성이가 된다. 흙물은 빨아도 쉽게 지지 않는다. 더군다나 역대 왕과 신하들도 바꾸려다 지쳐 포기한, 흰옷만을 고집해온 백의민족이 아니겠는가.45

[맥락] '개 같은 인간'과 가까이하면 체신(體身)만 더러워진다는 말이다.

- **개 옆에 누우면 벼룩 옮는다 / 개를 따라가면 뒷간[측간]으로 간다**
  | 개는 돌아다니며 똥도 먹었다. '뒷간'은 화장실의 옛말로 '측간'이라고도 했는데, 똥개는 뒷간 발판에 묻은 똥을 먹기도 했다.

- **처가살이 십 년이면 아이들도 외탁한다²⁺**
  | 외탁(外탁)은 생김새나 체질, 성질 따위가 외가 쪽을 닮은 것을 말한다. 외가에서 자란 아이들은 외가의 풍습이나 성향에 영향을 받게 마련이라는 말이다. 그래서 이 속담은 처가살이는 할 게 못 된다는 뜻으로도 쓰인다.

개 잡아먹고 동네 인심 잃고 닭 잡아먹고 이웃 인심 잃는다　이웃 간에 음식을 나눠 먹자면 아무래도 여기저기서 불만이 있어 힘들다는 말.

- **개 잡아먹고 동네 인심 잃고 닭 잡아먹고 이웃 인심 잃는다**
  | 옛날에는 색다른 먹을거리가 생기면 반드시 이웃이나 동네 사람과 나누어 먹는 풍습이 있었다. 하지만 개 한 마리로는 동네 사람 모두에게 다 돌아가지 않고, 닭 한 마리로는 식구끼리 먹기도 부족하다. 그러니 모두에게 골고루 돌아가지 않아 우린 왜 안 주느냐, 왜 요것밖에 안 주느냐, 불만이 생긴다.

개 잡은 포수　대단찮은 것을 가지고 우쭐댐을 조롱할 때 쓰는 말.

　[현대] 개근상도 상이냐

- **개 잡은 포수**

개장수도 올가미가 있어야 한다　무슨 일을 하려면 그에 걸맞은 준비가 미리 되어 있어야 한다는 말.

---

45 구한말에 남자들이 온통 흰옷을 입고 있는 걸 본 서양인들이 '여자들을 괴롭히려고 일부러 흰옷을 입는 거 아니냐'라는 농담을 했다 한다. 그만큼 관리하기 힘든 게 흰옷이다.

[현대] 발견은 준비된 사람이 만나는 우연

■ 개장수도 올가미가 있어야 한다

 |'올가미'는 '올무'라고도 하는데, 새나 짐승을 잡기 위해 끈이나 철사 등으로 만든 포획 도구다. 옛날에는 키우던 개를 개장수에게 파는 일이 많았다. 개장수들은 올가미를 개의 목에 걸어 끌고 갔다. 풀어놓고 키우는 개가 언제 나타날지 모르니 미리 올가미를 매두어야 나타났을 때 바로 잡을 수 있는 법이다. 개가 나타났을 때 비로소 올가미를 매면 개는 들로 산으로 멀리 도망친다.

개 짖어 담장 무너지지 않는다   보잘것없거나 간사한 이들이 아무리 일을 꾸며도 일의 큰 흐름에는 영향을 주지 못한다는 말.

 [현대] 똥개가 짖어도 기차는 간다

■ 개 짖어 담장 무너지지 않는다[2+]

 |아무리 큰 개가 고막이 먹먹하도록 '꽝꽝' 짖어 그 소리가 담장을 '꽝꽝' 때려도 굳건한 담장이 무너질 리 없다. 별로 영향력 없는 사람들이 아무리 소란을 피우고 떠들어댄들 한낱 '개소리'에 불과하다는 뜻. 인터넷상에 악플 다는 사람들은 세상을 바꾸려는 의지도, 그럴 능력도 없는 시시한 사람들이니 일일이 대꾸하고 신경 쓸 필요가 없다.

■ 까마귀 울어 범 죽지 않는다[2+]

 |옛사람들은 까마귀가 울면 사람이 죽는다고 여겨 재수 없는 동물로 생각했다.[46] 또 까마귀는 시체도 먹는다. 그래서 까마귀는 죽음도 연상시킨다. 아무리 까마귀같이 재수 없는 사람이 망해라, 죽어라, 저주를 해도 범처럼 담대한 사람에겐 귓등으로도 안 들린다.

■ 참새가 아무리 떠들어도 구렁이 안 움직인다[2+]

---

46 까마귀는 조류계의 침팬지라고 할 정도로 지능이 높기로 유명하다. 호두를 깨 먹기 위해 차가 다니는 도로에 놓기도 하고 물병에 돌을 물어 넣어 물을 차올려 마시기도 한다. 그런 데다가 까마귀는 후각이 좋고 썩은 고기도 먹어서 시체 냄새를 잘 맡는다고 한다(일반적으로 조류는 후각은 떨어지고 시각이 발달해 있으나 썩은 고기를 먹는 독수리나 까마귀는 후각도 발달해 있다). 그런 까닭에 까마귀가 오거나 울면 불길한 일이 생길 징조로 보고 까마귀를 흉조(凶鳥)로 여기게 되었던 것으로 보인다(일본에서는 까마귀가 길조(吉鳥)란 얘기가 떠도는데 일본뿐 아니라 전 세계적으로 흉조 취급을 받는다). 까마귀가 나무 꼭대기에서 울면 양반이 죽고, 중간쯤에서 울면 중인(中人)이 죽고, 아래쪽 가지에서 울면 호반(虎班 : 군인)이 죽고, 담 위에서 울면 상놈이 죽고, 잔가지 끝에서 울면 애가 죽는다는 속설이 있었다.

| 참새는 초가지붕 속에도 둥지 틀고 알을 낳았다. 그래서 구렁이가 보이면 참새들이 행여 알이나 새끼를 잡아먹을까 봐 부산을 떨며 매우 시끄럽게 울었다. 하지만 미약한 참새가 자신을 어쩌지 못하는 걸 잘 아는 구렁이는 그러든가 말든가 느릿느릿 제 일을 했다.

[맥락] 이 속담에서 참새는 바가지 긁는 아내, 구렁이는 들은 척도 않는 남편을 뜻하지 않았을까 생각해본다.

■ **남생이 등에 풀쐐기 쐼 같다**[2+] / **남생이 등에 활 쏘기**[2+]

| 요새는 환경이 오염되어 찾아보기 어렵지만, '남생이'는 개울에서 흔히 볼 수 있었다. 남생이는 관상용으로 기르는 수입종 붉은귀거북보다도 작고, 거북이와 달리 등딱지에 (ㅣ) 모양의 세 줄기 돌기가 돋아 있다. 남생이도 거북이라 풀쐐기, 즉 침을 쏘는 애벌레에게 단단한 등딱지를 쏘여봤자 아무 느낌도 없다. 여기서 거북이 대신 남생이가 등장한 건 거북이는 바다에 살기 때문에 풀쐐기에 쏘일 일이 없어서다.

남생이. |EBS, 〈다큐프라임〉, "한국의 강: 1부. 강은 혼자 가지 않는다"

[맥락] '쏘다'에는 말이나 시선으로 상대편을 매섭게 공격한다는 뜻도 있다. 아무리 쏘아보고 쏘아붙여도 마음에 상처를 안 입는다는 말이다.

개천에 나도 제 날 탓   아무리 어려운 환경에서 태어났다고 해도 자기 하기 나름으로 얼마든지 출세하거나 훌륭한 사람이 될 수 있다는 말.

■ **개천에 나도 제 날 탓**[2+]

| 개천은 거지들이 사는 곳이다. 거지 같은 환경에서 태어났다 해도 타고난 팔자가 귀히 될 팔자면 귀한 사람이 된다.

[맥락] 여기서 '제 날'는 '제가 태어날'이라는 뜻도 있지만 '제가 노력해 잘날'이란 뜻도 갖는다.

개천에서 용 난다   ①좋지 않은 환경이나 천하고 가난한 집안에서 훌륭한 인물이 나왔을 때 쓰는 말. ②자식이 부모보다 더 훌륭한 인물이 되었음을 이르는 말.

[成語] 노방생주(老蚌生珠) : 늙은 방합(진주조개)에서 진주가 나온다. ▸진주는 하루아침에 만들어지지 않는다. 비록 진주조개가 늙고 볼품없지만, 그만큼 오랜 나날을 거쳐왔기에 그 안에 영롱한 진주를 머금을 수 있다는 말이다.

[반대] 감 씨에서 고욤나무 난다

■ 개천에서 용[선녀] 난다[2+] / 개똥밭에서 인물 난다[2+]

  │ '개천'은 거지 소굴, '개똥밭'은 가난한 농사꾼 집안을 뜻한다. '용'과 '선녀'는
  모두 하늘로 올라가는 존재들. 아들이 높은 신분이 되거나 딸이 높은 집안 며느
  리가 된다는 뜻이다.

■ 삵이 호랑이를 낳는다[2+] / 자식이 부모보다 낫다

  │ '삵'은 고양잇과로 고양이보다는 살짝 큰 야생동물이다. '살쾡이' 또는 '들고양
  이'라도도 한다.
  [맥락] 속담이나 문학에서는 거칠고 포악한 사람을 살쾡이로 표현한다. 흔히 '살
  쾡이 같은 놈'이라고 한다. 김동인 소설 〈붉은 산〉에 나오는, 트집과 행패를
  일삼는 주인공 별명도 '삵'이다. 그런 개차반 아버지 밑에서 호랑이처럼 위엄
  있는 큰 인물이 났다는 말이다.

객줏집 칼도마 같다   턱과 이마가 돌출되어 상대적으로 얼굴이 움푹 들어간 사람을
이르는 말.

■ 객줏집 칼도마 같다

  │ 객주(客主)는 다른 지역에서 온 장사꾼들에게
  숙식을 제공하거나, 물건을 사고팔 때 중개하
  거나, 또는 도매로 물건을 떼다 판매하는 일
  을 하던 조선시대 상업 집단이다. 객주에는 매
  우 많은 사람이 드나들고 숙식을 하니 주방도
  쉴 새 없이 바쁘게 많은 음식을 차려내야 했다.
  그러다 보니 나무 도마가 숱한 칼질에 닳아 가

수많은 칼질에 닳아 움푹 팬 생선가게 도마.
│서울 영천시장

  운데가 움푹 팼다. 그래서 주걱턱을 한 사람을 이것에 빗댔다. 지금도 가운데가
  움푹 닳은 도마를 시장 생선가게에서 쉽게 볼 수 있다.

거둥길 닦아놓으니 깍쟁이가 먼저 지나간다   애써 해놓은 일이 하찮은 일로 보람
없이 되었다는 말.

■ 거둥길 닦아놓으니 깍쟁이[거지·문둥이]가 먼저 지나간다[2+]

  │ 임금님의 행차는 '거둥'이라고 하며 그 행차하시는 길을 '거둥길' 또는 '어로(御
  路)'라고 한다. '깍쟁이'는 인색하고 이기적이며 얄미운 행동을 하는 사람을 일
  컫는데,[47] 이 말은 '깍정이'에서 유래한다. 조선시대에 큰 죄를 지은 사람은
  얼굴 등에 '죄명(罪名)'을 문신으로 새기는[48] 형벌을 주었다. 이 문신 때문에

누구도 일을 시켜주지 않고, 장사를 해도 아무도 사 가지 않으며, 깍정이가 사는 집은 동네 애들조차도 대문에 침을 뱉었다. 그래서 하는 수 없어 이들은 청계천 이나 도성 밖 외진 곳에 땅을 파고 움집을 지어 모여 사는 일이 많았다(그래서 처음에는 '땅꾼'이라 불렀다). 이들은 구걸을 다니거나 남들이 꺼리는 시체 묻기, 똥 푸기 등을 하였고, 개중에는 잔치나 초상집에 가서 행패를 부려 돈이나 음식을 뜯어내기도 하였다. 여기서 유래하여 자기 이익을 위해 남을 생각하지 않고 피해를 입히는 사람이란 뜻으로 쓰이게 되었다(요새로 치면 양아치다).

임금님이 이 마을을 지나가신다고 해서 길을 말끔하게 정비해놓고 그분 지나 가시기 전까지 아무도 감히 거길 못 밟고 기다리는데, 자기밖에 모르는 얌통머 리 없는 깍쟁이나 더러운 거지, 또는 몸이 썩는 병을 앓는 (그래서 당시에는 재수 없다고 여긴) 문둥이가 먼저 지나가서 초장부터 잡쳤다는 말이다. '거둥→ 개미가 거둥하면 비가 온다

[맥락] 누군가가 잘되라고, 꽃길을 걸으라고 길을 잘 터놓으니 뜻밖의 얌체가 먼저 이용해먹는다는 뜻이다.

거미 새끼 풍기듯 한다   잔뜩 모였던 사람들이 한꺼번에 해산되는 모습을 이르는 말.

■ 거미 새끼 풍기듯 한다[2+]

'풍기다'는 짐승들이 흩어 퍼진다는 뜻이다. 거미는 많은 수의 알을 한곳에 모아 서 낳는데, '바글바글' 부화한 새끼들은 천적들에게 잡아먹히기 전에 얼른 거미 줄을 뽑아 그걸 돛 삼아 바람 타고 금세 사방으로 '뿔뿔이' 흩어져 날아간다.

거미 알 까듯 한다   좁은 곳에 많은 수가 밀집해 있는 모양을 이르는 말.

■ 거미 알 까듯[슬듯] 한다

'슬다'는 벌레나 물고기가 알을 낳아두는 것. 거미는 많은 수의 알을 한곳에 모아 서 낳는다. 그래서 알이 부화하면 수많은 새끼 거미들이 가지나 풀잎에 '바글바 글' 새카맣게 들러붙어 있다.

거저먹을 거라곤 하늬바람밖에 없다   농사든 세상일이든 힘들이지 않고 공으로 얻 을 건 없다는 말.

---

47 예전엔 지방 사람들이 서울 사람을 인정 없고 자기 셈속만 차린다고 '서울깍쟁이'라고 불렀다.
48 죄명을 문신으로 얼굴에 새기는 형벌을 자자(刺字) 또는 경(黥)이라 했다. '경을 친다'라는 말이 여기서 나왔다.

[현대] 인생에는 정비공이 없다 · 노력 없이 쉽게 얻을 정답, 비결, 공짜가 없다는 말이며, 자기 인생은 자기가 정비해나가야 한다는 뜻이다.

■ 거저먹을 거라곤 하늬바람밖에 없다

ㅣ'하늬바람'은 서풍(西風)의 순우리말로, 가을에 불기 때문에 '가을바람' 또는 '갈바람'이라고도 한다. 선선한 하늬바람이 부는 가을에는 별다른 관리를 하지 않아도 햇볕에 곡식이 잘 여문다. 하지만 이 계절이 오기 전까지는 아침부터 저녁까지 쉴 틈 없이 부지런히 일해야 한다. 쌀 미(米) 자는 '八十八'이 합쳐진 글자라는 이야기도 있다. 쌀 한 톨에는 여든여덟 가지 수고가 들었다는 말이다.

거적문 드나들던 버릇 문을 닫지 않고 다니는 못된 버릇을 이르는 말.

■ 거적문 드나들던[나들던] 버릇 / 꼬리 아직 안 들어왔냐

ㅣ거지는 거적떼기로 움막을 치고 살았다. 그러니 문도 거적문이다. 거적문은 들추면 저절로 내려오니 굳이 닫지 않아도 된다. 그래서 문을 안 닫고 다니면 거지 버릇이라 문을 안 닫고 다니는 거냐고 이 말로 꾸짖었다.

거적 쓴 놈 내려온다 졸려서 눈꺼풀이 슬슬 내려온다는 말.

[현대] 상모를 돌린다

■ 거적 쓴 놈 내려온다[2+]

ㅣ반쯤 졸려 눈꺼풀이 내려오면 반쯤 감긴 눈꺼풀 위로 눈동자가 반쯤 볼록 올라온다. 마치 검은 머리가 반쯤 보이게 거적을 뒤집어쓰고 있는 모습과 비슷하다. 피부색 또한 거적 색과 비슷하다.

거지가 논두렁 밑에 있어도 웃음이 있다 힘든 가운데서도 (생각하기에 따라) 즐거운 일도 있음을 이르는 말.

[현대] 택배 힘들어도 속옷 구경 쏠쏠하다 · '택배요!' 소리에 반가워서 제대로 안 갖춰 입고 뛰어나오는 여자들도 좀 있다고.

■ 거지가 논두렁 밑에 있어도 웃음이 있다 / 거지는 모닥불에 살찐다

ㅣ논두렁을 바람막이 삼아 잠을 청하는 겨울 거지라 해도 제 나름대로 즐거운 일이 있을 거라는 말이다. 또한 '도둑고양이 살찌랴'라는 속담이 있듯, 스트레스 받고 불안하면 몸이 비쩍비쩍 말라간다. 거지가 비록 굶기를 밥 먹듯이 한다지만 그래도 모닥불 피워놓고 둘러앉아 이런저런 웃음꽃을 피우다 보면 세상만사 아무 근심이 없다. 욕심만 버리면 힘든 삶도 즐거운 법이다.

거지가 도승지를 불쌍타 한다 자기 처지도 모르고 자기보다 나은 사람을 걱정하고
참견한다는 말.

[成語] 걸인연천(乞人憐天) : 거지가 하늘을[천자를] 가여워한다.

[현대] 백수가 친구 야근 걱정 / 세상에 제일 쓸데없는 게 연예인[재벌] 걱정

■ **거지가 도승지를 불쌍타 한다**

　ㅣ도승지(都承旨)는 승정원(承政院) 승지(承旨)들의 우두머리로, 지금으로 치면
대통령 비서실장에 해당한다. 승정원은 왕명을 전달하고 밑에서 올라오는 각종
상소를 추리고 모아 왕에게 올린다. 정사(政事)와 관련된 일들을 기록하는 한편
궁궐 문 여닫는 일까지 관여해야 하니, 매우 중요하면서 엄청 바쁜 곳이다. 그러
니 도승지는 왕이 잠자리에서 일어나기 전에 입궐해야 한다. 꼭두새벽부터 궁궐
로 출근하는 도승지를 보고 오줌 누러 나온 거지가 제 처지는 잊고 "저 양반,
잠도 못 자고 무슨 고생이람" 혀를 찬다는 말이다.

■ **거지가 하늘을 불쌍타 한다**[2+]

　ㅣ'하늘'은 황제인 천자(天子)나 왕, 옥황상제 등도 뜻한다. 온갖 세상일 다 처리하
느라 얼마나 바쁘고 힘들까, 거지가 제 처지도 모르고 괜한 걱정을 한다는 말.

■ **한데 앉아서 음지 걱정한다**[2+]

　ㅣ'한데'는 위아래 사방이 가리거나 덮이지 않은 곳, 즉 집 바깥을 말한다. 집도
없어 한데 나와 사는 사람이 햇빛 잘 안 드는 집에 사는 사람을 걱정한다는 말이
다. 음지는 그늘이며, 그늘은 근심도 뜻한다.

■ **칠월[섣달] 더부살이가 주인마누라 속곳 (베) 걱정한다**[2+] **/ 셋방살이[담살이]
가 주인집 마누라 속곳 (베) 걱정한다**[2+]

　ㅣ'더부살이'는 남의 집에서 먹고 자면서 일을 해주고 삯을 받는 사람(이북 말로는
'담살이'). 옷도 변변치 못하게 입고 살면서 잘사는 주인마누라 속옷에 쓸 베
걱정이나 한다는 말이다.

　[맥락] 속옷을 뜻하는 '속곳'은 안쪽 깊은 곳을 뜻하는 '속 곳'으로도 읽을 수 있
다. 저는 '헐벗고' 살면서 주인마님의 한여름 삼베 적삼 안 '속살 비치는' 것을
걱정한다는 말이다. '베'는 '배'로도 읽을 수 있으며, '뵈(보여)'는 '배'로 쉽게
발음할 때도 많다. 또한 섣달 한겨울에 잔뜩 껴입고 덜덜 떨면서 주인마님이
얇게 받쳐 입은 걸 걱정한다는 말이다. 그런 맥락에서, 자기보다 훨씬 낮게 사는
사람의 '속사정'을 주제넘게 걱정하고 나선다는 말이다.

■ **더부살이 환자 걱정**

　ㅣ환자(還子)는 국가에서 각 관청을 통해 춘궁기인 봄에 곡식을 빌려주고 가을에

추수하면 쌀 이자로 갚도록 하는 제도. 농사지을 땅도 없어 남의 집 더부살이를 하니 환자를 타도 가을에 갚을 수 없다. 아니, 애초에 갚을 능력이 없으니 빌려 주지도 않는다. 그러니 자기와 아무 상관이 없는 환자나 그 이자에 대해 이러쿵 저러쿵 말을 거든다는 말이다.

■ 노처녀 과부 중매 선다 / 가시나 못된 게 과부 중매 선다

■ 제 코도 못 닦으면서 남의 부뚜막 걱정한다[2+]
 | 제 앞가림도 못하면서 남의 밥상에 올라가는 반찬을 걱정한다는 말.

거지도 부지런해야 더운밥을 얻어먹는다   부지런한 사람이 얻는 것도 많다는 말.

■ 거지도 부지런해야 더운밥을 얻어먹는다 / 개도 부지런해야 더운 똥을 얻어먹는다
 | 거지들은 사람들이 밥 다 먹고 났을 시간에 맞춰서 동냥을 한다. 너무 일찍 가면 식전부터 온다고 욕만 먹는다. 그리고 옛날에는 보온밥솥이란 게 없었으므로 늦게 갈수록 시서느런 밥을 얻는다. 평소 늦게 일어나는 거지지만, 일찍 서둘러 다니는 거지일수록 그나마 덜 식은 밥을 얻어먹을 가능성이 크다.
  똥개도 열심히 돌아다녀야 식고 굳은 똥이 아닌 갓 눈 따뜻한 똥도 주워 먹는다. 옛날에는 다리가 짧아 널판 깔린 변소에 일을 못 보는 어린아이는 마당에서 누게 하는 일이 많았는데, 한참 똥 누다 보면 개가 와서 눈 똥을 바로 받아먹거나 엉덩이를 핥기도 했다.

■ 드나드는 개가 꿩을 문다

거지 말 얻은 격   ①힘든 가운데 더 힘든 일을 맡게 됨을 이르는 말. ②분수에 넘치는 것을 가지고 자랑함을 비웃는 말.

[成語] 걸아득금(乞兒得錦): 거지 아이가 비단옷을 얻다

■ 거지 말 얻은 격
 | 당장 하루 먹고살 것도 없는 거지에게 말이 생기면 말 먹일 것까지 얻어 와야 하니 더 힘들어진다. 말 타고 동냥 다닐 것도 아니니 거지가 말을 탄들 비웃음만 산다. 말은 거지에게 아무짝에도 쓸모없는 애물단지다.

거지발싸개 같다   매우 너절하고 지저분한 것을 이르는 말.

■ 거지발싸개 같다

|'발싸개'는 '감발'과 같은 말로, 겨울에 발이 시리지 않게 헝겊 등으로 발을 칭칭 감은 것이다. 겨울에 거지가 신발 대신 발을 싸고 다니는 것이니 아주 더럽고 너덜너덜할 건 당연하다.

거지발싸개만큼도 여기지 않는다　매우 시시하고 하찮게 여긴다는 말.

[현대] 듣보잡 · '듣도 보도 못한 잡것'의 준말.

■ 거지발싸개만큼도 여기지 않는다

거지 자루 기울 새 없다　먹고살기 바빠 다른 걸 생각할 여유조차 없다는 말.

■ 거지 자루 기울 새 없다[2+]

|옛 거지는 바가지나 자루를 들고 다니면서 동냥했는데, 늘 배를 채우지 못하기에 쉴 새 없이 들고 돌아다녀야 하니 자루가 바닥에 놓여 축 늘어질 짬도 없다.
[맥락] '기울다'에는 마음이나 생각 따위가 어느 한쪽으로 쏠린다는 뜻도 있다. 『사이언스Science』지에 발표된 한 연구논문에 따르면, 사람이 먹고사는 걱정에 빠지면 알코올중독자 수준으로 인지능력이 떨어진다고 한다.

거지 자루 크면 자루대로 다 줄까　필요 이상으로 많이 얻으려 해도 그 뜻대로 다 주진 못한다는 말.

■ 거지 자루 크면 자루대로 다 줄까

거짓말도 잘 하면 오려논 다섯 마지기보다 낫다　경우에 따라서는 거짓말이나 기지가 어려운 세상을 헤쳐나가는 데 큰 도움이 된다는 말.

[반대] 정직한 사람의 자식은 굶어 죽지 않는다

■ 거짓말도 잘 하면 오려논 다섯 마지기보다 낫다[2+]

|'오려논'은 다른 벼들보다 일찍 여무는 올벼 품종을 심은 논. 올벼는 다른 벼들보다 먼저 심어 먼저 수확하는데, 추석 전에 수확이 가능하다.[49]　먹을 것이 다

---

49 모내기 방식은 고려 말에 중국으로부터 들어온 것으로 추정되는데, 그 전에는 볍씨를 땅에 바로 심어 키웠다. 논에 물을 대고 심는 이앙법(모내기)은 조선 후기에나 전국적으로 확산되었다(조선 중기까지는 국가에서 모내기 방식을 금했다. 물을 제때 정확하게 대지 못하면 농사에 실패할 확률이 높아 결과적으로 세금을 제대로 걷지 못하기 때문이었다). 논에 물을 대고 벼를 키우면 번거로운 잡초제거의 수고도 크게 줄고 수확량이 많아진다. 대신 수확이 늦어져 추석 때 햅쌀을 차례에 올리지 못하니 부유하거나 여력이 있는 사람들은 논 한쪽에 따로 올벼를 심어 차례에 올렸다.

떨어진 때에는 올벼 익는 것도 기다릴 수 없어 덜 여문 올벼를 베어다 나락을 훑어 삶아 먹었다. 그래도 오려논 다섯 마지기[50] 나 갖고 있으면 보릿고개를 수월히 넘길 수 있었다. 곤궁한 춘궁기를 헤쳐나갈 오려논 다섯 마지기보다, 적절한 거짓말이 난처하고 '곤궁한' 상황을 벗어나는 데 큰 도움이 된다는 말.

■ 거짓말이 외삼촌보다 낫다

■ 남자가 길을 나설 때는 삿갓과 거짓말 하나씩은 가지고 가야 한다
　ㅣ먼 길을 가다 보면 마주치지지나 관여하지 말아야 할 일이 생긴다. 따라서 얼굴 가릴 삿갓과, 위험한 상황을 모면할 거짓말 정도는 임기응변으로 할 줄 알아야 한다는 말이다. 사실인지는 알 수 없으나 이와 관련한 박문수 이야기가 있다.[51]
　　어사 박문수가 외진 길을 가는데 누군가 숨차게 달려와 "뒤에서 도적놈이 나를 죽이려 쫓아오오. 못 본 척 좀 해주시오!" 하고는 풀숲으로 뛰어 도망한다. 이윽고 도적이 시퍼런 칼을 들고 들이닥쳐 방금 사람 하나 못 봤냐고 다그친다. 어사로서의 비밀 임무도 있고 고작 지팡이로 칼에 맞설 수도 없어 잠자코 방향을 일러주고 죄스러워 냅다 도망쳤다. 이후 이 일을 임금께 고하니, 임금이 대신들에게 "경들이라면 어찌 했겠소?" 묻는다. 대신들이 마땅한 답을 내지 못하니 임금이 껄껄 웃으며 "어허, 지팡이를 짚었으니 이제 눈만 감으면 귀한 목숨 하나 살릴 수 있었잖소!" 하니 박문수와 대신들 모두 무릎을 치더란다.

걱정도 팔자다　굳이 하지 않아도 될 걱정을 자꾸 하거나 자신과 상관없는 일도 걱정한다는 말.

　　[成語] 기인지우(杞人之憂)·기우(杞憂) : 기나라 사람의 쓸데없는 걱정. ▸중국 기(杞) 나라에, 하늘이 무너지면 어쩌나 땅이 꺼지면 어쩌나 늘 걱정이라 밥도 못 먹고 잠도 못 자는 사람이 있었다. 이 이야기를 들은 사람이 그에게 얘기해주길, "하늘은 기운이 가득 차서 만들어진 것이고, 해와 달과 별 또한 그러하니 비록 떨어지더라도 맞아서 다치지 않소. 땅도 기운이 뭉쳐서 이루어진 것이니 어찌 무너질 수 있겠소?" 하니 그제야 근심을 덜고 기뻐하더라. _『열자(列子)』

50　네 가마, 즉 두 섬을 수확할 수 있는 정도가 한 마지기. 논은 대략 150~300평, 밭은 100평이 한 마지기다. 그러므로 다섯 마지기는 800평에서 1,500평 정도.

51　우리가 아는 박문수 설화는 모두 사실이 아니라 사람들이 지어낸 것이다. 박문수가 암행어사를 지낸 건 딱 1년, 경상도 지역뿐이다. 하지만 거기서 세운 치적이 많고 대단한 데다 경상도 관찰사(도지사) 시설에는 함경도에 막대한 수해가 났을 때 상부와 논의도 없이 직접 경상도 물자를 함경도로 보내기도 했다. 왕 앞에서도 할 말 다 하는 성격이며 백성들도 잘 헤아렸기에 이후 박문수 자체가 백성들 사이에 전설이 되었고, 암행어사 얘기만 생기면 모두 박문수 설화로 바뀌었다.

■ 걱정도 팔자다

│팔자(八字)는 태어난 연·월·일·시에 해당되는 각 두 글자씩의 간지(干支)를 합한 여덟 글자를 가리키는 말로, 출생한 때에 따라 일생이 좌우된다며 점술에서 쓰는 말이다. 따라서 걱정도 팔자라는 말은 매사에 걱정이 너무 많으니 아마 태어나길 걱정 많게 태어났을 거라는 말이다. 티베트에 이런 속담이 있다. "걱정을 해서 걱정이 없어지면 걱정이 없겠네."

■ 걱정이 반찬이면 상다리가 부러진다[2+] / 걱정이 반찬이면 상발이 무너진다[2+]

│온갖 걱정거리가 한 상 가득 무거워 상다리도 부러질 정도라는 말.

[맥락] 바쁠 때는 걱정도 잠시 잊지만, 밥 먹을 때면 그 생각이 다시 들고 일어난다. 밥 한 술 뜨고 반찬 집으려다 후~ 젓가락 탁 내려놓고, 국 한 술 뜨려다 또 후~ 숟가락 툭 떨어진다. 온갖 걱정이 갖은 반찬보다 더 많이 올랐으니 상위에는 한숨이 태산처럼 쌓인다. 걱정이 걱정이니 정작 무엇을 걱정하는지도 모르고 해법 없는 걱정만 한다. 생각 밖으로 별거 아닌 걸 알자면 걱정을 생각 밖으로 꺼내야 한다. 종이를 밥상 삼고 걱정을 반찬 삼아 마인드맵을 죽죽 그려 보면 가장 먼저 해결해야 할 일이 무엇인지 눈에 확연히 보인다.

■ 개구리에게 헤엄 가르칠 걱정한다

■ 무너지지 않는 천장에 장대 버티랴 / 달걀 지고 성 밑으로도 못 가겠다

│쌓아 올린 성이 무너져 지고 가던 달걀이 깨질까 걱정한다는 말. 옛날에는 성벽 밑을 따라 길이 길게 나 있어 교통로로 이용했다.

창의문(彰義門) 성벽

■ 서울이 낭떠러지라니[낭이라 하니·무섭다 하니] 과천[남태령·삼십 리]서부터 긴다

│서울에는 워낙 남을 속이는 사람이 많아, 낭떠러지 위에 선 것처럼 위험천만하단 소문을 들어왔던 터라 과천 남태령 고개서부터 바짝 긴장한다는 말이다. '낭'은 낭떠러지의 전남 사투리. 남태령(南泰嶺)은 과천에서 서울로 넘어가는 고개로, 아래 지방에서 서울로 가자면 꼭 넘어야 했다. 옛 서울은 강북, 즉 한강 위쪽까지였다가 현대에 들어 강남 쪽이 개발되면서 과천 경계까지 서울로 편입되었다. 옛날에는 남태령 고개에 올라서 비로소 저 멀리 한강 너머 서울이 보였다.

건넛산 보고 꾸짖기 당사자를 직접 꾸짖지 못할 때 다른 사람이나 사물을 빗대서 간접적으로 꾸짖는다는 말.

[현대] 사과 돌려 까기 · 사과하는 척하면서 은근히 욕하는 수법을 말한다.

■ 건넛산 보고 꾸짖기[2+]

| 맞은편 산에다 소리치면 메아리로 돌아와 곁에 있는 사람에게도 들린다.

걷는 참새를 보면 대과를 한다 ①매우 희귀한 일을 겪으면 운이 좋다는 말. ②불가능한 일이라는 말.

[현대] 로또 맞을 확률은 벼락 맞을 확률보다 낮다

■ 걷는 참새를 보면 대과를 한다[2+]

| 참새는 종종걸음으로 뛰지, 걷지는 못한다. 걷는 새는 뱁새(붉은머리오목눈이)나 황새 같은 것들이다. 걷는 참새를 본다는 것은 불가능한 일이므로 그런 일을 겪는다는 건 보통 대단한 일이 아니다. 그러므로 아주 운이 좋거나 아니면 아예 꿈도 못 꿀 일이라는 뜻이다.

문과 과거 시험의 5단계				
순서	구분	단계	차수	특 징
1단계	소과	초시(初試)	1차시험(예선)	
2단계	(小科)	복시(複試)	2차시험(본선)	
치른 시험의 과목에 따라 합격자는 생원(生員) 또는 진사(進士)가 되며, 여기서부터 양반으로 쳐주고 국립대학격인 성균관에 입학할 자격이 주어진다. 생원 : 생원과 합격자. 하급관리로 등용될 수 있음. 진사 : 진사과 합격자. 하급관리로 등용될 수 있고 중급관리 등용 응시자격 생김.				
3단계	대과	초시(初試)	1차시험	각 지방에서 가을에 치름.
4단계	(大科)	복시(複試)	2차시험	초시 합격자 중 33명을 뽑음.
5단계		전시(殿試)	3차시험	왕 앞에서의 면접시험. 여기서 합격한 1인이 장원(壯元), 즉 수석합격.

대과(大科)는 문과(文科)의 과거시험 상급 단계, 또는 거기서의 급제를 뜻한다. 과거시험은 문과, 무과, 잡과로 나뉘며[52] 식년시(式年試)처럼 3년마다 정기적으로 보는 시험이 있었고 왕의 즉위, 왕비 간택, 원자 출산 등 왕실에 경사가 있을 때 특별히 치르는 증광시(增廣試) 같은 부정기적인 시험도 여럿 있었다.

*뱁새→ 뱁새가 황새 따라가다 가랑이 찢어진다

---

52 문과는 양인 이상이면 누구나 응시가 가능하였으나 역적이나 탐관오리의 자제, 재혼한 여자의 아들, 첩의 자식은 응시할 수 없었다(그래도 하급관리 정도는 가능했다). 무과는 문과보다는 기준이 엄격한 편은 아니어서 서자들이 많이 응시했다. 그리고 잡과는 양반과 양인은 응시할 수 없고 중인 신분들만 응시가 가능했다. 따라서 중인은 신분이 세습될 수밖에 없었다.

[맥락] 종종거리고 뛰어다니는 건 평민이고 농사꾼이다. 참새는 황새처럼 양반걸음을 못 하니 평생 참새를 벗어날 수 없다 말일 듯하다. 조선 후기로 갈수록 과거를 준비하는 비용이 막대하게 들어 사대부 집안조차 허리가 휘었다. 그러니 돈 없는 서민은 과거를 꿈도 못 꿨다. 그래서 원래는 ②번의 뜻이었을 듯하다.

걸어가다가도 말만 보면 타고 가잔다 없으면 없는 대로 지낼 수 있는데 공연히 남을 귀찮게 괴롭힌다는 말.

■ 걸어가다가도 말만 보면 타고 가잔다

검기는 왜장 청정이라 매우 검다는 것을 이르는 말.

■ 검기는 왜장 청정이라

　|왜장(倭醬)은 일제강점기에 일본인 공장에서 만들어진 화학간장인 양조간장(釀造肝臟 : 아미노산간장)53 을 말하며, 왜(倭)간장이나 진간장54 이라 부른다. 반면 전통간장은 지금도 간혹 조선(朝鮮)간장이라 부른다. 조선간장(국간장)은 옅은 검정색이라 얇게 떠놓으면 바닥이 비치나 왜간장은 색이 진하고 까맣다. 따라서 원래는 '검기는 왜장이라' 했을 것인데, 거기에 임진왜란 때 왜(倭)나라 장수 중 한 명인 가토 기요마사(가등청정 : 加藤淸正)의 '청정'을 말장난처럼 끼워 넣어 '왜장 청정'이라고 덧붙인 것 같다. '청정하기는 무슨, 남의 나라를 침략한 시커먼 도적놈 주제에'라는 멸시도 포함해서 말이다.

조선간장(왼쪽)과 왜간장(오른쪽). 조선간장은 불그스레 옅어 밑바닥의 純(순)자가 비쳐 보이지만, 왜간장은 색이 검고 진해서 바닥이 전혀 안 비친다.
조선간장도 오래 묵으면 진짜 '진간장'이 돼서 밑이 비치지 않는다.

---

53 조선 전통간장은 콩으로 메주를 쑤어 미생물로 콩 단백질을 분해해 발효시켜 만드는데, 양조간장은 간장 원액에 콩 단백질에서 화학적으로 추출한 아미노산액을 섞어 제조 시간을 단축하는 방식이다. 이렇게 하면 간장의 대량생산이 가능하다. 양조간장은 메주도 콩에 밀을 섞어서 쑨다.

54 막 담근 간장을 묽은 간장이라 하고, 2, 3년 지난 간장은 중간장, 5년 지난 진한 간장을 진간장이라고 했다. 간장이 진해질수록 짠맛이 구수해진다. 지금은 '왜간장'을 진간장이라 부른다.

검은 머리 파뿌리 되도록 부부가 오래도록 함께 잘 사는 것을 이르는 말.

[成語] **백년해로**(百年偕老) : 백 년 평생을 더불어 늙어간다.
해로동혈(偕老同穴) : 늙도록 함께하고 같이 죽어 한 무덤에 묻힌다.

■ 검은 머리 파뿌리 되도록 / 늙어 꼬부라질 때까지

｜파뿌리는 희고 가닥수가 많지 않다. 늙으면 검
은 머리가 하얗게 세고 머리카락도 많이 빠져
듬성듬성해지는 것이 파뿌리와 매우 닮았다.
처음 사랑하던 마음 그대로 오래오래 서로를
아끼고 위하며 살라는 말이다.

■ 평생 지팡이

파뿌리는 노인의 센 머리 같다.

｜서로 의지할 수 있는 인생 지팡이가 되어준다
는 말. 혼인 초례상에는 상징물을 여럿 올려두
는데 그중 하나가 소나무 가지. 소나무처럼 젊
고 푸르게 오래도록 함께하라는 뜻이다. 게다
가 솔잎은 두 잎이 하나로 붙어 나고 떨어질 때
도 둘이 붙어 떨어지니, 두 사람이 하나가 되어
죽을 때까지 헤어지지 말고 한날한시에 같이
눈을 감으라는 기원도 담겼다.

솔잎은 낙엽 질 때도 둘이 한 몸이다.

게도 제 구멍이 아니면 들지 않는다 남의 영역에 함부로 들어가거나 남의 집에서
함부로 자지 말라는 말.

■ 게도 제 구멍이 아니면 들지 않는다[2+]

｜갯벌에 물이 빠지면 게 구멍들이 숭숭 드러나고 게가 떼로 나와 먹이활동을 한
다. 그러다가 천적이 다가오면 재빨리 자기 집 구멍으로 쏙 숨는다. 게는 끊임없
이 곁눈질로 자기 집 구멍 위치를 가늠하며 먹이활동을 하므로, 그렇게나 많은
구멍이 있어도 결코 남의 구멍으로 잘못 들어가는 일이 없다. 남의 집으로 들어
가면 대번에 그 집 주인과 싸움이 나기에.
[맥락] 남의 아내를 탐내지 말라는 성적인 뜻도 담겼다고 여겨진다.

게으른 놈 짐 많이 진다 ①게을러서 하지도 못할 거면서 일 욕심만 낸다는 말.
②여러 번에 할 걸 한 번에 하려고 게으른 욕심을 부린다는 말.

■ 게으른 놈[말] 짐 많이 진다 / 게으른 놈[말] 짐 탐한다

| 여러 번 왔다 갔다 하기 귀찮아서 한 번에 끝내려고 무리하게 많은 짐을 끙끙 진다는 말이다.

게으른 선비 책장 넘기듯 하기 싫은 일을 억지로 하는 모습을 이르는 말.

[현대] 하기 싫음 시름시름 앓는다 / 하고 싶음 방법을 찾고 하기 싫음 변명을 찾는다
공주는 공주병에 걸리고 학생은 공죽병에 걸린다 ▸ 공부하면 죽는 병.

■ 게으른 선비 책장 넘기듯[세듯]
| 공부하기 싫은데 억지로 책을 보려니 앞으로 얼마를 더 봐야 하나 계속 뒤적거리기만 한다는 것. 지금도 다르지 않다.

■ 게으른 여자 삼 가닥 세듯 / 게으른 일꾼 밭고랑 세듯 / 풀 베기 싫은 놈 풀단만 센다
| 삼 풀줄기를 쪄서 매우 가늘게 찢은 것을 삼 가닥이라 한다. 삼베를 짜려면 삼실부터 자아야 하는데, 삼 가닥을 겹쳐 잇댄 뒤 허벅지 위에서 비벼 굴려 하나로 길게 잇는 지겹고 힘든 작업이다. 일하기 싫으면 얼마 해놓지도 않고 얼마나 했나 일하다 말고 자꾸 세어본다. 일에 전심을 다하지 않는 까닭이다.

■ 게으른 아낙 애 핑계 대듯
| 옛말에 '어린애가 벼슬이고 효자'라는 말이 있다. 아무리 바빠도 애부터 챙기는 게 당연하니 그 덕에 엄마가 고된 일을 잠시나마 쉴 수 있었으니까. 그런데 게으른 아낙이면 애가 보채거나 울지도 않는데 괜히 애 핑계 들며 자꾸 쉬려 든다. 심지어는 애를 꼬집어 일부러 울리는 엄마도 있었다.

경위가 삼칠장이라 사물의 옳고 그름과 좋고 나쁨을 가리지 못한다는 말.

■ 경위가 삼칠장이라[2+]
| 투전(投錢)이 언제 중국으로부터 전해졌는지 확실치 않으나 가장 성행한 건 영정조 무렵이라 한다. 그 이전까지는 놀이의 성격이 강했으나 화폐 유통의 발전으로 도박이 된 것으로 추측된다. 골패(骨牌)는 여성들도 많이 했지만 투전은 거의 남자들만 했다. 투전의 규칙은 여러 가지지만, '돌려대기'가 가장 일반적인 방식이다. 각자 다섯 장씩 종이 패를 받으면 거기서

콩기름 먹인 두툼하고 긴 투전패.
| 국립민속박물관 아카이브

석 장을 골라 패의 숫자를 조합해 10, 20, 30 등 10단위로 맞추어 앞에 내어놓는

다. 어떻게 조합해도 10단위를 만들어 내놓지 못하면 실격. 그리고 남은 두 장의 패로 점수를 겨룬다. 끗수, 즉 끝자리가 가장 높은 사람이 이긴다. 가장 높은 끝자리는 물론 9. 그리고 똑같은 숫자를 두 개 쥐게 되면 '땡'이라 하는데 10끼리는 '장땡', 9끼리는 '구땡' 식이며 '땡'일 때는 장땡이 가장 높다.[55] 만약 3과 7을 패로 쥐면 나머지가 0이다. 이것은 점수로도 못 칠 수. 그러므로 '삼칠장'이란 3과 7이 만나 10이자 0인 '장'이 되었다는 뜻으로, 어떤 사람의 경위(시비분별력)[56]가 완전히 '빵'이고 '꽝'이라는 뜻이다. 그런데 합산한 나머지가 0이되는 게 다른 숫자 조합도 있는데 왜 3과 7만 들었을까? 아마도 장례의 3일장과 7일장도 염두에 둔 말장난은 아니었을까 한다. 0은 죽은 끗수니까.

경점 치고 문지른다　　잘못을 얼버무려 바로잡으려 하지만 이미 때가 늦었다는 말.

■ **경점 치고 문지른다**[2+]

  | 시각을 알리는 담당 군사가 시간을 잘못 알고 경점을 치고는 서둘러 손으로 문질러 소리가 안 나게 하려 하지만 이미 늦었다는 말이다. 경점(更點)은 조선시대 때 저녁 7시부터 새벽 5시까지 사이의 시(時 : 2시간)를 따로 부르는 말인 경(更)과, 다섯의 경마다 다시 다섯으로 나눈 점(點 : 24분)을 합친 말이다. 매 경을 알릴 때에는 북을 치고, 매 점을 알릴 때에는 징을 쳤다.

  [맥락] '경점'은 경점(黥點)으로도 읽을 수 있다. 죄인의 얼굴에 지은 죄를 문신으로 새기는 경형(黥刑)[57]은 중국에서 유래했다. 『수호지(水滸志)』에는 온통 경형 받은 이야기로 도배돼 있다. 조선에서는 이 형벌을 보통 자자(刺字 : 글자를 바늘로 찔러 새김)라고 불렀다. 바늘로 점 찍듯 찔러가며 문신 새기는 '경점'과, 밤 시각을 알리는 '경점'을 가지고 만든 말이라 생각한다. 얼굴에 새겨진 죄의 문신은 뒤늦게 후회하며 아무리 문질러 닦아도 지워지지 않는다.[58] 죄짓고 후회하며 먹칠한 평판을 닦아보려

55　흔히 말하는 '장땡이다' '땡 잡았다'라는 말이 여기서 나왔다.

56　경위(涇渭)는 옳고 그름을 분별하는 것으로, 경우(境遇)는 때와 장소에 맞게 처신하는 것으로 대개 따로 쓰인다. '경위'는 중국 서쪽에서 동쪽으로 흘러오다 서안(西安), 즉 옛 장안(長安) 근처에서 황하(黃河)에 합류하는, 푸른 경수(涇水)와 누런 위수(渭水)에서 따온 말이다. 두 강물은 합류한 뒤에도 뒤섞이지 않고 청탁(淸濁)을 유지한 채 나란히 흘러가므로 옳고 그름을 확연히 구분한다는 뜻으로 쓰인다.

57　얼굴에 문신을 새기는 형벌의 예로, 강도죄로 잡혀 온 이 가운데 사형 대상이 아닌 죄인은 얼굴에 强盜(강도)라고 문신을 새기고, 그 위를 덮어 봉한 뒤 서명날인까지 해서 못 뜯게 한 채로 사흘을 가두고 풀어줬다. 죄인이 문신을 못 지우게 하려는 의도였을 듯하다. 문신 형벌은 다양한 범죄자에게 행해졌는데, 군인이 절도를 해도 문신을 새겨 벌주었다.

하지만 문신처럼 남아 이미 때가 늦었다는 말이다.

경주 돌이면 다 옥돌인가 ①좋은 것 가운데도 나쁜 것이 섞여 있기 마련이라는 말. ②출신지나 유명세만 가지고 섣불리 판단할 수 없다는 말.

■ **경주 돌이면 다 옥돌[옥석]인가**

| 왕의 도장을 옥새(玉璽)라 하고 왕의 의자를 옥좌(玉座)라 부르듯, 옥은 오랜 옛날부터 또 전 세계적으로 왕이나 귀족의 높은 권위와 귀한 신분을 나타내는 보석이었다. 우리나라 삼국시대 왕관에 금관에 옥구슬도 수십 개씩 달렸던 것을 보아도 잘 알 수 있다.[59]

옥의 원석. |국립중앙박물관

흔히 경주 남산이라고 부르는 금오산에서는 좋은 수정옥이 많이 나왔는데, 그래서 '남산옥돌'이라는 말이 널리 알려졌다. 그 밖에 비취와 비슷한 천하석옥(天河石玉)도 많았지만 그리 귀하게 여겨지진 않았다고 한다. 경주에서 너무 많이 나는 옥이라 희귀성이 떨어져서 귀한 대접을 받지는 못했다는 얘기. 이런 사실들을 놓고 보면 경주 지역은 옥이 많이 나는 지역이었음을 충분히 알 수 있다. 하지만 아무리 옥이 많이 나는 경주 지역이라 해도 모든 돌이 옥은 아니니 무턱대고 경주에 있는 돌이라고 모두 옥이라 단정할 수 없다는 말이다.

[맥락] 지금도 학연이나 지연에 얽매여 어느 대학 출신이면 다 잘나고 똑똑하다고 생각하거나, 능력과 상관없이 자기 출신 대학이나 고향 출신이면 무조건 좋은 자리에 데려다 앉히는 경우가 많다. 하지만 학연과 지연을 떠나 옥과 돌, 옥석을 가려 그 자리에 딱 맞는 사람을 앉힐 줄 아는 것이 진정한 인사(人事)다.

■ **강계 색시면 다 미인인가**

| 지금도 남남북녀(南男北女)라는 말이 있듯, 북쪽 지방에 미녀가 많다고 한다. 조선시대에 흔히 미인이라고 하면 강계(江界)미인, 회령(會寧)미인, 함흥(咸興)미인이라 하거나 평양미인, 강계미인이라고 하였다. 이처럼 강계미인이 빠지지 않고 꼭 들어가는 것을 보면 정말 그 지역에는 미인이 많았던 모양이다. 김삿갓의 일화에도 시서(詩書)와 가무(歌舞)에 모두 능한 강계미인 추월(秋月)이라는

---

58 그래서 '경을 친다'라고 하면 포도청에 끌려가 호된 꼴을 당한다는 말이다.

59 고구려나 백제 유물에도 옥이 많이 나오지만, 신라 유물에 유독 옥이 많다. 귓바퀴처럼 구부러진 모양으로 갈아 만든 곡옥(曲玉)은 5~6세기 것인 경주 천마총, 월성로 고분, 금관총, 황남대총 등에서 많이 출토되었는데, 특히 천마총에서는 전체 유물 가운데 68%가 옥 제품이었다. 또 황남대총 금관에는 곡옥이 77개 이상, 천마총 금관에는 58개가 달려 있다.

기생 얘기가 나온다. 요새는 우즈베키스탄 여성들에게 미인이 많다는 소문이
돌아서 '우즈벡에선 김태희가 밭을 갈고 한가인이 소를 몬다'라는 말도 생겼다.

*강계→ 강계 색시면 다 미인이란다

곁가마가 먼저 끓는다 당사자가 아닌 주변 사람이 더 호들갑을 떨며 참견하거나
더 애를 태운다는 말.

■ **곁가마가 먼저 끓는다 / 곁사람이 먼저 덤벙인다**
|'곁가마'는 원래 끓이려고 불 때는 가마솥의 옆 가마솥. 밥솥 먼저 불 땐 뒤 밥
뜸들일 때는 불땀을 낮춰야 하니 그 아궁이 속 장작불을 끄집어내 국솥 아궁이
에 넣고 국을 끓인다. 그런데 부뚜막을 잘못 만들었는지 열이 잘못 전달돼, 불도
안 땐 곁의 솥이 먼저 끓는다. 이처럼 당사자는 속 끓지 않는데 옆 사람이
더 열 받아 '펄펄' 뛰며 속 끓인다는 말이다. 남자친구 속 썩인다니 마치 자기
일인 것처럼 "어휴, 나쁜 놈. 내가 그놈 처음부터 그럴 줄 알았어. 그딴 새끼랑
빨리 헤어져!" 당사자보다 더 펄펄 뛴다. 자기 남자친구를 함부로 욕하는 그
친구를 보며 친구는 생각한다. '얘랑 먼저 헤어져야겠다.' '덤벙이다'는 들뜬 행
동으로 아무 일에나 함부로 서둘러 뛰어든다는 뜻.

계란으로 바위 치기 능력도 모르고 승산 없는 일에 함부로 덤빈다는 말.

[成語] 이란투석(以卵投石) : 달걀로 돌 때리기.
당랑거철(螳螂拒轍) : 사마귀가 수레바퀴를 막아선다. • 사마귀는 위험이 닥치면
몸을 곧추세우고 앞발을 들어 위협하는 습성이 있다. 마치 쌍도끼를 들고 덤비는
모양새. 따라서 도끼 든 사마귀라 하여 당랑지부(螳螂之斧)라고도 한다.

■ **계란으로[달걀로] 바위[돌 • 백운대 • 성] 치기 / 바늘로 몽둥이 상대하기**
|백운대(白雲臺)는 북한산(삼각산) 최고봉이며 단단한 화강암으로 된 바위 봉우
리인데, 그 옆 인수봉은 암벽등반하는 이들이 많이 찾는다. 백운대 바위는 세로
로 둥글어 꼭 세워놓은 달걀꼴이다.

■ **개미가 정자나무 건드린다 / 고목나무[거목]에 갈고랑[갈고랑낫 • 깔딱낫]**
|'정자나무'라는 품종은 따로 없다. 마을에 있는 잎과 가지가 무성하고 매우 큰
나무들을 통틀어 이르는 말이다. 느티나무나 팽나무처럼 나무가 크게 자라고
잎이 무성하게 벌어지는 나무 그늘 밑에서 정자에서처럼 놀거나 쉬었기 때문에
정자나무라고 부를 뿐이다. 나무는 수백 년 넘게 살아, 거대한 나무는 마을의
수호신 역할도 했다. 신령으로 모시고 당산제를 지내기도 하여 '당산나무'라고
도 불렀다. 정자나무를 베면 마을에 우환이 닥친다고 믿었기 때문에 아무리 재

목이 없어도 정자나무만큼은 절대 건드리지 않았다. 흔히 나무 밑에는 개미굴이 있는데, 그냥 보기엔 저러다 나무가 쓰러지지 않으려나 싶게 나무 둘레로 여러 굴을 파놓는다. 하지만 개미 떼가 아무리 기를 써도 뿌리 깊은 나무에겐 까딱없는 짓이다.

고목나무의 '고목'은 말라 죽은 나무인 고목(枯木)이 아니라 오래된 나무인 고목(古木)이다. 나무가 오래되면 거목(巨木)이 된다. 그런 거목을 어설픈 연장으로 건드린다는 말. '갈고랑'은 바위에 붙은 굴을 따거나 굴 껍데기를 따내고 굴 속살을 긁어낼 때 쓰는 '조새'라는 연장이고, '갈고랑낫' '깔딱낫'은 오래 사용하여 이가 빠졌거나 너무 오랜 세월 갈아 날이 갈고리처럼 파인 헌 낫이다. 날도 없는 조새나 닳아버린 헌 낫으로 감히 거목을 어찌해보려 한다는 뜻이다.

나무 주변에 빙 둘러진 개미들이 파낸 흙.

이 속담들에서 정자나무와 고목나무는 마을의 오래된 '터줏대감'을 뜻한다. 그리고 개미와 조새는 하찮은 존재, 갈고랑낫은 제 나름으로 잔뼈 좀 굵었다고 생각하는 사람을 뜻한다.

- **굵은 조갑지 닳지 솥이 닳나**[2+]

  │'조갑지'는 조개껍데기의 사투리. 조개껍데기가 아무리 딱딱하다 해도 무쇠로 만든 단단한 가마솥이 굵히게 할 수 없다.

  [맥락] '솥'과 '조개'는 보통 여성을 뜻한다. 그리고 '조개'는 문학에서 성년이 채 못 된 어린 여자를 뜻하는 경우가 많다. '솥뚜껑 운전' 많이 해서 닳고 닳은 아낙에게 '어린 년'이 속 굵으려 들어봐야 제 속만 닳을 거라는 뜻인 듯하다.

조새(갈고랑). 갯벌에서 굴을 따거나 굴 껍데기를 벗길 때 쓴다. │국립해양박물관

- **반딧불로 별을 대적하랴**[2+]

  │대적(對敵)은 맞선다는 뜻. 별은 저 높은 하늘에 몇백억 년의 밤을 빛내지만 반딧불이는 물가 수풀 위를 고작 한철 날아다닌다. 잠시 반짝였다고 빛나는 존재라도 된 양 거만 떠는 '개똥'벌레가 많다.

계집 바뀐 건 모르고 젓가락 짝 바뀐 것만 안다 정작 큰 변화는 알아채지 못하면서 자잘한 바뀜만 가지고 떠드는 사람을 놀릴 때 쓰는 말.

■ 계집 바뀐 건 모르고 젓가락 짝 바뀐 것만 안다[24]

〈콩쥐팥쥐〉 이야기에서 유래한다. 입으로 전해 내려온 이야기라 지역마다 조금씩은 다르지만 대체로 다음과 같다.

계모는 자기 딸인 팥쥐만 예뻐하고 전처 딸인 콩쥐를 구박하였으나 마음씨 착한 콩쥐는 훗날 선녀의 도움으로 원님과 혼인한다. 이를 질투한 계모와 팥쥐는 흉계를 꾸며 콩쥐를 연못에 빠트려 죽이고 팥쥐가 콩쥐 행세를 하였다. 하지만 원님은 이 사실을 모르고, 팥을 널어놓은 곳에 엎어져 얼굴이 얽게 되었다는 팥쥐 말만 믿고 팥쥐를 콩쥐라고 생각하며 같이 살았다. 하지만 콩쥐 혼령이 잘 아는 이웃 할머니에게 이 사실을 얘기하였고, 이 할머니는 콩쥐의 말대로 원님 밥상에 일부러 젓가락 짝이 맞지 않게 올렸다. 원님이 왜 젓가락의 짝이 안 맞냐 하니 그때 콩쥐 혼령이 나타나 '자기 짝이 바뀐 것은 모르고 어찌 젓가락 짝 바뀐 것만 아시옵니까' 원망하였다. 그제야 원님은 모든 사실을 알게 되고, 연못에서 콩쥐의 시신을 건지자 콩쥐가 살아났다. 원님은 아내 콩쥐를 살해하고 자신도 속인 팥쥐를 처형해 시체를 계모에게 담아 보냈다. 계모는 사위가 커다란 선물을 보낸 줄 알고 기뻐하며 열었다가 자기 딸의 시체가 든 것을 보고 놀라 죽어버렸다.

[맥락] 어쩌면 이 이야기 이전부터 있던 속담은 아니었을까 싶다. 아내가 남편에 대한 애정이 식어 다른 짝을 몰래 만나고 있으니, 생각이 다른 데 있어 젓가락 짝도 못 갖춰 올리거나 무성의하게 상을 차린다는 말일 수 있다. 밥상은 아내의 사랑을 증거하는 일이 많다. 그걸 보면 아내 마음속의 짝이 바뀐 걸 알아차려야 하는데, 고작 밥상만 볼 줄 알고 아내 속은 못 들여다본다. 또 어쩌면 옛날에는 젓가락 짝을 안 맞게 올려 은근한 이혼 의사를 내비치는 일이 많았을지도 모르겠다. 은근히 뜻을 전해도 못 알아채고 딴소리하는 어리석은 사람 이야기.

참고로 조선시대에 사대부는 이혼이 쉽지 않았지만 평민들에게는 이혼과 재혼이 흔한 일이었다(사대부 남자들은 공공연히 여러 첩을 두었으니 굳이 이혼할 필요는 없었다). 평민의 이혼도 대부분 남자가 일방적으로 선언했다. 여성이 이혼을 요구할 수 있는 일은 거의 없었다고 한다. 평민의 이혼 방식은 크게 세 가지로 볼 수 있는데 일방적으로 아내를 처가로 내쫓거나, 사정파의(事情罷議 : 사정이 있어 파혼하기로 의논함)라 해서 서로 합의해 이혼한다는 증서를 써서 처가로 보내거나(말의 합의지 대개 남자의 일방적인 선언이었다), 할급휴서(割給休書 : 저고리 깃을 잘라 증명하는 이혼증서)라 하여 서로의 저고리 아랫깃을 세모꼴로 잘라서 나눠 갖는 경우가 있다. 저고리를 잘라 나눠 갖는 경우는 마음이 변해서보다는 어쩔 수 없는 사정이 있어 이혼하는 것이며, 이때 준 남자의 저고리 깃은 여성에게 떳떳하게 재혼할 수 있는 증표로 쓰였다. 아내의 장래를 위해 남편이 준 것이기 때문이다.

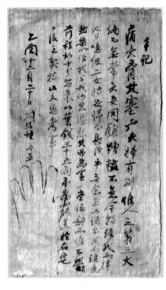

평민 최덕현의 수세. 수세는 휴서(休書)라고도 하는 이혼증서다. 그가 평민인 것은 서명인 수결(手決) 대신 손을 대고 그려서 자신을 증명한 걸로 알 수 있다. 남이 한문으로 써준 글에 한글로 자기 이름을 적었다.
|전북대학교 박물관 (소장)

이혼증서 내용은 이렇다.
"없이 살면서도 동고동락하던 아내가 나를 버리고 다른 남자에게 갔으니 애통하다. 두 딸이 어미 없이 클 것을 생각하니 눈물이 앞을 가린다. 아내가 내게 한 짓을 생각하면 찔러 죽여도 마땅하나, 그래도 아내의 장래를 생각해 서른다섯 냥을 받는 걸로 혼인을 파한다. 이 증서를 처가에 보내니 훗날 이와 관련해 문제가 생기면 이 증서로 증명하라."

아마도 가난이 지긋지긋한 부인이 돈 있는 남자를 만난 듯하다. 증서에는 딸의 양육이나 아내의 장래 등을 구구절절 적었지만, 어차피 변심한 아내와 같이 살 생각도 없으니 아내(의 새 남자)에게 위자료라도 많이 받아낸 모양이다.

계집은 상 들고 문지방 넘으며 열두 가지 생각을 한다 ①남편에게 말할 기회가 없어 밥상을 들이면서 기회를 엿본다는 말. ②여자는 늘 생각이 복잡하다는 말.

■ 계집은 상 들고 문지방 넘으며 열두 가지 생각을 한다[2+]
|남편이 낮에는 종일 일하러 나가고 밤에는 코 골며 자기 바쁘니 밥 먹을 때 아니면 말할 기회가 없다. 게다가 배부르면 마음도 늘어져 어려운 말을 꺼내기 좋다. 그러니 아내는 상을 들이면서 밥상머리에서 꺼낼 말들을 떠올린다. 직장인도 결재 받으러 들어가는 문 앞에서 서성서성, 생각이 많다.

고기는 씹어야 맛이고 말은 해야 맛이다 ①속마음은 말 안 하면 아무도 모른다는 말. ②하고 싶은 말은 다 하는 편이 낫다는 말.

[현대] 말 안 하면 택시는 무조건 직진 / 경마장이냐 말 빙빙 돌리게

■ 고기는 씹어야 맛이고 말은 해야 맛이다[2+]
|이 속담에는 '맛' 앞에 다음과 같은 말들이 생략됐다. 고기는 씹어야 살(肉) 맛이고 말은 해야 살(生)맛이다. 고기를 안 씹고 '꿀꺽 삼키면' 고깃살 맛이 안 나듯, 말도 꺼내다 말고 도로 '꿀꺽 삼키면' 답답해서 살맛이 안 난다는 뜻이다. 그러니 속 시원히 다 말해버리라는 말.

■ 말을 아니 하면 귀신도 모른다 / 벙어리 속은 어미도 모른다

■ 죽어서도 무당 빌려 말하는데 살아서 말 못 할까²⁺ / 죽어서 넋두리도 하는데²⁺

ㅣ불만을 길게 늘어놓으며 하소연하는 '넋두리'는 원래 굿판에서 무당이나 가족 중 한 사람이 죽은 사람의 넋을 대신해서 말하는 것에서 나왔다.

고기는 안 익고 꼬챙이만 탄다　바라는 건 안 이루어지고 별 볼 일 없거나 원치 않은 결과만 이루어진다는 말.

■ 고기는 안 익고 꼬챙이만 탄다²⁺ / 꼬챙이는 타고 고기는 설었다²⁺

ㅣ어떤 사람을 구워삶으려는데 그게 마음대로 되지 않아 꿰려던 수단만 손해 본다는 말이다. 고기를 '꿰다'와 사람을 '꾀다'의 발음이 비슷한 걸 갖고 만들었다.

■ 고래 그물에 새우가 걸린다²⁺ / 고기는 안 잡히고 송사리만 잡힌다²⁺

ㅣ고래가 있는 곳에는 고래의 먹이인 새우가 있기 마련이다. 고래를 잡자고 그물을 쳤지만 정작 고래는 안 걸리고 엉뚱한 새우만 걸려 올라온다는 말.
[맥락] '고래'는 거물(巨物), '새우'와 '송사리'는 잔챙이를 뜻한다. 거물을 낚아 잘 먹고 잘살아보자고 펼친 그물에 하찮은 이익만 걸린다는 말.

고기도 먹어본 사람이 잘 먹는다　무슨 일이든 많이 해보고 겪어본 사람이 잘하기 마련이라는 말.
[현대] 고기도 구워본 놈이 잘 굽는다

■ 고기도 먹어본 사람이 잘[많이] 먹는다²⁺ / 고기[떡]도 먹어본 사람이 맛을 안다²⁺

ㅣ고깃집 자주 다녀본 사람이 불판에 태우지 않고 잘 굽는다. 또한 못 먹던 고기를 갑자기 많이 먹으면 장이 놀라 배탈이 난다. '맛'에는 '재미'라는 뜻도 있다. 여러 번 해본 사람이어야 맛을 들이고 제맛을 즐길 줄 안다는 말.
[맥락] 여기서 '고기'와 '떡'은 뒤로 얻는 큰 이익을 뜻하는 듯하다. 공으로 남의 떡(덕) 먹으려는 사람과 '떡값' 주고 떡(덕) 보려는 사람이 있다. 먹는 데 재미 붙인 사람은 결코 한 번만 먹지 않는다. 갈수록 교묘하게 '잘 먹는다'.

■ 관덕정 설렁국[설렁탕]도 먹어본 놈이 먹는다²⁺

ㅣ관덕정(觀德亭)은 지금도 제주시에 남아 있는 옛 군사훈련관으로 세종30년 (1448)에 건축된 건물이다. 그리고 관덕정이 있는 제주시(옛 제주목)는 조선시대부터 구한말을 거쳐 일제강점기 및 현재에 이르기까지 제주도에서 가장 중심

이 되는 곳이라 관덕정 앞은 예부터 늘 흥청거
리고 매우 큰 장도 섰다 한다. 그러므로 높은
분들이나 먹는 특별한 음식들도 있었을 것이
다. '설렁탕'과 '설탕국'이 무엇인지, 그게 '설렁
탕'인지 '설탕국'인지 아니면 또 다른 음식인지
는 아직 명확히는 알려지지 않고 있다.[60]

관덕정. |제주도 제주시

[맥락] 관덕정 근처는 행정시설과 관리들 집이
즐비한 곳이었다. 그곳 관리들을 잘 구워삶으
면 '고깃국'이라도 좀 얻어먹을 수 있었을 테다.

고기도 오래 씹으면 솜 맛이 난다　뭐든 너무 오래
질질 끌면 재미도 없고 의욕도 떨어진다는 말.

1914년 일제강점기 관덕정 앞 광장의 시장.
멀리 관덕정이 보인다.

■ **고기도 오래 씹으면 솜 맛이 난다**[2+]
|평소 먹어보기 힘든 고기라고, 한 번에 삼키긴
너무 아깝다고, 너무 오래 지겹도록 잘근잘근
씹으면 고기가 솜처럼 되어버린다. 그리고 솜은 텁텁한 맹맛이다. '텁텁하다'에
는 입안이 시원하거나 깨끗하지 못하다는 뜻도 있다. 일을 지나치게 오래 끌면
뒷맛이 좋지 않다는 말이다.

---

60 '설렁탕'의 어원으로 현재 가장 많이 알려진 게 임금이 고대 중국의 신인 신농씨(神農氏)와
후직씨(后稷氏)에게 제사를 지내며 풍년을 기원했던 선농단(先農壇)에서 유래했다는 설과, 몽골의
고깃국 '슈루'에서 기원했다는 설이다. 하지만 첫 번째 주장은 선농단 제사 후 고깃국을 끓여서
먹거나 나누어주었다는 얘기도 없을뿐더러 선농단과 설렁탕은 발음이 서로 멀다. 두 번째 주장
역시 말이 안 되는 게, 몽골어에서 유래하기엔 설렁탕은 일제강점기에 처음 등장한 음식이라서다.
당시의 신문이나 지식인들이 서울에서 새로 생긴 유명한 별미라고 소개한 것이 그 증거.
　글쓴이는 이 말이 '대구탕반'처럼 '서울농탕'에서 유래했을 거라 생각한다. '서울'을 줄여 말하면
'설'이기 때문이다. 대구탕반도 처음에는 '대구탕'이었다. 그러다가 생선 대구탕과 혼동되어 대구탕반
으로 바뀐 듯한데, 마찬가지로 '서울농탕'도 처음에는 '서울탕'이라고 했다가 목욕탕 이름으로 오인될
듯하니 진한 탕이라 하여 '탕'을 농탕(濃湯)으로 바꾸지 않았을까 싶다. 우리나라에서 가장 오래된
설렁탕집은 지금도 영업하는 '이문설농탕'이다. 1902년에 개업해 이문옥, 이문식당을 거쳐 이문설농
탕으로 이름이 바뀌었는데, 이문설농탕으로 언제 바뀌었는지는 몰라도 설렁탕은 '설농탕'에서 변한
것이 맞다고 본다. 진한 국물이란 뜻의 '농탕'이란 단어도 있으며, '서울농탕'을 빨리 말하면 저절로
[설렁탕]이 된다. 또한 쉽게 바뀌지 않는 제주어의 특성도 감안하면 '서울농탕'과 함께 '서울탕국'이란
말도 쓰였고 이 말이 각각 '설렁탕'과 '설탕국'으로 바뀐 것은 아닐까 하는 생각도 든다. 전주비빔밥도
있고 안동간고등어도 있고 춘천닭갈비도 있고 남원추어탕에 의정부부대찌개, 함흥냉면, 강릉초당두
부도 있는데, 서울에서 처음 생긴 별미 설렁탕에 '서울(설)'이 들어가야 자연스럽지 않을까?

고기도 저 놀던 물이 좋다 한다   익숙하고 낯익은 곳이 아무래도 편하는 말.

■ 고기도 저 놀던 물이 좋다 한다²⁺

|수족관의 물을 갈아줄 때 물고기가 스트레스 받거나 힘들어하지 않도록 전에 있던 물을 1/3은 남기고 새 물을 부어준다. 자연에서도 물맛, 물색이 바뀌면 와서 놀던 고기가 안 온다.

[맥락] '물이 좋다'라고 하면 생선이 신선하다는 뜻도 있지만 어느 곳의 분위기가 싱싱해서 놀기 좋다는 뜻도 있다. 아무리 기막히게 좋은 곳이라도 자기가 늘 놀던 데나 놀던 식이 아니면 영 불편하다는 말이다.

고깃덩이로 개를 때린다   남에게 해를 입히려 했으나 오히려 이득만 주었다는 말.

■ 고깃덩이로 개를 때린다

|고기 먹는데 알짱거리는 개가 성가셔 고깃덩이 냅다 던져 때리면 그 개가 좋다고 물고 가버리니 개 좋은 일만 시킨 셈.

고두리에 놀란 새마냥   어찌할 바를 모르고 당황하거나 두려워하는 모습을 이르는 말.

■ 고두리(살)에 놀란 새마냥 / 천둥에 개 뛰어들듯²⁺

|'고두리살'은 뾰족한 금속 화살촉 대신 화살 앞에 철사나 쇠테를 두르거나 나무나 대나무 촉을 달아 무게추 역할을 하게 만든 화살이다.⁶¹ 보통 작은 새를 잡을 때나 사람이 다치지 않게 연습용으로 사용했다. 작은 새나 작은 동물을 잡을 때 일반 화살촉으로 꿰어 잡으면 고기가 많이 상하기 때문에 고두리살을 쏘아 충격으로 떨어뜨려 잡는다. 고두리살을 맞고 떨어진 새는 받은 충격에 갈피를 못 잡고 푸다닥푸다닥 땅바

고두리살에 대해 아직 명확한 정의는 없는 듯하나, 날이나 촉이 없는 뭉툭한 화살을 일컫는 것은 맞다. |영집 궁시박물관

닥을 헤맨다. 고두리살에 대해서는 임진왜란 당시 의병 총사령관을 지낸 김덕령 (金德齡)⁶² 이 대나무 숲에 호랑이가 있다는 말을 듣고 고두리살을 쏘아 맞혀

---

61 '고두리'는 '물건 끝이 뭉뚝한 자리'를 뜻하고 '새나 작은 짐승을 잡는 화살'인 '고두리살'의 준말이기도 하다. 작은 새나 짐승을 잡는 화살이란 뜻을 가진 몽골어 '고도리'에서 온 말이라고도 하는데 이미 '고두리'라는 우리말이 있으므로 믿기지 않는다.

62 광주광역시의 '충장로'는 그를 기리기 위해 왕이 김덕령에게 내린 시호인 '충장공'에서 따왔다.

밖으로 유인한 뒤 창으로 찔러 잡았다는 얘기에도 나오고, 태조 이성계(李成桂)가 적장인 원나라 조무(趙武)를 죽이기 아까워 고두리살로 수십 차례 맞히니 조무가 말에서 내려와 무릎 꿇고 이성계에게 충성을 맹세했다는 얘기에도 나온다.

■ **선불 맞은 노루 모양**[2+]

| 총을 쏘는 것을 다른 말로 '불질을 하다'라고 하는데, '선불'은 급소를 빗나가 맞은 총알을 말한다. 급소를 맞으면 즉사할 텐데, 그렇지 않으니 노루는 고통에 못 이겨 이리저리 마구 날뛰며 고래고래 큰 소리를 지른다.

고래 싸움에 새우 등 터진다　남의 큰 다툼에 엉뚱한 사람이 피해를 입는다는 말.

　　[成語] 간어제초(間於齊楚) : 제나라와 초나라 사이. • 중국 전국시대의 강대국인 제(齊)나라와 초(楚)나라 사이에 있던 약소국 등(滕)나라는, 매번 두 강대국의 싸움에 끼어 이리 치이고 저리 치이며 피해를 입었다는 이야기에서 유래한다.

　　[반대] 시앗 싸움에 요강장수

　　[현대] 샌드위치 신세

■ 고래 싸움에 새우 등 터진다

| 덩치 큰 고래는 강자, 등 굽은 새우는 움츠리고 굽신대며 사는 약자다.

■ **두꺼비 싸움에 파리 치인다**[2+]

| 여기서 '파리'는 언제 어찌 될지 모를 '파리 목숨'도 뜻한다. 약자가 강자들 틈에 끼어 이리 치이고 저리 치인다는 말이다. *두꺼비→ 두꺼비 파리 잡아먹듯

■ **독 틈에 탕관**[2+]

| 탕관(湯罐)은 국을 끓이거나 약을 달일 때 쓰는 작은 그릇으로 흔히 약을 달일 때 쓰므로 약탕관이라고 부른다. 크기는 축구공 정도 크기. 탕관은 평소 장독간에 두는데 워낙 작아서 미처 못 보고 걷어차 깨지는 일도 많았다.
[맥락] 여기서 항아리 '독'은 아내와 첩, 모자 '탕관'은 남편을 뜻하는 듯하다. 아내와 첩의 독살스러운 싸움 틈바구니에서 머리에 쓴 탕관이

동 05141
약탕관. | 국립중앙박물관 아카이브

찌그러질 만큼 골치가 아프다는 뜻은 아닐까 한다. 약탕관과 모자 탕관의 동음이의를 활용한 속담. 뭐, 첩을 둔 사내의 자업자득이겠지만.

고름이 살 되랴　저질러진 잘못이나 허물은 놔둔다고 저절로 나아지지 않는 말.

■ 고름이 살 되랴[2+]

| 썩은 고름을 그대로 놔둔다고 다시 살로 돌아가지 않는다. 종기의 고름을 칼로 짼 뒤 손으로 짜내거나 입으로 빨아내 치료했듯, 무리에 악영향을 끼치는 사람은 과감히 째서 짜내고 뽑아내야 한다는 말이다.

■ 곪은 염통이 그냥 나을까[2+]

| '염통'은 심장의 다른 말. 염통은 '얌통머리'처럼 양심이나 심성을 뜻한다. 심성이 나쁜 사람이 저절로 좋아질 리 없으니 어떻게든 고쳐놓아야 한다는 뜻.

고리 적 얘기 현실과 동떨어진 잠꼬대 같은 얘기나 너무 오래전 일을 들먹임을 이르는 말.

■ 고리[고려] 적 얘기[잠꼬대]

| 흔히 '고리짝 같은 얘기'라고 잘못 쓰지만, 원래는 '고려 적 얘기'다. 학자에 따라서는 고려(高麗)의 옛 발음이 '고리'였다고 한다. 고려 때 해외 무역이 매우 발달해 세계 곳곳에 코리아는 물론, 러시아에서의 까레이, 중국에서의 까올리, 그 밖에 꼬리·꼬레·꼬레아 등등, 고려의 흔적이 그 이름으로 남아 있다. 하지만 오랜 세월이 흐른 뒤 '리'가 '려'로 발음이 바뀌면서 '고리'가 '고려'임을 모르고, 발음이 같은 '고리'라는 수납함이라 착각하게 되었을 것이다.
   '고리'는 버드나무 가지나 싸리나무 또는 대나무를 얇게 쪼갠 것으로 짠 두 짝(뚜껑과 몸체)의 바구니로, 주로 옷가지를 담는 수납함으로 썼다. 고리는 늘 두 짝이라 '고리짝'이라고도 하는데, 그래서 '고리 적(고려 적)'을 케케묵은 고리의 퀴퀴한 느낌도 연상해 '고리짝'이라고 잘못 쓰게 된 듯하다. 아무튼 조선시대 사람들에게 있어 고려 적 얘기라는 것은 매우 오래된 얘기라는 뜻이다.

■ 호랑이 담배 먹던 시절 얘기 한다[2+]

| 많은 옛날이야기가 '옛날 옛적, 호랑이 담배 피우던(먹던) 시절에'로 시작된다. 그러므로 옛날 옛적 이야기를 지금에 와서 한다는 말이다.

고린 장이 더디 없어진다 좋지 않은 것일수록 오래간다는 말.

■ 고린[구린] 장이 더디 없어진다[2+]

| 장을 잘못 담가 구린내가 나는 장이라면 아무래도 사람들이 잘 안 먹게 되고, 그러다 보니 다른 장은 일찍 떨어지고 그 장만 남는다는 말.
   [맥락] 여기서 '고린 장'은 '고린 장(長)'을 달리 말한 것일 수도 있다. 뒤가 구리고 썩어빠진 관리일수록 더 오래 자리를 차지하고 있어 꼴 보기 싫다는 뜻.

고슴도치도 제 자식은 함함하다 한다   자기 자식이나 식구는 무조건 좋게 보기 마련이라는 말.

■ 고슴도치도 제 자식은 함함하다 한다[2+]

  |'함함하다'에는 털이 보드랍고 반지르르하다는 뜻 말고도 소담스럽고 탐스럽다는 뜻도 있다.

  [맥락] 남에게 가시 돋친 소리 잘하고 매사 까칠하게 구는 사람도 제 자식에게만 큼은 머리 쓰다듬으며 오냐오냐 받아준다. 그 부모에 그 자식이라 남뿐 아니라 부모에게도 가시 돋친 소리나 까칠하게 해댈 텐데도 "아이구, 귀여운 내 새끼!" 부드럽게 쓰다듬는다.

■ 자식이 한 자만 하면 두 자로 보이고 두 자만 하면 석 자로 보인다[2+]

  |많은 부모가 애를 키우면서 걸음마나 옹알이가 빠르거나, 한글이나 구구단을 더 일찍 떼면 '우리 애, 혹시 천재 아닐까?' 하며 '우리애천재병'에 걸린다. 이 속담에서 '자'는 길이 단위 자[尺]도 글자[字]도 뜻한다. 제 자식이 다른 애들보다 더 커 보인다는 뜻과 함께, 한 글자 익히면 두 글자 아는 것 같고, 두 글자 알면 세 글자 깨친 것만 같다. 제 자식이 다른 애들보다 한 자쯤 뛰어나면 두 자는 더 뛰어난 줄, 행복한 착각을 하는 게 부모다.

고슴도치 외 따 걸머지듯   빚이 많거나 챙겨야 할 식구가 많아 부담스럽다는 말.

  [현대] 자기 학자금 다 갚으니 자식 학자금

■ 고슴도치 외 따 걸머지듯

  |부담스럽지만 현재 힘으로는 어쩔 수 없는 상황이라 그 부담을 계속 지고 있을 수밖에 없을 때 쓴다. 고슴도치[63] 가 돌아다니다 뾰족한 가시털에 부드러운 오이가 박히면, 팔다리가 짧아 이를 떨어내지 못한 채 저절로 떨어져 나갈 때까지 무겁게 지고만 다닌다. 어떤 사람들은 고슴도치가 가시털에 끼워서 운반하는 거라고 생각하지만,[64] 고슴도치는 그 자리에서 먹지 다른 데로 가져가서 먹지

---

63 고슴도치의 '도치'나 돌고래의 '돌'은 모두 돌, 즉 '돼지'라는 뜻이다. 돼지처럼 주둥이가 앞으로 튀어나왔다는 것. 돌고래의 옛말이 '돼지고래'라는 것을 보면 알 수 있다. 일본에서는 고슴도치가 잡식성인 쥐와 습성이 비슷하다 하여 針鼠(하리네즈미, 바늘쥐)라 하여 쥐로 생각하는데, 고슴도치는 고슴도치목 그 자체다. 그리고 현재 애완용으로 기르는 고슴도치는 토종 고슴도치가 아니라 모두 아프리카산의 네발가락고슴도치와 알제리고슴도치를 교배해서 만든 외래종이다.

64 유럽 중세시대 사람들은 고슴도치를 식탐 많고 탐욕스러운 동물이라고 생각했는데, 고슴도치가 먹이를 발견하면 그 위를 뒹굴러 먹이를 가시털에 끼워 가져간다고 오해했기 때문이다. 반면 우리나라

않는다. 고슴도치는 후각은 발달했으나 시력이 고작 10cm라서 먹이를 옮겨놓기도 힘들다. 아마도 가시털에 걸린 오이가 저절로 떨어져 나간 걸 옮긴 것으로 착각한 모양이다. 게다가 고슴도치는 물기가 너무 많은 채소를 먹으면 탈이 난다.

정선, 〈자위부과〉

고양이 개 보듯 사이가 나쁜 사람끼리 서로 싫은 티를 내거나 해 끼칠 기회만 엿볼 때 쓰는 말.

[成語] 견원지간(犬猿之間) : 개와 원숭이 사이.

■ **고양이 개 보듯 / 고양이와 개 사이**

ㅣ개와 고양이는 몸짓언어(제스처)가 반대라서 서로의 행동이 상대에게는 위협이 된다. 개가 친하게 지내자고 앞발을 드는 행동이나 반갑다고 꼬리를 마구 흔드는 행동이 고양이에게는 덤비겠다는 뜻으로 받아들여진다. 고양이는 덤벼들거나 사냥하기 전에 앞발을 들거나 엉덩이나 꼬리를 크게 흔들기 때문이다.

홍진구, 〈자위부과〉

고양이 목에 방울 달기 ①현실적으로 실행하기 어려운 일을 꾸밈을 이르는 말. ②몸을 사리며 서로 섣불리 나서지 못한다는 말.

[현대] 뜨거운 감자(Hot potato) ▸ 삼킬 수도 뱉을 수도 없는 뜨거운 감자처럼 이럴 수도 저럴 수도 없을 때 쓰이는 말이다. 감자는 겉은 식어도 속은 뜨거워 식은 줄 알고 베어 물었다가 곤욕을 치른다. 요새는 언론에서 섣불리 건드리기 어려운 민감한 쟁점(Hot issue)이란 의미로 많이 쓴다.

■ **고양이 목에 방울 달기**

ㅣ쥐들이 모여서 의논하길, 고양이의 목에 방울을 달면 미리 방울 소리를 듣고 피할 수 있겠다고 하니 좋은 생각이라고 만장일치를 한다. 그런데 정작 어느 쥐가 목숨 걸고 고양이 목에 방울을 달 거냐는 데서는 모두 할 말을 잃었다는 이야기가 있다.

에서는 고슴도치의 가시 숫자만큼, 넝쿨에 주렁주렁 오이가 많이 맺히듯 자손이 끝없이 많이 생기고 번창하라는 의미로 자위부과(刺蝟負瓜 : 고슴도치가 오이를 짊어지다) 그림을 즐겨 그렸다.

고양이 발에 덕석 ①아무도 모르게 감쪽같이 행동한다는 말. ②매우 친한 사이를 일컫는 말.

■ 고양이 발에 덕석[2+]

| '덕석'은 짚으로 넓게 짠 돗자리 비슷한 것으로, 멍석이 까는 용도라면 덕석은 덮는 용도다. 소리 없이 걷는 고양이가 푹신한 덕석 위를 걸으니 더욱 소리가 안 난다는 것이 이 속담의 일반적인 풀이다. 그렇다면 친한 사이를 일컫을 때도 이 속담을 쓰는 이유란 뭘까? 고양이가 밟기에는 덮개인 덕석보다 깔개인 멍석 쪽이 더 자연스럽지 않을까? *덕석→ 덕석이 멍석인듯

[맥락] 덕석은 추위를 많이 타는 소의 잔등을 덮는 보온용이다(그래서 '쇠덕석'이라고도 한다). 고양이가 덕석을 밟으려면 덕석이 소 잔등에 덮여 있어야 하고, 그러자면 겨울이어야 한다. 고양이는 추위를 많이 탄다. 그래서 따뜻한 곳을 귀신같이 알아채고 올라가 자리 잡는다. 지금처럼 고양이를 방 안에서 키우지 않던 옛날에, 추운 날 고양이가 올라갈 곳은 두 군데뿐이었다. 하나는 부뚜막, 다른 하나는 체온을 가진 다른 동물의 등. 야생에서 덩치 크고 순한 동물의 등 위에 배 깔고 엎드린 고양이 사진이 많이 돈다. 집에서 그럴 만한 동물은 외양간의 소뿐이다. 가벼운 고양이가 사뿐히 뛰어올라 소 잔등의 덕석 위에 올라가도 둔한 소는 눈치채지 못했을 것이다. 그래서 눈치채지 못하게 감쪽같이 행동한다는 뜻이 이런 까닭으로 생기지 않았을까?

덕석은 성기게 짜서 멍석보다 푹신하다. 푹신하다는 건 푹 눌린다는 뜻이기도 하다. 그리고 고양이는 발바닥이 눌리면 저절로 발톱이 밀려 나온다. 푹신하고 성긴 이불이나 깔개에 발톱 걸린 고양이가 발을 떼려고 앞발을 터는 모습을 고양이 키우는 사람은 자주 본다. 그래서 잘 떨어지지 않는 고양이 발과 덕석처럼 '떼려야 뗄 수 없는' 매우 친한 사이를 이렇게 비유한 건 아닌가 한다.

고양이 밥 먹듯 하다 음식을 헤쳐놓고 조금밖에 안 먹는 모습을 이르는 말.

■ 고양이[괴] 밥 먹듯 하다

| '괴'는 고양이의 옛말. 고양이는 핥아 먹기보다 주둥이로 밀어가며 입으로 음식을 물어 삼키므로 음식을 헤쳐놓는다. 또한 항상 경계하느라 촉각 곤두세우며 먹으니 먹다 말고 자꾸 돌아보다 흘려서 밥그릇 주변이 지저분해진다. 게다가 고양이는 먹는 양이 매우 적어, 아무리 먹을 게 많아도 채 한 줌도 안 먹는다. 이 속담은 깨작깨작 밥 먹으면서 반찬만 이것저것 헤쳐놓을 때 썼다.

고양이 세수   세수하기 싫어 얼굴에 대충 물만 칠하거나 엉터리로 세수한다는 말.

■ 고양이 세수

  |고양이가 자기 털을 고르는 행동을 그루밍(Grooming)이라 한다. 자기 혀가 닿는 부분은 바로 핥지만 얼굴이나 귀 부근은 혀가 닿지 않아 앞발 털에 자기 침을 묻혀서 그걸로 닦고 또 침 바르기를 반복한다. 세수하기 싫어 마지못해 대충 얼치기로 물만 발라 세수하는 것을 이에 빗댔다.

고양이 앞의 쥐걸음   무서운 사람에게 덜덜 떨며 기를 못 펴는 모습을 이르는 말.

■ 고양이 앞의 쥐걸음 / 도살장에 끌려가는 소마냥[걸음]²⁺

  |고양이가 미처 피하지 못할 만큼 가까이 접근하면 쥐는 꼼짝 못 하고 몸이 굳는다. 사람도 너무 무서우면 오금이 저려 도망도 못 치고 비명조차 안 나온다.
  소는 도살장에 들어갈 때 자신의 죽음을 직감한다는 말이 있다. 그래서 들어가지 않으려고 네 다리로 버티거나 멈칫대면서 질질 끌려 들어간다고 한다.

고양이에게 생선 맡기는 격   못 믿을 사람에게 일이나 물건을 맡긴 격이라는 말.

  [현대] 유괴범한테 애 맡기기

■ 고양이에게 생선(가게)[어물전·제물·제수음식·반찬가게·반찬단지] 맡기는 격

  |제수(祭羞)음식⁶⁵은 제사상에 올리는 음식으로 제물(祭物)이라고도 한다. 고양이가 좋아하는 생선이나 고기 음식들이 많다.

■ 개에게 된장덩이[메주 멍석] 맡기는 격

  |쑨 메주덩이는 멍석 위에 늘어놓고 어느 정도 굳을 때까지 놔둔다. 그걸 누가 건드리지 못하게 개더러 지키라 한다는 말이다. 개는 잡식성이라 갓 쪄서 쑨 구수한 메주도 잘 먹는다. 환장하고 먹어치운다. '멍석'은 지푸라기 등으로 촘촘하고 두껍게 짠 깔개의 일종. *멍석→ 덕석을 멍석이라고 우긴다

■ 범에게 개 맡기는 격 / 호랑이보고 아이 봐 달란다

■ 도둑놈에게 열쇠 맡긴 셈 / 날도둑놈한테 짐을 보아 달란다

---

65 제사에 사용되는 물건들은 제수(祭需)라는 한자를 쓰고, 제사상에 올리는 음식은 똑같은 '제수'지만 음식 수(羞) 자를 써서 제수(祭羞)라고 한자를 달리한다.

고양이 죽은 데 쥐 눈물만큼 ①슬퍼하거나 아쉬워할 일이 거의 없거나 아예 없다는 말. ②일이나 물건이 거의 없을 만큼 적다는 말.

■ **고양이 죽은 데 쥐 눈물만큼 / 시앗 죽은 눈물만큼 / 병아리 눈물[오줌]만큼**
| '시앗'은 남편의 첩을 본처 쪽에서 부르는 말이다. 아니꼽던 이가 죽었으니 하나 슬플 리 없다. 눈물 '찔끔' 나오거나 병아리 눈물처럼 눈가만 촉촉해진다.

■ **못된 시어미 죽은 데 며느리 눈물만큼**
| 평소 자신을 심하게 구박하던 못된 시어머니가 죽으면, 사람들 보는 눈이 있으니 우는 척 눈물 쥐어짜지만 배꼽 잡고 웃을 때만큼도 안 나온다.

고양이 쥐 생각 말과 행동 또는 겉모습과 속마음이 다름을 이르는 말.

[成語] **구밀복검**(口蜜腹劍) : 입안엔 꿀 배 속엔 칼. ▸당(唐)나라 현종(玄宗)은 매우 훌륭한 황제였으나 말년에 판단이 흐려져 간신들을 많이 기용하게 되었는데, 그때 이임보(李林甫)라는 사람이 현종이 총애하는 후궁 양귀비(楊貴妃)에게 환심을 사서 재상에 올랐다. 그리고 그는 충신들을 없애기 위해, 자기 입으로는 그 충신들을 칭찬하고 다니면서 뒤로는 다른 사람들을 시켜 충신들을 모함하여 악랄하게 없애버렸다. 이에 사람들이 이임보의 입에는 꿀이 발라져 있으나 배 속에는 칼이 들었다고 했다.
표리부동(表裏不同) : 겉과 속이 같지 않다.
경이원지(敬而遠之) : 겉으로는 정중하나 뒤로는 멀리한다.
외친내소(外親內疎) : 겉으로는 친한 척하고 속으로는 거리 둔다.
동상이몽(同床異夢) : 한 침상에 누워 서로 다른 꿈을 꾼다.
성동격서(聲東擊西) : 동쪽에 소리 내고 서쪽을 친다. ▸『손자병법』36가지 계책 중 여섯 번째 계책으로, 실제로는 서쪽을 공격할 생각이나 상대를 속이기 위해 동쪽을 공격하는 척 주의를 끄는 속임수다. 한국전쟁 당시에도 연합군이 동해 원산만으로 상륙할 것처럼 거짓 행동을 자꾸 보인 뒤 북한군이 그쪽에 병력을 집중시키자 서해 인천으로 기습 상륙했다.

[현대] **길 모른다더니 도**(道)**를 아시냐 한다 / 이유 없는 호의엔 이유가 있다 / 남자의 속삭임은 고추가 하는 말이다 / 오빠 믿지?** ▸"잠시 쉬었다 가자" "술만 깨고 가자" 이때 거절하면 대개 화를 낸다. 자기를 못 믿는다고. 목적이 그게 아니니까 화를 내는 것이다.
솔직하게 말하면 용서해줄게 ▸부모님이나 선생님이 가장 많이 하는 거짓말.
고객님이라 부르고 호객님이라 쓴다 ▸여기서 호객은 호구같이 권하는 대로 지갑 여는 어리숙한 고객을 말한다.
고래 보러 가자더니 고래 잡으러 간다 ▸포경(包莖)수술 이야기다. 고래를 잡는다는 말인 포경(捕鯨)과 발음이 같다. 어릴 때 속아서 부모 손에 이끌려 강제로 수술을 당하는 경우가 많다. 요새는 국내에서 포경수술을 점차 안 하는 추세다. 전 세계적으로도 유대인처럼 종교적 이유이거나 깨끗한 물이 귀해 씻기 힘든 환경 등을 제외하고는 대부분의 나라에서 포경수술을 하는 경우는 극히 드물다. 켈로그 콘프레이크로 유명한 켈로그 박사가 "포경수술을 하면 자위를 않는다" 발표해서 당시 자위하면 지옥에 떨어진다 믿었던 미국인들이 너나없이 자식 이끌고 포경수술을 받고, 심지어 아기는 고통을 모른다 믿어 유아기 때 성기의 포피를 잘라내기도 했다. 그때 주둔한 미군의 영향을 받아 한국과 필리핀에서 포경수술이 유행했다. 아무리 신체발부 수지부모라지만 자식의 몸을 부모 마음대로 훼손해선 안 되지 않을까 싶다. 성인이 되어 스스로 결정해서 해도 늦지 않다.

■ 고양이 쥐 생각[2+] / 고양이 쥐 사정 봐주듯

ㅣ고양이가 쥐를 잡을 때는 한 번에 덮치지 않고 앞발로 톡톡 건드려 반응을 보아가며 차츰차츰 지치게 한 뒤에 마지막에 목덜미를 콱 문다. 이게 마치 쥐에게 기회 줄 테니 도망치라는 것이거나, 부드럽게 토닥토닥하는 것처럼 보인다.

■ 계모 전처 자식 생각

ㅣ못된 계모가 남편이나 남들이 볼 때는 전처의 자식에게 생글생글 웃으며 생각해주는 척하다가 뒤로는 안 보이게 구박하는 걸 말한다.

■ 겉 다르고 속 다르다 / 꿀 발린 비상 / 자는 입에 콩가루 떨어 넣기[2+]

ㅣ비상(砒霜)은 치명적인 독약의 일종.

■ 등 치고 간 빼 먹는다 / 등 치고 배 짼다 / 어르고 등골 뺀다 / 어르고 뺨치기 / 달래 놓고 눈알 뺀다 / 웃고 뺨친다 / 웃음 속에 칼이 있다[2+]

ㅣ등을 토닥여주는 척 등쳐먹고 잘한다 잘한다 하면서 골수를 빼먹는 사람이 있고, 가슴 서늘한 말을 농담처럼 하며 알아들으라는 식으로 말하는 사람도 있다.

단풍놀이에서 돌아오는 불만스러운 양반 자제. 도포 속 뒤춤에 깔개용 포대기가 살짝 보인다. 점잖은 척하고 거기서 하인들 멀리 물리고 기생과 뭘 하려 했을지를 휘잉 가을바람이 들췄냈다.
ㅣ신윤복, 〈휴기답풍(携妓踏楓)〉 (일부)

■ 개가 사람보고 꼬리 치나 먹이 보고 꼬리 치지[2+]

ㅣ환심 사려고 '꼬리 치는' 건 그 사람이 아닌 그 사람이 가진 것 때문이란 말.

고추나무에 그네 매달아 뛰고 잣 껍데기로 배 만들어 타겠다 사람이 체구가 너무 작고 가벼울 때 놀리는 말.

■ 고추나무에 그네 매달아 뛰고 잣 껍데기로 배 만들어 타겠다

ㅣ고추라는 식물은 풀이 아니라 원래 나무다. 몇 미터까지도 자란다. 열대지방에는 겨울이 없지만, 사계절이 있는 우리나라에서는 더 못 자라고 시들어 죽는다.

고추장 단지 열둘이라도 서방님 비위 맞추기 어렵다 타박이 많고 성미가 까다로워
  비위 맞추기 힘들다는 말.

■ **고추장 단지 열둘이라도 서방님 비위 맞추기 어렵다**[2+]
  | 입맛 까다로운 서방을 두면 이 고추장은 너무 달다 저건 너무 맵다, 타박과 투정
  이 많으니, 아무리 여러 고추장을 만들어놔도 그 비위 다 못 맞춘다.
  [맥락] 굳이 '고추장'을 든 이유는 성가시고 귀찮다는 '거추장스럽다'와 발음이
  비슷해서일지 모른다. 성미(性味)가 까다로워 비위 맞추기 거추장스럽다는 말.

곧기는 먹줄 같다 ①성품이 매우 곧음을 이르는 말. ②겉으론 성품이 곧아 보이나
  그 속은 검다고 비꼬는 말.

■ **곧기는 먹줄 같다**
  | '먹줄'은 자로 선을 긋지 못할 만큼 긴 줄을 그
  을 때 쓰는 도구. 질긴 실이 먹물 먹은 솜뭉치
  가 담긴 통을 거쳐 나오면 그 줄을 위에서 아래
  로 튕겨 묻어나는 먹물로 선을 그렸다. 이 먹줄
  처럼 사람이 매우 바르고 곧다는 뜻도 되지만,
  비꼬아 말하면 길고 곧은 그 먹줄이 실은 시커
  먼 먹물에서 나온 거짓 행세라는 뜻도 된다.

먹통. 줄을 당겨 뽑으면 먹물 솜이 든 곳을
지나며 먹물이 묻어 나온다.
| 경남 통영 세병관(洗兵館) 12공방(工房)

곧은 나무는 가운데 선다 많은 나무 틈에서 자란
  나무가 곧게 자라듯, 여러 사람 속에서 부대끼며
  성장한 사람이 성공한다는 말.

■ **곧은 나무는 가운데 선다**
  | 나무는 햇빛을 차지하기 위해 다른 나무들과 경쟁하며 위로 자란다. 많은 나무
  가운데 있는 나무는 햇살을 오로지 위로밖에 못 받으므로 빛을 따라 이리저리
  휘지 않고 곧게 위로만 큰다. 남들 중심에 우뚝 선 사람은 결과적으로 여러 사람
  과의 부대낌과 경쟁, 많은 시련을 겪으며 올곧게 큰다는 말이다.

골나면 보리방아 더 잘 찧는다 골이 나면 다른 곳에라도 격한 행동으로 분풀이를
  한다는 말.

  [현대] 기분이 태도가 된다

■ **골나면 보리방아 더 잘 찧는다**

|골이 난다는 것은 뭔가 비위가 거슬리거나 마음이 언짢아 성이 나 있다는 것. 하지만 대놓고 화내지 못하는 게 골이니 짜증을 애먼 데 풀게 마련이다. 시어머니나 남편에게 한 소리 듣고 골이 난 여자는 기분이 태도가 되어 방아 꽝꽝 찧어 화를 터트린다. 그 덕에 힘들여 찧어야 껍질 벗겨지는 보리를 금세 다 찧는다.

골무는 시어미 죽은 넋이라 골무는 하던 일감을 털고 일어나 부산을 떨어야만 찾을 수 있다는 말.

골무. |국립민속박물관

|천에 바늘을 찔러 넣을 때 뾰족한 바늘귀에 손끝이 아프지 않게 검지 끝에 끼우는 게 골무. 골무는 작고 둥글어서 자꾸 어디론가 튀어 숨어버리기 일쑤라 쓰려고 찾으면 잘 보이지 않는다. 반짇고리 들어보고 치마 밑을 더듬어도 안 보여 끙! 앉은 자리를 털고 일어나 들춰봐야 그제서 나타난다. 그러니 며느리가 앉아 있는 꼴을 못 보고 늘 들볶던 시어머니처럼 사람을 매번 귀찮게 한다는 뜻에서, 죽은 시어머니 넋이 골무에 들었나 보다 한다는 말이다.

곰 가재 뒤지듯 느릿느릿 물건을 뒤지거나 그렇게 일하는 모습을 일컫는 말.

■ 곰 가재 뒤지듯[뒤듯]²⁺
|곰은 잡식성이라 가재도 잡아먹는다. 곰이 물가에서 큰 돌을 하나하나 느릿느릿 들추는 모습을 표현한 말이다.
 [맥락] '가재'는 가재(家財), 곧 '가재도구'도 뜻한다. 뭔가를 빨리 찾아야 하는데 속이 터지도록 세월아 네월아 '곰탱이'처럼 뒤진다는 뜻이다.

곳간에서 인심 난다 재물이 넉넉해야 마음도 넉넉해지기 마련이라는 말.

■ 곳간[쌀독·고방·광·뒤주]에서 인심 난다
|곳간은 광 또는 고방(庫房)이라고 하며, 뒤주는 나무로 만든 옛날 쌀통이다. *뒤주→ 뒤주 밑이 긁히면 밥맛이 더 난다

공든 탑이 무너지랴 공들인 것은 헛되이 사라지지 않는다는 말.
 [반대] 십년공부 도로 아미타불

■ 공든 탑이 무너지랴 / 공든 탑이 무너지고 심은 나무 꺾일쏜가
|탑을 쌓기 전에는 반드시 기초공사부터 한다. 땅을 아주 깊게 파고 흙을 한 켜씩

넣을 때마다 두드려 다져 단단한 층을 쌓는다. 그래야 스며드는 빗물이나 땅이 얼었다 녹아도 지반이 내려앉지 않는다. 이를 판축기법이라 하는데, 판축(板築)은 땅을 파고 기둥과 판으로 네모지게 틀을 잡은 뒤 체로 친 고운 흙이나 진흙, 뻘흙 등을 켜켜이 다져가며 쌓아 콘크리트처럼 단단하게 만드는 기법이다. 기초를 튼튼히 쌓아 올린 위에 탑을 쌓아 올리니 그 탑이 무너질 리 없다.[66] 참고로 우리나라에서 가장 오래된 탑은 7세기 초 백제에서 세운 전북 익산 미륵사지석탑이다.

전북 익산 왕궁리 5층석탑. 신라와 백제의 양식이 섞인 고려 초기의 탑으로 추정되고 있다. 천 년 넘게 버티고 선 셈이다.

■ 심은 나무 꺾어지랴

| 심고 가꾸어 크게 자란 나무는 쉽게 꺾어지지 않는다는 말. 나무가 여러 해 자라서 가운데 심(芯)이 굵고 단단히 박히면 뿌리째 쓰러지면 쓰러졌지 태풍에도 쉽게 꺾이지 않는다. 이 속담에서 '심은'은 원래 '심 든' 아니었을까 한다.

가운데 목심 부분이 단단하고 치밀해서 이끼조차 자라지 못하고 있다.

공자 앞에서 문자 쓴다 하찮은 재주를 가지고 훌륭한 사람을 몰라보고 그 앞에서 우쭐댄다는 말.

[현대] 번데기 앞에서 주름 잡는다 / 굴삭기 앞에서 삽질한다 / 세제 앞에서 거품 문다 / 의사 앞에서 의사질

■ 공자 앞에서 문자 쓴다 / 훈장 앞에서 문서질

| 문자(文字)를 쓴다는 말은 어려운 한문 구절이나 한자를 써서 유식한 척하는 것. 지식이나 생각의 깊이가 얕은 사람들이 영어나 한자를 잔뜩 섞어 쓴다. 하지만 그 단어 뜻을 물어보면 대부분 잘 모른다. 그러니 엉뚱한 데 쓰는 일도 많다. 공부해서 얻은 지식이 아니라 어디서 주워듣고 쓰는 탓이다.

■ 부처님한테 설법한다

| 설법(說法)은 불교의 이치와 가르침을 이해하기 쉽게 풀어서 들려주는 것이다.

---

66 탑은 그 어떤 접착제도 사용하지 않고 오로지 돌덩어리만 쌓아 세우니 기초공사가 매우 중요했다. 맨 위쪽 작은 돌로 된 부분만 철심에 구슬처럼 꿰어 고정한다.

공짜 좋아하면 머리가 벗겨진다 공짜라면 덮어놓고 좋아한다는 말.

[현대] 공짜라면 양잿물도 마신다 • 양잿물은 서양에서 들어온, 또는 서양식으로 만든 잿물이라는 뜻에서 붙은 이름이다. 양잿물이 들어오기 전에는 볏짚이나 콩깍지, 나무 등을 태워 얻은 재나 동물의 뼈를 태워 만든 가루를 세제로 사용하였다. 잿물은 매우 미세하여 섬유의 올 사이로 침투해 때를 붙들고 떨어져 나오는 데 효과적이다. 양잿물은 주성분이 수산화나트륨이며 화학물질이라서 많이 먹으면 죽을 수도 있다. 요새는 화학세제도 순해져서 그런 일이 드물지만, 수십 년 전만 해도 화학세제를 먹고 자살했다는 얘기, 조미료로 착각해 잘못 먹고 병원 신세를 졌다는 소식이 심심찮게 뉴스에 나왔다.

■ **공짜 좋아하면 머리[이마]가 벗겨진다**

｜'공짜'는 공(空)+자(字)로 만들어진 낱말이다.[67] 공짜의 '빌 공(空)'자를 이용해 공(空) 자 좋아하면 머리가 빈다고 하는 말장난이다.

■ **공짜라면 사족을 못 쓴다**

｜사족(四足)은 팔과 다리를 속되게 일컫는 말. 너무 좋아서 온몸이 찌르르한다는 말이다. 좋아서 짜릿할 때는 팔다리를 안으로 잔뜩 움츠린 채 꼼짝을 않는다

■ **공짜라면 비상도 먹는다 / 공짜라면 마름쇠도 삼킨다**[2+]

｜비상(砒霜)은 비소(砒素)에서 추출하는 독으로 치료를 목적으로 극소량을 쓰는데, 살인[68]이 나 자살 용도로 썼다.

마름쇠는 적이나 도둑의 침입을 막기 위해 바닥에 뿌려놓는 방어 도구로, 서로 다른 방향 으로 서너 개의 철침이 날카롭게 뻗어 있어 이 것을 밟으면 발바닥을 뚫고 깊숙이 박힌다. 이

마름쇠 아무렇게나 뿌려도 침 하나는 위로 솟는 형태다. ｜전쟁기념관

마름쇠를 삼키면 목구멍이 찢어진다. 그러므로 공짜라면 목구멍이 찢어져라 욱 여넣는다는 말이다.

■ **공짜라면 써도 달다 한다**

｜혹시라도 쓰다고 하면 도로 가져갈까 봐 무조건 달다고 한다는 말.

■ **공술 한 잔 보고 십 리를 간다**

---

67 이런 식으로 한자 뒤에 자(字)를 덧붙여 만든 낱말이 꽤 많다. 이때 '자'는 '짜'로 바뀌어 붙는다. 진짜, 가짜, 초짜, 소짜, 대짜, 은근짜, 강짜, 퇴짜, ….

68 음식물에 몰래 조금씩 넣어 장기간에 걸쳐 살해하기도 했는데, 나폴레옹도 감옥에서 돈에 매수된 주방장이 음식에 조금씩 넣은 비소로 암살되었다는 주장이 있다.

■ 공짜 바라기는 무당의 서방[사위]

　|무당은 주로 같은 남자무당이나 전악(典樂 : 굿에 필요한 음악을 연주하는 것)
　연주자, 또는 하는 일 없이 노는 사람과 결혼했다. 무당은 팔자가 세서 일반
　남자와 결혼하기 어렵고, 신이 내릴 때에는 동침하지 않고 깊은 산속에 들어가
　며칠에서 몇 달까지 기도를 올리기도 하니 정상적인 결혼생활을 하기 어려웠다.
　지금도 아내가 신이 내리면 남편이 견디다 못해 이혼하거나 자기 일을 놓고 아
　내의 무당 일을 뒷바라지하기도 한다. 아무튼 무당의 서방들은 딱히 하는 일
　없이 무당 아내의 수입으로 놀고먹으며 지냈다.

곶감 빼 먹듯 한다　조금씩 야금야금 써서 없는 모양을 이르는 말.

■ 곶감 빼 먹듯 한다 / 곶감 꼬치를 먹듯 / 곶감 뽑아 먹듯

　|지금은 깎은 감의 꼭지를 실로 줄줄이 매달아 말리지만, 수십 년 전만 해도 감을
　싸릿대에 꿰어 말렸다. '쏙쏙'에는 조금씩 빼거나 뽑는다는 뜻도 있지만, 어떤
　기세나 힘 등이 조금씩 자꾸 들어든다는 뜻도 있다.

과거를 아니 볼 바에야 시관이 개떡 같다　자기와 상관없는 일이 되면 신경 쓰이거
나 무서울 게 없다는 말.

■ 과거를 아니 볼 바에야 시관이 개떡 같다

　|시관(試官)은 과거시험 출제 및 관리감독을 하는 관원.

■ 남이 내 상전 두려워할까

과부 사정은 홀아비가 안다　같은 처지에 놓인 사람끼리 서로 잘 통하고 깊이 공감
하기 마련이라는 말.

　[成語] 동병상련(同病相憐) : 같은 병을 앓고 있는 사람끼리 가여워한다.
　　　이심전심(以心傳心) : 말하지 않고도 서로 마음으로 통한다. ▸ 석가모니가 제자
　　　들을 모아놓고 설법을 하다가 연꽃 한 송이를 들고 가만 비트니 제자들이 무슨
　　　영문인지 몰라 묵묵히 쳐다보고만 있었다. 그런데 제자 중 가섭(迦葉)만이 그
　　　뜻을 깨닫고 미소를 지었다. 그러자 석가모니가 웃으며 가섭에게 자신이 깨우친
　　　불교의 진수를 전해주겠노라 하였다. 석가모니가 연꽃을 집어 든 것은, 연꽃은
　　　연못 밑 진흙탕에 뿌리를 내려 자라지만 수면 위로 올라와 더러움 없는 아름다운
　　　꽃을 피우므로, 어지럽고 탁한 세상에서도 깨달음을 얻으면 맑은 부처의 경지에
　　　오를 수 있다는 진리를 알려주려 한 것이었다. 이것을 말하지 않아도 가섭은 석
　　　가모니의 마음을 읽고 깨달았던 것.

■ **과부 사정은 홀아비가 안다 / 과부 사정은 과부가 알고 홀아비 사정은 홀아비가 안다 / 과부 설움은 동무 과부가 안다**

ㅣ과부와 홀아비로 혼자 지내며 느끼는 외로움[69] 과 불편함을 서로 잘 알기에 굳이 말하지 않아도 마음을 헤아린다는 말이다. 요즘에 이와 비슷한 예가 종종 있다. 어떤 남자가 전 여친 결혼식에 간다고 했더니 사장이 자기 외제차 빌려주고 비서까지 딸려 보냈다고. 다들 비슷한 경험과 아픔이 있는 법이다.

■ **과부 설움은 서방 잡아먹은 년이 안다**

ㅣ과부가 되면 외롭고 힘든 것은 물론, 일찍 남편을 여의기라도 하면 주변에서 '서방 잡아먹었다'라며 곱지 않은 시선까지 보냈기에 마음고생이 심했다. 꼭 동병이어야 상련일 것은 아닌 듯하다.

■ **벙어리 속은 벙어리가 안다[2+]**

ㅣ말 못 할 사정을 겪어본 이가 말 못 할 사정을 겪는 이의 속을 아는 법이다.

과붓집 수고양이 같다 없는 사실을 꾸며내거나 남이 오해를 하게끔 말하는 사람을 이르는 말.

[현대] 기사를 쓰랬더니 소설을 쓴다 ▸ 언론은 항상 중립적인 입장에서 올바른 사실만을 전달해야 한다. 그런데 간혹 특정 정권이나 정당, 기업에 빌붙어서 그네들에게 유리한 기사를 조작해서 써주고 그 반대되는 쪽에 대한 기사는 '털어서 먼지 안 나오나 보자' 마구 추측성으로 써놓고는 나중에 '아니면 말고' 식으로 유야무야하는 경우가 있다. 그런 기자를 기레기(기자 쓰레기)라고 한다.

■ **과붓집 수고양이 같다**

ㅣ발정 난 고양이 울음소리는 마치 어린애 울음소리 같다. 특히 수고양이가 더 심하다. 수고양이가 과붓집 담장 안에서 울면 과부가 외간남자와 정을 통한 뒤 몰래 아기를 낳은 것으로 사람들이 오해한다.

관청 뜰에 좁쌀을 펴놓고 군수가 새를 쫓는다 (관청에서) 할 일이 없음을 이르는 말.

■ **관청 뜰에 좁쌀을 펴놓고 군수가 새를 쫓는다**

ㅣ본디 관청 뜰은 죄인을 잡아다 죄를 묻거나 소송을 처리하느라 늘 북적거린다.

---

69 외롭고 처량한 네 종류의 사람을 환과고독(鰥寡孤獨)이라고 한다. 늙고 아내 없는 남자(鰥)와 늙고 남편 없는 여자(寡), 그리고 어려서 부모 없는 사람(孤)과 늙어 자식 없는 사람(獨)이다.

그런데 일이 없어 너무 한가하니 빈 땅 놀리기도 뭐해서 멍석을 깔고 좁쌀이나 말리면서 심심한 군수가 훠이 훠이 새나 쫓으며 지키고 앉았다는 말이다.

관청에 잡아다 놓은 닭마냥 낯선 곳에 영문도 모르고 끌려와 어리둥절해하는 모양을 이르는 말.

■ 관청에 잡아다 놓은 (촌)닭마냥 / 촌닭 관청에 잡아 온 셈이다
　│닭은 환경이 바뀌면 눈을 번득거리며 사방을 자꾸만 휘휘 둘러보는 습성이 있다.

■ 촌닭 관청에 간 것 같다 / 촌닭 관청 구경 온 듯 / 촌뜨기 관청 구경

구관이 명관 ①어떤 일에 경험이 많은 사람이 그렇지 못한 사람보다 낫다는 말. ②나중 사람을 겪어보니 예전 사람이 더 나았음을 알게 됐다는 말. ③어려운 상황에 닥쳐서야 비로소 좋았던 사람의 가치를 깨달았다는 말.

　[현대] 갈아봤자 별수 없다 ▸ 1956년 제3대 대통령선거에서 나온 문구다. 야당인 신익희(대통령후보)/장면(부통령후보) 진영이 '못 살겠다 갈아보자'라는 구호를 내세워 자유당의 부정부패에 지친 국민에게 좋은 반응을 얻자, 여당인 자유당에서 놀라 급하게 내세운 구호가 '갈아봤자 별수 없다'(또는 '갈아봤자 더 못산다')였다.

■ 구관이 명관
　│구관(舊官)은 예전 관리.[70] 예전 관리가 일을 잘했든 못했든 거기에 익숙해져 있어 새로운 관리가 오면 새로 적응하느라 귀찮고 성가시게 되니, 익숙했던 예전 관리가 더 좋았다고 느껴지기도 한다. 훌륭한 관리가 아닌 이상 어차피 백성들이 힘들기는 마찬가지니까.

■ 둘째며느리 들여야 맏며느리 착한[무던한] 줄 안다
　│첫째 며느리는 비교할 다른 며느리가 없어서 잘하는지 모르지만, 둘째 며느리를 들여보면 아무래도 맏며느리가 그동안 잘해왔다는 것을 알게 된다는 말이다.

───────────────

70　여기서 관(官)은 고을의 수령인 '사또'를 의미한다. 그래서 새로 부임한 수령은 '신관 사또' 다른 곳으로 전임해 간 전 수령은 '구관 사또'라고 부른다.

■ 나간 머슴이 일은 잘했다

|있던 머슴 대신 새로 머슴을 들이게 되면, 새로 온 머슴은 아무래도 그 집안에 대해 잘 모르고 적응하는 데도 시간이 걸리니 부족한 부분이 많다. 그럴 때마다 신경 쓸 필요 없이 알아서 척척 일해주던 예전 머슴이 아쉽다.

■ 가난[가빈]에 사양처 / 첩 정은 삼 년 본처 정은 백 년[2+]

|예쁜 여자에게 정신이 팔려 가산을 탕진한 다음에야 알뜰했던 부인을 떠올리며 후회하게 된다는 말이다. 사양처(思良妻)는 '좋은(잘했던) 부인을 생각한다'라는 뜻. '가난에 사랑처'라고 잘못 쓰기도 한다. 가빈(家貧)은 집이 가난하다/가난해진다는 뜻.

■ 겨울이 다 되어야 솔이 푸른 줄 안다

|활엽수들이 푸를 때는 소나무가 사철 푸른 줄 모르지만, 단풍이 들고 잎이 지면 그제야 여전히 푸른 소나무가 눈에 띈다는 말이다. 이 말은『논어(論語)』에 나오는 세한연후지송백지후조(歲寒然後知松柏之後凋 : 한겨울이 된 연후에야 소나무와 잣나무가 나중에 시듦을 안다)라는 구절에서 유래한다. 이 문구를 담아 그린 그림이 그 유명한 추사 김정희의 〈세한도(歲寒圖)〉. 김정희는 정쟁에 휘말려 대역죄인이 주로 가는 멀고 척박한 제주도로 유배당했다. 이에 주

〈세한도〉는 폭 24cm 길이 14m의 두루마리 형태.
|KBS, 〈역사스페셜〉. "국보 180호, 세한도에 숨은 비밀"

변에서 가까이 지내던 사람들마저 행여 죄인과 엮여 불이익을 당할까 두려워 점차 떨어져 나가니 추사는 살아서는 돌아올 수 없다는 제주 유배지에서 혼자 외롭고 궁핍하게 지냈다. 이때 유일하게 김정희와 단절하지 않은 이가 이상적(李尙迪)이라는, 십여 년 전 인연을 맺은 역관(譯官 : 조선시대 통역 공무원)이었다.[71] 이상적은 현직 통역 공무원이면서도 신변의 위협을 감수하고 머나먼 제주도까지 귀한 책들을 보내주며 뒤를 봐주었는데, 이에 대한 고마움의 답례로 추사가 그려서 보내준 것이 〈세한도〉다. 세한도 안에 쓰인『논어』 글귀는, 진실

---

71 역관은 중인(中人)으로 양반인 추사와 어울릴 수 없다. 하지만 추사는 중인 신분의 실학자인 박제가(朴齊家)를 스승으로 모시고 이상적을 포함해 여러 중인을 제자로 둘 정도로 깨어 있었다.

한 벗에게 감사하는 내용이자 어려운 세상을 만나 핍박받고 있는 자신의 모습도 함께 담은 것 아닌가 싶다. 〈세한도〉에는 잣나무 세 그루와 소나무 한 그루가 그려져 있다. 시절 좋을 때는 푸르다가 시련이 닥치면 낙엽 되어 떨어져 나가는 활엽수가 아니라, 한겨울의 힘든 시절에도 푸르름을 유지하다 수명이 다한 연후에야 비로소 시드는 소나무와 잣나무를 진실한 관계의 표상으로 그림에 담았다.

구더기 무서워 장 못 담그랴 잘못될까 두려워서 해야 할 일을 안 할 수 없다는 말.

■ **구더기 무서워 장 못 담그랴**
  |항아리에 장을 담그면 파리가 거기에 알을 낳아 구더기가 끓는 일이 많았다.

■ **장마 무서워 호박 못 심으랴**
  |장마가 지면 꽃이 떨어져 열매를 못 맺거나 호박 줄기가 약해지고 자라던 호박이 떨어지거나 물러져 못 쓰게 되는 일이 많다. 그리고 이 속담은 19세기 중후반에 만들어진 듯하다. 그 전까지는 호박이 사람들에게 인기가 없어 거의 심지 않았고 사찰에서나 양식으로 재배했기 때문이다.

■ **범 무서워 산에 못 가랴**
  |산에 가야 땔감 등을 구할 수 있는데, 범 나올까 봐 안 갈 수는 없다는 말.

구렁이 담 넘어가듯 분명한 태도를 보이지 않고 슬그머니 비껴가는 것을 이르는 말.

  [成語] 유야무야(有耶無耶) : 있는 듯 없는 듯 흐지부지.

■ **구렁이 담 넘어가듯²⁺**
  |구렁이는 몸집이 크고 힘이 세지만 독 없는 뱀이다. 그리고 이 뱀은 간혹 집 안의 마루 밑이나 지붕 속에서도 살았는데 딱히 사람에게 해를 끼치지 않고 쥐를 잡아먹어서72 쫓지 않고 업(業) 삼아 같이 살았다. 구렁이는 따로 천적이 없어 매우 느리게 움직였는데, 얼마나 눈에 띄지 않게 움직이는지 바로 코앞에 갈 때까지 쥐가 눈치를 못 챘다. 그리고 구렁이가 살던 초가집 처마는 거의 담장 높이만큼 낮고 처마와

구렁이는 몸통 힘으로 먹잇감을 질식시킬 수 있고, 멀리까지 몸을 꼿꼿하게 뻗을 수 있다. |©백운산 심마니 [Youtube] (캡처)

---

72 보통 농경국가들은 쥐를 잡아먹는 고양이를 매우 우대하거나 신격화하기도 했는데, 우리나라는 구렁이가 이 역할을 해주어서 고양이를 그리 높게 쳐주지는 않은 모양이다.

담장 사이의 간격도 좁았다. 구렁이가 다른 곳으로 가려고 할 때는 담장에 몸을 쭉 걸쳐서 넘어가는데, 그게 거의 일직선이라(구렁이는 몸통 힘이 아주 세다) 마치 통나무를 걸쳐놓은 것 같아 웬만해서는 사람들이 눈치채지 못했다. 그렇게 구렁이는 티 안 나게 스르륵 담을 넘는다. 그래서 무슨 일이나 말을 하다 불리할 때 은근슬쩍 넘어갈 때 구렁이 담 넘어간다고 하였다. *업→부잣집 업 나가듯

[맥락] '구렁이'나 '능구렁이'는 음흉하거나 능청스러운 사람이라는 뜻도 있다. 그리고 집 밖에 두른 '담'은 '다음'의 준말이기도 하다. 제가 불리하면 말하다 말고 은근 슬쩍 '다음(담)'으로, 다른 말로 슬쩍 넘어간다는 말장난이다.

구렁이 제 몸 추듯   자기가 자신을 자랑하는 모양을 이르는 말.

[成語] 자화자찬(自畵自讚) : 자기가 그린 그림을 자기가 칭찬한다.

■ 구렁이 제 몸 추듯[2+]

| 일설에는 구렁이가 아니라 굴원(屈原)이라고 한다. 굴원은 중국 전국시대 초나라 정치가이자 시인으로, 학문이 높고 정치력도 좋아 높은 자리에서 활약했으나 다른 이들의 모함을 받고 귀양을 간 뒤 10년 넘도록 부름을 받지 못해 강물에 투신해 자살했다. 그의 유명한 시 〈어부사(漁父辭)〉에 있는 다음 구절을 가지고 굴원이 홀로 난사람이라 생각한 데서 이 말이 나왔다고도 하고, 또는 취하면 세상을 비웃으며 춤을 춰서 생겼다고도 한다.

"어쩌다 이렇게까지 되시었소(何故至於斯). 굴원이 말하기를(屈原曰) 온 세상이 다 탁한데 나 홀로 맑고(擧世皆濁我獨淸), 온 사람이 다 취했는데 나 홀로 깨어(衆人皆醉我獨醒), 그리하여 내쫓김 당했다오(是以見放)."

[맥락] 하지만 글쓴이는 이 주장을 부정한다. '구렁이'와 '굴원이'가 발음은 비슷하나 저 정도 시구로 자화자찬이라는 오명을 쓰긴 어렵고, 또 양반들도 쓰던 속담이라면 굴원을 모를 리 없으니 '구렁이'로 말이 바뀔 까닭도 없다.

'추다'에는 춤 동작을 보인다는 '추다'가 있고, 어떤 사람을 정도 이상으로 크게 칭찬하여 말하는 '추다'가 있다. 앞엣것은 '춤추다'와 비슷하고, 뒤엣것은 '추어올리다(치켜세우다)'와 비슷한 말이다. 그리고 '곤댓짓'이라는 말이 있다. 뽐내어 우쭐거리며 하는 고갯짓을 말한다. 우쭐대노라면 고개를 좌우로 흔들며 어깨춤을 춘다. 그 통에 허리부터 엉덩이까지 따라서 뱀처럼 물결친다.

구렁이는 나무를 잘 탄다. 기둥도 타고 오른다. 그래서 구렁이가 타고 못 오르게 사각기둥을 세우기도 한다. 구렁이가 나무나 기둥을 타고 오르려 할 때는 먼저 위쪽을 이리저리 살펴보며 거리와 장애물 따위를 미리 가늠한다. 이때 몸의 1/3 이상을 위로 세워서(구렁이는 먼 나무 사이를 일직선으로 걸쳐 건너갈

만큼 몸통 힘이 세다) 머리를 연신 흔들며 입체적으로 본다. 그 탓에 몸통도 따라 물결친다. 사람이 우쭐대며 머리부터 몸통까지 흔들어대면 구렁이가 위쪽을 가늠하느라 (춤)추는 것과 비슷해 보인다. 그러므로 이 말은 '춤추다'와 '추어올리다(치켜세우다)'의 동음이의어 '추다'를 가지고 만든, '구렁이처럼 의뭉스러운 사람이 스스로를 추어올리느라 구렁이 춤추듯 하다'라는 표현이라 봐야 한다. *구렁이→ 구렁이 담 넘어가듯

구멍에 든 뱀 길이를 모른다 감추어진 재능이나 사실을 겉에서는 제대로 볼 수 없다는 말.

■ 구멍에 든 뱀 길이를 모른다 / 구멍에 든 뱀 긴지 짧은지 / 구멍에 든 뱀 몇 자인 줄 아나 / 굴에 든 범[호랑이]
  | 뱀을 꺼내놓고 보면 제대로 그 길이를 확인할 수 있지만, 구멍 속에 들어 있으면 보이는 부분이 좁아서 깊은 곳까지 들여다볼 수 없다. 시야와 소견이 좁은 사람은 사람과 사물의 깊이를 알아채지 못하고 대롱 구멍으로 세상을 보듯 좁은 시야로만 판단한다.

국수 잘하는 솜씨가 수제비 못하랴 어려운 일도 잘하는데 쉬운 일을 못하겠냐는 말.

■ 국수 잘하는 솜씨가 수제비 못하랴²⁺ / 수제비 잘하는 사람이 국수도 잘한다²⁺
  | 칼국수를 만들기 위해서는 반죽을 충분히 치댄 후 안반(案盤 : 큰 도마)에 놓고 방망이나 홍두깨로 여러 번 밀어서 납작하게 만든 다음 돌돌 말아서 칼로 촘촘하게 썰어야 하는, 손이 많이 가는 일이다. 하지만 수제비는 반죽을 대충 치대서 손으로 뚝뚝 떼어 끓는 물에 넣기만 하면 되는 것. 그러니 국수를 잘 만들 줄 알면 수제비는 당연히 눈 감고도 만들 수 있다.
  [맥락] 여기서 '국수'는 바둑이나 장기 실력이 한 나라에서 으뜸가는 사람이란 뜻의 국수(國手)로 쓰였다고 생각한다. 그리고 '수제비'의 옛말은 '수접이'다. 가장 뛰어난 실력을 가진 사람이 몇 수 접은 듯한 쉬운 판국이 뭐가 어렵겠냐는 말이라 생각된다.

군자는 대로행이라 군자는 사소한 것을 멀리하고 행동과 품은 뜻이 당당하고 대범해야 한다는 말.

■ 군자는 대로행이라
  | 군자(君子)는 행실과 성품이 점잖고 어질며 덕과 학식이 높은 사람이다. 스스로

떳떳하고 부끄러울 게 없으니 언제 어디서든 어깨를 펴고 당당하게 다닐 수 있다. 샛길로 움츠리며 다니지 않고 대로(大路 : 큰길)로 떳떳하게 다닌다[行]는 말이다. 또한 여기서의 큰길은 작은 이익이나 사사로운 감정이 아닌 크고 중요한 일을 뜻하기도 한다. 군자는 대의(大義)에만 나아감을 뜻한다.

■ 독수리는 모기를 잡아먹지 않는다

굳은 땅에 물이 괸다 결심이 굳어야 뜻을 이룰 수 있다는 말.

　[반대] 지어먹은 마음 사흘을 못 간다

■ 굳은 땅에 물이 괸다[2+]

　| '굳다'에는 눌러도 안 들어갈 만큼 단단하다는 뜻도 있고, 흔들리거나 바뀌지 않을 만큼 힘이나 뜻이 강하다는 뜻도 있다. 자기 주관과 의지가 뚜렷하지 못한 사람을 우리는 '물러터진' 사람이라고 한다.
　[맥락] '굳다'에는 재물을 아끼고 지키려는 성향이 있다는 뜻도 있다. '구두쇠'라는 말이 여기서 생겼다. 아끼고 모아야 재'물'이 새지 않고 고인다는 뜻이다.

굴뚝에 바람 들었나 대체 무슨 이유로 울고 있느냐고 물을 때 쓰는 말.

■ 굴뚝에 바람 들었나

　| 아궁이에 불을 때면 그 불길과 연기가 방구들 밑의 고래를 거쳐 굴뚝으로 빠져나간다. 그런데 바람이 굴뚝 안으로 들어오면 연기가 거꾸로 아궁이로 밀려 나와 불 때는 사람의 눈을 맵게 한다.

굴러 온 돌이 박힌 돌 빼낸다 새로 들어온 것이 전에 이미 자리 잡고 있던 것을 밀어내거나 해침을 이르는 말.

■ 굴러 온[날아 온] 돌이 박힌 돌 빼낸다[뺀다]

　| 돌이 산비탈 위에서 굴러 내려오다가 땅에 박힌 돌과 부딪치면 그 충격으로 박혀 있던 돌이 뽑혀 나가고 굴러 오던 돌은 그 자리에 멈춘다. 이 속담은 외부인이 들어와 터 잡고 있던 사람을 밀어낼 때 썼다. 이리저리 옮겨 다니던 사람이나 물건이 일정한 곳으로 들어와 자리를 잡는다는 말이 '굴러들다'다.

■ 들어온 놈이 동네 팔아먹는다

굼벵이도 구르는 재주가 있다 ①볼품없거나 모자라 보여도 누구나 자기 할 바는 다 한다는 말. ②평소 잘 못하던 사람이 어쩌다 잘한 일이 있을 때 놀리는 말.

[成語] 천려일득(千慮一得) : 어리석은 사람도 생각을 꾸준히 많이 하다 보면 한 가지쯤은 좋은 생각을 해낼 수 있다.

■ 굼벵이도 구르는 재주가 있다²⁺ / 굼벵이도 제 일 하는 날엔 재주를 열두 번 넘는다²⁺

| 초가지붕 속에 살던 애벌레가 성충이 되려 할 때는 밖으로 나와 지붕 아래로 굴러서 떨어진다.⁷³ 그게 꿈틀대며 기는 것보다 훨씬 빠르고 효율적이기 때문이다.⁷⁴ 이 모습을 보고 사람들은 미련하고 굼뜬 굼벵이가 그래도 중요한 제일 할 때는 머리를 쓴다고 웃는다.

[맥락] '굼벵이'에는 동작이 굼뜨고 느린 사물이나 사람이란 뜻도 있다. '구르다'에는 무엇이 하찮게 내버려지거나 널려 있다는 뜻도 있다. 굼뜨고 답답한 사람에게도 아주 하찮은 재주 하나쯤은 있다는 말이다.

■ 뱁새[참새]는 작아도 알만 잘 낳는다[깐다] / 초고리는 작아도 꿩만 잡는다²⁺

| 뱁새는 '붉은머리오목눈이'의 다른 이름으로, 참새(14cm)보다도 작은(13cm) 우리나라 텃새다. 한 배에 4~5개의 알을 낳는다. 뱁새와 마찬가지로 참새 역시 1년에 세 번까지 알을 낳으며 한 배에 4~8개씩 낳는다. 가장 작은 새에 속하는 뱁새나 참새도 이렇듯 제 할 바를 다하니 몸이 작다고 무시하지 말라는 말이다. 특히 출산 문제로 몸이 작은 신붓감을 꺼릴 때 쓰였다. '초고리'는 어리거나 몸집이 작은 매. 여기서 초고리는 '저고리'의 말장난인 듯하다. 작은 저고리를 입는 몸집이 작은 사람이라도 한 사람의 몫은 충분히 해낸다는 말이다. *뱁새→ 뱁새가 황새 따라가다 가랑이 찢어진다 / *매→ 꿩 읽고 매 잃는다

■ 메기[뱀장어]가 눈은 작아도 저 먹을 것은 다 본다

| 물의 밑바닥에서 생활하는 어류들은 눈이 작은 경우가 많다. 어둡고 탁한 바닥에서는 시각보다 다른 감각기관을 사용하는 편이 더 유리하기 때문이다. 메기는 큰 입에 비해 점 찍어놓은 것마냥 눈이 작다. 눈이 작다고 무시하지 말라 할 때나, 저 먹을 것은 귀신같이 잘 찾아 먹는 사람한테 이 속담을 썼다. 지금도 눈이 작고 입은 큰 사람에게 '메기'라는 별명을 잘 붙인다.

■ 개미는 작아도 탑을 쌓는다 / 거미는 작아도 줄만 잘 친다

■ 개는 도둑 지키고 닭은 홰를 친다

---

73 옛날 사람들은 초가지붕 속에서 살던 애벌레를 매미의 유충인 굼벵이로 착각했다. 매미의 유충은 땅속에서만 산다. 초가지붕 속에서 살던 것은 딱정벌레류의 애벌레로 추측된다.

74 소라도 갯바위 위에 기어 올라갔다가 내려올 때는 굴러서 내려온다. 그래서 소라 뿔 닳은 정도로 나이를 가늠하기도 한다.

| 닭이 올라앉을 수 있도록 가로지른 긴 막대가 '홰'고, 닭이 그 위에서 날개를 퍼덕여 횟대를 치며 우는 것을 '홰를 친다'라고 한다. 이른 새벽에 동이 트려 하면 그 빛을 느끼고 수탉이 홰를 치며 운다. 그러면 사람들은 그 소리를 자명종 삼아 일어났다. 비록 미물일지라도 제 소임은 다한다는 말이다.

■ 허수아비도 제 구실을 한다[2+]
| 우두커니 서 있기만 하는 허수아비처럼 아무 역할도 하지 못하는 사람도 어딘가 에는 분명 쓸모가 있다는 말이다. 허수아비 같아도 남편이 있으면 다른 남자들 이 그 부인을 함부로 않는다.

■ 우렁이도 논두렁 넘는 재주가 있다[2+]
| 우렁이는 평소에는 물속에 살다가 알을 낳을 때가 되면 논둑으로 올라가거나 논둑을 넘어가서 풀잎에 알을 낳는 다. 가을이 되면 논의 물을 빼버리고75 벼를 수확하게 되니 알을 보호하기 위해 논둑의 풀에 알을 낳는 것. 가 을이 오고 추수가 왔음을 한낱 우렁이도 안다는 것이다. [맥락] 여기서 우렁이는 무지한 농사꾼도 뜻하는 듯하다. 평생 흙만 만지고 살던 사람이 더 나은 자리로 가거나 큰돈을 벌었을 때, 또는 제 주제를 넘어서는 기특한 생각 이나 일을 했을 때 놀리면서 한 말 같다. 논두렁을 넘는 다는 것은 논바닥을 넘어섰다는 뜻이다.

우렁이 알. 알의 색이 검거나 희게 변하면 부화가 시작되는 시기다. |서울 노들텃밭

굽은 나무 선산 지킨다   평소 쓸모없거나 하찮게 여겨지던 것이 오히려 도움이 되는 경우가 있음을 이르는 말.

■ 굽은 나무[솔이] 선산 지킨다
| 한 가문의 묘들이 모여 있는 선산(先山)에서는 땔나무를 얻지 않았다. 나무가 없으면 빗물에 흙이 무너져 묘가 망가지기 때문이다. 하지만 선산을 가질 정도 로 잘살던 집안이 가난해지면 후손들이 먹고살기 위해 부득이 선산의 나무를 베어다 팔아서 생계를 유지하는데, 휘어지고 못생긴 나무는 팔리지 않으니 베지 않고 놔둔다. 그 덕에 그 굽은 나무들이 흙이 무너지는 것을 막아 무덤을 지켜주 게 된다. 지금도 잘난 자식들은 제구실하느라, 제 앞가림부터 하느라 외지나 외국으로 떠나지만, 그리 잘나지 못했거나 몸 어딘가가 바르지 못해 굽은 자식

---

75 논에 물이 마르면 우렁이는 땅속으로 들어갔다가 나중에 물이 고이면 다시 나와서 활동한다.

은 늙은 부모 곁을 지키며 수발들거나 부모에게 돌봄 받는 일이 많다.

■ 몸 불편한 자식이 봉양한다 / 눈먼 자식이 효자 노릇 한다

ㅣ봉양(奉養)은 부모나 윗사람을 받들어 모시면서 잠자리며 옷, 식사 등을 부족함 없이 챙겨드리는 것. 몸이 불편하니 멀리 가지 못하고 부모 곁을 맴돈다.

■ 나갔던 며느리 효도한다[2+]

ㅣ이 속담은 처음에는 좋게 안 보이던 사람이 뜻밖으로 나은 일을 하거나, 잘못을 저지른 사람이 뉘우치고 나서는 더 나은 사람이 된다는 뜻으로 쓴다.

굿 뒤에 날장구 친다　일 다 끝났거나 이미 결론 난 다음에 비로소 나서서 이러쿵저러쿵 참견하거나 불만을 표시한다는 말.

■ 굿 뒤에 날장구[쌍장구] 친다 / 굿 마친 뒷장구

ㅣ'날장구'는 부질없이 공연히 치는 장구를 말하고, '쌍장구'는 두 대의 장구를 놓고 둘이 같이 치는 것을 말한다.[76] 요새도 무슨 반상회나 회의, 조모임 등에 참석하지 않고는 거기서 결정된 것에 대해 이렇다 저렇다 뒷말을 하는 사람들이 있다.

굿이나 보고 떡이나 먹지　남의 일에 쓸데없이 간섭하지 말고 가만히 지켜만 보다가 자기한테 돌아올 이익이나 챙기라는 말.

■ 굿이나 보고 떡이나 먹지

ㅣ굿판에서는 무당이 왕이고 나머지는 구경꾼이다. 구경꾼이 굿에 참견하면 무당이 당장 꺼지라고 호통친다. 결국 그 사람은 굿 보다 말고 쫓겨나고, 굿이 끝나면 구경꾼들에게 나눠주는 떡도 못 받는다. 남이야 무슨 장단에 춤을 추든, 무슨 난리굿을 치든 가만히 지켜만 보다가 자기한테 자연히 돌아올 몫이나 챙기면 그만이란 말이다. '굿'에는 떠들썩하거나 신명 나는 구경거리라는 뜻도 있다.

귀신도 떡을 놓고 빈다　무엇이든 부탁을 할 때는 그에 합당한 것을 주거나 대접해야 한다는 말.

[현대] 기브 앤 테이크(Give and Take) / 청첩장은 고기 먹으며 준 것만 유효하다

■ 귀신도 떡을 놓고 빈다

---

76 두 대의 장구가 서로 호흡과 가락을 맞추어 치는 것을 '맞장구'라고 한다. '상대의 말에 호응하고 동조한다'라는 뜻의 '맞장구를 친다'라는 말이 여기서 비롯한다. 두 사람이 마주 보고 "맞아, 맞아" 할 때 저도 모르게 크게 손뼉 치는 게 장구 치는 모습과 비슷하다.

│귀신에게 소원을 빌 때도 떡을 차려놓고 비는데, 어찌 산 사람에게 부탁하면서 경우 없이 맨입, 빈손으로 부탁하느냐는 말이다.

귀신 듣는 데 떡 소리 한다 어떤 일에 매우 관심을 가지는 사람 앞에서 그 사람이 솔깃할 얘기를 한다는 말.

■ 귀신 듣는 데 떡 소리 한다[못 한다] / 귀신 귀에 떡 소리 한 것 같다
│귀신에게 해 끼치지 말아달라고 빌 때는 귀신이 좋아한다는 떡을 차려놓고 제사를 지내는데, 귀신 듣는 데서 떡 소리를 하면 안 올 귀신도 찾아온다는 말이다. 어떤 사람과 아주 밀접하게 관계된 일을 말하면 그 사람이 '귀신같이' 냉큼 와서 낀다는 뜻이다. 이 속담은 어떤 일의 당사자가 근처에 있는 데서는 말조심을 하라는 말이기도 하다.

귀신 씻나락 까먹는 소리 한다 ①분명치 않게 우물우물 말하거나, 말이 안 되는 소리를 할 때 빈정거리는 말. ③여럿이 모여 웅얼웅얼 무슨 소린지 모르게 수군대는 것을 일컫는 말.
[현대] **기관사 차내방송** ▸ 기관사가 웅얼웅얼 뭔 소린지도 모르게 방송하는 건 꼭 우리나라만 그런 건 아니라 한다. 외국도 똑같다고.

■ 귀신 씻나락 까먹는 소리 한다[2+]
│볍씨의 다른 말이 '씻나락'이다. 귀신이 배가 고파 볍씨를 이빨로 하나씩 우물우물 까먹고 있다는 말이다. 아무렴 귀신이 볍씨를 오물오물 까먹고 앉았을까. 그러니 말도 안 되는 소리라는 뜻이다. 이 속담의 유래에는 여러 설이 있는데, 제사상이 만족스럽지 못해 조상신이 볍씨로 배를 채운다는 설과, 못자리에 뿌린 멀쩡한 볍씨 중에 발아하지 않는 것들은 귀신이 티 안 나게 까먹어서 그렇는 설, 접신한 무당이 시나위 가락에 맞춰 무슨 말인지도 모르게 웅얼대는 '귀신 시나위 가락'에서 유래했다는 설이 대표적이다.
[맥락] 나락을 까먹는 소리는 '우물우물'이다. 가당찮은 변명을 하며 자신 없이 말할 때도 '우물우물' 말한다. 우물우물 말할 때는 입술이 오므려져 씨알만큼씩 움직인다. 그러면 '나락 까먹는 소리'라고만 해도 될 텐데 굳이 '씨'을 남겼을까. '씻나락'이란 표준어도 있는데 사투리 '씨나락'으로 흔히 쓰이는 이유는 뭘까.
　누군가의 얼토당토않은 말이나 말 안 되는 변명을 들으면 대뜸 이 말부터 나온다. "거~ 씨-!" '거~'는 문자로 적었을 때고 실제 대화에서는 '그이~'라고 한다. 또한 '그이'를 빨리 말한 '긔'와 귀(鬼)는 발음이 비슷하다. 그래서 본래는 "그이 씨- 나락 우물우물 까먹는 소리 하네"였겠다. 그러다 '긔(그이)'가 귀(鬼)와 비슷

하다는 점에 착안해 '귀 씨-, 우물우물 나락 까먹는 소리 한다'로 바뀌었을지 모른
다. 생략을 좋아하는 속담에서 굳이 남겼다면 무슨 까닭이 분명 있다고 본다.

- 비 맞은 중마냥[2+]
 | '중'은 승려의 속된 말. 승려가 공양을 얻으러 탁발 다니다 비를 만나면 처마
 밑에서 비가 그치기만 기다릴 것인데, 일반인이라면 "원, 무슨 놈의 비가 갑자기
 쏟아져. 에이!" 하고 투덜거리기라도 할 텐데, 승려 된 입장이라 차마 그러지는
 못하고 뭐라고 염불 비슷하게 외우며 처마 밑에서 처량하게 있지 않았을까.
 [맥락] '비'는 '빗자루'의 준말 '비'라고 생각한다. 조선시대의 승려는 천민이었으
 므로 합장으로 정중히 대하는 사람이 있는가 하면, 제 기분대로 함부로 대하는
 이도 있었다. 머슴이나 종, 또는 부인이 윗사람이나 남편, 시어머니에게 한 소리
 듣고 잔뜩 골이 나 있는데 승려가 시주 얻으러 와서 문간에서 목탁 똑똑똑 시주
 줄 때까지 안 가고 있다면 짜증이 난다. "가뜩이나 기분 거지 같은데 중놈까지
 성가시게 만드네. 썩 꺼지지 못해?" 들고 있던 빗자루로 후려 패기도 했을 것이
 다. 그렇게 맞고 쫓겨나도 승려 된 사람이라 차마 불만을 내비치질 못한다. 대신
 상대가 못 알아먹을 소리로 중얼중얼 웅얼거렸겠다. '허허, 이 집은 부처님의
 가피를 못 입겠구나' 아니면 '이런, 팔열팔한(八熱八寒) 지옥에 떨어질 중생 같
 으니.' 억울한 일을 당해 불만은 가득하나, 자기보다 윗사람이거나 센 사람이라
 대놓고 항변하지 못하면 대개 상대가 못 알아듣게라도 기분을 드러내는 법입니다.
 웅얼웅얼, 투덜투덜, 꿍얼꿍얼. 시부렁시부렁. "너 지금 뭐라고 꿍얼거렸어!"
 "아무 말도 안 했어….'" 이 모습을 빗자루로 문전박대당하고 염불 소리 같은 못
 알아들을 소리를 외는 승려에 빗대 표현한 것이라 본다.

귀신이 곡할 노릇 ①너무 감쪽같아 아무도 모를 정도라는 말. ②어찌 된 일인지
도무지 영문을 모르겠다는 말.
 [成語] 신출귀몰(神出鬼沒) : 귀신이 나타났다 사라진 듯하다.
 [현대] 오타자연발생설 • 여러 번 여러 사람이 돌아가면서 교정을 꼼꼼히 봐도 꼭 인쇄
  하고 나면 안 보이던 오탈자가 나타난다며 출판업계에서 농담처럼 쓰는 말이다.

- 귀신이 곡[탄복]할 노릇 / 귀신도 모른다
 | 울음에는 몇 가지 종류가 있는데, 소리 없이 눈물만 흘리는 것을 읍(泣)이라
 하고 숨죽여가며 흐느껴 우는 것을 체(涕)라 하며, 큰 소리로 우는 것을 곡(哭)이
 라 한다. 보통 억울하고 원통하거나 매우 슬플 때 큰 소리로 우는데, 세상 모든
 일을 다 안다는 귀신조차도 전혀 어찌 된 영문인지 몰라 원통해 울 만큼 감쪽같
 고 영문 모를 노릇이라는 말이다.

귀에 걸면 귀걸이 코에 걸면 코걸이　①정당한 근거와 원인을 밝히지 않고 제게 이로운 대로 이유를 붙임을 이르는 말. ②보는 입장에 따라 이렇게도 설명할 수 있고 저렇게도 설명할 수 있는 경우를 이르는 말.

　　[成語] 이현령비현령(耳懸鈴鼻懸鈴) : 귀에 걸면 귀걸이 코에 걸면 코걸이.
　　　　녹피왈자(鹿皮曰字) / 녹비왈자(鹿비曰字) : 사슴 가죽에 쓴 왈(曰)자. • 사슴 가죽은 신축성이 좋다. 그래서 가죽신 만드는 데도 잘 쓰인다. 신축성 좋은 사슴 가죽에 가로 왈(曰)자를 써넣고 이것을 세로로 늘이면 날 일(日)자가 된다. 처음에 이렇게 말해놓고(曰) 나중에 가서 언제(日) 그랬냐고 한다는 뜻에서 만들어진 성어라 생각된다. 참고로 '녹비'는 '녹피'가 우리나라에서 변한 말이다. 그래서 '녹비'와 '녹비왈자'도 같이 쓰인다.

　　[현대] 황희 정승이세요? • 여종 둘이 다투다가 황희 정승을 보고 판단해달라 하소연하자, 한 여종의 말을 들어보더니 "네 말이 맞다" 하였다. 다른 여종이 울면서 그게 아니라고 하자 또 "네 말이 맞다" 하였다. 그걸 지켜본 조카가(부인이라고도 한다) 둘 다 맞다고 하면 어떡하냐며 판가름을 내줘야 하는 거 아니냐 하니 "그래, 네[당신] 말도 맞다" 하였다는 얘기가 있다. 물론 거의 대부분의 황희 정승 얘기는 박문수 얘기처럼 사람들이 지어낸 것이다. 아무튼 양비론(兩非論)이나 양시론(兩是論)을 애매하게 펼치는 사람에게 이 말을 쓴다.

■ **귀에 걸면 귀걸이 코에 걸면 코걸이**[2+]

|'걸다'라는 말에는 다른 사람이나 문제 따위가 관련이 있음을 주장한다는 뜻도 있다. 다시 말해 여기에 연관 지었다가 그걸 다시 저기에 관련 있다고 한다는 말이다.

■ **안방에 가면 시어미가 옳고 부엌에 가면 며느리가 옳다**[2+]

|한 가지 일을 놓고 시어머니는 며느리의 행동이나 태도가 못마땅하고, 며느리는 며느리대로 시어머니의 말씀이나 고집이 불만이다. 이때 중재에 나선 이는 안방에 가서는 시어머니 하소연을 들으며 이쪽 말이 맞다 하고, 또 부엌에 가서는 며느리의 울먹이는 말을 들으며 그쪽 말이 또 맞다고 한다. 그럼 두 사람이 같이 있는 자리에선 과연 누구 말이 맞다고 할 것인가.

귀한 자식 매 한 대 더 들고 미운 자식 떡 하나 더 준다　자식이 귀할수록 엇나가지 않도록 더 엄하게 키워야 한다는 말.

　　[현대] 지 새끼는 지한테나 예쁘지

■ **귀한 자식[아이] 매 한 대 더 들고 미운 자식[아이] 떡 하나 더 준다 / 귀한 자식 매로 키워라**

|소중한 아이일수록 행여 잘못된 버릇이나 행실이 들지 않도록 어릴 때부터 엄하

게 키우고, 그렇지 않고 미운 자식은 아무렇게 되든 말든 시끄럽고 귀찮으니 그냥 떡 하나 입에 물려서 조용히 시키고 만다는 말이다. 자식에게 매를 드는 것은 좋지 않지만 무조건 귀엽다고 감싸고 돌기만 해서도 안 된다. 특히 늦둥이로 낳은 자식이라고 또는 딸만 있는 집의 아들이라고 너무 곱게 키우면 다 커서 부모에게 함부로 함은 물론, 버릇없고 못된 짓도 일삼는 경우를 주변에서 아주 흔하게 본다. 집에서 너무 예뻐하면 밖에서 미움받는다.

■ 오냐자식 호로자식 된다

｜오냐오냐 받아주기만 하면 못된 인간으로 자란다는 말이다. 여기서 '호로자식'은 예의범절을 모르는 오랑캐의 자식, 호로(胡虜)라는 말이 있다.[77]

■ 자식이 귀할수록 객지로 내보내라

｜집 떠나면 고생이란 말이 있다. 나가서 고생을 해봐야 집 편하고 돈 귀한 줄 알고 부모형제 아쉬운 줄도 알게 된다.

■ 가꿀 나무는 밑동을 높이 자른다[2+]

｜'밑동'은 뿌리에 가까운 나무줄기다. 나무는 자라면서 곁가지도 나오는데, 아래쪽 곁가지를 자르지 않고 그대로 두면 양분이 낭비되고 나무가 위로 크게 자라지도 못한다. 따라서 땅으로부터 좀 높은 데까지 곁가지를 쳐줘야 더욱 튼실하고 크게 자란다는 말이다. 마찬가지로 더 나은 사람으로 자식을 키우자면 어려서부터 엇나가지 않게 곁가지를 쳐주어야 한다는 말이다.

■ 아이 기르려면 무당 반 어사 반이 되어야 한다[2+]

｜무당이 귀신 달래듯 아이를 어르고 달래다가도, 어사가 나쁜 관리를 찾아내 엄벌하듯 아이가 잘못한 일은 엄히 꾸짖으며 키워야 한다는 말이다.

그림의 떡 자기 능력이나 손길 밖이라 절대 가지거나 써먹지 못한다는 말.

[成語] 화중지병(畵中之餠) : 그림 속의 떡.

[현대] 투디(2D) 남친[여친] ・여기서 2D는 이차원(Two Dimensions) 매체인 모니터나 TV, 잡지 등을 뜻한다. 사귀지도 못할 화면 속 연예인이나 캐릭터를 혼자만 좋아하는 경우도 많다.

---

77 일부에서는 '호로자식'이란 욕이 병자호란 때 오랑캐에게 정절을 잃은 어미가 낳은 자식이란 뜻의 욕이라고도 하는데, 떼놈(중국인)이나 쪽바리(일본인), 양키(미국인)처럼 호로/호로자식은 그냥 '오랑캐놈(여기서는 여진인)'이라는 욕이라고도 한다. 엄한 아비 없이 홀어미한테 자란 '홀의자식' '홀로자식' 설이 더 타당하다고 생각한다. 속담에도 '과붓집 송아지 백정 부르러 간 줄 모르고 날뛴다'가 있는 것처럼, 과거에는 홀어미 밑에서 자란 자식 중에 망나니가 많았던 것 같다.

- 그림의 떡[선녀][2+]

  | 그려진 떡은 먹을 수 없고, 그림 속 선녀는 아무리 예뻐도 색시로 삼을 수 없다. 여기서 '그림'은 마음속에 그린다는 말이다. 아무리 내 것으로 삼고 싶어 마음에 그리고 품어본들 남의 떡(것)이고 제 수준에서는 사귀거나 색시로 삼을 꿈도 못 꿀 여자란 뜻이다.

- 꿈에 본 돈 (천 냥)

그물이 삼천 코라도 벼리가 으뜸　아무리 사람이 많이 모였더라도 반드시 이들을 하나로 모아줄 중심 되는 것이 있어야 한다는 말.

- 그물이 삼천 코라도[열 자라도] 벼리가 으뜸(이라)

  | '벼리'는 그물에 들어온 물고기가 빠져나가지 못하게 그물을 옭아 모으는 당김줄이다. 여러 그물코 사이를 꿴 벼리가 없으면 아무리 그물 안에 물고기를 그득하게 가두었어도 그물을 오므려 끌어올릴 수 없다. 어느 집단이건 사람들을 한곳으로 모으고 단결시킬 지도자나 이념, 사상, 종교 등이 있어야 한다는 말이다.

- 기러기(떼)에도 길잡이[코기러기]가 있다

  | 기러기는 월동하려 먼 곳으로 여럿이 함께 날아갈 때 '〉' 모양으로 대형을 유지한다. 이때 맨 앞 한가운데서 날아가는 기러기를 맨 앞코에 있다 하여 '코기러기'라고 한다.[78] '코기러기'라는 말에는 사람들 사이에서 반장이나 인솔자, 선도자 역할을 하는 사람이란 뜻도 있다.

그믐달 보자고 초저녁부터 나선다　너무 지나치게 서두름을 이르는 말.

- 그믐달 보자고 초저녁부터 나선다[2+]

  | 달은 음력을 기준으로, 초하루인 1일에는 전혀 보이지 않다가 그 뒷날부터 가늘게 오른편으로 차오르기 시작한다. 초저녁에 나서 초생(初生)달이라고 불리

---

78 기러기들이 〉 모양으로 날아가는 것은, 그래야 바로 옆부터 맨 끝까지 모든 기러기가 옆눈으로 선두가 가는 방향과 신호를 볼 수 있기 때문이다. 지금도 공군에서 편대비행을 할 때 그렇게 난다. 또한 선두의 새들이 치는 날갯짓으로 상승기류가 발생하는데, 이 윗바람을 타고 뒤쪽 새들은 적은 힘으로도 날 수 있다. 이렇게 날 때 뒤쪽 새들은 앞에서 나는 새들보다 33%의 힘을 아낄 수 있다고 한다. 그래서 수시로 소리로 의사소통을 하여 먼 거리를 앞뒤 바꿔가며 날아간다. 그러니 맨 앞이라고 늘 맨 앞이 아니다. 사람들이 생각한 것처럼 코기러기가 한 마리는 아닌 셈이다.

는 상현(上弦)달은, 한낮인 정오에 떠서 해 질 무렵 하늘이 어두워지면 비로소 남쪽 하늘에 보였다가 자정 즈음이면 서쪽으로 진다. 온전한 달이라고 '온달', 꽉 찬 달이라고 만월(滿月)이라 불리는 보름달은, 음력 15일 초저녁에 동쪽 하늘에서 떠서 자정 무렵에 남쪽 하늘에 걸렸다가 해 뜰 무렵이면 서쪽으로 진다. 음력의 마지막 날인 29일이나 30일에 가까운 날짜에 뜨는, 그믐달이라고 불리는 하현(下弦)달은 자정 무렵에 동쪽에서 떠서 날이 샐 무렵에 중천, 즉 남쪽 하늘에 걸렸다가 해가 뜨면서 보이지 않게 된다. 상현달과 보름달 사이, 보름달과 하현달 사이에 뜨는 반원 모양의 달은 반(半)달이라고 부른다. *달의 변화→ 달도 차면 기운다

그믐달을 보자면 자정이 다 되길 기다렸다가 나서야 하는데 그보다 한참 이른 초저녁부터 서둘러 나가 그믐달 뜨기를 지켜보고 있다는 말이다.

대략의 시간 / 달 모양	12 정오	18 초저녁	0 자정	6 새벽	12 정오
초승달	월출	남중	월몰		
보름달		월출	남중	월몰	
그믐달			월출	남중	월몰

[맥락] 시계가 없던 옛날에는 해나 달이 뜬 위치를 시각 삼아 약속을 잡았다. 동틀 무렵이라든가 해가 중천에 뜨면, 달이 동쪽 산마루 위 나무에 걸리면 등. 가로등도 없던 옛날에는 그믐달 정도만 떠도 길이 희미하게 보였다. 하지만 바로 앞이 아니면 얼굴을 알아보기 힘들다. 그래서 모두가 문 닫고 들어가는 깊은 밤에나 몰래 만나야 할 남녀라면 그믐달 뜰 무렵만큼 연애하기 좋은 때가 없다. 평지 기준으로 자정 무렵에 뜨는 그믐달이 산 위로 떠오르려면 자정도 훨씬 지나야 하지만, 애타는 사랑이면 마음이 동동거려 그때까지 못 참고 초저녁부터 일찌감치 약속 장소로 나가게 마련이다. 야밤에 어디 가냐고 식구들이 물으면, 달 보러 잠시 나갔다 온다고 핑계 댄다. 지금도 사랑에 빠진 연인들은 그렇다. 더 사랑하는 쪽이 더 일찍 나온다. 그것도 한참.

글 모르는 귀신 없다 사람이라면 마땅히 배움이 있어야 한다는 말.

■ 글 모르는 귀신 없다

| 귀신도 부적 등에 적힌 글을 읽을 줄 아는데 하물며 산 사람이 글을 몰라서야 되겠느냐는 말. 병균에 대한 지식이 없던 옛날에는 병은 귀신이 들어와서 생긴 것이라 여겼다. 그래서 귀신을 쫓아내려는 다양한 방법을 썼는데, 그 가운데 한 가지가 글자를 써서 막는 것이었다. 예를 들어, 부스럼이

나면 부스럼 자리에 개 구(狗) 자를 쓰고 그
주변을 빙 둘러서 범 호(虎) 자를 쓰는 식이
었다.[79]

글 속에 글이 있고 말 속에 말이 있다 남의 말이
나 글을 허투로 넘기지 말고 깊이 새겨보아야 비
로소 참뜻을 알 수 있다는 말.

[현대] 행간을 읽어라

■ 글 속에 글이 있고 말 속에 말이 있다

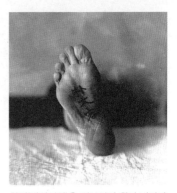

학질(말라리아)을 치료하려 환자 발바닥
에 환자 아버지의 이름 '朴大容'을 썼다.
전염병은 귀신의 소행이고, 귀신은 음기를
띠므로 여성이라고 봤다. 그래서 남자 앞에
서는 힘을 못 쓴다고 믿었다. 장티푸스가
유행하면 여인들이 디딜방아나 수레(바퀴
가 불알) 등 커다란 남자 성기 모양의 것을
마을 입구에 세워두기도 했다.

긁어 부스럼 가만히 두어도 될 것을 공연히 건드
려 일이 잘못된다는 말.

[成語] 교각살우(矯角殺牛) : 소뿔 바로잡다 소를 죽
인다. ▸소의 뿔이 조금 삐뚤어지게 났다고
해도 키우고 일 부리는 데 아무 지장이 없다.
그럼에도 공연히 바로잡으려 멀쩡한 소를 죽이고 만다는 것.

교왕과직(矯枉過直) : 너무 구부러진 것을 바로잡으려 너무 펴진다.

화사첨족(畫蛇添足) ・ 사족(蛇足) : 뱀을 그리고 다리를 덧붙인다. ▸주인이 하인
들에게 술을 큰 잔에 담아주니 한 하인이 말하되, "여럿이 먹기엔 술이 부족하니
땅에다 뱀을 그려서 먼저 그린 사람이 이 술을 마시도록 하자." 하여 모두 땅에
뱀을 그렸다. 그중 한 사람이 제일 먼저 그리고 술을 마시려 하면서 다른 손으로
는 자신이 그린 뱀에 다리를 덧붙여 그리면서 말했다. "발을 안 넣었군." 그러자
뱀을 다 그린 다른 사람이 술잔을 빼앗으면서 말했다. "다리 달린 뱀이 어디 있는
가. 그러니 그것은 뱀을 다 그린 것이 아니네." 뱀에 다리를 덧붙여 그린 사람은
꼼짝없이 술을 마시지 못하게 되었다. _『전국책(戰國策)』

[현대] 눈썹 더 다듬다 다 다듬는다 ▸눈썹칼로 눈썹 정리하다 좌우대칭이 안 맞는 거
같아 자꾸 이쪽저쪽 조금씩 맞춘다. 그러다 결국 반 이상 밀어버려 울면서 그려
메꾸곤 한다.

■ 긁어 부스럼[2+]

|근지럽지도 않은데 심심해서, 또는 심리적 안정을 위해 괜히 긁기도 한다. 한참
긁다가 보면 피부가 '성이 나' 벌겋게 붓거나 생채기가 생긴다. 그게 곪으면 부스
럼이 되고 종기가 된다. 지금 같은 항생제가 변변찮던 옛날엔[80] 종기가 나면

---

79 '비루 먹은 개'라는 말이 있듯 개는 부스럼에 잘 걸린다. 그래서 부스럼은 개로 놓고, 그 개를
잡아먹을 호랑이를 잔뜩 그려 부스럼 귀신을 퇴치한다는 상징이다.

매우 불편했고, 심해지면 크게 앓거나 더 극심해지면 목숨까지 잃었다. '긁다'에는 남을 헐뜯다, 감정·기분 따위를 상하게 하거나 자극하다 등의 뜻도 있다. 괜히 남의 속을 긁어 '성이 나게' 만든다는 말이다.

■ **공연히 숲을 헤쳐 뱀을 일군다**[2+]
| '일구다'는 일으키다, 일어나게 한다는 뜻이다.
[맥락] '옷섶'의 준말 '섶'은 '옷숲'처럼 '숲'이라고 잘못 말하기도 한다. '숲'을 '섶'으로 놓으면 '헤치다'는 '풀어헤치다'가 된다. 쓸데없이 품속이 보이게 해 남자가 정욕을 품게 만든다는 뜻이다. 남자가 정욕을 품으면 아랫도리 뱀만 빳빳이 일어서지 않고 머릿속에 어찌해보려는 사악한 꿍꿍이가 일어나기도 한다.

■ **우는 아이 뺨 때리기**[2+]
| 우는 소리 듣기 싫다고, 울음 그치라고 때리면 애는 더 크게 운다. 무조건 윽박지른다고 뜻대로 잠잠해지지는 않는다는 말이다.

■ **구멍은 깎을수록 커진다**[2+]
| '구멍'에는 허점이나 허물이라는 뜻도 있다. 남을 깎아내리는 사람은 제 허물만 더 커진다는 말이다. 원래는 '제 구멍은 깎을수록 커진다'였을 것이다.

■ **진상 가는 송아지 배 걷어차기**[2+]
| 진상(進上)은 높은 사람에게 좋은 물건을 바치는 것을 말하는데, 특히 지방에서 왕실에 필요한 물건을 올려 보내는 것을 뜻한다. 따라서 매우 소중하게 다뤄야 할 진상 갈 송아지를 괜히 발로 걷어차서 벌을 받게 된다는 말.
[맥락] 조정에서 지방마다 진상품 목록을 내린다. 그게 때로는 터무니없이 부담스러울 때가 있어 수탈 수준이 되기도 했다. 그렇게 빼앗기게 된 사람이 빼앗겨 이미 내 것이 아닌 송아지에게 분풀이했을 듯하다.

■ **공연한 제사에 어물 값만 졸린다**
| 중요하고 꼭 지내야 할 제사도 아닌데 굳이 무리해서 지내다 제수 음식으로 올린 포나 생선 등 어물(魚物) 값만 빚져 갚으라는 독촉에 힘들어진다는 말이다.

금방 먹을 떡에도 소를 박는다 급해도 마땅한 격식과 차례는 갖춰야 한다는 말.

■ **금방 먹을 떡에도 소를[살을] 박는다**
| 떡은 먹기 위한 것이지만 '보기 좋은 떡이 먹기도 좋다'라는 말처럼, 모양과 구색

---

80 항생제가 전혀 없진 않았다. 약초나 벌레, 동물의 독 같은 것을 항생제로 썼다. 하지만 지금보다는 효력이 떨어졌다.

을 갖추어야 훨씬 낫다. 다식을 찍어낼 때처럼 떡에 떡살로 수·복·강·녕(壽福康寧)이나 만 (卍)자, 또는 꽃 문양 등을 찍어 모양을 내는 것을 '떡에 살을 박는다'라고 하고, 떡 안에 단팥이나 콩 등을 넣는 것을 '소를 박는다'라고 한다. 떡 따로 소 따로 먹으나 넣어서 함께 먹으나

여러 문양의 떡살들. |통영시립박물관

차이는 없다. 지금 바로 먹을 거지만 번거롭더라도 소를 채워 넣고 같이 먹어야 제맛이다. 김밥 말기 귀찮다고 김밥 재료 따로따로 먹으면 김밥 제맛이 안 난다.

급하면 밑 씻고 똥 눈다   마음이 급하면 어이없는 행동도 한다는 말.

[현대] 119가 몇 번이냐

■ 급하면 밑 씻고 똥 눈다 / 침 뱉고 밑 씻겠다[2+]

｜얼른 누고 나갈 급한 마음에 아직 똥도 안 눴는데 눴다 착각하고 벌써 밑을 닦는다는 말. 지금이야 두루마리 화장지가 비치되어 있지만, 뒤지 들고 들어가던 시절이었으니 이제 무엇으로 닦을까.

옛날에는 똥 누러 가서 문 앞에서 침을 퉤퉤퉤 세 번 뱉고 볼일 보고 나오면서 또 퉤퉤퉤 세 번 침을 뱉는 미신이 있었다. 그래야 뒷간 귀신이 안 붙는다고 믿었다. 아마도 위생 때문에 입에 더러움이 고이는 걸 막는 행동이었을 듯하다. 두 속담 다 제 '볼일'이 급해 '볼일' 순서를 헷갈린다는 말이다.

■ 한 가랑이에 두 다리 넣는다

｜급하게 바지를 입다 보니 이미 한 다리를 넣은 가랑이에 또 다른 다리를 넣는다는 것. 옛날 바지는 바지통이 커서 두 다리가 들어가는 경우가 종종 있었다.

기둥이야 되든 말든 목침 먼저 자른다   나라나 집단, 남들이 어찌 되든 전혀 상관치 않고 제 욕심부터 차린다는 말.

[현대] 흰옷 입고 예식장 간다 · 보통은 신부의 하얀 웨딩드레스를 돋보여주려고 참석 여성들은 흰색 옷을 입지 않는 게 암묵적인 예의다.
피자 토핑 빼 먹고 치킨 껍데기 벗겨 먹는다

■ 기둥이야 되든 말든 목침 먼저 자른다[2+]

｜기둥감으로 들여놓은 목재에서 자기 베고 잘 목침으로 쓸 만큼을 먼저 뚝 잘라간다는 말이다. 아주 조금만 모자라도 기둥으로 못 쓰는데, 그러거나 말거나 내 알 바 아니라는 거다. 원통 기둥은 궁궐과 사찰에만 세울 수 있었고,[81] 사각

기둥은 사대부 집에서 세웠다(일반 백성들은 굳이 공들여 곧게 다듬지 않고 나무 모양대로 겉만 다듬어서 기둥을 삼았다). 목침은 직육면체다. 돈 받고 양반네 집을 짓느라 기둥감 목재들을 사다 들였는데, "이거 목침으로 쓰면 딱이군" 그만큼 잘라 오란다. "그거 자르면 기둥으로 못 씁니다. 그럼 기둥감 새로 하나 사야 합니다요" 해도 그건 너희가 알아서 맞추라며 들은 척도 않고 잘라낸다. 지금도 그런 식의 '갑질'이 많다. 최저 이문만 남기게 해서 겨우 낙찰 받았는데 낙찰 받게 해줬으니 뭐는 뚝 잘라 반값에 납품하란다.

[맥락] '기둥감'에는 집안이나 단체 또는 나라를 이끌어나갈 만한 사람이라는 뜻도 있다. 누가 봐도 나라에 크게 기여할 사람인데, 제 마음에 들지 않는다고, 제 일에 방해된다고 '목 침', 즉 목을 친다는 뜻이라고 생각한다.

기러기는 짝을 잃어도 까마귀와 사귀지 않는다   올바르고 신념이 강한 사람은 어려운 가운데 있어도 그릇된 사람과 함께하지 않는다는 말.

■ 기러기는 짝을 잃어도 까마귀와 사귀지 않는다

│기러기는 한 번 수컷과 암컷이 부부가 되면 둘 중 하나가 죽어도 평생 다른 짝을 만나지 않는다. 그래서 부부의 방에는 한 쌍의 기러기 조각이 놓인다. 평생 한 사람만을 사랑하겠다는 마음을 나타내는 상징이다. 기러기가 외로워도 다른 짝을 찾지 않듯, 올바른 사람은 아무리 힘든 상황에 놓여도 그릇된 행동을 하지 않으며, 이익을 좇아 좋지 않은 사람들과 어울리지 않는다는 말이다.

기린이 늙으면 노마만 못하다   아무리 능력 있는 사람도 나이를 먹으면 실력이 준다는 말.

■ 기린이 늙으면 노마만 못하다 / 늙으면 용마가 삯말만 못하다

│기린(麒麟)은 성인이나 영재가 나올 징조로 세상에 나타난다고 믿는 상상 속의 상서로운 동물이다. 한자는 같으나 우리가 아는 그 기린이 아니다. 상상 속의 기린은 다  섯 가지 색의 털을 하고 이마에 뿔이 하나 있으며, 사슴의 몸에 소의 꼬리, 말의 발굽과 갈기를 가지고 있다고 한다. 살아 있는 풀은 밟지도 먹지도 않아 인수(仁獸 : 어진 짐승)라고도 부른다. 이런 기린도 늙으면 노마(駑馬), 즉 느리고 굼뜬 말만 못하게 된다는 뜻이다.

용마(龍馬)는 중국이나 일본의 전설에 나오는 상상의 말로, 중국 전설에서는

---

81   호남 지역은 정부의 눈초리에서 먼 곳이라 그 지역 사대부 집에는 원통 기둥을 세운 곳이 꽤 있다.

용마는 키가 매우 크고 몸에는 비늘이 있고 등에는 날개가 돋았으며 머리에는 두 개의 뿔이 달려 있다고 한다. 『서유기(西遊記)』에서 삼장법사가 천축(天竺)까지 타고 간 것도 용마라고 한다. '삯말'은 돈을 받고 남의 짐을 날라줄 때 부리는 말이다. 평소에 무거운 짐만 나르기에 내달릴 일 없는 말이다. 간혹 '삯마(馬)'라고 잘못 쓰기도 한다.

기와 한 장 아끼려다 대들보 썩힌다　작은 이익을 얻으려다 더 큰 손해를 본다는 말.
　　[成語] 소탐대실(小貪大失) : 작은 것을 탐하다가 큰 것을 잃는다
　　　　살계취란(殺鷄取卵) : 닭을 죽여 달걀을 꺼낸다

■ 기와 한 장 아끼려다 대들보 썩힌다 / 대들보 썩는 줄 모르고 기왓장 아끼는 격
｜기왓장 값이 비싸다고 낡거나 깨진 기와를 방치하면 그 아래 서까래와 대들보가 썩어 결국 대들보를 교체하기 위해 지붕 전체를 다 들어내야 하는 사달이 벌어진다. 기왓장 걷어내, 그 밑에 깐 흙더미

한옥의 한 구조.

걷어내, 서까래 걷어내, 대들보 걷어내, …. 이쯤 되면 반은 집을 새로 짓는 사태다. 지금도 건축비용 조금 줄인답시고 시공업자가 방수처리를 제대로 하지 않아 여기저기 물이 새서 집 전체를 못 쓰게 만드는 경우가 꽤 있다.

■ 닷 돈 보고 보리밭 갔다가 명주 속옷 찢었다[2+]
｜명주(明紬)는 비단의 한 종류. 적은 품삯이라도 벌자고 보리밭에 일하러 들어갔다가 비싼 명주 속옷만 찢겼다는 말이다. 옛 여인들은 일할 때 거추장스럽지 않게 겉치마를 걷어 올려 끈으로 둘러 묶었다. 그럼 속바지가 밑으로 드러난다.
[맥락] 이 속담은 가난한 여성이 돈을 벌자고 외간남자와 성관계를 가지려 보리밭에 갔다가 손해만 본 경우라 봐야 한다. 명주 속옷은 중요한 행사 때나 입었기 때문이다. 욕정에 급한 남자의 거친 손길에 찢어졌겠다.

■ 좁쌀만큼 아끼다 담돌만큼 해 본다[2+] / 한 푼 아끼다 백 냥 잃는다
｜좁쌀만큼 작은 손해도 안 보려다 담장에 쌓는 큰 돌만큼 손해를 본다는 말.
[맥락] '아버지 가방에 들어가신다'처럼, 같은 말도 띄어 읽기를 달리하면 뜻이 달라진다. 이 속담은 이렇게도 읽을 수 있다. '좁쌀만큼 아끼다 담 돌[廻] 만큼 해[爲]본다.' 어느 해 흉년이 들어 굶는 이웃들이 찾아와 곡식 좀 나눠 먹자 했다. 그걸 나눠주면 자기네도 굶을지 모른다는 생각에 우리 먹을 것도 없다고

손사래를 치며 돌려보냈다. 다시 어느 해에 흉년이 들었는데, 이젠 자기네가 굶어 죽을 판이다. 이웃들 찾아가 식량을 얻어야 하는데, 과거 그 사람들을 매정하게 대한 자신이 떠오르니 쉽사리 안에 못 들어가고 이 집, 저 집, 머뭇거리며 담만 하염없이 돌 만큼 돌고만 있다는 말이다.

긴 병에 효자 없다 아무리 효자라도 부모가 오래 병치레하면 지치고 소홀해지기 마련이라는 말.

[현대] 치매에 불효 없다

■ 긴 병에 효자 없다 / 삼 년 간병에 불효 난다

길가의 돌도 연분이 있어야 찬다 아주 작은 결과에도 원인이 있게 마련이라는 말.

■ 길가의 돌도 연분이 있어야 찬다
  │ 길가에 있는 돌을 걷어차는 것 같은 사소한 일조차 걷어찬 사람이 화가 났든 심심했든, 무슨 이유가 있으니 그렇게 한다는 말이다.

길고 짧은 건 대봐야 안다 어림짐작보다는 직접 겨루거나 겪어봐야 제대로 알 수 있다는 말.

[반대] 척하면 삼 천 리

[현대] 선거는 뚜껑 열어봐야 안다 / 공은 둥글다

■ 길고 짧은 건 대봐야 안다 / 깊고 얕음은 건너
  봐야 안다

■ 내 말이 좋으니 네 말이 좋으니 해도 달려봐야
  안다[2+]
  │ 내 말대로 하는 게 좋다, 아니다 내 말대로 해
  야 좋다 옥신각신해봐야 소용없고, 실제로 해
  봐야 누구 말이 좋은 의견인지 안다는 말이다.

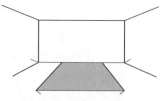

착시효과는 똑같은 길이를 다르다고 판단
하게 한다. 재보면 두 선의 길이는 똑같다.

■ 그 집 장 한 독을 다 먹어봐야 그 집을 안다
  │ 장을 한 독 담그면 1년 남짓 먹는다. 따라서 어느 집의 사정을 제대로 알고 말하
  려면 그 집에서 한솥밥 먹으며 사계절은 지켜봐야 한다는 말이다. 잘 모르면서
  뉘 집 가정사를 섣불리 손가락질하는 일이 있다. 내 집 일을 남이 모르듯, 남의
  집 가정사는 그 집안 식구 말고는 누구도 옳게 알지 못한다.

■ 그 집안 가풍을 알려거든 그 집 종에게 물어봐라

|아랫사람을 어떻게 대하는지 알면 그 집안사람들의 됨됨이가 보인다. 종의 입에서 좋은 소리가 안 나오면 그 집안은 안 들여다봐도 안다. 인격은 식당과 주유소에서 나타난다.

김매는 데 주인이 아흔아홉 몫을 맨다   부리는 사람보다 주인이 훨씬 더 많이 신경을 쓰게 마련이라는 말.

■ 김매는 데 주인이 아흔아홉 몫을 맨다

|김매기는 논밭의 잡초를 뽑고 캐내는 일로, 모내기만큼이나 한 번에 많은 인력과 품이 드는 일이다. 인부들 사서 김매기 시킨들 주인이 발 뻗고 편히 있을까. 남의 일이라고 대충 하지 않을까, 실수로 심어놓은 작물을 다치진 않을까, 수시로 나와 보고 잔소리도 하며 한시도 가만 못 있는다.

김장은 추울 때 해야 제맛   추워지기 시작할 때 김장을 해야 김치 맛이 잘 든다는 말.

■ 김장은 추울 때 해야 제맛

|초겨울이 춥지 않고 따뜻하면 김장 시기는 뒤로 미뤄진다. 무와 배추는 서리를 맞은 뒤여야 맛이 달기 때문이다.[82] 입동(立冬)은 겨울로 접어드는 시기로 양력 11월 7일 또는 8일이다. 그리고 입동은 서리가 내린다는 상강(霜降)의 보름 뒤이자 첫눈이 내린다는 소설(小雪)의 보름 앞이다. 찬바람 돌고 서리 내릴 이 무렵에 김장을 하면 무와 배추에 단맛이 잘 든다(무와 배추가 얼어 죽지 않으려 스스로 수분을 배출하고, 당도를 올린다. 순수한 물은 0℃에서 얼지만 설탕물은 그보다 더 낮은 온도여야 언다).

  김장하는 날이면 꼭 한마디 나오는 말이 있다. "김장은 추울 때 해야 제맛이지." 김장하는 날은 그 '제맛' 때문에 늘 춥다. 겨드랑이에 손 넣고 왜 꼭 추울 때 김장하냐며 투덜대던 딸과 며느리들도 스스로 김장을 주관하게 되면 역시 '김장은 추울 때 해야 제맛'이라며 김장 날짜를 추울 때로 잡는다.

깊던 물도 얕아지면 고기 아니 온다   높은 지위에 있거나 넉넉하게 살던 사람, 강건한 사람이나 어여쁜 사람도 가진 것이 사라지면 아무도 찾지 않는다는 말.

---

82 과학적으로 김장 최적기는 일 평균기온 4℃ 이하에 일 최저기온 0℃ 이하일 때라고 한다. 입동이 지나면 서둘러 김장을 하는 이유다. 김장은 지역에 따라 온도 차가 있어 최적 시기가 다르다. 그래서 기상청에서 지역별 김장 최적 시기를 발표하기도 한다.

■ 깊던 물도 얕아지면 고기 아니 온다[2+]

물이 얕으면 물고기도 수면에 가까워져 천적에게 노출되므로 더 깊은 다른 곳으로 가버린다.

[맥락] 여기서 '물'은 재물의 물(物)이다. 가진 재물이 줄어들어 바닥이 드러나니 아무도 고깃덩어리 선물이나 뇌물을 들고 찾지 않는다는 말이다.

■ 나무도 고목 되면 오던 새 아니 온다[2+] / 꽃이 지면 오던 벌 나비도 아니 온다[2+]

고목(枯木)은 수명이 다해 말라 죽은 나무. 새들은 잎이나 가지가 무성해야 다른 천적들로부터 몸을 숨길 수 있는데, 고목은 잎사귀는커녕 잔가지들조차도 바람결에 부러져 사라져버렸으니 어느 새도 와서 앉지 않는다.

[맥락] 큰 나무는 그늘도 넓다. '그늘'에는 의지할 만한 대상의 보호나 혜택이란 뜻도 있다. 늙어서 잎사귀 하나 없는 고목이 되니 그 그늘 속에 깃들고자 찾아오는 이가 아무도 없다는 말이다.

또한 꽃과 벌, 나비를 같이 썼을 때, 꽃은 여성과 그 미모를 뜻하고 벌과 나비는 이를 사랑하여 다가오는 남성을 뜻한다. 숱하게 찾던 남자들이 찾지 않게 되었다 하니 이 속담은 기녀들이 만들었을 듯하다.

까마귀가 아저씨 하겠다 씻지 않아 시커멓고 더럽다고 놀리는 말.

[현대] 아프리카 추장이냐

■ 까마귀가 아저씨[형님·할아버지] 하겠다 / 까마귀 사촌

까마귀가 자기랑 같은 까마귀인 줄 알겠다는 말이며, 자기보다 더 까매서 윗사람 대접도 하겠다는 말이다.

까마귀 검기로 마음도 검으랴 겉만 보고 섣불리 판단하면 안 된다는 말.

[반대] 하나를 보면 열을 안다

■ 까마귀 검기로 마음도 검으랴

까마귀는 불길한 새로 생각하지만 다른 한편으로는 효의 상징으로 본다. 까마귀는 어려서는 부모가 물어다 주는 먹이를 먹고 자라지만, 자신이 스스로 사냥할 수 있게 되고 부모가 늙어서 사냥을 못 하면 자신이 받은 부모의 사랑을 잊지 않고 먹이를 물어다 부모를 먹인다고 알려져 있다.[83] 이를 반포지효(反哺之

---

83 그러나 이는 사실이 아니다. 거의 자란 새끼의 깃이 듬성하게 부풀고 솜털도 얼룩덜룩 남아 있어 어미보다 몸집이 커 보이고 늙어 보인다. 그러니 새끼 먹이느라 비쩍 마른 부모가 다 자란

孝 : 부모에게 받아먹은 대로 다시 부모에게 되먹이는 효도)라고 한다.

■ **까마귀 검기로 살 검고 백로 희기로 살 희랴**

|까마귀 깃털은 새카맣지만 피부색은 생닭처럼 뽀얗게 희다. 백로 깃털은 새하얗지만 피부색은 아주 새카맣다. 그래서 이를 빗댄 시조도 있다.

> 까마귀 검다 하고 백로야 웃지 마라
> 겉이 검은들 속조차 검을쏘냐
> 아마도 겉 희고 속 검은 건 너뿐인가 하노라　　　　　_이직(李稷)

우리가 잘 아는 안데르센의 동화 〈미운 오리 새끼〉 역시 현재의 모습이나 겉만 보고 함부로 판단하지 말라는 뜻으로 만들어진 동화로, 백조의 새끼는 깃털이 오리 새끼처럼 귀여운 노란색도 아니고, 새하얀 흰색도 아니고 우중충한 회색이다. 털갈이하고 나야 비로소 몰라보게 눈부신 백조가 된다. 이런 사실을 모르고 그림동화 책이나 만화 영화에서 백조 새끼를 흰색으로 표현하는 일이 많았다.

새끼 백조의 깃털을 흰색으로 그린 디즈니의 실수. ⓒ무비콘 애니 [Youtube] (캡처)

■ **가마솥[가마] 검기로 밥도 검으랴**[2+]

|가마솥은 무쇠로 만들며 무쇠는 빛깔이 검다. 가마솥 아랫부분도 아궁이 그을음이 시커멓게 달라붙어 있어, 가마솥은 이래저래 온통 시커멓다. 하지만 그 시커먼 가마솥 안에서는 희고 맛난 밥이 익고 있다.

[맥락] 새신부 피부가 검은 것만 보고 속단하지 말라는 말인 듯하다. 얼굴은 곱지 않아도 살림 솜씨는 고울 수 있다는 말이다.

■ **검은 고기 맛 좋다**[2+]

|예로부터 검정소, 검둥개, 검정돼지 등 검은색 짐승이 맛이 좋다는 속설이 있다. 비록 겉은 검고 흉하나 맛만은 좋으니 겉만 보고 속단하지 말라는 뜻.

[맥락] 피부가 검은 사람이 보기엔 아름답지 않으나 건강하고 힘이 좋아 '살맛'에 선 더 낫다는, 성적인 속담으로 생각한다.

까마귀 날자 배 떨어진다　아무 관련 없이 한 일이 공교롭게 어떤 일이 벌어진 때와 같아 공연한 의심을 받게 된다는 말.

[成語] 오비이락(烏飛梨落) : 까마귀 날자 배 떨어진다.

새끼에게 먹이를 물어다 먹이는 것을 보고, 새끼가 다 자라서 늙어서 볼품없어진 부모에게 먹이를 물어다 먹이는 것으로 착각했던 것이다.

■ 까마귀 날자 배 떨어진다[2+]

| 배나무 가지에 까마귀에 가만히 앉아 있다가 다른 곳으로 날아가는데, 하필 그 때 멀쩡히 매달려 있던 배가 땅으로 뚝 떨어진다. 이러면 마치 까마귀가 배를 쪼아 먹느라 건드린 것으로 오해받는다.[84] 까마귀나 그 친척인 까치는 과즙이 많은 배를 유독 좋아하여 잘 익은 배를 쪼아 먹어 지금도 과수농가에 큰 피해를 주고 있다. 더군다나 한 번 쪼아 먹은 것은 다신 안 건드리고 다른 멀쩡한 것을 또 쪼는 바람에 더욱 미움을 받는다.

[맥락] 그런데 만약 그게 까치였다면 오해했을까? 평소 재수 없다, 안 좋게 여기던 까마귀였기에 의심받은 것이다. 오해를 낳기 쉬운 게 선입견이다.

까마귀도 내 땅 까마귀라면 반갑다 살던 곳을 떠나 있으면 고향과 조금이라도 관련된 모든 것이 다 반갑게 여겨진다는 말.

[현대] 외국 나가면 애국자 된다 • 여기에 살 때는 나라가 썩었다며 이민 간다 하고 "이래서 한국 사람은 안 돼" 하다가도 막상 외국에서 이방인으로 살아보면, 한국이 조금이라도 잘되면 괜히 자랑스럽고, 낯선 한국인 여행자를 만나면 반가워서 집으로 손목 이끌어 먹이고 재우기까지 한다.

■ 까마귀도 내 땅 까마귀라면 반갑다[2+]

| 아무리 재수 없는 사람이더라도 외로운 타향에서 고향 사람으로 만나면 그나마도 반갑다.

까마귀 열두 소리에 고운 소리 하나 없다 못된 사람이 하는 말은 모두 좋지 않은 말뿐임을 이르는 말.

■ 까마귀 열두 소리에 고운[신통한] 소리 하나 없다[2+] / 까마귀 열두 번 울어도

---

84 이 속담이 중국 수나라 때 천태종을 만든 지의선사(538~597)의 법문에서 유래했다는 설도 있는데, 참고만 하길 바란다.
　지자대사가 어느 날 삼매(三昧)에 들었는데, 그때 멧돼지 한 마리가 화살이 꽂힌 채 앞을 내달려 지나가고 이어 활을 든 사냥꾼이 헐레벌떡 쫓아와 지자대사에게 지나가는 멧돼지를 못 봤냐고 물었다. 그러자 대사가 사냥꾼에게 그 활을 어서 버리라 하였다. 그러면서 멧돼지와 사냥꾼의 3생에 걸친 악연을 말해주었다. 까마귀가 배를 쪼아 먹고 날아가자 그 배가 떨어져 밑에 있던 뱀이 맞아 죽었다. 뱀은 멧돼지로, 까마귀는 꿩으로 환생해 알을 품던 꿩은 멧돼지가 먹이 찾느라 땅을 뒤지는 통에 바위가 굴렀지만 알을 지키다 깔려 죽었다. 꿩은 다시 사냥꾼으로, 멧돼지는 또 멧돼지로 환생해 지금 당신이 그 멧돼지를 쫓고 있다고 했다. 그러니 여기서 그 악연을 끊으라 했다. 그러자 사냥꾼은 활을 꺾어서 내버리고 다시는 살생하지 않겠다고 다짐했다.

까욱 소리뿐이다[2+] / 까마귀 하루에 열두 마디를 울어도 송장 먹은 소리[2+] / 개 입은 벌리면 똥내만 난다[2+] / 개 입에서 개 말 나오고 소 입에서 소 말 나온다[2+]
| '까마귀'는 재수 없는 사람을 뜻한다. '열두 소리'는 판소리의 '열두 소리' 또는 '열두 마당'을 뜻하니, 재수 없는 사람이 아무리 듣기 좋은 소리를 늘어놓아도 흉한 말뿐이라는 뜻이다. 그리고 행실이 개차반인 사람 입에서는 '개똥 같은 소리' 말고는 나올 게 없다는 말이다.

깎은 밤 같다   말쑥하고 인물이 훤하며 똑똑한 사람을 이르는 말.
   [현대] 걸어다니는 백설기 / 얼굴은 아기 몸은 무기 목소리는 악기
■ 깎은 밤[서방님·선비] 같다

깨가 쏟아진다   부부나 연인 사이에 아기자기한 애정이 넘치는 모습을 이르는 말.
   [현대] 닭살 행각 / 한 쌍의 귀여운 바퀴벌레
■ 깨가 쏟아진다[2+]
   | 깨는 고소한 냄새가 난다. 알콩달콩 고소한 사랑을 부러움과 시샘을 담아 놀리는 말이다.
   [맥락] 잘 마른 깻단을 세워놓고 작대기로 '탁탁 때리면' 깨알이 '까르르르' 쏟아져 내린다. 서로 좋아 죽는 사이끼리는 무슨 말을 해도 재밌고 그저 좋다. 좋아 죽으면 저도 모르게 상대의 위팔을 '탁탁 때리며' '까르르르' 웃게 마련이다.

깨 팔러 갔다   죽었다는 말.
■ 깨[콩] 팔러 갔다[2+]
   | 옛사람들은 죽어서 염라대왕 앞에 가면 생전에 베푼 선행과 저지른 악행을 가지고 극락으로 갈지 지옥으로 떨어질지 판결받는다고 믿었다. 그래서 살아생전의 공덕을 팔아 극락 자리를 사거나, 꾀를 잘 부려 염라대왕을 구워삶아야 한다고 생각했다. 콩은 공(功)과 깨는 '꾀'와 발음이 비슷하다. 『한국의 장터』에는 이런 말이 나온다. "신랑은 자기가 못생겼다는 핑계로 서른여섯 살에 깨 팔러 가서 아직 돌아오지 않는다며 농담까지 한다."

꺽꺽 푸드덕 장끼 날아갈 때 아로롱 까투리 따라간다   둘이 항상 붙어서 함께함을 이르는 말.
   [현대] 껌딱지

■ 꺽꺽 푸드덕 장끼 날아갈 때 아로롱 까투리 따라간다

|수꿩을 '장끼'라 하고 암꿩은 '까투리'라 부른다. 수꿩이 큰소리로 꺽꺽! 먼저 날아가면 암꿩도 조용히 날아 따라간다. 꿩은 짝을 맺으면 늘 같이 다니며 먹이 활동도 함께한다. 참고로 수꿩은 자기 영역마다 암꿩을 한 마리씩 거느린다.[85]

꼬리가 길면 밟힌다　옳지 못한 일을 계속하다 보면 반드시 들키게 된다는 말.

■ 꼬리[고삐]가 길면 밟힌다[2+]

|'고삐'는 말이나 소의 주둥이에 맨 긴 끈으로, 타거나 이끌 때 이것을 잡아당겨 조종했다. 고삐는 적당히 길어야지 너무 길면 소나 말의 발길에 차이고 밟힌다. 그러니 뭐든 너무 길게 하면 문제가 생긴다는 말이다.

[맥락] '꼬리'에는 사람을 찾거나 쫓아갈 수 있을 만한 흔적이란 뜻도 있다. 뭐든 길게 하면 흔적도 여럿 남기게 된다. 또한 '고삐'는 위세 있는 양반도 상징한다. 위세 있는 양반일수록 허세를 부리느라 일부러 고삐를 길게 만들어 잡았다. 고삐는 말 타고 가며 다루기 위한 것이나, 따로 경마잡이가 있으니 직접 말을 몰 필요가 없는 까닭이다. 그렇게 허세란 허세를 다 부리다가 언젠가 남에게 짓밟힐 날이 온다는 말이다. *경마→ 말 타면 경마 잡히고 싶다

꼬리 먼저 친 개 밥 나중 먹는다　서둘러 덤벼들다 오히려 남보다 뒤떨어질 수 있다는 말.

[현대] 오는 버스 쫓아가다 가는 버스 쫓아온다 ▶ 정류장에서 버스를 기다리다 버스가 오는 걸 보고 먼저 타려고 뛰어가지만, 버스는 대개 정해진 자리에서 서기 때문에 제자리에서 기다리던 사람들이 먼저 탄다. 정작 먼저 타려 뛰어간 사람은 다시 헐레벌떡 와서 맨 나중에 탄다.

■ 꼬리 먼저 친 개 밥 나중 먹는다

|개를 여러 마리 키울 때 주인이 개밥그릇 들고 오면 꼭 한두 마리는 주인 발치로 먼저 뛰어와 꼬리 치며 어서 밥 달라고 방방 뛰며 졸라댄다. 하지만 밥그릇 놓는 자리는 언제나 따로 있어 주인은 이 개들을 물리치고 얌전히 기다리는 개들 앞에 밥그릇을 놓는다. 그럼 먼저 달라고 쫓아갔던 개들은 돌아왔을 때 이미 다른 개들이 밥그릇에 주둥이 디밀고 있어서 다 먹고 비켜줄 때까지 낑낑 맴돌 수밖에 없다. 모든 일에는 순서와 절차라는 게 있는데, 이를 무시하고 제 것부터 챙기려 드는 사람들은 언제고 손해 본다.

85　대부분의 조류는 일부일처인데 꿩은 일부다처다.

꽃밭에 불 지른다 ①풍류를 모르는 짓을 한다는 말. ②인정사정없는 처사를 한다는 말. ③한창 행복할 때 불행이 닥친 것을 이르는 말.

■ 꽃밭에 불 지른다[2+]

①꽃밭을 보고 왜 땅을 묵히느냐며 농사를 짓겠다고 불을 질러버린다는 뜻이다. 꽃밭의 한자 화전(花田)과 숲을 태워 그 거름으로 농사를 짓는 화전(火田)을 빗대서 화전민 같은 사람이 풍류를 알겠냐는 뜻으로 한 말은 아닐까도 생각한다. ②여자가 많이 모인 곳도 꽃밭이라고 한다. 남자 여자 가리지 않고 모두에게 잔악한 짓을 한다는 뜻이 아닐까 싶다. ③한창 행복하여 마음이 화사한 꽃밭일 때 불행이 닥쳐 행복이 잿더미가 된다는 뜻이다.

꾸어다 놓은 보릿자루 무리에 어울리지 못하고 묵묵히 있는 사람을 이르는 말.

■ 꾸어다 놓은 보릿자루[2+] / 빌려 온 빗자루[2+]

'꾸어다 놓은 보릿자루'에 대한 유래담으로 흔히 알려진 이야기는 다음과 같다.

폭정을 거듭하는 연산군(燕山君)을 몰아내기 위해 여러 대신이 밤에 박원종(朴元宗)의 집에 모여 촛불도 켜지 않고 반정을 모의하고 있었다. 다들 이런저런 의견을 내놓고 있는데 구석에 있는 한 사람만 아무 말 없이 우두커니 앉았다. 그래서 성희안(成希顔)이 모인 사람들의 수를 헤아려보니 모이기로 한 사람보다 한 사람이 더 많지 않은가. 놀라서 박원종에게 귓속말로 '염탐꾼이 들어와 있는 것 같다' 하니 박원종이 웃으며 "그건 사람이 아니라 내가 꾸어다 놓은 보릿자루요. 누가 거기다 갓과 도포를 얹어놓았구료" 하였다. 그 후로 자리에서 말없이 있는 사람을 꾸어다 놓은 보릿자루 같다고 했다.

그런데 한 나라의 대신이 먹을 게 없어서 쌀자루도 아닌 보릿자루를 꾸어다 방에 둔다는 것이 말이 안 된다. 박원종은 연산군 시절에 중추부지사(中樞府知事) 겸 경기도 관찰사(觀察使=도지사, 광역시장), 그리고 함경도 병마절도사(兵馬節度使=군단장급)와 도총부 도총관(都摠管=참모총장급)을 지냈으니 최고위 관리로서 국가로부터 엄청난 녹봉(祿俸 : 공무원 월급)을 받았으니까 말이다. **[맥락]** 보리는 한자로 맥(麥)이다. 그리고 기운이나 힘을 뜻하는 말도 맥(脈)이다. 그래서 한구석에 처져서 '맥없이' 앉아 있는 사람에게 그랬을 것이다. "이 사람아, 거기서 왜 그렇게 맥알 없이 앉아 있어. 꼭 부실하게 꾸어서 맥알 없는 보릿자루마냥 푹 주저앉아서는." 추수해서 꽉 채워 담아둔 자루와 달리 꾸어 온 곡식 자루란 대개 빵빵하지 못하다. 부실한 보릿자루는 맥알(보리알)이 없으니 세우면 바로 푹 처진다. 옷 입고 앉아 축 처져 있으면 푹 처진 자루 같다.

그리고 빗자루 정도는 싸리나무 둥둥 베어 쉽게 만들 수 있으니 굳이 빌려 올 까닭이 없다. 잠시 빌려 왔다면 얼른 쓰고 도로 갖다 주면 되지 왜 안 쓰고 놔둘까. 원래는 '빚 자루(꾸어 온 곡식 자루)'였는데 '꾸어다 놓은 빚 자루'라는 말을 이해하지 못한 나중 사람들이 같은 발음인 '빗자루'로 착각했다고 본다.

■ 볼모로 앉았다

|약속을 지키라는 담보로 상대편에 잡혀두는 사람이나 물건을 '볼모'라고 한다. 특히 사람에게 많이 쓰는데, 볼모로 남의 집이나 나라에 가 있으면 환경이 낯설고 또 내 집이 아니라서 함부로 행동할 수도 없으니 우두커니 앉아 있기만 한다.

■ 전당 잡힌 촛대[2+]

|전당(典當)을 잡히면 돈 갚을 때까지는 내 물건이 아니다. 또 빌려준 대신 보관하는 것이라 그 사람 물건도 아니다. 그러니 전당 잡힌 촛대는 불도 켜지 못한 채 한구석에 쓸쓸히 놓여 있어야 한다.

[맥락] 어쩌면 이런 대화에서 나온 말은 아닐까? "다들 눈에 불 켜고 달려드는데 자네만 거기서 전당 잡힌 촛대처럼 불을 안 켜는가. 자네도 불 켜고 달려들게."

놋쇠 촛대. |종묘

■ 빌려 온 고양이마냥[2+] / 언 수탉마냥[2+]

|고양이는 환경이 바뀌면 적응할 때까지 며칠 정도는 구석에서 꼼짝 않고 웅크리고 눈치만 살핀다.

추운 날 아침, 몸이 덜 풀린 수탉은 홰를 치지 못한다. '홰를 치다'의 다른 말이 '활개 치다'. 남들처럼 활개 치지 못하고 웅크리고만 있다는 소리다.

꿀 먹은 벙어리   속마음이나 자신의 의견을 제대로 말하지 못한다는 말.

■ 꿀 먹은 벙어리[2+]

|벙어리가 꿀을 먹고도 그 단맛을 표현하지 못하고 또 표정이나 몸짓만으로는 충분히 전달하지 못해 답답해한다는 뜻이다. 또 다른 의미로는 몰래 꿀을 훔쳐 먹다 걸렸는데 입을 벌리면 들통이 나니 입 꾹 다물고 상대가 물어봐도 고개만 끄덕대거나 가로저을 뿐 벙어리처럼 아무 말도 못 한다는 말이다.

[맥락] 여기서 꿀은 달콤한 뇌물이나 선물 등을 뜻한다. 일전에 누구에게 얻어먹은 게 있으니 남들이 모두 그 누구를 욕할 때 한마디도 못 거든다.

■ 침 먹은 지네

|지네와 뱀은 사람의 침을 먹으면 힘을 못 쓰고 이리저리 헤맨다고 한다. 사람의

침이 지네에겐 독이기 때문이다. 어떤 상황에 기가 죽어 하고 싶은 말을 못 하고 속앓이만 하는 경우를 이른다.

[맥락] 여기서 침은 누군가로부터 침 튀는 독설을 당했다는 뜻이라고도 여겨진다. 을러대고 윽박지르면 기세에 눌려 아무 말도 못 한다.

■ 벙어리 냉가슴²⁺

ㅣ'냉가슴'이란 겉으로 드러내지 못하고 혼자 속으로만 끙끙대며 걱정하는 것으로, '가슴앓이'와도 비슷한 말이다. 하고 싶은 말이 굴뚝같지만 절대 말 못 할 상황이나 이야기라 끙끙 냉가슴 앓으며 답답해한다는 말이다.⁸⁶

■ 검다 희다 말이 없다²⁺

ㅣ그르다 옳다, 싫다 좋다 아무 소리도 않는다는 말.

꿈보다 해몽   모든 것은 어떻게 받아들이느냐에 따라 다르게 비칠 수 있다는 말.

■ 꿈보다 해몽(이 좋다) / 꿈은 어떻게 꾸든지 해몽만 잘 하여라

ㅣ꿈보다 해몽과 관련하여 〈열녀춘향수절가(烈女春香守節歌)〉 가운데 춘향이 옥에 갇혀 꾼 꿈을 봉사 점쟁이가 해몽하는 대목을 보자.

> 춘향이 대답하되, "말씀대로 그런다면 오죽 좋겠사옵니까. 간밤 꿈 해몽이나 좀 하여주옵소서. … 단장하던 거울이 깨져 보이고, 창 앞에 앵두꽃이 떨어져 보이고, 문 위에 허수아비가 매달린 게 보이고, 태산이 무너지고 바닷물이 말라 보이니, 나 죽을 꿈 아니오?" 봉사 이윽히 생각하다가 한참 뒤에 말하기를, "그 꿈 매우 좋다. … 능히 열매가 열어야 꽃이 떨어지고, 거울이 깨질 때 뭐라도 소리가 없을쏜가. … 문 위에 허수아비가 걸렸으니 사람마다 우러러볼 것이요, … 바다가 마르면 용의 얼굴을 능히 볼 것이요, 산이 무너지면 평지가 될 것이라. 좋다! 쌍가마⁸⁷ 탈 꿈이로세. 걱정 마소. 멀지 않네."

꿩 구워 먹은 자리   아무런 흔적이 없거나 애쓴 결과가 없다는 말.

■ 꿩 구워 먹은 자리²⁺

ㅣ꿩고기가 맛이 좋아, 먹고 나서 자기들끼리만 먹었다는 게 표나지 않도록 먹은

---

86 모파상의 소설 〈벨아미〉의 주인공 벨아미는, 자신의 출세를 목적으로 자신이 다니는 신문사 사장의 부인을 유혹해 관계를 갖는다. 이를 통해 승승장구하자 사장 딸과 결혼한다. 사장 부인은 자기 애인이 자기 딸과 결혼하는데도 아무 말도 못 하니 냉가슴 앓으며 결혼식을 지켜봐야만 했다.

87 여기서 '쌍가마'는 흔히 가르마가 두 갈래면 두 번 결혼한다는 미신에서의 '쌍가르마'가 아니라, 앞뒤 말 두 마리로 끄는, 종2품 이상의 고관들만 탈 수 있는 가마를 뜻한다.

자리를 싹 치우고 아무에게도 말하지 않았다는 데서 나왔다고 알려져 있다. [맥락] 그러나 사실은 말장난이다. '꿩 구워 먹은'을 빨리 말하면 '껑꺼먼'이 되고 이는 '껌껌헌(껌껌한)'과 같은 발음이다. '껌껌하다'에는 어떤 사정에 몹시 어둡다는 뜻도 있다. '꿩 구워 먹은→ 꿩 구워 먹은 소식

- 밤 벗긴 자리는 있어도 소 잡은 자리는 없다

  |밤송이를 까서 알밤을 얻고 나면 껍질은 그냥 그 자리에 바로 버리니 여기서 밤을 깠다는 것을 누구나 알 수 있다. 하지만 소는 뿔부터 뼈, 가죽, 꼬리까지 버릴 것이 없으니 소를 잡고 나면 아무것도 안 남는다.

- 강물에 배[소] 지나간 자리 / 개천에 개 지나간 것 같다 / 개 바위 지나간 격

- 물 위에 수결

  |수결(手決)은 옛날에 도장 대신 하던 지금의 서명(사인, Sign)에 해당한다. 조선의 왕과 관료들은 수결을 할 때 일심(一心)이란 한자를 변형하여 사용한 것으로 알려져 있다.[88] 이 '일심'에는 아무런 사심 없이 한결같은 마음으로 공정하게 일을 처리하겠다는 굳은 의지가 담겨 있다. 이런 수결을 흘러가는 물에 하면 그 약속이 나중에 온전히 증명되고 지켜질 수 없다. 구두계약과 다름없다.

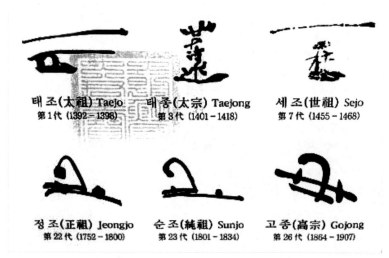

태 조(太祖) Taejo
第1代 (1392－1398)

태 종(太宗) Taejong
第3代 (1401－1418)

세 조(世祖) Sejo
第7代 (1455－1468)

정 조(正祖) Jeongjo
第22代 (1752－1800)

순 조(純祖) Sunjo
第23代 (1801－1834)

고 종(高宗) Gojong
第26代 (1864－1907)

조선 왕의 수결. 모두 一心을 사용하고 있다. 태조는 一心으로 눈매를 형상화했고, 태종은 자신의 이름 방원(芳遠)의 遠자 위에 마음 心을 달았다. |국가기록원 홈페이지

---

88 수결은 일심(一心)이란 한자를 자기에 맞게 고쳐 사용하되 반드시 一心으로 보이게끔 해야지 못 알아보게 만들면 안 된다는 불문율이 있었다.

꿩 놓친 매 분해서 헐떡거리는 모양을 이르는 말.

■ **꿩 놓친 매**

ㅣ날아가는 꿩을 보고 매를 날려 보냈는데 매가 꿩을 잡지 못하고 빈손으로 돌아
와 제 분을 못 이겨 헐떡대는 모양을 빗대서 만들어진 속담이다.

꿩 대신 닭 적당한 것이 없어서 비슷한 다른 것으로 대신한다는 말.

■ **꿩 대신 닭 / 꿩 쓰는 데 닭 못 쓸까**

ㅣ꿩고기는 매우 맛이 좋아 설날 떡국이나 만두소에 넣는 고기며, 냉면이나 온면
에 들어가는 고기나 육수 모두 꿩고기를 썼다 한다. 그래서 조선시대에는 꿩고
기만 전문적으로 파는 가게가 있을 정도로 인기가 높았다. 하지만 꿩을 잡는
데는 한계가 있고 따로 사육하기도 힘들어 값이 비싸 나중에는 꿩고기 대신 닭
고기로 대신했다. 또한 매사냥을 할 때 매가 꿩을 잡으면 꿩 대신 닭고기를 조금
줘서 달랬기 때문에 이 속담이 나왔다는 이야기도 있다.

■ **이가 없으면 잇몸으로**

꿩 떨어진 매 ①아무 데도 붙일 곳이 없거나 또는 쓸모가 없어졌다는 말. ②쓸모가
다하면 버려진다는 말.

　[成語] **토사구팽**(兔死狗烹) : 토끼가 다 죽으면 사냥개를 삶아 먹는다. ▸한(漢)나라가
　천하를 통일하자 그 공을 인정해 한신(韓信)을 초(楚)나라 왕으로 삼았다. 그런데
　한신이 예전에 적국의 왕 항우(項羽)의 신하로 있을 때 사귄 종리매(鍾離昧)가
　그의 집에 숨어 살았는데, 한나라 왕 유방(劉邦)이 이 사실을 알고 한신에게 종리
　매를 잡아 바치라 하였다. 그러나 한신은 차마 친구를 어찌할 수가 없었고 유방
　이 한신을 체포하려 한다는 것을 알고 종리매는 자결하였다. 이에 한신이 죽은
　종리매의 목을 바쳤지만 그 역시 체포를 당했다. 그러자 한신이 말하기를, "과연
　사람들의 말이 맞구나. 토끼가 죽으니 내달리던 개가 삶아지고, 새가 모두 없어
　지니 좋은 활이 버려진다. 적국이 격파되니 지혜로운 신하가 죽고, 천하가 평정
　되었으니 내가 삶아지는 것이 당연하구나" _『사기(史記)』
　득어망전(得魚忘筌) : 물고기를 잡고 나면 통발을 잊는다. ▸통발(筌)은 물고기를
　잡기 위한 것이나 물고기를 잡고 나면 통발은 잊어버린다. 올가미(蹄)는 토끼를
　잡기 위한 것이나 토끼를 잡고 나면 올가미는 잊어버린다. _『장자(壯子)』

　[현대] 씹다 버린 (풍선)껌

■ **꿩 떨어진 매[2+]**

ㅣ꿩의 씨가 말라서 사냥할 것이 없으니 꿩 잡는 매 역시 쓸모가 없어진다.
　[맥락] '꿩 장수 매 후리듯'이란 속담이 남을 이용해 제 이익을 취한다는 뜻이다.

그러므로 누군가에게 실컷 이용당하고 이용가치가 없자 버려진다는 말.

꿩 먹고 알 먹고 한 가지 일로 두 가지 이상의 이익을 본다는 말.

> **[成語]** 일거양득(一擧兩得) : 한 번 움직여 두 가지를 얻는다. ▸진(秦)나라 혜문왕(惠文王) 때 신하 사마조(史馬錯)가 중원으로 진출하기 위해 한(韓)나라를 치자는 재상 장의(張儀)의 말에 반대하며, "부국을 원하는 군주는 국토를 먼저 넓혀야 하고, 강병(强兵)을 원하는 군주는 백성을 먼저 잘살게 하며, 영예를 얻고자 하는 군주는 덕을 먼저 쌓아야 한다 들었습니다. 이 셋이 갖춰지면 패업은 자연히 이루어지오나 지금의 우리나라는 땅이 작고 백성들은 가난합니다. 그러므로 우리 막강한 병력으로 촉(蜀) 땅 오랑캐들을 먼저 정벌한다면 국토는 넓어지고 자연 백성들의 살림도 펼 것입니다. 이야말로 일거양득(一擧兩得)이 아니겠습니까? 만일 천하를 얻고자 천자의 종가라 할 주(周)나라와 동맹인 한나라를 치면 우리나라가 천자를 위협한다는 악명만 얻을 뿐일 것입니다." 이에 혜문왕은 사마조의 말에 따라 촉 땅 오랑캐를 먼저 정벌하여 국토를 넓혔다. _『전국책(戰國策)』
> 일석이조(一石二鳥) : 돌 한 번 던져서 두 마리 새를 잡는다. ▸이 말은 영어속담 'To kill two birds with one stone'을 일본 메이지시대에 '돌 하나 새 둘'로 직역한 것이 우리나라로 들어온 것이다. 그 전에는 '일거양득'만 사용했다. 이제 중국에서도 일거양득의 뜻으로 이 일석이조를 같이 쓴다고 한다.
> 금상첨화(錦上添花) : 비단 위에 꽃을 더한다.

■ **꿩 먹고 알 먹고 (둥지 헐어 불 때고)**

|보통 조류에서는 수컷이 암컷보다 화려한 깃을 가지고 있다. 그 이유에 대해서 학자마다 여러 의견이 있는데, 둥지에서 알과 새끼를 지켜야 하기에 꼼짝할 수 없는 암컷의 경우 천적으로부터 들키지 않으려 보호색을 띠고, 반대로 천적을 둥지로부터 멀리 유인하려 수컷은 화려한 색을 가지게 되었다는 설이 유력하다. 수꿩인 장끼는 매우 화려한 깃을 가지고 있지만 암꿩인 까투리는 수수하고 눈에 잘 띄지 않는 깃을 가지고 있다. 그래서 까투리가 알을 품고 있는 둥지를 발견하기란 그리 쉽지 않다. 하지만 행여 사람이 이를 발견하게 된다면, 알에 대한 집착이 다른 조류보다 남다른[89] 까투리는 알 때문에 도망치지 않아 잡히고, 그 결과 까투리와 꿩의 알 모두를 사람이 얻게 된다. 그리고 그 자리에서 잡은 꿩과 알을 익혀 먹을 때는 그 둥지를 헐어 불을 땠다. 사람에게는 일거양득이지만 꿩의 입장으로 보면 이런 비극도 없다.

■ **도랑 치고 가재 잡는다**[2+]

---

89 까투리는 알에 대한 집착이 매우 강해서 심지어는 불이 난 상황에도 알을 지키느라 타 죽는 경우가 있다고 한다. 요즘도 추수하다 까투리가 알을 꼼짝 않고 지키는 둥지를 발견하곤 하는데, 그러면 그 부근만 놔두고 수확하기도 한다.

｜이 속담은 두 가지로 쓰인다. ①가재를 먼저 잡고 비로소 도랑을 쳐야 한다는 뜻으로, 도랑 먼저 치웠으니 일의 순서가 잘못되었다는 뜻. ②도랑을 정비하다 덤으로 가재까지 잡게 된다는 말로, 한 가지 일로 두 가지 이상의 이득을 얻었다는 뜻.

[맥락] 이 속담에는 말장난이 들었다. '도랑 치고'와 '돌 안 치고'의 발음이 같다. 물속 돌 밑 깊이 숨은 가재를 돌 안 치우고는 못 잡는다. 그러니 돌 안 치우고 가재부터 잡겠다는 건 한참 잘못된 순서다. 게다가 가재는 1급수에 살지 더러운 도랑에는 살지 않는다. 그러니 ①번의 뜻, '순서가 잘못됐다'가 본뜻이다. 하지만 세월이 흘러 말장난을 눈치채지 못하게 되면서 도랑도 치우고 가재도 잡는다로 오해해 ②번의 뜻이 덧붙었을 것이다. 그리고 지금은 오히려 오해로 만들어진 ②번 뜻이 주된 의미로 쓰이고 있다. 그래서 '꿩 먹고 알 먹고' 아래에 넣었다.

■ 마당 쓸고 돈 줍고

■ 누이 좋고 매부 좋고[2+]

｜매부는 누이(누나 또는 여동생)의 남편이다. 누이에게 좋은 일이 생기면 누이만 좋은 게 아니라 같이 사는 매부에게도 좋은 일이 된다.

[맥락] 이 속담은 '우리도 좋고 너희도 좋은 일'이라는 뜻으로 쓴다. 그리고 '너희'는 간혹 '느이'라고도 말한다. 이 '느이'는 '누이'와 발음이 비슷하다. 그래서 원래는 '우리 좋고 느이 좋고, 느이 좋고 매부 좋고'라고 쓰지 않았을까 조심스레 추측해본다. 사전에는 없지만 이때 '매부'는 파는 사람이라는 '賣夫'도 은연중 뜻하지 않았을까 모르겠다. 파는 사람도, 사는 사람도 이익이란 뜻에서.

■ 굿도 보고 떡도 먹고

｜옛날에 굿을 하면 굿에 쓴 떡을 구경꾼들에게 나누어주던 풍습이 있었다. 굿도 재밌게 구경하고 떡도 얻어먹으니 일거양득이란 말이다.

■ 임도 보고 뽕도 따고

｜뽕나무의 잎은 누에의 먹이. 누에는 자라서 고치가 되고 여기서 비단실을 뽑을 수 있다. 예로부터 비단은 귀한 옷을 만드는 데 꼭 필요한 것이라, 신라시대에는 국가에서 지방마다 뽕나무를 몇 그루를 심으라 명령을 내릴 정도로 중요시했다. 그리고 뽕잎을 따는 것은 순전히 노동력을 필요로 하는 일이라 남녀 구분 없이 모두

뽕잎과 오디 ｜국립중앙박물관 전통염료식물원

가 나서야 했다. 여린 뽕잎을 따는 4~6월, 봄의 기운이 한창 무르익었을 때

남녀가 뽕잎을 같이 따니 정분이 안 나려야 안 날 수 없다. 더군다나 키가 작고 잎이 무성한 뽕나무 뒤에 숨어 사랑을 속삭일 수 있었으니 말이다. 예로부터 남녀가 즐겁게 연애하는 것을 상중지희(桑中之喜 : 뽕나무숲 속의 기쁨), 남녀가 몰래 만나자는 사랑의 약속을 상중지약(桑中之約)이나 상간지약(桑間之約)이라 한 것을 보아도 뽕나무 잎사귀 속에서 얼마나 많은 사랑이 오갔는지 짐작할 수 있다. 중국 고대의 시가집인 『시경(詩經)』에도 〈상중(桑中)〉이란 제목의 시가 나올 정도로 뽕나무밭에서의 사랑을 읊은 노래가 많다.[90] 그 옛날 청춘남녀들은 아마도 "우리 뽕 따러 와서 또 만나요" 하며 다음 만남을 설렘 가득하게 속삭였을지 모른다.

■ 원님도 보고 환자도 타고

| 환자(還子)는 봄철에 식량이 떨어져 먹고살기 어려운 지역 백성들을 위해 관청에서 곡식을 싼 이자로 빌려주었다가 가을에 추수하면 갚도록 하는 제도. 환자 덕에 평소라면 쉽게 들어가볼 수 없던 관아 구경도 하고 높으신 분도 뵙고 먹고 살 곡식까지 타 가니 여러 가지로 좋은 일이다.

■ 배 먹고 이도 닦고

| 옛날에는 칫솔과 치약이 없어 소금을 손가락에 묻혀서 이를 닦거나 물기 많은 나뭇가지로 이를 닦았다. 양치질이란 말도 원래는 '양지(楊枝)질'이라 하여 버드나무 가지의 겉껍질을 벗겨 부드러운 속껍질 부분으로 이를 닦았기에 생긴 말이다. 배는 물기가 많고 '석[돌]세포'라는 미세하고 단단한 알갱이들이 포함되어 있어 치약 같은 연마 효과로 치아도 닦아준다. 그래서 '배 먹고는 양치질하지 않는다'라는 말도 있었다. 하지만 당분이 있으니 양치질은 해주는 편이 좋겠다.

꿩의 병아리 같다   매우 약고 빠름을 이르는 말.

■ 꿩의 병아리 같다

| 꿩의 새끼를 '꺼병이'라고 하는데, 꿩과 병아리가 합쳐진 말은 아닐까 싶다. 실제로 꿩의 새끼는 병아리와 매우 비슷하게 생겼다. 다른 점이라면 덤불 따위에 숨었을 때 모습이 드러나지 않도록 다람쥐나 새끼 멧돼지처럼 등줄기를 따라 줄무늬가 나 있다는 것. 그리고 암꿩은 천적을 상대할 힘이 없어 여차하면 다른

---

90 속설에는 임진왜란 때 명나라 수장 이여송의 참모 두사충(杜師忠)이 전쟁이 끝나고 두 아들과 조선에 귀화해 대구에서 누에를 치며 살았는데, 뽕잎을 따다 옆집 과부를 보고 반해서 두 아들이 다리를 놓아 혼인하게 된 게 이 속담의 유래라고 하는데, 그리 믿음이 가지 않는다. 상중지희가 결실을 본 한 사례일 뿐이라고 생각한다.

데로 천적을 유인하려고 새끼들을 두고 가니 새끼들도 알아서 제 몸을 숨길 수밖에 없다. 꺼병이가 그러하듯 사람이 약고 빠르다, 즉 약삭빠르다는 말이다. 다음은 특정 동물의 새끼를 달리 부르는 이름들이다.

- 호랑이 : 개호주
- 곰 : 능소니
- 꿩 : 꺼병이
- 매 : 초고리
- 가오리 : 간자미
- 명태 : 노가리
- 갈치 : 풀치
- 잉어 : 발강이
- 숭어 : 모쟁이
- 고등어 : 고도리
- 가사리 : 돌고기

꿩 잃고 매 잃는다   하려던 일은 못 이루고 오히려 자기 것만 손해 본다는 말.

■ 꿩 잃고 매 잃는다

길들인 매로 꿩이나 토끼 등을 사냥하다 보면 매를 잃어버리는 경우도 종종 있다. 매를 길들이기 위해 항상 먹을 것을 조금만 주는데, 그래야 배가 고파 달아나지 않고 돌아오기 때문이다. 그런데 가끔 사냥감을 낚아채 떨어진 곳이 매우 멀면 주인이 매에 매단 방울 소리를 더듬어 간신히 찾아갔을 땐 매가 이미 꿩을 배불리 뜯어 먹고 그대로 달아나버린다. 이러면 꿩은 매가 다 뜯어 먹어서 상품 가치가 전혀 없고 매도 배불러서 달아나버리니 이처럼 허망할 때도 없다.

- 날진/날지니 : 길들여지지 않은 야생의 매. 몽골어에서 유래.
- 산진(山陳)/산지니/산진매 : 야생에서 1년 이상 자란 것을 잡아다 훈련시킨 매.
- 육조(育鳥) : 둥지에 있는 새끼 매를 잡아와 기르면서 훈련시킨 매.
- 초진(初陳)/초지니 : 1년 동안 사육하면서 훈련시킨 매(2년생).
- 수진(手陳)/수지니 : 3년 이상 훈련시킨 매. 몽골어에서 유래.
- 보라매 : 태어난 지 1년이 지나지 않은 매를 잡아 길들인 매. 몽골어 보로(boro)[91]에서 유래. 보라색이 청색으로도 보여 청매(靑매)라고도 부른다. 우리나라, 즉 해동(海東)에서 나는 청매라고 해서 '해동청(海東靑)'이라 부른다고도 한다.
- 송골매 : 매의 한 종류. 몽골어 송홀(songhol) 또는 송귤(songquor)에서 유래. 몽골어로 '유랑인' '방랑자'라는 뜻.
- 백송골(白松鶻) : 흰 송골매. 몽고의 국조(國鳥). 흰 송골매가 독사가 죽어 독이 퍼진 샘물을 못 마시게 방해하여 칭기즈칸의 목숨을 구한 데서 유래.
- 초고리 : 어리거나 작은 매.

---

91 둥지를 떠난 지 오래되지 않은 매는 털갈이를 완전히 하지 않아서 앞가슴의 털이 보라색으로

매는 나이나 용도에 따라 여러 다른 이름으로 불렸는데, 매사냥을 위해 필요에 따라 붙인 것이다. 그리고 이 이름들 대부분은 매사냥이 매우 발달했던 몽골에서 만들어진 말이 전해져 바뀐 것이다.

꿩 잡는 게 매   어떤 일을 해결하는 데 적격인 것이나 사람을 일컫는 말.

■ 꿩 잡는 게 매[2+]

  예로부터 꿩을 잡을 때는 길들인 매를 가지고 사냥을 하였다. 꿩은 몸집이 크고 무거워 빠른 속도로 날지 못해 매에게 쉽게 잡히고 꿩고기 또한 맛이 좋아서 사람들에게 인기가 높았다. 매사냥은 추수가 끝나고 다시 모를 심기 전까지인 농한기에 주로 했는데, 꿩이 날아오르면 길들인 매를 휘둘러 날려 보낸다. 그럼 매가 꿩을 낚아채 땅에 내려앉으면서 매방울이 떨그렁 난다. 그 소리를 듣고 찾아가 매가 사냥감을 뜯어 먹기 전에 얼른 낚아채는 게 매사냥이다.

매가 꿩을 낚아채 바닥으로 내려앉자 다 뜯어버리지 않도록 얼른 달려가 떼어놓으려는 중. 높은 양반은 팔을 후려 매만 날리고 나머지는 하인들의 몫. |김홍도, 〈호귀응렵도(豪貴鷹獵圖)〉 (일부)

[맥락] '꿩'을 흔히 '껀수'나 '껀'이라고 부르는 건(件 : 어떤 일이나 문제를 일으킬 만한 특정한 일이나 사건)으로 보고, '잡다'는 '물가를 잡다' '산불을 잡다'처럼 기세를 누그러뜨린다는 뜻으로 볼 수 있다. 꿩 잡는 데 적격인 매처럼, 벌어진 일을 옳게 잡을 해결사라는 뜻인 듯하다.

비쳐 보인다. 그래서 보라색의 '보라'는 이 몽골어 '보로'에서 유래하는 단어다.

꿩 장수 매 후리듯 남을 이용하거나 속여 자기 이익을 챙긴다는 말.

■ **꿩 장수 매 후리듯**[2+]

|꿩을 잡아다 파는 사람을 꿩 장수라고 하는데, 꿩을 잡을 때 매를 사용하여 대신 잡은 데서 유래한다. 매는 자기가 배불리 먹지도 못할 것을 잡느라 고생만 한다. 매를 날려 보내는 동작을 '후리다'라고 한다.

[맥락] '후리다'에는 남의 것을 갑자기 빼앗거나 슬쩍 가지거나 그럴듯한 말로 속여 넘기다라는 뜻도 있다. 매를 후여! 날릴 때 옆으로 뻗었던 팔을 제 앞으로 후려 모으듯이, 매 후리듯 매(매번) 남을 부리고 후려쳐 제 것으로 만든다는 말이다. 그리고 속담에서 '-장수'는 '-쟁이' '-꾼'이라는 뜻으로 잘 쓰인다. 그리고 거짓말을 속되게 이르는 말이 '뻥'이며, '뻥'과 '꿩'은 발음이 비슷하다. 그러므로 여기서 '꿩 장수'는 거짓말쟁이를 넘어 아예 '사기꾼'이라고 보면 맞을 것이다.

끈 떨어진 뒤웅박 중요한 것이 없어져 쓸모없어지거나 의지할 데 없어진다는 말.

■ **끈 떨어진 뒤웅박 (신세)**[2+]

|'뒤웅박'은 박을 쪼개지 않고 온전한 상태에서 꼭지 부분만 조그맣게 뚫어 그 구멍으로 속을 다 파내 만든 박 용기다. 공처럼 둥근 박으로 만들기도 하고 호리병처럼 위가 좁고 밑이 넓은 오뚝이 모양의 박으로 만들기도 한다. 그리고 외부의 충격을 받아 터지거나 깨지지 않도록 대오리(竹絲 : 실처럼 가늘게 쪼갠 대나무)로 그물을 엮어 감싼 뒤 위쪽에 매달 수 있게 끈으로 고리를 달았다. 뒤웅박에는 씨앗이나 달걀, 밥 등을 담아 처마 밑이나 방문 옆에 매달아두었는데, 뒤웅박은 습기를 흡수하는 성질이 있어 여기에 음식을 담으면 잘 쉬지 않았기 때문이다. 그런데 만약 뒤웅박이 매인 끈이 떨어져버리면 뒤웅박은 추락해 깨지거나 저 혼자 서지 못해 쓰러진다. *뒤웅박→ 뒤웅박 팔자

[맥락] 뒤웅박은 '뒤웅박 팔자'라는 말이 뜻하듯 혼인한 여자를 뜻한다. 남편이라는 끈이 사라지면 경제력과 보호막이 없어 홀로 서지 못하고 쓰러지거나, 의지할 데 없는 여자라고 남자들이 집적거려 고통을 받는다.

■ **끈 떨어진 망석중 / 끈 떨어진 연**[2+] / **끈 떨어진 갓**[2+]

|'망석중'은 다른 말로 '망석중이'라고도 하는데, 서양의 마리오네트처럼 관절 인형에 줄을 매달아 인형을 움직이는 것을 말한다. 이 인형극의 꼭두각시를 '만석중' 또는 '만석중이놀이'라고 부르게 된 데에는, 사실인지는 확인되지 않지만 두 가지 이야기가 전한다. 송도(松都 : 지금의 개성)의 유명한 기생인 황진이가 이름 높은 지족선사(知足禪師)를 유혹하여 넘어오게 만들었기에 그 승려를 조롱

하기 위한 것, 또는 불공을 드릴 때마다 신도들로부터 쌀을 시주받은 게 무려 만 석이나 되었다고 하여 지족선사의 욕심을 비꼬기 위한 것이라고도 한다.

[맥락] '망석중이'에는 남이 부추기는 대로 따라 움직이는 사람이란 뜻도 있다. 힘 있는 자를 믿고 꼭두각시처럼 움직이던 사람은 그 사람과 연결된 연줄(緣줄)이 끊어지면 연줄(鳶줄) 끊어진 연처럼 힘없이 스러진다.

그리고 갓은 머리에 온전히 끼워서 고정하는 게 아니라서 머리 윗부분에 얹고 갓끈을 턱 아래에서 묶어 고정해야 머리에 옳게 붙어 있다. 따라서 끈이 끊어지면 갓이 고정되지 못하고 벗겨진다. 갓이 바닥에 떨어지듯 갓 쓴 양반의 위세도 땅에 떨어진다.

■ 턱 떨어진 광대²⁺ / 광대 끈 떨어졌다²⁺

|광대는 세상을 풍자하고 양반이나 승려 등을 비꼬며 말을 유창하게 잘했는데, 얼굴을 가린 탈이 '턱' 끊어져 떨어지면 민낯이라 어찌할 바 모르게 된다.

[맥락] 여기서 광대는 꼭두각시와 비슷한 역할 을 하는 사람이라고 생각된다. 힘 있는 사람의 '끈'과 '얼굴'만 믿고 설치다가 잡은 줄이 끊어 지니 이젠 어찌할지 모르게 됐다는 말이다.

|김준근, 〈탈판〉

■ 막대 잃은 장님²⁺

|장님은 앞이 보이지 않아 긴 막대로 앞을 두드려 확인해가며 걸어야 한다. 늘 의지하던 바를 잃어버려 어디로 어떻게 가야 할지 모르게 됐다는 뜻이다.

■ 어미 잃은 송아지²⁺ / 딸 죽은 사위²⁺ / 꽃 없는 나비²⁺ / 불 없는[꺼진] 화로²⁺

|송아지는 어린 자식, 꽃과 나비는 여자와 남자, 불과 화로는 사랑해줄 사람과 배우자를 각각 뜻한다. 그리고 딸이 죽으면 사위를 만나도 기쁘지 않고 죽은 딸 생각에 쓸쓸하기만 하다.

■ 끝 부러진[구부러진] 송곳²⁺ / 도끼머리 빠진 자루²⁺ / 여의주 잃은 용²⁺

|끝이 부러지거나 휜 송곳은 그 무엇도 '뚫고 나갈' 수 없고, 도끼머리 빠진 도낏 자루처럼 남편의 잃은 여자는 경제력도 힘도 잃으며, 무엇이든 제 뜻대로 하게 해주던 여의주(如意珠) 같은 존재를 잃은 이에게는 더 이상 용빼는 재주가 없다.

끓는 국 맛 모른다 급하게 행동하거나 급한 일을 당하면 사태를 제대로 판단하지 못하게 마련이라는 말.

■ 끓는 국 맛 모른다[2+]

| 뜨거운 국을 마시면 뜨겁다는 감각이 강해 다른 미각을 느낄 수 없다. 시중에서 파는 김치찌개 같은 것도 뜨거울 때는 맛있다고 먹지만 다 식은 것을 먹으면 너무 짜서 도저히 못 먹는다. 뜨거워서 무지 짠맛을 몰랐을 뿐이다.

[맥락] '끓다'에는 어떠한 감정이 강하게 솟아난다는 뜻도 있다. 안달복달하면서 애를 끓이면 지금 처한 상황을 옳게 보지 못해 잘못 판단하기 쉽다는 말이다. 이때의 '국'은 국면(局面)이고 형국(形局)이며 판국(판局)이다.

끼니 없는 놈에게 점심 의논　남 생각을 않고 제 이익만 생각하여 경우에 맞지 않는 행동을 한다는 말.

■ 끼니 없는 놈에게 점심 의논[2+]

| 옛날에는 아침과 저녁에만 밥을 먹는 경우가 대부분이라서 하루의 끼니를 조석(朝夕)이라고 부른다. 굶거나 부실하게 끼니 때우는 사람한테 가서 다 같이 일하는 데 내갈 점심을 추렴하자고 한다는 말일 듯하다. 뻔히 저 사람 형편이 어려운 걸 알면서도, 그 사정 봐주면 제가 조금 더 내야 하니 그게 아까워 무조건 똑같이 나눠서 하자는 말. 공동으로 하는 일에서 조금도 손해를 안 보려는 사람이 어떤 집단이든 꼭 있다.

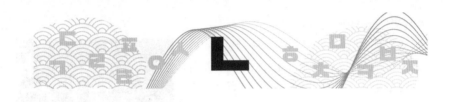

나간 사람 몫은 있어도 자는 사람 몫은 없다 일하지 않고 게으른 사람이 얻을 몫은 없다는 말.

  [현대] 과거가 있는 남자는 용서해도 미래가 없는 남자는 용서하지 마라

■ 나간 사람 몫은 있어도 자는 사람 몫은 없다
  |나간 사람은 용무가 있어서 나간 것이며 곧 돌아올지 모르니 그 사람 몫을 따로 챙겨두지만, 자는 사람은 무슨 일을 하는 것도 아니고 또 남들 깨어 있는데 혼자 먼저 자는 거니 언제 일어날지도 모를 걸 기다려 남겨둘 리 없다는 말이다.

■ 이마에 땀 내고 먹어라

■ 쥐 안 잡는 고양이는 놔두어도 일 않는 사내는 놔두어 뭐 하나

■ 도는 개는 배 채우고 누운 개는 옆 채인다[2+]
  |열심히 나돌아다니는 개는 뭐라도 주워 먹지만, 누워만 있는 개는 지나다니는 사람들 발에 차이기만 한다는 말이다. '배를 채우다'와 '배가 (발에) 채이다'를 이용한 속담. '채우다'에 맞추려 '차이다'를 '채이다'로 썼다. 지금도 아내가 힘들여 청소하는데 같이 하지 않고 텔레비전이나 보는 게으른 남편은 진공청소기로 옆구리 차인다.

■ 누운 나무 열매 안 열린다 / 첫새벽에 문을 열면 오복이 들어온다[2+]
  |옆으로 휘어 자라는 나무는 햇볕을 못 받아 열매가 영글지 못한다. 수시로 드러눕는 게으른 사람에게는 보람 있는 결과가 생길 리 없다는 말이다.

■ 편안이 가난[2+] / 편히 살고 싶으면 관에 들어가라[2+]

나귀는 샌님만 업신여긴다 어리석고 하찮은 사람이 만만한 사람에게만 함부로 대한다는 말.

■ 나귀는 샌님만 업신여긴다[2+]

|'샌님'은 '생원(生員)님'의 준말로 생원님은 예의상 부르는 선비의 호칭이며, 우리가 식당이나 술집 등에서 일하시는 아주머니를 무조건 '이모'라고 부르는 것과 비슷하다. 그리고 생원님의 준말인 샌님은 선비를 낮잡아 부르는 말이기도 하다. '나귀'는 다른 말로 '당(唐)나귀'라고 하며 선비들이 주로 타고 다녔는데,[92] 당

당나귀. |중국 광저우(廣州)

나귀는 고집이 센 것으로 유명하지만 실제로는 복종심이 매우 강한 동물이다. 위험이 닥치면 말은 흥분해서 날뛰지만, 당나귀는 그 자리에서 꼼짝 않고 버티는 습성이 있다. 그래서 아무리 잡아끌어도 움직이지 않는다고 고집이 세다는 오해를 받았다. 선비가 나귀를 타고 가다가 나귀가 말을 듣지 않으면 고삐를 당기며 채근만 할 뿐 선비 체면에 함부로 매질하지는 않았

상민은 길에서 양반을 만나면 절을 해야 했다. 말이나 나귀를 탄 부자나 양반도 자기보다 높은 이와 마주치면 말에서 내려 머리를 숙였다. |김득신, 〈반상도(班常圖)〉

을 테니 선비를 만만히 여겨서 더 말을 듣지 않는다고 여겼던 것 같다.

[맥락] 여기서 나귀는 선비의 몸종이나 흔한 허드렛일꾼에 해당한다. 위세 없고 힘없는 선비니 얕잡아보고 못난 사람이 주제를 모르고 업신여긴다는 말이다.

나그네 귀는 석 자   여러 곳을 다니는 사람은 정보와 경험이 많아진다는 말.

■ 나그네 귀는 석 자 / 나그네 귀는 간짓대 귀

|한 자(척, 尺)는 대략 30cm. 사람의 귀가 1m일 리 없으니 과장이나, 그만큼 귀를 크게 열고 다녀서 사소한 것까지 모두 관심 있게 듣는 말이다. '간짓대'는 매우 긴 장대. 빨랫줄을 추켜올릴 때 쓰는 바지랑대나 국기게양대 같은 것으로 생각하면 된다. 그만큼 귀를 쫑긋, 안테나를 높이 세우고 다닌다는 말이다. 많이 다니는 사람이 아무래도 정보를 더 많이 얻고 경험도 많아진다.

■ 나다니는 머저리가 앉아 있는 영웅보다 낫다 / 세상 모르고 약은 것이 세상

---

92 당나귀는 몸집이 작아 말보다 먹이를 적게 먹으면서도 힘이 좋았다. 그래서 검소함을 중요한 가치관으로 여기던 양반들이 말보다 나귀를 즐겨 타고 다녔다. 게다가 양반들은 급한 행동을 경망스럽다고 여겨서 말 타고 빨리 가기보다는 나귀 위에서 느긋하게 가는 것을 하나의 멋으로 생각했다.

넓은 못난이만 못하다[2+] / 나무는 옮기면 죽고 사람은 옮겨야 산다

나는 새도 떨어트린다   권세나 기세가 매우 대단하다는 말.

[현대] 하느님과 동기동창이다

■ 나는 새도 떨어트린다 / 나는 새도 떨어트리고 닫는 짐승도 못 가게 한다
ㅣ큰 호통 한 번에 날아가는 새와 달리는 짐승조차 얼어붙게 할 만큼 권세나 기세
가 대단하다는 말이다.

나는 새에게 여기 앉아라 저기 앉아라 할 수 없다   자유로운 생각과 의지를 가진
사람에게 이래라저래라 강요할 수 없다는 말.

[반대] 울며 겨자 먹기

■ 나는 새에게 여기 앉아라 저기 앉아라 할 수 없다

나도 사또 너도 사또면 아전은 누가 하랴   저마다 좋은 일만 하려 들면 궂은일은
누가 하겠냐는 말.

■ 나도 사또 너도 사또면 아전은 누가 하랴
ㅣ아전(衙前)은 중앙이나 지방의 관아에서 수령을 보좌하는 직책으로 중인(中人)
신분이다. 지금으로 치면 하급공무원에 해당하며 당시에는 아전에 대한 대우가
별로 좋지 않았다. 그래서 부임한 사또가 그 지역 사정을 잘 모르니 이를 이용해
아전이 수령 몰래 뒤로 부정을 일삼는 경우도 많았다. 아무튼 아전은 수령이
지시를 내리면 그것을 실행하는 역할을 맡았는데, 모두 다 사또가 되어 지시만
내리면 정작 그 지시한 일은 누가 처리하냐는 말이다.

나라님도 늙은이 괄시는 안 한댔다   자신보다 나이가 많은 사람에게는 항상 예의를
갖추고 대접해야 한다는 말.

■ 나라님도 늙은이 괄시는 안 한댔다[2+] / 노인 박대는 나라도 못 한다[2+]
ㅣ유교가 통치의 근간이었던 조선은 효(孝)와 장유유서(長幼有序)를 중히 여겼다.
그래서 각 지방의 80세 이상 된 노인을 보고받아 명예직이지만 벼슬을 주도록
법으로 정했다. 이미 벼슬이 있는 사람은 한 품계를 더 올려줬다. 50세 넘어
살기도 쉽지 않아 환갑만 맞이해도 장수했다고 할 정도였다. 100세가 넘으면
더 장수하시라고 쌀과 고기를 수시로 내어주게 했다. 이 명예직은 추천을 받지
않고 보고를 받으면 임금이 직접 직위를 내렸다. 그만큼 장수 노인에 대한 예우

가 남달랐던 조선시대였다. 나라에서도 노인을 예우하니 늙었다고 괄시하고 구박하지 말라는 뜻이다.

나라님이 약이 없어 죽나　가난해서 약을 제대로 써보지 못했거나 극진히 간호했음에도 죽었을 때 그 식구를 위로하는 말.

■ 나라님이 약이 없어 죽나

나무를 옮겨 심으면 삼 년 뿌리 앓는다　무엇이든 큰일을 치르거나 새로운 것이 들어오면 안정되는 데 시간이 걸린다는 말.

■ 나무를 옮겨 심으면 삼 년 뿌리 앓는다
| 나무는 땅속으로 뿌리를 내리고 그 뿌리에서 다시 잔뿌리를 구석구석 뻗어 양분을 흡수한다. 심은 나무를 뿌리가 안 다치게 조심조심 캐서 옮겨 심는다 해도 분명 잔뿌리를 많이 잃는다. 그래서 다시 잔뿌리 뻗고 자리를 잡을 때까지 나무는 성장이 멈춘다. 이 과정에서 몇몇 나무는 자리 잡지 못하고 말라 죽기도 한다. 사람 일도 마찬가지다. 새 식구가 오거나 정권이나 부서가 새로 바뀌면 자리 잡는 데 시간이 걸리니 성급하게 평가하거나 채근하지 말아야 한다는 말이다.

■ 집 지어놓고 삼 년
| 집을 새로 지으면 살면서 이것저것 세세하게 마무리지어야 해서 이래저래 안정되기까지 시간과 품이 꽤 든다.

■ 새 사람 들여 삼 년
| 한 집안에 새로운 사람이 들어와 함께 살면 오랜 시간이 지나야 잘 적응해서 비로소 화합할 수 있다는 말이다.

나무에 오르라 하고 흔드는 격　남을 속여 일부러 위험하게 만든다는 말.

■ 나무에 오르라 하고 흔드는 격[2+] / 나무에 올려놓고 흔든다[2+]
| '나무에'는 '남 우에(위에)'로 읽을 수 있다. 자기들 윗자리에 앉혀놓고 자신들이 저지른 죄를 책임 지우는 수법이다. '바지사장'들이 그런 일을 잘 당한다.

나물 밭에 똥 한 번 눈 개 저 개 저 개 한다　한 번 잘못하면 두고두고 비슷한 일에 의심을 받게 된다는 말.

■ 나물[남새] 밭에 똥 한 번 눈 개 저 개 저 개 한다[2+]

|'남새'는 채소의 옛말.93   개가 어쩌다가 나물 밭에 들어가 똥 눈 게 들켰는데 그 뒤로 밭에서 개똥만 발견되면 덮어놓고 저 개가 그랬을 거란다는 말.

[맥락] 여기서 '저 개'는 '저게'로도 읽힐 수 있다. 저게, 저 사람이 그랬을 거라고 쑥덕댄다는 말이다.

나중 꿀 한 그릇보다 당장의 엿 한 가락이 달다   나중의 막연한 이익보다 당장의 이익에 더 끌리게 마련이라는 말.

■ 나중 꿀 한 그릇보다 당장의 엿 한 가락이 달다

|사람들은 언제 이루어질지 모를 막연한 결과를 기다리지 못하고 당장 눈앞의 즐거움이나 작은 이익에 눈을 돌리게 마련이다. 열심히 노력하면 먼 훗날 멋진 삶을 살 수 있다는 걸 알지만 그 과정이 힘들고 어렵다는 핑계로 지나친 게임이나 웹서핑 등으로 아까운 시간을 허비하고 있다. 당장은 그게 즐겁고 좋지만, 시간이 지나고 나면 내가 왜 허송세월했을까 후회와 한숨만 남는다.

나중 난 뿔이 우뚝하다   아랫사람이나 뒤에 시작한 사람이 윗사람이나 먼저 한 사람보다 더 잘하게 되는 경우를 이르는 말.

[成語] 청출어람(靑出於藍)·청출어람청어람(靑出於藍靑於藍) : 푸른색은 쪽 풀에서 우러났지만 쪽 풀보다 푸르다. ▶『순자(荀子)』「권학편(勸學編)에 이런 말이 나온다. "學不可以己 靑出於藍而靑於藍 氷水爲之而寒於水"(배움에는 다함이 없다. 푸른색은 쪽 풀에서 우러났지만 쪽 풀보다 푸르고, 얼음은 물에서 생겼으나 물보다 차갑다). 쪽 풀을 조개껍데기 가루 등과 함께 물에 섞고 반응시켜 파란색의 염료를 만드는데, 이때 우려낸 염료의 색이 녹색 쪽 풀에서 하늘색이나 청색이 우러나서 생긴 말이다. 보통 제자가 스승보다 더 뛰어나게 되었을 때 쓴다.

단순한 풀색인 쪽 풀에서 전혀 다른 남색이 우러난다. 염색을 여러 번 할수록 색은 더 진해진다. 동양에서는 녹색이나 청색이나 아울러서 '푸르다'라고 하는 경향이 있다.
|국립중앙박물관 전통염료식물원

93 산과 들에서 채취한 나물은 푸새(야채)라고 하고 집과 밭에서 기른 나물은 남새(채소)라고 한다. 아직도 일본식으로 채소를 야채라 하는 사람이 많다.

후생가외(後生可畏) : 나중에 난 사람이라도 존경하고 조심할 만하다. _『논어(論語)』· 선배를 능가하는 후배가 나올 수 있으니 한시도 수련과 배우기를 게을리 해서는 안 된다는 말이다.

■ 나중 난 뿔이 우뚝하다 / 먼저 난 머리보다 나중 난 뿔이 무섭다
 | 뿔 달린 짐승도 태어날 때는 뿔 없이 태어난다. 머리뼈가 단단해지고 나서 그제야 뿔이 돋는데, 나중에 난 뿔이 머리뼈보다 훨씬 단단하다. 비록 머리뼈가 뿔보다 먼저 생겼지만 나중에 난 뿔이 더 단단하고 더 위로 우뚝 솟는다는 말.

나중에 보자는 사람 무섭지 않다 그 자리에서 어쩌지 못하고 다음에 어쩌겠다는 사람은 무서워할 필요가 없다는 말.

■ 나중에 보자는 사람[양반] 무섭지 않다

나한 중에도 모래 먹는 나한 있다 좋은 자리나 위치에 있다고 해서 다 좋은 것만은 아니라는 말.

■ 나한 중에도 모래 먹는 나한 있다[2+]
 | '나한'은 아라한(阿羅漢)의 다른 말로, 아라한은 소승불교에서 최고의 수행 경지에 오른 사람을 일컫는 말이다. 우리나라는 대승불교지만 사찰에 아라한을 모신 나한전(羅漢殿)을 두는 경우가 많고, 그곳에 16나한이나 500나한을 모신다. 이 많은 아라한 속에도 신도가 올리는 공양이 없어서 자기 신통력으로 모래를 곡물로 만들어 먹는 나한도 있을 수 있다는 말이다.
 [맥락] '나한'을 빨리 말하면 '난'이 되고, '난'은 '나은'의 준말이기도 하다. 좀 나은 자리에 있다 해도 별로 나을 게 없어 모래 씹은 표정으로 앉았을 자리도 있다는 뜻.

아라한상(像). 호랑이도 고양이로 얌전히 안길 만큼 공덕이 높다 한다. |국립중앙박물관

 부처님께 바치는 공물(供物)과 곡식을 뜻하는 곡물(穀物)이 [공물]로 발음이 같고, 진상되는 물건 공물(貢物)과는 한자만 다르다. 난(나은) 자리 중에도 모래 씹는 난(나은) 자리가 있다는 말로, 허울만 좋은 자리라 받아먹을 게 뭣도 없다는 말이다.

■ 감사면 다 평안감사고 현감이면 다 과천현감인가
 | 감사(監司)는 지금으로 치면 도지사에 해당하고, 현감(縣監)은 군수 정도에 해당한다. 조선시대에는 평안도 감사인 평안감사와 과천 지역을 담당하던 과천현

감이 '평안감사도 저 싫으면 그만'이란 속담이 나올 정도로 모든 사람이 선망하던 자리였다고 한다. 비인기 지역에서 도지사나 시장, 군수를 하면 출세에 큰 도움이 안 되고 국가적 영향력도 없다. 도지사라고 모두 급이 같은 도지사가 아니란 말. *평안감사→평안감사도 저 싫으면 그만

낙동강 오리알   기댈 곳 없이 매우 외로운 처지가 됨을 이르는 말.

[成語] **사고무친**(四顧無親) : 사방을 돌아보아도 친척이 없다.
　　　혈혈단신(孑孑單身) : 의지할 데 없이 외로운 홀몸.
　　　고신척영(孤身隻影) : 외로운 이 몸의 짝은 내 그림자뿐.
　　　고립무원(孤立無援) : 홀로 떨어져 있어 도와줄 이가 없다.
　　　목석난부(木石難傅)・**목석불부**(木石不傅) : 나무에도 돌에도 몸 기댈 곳 없다.
　　　사면초가(四面楚歌) : 사방에서 들리는 초나라 노래. ▸초(楚)나라 왕 항우(項羽)가 한(漢)나라에 패해 초나라로 돌아가는 도중 한신(韓信)이 지휘하는 한나라 군대에 포위되었는데, 이미 군사도 많이 잃었고 군량미도 떨어진 상태라 초나라 군사들의 사기가 바닥에 떨어져 있었다. 이때 한밤중에 사방에서 초나라 노래가 들려왔다. 한나라 진영에서 항복한 초나라 군사들로 하여금 사방에서 초나라 노래를 부르게 한 작전이었다. 이에 지쳐 있던 초나라 군사들은 전의를 잃고 고향 노랫소리에 눈물 흘리며 그리워하다 속속 탈영했다. 항우가 이 노래를 듣고 "한나라가 벌써 초나라를 모두 장악했는가? 어찌 저리 초나라 사람들이 많은 것인가?" 하고는 이제는 끝장이라고 생각했다. _『사기(史記)』

[현대] 내 편은 나밖에 없다

■ 낙동강 오리알 (신세)²⁺

│이 속담에 대해 늘 품었던 의문이, 왜 하필 낙동강이고 왜 하필 오리알이냐는 것이었다. 한강의 오리알은 안 되는 것이고, 금강의 물새알은 안 되냐는 것. 1990년대 후반까지 낙동강 하구에는 100만 마리의 새가 살았다. 이곳을 찾는 철새는 여러 종류인데, 그중 도욧과가 34종으로 가장 많고 그다음이 오릿과 33종이다. 종수로는 오릿과가 두 번째지만 개체 수로 치면 오릿과가 가장 많았을 듯하다. 그리고 낙동강은 남한에서 가장 긴 강으로 바다와 만나는 삼각주에는 퇴적작용으로 생긴 모래섬들이 크게 발달해 있다. 모래와 흙으로 이루어진 섬들은 밀물과 썰물 때 일부나 전체가 물에 잠기는 일이 많다. 나아가 낙동강 유역은 홍수로 인한 범람이 잦아 홍수 때마다 작은 섬이 생겼다 사라지는 일도 흔하다. 실제로 낙동강 하구의 장자도, 신자도, 대마도, 도요등, 맹금머리 같은 섬들은 생긴 지 불과 수십 년도 안 된다. 그만큼 홍수에 의한 범람도 잦고 토사의 퇴적과 유실도 심한 곳이라는 뜻이다. 그러므로 이곳 모래톱에 알을 낳는 철새들은 언제 알이 쓸려 갈지 모른다. 알이 엉뚱한 데로 쓸려 가면 품어줄 어미 새 없이

쓸쓸하게 곯고 썩는 처량한 신세가 된다. 이런 이유로 이 속담이 나왔을까?

낙동강 하구. 철새도래지인 을숙도를 비롯해 퇴적으로 생긴 여러 모래섬이 보인다. |카카오맵

[맥락] '낙동강'은 '낙(落) 동강'으로 읽을 수 있다. '동강'은 '동강이'의 준말이기
도 하지만, 여기서는 긴 것에서 일부가 잘리거나 끊어져 뚝 떨어지는 모양을
나타내는 의태어로 쓰였다. '오리알'은 '5리 알'로 읽을 수 있는데, '알'은 "저
알로 길이 새로 났어"처럼 '아래'의 사투리기도 하다. 혈연이나 집단의 연줄이
끊겨 저 5리 아래까지 뚝 떨어져 있다는 말이다. 100리도 아닌 5리라고 한 것은
'오리알'로 맞추기 위한 것.

■ 게 발 물어 던지듯[2+]

| 까마귀나 물새는 게를 잡으면 집게발을 물고 마구 흔들고 부딪쳐 몸통에서 집게
발을 떼어낸 뒤 몸통만 통째로 삼킨다. 먹어볼 것 없는 집게발은 옆으로 홱 물어
던진다. 사람 사이에도 보기 싫으니 멀리 가라고 할 때, 새가 부리로 물어 던질
때 머리를 빨리 돌리듯, 고갯짓 '홱' 저리 꺼지라고 한다. 너 같은 것에겐 저리
가라고 손짓할 것도 없다는 뜻이다.

■ 나무에도 돌에도 댈 곳 없다[2+]

| 목석난부(木石難傅) 또는 같은 말인 목석불부(木石不傅)를 그대로 풀어 우리 속
담으로 삼은 말이다. 집도 없는 사람이 그나마 비와 땡볕을 가려줄 나무 그늘도
없고 바람을 막아줄 바위도 없는 곳에 홀로 있다는 말이다.

■ 소도 언덕이 있어야 비빈다[2+]

　｜소의 가죽에는 진드기 같은 기생충이 자주 끼는데, 나무나 둔덕에 소가 몸을
　비벼서 떨궈낸다.

　[맥락] 손바닥 비벼 도와달랄 데도 없고, 몸 비벼 의지할 데도 없다는 말이다.

낙숫물이 바위를 뚫는다　작은 힘이라도 참을성 있게 오래 하다 보면 마침내 큰일을
이룰 수 있다는 말.

　[成語] 마부작침(磨斧作針) : 도끼를 갈아 바늘을 만든다.

　[현대] 홈런을 치고 싶다면 방망이를 계속 휘둘러라 / 미친 짓도 꾸준히 하면 예술이 된다

■ 낙숫물이 바위를[댓돌을] 뚫는다 / 돌 뚫는 화살은 없어도 돌 뚫는 낙수는 있다

　｜'댓돌'은 신발을 벗고 마루로 올라서기 위해 둔 디딤돌이다. 처마에서 떨어지는
　물은 댓돌 근처나 위에 떨어진다. 바위를 뚫는 것은 물의 힘이 아니라 작은 물방
　울이 바위를 두드린 횟수. 계속 두드려서 안 열리는 성공의 문은 없다.

　　댓돌. ｜서울 농업박물관

　낙숫물로 파인 기단석. ｜경남 통영 세병관(洗兵館)

■ 무쇠도 갈면 바늘 된다

■ 감옥에 십 년 있으면 바늘로 파옥한다

　｜파옥(破獄)은 감옥을 부수거나 뚫어서 탈출하는 것으로 탈옥(脫獄)과 같은 말.

■ 열 번 찍어 안 넘어가는 나무 없다[2+] / 쉰 길 나무도 베면 끝이 있다 /
열 번 갈아서 안 드는 도끼 없다 / 돌도 십 년을 쳐다보면 구멍이 뚫린다[2+]

　｜여기서의 '열 번'은 한 번에 열 번을 찍는다는 말이 아니라 여러 번 찍고 나서
　다음에 다시 와서 또 찍기를 열 번을 한다는 말이다. 한 번에는 힘에 부쳐 찍어
　벨 수 없더라도, 여러 번 찾아가 여러 번을 찍고 찍으면 아무리 아름드리 굵은
　나무라도 넘어갈 수밖에 없다는 말. '길'은 어른의 키 정도의 높이니 엄청나게
　큰 나무도 계속 찍다 보면 언젠간 쓰러트릴 수 있다는 말이다.

　[맥락] 여기서 '나무'와 '돌'은 아무리 구애해도 목석같이 꿈쩍도 않는 사람을 뜻
　한다. 그리고 '찍다'에는 '~감으로 점 찍다'라는 뜻도 있고, '쳐다보다'는 바라본

다는 뜻이다. 꾸준히 마음을 보이면 상대 마음도 넘어가고 열린다는 말이다.[94]

■ **그물이 천 코면 걸릴 날이 있다**

|아무리 물고기가 없어도 어느 정도는 꼭 있게 마련. 고기가 안 잡힌다고 포기하지 말고 한 땀 한 땀 그물코를 더 넓게 늘려가다 보면 언젠가는 걸린다는 말이다.

■ **그믐에 안 된 것이 초승에 되는 수도 있다**

|음력에서 한 달은 29일 또는 30일이다. 한 달의 마지막 즈음을 그믐 또는 그믐날이라고 하고, 달이 바뀌어 새로 삭(朔)인 1일이 지나 2일째 되는 때를 초승이라고 한다. 한 달 내내 해도, 그믐이 다 되도록 이루지 못해 포기하려던 일도 며칠 더 참고 노력하면 그때 가서 되기도 한다는 말이다. 많은 사람이 할 만큼 했는데 안 된다고 낙담하고 포기한다. 하지만 그건 다른 사람들도 모두 마찬가지. 모두가 포기할 즈음에 한 번 더, 한 번만 더, 포기하지 않고 한 번씩 더 한 사람이 목표에 도달한다. 성공한 사람은 모두 포기하는 지점에서 포기하지 않은 사람이다. *음력과 달→ 한 달이 길면 한 달이 짧다

난거지든부자 겉보기에는 없어 보이지만 실제로는 충실히 들었다는 말.

[반대] 든거지난부자

■ **난거지[난가난]든부자**

난다 긴다 하다 재주나 능력이 남들보다 매우 뛰어나다는 말.

■ **난다 긴다 하다[2+]**

|흔히 알려지기로는, 윷놀이 말판을 매우 잘 써서 빠르게 자기 말을 밖으로 내보내고, 상대 말이 개긴에 있든 윷긴 있든 상대 말을 잘 잡는다는 데서 능수능란함을 일컫는다고 한다.

[맥락] '기는 놈 위에 뛰는 놈 있다'라는 속담도 있고, '날고 긴다'라는 표현도 있다. 국립국어원에서도 '기다'는 윷놀이의 '긴'과 무관하고, 엎드려 긴다는 그 '기다'가 맞다고 한다. 그러므로 높이 날아오르고 높이 기어오르는 재주가 있다는 뜻이라 생각된다.

---

94 무모한 남자들이 정말 싫다는 여자에게 계속 들이대거나 따라다니면서 이 속담을 쓰는데, 상대가 싫어하는 것을 반복하면 사랑이 아니다. 스토킹은 범죄고 공포다. 여성들이 없어져야 할 속담 2순위로 꼽을 만큼 이 속담을 싫어한다. 잘못은 이 속담에 있는 게 아니라 이 속담으로 억지 부리는 남자에게 있다. 지쳐서 넘어오게 하는 건 사랑이 아니라 낚시질이다.

낟가리에 불 질러놓고 손발 쬘 놈 자기의 작은 이익을 위해 남이 큰 손해를 입는
것은 아랑곳하지 않음을 이르는 말.

■ **낟가리에 불 질러놓고 손발 쬘 놈**
│추수한 것은 탈곡하기 전에 일단 크고 높게 쌓아놓은 것이 '낟가리'다. 자기가
춥다고 이 한 해 농사의 결실인 낟가리에 불 지르고 몸 녹인다는 말이다.

낟알산에 오르려면 먼저 거름산에 올라야 한다 큰 결과를 얻으려면 그만큼의 노력
이 있어야 한다는 말.

■ **낟알산에 오르려면 먼저 거름산에 올라야 한다**
│탈곡한 낟알이 산처럼 쌓이려면 그만큼의 퇴비를 만들어서 거름을 듬뿍 주어야
한다는 말이다. 쌓아놓은 퇴비 더미는 지붕만큼 높아서 작은 동산 같았다.

날 문은 낮아도 들 문은 높다 마음에 안 든다고 나가긴 쉬워도 다시 돌아오기는
어렵다는 말.

■ **날 문은 낮아도 들 문은 높다**
│스스로 박차고 나간 사람을 여간해서는 다시 받아주지 않는다는 뜻이다.

남산골샌님 가난하고 세상 물정 모르면서 자존심만 센 선비를 낮잡아 이르는 말.

■ **남산골샌님 / 남산골딸깍발이**
│과거에 급제하지 못했거나 관직을 못 얻은 가난한 선비들이 남산 밑자락에 많이
살았다. 이들이 비록 가난하고 권세도 없었지만, 선비의 자존심만큼은 꼬장꼬
장하게 지켰기에 고지식하다는 소리까지 들었다. 신발 사서 신을 돈도 없어 튼
튼하고 해지지 않는, 하지만 비 올 때나 진창길에만 신는 나막신을 신고 다니는
일이 많았다. 이 선비들이 나막신 신고 걸을 때 나는 소리를 빗대 '딸깍발이'라고
조롱했다. '샌님'이란 말도 선비를 달리 뭉뚱그려 부르는 '생원(生員)님'을 줄인
말로, 이 역시 선비를 낮잡아 부르는 말이다. 글공부만 한 탓에 경험이 부족해
세상 물정을 잘 모른다는 의미로 많이 썼다.

남산골샌님은 뒤지하고 담뱃대만 들면 나막신 신고 동대문까지 간다 옷차림을 제
대로 하지 않고 나설 때 하는 말.

■ **남산골샌님은 뒤지하고 담뱃대만 들면 나막신 신고 동대문까지 간다**[2+]

| '뒤지'는 용변을 보고 뒤를 닦는 휴지. 남산골샌님들은 신발도 못 살 만큼 가난해서 맑은 날에도 튼튼한 나막신을 신고, 썩 괜찮은 외출복도 없어 집에서 입던 차림으로 길을 나섰다. 누가 뭐라면 속이 중요하지 그깟 겉이 무슨 상관이냐는 식으로 꼿꼿하게 행동했다. 그래서 "남산골샌님이냐, 그렇게 대충 입고 나가게?" 하는 식으로 허술한 옷차림으로 외출하는 것을 나무랄 때 사용했다.

[맥락] 뒤지와 담뱃대면 딱 측간에 볼일 보러 가는 모양새다. 집 안에 있는 측간은 자다 일어난 자리옷(잠옷) 차림으로도 간다. 그런 차림새로 남대문에서 동대문까지 간다는 말이다. 참고로 동대문 밖에는 한양의 3대 시장 가운데 하나인 이현(梨峴 : 배오개)시장이 있었다. 이현시장에서는 주로 채소류를 팔았다. 또 동대문 밖에는 채소밭이 많았다. 아마도 밭에 가는 후줄근한 차림새로 멀리까지 간다는 뜻으로 쓰지 않았을까 한다. *한양 3대 시장→ 종로에서 뺨 맞고 한강 가서 눈 흘긴다

■ 하나 벗기는 쉬워도 하나 입기는 어렵다

| 좀 덥지 않을까 싶어 옷을 가볍게 입고 나설 때 글쓴이의 부모님이 늘 하시던 말씀이다. 더우면 하나 벗으면 되지만 추우면 얻어 입을 데가 없다는 말이다.

남을 물에 넣으려면 저부터 물에 들어가야 한다 남에게 해를 끼치려다 보면 자기도 같이 해를 입을 수 있다는 말.

[현대] 남을 손가락질하면 세 손가락은 자신을 향한다

■ 남을 물에 넣으려면 저부터 물에 들어가야 한다 / 남 잡이가 제 잡이

| 이솝우화에는 다음과 같은 이야기가 나온다.

여우와 당나귀가 함께 길을 가다 굶주린 사자와 마주쳤다. 위험을 느낀 여우가 재빨리 사자에게 귓속말을 했다. "사자님, 제가 당나귀를 함정 안에 빠트릴 테니 저는 살려주세요." 사자가 그러마 하고 여우를 놓아주자 여우는 당나귀를 유인해서 함정에 빠트렸다. 그러자 사자는 도망 못 가는 당나귀를 보고는 여우부터 잡아먹었다.

■ 고자질쟁이[고자쟁이] 먼저 죽는다

남의 것을 마 베어 먹듯 한다 남의 재물을 거리낌 없이 마구 훔치거나 빼앗아 가는 모양을 이르는 말.

■ 남의 것을 마 베어 먹듯 한다[2+]

| '마'는 마 덩굴의 덩이줄기로 전분이 많고 식감은 감자와 비슷하다. 도라지처럼

질기지 않아 잘 끊어진다. 마를 연신 베어 먹는 소리는 '덥석덥석'이다. 덥석덥석에는 잇따라 왈칵 달려들어 냉큼 물거나 움켜잡는 모양이란 뜻이 있다. 남의 것을 덥석덥석 집어 가거나 집어삼킨다는 말이다.

남의 고기 한 점 먹고 제 고기 열 점 준다 남에게 작은 이익을 얻으려고 욕심부리다 더 큰 손해를 본다는 말.

- 남의 고기 한 점 먹고 제 고기 열 점 준다[2+]
  | 부정한 방법으로 해먹은 게 걸려서 열 배로 물어낸다는 말인 듯하다.

남의 군불에 밥 짓기 남의 것을 가지고 생색내거나 노력 없이 거저 얻으려 한다는 말.

[현대] 차린 밥상에 숟가락 얹기 / 들어온 선물로 선물하기 / 법은 멀고 Ctrl+C Ctrl+V 는 가깝다
효도는 셀프 ▸ '색시 얻어서 효도할게요 / 며느리 들어서 호강시켜 드릴게요'라는 건 지극히 남자만의 입장에서 하는 말이다. 효도는 자식인 자기가 해야지 아내를 제 효도의 도구로 생각하면 정말 곤란하다.

- 남의 군불에 밥 짓기[익히기]
  | 옛날에는 아궁이에 불을 때서 부뚜막에 걸린 솥에 밥이나 국을 끓이면서, 동시에 구들돌들을 뜨겁게 달궈 난방까지 했다. 그런데 가끔 방이 춥거나 습도가 높거나 방에 넣어놓은 것을 말리려고 빈 솥인 채로 불을 때는 때가 있다. 이렇게 때는 불은 '군불'이라고 한다(여기서의 '군–'은 군더더기, 군소리, 군것질처럼 '불필요하거나 쓸데없는'이란 뜻을 가진 접두사). 누군가 군불 때는데 이웃에서 쌀 씻은 걸 들고 와서 이런다. "어차피 군불 때니까 여기다 우리 밥 좀 안칠게?" 자기네 장작 아끼자는 심보다.

- 남의 횃불[등불]에 게[조개] 잡기
  | 전통적인 게 잡이는 그믐(사리)에 한다. 그때 바닷물이 가장 많이 빠지기 때문이다. 그믐에는 새벽에나 달이 뜨므로 한밤중에 매우 캄캄하다. 이때 횃불을 들고 나가 물 빠진 바닥에 비추면 미처 바다로 못 간 게나 집 밖에 나와 있는 게가 불빛에 놀라 행동이 느려지거나 꼼짝 않는다.[95] 또 등 껍데기에 불빛이 반사돼 더 눈에 잘 띈다. 누군가 한 손에 횃불 들고 남은 한 손만으로 잡을 때, 횃불 안 든 누군가는 얌체처럼 남이 든 불 밑에서 두 손으로 게를 주워 담는다.

- 남의 팔매에 밤 줍기

---

95 지금도 일부 지역에서 횃불 대신 랜턴을 켜서 잡는 게잡이 행사를 하고 있다.

| '팔매'는 돌 따위를 손으로 멀리 던지는 행동. 누군가 힘들게 돌 던져 밤송이를 떨어트리면 아무 애도 안 쓴 사람이 달려들어 냉큼 주워 간다는 말.

■ 남의 바지 입고 새 벤다²⁺
| '새'는 억새나 갈대 같은 볏과의 식물들을 뜻하는 말이다. 이것을 베어다 지붕을 얹거나 자리를 엮어 깔았다. 여기서는 억새를 뜻하는 듯하다. 억새는 억세서 손 베이기 십상이며, 억새 베다 옷이 찢어지기도 일쑤다. 그러니 남의 바지 입고 하면 제 바지는 멀쩡하니 제 손해는 없다.

■ 곗술에 낯내기²⁺ / 곁집 잔치에 낯을 낸다²⁺
| 계(契)는 경제적 도움이나 친목을 다지기 위한 모임. 계원들끼리 추렴해서 술과 음식을 차려 나누어 먹는데, 마치 자기가 베푸는 것인 양 생색을 낸다는 말이다. '낯'은 얼굴의 다른 말이며, '낯내다'는 '생색내다'와 같은 말이다.
'곁집'은 바로 나란히 붙은 이웃집이다. 옆집에서 힘들여 잔치를 준비해놓으니 자기가 생색내며 손님을 맞는다는 뜻이다.

■ 남의 떡에 설 쇤다²⁺ / 남의 떡에 제 지낸다²⁺ / 남의 떡에 굿한다²⁺ / 남의 떡으로 선심 쓴다²⁺
| 남의 집에서 떡을 했다고 갖다 준 것을 가지고 명절을 쇠거나 굿을 하거나 다른 사람에게 선물한다는 말.
[맥락] '떡'은 대개 '덕(덕분)'의 말장난이다. '남의 덕으로' 제 일을 거저 '치르고' 남에게 생색도 낸다는 말이다.

남의 덕 믿고 살려면 머리가 숙여진다 뇌물을 받거나 도움을 받으면 사정을 봐주거나 당당하지 못하게 된다는 말.

■ 남의 덕 믿고 살려면 머리가 숙여진다²⁺ / 빚 준 상전 빚진 종²⁺ / 빚진 죄인²⁺
| 남의 은덕으로 먹고사니 저절로 굽신거리게 된다는 말이다. 또 아무 잘못도 없이 괜히 빚쟁이 앞에서는 죄지은 사람마냥 조마조마하다.

■ 공짜를 먹으면 할 말도 못 한다 / 남이 주는 것 다 받아먹고 벙어리가 되었다 / 개도 기름 먹고는 안 짖는다²⁺
| 도둑이 개에게 고기의 기름 덩이를 던져주면 그것에 정신이 팔려 도둑이 들어가도 짖지 않는다. 때론 먹을 것을 주었다고 도둑에게 꼬리 치는 멍청한 개도 있다.
[맥락] 여기서 '개'는 나라의 도둑을 감시하는 직책을 뜻한다. 감시해야 할 사람이 되레 감시 대상에게 기름지게 받아먹으니, 그 사람이 그 어떤 큰 부정을 저지

르든 수사도 고발도 않고 입 딱 다물고 모른 척한다.

■ 남의 밥에는 가시가 있는 법이다 / 내 것 없어 남의 것 먹자니 말도 많다[2+]
| 얻어먹는 밥은 눈치 보여 목구멍에 걸려 쉬 넘어가지 않고, 그거 하나 줬다고 온갖 공치사에 잔소리만 잔뜩이지만 어쩌겠나.

남의 돈 먹기 쉽지 않다   돈벌이는 정말 어렵고 힘든 일이라는 말.

■ 남의 돈 먹기 쉽지 않다 / 남의 주머니에서 돈 꺼내기 쉽지 않다
■ 돈 나는 모퉁이 죽는 모퉁이
| 여기서 '모퉁이'는 구부러지거나 꺾어져 돌아간 자리나 구석진 장소를 뜻하는 것이 아니라, 어느 곳의 어느 자리나 한 부분을 뜻한다. 돈을 벌자면 그 어떤 위험이 도사리고 있을지 모를 자리라도 찾아들어야 한다는 말이다.

남의 떡이 커 보인다   자기 것보다 남의 것이 더 좋아 보인다는 말.

[반대] 남의 집 금송아지가 우리 집 송아지만 못하다
[현대] 세상에서 가장 섹시한 여자는 남의 여자

■ 남의 (손의) 떡이 (더) 커 보인다 / 딸은 내 딸이 예뻐 보이고 떡은 남의 떡이 커 보인다 / 자식은 내 자식이 커 보이고 곡식은 남의 곡식이 커 보인다
■ 남의 밥그릇은 높아 보이고 자기 밥그릇은 낮아 보인다 / 남의 밥에 든 콩 굵어 보인다
| 자기 밥그릇에 담긴 밥의 높이가 남의 밥그릇의 담긴 것보다 낮아 보인다는 말이다. 먹고살기 힘들던 옛날에는 어린 형제들끼리 조금이라도 밥을 더 먹으려 밥그릇 양 가지고 무던히도 싸웠다.

철편(鐵鞭)을 든 포교(捕校 : 오늘날의 형사)와 유부녀가 달밤에 몰래 만나 입을 맞추는데, 남자의 뒤를 밟은 남자의 연인이 발까지 담벼락에 바싹 붙여 잔뜩 지켜본다. 유부녀의 저고리 소매 끝동이 남색이니 유부녀는 아들이 딸렸고, 남색 치마를 입은 여자는 기생이거나 과부일 듯하다. 이 삼각관계의 결말은… | 신윤복, 〈월하밀회(月下密會)〉

■ 남의 짐이 가벼워 보인다 / 일은 내 몫이 많아 보이고 먹을 것은 남의 것이 커 보인다
■ 남의 꽃 붉게 보인다 / 꽃은 남의 집 꽃이 붉어 보이고 계집은 남의 계집이 예뻐 보인다[2+]
| 여기서 꽃은 여자를 뜻한다. 남의 여자가 더 예뻐 보인다는 말이다.
■ 내 임 보고 남의 임 보면 심화 난다[2+]

│못난 자기 짝을 보다가 잘난 남의 짝을 보면, 나는 왜 저런 멋진 사람과 못 살고 이런 형편없는 사람과 살아야 하나 싶어 속에서 열이 뻗친다는 말이다. 울화(鬱火)가 답답해서 화가 나는 것이면, 심화(心火)는 화가 북받쳐서 나는 것.

남의 말도 석 달 소문이나 수군거림은 오래가지 못하니 신경 쓸 필요 없다는 말.
[현대] 악플엔 노플 ▸ 악성 댓글(리플, 리플라이, reply)에는 아무 댓글도 안 다는 것(No reply)이 상책이란 뜻. 어차피 상대는 비난을 위한 비난이라 말이 안 통한다.

■ 남의 말도 석 달

■ 악담은 덕담²⁺
│악담은 상대의 모자란 점을 갖고 하게 마련이다. 자존감이 높으면 악담에 상처 받지 않고 오히려 발전과 수양의 거름으로 삼는다. 들을 거 없는 욕뿐이라면 '욕먹으면 오래 산다니, 장수를 축원하는군. 고맙기도 해라' 빙긋 웃으면 된다.

■ 파리 한 섬을 다 먹었다 해도 실제로 먹지 않았으면 그만
│여기서 '파리'는 곤충 파리가 아닌 듯하다. 이북말로 '바리'를 '파리'라고 하는데, 바리는 소나 말의 등에 잔뜩 실을 만큼의 짐 꾸러미 단위다. 실어 나르던 곡물을 한 섬이나 뒤로 해먹었다는 모함을 듣더라도, 스스로 떳떳하면 굳이 해명하고 나설 필요는 없다는 말이다. 이북지역에서 만들어진 속담인 듯하다.

남의 말이라면 쌍지팡이 짚고 나선다 사람들은 대체로 참견하고 수군대거나 소문 내기를 좋아하기 마련이라는 말.
[현대] 소문은 자판기[세면대]에서 나온다

■ 남의 말이라면 쌍지팡이 짚고 나선다 / 남의 말이라면 점심 싸가지고 다닌다
│양손에 지팡이를 짚는 몸일지라도 남 험담이나 흉볼 때면 기어코 나서 참견하려는 습성이 있다는 말이다.

■ 남의 말 하기는 식은 죽 먹기

■ 떡 돌리라면 덜 돌리고 말 돌리라면 더 돌린다
│남에게 떡을 나눠주는 것은 아까워 몇 군데 빼고 돌리면서, 소문 퍼트리는 것은 누구 못 들은 사람 없나 눈에 불을 켜고 찾아다니며 퍼트린다는 말.

남의 염병이 내 고뿔만 못하다 남의 큰 어려움보다 당장의 자신의 사소한 근심걱정에 더 신경 쓰기 마련이라는 말.

■ **남의 염병이 내 고뿔만 못하다**
| 염병(染病)은 장티푸스. 옛날에는 이 전염병에 걸리면 십중팔구 죽었다. 남이
걸린 그 무서운 병보다 당장 내가 걸린 고뿔(감기의 옛말)이 더 힘들고 괴롭다.

■ **남의 등창이 내 뾰루지[여드름]만 못하다**
| 창(瘡)은 부스럼이나 종기가 여럿 올라와 크게 붓거나 깊이 곪는 병이다. 창이
생기면 피부가 붉게 부어오르고 진물과 고름이 나오며, 매우 아프고 불편하며
쉽게 낫지도 않는다. 등에 난 종기면 반듯하게 눕지 못하고 움직일 때마다 고통
스러워 악! 소리가 난다. 하지만 그런 고통도 당사자가 아니면 잘 모르니 제
몸에 난 작은 뾰루지만 더 신경 쓰인다.

■ **남의 생손은 제 살의 티눈만 못하다**
| '생손'은 '생손앓이'라고도 한다. 손끝이 곪는 병이다. 주로 손톱 끝 살에 난 상처
로 화농균이 들어가 생기며 깊이 곪는다. 썩거나 고름이 나며 화끈거리고 몸에
서 열이 나기도 한다. 저절로 낫지 않아 반드시 병원에서 치료받아야 한다.

남의 옷 얻어 입으면 걸레감만 남고 남의 서방 데려가면 송장치레만 한다   남의
남편을 탐내지 말라는 말.

■ **남의 옷 얻어 입으면 걸레감만 남고 남이 서방 데려가면 송장치레만 한다**[2+]
| 헌 옷을 얻어 입으면 금세 해어지듯, 남의 서방과 살아봐야 곧 죽어서 헤어진다
는 말이다. 좋은 건 잠시뿐이고 늙은 몸 병 수발 하다 송장이나 치기 십상이라는
소리기도 하다. '해어지다'와 '헤어지다'를 이용한 속담이다.

남의 집 금송아지가 우리 집 송아지만 못하다   제 소용에 닿지 못할 남의 것보다는
모자라고 못나도 내 것이 더 낫다는 말.

[반대] 남의 떡이 커 보인다

■ **남의 집 금송아지가 우리 집 송아지만 못하다**[2+] / **남의 돈 천 냥이 내 돈
한 푼만 못하다** / **남의 더운밥이 내 식은 밥만 못하다**
| 속담에서 송아지는 대개 자식을 뜻한다. 남의 자식이 아무리 훌륭히 빛나 보여
도 그래봐야 결국 남의 자식이라는 말이다.

남의 집 불구경 않는 군자 없다   사람은 도덕이나 이성보다 흥미나 재미에 더 관심
갖게 마련이라는 말.

[현대] 사고 나면 반대편 차선도 막힌다 · 무슨 사고가 났나, 다들 구경하느라고.

■ 남의 집 불구경 않는 군자 없다[2+]

|군자(君子)란 행실이 점잖고 어질며 덕과 학식이 높은 사람이다.

[맥락] '불난 집에 부채질' '강 건너 불구경'처럼, 아무리 점잖은 사람도 남의 집 분란에는 호기심과 흥미를 느낀다는 말이다.

남의 집 잔치에 감 놔라 배 놔라 한다 남의 일에 주제넘게 나서서 지나치게 참견한다는 말.

[현대] 너나 잘하세요 / 깜박이나 켜고 끼어들어라 / 일해라 절해라 /
남자는 설명하려 들고 여자는 참견하려 든다

후진하는 차만 보면 오라이 해준다 ‣ '오라이'는 '올 라잇(All right, 괜찮다)'의 일본어 발음으로, 옛날에 버스 안내양들이 기사에게 '출발해도 된다' 또는 '더 후진해도 괜찮다'라는 표현으로 많이 썼고, 지금도 여러 현장에서 많이 쓴다.

나이가 들수록 입은 닫고 지갑을 열어라 ‣ 이 속담은 유태인 속담이지만 일반적으로도 많이 쓰이고 있다. 어른이라고 함부로 충고하지 말고 실질적인 도움을 주라는 말이다. 아무런 도움도 주지 않으면서 윗사람이라고 간섭하고 훈계하는 것을 '꼰대짓'이라고 한다.

라떼는 말이야 ‣ '나 때는 말이야'의 '나 때'를 비슷한 발음의 '라떼'로 바꾼 것. 자신이 살던 시절과 맞지 않는, 지금을 자기 경험을 기준으로 가르치려 드는 나이 든 어른들을 비꼬는 말이다. '편식이라니, 우리 땐 꿀꿀이죽도 감지덕지였어' '나 때는 삼십 리 길을 걸어서 학교 갔어' '내가 신입일 때는 위에서 시키면 회사에서 밤을 새워서라도 다 했어' 같은 무용담 같은 고생담이 주를 이룬다. 라떼는 이탈리아어 카뻬 라떼(Caffè latte)의 준말. 카뻬는 커피, 라떼는 우유라는 뜻으로 우유 섞은 커피의 한 종류다.

■ 남의 집 잔치[제사]에 감 놔라 배 놔라 한다 / 남의 집 잔치[제사]에 감 놔라 대추 놔라 한다

|제사상이나 잔치상 차림은 지역마다 집안마다 조금씩 모두 다르다.[96] 남의 제사상이나 잔치상에 주제넘게 참견하면 '상놈'이라 했다. 내 조상 내 방식대로 모신다는데 남이, 또는 윗사람이라고 이러쿵저러쿵 자기네 방식을 강요하고 참견하면 기분이 매우 나쁘다.

■ 남의 장에 감 놔라 배 놔라 한다

|팔 물건들을 진열해놨는데 누군가 와서 이건 저리 놓고 저건 이리 놓아야 잘 팔린다고 참견한다는 말. 자기 가게는 안 보고 남의 가게 영업에 훈수 두는 일은 지금도 흔하다.

---

96 집집의 다른 고유의 예법이나 풍속, 습관 등을 가가례(家家禮)라고 한다.

■ 오지랖이 넓다 / 치마가 열두[스물네] 폭이다 / 열두 폭 말기를 달아 입었나

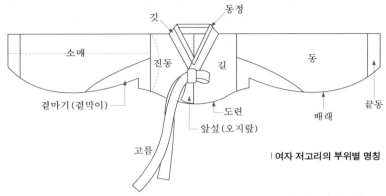

| 여자 저고리의 부위별 명칭

|'오지랖'은 웃옷이나 윗도리에 입는 겉옷의 앞자락, 즉 '앞섶'을 말한다. 그리고 옷섶을 겹쳐 여밀 때 앞으로 덮는 조각 부분을 '앞자락', 안으로 들어가는 조각 부분을 '뒷자락'이라 한다. 앞섶은 옷 속이 들여다보이지 않을 정도만 여밀 폭이면 충분한데 이것이 '너무 넓다'. 다시 말해 '오지랖(앞섶)이 얼마나 넓길래 자기 가슴 앞 가림을 하고도 남아 남의 인생 앞가림까지 하려 드느냐' 하는 말이다. 제 앞가림은 얼마나 잘하길래 그렇게 사방팔방 다른 사람 일에 끼어들어 참견이냐고 빈정대는 말이다.

한복 치마는 밑에서 위로 입는 것이 아니라 허리에 감아 두르고 뒤쪽에서 여미는 것[97] 이며 6~8폭[98] 정도면 충분하다. 관용 표현으로 '열두 폭 치마'[99] 라는 말이 있는데, 마음이 매우 너그럽거나 인자함을 일컬을 때 쓴다.

풍성한 열두 폭 치마. 그림의 모델은 당시 사회 분위기상 기생이나 첩일 것으로 보는 시각이 일반적이다. | 신윤복, 〈미인도〉

97 통으로 다 막혀 있어 다리를 넣어 입는 치마는 '통치마'라고 부르고, 허리에 두르고 겹쳐 여미는 치마는 '풀치마'라고 한다.

98 여기서의 한 폭은 사람의 가슴너비를 기준으로 한다. 옷은 앞과 뒤를 한 폭씩 쓰고 소매는 한 폭을 반으로 접어서 만들기 때문에 생긴 단위다. 대략 30~40cm 정도를 말한다. 40cm 정도라고 치면 여섯 폭이면 밑단 둘레가 2.4m다.

99 실제로 매우 화려하고 풍성한 치마가 열두 폭 치마로, 기생, 첩, 귀부인들이 주로 입었다. 서양으로 치면 풍성한 드레스에 해당한다. 양반가 부녀자는 겉치마를 최대 열세 폭까지, 평민 부녀자는 최대 열두 폭까지로 제한하였으나 규중의 일이라 단속되기 어려웠다. 치마를 풍성하게 입으면 입을수록 어깨와 허리가 가냘파 보이는데, 이런 걸 하후상박(下厚上薄)형이라 한다. 치마를 더 풍성하게 하려고 안에 여러 종류의 속옷을 겹겹이 받쳐 입었다.

하지만 여기서처럼 '열두 폭'이 안 좋은 뜻으로 쓰일 때는 치마폭이 넓어 겹겹이 친친 둘러 제 '뒷 가림'을 얼마나 잘하기에 남의 뒤도 그리 챙기려 드냐는 말이다.

'말기'는 주름 잡은 치마 위쪽에 양쪽으로 달린 긴 띠다. 이 띠를 허리나 가슴 위로 칭칭 둘러 묶어 치마를 고정하며 가슴도 동여 가린다. 치마 말기가 얼마나 길면 제 앞(가슴)을 다 감아 '앞 가림' 하고도 남아 남의 '앞가림'까지 해주려 드느냐는 말이다.

저고리의 오지랖, 치마폭, 말기 등을 가지고 여성의 참견질을 경계하자는 목적으로 이 속담들이 쓰였다. 남자는 가슴이 보여도 흉이 아니었기 때문이다.

- 남 떡 먹는데 팥고물 떨어지는 걱정한다
- 궁금한 게 많으니 먹고 싶은 것도 많겠다[2+]
  | '궁금하다'에는 입이 궁금하다는 뜻도 있다. 남의 일이 뭐 그리 궁금해 아는 척 끼어드냐며, 먹고 싶은 게 많아서 궁금한 것도 많냐고 핀잔 주는 말이다. '아는 게 많으니 먹고 싶은 것도 많겠다'로 잘못 쓰인다.

남이야 지게 지고 제사를 지내건 말건   무슨 짓을 하든 다 제 하고 싶은 대로 내버려 두어야 한다는 말.

[현대] 외모? 왜 뭐! ‣ 전보다 살이 쪘네, 어디만 고치면 좋겠다, 화장 좀 하고 다녀라, 옷이 너무 파였다 등등 남의 외모에 지적질하는 사람들 때문에 생긴 말이다.
무관심이 호의 ‣ 신경 꺼주는 게 도와주는 일이란 뜻.
남이야 전봇대로 이를 쑤시든 말든 ‣ 1970년대까지는 기름칠한 통나무로 만든 전봇대가 많이 보였다. 어찌 보면 거대한 이쑤시개 같기도 하다.

나무전봇대. | 서울 윤동주공원

- 남이야 지게 지고 제사를 지내건 말건
  | 제사를 지낼 때는 전날 부인과 잠자리도 하지 않을 만큼 몸과 마음을 깨끗하게 하고 제상 앞에 섰다. 그런데 지게를 지고 있다는 것은 작업복 차림이라는 뜻이다. 게다가 제사는 고인이 돌아가신 날의 첫 자시(子時)에 지내는 것이니 자정(0시) 무렵에 지낸다. 그러니 한밤중에 작업복 차림으로 지게 지고 제사를 지낸다는 것은 누가 봐도 정신 나간 행동이다. 그러든 말든 내 제사니 상관하지 말라는 말이다.
- 갓 쓰고 박치기를 해도 제멋[2+] / 도포 입고 논을 갈아도 제멋[2+]
  | 갓 쓴 채로 박치기하면 제 비싼 갓이 부서지고, 외출 때 입는 도포 입고 쟁기질하면 좋은 옷을 버린다. 그러든 말든 내 멋대로 하겠다는 뜻이다.

■ 맹물에 조약돌 삶아 먹더라도 제멋에 산다 / 외 거꾸로 먹어도 제 재미다[2+]
| 오이는 꼭지 쪽으로 갈수록 쓰고 단단한 것이 특징이다. 따라서 대부분의 사람
은 연한 부분인 그 반대쪽부터 먹는다.
[맥락] "왜 좋은 것부터 안 먹고 거꾸로 먹어"라는 말에 '외(오이)'와 '왜'의 발음이
비슷한 것을 이용해 "왜, 뭐! 외 거꾸로 먹어도 제 재미지"라고 대답한 데서 나왔
을 듯하다.

■ 털토시 끼고 게 구멍을 쑤셔도 제 재미다
| 겨울 갯벌은 매우 춥다. 게다가 옛날에는 고무장갑도 없어서 맨손으로 갯일을
하느라 무척 손이 시렸다. 그렇다고 털토시를 끼고 게 구멍 깊숙이 팔을 넣었다
간 귀한 털토시를 버리고 만다. 버려도 내 털토시니 내버려두란 말이다.

남편은 두레박 아내는 항아리 부부가 합심하여 열심히 살림을 키워나감을 이르는 말.
[반대] 가난에도 암가난 수가난이 있다

■ 남편은 두레박 아내는 항아리
| 우물에서 물을 길어다 큰 항아리에 부어 채우듯, 남편이 밖에서 열심히 일해서
벌어들이면 아내는 그것을 차곡차곡 받아 모은다는 말이다. 어느 한쪽만 억척스
럽게 아껴봐야 그쪽만 생고생이다. 부부가 합심하면 적어도 가난은 면한다.

남편 죽었다고 섧게 울던 년이 시집은 먼저 간다 ①지조와 정절을 가장 잘 지킬
것 같은 사람이 제일 먼저 변절한다는 말. ②이별을 가장 슬퍼하는 이일수록 새
사랑을 더 빨리 찾는다는 말.
[반대] 짝사랑에 외기러기

■ 남편 죽었다고 섧게 울던 년이 시집은 먼저 간다[2+]

낫 놓고 기역 자도 모른다 글자를 모르는 문맹 또는 매우 무식함을 이르는 말.
[成語] 목불식정(目不識丁) : 고무래를 눈앞에 보여줘도 정(丁)자를 모른다.
일자무식(一字無識) : 한 글자도 알아보지 못한다.
어로불변(魚魯不辨) : 물고기 어 자와 노나라 노 자를 구별하지 못한다. ▸두 글
자는 날 일(日)자 하나 차이지만 이를 모른다는 말이다.[100]

---

100 요즘엔 '채워 넣음'을 뜻하는 충전(充塡)을 메울 塡 자가 참 眞 자와 비슷하다고 '충진'이라
잘못 읽는 경우가 많다. 특히 건축이나 토목 쪽. '충전'은 전기를 채워 넣는 充電과 빈 곳을 메워
넣는 充塡 두 가지가 있다. 과자봉지에도 "질소가스 충전"이라고 되어 있다.

숙맥불변(菽麥不辨) : 콩과 보리를 구별하지 못한다. ▸ 보리라는 뜻의 맥(麥)은 나중에 '밀'도 뜻하게 되었는데, 보리와 밀은 매우 비슷하게 생겼기 때문이다. 그러나 보리와 콩은 달라도 너무 다르다. 농사를 중요시하던 옛날에 보리와 콩도 구분하지 못한다는 건 그 사람에게 문제가 많다는 뜻이다. 어리석고 세상물정 모르는 사람을 일컫는 '숙맥'이란 말이 여기서 나왔다. 하지만 글쓴이는 이 성어가 사실 중국인의 말장난이라고 생각한다. 변(辨)은 '분별하다'라는 뜻도 있지만 '나누다/쪼개다'라는 뜻도 있다. 콩은 '콩 한 쪽도 나눠 먹는다'라는 말이 있듯 두 쪽으로 나뉜다. 쌀보리 역시 찧으면 반으로 나뉜다. 보리는 쌀보다 익는 시간이 오래 걸려 두 번 삶는 '곱삶이'를 하거나 애초에 절구로 찧어 둘로 쪼갠 할맥(割麥)으로 짓는다. 즉, 이 성어는 콩과 보리를 구별 못 하고, 콩과 보리를 쪼갤 줄도 모르니 머리가 나쁘고 재주도 없는 바보라는 뜻으로 쓴 말이라고 본다.

어느 것이 밀이고 어느 것이 보리일까? 농사꾼도 아닌데 이 정도를 모른다고 그리 창피한 일은 아니다(왼쪽이 보리, 오른쪽이 밀이다. 보리와 밀은 알곡의 가지런함을 보면 구별이 쉽다). 하지만 콩알과 보리알은 크기나 모양이 달라도 너무 다르다. |서울 농업박물관

[현대] 빨래집게 놓고 A자도 모른다 / 컴퓨터 켜고 끌 줄은 모른다

▪ **낫 놓고 기역 자도 모른다**

▪ **기역 자 왼 다리도 못 그린다 / 가갸 뒷자[뒷다리]도 모른다**

|기역 자 왼 다리도 못 그린다는 말은 'ㄱ'을 그리기 위해 제일 먼저 그어야 하는 좌측 'ㅡ' 획도 모른다는 말이다. 그리고 가갸 뒷자도 모른다는 말은 '가갸'의 다음 글자가 '거겨'인데[101] '가갸'까지만 알고 그다음은 모른다는 말이다. 또한 가갸 뒷다리도 모른다는 말은, 가와 갸의 ㅏ/ㅑ를 그릴 줄 모른다는 말이다. 참고로 훈민정음, 즉 한글을 거부하던 양반들이 이를 '반절'이라고도 얕잡아 불렀는데, 중국에서 어려운 한자의 음을 표시할 때 잘 알려진 한자의 음을 따서 표시하던 방식을 반절(半切)[102] 이라고 한다. 자음과 모음으로 나뉘어서 이 둘의

---

101 옛날에 한글을 배울 때 '가갸거겨고교구규 나냐너녀노뇨누뉴' 식의 순서로 배웠기 때문이다. 이는 지금의 자모순인 'ㅏㅐㅑㅒ ㅓㅔㅕㅖ ㅗㅘㅙㅚ ㅜㅝㅞㅟ ㅡㅢㅣ'와 다르다. 그래서 1926년 지금의 한글날을 처음 만들 때 '가갸거겨'에 착안해서 '가갸날'이라고 불렀다가 이후에 우리말을 '한글'이라 부르는 일이 많아지면서 '한글날'로 이름을 바꾸었다.

102 東=德紅切 : 東[tong]이란 글자는 德[de]의 초성과 紅[hong]의 중·종성을 합친 발음이라는 뜻이다.

합으로 글자가 이루어지는 한글의 특징을 빗댄 것이다.

■ **고무래 놓고 정 자도 모른다**
| '고무래'는 논이나 밭의 흙을 고르거나 씨를 뿌린 뒤 흙
을 덮을 때, 또는 곡식을 모으거나 펴는 데 쓰는 농기구
며, 아궁이의 재를 끌어내는 용도로도 쓰인다. 고무래는
한자로 정(丁)이며, 고무래 모양을 본떠서 만든 글자다.

■ **흰 건 종이요 검은 건 글씨라 / 눈 뜬 장님[소경]**

고무래. |서울 농업박물관

낮말은 새가 듣고 밤말은 쥐가 듣는다　①아무도 없는 곳에서 한 말도 누군가 들을 수
있으니 조심해야 한다는 말. ②아무리 비밀스럽게 얘기해도 알려질 건 알려진다는 말.

■ **낮말은 새가 듣고 밤말은 쥐가 듣는다**[2+]
| 모여서 수군대기 좋은 정자나무 아래서 주위
샅샅이 돌아보고 멀리까지 아무도 없음을 확인
했는데, 아뿔싸! 나무 위에 누가 있었을 줄이
야. 인적 끊긴 한밤중에 방문 걸어 잠그고 쉬쉬
했는데, 봉창 밖 어둠 속에 밝은 귀 하나가 착
붙었을 줄이야. 아무리 남모르게 숙덕대도 말
이란 어떻게든 난다는 뜻이다.

[맥락] 여기에는 '낮말은 새가 듣고 밥 말은 라면
먹고 싶다' 같은 말장난도 숨어 있다. '낮말'은
[남말]과 비슷한 소리가 나고 [밤말]은 '반말'의
비슷한 발음이다. 자기들끼리 몰래 '남의 말'을
한 것을 누군가 엿듣고, 윗사람을 함부로 이놈,
저놈, 반말지거리로 입에 담은 것이 새어 나간
다는 뜻이다. 화장실 문짝 뒤에 귀가 있고, 온
라인 폐쇄 대화방에는 대화 내용 복사해서 당
사자에게 일러바치는 손가락이 꼭 있다. 안 그
럼 새어 나갈 리 없다.

생황 불려고 나온 척하며 방 안의 기척에
귀를 기울이는 여인. 저 밖에서 인기척이
들려 쳐다본다는 해석도 있지만, 고개와
눈의 기울기를 보면 귀 기울이는 게 맞을
듯하다. 연화(蓮花)에는 관심 없고 손님과
기녀의 연화(戀話) 나누는 소리에만 귀가
쫑긋하다. |신윤복, 〈연당(蓮堂)의 여인〉

■ **바람벽에도 귀가 있다**
| '바람벽'은 '벽(壁)'과 같은 말이다. 벽이 바람을 막아주기 때문에 바람벽이라고
도 불렀다. 벽에 귀가 있다는 말은 방에서 얘기하는 것을 옆방이나 문밖에서
몰래 귀 붙여 들을 수 있다는 뜻.

내리사랑은 있어도 치사랑은 없다 윗사람이 아랫사람을 생각하는 마음의 크고 깊음
은 아랫사람이 결코 따라올 수 없다는 말.

[현대] 부모 욕하는 건 참을 수 있어도 내 욕하는 건 참을 수 없다 / 낳긴 엄마가
낳고 미역국은 자식이 받아먹는다 / 딸은 마땅히 입을 게 없고 엄마는 그마저
입을 게 없다 / 부모는 부처고 자식은 부처다 / 딸이 사춘기면 엄마는 갱년기
/ 사춘기 자녀와는 짝사랑 / 엄마 같은 여자 만나려 말고 엄마를 도와라
부모는 아틈(ATM)·부모를 무쇠 로봇 아톰처럼 여기며, 돈 나오는 기계로만
안다는 말이다.

■ 내리사랑은 있어도 치사랑은 없다 / 사랑은 내려가고 걱정은 올라간다²⁺ /
물이 아래로 흐르지 위로 흐르지 못한다
| 위에서 아래로 내려오는 사랑을 '내리사랑'이라 하고, 아래서 위로 받들어 올리
는 사랑을 '치사랑'이라 한다. 사랑은 언제나 윗사람이 아랫사람에게 베푸는 법
이고 걱정은 언제나 아랫사람이 윗사람에게 끼치는 법이다.

■ 흉년에 어미는 굶어 죽고 자식은 배 터져 죽는다
| 자식이 배가 고프다고 울며 보채니 어미가 자기 먹을 것까지 자식에게 내어준다
는 말이다. 자식이 제대로 철이 들었다면 부모를 위해 자신이 굶어야 하겠지만
이런 경우는 거의 찾아볼 수 없다. 부모가 병들었다고 또 능력이 없어졌다고
함부로 괄시하거나 병 수발 들기 귀찮다고 짜증만 내기 일쑤다.

■ 부모 속엔 부처가 들었고 자식 속엔 앙칼이 들었다 / 자식 이기는 부모 없다
| 자식은 그거 하나 안 해준다고 골이 맺히지만, 부모는 그거 하나 못 해줘서 한이
맺힌다.

■ 자식이 부모 마음 반만 알아도 온 효자 된다 / 자식을 낳아봐야 부모 맘을
안다 / 자식을 길러봐야 부모의 은공을 안다

■ 한 부모는 열 자식을 거두어도 열 자식이 한 부모를 못 모신다

■ 자도 걱정 먹어도 걱정
| 자식에 대한 부모의 걱정은 끝이 없음을 이르는 말이다.

내 미워 기른 아이 남이 괸다 귀찮거나 미워서 허투루 키운 애가 오히려 남에게
사랑받기도 한다는 말.

■ 내 미워 기른 아이 남이 괸다²⁺
| '괴다'는 특별히 귀여워하고 사랑하다. 사람에겐 측은지심(惻隱之心)이 있는데,
특히 어린아이가 불쌍한 것은 더욱 보아 넘기지 못한다. 그래서 부모에게 구박

받는 아이가 있으면 이웃이 알게 모르게 더 챙겨주고 마음 써주는 법이다.

내 발등의 불을 꺼야 아비 발등의 불을 끈다 급할 때에는 다른 사람의 일보다도 자기에게 닥친 위험이나 바쁜 일부터 막게 된다는 말.

■ 내 발등의 불을 꺼야 아비[아들] 발등의 불을 끈다[2+]
 | '발등에 불 떨어지다'라는 관용구에는 몹시 절박한 일이 닥친다는 뜻이 있다.

내 배 부르니 종의 배 고픈 줄 모른다 넉넉하고 편하면 남의 어려움과 힘듦을 헤아릴 줄 모른다는 말.

　[현대] 아프리카 청춘이다 ▸ 『아프니까 청춘이다』라는 책에 대해 청년들이 반발하며 가난하고 헐벗은 자신들을 가리켜 한 말.

■ 내 배 부르니 종의 배 고픈 줄 모른다
 | 일단 내 배가 부르면 남도 그러려니 하고 생각하는 경향이 있다. 요새도 아내는 애들 밥 먹이고 챙기느라 밥도 한 숟갈 제대로 못 떠먹었는데 남편은 자기 다 먹고 애들도 다 먹었다고 "다 먹었으면 치우지?" 무신경한 말을 하는 경우가 종종 있다. 애들 챙기느라 동동거리는 아내는 남편 아니면 누가 챙기나.

■ 말[노새] 탄 사람이 걸어가는 사람 다리 아픈 줄 모른다[2+]
 | '노새'는 암말과 수탕나귀의 교배로 낳은 잡종으로 번식능력이 없다.[103] 힘이 세고 순해서 짐을 옮기거나 타고 다니는 데 많이 썼다. 여기서 걸어가는 사람은 양반이나 선비가 탄, 말이나 노새의 경마 줄을 잡아 이끄는 경마잡이 몸종이다. 편하게 타고 가느라 얼마나 멀리 걷게 했는지 모르고, 몸종은 다리가 부러질 판인데 시간 남았으니 저 너머 한 군데 더 들렀다 가잔다.

내 속 짚어 남의 말 한다 자기가 그러니까 남도 그러려니 하고 함부로 지레짐작을 하거나 넘겨짚음을 이르는 말.

　[成語] 췌마억측(揣摩臆測) : 자기 짐작으로 남의 마음을 헤아린다.

■ 내[제] 속 짚어 남의 말 한다[2+]
 | 자기중심적 사고를 말한다. 제가 뒤로 해먹으니 남들도 다 그런 줄 알고, 자기와 친구들이 모두 몰래 바람을 피우니 뒤로 바람 안 피우는 사람 없다고 자신한다.

---

103 반대로 수말과 암탕나귀 사이에서 태어난 잡종은 '버새'라고 하는데, 힘이 좋지만 마찬가지로 새끼를 낳지 못한다.

내시 이 앓는 소리 가냘픈 목소리로 웅얼웅얼거리는 소리를 이르는 말.

■ 내시 이 앓는 소리[2+]

ㅣ변성기가 오기 전에 고환을 제거하면 남성호르몬이 나오지 않아 소년 때의 목소리를 그대로 유지한다. 내시 가운데는 변성기 전에 거세를 한 경우 여성의 목소리와 비슷하게 가늘고 높은 목소리가 났다. 그리고 이가 아플 때 턱관절을 움직이면 더 아프니 입만 슬쩍 벌린 채 '흐으~ 흐이~' 신음만 길게 낸다. 뭔가 마음에 안 들거나 슬플 때 이런 넋두리 같은 소리를 잘 낸다.

내 일 바빠 한댁 방아 내 급한 일을 하기 위해 어쩔 수 없이 다른 사람의 일부터 먼저 해준다는 말.

■ 내 일 바빠 한댁 방아

ㅣ이 속담은 문헌에 등장하는 우리나라에서 가장 오래된 속담이다.

> … 귀진(貴珍)이라는 사람의 집에 욱면(郁面)이란 여종이 있었는데, 주인을 따라 절에 가서 승려 옆에서 염불을 하였다. 주인은 욱면이 일을 잘 하지 않는다고 여겨 매일 곡식 2섬씩을 주며 이를 하루 저녁에 다 찧게 하였다. 그러자 욱면이 서둘러 금세 다 찧고 절로 돌아와서 염불하기를 아침저녁으로 게을리하지 않았다. …
> _『삼국유사(三國遺事)』「욱면비념불서승(郁面婢念佛西昇)」

여종이 염불을 하고 싶어서 주인집의 방아를 열심히 빨리 찧었다는 이야기다. '한댁(宅)'은 살림살이의 규모가 매우 큰 집을 말한다. 귀족이나 양반의 집을 말하기도 한다. 여기서 '한-'은 '크다'라는 뜻의 순우리말. 이 속담은 간혹 '내일 바빠 한데(=한군데에) 방아'로 잘못 쓰이기도 한다.

내 절 부처는 내가 위해야 한다 자기 쪽 윗사람이나 우두머리를 안에서 받들고 위해야만 남들도 그렇게 대우한다는 뜻.

[현대] 안에서 구박받고 밖에서 대박 날까

■ 내 절 부처는 내가 위해야 한다[2+]

ㅣ윗사람이 부처님처럼 인자하면 아랫사람이 이를 믿고 방자하게 구는 일이 많다. 그럼 바깥의 다른 사람들도 똑같이 그 윗사람에게 방자하게 군다. 그 꼴을 보면 아랫사람이 또 몹시 기분 나쁘다. 자기 윗사람을 자기네가 알아서 높이 모셔야 다른 사람들도 똑같이 따라 하게 마련이다.

내 칼도 남의 칼집에 들면 찾기 어렵다 자기 것이라도 남의 손에 들어가면 다시 찾아오기 어렵다는 말.

■ 내 칼도 남의 칼집에 들면 찾기 어렵다

  |내 칼인데 자신이 간수를 허술하게 해 남이 가져가 자기 칼집에 꽂았다 치자. 내 칼이니 달라고 하면 상대방이 칼을 뽑아서 … 다음을 상상해보자. 무서운 상황이 될 수도 있다. 칼이기 때문이다. 그래서 물건 간수를 잘해야 하고 또 내게 중요한 것이라면 남에게 함부로 빌려줘서도 안 되는 것이다. 여기서의 '찾다'는 어디에 있는지 찾는다는 뜻도, 남에게 가 있는 것을 되찾는다는 뜻도 된다. 군대에서는 경계근무 중에 대통령이나 사단장이 와서 잠깐 총을 줘보라 해도 절대 안 준다. 아무 생각 없이 상관이라고 총 넘겨줬다간 크게 혼이 난다. 총은 자신을 지키는 마지막 무기이자 남의 손으로 넘어가면 자신을 죽일 무기가 되기 때문이다.

내 코가 석 자 내 사정이 더 급해 남의 사정을 돌아볼 겨를이 없다는 말.

■ 내 코가 석 자$^{2+}$ / 내 코가 닷 발$^{2+}$

  |평소에 사람은 코가 앞을 향한다. 그리고 기세가 등등하면 턱을 쳐들면서 코도 위로 향해 코끝이 높아진다. 하지만 근심에 싸여 기가 죽거나 넋을 놓을 때면 저절로 고개를 아래로 툭 떨어트린다. 기세등등할 때와 달리 콧대에 기운이 없다. 그래서 감각적으로 코가 축 처지는 듯한 느낌을 받는다. 그래서 이 속담의 본모습은 '내 코가 석 자나 밑으로 쑥 빠졌다'다. 석 자는 대략 90cm니 코가 바닥에 닿을 만큼 쑥 빠져 내려온 상황이란 말이다.

  '내 코가 닷 발'은 '코'의 다른 뜻인 '콧물'일 거라 여겨진다. 콧물이 흘러나오면 도로 들이켜는 게 정상이다. 하지만 경황없이 넋이 나가면 나온 코를 들이켜는 것조차 잊어버린다. 그렇게 자기 콧물이 다섯 발이나 흘러나오도록 넋이 나가 다른 사람의 사정을 돌아볼 여유조차 없다는 말이다.

냉수 마시고 이 쑤시기 실속은 없이 있는 체, 잘난 체한다는 말.

■ 냉수 마시고 이 쑤시기 / 냉수[김칫국] 마시고 수염 쓴다 / 냉수 마시고 갈비 트림 한다

  |고작 냉수 한 사발 마시고 마치 갈비나 뜯은 것처럼 꺼억! 크게 트림을 하며 허세를 부린다는 말.

너무 고르다 눈먼 사위 고른다   지나치게 따져서 고르다 보면 오히려 좋지 않은 것을 고를 수 있다는 말.

[반대] 사돈집과 짐바리는 골라야 좋다

[현대] 아무나 안 만나려다 아무도 못 만난다 / 품질 따지다 품절된다

■ 너무 고르다 눈먼 사위 고른다

|다른 게 다 좋으면 어느 하나는 꼭 모자라기 마련. 어느 선에서 적당히 포기하고 결정을 내려야 한다. 그럼에도 하나라도 더 고르고 찾다가는 시간이 너무 흘러 고를 수 있는 범위만 점점 좁아진다. 자기 딸이 예쁘다고, 또 자기가 돈과 지위가 있다고 좀 더 나은 사위를 고르겠노라 고르고 또 고르는 동안, 괜찮은 총각들은 하나둘씩 다른 곳에 장가가버리고 결국 눈멀어서 장가 못 간 총각만 남아서 어쩔 수 없이 그 총각과 결혼시킨다는 말이다. 지금도 마음에 드는 물건을 찾아 인터넷 쇼핑몰을 뒤지고 뒤지다 아까 본 게 그나마 낫겠다 싶어 다시 가보면 이미 품절이라 급한 김에 마음에 안 드는 다른 것을 사기도 한다.

■ 너무 고르면 지네 고른다 / 너무 고르면 뱀 본다

|여럿 가운데 고른다는 말과 땅을 판판하게 고른다는 말을 이용했다. 땅을 판판하게 고르는 것은 좋지만 그만하면 됐는데 자꾸 땅을 긁어 고르고 고르다 보면 땅이 깊이 패고, 그럼 땅속에 있던 지네[104]나 뱀까지 땅 위로 나오게 만든다는 말이다. 너무 고르다 오히려 흉한 꼴만 본다는 뜻이다.

■ 모시 고르다 베 고른다

|좋은 모시를 고르고 고르다 그사이 모시가 다 팔려나가 어쩔 수 없이 거친 베라도 사 오게 된다는 말. '모시'는 모시풀의 줄기 껍질을 벗겨 만드는데, 결이 고우며 땀의 흡수와 방출이 빠르고 통풍도 잘되어 여름용 옷감으로 즐겨 쓰였다. 그리고 '베'는 삼의 줄기 껍질로 만드는데 결이 다소 거칠다. 베 역시 땀의 흡수와 방출이 빠르고 통풍이 좋아 여름용 옷감으로 많이 쓰였다.

모시(◁)와 삼베(▷)의 질감. |국립민속박물관

---

104 지네는 축축하고 어두운 곳을 좋아한다. 또한 야행성이다. 따라서 낮에는 바위 밑이나 썩은 나무나 낙엽 밑, 그리고 수시로 물을 주어 습기가 있는 흙 밑에서 쉬기 마련이다.

■ 떡이 별 떡 있지 사람은 별 사람 없다

|떡에는 별의별 떡이 다 있지만[105] 사람은 알고 보면 별반 차이 없이 그 사람이 그 사람이라는 말이다. 사람 크게 다르지 않으니 너무 따져 고르지 말라는 뜻.

넘어도 안 가본 고개에 한숨부터 쉰다   해보지도 않고 겁부터 내는 경우를 이르는 말.

[현대] 후회란 해보고 난 다음에나 쓰는 말이다 /
긍정적인 사람은 한계 없고 부정적인 사람은 한 게 없다

■ 넘어도 안 가본 고개에 한숨부터 쉰다[2+]

|'시작이 반'이라는 말이 있다. 과연 가능할까 걱정하느라 시작도 못 하고 또 잘못될까 무서워 주저하곤 하지만 일단 시작해보면 생각보다 힘들지도 어렵지도 않은 경우가 많다. 특히 지금까지와는 다른 전혀 다른 일을 겪어야 할 때 겁이 난다. '고개'에는 일의 중요한 고비나 절정이란 뜻도 있다.

넘어진 김에 쉬어 간다   뜻하지 않게 맞이한 어려움을 오히려 자신에게 좋은 계기로 삼는다는 말.

[현대] 멈췄다 생각 말고 머무른다 생각하라

■ 넘어진[엎어진] 김에 쉬어 간다[2+]

|일이 엎어지면 낙심하고 좌절하는 사람이 있으면, 이를 계기로 문제점을 찾아내고 더 큰 도약을 위한 만반의 준비를 하며 어려움을 견디는 사람도 있다.

노는 입에 염불   가만히 있거나 하릴없이 노느니 뭐라도 하는 것이 낫다는 말.

[현대] 심심풀이 땅콩

■ 노는 입에 염불

|고려 말 나옹화상(懶翁和尙, 1320~1376)이 지은 〈승원가(僧元歌)〉에 나오는 말이다. 이 노래는 두 손과 두 발로 농사를 지으면서 입을 놀리지 말고 그 입으로 염불을 하고, 길쌈을 하면서도 역시 그냥 노는 입으로 염불을 하라며 "… 농부거든 농사하며 노는 입에 아미타불 / 직녀거든 길쌈하며 노는 입에 아미타불 …"이라면서 생활불교의 실천을 구체적으로 알려주고 있다. 꼭 절에 가서 부처님 앞에서 염불해야만 수행이 아니라는 말이다. 언제 어디서든 염불을 달고 살며 마

---

105 제주도에는 '별떡'이 실제로 있다. 떡을 ◯ 형태로 만들어 기름에 지진 후 설탕을 묻혀 만든다. 제사용으로 쓰인다고 한다.

음속에 새기는 것도 (생활)수행임을 강조한 노래다. 염불(念佛)은 부처의 공덕이나 이름을 마음 깊이 새기기 위해 입으로 되뇌는 것으로, 보통 '나무아미타불'이나 이 말이 줄어든 '아미타불'을 일정한 억양과 길이로 노래하듯이 한다.

■ **적적할 때는 내 볼기짝 친다**[2+]

|'적적하다'에는 쓸쓸하다와 심심하다 두 가지 뜻이 있다. 친한 이와 함께 있다가 심심하면 그 사람 볼기짝 치며 장난이라도 칠 텐데, 아무도 없고 아무 할 일도 없으니 내 볼기라도 치며 논다는 말. 아내가 없는 사람에게 적적하지 않냐고 누가 물을 때, 혼자서도 심심치 않게 그럭저럭 잘 산다며 한 말일 듯하다.

노루 친 막대기 삼 년 우린다 ①우연한 요행을 다시 바라는 어리석음을 이르는 말. ②별 가치 없는 것을 두고두고 써먹는다는 말.

[成語] 수주대토(守株待兎) : 그루터기만 지키고 서서 토끼를 기다림. ·송(宋)나라 때 한 농부가 있었는데, 밭에서 일을 하는데 어느 날 토끼가 급하게 달리다가 나무 그루터기에 부딪쳐 목이 부러져 죽는 것을 보았다. 그러자 그 농부는 쟁기를 던져놓고 또 토끼를 얻을 욕심에 그루터기를 지키면서 다시 토끼가 와서 부딪쳐 주기만 기다려 사람들의 웃음거리가 되었다. _『한비자(韓非子)』

[현대] 공부는 실수를 낳고 찍기는 기적을 낳는다

■ **노루 친 막대기 삼 년 우린다**[2+] / **노루 친 막대기 세 번 국 끓여 먹는다**[2+]

|예전에 운 좋게 노루를 때려잡은 몽둥이에 운이 따른다고 믿고 노루 잡으러 갈 때마다 그 몽둥이만 꼭 챙겨 간다는 말이다.

[맥락] '노루'와 비슷한 소리가 나는 게 '느루'다. '느루'의 뜻에는 계속해서 언제나라는 '늘'도 있다. 늘 그 막대기만 써먹는다는 말이다. '친'은 '치는'으로 읽어 늘 최고로 높이 치는 막대기라 읽을 수 있다. 그런데 노루는 몽둥이로 잡지 가느다란 막대기로는 못 잡는다. 굳이 막대기라 한 것은 아마 '막대기'를 '막 (가져다) 대기'로 써먹으려는 의도인 듯하다. 언제 한 번 먹힌 말이나 행동이 언제나 먹힐 줄 알고, 그게 제일인 줄 알고 아무 때다 마구 가져다 대며 지겹게 써먹는다는 뜻일 듯하다.

■ **황소 불알 떨어지면 구워 먹으려고 다리미에 불 담아 다닌다**

|한여름이 되면 황소의 불알은 마치 떨어질 것처럼 밑으로 축 늘어진다. 그걸 보고 저거 떨어지면 구워 먹으려고 작은 프라이팬처럼 생긴 옛날 다리미에 숯불 담아서 소를 따라다닌다는 말이다.

노름 뒤는 대도 먹는 뒤는 안 댄다 가난한 이를 도와주는 것은 끝이 없는 일이라 해결하기
어렵다는 말로, 가난은 스스로 벗어나려 힘써 노력하지 않으면 안 된다는 말.

[현대] 미국엔 거지 없나

■ 노름 뒤는 대도 먹는 뒤는 안 댄다
  |노름이란 건 하다 보면 어쩌다 운이 좋아 딸 수도 있는 법이다. 하지만 남에게
  얻어먹는 것은 오로지 소비만 하는 것이라 아무것도 남지 않는다. 그러므로 오
  로지 받아먹기만 하는 사람에게는 아무리 대주어도 소용이 없다는 말이다.

■ 가난 구제는 나라님[나라]도 못한다 / 가난은 나라도 못 당한다

■ 가난 구제는 지옥 늦이라
  |'늦'이란 '어떤 일이 일어날 조짐이나 징조'를 뜻하는 말로, 가난한 사람을 구제
  하겠다고 나서는 것은 결국 지옥에 떨어지길 자초하는 일이라는 것이다. '하늘
  은 스스로 돕는 자를 돕는다'라는 말처럼 가난은 스스로 떨쳐 일어나야 하는
  것이지, 누군가 계속 도와주면 기대려는 마음만 생겨 스스로 이겨내려는 의지가
  생기지 않는다. 이렇게 자립할 의지 없이 남에게 기대려고만 하는 이를 계속
  돕다간 상대도 망하고 나도 망한다.

논 끝은 없어도 일한 끝은 있다 놀면 아무것도 안 남지만 일은 꾸준히 하면 반드시
  그 성과를 낸다는 말.

■ 논 끝은 없어도 일한 끝은 있다[2+]
  |'끝'에는 행동이나 일의 결과라는 뜻도 있다. 아무리 힘든 일도 놀지 않고 열심히
  하면 반드시 마땅한 결과를 낸다는 말이다.
  [맥락] 여기서 '논'은 '놀다[遊]' 말고도 '논[畓]'도 뜻한다. 아무리 논이 끝이 없어
  도, 언제 다 하나 싶어 엄두가 안 나도, 묵묵히 일하고 또 일하다 보면 언젠가
  그 논 끝에서 흐뭇한 땀을 씻게 된다는 말이기도 하다.

농부는 굶어 죽어도 씨앗을 베고 죽는다 ①농사꾼에게 씨
  앗이 매우 중요한 것이라는 말. ②미련스럽게 인색함을 이
  르는 말.

■ 농부는 굶어 죽어도 씨앗을[종자를·씨오쟁이를] 베
  고 죽는다
  |다음 해에 뿌릴 씨앗을 매우 중요시 여긴 농부의 마음을
  표현하는 말이기도 하지만, 다른 뜻으로는 굶어 죽을 지경

씨오쟁이. |국립민속박물관

까지 이르렀으면 뿌릴 씨앗이더라도 밥을 해서 먹어야 하는 거 아니냐며 너무 미련스럽게 아낌을 이르는 말이기도 하다. '씨오쟁이'는 지푸라기 등으로 짜서 만든 작은 바구니로, 곡식이나 씨앗 등을 보관했다. 긴 끈이 달려 있어 어깨나 목에 매고 씨를 움켜 꺼내 뿌릴 수 있게 되어 있다.

누구 코에 붙이라고 양이 너무 적어서 배 속이나 마음에 차지 않는다는 말.

　[현대] 코끼리 비스킷
　　밥상에서 뱀 나오겠다 · 고기반찬 없이 순 채소와 나물반찬뿐이라 먹음직스러운
　　것이 없다는 말. 밥상 위에 풀이 우거져서 뱀이 나올 지경이라는 뜻이다.

■ **누구 코에 붙이라고 / 먹다가 굶어 죽겠다**
　│콧구멍에나 갖다 붙이라고 이렇게 코딱지만큼 주는 거냐는 말.

■ **간[창자]에 기별도 안 간다**
　│먹은 게 너무 적어 배 속에 먹었다는 신호조차 갈 게 없다는 말이다. 기별(奇別)
　　은 소식과 같은 말.

■ **생쥐[다람쥐] 볼가심할 것도 없다 / 목구멍의 때도 못 씻는다**
　│'볼가심'은 물 같은 것으로 입안을 헹구는 것, 또는 매우 적은 양의 음식으로
　　간신히 배고픔만 면하게 하는 것을 말한다.

■ **굶주린 범에게 가재 / 범 나비 잡아먹듯**
　│호랑이는 육식을 한다. 육식이라 하면 보통 포유류나 조류, 어류 등만 떠올리는
　　데, 양서류, 파충류부터 곤충과 애벌레까지 모든 동물이 육식의 대상이다. 고양
　　이가 파리를 보면 잡으려 애쓰는 이유가 이것도 먹이였기 때문이다. 같은 고양
　　잇과 동물인 호랑이 역시 먹을 것이 없어지면 가재도 잡아먹는다. 하지만 그
　　큰 덩치에 이런 것을 잡아먹은들 양이나 찰까.

누울 자리 봐 가며 다리 뻗어라 때와 장소, 결과를 가늠하면서 그에 맞게 행동하
라는 말.

　[현대] 낄끼빠빠 · '낄 때 끼고 빠질 때 빠져라'의 준말이다.
　　티피오를 맞춰라 · 때(time)와 장소(place), 상황(occation)에 맞춰서 하라는 말.

■ **누울 자리 봐 가며 다리 뻗어라²⁺ / 이부자리[이불깃] 보고 발 펴라²⁺**
　│이 속담의 흔한 해석은, 한 방에서 여럿이 자다 보면 먼저 자고 있는 사람들이
　　꼬부려 자거나 모로 자는 경우가 있어서 함부로 발을 쭉 폈다간 다른 사람을
　　차게 되니 조심해서 발을 뻗고, 또 그렇게 남들 자는 모양에 맞춰서 자야 한다는

뜻, 그리고 어디가 이불깃 달린 위쪽인지 보고 발을 넣으라는 뜻이라 한다. [맥락] 여기서 생략된 말은 뒤의 '뻗다'와 중복인 '뻗다'라고 생각한다. '뻗을 자리 보고 다리 뻗어라.' 제 자리 모르고 경우 없이 뭘 해보겠다고 함부로 발을 들였다 간 뒤로 뻗는다는 말일 것이다.

그리고 위아래가 있는 이불처럼 '위아래', 즉 사람 사이의 상하관계 잘 따져본 뒤에 편하게 굴든지 하라는 말이다. 윗사람 앞에서는 무릎을 꿇거나 예를 갖춰 앉고, 아랫사람 앞에서는 편하게 다리를 쭉 펴며, 경우 없이 굴지 말라는 것이다. 경우(境遇)라는 말에는 '사리나 도리'라는 뜻과 함께 '무엇이 놓여 있는 조건이나 놓이게 된 형편이나 사정'이란 뜻이 있다. 제가 어떤 처지, 어떤 자리에, 어떤 형편에 있는지 살펴가며 사리나 도리에 맞게 행동하라는 말이다.

- **뒹굴 자리 보고 씨름 나간다[2+]**

  | 승패를 예측할 수 없으니 어디까지 모래가 깔렸는지 미리 가늠부터 하고 씨름을 시작하라는 말.

  [맥락] 어떤 일과 씨름하기 전에 누구 또는 무엇에게 '다리 걸려 자빠지는' 결과도 미리 따져보고 시작하라는 말이다.

- **구멍 봐 가면서 말뚝[쐐기] 깎는다[2+]**

  | 말뚝이 구멍보다 가늘면 건들거리고 구멍보다 굵으면 말뚝이 들어가지 않는다. 마찬가지로 쐐기가 너무 크면 빡빡해서 안 박히고 너무 작으면 물에 불어도 바위를 쪼갤 힘을 못 받는다.

  [맥락] 여기서 '구멍'은 빠져나갈 구멍처럼 어려움을 헤쳐나갈 길을 뜻한다. '말뚝을 박다'라는 관용구에는 '어떤 지위에 오랫동안 머무르다'와 '경계를 짓거나 선을 긋다'라는 뜻이 있고, '쐐기를 박다'에는 '뒤탈이 없도록 미리 단단히 다짐을 두다'와 '남을 이간질하기 위해 훼방을 놓다'라는 뜻이 있다. 그러므로 유사시 곤경에서 빠져나갈 구멍을 봐가면서 어떤 사람이나 일과 따로 되게 선을 긋고, 남을 이간질하든가 하라는 말일 것이다. 반어적으로, 빠져나갈 구멍은 만들어 놓고 그렇게 행동하는 거냐는 말.

- **굿 본 거위 죽는다[2+]**

  | 남의 일에 함부로 끼어들었다가 괜한 낭패를 본다는 속담이다. 굿이나 국가의 제사에 거위도 희생물로 많이 올렸다. 굿이 절정에 이르면 거위를 죽여서 그 피를 뿌리거나 받아서 신에게 바쳤다.

누워서 떡 먹기 매우 간단하고 쉬운 일이라는 말.

[成語] 낭중취물(囊中取物) : 주머니 속의 물건 꺼내기.

여반장(如反掌) : 손바닥 뒤집는 것처럼 쉽다.

[현대] 껌이지 ‣ 이 말은 '껌값이다'가 바뀐 말이다. 옛날 공중전화에 쓸 10원짜리를 거슬러 받으려고 근처 가게에 50원이나 100원짜리 동전을 주고 껌 한 통을 사는 일이 많았다. 껌이 10원에서 20원이었기 때문이다. '10원짜리 같다'라는 표현처럼, 껌은 매우 쌌다. 그래서 아주 싼 것을 말할 때 '껌값'이라 했다. 그러다가 깜도 안 되는 일을 표현하면서 '껌이다'라고 하게 되었다.

■ **누워서 떡 먹기**[2+]

| 아무 노력 않고 가만히 누워서 남이 해다 준 떡을 편히 받아먹는다는 소리다.

[맥락] 떡을 먹는 소리는 '꿀떡꿀떡'이다. 꿀떡꿀떡 먹는다는 말에는 남의 것을 공으로 자꾸 꿀꺽한다는 뜻도 있다. '꿀떡'과 '꿀꺽'은 같은 뜻으로 쓰인다.

■ **약과[기름떡·깨떡] 먹기라**[2+]

| 먹는 약과(藥果)에는 그만한 것이 다행, 또는 그 정도는 아무것도 아니라는 뜻도 있다. 달달한 약과가 목구멍에 잘 넘어가듯 일을 달게 넘길 수 있다는 말이다. 같은 식으로 기름떡은 매끄럽게 넘길 수 있고, 깨떡은 고소하게 넘길 수 있다.

■ **식은 죽 먹기**[2+]

| 죽은 씹을 것도 없이 잘 넘어가는데 그것도 뜨겁지 않은 식은 죽이면 후후 불어 가며 먹지 않아도 되니 훨씬 먹기 쉽다.

[맥락] 의태어가 생략되기 이전의 이 속담은 다음과 같았을 것이다. '훌훌 식은 죽 먹기'. '훌훌'에는 묽은 죽이나 국 따위를 시원스럽게 자꾸 들이마시는 모양이란 뜻도 있으며, 가볍게 날듯이 뛰거나 움직이는 모양이란 뜻도 있다. 식은 죽 훌훌 마시듯 일을 훌훌 가볍게 해치운다는 말이다.

■ **땅 짚고 헤엄치기**[2+]

| 물에 뜨기 위해선 팔다리를 끊임없이 움직여야 하니 힘이 들지만, 얕은 물에서 물 밑바닥을 짚으면서 가면 굳이 팔을 젓고 발을 차며 힘들게 헤엄치지 않아도 되니 그만큼 일이 쉽다는 뜻이다.

[맥락] 의태어가 생략되기 이전의 이 속담은 다음과 같았을 것이다. '설렁설렁 땅 짚고 헤엄치기'. '설렁설렁'에는 팔이나 꼬리 따위를 가볍게 자꾸 흔드는 모양이란 뜻도 있으면서, 무엇에 얽매이지 아니하고 가벼운 마음으로 일을 처리하는 모양이라는 뜻도 있다. 땅 짚고 설렁설렁 헤엄치듯 일도 설렁설렁 대충 해낸다는 말이다.

■ **누운 소 타기**

| 서 있는 소를 타려면 소의 등에 두 팔을 얹은 다음에 힘껏 뛰어올라 배를 걸친

다음 비로소 몸을 돌려서 타야 한다. 누운 소는 다리만 넘기면 바로 탄다.

■ **도투마리로 넉가래 만들기**[2+]

|'도투마리'는 베틀에서 긴 날실 가닥들을 둘둘 감아두고, 감아둔 날실이 풀리지 않도록 양쪽에 네모진 판을 달아 베틀에 걸려 안 돌게 만든 부속이다. 일정 길이만큼 짜면 이 도투마리를 뒤집어 걸어 다음 짤 만큼 날실을 푼다. 이게 똑 넉가래를 자루끼리 맞댄 모양이라서 한쪽 판만 자르면 바로 넉가래가 된다.

베틀 앞쪽 위에 세로 기둥인 '선다리'에 날실이 감긴 도투마리가 걸려 있다.
|김준근, 〈무명 짜고〉 (일부)

■ **손 안 대고 코 풀기**[2+]

|코를 풀 때는 한 손가락으로 한쪽 콧구멍 근처를 눌러 막거나, 엄지와 검지 두 손가락으로 콧대 좌우를 눌러 콧길 앞쪽을 좁혀 콧물이 더 쉽게 빠져나오게 하는데, 이런 동작을 하지 않고도 시원하게 코를 풀었다는 뜻이다.

[맥락] 여기서 '코'는 뜨개질할 때나 매듭을 지을 때 만들어지는 '코'라고 생각한다. 꽉 묶어 답답하게 안 풀리는 일을 자기 손 쓰지 않고 남의 손 빌려 해치우거나, 일의 매듭이 저절로 시원스레 풀려나갔다는 뜻이다.

누워서 떡 먹으면 팥고물이 눈에 들어간다   자기 몸 편할 도리만 차려서 일하면 도리어 제게 해가 된다는 말.

■ **누우서 떡 먹으면 팥고물이 눈에 들어간다**[2+]

|'누워서 떡 먹기' 속담처럼 남의 것을 공으로 쉽사리 꿀떡꿀떡 받아먹다 보면 언제고 큰 낭패를 보게 된다는 말이다.

누워서 침 뱉기   남에게 해를 끼치거나 비난하려는 것이 자신에게 해만 되어 돌아온다는 말.

[成語] 자승자박(自繩自縛) : (남을 묶으려) 꼬아둔 줄에 자신이 묶인다.
　　　　자업자득(自業自得) : 자신이 저지른 대로 돌려받는다.

[현대] 욕실에서 목 욕 / 곱 씹어서 좋을 건 곱창뿐 / 잠 못 드는 밤 이불킥

■ **누워서 침 뱉기**[2+] / **제 얼굴에 침 뱉기**[2+]

|이와 관련한 재밌는 실화가 있다. 모 업체의 연구원들이 회사를 나가면서 그 회사의 중요한 기술을 다른 나라로 빼돌렸고 그래서 그 업체로부터 고소를 당했

다. 그러자 그 연구원들이 그 기술도 사실 예전에 다른 나라 기업으로부터 훔쳐 온 거라고 폭로를 해버렸다. 그래서 그 업체는 기술을 훔쳐 온 외국 기업과 엄청난 소송에 휘말렸다고.

[맥락] 잠자리에 누우면 대개 생각이 많다. 특히 그날 있던 일들이 주로 떠오른다. 만족스럽지 못했거나 창피했던 일, 특히 미처 적절하게 대응하지 못한 일이 떠오른다. '어휴, 그때 그랬어야 했는데, 내 그놈의 면상에다가 아주!' 하고 너무 몰입해서 저도 모르게 그만 "에잇 퉤!" 머릿속 그 면상에게 침을 뱉고 만다. 누워서 뱉은 침은 누가 맞을까? 뱉은 자기 자신이다. 혼자 욕하면 그 욕설은 결국 나만 듣게 된다.

■ 제 손으로 제 눈 찌르기[2+]
| 배신당한 자신을 탓하며 사람 잘못 본 이 눈을 콱 찔러버리고 싶다는 뜻.

■ 바위를 차면 제 발부리만 아프다[2+]
| 바위처럼 꿈쩍 않는 이에게는 아무리 화풀이해봐야 아무 소용없다는 말.

■ 제 발등 제가 찍었다[2+] / 도끼로 제 발등 찍는다[2+]
| 도끼질하다 실수로 자기 발등을 찍었다면 누구를 원망하고 탓할 수 있을까. 제 발등 찍은 제 헛손질만 탓해야지. '헛손질'에는 겨냥이 빗나가 제대로 맞지 아니하거나 붙잡지 못한 손질이란 뜻도 있다.

■ 제 꾀에 제가 넘어갔다 / 제 오라에 제가 졌다 / 제가 놓은 덫에 제가 치였다
| '오라'는 '오랏줄'이라고도 하며 죄인을 묶을 때 쓰는 포승줄이다. 남에게 죄를 덮어씌워 엮어 넣으려다 오히려 자신이 걸려든다는 말이다.

눈 가리고 아웅 한다   빤히 들여다보이는 얕은 수작으로 남을 속이려 하다는 말.

[成語] 조삼모사(朝三暮四) : 아침에 도토리 세 개 저녁에 도토리 네 개. 눈앞의 이익에 눈이 멀어 결과적으로 차이가 없음을 모르는 어리석음을 일컫는 말 또는 그렇게 속임을 이르는 말이다. ▸송(宋)나라 때 저공(狙公)이란 사람이 원숭이를 매우 좋아하여 여러 마리를 길렀는데, 집안 식구들 먹을 것까지 줄여가며 원숭이들에게 먹이를 주었다. 그나마도 마침 거의 다 떨어지게 되자 먹이를 줄이기로 결심하고 원숭이들에게 이렇게 속여서 말했다. "너희들에게 먹이를 주되 아침에 세 개를 주고 저녁에 네 개를 주려 하는데, 좋겠느냐?" 하니 여러 원숭이들이 모두 화를 냈다. 그러자 바로 저공이 "그럼 아침에 네 개를 주고 저녁에 세 개를 주면 되겠느냐?" 하니 여러 원숭이가 모두 기뻐하였다 한다. 『열자(列子)』
장두노미(藏頭露尾) : 머리만 감추고 꼬리는 드러낸다.
엄이도종(掩耳盜鐘) : 귀를 막고 종을 훔친다. ▸옛날에 도둑이 전란으로 망한 집안의 대저택에 가서 비싼 구리로 만든 종을 훔치려 하는데, 종이 너무 커서 가져

갈 수 없으니 종을 깨뜨려서 가져가려 했다. 그런데 망치로 종을 때리니 종소리가 크게 울리고, 도둑은 깜짝 놀라 사람들이 소리를 듣고 쫓아올까 봐 얼른 자기 귀를 틀어막았다. 어리석게도 자기 귀를 막으면 다른 사람도 듣지 못할 거라 순간 착각한 것이다. _『여씨춘추(呂氏春秋)』

지록위마(指鹿爲馬) : 사슴을 가리켜 말이라 한다. • 진시황(秦始皇)이 죽자 환관(宦官) 조고(趙高)가 음모를 꾸며 황제의 맏아들 부소(扶蘇)를 죽이고 둘째 아들인 호해(胡亥)를 황제로 즉위시켰다. 그리고 자신에게 반대하는 많은 신하들을 죽이고 승상의 자리에 올라 조정의 실권을 장악했다. 이후 자신이 황제가 되고 싶어서 자신에게 반대할 사람을 가려내기 위해 다음과 같이 했다. 사슴 한 마리를 몰고 와서 황제에게 바치며 "이것은 말입니다"라고 하니 황제가 "승상이 잘못안 것 아니오? 사슴을 가지고 말이라니" 하고 좌우 신하들에게 물으니 아무도 대답을 하지 못하고 있었다. 그리고 개중에는 '말'이라고 승상 조고에게 아첨하는 신하들도 있었지만 또 어떤 이들은 '말이 아니다'라고 부정하는 신하들도 있었다. 조고는 자기 말을 부정했던 신하들을 기억해두었다가 나중에 억지로 죄를 씌워 모두 죽여버렸다. 그 후로는 궐 안에서 아무도 조고의 말에 반대하는 사람이 없었다고 한다. _『사기(史記)』

양두구육(羊頭狗肉) : 양 머리 내걸고 개고기를 속여 판다. • 춘추시대, 제(齊)나라 영공(靈公)은 궁중의 여인들에게 남장(男裝)을 시켜놓고 감상하는 별난 취미를 가지고 있었다. 그러자 이 취미가 백성들 사이에도 유행되어 남장하는 여인이 날로 늘어났다. 그러자 영공은 재상인 안영(晏嬰)에게 궁 밖에서 남장하는 여인들을 처벌하라는 금지령을 내리게 했으나 그 유행은 좀처럼 수그러들지 않았다. 영공이 안영에게 그 까닭을 묻자 이렇게 대답했다. "전하께서 궁중 여인들에게는 남장을 허용하시면서 궁 밖의 여인들에게는 금지시키오면 이는 밖에는 양 머리를 걸고 안에서는 개고기를 파는 것과 같습니다. 궁중 여인들도 남장을 금하시어야 궁 밖 여인들도 이를 따를 것이옵니다." 이에 영공이 그 말대로 하자 그 뒤로 제나라에서는 남장한 여인을 찾아볼 수 없게 되었다 한다.

낭중지추(囊中之錐) : 주머니 속의 송곳. • 주머니에 넣어도 뾰족한 끝이 뚫고 나오는 송곳처럼 죄와 허물은 감추려 해도 반드시 드러나기 마련이라는 뜻. 그리고 이 말은 '뛰어난 사람은 언제 어디서든 그 능력이 드러날 수밖에 없다'라는 뜻으로도 함께 쓰인다.

[현대] 쇼(Show)를 한다

약을 판다 • 떠돌이 약장수들이 허무맹랑한 말로 사람들을 속여서 모든 병에 효과가 좋다고 과장광고를 하며 약을 팔았다. 그래서 남을 속이려고 말을 어설프게 꾸며댈 때 "어디서 약을 팔아" 하며 이런 표현을 쓴다.

누워서 들어가 걸어서 나온다 • 정치인이나 기업인이 부정을 저질러 검찰의 조사를 받기 위해 출두하면 개중에는 세간의 동정심을 사기 위해 중환자인 척 휠체어나 병원 침대에 실려 들어가는 모습이 뉴스에 간혹 나온다.

■ 눈 가리고 아웅 한다[2+]

| '아웅'은 '야옹'의 옛 표현 중 하나다. 몰래 무슨 짓을 하다가 갑자기 누군가 들어

오니 깜짝 놀라서, 미처 몸을 숨길 생각은 못 하고 자기 눈만 얼른 가린 채 마치 부스럭댄 것이 고양이였다고 속일 양으로 '야옹' 소리를 낸다는 것. 자기 눈만 가린다고, 자기 눈에 상대가 안 보인다고 누가 자기를 고양이라고 속아줄 것인가. 이처럼 애들 같은 얕은 수작으로 뻔히 다 아는 걸 속이려 든다는 말이다. 당황하면 이런 어이없는 행동도 곧잘 하기 마련이다. '야옹'이 아닌 '아옹'인 것은 애써 진짜처럼 고양이 소리를 흉내 냈기 때문이다.

■ 가랑잎으로[낫으로] 눈 가리기

|산이나 밭에서 용변을 보다 들키니 뒤지 삼아 들고 있던 가랑잎으로 정작 가려야 할 데는 놔두고 자기를 숨기려 눈을 가린다는 뜻이다. '가랑잎'은 보통 참나무의 잎이나 그 낙엽을 뜻하며 잎이 넓고 뒷면은 화장지처럼 적당히 부드럽고 거칠어 밖에서 용변 후 밑을 닦을 때 많이 사용했다. 또한 남의 농작물 훔쳐 베다 들키니 들고 있던 낫의 날 부분으로 얼른 눈만 가린다는 말이다.

■ 가랑잎으로 앞 가리기 / 똬리로 하문 가리기

|하문(下門)은 여성의 생식기(성기)를 말한다. 숲이나 냇가에서 몰래 용변을 보다가 누군가 나타나서, 급한 마음에 근처에 있는 가랑잎을 주워서 얼른 거기만 가린다거나 옆에 놓아두었던 똬리로 거기 앞을 가리는 경우랄까. 참고로 '똬리'는 머리에 짐을 이고 나를 때 머리와 짐 사이에 끼워 받치는 것으로, 적당한 내용물을 넣어 머리 모양에 맞춰 한쪽을 우묵하게 한 뒤 그 겉을 짚이나 헝겊으로 둥글게 틀어 만든다. 주로 여성들이 물동이나 광주리를 머리에 일 때 사용한다. 끈을 매달아 입에 물고, 머리에 이고 운반할 때 똬리가 움직이거나 짐을 내릴 때 바닥에 떨어지는 것을 막기도 한다. 도넛처럼 가운데가 뻥 뚫려 있으니 가리나 마나.

똬리. 똬리는 도넛처럼 가운데 크게 구멍이 나 있는 것이 특징이다. 뻥 뚫린 것으로 거기를 가린들 무슨 소용.

머리 위에 똬리를 올려놓고 그 위에 광주리나 항아리 등을 얹으면 둥근 머리 위에서도 서로 닿는 면적이 늘어나 중심이 잘 잡힌다.

■ 손샅으로 밑 가리기[2+]

|손가락 사이가 '손샅'이다. 남 보기 부끄러운 일을 하다 들키니 가리긴 가려야겠

고 가릴 데는 넓고 손은 작다. 급한 김에 손가락 사이를 벌려 웬만큼 가려보려 하지만 그 사이로 보일 건 다 보인다.

■ **고쟁이 열두 벌 입어도 보일 건 다 보인다**
ㅣ고쟁이는 천 기저귀 같은 옛날 여성용 팬티인 다리속곳 위에 입는 가랑이 통이 넓은 속곳(속옷)을 말한다. 고쟁이는 가랑이 부분이 양옆으로 크게 터진 채로 겹쳐져 있는데, 앉으면 겹쳐진 부분이 벌어져 속이 다 보인다(고쟁이를 벗지 않고도 고쟁이 위에 입는 바짓부리 폭이 1m나 되는 넓은 속바지 한쪽을 걷어 제치면 고쟁이가 드러나고, 그 상태로 고쟁이 밑을 헤치면 아래가 활짝 열려 쉽게 용변을 볼 수 있다). 가랑이가 크게 터져 있으니 여러 벌 겹쳐서 입는다 해도 그 속은 다 보이기 마련. 속곳을 여럿 겹쳐 입을 수 있는 건 양반가 여성이 다. 정숙한 체하는 양반가 여성의 허울을 꼬집는 속담일 수도 있다.

(살창)고쟁이. 양쪽 사타구니가 툭, 그것도 쭉 터져 있다. 이렇게 크게 터져 있으니 열두 벌을 겹쳐 입은들 그 은밀한 속이 안 보일 리 없다. ㅣ국립민속박물관

■ **귀 막고 방울 도둑질**
ㅣ자기 귀만 막는다고 다른 사람들이 방울 소리를 못 들을까. 이어폰 끼고 남들 앞에서 방귀 뀌는 것과 다를 바 없다.

■ **머리카락 뒤에서 숨바꼭질한다**[2+]
ㅣ죄를 짓고는 힘 있는 사람 뒤에 숨어서 아닌 척한다는 말이다.

■ **큰 도둑이 좀도둑 잡는 시늉한다**[2+]
ㅣ고위층이 엄청난 부정을 저지르고 있는 걸 다들 아는데, 아래에 대고 작은 부정 하나도 용서치 않겠다고 을러댄다는 말.

■ **봉이 김선달 대동강 물 팔아먹듯**

■ **검둥개 돼지 만든다 / 말살에 쇠살**[2+]
ㅣ우리 토종 돼지는 털이 검은색이다. 그런데 값싼 개고기를 마치 돼지고기인 양 속이려 든다는 뜻이다. 또한 말고기는 소고기보다 붉은데, 두 고기를 섞어서

말고기에 소고기라고 써 붙여서 판다는 뜻이다. 말고기의 누린내가 나는데 아니라고 잡아뗀다. 지금도 국내산이라고 적어놓고 몰래 값싼 수입산을 넣어 파는 나쁜 사람들이 있다.

■ 손바닥으로 하늘 가리기

│손바닥을 눈앞에 갖다 대면 자기는 하늘이 보이지 않지만 하늘에서는 자기의 모습이 고스란히 다 보인다. 부끄러운 죄를 저지른 사람이 하늘을 속이려 손바닥으로 제 눈만 가리는 셈. 옛날에는 사람이 죄를 저지르면 하늘에서 내려다보고 천벌을 내린다고 믿었다.

■ 천자문도 못 읽고 인 위조한다[2+]

│인(印)은 도장. 한참 모자란 능력으로 뻔히 속이려 든다는 말.

눈 감으면 코 베어 간다　믿을 사람 없는 각박한 세상, 또는 뻔히 알면서도 속임을 당하거나 손해를 보게 된다는 말.

[현대] 기쁨을 나누면 질투를 낳고 슬픔을 나누면 약점을 잡힌다

■ 눈 감으면 코 베어 간다[2+] / 눈 뜨고 코 베어 갈 세상[2+]

│바로 눈앞에서 멀쩡한 사기를 당한다는 말이다. 지금도 우체국이나 은행, 검찰청 등을 사칭한 보이스피싱(Voice-fishing) 같은 것에 속아 많은 사람이 멀쩡한 돈을 사기꾼에게 계좌이체를 하거나 통장 비밀번호를 알려주는 일이 많다.
[맥락] 너무 큰일을 당하면 넋이 나간다. 눈에 초점이 사라진다. 그럼 앞에 있는 사람이 정신 차리라며 손등을 그 사람을 향한 채 눈앞에서 위아래로 흔들어 깨운다. 이때의 모양이 꼭 코를 베는 모습과도 비슷하다. 이런 식으로 누군가 크게 속여놓고 상대가 넋이 나갔을 때 비웃으며 "이봐, 얼간이. 정신 차려!" 한다는 건 아닐까? 넋이 나가면 눈앞이 하얘져 아무것도 안 보인다.[106]

■ 눈 뜨고 도둑맞는다 / 눈 뜨고 봉사질

│멀쩡히 눈 뜨고도 마치 앞 못 보는 것처럼 깜깜하게 당한다는 말이다. '봉사'는 '장님'을 말하며, 다른 말로는 '판수' '맹인(盲人)' '소경'이라고 한다. 옛날 맹인 중에는 점치는 일을 직업으로 삼은 사람이 많았는데, 그런 사람을 판수라고 불렀다. 참고로 남자 무당을 뜻하는 박수무당도 판수라고 한다.

106　일설에는 임진왜란 때 왜군이 조선사람들을 죽이고 코를 베어 전공(戰功)의 증거로 가져갔다는 데서 이 속담이 나왔다는데, '죽어서 눈을 감다'를 여기서의 '잠깐 눈을 감다'에 연결 짓기에는 느낌이 한참 멀다. 게다가 귀도 베어 갔는데 '귀 베어 간다'로는 쓰이지 않는다.

눈 먹던 토끼 얼음 먹던 토끼 다르다　겪어온 환경에 따라 능력과 생각도 달라진다
는 말.

■ **눈 먹던 토끼 얼음 먹던 토끼 다르다**[2+]

| 집토끼와 달리 산토끼는 여름에는 털이 갈색이었다가 겨울에는 털갈이를 하여
흰색 또는 연한 갈색으로 바뀐다. 보호색이다. 토끼의 털색을 결정하는 멜라토닌
분비는 겨울철의 온도나 적설량과 관계가 있다고 한다. 옛날에는 그런 관계를
알지 못했기에 얼음 파헤치고 마른 풀을 먹었는지 눈을 파헤치고 먹었는지[107] 에
따라 달라진다고 생각했던 모양이다.[108] 옛사람들은 산토끼 털색에 민감했다.
토끼 털가죽이 보온용으로 많이 팔렸는데 털이 길고 잘 빠지지 않는, 겨울에 잡
은 토끼의 털을 선호했다.

[맥락] '토끼'는 '토끼 같은 자식'처럼 어린아이를 뜻한다. '눈'총 먹고 구박받으며
큰 아이와 '어름'과 칭찬받고 큰 아이는 달라도 꽤 다르다. 부모나 주변의 도끼눈
에 찍히며 자란 사람은 커서도 주눅 들어 있고, 심약하여 매사에 주저한다. 반대
로 사랑받고 얼러지며 자란 사람은 늘 밝고 일도 시원시원하게 한다.

눈먼 머리가 몸통을 벼랑으로 이끈다　우두머리나 길잡이가 못나고 어리석으면 모
두에게 해가 된다는 말.

[현대] 못난 제왕은 재앙 / 인재(人才)가 아니라 인재(人災) / 리더란 일을 잘하는 사람
이 아니라 길을 잘 아는 사람이다

■ **눈먼 머리가 몸통을 벼랑으로 이끈다**

눈먼 소경도 눈멀었다 하면 성낸다　누구든 자신도 잘 아는 자기 단점이나 허물을
굳이 들추어 말하면 좋아하지 않는다는 말.

■ **눈먼 소경도 눈멀었다 하면 성낸다**

눈먼 정이 눈 뜬 사람 잡는다　지나치게 맹목적인 사랑은 좋지 않은 결과로 끝날
수 있다는 말.

[현대] 연애는 아름다운 오해고 결혼은 잔인한 이해다

107　토끼는 겨울잠을 자지 않고 눈 속의 풀이나 마른 풀, 나무껍질, 밭에 남겨진 배추 같은 농작물
등을 뜯어 먹으며 겨울을 난다.
108　날이 춥고 눈이 많이 오면 눈의 무게로 인해 아래에 있는 눈은 얼음처럼 단단해지기 마련이다.

■ 눈먼 정이 눈 뜬 사람 잡는다²⁺ / 갑작사랑 영이별

| 애정에 눈멀어 눈 뜨고도 상황을 제대로 못 보는 잘못을 저지른다는 말이다. 사랑에 빠지면 뭐든 좋게 보이고 무엇이든 다 극복할 수 있을 것 같다. 그래서 돌이킬 수 없는 잘못을 저지르기도 한다. 얼굴만 보고, 능력 없고 나쁜 남자나 경솔하고 사치스러운 여자와 사귀거나, 이미 결혼한 사람과 사랑에 빠지기도 한다. 깊은 사랑에 빠지더라도 주변의 충고에는 꼭 귀를 기울여야 한다.

눈 어둡다 하더니 다홍고추만 잘 딴다 남의 일에는 모른 척하며 자기 이익에만 열심인 경우를 이르는 말.

■ 눈 어둡다 하더니 다홍고추만 잘 딴다

| 일 좀 도와달라고 할 때는 눈이 나빠서 어렵다 뒤로 빼고는, 정작 자기 고추밭에서 붉게 잘 익은 고추를 골라 딴다는 말이다. 이런 사람은 결국 인심을 잃어 정작 자신이 어려움에 처하면 아무도 도와주지 않는다.

눈에서 멀어지면 마음에서도 멀어진다 서로 가까이 있으면서 자주 접해야 정도 깊어진다는 말.

[成語] 거자일소(去者日疎) : 떠나면 나날이 멀어진다.

[현대] 군대 가면 고무신 거꾸로 돌아간다 / 오빠가 아빠 되고 친구가 식구 된다

■ 눈에서 멀어지면 마음에서도 멀어진다 / 가까이 앉아야 정이 두터워진다

■ 십 년 찾지 않으면 벗과 우의가 끊어진다

■ 은행나무도 마주 서야 연다²⁺

| 일반적으로 꽃이 피는 나무는 수나무와 암나무가 하나로 되어 있다. 하지만 은행나무는 수나무와 암나무가 따로 되어 있다. 이런 종류를 암수딴그루라고 한다. 수나무로부터 꽃가루가 바람을 타고 암나무로 날아가야 수정이 이루어지므로,¹⁰⁹ 수나무와 암나무가 가까이 있을수록 더 많은 은행이 열린다.

[맥락] '연다'의 기본형 '열다'는 열매가 열린다는 뜻도 있지만 마음이 열린다는

---

109 수나무의 꽃가루가 바람 타고 날아가는 거리는 최대 4km 정도인데, 이는 '최대'일 뿐이다. 은행의 악취가 골칫거리나 첫 열매가 맺기 전엔 암수를 구별할 방법이 없었다. 일단 심고 나서 다 큰 뒤 열매 맺는 암나무로 확인되면 뽑아내는 방법을 썼으나, 국립산림과학원에서 2011년 DNA 분석으로 1년생 묘목의 잎에서 암수를 판별하는 기술을 개발해 민간에도 기술을 이전하고 있다.

말도 된다. 마주 봐야 마음이 열리고 정도 들지, 서로 등지고 있으면 마음 닫히고 정도 멀어진다는 말이다.

눈 온 날에는 거지가 빨래를 한다 눈이 내리고 나면 날이 춥지 않다는 말.

■ 눈 온 (다음) 날에는 거지가 **빨래를 한다**
  | 거지는 옷이 거의 없어서 겨울이면 추워서 빨아 입지 않다가 눈이 온 날에는 날이 푸근하여 비로소 개천에서 빨래를 한다. 과학적으로 구름 속 물방울이 얼어붙어 눈이 되면서 물방울 속의 열이 밖으로 방출돼 대기 중의 온도가 올라간다. 이 속담은 어쩌면 물이 차서 빨래 못 하겠다고 하는 사람에게, "그럼 언제 빨래? 거지꼴로 있다가 눈 온 다음 날 거지랑 같이 할 거냐?" 할 때 쓰지 않았을까 한다.

눈은 풍년이나 입은 흉년이다 ①먹을 것이 많이 있으나 자기 먹을 것은 없다는 말. ②흔하게 널려 있지만 그 가운데 정작 자기 가질 것은 없다는 말.
  [현대] 풍요 속의 빈곤·원래는 경제용어로 사람들이 살 수 있는 양보다 훨씬 많은 양이 생산되어 재고가 막대하게 쌓여 생기는, 풍부한 생산 속에서 빈곤한 소비를 하는 경제 불균형 상태를 말하는 것이다. 하지만 요새 경제 외적으로 쓸 때는 널리고 널린 가운데 자기가 가질 수 있는 게 거의 없다는 뜻으로 사용되는 일이 많다.
  별처럼 많지만 별처럼 멀리 있다

■ 눈은 풍년이나 입은 흉년이다

눈 익고 손 설다 보기엔 쉬워 보여도 막상 하려 하면 쉽지 않다는 말.
  [반대] 눈은 아이고 하고 손은 이까짓 것 한다
  [현대] 악마는 디테일에 있다·일을 할 때는 세부적인 곳까지 철저하게 해야 한다는 '신은 디테일에 있다(God is in the detail)'가 조금 바뀌어, 세부로 들어갈수록 생각보다 일이 어렵고 피곤해진다는 'The devil is in the detail'로 되었다.

■ 눈 익고 손 설다 / 눈엔 익어도 손엔 설다

눈치가 빠르면 절에 가서도 새우젓 얻어먹는다 눈치가 좋은 사람은 어디서든 요령 껏 제 이익을 챙길 수 있다는 말.
  [반대] 눈치코치가 없다
  [현대] 눈치가 있으면 눈치 없는 척한다

■ 눈치가 **빠르면** 절에 가서도 새우젓[젓갈·조개젓·자반] 얻어먹는다[2+]
  | 불교에서는 살생을 금하므로 육식을 하지 않는다. 그러니 고기는커녕 젓갈이나

절인 생선도 있을 리 없다. 하지만 개중에는 타락한 승려가 있어 몰래 숨어서 먹기도 했겠다. 몇몇 승려에게서 그런 눈치가 보이면 은근슬쩍 옆구리 찔러 같이 먹자 할 수도 있다.

[맥락] 여기서 새우젓을 얻어먹는 것은 고기를 얻어먹는다는 걸 뜻한다. 새우젓은 고기 먹을 때 꼭 곁들인다. '새우젓과 고기→절이 망하려니 새우젓장수가 길을 낸다

■ **눈치는 참새 방앗간 찾기**[2+]

|참새가 방앗간을 금방 찾아내듯이 눈치가 매우 빠르다는 말.

[맥락] 여기서 '참새'는 떠들기 좋아하는 사람, '방앗간'은 입방아를 찧는 곳을 뜻한다. 모여서 수군대고 있는데 입이 방정맞은 사람이 오면 전부 쉬쉬하고 입을 다문다. 하지만 이 참새가 그걸 눈치 못 챌 리 없고, 숨어서 수군대도 어떻게 알았는지 기가 막히게 찾아와 같이 입방아를 찧는다. "나 빼고 여기서들 뭐 해?"

■ **눈치 빠르기는 도갓집 강아지**[2+]

|'도갓집'은 도가(都家)라고도 하며, 요즘으로 치면 도매상이다. 도매상에는 워낙 많은 여러 종류의 사람이 드나들기에 사람을 많이 겪은 그 집 강아지 눈치가 아주 빨라졌다는 말이다. 누가 귀여워하고 먹을 걸 주고, 누가 발길질할지.

[맥락] 여기서의 '강아지'는 아마 도매상의 심부름꾼 아이일 것이다. 어려서부터 사람을 많이 겪으면 아이답지 않게 눈치도 빠르고 사회성도 빨라진다.

■ **배꼽에 어루쇠를 붙인 것 같다**[2+]

|'어루쇠'는 구리 같은 것을 아주 반들반들하게 닦아서 거울로 쓰는 금속판. 배꼽에 거울을 붙였으니 상대 뱃속의 속내를 환히 꿰뚫어본다는 말이다. 참고로 거울은 무당의 무구(巫具) 가운데 하나였다. 무당이 거울을 들여다보고 잃어버린 물건이나 집을 나간 사람의 행방을 점쳐서 일러주기도 했다.

칼, 방울, 거울 등은 제사장이나 무당의 무구이자 상징이기도 했다. |위키백과

눈치코치가 없다 매우 미련하고 눈치가 없다는 말.

[반대] 눈치가 빠르면 절에 가서도 새우젓 얻어먹는다

[현대] 센스가 형광등이다 ▸ 요즘의 전자식 형광등은 대체로 스위치를 켜면 바로 켜지지만, 기존의 점등관이 꽂혀 있는 구형 형광등은 점등관이 우선 깜박깜박 한 뒤에 비로소 뒤늦게 형광등이 켜졌다. 한 번에 알아듣지 못하고 따로 설명을 달아주거나 몇 차례 눈치를 줘야 비로소 알아채는 사람에게 이 말을 썼다.

- **눈치코치가 없다**
  상대가 남들 모르게 눈짓이나 코짓으로 은근히 알려주는데도 알아채지 못한 다는 말이다. 예를 들어 전혀 반갑지 않은 손님이 와서 엄마가 "아유, 모처럼 오셨는데 어쩌죠? 지금 안에 손님이 와 계셔서"라고 말하며 아이를 쳐다보며 눈을 깜박이고 코끝으로 끄덕거렸는데 애가 이를 알아채지 못하고 "엄마, 누 가 와? 아무도 안 왔잖아!" 하는 경우랄까. 또한, 산부인과 의사가 태어날 아 기 옷이 하늘색(또는 분홍색)이 좋겠다고 하면 못 알아듣는 사람들이 가끔 있다.110

- **눈치나 있으면 떡이나 얻어먹지**[2+]
  가만히 있다가 남의 덕이나 볼 것이지 눈치 없이 굴다가 제 몫으로 돌아올 것도 못 챙겨 먹는다는 뜻이다.

- **눈치를 사 먹고 다닌다**[2+]
  가진 눈치가 없어서 다른 사람에게 돈 주고 사서 가져야 할 정도라는 말.

- **눈치는 발바닥이라**[2+]
  눈치가 아주 바닥이라는 말이다. 그것도 발바닥처럼 아주 더럽게 바닥.

뉘 집 숟가락이 몇 개인 줄 아나 남의 일이나 사정을 일일이 다 알 수는 없음을, 또는 그러니 굳이 알려 들지 말아야 한다는 말.

- **뉘 집 숟가락이 몇 개인 줄 아나**

- **뉘 집에 죽이 끓는지 밥이 끓는지 아나**
  죽이나 밥 모두 같은 곡식으로 만들기 때문에 그 끓는 냄새는 똑같다. 그래서 부엌 안에 들어가서 솥을 열어보지 않으면 지금 끓이는 게 죽인지 밥인지 알 수가 없다. 또한 죽은 대개 먹을 게 없어서 끓이는 것이므로, 집집마다 잘 먹는지 못 먹는지까지 다 알 수는 없다는 말이기도 하다. 결국 남의 '속 끓는' 사정은 직접 겪어보지 않으면 알 수가 없으니 함부로 판단하지 말라는 뜻이다.

느릿느릿 걸어도 황소걸음 속도는 느리나 오히려 믿음직스럽고 알차다는 말

[**成語**] 우보천리(牛步千里) : 느린 소 걸음이나 천 리를 간다

---

110 남아선호 등으로 인한 태아살해를 막기 위해 법적으로 의사는 태아의 성별을 알려주지 못하게 되어 있다. 하지만 요새는 남아선호가 많이 사라져서 의사는 저런 방식으로 궁금해하는 부모에게 태아의 성별을 넌지시 알려주어 미리 아기용품을 준비하게 해준다.

■ 느릿느릿[쉬엄쉬엄] 걸어도 황소걸음²⁺ / 걸음 느린[뜬] 황소가 천 리를
간다²⁺

| 말은 빨리 달리나 오래 달리지 못한다. 하지만 소는 지구력이 좋아서 오래, 그리
고 멀리 걷는다. 말에는 천리마가 따로 있지만 소는 그 자체가 '천리소'다.

■ 잰 놈이 뜬 놈만 못하다²⁺

| 급하게 하면 일찍 끝내긴 하겠지만 대신 꼼꼼하지 못해 결국 일을 두 번 하는
일이 잦다.

늘그막에 된서방 만났다   때늦게 어렵고 까다로운 일을 겪게 되었다는 말.

■ 늘그막에 된서방 만났다²⁺

| '된서방'은 아주 까다롭고 잔혹한 남편. 그래서 '된서방 맞다/만나다/걸리다'라
는 관용구는 몹시 어렵고 까다로운 일을 만난다는 뜻이다.

늙은 말이 길을 안다   나이를 먹으면 그만큼 세상 경험이 많아 지혜가 생긴다
는 말.

[成語] 노마지지(老馬之智) / 노마지도(老馬知道) / 노마식도(老馬識道) : 늙은 말이
길을 안다 ▸ 춘추시대 제(齊)나라 환공(桓公)이 고죽국(孤竹國)을 정벌하고 귀
국하는 길에 큰 눈이 와서 길이 사라져 찾지 못했다. 그때 당시 이름난 재상이
었던 관중(管仲)이 "늙은 말은 비록 달리진 못하나 집에 가는 길은 잘 아니
늙은 말을 써보시는 것이 어떠하신지요" 하여 늙은 말들을 풀어놓고 뒤를
따라가 마침내 자기 나라로 돌아갈 수 있었다. 이에 대해『한비자』에서는 다
음과 같이 평하고 있다. '관중(管仲)이 자신의 지혜로도 모르는 것이면 늙은
말을 스승으로 삼아 배우고 이를 부끄럽게 여기지 않았음에도, 요새 사람들
은 자신이 어리석음에도 윗사람들의 경험과 지혜를 배우려 들지 않는도다.'_
『한비자(韓非子)』「세림편(說林篇)」

■ 늙은 말이 길을 안다

| 아프리카에는 '노인 한 사람이 죽는 것은 도서관 하나가 불타 없어지는 것과
같다'라는 속담이 있다. 그만큼 노인이 살아오면서 얻은 경험과 지혜는 헤아릴
수 없는 가치가 있다는 말이다.

■ 늙은 쥐가 독 뚫는다

| 나이 든 쥐는 경험이 많아 영리하므로 쌀이나 음식이 담긴 항아리도 재주껏 뚫
는다는 말이다. 어릴 때 어른들로부터 쥐가 쌀독 뒤에서 아랫부분을 이빨로 살
살 쏠아 독에 구멍을 내서 쌀을 꺼내 먹었다는 얘기를 들은 적이 있다.

늙은이 괄시는 해도 애들 괄시는 안 한다   세상 물정 몰라 못 알아듣는 애들을 다루기가 훨씬 더 힘들다는 말.

■ 늙은이 괄시는 해도 애들 괄시는 안 한다 / 벌거벗은 손님이 더 어렵다[2+]
  ┃떼쓰는 어린애 다루기가 어렵다는 말이면서 가난해서 찾아오는 손님을 물리치기가 어렵다는 뜻으로도 쓰인다.

늙은이 기운 좋은 것과 가을 날씨 좋은 것은 믿을 수 없다   가을 날씨와 노인의 건강은 언제 나빠질지 모른다는 말.

■ 늙은이 기운 좋은 것과 가을 날씨 좋은 것은 믿을 수 없다
  ┃멀쩡하던 노인이 언제 기운이 없어 몸져누울지 알 수 없듯이, 가을 날씨 역시 좋다가 갑자기 나빠지기 일쑤라는 말이다. 그러니 날이 추워지기 전에 빨리 할 일을 하고 노인이 건강할 때 더 챙겨드려야 한다는 뜻.

늙은이 잘못하면 노망으로 치고 젊은이 잘못하면 철없다 한다   제대로 따지지도 않고 무조건 한쪽으로 몰아서 생각한다는 말.

  [현대] 그녀가 까칠한 건 그날이어서가 아니라 너 때문이다 ▸ 남자들은 여자가 까칠하게 행동하면 생리 중이라 저런가 보다 하고 지레짐작을 하곤 한다. 생리 때라서 까칠한 게 아니다. 조금 전 스스로의 말과 행동부터 돌아보라.

■ 늙은이 잘못하면 노망으로 치고 젊은이 잘못하면 철없다 한다
  ┃사람들은 무슨 일만 생기면 자세한 내막은 알아보지 않고 덮어놓고 뭐 때문이라고 몰아서 생각해버리는 경향이 있다. "배가 불러서 그래" "괜히 샘나서 그래" "못 배워서 그래" ······.

늦게 배운 도둑질 날 새는 줄 모른다   ①뒤늦게 시작한 일에 재미를 붙여 더욱 정신없이 빠져듦을 이르는 말. ②어수룩한 사람이 큰 재미를 알면 유난한 행동도 하게 된다는 말.

■ 늦게 배운 도둑질 날 새는 줄 모른다[2+]
  ┃착실하게 살아온 사람일수록 젊어서 즐겨보지 못한 것들에 대한 후회와 미련이 남는 법이다. 나이가 들어 어느 정도 이루고 나면 다른 생각이 들게 마련이고, 젊어서 못 했던 것들을 더 뜨겁게 원하게 된다. 참아온 세월만큼 이에 대한 마음이 더욱 간절하여 한도 끝도 없이 그 재미에 빠져든다.
  [맥락] 여기서 '날이 새다'는 이미 때가 지나 더는 가망이 없다는 뜻으로, 신세

망치거나 끝장이 난다는 말이다.

■ 늦바람이 용마루[곱새·옹구새] 벗긴다²⁺ / 저녁 바람에 곱새가 싸다닌다

|'늦바람'은 저녁 늦게 부는 센 바람을 말하며 '용마루'는 지붕이나 담장의 꼭대기 위를 마감하는 덮개다. '곱새'는 이북, '옹구새'는 강원·충청 사투리인데, '새'는 억새나 띠 같은 볏과의 식물을 통틀어 이르는 말이므로 초가집 지붕이나 담장의 덮개를 말하는 듯하다.

용마루는 지붕의 꼭대기에 있어 바람을 가장 많이 받는다. |경주 양동마을

[맥락] 옛 미신 중에 '계집아이가 용마루 넘어가면 바람난다'라는 말이 있다. 그러므로 이 속담에서 벗겨지는 건 지붕의 용마루가 아니라 담장의 용마루다. 늦은 나이에 바람이 나면 자기 집이든 애인 집이든 담을 하도 남몰래 넘어 다니느라 담장 용마루가 다 닳아서 머리 벗겨지듯 벗겨진다는 말이다.

■ 중이 고기 맛을 알면 절에 빈대[파리]가 남아나지 않는다 / 고양이가 반찬 맛을 알면 도둑질을 하지 않고는 못 견딘다

■ 촌년이 늦바람이 나면 속곳 밑에 단추 단다

|여기서의 '속곳'은 '고쟁이'를 말한다. 고쟁이는 가랑이가 앞뒤로 길게 쭉 터져 있어 앉기만 해도 밑이 활짝 벌어져 바로 용변을 볼 수 있다. 원래 그런 목적이기 때문에 단추를 달아 여밀 필요가 없다. 그런데 시골에서 어리숙하게 살던 노처녀나 유부녀가 남자와의 재미를 알게 되면 제 부정을 감춘답시고 괜히 더 정숙한 척을 한다는 말이다. 하지만 그게 너무 유별나 되레 티가 난다. *고쟁이→ 고쟁이 열두 벌 입어도 보일 건 다 보인다

늦게 잡고 되게 친다 머뭇거리거나 늑장¹¹¹을 부리다가는 나중에 매우 급해져서 서두르지 않으면 안 되거나 큰 고생을 해야 함을 이르는 말.

■ 늦게 잡고 되게 친다

|범인을 잡는 데 꾸물대다가, 빨리 잡아들여 사건의 전모를 밝히라는 윗사람의 엄명이 떨어지니 부랴부랴 잡는다. 그래놓고 시간이 없으니 범인의 자백을 빨리 받아내려고 매질을 해대는 모양이라 생각된다. 지금도 초동수사가 늦어져 범인을 놓치거나 증거를 찾을 수 없게 되는 경우가 있다. 그리고 간혹 그런 경우에

---

111 '늑장'은 '늦장'과 같은 말이다.

위에서의 문책이나 언론의 질타가 두려워 지적장애가 있거나 고아처럼 돌봐줄 이가 없는 사람을 범인으로 꾸며 만들기도 한다.

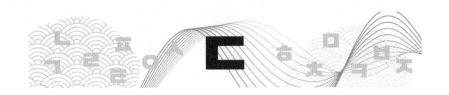

다 된 농사에 낫 들고 덤빈다 일이 다 끝난 뒤에 나타나 참견하거나 제 실속을 챙기려 든다는 말.

[현대] 남의 신용카드에 자기 적립카드

■ **다 된 농사에 낫 들고 덤빈다**²⁺

|봄부터 가을까지 죽도록 일해 기껏 다 키워 수확하려니 그제야 낫 들고 나타나 가을걷이만 도와주고 얄밉게 수확물을 챙겨 가려 한다는 말.

[맥락] 여기서 '낫'은 '얼굴'을 뜻하는 '낯'으로도 볼 수 있다. 일 다 끝난 뒤 나타나 얼굴 똑바로 들고 따지거나 내 몫 내놓으라 윽박지른다는 뜻이라 생각된다.

다 된 죽에 코 빠트렸다 우연이나 실수 등으로 다 된 일을 그르치게 됨을 이르는 말.

■ **다 된 죽에 코 빠트렸다**²⁺

|죽을 쑤는 데는 참을성이 많이 필요하다. 쌀을 빻아 솥에 넣고 끓이면서 바닥에 눌어붙지 않도록 젓고 또 젓기를 오래도록 반복해야 한다. 그렇게 애써 곤죽을 만들어 이마의 땀을 씻을 무렵 콧물이 흘러 떨어지면 바로 못 먹을 죽이 된다. 밥은 그 부분만 덜어내면 되지만 묽은 죽은 코가 빠지자마자 뒤섞여버린다. 김 (증기)이 콧구멍 안에 들어가면 콧물 농도가 묽어져 콧물이 흘러내린다. 죽을 끓이며 계속 저어본 사람들은 다 안다. 다들 연신 코를 훌쩍거리며 젓는다.

[맥락] '코가 빠졌다'라는 관용구는 근심에 싸여 기가 죽고 활기가 없어진다는 뜻이다. 그리고 여기서 '죽'은 먹는 죽 말고, 줄이나 금을 긋는 모양도 뜻하고 같은 상태로 계속되는 모양도 뜻하는 부사인 '죽'이라 생각된다. 줄곧 죽 잘해나가다 막판에 망쳐서 낙담했다는 소리.

다리 부러진 장수 성 안에서 호령한다 못난 사람이 센 사람 앞에서는 기를 펴지 못하고 만만한 곳이나 아무도 없는 곳에서 큰소리친다는 말.

[현대] 강약약강 : 강자에 약하고 약자에 강하다

■ 다리 부러진 장수 성 안에서 호령한다 / 다리 부러진 장수 집 안에서 큰소리친다

■ 다리 아래서[밑에서] 원님 꾸짖기²⁺

| 옛날의 다리 밑은 거지들이 움막 치고 살던 곳이다. 사또에게 욕만 잔뜩 듣고 다리 건너 집으로 터덜터덜 가던 아전(衙前)이 거지가 눈에 띄자, 거지 말은 아무도 안 들으니 여기라면 괜찮겠지, 거지 붙들고 사또 욕하고 흥보는 상황은 아닐까?

■ 홰대 밑 사내

| '홰대'는 닭장에 가로질러진 긴 막대. 닭은 야생 시절 천적으로부터 몸을 피하고 안전하게 수면을 취하기 위해 나뭇가지 위에 올라가던 습성이 있어 홰대처럼 다소 높은 곳에 올라 앉는 것을 좋아한다. 그리고 수탉이 이 홰대에 날개를 크게 퍼덕이며 큰 소리로 우는 것을 '홰를 친다'라고 한다. 날개가 홰대를 때리기 때문이다. 수탉이라면 모름지기 홰대 위에서 크게 울어야 하는데¹¹² 다른 닭의 기세에 밀려 홰대 밑에 내려와 목소리를 높인다는 것.

홰대. | 운현궁

[맥락] 막대 양 끝을 끈으로 넉넉히 이어 벽의 못에 건 형태의 옷걸이도 홰대라고 부른다. 즉, 방 안 옷걸이 아래 앉아 큰소리친다는 말. 남자가 바깥세상에서는 큰소리를 못 내고 비굴하게 굴다가 집에 와서 식구들에게나 큰소리친다는 말이다. 이 속담은 능력 없이 집에만 처박혀 있는 남자에게도 썼다.

■ 이불 속에서 활개 친다²⁺

| '활개'란 팔이나 다리 또는 날개를 뜻하고, '활개치다'는 의기양양하게 행동한다를 뜻한다. 낮에 모욕당할 때 변변히 대응 못 한 게 잠자리에서 떠오르니, '어휴, 그때 그랬어야 했는데!' '이렇게 맞받아칠걸' 발버둥친다는 말이다.

홰대. | 국립민속박물관

112 수탉이 크게 우는 이유 중 하나는 다른 곳에 있는 수탉들에게 이곳이 자신의 영토이며 이 암탉들은 자신의 것이라는 선포와 같은 것이다. 따라서 수탉이 죽거나 잡아먹히면 홰를 치지 않아 바로 이웃집 수탉이 와서 암탉들을 차지해버린다.

■ 독 안에서 소리치기[2+]
  |항아리는 배가 불룩하고 위아래는 오므라진 형태라 안에서 제아무리 큰 소리를
  쳐도 그 소리가 널리 퍼지지 못한다. 밖에서는 숨소리도 못 내고 집구석에 숨어
  큰소리치는 사람을 비웃는 말이다.

다 먹은 죽에 코 빠졌다 한다　당시엔 몰랐지만 나중에 사실을 알고 나니 꺼림칙하
  다는 말.

  [현대] 다 먹은 음식에 바퀴벌레 반 마리 · 나머지 반은 어디로 갔을까?

■ 다 먹은 죽에 코 빠졌다 한다
  |죽 다 먹고 났는데 누군가 와서 "아유 이를 어째. 죽에 콧물이 빠졌대요" 하면
  기분이 어떻겠는가. 콧물과 죽은 색깔도 비슷해 섞여도 모른다.

다시 긷지 않는다고 우물에 똥 누랴　언제고 아쉬울 때가 있을 수 있으니 함부로
  하지 말라는 말.

■ 다시 긷지 않는다고 우물에 똥 누랴 / 안 먹겠다 침 뱉은 우물 다시 와서
  먹는다 / 똥 누고 간 우물도 다시 먹을 날이 있다 / 이 샘물 안 먹는다고
  똥 누고 가더니 그 물 맑기도 전에 다시 와서 먹는다

  |옛날에는 일반적으로 우물이나 샘은 마을에서
  공동으로 사용했다. 누군가 마을 사람들에게
  큰 모욕을 입고 다른 마을로 이사 가거나 마을
  에게 쫓겨나는 상황이라 하자. 그렇게 마을을
  떠나는 사람 중에는 "앞으로 이 마을 쪽으로는
  오줌도 안 누겠다!" 씩씩거리며 나가는 사람도
  있지만, 간혹 앙심 품고 해코지하고 가는 사람
  도 있다. "다신 이 동네 안 온다. 이놈의 우물,
  너네나 실컷 먹어라!" 침 퉤퉤 뱉거나 밤에 몰
  래 똥을 눠버릴 수도 있다. 그러나 사람 일 어
  찌 될지 아무도 모른다. 다시 그 마을에 돌아와

옛날의 우물은 '충분히' 턱이 낮았다(안
쓸 땐 뚜껑을 덮는다). |김홍도, 〈우물가〉

  살지 않으면 안 될 때도 있다. 그러니 사이가 틀어져 떠나는 마당에도 예의는
  갖춰야 한다는 말이다. 책상 엎고 나왔는데 다른 회사에서 다시 만날 수 있다.
  막말에 쌍욕까지 해가며 싸웠는데 결혼할 사람의 형제로 만날 수 있다. 세상
  좁다. 언제 어떻게 또 만날지 모르는 게 인생살이다.

다시 보니 수원 나그네　긴가민가했으나 가까이서 보니 그 사람이 맞더라는 말.

■ 다시[이제·알고] 보니 수원 나그네[손님]²⁺

ㅣ아래 지방에서 서울로 가자면 반드시 거쳐야 하는 곳이 수원이었다. 다음은 〈열
녀춘향수절가〉에서 이몽룡이 암행어사가 되어 지방으로 내려가는 대목을 요즘
말로 바꾼 것이다. "부모님께 하직인사 올리고 전라도로 갈 때, 남대문 밖 썩
나서 서리, 중방, 역졸 등 거느리고 청파역(驛)에서 말 잡아타고 남대문 밖 칠패
팔패 다리 얼른 넘어 밥전거리 지나 동작동 나루 얼핏 건너 남태령 넘어 과천읍에
서 점심 지어 먹고 사근내원(院 : 국가에서 운영하는 숙소), 미륵당에, 수원에서
숙박하고 …." 한양과 지방을 연결하는 주요 교통로는 여럿이 있는데, 이 가운데
아래 지방으로 가는 세 줄기 큰 길을 삼남로 또는 삼남대로(三南大路)라 하였다
(삼남은 충청도, 전라도, 경상도를 아울러 이르는 이름). 삼남대로는 동재기나루
(동작동 부근) — 사댕이벌/승방들(사당동/남현동 부근) — 과천읍 — 인덕원(院) —
수원 북문의 경로까지 하나의 길이고 이후 길이 갈라진다. 이렇듯 수원은 서울과
지방을 잇는 주요 교통요지이자 지방 사람들이 한양으로 가기 전에 1차로 모이는
곳이었다. 지방에서 올라오는 사람들이 수원에서 하룻밤 묵으며 서로 낯만 익히
고 헤어졌다가 서울에서 다시 만나니, 긴가민가 싶어 가까이서 다시 보니까 수원
에서 봤던 그 나그네가 맞더라는 말.

　이 속담에 관해 많이 알려진 이야기가 정조(正祖)의 미행¹¹³ 얘기다. 정조의
아버지 사도세자의 능이 화성(華城. 옛 수원)에 있어 정조는 자주 이곳을 찾았는
데, 정조가 선비로 가장하고 수원에 갔다가 한 농부를 만났다. 이야기를 나눠보
니 억울하게 죽임당한 자기 아버지 사도세자를 존경하는 데다 학식도 높다. 하지
만 운이 없어 매번 낙방했다는 걸 안다. 그래서 환궁 후에 특별 과거를 실시하고
그 선비만이 알 수 있게 둘이 나눈 대화 내용을 시험문제로 출제하여 급제시켰
다. 급제 후 왕을 뵈오니 그때 그 수원 손님이라 선비가 크게 놀랐다는 이야기다.
하지만 과거시험은 1차, 2차, 3차로 나뉘며, 맨 마지막에야 왕과 대면하여 왕이
출제한 문제를 받게 되니 말이 안 된다. 게다가 한 나라의 왕이 아무도 모르고
한 사람만 알 문제를 낸다는 것은 전혀 공정치 않고, 이 사실이 알려지면 전국의
선비가 모두 들고일어날 중대사다. 따라서 이 이야기는 거짓이다.

■[맥락] 글쓴이는 이 속담이 사실은 말장난 아니었을까 한다. 수원 말고도 다른
지명이 얼마든지 들어갈 수 있는데 꼭 수원 나그네라고 하는 것과, 앞서 말한
대로 이 속담의 유래담은 참일 수 없기 때문이다. 반드시 수원이어야 한다면

113　微行. 높은 지위에 있는 사람이 신분을 감추고 허름하게 나가 민심과 정황을 살피는 것.

이 지명에 말장난이 숨어 있을 거라 생각한다. 전에 봤던 사람인가, 긴가민가할 때는 '누구?' 하게 된다. '수원'에 '누구 수(誰)'를 넣어 풀어보면 '수 헌(誰 한)'이 된다. '수원수구(誰怨誰咎 : 누굴 원망하고 누굴 탓함)하다' '수야모야(誰也某也 : 누구야 아무개야)하다' '수모수모(誰某誰某 : 누구 아무개 누구 아무개)하다' 같은 말도 많이 썼고 사전에도 올라 있다. 그러므로 '누구' 대신에 '누구 수(誰)'로 쉽게 바꿔 쓰는 일도 많았으리라 짐작한다. '수'의 음성모음에 영향을 받아 뒤의 '한'이 '헌'로 바뀌면 '수 헌'이 되고 '수 헌'을 빨리 말하면 '수원'과 비슷한 [수언]이 된다. 이를 가지고 이 속담을 다시 적으면 '(누군가 했다가) 다시 보니 (누구) 수 한 나그네'다. 하고 많은 지명 가운데 오로지 '수원'만 쓰이며, '수원'에 말장난이 있고 '누구'가 뜻의 핵심으로 들었다면 이 속담에서 '수원'의 '수'는 '누구 수'여야 맞을 것이다.

단단하다고 벽에 물이 고이나　한 가지 조건만이 아니라 여러 조건이 고루 갖추어져야 한다는 말.

[반대] 단단한 땅에 물이 고인다

■ **단단하다고 벽에 물이 고이나**[2+]

ㅣ벽은 수직이라 물이 흐르지 고일 순 없다. 그리고 '물'은 재물(財物)을 뜻한다. '단단한 땅에 물이 고인다'라는 속담이 의지나 결심이 굳어야 재산을 모으거나 성공할 수 있다는 말이니, 이 속담은 의지나 결심이 단단하다고 모두가 재물을 모으게 되는 건 아니란 말이다. 다양한 상황과 조건에 따라 성공도 하고 실패도 하는 까닭이다.

단단한 땅에 물이 고인다　의지나 결심이 굳어야 재산을 모으거나 성공할 수 있다는 말.

[반대] 단단하다고 벽에 물이 고이나

■ **단단한[굳은] 땅에 물이 고인다**[2+]

ㅣ성공하는 사람들은 대부분 자신의 목표가 구체적이고 확고하며 그런 만큼 의지나 결심 역시 단단하다. 집중력과 인내력, 추진력이 강할 수밖에 없다. 여기서 '물'은 재물(財物)을 뜻한다.

단풍도 떨어질 때 떨어진다　무엇이든 다 제때가 있다는 말.

■ **단풍도 떨어질 때 떨어진다**[2+]

|단풍(丹楓)은 가을에 잎이 붉거나 누렇게 변하는 현상. 단풍이 들었다가 낙엽 지는 때는 나무마다 다르다. 그리고 단풍나무 잎은 떨어지지 않고 오그라들기만 하다가 봄에 새잎이 날 때야 비로소 떨어진다. 모든 일은 단풍 들듯 충분히 물들고 무르익어야 비로소 끝을 볼 수 있다. '떨어지다'에는 일이 끝나다라는 뜻도 있다.

2월인데도 오그라든 채 아직 매달려 있는 단풍잎. |서울 길상사(吉祥寺)

■ 겨울이 지나지 않고 봄이 오랴

닫는 놈의 주먹만 못하다 매우 작거나 적다는 말.

■ 닫는 놈의 주먹만 못하다[2+]
|여러 속담사전에서 '달리는 사람의 주먹처럼 매우 작다는 말'이라 풀이한다. 매우 작은 것을 표현하려면 주먹이 아니라 좁쌀이나 담배씨, 먼지 같은 것을 들먹여야 옳다. 게다가 그냥 주먹을 쥐든 빠르게 달리면서 주먹을 쥐든 크기가 다르지 않다. 아무래도 이 속담을 이해하지 못한 사람이 처음에 잘못 적은 듯하다. '주먹'이 아니라 '주먹에 쥔 것'을 나타내는 것이라 보아야 맞기 때문이다. 달릴 때는 저절로 주먹을 꾹 쥔다. 손아귀에 잡히는 '한 줌'이 고작 그만큼밖에 안 된다. 그러니 한 줌도 안 된다는 뜻이다. '줌'은 분량의 단위이므로 '작다'보다 '적다'가 더 어울린다. 그러니 '매우 적다는 말'이라고 뜻을 적어야 맞겠다.

닫는 말에 채질한다고 경상도까지 하루에 갈까 열심히 하고 있는데 더 재촉한다고 뜻대로 될 리 없다는 말.

[반대] 달리는 말에 채찍질

■ 닫는 말에 채질한다고 경상도까지 하루에 갈까[2+]
|사람을 태우고 말은 최고시속 50~60km로 달린다 한다. 서울에서 부산까지는 쭉쭉 뻗은 고속도로를 기준으로 해도 400km. 서울에서 말을 최고속도로 쉼 없이 8시간을 달려야 부산에 닿는다. 그러나 말은 자동차가, 기계가 아니라서 달리면 숨이 차 속도가 떨어진다. 말의 평균속도는 시속 20km 내외라고 한다. 또한 옛날에는 도로사정이 좋지 않고 고개도 넘어야 하고 굽고 거친 길도 달려야 하니 속도는 더 떨어진다.114 어느 정도 달리면 말을 쉬어줘야 하고 밤이 되면 달릴 수 없다. 이나마도 파발(擺撥)처럼 역참에서 지친 말을 새 말로 갈아

타면서 달릴 때 얘기다. 사정이 이러하니 아무리 주마가편(走馬加鞭)한들 말한 마리로는 서울에서 경상도까지 300리를 결코 못 간다. 무조건 재촉만 한다고 일이 되는 건 아니라는 말이다. '파발→ 의주 파발도 똥 눌 새는 있다

달걀도 굴러가다 서는 모가 있다   ①끝날 기미 없이 힘든 일도 꾸준히 하면 끝맺을 날이 있다는 말. ②온순한 사람도 자꾸 성질 돋우면 화낼 때가 있다는 말.

■ 달걀[계란·메밀]도 굴러가다 서는 모가 있다[2+]
| 달걀은 둥글둥글해서 '콜럼버스의 달걀'처럼 세로로 세울 수 없다. 하지만 수천 수만 번 세워보면 똑바로 설 날도 있다. 그리고 메밀은 삼각뿔 모양이라 던지고 굴려도 모 하나는 반드시 위로 선다. 성격이 둥글둥글하여 웬만하면 웃고 넘어가는 사람이라고, 네모에서 모 하나가 부족한 다시 말해 '뭐(모) 하나 모자란' 사람이라고, 함부로 굴리면 결국 뿔(모)을 내고 화를 낸다는 말이다.

달고 치는데 안 맞는 장사 있나   아무리 강한 사람도 여럿이 덤비거나, 꼼짝 못할 상황에서는 속절없이 당할 수밖에 없다는 말.

   [成語] 속수무책(束手無策) : 손이 묶여 아무런 대책이 없다.
   [현대] 다구리에 장사 없다 · '다구리'는 '뭇매'의 불량배 은어.

■ 달고 치는데 안 맞는 장사[장수] 있나 / 매 앞에 장사 없다
| '달고 치다'는 달아매고 때린다는 말.

달도 차면 기운다   잘되고 번성할 때가 있으면 안 되고 쇠약해지는 흥망성쇠(興亡盛衰)가 끊임없이 돌고 도는 게 세상일이라는 말.

   [成語] 새옹지마(塞翁之馬) : 변방 노인의 말. · 국경 근처에 점을 잘 치는 노인이 살았는데 어느 날 키우던 말이 국경을 넘어 도망가서 말을 잃었다. 이에 마을사람들이 노인을 위로하니 노인은 "이것이 복이 되지 않겠는가?" 하였다. 몇 달 뒤 도망친 말이 다른 좋은 말을 데리고 집에 돌아오니 사람들이 모두 노인에게 축하의 말을 건넸다. 하지만 노인은 "이것이 뜻밖에 화가 되지 않겠는가?" 하였다. 이후 노인의 아들이 말을 타다가 떨어져 다리가 부러져 절름발이가 되었다. 이에 사람들이 이를 위로하니 노인은 "이것이 오히려 복이 되지 않겠는가?" 하였다. 그러

---

114 중국의 파발은 하루에 400~500리를 가는 것으로 정했지만, 조선에서는 하루 300리로 정했다. 우리나라는 산악지형이라 고갯길이 많기 때문이다. 그리고 한양에서 황해도 해주를 거쳐 평안북도 의주에 이르는 북발(北撥 : 북쪽 파발)만 말 달려 전하는 기발(騎撥)이고 함경북도 경흥이나 경상남도 동래로 가는 서발과 남발은 사람이 이어달리기 식으로 문서를 전화는 보발(步撥)이었다.

자 사람들은 노인이 망령이 들었다고 생각했다. 이후 오랑캐들이 쳐들어오니 마을 청년들이 싸우러 나가 열에 아홉이 죽었으나 노인의 아들들만은 다리를 절어서 싸움터에 나가지 못한 까닭에 목숨을 부지할 수 있었다. _『회남자(淮南子)』

권불십년(權不十年) : 권세란 것은 10년을 가지 못한다.

화무십일홍(花無十日紅) : 열흘 넘게 붉게 피어 있는 꽃 없다.

고진감래(苦盡甘來) : 괴로움이 끝나면 달콤함이 찾아온다.

흥진비래(興盡悲來) : 즐거움이 다하면 슬픔이 찾아온다.

전화위복(轉禍爲福) : 화가 나중에 복으로 바뀐다.

[반대] 팔자는 독에 들어가서도 못 피한다

[현대] **똥차 가고 벤츠 온다**·사귀던 사람과 헤어져서 괴로워했는데 새로 만난 사람이 그 전 애인보다 훨씬 나은 사람일 때, 또는 그러리라 위안할 때 하는 말이다.
아깐 화남 인제 신남·강원도 인제군 신남리를 거쳐 인제군청 방향으로 가는 도로의 표지판에 '인제' 바로 밑에 '신남'이 적혀 있어 유명해졌는데, 그 사진을 누군가 '아깐 화남' 제목으로 올려 더 유명해졌다. 경북 상주시에 화남면이 있다.
주먹으로 흥한 자 보자기로 망한다 / 공부 잘하는 년이 인물 좋은 년 못 이기고, 인물 좋은 년이 시집 잘 간 년 못 이기고, 시집 잘 간 년이 자식 잘 둔 년 못 이기고, 자식 잘 둔 년이 건강한 년 못 이기고, 건강한 년은 세월을 못 이긴다

■ **달도 차면 기운다²⁺ / 달도 둥글면 이지러진다²⁺**

|달은 초승달, 반달을 거치며 차츰 차올라 음력 15일(망 : 望), 보름에 완전히 둥근 보름달이 된다. 꽉 찬 보름달은 다시 차오른 반대쪽으로 기울며 반달로, 하현 달로 줄면서 음력 1일(삭 : 朔)이 되면 지구 그림자에 완전히 가려 안 보이게 된다. 일도 재산도 건강도 마찬가지로 나이가 다 차면 늙기 시작하고, 재산이 차오르다 줄어들기도 하고, 보름달같이 탐스럽던 얼굴도 늙으며 반쪽이 된다.

■ **한 달이 길면 한 달이 짧다**

|음력에서 한 달은 29일과 30일을 적절히 섞어 쓴다. 동양은 예로부터 1삭망월(朔望月)을 기준으로 하는 음력을 사용해왔다. 음력은 달이 완전히 보이지 않는 삭(朔 : 음력 1일. 초하루)에서 다시 삭으로 돌아갈 때까지를 한 달 주기로 삼는다. 음력의 정확한 하루인 29.53059일, 약 29.5일이다. 그래서 한 달을 29일로 잡되 적절히 30일인 달을 매년 섞어 354.36708일을 365일에 맞춘다. 한 달이 29일인 달은 '작은 달', 30일인 달은 '큰 달'이라고 한다.

今年臘月小(금년랍월소)	금년 섣달은 작은 달이라
歲除廿九日(세제입구일)	스무아흐렛날이 섣달그믐이네
童歡一日得(동환일일득)	아이는 하루를 득 봤다 기뻐하고
老憐一日失(노련일일실)	노인은 하루를 잃었다 아쉬워하네[115]

_이덕무, 『영처고(嬰處稿)』「세시잡영(歲時雜詠)」일부

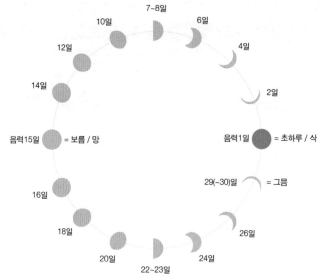

7~8일
10일
6일
12일
4일
14일
2일
음력15일 = 보름 / 망
음력1일 = 초하루 / 삭
29(~30)일 = 그믐
16일
18일
26일
20일
24일
22~23일

음력 날짜에 따른 달 모양의 변화

일상에서는 음력을 쓰지만 농사는 태양과 관련이 깊어 절기(節氣)는 태양력을 쓴다.[116] 음력은 태양 공전주기(1년) 365.2422일과 약 11일 차이가 난다. 그대로 두면 11일이 쌓여 10년이면 110일, 석 달이나 가까이 차이가 생겨 2월에 있어야 할 춘분이 음력 5월로 밀려 엉망이 된다. 그래서 음력에서는 2014년 9월 뒤에 또 9월을 덧붙이는 식으로, 특정한 해의 특정한 달에 윤달을 하나 더 추가하는 방식을 쓴다. 이런 이유로 개발된 것이 19년 안에 7번의 윤달을 넣는 19년 (年)7윤법(閏法)이다. 19년 안에 7개의 달을 추가하면 음력 19년은 6939.6887, 양력의 19년은 6939.6018이라 거의 맞아떨어진다. 어느 해에 윤달을 추가할지는, 다음 절기들이 정해진 달에 들어가도록 융통성 있게 미리 정해놓는다.[117]

절기	정한 달	절기	정한 달	절기	정한 달	절기	정한 달
우수	1월	소만	4월	처서	7월	소설	10월
춘분	2월	하지	5월	추분	8월	동지	11월
곡우	3월	대서	6월	상강	9월	대한	12월

---

115 그 마지막 달이 하루 짧은 작은 달이니 애들은 하루라도 더 빨리 한 살 먹는다고 좋아하고, 노인들은 이렇게 또 하루 일찍 나이 한 살을 더 먹음을 안타까워한다는 뜻.

116 음력에 양력을 보조적으로 사용하는 걸 태음태양력(太陰太陽曆)이라 한다.

117 매년 동지(冬至)가 되면 관상감(觀象監)에서 달력을 만들어 왕에게 바치고 이후 전국 관청으로 달력을 배포했다.

다음은 2014년부터 2032년까지 19년 동안에 미리 정해진 7개의 윤달이다.

연수	1	2	3	4	5	6	7	8	9	10
연도	2014	2015	2016	2017	2018	2019	2020	2021	2022	2023
윤달	9월			5월			4월			2월

연수	11	12	13	14	15	16	17	18	19
연도	2024	2025	2026	2027	2028	2029	2030	2031	2032
윤달		6월			5월			3월	

음력이 윤달을 둔다면 (태)양력은 윤년을 둔다. 태양력은 태양의 공전주기가 365.2422일이므로 0.2422일을 추가로 반영하기 위해 4년마다 윤년을 두어 윤년인 해에는 2월을 28일이 아닌 29일로 하는 방식을 쓴다. 그러면 0.9688일이 되어 거의 하루에 맞춰진다.

윤달은 공짜로 얻은 달이라 '공(空)달'이라고도 한다. 윤달은 원래는 없는 달이라 '윤달에는 송장을 거꾸로 세워도 탈이 안 난다'라는 말이 있을 정도로, 윤달에는 귀신도 활동하지 않고 가택신(家宅神)이 하늘로 올라가 옥황상제에게 집안의 잘잘못을 일러바치지 않는다고 믿었다. 그래서 뭘 해도 아무 탈이 없는 윤달에 수의(壽衣)를 만들거나 무덤을 이장(移葬)하거나 결혼과 이사[118] 를 했다.

■ 흥망성쇠 부귀빈천이 물레방아 돌듯 하다
| 흥망성쇠(興亡盛衰)는 흥하고 망하고 번성하고 쇠락하는 것을, 부귀빈천(富貴貧賤)은 부유하고 귀하고 가난하고 천한 것을 뜻한다.

■ 이랑이 고랑 되고 고랑이 이랑 된다 / 양지가 음지 되고 음지가 양지 된다
| '이랑'은 '고랑'을 파면서 옆으로 줄지어 올려 쌓은 두둑이다. 고랑을 파게 되면 자연스레 옆에 이랑이 만들진다. 고랑과 이랑을 만들고, 보통 이랑에 씨를 심어서 농작물을 재배한다. 그랬다가 다음 해에는 이랑을 허물어 고랑을 채우고 이랑 자리는 고랑으로 파내고 고랑 자리는 두둑을 올려 이랑을 만든다. 이렇게 해마다 이랑이던 곳이 고랑 되고 고랑이던 곳이 이랑 된다.

■ 웃음 끝에 눈물[2+]
| 너무 많이 웃으면 눈물이 난다. 늘 웃고만 살 수 없는 게 세상사다.

---

118 요새는 이것이 잘못 전해진 건지 아니면 다른 것에 영향을 받았는지 몰라도, 윤달에는 결혼이나 이사 같은 것을 하지 않는 경향이 있다. 전통적으로는 오히려 윤달에 해야 더욱 좋은 것이다. 아마도 '윤달=이장/수의'라는 게 떠올라서 꺼리는 걸지도 모르겠다.

■ 산이 높으면 골이 깊다 / 오르막이 있으면 내리막이 있다 / 태산을 넘으면 평지를 본다

■ 가뭄에 비 안 떨어지는 날 없다 / 칠 년 대한에 비 안 오는 날 없고 구 년 장마에 볕 안 드는 날 없다

| 이 말은 중국 은(殷)나라 탕(湯)왕 때 7년간 계속된 가뭄과, 요(堯)나라 때부터 순(舜)나라 때까지 9년간 이어진 장마에서 유래한다. 아무리 대한(大旱 : 큰 가 뭄)이 들어 오래도록 비가 안 올지라도 가끔은 비가 흩뿌리고, 아무리 오랜 장마 라 해도 간간이 비구름 사이로 햇살이 난다. 줄곧 절망적인 상황이 이어져도 간간 좋은 일도 생기니 참고 지내다 보면 좋은 날이 꼭 온다는 말이다.

■ 가는 배가 순풍이면 오는 배는 역풍이다

■ 열흘 붉은 꽃 없다 / 꽃이 피면 지기 마련이다 / 봄꽃도 한때 / 매화도 한철 국화도 한철 / 메뚜기[뻐꾸기]도 (유월이) 한철

| 음력 6월은 양력 7~8월 무렵. 한여름 메뚜기 떼가 극성부리며 농작물을 죄다 갉아 먹어 아주 골치지만119 날 서늘해지면 시들시들 기운 빠져 죽는다.

뻐꾸기는 탁란(託卵)을 한다. 다른 새의 둥지에 몰래 알을 낳아 다른 새가 제 알로 착각해 품도록 속이는데, 부화된 뻐꾸기 새끼도 본능적으로 눈도 못 뜬 상태에서 다른 알들을 둥지 밖으로 밀어 떨어뜨리고 모든 먹이를 독차지로 받아먹는다. 이 새끼가 많이 자라면 뻐꾸기 어미가 둥지 근처로 와서 뻐꾹 뻐꾹 계속 울어 '너는 뻐꾸기'라고 일깨워준다. 날아갈 준비가 되면 새끼는 키워준 어미 대신 낳아준 어미를 따라간다. 이 무렵이 뻐꾸기 소리가 극성인 6월이다.

■ 고생 끝에 낙이 온다 / 대한 끝에 봄이 온다 / 대한 끝에 양춘이 있다

| 대한(大寒)은 1년 24절기 중 가장 마지막 절기라, 추운 대한이 지나면 차례로 입춘-우수-경칩-춘분 절기로 차츰 따뜻해진다. 양춘(陽春)은 따스한 볕이 드는 봄이라는 뜻.

■ 쥐구멍[마루 밑·응달]에도 볕 들 날 있다

■ 삽살개도 하늘 볼 날 있다[2+]

| 삽살개는 앞머리 털도 길어 털이 눈을 잔뜩 가려 앞은 그럭저럭 보지만 위쪽은 거의 못 본다. 앞날도 불투명하던 신세가 더 나은 미래를 꿈꿀 수 있게 됐다는 뜻.

---

119 간혹 메뚜기가 기하급수적으로 늘어나 대규모로 무리 지어 몰려다니는데, 온도·습도·먹이 등이 딱 맞으면 특정 호르몬이 분비되어 엄청나게 번식한다고 한다. 그래서 '황충이 간 데는 가을도 봄'이란 속담도 있는데, 이때의 메뚜기는 사실 풀무치로, 풀무치의 다른 말이 황충(蝗蟲)이다.

참고로 삽살개는 귀신을 쫓는다는 속설이 있다. 삽살(揷煞)이 살(액운)을 삽(걷어낸다)한다는 뜻이다. 털에 가려 눈이 보이지 않으나 삽살개의 눈매는 매우 매섭다. 삽살개는 진돗개보다 크며 주인을 잘 따르고 공격성도 좋아 군견으로 많이 활약했다. '삽사리' '삽살이'로도 불리고 털이 길어 '더펄개' '더풀개'라고도 불렸

경산의 삽살개. |국가문화유산포털

다. 푸른빛이 도는 청삽사리와 흰빛이 도는 백삽사리로 나뉘며, 누런색이나 얼룩무늬도 나온다고 한다. 천연기념물 제368호.[120]

■ 삼 대 정승 없고 삼 대 거지 없다 / 가난뱅이 조상 안 둔 부자 없고 부자 조상 안 둔 가난뱅이 없다

■ 개똥밭에도 이슬 내릴 날 있다[2+]

| '개똥밭'은 개똥이 온 사방에 널려 있는 더러운 곳이라는 뜻이기도 하고, 수시로 개똥 주워다 거름으로 뿌려놓은 밭이라는 뜻이기도 하다. '이슬'은 하늘에서 내리는 것이라 여겨 은총이나 은혜 등을 상징한다. 개똥 거름밖에 못 주는 가난한 농사꾼에게도 이슬처럼 고결한 삶이나 구원이 올 수 있다는 말이다.

■ 홍두깨에 꽃이 핀다[2+]

| 어렵게 살던 사람이 뜻밖에 좋은 기회를 만나 '살림이 피었다'라는 뜻으로 쓰인다.[121] 여기서 홍두깨는 '아닌 밤중에 홍두깨'처럼 사람의 팔뚝을 뜻한다고 여겨진다. 고된 노동에 시커멓게 타고 못 먹고 말라비틀어져 살이 적은 팔뚝은 딱 시커멓고 단단한 홍두깨처럼 보인다. 이런 팔뚝이 팔자가 좋아져 잘 먹고 일은 덜하니 피부색이 살색으로 돌아오고 혈색이 여기저기 불긋불긋 돌아와 꼭 홍두깨에 꽃들이 '피는' 것 같을 것이다. '꽃피다'에는 어떤 일이 발전하거나 번영하다라는 뜻도 있다. *홍두깨와 팔뚝→ 아닌 밤중에 홍두깨

달리는 말에 채찍질 부지런히 하고 있음에도 더욱 부지런히 하도록 독려한다는 말.

---

120 일제강점기 끝 무렵 전쟁물자가 부족해진 일본군은 궁여지책으로 개와 고양이 가죽까지 벗겨내 가죽과 털로 삼았다. 이때 삽살개도 군용 모피로 쓰려고 매년 10~50만 마리가 강제로 도축되는 수난을 겪어 멸종위기까지 갔었다. 이후 1960년대 말부터 경북대학교 교수들의 노력으로 토종 유전자를 찾아내고 관리하여 현재 경북 경산 지역에서 특별히 관리되고 있다.

121 일부에서는 홍두깨를 역시 '아닌 밤중에 홍두깨'를 오해하듯 이것을 남성기로 보고 뜻밖에 성적 재미를 보게 됐다는 식으로 풀이한다. 하지만 이 속담은 가난을 벗어났다는 데 쓰인다.

[成語] 주마가편(走馬加鞭) : 달리고 있는 말에게 채찍질을 더한다.
[반대] 닫는 말에 채질한다고 경상도까지 하루에 갈까

■ 달리는[닫는·가는] 말에 채찍질[채질](한다) / 닫는 말에도 채를 친다

달면 삼키고 쓰면 뱉는다 당장의 이익만 보고 자신에게 좋으면 가까이하고 좋지
않으면 멀리한다는 말.

[成語] 감탄고토(甘呑苦吐) : 달면 삼키고 쓰면 뱉는다.

■ 달면 삼키고 쓰면 뱉는다

■ 추우면 다가서고 더우면 물러선다
ㅣ한겨울에는 체온을 빌리고자 달라붙지만, 한여름에는 덥다고 저리 가라 한다.
춥고 힘들 때는 다가오고, 따뜻하고 배부를 때는 돌아보지도 않는다는 말.

■ 먹는 덴 감돌이 일하는 덴 베돌이
ㅣ'감돌다'는 다가서려 맴도는 것이고, '베돌다'는 멀어지려 맴도는 것이다. 자기
한테 좋을 일이면 얼쩡대고, 힘들어질 일이면 슬금슬금 내뺀다는 말.

■ 친아버지 장작 패는 데는 안 가도 의붓아비 떡 치는 데는 간다[2+]
ㅣ장작 패는 데 가면 조수 역할만 힘들게 하지 얻어먹을 건 없으니, 평소 고깝게
여겨도 얻어먹을 게 있으면 전(前) 친아버지보다 의붓아비를 더 찾는다는 말.

■ 먹기는 아귀같이 먹고 일은 장승같이 한다 / 좋은[먹는] 일에는 남이요
궂은 일에는 일가다 / 좋을 땐 외삼촌 하고 나쁠 땐 돌아선다
ㅣ이승에서 탐욕을 부려 아귀도(餓鬼道) 지옥에 떨어진
귀신이 아귀(餓鬼). 아귀들은 매일 매를 맞으며, 먹으
려는 음식은 모두 불덩어리로 변하고, 목구멍은 바늘구
멍처럼 좁아져 아무것도 못 먹는 괴로움을 당한다. 그
래서 먹을 것에 매우 욕심부리거나 남에게 베풀 줄 모
르는 사람도 아귀라 한다. 그리고 장승은 손도 발도 없
이 땅에 박혀 우두커니 서 있다. 그러므로 먹을 때는
미친 듯이 달려들고 일할 때는 뒷짐 지고 모른 척한다
는 말이다.

대전시 법동 석장승. 돌로 된
장승도 꽤 많다.
ㅣ국가문화유산포털

달 밝은 밤이 흐린 낮만 못하다 자식이 효도를 다해도 배우
자만은 못하다는 말.

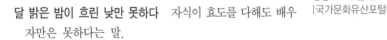

209

■ 달 밝은 밤이 흐린 낮만 못하다

| '해'는 배우자, '달'은 자식을 뜻한다. 달이 아무리 밝아도 흐린 대낮보다 밝지
않듯, 자식이 아무리 정성스럽게 효도해도 늙고 병든 배우자만큼 마음 통하고
편한 사람이 없다는 말이다. 늙어서 배우자가 죽으면 남은 사람도 얼마 못 가
앓다 죽거나 우울증에 걸리기도 한다.

■ 열 효자가 영감[할멈]만 못하다 / 효자가 악처만 못하다 / 착한 며느리도
악처만 못하다

| 늙으면 더 외롭고 더 쓸쓸하다. 자식이 못 채우고 못 이해할 적적함이 있다.

■ 영감 밥은 누워서 먹고 아들 밥은 앉아서 먹는다

| 아들 앞에서는 어른으로서의 체통을 보여야 하니 아무리 힘들어도 일어나 앉아
밥상을 받으려 한다. 하지만 평생 한 이불, 한 몸으로 산 부부 사이엔 누워서
받아도 아무 거리낄 게 없다.

닭 머리가 될지언정 소 꼬리는 되지 마라 큰 곳에서 뛰어난 사람에 가려 빛을 못
보기보다는 작은 곳에서 두드러지는 사람이 되는 편이 낫다는 말.

[현대] 약방에 감초가 되지 말고 약방이 돼라 ▸ 이 속담에는 비유의 잘못이 있다. '약방
에 감초'에서 '약방'은 옛 약국이나 의원/병원 등을 뜻하는 약방(藥房)이 아니라
처방전을 뜻하는 약방(藥方)이기 때문이다.

■ 닭 머리가[벼슬이 · 부리가] 될지언정 소 꼬리는 되지 마라 / 닭 머리가
소 꼬리보다 낫다 / 뱀 머리가 될지언정 용 꼬리는 되지 마라

■ 큰 나무 밑에 작은 나무 큰지 모른다

| 꽤 큰 나무도 큰 나무 곁에 있으면 상대적으로 작아 보인다. 자기보다 뛰어난
사람이 있는 곳에서는 자기의 장점을 부각시키기 어렵다는 말이다.

닭이 천이면 봉이 한 마리 여럿이 모이면 그중에 뛰어난 사람이 있게 마련이라는 말.

[成語] 군계일학(群鷄一鶴) : 닭 무리 중의 학. ▸ 혜소(嵆紹)는 죽림칠현(竹林七賢) 중 한
사람인 혜강(嵆康)의 아들로, 10세 무렵에 아버지 혜강이 억울하게 처형을 당하자
죽림칠현들의 보호 속에 자랐다. 이후 죽림칠현 중 한 사람인 산도(山濤)가 혜소를
황제인 무제(武帝)에게 적극 추천하였다. "혜소는 비록 처형당한 혜강의 아들이긴
하나 그 학식과 재주가 매우 뛰어납니다. 부디 불러들여 비서랑을 시켜주십시오"
하니 황제는 그를 비서랑보다 한 등급 위인 비서승 관직을 주었다. 그 후 혜소가
수도인 낙양에 들어가니 누군가 죽림칠현 중 한 사람인 왕융(王戎)에게 말했다.
"여러 사람들 틈에 섞여 있는 혜소를 보았는데 높은 기개와 의기가 마치 '닭의 무리
속에 있는 한 마리의 학'과 같더군요"라고 하였다. _『진서(晉書)』

백미(白眉) : 흰 눈썹. ▸ 촉한(蜀漢) 때 '마씨(馬氏)의 다섯 형제 가운데 흰 눈썹이 난 사람이 가장 뛰어나다'라는 소문이 도니, 마량은 눈썹 가운데에 흰 눈썹이 있기 때문이라. _『삼국지(三國志)』

낭중지추(囊中之錐) : 주머니 속의 송곳. ▸ 주머니에 넣어도 뾰족한 끝이 뚫고 나오는 송곳처럼 뛰어난 사람은 언제 어디서든 그 능력이 드러날 수밖에 없음을 이르는 말이다. 그리고 이 말은 '허물은 감추려 해도 드러나기 마련'이라는 뜻으로도 쓰인다.

■ 닭이 천이면 봉이 한 마리

닭 잡아먹고 오리발 내민다 잘못을 저지르고도 빤한 거짓말로 속이려 든다는 말.

[현대] 심증은 있으나 물증이 없다

■ 닭 잡아먹고 오리발 내민다²⁺

ㅣ옛날에는 닭서리가 많았다. 정황상 분명 저 사람이 자기네 닭을 훔쳐 먹은 게 틀림없는데 확인할 방법이 없다. 닭은 배 속으로 사라졌고, 남은 닭발은 땅에 묻었을 테니 더는 추궁하지 못하고 속만 끓인다.

[맥락] 아니라고 강하게 부정할 때는 저도 모르게 손바닥을 앞으로 뻗어 세차게 흔들게 마련이다. 그러면 잔상효과로 손가락 사이에 오리발처럼 물갈퀴가 보인다. 자기는 절대 안 그랬다고 마구 손을 내젓는다는 뜻이다.

■ 시치미를 (잡아)떼다²⁺ / 시침을 떼다²⁺

ㅣ매사냥을 하다 보면 주인이 미처 쫓아가기도 전에 매가 사냥감을 실컷 먹고 배가 불러 달아나거나 낯선 데라서 길을 잃고 날아가버리는¹²² 일이 있다. 이럴 때를 대비해 매의 꽁지깃 중간에 '시치미'라는, 자신의 이름과 주소를 새긴 얇은 쇠뿔을 눈에 잘 띄라고 고니나 거위의 흰 깃털에 방울과 함께 매달아둔다. 다른 사냥매들과 섞이거나 다른 사람이 발견했을 때 찾을 수 있도록 하기 위해서다. 매는 구하기도 길들이기도 매우 어려워 당시 말 한 필, 지금으로 치면 차 한 대 값이었다고 한다. 그

횃대에 앉은 매의 꽁지깃에, 시치미는 안 보이나 거위깃이 달려 있다.
ㅣ이암, 〈가응도(架鷹圖)〉(일부)

---

122 매를 길들일 때는 항상 먹이를 충분히 주지 않고 배가 고프게 만든다. 배가 부르면 사냥감을 쫓지 않고 그대로 달아나버릴 수도 있기 때문이다. 하지만 길들인 매라서 다시 배가 고파지면 대개는 집으로 돌아오는 일이 많다. 가끔 남의 집에 잘못 들어가기도 한다.

런데 가끔 도망친 매를 발견한 엉큼한 사람이 남의 매를 슬쩍하려고 원래의 시치미를 떼고 자기 시치미를 달기도 했다. 오랜 기간 한 몸처럼 키우고 길들였는지라 척 보면 아는데 이 시치미를 보라며 뻔히 속인다.

[맥락] '잡아떼다'에는 붙어 있는 것을 억지로 떨어지게 한다는 뜻 말고도, 아는 것을 모른다고 하거나 한 것을 안 했다고 한다는 뜻도 있다. 매 꽁지깃의 표식인 시치미를 '딱' 잡아서 떼듯 '딱' 잡아뗀다는 말이다.

또한 '시침'은 바느질 '시침질'의 준말이다. 시침질은 본바느질을 하기 전에, 맞댄 두 천을 바늘땀 넓게(대략 0.5cm 간격) 듬성듬성 꿰어 맞춰두는 것으로, 임시 바느질이다. 몇 가지 증거를 들어 듬성듬성 일의 전모를 꿰어 맞추니, 아니라고 그저 틀렸다고, 며느리 시침질이 성에 안 찬 시어머니마냥 일껏 다 꿰어놓은 걸 뚝뚝 떼듯 '뚝' 잡아뗀다는 말이다.

|ⓒ꼬미의 바느질 [Youtube] (캡처)

■ 가지 따 먹고 외수 한다[2+]

| 외수(外數)는 바른 술수가 아닌 외된 술수, 즉 속임수다. 가지 따 먹고 아닌 척 속임수를 쓴다는 말이다. 자기가 따 먹은 건 가지가 아니라 오이라고 "외슈" 하거나, 왜 자기한테 가지 없어진 걸 따져 묻냐며 "왜슈!" 한다는 말일 듯하다.

닭 쫓던 개 지붕만 쳐다본다 애쓰던 일이 더 이상 손쓸 수 없게 되었거나 그렇게 된 것을 분하게 여기는 모습을 이르는 말.

[현대] 새 됐다 ‣ 이 말을 할 때는 새가 날개로 기류를 타듯 양팔을 가볍게 벌리고 자기 처지가, 또는 자기 일이 공중에 붕 떴다는 몸짓을 같이 하기도 한다.

■ 닭 쫓던 개 지붕만 쳐다본다 / 고양이 쫓던 개 나무만 쳐다본다

| 풀어 키우는 토종닭은 날개 근육이 발달해 몇 미터 높이의 지붕이나 나무 위로도 날아오른다. 개는 달리는 건 잘해도 높이 뛰는 건 신체구조상 못 한다.

당장 먹기에는 곶감이 달다 당장의 좋고 편한 것에 끌려 나중에 해가 될 것은 모른다는 말.

[成語] 갈택이어(竭澤而漁) : 연못물을 퍼내 고기를 잡는다. ‣ 진(晉)나라가 초나라와 전쟁을 하는데 초나라의 군사가 진나라보다 많고 막강하여 이길 도리가 없었다. 이에 문공(文公)이 호언(狐偃)에게 물으니, "예절을 중시하는 자는 번거로움을 따지지 않고, 싸움에 능한 자는 속임수를 쓰는 것도 마다하지 않는다 하니 속임

수를 써보는 것이 어떻겠습니까?" 그러자 문공은 다시 이옹(李雍)에게 물었다. 그러자 "연못의 물을 모두 퍼내어 물고기를 잡으면 못 잡을 리 없지만 나중에 잡을 물고기가 없어질 것이고, 산의 나무를 모두 태워버리면 짐승을 못 잡을 리 없지만 훗날 잡을 짐승이 없을 것입니다. 지금 속임수로 위기를 모면한다 해도 임시방편일 뿐입니다"라고 하여 눈앞의 이익만을 위하는 것은 화를 초래한다고 했다. _『여씨춘추(呂氏春秋)』

■ **당장 먹기에는 곶감이 달다**[2+]

| 훔쳐 먹었다가 나중에 경을 치든 말든 일단 지금 먹고 있는 곶감이 달다는 말이다. 뒷일이야 어떻게 되든 우선은 당장의 이익부터 생각한다는 뜻.

[맥락] 몇십 년 전까지만 해도 곶감은 싸릿대에 줄줄이 꿰어 말렸고 그렇게 보관했다. 그 싸릿대에 꽂힌 곶감을 하나씩 '쏙쏙 빼 먹는다'. '빼 먹다'를 한 단어로 붙이면 남의 것을 몰래 빼서 가진다는 '빼먹다'가 된다. 아무리 쏙쏙 조금씩 훔쳐 내더라도 그게 여러 번이면 결국 표가 난다. 언젠가 들킬 줄 알면서도 '뻥땅' 치는 걸 못 그만둔다는 말.

■ **외상이면 소도 잡아먹는다**[2+]

| 소소한 외상이 쌓이고 쌓이면 나중엔 금액이 감당 못 하게 커진다. 그러다 결국 농사에 써야 할 귀한 소로 갚아야 할 수도 있다는 말. '잡아먹다'에는 경비, 시간, 자재, 노력 따위를 낭비한다는 뜻도 있다.

■ **내일의 닭은 모르고 오늘의 달걀만 안다**

| 둥지의 달걀을 부화시키면 훗날 닭으로 성장하여 큰 이익이 되는 걸 생각 못하고 당장 먹기 급해 낳는 족족 꺼내서 먹는다는 말이다.

대감 죽은 데는 안 가도 대감 말 죽은 데는 간다   권력이 있을 때는 아첨하지만 권력이 사라지면 돌아다보지 않는다는 말.

■ **대감 죽은 데는 안 가도 대감 말 죽은 데는 간다 / 대감 말이 죽었다면 먹던 밥을 밀쳐놓고 가고 대감이 죽었다면 먹던 밥 다 먹고 간다 / 정승 말 죽은 데는 가도 정승 죽은 데는 안 간다 / 호장 댁네 죽은 데는 가도 호장 죽은 데는 가지 않는다**

| 대감의 말이 죽으면 대감을 찾아가 위로의 말로 비위를 맞추지만, 정작 권세를 자랑하던 대감이 죽으면 굳이 비위를 맞출 사람이 죽었으니 찾아갈 리 없다.

호장(戶長)은 지방 하급관리의 총책임자. 파견된 지방관들은 정해진 기간이 지나면 떠나지만, 지방 하급관리들은 계속 그곳에 있기 때문에 이들에게 잘못 보이면 살기가 매우 어려웠다. 특히나 호장은 호구조사, 세금이나 공물 징수, 부역,

징발 등의 일을 맡아보니 평소 잘 보여야만 했다.

대문 밖이 저승이라 ①죽을 날이 머지않았다는 말. ②사람은 언제 죽을지 모른다는 말.
 [현대] 밤새 안녕

■ 대문 밖이 저승이라 / 염라대왕이 문밖에서 기다린다
 | 대문을 열고 나가면 거기가 바로 저승이라는 말이자, 대문 밖에 나서면 언제
 어떤 일로 죽게 될지 아무도 알 수가 없다는 말이기도 하다.

■ 땅 냄새가 고소하다

■ 오는 데는 순서가 있어도 가는 데는 순서가 없다 / 약과는 누가 먼저 먹을는지[2+]
 | 누가 먼저 제상의 약과(藥果)를 받아먹을 조상귀신이 되는지 모른다는 말.
 [맥락] 약과는 제상에도 오르지만 치아가 안 좋은 노인들 차지이기도 했다. 달고
 부드러워 늘 상노인에게 먼저 드렸다. 그러므로 같이 늙어가는 처지에 나이 가지고
 연장자 대접을 받으려는 사람에게 나이 많으시니 약과 먼저 드시라는 뜻과 함께,
 죽을 날이 얼마 안 남았으니 곧 제상을 받겠다고 조롱하는 말도 담은 듯하다.

대문턱 높은 집에 정강이 높은 며느리 들어온다 일
 이 잘되려면 어떤 조건이나 격에 잘 맞고 어울리
 는 일도 아울러 생김을 이르는 말.

■ 대문턱 높은 집에 정강이 높은 며느리 들어온다[2+]
 / 대문턱 높은 집에 무종아리 긴 며느리 들어온다[2+]
 | 옛 대문은 문턱이 대체로 정강이 중간 높이까지
 올라올 만큼 높았다. 그래서 다리가 짧은 아이
 들은 이 문턱을 넘다가 숱하게 걸려 넘어지기 일
 쑤. 살던 사람들은 이미 익숙해진 높은 문턱을
 아무런 문제 없이 드나들 수 있지만 새 식구인
 며느리는 익숙지 않다. 게다가 휘감기는 긴 치
 마까지 입었으니 더욱 넘나들기 어렵다. 그런데
 다행스럽게도 그 높은 문턱에 맞게 키 큰 며느리
 가 들어왔으니 안성맞춤이다. 정강이나 무종아
 리가 길다는 것은 그에 비례해 키도 크다.[123]

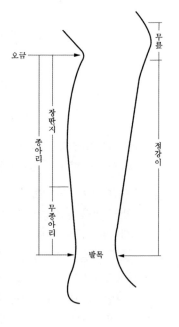

---

123 키 차이는 대개 다리 길이로 인해 차이가 난다. 앉은키는 엇비슷하다.

정강이는 무릎 아래부터 발목 위까지를 말한다. 그리고 종아리는 오금과 발목 사이를 말하고, 종아리는 다시 살이 불룩한 부분을 말하는 장딴지와 발뒤꿈치와 장딴지 사이의 잘록한 부분인 무종아리[124] 로 나뉜다.

[맥락] 대문턱이 높다는 건 권세가 있는 집안이란 뜻. 그런 집에 키가 큰 며느리가 들어오니 며느리까지 위에서 사람들을 내려다보는 풍채와 위세를 지녔다는 말이다.

옛날 집들은 대문턱이 꽤 높았다. |운현궁

■ 확 깊은 집에 주둥이 긴 개 들어온다

|'확'이란 절구나 큰 그릇의 아가리로부터 밑바닥까지의 부분, 또는 그렇게 아래로 깊이 팬 것들을 말한다. 궁궐이나 전통가옥 또는 조경을 해놓은 곳에 가면 매우 큰 사발 모양의 '돌확'을 볼 수 있다. 여기서는 손절구의 확이나 가축의 밥그릇 등을 말하는 듯하다. 확이 깊으면 주둥이 짧은 개는 먹지 못한다.

작은 돌확. 현대 가정에서 쓰는 소형 절구와 비슷하다. |서울 한의학박물관

■ 장사 나면 용마 나고 문장 나면 명필 난다

|힘센 장사가 태어나면 그 사람을 태울 명마가 나고, 훌륭한 문장을 짓는 사람이 태어나면 그 문장을 멋지게 써줄 명필이 태어난다는 속설이 있었다.

대장장이 집에 식칼이 논다 ①어떠한 물건이 흔하게 있을 만한 곳에 의외로 그 물건이 귀하다는 말. ②남의 일을 해주느라 정작 자기 일에는 소홀하다는 말.

[현대] 부동산 땅 사놓은 것 없다

■ 대장장이 집에 식칼이 논다[2+] / 야장간 집에 식칼이 없다 / 목수 집 문 온전한 것 없다

|대장간은 야장간(冶場間)이라고도 하며 쇠붙이로 각종 연장이나 생활 도구 등을 만드는 곳

통영에는 야쇠(冶所)골이라는 곳이 있다. 임진왜란 당시 각종 철제 무기를 만들던 곳이라 하여 그렇게 부른다는 얘기도 전한다. 통영에는 이런 대장간이 이제 단 두 군데뿐이다. |경남 통영 서호시장 내 산양공작소

---

124 요새는 무종아리를 '무 모양의 종아리'라고 하여 '무다리'의 다른 말로 착각하고 쓰는 일이 많다. 전혀 다른 말이다. 그리고 '무다리'도 표준어가 아니다.

이다. 그리고 '놀다'에는 고정되어 있던 것이 헐거워 이리저리 움직인다는 뜻도 있다. 남의 집 것은 잘도 고쳐주면서 정작 자기 아내가 고쳐달라는 건 귀찮아하며 "그까짓 거 언제든 손볼 수 있어!" 자꾸 나중으로 미룬다.

■ 산골 집에 방앗공이가 없다
　|방앗공이 깎을 나무를 손쉽게 구할 수 있는 산골에 살지만, 정작 산속에서는 곡식을 키우기 어려우니 방아 찧을 일도 드물어 집에 절굿공이가 없다는 뜻.

■ 갓장이 헌 갓 쓰고 무당이 남 빌려 굿한다 / 짚신장이 헌 신 신는다
　|장사꾼이란 좋은 물건은 내다 팔고 자기는 형편없는 걸 쓰기 마련.

대추나무에 연 걸리듯이　①대롱대롱 매달렸거나 또는 얼키설키 엉켜 있다는 말. ②여기저기 빚을 지고 있다는 말.

■ 대추나무[가시나무]에 연(줄) 걸리듯이
　|대추나무는 다른 나무들과 달리 가지가 얼키설키하다. 따라서 연이 잘 걸리고 걸린 연줄은 걷어내기 어렵다. 연은 초겨울부터 정월 초하루 전까지 많이 날리는데, 이 무렵이 지나면 잎사귀 다 떨어진 대추나무 가지에 연이 대롱대롱 매달린 풍경을 심심찮게 볼 수 있었다.

대학을 가르칠라　크게 혼이 나도록 힘들게 해주겠다는 말.

■ 대학을 가르칠라[2+]
　|여기서의 '대학'은 사서삼경(四書三經)의 하나인 『대학(大學)』이 아니라 '학을 떼다'[125]의 학질(虐疾)이 심한 것, 곧 '큰 학질'이란 말장난이다. "크게 학을 떼게 해줄까 보다!"

125　학질, 곧 말라리아에 걸리면 열이 펄펄 끓으면서도 몸엔 오한이 들어 덜덜 떤다. 치료할 약이 마땅치 않아 학질에 걸리면 매우 무서운 일을 겪도록 해서 병이 몸에서 떨어지게 하는 일이 많았다. 예를 들면 한밤중에 산속 나무에 묶어놓고 홀로 밤을 새우게 해서 밤새 공포에 시달리게 한다거나, 찬물에 적신 허리끈을 잠자는 환자 목에 턱 걸치고 "뱀이다!" 하거나 절벽에서 툭 미는 동작으로 놀래킨다. 그 밖에 여러 민간신앙이나 민간요법도 있지만 대개는 크게 놀라게 하는 방법을 많이 썼다. 학질은 '하루걸이 열' 또는 '삼일열'이라고도 하는데, 하루는 열이 끓어 힘들다가도 다음 날은 괜찮고, 그러다 그다음 날 또 열이 끓기를 반복하기 때문이다. 한국은 온대지역이라 열대의 말라리아와 달리 모기를 통해 삼일열 원충에만 감염되는 탓이다.

대한이 소한 집에 놀러 갔다가 얼어 죽는다　대한 때보다 소한 때가 더 춥고, 대한 때는 오히려 춥지 않다는 말.

■ 대한이 소한 집에 놀러 갔다가 얼어 죽는다 / 소한에 얼어 죽은 사람은 있어도 대한에 얼어 죽은 사람은 없다 / 춥지 않은 소한 없고 포근하지 않은 대한 없다 / 소한의 얼음이 대한에 녹는다 / 소한이 대한의 집에 몸 녹이러 간다

|소한(小寒. 23번째 절기. 양력 1월 5일 무렵) 때가 대한(大寒. 24번째 절기. 양력 1월 20일 무렵) 때보다 춥다는 것은 잘 알려져 있다. 그런데 왜 작은 추위를 뜻하는 소한이 큰 추위를 뜻하는 대한보다 더 추울까? 그 이유는 24절기(節氣)가 만들어진 것이 우리나라가 아닌 고대 중국의 주(周)나라(기원전1046~기원전771년) 때이기 때문이다. 주나라의 영토에 대해서는 의견들이 서로 조금씩 다르지만, 대체로 황허[黃河]강 유역을 중심으로 위치했다고 한다. 이민족의 침입으로 동쪽으로 밀려나 쇠락한 동주(東周)가 되기 전까지 주(周)나라 수도는 장안(長安)126 이었다. 24절기가 이곳의 기후에 맞춰 만들어진 까닭에 대륙인 중국과 반도인 우리나라 사이에 가장 추운 시기에 대해 오차가 생겼다. 한반도에서 대한은 소한에 이어 더욱 추워지는 시기가 아니라, 거꾸로 소한의 맹추위가 점차 풀리기 시작하는 때다.

대륙 안쪽에 위치한 주나라 수도 장안. 지금의 시안(西安)이다. |구글어스

126　당시의 장안(長安)은 비옥한 땅과 풍부한 물로 인해 매우 번성한 도시여서 훗날 수도나 큰 도시의 대명사가 되었다. '장안의 화제가 되었다'라는 말이 여기서 나오게 된다. 이를 모르는 사람들은 장안을 사람들이 많이 모인 '장터'로 착각한다.

■ 소한 추위는 꾸어다가도 한다

| 소한 때 춥지 않은 경우가 없어서, 내내 안 춥다가도 소한만 되면 어디서 없던 추위를 꾸어 왔는지 이때만 되면 어김없이 급작스럽게 추워진다.

더러운 처와 악한 첩이 빈방보다 낫다 아무리 못된 아내라도 있는 게 낫다는 말.

■ 더러운 처와 악한 첩이 빈방보다 낫다

| 게으르거나 사나운 아내라도 있는 게 쓸쓸하고 적적한 것보다는 낫다는 말.

더운 밥 먹고 식은 소리 한다 쓸데없고 실없는 말을 한다고 나무랄 때 쓰는 말.

■ 더운 밥 먹고 식은 소리 한다

| 여기서의 '식다'는 시들해지다 또는 실속 없고 싱겁다는 뜻이다. 온도와 관련된 '식다'를 열의나 흥미가 시들해진다는 '식다'와 연결시켰다. 재미도 없고 전혀 흥미롭지도 않은 말, 곧 썰렁한 소리를 한다는 말이다.

■ 익은 밥 먹고 선소리 한다

| '선소리'는 이치에 맞지 않은 서툰 말이다. '설다'에는 익숙하지 못하거나 빈틈 있고 서투르다는 뜻도 있고 '덜 익다'라는 뜻도 있다.

더운술도 불고 마시면 코끝이 붉어진다 더운술은 불고 마시지 말라는 말.

■ 더운술도 불고 마시면 코끝이 붉어진다

| 술을 마신 뒤, 또는 추운 데 있다가 따뜻한 곳으로 들어온 뒤, 기타 여러 이유로 코끝이나 볼이 붉게 홍조를 띠는 것은 비정상적으로 그 부분 혈관이 확장되기 때문. 특히 코에 그런 홍조증이 나타나는 것을 '주사·주사비(酒齄鼻), 딸기코' 라고 한다. 그런 사람들은 평소 술을 엄청나게 마시는 사람으로 오해를 사서, 대낮에 그런 현상을 보이면 낮술 했냐고 놀림받기도 한다. 조선시대 요리책인 『규합총서』에는 '밥 먹기는 봄같이 하고, 국 먹기는 여름같이 하며, 장 먹기는 가을같이 하고, 술 먹기는 겨울같이 하라'라며 따뜻하게-뜨겁게-서늘하게-차 갑게 각각 맞춰 먹으라고 적었다. 이처럼 술은 대개 차게 마시지만 무조건 차게 만 마시진 않았다. 『동의보감』에는 어떤 약은 더운술과 함께 먹으라 했고, 모 주[127] 와 온주는 한겨울에 약주로 많이 데워 먹었다.[128]

---

127 익은 술을 거르고 남은 지게미를 다시 꽉 짜서 나온 술에 계피나 생강 등을 넣어 끓인 술. 다소 걸쭉해 숟가락으로 떠먹는 일이 많다. 입맛을 되찾거나 해장할 때 효과가 좋다고 한다.

뜨거운 물 마실 때처럼 후후 불어기면서 더운술을 마시면 그 모습이 보기에도 안 좋고 채신머리도 없어 보인다. 그러니 뜨거워도 쭉 들이켜라는 뜻이다.[129]

더워서 못 먹고 식어서 못 먹고　온갖 구실과 조건을 대며 불만이 많다는 말.

■ 더워서 못 먹고 식어서 못 먹고[2+]

|여기서 '먹다'는 '마음먹다'를 말한다. 어떤 일을 할 마음을 먹기 싫어 이러저러 마음 못 먹을 핑계와 이유를 불만스레 자꾸 들먹인다는 말이다.

덩더꿍이 소출　먹고살아갈 일정한 재산이 없는 사람이 돈이 생기면 생긴 대로 흥청 망청 쓰고, 없으면 어렵게 지낸다는 말.

■ 덩더꿍이 소출[2+]

|'덩더꿍이장단'이란 무속의 장단이 있으므로 여기서 '덩더꿍이'는 무당이나 무 당을 도와 음악을 연주해주는 악사를 뜻할 것이다. 소출(所出)은 논밭에서 나는 곡식이나 그 곡식의 양. 굿판은 꾸준히 있는 것 이 아니라 어쩌다 의뢰가 들어오는 것이니 수 입이 일정치 못하다. 수입이 일정치 못하니 먹 고살기도 빠듯하여 저축은 꿈도 못 꾼다. 무당 의 이런 불안정한 수입에 '덩더꿍' 신나게 노는 것을 연결해, 어차피 모으기도 어려우니 신나 게 써버리고 없으면 굶자는 사람을 일컫지 않 았나 싶다. 지금의 무명 연예인들의 삶도 비슷 하다.

덩덩 하니 굿만 여긴다　무슨 일만 있으면 좋은 수 가 생긴 줄 알고 공연히 좋아한다는 말.

■ 덩덩 하니 굿만 여긴다[2+] / 덩덩 하면 굿으로 안다[2+]

|'굿'이란 말에는 '여러 사람이 모여 떠들썩하거

사람들의 웃음거리가 되도록 범죄인을 데 리고 북을 치면서 온 동네를 도는 조리돌림. 요샛말로 '쪽팔리게' 하는 것. |김준근, 〈조인회시하고〉

128　서양에서도 감기 치료를 위해 포도주에 레몬과 계피 등을 넣고 끓여서 마신다. 이것을 뱅쇼(Vin chaud)라고 한다.

129　한방에서는 코가 붉어지는 것은 뜨거운 피, 즉 열이 폐로 가서라고 한다. 후후 불어 마시는 와중에 더운 알코올 기운을 호흡하게 되어 코가 붉어지는 것은 아닌가 생각해본다.

나 신명 나는 구경거리'라는 뜻도 있다. 어디서 덩덩 소리만 나면 그저 굿판이 벌어진 줄만 알고 좋아서 무당처럼 '덩실덩실' 한다는 말이다. 하지만 동네에 북소리가 나는 일은 이것 말고도 많다. 매우 못된 짓을 한 사람이 있으면 죄지은 사람에게는 망신을, 다른 사람들에게는 경각심을 주기 위해 죄지은 사람을 끌고 다니며 북을 치며 온 동네를 돌아다니게 하던 조리돌림130 도 있었고, 외적 침입 때도 북을 쳐서 경보를 알렸다. 또한 처형장에서도 북소리가 울렸다.

덴 데 털 안 난다 크게 실패하면 다시 일어나기 쉽지 않다는 말.

■ **덴 데 털 안 난다**
  |상처는 아문 뒤 털이 다시 나지만, 화상 자리는 피부조직이 뭉개져 털이 다신 안 난다. 이처럼 너무 큰 좌절을 겪으면 딛고 일어설 힘도 용기도 못 낸다. '데다' 에는 몹시 놀라거나 심한 괴로움을 겪어 진저리가 난다는 뜻도 있다.

도깨비 기왓장 뒤지듯 ①책장을 쓸데없이 마구 넘기거나 부산스럽게 이것저것 뒤 진다는 말. ②쓸데없이 해로운 일을 되풀이한다는 말.

■ **도깨비 기왓장[수키왓장] 뒤지듯**[2+]
  |흔히 알려진 뿔 달린 도깨비는 일본 도깨비인 '오니(鬼)'다. 우리 도깨비는 뿔도 없고 딱히 정해진 형상도 없이 그때그때 나타나는 모습이 제각각이다. 그리고 일본 도깨비는 탐욕스럽고 잔인하여 물리쳐야 할 해로운 존재지만 우리 도깨비 는 꼭 그렇지만은 않았다. 우리 도깨비는 먹고 마시고 춤추고 노래하기를 즐기 며, 씨름과 내기를 좋아하고 메밀묵과 수수팥떡, 막걸리에 환장한다. 못된 장난 도 잘 치지만, 인정도 많고 사람에게 바보처럼 속기도 하는 등 매우 인간적인 존재다.131 도깨비는 장난을 잘 치는데, 솥뚜껑을 가마솥 안에 넣어버린다거나 (뚜껑이 솥 아가리보다 커서 사람이라면 무쇠 뚜껑을 솥 안에 넣을 수 없다), 가마솥에 개똥을 잔뜩 부어놓고 도망가기도 하며, 지붕의 기왓장을 뒤집어놓기

---

130 조인회시(稠人回示)라고도 한다(여러 사람에게[稠人] 돌려 보인다[回示]). 포졸이 죄지은 사람을 마을 곳곳으로 내돌리며 범죄사실과 신상을 사람들이 알도록 하는 형벌이다. 포'졸이 돌림'에서 생긴 말이라 생각된다. 범죄인에게는 극도의 망신을 주고 구경꾼들에겐 경각심을 높이는 효과가 있다. 사생활과 인권 침해가 심각해서 현재 대부분의 나라에서는 시행하지 않는다. 하지만 중국 같은 일부 국가에서는 아직 부분적으로 하고 있다.
131 심지어는 성도 가지고 있고 도깨비의 성은 모두 김(金) 씨라 한다. 그래서 도깨비는 모두 '김 서방'이라고 불린다. 도깨비 역시 사람을 부를 때 모두 '김 서방'이라 부른다.

도 한다. 그래서 옛사람들은 알 수 없는 일이 일어나면 귀신이나 도깨비의 장난으로 돌렸고, 일이 괴상하고 이상하게 되어가는 걸 '도깨비놀음'이라 했다. 도깨비가 밤새 기왓장을 덜그럭대며 뒤집듯, 멀쩡히 놓인 것들을 공연스레 자꾸 들춰보고 헤집고 뒤집어놓는 모습, 또는 책갈피를 부산하게 엄벙덤벙 크게 넘기는 모습을 이렇게 표현했다. **[맥락]** 책장 여러 장을 한꺼번에 넘기려 손으로 밀어 올리면 그 휘어진 모양이 꼭 수키와 기왓장 같고, 그걸 다른 쪽으로 넘기면 수키와를 뒤집어서 넘기는 것처럼 보인다. 책장을 '홱홱' 넘기고 있는 이의 앞에서 바라보는 사람의 시선에는 넘어가는 책장들이 기왓장으로 보인다.

수키와 한 장 뒤집는 중. 책장을 한 장씩이 아니라 여러 장씩 기왓장 두께로 홱홱 넘기는 건 읽기 귀찮거나 생각이 다른 데 가 있어서.

도깨비 씨름 쉽사리 결판이 안 나는 채 계속 옥신각신만 한다는 말.

■ 도깨비[두꺼비] 씨름[2+]

| 도깨비는 씨름을 매우 좋아해서 밤에 지나가는 사람에게 씨름하자고 덤빈다고 한다. 도깨비는 지칠 줄도 몰라 도깨비끼리 씨름하면 끝이 안 난다고 한다. 도깨비는 반드시 왼쪽 다리를 걸어 넘어뜨려야 이긴다는 말이 전해지며, 밤새 도깨비와 씨름하고 날이 밝아 확인해보면 도깨비는 온데간데없고 낡은 빗자루나 자루, 깨진 절구통 같은 것만 덩그러니 있다고 한다.[132]

　　두꺼비는 몸이 넙적하고 굼뜨고 느리게 엉금엉금 기어간다. 두꺼비 둘이 만나 자리다툼을 할 때면 몸으로 밀어 상대를 쫓아내는데, 그것이 마치 씨름과 같으나 언제 끝날지 모를 만큼 정말 느릿느릿 굼뜬다. *두꺼비→ 두꺼비 파리 잡아먹듯

[맥락] '씨름하다'에는 어떤 대상을 극복하거나 일을 이루기 위하여 온 힘을 쏟거나 끈기 있게 달라붙는다는 뜻도 있다.

■ 사돈 밤 바래기[2+]

| 사돈은 어려운 손님이라 그냥 보내드리지 못하니 밤이 늦었다며 바래다준다. 그러면 이번에는 저편에서 또 바래다준다. 이렇게 서로 계속 바래다주다 날이 새버린다는 뜻이다.

132　술 취한 사람은 헛것을 상대하는 일이 많은데, 한겨울에 상점 앞에서 떨고 계신 불쌍한 할아버지를 업고 자취방으로 모셔 와서 이불까지 덮어드린 뒤 다음 날 깨보니 옆에 커다란 KFC할아버지 마네킹이 이불 덮고 누워 있더라든가 ….

도끼 가진 놈이 바늘 가진 놈 못 당한다   자기 능력만 믿고 여유를 부리다가 낭패를
본다는 말.

> [반대] 날 잡은 놈이 자루 잡은 놈 못 이긴다

■ 도끼 가진 놈이 바늘 가진 놈 못 당한다 / 바늘 가진 사람이 도끼 가진
   사람 이긴다
   |도끼 한 번 휘두르면 이긴다고 상대를 깔보고 슬슬 사정을 봐주다가 바늘 가진
   사람의 조심스러운 일격에 당하고 만다는 말.

■ 범도 개에게 물릴 때 있다[2+]
   |아무리 힘세고 능력 있는 사람도 어줍잖은 사람에게 혼이 날 수 있다는 말.

■ 힘센 놈의 집 져다 놓은 것 없다
   |〈토끼와 거북이〉 얘기처럼, 자기 힘이 세니 남들 수십 번 할 거 몇 번이면 한다
   고 느긋하게 여유 부리다가 정작 해야 할 때를 놓친다는 말이다.

도끼는 날을 달아 써도 사람은 죽으면 그만   사람의 인생은 단 한 번뿐이라는 말.

■ 도끼는 날을 달아 써도 사람은 죽으면 그만[2+] / 도끼는 무디면 갈기나 하지
   사람은 죽으면 다시 오지 못한다
   |도끼날이 죽으면 숫돌에 갈아 되살릴 수 있지만, 사람은 죽으면 되살릴 수 없다
   는 말이다.
   [맥락] 도끼날을 갈자면 반드시 도낏자루에서 도끼머리를 빼야 한다. 도낏자루는
   너무 길어서 갈 때 거치적거리기 때문. 도끼는 '날'을 되살려 다시 달 수 있지만,
   사람은 죽으면 끝이지 '날[日]'을 덧달아 더 살 수 없다는 말이다.

도끼를 베고 잤나   편히 못 잤냐고 놀릴 때 하는 말.

■ 도끼를 베고 잤나[2+]
   |도끼날을 베고 잔 것처럼 불안해서 선잠을 잤냐는 말이다.
   [맥락] '도끼'와 '토끼'는 발음이 비슷하며 '토끼잠'은 깊이 잠들지 못하고 자주
   깨는 잠이다. 선잠을 자면 눈이 충혈돼서 토끼 눈처럼 빨개진다. 그래서 '토끼
   잠'과 '도끼 잠'을 이용해 "눈이 왜 그리 토끼 눈인가. 날 새웠는가? 도끼 날
   세워 베고 날 새웠는가?"라며 '(날을) 새우다'와 '(날을) 세우다'를 가지고 한 농
   담이라 생각된다.

도둑놈 개에게 물린 격 자기가 잘못한 게 있어 남에게 곤욕을 당해도 아무 소리도 못 낸다는 말.

■ 도둑놈 개에게 물린 격[2+]
ㅣ도둑질하러 들어갔다가 개에게 물리면 행여 들킬세라 아파도 비명은커녕 찍소리조차 못 낸다. 자기가 잘못한 일이 있으니 뼈아픈 말, 심한 말을 들어도 아무 소리 못 한다는 말이다.

도둑놈도 인정이 있다 사람은 무릇 인정이 있어서 남의 사정을 봐줄 줄도 알아야 한다는 말.

[현대] 합체 전엔 공격하지 않는 법이다

■ 도둑놈도 인정이 있다[2+] / 도둑에도 의리가 있고 딴꾼에도 꼭지가 있다
ㅣ사람이 삼강오륜을 지키듯 도둑도 도도삼강(盜道三綱 : 도둑이 지켜야 할 세 가지 으뜸 도리)을 지켰다. 불쌍한 고아나 과부네 집, 훌륭한 효자나 열녀의 집, 그리고 하늘 무서운 신당과 절간은 털지 않았다. 훔치러 들어갔다가 너무 가난하거나 성품이 곧은 이의 집이면 도리어 재물을 몰래 두고 나왔다.
    딴꾼133 은 포도청에서 포교(捕校 : 형사)를 도와 잡일을 해주는 사람으로 요새로 치면 형사의 '정보원'이다. '끄나풀'이나 '프락치'라고도 하며, 범죄를 저질렀던 사람을 범죄자 정보 파악이나 색출에 활용하는 경우다. 딴꾼은 옛 동료들을 팔아넘기는 셈이니 그들 입장에서는 배신자에 나쁜 놈이다. 하지만 이런 정보원도 과거 자신을 돌봐줬거나 사정이 딱한 동료라면 알아도 모른 척하거나 도망치라고 귀띔한다. 여기서 '꼭지'는 '거지나 범죄자의 우두머리'라는 뜻으로 동료를 배신하더라도 조직의 두목만큼은 받들며 팔아먹지 않는다는 말이다.

■ 공에도 사가 있다 / 국사에도 사정이 있다
ㅣ공(公)은 국가나 단체의 일이고 사(私)는 개인의 일이다. 국가나 단체 역시 사람이 모여 이우러졌으니, 공무를 처리함에도 어느 정도는 인정을 개인의 사정을 봐줘야 한다는 말이다. 국사(國事)는 나랏일.

■ 귀신은 경문[부적]에 막히고 사람은 인정에 막힌다[2+] / 귀신도 빌면 듣는다
ㅣ경문(經文)은 흔히 불경(佛經)을 뜻한다. 부적을 붙이거나 불경을 외우면 귀신이 끼치는 해를 막고, 인정에 호소하면 더는 어쩌지 못하고 받아주거나 용서

---

133 간혹 이 속담을 사용할 때 딴꾼 대신 땅꾼(뱀잡이)으로 잘못 쓰기도 한다.

해주기 마련이라는 말이다. '막히다'에는 꼼짝 못 하게 되어 하려던 것을 못 하게 된다는 뜻도 있다.

　귀신은 부적이나 말 피, 팥죽 등으로 물리치고 내쫓기도 하지만, 때로는 떡과 굿으로 잘 달래서 스스로 떠나게도 한다. 흉악한 귀신조차 잘 달래고 빌면 사정을 봐주는데 사람 사이에 이리 매정할 필요가 뭐 있겠느냐는 말이다.

도둑놈 문 열어준 셈　좋지 않은 사람에게 기회를 주어 자신만 손해를 본다는 말.

　[成語] 개문납적(開門納賊) : 문을 열어놓아 도적을 불러들인다.

■ 도둑놈 문 열어준 셈 / 도둑놈 재워주면 쌀섬 지고 간다

도둑맞으면 어미 품도 들춰본다　도둑맞으면 모든 사람을 다 의심하게 된다는 말.

■ 도둑맞으면 어미 품도 들춰본다

■ 도둑놈은 한 죄 잃은 놈은 열 죄 / 도둑맞고 죄 된다 / 잃은 사람이 죄가 많다
｜도둑맞으면 주변 모든 사람을 다 의심하니 그 죄가 훔친 죄보다 열 배로 더 크다는 뜻과, 도둑놈은 도둑질을 한[爲] 죄를 짓지만 잃은 놈은 훔쳐 갈 마음을 먹게끔 허술하게 열어[開]둔 죄를 지었다는 두 가지 뜻으로 풀이될 수 있다.

도둑을 뒤로 잡지 앞으로 잡나　분명한 증거를 가지고 죄를 밝혀내야지 의심만으로 속단해서는 안 된다는 말.

　[현대] 멀쩡한 사람 잡고 아니란 증거 대란다

■ 도둑을 뒤로 잡지 앞으로 잡나 / 도둑을 앞으로 잡지 뒤로는 못 잡는다
｜두 속담이 언뜻 서로 반대처럼 보이지만 사실 같다. 뒤로 잡는다는 것은 충분히 뒷조사를 해서 증거로 범인을 잡는다는 것이고, 앞으로 잡는다는 것은 증거 없이 의심만으로 뒤로 생사람을 잡지 않는다는 말이다.

도둑의 때는 벗어도 자식의 때는 못 벗는다　자식이 잘못하면 부모도 얼굴 못 들고 다닐 죄인이 된다는 말.

■ 도둑의 때는 벗어도 자식의 때는 못 벗는다[2+]
｜'때'는 이유 없이 뒤집어쓴 더러운 이름도 뜻한다. 그래서 누명에서 벗어나면 '때를 벗다'라고 한다. 도둑놈 누명과 오명이야 진짜 도둑이 잡히면 깨끗하게 씻기지만, 자식이 잘못하면 자기가 가르치고 기른 자식이 진범이니 부모 역시

그 책임에서 벗어날 수 없다는 말이다.

도둑의 때는 벗어도 화냥의 때는 못 벗는다 여성에게 품행을 조심하여 괜한 의심을
받고 소문이 날 만한 빌미조차 만들지 말라는 말.

■ **도둑의 때는 벗어도 화냥의 때는 못 벗는다**[2+]
| 성적인 부분은 대개 은밀한 것이라 겉으로 드러나지 않으며 결백을 밝히기도
매우 어렵다. 이는 현대의 법정에서도 마찬가지. 정황증거나 처음부터 끝까지
일관된 진술이 판결의 근거가 된다. 하지만 이는 시시비비를 가릴 때 얘기고,
사람들 사이에 쉬쉬하며 돈 소문은 나서서 결백을 주장해봤자 더 의심만 받는
다. 그래서 여성에게 품행을 단속시킬 때 이 속담을 썼다. 하지만 소문이란 건
내는 사람 마음이다. 고백했다 차였거나, 친구나 동료의 성공이나 멋진 짝을
시기하고 질투한 사람이 주변에, 소속 집단에 악소문 퍼트리는 건 아주 흔한
일이다. '못 먹는 호박에 말뚝 박는다'라는 속담처럼 헤살을 부리거나 앙심 품고
보복한다. 어떻게 처신하든, 날 소문은 어차피 나고 쑥덕댈 사람은 어차피 쑥덕
댄다. *때→ 도둑의 때는 벗어도 자식의 때는 못 벗는다 *화냥→ 화냥년 시집 다니듯

도둑의 찌끼는 있어도 불의 찌끼는 없다 불이 나면 아무것도 남지 않는다는 말.

■ **도둑의 찌끼는 있어도 불의 찌끼는 없다**
| '찌끼'는 '찌꺼기'의 다른 말. 도둑질로 아무리 싹 쓸어가도 남는 게 있지만, 불이
나면 모든 게 불타고 그을려 건질 게 아무것도 없다.

도둑이 제 발 저린다 죄를 지으면 겁이 나고 마음이 불편해 아무리 감추려 해도
어떻게든 티가 나기 마련이라는 말.

　[成語] 주적심허(做賊心虛) : 도둑질을 하면 마음이 허해진다.
　[현대] 범인은 사건 현장에 반드시 나타난다 / 강한 부정은 강한 긍정 /
　　　　몰컴(몰래 컴퓨터) 켤 때는 비행기 엔진소리가 난다

■ **도둑이 제 발 저린다**[2+] / **도둑이 제 말에 잡힌다** / **도둑놈이 제 발자국에 놀란다**
| 겁이 나고 무서우면 다리가 저린다. 특히 오금이 저리거나 오금을 못 편다. '오
금'은 무릎의 뒤쪽 움푹한 곳으로 다리가 접히는 부분이다. 죄를 지은 사람은
행여 들킬까 걱정되어 평소라면 하지 않을 행동이나 실수를 하게 마련이다. 묻
지도 않았는데 '제가 안 훔쳤어요!' 하든가 손에 땀이 나거나 입술이 바짝바짝
말라 연신 혀로 입술을 축인다. 불안한 마음에 범죄자가 범행현장을 다시 찾는

습성도 이런 탓. 재밌는 실화가 있다. 영국 극작가 버나드 쇼는 평소 독특한 장난을 잘 쳤다. 한번은 고위층 사람들에게 "들켰으니 어서 도망쳐"라는 전보를 무작정 보냈는데 많은 고위층 인사들이 잠적하는 바람에 난리가 난 일이 있었다. '오금→ 대문턱 높은 집에 정강이 높은 며느리 들어온다

[맥락] '저리다'에는 '오금이 저리다'처럼 신체가 저리다는 뜻도 있지만, 가슴이나 마음 따위가 못 견딜 정도로 아프다는 뜻도 있다. 그래서 어쩌면 이 속담의 또 다른 모습은 '도둑이 제 발 저리다 한다'이기도 할 것이다. "아니, 얘기하다 말고 어디 가." "오래 앉아 있었더니 다리가 저려서. 난 일 있어서 먼저 갈게." '범인 색출 자리가 불편해 내빼는 걸 보니 저놈이군.'

■ **도둑이 포도청 간다**[2+]
| 포도청은 지금으로 치면 경찰서. 범인이 지금 수사가 어떻게 진행되는지 궁금해 포도청 근처를 얼씬거리다가 잡힌다는 말이다.

[맥락] 들킬까 봐 펄쩍 뛰며 더 난리 치는 일이 은근 많다. "아니, 어디서 생사람을 잡아. 나 아니라니까. 포도청 가자. 아, 포도청 가자고!" 엘리베이터에서 "킁킁! 아, 누가 뀌었어!" 먼저 설레발치는 사람이 범인일 확률이 높다.

■ **도둑개 꼬리 낀다**
| 개나 고양이는 무서우면 꼬리를 뒷다리 사이로 끼워 감추는 습성이 있다. 아마도 털가죽이 없고 가죽이 약한 항문 부분을 방어하기 위한 것이라 여겨진다. 무언가 훔쳐 먹은 개는 사람 눈치를 보며 슬슬 도망친다. 그것만 봐도 저 개가 뭔가 잘못을 저질렀음을 짐작할 수 있다. 엄마는 아이 표정만 봐도 귀신같이 알아챘다. "너, 뭐 잘못했지!"

■ **도둑개[도둑고양이] 살 안 찐다**

도둑질도 손발이 맞아야 한다   서로 눈치가 통해야 무슨 일이든 실수가 없다는 말.

■ **도둑질도 손발[눈]이 맞아야 한다**
| 도둑질은 안 들키는 게 상수라 말소리 대신 눈짓이나 턱짓, 손짓으로 의사를 전달한다. 신호를 상대가 못 알아채고 엉뚱한 행동을 하면 들키기 십상이다.

■ **가만히 먹으라니 뜨겁다 한다**
| 다른 사람 몰래 먹을 것을 챙겨주면서 '쉿, 너만 조용히 먹어' 하고 쥐어주니 "앗, 뜨거!" 티를 내서 들킨다는 말.

도둑질은 내가 하고 오라는 네가 져라 일은 자기가 저지르고 그 뒷감당은 다른 사람이 한다는 말.

■ 도둑질은 내가 하고 오라는 네가 져라[2+] / 콩죽은 내가 먹고 배는 남이 앓는다[2+]
| '오라'는 '포승줄'이라고도 하며 죄인을 잡아갈 때 몸을 묶는 붉은색 줄이다. 지금은 흰색 포승줄을 사용한다. 그리고 '콩죽'은 불린 콩을 갈아 쌀과 함께 쑨 죽으로, 덜 익은 콩죽을 먹으면 배탈이 난다.[134]
[맥락] 도둑질은 내가 하고, 또 뇌물은 내가 먹고 행여 잡혀갈까 두려운 속앓이는 남이, 하수인이 하게 한다는 말이다.

■ 좋은 짓은 저희들끼리 하고 죽은 아이 장사는 나더러 하란다
| 불륜 또는 혼전 성관계를 하다 임신하니 약을 써서 몰래 낙태하고, 내다 묻는 뒤처리는 다른 사람이나 아랫사람에게 맡긴다는 말이다.

도둑질은 혼자 해먹어라 무슨 일이든 혼자 하는 것이 가장 믿을 만하다는 말.

[반대] 백지장도 맞들면 낫다

■ 도둑질은 혼자 해먹어라
| 함께 몰래 일을 저지르자면 그중 하나가 들키거나 실수해 낭패 볼 수 있다.

도둑질을 하더라도 사모 바람에 거들먹거린다 권세나 재물 있는 자가 잘못을 저지르고도 오히려 더 큰소리를 친다는 말.

■ 도둑질을 하더라도 사모 바람에 거들먹거린다[2+]
| 사모(紗帽)는 옛 고위관리가 쓰던 모자. 그리고 '바람'은 앞의 단어에 더불어 일어나는 기세라는 뜻의 의존명사기도 하다. 벼슬아치가 큰 부정을 저지르고도 높은 자리 위세로 뻔뻔하고 당당하게 군다는 말이다. '사모→ 사모에 갓끈

■ 금관자 서슬에 큰기침한다[2+]
| 금관자는 정2품·종2품의 고관들이 망건에 다는 금으로 된 관자(貫子)다. '서슬'에는 쇠붙이로 만든 연장이나 유리 조각 따위의 날카로운 부분이란 뜻도 있고, 강하고 날카로운 기세라는 뜻도 있다. '큰기침(하다)'은 남에게 위엄을 보이거나, 제정신을 가다듬느라고 소리를 크게 내서 하는 기침. 지위가 높거나 돈이 많다고 잘못을 저지르고도 그 잘못을 거론하려는 이들에게 오히려 어흠! 큰기침

---

134 콩은 단백질 함량이 매우 높은 식품이나 단백질 분해 저해 성분도 갖고 있어서, 췌장에서 나오는 단백질 분해 효소인 트립신(trypsin)의 작용을 방해한다. 이 성분은 푹 익히면 사라진다.

한 번으로 입막음을 해버린다는 뜻이다. 지금도 힘과 돈으로 언론을 협박해 제 부정이 드러나지 않게 입막음하는 이들이 한둘 아니다. *관자→ 떼어 놓은 당상

도 아니면 모   어려운 일을 결정하는 데 있어서 단 한 번에 모든 걸 건다는 말.

[成語] 건곤일척(乾坤一擲) : 하늘 높이 올라갈지 땅바닥에 주저앉을지 단 한 번 패를 던 져 결정한다.

[현대] 못 먹어도 고 ‣ 화투 게임인 고스톱에서 먼저 점수가 난 사람이 원고(1go)를 부른 뒤, 그때까지의 점수를 두 배 넘게 만들어주는 쓰리고(3go) 이상을 바라며 점수 가 날 때마다 고를 부른다. 고를 부른 뒤에 점수를 더 못 '먹고' 상대가 먼저 기본 점수를 내면 다 잃고도 오히려 '고박(고바가지)'을 쓴다. 진 사람들 모두가 승자 에게 질 손해를 '독박'으로 혼자 뒤집어쓰거나, 단둘이 쳤을 때는 상대방 점수의 두 배를 줘야 한다.
올인한다 ‣ 올인(All-in)은 도박에서 지금 하는 판에 가진 돈을 모두 거는 것.

■ 도 아니면 모

|모를 노리다 하나가 뒤집혀 가장 급이 낮은 도가 나오든, 이 한 방에.

도토리 키 재기   정도가 고만고만한 사람끼리 서로 잘났다고 다툰다는 말.

■ 도토리 키 재기[2+] / 난쟁이 키 대보기

맛좋은 도토리로 유명한
상수리나무(Quercus acutissima)

천연기념물과 코르크 마개
굴참나무(Quercus variabilis)

뒷문 밖에는 갈잎의 노래
떡갈나무(Quercus dentata)

잎이 제일 작아요! 졸병 참나무
졸참나무(Quercus serrata)

그물처럼 얽게 갈라지는
갈참나무(Quercus aliena)

해진 짚신의 깔창으로는 최고
신갈나무(Quercus mongolica)

참나무 속의 낙엽성 나무들. 상록성나무에는 가시나무, 붉가시나무, 개가시나무,
종가시나무, 졸가시나무, 참가시나무가 있습니다.

도토리와 여러 참나무의 구별. |포천 평강식물원 안내판

도토리는 떡갈나무, 신갈나무, 갈참나무, 굴참나무, 졸참나무, 상수리나무의 열 매들을 아울러 이르는 말이다. 도토리들은 그 나무가 무엇이냐에 따라서 동그랗기 도 하고 길쭉하기도 하며 제각각이다. 그러나 길쭉해봤자 도토리고 그래봐야

작다. '도톨도톨한' 것끼리 서로 잘났다고 다퉈봐야 의미 없다는 얘기다.[135]

도토리도 참나무 종류마다 크고 작고 길고 짧은 게 있지만 결국 고만고만하다.

■ **참깨[참새]가 기니 짧으니 한다**[2+]

　｜참깨는 들깨처럼 동글동글하지 않고 살짝 길쭉하다. 하지만 깨는 워낙 작아서 들깨나 참깨나 그게 그거다. '깨알만 한' 것끼리 잘났다고 다퉈봐야 같잖다.

■ **내 콩이 크니 네 콩이 크니 한다**[2+]

　｜'콩'은 공(功)와 비슷한 발음을 가졌다. '콩알만 한' 일을 가지고 그 일에 내 공이 크니, 내 공이 더 크니 옥신각신한다는 말이다.

독 보아 쥐 못 친다　나중에 자신에게 돌아올 손해를 생각해 차마 상대를 어쩌지 못한다는 말.

[반대] 빈대 잡으려다 초가삼간 다 태운다

■ **독 보아 쥐 못 친다 / 쥐를 때리려 해도 접시가 아깝다**[2+]

　｜장독들 사이에 쥐가 있으면 행여 장독이 깨질까 싶어 함부로 몽둥이질을 못 한다. 보통 그럴 때는 살금살금 다가가서 뒤에서 쥐꼬리를 잡은 다음 확 낚아채 바닥에 내동댕이쳐서 잡는다. 그래도 실수로 장독 뚜껑을 건드려 깨는 일이 종종 있었다. 지금은 바퀴벌레 한 마리 잡으려다 그릇 깬다.

독 안에 든 쥐　빠져나올 수 없는 궁지에 몰렸다는 말.

■ **독 안에 든 쥐**

　｜옛날에는 항아리에 쌀을 보관하기도 했는데, 쥐가 쌀을 훔쳐 먹으려 항아리 위에서 엿보다 발을 헛디뎌 그 안에 빠지는 일이 많았다. 항아리는 배가 불룩해서 쥐가 아무리 애를 써도 밖으로 빠져나오지 못한다.[136]

■ **솥에 든 물고기 / 도마 위에 오른 물고기 / 그물에 든 물고기[새] / 쏘아 놓은 범 / 도살장[도수장]에 든 소**

　｜모두 죽은 목숨이다. 도수장(屠獸場)은 도살장, 도축장의 옛말.

135　'도토리 키 재기'라는 속담은 일본 속담인 '도토리 키 견주기(どんぐりの背比らべ)'에서 건너온 것이라는 말도 있는데, 반대로 우리 속담이 넘어간 것일 수도 있다.

136　지네를 잡을 때도 항아리를 이용한다. 작은 항아리 안에 지네가 좋아하는 닭뼈나 닭고기를 넣고 아가리만 나오게 땅에 묻어두면 지네가 들어가서 못 빠져나온다.

독장수구구 앞으로 어찌 될지 모르는데 미리 제멋대로 결과를 짐작하거나, 그러다 낭패를 본다는 말.

■ 독장수구구 / 독장수구구는 독만 깨트린다

ㅣ어린이용 속담 책에서는 하나같이 독장수가 지게를 받쳐 놓고 낮잠을 자다 꿈에서 부자가 되고 장가도 가게 되어 기쁜 나머지 잠결에 지게 받쳐둔 지겟다리를 쳐서 독이 다 깨졌다고 설명한다. 그럼 '구구'는 어떻게 설명할 것인가. '구구'는 주먹구구를 말하며, 양 손가락을 꼽아서 어림짐작으로 하는 곱셈이다. 옛 독장수는 독을 산처럼 지고 여러 동네로 팔러 다녔다. 무겁기도 무겁지만 부피도 크고 깨지기도 쉬워 여간한 힘과 의지가 아니면 하기 어려웠다. 그래도 항아리가 제법 값나가는 것이라 잘만 팔면 많은 돈을 벌었다. 항아리를 잔뜩 짊어지고 걸으며, 이걸 몇 개 팔면 얼마가 되나 양 손가락에 주먹구구 꼽아 곱해보며 싱글벙글. 그러느라 발치를 못 보고 돌부리에 탁 걸려 자빠지니 아까운 독만 와장창 다 깨진다. 이처럼 섣불리 먼 미래를 따져보지 말고 당장의 제 앞길부터 착실하게 걸으라는 뜻이다. *주먹구구→ 주먹구구에 박 터진다

■ 너구리 굴 보고 가죽 값 내어 쓴다 / 벌집 보고 꿀 값 내어 쓴다²⁺

ㅣ아직 잡지도 못했으면서 당연히 잡겠거니 하고 미리 돈을 빌려서 쓴다는 말. 하지만 너구리 잡는 건¹³⁷ 만만한 일이 아니다. 굴 입구에 불을 피우고 연기를 굴 안으로 불어 넣기를 눈물 나게 해도 쉽게 못 잡기 때문이다.¹³⁸

[맥락] '벌집 보고 꿀 값 내어 쓴다'는 이북 속담이다. 이북 말에서는 꿀을 팔아 생긴 돈을 '꿀 돈'이라고 하는데, 이는 '꿀 돈'과 띄어쓰기만 다르다.

도심 속 너구리. ㅣ창덕궁

■ 오동나무 씨만 보아도 춤춘다

ㅣ오동나무는 가볍고 무르며 울림이 좋아 가야금이나 거문고 만드는 데 아주 좋은

---

137 너구리 가죽은 방한용으로 좋아 요새도 몇몇 어그부츠 등은 너구리 가죽으로 만든다. 참고로 우리가 흔히 생각하는 너구리는 너구리를 닮았으나 너구리가 아니라 미국너구릿과에 속하는 라쿤 (Racoon)으로, 'Northern Racoon'의 번역상 미국'너구리'일 뿐이다.

138 그래서 담배 연기가 방에 자욱하게 꽉 차 있으면 '너구리를 잡는다'라고 한다.

재료다. 하지만 오동나무로 악기를 만들자면 적어도 18~20년 이상 자란[139] 나무여야 하며, 그 나무를 베어 널 모양으로 짜갠 후 다시 또 몇 년을 눈비 맞춰 나무의 진을 뺀다. 오죽하면 '아비가 넌 것을 아들이 쓴다'라고 했을까. 그만큼 오랜 시간과 단계를 거쳐야 만들어지는 것이 거문고와 가야금인데, 오동나무 씨를 보고 먼 나중에 만들어질 악기를 떠올려 미리 덩실거린다는 말이다.

- 중매 보고 기저귀 장만한다 / 애도 낳기 전에 기저귀감 고른다
- 꿈도 꾸기 전에 해몽한다
- 돼지[도투] 잠에 개꿈

  | '도투'는 '돝'과 함께 돼지의 옛말.[140] 돼지처럼 그저 먹고 자기만 하면서 꿈만 크다는 말이다. 노력하지 않고 꿈꾸는 미래는 개꿈에 불과하다.

- 아이 못 낳는 여자 밤마다 용꿈 꾼다

  | 태몽으로 용꿈을 꾸면 태어난 아이가 크게 출세한다고 믿었다.

돈 놓고는 못 웃어도 아이 놓고는 웃는다   아이는 항상 집안에 웃음과 행복을 주는 존재라는 말.

[반대] 무자식 상팔자

- 돈 놓고는 못 웃어도 아이 놓고는 웃는다

  | 돈이 많으면 행여 누가 훔쳐 갈까, 친척이나 친구가 빌려달라지 않을까, 근심이 가득하다. 하지만 집에 아이가 있으면 아이 재롱과 커가는 재미에 웃음꽃이 핀다. 세상에는 돈 주고도 못 사는 것들이 매우 많다.

돈 모아줄 생각 말고 자식 글 가르쳐라   자식을 제대로 가르치는 것이 그 어떤 유산보다 낫다는 말.

자식 공부하는 소리는 흥겨운 노동요, 아랫도리 다 벗어도 흉치 않을 어린 자식이 벌써부터 서책을 가까이하니 부모는 더 열심히 벌어야겠다는 기쁜 마음뿐이다.
| 김홍도, 〈자리짜기〉

---

139 토질이 좋아 영양 흡수가 좋은 오동나무는 더 짧은 시간에 필요한 재목 크기로 자라지만, 그런 오동나무는 너무 잘 자라 치밀하지 못한 까닭에 가야금이나 거문고를 만들 때 쓰지 않는다. 척박한 땅이나 다른 나무들의 그늘 밑에서 햇빛을 경쟁하고 힘겹게 자란 오동나무만을 가려 쓴다. 그래서 필요한 재목이 되려면 시련 속에 오래 자란 오동나무여야 한다.

140 돌고래도 원래는 '돼지고래'라고 하여 '돋고래'였다가 돌고래로 발음이 바뀐 것이다. 돌고래의 다른 말은 물돼지(海豚/海猪)다. 돼지 코처럼 주둥이가 튀어나와서 그렇게 불렀다.

■ 돈 모아줄 생각 말고 자식 글 가르쳐라 / 황금 천 냥이 자식 교육만 못하다

돈이면 귀신도 부린다 돈이면 못 할 일이 하나도 없다는 말.

> [현대] 손바닥으론 하늘이 안 가려져도 돈이면 가려진다 / 뭐니 뭐니 해도 머니 / 행복을 돈으로 살 수 없다면 돈이 부족한 거다 / 오고 가는 현금[뇌물] 속에 싹트는 인정 / 돈으로 다리면 주름살도 펴진다

■ 돈이면 귀신도 부린다 / 돈이면 지옥문도 연다 / 돈이면 처녀 불알도 산다

> ┃ 지옥에 떨어져도 돈만 있으면 염라대왕에게 뇌물을 써서 지옥문을 열고 나올 수 있을 정도라는 말. 요새도 라면 몇 봉지 훔친 사람은 징역을 가고 몇백억 비리를 저지른 경제인은 잘만 석방된다.

■ 돈만 있으면 개도 멍첨지 / 돈이 양반이라 / 돈이 날개다

> ┃ 첨지(僉知)는 원래 무관 벼슬이지만, 훗날엔 그냥 나이 많은 사람에게 예의상 붙여주는 말이 되었다. 돈이면 개도 벼슬 사서 신분이 상승할 수 있다는 말이지만, 그 벼슬이 한낱 개 값이라는 뜻이기도 하다.

■ 돈 앞에 장사 없다 / 돈이 장사다

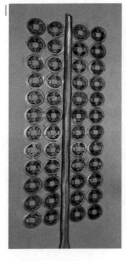

┃

돈(錢) _김삿갓(김병연)

周遊天下皆歡迎(주유천하개환영)
천하를 두루 다니며 어디서나 환영받으니
興國興家勢不輕(흥국흥가세불경)
나라와 집안을 흥성케 하여 그 힘 가볍지 않네.
去復還來來復去(거복환래래복거)
갔다가 다시 오고 왔다가는 또 가니
生能死捨死能生(생능사사사능생)
살리고 죽이는 것도 마음대로구나.

돈나무. 상평통보를 주조할 때 쓰는 틀이 나무 모양과 비슷해 상평통보를 엽전(葉錢)이라 부른다. 나무처럼 가지를 뻗은 형태의 주물틀도 있다. '잎전'이라고도 하는데, 한 닢 두 닢 세서 엽전이라 한다는 설도 있다. 세조 때 만든 팔방통보는 화살촉을 반 뼘쯤에서 자른 모양의 철전(鐵錢)인데, 버들잎을 닮았다 하여 유엽전(楡葉錢)이라 불렀다. 화폐 발행을 신하들이 낭비라고 반대하자, 전시에 화살촉으로 쓸 수 있다고 둘러대서 무마하느라 그렇게 만들었다고 한다.

돌다리도 두들겨보고 건너라 잘 아는 일도 세심하게 주의를 기울여서 실수가 없도록 하라는 말.

> [成語] 유비무환(有備無患) : 사전에 철저한 준비만 있다면 걱정할 일이 없다.
> 거안사위(居安思危) : 편안할 때 위험할 때를 생각하라.

교토삼굴(狡兔三窟) : 영리한 토끼는 세 구멍을 파놓는다. ▸ 부정한 짓이 들킬 경우를 대비해 빠져나갈 구멍을 여러 개 마련해두는 것을 말하기도 한다.

[반대] 소 읽고 외양간 고친다

[현대] 안전에 완전은 없다

■ 돌다리도 두들겨보고 건너라

| 절대 무너질 것 같지 않은 튼튼한 돌다리라도 건너기 전에 미리 발로 쿵쿵 두들겨보고 안전을 확인하란 말.141

아치형으로 된 다리를 홍예교(虹霓橋: 무지개다리)라고 하며, 아치형은 위에 무게가 실릴수록 더 견고해진다. |안양 만안교

사진은 경기도 안양시에 있는 만안교(萬安橋)142 로, 정조가 수원에 있는 사도세자의 능을 자주 찾으면서143 매번 임시로 나무다리를 세웠다 허무는 것은 백성을 힘들게 하는 일이니 아예 돌다리를 놓으라 경기도 관찰사에게 명함으로써 만들어졌다.

■ 감나무 밑에 누워도 삿갓 미사리를 대라 / 누워 먹는 팔자라도 삿갓 밑을 도려야 한다²⁺ / 감나무 밑에서도 먹는 수업을 해라²⁺

| 삿갓의 안에는 삿갓을 머리에 끼워 고정할 수 있도록 둥근 테가 붙어 있다. 이 부분을 '미사리'라고 부른다. 즉, 삿갓을 거꾸로 해서 깔때기처럼 만든다는 것. 그리고 밑을 도린다는 건 삿갓의 꼭대기를 도려내서 역시 깔때기처럼 만들라는 소리다. 여기서의 '수업'은 가르침을 받거나 준다는 뜻의 수업(受業/授業)이 아니라, 학업이나 기술을 익히고 닦는다는 수업(修業)으로 연구나 궁리에 가깝다. 감이 떨어질 때 어떻게 잘 받을지 미리 생각해야 한다는 말이다.

[맥락] 여기서 '감'은 '~감'으로 어떤 일에 마땅한 자격을 갖춘 것이나 사람을 뜻한다. 어떤 자리가 저절로 내게 뚝 떨어질 게 당연하더라도 안심하지 말고 더 노력해서 확실한 내 차지가 되도록 해야 한다는 말이다.

---

141 많은 속담 책자에서 엎드려서 손으로 돌다리를 두드리는 모습의 그림이 나오는데, 발로 쿵쿵 디뎌보는 것도 두드리는 것이다.

142 만 년을 사람들이 편하게 다니라는 의미에, 조선왕조가 만 년을 거듭하라는 의미도 담겨 있다. 그만큼 돌다리는 한 번 만들어놓으면 오랜 세월을 끄떡없이 지탱할 수 있기에 하는 말이다.

143 원래 한양에서 수원을 가려면 용산에서 한강을 건너 과천을 거쳐서 가는 게 일반적이지만, 정조의 아버지인 사도세자를 모함하여 죽음에 이르게 한 김상로(金尙魯)의 형 김약로의 묘가 있다는 이유로 정조가 매우 불쾌히 여겨 행차 길을 시흥―안양―수원 방향으로 돌아가는 바람에 안양천을 건너게 되었다.

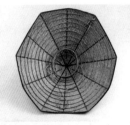

삿갓의 안쪽과 미사리. 미사리는 삿갓을 머리에 끼워 고정시키는 역할을 한다.
|국립민속박물관 아카이브

■ 가까운 데를 가도 점심을 싸 가지고 가라 / 십 리 길에 점심 싸기

|10리는 약 4km. 왕복 두어 시간 거리다.[144] 사람 일이란 모르는 거라서 예상
치 못한 일로 돌아오는 게 늦어질 수도 있는 법. 요즘과 달리 식당이나 가게도
거의 없던 옛날이다.

■ 얕은 물도 깊게 건너라

|물은 빛의 굴절현상으로 인해 깊은 물도 겉보기에는 얕아 보인다. 따라서 얕은
줄 알고 들어갔다가 당황해 허우적대는 일 없도록, 마치 깊은 물에 들어서듯
조심스럽게 발을 들여야 한다는 말이다.

■ 거지[개]도 손님[손] 볼 날 있다[2+]

|누구나 갑자기 손님 맞을 일이 생기니 평소에 집을 잘 치워두고 손님치레할 것
도 마련해두어야 한다는 말이다. 집 안을 거지꼴로 해두지 말라는 소리다.

■ 아는 길도 물어 가라

■ 삼 년 빌던 전답도 다시 돌아보고 산다

|3년 동안 땅주인에게 땅을 빌려서 농사를 짓다가 돈을 모아 그 땅을 사려 할
때, 자기가 매일같이 농사짓던 땅이지만 그래도 사기 전에 한 번 더 꼼꼼히 둘러
보고 사야 한다는 말이다. 뭔가 문제가 있어서 파는 건지, 아니면 골치 아픈
일에 엮인 땅은 아닌지.

■ 구운 게도 다리 떼고[매놓고] 먹는다 / 식은 죽도 불어가며 먹어라

|죽은 겉보기엔 식고 미지근해 보여도 그 안은 아직 매우 뜨겁다. 안심하고 입에
떠 넣었다간 입천장을 홀랑 데기 일쑤다.

---

144 지금의 10리는 약 4km지만 이것은 일본식이고 조선시대의 10리는 약 6km였다는 이야기가
있다. 당시 조선인의 남자 평균 키가 162cm라는 것도 감안하고 보폭은 키에서 100을 뺀 숫자이므로,
아마도 10리(6km 기준)를 가는 데 왕복 3시간 정도 걸리지 않았을까 여겨진다.

■ 광주리에 담은 밥도 엎어질 수 있다

|광주리는 채반 다음으로 깊이가 얕고, 댓살이나 싸릿대로 엮은 용구 중에서 가장 넓다. 걷어차도 잘 엎어지지 않는다. 하지만 넓은 광주리도 어떻게든 엎어질 수 있다. '엎어지다'에는 일이 잘못된다는 뜻도 있다.

광주리와 담긴 물건들. |국립민속박물관

■ 토끼도 세 굴을 판다

|토끼는 천적이 굴로 파고들어 와 위험해질 때를 대비해 두 개의 출구를 따로 더 내놓는다.

■ 열 번 재고 한 번 짼다[2+] / 바느질아치는 가위질을 더디게 한다[2+]

|바느질을 잘못하면 뜯고 다시 하면 된다. 하지만 가위질을 잘못하면 되돌릴 수 없다. 그래서 가윗날 대기 전에 혹시라도 잘못 재지 않았는지 다른 옷감과 착각하진 않았는지 재고 또 잰다. '재다'와 맞추려고 '자르다' 대신 '째다(물건을 찢거나 베어 가르다)'를 썼다. '바느질아치'는 바느질을 전문적으로 하는 사람을 낮잡아 이르는 이북말이며, 이 속담은 이북 속담이다.

돌부리를 차면 발부리만 아프다 쓸데없는 화풀이는 아무 도움이 되지 않고 오히려 자기 손해라는 말.

■ 돌부리를 차면 발부리만 아프다

|'돌부리'는 빙산의 일각처럼 땅 위로 솟은 돌의 일부. 홧김에 돌부리를 차면 발부리(발끝)만 아프다.

■ 거지 제 쪽박 깨는 격

|동냥은 못 얻고 욕만 들어 처먹었다고 분한 마음에 제 쪽박을 바닥에 패대기치면, 결과적으로 자기 동냥 도구만 박살난다.

■ 제 얼굴 못나서 거울 깬다[2+]

돌아본 마을 뀌어본 방귀 한번 재미를 붙이면 쉽게 그만두지 못한다는 말.

[현대] 한 번도 안 한 사람은 있어도 한 번만 한 사람은 없다

휴덕은 있어도 탈덕은 없다 · 사람이나 물건, 일 등에 푹 빠져 그것만 일삼는 걸 '덕질'이라고 한다. 광(狂)을 뜻하는 일본 신조어 '오타쿠'를 한국에서 '오덕후' '오덕'이라고 쓰면서 생긴 말이다. 한 번 덕질을 시작하면 중간에 잠시 쉬거나 그만둘 수는 있어도 결코 탈출하지 못하고 또 덕질을 한다는 뜻이다. 덕질하는 사람들 사이에서 쓰는 말이다.

■ 돌아본 마을 꿔어본 방귀[2+]

|이 마을 저 마을 여기저기를 돌아다니며 놀아본 사람은 그 재미를 쉽게 잊지
못하고 또 돌아다니기 마련이고, 방귀를 시원하게 꾸는 데 재미 들이면 조심하지
못하고 아무 데서나 자기도 모르게 방귀가 나오는 법이다.

[맥락] 어딘가를 둘러볼 때는 '휘휘' 돌아보고, 길고 시원하게 꾸는 방귀처럼 거친
바람이 스치며 지나가는 소리도 '휘휘'다. 그리고 휘파람 부는 소리도 '휘휘'다.
여러 동네 휘휘 돌아보던 발길 버릇을 '못 끊는' 것처럼, 시원하게 휘휘 나오는
긴 방귀를 중간에 '못 끊는' 것처럼, 저절로 휘파람 휘휘 나오는 일도 '못 끊는다'.

동냥은 못 줄지언정 쪽박은 깨지 마라   도와주지는 못하더라도 최소한 방해는 하지
말라는 말.

■ 동냥은 못 줄지언정 쪽박은 깨지 마라

|옛 거지는 깡통 대신 쪽박이나 자루를 들고 동냥을 다녔다. 쪽박은 아이 머리통
만 한 작은 바가지.

동냥은 안 주고 쪽박만 깬다   도와달라는 사람을 도와주기는커녕 훼방을 놓거나
해를 입힌다는 말.

■ 동냥은 안 주고 쪽박만 깬다 / 동냥은 안 주고 자루만 찢는다

|동냥은커녕 식전부터 재수 없다고, 또는 귀찮고 성가시게 한다고 다신 못 오게
동냥 도구를 부숴버린다는 말이다.

동서 시집살이는 오뉴월에도 서릿발 친다   시집살이 중에 동서 시집살이가 가장
힘겹다는 말.

■ 동서 시집살이는 오뉴월에도 서릿발 친다[2+]

|동서(同壻)는 형제의 아내끼리, 또는 자매의 남편끼리 부르는 호칭. 어느 집단
에든 서열이 있는데, 군대에서도 그렇지만 바로 위 서열이면 사소한 간섭에 자
잘한 구박과 잡다하게 시키는 일도 많아 피곤하다. 그리고 화를 내지 않으면서
화를 내는, 싸늘한 눈치는 정말 견디기 어렵다. 큰동서가 작은동서에게 가장
많이 하는 말은 아마 이것. 저 구석에서 차갑게 부른다. "동서, 잠깐 나 좀 봐."

동서 춤추게   겉으로는 남을 위하는 척하면서 결국은 제 잇속을 챙기려 든다는 말.

■ 동서 춤추게 / 동서 보고 춤추란다 / 저 춤추고 싶어 동서 권한다

|잔치가 벌어져 덩더꿍 흥이 났을 때 자기가 춤을 추고는 싶은데 먼저 나서기는 겸연쩍으니 옆에 있는 동서더러 춤추라고 권한다는 말이다. 동서가 먼저 추면 분위기 봐서 자기도 나가겠다는 심보. 지금도 이런 사람들 꽤 많다.

■ 남의 아이 떡 주라는 소리는 내 아이 떡 주라는 소리
|어느 집에서 떡을 해서 이웃사람이 갔을 때 "개똥이 떡 주세요" 하면 개똥이만 줄까, 자기 애한테도 주겠지. 그런 속셈으로 일부러 남의 애부터 챙긴다는 말.

■ 행수 행수 하면서 짐 지운다 / 아저씨 아저씨 하며 길짐만 지운다
|행수(行首)는 한 무리의 우두머리로 특히 상단(商團), 즉 장사꾼의 무리를 이끌어 가는 사람을 말한다. 한껏 추어올리며 대접하는 척하면서 실제로는 자기 잇속을 차리고 이용해먹는다는 말이다. 지금도 누군가를 이용해먹으려 "진짜 너밖에 없다" 칭찬하고 고마워하는 척하는 경우가 많다.

■ 사돈 사돈 하며 가다가 들리고 오다가 들리고 한다[2+] / 삼촌 삼촌 하면서 무엇 먹인다[2+]
|사돈끼리 친해서 오가는 길에 사돈댁에 허물없이 들른다는 말로 보이지만, 여기서는 '손에 들게 하다'라는 '들리다'를 썼다('들르다'를 '들리다'라고 흔히 잘못 쓰는 걸 이용해 만든 속담). 친한 척 무거운 짐 들리고 부담만 지운다는 말이다.
'삼촌'은 나이 차가 좀 나는 윗사람을 친근하게 부르는 말이기도 하다. 그렇게 허울 좋은 연장자 대접을 해주면서 뒤로는 제 실속 뽑아먹고 상대에겐 '무엇', 즉 '엿'을 먹인다[145] 는 말이다.

동아 속 썩는 것은 밭 임자도 모른다 친한 사이라도 남의 근심 걱정은 제대로 알기 어렵다는 말.

■ 동아 속 썩는 것은 밭 임자도 모른다[2+]
|'동아'는 '동과' 또는 '동화'라고도 부르는 박과의 한해살이 덩굴식물의 이름이다. 동아와 동과가 표준어다. 원래는 인도와 열대 아시아에서 자라던 것인데 중국을 거쳐 전래되었다. 서리가 내린 뒤에 익어 11월 무렵에 수확하므로 겨울에 먹는 수박, 겨울에 먹는 참외(또는 오이)라 하여 동과(冬瓜)라고도 부른다. 동아는 크기가 서양 수박과 비슷하게 매우 크다. 길이는 50~60cm 또는 1m까지 자라고, 무게는 20~30kg 또는 40~50kg까지 나간다. 동아는 수박이나 참외처

---

145 뻐큐(Fuck you)라고 하는, 중지(中指)만 세워 상대방에게 보이거나 상대의 얼굴로 들이미는 손가락 욕을 우리말로는 '꼴뚜기질'이라고 한다. 손가락만 한 꼴뚜기는 발기된 남자 성기와 닮았다. 이때의 손가락이 엿가락 굵기와 비슷하여 '엿을 먹이다'라는 말로도 쓴다.

럼 전체의 90%가 수분이며 껍질과 과육, 씨앗 모두 음식이나 약으로 쓴다. 동아
는 특별한 맛이나 성질이 없어 모든 음식에 잘 어울리므로 조선시대에는 여러
양념에 곁들여서 먹었고 수분 보충용으로도 먹었다. 명량해전에 대해 상세하게
기록하고 있는 사호 오익창(吳益昌, 1557~1635)의 『사호집(沙湖集)』에 따르면,
이순신 장군이 장기간의 해상전투를 대비해 식수용으로 동아를 잔뜩 실었다는
이야기가 나온다.146 요새 거의 재배하지 않고 일부에서만 재배한다.147

　동아는 열매가 잘못되어 썩을 때 속부터 곯는다. 그러니 매일 동아 밭을 둘러
보는 밭 임자도 겉만 봐서는 썩는지 아닌지를 쪼개보기 전까진 모른다.148

[맥락] 이 속담을 처음 수집한 사람이 잘못 기록했다고 생각한다. '밭 임자'가
아니라 '밭의 임자'로 수집했어야 했다. '밭의'는 '바투(두 대상이나 물체의 사이
가 썩 가깝게)'와 발음이 비슷하고, '임자'는 나이가 지긋한 부부 사이에 상대를
부르는 호칭이기도 하다. 겉 멀쩡하게 속이 썩는 사정은 바로 곁에 있는 짝지도
모른다는 뜻이다.

동아의 단면. 크기만 거대하고 참외와 매우 흡사하
다. 참외와 마찬가지로 겉에서는 모르게 속부터
곯는다.
|MBN, 〈천기누설〉, "내 몸을 살리는 힘, 순환"

동정 못 다는 며느리 맹물 발라 머리 빗는다 일은 전혀 할 줄 모르면서 밉살스럽게 멋 부리는 데만 열심인 것을 이르는 말.

■ 동정 못 다는 며느리 맹물 발라 머리 빗는다[2+] / 부뚜막 땜질 못하는 며느리
　이마의 털만 뽑는다[2+]

|'동정'은 저고리나 두루마기의 옷깃 가장자리에 다는 흰색의 긴 헝겊 띠. 잦은
세탁의 번거로움을 막고자 목 때가 탈 부분만 다른 헝겊을 붙였다 뗐다 하던
것이 동정으로 발전한 것이다. 이후 세탁의 편의 외에 멋과 깔끔함을 강조하기

---

146 오익창이 의병을 일으키고 실제로 명량해전에 참가했으며, 보급 및 각종 지원을 담당한 유학자
였으므로 믿을 만한 이야기인 듯하다.
147 동아는 칼로리가 낮고 이뇨작용이 있어서 붓기를 빼주고 살을 내려준다. 그래서 못 먹던 시절
통통한 게 미덕이던 때에는 이를 살 빠지게 하는 열매라 하여 사람들이 기피했다. 그러던 것이
요새는 다이어트 식품으로 다시 각광을 받고 있다.
148 동아라는 식물을 모르는 요새 사람들은 밭에 친 '동아줄'이 썩는 것으로 잘못 안다.

위한 목적으로도 달게 되었다. 동정은 창호지를 약 1cm 폭으로 여러 겹 겹쳐서 두껍게 한 뒤 흰 천으로 감싸 만든다. 동정을 달 때는 동정의 시작 부분이 옷깃을 따라 목을 돌아서 다시 만났을 때 두 끝이 딱 맞아야 한다. 동정 끝을 얼마나 잘 맞추느냐로 바느질 솜씨를 평가하기도 했다. 그러니 바느질 솜씨가 형편없어 동정 맵시도 못 살리는 주제에 제 머리 맵시 살리겠다는 며느리가 참 같잖다.

동정 끝을 잘 맞추는 것이 한복 맵시를 살리는 중요한 기술. |영화 〈스캔들〉 (google 검색)

　부뚜막은 아궁이 위에 돌과 흙으로 쌓고 발라 높이가 있게 만든 평평한 턱이다. 흙을 발라 마감했기 때문에 불을 오래 때다 보면 부뚜막이 갈라져 연기가 샌다. 그럼 황토를 이겨서 땜질을 해줘야 연기도 안 새고 매끈하니 보기 좋다. 부뚜막 매끈하게 땜질할 줄은 모르면서 제 이마만 매끈하게 하겠다며 잔머리 뽑는 며느리가 한심할 뿐이다.

동지에 팥죽 쉬겠다　동짓달 한겨울인데 겨울답지 않게 날씨가 따뜻하다는 말

■ **동지에 팥죽 쉬겠다[쉰다]**

|동지(冬至)는 동짓달인 음력 11월에 있는 날로 양력 12월 22~23일 무렵이다. 음력 12월을 뜻하는 섣달과 함께 불러 '동지섣달'이라 하듯, 동지는 한겨울을 말한다. 이 추운 날에 팥죽이 쉴 만큼 겨울 날씨가 푸근하다는 말이다. 그리고 삶은 팥은 쉬 상한다. 먹고 남은 팥죽을 냉장고에 보관했다가 며칠 사이 쉬어서 버리는 일도 많다. 그래서 '애동지에는 팥죽을 쑤지 않는다'라는 말도 있다. 애동지는 동짓날이 음력 11월의 초순에 오는 때. 중순에 오면 중(中)동지, 하순에 오면 노(老)동지라고 한다. 음력 11월 초순이면 대략 양력 12월 초순으로, 이때만 해도 낮 기온이 영상일 때가 많아 크게 춥지는 않다. 이런 따뜻한 날에 팥죽을 쑤었다간 자칫 상해서 배탈이 날 수도 있었기에 애동지에는 팥죽을 쑤지 않는다는 말이 생겼다.149　냉장고랄 게 없던 옛날에는 더 빨리 쉬었으니까.

　동지에 팥죽을 쑤어 먹는 풍습은, 동지로부터 점점 낮이 길어지기 때문에 음(陰)의 기운이 다하고 양(陽)의 기운이 늘어나는 시점으로 보아, 이때 음(陰)을 뜻하는 귀신을 쫓기 위해 붉은색의 팥죽을 쑤어서 먹거나 주변에 뿌린 데서 비롯한다. 붉은색이나 피는 생명을 뜻하며, 원래는 말의 피를 뿌렸지만 구하기 쉽지

149　대신 애동지에는 팥죽 대신 팥시루떡을 쪄 먹기도 했다.

않아 팥으로 대신한 것이 아닌가 여겨진다. '동지섣달→ 섣달그믐날 개밥 퍼주듯

동헌에서 원님 칭찬한다 대놓고 아부하고 아첨한다는 말.

[成語] 교언영색(巧言令色) : 환심을 사기 위해 거짓으로 꾸민 좋은 말과 얼굴빛.

[현대] 손바닥에서 연기[불] 난다

싸바싸바[사바사바] 한다 : 아부나 뇌물, 뒷거래 등 옳지 않은 방법으로 목적을 이루는 것을 말할 때 쓴다. '싸바싸바'가 어디서 나온 말이지는 아직 모른다. 일본어로 고등어를 뜻하는 '사바'에서, 고등어를 뇌물로 바쳐서 이런 말이 생겼다지만 값싼 고등어 따위로 뇌물을 줄 리 없으니 믿음이 가지 않는다. 어쩌면 단순히 손바닥을 사박사박 비비는 소리에서 유래하지 않았나 싶다.

■ 동헌에서 원님 칭찬한다

동헌(東軒)은 원님, 즉 사또가 집무하는 청사. 지금으로 치면 시·군·구청 정도가 된다. 원래 칭찬은 당사자가 없는 곳에서 하는 것이 진짜 칭찬인데, 대놓고 윗사람을 듣는 데서 하는 칭찬은 당연히 잘 보이려는 아첨이다.

돼지에 진주 격에 맞지 않는 행동이나 차림을 한다는 말.

[成語] 초헌마편(軺軒馬鞭) : 초헌에 말채찍. ▸ 초헌(軺軒)은 정2품 이상의 최고위 관리가 타고 다니던 외발바퀴 달린 수레다. 사람이 앞뒤로 메고 가기에 채찍이 필요 없다. 초헌을 메고 가는 사람에게 채찍질한다면 이처럼 볼썽사나운 모습도 없다.

초헌. |국립고궁박물관

■ 돼지에[돼지 목에] 진주 (목걸이)²⁺ / 돼지 발굽에 봉숭아 물²⁺ / 돼지우리에 주석 자물쇠

소나 말처럼 매우 귀중한 재산도 아닌 고작 돼지 지키자고 고급 주석 자물쇠까지 채우는 건 지나친 일.

[맥락] 진주 목걸이를 걸고 봉숭아물을 들이는 사람은 너무 잘 먹어서 뚱뚱한 사대부나 부잣집의 여인인 듯하다.

다양한 옛 자물쇠. |쇳대박물관

■ 개 발에 (주석) 편자²⁺ / 개 발에 (놋)대갈²⁺

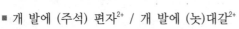
'편자'는 말의 발굽을 보호하기 위해 발굽 밑에 대는 쇠로 만든 징이다. 다른 말로 '대갈(代葛)'이라고도 하는데, 칡넝쿨을 감아주는 것으로 대신하기도 했기 때문이다. 그리고 주석(朱錫)은 색이 잘 변치 않아 예로부터 귀한 장신구를 만들 때

사용하였다.150 한편 '놋'은 구리와 아연의 합
금인 황동(黃銅), 다른 말로 놋쇠 또는 유철(鍮
鐵)이라 한다. 귀한 말의 발굽도 아니고 딱히 보
호할 것도 없는 개 발바닥을 위해 귀한 주석이
나 황동 말굽을 달아준다는 건 어울릴 리도 없
고 아무짝에도 쓸모없는 일. 여기서 개는 말 타
고 다니는 '개양반'을 뜻한다.

발굽이 고르도록 낫이나 작두날로 깎아낸
뒤 편자를 박는다. 조선은 말을 눕혀놓고,
중국에선 세워놓은 채 징을 간다고 한다.
|조영석, 〈편자 박기〉(일부)

■ 개 발에 토시[버선·짚신] / 개 창자에 보위
  / 개밥에 계란

| 행여 개의 발이 시릴까 발에 토시를 끼워 주거
나 버선을 신기고, 발바닥이 아플까 싶어 짚신을 신긴다는 말이다. 그리고 보위
(保胃)란 약한 위와 장을 보양한다는 말로, 사람 먹기에도 귀한 계란을 개 몸보
신을 시킨다고 먹인다는 것이다. 아마도 자기네는 굶는데 부잣집에서 개한테
정성을 들이니 고까웠을 듯하다. 또는 개 같은 사람이나 쓸모없는 사람에게 들
이는 헛된 정성도 뜻했을 듯하다.

■ 개 머리에 옥관자[관] / 개 목[귀]에 방울2+

| 개의 머리에 감투 같은 관을 씌워주거나 비싼 망건을 머
리에 둘러준 뒤 비싼 옥관자(玉貫子)도 달아준다는 뜻.
옥관자는 고위관리들이나 달던 것이었다. 그리고 방울
은 방울 모양의 귀걸이인 듯하다. 조선 중기까지 남자들
도 흔하게 귀걸이를 했다. 그래서 중국에서 귀에 난 구멍
을 보고 조선사람인 줄 알아봤다고 한다.151   이 말은 능

망건에 달린 관자. |문화재청,
〈망건장〉[Youtube] 캡처

력 없는 자가 감투를 썼거나 못된 양반이 거만한 행세를 할 때 비웃는 데도 썼다.
*관자→떼어 놓은 당상

■ 개에게 호패2+

| 호패(號牌)는 조선시대에 16세 이상의 성인 남자가 차고 다니던 일종의 신분증으
로, 신분에 따라 옥, 뿔, 나무 등으로 만든 직사각형 패에 이름, 나이, 출생일의

---

150 녹이 잘 슬지 않으며 다른 물질과 화학반응을 일으키는 일이 적어 다른 금속의 겉이나 음식물을
담는 철제용기 내부를 도금하는 데도 많이 사용한다. 통조림 깡통의 내부는 대개 주석으로 도금한다.
151 임진왜란과 병자호란을 거치면서 양반들의 권위가 땅바닥에 떨어지자 이를 다시 끌어올리려
더욱 중국 풍습을 따라 하게 된다. 그러면서 남자가 귀걸이를 하는 걸 중국에선 오랑캐 취급하니
이를 금하고, 중국에서는 남자가 처가살이를 않으니 여자가 시집살이하게 바꾸었다.

간지(干支) 등의 신상정보를 새겨 넣고 관인(官印 : 국가에서 증명한다는 표시로 찍는 도장)을 찍었다. 개 같은 인간도 꼴에 어른이라고 호패를 찼다는 말이다.

옥으로 만든 호패. |국립중앙박물관

■ **개 뼈에 은 올리기**[2+]

|개 뼈를 은으로 도금한다는 말이다. 참고로 불상 같은 것에 금물로 칠을 해서 도금하는 것을 '금을 올린다'라고 한다.

[맥락] 사대부나 부자는 남녀 모두 비녀를 썼는데 이 비녀는 은도금을 했다. 반면 서민 여성들은 뼈나 나무로 만든 골(骨)비녀, 목(木)비녀를 꽂는 일이 많았다. 비녀는 잠두가 도톰한 뭉치로 되어 있어서 마치 뼈의 관절 부분 같다.

■ **닭이 진주를 물어도 옥수수 알만 못하다**

■ **거적문에 돌쩌귀[피배목]**

|'거적'은 지푸라기 등으로 넓고 얇게 짠 것으로, 보통은 추위와 바람을 막거나 물건을 둘둘 마는 데 썼다. 매우 못사는 평민이나 제대로 된 집이 없는 거지들은 이것으로 바람벽을 돌리고, 입구에는 늘어뜨려 문으로 이용했다. '돌쩌귀'는 문틀과 문에 암·수 돌쩌귀를 각각 달아 서로 끼워 맞추는 형태의 경첩이고, '피배목'은 경첩 대신 질기고 두꺼운 가죽 조각으로 문과 문틀을 경첩처럼 이어 단 것이다. 돌쩌귀는 다른 말로 접철(摺鐵), 즉 접는 쇳조각이라고 한다. 들추

돌쩌귀는 암톨쩌귀에 수톨쩌귀가 끼워진 형태의 경첩이다. 따라서 문짝을 들어 올리면 문틀에서 문을 분리시킬 수 있었다. 문짝을 떼어 창호지를 바르거나 하는 등 여러 편의에 맞춰 고안된 형태다. |운현궁

고 드나드는 거적문에 돌쩌귀는 못 단다. 아마도 거지 같은 사람이 출세하거나 부유해져서 고래 등 같은 집에 사는 걸, 거적문 출신 주제라고 비꼬는 것 아닐까 한다.

■ **가게 기둥에 입춘[주련]**[2+]

|여기서의 '입춘'은 입춘 때 대문에 크게 또는 방문 위에 여러 개 써 붙이는 입춘첩(立春帖)을 말한다. 입춘첩의 내용은 대개 '입춘대길(立春大吉)·건양다경(建陽多慶)'으로, 입춘을 맞이하여 크게 길하고 음(陰)은 물러나고 양(陽)의 기운이 일어나며 경사로운 일이 많아지라는 뜻이다. 이런 입춘첩이 조선시대 가게의 허름한 기둥에 어울릴 리 없다.

주련(柱聯)은 양반가에서는 자연과 인생을 읊은 좋은 시구 같은 것, 사찰에서는 불교의 교리를 담은 경구 등을 한 연씩 써서 기둥마다 세로로 달아놓은 길쭉한 널이다. 궁궐이나 사찰, 운치 있는 큰 양반집에나 어울리는 것이라 물건 파는 허름한 가게 기둥에 달면 어울리지 않는다.

주련. |운현궁

[맥락] 천시받던 장사꾼이 큰돈을 벌자 양반 행세도 하고 싶어 하는 걸 비꼬는 말이라 여겨진다. 지금도 돈 좀 번 경제인 중에 자기 소양은 아직 장사치에 불과하면서 겉만 번드레하고 고아한 척하는 사람이 많다.

- 방립에 쇄자질

방립(方笠)은 방갓 또는 상립(喪笠)이라고도 부르는 챙이 둥글게 네모진 삿갓을 말한다. 그리고 '쇄자(刷子)'는 갓에 묻은 먼지를 털기 위한 솔로, 비싼 갓을 손상시키지 않고 먼지를 털기 위한 도구다. 대충 툭툭 털어 쓰는 방립의 먼지를 쇄자로 조심스레 털고 있다는 말이다. 게다가 방립은 대체로 상을 당한 사람이 불효를 저질렀으니 자신을 꾸미지 않고 하늘 부끄러운 얼굴을 가리겠다는 의미로 쓰는 건데, 그런 방립을 깔끔하게 손질해 멋을 낸다니, 아마도 상중임에도 잘 보일 사람을 만나러 가며 멋을 낸다는 뜻. *방갓→ 가난한 상주 방갓 대가리 같다

- 사모에 갓끈[영자]

◁ 사모. |〈박문수 초상화〉 (일부)　　　　▷ 장식용 갓끈. |국립민속박물관

사모(紗帽)는 높은 관리들이 쓰던 관모. 사모는 끈 없이 머리에 깊이 쓴다. 갓끈(영자 : 纓子. 입영(笠纓)이라고도 한다)에는 두 종류가 있는데, 머리에 얹어서 쓰는 갓을 고정하기 위해 턱 밑에 묶는 밋밋한 갓끈과, 그 갓끈과는 별도로 구슬이나 가는 대나무 등을 꿴 장식용 갓끈이 있다. 고위관리의 사모에는 애초에 고정하는 끈이 없는데, 하도 위엄을 부리니 저러다 아예 사모에 장식용 갓끈까

지 매달겠다며 하는 조롱이다. 높은 사람이 더 잘난 척하려는 꼴사나운 모습을 갓끈 달린 사모로 표현한 것. 게다가 그 비싼 갓끈을 뻔한 공무원 월급으로 어떻게 장만했을까?

장식용 갓끈이 주렁주렁 길다. 갓끈이 거추장스러우면 한쪽 귀에 걸어 올리기도 했다. 장식용 갓끈은 값이 매우 비싸서 지금으로 치면 집 한 채만큼 고가였다.
가야금 소리를 들으며 연꽃을 감상한다는 제목과 달리 아무도 음악과 꽃에 관심이 없다. 기생을 상징하는 푸른 치마[靑]와 높은 양반을 뜻하는 비단[錦]이 서로 연애하는래[相戀] 그럴 겨를이 있기나 할까. |신윤복, 〈청금상련(聽琴賞蓮)〉

■ 조리에 옻칠

|'조리'는 곡식을 씻을 때 물에 뜬 불순물을 걷어내거나 돌 섞인 쌀에서 쌀만 걷어내는 도구152 로, 대체로 연초에 몇 개씩 사두었다가153 해지면 버리는 값싼 소모품이었다. 이런 조리에 미적인 아름다움과 방수를 위해 옻칠 코팅을 한다는 말이다.

조리. |공공누리포털

■ 석새짚신에 구슬 감기[2+]

|'석새짚신'은 총이 매우 거칠고 올이 촘촘하지 못한 짚신이다. '석새'는 원래 베짜기에서 쓰는 말로 1새가 80올이라 3새면 240올인데, 이건 매우 성글고 거친, 값어치 낮은 베다(그런 베를 '석새베'라고 한다). 그래서 석새짚신 역시 싸구려 짚신을 뜻한다. 이 석새짚신은 서민들이 신었다. 석새짚신 신는 주제에 비싼 구슬 장신구를 둘렀다는 말이며, 또는 서민 출신 졸부의 사치를 비꼬는 말이다.

---

152 조리의 꽁무니 부분으로 쌀이 담긴 물을 한 방향으로 일면(복 나가면 안 된다고 반드시 집 안쪽 방향으로 일었다) 물살에 돌보다 가벼운 쌀들이 떠오르고, 그걸 조리로 건져서 소쿠리에 옮겨 담았다.

153 조리는 음력 1월 14일 밤에 조리장수가 집집마다 붉은 실로 묶은 복조리를 대문 안에 몇 개씩 던져 넣고 그다음 날 돈을 받으려 왔다. 조리 값은 정해진 값이 없지만, 터무니없이 비싸게 부르지도 않고 또 복이 깎인다 하여 깎지도 않았다. 지금은 플라스틱제품으로 바뀌고 그나마도 요새 나오는 쌀은 정미가 잘 되어서 거의 쓰이지 않으며 문 위에 걸어두는 장식품으로만 팔린다.

■ 도끼 등에 날 달아 쓴다

｜우리나라 도끼는 외날 도끼로 한쪽에만 날이 있다. 날의 반대쪽인 뭉툭한 부분은 등이라고 부르는데 이 부분은 망치 용도로 썼다. 이곳에 불필요하게 날을 내어 양날 도끼를 만들어 쓴다는 것이다.

■ 단삼 적삼 벗고 은가락지 낀다 / 벌거벗고 은반지 끼기

｜단삼(單衫)은 적삼과 비슷한 말로, 위에 입는 저고리 모양의 한 겹짜리 옷이다. 더운 여름에 실내용으로 입는 적삼과 저고리 밑에 속옷처럼 받쳐 입는 속적삼이 있다. 아예 침소로 드는 거라면 가락지를 빼고 잘 텐데, 외간남자와 잠깐만 '자는' 거라면 가락지 낀 채로 옷만 벗는다.

*(은)가락지→ 이왕 맞을 거면 은가락지 낀 손에 맞아라

■ 벌거벗고 환도[전통] 차기

｜조선시대에는 무기를 소지하는 게 불법이 아니었기에 양반이나 민간인도 호신용으로 칼을 차고 다니는 경우가 있었고, 선비들도 곧은 기개를 상징한다 하여 칼을 소장했다. 환도(還刀)는 고려 때 원나라의 영향을 받아 만들어졌다고도 하며, 양날인 검(劍)과 달리 외날인 도(刀)를 대체로 아울러 이르는 말이었다. 환도라는 말은 이전에는 칼이 직선형이었으나 이후 살짝 날이 휘게 되어 그렇게 불렸다는 얘기가 있다. 또한 환도는 칼집에 두 개의 고리가 있고 여기에 끈(끈목)을 연결하고, 끈 중간에 '띠돈'이라는 연결쇠를 달아 이것을 이용해 허리춤에 칼을 차는 방식이다. 이때 칼자루는 뒤로 가게 휴대한다.[154] 더불어 조선시대의 전투방식은 각궁(角弓)과 창을 주력무기로 하고 칼은 호신용으로 사용하였

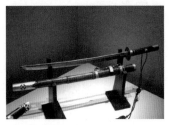

환도. ｜화성행궁박물관

전통. ｜화성행궁박물관

다. 장검(長劍)을 지니고 다니면 전투할 때 걸리적거리고 또 무게 또한 늘어나

---

154 칼자루가 앞으로 가면 말을 타고 달릴 때 칼이 빠지거나 칼자루가 배 위로 올라와 매우 걸리적거렸기 때문이다. 기병(騎兵)과 궁수 위주인 조선과 중국은 칼자루를 뒤로 하고, 보병 근접전을 주로 하는 일본은 칼자루를 앞으로 하는 특징이 있다. 환도는 끈으로 매달아 차는 방식이라 칼자루 쪽을 돌리면 앞으로도 칼을 뽑을 수 있었는데, 일반적인 경우에는 왼손으로 칼집을 잡아 등 뒤로 추켜올리면서 오른손을 오른쪽 어깨 너머로 넘겨 칼을 뽑았다.

전투에 제약이 많아 칼의 길이를 짧게 만들었는데, 환도는 대체로 날의 길이가 대략 50cm 내외에 불과했다.[155] 이후 임진왜란 때 왜군의 칼에 비해 길이가 짧아 근접전에 불리했음을 깨닫고 날의 길이가 90cm까지 길어지다가 조선 말기에 가면 역시 또 짧아진다. 전통(箭筒)은 화살통. 딱 봐도 무인이 근무 중 몰래 어느 여인과 잠자리를 하다 들켜 허둥대는 모양새다. 옷을 입어야 겉에 환도와 전통을 찰 텐데 어지간히 급했나 보다.

■ 가마 탄 사람이 채찍질한다

■ 도끼 들고 나물 캐러 간다[2+]

│남자는 도끼 들고 산에서 나무를 하고, 여자는 호미 들고 들에서 나물을 캤다. 그런데 도끼 들고 가서 나무가 아닌 나물을 캔다면 이처럼 우스운 일도 없다. 겉으로 보기엔 '나무를'의 줄임말 '나물'과 '나물'의 두 발음이 같음을 이용한 속담이다.

[맥락] 식물이나 광물을 파낸다는 '캐다'에는 드러나지 아니한 사실을 밝혀낸다는 뜻도 있다. '캐다'의 뜻을 이것으로 삼으면 '나물'은 '남을'로 바꿔 넣을 수 있다. 남에게 사실을 묻자고 가면서 도끼를 들고 간다는 말이다. 이는 진실을 알자는 것보다 자백을 강요하려는 것에 가깝다. 위협과 강압으로 얻어낸 자백은 현대 법정에서 증거로 채택되지 않는다.

■ 갓 쓰고 자전거 타기 / 갓 쓰고 구두 신기

│양반이 갓을 쓰고 자전거 페달을 구르는 건 양복에 갓 쓰는 격이다. 자전거가 처음 소개된 것은 1895년이다. 가마꾼 없이 자기 발로 스스로 타고 간대서 자행거(自行車), 축지법 쓰듯 빨리 간다고 축지차(縮地車), 바퀴가 두 개라고 쌍륜거(雙輪車), 앞뒤로 나란한 두 바퀴가 꼭 안경 같다고 안경차(眼鏡車) 등 여러 가지로 불렸다가 1903년에 국가 공식적으로 '자전거'라고 부른다. 따라서 이 속담은 대한제국(1897~1910) 시기인 1903년 이후에 생겼다고 봐야 한다.

되 글 가지고 말 글로 써먹는다   글을 조금 배워서 매우 효과적으로 쓴다는 말.
  [반대] 말로 배워 되로 풀어먹는다

■ 되 글 가지고 말 글로 써먹는다

│한 말은 열 되 분량. 하나를 배워 열 배로 써먹는다는 말이니 응용력이 뛰어나다는 뜻. 명동이나 숭례문시장에 가면 몇 단어만 가지고 외국 관광객들과 흥정하

---

155 칼자루의 길이가 20cm 정도였으므로 전체 칼의 길이는 길어야 겨우 70cm인 셈이다.

고 물건 파는 상인이 많다. 얼마나 아느냐보다 얼마나 써먹느냐가 회화다.

되는 것도 없고 안 되는 것도 없다　올바른 방법으로는 안 되고, 옳지 않은 방법으로
는 되는 어지러운 세상을 이르는 말.

> **[현대] 사과상자에 사과 안 들었다 / 케이크상자에 케이크도 들었다**·정치계나 경제계
> 에서 금융실명제 이후 계좌로 뇌물을 보내기 어렵게 되자 사과상자에 1만 원권을
> 꽉꽉 채워 사과 선물로 위장해 보내던 데서 유래한다. 처음 알려진 건 1996년
> 전두환 비자금 사건 때. 사과상자 하나에는 1만 원권(신권 말고 구권) 2억 5,000
> 만 원이 들어간다(007가방에는 1억 원). 또 2002년에는 모 정당이 선거 도중
> 2.5톤 탑차 트럭째 150억을 넘겨준 것이 이듬해 적발되어 일명 '차떼기 정당'이
> 라 불렸고, 2015년에는 모 여당 의원들이 기업인으로부터 음료수 상자에 5만
> 원권으로 3,000만 원씩 든 상자들을 받았다는 정황이 밝혀진 바 있다. 그리고
> 교사, 교수, 강사에게 드리는 '사모님'들의 뇌물은 케이크상자에 함께 담긴다.
> **착한 사람은 법을 지키고 나쁜 사람은 법이 지킨다**

■ 되는 것도 없고 안 되는 것도 없다
　| 앞에 생략된 말은 각각 '올바른 방법으로는'과 '부정한 방법으로는'이다. 올바른
　방법으로는 아무리 열심히 해도 되는 것이 없는데, 오히려 옳지 않은 방법으로
　는 안 될 일이 잘된다는 말이다. 열심히 일하고 공부해도 아첨하고 조작한 사람
　이 잘되는 세상이면 그 세상이 어떤 세상일까.

되는 집에는 가지나무에 수박이 열린다　일이 잘되려면 뜻밖의 좋은 일도 생긴다는 말.

■ 되는 집에는 가지나무에 수박이 열린다²⁺
　| '가지'는 줄기가 매우 가늘고 약하다. 그런 작고 약한 가지에 큰 수박이 열린다는
　것이니, 감당하기 힘들 만큼 큰 복이 들어온다는 말이다.

되로 주고 말로 받는다　①적게 주고도 많이 받는다는 말. ②남에게 해를 끼치면
나중에 더 큰 해를 입는다는 말.

■ 되로 주고 말로 받는다²⁺ / 한 되 주고 한 섬 받는다
　| 1홉은 약 0.18리터, 1되(10홉)는 약 1.8리터, 1말(10되)은 약 18리터 분량¹⁵⁶ 이
　다. 그러므로 빚이나 앙갚음을 열 배로 되받는다는 뜻이다.

156　우리가 흔히 아는 도량형(度量衡)은 길이의 단위인 도(度)·부피의 단위인 량(量)·무게의
단위인 형(衡)이 합쳐진 말. 라-푼-차-자는 길이의 단위, 홉-되-말-섬은 부피의 단위, 푼-냥-돈-쭝-관-근
은 무게의 단위다.

한 섬은 신라시대에는 열다섯 말을 뜻했으나 이후에 변하여 열 말을 뜻하게 바뀌었다. 한 말이 열 되에 해당하므로 한 섬은 백 되, 즉 한 되의 100배로 되갚는 셈이 된다. 참고로 '가마'는 일제강점기에 만들어진 단위로, 반 섬을 말한다. 옛날에 쌀은 144kg가, 보리는 138kg가 한 섬으로157 정해져 있었으므로, 한 가마는 한 섬의 절반인 쌀 72kg, 보리 69kg이어야 하나, 일반적으로 80kg을 한 가마로 친다.

섬. 거꾸로 엎어둔 모양이다. 섬은 넓고 길게 짠 뒤 반을 접어 터진 양옆을 짚으로 꿰매어 만든다. |서울 농업박물관

[맥락] 먹고살 게 없어 부자나 지주에게 곡식을 꾸는데, 고작 몇 되 꾸어주면서 나중에 몇 말, 몇 섬으로 되받으려는 지독한 이자놀이를 꼬집는 데서 시작된 말일 수 있다.

■ 남의 눈에 눈물 내면 제 눈에는 피눈물 난다
|울거나 눈물을 흘리면 눈의 실핏줄이 터져 눈이 충혈된다. 그 이상으로 많이 울게 되면 충혈 정도가 아니라 아예 눈물에 피도 섞여 흐른다. 남을 울리면 자신은 더 많이 울게 된다는 말.

■ 가는 방망이 오는 홍두깨
|'방망이'는 부엌에서 밀가루 반죽 등을 펴서 밀 때 쓰는 어깨너비 정도의 몽둥이 또는 옷감을 다듬이질할 때 쓰는 것. '홍두깨'는 옷감을 둘둘 감아놓고 그 위를 두드려 다듬이질할 때 쓰는, 두 팔을 벌린 만큼 길고 굵은 몽둥이158. 이쪽에서 방망이로 상대방을 때리면 상대방은 앙심을 품고 나중에 방망이보다 더 큰 홍두깨로 앙갚음하려 든다는 말이다. *홍두깨→ 아닌 밤중에 홍두깨

홍두깨와 방망이. |국립민속박물관

되지 못한 풍잠이 갓 밖에 어른거린다 거들먹거리는 못된 사람을 비꼬아 이르는 말.
[현대] 국개의원

■ 되지 못한 풍잠이 갓 밖에 어른거린다
|풍잠(風簪)은 망건의 윗부분에 다는 금이나 옥, 호박, 소뿔 등으로 만든 타원

---

157 부피에 비해 보리가 쌀보다 가벼워 쌀 한 섬보다 보리 한 섬의 무게가 덜 나간다.
158 다듬잇방망이나 홍두깨 모두 매우 단단한 재질인 박달나무로 만든다. 그래서 다듬이질 소리에는 금속성 소리마저 들린다. 그런 걸로 맞으면? 당연히 엄청나게 아프다.

또는 반달모양의 장식으로, 갓이 맞바람에 뒤로 넘어가지 않도록 해준다. 갓이 뒤로 넘어가지 않게 하려면 갓모 안으로 풍잠이 들어가야 맞다.[159] 그러니 자기 신분과 재산을 자랑하고자 풍잠을 일부러 갓모 밑으로 끄집어 내놓고 남 보라는 듯이 다니면 그것처럼 꼴불견이 없다는 말이다. '되지 못하다'에는 잘못 만들어진 풍잠이 자꾸 갓모 아래로 빠져나온다는 뜻과, '되어먹지 못하다' '못돼먹다' 같은 뜻이 들었다. 동창 모임에 나와 어떻게든 제 연봉과 남편 직업 알리고 싶어 안달하는 사람, '셀카' 찍은 척하면서 배경으로 명품 가방이나 고급 자가용을 두는 사람, 괜스레 자주 머리카락 넘기며 시계나 반지 봐주길 바라는 사람이 있다. 또 관악산 밑자락이니 안암동이니 신촌 굴다리 등등, 들으면 다 알아챌 지역명으로 명문대 다니는 걸 겸손한 척 티 내는 사람도 있다. 애쓰지 않아도 사람들이 다 알아준다. 그 되지 못한 수준을. '망건→ 가진 돈이 없으면 망건 꼴이 나쁘다

이마 위쪽에 달려 있는 것이 풍잠으로, 이것을 갓모 안에 집어넣어야 갓이 맞바람에도 뒤로 넘어가지 않는다. 여기서 망건을 두른 위치가 잘못되었다. 이마에 두르는 게 아니라 이마와 앞 머리카락의 경계에 걸쳐 둘러야 옳다. 사극에서도 멋이 안 난다는 이유로 이마까지 내려서 두른 경우가 많다. |코리아나 화장박물관

■ 개 팔아 두 냥 반 / 양반인가 두 냥 반인가 / 돝 팔아 한 냥 개 팔아 닷 돈이니 냥 반인가

|두 냥의 반은 한 냥이고, 한 냥은 허튼짓을 일삼고 하는 일 없이 그저 기생집이나 다니며 놀고먹기 좋아하는 '한량'과 발음이 비슷하다. 잘난 양반인 척을 하지만 '개' 판 값 '한량' '개한량'이라는 말이다.

'돝'은 돼지의 옛말[160] 이다. 돼지 판 돈과 개 판 돈 합치면 (한) 냥 반이니,

---

159 갓은 머리에 끼워 쓰지 않고 얹어 쓴다. 그래서 반드시 갓끈을 턱 아래에서 묶어 갓을 머리에 고정한다. 그렇게 하더라도 갓은 망건 두른 선에 맞춰 뒤쪽으로 약간 기울여 쓰므로 맞바람이 불면 갓이 뒤로 넘어가기 일쑤였다. 그래서 망건 위쪽에 풍잠을 단 뒤 이것을 갓모 안에 넣으면 갓모가 풍잠에 걸려 맞바람에도 갓이 뒤로 넘어가지 않는다. 그러도록 풍잠은 뒤로 젖힐 수 있게 망건에 단다.

160 돼지는 코가 앞으로 돋아나와 있어서 '돝'이라 한다. 그래서 코나 주둥이가 튀어나온 고슴도치나 돌고래라는 동물 이름 역시 '돝'을 사용해 만들어졌다. 돌고래의 옛말 중 하나가 돝고래.

탐욕스럽고 더러운 개돼지 같은 양반이라고 비꼬는 셈이다. 10돈(푼)이 1냥.

될성부른 나무는 떡잎부터 알아본다 크게 될 사람은 어릴 때부터 남다르다는 말.

■ 될성부른 나무는 떡잎부터 알아본다

｜'떡잎'은 씨앗이 움을 트면서 맨 처음에 나오는 싹이다. 그 싹이 시들시들하고 볼품없다면 당연히 제대로 자라지 못하게 마련이다. 사람도 어려서 보이는 자세나 행동들을 보면 앞으로 잘될지 못 될지 가늠된다. 흔히 '싸가지(싹+아지)가 없다'라는 말이나 '싹수가 노랗다'라는 말도 떡잎의 상태를 보고 나중을 가늠해볼 수 있다는 말이다. '될성부르다'는 잘될 가망이 있어 보인다는 뜻.

두 마리 토끼 쫓다 둘 다 놓친다 지나친 욕심은 손해만 본다는 말.

[成語] 해망구실(蟹網俱失) : 게와 그물 모두 잃는다.

■ 두 마리 토끼 쫓다 둘 다 놓친다 / 가는 토끼[노루] 잡으려다 잡은 토끼[노루] 놓쳤다 / 잡은 꿩 놓고 나는 꿩 잡는다 / 멧돼지[멧토끼] 잡으려다 집돼지[집토끼] 잃는다[2+] / 새우 잡으려다 고래 놓친다

｜수컷을 유인하기 위해 집에서 기르는 같은 종의 암컷을 이용하는 일도 있다. 발정기가 온 암컷을 수컷이 잘 다니는 길목에 묶어놓고 수컷이 냄새를 맡고 다가오면 덮치거나 올무에 걸리게 하거나 총을 쏜다. 그런데 줄을 어설프게 맸거나 줄이 튼튼하지 않으면 줄이 풀리거나 줄을 끊고 암컷마저 도망친다.

■ 게도 구럭도 다 잃었다

｜썰물이 되어 바닷물이 빠져나가면 갯벌로 들어가 밀물이 들어오기 전까지 게를 잡는다. 그런데 게를 잡는 데 너무 열중하여 한 마리만 더 한 마리만 더 하고 욕심을 부리다가 어느 순간 밀물이 들어와서 꼼짝없이 물에 갇히고 만다. 특히 갯벌은 물이 저 멀리서부터 차근차근 들어오는 게 아니라 깊고 넓게 패여 있는 갯고랑

망태기(구럭). ｜서울 농업박물관

을 타고 물이 앞질러 들어오므로 아차 하는 순간이면 이미 바닷물에 포위되고 만다. 그래서 허둥지둥 뭍으로 나가려고 갯고랑을 정신없이 건너다 미끄러운 고랑에 빠져 헤어 나오지 못하고 익사하기도 한다. 지금도 갯벌체험을 갔다가 이런 사고를 당하는 경우가 많다. 이런 급박한 상황에서는 사람 목숨이 우선이라 욕심내서 잡았던, 게가 가득 든 구럭 따위는 내팽개칠 수밖에 없는 것. 구럭

은 '망태기'의 사투리.

- **떼꿩에 매 놓기**

  | 꿩이 떼로 날아가는 곳에 매를 풀어놓으면 매가 이 꿩 저 꿩 쫓다가 한 마리도 못 잡고 헐떡헐떡 빈손으로 돌아온다. 천하의 꿩 사냥꾼인 매도 한 번에 두 꿩은 못 잡는다. 이것저것 다 이루고 싶어 허튼 과욕을 부리다가 이도 저도 못 한 상태로 도중에 지쳐 나가떨어지는 사람들이 세상에는 참 흔하다.

두말하면 잔소리 당연해서 더 이상 말할 필요가 없다는 말.

  [현대] 당근말밥 두말잡솔 ▸ PC통신 시절부터 대화하는 타자 수를 줄이고 재밌게 말하기 위해 '당연하다'를 줄여 '당근'이라 썼고 이후 당근이 말의 밥이라 하여 '말밥'이라 바꿔 쓰거나 둘을 합쳐 '당근말밥'이라고도 한다. 그리고 '두말잡솔'은 '두말하면 잡소리'라는 뜻의 준말이다. '당근이지'는 '오이야('그래'의 어르신 말투)'의 '오이'에 맞춰 생긴 것으로 기억한다.

- **두말하면 잔소리 / 두말하면 입만 아프다**

  | 너무 당연해서 쓸데없이 두 번 말하면 잔소리로 여겨질 정도라는 뜻.

- **두말하면 편지 문안**

  | 편지글에 붙는 '그간 별고 없으셨는지요'나 '기체후 일향 만강하오셨는지요' 같은 형식적인 문안(問安) 인사만큼이나 뻔한 소리가 된다는 말이다.

두부살에 바늘 뼈 매우 허약한 사람을 이르는 말.

  [현대] 걸어 다니는 종합병원

- **두부살에 바늘 뼈**

  | 두부살(豆腐살)은 살빛이 희고 근육이 없어 두부처럼 물렁한 살이다. 살빛이 희지 않은 물렁살은 '호박살'이라고 한다.

두 소경이 한 막대 잡고 걷는다 똑같이 어리석은 사람끼리 미련스러운 행동을 같이 하고 있다는 말.

- **두 소경이 한 막대 잡고 걷는다**

  | 장님 두 사람이 각자 지팡이를 짚고 걸으면 둘 중 하나가 헛디뎌 넘어지면 옆 사람이라도 조심할 텐데, 둘이 한 지팡이를 짚고 걸으니 한 번에 둘 다 낭패를 보게 된다는 말이다.

둘이 먹다 하나가 죽어도 모른다 음식의 맛이 너무 좋다는 말.

■ 둘이 먹다가 하나가 죽어도 모른다
　주위를 살펴볼 겨를도 없이 정신 못 차리고 먹을 만큼 맛있다는 말.

■ 혓바닥째 넘어간다
　음식이 너무 맛있어서 혀의 존재를 잊고 혀까지 삼킬 지경이라는 말.

둘째가라면 서러워한다 첫 번째로 꼽을 만큼 좋고 훌륭하다는 말.

■ 둘째가라면 서러워한다
　첫 번째가 아닌 그다음인 두 번째로 가서 줄을 서라고 하면 분통해 서러워할
　만큼 매우 좋은 것이라는 말이다.

■ 뺨친다
　예를 들어서 '가수 뺨친다'라고 하면 어떤 가수가 노래를 하니 "그걸 노래라고
　하느냐. 내 노래에 비하면 멀었다!" 하면서 그 가수의 뺨을 친다는 말이다.

뒤주 밑이 긁히면 밥맛이 더 난다 있던 것이 없어지거나
부족해지면 더 간절해진다는 말.

■ 뒤주 밑이 긁히면 밥맛이 더 난다
　'뒤주'는 옛날 쌀통이다. 곡식이 거의 다 떨어져서 바가
　지에 뒤주 밑바닥이 긁히게 되면 앞으로 먹을 게 없다는
　생각에 밥이 더 맛있게 느껴진다는 말이다.

뒤주. 대개 쌀 1~2가마 정도가
들어가는 크기로 만든다.
　국립민속박물관

뒷간 갈 적 마음 다르고 올 적 다르다 자기 사정이 급할 때는
다급하게 굴다가 제 볼일이 끝나면 마음이 변한다는 말.

　[현대] 안에서 사색(思索)에 잠겨 있는 동안 밖에서는 사색(死
　色)이 되어간다 ▸ 화장실에 들어간 사람은 이미 일을 보
고 있으니 느긋하지만, 문 앞에서 엉덩이 움켜쥐고 있는 사람은 온몸에 식은땀이
난다.
　공약(公約)이 공약(空約) ▸ 정치인들이 당선되기 전에는 표를 하나라도 더 얻으
려고 온갖 현실성 없는 달콤한 공약들을 내놓지만, 정작 당선되고 나면 언제 그
랬냐는 듯이 은근슬쩍 공약을 지키지 않는 경우가 많다.
　결혼하면 노예가 되겠다더니 결혼하니 주인이 된다 / 잡은 고기한테는 떡밥[미
끼] 안 준다 / 죽은 사람 소원도 들어준다 해서 들어주면 죽은 사람 소원을 들어
줄걸 싶다 / 할 말 있대서 들어보면 못 할 말 한다

■ 뒷간 갈 적 마음 다르고 올 적 다르다[2+] / 똥 누러 갈 적 마음 다르고 올 적 다르다[2+]

|뒤가 급할 때는 마음도 급하지만 일을 보고 나면 마음도 느긋하다. 자기 급할 때는 안달하고 아쉬운 소리를 하며 무슨 조건이든 다 들어줄 것처럼 하다가, 일이 해결되면 내가 언제 그랬냐며 바로 딴말, 딴청이다.

[맥락] 여기서 '똥을 누는 것'을 한 단어로 하면 '볼일'이다. 이것은 용무를 뜻하는 '볼일'과 같다. 제 볼일 다 봤으니 이제 볼일 없다는 뜻이다.

■ 앉아서 주고 서서 받는다 / 빌려 간 사람은 잊어도 빌려준 사람은 못 잊는다

|급하게 돈 좀 빌려달라고 찾아와 사정해서 앉은 자리에서 편하게 빌려주었다가, 내가 급해서 갚으라고 할 때는 빌려 간 사람을 찾아다니면서 받아야 한다는 말. 빌려 갈 때는 아쉬운 소리를 하다가 갚을 때는 미적거리거나 언제 안 갚는다고 했냐며 도리어 화를 내기도 한다.

■ 물에 빠진 사람 건져 놓으니 내 봇짐[보따리] 내라 한다

|살려만 달라던 사람이 정작 살려내고 나니 자기 보따리는 왜 못 건졌냐고 불만이라는 말이다.

뒷간과 친정은 멀수록 좋다 사돈집이 가까이 있으면 이런저런 말들이 귀에 들어가니 좋지 않다는 말.

■ 뒷간과 친정은 멀수록 좋다

|사돈집이 가까이 있으면 시댁에서 며느리에게 마땅히 해야 할 소리를 하기도 어렵고, 또한 사돈집에서도 자기 딸이 어떻게 사는지 쉽게 전해 들으니 마음이 그리 편치 않다. 모르는 게 약이고 무소식이 희소식이라고.

드는 줄은 몰라도 나는 줄은 안다 새로 생긴 것은 잘 모르지만 있다가 없어진 것은 크게 느껴진다는 말.

■ 드는 줄은 몰라도 나는 줄은 안다 / 있다 없으면 허전하다 / 드는 정은 몰라도 나는 정은 안다

|정이 들 때는 오랜 시간 조금씩 알게 모르게 쌓이기 때문에 언제 들었는지도 모른다. 하지만 정든 사람이 떠나면 그 허전함은 이루 말할 수가 없다.

든거지난부자 겉으로 드러나기에는 있어 보이지만 실제로는 가진 것이 없다는 말.
[반대] 난거지든부자

■ 든거지[든가난]난부자

듣기 좋은 노래도 한두 번   같은 말이나 일을 자꾸 거듭하면 지겹고 싫어진다는 말.

  [현대] 충고도 반복되면 고충 / 충고는 길게 하면 안 된다고 일장연설
    곰탕 카레도 하루 이틀・사골곰탕이나 카레는 잘 쉬지도 않고 여러 번 끓여도
    맛이 거의 변치 않아 주부가 장기간 집을 비우거나 매번 국 끓이기 귀찮을 때
    한 솥 가득 끓여놓는다. 한국인이라면 이걸 물리도록 먹어본 기억이 다들 한 번
    쯤 있을 듯.

■ 듣기 좋은 노래[말・소리・육자배기]도 한두 번 / 좋은 노래[말・소리]도
  세 번 들으면 귀가 싫어한다 / 좋은 노래도 장 들으면 싫다
  | '육자배기'는 전라도 민요의 기초가 되는 음률과 박자, 또는 그런 식으로 된 노래
    들을 말한다. 소리가 매우 구성지게 늘어져 듣기 좋다. 민요 같은 것이라서 아무
    나 부르기도 하지만 대체로 명창들이 메들리처럼 여러 곡을 이어 불렀다. 다시
    말해 명창의 구성진 노래도 계속 들으면 지겹다는 말이다.
    '장 들으면'이란 말은 아마도 '장(長 : 길게/오래) 들으면'. 어떤 사람은 자신이
    좋아하는 음악을 알람으로 등록해놓고 그 소리로 일어났는데, 몇 달을 그렇게
    들으니 듣기 좋던 노래가 끔찍하게 들리더란다. 상황에 따라서 아무리 좋은 것
    이라도 반복되면 싫게 느껴질 수 있는 일이다.

■ 맛있는 음식도 늘 먹으면 싫다 / 찰떡도 한두 끼

■ 부처님도 실삼스럽게 하면 돌아앉는다
  | '실삼스럽다'는 '새삼스럽다'의 사투리. '새삼스럽다'는 이미 잘 알고 있는 사실
    에 대해 새롭거나 낯설게 느껴진다는 뜻. 이미 충분히 알고 있는 말을 마치 새로
    운 얘기인 양 새삼스럽게 반복하면 너그럽고 참을성 있는, 부처님같이 인자한
    사람도 듣기 지겨워 돌아앉는다는 말이다.

들어오는 복도 발로 찬다   가만히 있어도 저절로 잘될 일을 경망스러운 행동으로
  망쳐버린다는 말.

■ 들어오는 복도 발로 찬다 / 들어오는 복도 문 닫는다 / 받은 밥상을 찬다[2+]

등잔 밑이 어둡다   너무 가까운 일은 오히려 먼 데 일보다 모를 수 있다는 말.

  [成語] 등하불명(燈下不明) : 등잔 밑이 밝지 않다.
  [현대] CCTV 밑이 사각(死角)이다 / 안경 쓰고 안경 찾는다
    형광등 위가 어둡다・그래서 비상금을 전등갓 위에 숨기기도 한다.

■ 등잔 밑이 어둡다

|등잔(燈盞)은 작고 평평한 잔에 기름을 붓고 그 가장자리에 종이나 천으로 만든 심지를 걸쳐[161] 불을 밝히는 옛 조명기구. 등잔불을 켜면 주변은 밝아지지만 정작 가장 가까운 등잔 밑은 잔의 그림자로 어둡다.

■ 업은 아이 삼 년 찾는다 / 업은 아이 세 이웃 찾는다

|원래는 '업은 아이 삼 면(三面) 찾는다'였는데, '삼 면'이 '삼 년'으로 바뀌어 쓰이게 되었다. 사람의 목은 어깨 너머로 돌아가지 않는다. 따라서 뒤에 업은 아기를 못 보고 앞과 좌우만 애타게 찾고 있다는 말이다.

등잔대. 아래 받침 부분은 받침 용도 외에도 심지 그을음을 받아낼 수 있도록 얕게 파낸다.
|국립중앙박물관

■ 가까운 제 눈썹 못 본다

■ 도회[도처] 소식을 들으려면 시골로 가라

|도회(都會)와 도처(都處)는 사람들이 많이 모이는 도시를 말한다. 가까이 있는 사람들보다 멀리 있는 사람이 상황을 보다 객관적으로 잘 보는 경우가 많다는 말이다. 국내의 상황은 외국 뉴스로 봐야 더 옳게 안다.

딸 셋 시집보내면 기둥뿌리가 흔들린다 혼수가 만만찮다는 말.

■ 딸 셋 시집보내면 기둥뿌리가 흔들린다[파인다]

|딸을 시집보내는 집은 집 안에 쌓아둔 곡식이나 재산, 살림이 혼수 마련으로 줄어드니, 셋이나 시집보내면 집도 가벼워져 기둥이 흔들거리게 될 거라는 식의 과장이다. 기둥은 경제를 책임지는 아버지를 의미한다.[162] 양반가에서는 체면 치레용 혼수로 집 한 채만큼 돈이 들기도 해서 몹시 힘겨웠다고 한다.

■ 딸 셋 둔 집은 문 열어놓고 잔다[2+]

|농경사회였던 옛날에는 농산물이 곧 재산이었다. 그러므로 큰 힘이 필요한 농사

---

161 심지를 두 개 걸치면 당연한 이치로 더욱 빛이 밝아진다. 이것을 쌍심지라고 하는데 대신 기름을 많이 소비하여 대개는 심지 하나만을 걸쳤다. 화가 나서 노려보는 걸 두 눈에 '쌍심지를 켰다'라고 하는데, 그 말이 여기서 나왔다.

162 박완서 〈휘청거리는 오후〉에는 셋째 딸 결혼식장에서 형사에게 체포되는 아버지가 나온다. 운영하는 형광등 등갓 공장 사정도 좋지 않은데 두 딸을 연이어 시집보내면서 돈에 쪼들리자, 결국 셋째 딸 혼수를 마련하자고 값싼 불량 재료로 만든 제품을 KS합격품으로 납품해 돈을 마련했다. 교감 출신이라는 교육자가 딸자식들 혼수 때문에 식장에서 수갑을 차는 나락까지 떨어졌다.

에는 아들이 많을수록 유리했다. 즉, 아들은 생산력이었다. 하지만 딸만 있거나 아들보다 딸이 많으면 군입이 많아서 생산보다 소비가 많아진다. 이렇게 재산은 늘지 않고 줄어만 가니 나중엔 도둑 걱정도 않게 된다는 말이다.

[맥락] 군입쟁이 저 딸들을 누가 좀 훔쳐 가라는 못된 농담도 담겼다고 본다.

■ 딸이 여럿이면 어미 속곳 벗는다
| 어미가 입던 속옷까지 입혀서 시집보내야 할 만큼 혼수는 부담스럽다는 말이다.

딸은 두 번 서운하다 태어날 때 아들이 아니라서 서운하고 시집보낼 때 아쉬워서 서운하다는 말.

■ 딸은 두 번 서운하다
| 옛날에는 남아선호가 있어서 아들을 낳지 못하면 며느리가 눈치와 구박을 심하게 받았다. 그래서 아들이 아니라 딸이 태어나면 시어머니뿐 아니라 며느리도 서운해했다. 하지만 나중에 딸이 커서 시집을 가면 내 피붙이가 떠나는 것이라서 그게 또 그렇게 서운했다고.

딸은 예쁜 도둑 딸은 친정에 오면 이것저것 챙겨 가기만 하지만 그래도 예뻐 보이기만 한다는 말.

[현대] 아들은 큰 도둑 며느리는 좀도둑 딸은 예쁜 도둑

■ 딸은 예쁜 도둑

땅을 열 길 파봐라 돈 한 푼 나오나 돈이란 쉽게 얻어지지 않으니 아껴 쓰라는 말.

■ 땅을 열 길 파봐라 돈 한 푼 나오나
| 한 길은 어른의 키 정도의 길이나 깊이.

때리는 시어미보다 말리는 시누이가 더 밉다 겉으로는 위하는 척하면서 속으로 헐뜯거나 해를 끼치는 사람이 더 밉다는 말.

[현대] 팩트 위로 폭격·상대를 위로하면서 그 사람의 단점을 조목조목 끄집어내, 그러니까 네가 안 된 거니 마음 비우라며 위로 아닌 위로를 하는 일도 꽤 있다.

■ 때리는[구박하는] 시어미보다 말리는 시누이가 더 밉다
| 예를 들어 며느리가 음식을 제대로 못 해서 시어머니로부터 꾸중을 듣고 있다고 치자. 이때 시누이가 와서 그런다. "아유, 엄마! 언니가 일부러 그랬겠어? 공부만 하다 보니 살림을 제대로 못 배워서 그런 거지. 안 그래요, 언니?" 이건 역정이 난 자기

엄마를 말리고 새언니를 두둔하는 것 같지만, 결국 사돈집에서 딸에게 살림 하나 제대로 못 가르쳤다고 새언니의 친정집을 욕보이는 셈이니 그 얼마나 얄미우랴.

■ 때리는 사람보다 말리는 놈이 더 밉다

때리면 우는 시늉이라도 해라   잘못을 비판하면 조금은 받아들이라는 말.

■ 때리면 우는 시늉이라도 해라[2+]
 |'때리다'에는 남의 잘못을 비판한다는 뜻도 있다. 아픈 말을 들었으면 아픈 티라도 내라는 것으로, 잘못을 지적하면 좀 받아들이려는 마음이라도 먹어보라는 말이다.

때린 놈은 오그리고 자도 맞은 놈은 펴고 잔다   남에게 해를 입힌 사람은 뒷일이 걱정되어 불안하지만 당한 사람은 이미 당하고 났기 때문에 불안하지 않다는 말.

■ 때린 놈은 오그리고 자도 맞은 놈은 펴고 잔다 / 때린 놈은 다릴 못 뻗고 자도 맞은 놈은 다릴 뻗고 잔다
 |누구를 때리고 나면 언젠가 보복하지 않을까 다른 사람에게 이르지 않을까 불안한 마음에 쉽게 잠을 이루지 못해 웅크리고 자기 마련이다. 하지만 맞은 사람은 이미 맞은 거고 복수를 하거나 말거나 내 맘이니 속 편하게 두 다리 쭉 뻗고 잘 수 있다는 것. 단, 쌍방의 힘과 권력이 비슷할 때 얘기다.

■ 때린 놈은 가로 가고 맞은 놈은 가운데로 간다
 |때린 놈은 앙갚음당할까 봐 길가에 붙어 슬금슬금 다니고, 맞은 놈은 어차피 상관없으니 길 가운데로 버젓이 다닌다는 말이다.

■ 도둑질한 놈은 오그리고 자고 도둑맞은 사람은 펴고 잔다

떡 다 건지는 며느리 없다   사람은 누구나 알게 모르게 자기 실속을 챙기게 마련이라는 말.

■ 떡 다 건지는 며느리 없다
 |며느리가 시어머니 몰래 자기 먹을 떡을 슬쩍 챙겨둔다는 말이다. 참고로 떡은 만드는 방식으로 나누면 네 가지로 구분된다.
  • 찐떡 : 쌀가루를 시루에 넣고 증기로 찐 시루떡 등.
  • 친떡 : 쌀/쌀가루를 쪄서 메지게 쳐서 쫀득하게 만든 인절미 등.
  • 유전병(油煎餠) : 쌀가루를 반죽하여 기름에 지진 화전(花煎) 등.

- 단자(團子) : 찹쌀가루를 반죽해 물에 삶아 건져낸 경단 등.

따라서 여기서 며느리가 챙긴 떡은 물에 삶은 떡인 단자다.

떡도 떡같이 못 해 먹고 찹쌀 한 섬만 없어졌다　제대로 해보지도 못하거나 원하는
결과를 얻지 못하고 괜한 손해만 본다는 말.

■ **떡도 떡같이 못 해먹고 찹쌀 한 섬만 없어졌다**

ㅣ옛날엔 항상 양식이 부족했기에 떡은 쉽게 해 먹을 수 있는 게 아니었다. 비싼
찹쌀을 한 섬(두 가마니)이나 들여 떡을 했음에도 워낙 여러 사람이 나눠 먹거나
해서 잘 먹어보지도 못하고 쌀만 없어졌다는 말. *섬→ 한 되 주고 한 섬 받는다

■ **같잖은 투전에 돈만 잃었다**

ㅣ투전(鬪牋)163 은 약 15cm 길이의 기름 먹인 좁
고 두꺼운 종이 등에 그림이나 숫자를 그려 넣
어 그 조합으로 점수를 매기는 놀이이자 노름이
다. 돈 따보겠다고 제대로 작정하고 벌인 투전
판도 아닌 그저 심심풀이로 한 노름에서 크게
잃었다는 말이다.

*투전→ 경위가 삼칠장이라

네 사람이 몰래 투전을 즐기고 있다. 소변
볼 시간도 아까운 건지, 도박을 들키지 않
으려는 건지 요강까지 옆에 갖다 놓았다.
ㅣ김득신, 〈밀희투전(密戲鬪牋)〉

■ **개떡에 입천장 덴다**

ㅣ보릿가루에 간장, 참기름, 파 등을 넣고 반죽한
뒤 절구로 찧어 차지게 하여 손으로 대충 주물
러 둥글넙적하게 만들어 찐 것이 '개떡'이다. 형편없거나 시시하거나 마음에 들
지 않는 것을 비유적으로 이를 때 하는 말이기도 하다.

떡도 떡이려니와 합이 더 좋다　내용도 물론 좋지만 형식이 더 잘되어 있다는 말.

■ **떡도 떡이려니와 합이 더 좋다²⁺**

ㅣ합 안에 담긴 떡도 좋지만, 그걸 담은 고급스러운 합이 떡을 더 맛있게 느껴지게
한다는 말. 합(盒)은 뚜껑이 있는 놋그릇. 식당에서 온장고에 보관하는 스테인

163　투전은 노름 중에서 가장 중독성이 강해 투전으로 패가망신하는 일이 허다했다. 그래서 나라에
서 금지하고 노름꾼들은 잡아가기도 했다. 지금도 노름은 불법이지만 고스톱의 경우 점당 100원
이하거나 판돈 20만 원 이하까지면 노름으로 보지 않는 판례가 있기는 하다. 하지만 금액뿐 아니라
정말 '친목과 재미'로 친 것인가, 또 이것에만 너무 빠져 있었는지 등을 법원에서 판단하여 결정하므로
점당 100원짜리 고스톱을 쳤더라도 도박한 것으로 판결 나는 경우가 있다.

리스 공깃밥 그릇을 생각하면 비슷하다. 음식의 온기를 오래 유지하는 용도로 썼으며 밥이나 떡, 떡국, 장국, 약식, 찜 등을 담아 뚜껑을 덮었다. 대개 놋그릇이지만 궁궐에서는 은으로 된 합도 썼다. 양반층은 놋쇠를 일일이 두드려 펴서 만든 방짜유기를 썼고, 평민들은 주물로 뜬 저렴한 것을 많이 썼다. 대신 주물로 만든 유기(鍮器)는 변색이 잘 되고 잘 찌그러지고 깨지기도 쉬운 단점이 있었다.

합. |한국민족문화대백과사전

떡 본 김에 제사 지낸다 좋은 기회가 생겨 그 기회에 하려던 일을 한다는 말.

■ 떡 본 김에 제사 지낸다[2+] / 떡 본 김에 굿한다[2+]

|옛날에는 떡이란 귀한 음식이었다. 하지만 명절 때나 제사, 굿 등에는 떡이 꼭 올라가야 하므로 모처럼 떡이 생겼을 때 언제 또 떡이 생기겠냐 싶어, 이때 미처 못 지냈거나 아직 날짜가 남은 제사를 맞춰 치른다는 뜻이다.

[맥락] '떡 본 김에'는 '덕 본 김에'로 읽을 수 있다. 어떤 일 덕분에 물질적이나 정신적 여유가 생겨서 이때다 여겨 제사를 치르듯 굿판을 벌리듯, 언젠가 치러 버려야지 싶던 것이나 벌여보고 싶던 판을 펼친다는 말이다.

■ 소매 긴 김에 춤춘다

떡 줄 사람은 생각도 않는데 김칫국부터 마신다 상대방은 생각도 않는데 지레짐작으로 은근히 바라거나 착각한다는 말.

[현대] 착각은 자유다 / 꿈도 야무지다 / 김칫국 (한 사발) 드링킹 / 경기도 오산이다

■ 떡 줄 사람은 생각도 않는데 김칫국부터 마신다[2+] / 앞집 떡 치는 소리 듣고 김칫국 마신다

|떡을 그냥 먹으면 목이 메기 때문에 옛날에는 떡 먹기 전에 김칫국, 즉 김치 국물을 먼저 한 모금 마셨다. 따라서 이웃집에서 떡을 만들고 있는 것을 보고 자기네한테도 떡을 돌릴 거라 지레짐작하고 김칫국물을 들이켜고 있다는 것이다. 여기서의 김칫국은 배추김치나 깍두기의 국물이 아니라 동치미나 나박김치 같은 옅은 농도의 무김치 국물을 말한다. 무에는 전분의 소화를 돕는 디아스타제라는 소화효소가 있어서('디아제'라는 소화제도 있다) 무를 소금물에 담그면 이것이 국물에 녹아 나와 소화에 큰 도움을 준다.

[맥락] '누구 덕에'처럼 도움이나 은혜를 덕(德)으로도 표현한다. 그 '덕'과 '떡'이 발음이 비슷함을 이용한 속담이라 여겨진다. 상대는 베풀 생각도 없는데, 뭐라

도 덕을 보겠거니 혼자 헛물켜고 있다는 뜻이다.

■ 남의 밥 보고 시래깃국 끓인다 / 남의 밥 보고 장 떠먹는다

■ 앞집 처녀[색시] 믿다 장가 못 간다 / 누이 믿다 장가 못 간다[2+]

　｜앞집 처녀도 자기한테 관심 있는 줄 알고 은근히 기대하다가 그 처녀가 다른 데 시집가버리니 그 처녀만 믿고 기다리다 나이만 잔뜩 먹어버렸다는 말이다. 또 누나든 여동생이든 누이가 자기만 믿으라며 자기 친구나 아는 사람과 연결해 주겠노라 장담하기에 그 말만 철석같이 믿다가 낭패를 본다는 말이다.

떨어진 주머니에 어패 들었다　겉은 허름해 보여도 실제로는 비범하고 훌륭한 사람이라는 말.

■ 떨어진 주머니에 어패[마패] 들었다[2+]

　｜어패(御牌)는 임금이 계신 곳, 즉 어전(御殿)을 상징하는 殿(전)자를 새겨 각 고을의 객사(客舍)에 세운 나무패. 관아의 객사는 공무로 온 사람을 묵게 하던 관용 숙소 겸 연회장소다. 임금을 상징하기 때문에 그 지방에서 가장 중심되는 곳에 지었다. 객사는 어패를 모시는 정청(正廳)과 숙소인 익사(翼舍)로 구성된다. 공무로 지방에 파견된 관리나 그 고을 수령이 정청에 들러 왕을 대신하는 어패나 궐패(闕牌)에 절을 하고 예를 올렸다. 어패에는 殿자가 새겨졌기에 전패(殿牌)라고도 한다.

　　'마패 들었다'라고도 하니 이 속담에서의 어패는 임금을 상징하는 패가 아니라 임금이 내린 패라고 보아야 할 듯하다. '떨어지다'에는 밑으로 떨어지다도 있지만 낡아서 떨어지다도 있다. 〈춘향전〉에서 거지꼴로 나타난 이몽룡이 사실 암행어사였던 것처럼, 낡은 주머니 안에 마패가 들었다고 보는 게 맞을 듯하다.

■ 베주머니에 의송 들었다[2+]

　｜의송(議送)은 조선 시대에, 백성이 고을 수령의 판결에 불복하여 그보다 상급자인 관찰사에게 올리던 민원서류다.[164] 의송을 받은 관찰사는 좌측 하단 여백에 어떻게 하라는 처분을 적었다. 그 처분 글을 제사(題辭)라고 한다. 양반이 의송을 올릴 때는 대개 자기 이름이 아니라 집에서 부리는 종의 이름으로 올렸다.

　　비단주머니가 아닌 베주머니에 의송을 넣었다면 평민이고, 어쩌면 고을 양반의 횡포와 판결에 불복해 관찰사에게 상고(上告)하러 가는 중이겠다. 겉은 어리숙해 보여도 야무지고 똑똑한 사람을 이르는 속담이다.

164　민원서류를 조선시대에는 소지(所志)라고 불렀는데, 소장(訴狀)이나 진정서, 청원서 등이다.

떼어 놓은 당상 일이 확실하고 틀림없으니 전혀 염려할 것 없다는 말.

■ 떼어[따] 놓은 당상 (좀먹으랴)²⁺ / 받아 놓은 당상[밥상]²⁺

ㅣ당상(堂上)은 조선시대 정3품 이상의 고위관리인 당상관(堂上官)의 준말이다. 왕과 국사를 논하는 편전회의에 참석할 수 있었다. 당연히 당하관(堂下官)는 그보다 하급 관리. 고위관리들만 망건에 달던 금·옥·호박 관자(貫子)도 그 벼슬자리를 따 '당상'이라 불렀다(관자는 망건 당줄을 거는 고리 단추). 『경국대전』 예전 의장조(儀章條)에는 3품 이상인 당상관은 금과 옥을 사용한다고 되어 있지만 실제로는 꼭 그렇게 엄격하게 지키지는 않았다고 한다.¹⁶⁵

이미 그 사람을 어느 당상관 자리에 앉히고자 왕이 그 자리만 뚝 떼어서 따로 놔두었으니 그 벼슬은 어디 안 가고 제 차지. 그러니 미리 준비해둔 옥관자를 나중에 망건에 달기만 하면 된다고 장담하는 말이다. 금관자나 옥관자는 오래 놔둔다고 부식될 리도 좀이 쓸 리도 없다. *망건→ 가진 돈이 없으면 망건 꼴이 나쁘다

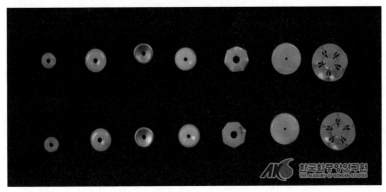

재상까지 지낸 유성룡이 달았던 옥관자와 금관자. ㅣ한국민족문화대백과사전

[맥락] '받아 놓은 밥상'이라는 속담으로도 쓰이는 것으로 보아, '당상'의 '상'은 꼭 당상(堂上)만을 뜻하진 않았을 듯하다. '당'을 '마땅할 당(當)'으로 두면 뒤에 다양한 한자의 '상'이 붙을 수 있다. 마땅히 받아먹을 밥상(밥床)도 되고, 마땅히 그러해 보인다는 상(像)도 된다. 또한 당상관과 비슷하게, 올라앉을 윗자리로 당상(堂上)이라 할 수도 있다. '떼어 놓은'과 '받아 놓은'에는 당상관 금은관자나 윗자리인 당상(堂上) 또는 당상(當床)이 붙겠고, '따 놓은'에는 마땅히 그러할 상태라는 당상(當狀)이나 마땅히 수상할 거라는 당상(當賞)이 붙을 수 있다.

---

165 일반적으로 왕은 금관자, 고위직 양반은 옥관자, 일반 양반은 흰색인 골(骨)관자, 평민은 검정관자를 달았다고 한다(망건은 양반과 평민만 두를 수 있었고 백정 같은 천민은 아무것도 두르지 않고 '날상투'로 틀어 올렸다).

아무튼 이 속담은 누군가 자신이 받거나 갖기로 되어 있는 것이 시간 지나도록 아무 소식 없어 걱정할 때, "걱정 뚝 떼어놓고 기다리기만 하게. 자네 걸로 이미 따로 뚝 떼어놓은 그 자리가 어디 가나? 자네가 받아먹어 마땅한 상(償/床)이고 독상 아닌가." 이렇게 말하며 만들어지지 않았을까 한다.

이렇게 생각했을 때 '떼어[따] 놓은 당상'과 '받아 놓은 당상[밥상]'이 먼저 생겼고, 이 '당상'을 당상관의 금은관자로밖에 생각하지 못하게 된 뒤로 '떼어 놓은 (금옥관자) 당상이 좀먹으랴'가 더 만들어진 듯하다.

똑똑한 머리보다 얼떨떨한 문서가 낫다   머리로 기억하기보다 간단하게라도 적어두는 것이 여러모로 좋다는 말.

- **똑똑한 머리보다 얼떨떨한 문서가 낫다 / 총명이 둔필만 못하다**
  | 사람의 기억력에는 한계가 있고 또 잘못 기억하기도 한다. 기억한 사실이나 정보는 시간이 지날수록 흐려지고 왜곡된다. 그러니 나중의 기억보다 당시의 기록이 여러모로 낫다. 대충이라도 메모해놓으면 훗날 기억을 떠올리기에도 좋고 실수도 적어지는 법이므로. 요새 전월세 계약서에 특약사항을 꼼꼼하게 적는 사람들이 늘어났다. 방범창이니 방충망이니 보일러니 이것저것 해주겠다는 주인집 말만 믿고 계약했다가 나중에 발뺌하는 바람에 크게 고생한 경험들이 있기 때문이다. 둔필(鈍筆)은 굼뜨고 서툰 글씨나 글.

똑똑한 사람도 몰아주면 머저리가 된다   아무리 똑똑한 사람도 여러 사람이 몰아내고 따돌리면 기를 펴지 못한다는 말.

- **똑똑한 사람도 몰아주면 머저리가 된다**[2+]

똥 누러 가서 밥 달란다   처음에 목적하던 일을 하러 가서 전혀 딴짓을 한다는 말.

- **똥 누러 가서 밥 달란다**[2+]
  | '볼일'을 보러 가서 정작 볼일은 안 보고 제 뱃속 채우려, 곧 제 욕심만 '차리려' 딴짓을 한다는 말이다.

똥 때문에 살인난다   사소한 이익이나 일 때문에 큰 사고가 난다는 말.

- **똥 때문에 살인난다 / 한 푼 돈에 살인난다**
  | 옛날에 똥은 중요한 거름이었기 때문에 똥이 마려워도 꾹 참았다가 자기 집에 와서 누었을 정도였다. 또한 조금이라도 한가해지면 너도나도 개똥을 주우러

다녔다. 그런데 만약 개똥 하나를 놓고 내가 먼
저 봤느니 내가 먼저 집었느니 하고 다툼이 벌
어지면 결국 치고박고 싸우게 된다. 지금도 이
런 일이 끝없이 뉴스에 오르내린다. 아무것도
아닌 일로 시작해 돌이킬 수 없는 사태로 커지
는 것이 감정싸움이다.

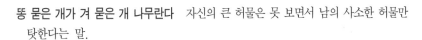

싸움 나면 대번에 상대 상투부터 잡았다.
|구한말 영국 외교관 윌리엄 칼스가 쓴
〈길거리 싸움꾼과 구경꾼〉(1884) 삽화.

똥 마려운 계집 국거리 썰듯   제 일이 급해 일을
아무렇게나 마구 해치운다는 말.

■ **똥 마려운 계집 국거리 썰듯**[2+]
|제 '볼일'이 급하니까 빨리 마치고 제 일을 하려
고 마구잡이 엉터리로 일을 해버린다는 뜻이다. 국거리용 무나 배추 따위를 써
는 소리 '썩썩'이 있고, '지체 말고 빨리빨리'의 '썩썩'이 있다.

똥 묻은 개가 겨 묻은 개 나무란다   자신의 큰 허물은 못 보면서 남의 사소한 허물만
탓한다는 말.

[成語] 오십보백보(五十步百步) : 50걸음 도망친 사람이 100걸음 도망친 사람을 비웃는
다. ▸맹자(孟子)가 위(魏)나라에 들렀을 때 위나라 양혜왕(梁惠王)이 "열심히 나
라를 잘 다스렸으나 이웃나라 백성들이 이 나라로 살러 오지 않아 백성이 늘지
않소" 하니 맹자가 "전쟁터에서 갑옷과 무기를 버리고 도망친 병사 중에 어떤
자는 100걸음 도망가다 말고 어떤 자는 50걸음 도망가다 말았을 때, 만일 50걸음
도망친 자가 100걸음 도망친 자를 보고 비웃는다면 어떻겠습니까?" 하고 왕에게
물었다. "100걸음이나 50걸음이나 도망친 건 마찬가지 아닌가?" 하고 왕이 답하
자, "백성을 위해 나라를 다스린다고 하시지만 정작 왕께서는 백성이 아닌 왕께서
가지신 나라를 위해 정치를 하신 건 아닌가 합니다. 오로지 백성들을 위한 정치를
하지 않으신다면 이웃나라 왕들의 그런 정치와 다른 점이 과연 얼마나 있겠습니
까?"라고 맹자가 말했다. 이에 왕이 부끄러워 아무 말도 하지 못했다고 한다.

[현대] 그만두지 않을 만큼만 월급 주면 잘리지 않을 만큼만 일한다 ▸ 인색하게 월급을
주면 직원들도 딱 그만큼만 일하기 마련이다. 누구를 탓할 수 없다. 능력껏 대우
하고 장래성에 투자해야 제 능력 이상을 하기 마련이다.
9시 1분이 지각이면 6시 1분도 야근이다 / 한 손가락으로 남을 가리키면 세 손가
락은 자신을 향한다

■ **똥 묻은 개가 겨 묻은 개 나무란다**
|옛날에는 사람이 먹을 것도 귀해서 개에게 밥을 적게 주는 일이 많았다. 늘 배고
픈 개는 돌아다니며 똥이나 겨, 음식 쓰레기들을 주워 먹었다('똥개'라는 말도

여기서 생겼다). 짜장면 먹으면 입가에 검은 짜장 묻고 우유를 마시면 흰 우유가 묻어나듯, 개가 무엇을 주워 먹느냐에 따라 입가에 묻는 게 다르다. 그런데 자기가 자기 입은 못 보니, 똥 먹은 개가 입가에 똥 묻은 건 모르고 입에 겨 묻은 개더러 너 참 더럽다, 흉을 본다. 더 더러운 짓을 하는 사람이 조금 더러운 사람에게 더럽다고 하는 건, 자기 더러움을 그 사람에게서 보이는 게 두려운 탓에 미리 비난하는 것이다.

■ 가마솥이 노구솥더러 밑이 검다 한다

ㅣ아궁이에 불을 땔 때면 그 그을음은 온전히 그 위에 놓인 가마솥 밑바닥에 시커멓게 들러붙는다. 그리고 '노구솥'은 천렵(川獵 : 냇가에서 하는 고기잡이)이나 나들이 갈 때 사용하는 휴대용 솥, 또는 여름에 밥 짓자고 아궁이에 불을 때면 방도 더워지니 따로 마당에 내거는 솥이다. 매일 밥하고 불 때는 가마솥 밑이 노구솥보다 더 시커멀 것은 당연한 일. 하지만 가마솥은 부뚜막에 고정되어 밑바닥이 아궁이 속에 있으니 제 밑바닥을 제가 못 본다. 그러니 밑이 드러난 노구솥 흉을 본다. '밑'은 '밑바닥'의 준말이며 정체나 속내 등도 뜻한다.

■ 뒷간 기둥이 물방앗간 기둥을 더럽다 한다[2+]

ㅣ물방아를 지지하는 기둥은 물때로 검다. 그렇다고 뒷간, 즉 변소 기둥만큼 더럽지는 않다. 여기서 '기둥'은 기생이나 몸 파는 여자의 일을 돌봐주며 얻어먹고 사는 '기둥서방'이나 정부(情夫)의 토박이말 '샛서방'일 듯하다. 지금도 그렇지만, 이 속담을 보면 옛날에도 뒷간 안에서 물방앗간에서 남녀가 하던 일을 했지 않았을까 싶다.

■ 가재 뒷걸음이나 게 옆걸음이나[2+]

ㅣ가재도 게도 앞으로 똑바로 걷지 못한다. 올바른 길 못 걷는 것들끼리 누가 누굴 흉보냐는 말이다. 신호위반 밥 먹듯이 하고 다른 운전자에게 쌍소리 내뱉으며 툭하면 보복운전하는 사람치고 정치인부터 누구누구까지 욕 안 하는 사람 없다.

■ 숯이 검정 나무란다

ㅣ'그을음'의 다른 말이 '검정' '검댕'. 숯이 그을음을 보고 검다고 나무란다는 말이다. 숯은 색이 검은 정도가 아니라 광택이 날 정도로 아주 새카맣다.

■ 검둥개 돼지 흉본다

ㅣ우리나라 토종 돼지는 지금의 서양 돼지와 달리 털색이 검었다. 털은 검지만 비교적 듬성듬성해서 아주 검어 보이지는 않는다. 하지만 검둥개는 털이 빼곡해서 같은 검은 털이라도 검둥개 쪽이 훨씬 검다. 그런 검둥개가 돼지한테 검다고 흉본다는 말이다. 어차피 '개돼지'지만 개짓거리가 더 더럽다는 뜻이다.

■ 진드기 아주까리 흉본다

| '진드기'라는 흡혈동물과 아주까리 열매는 아주 비슷하게
생겼다. 아주까리 열매는 기름 짜서 다용도로 쓰이지만 진
드기는 오로지 피만 빠니 전혀 이롭지 못하다. 그런 주제
에 아주까리 기름이 냄새 고약하다고 흉본다는 말이다.

아주까리 씨앗 모양은 마치 피
를 잔뜩 빨아먹어 뚱뚱해진 진
드기 같다.

■ 그을린 돼지가 달아맨 돼지 타령한다[2+]

| '타령'은 어떤 생각을 소리 내어 자꾸 되풀이하는 것. 잡
아먹히러 이미 불에 그을린 돼지 주제에, 이제 막 잡으려
고 묶여 매달린 산 돼지더러 자꾸 뭐라 한다는 얘기.
[맥락] 인두질 취조로 살갗이 타들어가는 중죄인이 그보
다 덜한 죄를 지어 거꾸로 달아매고 때리는 형벌을 받을
죄인에게 자꾸 따진다는 뜻이라 생각된다. 잔뜩 받아먹
다 들통 난 고급 관원이 같이 먹다 걸린 하급 관원에게
타령조로 해댈 소리란 뭘까? "네가 똑바로만 했으면 내
가 이렇게까지 안 됐어!"

잔뜩 배부른 진드기.
ⓒMyriam [Pixabay]

■ 까마귀가 까치더러 검다 한다

| 까마귀는 부리부터 꼬리까지 온통 새카맣고, 까치는 배과 날개 끝 쪽은 희다.
더 검은 건 까마귀인데 까치더러 검다고 흉본다. 까치와 까마귀는 둘 다 참새목
까마귓과의 친척이다. 까치도 흰 부분만 검게 하면 까마귀와 구별되지 않는다.

■ 가랑잎이 솔잎더러 바스락거린다 한다[2+]

| '가랑잎'은 활엽수의 낙엽, 그중 특히 참나무[166] 낙엽을 말한다. 참나무의 낙
엽은 매우 뻣뻣해서 조금만 건드려도 크게 바스락 소리가 난다. 그런 가랑잎
이 거의 소리도 안 나는 솔잎더러 바스락거린다고 핀잔을 준다는 말. '참나무→
도토리 키 재기
[맥락] 가만있지 못하고 부스럭부스럭 들썩대는 사람이 바스락거리는 사람에게
정신 사나우니 가만 좀 있으라고 핀잔 주고 짜증 낸다는 뜻이라 여겨진다.

■ 겨울바람이 봄바람더러 춥다 한다

■ 들깨가 참깨더러 잘다 한다[2+]

| 동글동글하고 자잘한 들깨가 자기보다는 그나마 길쭉한 참깨더러 자잘하다고

---

166 떡갈나무, 신갈나무, 갈참나무, 굴참나무, 졸참나무, 상수리나무 등을 통틀어 참나무라고
부른다.

흉을 본다는 말.

[맥락] '잘다'에는 '생각이나 성질이 대담하지 못하고 좀스럽다'라는 뜻도 있다. 더 좀생이가 덜 좀생이더러 좀스럽다고 하는 셈.

- 남의 흉이 한 가지면 제 흉은 열 가지라 / 남의 흉은 앞에 차고 자기 흉은 뒤에 찬다 / 남의 눈의 티끌은 보면서 제 눈의 대들보는 못 본다 / 제 얼굴 못 본다 / 산속의 열 도둑은 잡아도 제 마음속의 한 도둑은 못 잡는다
- 남의 자식 흉보지 말고 내 자식 가르쳐라 / 제 자식 잘못 모른다
  | 자기 자식이 큰 잘못을 저질러도 "어머, 우리 애는 그런 애 아니에요!" "우리 애는 착한데 친구를 잘못 사귀어서" 하는 부모가 참 많다. 심지어 피해자를 욕하면서 네가 무슨 짓을 했으니 우리 애가 그런 거 아니냐고 몰아세우기도 한다.

똥 싼 놈은 달아나고 방귀 뀐 놈이 잡힌다 큰 잘못을 저지른 사람은 무사하고 작은 잘못을 저지른 사람만 곤경에 처한다는 말.

- 똥 싼 놈은 달아나고 방귀 뀐 놈이 잡힌다[2+]
  | 둘이 같이 있다 한 사람이 똥 마렵다며 남의 집 담벼락에 똥 싸다 누가 오니 얼른 바지 추스르고 도망갔는데, 남은 사람이 하필 그때 방귀가 나와 똥 싼 사람으로 오해받는다. 아무리 아니라 해도 뒤에서 방귀 구린내가 나니 미치고 팔짝 뛸 노릇.
  [맥락] 뇌물을 많이 먹은 사람은 똥을 누지만 적게 받아먹은 사람은 방귀만 나온다. 많이 받아먹은 사람은 눈감아달라고 받아먹은 데서 떼어 바치면, 곁에서 떨어진 콩고물이나 받아먹던 사람이 다 뒤집어쓴다. 누군가는 처벌받아야 사건이 종결되니까.
- 등겨 먹던 개는 들키고 쌀 먹던 개는 안 들킨다[2+]
  | 겨는 털에 달라붙기 때문에 주둥이에 묻어 먹은 티가 난다. 하지만 쌀 훔쳐 먹은 개는 표가 나지 않아 안 들킨다. 역사적으로 본시 작은 도둑이나 잡지 큰 도둑은 뻔히 알면서도 일부러 안 잡는다. 큰 도둑이 입만 뻥긋하면 다칠 더 큰, 나랏밥 먹는 도둑도 여럿이라.

똥은 건드릴수록 구린내만 난다 좋지 않은 사람이나 일은 괜히 건드려봐야 안 좋은 일만 생긴다는 말.

- 똥은 건드릴수록 구린내만 난다 / 똥 포대기는 들썩일수록 똥내만 난다
  | 똥이 시간이 지날수록 냄새가 줄어든다. 하지만 들쑤시면 덜 마른 속이 드러나 구린내가 다시 풍긴다.

똥이 무서워 피하랴 언행이 더러운 사람과는 굳이 부딪치거나 싸워봤자 자기도 같이 더러워지니 상대하지 않는 편이 낫다는 말.

[현대] 지면 개만 못하고 비기면 개랑 같고 이기면 개보다 더한 놈 된다

■ 똥이 무서워 피하랴 / 똥이 무서워서 피하나 더러워서 피하지

■ 개하고 똥 다투랴²⁺

■ 장비하고 쌈 안 하면 그만이지²⁺

ㅣ '장비는 만나면 싸움'이란 속담처럼 〈삼국지〉에 나오는 장비는 사납고 싸우는 것을 좋아한다. 그렇게 장비처럼 툭하면 싸우려 드는 사람이라도 상대를 안 하면 아무 일도 안 일어난다는 말이다.

뚝배기보다 장맛 겉보다 내용을 중요하게 여겨야 한다는 말.

[반대] 보기 좋은 떡이 먹기도 좋다

■ 뚝배기보다 장맛²⁺

ㅣ '뚝배기'는 그릇 가운데 가장 투박하고 못생겼다. 뜨거운 국의 온도를 오래 보존하려면 그릇이 그만큼 두꺼워야 하기 때문이다.

[맥락] 뚝배기에 담긴 게 더 오래 뜨겁듯, 잘생기고 예쁜 사람보다는 못생기고 투박한 사람의 사랑이 더 구수하고 뜨겁게 오래간다는 뜻으로 쓰였다고 본다.

뛰는 놈 위에 나는 놈 있다 잘난 사람이 있으면 그 사람보다 더 잘난 사람이 있게 마련이라는 말.

[현대] 나는 놈 위에 타고 가는 놈 있다

여수에서 돈 자랑 말고 벌교에서 주먹 자랑 말고 순천에서 인물 자랑 마라·조정래의 〈태백산맥〉에도 등장하는 현대속담이다. 여수는 1918년 일본과 (강제)개항을 하게 되고 전라선 철도가 개통되었으며, 여수와 일본 시모노세키 사이를 오가는 정기선까지 생기면서 온갖 사람들과 화물이 모이게 되고 일본인 거주지까지 생겨나게 되었다. 사람과 화물이 모이는 곳에 돈이 안 모일 리 없는 건 당연한 사실. / 벌교 역시 교통 요충지였으며 과거에 그랬듯 항상 사람 많은 역이나 정류장 근처에는 주먹 좀 쓴다는 사람들이 모이기 마련이었다. 게다가 일제시대에 이 주먹들이 일본인들에게 대항했다는 이야기와 더불어 '홍교파'라는 폭력조직이 서울까지 진출했다는 전설도 전해온다. / 순천은 전라남도의 유명한 교육도시이며 오랜 옛날부터 고흥, 구례, 보성 등 주변 여섯 고을에서 인재들이 몰려들었다고 한다. 또한 고교평준화 이전에는 순천고와 순천여고에 입학하려고 전남 지역에서 우수한 학생들이 치열한 경쟁을 벌였다고 한다. 지금도 순천에서는 인재가 많이 배출되는데, 2013년 순천에서 배출한 검사의 수는 31명으로 전국 2위다.

- **뛰는[기는] 놈 위에 나는 놈 있다[2+]**
  | 위로 뛰어오르거나 기어오르는 놈이 있으면 그 위로 날아오르는 놈도 있다.

- **치 위에 치 있다[2+]**
  | 여기서 치는 치수가 아니라 사람을 낮추어 말하는 이치, 그치, 저치의 '-치'다. 못난 놈들 가운데 잘난 놈이 있고, 그 잘난 놈들 가운데도 더 잘난 놈이 있다는 말이다.

- **범 잡아먹는 담비가 있다**
  | 호랑이는 우리나라에서 가장 용맹하고 덩치가 큰 최상위 포식자다. 하지만 이 호랑이조차도 두려워하는 것이 바로 담비. 담비는 귀엽고 날씬한 외모에 몸길이는 불과 60cm 안팎. 꼬리까지 포함해도 1m 남짓에 몸무게는 3kg 정도밖에 안 된다. 그렇지만 담비는 자기보다

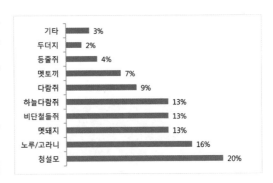

414마리 담비의 배설물에서 발견된 포유동물 비율(2009~2012).
|국립환경과학원

엄청나게 큰 멧돼지나 고라니 같은 동물들도 사냥하는 육식동물이다. 담비 두세 마리가 협공하여 호랑이도 사냥하며, 작은 멧돼지는 일대일로도 사냥할 정도라 한다.

담비. |KBS, 〈KBS 파노라마〉, "한반도 야생은 살아있다: 2편. 숲속의 제왕 담비"

국립환경과학원이 2009년부터 2012년까지 4년간 무인카메라와 담비 배설물을 가지고 확인한 결과, 담비가 새끼 멧돼지와 고라니를 사냥하는 장면이 포착되었으며 담비의 배설물 속에서는 멧돼지, 고라니, 새 등을 잡아먹은 흔적이 있었다. 심지어는 곰도 만나면 피해 간다는 사나운 오소리를 잡아먹은 흔적까지 있었다 한다. 담비는 평소 2~5마리가 무리 지어 다니며, 대형 동물을 사냥할 때는 우선 눈과 귀를 집중적으로 공격하여 방어능력을 상실하게 한 뒤 쓰러트린다고 한다. 또한 먹잇감을 활동이 부자연스러운 덤불로 몰면 다른 한 마리가 미리 지키고 있다가 급소를 공격해 사냥하기도 한다. 작지만 매우 집요하고 영리한 동물이다. 현재 최상위 포식자였던 호랑이가 없어지면서 멧돼지와 고라니 숫자가 너무 늘어나, 이들의 개체수를 줄이기 위해 담비의 숫자를 늘리는 연구가 진행 중이라고 한다.

뛰어야 벼룩   하찮은 사람이 아무리 기를 쓰고 한다 해도 결국 잘난 이 앞에서는 아무 소용이 없다는 말.

■ **뛰어야 벼룩**

|벼룩은 자기 몸의 40배 이상을 뛸 수 있다고 한다. 사람으로 치면 20층 높이의 빌딩을 뛰어오르는 셈. 하지만 벼룩은 길이가 3mm 내외에 두께는 고작 1mm도 채 안 되는 작은 몸이다. 벼룩처럼 하찮은 사람이 날고 뛰어봐야 '깨알만 한' 재주라는 뜻이다.

■ **날아야 하루살이**[2+]

|두 가닥의 긴 꼬리가 특징인 하루살이는 물속에서 2~3년을 살다가 짝짓기 시기가 오면 날개를 달고 우화(羽化)한다. 이때 수만 마리의 하루살이가 온 사방을 뒤덮어 그런 장관이 없지만, 길어야 3~4일 살면서 짝짓기와 산란이 끝나면 바로 기운 빠져 죽고 만다.

[맥락] 제아무리 잘났다고 해봐야 하루 벌어 하루 먹고사는 정도밖에 안 되는 존재라는 뜻이 담겨 있는 듯하다.

■ **부처님 손바닥 안(의 손오공)**

|중국의 고전인 『서유기(西遊記)』에서 유래한 말이다.

손오공이 자신의 재주만 믿고 온갖 나쁜 짓을 일삼자 옥황상제가 시끄럽지 않게 하려고 할 일은 없지만 그럴싸한 직책인 제천대성이란 관직을 주었다. 그리고 혹시 할 일이 없으면 딴 생각을 할까 봐 하늘의 천도복숭아를 지키는 일을 맡겼는데, 손오공은 이 천도복숭아를 먹으면 영원히 죽지 않음을 알고 몰래 따 먹고 불사의 몸이 된다. 그리고 다시 제 버릇을 못 고쳐 하늘나라에서 큰 소동을 일으키며, 자신에게 옥황상제의 자리를 내놓으라 난리를 치니 옥황상제가 서방의 부처님께

도움을 요청하였다. 손오공은 부처님 앞에서도 우쭐대며 자신은 근두운을 타면 10만 8,000리를 날아가는 재주가 있다고 자랑한다. 그러자 부처님이 손오공에게 자기 손바닥을 벗어나면 소원대로 해주겠다는 내기를 한다. 이에 손오공이 의기양양 구름을 타고 한참을 쉬지 않고 쏜살같이 날아갔다. 이윽고 구름 위로 보이는 다섯 개의 봉우리를 발견하고는, 자신이 왔다 갔다는 증표로 가장 높은 봉우리에 '제천대성 여기 와서 놀고 가시다' 하고 써놓고 그 밑에 오줌까지 갈기고 온다. 그리고 돌아와서 부처님에게 하늘 끝까지 갔다 왔다고 자랑했다. 이에 부처님이 '여기 말이냐' 하며 자신의 손가락을 보이니 중지에 자기 글씨가 쓰여 있고 지린내까지 난다. 손오공이 기겁하여 도망치려 하자 '이놈의 오줌싸개 원숭이!' 하고는 부처님이 손으로 콱 눌러 꼼짝 못하게 가두었다.

뜨고도 못 보는 당달봉사 남들이 다 보는 것을 제대로 보지 못한다는 말.

[현대] 눈은 장식으로 달고 다니냐

눈깔이 해태냐 ‧ 해치(獬豸)는 '해태'로도 읽는다. 옳고 그름과 선과 악을 구별할 줄 안다는 상상의 동물이다. 광화문 앞의 해치는 그래서 원래 육조거리 사헌부 앞에 있었다. 이 해치에게는 눈은 있으나 눈동자가 없다.

■ 뜨고도 못 보는 당달봉사[2+]

|당달봉사(당달奉事)는 겉보기에는 멀쩡한 눈을 가졌으나 앞을 못 보는 장님이다. 다른 말로 '청맹과니'라고 한다. 맑은 눈 장님[靑盲觀이].

■ 눈에 명태 껍질이 덮였나[2+]

|명태 껍질은 반투명하다. 그걸로 세상을 보면 흐리멍덩하게 보인다.

■ 가죽이 모자라 눈을 냈나

|눈구멍이 있는 것은 낯가죽이 모자라서 구멍 난 게 아닌데, 멀쩡히 뚫린 눈으로 제대로 보지 못한다고 하는 말이다.

뜬쇠도 달면 어렵다 온순하고 잘 참는 사람이 한번 화가 나면 더 무섭게 화를 내기 마련임을 이르는 말.

■ 뜬쇠도 달면 어렵다

|'뜬쇠'는 연철(軟鐵) 또는 '무른쇠'라고 부르는 순수한 철(鐵)이다. 쇳덩이는 약한 불로는 쉽게 달아오르지 않는다. 하지만 일단 한번 달아오르면 그 뜨겁기가 이글이글 오래가므로 쉽게 다루기 어렵다. 화를 잘 내지 않는 사람은 화가 나지 않는 게 아니라 화의 비등점이 높을 뿐이다. 오래도록 꾹꾹 눌러 참았던 화가 한꺼번에 터지면 그 누구도 감당하기 어렵다. 온순한 사람이라고 함부로 대하지

말라는 뜻이다. '뜬쇠'의 '뜨다'는 답답할 정도로 느리다는 '굼뜨다', '쇠'는 돌쇠, 먹쇠처럼 남의 밑에서 일하는 하찮은 사람의 흔한 이름으로 볼 수 있다.

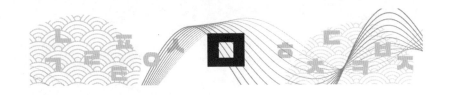

마당 터진 데 솔뿌리 걱정　당치 않은 것으로 잘못된 일을 수습하려는 어리석음을 이르는 말.

■ **마당 터진 데 솔뿌리 걱정**[2+]

│마당이 갈라진 곳을 고작 솔뿌리로 꿰매려고 여기에 마땅한 솔뿌리가 있나 걱정한다는 뜻. 껍질 벗긴 소나무 뿌리의 속심은 매우 질겨서 이것을 가늘고 길게 쪼개 나무 그릇의 터진 부분을 꿰매는 데 썼다.

[맥락] 여기서 '마당 터진'은 '터진 마당'으로 바꿀 수 있다. 큰일이 터진 마당에 바가지나 꿰맬 만한 가당찮은 해법을 내놓는다는 말이다.

마디에 옹이　①어려운 일이 겹쳤다는 말. ②일이 공교롭게 잘 안 된다는 말.

■ **마디에 옹이 / 옹이에 마디**

│'옹이'는 나뭇가지가 났던 자리로, 가지가 부러지거나 죽으면서 남은 가지의 뿌리. 옹이는 가지였을 때보다 훨씬 단단하게 굳는데, 여기에는 톱도 안 먹는다. '마디'는 나무의 가지와 가지 사이 또는 그 가지 자리들을 말하는데, 여기서는 가지가 난 자리를 말하는 듯하다.[167] 가지가 돋은 곳은 다른 곳보다 목질이 치밀해 더 단단하다. 여기에 더 단단한 옹이까지 박혔으니 나무를 다듬을 때 여간 애먹이는 게 아니다. 게다가 집 지을 재목으로 많이 쓰던 소나무는 마디 자리에 송진까지 많아 더욱 애먹인다.

167　소나무는 1년마다 나무등치에서 마디가 하나씩 난다. 따라서 마디가 안 나오는 첫 3~4년을 감안해 아래서 위로 전체 가지 마디 숫자를 세고 거기에 3~4를 더하면 그 소나무의 나이를 알 수 있다.

■ 고비에 인삼

|고사리와 비슷한 '고비'는 큰 것은 키가 1m 남
짓인 것도 있다. 고사리가 한 뿌리에 하나의 줄
기가 올라오는 것과 달리 고비는 한 뿌리에서
여러 줄기가 올라온다. 고사리가 무덤가처럼
양지바르고 물이 잘 빠지는 곳에서 잘 자란다
면, 고비는 서늘하고 습한 산속 응달이나 산기
슭 물가에서 잘 자란다. 그리고 옛날에는 산삼
이란 말이 따로 없이 산삼을 인삼(人蔘)이라 불
렀다. 옛 의학서에서 말하는 '인삼'은 모두 산
삼을 말하는 것이다. 현재 우리가 인삼이라 부
르는 것은 산삼 씨를 재배한 것이며, 그때부터
산삼과 인삼을 구분해 쓰기 시작했다. 그러므
로 이 속담에서의 인삼은 산삼이다.

고비. |포천 평강식물원

'고비 나는 곳에 산삼 난다'라는 말이 있을 정
도로 산삼과 고비는 생육환경이 거의 같다. 그
러다 보니 산삼 발견된 바로 곁에 고비가 자라
기도 했겠다. 고비 뿌리는 매우 길며 여러 가닥
이 뒤엉켜 뻗는다. 잔뿌리를 많이 다치면 가치
가 크게 떨어지는 것이 산삼. 산삼과 고비의 잔
뿌리가 한데 뒤엉켰으니 산삼을 찾아내 기쁘긴
한데 뒷일은 무척 난감하다.

어린 고비의 뿌리. 아직 어린 고비에 불과
함에도 잔뿌리가 사방으로 매우 넓게 뻗어
있다.

마른나무 꺾듯 일을 단번에 쉽게 해치우는 것을 이르는 말.

■ 마른나무 꺾듯[2+]

|마른나무가 꺾일 때 나는 소리는, 굵으면 '뚝'이고 가늘면 '딱'이다. 합치면 '뚝
딱'. 일을 뚝딱 해치운다는 말이다.

마른나무를 태우면 생나무도 탄다 평소에는 안 될 일도 대세를 타면 쉽게 이루어진
다는 말.

■ 마른나무를 태우면 생나무도 탄다[2+]

|'생나무'는 마르지 않은 나무. 생나무에는 아무리 불을 붙여도 불이 붙지 않지만

마른나무를 태운 열기 안에 생나무를 넣으면 생나무도 점차 마르면서 탄다. 여기서 '타다'는 '대세를 타다'라는 뜻으로 흐름에 올라탄다는 말이다.

마른 땅에 말뚝 박기 앞뒤 따지지 않고 다짜고짜 무턱대고 일한다는 말.

■ 마른 땅에 말뚝 박기
  | 땅에 말뚝을 쉽게 박으려면 우선 땅에 물을 부어서 땅속 깊은 곳까지 젖게 만든다. 그러면 흙 사이가 들뜨고 그때 박으면 말뚝이 쉽게 박힌다. 이런 과정을 건너뛰고 무턱대고 마른 땅에 힘으로 박으려 들면 말뚝마저 뭉그러진다.

마른 장작이 잘 탄다 마르거나 약해 보이는 사람이 더 튼튼하거나 더 잘 먹을 수 있다는 말.

■ 마른 장작이 잘 탄다
  | '건조되다'를 뜻하는 '마르다'와 '살이 적다'를 뜻하는 '마르다'의 동음이의를 이용한 속담이다. 이 속담은 몸이 마른 남자가 '밤일'을 더 잘한다는 성적인 뜻으로 더 많이 쓰인다. 마른 장작이 활활 더 잘 '(불)탄다'와, 마른 남자가 열정적으로 더 잘 '(올라)탄다'의 중의적 표현.

■ 가녀린 쪽박에 밥 많이 담긴다
  | 가냘프고 약해 보이는 사람이 능력이 더 뛰어나거나 밥을 더 많이 먹는다는 뜻. 바가지 안쪽을 긁어낼수록 두께는 얇아지나 담을 공간은 더 커진다.

■ 헌 섬이 곡식 더 든다[2+]
  | 옛날에는 가마의 약 두 배 분량인 '섬'이라는 단위가 있었고, 이때의 짚으로 짠 자루도 '섬'이라 불렀다. 섬이 낡으면 짚의 풀이 죽어 곡식이 더 많이 담긴다. 나이 든 사람이 젊은 사람보다 더 잘 먹거나 힘을 잘 쓸 때 사용한다. '안에 들다'와 '무엇을 들다'를 이용한 속담. *섬→ 한 되 주고 한 섬 받는다

마음에 없는 염불 성의 없이 형식적으로 건성건성 하는 것을 이르는 말.

■ 마음에 없는 염불
■ 마음이 없으면 지게 지고 엉덩춤 춘다[2+]
  | 좌우로 기우뚱거리며 걷는 걸음을 '지게걸음'이라 한다. 무겁게 짊어지고 걸으면 발걸음마다 무게가 실리는 다리 쪽으로 몸이 기운다. 하지만 가기 싫은 걸음이면 어깨가 흔들리고 엉덩이는 그 반대로 흔들린다. 저절로 씰룩씰룩 엉덩춤이

취진다. 아마 볼도 씰룩씰룩하고 있겠다.

- **처삼촌[외삼촌 · 의붓아비] 묘에 벌초하듯**

 | 정성 들인 벌초는 가지런하다. 하지만 대충 한 벌초는 들쭉날쭉 삐죽빼죽하다. 하기 싫은 일의 결과물은 늘 '듬성듬성'하므로 가지런하지 못하다.

- **처남댁 병 보듯**

 | '처남댁'은 처남의 아내, 즉 아내 형제의 부인. 가까운 이의 병은 주의 깊게 들여 다보지만 심적으로 먼 사람의 병은 '건성건성' 보게 마련이다.

- **의붓딸의 새남하듯**

 | '의붓딸'은 전남편 또는 전처의 딸이다. '새남'은 새남굿 또는 지노귀새남[168] 이 라고도 하며, 죽은 사람의 넋을 극락으로 인도하는 굿으로 49재 즈음에 많이 했다. 죽은 사람을 위한 천도제의 일종이다. 사람이 죽어서 올바로 저승길에 가지 못하면 구천을 떠돈다고 믿고 극락에 가서 다시 태어나길 바라는 마음으로 하는 굿이다. 친딸도 아니니 미련으로 오래 붙들고 늘어지지 않고 대충 바삐 치러 '휠휠' 보내버린다.

마음에 있으면 꿈에도 있다 마음속에 간절하게 생각하고 있으면 어떻게든 일이 이루어진다는 말.

 [현대] 줄리의 법칙 : 간절히 바라는 것은 어떻게든 이루어진다는 법칙. ᐧ 행운이란 아 무 노력 없이 우연히 만나는 것이 아니라, 진실로 갈망하는 이가 알게 모르게 행한 사소한 변화들이 쌓여 이루어진 결과라는 의미다.

- **마음에 있으면 꿈에도 있다 / 마음에 있어야 꿈도 꾸지**

 | 꿈은 늘 현실을 반영한다. 평소에 겪었던 일이나 바라는 일, 마음에 걸리는 일들 이 꿈으로 나타난다. 그래서 관심 없는 일은 꿈에서조차 안 나타난다. 별똥별 떨어질 때 소원을 빌면 이루어진다는 속설이 있다. 떨어지는 별똥별을 볼 수 있는 시간은 순간이고 매우 짧다. 그 찰나와도 같은 짧은 순간에 바로 소원을 떠올려 빌 수 있으려면 늘 정말 간절하게 생각하고 있어야 한다. 자나 깨나 간절 하니 안 이루어질 리 없다.

마음이 고와야 옷깃이 바로 선다 평소의 행실은 겉모습에서도 드러난다는 말.

---

168 지노귀(指路鬼)는 귀신에게 찾아갈 저승길을 가리켜준다는 뜻이라고도 한다. 그리고 '새남'의 어원에 대해서는 아직 확실하게 알려진 바가 없다. 다만 '(좋은 곳, 즉 극락에서) 새로 태어남'의 준말이라고만 추측되고 있다.

■ 마음이 고와야 옷깃이 바로 선다 / 마음이 고우면 옷 앞섶이 아문다

ㅣ품행이 바른 사람은 옷차림도 단정하다. 거친 마음은 옷차림에서 드러난다.

마음이 천 리면 지척도 천 리 마음에서 멀어지면 가까이 있는 사이도 멀어지게 된다는 말.

[반대] 천 리 길도 십 리

■ 마음이 천 리면 지척도 천 리

ㅣ지척(咫尺)은 아주 가까운 거리.

마음 한번 잘 먹으면 북두칠성이 굽어보신다 마음을 바르게 쓰면 나중에 어떻게든 복을 받는다는 말.

■ 마음 한번 잘 먹으면 북두칠성이 굽어보신다

ㅣ도교(道敎)에서는 북두칠성(北斗七星)이 인간의 길흉화복(吉凶禍福)을 좌우한다고 믿는다. 북두칠성이 밑으로 굽어보아 그 사람이 착하게 살면 그만한 복을 국자로 떠서 내려주신다는 것. 악하게 살면 복을 도로 떠 가고.

■ 옳은 일을 하면 죽어서도 옳은 귀신이 된다

마음 후한 과부 시아버지가 열둘이라 여자가 남자를 너무 살갑게 받아주면 정조가 없어진다는 말.

■ 마음 후한 과부[여편네] 시아버지가 열둘이라

ㅣ이것은 여자를 비난할 얘기가 아니라 남자를 비난할 이야기다. 남자들은 여자가 자길 보고 웃기만 해도 자기가 좋아서 그러는 거라 착각하는 일이 많다. 그래서 여러 남자에게 다 잘해주다 보면 남자들이 엉큼한 마음을 먹게 되어 결국에 가서는 여러 남자와 잠자리를 가져 여러 시아버지가 생기는 셈이 된다는 말이다. 여자가 친절하게 대해주거나 한 번 웃어주거나 사탕 한 알 줘도 저 멀리까지 착각하고 오해하는 남자가 은근히 많다.

마지막 고개 넘기가 가장 힘들다 무슨 일이든 끝맺음이 가장 힘들다는 말.

■ 마지막 고개 넘기가 가장 힘들다

ㅣ모든 일은 막바지 때 가장 지친 상태다. 더는 꼼짝도 못할 만큼 지쳤을 때 그래도 한 걸음 더 내딛은 사람이 늘 성공한다.

마파람에 게 눈 감추듯 음식을 매우 빨리 먹어치우거나 어떤 행동이 매우 빠름을 이르
  는 말.

■ **마파람에 게 눈 감추듯**

여름에 부는 고온다습한 바람을 어부들은 마파
람[南風]이라 한다. 마파람은 '맞'과 '바람'이
합쳐진 말로, 앞에서 불어오는 바람을 뜻한다.
우리나라에서는 대개 집을 남향으로 지으므로
남쪽에서 불어오는 바람이 맞은편이자 앞에서
불어오는 바람이다. '남산'이란 말도 남쪽 산이
아니라 '앞산'이란 뜻이며, 마파람과 함께 표준
어로 인정되는 것 또한 '앞바람'이다. 바다에서
남풍이 불어오는 때는 고온다습한 비구름 몰려
드는 때로, 게들은 얼른 몸을 낮춰 구멍 속으로
숨어버린다. 또한 게는 바람이 몰아치거나 위
협을 느끼면 세웠던 눈을 빠르게 접는다. '눈
깜박할 새'[169] 에 게 눈을 감춘다. 음식을 빨리
먹는 걸 게를 등장시켜 표현한 이유는 게의 눈
모양에 답이 있다. 게의 눈은 긴 자루 끝에 도
톰하게 붙어 있어 가만히 보면 숟가락같이 생
겼다. 게가 얼른 눈을 연신 '팍팍' 접는 모습은
마치 사람이 음식에 바짝 눈을 들이대고 숟가
락질로 입에 음식을 바삐 '팍팍' 퍼먹는 팔 동작
과 비슷하다.

게의 눈은 숟가락 모양이다.

■ **두꺼비 파리 잡아먹듯**

두꺼비는 행동이 매우 느리다. 뚱뚱한 몸으로
바닥에 배를 질질 끌면서 엉금엉금 걷는다. 천
적이 거의 없고 피부에 독이 있는 까닭에 빠를
필요가 없다.[170] 개가 멋모르고 두꺼비를 물었
다가 독이 올라 며칠을 물똥만 싸기도 한다. 이

두꺼비는 봄에 짝짓기와 산란 후 두 달쯤
땅속 등에 들어가 휴식을 취한다. 여름잠을
자고 나서 초여름에 다시 나타난다. 수컷은
짝짓기 때 두 번째 앞 발가락에 검은색
사마귀를 감은 듯한 돌기들이 넓게 돋아 암컷
을 뒤에서 껴안으면 마찰로 안 미끄러진다.
|ⓒ강정호 [Facebook] (제공)

---

169 이와 유사한 말을 찰나(刹那)라고 한다. 1찰나는 1/75초.
170 두꺼비가 뱀도 잡아먹긴 하지만 그렇다고 두꺼비에게 천적이 전혀 없는 것은 아니다. '유혈목이'
    라는 뱀은 두꺼비를 잡아먹고 두꺼비의 독을 자신의 독으로 만들어버린다.

렇게 느려터진 두꺼비도 딱 한때 빠를 때가 있는데 사냥할 때다. 두꺼비는 칙칙한 색과 우툴두툴 거친 피부를 가지고 있어서 얼핏 보면 큼직한 돌멩이나 흙덩이로 착각된다. 그렇게 두꺼비는 가만히 먹잇감이 그 주변을 지나갈 때를 기다렸다가 긴 혀로 확 낚아채 삼켜버린다. 두꺼비가 사냥감을 낚아채는 속도는 개구리보다 훨씬 빠르다. 두꺼비가 파리 잡아먹듯 '덥석덥석' 삼킨다는 말이다.

- **귀신 젯밥 먹듯**

  | 옛사람들은 조상이나 귀신이 와서 드신다는 믿음으로 제상을 차렸다. 또한 상을 받아먹는 조상이나 귀신은 수저를 들지 않고 손으로 음식 위를 '확' 훑어서 먹는다 생각했다. 이처럼 밥상을 훑듯이 이것저것 휙휙 먹어치운다는 말.

- **남양 원님 굴회 마시듯**

  | 남양(南陽)은 경기도 화성 부근의 서해안으로, 지금도 그렇지만 맛있는 굴로 유명하다. 그래서 이곳에 부임해 온 원님마다 풍부하고 맛 좋은 굴을 씹지도 않고 국 마시듯 '후루룩' 사발째 '들어 마셨다'라고 한다.

마파람에 곡식이 혀를 빼물고 자란다 남풍이 부는 계절이면 모든 곡식이 쑥쑥 잘 자란다는 말.

- **마파람에 곡식이 혀를 빼물고 자란다**

  | 동서남북에서 불어오는 바람을 춘하추동의 계절과 연결해 동풍=춘풍(春風)=샛바람, 남풍=하풍(夏風)=마파람, 서풍=추풍(秋風)=하늬바람, 북풍=동풍(冬風)=높바람이라 불렀다. 이 가운데 마파람은 여름에 부는 바람이며 고온다습하다. 이때는 날이 더워서 혀를 축 빼어 물고 헉헉거리게 되는데, 이 찌는 듯한 날씨가 오히려 곡식이 자라는 데는 큰 도움이 된다. 참고로 벼꽃의 수술은 축 늘어진 혀 모양이다.[171] 더 위에 지친 사람의 입 모양이 딱 이렇다.

껍질이 닫히고 수술만 늘어져 나온 벼꽃.
|ⓒKatorisi [위키미디어]

---

171 벼꽃의 수술 끝에는 꽃밥이 달려 있는데, 이것이 수분을 흡수해 부풀어 오르면서 벼의 껍질을 강제로 열고 그 과정에서 꽃가루를 터트려 안쪽의 암술에 떨어트린다. 그런 다음 수술이 껍질 밖으로 나온 상태에서 1~2시간 뒤에 껍질이 도로 닫혀 암술을 보호한다. 그리고 수술은 곧장 시들면서 아래로 축 늘어진다. 이 모양이 사람이 더워서 혀를 빼물고 있는 것과 비슷하다.

막내딸 시집보내려면 내가 가지 ①막내딸은 귀여워서 시집보내기 서운하다는 말. ②막내딸은 귀하게 키워서 살림법을 몰라 시집보내기 곤란하다는 말.

■ 막내딸 시집보내려면 내가 가지

막술에 목이 멘다 탈 없이 잘 진행되다 막판에 가서 일이 힘들어진다는 말.

■ 막술에 목이 멘다[2+]

ᅵ'막술'은 마지막에 뜬 밥 한 술. 밥 잘 먹다가 마지막 한 술을 떠 넣었는데 그게 목이 메게 한다는 말. 남은 밥이 두 숟가락 채 안 되면 한 숟가락으로 몰아쳐 떠먹는 경향이 있다. 그러다 얹힌다. '목이 메(이)다'는 슬픔이 차오를 때의 몸의 반응이기도 하다. 막판에 울게 된다는 말이다.

맏딸은 금 주고도 못 산다 ①첫째 딸이 집안에 큰 도움이 된다는 말. ②첫 출산에 딸을 낳은 서운함을 위로하는 말.

[현대] 딸 둘이면 금메달 딸 아들이면 은메달 아들 둘이면 목매달 / 아들 낳으면 리어카 타고 딸 낳으면 비행기 탄다

■ 맏딸은 금 주고도 못 산다 / 첫 딸은 세간 밑천이라[2+]

ᅵ장녀는 어머니 대신 집안 살림을 다 해내며 동생들도 챙기는 등 매우 믿음직스럽고 도움이 많이 된다. 부업거리나 밭일 등으로 세간 살 정도의 벌이도 스스로 하고 가정경제에도 도움을 주는 일이 많았다.[172]

■ 철든 큰딸은 남편보다 낫다[2+]

ᅵ마음으로도, 함께하는 일로도 남편보다 의지가 되고 든든하다는 말이다. 딸은 크면 엄마의 친구가 된다. 동병상련도 많은 까닭이다.

말 가는 데 소 간다 능력이 부족한 사람도 꾸준히 노력하면 뛰어난 사람의 근처까지는 이룰 수 있다는 말.

■ 말 가는 데 소 간다[2+] / 빠른 말이 뛰면 굼뜬 소도 간다

ᅵ말은 말을 타는 사람을, 소는 소를 끄는 사람을 뜻한다. 농사꾼도 열심히 노력하면 말 탈 만큼 출세하거나 부유해질 수 있다는 말이다.

■ 잰 말이 성내 가면 뜬 말도 도그내 간다[2+]

---

172 하지만 장녀들은, 아니 딸들은 불만이 많다. 한창때 청춘을 희생하기 때문이다. 게다가 과거에 딸들이 번 돈은 대부분 자신보다는 집안과 아들들 밑천으로 다 들어갔다.

|제주도에서 만들어진 속담이다. 성내(城內)는 제주의 도읍이 있던 곳이며 제주목 관아가 있던 곳이다. 지금도 제주시의 중심이다. '도그내'는 제주시 중심에서 10km 서쪽에서 흐르는 '도근천'이다. 빠른 말이 먼저 도읍지에 도착하면, 느린 말도 중간에 포기하지 않는 한 성내 근처 도그내까지는 갈 수 있다는 말이다.
[맥락] 지명 '성내'가 한자 그대로 보아 '(제주성/한양도성)의 안쪽'이면, 도그내는 '도근(都近)에', 다시 말해 '도읍이나 한양 근처까지'로 볼 수 있다. 이 속담의 '도그내'가 '도그네'로도 퍼져 있는 건 아마 이런 말장난의 흔적일 듯하다. '성내'의 '내'와 각운을 맞추기 위해 '−내'로 끝나는 근처 지명 '도그내'를 가져다 쓴 것으로 보인다. '성내'는 '성을 내서'로도 읽을 수 있다.

왼쪽이 도그내(도근천), 제주공항 오른쪽이 제주 관아가 있는 성내. |카카오맵 (수정)

말고기 다 먹고 무슨 냄새 난다 한다 욕심을 채우고 나서 공연히 불평한다는 말.

■ 말고기 다 먹고 나서 무슨 냄새 난다 한다

|말고기는 누린내가 난다. 하지만 요리할 때 잡냄새를 잡아주면 그런 냄새가 나지 않는다. 그리고 말고기는 고려시대와 조선시대를 비롯해 오래전부터 즐겨 먹었다. 특히 제주도에서는 섣달에 암말을 잡아 육포를 만들어 임금님께 진상했고, 연산군은 정력에 좋다 믿어 말고기를 즐겼다고 하며, 하늘에 제사 지낼 때도 말고기를 올렸다고 한다. 그렇게 말 도축이 많아지니 군사용으로 사용할 말이 줄어들어 나라에서 말고기 먹는 것을 엄격하게 금지하고 금살도감(禁殺都監)이라는 별도의 관청까지 만들었다. 그래도 몰래 먹는 이가 나오면 신분을 막론하고 엄하게 다스렸다고 한다. 아마도 이런 영향 때문에 아직도 말고기를 꺼리게 되었는지 모른다.[173]

---

173 지금은 제주도를 중심으로 말고기의 수요가 다시 늘고 있다고 한다. 제주도에 가면 말고기

말꼬리에 파리가 천 리 간다 남의 세력에 붙어서 기세를 펴는 것을 이르는 말.

[成語] **호가호위(狐假虎威)** : 여우가 호랑이의 위세를 빌려 호기를 부린다. · 초(楚)나라 선왕(宣王)이 신하들에게 "듣자 하니, 위나라를 비롯하여 북방의 여러 나라가 우리 재상 소해휼(昭奚恤)을 두려워하고 있다는데 그게 사실이오?" 하니, 왕족이 자 명재상으로 이름 높은 소해휼을 눈엣가시로 여기던 위나라 출신 강을(江乙)이 이야말로 좋은 기회라고 생각하고 이렇게 대답하였다. "그렇지 않습니다. 북방의 여러 나라가 어찌 일개 재상에 불과한 소해휼을 두려워하겠습니까? 이런 이야기 가 있습니다. 한번은 호랑이가 여우를 잡았습니다. 그러자 교활한 여우가 호랑이 에게 말하기를 '나는 천제(天帝)의 명을 받고 내려온 사자(使者)다. 네가 나를 잡아먹으면 나를 백수의 왕으로 정하신 천제의 명을 어기는 것이니 천벌을 받게 될 거다. 만약 내 말이 믿기지 않는다면 내가 앞장설 테니 내 뒤를 따라와 봐라. 나를 보고 달아나지 않는 짐승은 하나도 없을 테니'라고 했습니다. 그래서 호랑 이가 여우의 뒤를 따라갔더니 과연 여우의 말대로 만나는 짐승마다 모두 달아나 기에 바빴습니다. 사실 짐승들은 여우의 뒤에 따라오는 호랑이를 보고 달아나는 것이었습니다. 그런데도 호랑이는 이 사실을 깨닫지 못했다고 합니다. 지금 전하 의 큰 땅과 군사 백만 명을 소해휼에게 전담시켰습니다. 지금 북방의 여러 나라 가 소해휼을 두려워하는 것은 사실 그 뒤에 있는 초나라의 병력, 곧 전하의 강한 힘이옵니다." _ 『전국책(戰國策)』

[현대] **문고리 권력** · 권력자와 접촉할 문의 문고리 역할을 하며 이를 빌미로 권세를 부리는 사람들을 말한다.

■ **말꼬리에 파리가 천 리 간다**[2+]

| 말은 그것을 타고 다니는 권력자를, 파리는 더러운 권력에 들러붙는 사람을 뜻 한다.

■ **문선왕 끼고 송사한다**

| 문선왕(文宣王)은 공자(孔子)가 죽은 뒤 받은 칭호로 대성지성문선왕(大成至聖 文宣王)의 준말이다. 권위가 있는 공자님을 자기편으로 두거나 공자의 말을 인 용해가면서 자기 좋을 대로 가져다 붙여 재판한다는 말이다. 송사(訟事)는 재판 을 이르던 옛말. 공자님 말씀 담긴 책을 늘 옆에 끼고 살면서 뒤로는 없이 사는 사람에게 소송 걸어 재산을 가로챈다는 뜻이다.

말똥도 모르고 마의 노릇 한다 능력 없는 사람이 중요한 일을 맡았다는 말.

■ **말똥도 모르고 마의 노릇 한다**

___

육회만큼은 꼭 먹어보라는 말도 있다. 기름이 적고 담백하며 피부재생에 도움 주는 성분이 있어, 민간요법에선 말고기로 아토피를 치료하거나 화상 입은 사람들에게 먹였다고도 한다.

|마의(馬醫)는 말을 전문적으로 치료하는 수의사[174] . 사람도 그렇지만 동물 역시 똥의 냄새나 모양을 가지고 건강 상태를 확인할 수 있다. 이런 기초적인 지식조차 없으면서 마의를 한다면 제대로 말을 치료할 수 없는 건 당연한 일이다.

■ 참빗이 뭔지 모르는 참빗 장사[2+]

|여기서 참빗은 '참 빛'으로 읽을 수 있다. 빛은 색(色)이니 '물색(物色 : 어떤 일의 까닭이나 형편)도 모르면서' 그쪽 일을 주관하고 있다는 말이다.

말똥도 세 번 굴러야 제자리에 선다 무슨 일이든 여러 번 해봐야 제자리가 잡힌다는 말.

■ 말똥도 세 번 굴러야 제자리에 선다[2+]

|개똥 같고 '말똥 같은' 일조차도 여러 차례 해봐야만 자리가 잡힌다는 말이다. 개똥이 아닌 말똥인 까닭은 말똥은 둥글둥글하고 물기가 적어 잘 구르기 때문이다. 사춘기 소녀는 말똥만 굴러도 웃는다는 말이 그래서 나온다.

말로는 못 할 말이 없다 실천하지 않고 말로만 하는 것은 아무 소용이 없다는 말.

[成語] 언과기실(言過其實) : 말이 실제로 하는 것보다 지나치다.

[현대] 공수표를 남발한다 / 마음만 먹으니 걱정이 찌지 · 다이어트 얘기다.
답답하면 네가 뛰든가 · 내가 해도 저것보단 낫겠다고 입버릇처럼 떠드는 사람들에게 딱 어울리는 말. 특히 스포츠를 관람하거나 시청하면서 이런 사람들 많다.

■ 말로는 못 할 말이 없다 / 말이 앞서지 일이 앞서는 사람 본 적 없다[2+] / 말에 꽃피는 사람은 마음에 열매가 없다

|해외 결식아동 돕거나 유기견, 유기묘 살리자 하면, 국내 결식아동도 많은데! 사람도 힘든데! 하면서 그들은 정작 아무도 돕지 않고 아무 행동도 않고 말만 한다. 무엇이라도 실천하는 사람은 다른 실천가를 비난하지 않는다.

■ 말은 청산유수다

|청산유수(靑山流水)는 푸른 산에서 흐르는 맑은 물로, 아무런 걸림 없이 자유로움을 뜻하며 말을 '줄줄줄' 거침없이 잘한다는 것도 뜻한다. 이후 주절주절 말만 잘한다는 뜻으로 더 많이 쓰이게 됐다.

■ 잘 짖는다고 좋은 개 아니다

---

174 조선시대의 마의는 비록 천시하는 직업이었지만 파발이든 군용마든 말을 치료하는 중요한 일을 하므로 또 중요시됐다. 그래서 마의 출신으로 공로를 인정받아 출세한 사람도 적지 않았다. 마의는 천민이 아니라 천한 직업이었을 뿐이다.

말로 배워 되로 풀어먹는다   배운 것을 제대로 써먹지 못한다는 말.

[반대] 되 글 가지고 말 글로 써먹는다

■ 말로 배워 되로 풀어먹는다

| 말은 되의 열 배 분량. 열 가지를 배워 고작 한 가지만 써먹는다는 말이다. 아는 것과 써먹는 것은 다르다. 우리는 10년 동안 영어를 배우지만 외국인 앞에서 한마디도 못 한다.175

말로 온 동네 다 겪는다   ①말만 거창하고 번지르르하다는 말. ②대접할 능력이 모자라 말로 부족함을 대신한다는 말.

[현대] 마음껏들 시키라며 난 짜장 · 윗사람이 점심을 사겠다고 직원들 데리고 가서 먹고 싶은 거 마음대로 시키라고 해놓고 자기는 짜장면이라고 하면 아랫사람들은 눈치 보여서 짜장면 아니면 짬뽕이지 다른 비싼 것을 시킬 수 없다.
동정할 거면 돈으로 줘라 / 감사의 표시는 돈으로 하라

■ 말로 온 동네 다 겪는다 / 말이 반찬 같으면 상다리가 부러지겠다

| 온 동네 사람을 다 대접하지 못해 미안한 마음을 말로 대신한다는 뜻도 되지만, 아까워서 인색하게 대접하면서 말로는 정성껏 차린 듯 표를 낸다는 뜻도 된다. 같은 말 "차린 건 없지만…"도 상차림에서 정성에든 말에든 애쓴 속내가 보인다.

말만 귀양 보낸다   실제로는 관대하게 봐줄 거면서 남들 보는 데서 말로만 크게 혼을 내거나 책임을 묻는다는 말.

[현대] 솜방망이 처벌

■ 말만 귀양 보낸다

| 말로는 귀양 보낸다고 으름장을 놓고 혼내면서, 뒤로는 귀양도 안 보내고 어떻게든 봐주는 모양을 말한다. 귀양지 중에서 백두산 기슭의 매우 추운 곳인 삼수와 갑산, 그리고 척박하고 살기 어려운 제주도나 흑산도는 큰 죄를 지은 사람을 귀양 보내는 오지였다. 이곳으로 귀양 가면 대개는 다시는 돌아오지 못했다고 한다. 죄를 크게 물어 제주도로 귀양 보낸다 하고는 말[言]로만, 사람은 안 보내고 그 사람이 타던 말[馬]만 귀양 보낸다고 돌려서 말하는 것이다. 잘못한 사람이 부리던 말만 귀양 보내듯, 몸통은 그대로 두고 그 사람이 부리던 하수인만 처벌하는, 말[馬/言]만 혼내는 것이 어제오늘 일이 아니다.

---

175 핀란드에서는 택시기사도 영어를 유창하게 한다고 한다. 초등학교 때부터 회화 위주로 영어 수업을 받기 때문이다. 게다가 핀란드어와 영어는 한국어와 영어처럼 어순도 전혀 다르다.

말은 하는 데 달리지 않고 듣는 데 달렸다 귀담아들어야 옳게 이해한다는 말.

- **말은 하는 데 달리지 않고 듣는 데 달렸다**[2+]
  | 건성으로 듣거나 삐딱한 생각을 갖고 들으면 상대가 하는 말을 이해 못 하거나
  곡해한다. 지금도 웹상에서 남의 글을 대충 읽고 엉뚱하게 화내는 사람이 많다.

- **미친 사람의 말도 성인은 가려 쓴다 / 광부[광인]의 말도 성인이 가려 쓴다**
  | 광부(狂夫)는 미친 남자, 광인(狂人)은 미친 사람. 제정신이 아닌 사람이 마구잡
  이로 내뱉는 말이더라도 훌륭한 사람은 이에 귀를 기울여 자기만의 주관을 갖고
  잘 골라 듣는다는 말이다. 중국 명나라 때 소설가인 풍몽룡(馮夢龍)이 지은 지혜
  서『지낭(智囊)』의 증보판인『증광지낭보(增廣智囊補)』에는 이런 말이 나온다.
  "소인배는 매양 군자의 단점을 찾으려 들고(小人每拾君子之短) 군자는 소인배
  의 장점을 내버리지 않는다(君子不棄小人之長)."

말이 많으면 쓸 말이 적어진다 말이란 많아질수록 무게가 없고 길어질수록 다툼만
되니 불필요한 말을 삼가라는 말.

  [현대] 사람은 배보다 입이 무거워야 한다 / 싸울 때 한 마디 적게 하면 사과할 때 백
  마디 적게 한다

- **말이 많으면 쓸 말이 적어진다**[2+] **/ 말하면 백 냥 다물면 천 냥**
  | 말을 여러 마리 기르면 한 마리 한 마리에게 돌아가는 먹이가 적어 '튼실한' 말들
  을 키우기 힘들듯, 말이 많으면 '실하지' 못한 허튼소리가 많다는 뜻이다.

- **입은 닫혀두고 눈은 벌려두라**
  | 제대로 확인되지 않은 일에 함부로 말하지 말고 두 눈 똑똑히 뜨고 사실만을
  정확히 보라는 말이다. 정황을 정확히 모르면 함부로 비난하지 말라는 말.

- **말 단[많은] 집에 장맛이 쓰다 / 장 단 집에는 가도
  말 단 집에는 가지 마라**[2+]
  | 장(醬)은 우리 음식에서 가장 중요한 것이라 처음부터 끝
  까지 신경을 많이 썼다. 가을에 수확한 콩으로 메주를 만
  들어 겨우내 띄운 다음, 음력 3월에(그달 첫 번째 말(午)
  날이 가장 길한 날이라 한다) 장을 담갔다. 그리고 담글
  때도 장 담을 항아리 안을 불붙인 지푸라기로 휘저어 잡
  균을 소독하고, 메주와 소금물 등을 담을 때도 입에 종이
  를 물어 말하다가 행여 입안의 균이 들어가 장을 망치지
  않도록 매우 조심하였다. 마지막으로 장 담근 항아리에

새로 담근 독이니 함부로 접근
을 하지 말라고 둘러놓은 금줄.
| 국립민속박물관

부정한 것이 다가오지 못하도록(새로 담근 장이니 함부로 열어 잡균 들어가지 않게 하려고) 고추와 숯을 새끼줄에 꿰어 금줄을 둘러쳤는데, 부정한 것을 막는 다는 의미로 왼새끼를 꼬았다. 이렇듯 부정한 것을 삼가야 장맛이 좋아지는데, 평소 남에게 좋지 않은 말을 하거나 말을 많이 해 말실수가 잦은 집에서는 장 담그는 날에도 입을 가만두지 못해 장에 부정이 탈 거라는 말이다.

■ **가루는 칠수록 고와지고 말은 할수록 거칠어진다**

|한 번 거른 가루를 다시 더 촘촘한 체에 넣고 치면 더욱 고운 가루가 얻어진다. 하지만 말이 란 것은 자꾸 하다 보면 말실수도 하고 해선 안 될 말도 하게 되어 좋게 시작했다가 나중에는 거친 말로 싸우게 될 수도 있는 말이다. 체는 쳇불 구멍 크기가 가장 큰 어레미부터 도드미, 중거리, 가루체, 고운체 순서로 촘촘해진다.

자배기 위에 쳇다리를 걸치고 체를 얹었다. 쳇다리는 함지박이나 자배기 위에 체나 맷돌 등을 놓기 위해 사용한다. |국립민속박물관

■ **곡식은 될수록 줄고 말은 할수록 는다**

|곡식을 됫박으로 자꾸 옮겨 담다 보면 그때마 다 낟알이 조금씩 부서지거나 낟알을 흘려 양이 줄어든다. 반대로 말은 하면 할수록 없던 말도 덧붙고 과장도 하게 마련이다.

■ **정담도 길면 잔말이 된다**

|정답게 나누는 정담(情談)도 너무 길어지면 군소리가 생길 수 있으니 말을 너무 많이 하지 말라는 말이다. 특히 연인들 사이에 이런저런 사랑의 말을 속삭이다 본의 아니게 상처나 오해가 될 말도 하게 되어 기분 좋은 데이트가 말다툼으로 끝나기도 한다.

말이 씨가 된다 말하던 대로 실제로 일어날 수도 있으니 말을 함부로 하지 말고 조심하라는 말.

■ **말이 씨가 된다[2+] / 농담이 진담 된다[2+]**

|이 속담은 대체로 좋지 않은 추측을 말할 때 '재수가 없으니' 말이라도 그런 소리 말라는 뜻으로 자주 쓰인다. 누군가 말을 꺼내면 그에 대해 생각하게 되고 개중 에는 누군가 진짜 실행에 옮길 수도 있는 노릇이다. "야, 그 큰돈을 어떻게 마련 하냐. 꼼짝없이 죽게 생겼네." "저 현금지급기라도 털까?" "야, 미쳤냐? 그걸 말이라고!" 그때는 말도 안 되는 소리라 무질렀지만, 다시 생각해보니 그 수밖에 없겠다 싶어 어느새 몰래 털 궁리를 할지 모른다.

[맥락] '씨'에는 앞으로 커질 수 있는 근원이라는 뜻도 있다. 말은 정리되지 않은 생각의 구체적 실천이다. 누군가 먼저 말을 꺼냈다면 이것은 다들 갖고 있던 불안을 현실적으로, 또 구체적으로 드러내는 것과 같다. 그리고 사람의 느낌과 생각은 거의 비슷해서, 어떤 일이 꼭 일어날 조짐이 느껴지면 다들 비슷한 생각을 한다. 하지만 정말 그렇게 될까 봐 아무도 차마 입 밖으로 못 꺼낸다. 그런데 누군가 불안을 못 견뎌 "야, 이러다 정말 그렇게 되는 거 아냐?" 했는데, 두려워하던 상황이 진짜로 닥쳤다면 다들 뭐라 할까. "아이 씨! 네가 재수 없는 소리를 해서 이렇게 됐잖아!" 하며, 공연한 책임 전가를 말한 그 사람한테 다 뒤집어씌운다. 그렇게 재수 없는 말은 '(야이) 씨-!'가 되기도 한다.

말 죽은 데 체장수 모이듯 남의 불행은 신경 안 쓰고 제 욕심만 채우려 든다는 말.

■ 말 죽은 데 체장수 모이듯[2+]

│체장수는 체를 만들어 팔거나 고쳐주는 사람이다. 체는 제일 바깥쪽의 둥글게 말아 고정한 나무판 '쳇바퀴'와, 말총이나 철사·삼베 등의 그물로 된 '쳇불', 그리고 쳇바퀴에 쳇불을 고정하기 위해 쳇바퀴 안쪽에 끼우는 둥근 틀인 '아들바퀴'로 이루어져 있다. 옛 쳇불은 주로 말총을 사용했으므로 말이 죽으면 말꼬리에서 말총을 얻자고 체장수들이 몰려들었다 한다.

[맥락] 여기서 '체'는 '~하는 체'. 겉으로는 위로하는 척하면서 이때 잘 보여 나중에 뭔가 얻어낼 욕심을 낸다는 뜻이다. '말'을 타는 건 높은 사람이다. 지금도 권력자나 재력가, 직장상사 집 초상에 기를 쓰고 가서 정말 슬픈 체 입이 닳도록 위로하는 이가 많다. 속담에서 '-장수'는 '-쟁이' '-꾼'으로 많이 쓰인다.

■ 불난 데 도둑질 간다

│비슷한 경우로, 옛날에 수해가 나면 좋은 기회라며 강물에 뗏목을 띄우고 떠내려오는 남의 가축과 세간을 건지는 사람들도 있었다.

말 한마디로 천 냥 빚을 갚는다 때와 장소에 따라 말을 적절하게 잘하면 살아가는 데 큰 도움이 된다는 말.

[현대] 프러포즈는 한 번이고 구박은 만 번이다·프러포즈를 안 하거나 대충 하고 결혼하면 훗날 두고두고 아내로부터 서운한 소리를 듣게 되는 법이다.

■ 말 한마디로 천 냥 빚을 갚는다 / 말 한마디로 온 공을 갚는다 / 천 냥 빚에 말이 비단

│말을 비단처럼 곱게 하면 그 말의 가치가 마치 비단으로 빚을 갚은 것과 같다는

뜻이다. 감사 인사를 진실로 잘하면 상대는 마음이 흡족해져 받을 날짜를 늦춰 주거나 이자율을 줄여주기도 한다.

■ 글 잘하는 자식 낳지 말고 말 잘하는 자식 낳아라 / 힘센 아이 낳지 말고 말 잘하는 아이 낳아라

| 어느 글에서 읽은 내용인데, 한국전쟁 때 인민군이 마을에 들어와서 경찰이나 독실한 기독교 신자들을 가려내 총살하려 했다. 그래서 동네사람을 하나씩 불러 물어보고 색출하는데, 기독교 신자인 한 청년에게 인민군 장교가 이렇게 물었다. "예수쟁이는 무슨 생각을 하고 사나?" 그 순간 머리가 빠르게 돌아간 그 청년은 "예쁜 여자를 생각하고 삽니다"라고 대답했다. 자신이 믿는 신을 부정하지도 않았고 없는 말을 한 것도 아니니 정말 재치 있는 대답이었던 것이다. 그러자 그 인민군 장교는 "흥, 예수쟁이도 별수 없군!" 하고 보내주었다 한다. 말 한마디로 목숨을 건진 것. 옛날에 글을 잘 쓰는 사람은 관직에 나가지 않는 한 생계를 유지하기 어려웠지만, 말을 잘하는 사람은 사람들을 자기 쪽으로 쉽게 끌어들이고 잘 설득하여 자기가 원하는 것을 쉽게 얻을 수 있었다. 예나 지금이나 돈이나 명예 같은 것들은 모두 사람에게서 나오는 까닭이다. 출세한 사람치고 설득, 회유, 협상 같은 걸 못하는 사람이 거의 없다.

망건 쓰다 장 파한다   오래 꾸물대다 늦어 제 볼일을 보지 못함을 이르는 말.

■ 망건 쓰다 장 파한다 / 망건 쓰자 파장 된다

| 망건(網巾)은 상투를 틀고 나서 짧은 앞머리가 흘러내리는 것을 막고자 이마에 두르는 넓은 띠다. 장에서는 여러 사람을 만나게 되니 아무래도 옷차림을 단정하게 하고 가는 법이다. 머리를 쓸어 올리고 상투를 틀고 망건을 두르고 잔머리 정리하는 데는 꽤 시간이 잡아먹힌다. 망건 모양새를 너무 신경 쓰다 보면 이미 장이 파할 시간에 도착한다는 말이다. 파장(罷場)176은 상인들이 늘어놓은 물건들을 거두어 떠나는 것. 보통 장이 서는 읍내까지는 꽤 먼 거리라서 장날이면 새벽부터 서둘러 나서야 했다. 그래야 장을 보고 어둡기 전에 돌아올 수 있었다. 그런 이유로 파장 시간은 대개 점심 남짓 때였다. *망건→ 가진 돈이 없으면 망건 꼴이 나쁘다

■ 차비 삼 년에 제 떡이 쉰다[2+]

| 정해진 시각에 지낼 제사에 준비가 꾸물대서 음식이 상할 정도라는 말.

---

176 장터와 관련되어 만들어진 말에는 초장(初場 : 일의 시작 머리), 끝장(일의 마지막 / 일이 모두 잘못되어 끝남), 늑장=늦장 : 장이 파할 때가 다 된 무렵(느릿느릿 꾸물거림), 볼장(해야 할 일 또는 하려는 일), 파장(罷場 : 판이 끝남) 등이 있다.

망석중이 놀리듯 뒤에서 제 마음대로 사람을 조종함을 이르는 말.

■ 망석중이 놀리듯
   | '망석중이'는 '망석중'이라고도 하며 관절 인형의 곳곳에 줄을 매달아 그 줄로
   인형을 움직이는 것 또는 그 인형극을 말한다. 꼭두각시놀음이나 박첨지놀음이
   라고도 하는데, 그래서 남의 밑에서 시키는 대로만 행동하는 사람을 꼭두각시라
   고 부른다. *망석중이→ 끈 떨어진 망석중이

망치가 가벼우면 못이 솟는다 윗사람이 권위나 위엄이 없으면 아랫사람이 순종하
지 않고 함부로 한다는 말.

■ 망치[마치]가 가벼우면 못이 솟는다²⁺ / 방망이가 가벼우면 쐐기가 솟는다²⁺
   / 방망이가 가벼우면 주름이 잡힌다²⁺
   | 나무는 탄성이 있어 세게 박지 않으면 박히던 못이 도로 위로 솟아오르기도 한
   다. 충분히 무거운 머리를 가진 망치177 로 박아야 잘 들어간다. 다듬이질할 때
   도 다듬잇방망이가 가벼우면 주름은 안 펴지고 더 잡히기만 한다.
   [맥락] '못이 박히다'는 원통한 마음이 맺힌다는 뜻이고, '솟다'에는 사람의 마음
   에 어떤 감정이 생긴다는 뜻도 있다. 가볍게 혼나면 앙심을 품는다는 말이다.
   그리고 '쐐기를 박다'는 남을 이간질하고 훼방을 놓는다는 뜻이다. 역시 덜 혼나
   면 저지레할 마음을 품게 된다는 말이다. 또한 골이 나면 미간에 주름이 잡힌다.
   제대로 혼내지 않으면 인상을 쓰고 얼굴을 구긴다는 말이다.

맞기 싫은 매는 맞아도 먹기 싫은 음식은 못 먹는다 배가 부를 때나 먹기 싫은
음식일 때는 아무리 억지로 먹이려 들어도 못 먹는다는 말.

■ 맞기 싫은 매는 맞아도 먹기 싫은 음식은 못 먹는다²⁺
   | 때려죽여도 더는 못 먹겠다고 할 때 쓴 말인 듯하다.

매도 맞으려다 안 맞으면 서운하다 무슨 일이든 하려다 못 하면 섭섭하다는 말.

■ 매도 맞으려다 안 맞으면 서운하다²⁺ / 정배도 가려다 못 가면 섭섭하다

---

177 요새 망치와 장도리 그리고 마치를 구분하지 못하는 사람들이 많다. 망치는 윗머리가 둥글거나
평평한 형태이고, 마치는 머리가 작고 윗머리가 뾰족하며 가볍고, 장도리는 망치의 윗머리에 못을
뽑을 수 있도록 갈라진 부리가 달렸다(그래서 다른 말로 노루발장도리라고 한다). 요새는 대부분
장도리를 많이 쓰므로 장도리를 망치라고 부르는 경향이 있다.

| 원치 않는 상황을 맞이해야 해서 마음 단단히 먹고 잔뜩 긴장하고 있다가 그
상황이 오지 않으면 왠지 허탈하다. 또한 가기 싫은데 끌려가야 해서 억지로
나설 채비를 마쳤더니 너까진 안 가도 된단다. 자기만 빠지니 뭔가 섭섭하다.
정배(定配)는 '유배'의 다른 말.

매도 먼저 맞는 놈이 낫다   어차피 겪어야 할 일이라면 빨리 겪는 게 낫다는 말.

[현대] 주사는 나중에 맞을수록 아프다

■ 매도 먼저 맞는 놈이 낫다

| 늦게 맞을수록 앞서 맞는 사람들을 보며 계속 두려움에 떨게 된다. 먼저 맞은
사람은 아프지만 후련하다. 힘든 상황을 걱정만 하다가 정말로 맞닥뜨리면 '차
라리 잘됐어' 아예 후련하다. 힘든 일을 겪은 사람을 위로할 때 많이 쓴다.

매듭은 맺은 사람이 풀어야 하고 자물쇠는 제 열쇠라야 열 수 있다   애초에 시작한
사람이 그 끝을 보아야 한다는 말.

[成語] 결자해지(結者解之) : 매듭을 묶은 사람이 그것을 푼다.

[현대] 알람은 맞춘 사람이 꺼라

■ 매듭은 맺은 사람이 풀어야 하고 자물쇠는 제 열쇠라야 열 수 있다

| 매듭은 그 매듭을 지은 사람이 어떻게 풀어야 할지 더 잘 알고, 자물쇠도 애초에
그 자물쇠를 잠근 열쇠를 꽂아야 열린다는 말이다.

■ 문 연 사람이 닫을 사람²⁺

| 시작한 사람이 마무리도 해야 한다는 말이다.

맥도 모르고 침통 흔든다   앞뒤 사정도 모르고 섣불리 판단하고
결정하거나 함부로 참견하려 든다는 말.

■ 맥도 모르고 침통 흔든다²⁺

| 맥을 '짚어' 무슨 병인지 알아낸 뒤에 그에 맞는 침을 골
라야 하는데, 맥도 제대로 못 짚으면서 어떤 침을 쓸지,
침통부터 흔들어 고른다는 말.

[맥락] 여기서 '맥'은 '맥락'과 같은 말로 '사물 따위가 서
로 이어져 있는 관계나 연관'으로도 쓰였다. 앞뒤 사정이
나 맥락도 모르면서 섣불리 헛짚고 "아이고, 저런…" 절
레절레 침통(沈痛)해한다는 뜻인 듯하다.

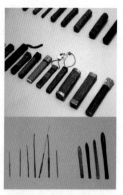

침통과 다양한 침 | 허준박물관

■ 값도 모르고 싸다[눅다] 한다 / 값도 모르고 쌀자루 내민다

ㅣ제대로 알아보지도 않고 자신이 생각한 것보다 싸면 정말 싼 줄 알고 덜컥 사버린다는 말이다. '눅다'는 싸다(저렴하다)는 뜻의 이북 말.

■ 서울 사람은 비만 오면 풍년이란다[2+]

ㅣ농부가 한 구멍에 씨앗을 세 톨씩 넣는 것은, 하나는 새가 먹고, 하나는 벌레가 먹고, 남은 하나로 사람이 먹는다며 자연과 공생하자는 아름다운 이야기가 있다. 농사를 안 지어본 사람의 환상이다. 세 톨씩 같이 심으면 씨앗 셋이 서로 좁은 한 자리를 두고 목숨 걸고 다투고, 거기서 이긴 튼실한 녀석 하나만 기른다. 한 구멍 세 톨은 농부가 영리하게 부추기는 경쟁일 뿐이다.

■ 언청이만 아니면 일색이란다 / 강계 색시면 다 미인이란다

ㅣ아무나 다 예쁘다 한다는 말이다. '언청이'는 선천적으로 윗입술이 세로로 찢어져 코와 맞닿은 기형으로, 토끼 입 같아서 토순(兎脣)이라고도 한다. 일색(一色)은 천하일색(天下一色)의 줄임말로 천하제일 미인이란 뜻.

강계(江界)는 평안북도 강계군에 있는데, 남남북녀라는 말과 더불어 평양미인, 강계미인이란 말이 있을 정도로 미인이 많았다고 전해진다. 그렇다고 그곳 여자들이 전부 미인이 아닐 건 당연한 사실. 가보지도 않고 전해 들은 얘기만으로 무조건 거기 여자는 다 미인이라고 믿는 셈.

동그라미 부분이 강계(江界). 백두산 서남쪽에 있다. ㅣ윤두서, 〈동국여지지도(東國輿地之圖)〉

■ 서까랫감인지 도릿감인지도 모르고 길다 짧다 한다[2+]

| '서까래'는 지붕을 얹기 위해 세로로 줄지어놓는 목재고, 도리는 그 서까래를 받치기 위해 기둥 위에 가로로 대는 목재다. 집은 가로가 길므로 가로로 대는 도리가 당연히 더 길다. 게다가 서까래는 지붕 곡선을 살리고자 대개 각도를 달리하며 잘라서 이어 댄다. 서까래로 쓸 것인지 도리로 쓸 것인지도 모르면서 재목이 길다 짧다 따진다는 말이다.

[맥락] 재목(材木)은 어떤 일에 맞는 능력이나 자격이 있는 사람도 뜻한다. '재목감'이라고도 한다. 어디에 앉힐 사람인지도 모르고 설불리 좋다 나쁘다 능력과 자질을 판단한다는 뜻 아닐까 한다.

머리는 끝부터 가르고 말은 밑부터 한다 말을 할 때는 자초지종을 명확하게 해야 한다는 말.

■ 머리는 끝부터 가르고 말은 밑부터 한다

| 머리를 땋으려면 머리카락 끝부터 잡고 가르지만, 말은 그 이야기의 발단이 되는 밑바닥부터 차근차근 해야 한다는 말이다. 그렇지 않으면 밑도 끝도 없고 뜬금없는 뚱딴지같은 말이 되고 만다.

머리를 삶으면 귀까지 익는다 중요하고 핵심이 되는 것을 처리하면 그에 따른 것들은 저절로 해결된다는 말.

[현대] 큰일을 먼저 보라 그럼 작은 일은 저절로 해결될 것이다 ‧ 대변을 보면 저절로 소변도 같이 볼 수 있다. 이 말은 부정한 일을 처리할 때도 쓰인다.

■ 머리를 삶으면 귀까지 익는다[2+]

| 돼지머리를 삶을 때 귀가 물 밖으로 삐죽 나와 혹시 안 익을까 걱정하지만, 귀는 얇아서 머리가 채 익기도 전에 이미 익어 있다.

[맥락] 머리는 '우두머리'를, 귀는 사물이나 마음의 한구석이나 부분이라는 '귀퉁이'를 뜻한다. 일을 빠르고 쉽게 처리하는 데는 높은 사람을 '구워삶는' 것만큼 효율적인 방법이 없다는 말이다. 우두머리의 지시 한마디면 저 아래 일까지 모든 것이 일사천리다.

머리에 피도 안 말랐다 아직 어린 사람이 위아래를 모르고 철없이 행동함을 꾸짖는 말.

[成語] 구상유취(口尙乳臭) : 입에 아직 젖 냄새가 남았다.

[현대] 주민등록증[호적등본]에 잉크[먹물]도 안 마른 것이 ‧ 옛날 주민등록증은 동사무소에서 이름과 주민등록번호 등을 직원이 직접 손으로 써서 주었다.

- **머리[대가리]에 피[똥]도 안 말랐다**
  | 아기를 출산할 때 태반이 빠져나오며 회음부가 찢어지면서 출혈이 있고(과다출
  혈로 사망하기도 한다) 이것이 아기의 몸에 묻어 나온다. 산모의 직장에 변이
  있으면 출산하며 힘을 주다 같이 나오기도 한다. 요새는 산모의 부끄러움을 없
  애주기 위해 병원에서 출산 전 관장을 하여 미리 변을 빼준다. 출산예정일을
  넘겨서도 아기가 나오지 않으면 아기가 싼 대변이 양수 안에 떠다니기도 한다.

- **젖비린내가 난다**
  | 엄마 젖을 뗀 지 얼마 안 돼서 입에서 아직 젖 냄새가 난다는 말.

머슴보고 속곳 묻는다 ①알 리 없는 엉뚱한 사람에게 자기 일을 묻는다는 말. ②부
끄러운 줄 모르고 남에게 함부로 제 얘기를 속속들이 한다는 말.

- **머슴보고 속곳 묻는다**[2+]
  | '속곳'은 '속 곳'으로도 읽을 수 있다. 머슴도 남자니까 남자로서의 자기 남편
  일을 묻는다는 말이다. 잠자리 문제라든가 바람기라든가 속마음이라든가 안방
  에서의 속 얘기까지 남에게 물어본다는 뜻이다.

먹은 죄는 종지 굽으로 하나 배가 고파서 훔쳐 먹은 죄는 그리 크지 않다는 말.

- **먹은 죄는 종지[접시] 굽으로 하나**
  | '종지'는 간장 등을 담는 매우 작은 그릇. 배가 고파서 훔쳐 먹은 것은 그릇 중에
  서 가장 작은 종지의, 그것도 낮은 밑굽 안에 담길 정도로 죄가 얕다는 말.

먹을 때는 개도 안 건드린다 밥 먹을 때만큼은 뭐라고 해서는 안 된다는 말.

- **먹을 때는 개도 안 건드린다[때린다]**
  | 개는 먹을 때 건드리면 으르렁거린다. 개가 먹고 있는 밥그릇에 더 담아주려거나
  먹기 편한 곳으로 옮겨주려다 손을 물리기도 한다. 사람도 밥 먹을 때 잔소리하거
  나 타박하면 기분 언짢고 소화도 안 된다. 가족이 다 모이기 쉽지 않게 각자 바쁜
  요즘이라, 밥 먹을 때 아니면 언제 보냐는 말도 한다. 그런데 모처럼 식구끼리 모인
  자리에서 훈계나 잔소리를 해서 밥상 분위기를 식게 만든다. 밥상머리 교육 백날
  해봐야 같이 밥 먹기만 싫어질 뿐이다.

며느리가 미우면 손자까지 밉다 누군가가 미우면 그 사람과 관련된 것까지 같이
싫어지게 된다는 말.

[반대] 중이 밉기로 가사까지 미우랴

[현대] 시댁이 꼴 보기 싫으면 남편도 꼴 보기 싫다

■ 며느리가 미우면 손자까지 밉다[2+]

| 며느리가 미우면 손자의 얼굴과 말과 행동에 미운 며느리와 닮은 모습이 보이고, "저 저, 하는 짓도 똑 지 에미 닮아서!" 이런 소리가 절로 나온다.

며느리 사랑은 시아버지 사위 사랑은 장모 시아버지는 며느리를 예뻐하고 장모는 사위를 극진히 위한다는 말.

[반대] 미운 사위에겐 매생이죽 끓여준다

■ 며느리 사랑은 시아버지 사위 사랑은 장모 / 장모는 사위가 곰보라도 예뻐하고 시아버지는 며느리가 뻐드렁니에 애꾸라도 예뻐한다

■ 첫 사위가 오면 장모가 신을 거꾸로 신고 나간다

| 신을 벗고 들어가면 앞코가 방 쪽을 향한다. 그러니 다시 나와서 신을 때는 몸을 돌려 신어야 한다. 그런데 첫 사위가 왔다니 너무 반가워서 옳게 신을 새도 없이 내달아 나온다는 말이다.

■ 도리깨[씨아]와 사위는 먹어도 안 먹는다고 한다[2+]

| 도리깨나 씨아는 나무로 만든 축이 돌아가는 형태라서 회전축 마찰로 끽끽 소리가 날 수밖에 없다. 그래서 잘 돌아가도 왠지 잘 안 먹는 거 같은 느낌이다(여기서의 '먹는다'는 '들어먹는다', 즉 '잘 작동한다'라는 말). 그리고 사위에게는 하나라도 더 먹이고 싶어서 한껏 먹고 배가 부른데도 왜 더 안 먹느냐며 계속 음식을 권하게 마련이다.

[맥락] 도리깨와 씨아는 회전축을 가진 것이라 이것이 돌면서 마찰로 '끽- 끽-' 소리가 난다.[178] 그리고 이 '끽'은 '고작'이란 뜻이기도 하며, '끽하다'는 '할 수 있을 만큼 한껏 하다'라는 뜻으로 흔히 '끽해

도리깨는 나무 축(도리깨꼭지)이라서 회전하면서 마찰 소리가 난다.

야'로 쓰인다. 그러므로 사전에는 없지만 이때의 '끽'은 '한껏'이란 부사로 볼 수 있다. 배가 꽉 차도록 먹어서 더는 못 먹는다 할 때도 '끽이다'라고 한다.

---

178 씨아 돌리는 소리는 끽익끽익 뱃사공이 노 젓는 소리 같고, 까악까악 까마귀가 우는 소리 같아서 한밤중에는 차마 듣기 어렵다는 말이 있다.

"장모님, 저 배불러요. 이젠 끽이라니까요."
"아유 이 서방, 그거 먹고 끽인가? 끽해야 세
그릇이잖나. 장정이 그거 먹고 힘이나 쓰겠나.
끽소리 말고 더 자시게." 이렇게 장모와 사위
사이에 '끽' 소리가 연신 오간다. 따라서 이 속
담의 본모습은 '도리깨[씨아]와 사위는 먹어도
끽 끽 소리로 안 먹는다고 한다'였을 것이다.

씨아. 맞물려 도는 좁은 두 막대 사이를
솜만 통과시키고 씨앗은 걸러내는 구조.
|국립민속박물관

■ 처갓집엔 송곳 차고 간다
|송곳으로 쑤셔가며 먹어야 할 정도로 장모는 사위에게 밥을 꾹꾹 눌러 많이 담
아준다는 뜻이다.

명주옷은 사촌까지 덥다 가까운 사람이 잘되면 주변 사람에게 혜택이 있다는 말.

[반대] 사촌이 땅을 사면 배가 아프다

■ 명주옷은 사촌까지 덥다
|명주옷은 비단옷을 말한다. 비단이 따뜻하다는 말도 되고, 비단옷을 입는 부유
하거나 고귀한 신분이 되었다는 것도 뜻한다.

명찰에 절승이라 좋은 것을 모두 갖추었다는 말.

[반대] 산 좋고 물 좋고 정자 좋은 곳 없다

■ 명찰에 절승이라[2+]
|명찰(名刹), 즉 이름난 절에 절경(絶景)과 명승(名勝)까지 모두 갖추었다는 말이
다. 이름난 사찰은 풍광이 훌륭한 곳에 있게 마련이다. '절승'은 절승(絶僧)으로
도 읽을 수 있다. 이름난 사찰에 절묘하도록 훌륭한 승려까지 있다는 뜻. 탄탄하
고 이름난 집단에 훌륭한 인재까지 갖췄다는 뜻이라 여겨진다.

명태 한 마리 놓고 딴전 본다 지금의 일과 상관없는 행동을 하고 있다는 말.

■ 명태 한 마리 놓고 딴전 본다[2+]
|임시로 벌여놓은 장사판이 아니라 제대로 된 가게를 전(廛)이라 한다. 내 가게
일은 신경 안 쓰고 남의 가게 일에 더 신경을 쓰거나, 이 가게 말고 또 다른
가게를 내고는 지금 하는 가게에는 명목상 명태 한 마리만 올려놓고 따로 낸
가게에 더 신경을 쓴다는 말이다. 그래서 '딴전'은 '다른 전'의 준말이라고 많은
학자가 주장한다.179 요새는 '딴전 본다'보다 '딴전 피운다/부린다'로 쓴다.

[맥락] 명태를 놓았으니 그 가게는 어물전이다. 육의전에는 싸전, 면포전, 지전도 있는데 속담에는 '어물전'만 나온다. 딴전을 보고, 딴전을 부리고, 딴전을 피울 때 하는 행동이나 모양을 표현하는 부사는 '어물쩍'의 사투리 '어물쩡'이다. 속담이 말장난을 좋아한다는 특성을 갖고 보면 '어물쩡'과 발음이 비슷한 '어물전'을 그냥 놔둘 리 없다. '어물쩍'은 말이나 행동을 일부러 분명하게 하지 아니하고 적당히 살짝 넘기는 모양을 말한다. 그리고 명태와 비슷하면서 '어물쩍'과 반대되는 단어는 '명토를 박다'라는 관용구로 쓰이는 '명토(名土)'다. '명토'는 누구 또는 무엇이라고 구체적으로 딱 말하는 것이다. 따라서 이 속담의 본모습은 '(이렇다고 확실히 자기가) 명토 한 말 놓고 어물쩡 딴전 본다'였을 것이다. '어물전(어물쩡)'과 관련짓기 위해 '명토 한 말 놓고'를 '명태 한 마리 놓고'로 슬쩍 말을 바꿨다고 생각한다.

명필은 붓을 탓하지 않는다   무슨 일이든 잘하는 사람은 어떤 조건이나 환경에서도 제 할 바를 잘한다는 말.

[반대] 글 못하는 놈 붓 고른다

[현대] 도구는 실력을 뒷받침해주지 실력을 키워주지 않는다 / 농구는 신장이 아니라 심장으로 하는 거다

- 명필은 붓을 탓하지 않는다 / 명필은 필묵을 고르지 않는다

| 글씨를 잘 쓰는 사람은 아무리 나쁜 도구를 쥐어줘도 다른 사람들보다 월등하게 잘 쓴다. 못 쓰는 사람은 이름난 붓을 줘도 악필밖에 못 쓴다. 그런데도 자기가 못하는 건 생각 않고 애꿎은 도구나 환경만 탓한다는 말이다. 가난한 화가 고흐가 과연 최상품 미술도구를 썼을까? 한국전쟁 전란통에 캔버스는커녕 마땅한 도화지 한 장 구하기도 힘들던 이중섭은 담배 은박지 위에 걸작을 그렸다.

이중섭의 은지화(銀紙畵) 중 하나. 담배 은박지는 물기를 흡수하지 않는 점을 이용해 송곳 등으로 은박지를 긁어 그림을 그린 후 유화물감을 바르고 곧바로 닦아내는 방식으로 작품을 만들었다.

- 좋은 농부는 땅을 탓하지 않는다 / 좋은 농사꾼에게는 나쁜[버리는] 땅이 없다 / 좋은 목수에게는 버리는 나무가 없다

---

179 이 속담을 근거로 그렇게 주장했다면 글쓴이의 해석에 따르면 '딴전'의 '전'이 가게가 아닐 가능성이 크다. '딴청'이 주로 못 들은 척할 때 쓰이고 '딴전'은 일부러 다른 데 볼 때 쓰이므로, '딴청'의 '청'은 '귀청'이고 '딴전'의 '전'은 '앞 전(前)', 곧 '딴前' 아닐까 조심스레 추측해본다.

모기 보고 칼 빼기   사소한 일에 가벼이 반응하거나 쉽게 성을 냄을 이르는 말.

[成語] **견문발검**(見蚊拔劍) : 모기 보고 칼 뽑기.
노승발검(怒蠅拔劍) : 파리에 성나 칼 뽑기.

[현대] **분노조절잘해 · 만만한 사람** 앞에서는 '분노조절장애'이다 강자 앞에서는 분노
조절을 아주 잘하는 사람을 비꼬는 말이다.

■ **모기 보고 칼[환도] 빼기**
| 모기가 자꾸 앵앵거리니 잡다 잡다 성질 나서 칼까지 빼든다는 말이다. 작은
일에도 성질을 잘 내는 사람들을 일컫는 말이다. 못난 사람은 그릇이 작아서
사소한 일에도 신경이 거슬리는 법이다. 환도(環刀)는 무기로 사용하는 칼의
일종으로 장검에 비해 상대적으로 짧다. 조선은 활과 창을 주력 무기로 썼으므
로 전투용보다는 호신용으로 주로 사용했다. *환도→ 벌거벗고 환도 차기

모난 돌이 정 맞는다   ①성격이 원만하지 못하거나 너무 꼿꼿하면 사람들로부터 미움
을 받는다는 말. ②잘난 사람은 다른 이들의 시샘과 비방을 듣기 마련이라는 말.

■ **모난 돌이 정 맞는다**²⁺
| 돌에 튀어나온 부분이 있으면 정에 쪼인다. 사람도 비뚤어지고 모나게 굴면 다
른 사람들로부터 손가락질을 받거나 안 좋은 일을 당할 수 있다는 말이다.
[맥락] 여기에는 위협적인 말이 숨어 있다. '정'은 '정말'의 준말이기도 한 까닭이
다. 그렇게 모나게 굴다간 '정말' 맞는다는 뜻도 담겼다.

■ **곧은 나무 먼저 베인다 / 나무도 쓸 만한 것이 먼저 베인다**
| 재목감으로 좋게 곧게 자란 나무부터 베인다. 사람 입장에서는 좋은 일이지만
나무 입장에서는 일찍 죽는 셈이다. 사람이 대쪽같고 굽힐 줄을 모르며 융통성
없으면 주위의 미움을 사거나 가장 먼저 화를 입는다는 말이다.

■ **귀한 그릇 쉬 깨진다**²⁺ **/ 높은 가지 부러지기 쉽다**²⁺ **/ 높은 나무에 바람이 세다**²⁺
| 서민들이 쓰는 질그릇이나 뚝배기는 두껍고 투박해 험하게 다루어도 멀쩡하지
만, 양반이 쓰는 도자기 같은 귀한 그릇은 작은 충격에도 쉬 깨진다.
[맥락] 귀하게 쓰일 사람은 그 그릇이 귀한 만큼, 또 높은 자리에 있는 사람도
그 높이만큼 시기와 모략도 많이 탄다는 뜻이다.

■ **물이 맑으면 고기가 없다 / 물이 맑으면 고기가 모이지 않는다 / 바른 말
하는 사람 귀염 못 받는다**
| 물고기의 천적 중의 하나는 새. 물이 맑을수록 물고기가 몸을 숨기기 어려우므
로 흐린 물로 모이게 마련이다. 또한 맑은 물엔 먹잇감도 적다.

[맥락] 사람도 너무 청렴하면 인맥도 재물도 못 얻는다는 말이다. 여기서 '고기' 는 물고기도 뜻하지만 먹음직스러운 육고기도 뜻한다.

모래 위에 성 쌓기   부실한 바탕 위에 이루는 일은 헛일이 되기 쉽다는 말.

  [成語] 사상누각(砂上樓閣) : 모래 위에 지은 누각.

■ 모래 위에 성 쌓기

모로 가도 서울만 가면 된다   어떤 수단을 쓰든 본 목적만 이루면 된다는 말.

■ 모로 가도 서울만 가면 된다²⁺ / 바로 못 가면 둘러 가지
  │ '모'는 옆으로 비껴 튼 길이나 방향을 말한다. 멀리 돌아가든 비껴서 가든 목적지에 닿기만 하면 되니, 목적을 이루는 방법이 꼭 하나만은 아니라는 말.
  [맥락] '모로 간다'라는 말에는 똑바른 길, 바른길로 안 간다는 뜻도 담겨 있다. 불법이든 뇌물이든 어떤 술수를 쓰든 서울 높으신 분 인맥 잡고 출세만 하면 된다는 말.

목구멍이 포도청   막다른 지경이 되면 행동하는 데 있어서 수단과 방법을 가리지 않게 된다는 말.

  [현대] 이판사판 공사판 / 못 먹어도 고
        내일만 사는 놈은 오늘만 사는 놈한테 죽는다 • 영화 〈아저씨〉의 명대사.

■ 목구멍이 포도청²⁺ / 천 냥 지나 천한 냥 지나 먹고나 보자²⁺
  │ 포도청에 잡혀갈 것을 뻔히 알면서도 훔쳐 먹을 만큼 배고픔이 절박하다는 뜻이다. 요즘의 생계형 범죄가 여기에 해당한다.

■ 사흘 굶은 범이 원님을 안다더냐²⁺ / 개도 사흘 굶으면 몽둥이를 무서워하지 않는다
  │ 오래 굶으면 무서운 것이 없어진다는 말이며, 너무 배고파서 호랑이처럼 성이 났다는 말이다.

■ 사흘 굶어 남의 집 담 안 넘을 놈 없다 / 사흘 굶어 아니 날 생각 없다 / 가난이 죄 짓는다 / 가난하면 마음에 도둑이 든다 / 가난과 도둑은 사촌이다 / 가난이 도둑이다
  │ 사흘 열 끼를 굶주리면 옳지 못한 온갖 생각을 다 떠올리게 된다는 말이다.

■ 메고 나면 상두꾼 들고 나면 초롱꾼²⁺

이미 신세가 나빠졌으니 무슨 천한 일이든 부끄러워하겠느냐는 말이다. '상두꾼'은 시신이 담긴 상여를 메고 운반하는 사람이고, '초롱꾼'은 망자가 갈 어둠의 세계를 밝혀준다는 의미로 상여 앞에서 초롱불을 들고 가는 사람이다. 상두꾼과 초롱꾼은 모두 상여가 나갈 때 부리는 상여꾼이라는 천민들[180] 이다.

[맥락] '메다'에는 짊어진다는 뜻에, 책임이나 임무를 진다는 뜻도 있다. 빚을 잔뜩 졌다는 뜻일 듯하다. '들고 나다'를 붙여 읽으면 세간을 팔려고 내간다는 '들고나다'가 된다. 빚을 잔뜩 져 살림살이까지 내다 팔 처지까지 되었으니 무슨 막일이든 못 하겠냐는 말이다.

■ 나중에 삼수갑산을 갈지라도

'삼수갑산'은 삼수(三水)와 갑산(甲山) 두 지명을 합쳐 만든 말이다. 삼수와 갑산은 함경도 백두산 밑자락에 있는 오지 중의 오지. 이곳은 주로 큰 죄를 지은 사람들이 유배 갔던 곳이며, 워낙 외지고 추워서 한번 이곳으로 가면 다시 살아서 돌아오지 못했다고 한다. 우리나라에서 가장 춥다는 중강진(中江鎭)이 이 근처다. 큰 죄를 짓고 삼수와 갑산으로 끌려가는 한이 있더라도 간절하고 급한 것부터 하고 보겠다는 말이다.

삼수(三水)와 갑산(甲山). 백두산 아래쪽에 있다. |윤두서, 〈동국여지지도(東國輿地之圖)〉

---

180 조선시대 천민은 노비·광대·무당·기생·승려·상여꾼·백정·공장(工匠)의 8종류가 있었다. 이들 천민은 결혼할 때 말과 가마는 물론 죽어서 상여조차 탈 수 없었으며 다른 계급의 어린아이한테도 무조건 존대를 해야 했다.

■ 급하면 나라님 망건 값도 쓴다[2+] / 급하면 진상[근참] 가는 배도 들어먹는다
| 특산물 구입이나 주문제작 때는 멀리 사람을 보냈고 값을 치를 때도 사람을 보
냈다. 그 과정에서 대리인이 값을 속여 돈을 빼돌리거나 못된 이를 만나서 잃거
나 빼앗겼다고 거짓말하는 일도 심심찮았다.

진상(進上)은 왕이나 높은 사람에게 귀한 물건이나 지방특산물을 바치는 것,
근참(覲參)은 신이나 부처에게 음식 등을 차려서 예를 올리는 것이다. 진상품에
손을 댔다간 죽음을 면치 못하며, 신에게 바치는 것을 훔쳐 먹으면 천벌을 받는
다. 하지만 당장 굶어 죽게 생겼으니 이래 죽나 저래 죽나 이왕 죽을 거 먹고나
죽자는 절박한 심정이 된다는 말이다. 여기서의 '배'는 진상품이나 세금용 물품
을 싣고 가는 배(船)인 조운선(漕運船)과 먹는 배(梨) 둘 다 뜻한다. 옛날에는
진상품부터 장사 물품까지 바닷길과 한강을 통해 운반했다. 김포·마포·영등
포·노량진 등이 그 흔적이 남은 지명.

■ 중의 망건 사러 가는 돈이라도
| 승려는 삭발을 하므로 망건이 필요 없다. 있을 리 없는 돈이라도 다 구해본다는
말이다. *망건→ 가진 돈이 없으면 망건 꼴이 나쁘다

■ 똥 묻은 속곳을 팔아서라도

■ 이판사판[2+]
| '이판사판'은 이판(理判)과 사판(事判)이 붙어서 된 말로, 이판(理判)승은 참선
과 수행 및 포교를 하는 스님이고, 사판(事判)승은 절을 꾸려나가기 위해서 농사
나 나무하기, 절간 살림 등 생산과 관리에 종사하는 스님이다. 조선시대에는
불교를 억누르는 정책을 썼기 때문에 승려를 매우 천하게 대했다. 먹고살 게
없고 힘든 막다른 상황이라 천민인 '중'이라도 되겠다는 말이다. '중'이 되면 이
판이든 사판이든 둘 중 하나는 되어야 해서 이러나저러나 이판사판이란 말이
생기게 되었다.
[맥락] 이 말은 '이번 판은 (어차피) 죽은 판'이라 여기고 막 나가겠다는 뜻으로도
해석된다. 아마도 투전 노름하던 자리에서 생긴 말은 아닐까 한다.

■ 도마 위의 고기가 칼을 무서워하랴[2+]
| **[맥락]** 남들의 비판이나 입방아에 오르는 것의 흔히 '도마에 오르다'라고 한다.
부위별로 해체되거나 잘게 썰리는 까닭이다. 이미 남들 입에 다 오른 마당에
무엇을 두려워하겠냐는 말이다. 칼 맞을 소리라도 하겠다는 뜻이다.

목마른 놈이 우물 판다 급하고 간절한 사람이 일을 서둘러 하게 되어 있다는 말.

[현대] 귀찮음이 발명을 낳는다 ᐧ 노래방기계의 시초인 가라오케를 발명한 사람은 손님
들 노래에 맞춰 악기를 연주해주던 사람이었는데, 매번 연주하기가 귀찮아서 이
것을 발명했다. 그런데 특허 내러 가는 것도 귀찮아서 결국 특허를 못 내서 돈을
못 벌었다고.

■ 목마른[갑갑한] 놈이 우물 판다

■ 갑갑한[답답한] 놈이 송사한다[2+]

│송사(訟事)는 재판의 옛말. 억울하고 답답한 사람이 먼저 나서 다른 사람에게
누가 옳은지 봐달라고 붙잡고 늘어지는 법이다.

몸이 천 냥이면 눈이 구백 냥 인체기관 중에서 눈이 가장 중요하다는 말.

■ 몸이 천 냥이면 눈이 구백 냥

│눈은 간과 연결되어 있어 눈이 피곤하거나 나빠지는 건 간이 나빠졌다는 신호와
도 같다. 또한 눈으로 받아들이는 정보의 양이 우리가 받아들이는 전체 정보량
의 80%에 달한다고 한다. 그만큼 눈은 매우 중요하다.

못난 놈 잡아들이라면 없는 놈 잡아간다 가난하고 없이 살면 천대와 멸시, 불이익
을 받게 된다는 말.

[현대] 유전무죄 무전유죄

■ 못난 놈 잡아들이라면 없는 놈 잡아간다

못된 바람은 수구문으로 들어온다 궂은일이나 잘못한 일의 책임이 엉뚱한 자신에
게 돌아온다고 항변하는 말.

■ 못된 바람은 수구문으로 들어온다[2+]

│서울에는 빙 둘러진 성벽을 따라 4대문과 4소
문이 있는데, 4대문 사이에 있는 문이 4소문이
다. 4대문은 동서남북과 인의예지(仁義禮智)를
결합하여 흥인지문(興仁之門, 동대문)-돈의문
(敦義門, 서대문)-숭례문(崇禮門, 남대문), 숙
정문(肅靖門, 북대문)으로 구성되어 있고, 4소
문은 광희문(光熙門, 남소문, 동남)-소의문(昭

광희문. │서울 중구

義門, 서소문, 서남)-창의문(彰義門, 북소문, 서북), 혜화문(惠化門, 동소문, 동

북)181 으로 구성되어 있다.

수구문(水口門)182 은 광희문(光熙門)의 다른 이름으로, 서소문(西小門)과 더불어 도성 안의 시체를 밖으로 내가던 문이었다. 그리고 장례를 치르고 무덤을 만들 능력이 안 되는 사람들은 시신을 거적에 싸서 그냥 내다 버렸기 때문에 수구문을 통해 그 시체 썩는 악취가 바람을 타고 안으로 들어와 애꿎은 수구문 (광희문)만 욕을 먹는다는 말이다. 그래서 다른 말로 시구문(屍口門 : 시체가 나가는 문)이라고도 불렸다.

[맥락] 이 속담은 사실 말장난이라고 생각한다. 우리말에 '수원수구(誰怨誰咎)하다'라는 말이 있다. 지금은 잘 안 쓰이지만 예전에는 자주 쓰이던 말이었다. 〈열녀춘향수절가〉에도 앞 못 보는 점쟁이 봉사가 개천을 건너다 풍덩 물에 빠지고 헤어 나오다 손으로 똥을 짚자 "애고 애고 내 팔자야. 조그마한 개천을 못 건너고 이 봉변을 당하였으니 수원수구 뉘더러 하리" 자기 신세를 한탄하는 대목이 나온다. 수원수구(誰怨誰咎)는 누구를 원망하고 누구를 탓하겠는가라는 뜻으로, '수원숙우(誰怨孰尤)'라고도 한다. 이 말에서 '누구를 탓하다' 부분이 '수구 (誰咎)'인데, 이것이 광희문의 다른 이름 '수구문'의 '수구'와 발음이 같다. 이를 통해 이 속담을 다시 보면 '자기가 못된 바람(우리가 흔히 '바램'으로 잘못 쓰는 그 '바람')을 누구 탓으로 묻느냐'가 된다. 제가 못해서 못 이룬 걸 왜 엉뚱하게 남 탓을 하느냐는 말이다. 어쩌면 이 속담에서의 '수구문'의 '문'은 '물을 문(問)' 일지도 모르겠다.

못된 송아지 엉덩이에 뿔 난다   못된 사람이 미운 짓만 골라서 한다는 말.

[현대] 파 냄새 난다니 파 하고 웃는다・흔히 '아재'라는 남자들이 나잇값 못하고 꼭 이런 개구진 행동을 한다. 뀐 방귀를 손에 쥐고 애인이나 아내 코에 댄다든가.

■ 못된 송아지 엉덩이에 뿔 난다²⁺ / 못된 송아지 뿔부터 난다²⁺

|소는 골반뼈가 위로 치솟아 있어 살이 마르면 이 골반뼈가 마치 뿔처럼 엉덩이 위로 삐죽하게 드러난다. 살이 통통하게 올라야 하건만 발육이 나쁜 '못된' 송아지도 골반뼈가 마치 뿔처럼 삐죽 돋아 보인다.

우시장에서 송아지를 거래할 때 몸이 자라는 사이보다 뿔이 먼저 길게 나는

---

181 동양의 방위는 동서, 서양의 방위는 남북을 먼저 쓴다. 따라서 '남동'이나 '북서'가 아니라 '동남'이나 '서북' 식으로 방위를 연결해야 옳다.

182 수구문이란 이름은 근처에 냇물이 도성으로 드나드는 곳이 있어 따로 그런 이름이 붙었다고도 하고, 물길을 따라 적이 쳐들어오는 것을 감시하고 막기 위해 물길 위 또는 옆에 만든 성루이기 때문이라고도 한다.

송아지는 좀소/쫌소(불량소)라 하여 다른 송아
지들보다 훨씬 낮은 값에 거래된다. 이것도 옳
게 자라지 못한 '못된' 송아지다. 이 못된 송아
지가 먼저 난 뿔로 천방지축 들이받으려 들면
더욱 밉상이다.

[맥락] '못되다'에는 바라는 만큼의 일정한 수준
에 오르지 못했다는 뜻도 있지만, '성격이 못됐다'라는 뜻도 있다. 그리고 송아
지는 아이를 뜻한다. 성질 못된 아이들은 '뿔이 나면' 다시 말해 '뿔나면' 제 성질
을 못 이겨 바닥을 뒹굴거나 저지레를 한다. 이때 바닥을 뒹굴면서 자꾸 엉덩이
를 치받듯 들썩거려 자신이 뿔났다는 것을 부모가 알아주길 자기 원대로 해주길
힘껏 표현한다. 아니면 등을 돌리고 서서 엉덩이를 쭉 빼서 자신이 화났다는
걸 엉덩짓으로 표현한다. 요즘은 대형마트 장난감 코너에서 못된 송아지를 자주
본다.

- **개 못된 것은 들에 나가 짖는다**
  | 개를 키우는 목적은 도둑을 지키자는 것인데 지킬 하나 없는 들에 나가서 헛되
  이 짖어댄다는 말. 개는 오랜 옛날 늑대를 길들여서 된 가축인데, 간혹 늑대의
  야생성을 갖고 태어나는 개는 늑대처럼 행동하기도 한다. 집에서 키우던 개도
  산으로 들어가면 들개가 되는데, 개가 들개를 닮아간다는 뜻인 듯하다.

- **못된 벌레 장판방에서 모로 긴다**
  | 집게벌레나 노래기, 지네 같은 것들은 집 안이 습하면 나타나고 병균도 옮기기
  때문에 예로부터 좋게 보질 않았다. 게다가 이 벌레들은 바닥과 벽이 만나는
  좁은 곳을 따라서 기어가는 습성이 있으니 때려잡기도 힘들다.

- **개 못된 게 부뚜막에 올라간다 / 개 밉다니까
  우쭐거리며 똥 싼다 / 미운 강아지 보리 멍석에
  똥 싼다**

- **못난 색시 달밤에 삿갓 쓰고 나선다**
  | 삿갓은 햇볕과 비를 가리며 얼굴을 가리는 용도
  로도 썼다. 그리고 여자에겐 '부녀삿갓'이라 해
  서 여성용 삿갓이 따로 더 있었다. 남부끄러운
  짓을 하려 밤에 몰래 나다녀야 하는데 달이 밝
  아 누군지 얼굴이 훤히 보일 테니 삿갓이든 부
  녀삿갓이든 얼굴을 가리고 야밤 출입을 한다는

부녀삿갓.. 부녀삿갓은 비싼 장옷을 갖지
못하는 서민층 여자들이 외출 시 얼굴을
가리는 용도로 썼으며, 크기가 꽤 커서 가
벼운 갈대나 부들로 많이 짰다. 간혹 미관
을 위해 겉 전체에 천을 감싸 바르기도
했다. 외간남자가 여성의 상반신을 볼 수
없도록 챙이 넓고 크다.

말이다. 속담의 겉뜻에선 햇빛도 아닌데 달빛에 못생긴 얼굴이 행여 탈까 봐 가리고 다닌다는 말로, 얼굴과 품행 못난 것 둘 다 뜻하고 있다.

- **의젓잖은 며느리 사흘 만에 고추장 세 바탱이 먹는다[2+]**
  | '바탱이'는 중두리(중항아리)보다는 작고 단지보다는 큰, 배가 많이 나온 작은 항아리다. 점잖지 못하고 행동거지 가벼운 며느리가 더 밉게도 고추장 썩썩 비벼 밥도 많이 먹어치운다는 말이다.

바탱이. |국립민속박물관 아카이브

- **못난 며느리 제삿날에 병난다**
  | 제삿날이 되면 제수 음식 장만하느라 손이 열 개라도 모자랄 판인데, 평소 밉고 못난 며느리가 그날따라 병이 나서 일손도 모자라게 하고, 제사에 온 정신을 쏟아야 하는데 신경까지 쓰이게 해 성가시게 만든다는 말이다.

- **똥 뀐 년이 바람맞이에 선다**
  | 평안도 사투리로 방귀를 뀐다는 말을 '똥 뀌다'라고 한다. 방귀 뀌고는 냄새 없앤다고 바람길에 서 있으니 냄새가 어디로 오겠는가.

- **게으른 선비 설날에 다락 올라가 글 읽는다**
  | 설날엔 이래저래 부산스러우니 게으른 선비가 평소 하지도 않던 글공부를 핑계로 품위 없이 좁은 다락에 올라가서 글 읽는 체한다는 말이다. 지금도 일 시키면 바쁜 척 빠져나가는 얄미운 사람들이 있다. 평소 공부 안 하다 심부름시키거나 친척집 가자 하면 시험공부 해야 한다고 빼는 학생들이 꼭 있다.

- **못된 일가가 항렬만 높다**
  | 항렬(行列)은 친족 간의 대를 나타낸 것으로, 항렬에 사용된 한자(漢字)로 가문 내에서의 윗사람과 아랫사람을 알 수 있고 가깝고 먼 친척인지도 알 수 있다. 친척이라고 하기에도 창피하거나 상대하고 싶지도 않은 못된 친척이 있는데, 하필 그 친척 가문이 우리보다 항렬이 높아 따지거나 꾸짖지도 못하고, 안 찾아뵐 수도 없어 이래저래 피곤하다는 말이다.

- **맛없는 국이 뜨겁기만 하다**

- **개살구 지레 터진다[2+]**
  | '개살구'는 살구처럼 달지 않고 시고 떫다. 개살구는 7~8월에 샛노랗게 익는데, 일반 살구와 달리 과육이 단단하여 씨앗과 잘 분리되지 않으며, 덜 익어도 지레

(미리) 과육이 터져버린다.

[맥락] 눈꼴시고 같이하기 떨떠름한 사람일수록 툭하면 별것도 아닌 일에 분통을
터트린다는 말이다.

■ **먹지도 못할 풀이 오월에 겨우 난다**

|음력 5월은 양력 6~7월에 해당하는 한여름이며 본격적인 김매기 철이다. 잡초
를 제거하는 김매기는 지금도 농사일에서 가장 귀찮고 힘든 일로 친다. 그런데
이 시기는 작물도 많이 자라 있는 때라 작물은 안 다치게 하고 잡초만 제거하자
면 애먹이게도 성가시다. 잡초가 애초에 일찍 돋았다면 작물 다칠 염려 없이
북북 뜯거나 흙째 벅벅 긁어낼 수 있었을 텐데. 예부터 농사에 밝은 상농(上農)
은 잡초가 보이기 전에 김매고, 중농(中農)은 잡초가 보이면 김매고, 하농(下農)
은 잡초가 보여도 김매지 않는다는 말도 나왔다. 나물로도 못 먹을 잡풀들이
가뜩이나 농사 바쁠 때 성가시게 돋는다는 말이다.

■ **못된 나무에 열매만 많다²⁺ / 못된 소나무에 솔방울만 많다²⁺**

|지금에야 나무가 이산화탄소를 흡수하여 산소를 배출하고 몸에 좋은 피톤치드
도 내보내는 걸 알기에 모든 나무를 소중히 여기지만, 옛날에는 땔감이나 재목,
유실수가 아니면 대접을 받지 못했다. 구불구불 자라 쓰임새 없는 나무에 사람
이 못 먹는 열매나 잔뜩 열리니 더욱 밉다.

솔방울은 겉이 매우 거칠어 툭하면 손과 얼굴에 생채기를 내 나무하는 이를
성가시게 했다. 재목으로도 땔거리로도 마뜩잖은 소나무에 성가신 솔방울까지
잔뜩 달렸으니 그 아니 미운가. 척박한 땅에서 자라는 소나무는 씨를 더 많이
퍼트리려 솔방울이 더 많이 달린다고 한다.

[맥락] 여기서 열매와 솔방울은 주렁주렁 달린 자손을 뜻한다. 막돼먹은 사람이
더 밉살스럽게도 자기와 똑같이 못돼먹은 자식들을 잔뜩 낳아 길렀다는 말.

■ **곁방에서 불낸다**

|자기 집 곁방에 세 들어 사는 사람이 가뜩이나 마음에 안 드는데 조심성까지
없어 제 방에 불을 내서 온 집채를 다 태워먹으면 그런 원수가 없다.

못 먹는 감 찔러나 본다   자기가 얻지 못할 것이나 남의 일에 대해 공연한 심술이나
훼방을 놓는다는 말.

[현대] 옛 애인 결혼식장 가서 울기 / 반대를 위한 반대

■ **못 먹는 감[호박] 찔러나 본다²⁺**

|자기네 감이 아니라서 따 먹지 못할 것이면 마땅히 단념하고 말아야 하는데,

공연히 익었나 안 익었나 꼬챙이 같은 걸로 쿡 찔러본다는 말이다. 감에 상처나 구멍이 나면 그 감은 곯거나 터져서 못 먹게 된다.

[맥락] 여기서 '감'은 사윗감, 며느릿감, 신붓감처럼 '그만한 자격을 갖춘 사람'을 뜻한다. 자기 능력이나 형편으로는 그 자리에 못 앉거나 제 사람으로 맞아들일 수 없으니 괜히 심술이 나서 그 사람을 찔러(흥허물을 일러바쳐) 인품에 흠집을 낸다는 말이다. '찌르다'에는 남의 잘못을 다른 사람에게 일러바친다는 뜻도 있다. '호박'은 호박(琥珀) 풍잠(風簪)을 망건에 다는 높은 자릿감이나, 자기가 얻지 못할 탐스러운 여성을 깎아내리는 말이라 생각된다.

■ 다 된 밥에 코 풀기²⁺ / 못 먹는 죽에 코 빠트리기[풀기]²⁺ / 다 된 밥에 재 뿌리기²⁺ / 못 먹는 밥에 재 뿌리기²⁺

| 다 지은 음식에 더러운 것을 섞으면 누구도 먹지 못한다. 내가 못 먹으니 심술이 나서 남도 못 먹게 만든다는 뜻이다.

[맥락] 코를 풀 때 나는 소리는 '킁!' 또는 '흥!'이다. 이는 상대방을 시기하거나 무시하거나 비웃을 때, 또는 상대가 아니꼬울 때 내는 소리와 같다. 그리고 무엇이 못마땅하거나 아니꼽거나 화가 날 때 내는 소리 '체!'는 무엇을 태우고 남은 '재'와 발음이 비슷하다. 이렇게 보면 이 속담에서의 '밥'은 '나누어 가질 물건 중 각각 갖게 되는 한 부분', 즉 누군가가 얻을 몫이 된다. 남이 잘돼가는 것이 아니꼽고 배가 아파 "흥! 막판에 어찌 될 줄 누가 알아?" "킁! 그러다 꼭 끝에 가서 망치더라" "흥! 어디 잘해보라지" "체! 그 정도는 누가 못 해?" "체! 나 빼고 얼마나 잘되나 보자." 이런 기분 나쁘거나 재수 없는 소리, 심술 섞인 저주를 한다는 말이다.

■ 어깃장을 놓는다²⁺

| 긴 널들로 문짝을 짤 때, 나란히 잇댄 널쪽 위 아래에 각각 띳장을 대고 못을 쳐 고정한 뒤 중간 부분은 대각선으로 널을 대는데, 이 대각선 널을 어깃장이라고 한다. 모든 재목이 가로세로 똑바른데 어깃장만 비뚤어져 있다.

[맥락] 어깃장은 사선으로 댄 널이다. 상대방의 말을 다 들어보지도 않고 강하게 아니라고 할 때는 대개 손을 들어 어깃장처럼 사선으로 내리긋는 동작을 한다. "에이, 아냐!"

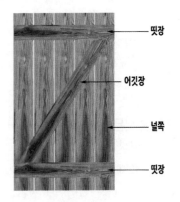

띳장

어깃장

널쪽

띳장

■ 닫는 데 발 내민다²⁺

|달려가는 사람 앞에다 발을 건다는 말. 요즘 말로 하면 '딴지(일이 순순히 진행되지 못하도록 훼방을 놓거나 어기대는 짓)'를 거는 것이다.

■ 못 먹는 호박에 말뚝 박기[2+] / 고추밭에서 말 달리기

|권투선수 홍수환의 "엄마, 나 챔피언 먹었어!"처럼 어떤 자리나 지위를 차지할 때도 '먹다'라는 말을 쓴다. 그리고 먹는 호박 말고 높은 자릿감이나 부자가 망건에 풍잠(風簪)으로 다는 호박(琥珀)이 있다. 자기가 못 먹을 자릿감으로 명망에 오른 사람이 앞으로 나아가지 못하도록 출세길에 말뚝을 박아버린다는 것으로 생각된다. 심술 맞다. 다음은 판소리 〈흥보가〉 중에서 놀부 심술 대목이다.

> 보통 사람은 오장이 육부인데 이 놀부란 놈은 왼쪽 갈비뼈 밑에 심술보 하나가 턱 허니 붙어 있으니 오장이 칠부라. 내 놀부 심술을 이를 테니 한번 들어보시오. 술 잘 먹고 욕 잘하고, 나태하고 싸움 잘하고, 초상 난 데 춤추기와 불난 집에 부채질하기, 오대독자 불알 까기, 장에 가면 억지흥정, 우는 애기 똥 먹이기, 빚값에 계집 뺏고, 늙은 영감 덜미 잡고, 애 밴 부인 배통 차기, 우물 밑에 똥 누기와 애호박에 말뚝 박고, 똥 누는 놈 주저앉히고, 앉은뱅이는 턱살 치고, 옹기장수 작대 치기, 신혼부부 잠자는데 가만가만 들어가서 불이야, 수절과부 겁탈하기, 다 된 혼인 바람 넣고, 만경창파에 배 밑 뚫고, 목욕하는데 흙 뿌리고, 기생 보면 코 물어 뜯고, 자는 애기 눈 벌려놓기, 봉사 보면 인도하여 개천에다 집어넣고, 길 가는 과객양반 재울 듯이 불러다가 해 다 지면 내쫓기. 이놈의 심술이 이러하니 삼강을 아느냐 오륜을 아느냐 삼강도 오륜도 모르는 놀부로다.

■ 산통을 깨다[2+]

|산통(算筒)에는 세 종류가 있다. ①괘(卦)가 적힌 산(算)가지들을 넣고 흔들어서 좁은 구멍으로 뽑혀 나온 산가지들로 점을 치는 도구, ②산통계(算筒契)에서 이름이나 표식이 적힌 산가지들을 넣고 흔들어 계를 탈 계원을 뽑는 도구, ③계산을 위한 산가지[183]를 넣어두는 통. 여기서는 ①번의 점을 칠 때 쓰는 산통, 또는 ③번의 계산을 위한 산통이라고 생각된다. 일이 착실히 진행되어 곧 결실 맺겠다고 희망을 '점치고' 있는데 그 꿈이 깨졌다는 뜻이다. 그리고 어떤 상태가 되거나 어떤 일이 일어날 수 있는 확실성의 정도를 공산(公算)이라고 한다. 산통이 깨졌다는 것은 '다 된 공산'이 깨졌다는 말을 달리 표현한 것이라고 생각한다.

---

183 중국과 일본은 일찍부터 주판을 썼지만 우리나라는 유독 구한말까지 산가지를 썼다. 이때의 산가지는 대개 네모진 함에 담아두고 쓰거나 휴대가 편하도록 천이나 가죽으로 된 지갑에 넣어 다녔다. 산가지는 긴 것들과 짧은 것들로 구성되면 그것을 놓는 모양에 따라서 숫자와 단위가 달라졌다. 산가지로 셈을 하면 주산과 달리 방정식 같은 아주 복잡한 계산도 가능하다. 하지만 단순한 계산에서는 주산보다는 속도가 많이 떨어졌다. 네모지게[方] 배열해 단위[程] 셈을 하므로 '방정식(方程式)'이란 말이 여기서 유래한다.

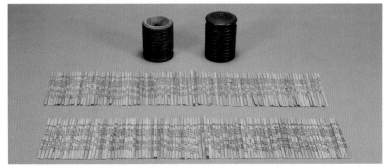

산통과 산가지. |국립중앙박물관 아카이브

못 본 도둑질은 못한다 무슨 일이든 자세한 사정을 알고 있어야만 그 일을 해낼
수 있음을 이르는 말.

■ 못 본 도둑질은 못한다 / 본 놈이 도둑질한다
|그 집에 훔쳐 갈 것이 뭐뭐 있고 키우는 개가 있는지 몇 식구가 살고 어디가
숨어들기 좋은지 등등을 미리 알고 있어야만 도둑질을 할 수 있는 법이다. 지금
도 도둑들은 범행 며칠 전부터 목표로 삼은 집에 대해 이것저것 다 확인해보고
들어온다.

몽둥이 세 개 맞아 담 안 뛰어넘을 놈 없다 누구나 다급해지면 평소 못 하던 일도
능히 해내게 된다는 말.

■ 몽둥이 세 개 맞아 담 안 뛰어넘을 놈[군자] 없다
|여기서의 '세 개'는 '3개'로도 볼 수 있지만 비슷한 발음인 '세게'로도 볼 수 있다.
많이 맞는다는 말도 되고 심하게 맞는다는 말도 된다는 것. 너무 심하게 맞으면
평소 같으면 절대 뛰어넘지 못할 높이의 담도 뛰어넘는다는 말이다.

■ 기갈 든 놈은 돌담조차 부순다
|기갈(飢渴), 즉 심하게 굶주리고 목마른 사람이 높은 담 저편에 먹고 마실 것이
있으면 담을 부수고 들어갈 만큼, 다급하고 궁하면 무슨 짓이든 한다는 말.

■ 난리에는 앉은뱅이도 삼십 리를 간다 / 난시에 앉은뱅이 없다
|난시(亂時)는 전쟁통이나 난리통을 말한다.

무는 말이 있으면 차는 말이 있다 ①모든 것에는 각각 장점과 단점이 함께 있다는
말. ②획일화하지 말고 각자의 다양성을 인정해야 한다는 말.

[成語] 각자무치(角者無齒) : 뾰족한 뿔이 있는 것은 날카로운 이가 없다.
일장일단(一長一短) : 장점 하나가 있으면 단점 하나도 있다.

■ 무는 말이 있으면 차는 말이 있다[2+]

| 말은 화가 나면 대개 뒷발로 걷어차지만 때로는 물기도 한다.

■ 무는 범은 뿔이 없다 / 날면 기는 것이 능하지 못하다

| 호랑이는 날카로운 이빨과 발톱이 있지만 대신 소처럼 들이받을 뿔은 없다.

■ 구멍 파는 데는 칼이 끌만 못하고 쥐 잡는 데는 천리마가 고양이만 못하다
/ 독수리가 파리 못 잡는다

■ 자에도 모자랄 적이 있고 치에도 넉넉할 적이 있다[2+]

| 시대에 따라 그 길이가 다르지만 대략적으로 한 자는 30cm[184]이고 한 치는
그것의 1/10인 3cm다. 자는 치보다 열 배나 더 큰 단위지만 32cm를 재기에는
한 자로는 부족할 수밖에 없다. 반면 치는 자보다 열 배나 작은 단위지만 남은
2cm를 재기에는 충분하다.

바느질할 때 쓰는 자, 포백척(布帛尺) |서울역사박물관 아카이브

[맥락] 어쩌면 '자'는 (공)자왈의 그 '子', '치'는 어리석은 사람을 뜻하는 '痴'로
볼 수 있다. 훌륭한 사람도 모자란 생각을 할 때가 있고, 멍청이도 때론 넉넉한
언행을 보일 때가 있다는 말이다.

■ 문풍지 떨어진 데는 풀비가 제격

| 문에 바른 창호지가 떨어지면 다시 풀을 발라 붙이게 되는데, 이때는 여러 빗자
루 중에 가장 작은 빗자루인 풀비가 제격이다.

무섭다니까 바스락거린다　남의 약점을 알고 더욱 난처하게 만든다는 말.

■ 무섭다니까 바스락거린다[2+]

| 흔들다리 위에서 무섭다면 꼭 일부러 발을 쿵쿵 구르는 친구가 있다. 마찬가지
로 뭔가 잘못을 저질렀거나 말 못 할 비밀이 있는데 들킬까, 남들에게 알려질까
무서워 조마조마하면 그걸 남들 앞에서 살살 들추려 드는 사람이 있다. 딴에는

---

184 한 자는 약 30.3cm지만 가죽이나 (옷감)천을 잴 때의 한 자는 약 37.87cm로 다르다.

장난이겠지만 당사자에겐 협박에 가깝다. 아내 몰래 고가의 새 카메라를 또 사고는 중고로 헐값에 샀다고 둘러댔는데, 친구가 아내 앞에서 실실 웃으며 그런다. "어떤 바보가 이 가격에 팔았을까? 이 가격에 샀다고 누가 믿을까나?"

무심코 던진 돌에 개구리 맞아 죽는다 아무 생각 없이 한 행동이 누군가에게는 큰 피해나 모욕이 될 수 있다는 말.

[현대] 별생각 없이 말한 거라 하지 말고 별생각 없이 말하지 마라

■ 무심코 던진 돌에 개구리 맞아 죽는다

ㅣ의도치 않은 어떤 행동이 남에게 피해를 주는 것은, 그 자신이 다른 이의 상처나 상황에 대해 미처 모르기 때문이다. 요즘 유행하는 말 중에 '암 걸리겠다'라는 말이 있다. 갑갑한 상황을 표현하고자 가장 적합할 듯한 말을 쓴 것이지만, 이 말을 암환자나 그 가족이 들으면 칼이 되어 가슴을 찌른다. 대개 '무심코' 말하고 행동하는 사람들은 '무심코 말하고 행동해도 괜찮은' 정상적이고 평탄한 삶을 살아가고 있거나, 그런 말을 해도 대개 비난이 돌아올 수 없는 상대적으로 높은 위치에 있는 사람들이다. 깊고 넓은 눈을 가져야 미처 배려와 공감 못 한 무심한 돌을 던지지 않게 된다.

무자식 상팔자 자식을 낳아 기르자면 한시라도 속을 끓이지 않을 수 없어 매우 힘들다는 말.

[반대] 돈 놓고는 못 웃어도 애 놓고는 웃는다

■ 무자식 상팔자 / 자식은 애물단지라 / 자식 겉 낳지 속 못 낳는다

■ 품 안의 자식 / 자식 자라 상전 된다

ㅣ자식을 품에 안아 기를 때는 오로지 부모만 찾고 따르지만, 혼자 돌아다닐 나이가 되면 제 생각만 고집하고 부모 말은 듣지 않아 속을 썩인다는 말이다.

묵은 거지보다 햇거지가 더 어렵다 무슨 일이든 오래 해온 사람이 처음 시작하는 사람보다 참을성 많고 요령이 있다는 말.

■ 묵은 거지보다 햇거지가 더 어렵다

ㅣ'햇거지'는 그해에 새로 거지가 된 사람. 여기서 어렵다는 것은 초보자라서 어렵다는 뜻도 있지만, 초보자를 상대하는 것이 더 어렵다는 뜻도 있다. 이력이 난 영업사원은 다음을 기약하고 깔끔하게 물러날 줄 알지만, 초짜는 계속 들러붙어 애걸복걸한다. 그래서 다음 기회마저 차버린다.

문어 제 다리 뜯어 먹는 격 자신에게 이익이 되라고 하는 일이 소득이 없거나 오히려 손해만 입게 되는 경우를 이르는 말.

■ **문어 제 다리 뜯어 먹는 격**

  |문어는 오랫동안 굶주리면 자기 다리 두세 개 정도를 뜯어 먹어 살아남는 습성이 있다. 나중에 잘 먹으면 도로 자라니 전혀 지장 없다.[185] 참고로 이 속담은 자기 밑천이나 재산을 야금야금 까먹는 것을 이르기도 한다.

■ **황소 제 이불 뜯어 먹기**

  |소는 더위나 추위 모두에 약하다. 그래서 추울 때는 소의 등 위에 '덕석'이라는 짚으로 넓게 짠 이불을 덮어주고 배에 묶는데, 배고픈 소가 그 지푸라기를 다 뜯어 먹어[186] 결국 밤에 춥다는 뜻이다. 사람은 발이 따뜻해야 잠을 잘 자고 개는 주둥이가 따뜻해야 잠을 잘 자는데, 소는 유난히 등에서 추위를 많이 탄다. 그래서 추운 날이면 등에 덕석을 덮어주어야지 그러지 않으면 다음 날 꼭 설사한다고 한다.[187]

문 옆에서 귀를 파면 호랑이가 나온다 문 바로 옆에서 귀를 파면 안 된다는 말.

■ **문 옆에서 귀를 파면 호랑이가 나온다**

  |문 바로 옆에서 귀를 파면 다른 사람이 드나들다가 문짝이나 다리로 귀 파고 있는 손을 툭 칠 수 있다. 그러면 자칫 고막을 찌를 수 있다.

문틈으로 보나 문 열고 보나 보기는 마찬가지 나쁜 짓은 숨어서 하나 드러내고 하나 결국 마찬가지라는 말.

■ **문틈으로 보나 문 열고 보나 보기는 마찬가지**

  |남의 사생활이란 일부러 봐서도 훔쳐봐서도 안 된다는 말이다. 여자 화장실에 몰래카메라 설치하는 놈이나 그 동영상을 소비하는 놈이나 똑같이 못돼먹은 관음증(觀淫症) 환자들이다.

---

185 그러나 잡혀서 갇혀 있으면 그렇게 자기 다리를 뜯어 먹으며 죽어간다.

186 그래서 덕석을 짤 때는 반드시 멍석 짜듯이 가장자리를 튼튼하게 마감한다. 그러지 않으면 소가 몇 가닥씩 지푸라기를 야금야금 뽑아먹는다.

187 그런데 송아지란 녀석은 천방지축이라 덕석을 덮어줘도 얌전히 못 놔두고 이걸 벗어버리고 다음 날 설사를 하는 일이 많은데, 이 설사의 양이 많고 끊임없이 줄줄 새듯이 하므로 '언 송아지 설사하듯'이란 말도 생겼다. "말은 청산유수다"라든가, "거 말 참 잘하네" 식으로 말만 번지르르하거나 말솜씨가 거침없고 훌륭할 때 주로 썼다.

묻지 말라 갑자생 물어보지 않아도 그 정도는 다 미루어 알 수 있다고 할 때 쓰는 말.

■ **묻지 말라 갑자생**

|1924년, 즉 갑자(甲子)년에 태어난 사람들은
매우 고생이 많았다는 이야기에서 생긴 속담
이다. 이때 태어난 사람들은 훗날 강제로 창
씨개명을 당하고, 청년들은 태평양전쟁에 군
인이나 강제노역으로 징집되고, 처녀들은 정
신대로 끌려갔으며 온갖 물자수탈 등으로 피골이 상접하는 등 매우 험난한
세월을 겪었다. 특히 1938년부터 시행된 강제징집에 1924년생은 딱 만 20세
가 되므로 묻지도 따지지도 않고 무조건 끌려가 일본군을 대신해서 총알받이
가 되거나 강제노역을 당했다. 그래서 원래는 '갑자생은 묻지도 않고 끌고
갔다'라는 데서, 갑자생에게 고생에 대해 굳이 물어볼 필요 있느냐는 식으로
바뀌어 쓰였다. 그리고 지금은 '당연한 사실을 왜 묻느냐'라는 식으로 쓰인다.

물가에 내놓은 어린애 같다 무슨 일을 시키거나 보내놓고 마음이 놓이지 않고 불안
한 것을 이르는 말.

[현대] 자식은 꺼내놓은 심장

■ **물가[강가·우물가·우물둔덕²⁺]에 내놓은 어린애 같다 / 강가에 아이 세워
놓은 것 같다**

|'우물둔덕'은 우물 둘레로 낮은 둑을 쌓아 두른 것으로 대개 한 뼘 높이였다.

물라는 쥐나 물지 씨암탉은 왜 물어 시키지도 않은 일을 해서 일을 망침을 욕하여
이르는 말.

■ **물라는 쥐나 물지 씨암탉은 왜 물어²⁺**

|씨암탉은 병아리를 얻기 위해 별도로 신경 써서 관리하는 암탉이다. 쥐 잡으라
고 고양이 데려다 놨더니 귀한 씨암탉을 물어 죽였다는 말.

[맥락] '물어보지도 않고' 시키지 않은 일을 공연히 해서 일을 망치게 했다는 말.

물에 빠지면 지푸라기라도 잡는다 위급한 경우를 당하면 어떻게든 이를 모면하고
자 무엇이든 붙잡고 늘어지기 마련이라는 말.

[현대] 질문 걸리면 꼴등 말이라도 듣는다

■ **물에 빠지면 지푸라기라도 잡는다 / 벼락에는 바가지라도 뒤집어쓴다**

물이 아니면 건너지 말고 인정이 아니면 사귀지 말라   사람을 사귈 때는 믿음과
의리로 사귀어야지 이익을 따져 사귀면 안 된다는 말.

[현대] 돈독해지니 돈독 오른다

■ **물이 아니면 건너지 말고 인정이 아니면 사귀지 말라**

ㅣ물길을 만나면 건너가야 옳지만 사람 사귐에 있어서는 이익 따라 이 사람 저
사람 건너다니면 안 된다는 말이다. 친구나 인맥을 자기 출세와 이익의 징검다
리로 쓰는 사람은 언제고 물 한가운데서 더는 디딤돌 없는 상황을 맞는다.

미꾸라지 용 됐다   보잘것없다가 크게 되었음을 놀리며 하는 말.

■ **미꾸라지 용 됐다**

ㅣ미꾸라지는 다섯 쌍의 긴 수염을 가지고 있고 몸이 가늘고 길쭉하다. 또한 미꾸라
지는 물속 산소가 부족해지는 저기압일 때는 수직으로 헤엄쳐 물 위로 솟아올랐
다가 입으로 호흡 후 다시 수직으로 헤엄쳐 내려간다. 미꾸라지는 장으로도 호흡
할 수 있기 때문이다.188   이런 모습들이 물에서 하늘로 승천하는 용과 닮았다.

미꾸라지 한 마리가 온 우물물을 흐린다   못된 사람 하나로 인해 다른 사람들까지
싸잡아 욕을 먹거나 피해를 입는다는 말.

[成語] 일어탁수(一魚濁水) : 물고기 한 마리가 온 물을 흐린다.

■ **미꾸라지 한 마리가 온 우물물[한강물]을 흐린다 / 실뱀 한 마리가 온 바닷물을
다 흐린다 / 곤들매기가 바닷물을 흐려 놓는다**

ㅣ미꾸라지는 물흐름이 적고 모래나 진흙 바닥이 있는 얕은 물에서 주로 산다.
물 밑바닥에서 뱀처럼 몸을 구불거리며 빠르게 헤엄치기 때문에 그때마다 흙탕
물이 일어난다.189

곤들매기는 30cm 정도 크기의 연어과의 민물고기로 강의 상류, 그것도 가장

---

188 미꾸라지는 장으로 호흡한 공기 중 남은 것과 이산화탄소를 항문으로 배출하는데, 이걸 보고
미꾸라지가 방귀를 뀐다고 생각했다. 그래서 밑(항문)이 구리다 하여 미꾸라지가 되었다는 말도
있지만, 원래는 미꾸라지의 미끄러움에서 유래하며 20세기 초까지는 '미꾸리'가 더 많이 쓰였다.
그런데 생물학적으로는 '미꾸라지'와 '미꾸리'가 다른 품종이다. 맛은 미꾸리가 더 좋지만 미꾸라지가
더 커서 미꾸라지만 양식한다고 한다.

189 이런 습성으로 인해 미꾸라지가 물을 흐린다고 하지만, 사실 미꾸라지는 진흙을 먹고 그
안의 유기물을 섭취한 뒤 깨끗한 진흙으로 도로 뱉어내서 오히려 물을 맑게 해준다. 모기의 유충인
장구벌레도 많이 잡아먹어 모기의 숫자도 크게 줄여준다.

차가운 상류에서 산다. 상류에서 물을 흐려 그 흙탕물이 바닷물까지 가서 흐려놓는다는 말이다. 육식성 어종으로 물속에 있는 것이든 물에 뜬 것이든 심지어 물에 빠진 쥐까지 다 삼켜버리는 성질이 포악한 육식성 어종이다. 요리조리 빠져나가는 사람을 '미꾸라지 같은 놈'이라 했다면 늘 포악하게 구는 사람을 옛날엔 '곤들매기 같은 놈'이라고 하지 않았을까?

곤들매기. 남한에서는 환경오염, 서식지 파괴, 남획 등으로 1970년대에 이미 멸종했다. 북한 지역에는 아직 서식하는 것으로 추정되고 있다. |©Michelle Ma [UW News]

미련은 먼저 나고 슬기는 나중 난다 사람들은 항상 잘못한 뒤에 후회하고 반성하기 마련임을 이르는 말.

[현대] 과유불급은 과한 뒤에 알아차린다

■ 미련은 먼저 나고 슬기는 나중 난다

미련한 놈 가슴의 고드름은 안 녹는다 못난 사람일수록 앙심을 품으면 오래 간다는 말.

■ 미련한 놈 가슴의 고드름은 안 녹는다
　│앙심을 품으면 마음속이 춥고 칼을 갈게 마련이다. 얼음이 아닌 고드름으로 표현한 것은, 앙심이란 언제나 뾰족한 창끝을 세우고 있기 때문이다.

미련한 놈이 범을 잡는다 꾀부리지 않고 미련스러울 정도로 열심히 하는 것이 더 결과가 좋다는 말.

■ 미련한 놈이 범을 잡는다
　│영리할수록 행여 다칠까 죽을까 따져보며 주저하지만, 우직하고 미련하면 요령이 없는 대신 망할 걱정도 겁도 없다.

■ 가을일은 미련한 놈이 잘한다
　│보통 사람들은 눈앞에 닥친 엄청난 일을 안 하려 들거나 더 편하게 하려고 요령을 피운다. 하지만 미련스러울 만큼 우직한 사람들은 꾀부리지 않고 그냥 묵묵히 해내기에 일의 결과물이 더 많다. 시간을 걱정 대신 일로 채운 까닭이다.

미운 놈 떡 하나 더 준다 미운 사람일수록 뒤탈 없게 잘 대해주어야 한다는 말.

■ 미운 놈 떡 하나 더 준다 / 미운 자식 밥 많이 준다 / 미운 아이 먼저 품어라

■ 미운 놈은 쫓아가 인사한다

미운 놈 보려면 길 나는 밭 사라 사람들이 질러갈 만한 곳에 있는 밭은 사면 안
된다는 말.

■ 미운 놈 보려면 길 나는 밭 사라²⁺
|밭 주변에 돌아가는 길이 있으면 사람들이 멀리 돌기 귀찮아 밭을 가로질러 가
버린다. 그럼 농작물이 밟혀 죽으니 손해가 크다. 그래서 밭을 살 때는 주변의
길도 잘 보고 사라는 말이다.

미운 놈 보려면 술장사해라 술장사를 하면 별 더러운 꼴을 다 본다는 말.

■ 미운 놈 보려면 술장사해라²⁺
|예전에 술장사는 주로 여성이 했다. 그러니 술손님들의 희롱과 허튼 수작이 끊
이지 않았다. 지금도 술집에서 일하는 아르바이트 여성치고 취객의 희롱과 성추
행에 시달려보지 않은 사람은 없다고 한다. 맨 정신에도 딴에는 농담이랍시고
던지는 말 모두가 짜증일 뿐이다. 더 미운 꼴 보기 싫어서 대충 웃어준 거다.

미운 사위에겐 매생이죽 끓여준다 사위가 미우면 심술궂게 대한다는 말.
[반대] 며느리 사랑은 시아버지 사위 사랑은 장모

■ 미운 사위에겐 매생이죽 끓여준다
|전라도에서 쓰이는 속담이다. 매생이로 만든
음식은 전라도에서 먹었기 때문이다. 지금은
만화 〈식객〉이나 맛집을 소개하는 방송 등에서
많이 다뤄 유명해진 까닭에 전국에서 다 먹는
다. 매생이죽은 '매생이'라는 파래 비슷한 해초
로 끓인 죽인데, 12월부터 2월 사이에 채취하
기에 '겨울해초'라고도 한다. 매생이로 국이나
죽을 끓이면 겉으로는 김도 안 나서 전혀 뜨거

매생이죽. |완도군 홈페이지

워 보이지 않는다. 하지만 실제로는 매우 뜨거워서 함부로 떠 넣었다간 입천장
을 홀랑 덴다. 매생이죽의 그런 속성을 모르고 입천장을 데었으니 아마 타지에
서 온 사위였겠다.

미운 세 살 아이가 자기주장이 생기는 나이가 되면 감당하기 어렵다는 말.
[현대] 미운 세 살 못된(미친) 네 살 치고 싶은 일곱 살

■ 미운 세 살

|대략 생후 12~18개월이 지나면 아이가 자신을 자각하면서 생각과 주장이 강해지기 시작한다. 마구 떼를 쓰거나 고집을 부리거나 거짓말을 하거나 속임수도 쓴다. 말대답을 하거나 괜한 심통도 부린다. 이때는 혼을 내도 말을 듣지 않으니 부모는 속 끓이며 참느라 온몸에 사리가 생길 지경이다.

■ 일곱[아홉] 살에는 일곱[아홉] 동네에서 미움을 받는다

|이 나이가 되면 친구를 알게 되고 스스로 놀러 다니므로 온 사방을 휘젓고 다니며 빈번히 사고 친다.

미운 정 고운 정   오래 같이 지내면서 다투기도 하고 감싸주기도 하며 깊이 든 정.

■ 미운 정 고운 정

미운 풀 죽으면 고운 풀도 죽는다   좋지 못한 사람이나 일을 처리하려다 좋은 것에까지 문제가 생길 수 있다는 말.

■ 미운 풀 죽으면 고운 풀도 죽는다[2+]

|잡초를 제거하다 보면 키우던 작물도 알게 모르게 다친다.

[맥락] 미운 사람을 크게 혼내면 미운 사람만 풀이 죽지 않고 곁에 있던 다른 사람도 두려움에 기가 죽는다. 자기도 까딱하면 저렇게 혼날 거라 여기니 잘못하지 않으려 아예 일을 만들지 않는다. 그러니 일에 발전이 없다. '풀이 죽다'를 가지고 만든 속담이다.

미운털이 박혔다   안 좋은 선입관 때문에 어떤 짓을 하여도 밉게 보거나 트집을 잡는다는 말.

[현대] 쟤는 미워하되 사람은 미워하지 말라

■ 미운털이 박혔다[2+]

|몸에 난 털 중에는 간혹 한두 가닥이 길고 새카맣게 웃자라서 보기 흉한 털이 있는 법이다. 그런 털이 있으면 뽑아내려고 두 손톱으로 잡아당기거나 족집게를 쓰기도 한다. 하지만 그런 털은 뽑아내도 또 그 자리에서 다시 길게 자라난다. 그러니 볼 때마다 밉다. 뽑고 또 뽑으려 한시도 가만두지 않는다.

'미운털이 박히다'를 더 많이 쓰지만 '미운털을 박다'라는 관용구가 먼저 나왔을 거라 생각한다. 고운 사람이면 머리카락이나 피부를 쓰다듬거나 토닥거리지만, 미우면 머리털이나 피부 털을 박아넣듯 머리통이든 몸통이든 가리지 않고 온몸의 털을, 온몸을 '투닥투닥' 수시로 괴롭힌다.

■ 며느리가 미우면 발뒤축이 달걀 같다고 한다 / 흉이 없으면 며느리 다리가
희단다

| 발뒤꿈치는 둥그스름한 게 달걀과 비슷하다. 거기다가 피부까지 하얗다면 더욱
그렇다. 며느리가 미워 트집을 잡으려는데 마땅한 트집거리가 없으니 피부가
흰 것 가지고도 뭐라 한다는 말이다. 얼마나 몰래 잘 먹고 일을 안했으면 발뒤꿈
치와 종아리가 각질 없이 매끄럽고 볕에 그을리지도 않았냐는 것. 참고로 지금
은 누런 달걀이 대부분이지만 수십 년 전만 해도 모두 흰 달걀이었다.[190]

■ 잘해도 한 꾸중 못해도 한 꾸중[2+]

미장이에게 호미는 있으나 마나 어떤 이에게는 요긴한 것이 다른 이에게는 아무
쓸모가 없다는 말.

[현대] 스님에 삼무

■ 미장이에게 호미는 있으나 마나[2+]

| '미장이'는 바닥이나 벽을 평평하게 바르는 일을 하는 사람이라 평평한 흙손이
필요하다. 호미가 아무리 다용도라지만 미장이에게 아무짝에도 쓸모가 없다.
차량용 내비게이션 들고 등산하는 것만큼 의미 없는 일이다.

미장이는 '미쟁이'라고도 흔히 쓴다. 미장이는 '美쟁이'로 볼 수 있다. 멋 부리
기나 좋아하는 사람에게는 좋은 연장도 쓸모가 없다는 말이다.

■ 갓바치에게 풀무는 있으나 마나[2+]

| '풀무'는 대장간에서 화력을 높이려 강제로 바람을 불어
넣는 도구. 옛날에는 가장 센 불을 만드는 데 쓰였다.
하지만 갓바치는 화롯불에 달군 인두면 충분하다. 갓바
치에게 풀무란 뒤뜰 가꾸는 사람에게 포크레인과 같다.

여기서 가죽은 '갖'이고 얼굴 가죽은 '갗'이다. 아전(衙
前)을 낮잡아 이르는 '구실-아치' '구실-바치'처럼, '-바
치'는 '-아치'처럼 몇몇 명사 뒤에 붙어, 무언가를 직업
적으로 하거나 또는 그것만 하는 성향의 사람을 낮잡아
이르는 말이다. 따라서 '-장이'나 '-쟁이'의 뜻도 포함한
다. 제 얼굴 꾸미는 데만 온통 시간과 노력을 쏟는 사람
에게는 유용한 도구가 전혀 무용하다는 말이 된다.

(손)풀무. | 서울 농업박물관

---

190 누런 달걀이 영양가가 높다는 잘못된 정보 때문에 우리나라에서는 흰 달걀이 자취를 감추었다.

미주알고주알 캔다 자질구레한 것까지 속속들이 또는 좀스럽게 따진다는 말.

[成語] 일거수일투족(一擧手一投足) : 손 한 번 드는 것, 발 한 번 내딛는 것까지 세세하게 지켜봄.

■ 미주알고주알 캔다 / 미주알고주알 밑두리콧두리 캔다

검정꽃해변말미잘.
ㅣ서천군 조류생태전시관 홈페이지

ㅣ'미주알'은 항문 쪽 창자의 끝부분, 즉 항문 또는 그 속을 말한다. '밑'은 항문이나 여자의 성기를 돌려 말하는 것이기 때문이다. 말미잘이란 말도 말 똥구멍이란 뜻이다. 말+미주알〉 말미잘. 정약전의 『자산어보』에도 "이질을 앓고 난(설사를 매우 많이 한) 사람의 (직장이) 튀어나온 항문과도 같다"라고 적혀 있다. '고주알'은 미주알에 운을 맞추려 그냥 넣은 말이라고 하지만 그건 아닌 듯하다. 감기를 뜻하는 '고뿔(고+ㅅ+불)'처럼 코의 옛말인 '고'에서 나오지 않았나 싶다.[191] 미주알고주알과 같이 쓰이는 밑두리콧두리(원래는 '밑들이콧들이'가 아니었을까?)를 대입해보면 더욱 확신이 든다. 그렇게 보면 고주알은 '콧구멍' 속이 된다. 즉, 쉽게 믿지 못하고 항문 안도 까 보고 콧구멍 속도 들여다보며 속속들이 다 캐본다는 말. 우시장 같은 곳에서는 소를 살 때 콧구멍이나 그 숨결, 엉덩이와 항문, 뿔의 방향까지 다 따져보고 산다. 옛날에 소는 집 한 채와도 같은 가격으로 보통 비싼 가격이 아니었기 때문이다.[192] 그러다 보니 똥구멍이나 콧구멍 속까지 까서 보려는 사람도 있지 않았을까?

■ 좁쌀영감

ㅣ남자가 좀 대범하게 넘기지 못하고 좁쌀만 한 사소한 것까지 다 신경 쓰고 참견하며 잔소리를 늘어놓는다는 말.

■ 담배씨로 뒤웅박을 판다 / 좁쌀에 뒤웅 판다[2+]

ㅣ담배씨는 크기가 좁쌀의 1/10도 안 되는 크기로 거의 가루 수준이다. 그 작은 담배씨에 구멍 뚫고 속을 파내서 뒤웅박을 만든다는 말. 하는 짓이 그토록 좀스럽다는 말이다. 또한 담배는 남편(남성), 뒤웅박은 부인(여성)을 대표한다. 남자가 대범하지 못하고 잔소리나 깨알같이 해대면서 부인의 속을 후벼 판다는 말이기도 하다. '뒤웅박→ 뒤웅박 팔자

---

191 '고' 또는 '곶'은 튀어나온 부분을 말한다. 지도상에서 포항의 튀어나온 지역이 호미곶이다.
192 그래서 우시장에서는 모두 말을 아낀다. 소는 정해진 가격이 없다. 실수로 내뱉은 말 한마디로 소 값이 수십만 원씩 오르고 떨어지기 때문이다.

미친년 널뛰듯 멋도 모르고 무작정 함부로 하는 것을 이르는 말.

■ 미친년 널뛰듯[2+]

┃널뛰기는 상대와의 보조를 매우 잘 맞춰야 하는, 생각보다 어려운 놀이다. 상대가
 뛰었다가 떨어지면서 널판을 누르는 반동에 자신의 뛰어오르는 힘을 적절히 합쳐야
 튕기듯 위로 뛰어오를 수 있다. 그러지 않고 상대가 반동을 전해주기도 전에 먼저
 뛰거나 머뭇거리다 늦게 뛰면 제대로 못 뛴다. 널을 뛰면서도 치마가 풀어지지 않도
 록 다소곳하게 앞으로 모아 쥐고 뛰어야 한다. 그런데 미친 여자라면 저 혼자 신나
 서 치맛자락 펄럭대며 기분껏 방방 펄쩍펄쩍 뛰어 꼴불견이다. '멋도 모르다'는 '뭣
 도 모르다'로도 읽을 수 있다. 무엇인지도 모르고 널뛰듯 날뛴다는 말이다.

미친년의 치맛자락 같다 차림을 제대로 하지 않고 지저분하고 너저분하게 하고
 있다는 말.

■ 미친년의 치맛자락 같다

┃한복 치마는 통치마가 아니라 풀치마, 즉 가슴이나 허리에 둘러서 여며 입는
 방식이라 신경 쓰지 않으면 치마 뒤가 트이고 치맛자락이 너절하게 풀어진다.

믿는 도끼에 발등 찍힌다 ①믿었던 사람이나 은혜를 베푼 사람에게 오히려 해를 입는
 다는 말. ②절대 안 그러리란 믿음도 예기치 않게 깨질 수 있다는 말.

 [成語] 배은망덕(背恩忘德) : 은혜를 배반하고 베푼 덕을 잊는다.

 [반대] 개도 주인을 알아본다

 [현대] 헌신하니 헌신짝 됐다 / 개처럼 일해주니 개처럼 취급받는다 /
   남편도 남 편 / 사랑은 믿어도 사람은 믿지 마라
   그런데 그것이 실제로 일어났습니다▸루리웹이라는 사이트에서 시행한 이벤트
   에서, 당첨되기가 무려 3조 분의 1(벼락 맞을 확률보다 낮다는 로또보다도 8배나
   낮음)의 확률임에도 IP번호가 같고 아이디만 다른 사람이 무려 3차례나 1, 2등으
   로 당첨된 사건에 대해 운영진이 쓴 해명에서 유래한다. 다음은 그 해명의 일부
   다. "저희가 생각해도 낮은 확률입니다. 저희가 생각해도 이상할 정도의 상황입
   니다. 그러나 그것이 실제 일어났습니다."
   블랙스완(Black Swan)▸도저히 일어날 수 없는 일이 실제로 일어났을 때 쓰는
   말. 수천 년 동안 유럽인들은 백조가 하얗다고 생각해왔는데 18세기 호주 남부에
   서 검은 백조, 즉 흑고니가 발견되면서 이 수천 년의 통념이 깨진다. 그 후로
   지금까지의 예측과 경험 등으로 절대 그럴 일이 없다는 믿음을 배신하는 전혀
   예기치 못한 상황이 발생할 수 있다고 할 때 이 말을 쓴다.

■ 믿는[아는] 도끼에 발등 찍힌다[2+]

|도끼질은 혼자 하는 것보다 2인 1조로 하는 것이 편하고 빠르다. 모탕에 팰 장작을 올리고 도끼로 뻐갠 뒤, 나동그라진 것을 수습해 옆에 쌓고 다시 팰 거리를 모탕에 올려가며 하면 능률이 안 오른다. 그래서 도끼질에 능숙한 사람이 장작을 패고, 그렇지 않은 사람은 곁에서 시중을 든다. 그런데 도끼머리는 의외로 잘 빠진다. 또 장작을 오래 패면 손바닥 감각이 무뎌져 자칫 도낏자루를 놓치기도 한다. 그렇게 날아간 도끼는 자기 다리나 곁에 있는 사람을 다치게 한다. 틀림없이 잘 박힌 도끼머리나 능숙한 도끼질만 믿다가 크게 다치는 것이다.

[맥락] 도끼질은 장작을 '패는' 일이고, '패다'에는 사람을 마구 때린다는 뜻도 있다. 장작 패는 것을 돕듯 사람 패는 것을 돕던 사람이 있다 치자. 어느 날 그간 사람 패왔던 것이 큰일로 터졌다면, 도끼 휘두르듯 힘을 휘두르던 이만 믿고 안심하고 돕던 이는 어찌 될까? 공범으로 지목하거나 죄를 덮어씌운다면? 믿었던 사람이 놓친, 아니 일부러 놓아버린 배신의 도끼에 곁에서 믿고 돕던 이만 크게 다친다. "우리가 남이가!"를 섣불리 믿다가 제가 주범으로 찍힌다.

■ 기르던 개에 다리 물린다 / 삼 년 먹여 기른 개가 (주인) 발등 문다 / 앞에서 꼬리 친 개가 나중에 발뒤축을 문다
|배고플 때는 사람도 짐승도 예민해진다. 개밥을 줄 때 한 어떤 작은 행동에 불만이 있으면 밥그릇 놓고 돌아설 때 왕! 발을 물기도 한다.

■ 설마가 사람 잡는다
|"에이, 아무렴 그러겠어?" 설마 설마 하다가 믿기지 않는 곤경에 빠져 넋 놓고 주저앉는 일이 꽤 많다.

■ 머리 검은 짐승은 거두는 게 아니다 / 머리 검은 짐승은 구제하지 말랬다 / 머리 검은 짐승은 남의 공을 모른다
|열 길 물속은 알아도 한 길 사람 속은 모른다고 할 만큼 머리카락이 검은 짐승, 즉 사람은 온전히 믿기 어렵다는 말이다.

■ 은혜를 원수로 갚는다
|얼마 전 중국에서는 물에 빠진 자기 아이를 목숨 걸고 구한 남자를 오히려 가해자로 몬 엄마가 있었다. 나중에 목격자들 증언이 나와 남자의 무죄가 입증되었는데, 거짓말을 한 이유는 혹시나 남자가 거액의 사례금을 달랄까 봐 겁이 나서 그랬다고.

■ 곱다고 안아준 아기 바지에 똥 싼다

밀밭만 지나가도 취한다 ①술을 전혀 마실 줄 모르는 사람을 두고 이르는 말. ②술 마시면 꼭 주정하는 사람을 이르는 말. ③성미가 너무 급하다는 말.

■ 밀밭[보리밭]만 지나가도 취한다
 | 밀과 보리, 쌀 등을 쪄서 누룩 넣고 발효시켜야 술이 만들어진다. 그런데 술도 만들기 전에 그 재료 키우는 밀밭 근처만 가도 벌써 취한다는 것.

밑도 끝도 없다 까닭 없이 불쑥 말을 꺼내거나 행동한다는 말.

■ 밑도 끝도 없다[2+]
 | '밑'은 시작이나 원인이며 '끝'은 마침이나 결과다. 먼저 운을 떼놓지도 않고, 그렇다고 지금 하던 말을 끝내지도 않고 전혀 엉뚱한 말을 한다는 뜻이다.

■ 뚱딴지같다
 | '뚱딴지'는 '돼지감자'[193] 또는 '뚝감자'의 다른 말이다. 들국화나 쑥부쟁이처럼 노랗고 예쁜 꽃을 피운다. 그런데 뿌리 쪽을 캐보면 꽃과는 달리 못생기고 우툴두툴하기가 마치 생강 덩어리 같은 덩이줄기가 나온다.
   뚱딴지는 원래 '우둔할 만큼 고집스럽고 무뚝뚝한 사람'을 일컫는 말인데, 현대에 와서는 상황이나 사실에 맞지 않는 엉뚱한 말이나 행동을 하는 사람을 뜻하는 말로 더 많이 쓰인다.

밑 빠진 독에 물 붓기 해내기 매우 어려운 일이라는 말 또는 공들여도 성과가 없다는 말.

 [成語] 한강투석(漢江投石) : 한강에 돌 던져 넣어 메우기.

돼지감자. | 서울 경동시장

■ 밑 빠진 독에 물 붓기 / 시루에 물 붓기
 | 〈콩쥐팥쥐〉 이야기에 나오는 얘기로, 계모가 잔칫집에 같이 가고 싶어 하는 콩쥐에게 밑이 빠진 항아리를 주고 물을 가득 채우고 오라고 한 데서 유래한다. 항아리는 평평한 밑판을 먼저 만들고 그 위로 벽을 쳐서 올리기 때문에 항아리 밑이 뚝 떨어져 빠지기도 한다. '밑'에는 기초나 바탕, 또는 그 역할을 하는 돈이

---

193 모양이 돼지 코 같아서 그렇게 부른다는 주장이 있지만 전혀 안 닮았다. 옛날에 가축 사료로 쓰려고 재배했고, 또 멧돼지들이 땅을 뒤져 먹어서 그런 이름이 붙었다는 게 더 설득력 있다. 당뇨병에 특효라 요새는 '천연 인슐린'이라 하여 따로 재배하여 판다.

나 기술, 재주라는 뜻도 있다.

'시루'는 떡이나 쌀 따위를 찌는 데 쓰는 크고 둥근 질 그릇으로, 바닥을 통해 뜨거운 증기가 올라올 수 있도록 큰 구멍이 여럿 뚫렸다.

시루. |서울역사박물관

■ 마른[가문] 논에 물 대기

|가뭄으로 바닥이 쩍쩍 갈라진 논은 그 틈으로 물이 모두 스며들어 사라지므로 논바닥을 고치지 않고선 아무리 부어도 물이 차지 않는다.

■ 헌 배에 물 푸기 / 헌 집 고치기

|헌 배에 스며드는 물은 퍼내도 퍼내도 고이고, 낡은 집은 여기저기 헐어서 고쳐도 고쳐도 끝이 없다.

■ 눈으로 우물 메우기²⁺

|우물을 흙이 아닌 눈으로 메워봐야 녹으면 물이 되어 하나 마나.

[맥락] '메우다'는 '메꾸다'와 같은 말이다. 부족한 걸 이리저리 변통해서 메꿔보지만 금세 푹 꺼져 바닥이 나니 아무 소용이 없다는 말이다.

밑져야 본전   ①이러나저러나 손해될 것이 없다는 말. ②손해 볼 것 없으니 한번 해보겠다는 말.

■ 밑져야 본전²⁺

|'밑지다'는 밑으로 떨어진다는 말이다. '떨어지다'를 옛날에는 '디다'라고 하였는데 발음이 변하여 '지다'가 되었다. 지금도 '뒤지다/후지다(=뒤떨어지다)'나 '꽃이 지다'처럼 많이 쓰인다. '밑지다'는 들인 밑천이나 제 값어치보다 얻는 것이 적거나 손해를 본다는 뜻이다. 장사꾼이 밑지고 판다고 해봐야 원가(본전)에 파는 것이니 손해 볼 것은 없다.

바가지를 긁는다   아내가 남편에게 생활고에 대한 불평이나 잔소리를 하는 것을 이르는 말.

■ **바가지를 긁는다**

| 병균에 대한 이해가 없던 옛날에는 전염병은 귀신이 찾아와서 생기는 병이라고 믿었다. 그래서 손톱으로 바가지 안팎을 마구 긁어대 귀에 거슬리는 시끄러운 소리를 내면 귀신이 견디다 못해 도망간다고 믿었다. 여기서 유래해서 아내가 남편에게 (특히 경제적으로) 피곤하고 성가신 요구를 하여 못살게 구는 것을 바가지를 긁는다고 한다. 쌀 떨어졌다고 바가지 바닥 박박 긁으면서.

바늘 가는 데 실 간다   서로 떼려야 뗄 수 없는 관계에 있다는 말.

　[현대] 뻥튀기장수 보이면 정체구간 / 여름 시작이 다이어트 시작 /
　　　　라면에 김치 짜장에 단무지

■ **바늘 가는 데 실 간다**

| 바늘이 지나가면 꿰인 실도 따라간다는 뜻과, 바늘 있는 곳엔 으레 실도 같이 있다는 뜻이 있다.

■ **바람 가는 데 구름 간다 / 구름 갈 때 비 간다**

■ **용 가는 데 구름 가고 범 가는 데 바람 간다**

| 용은 항상 구름을 몰고 다니며 비를 뿌리는 재주를 지녔다고 한다. 그리고 호랑이는 다른 맹수들처럼 사냥감이 포식자의 발소리와 냄새를 눈치채고 도망치지 않도록 바람의 반대쪽으로 접근한다. 그래서 호랑이는 바람이 부는 날에 주로 사냥하고, 또 호랑이가 나타나면 뭇짐승들도 조용해지므로 바람 소리가 새삼 느껴진다. 산길에서 문득 으스스한 바람이 느껴지면 범이 나타날지 모른다며 겁을 냈다고 한다.

바늘 끝만 한 일을 보면 쇠공이만큼 늘어놓는다 별것 아닌 작은 일을 크게 과장해
서 떠들어댄다는 말.

> **[成語]** 침소봉대(針小棒大) : 바늘 작은 걸 몽둥이만큼 키운다.

- 바늘 끝만 한 일을 보면 쇠공이만큼 늘어놓는다²⁺
  | '쇠공이'는 쇠절구에 주로 쓰는 쇠로 만든 절굿공이. 무게가 많이 나가므로 나무
  절굿공이보다 작게 만든다. 지금 쓰는 미니절구의 공이만 하다.

바늘 도둑이 소 도둑 된다 작은 허물이나 잘못 든 버릇이 나중에는 큰 허물이나
큰 잘못으로 커질 수 있다는 말.

- 바늘 도둑이 소 도둑 된다²⁺ / 바늘 쌈지에서 도둑이 난다²⁺
  | 바늘은 애들이 새사냥 다닐 활의 화살촉으로 쓰기 좋았다. 그러자고 바늘쌈지에
  서 바늘을 몰래 훔쳐낸다.

- 방귀 자라 똥 된다²⁺ / 거짓말은 도둑놈 될 장본
  | 구린 짓이 커지면 더러운 짓이 된다.

- 개가 겨를 먹다 끝내[말경에] 쌀을 먹는다
  | 말경(末境)은 마지막, 끝이란 뜻. '요 정도쯤이야'가 '이 정도쯤이야'가 된다. 양
  심에 '요 정도쯤'이란 없다.

바늘로 찔러도 피 한 방울 안 나오겠다 매우 냉혹하고 인정이 없다는 말.

> **[成語]** 인면수심(人面獸心) : 사람의 얼굴에 짐승의 마음.

- 바늘로 찔러도 피 한 방울 안 나오겠다
  | 몸 안에 따뜻한 피가 흐르지 않을 만큼 차가운 사람이란 뜻.

바늘방석에 앉았다 불안하고 불편한 상황에 있다는 말.

> **[成語]** 좌불안석(坐不安席) : 편치 않은 자리에 앉았다.

- 바늘[가시]방석에 앉았다
  | '바늘꽂이'의 다른 말이 '바늘방석'. 대략 손바닥 반만
  한 크기로 만든다.

바늘방석. |국립민속박물관

바늘허리 매어 못 쓴다 아무리 급해도 반드시 거쳐야 할 순
서가 있다는 말.

■ (급해도) 바늘허리 매어 못 쓴다

| 바늘귀에 실을 꿰다가 마음이 급하면 짜증이 나기도 한 다. 그렇다고 바늘허리에 실 묶어서 바느질 못 한다. 바 늘이 천을 통과하면서 실이 쑥 빠져버리니까. 아무리 일 이 급해도 옳게 하고 넘어가야 할 순서가 있는 법이다.

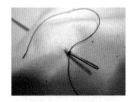

■ 석 자 베를 짜도 베틀 벌리기는 일반[2+]

| 석 자 길이 베를 짠다 해도 베틀에 실을 한 가닥 한 가닥씩 날실 수백 가닥을 베틀에 다 걸어야 한다. 날실 80올을 1새, 또는 1승(升)이라 한다. 보통은 열 새, 곧 800올을 베틀에 건다. 가장 올 수 적게 짜는 베가 '석새베'로 240올이다. '석새베'는 구멍이 숭숭해서 석새베를 입었다는 건 매우 가난하다는 뜻이다. 옷 감 한 필은 스무 자, 곧 12m고 석 자 베는 9m며, 베틀에 처음 벌려둔 날실 길이 가 석 자다.

바다는 메워도 사람 욕심은 못 메운다   사람의 욕심은 끝이 없다는 말.

■ 바다는 메워도 사람 욕심은 못 메운다

■ 말 타면 경마 잡히고 싶다 / 말 타면 종 두고 싶다

| '경마'는 경마장 경주가 아니라 말머리에 매달아 말을 이끌 때 쓰는 줄. 말 타는 높은 자리에 앉으면 직접 말 모는 것도 귀찮아 하인 두어 끌게 하고 싶어진다는 말이다. 대중교통으로 힘들게 다니다 자가용 뽑으니 이젠 운전 좀 해줬으면 하 는 마음과 같다. 편해지면 편해질수록 더 편하고 싶고, 가지면 가질수록 더 갖고 자 하는 마음이 생기게 마련이다.

왕과 세자, 군(君)이 탄 말의 경마 잡고 끌고
가는 견마(牽馬) 또는 견마배(陪)라는 직책도
있어, 학자에 따라서는 한자어 견마에서 순우
리말 경마가 나왔다는 사람도 있으나 아직 확
실치는 않다.

기수가 탄 말을 경마를 잡아 이끌고 있다.
|과천경마장

■ **되면 더 되고 싶다**
|됫박으로 곡식을 되는(퍼서 세는) 재미가 들리
면 더 많이 되어보고 싶다는 말로, 무언가 이루
면 더 많이 이루고 싶어진다는 심리를 표현했다. 어떤 지위가 되면 또 그 위의
지위가 되고 싶다는 말이다.

바람 바른 데 탱자 열매같이 계획은 그럴듯했으나 실속 없는 결과만 얻었다는 말.

■ **바람 바른 데 탱자 열매같이**[2+]
|탱자나무는 얼키설키 자라는 데다 가시도 굵어
서 방범용 울타리로, 또 바람막이로 많이 쳤다.
그런데 여기서의 바람은 '땔'이다. 어떤 일을
이루겠노라는 바람을 똑바로 갖고 애써 노력했
으나 결과가 신통찮았다는 말이다.

가시가 굵어 인삼밭 담장으로 두른 탱자.

바람 부는 대로 물결 치는 대로 모든 일을 흘러가는 대로 맡겨버린다는 말.

■ **바람 부는 대로 물결 치는 대로**[2+]
|돛과 키를 굳이 잡지 않고 바람이 불고 물결이 흐르는 대로 떠가겠다는 말.

바람 앞의 등불 매우 위태로운 처지에 놓였다는 말.

[成語] 풍전등화(風前燈火) : 바람 앞의 등불.
여리박빙(如履薄氷) : 살얼음을 밟는 듯하다.
백척간두(百尺竿頭) : 백 척 높이의 장대 끝에 올라가 있음.

■ 바람 앞의 등불 / 풀 끝에 앉은 새 / 칼날 위에 섰다

바람에 돌 붙나 보지 오래가지 못할 결심은 하지도 말라는 말.

■ **바람(벽)에 돌 붙나 보지**[2+]
|바람을 막아주는 '바람벽'은 '벽'이라고도 하고 '바람'이라고도 한다. 그리고 '바

람'은 '멋'의 뜻이기도 하다. 내 결심은 돌처럼 단단하다는 사람에게, 그 돌 같은 의지가 그 바람에 얼마나 붙어 있을까 모르겠다며 조롱하는 말이다.

바람이 불다 불다 그친다 ①날뛰던 것도 가만히 놔두면 제풀에 사그라진다는 말. ②힘들고 사납던 상황도 어느 고비를 지나면서 수그러든다는 말.

[현대] 이 또한 지나가리라
국방부 시계는 거꾸로 매달아놔도 돌아간다 ·옛날 시계는 시계추가 좌우로 진자운동을 해야만 태엽이 풀리면서 시계가 작동했다(지금은 추를 장식용으로나 달아놓지만). 군생활이 아무리 힘들어도 잘 참고 하루하루 견디다 보면 어느 새 전역할 날짜가 다가오기 마련이라는 말이다.

■ 바람이 불다 불다 그친다

바쁘게 찧는 방아에도 손 놀 틈이 있다 아무리 바빠도 잠시 틈을 낼 수 있다는 말.

■ 바쁘게 찧는 방아에도 손 놀 틈이 있다[2+]
| 디딜방아나 물레방아의 방앗공이가 위아래로 바쁘게 움직이는 사이사이로 방아확 안에서 손을 '놀려' 곡물을 계속 뒤적여줘야 고르게 찧어진다. 이 '놀다'를 가지고 반대로 바쁜 가운데도 잠시 손 '놓을[놀]' 여유는 있다고 표현했다.

■ 의주 파발도 똥 눌 새는 있다[2+]
| 파발(擺撥)[194] 은 공문서를 먼 거리로 빠르게 전달하는 옛 통신수단이다. 임진왜란 전까지는 봉수(烽燧)만 사용했는데, 봉수는 몇 가지 단순 정보만 전달해[195] 상세한 내용은 알 수 없어 정확히 대처하기 힘들었다. 그래서 임진왜란이 끝나고 나서 선조30년에 명나라의 파발제도를 들여왔다. 파발로는 크게 북발,

---

194 파발은 통신수단을 뜻하기도 하고, 이 수단으로 공문서를 전달하던 사람을 뜻하는 파발꾼의 준말이기도 하며, 이때 타고 가는 말인 파발마의 준말이기도 하다.

195 봉수 또는 봉화(烽火)제도는 삼국시대에도 사용되었는데 조선 세종대에 완비되었다. 낮에는 연기, 밤에는 불의 숫자로 정보를 전달했다. 이론적으로는 서울에서 부산까지 2시간 만에 정보를 전달할 수 있지만 실제로는 좀더 걸렸다고 한다. 연기나 불의 숫자가 뜻하는 바는 다음과 같다.
 1_아무 일 없음(이게 꺼지면 무슨 문제가 발생했다는 뜻), 2_멀리 적 발견, 3_국경이나 해안에 접근, 4_해상전투 시작 또는 국경 침범, 5_적 상륙 또는 국경에서 전투 시작.
 비, 바람, 안개 때문에 연기와 불로 전달할 수 없으면 나팔 소리나 신호용 대포 소리로, 그것도 어려우면 봉수군이 직접 다음 봉화대까지 달려가서 전했다. 각 봉수대 간의 거리는 변방은 10-15리, 내륙은 20-30리, 도성 근방은 30-40리였으며, 70리인 곳도 있었다. 봉수 전달로는 다음과 같다.
 1_한양―함경도 경흥, 2_한양―부산, 3_한양―평안도 강계, 4_한양―평안도 의주, 5_한양―제주도·전라도 순천.

서발, 남발, 셋으로 나누었는데, 북발(北撥)은 한양—해주(황해도)—의주(평안도), 서발(西撥)은 한양—강원도—경흥(함경도), 남발(南撥)은 한양—충청도—동래(경상도) 길이었다. 이 가운데 관계가 긴밀해 전달이 시급한 중국 쪽 북발만 역참에서 말 갈아타며 달려 전하는 기발(騎撥)이었고, 서발과 남발은 사람이 이어달리기식으로 전하는 보발(步撥)이었다. 기발이 보발보다 하루 이틀 더 빨랐다고 한다. 그 정도밖에 차이가 안 나는 건, 말은 밤에 못 달려도 사람은 횃불 들고 밤에도 뛸 수 있었던 까닭이다. 중국은 기발로 하루 400~500리를 갔지만, 산악지형 탓에 고갯길이 많은 조선은 300리밖에 못 갔다.

매년 은평구 구파발(舊擺撥)역 근처에서 열리는 파발제 포스터. |은평문화재단

파발 가운데 가장 빨리 달려야 할 의주 파발도 똥 마려우면 달리다 잠시 멈추는데, 볼일이 아무리 급해도 더 급한 볼일 볼 시간을 못 내겠느냐는 말이다.

바쁜 살림에 늙는 줄 모른다 일에 매달려 열중하다 세월 가는 줄도 몰랐다는 말.

■ 바쁜 살림에 늙는 줄 모른다²⁺

바지랑대로 하늘 재기 주제를 모르고 자신보다 나은 사람을 평가하려 든다는 말.

■ 바지랑대로 하늘 재기²⁺ / 손가락으로 하늘 찌르기²⁺

|'바지랑대'는 빨랫줄이 처지지 않도록 받쳐두는 긴 장대로 사람 키보다 훨씬 길다. 자기가 남들보다 좀 뛰어나다고 수준이 하늘 같은 사람과 감히 견주거나 따지려 든다는 뜻이다.

바지저고리로 안다 사람을 함부로 업신여긴다고 항변할 때 쓰는 말.

[현대] 가만히 있으니 가마니로 알고 보자 보자 하니 보자기로 안다
사람을 죠스로 본다 • 거대 백상아리가 나오는 공포 영화의 제목 〈죠스(Jews)〉 '로'와 '좆으로'의 발음이 거의 비슷하다.

■ 바지저고리로 안다 / 허수아비로 여긴다
 |'바지저고리'는 바지와 저고리를 아울러서 이르는 말. 사람을 몸이라는 실체 없
 는 옷 껍데기뿐인 허수아비로 여긴다는 말이다.

반달 같은 딸 있으면 온달 같은 사위 삼는다   자기에게 좋은 것이 있어야 그에 걸맞
 은 것을 바랄 수 있다는 말.

   [현대] 사 자 사위 얻으려면 열쇠 세 개는 있어야 한다 · 의사, 검사 같은 사(4)자돌림
       직업을 가진 사위를 얻으려면 아파트 열쇠, 자동차 열쇠, 병원/사무실 열쇠 등
       4에 걸맞게 최소한 열쇠 3개는 혼수로 건네야 한다는 말이다.

■ 반달 같은 딸 있으면 온달 같은 사위 삼는다 / 제 딸이 고와야 사위 고른다
 |반듯한 딸이 있어야 그에 걸맞은 온전한 사위를 얻을 수 있다는 말. 예로부터
 동양에서는 달이 차올라 보름이 되기 직전의 반달처럼 통통하고 갸름한 턱선을
 가져야 미인이라 했다.
   [맥락] 보름달처럼 온전히 예쁜 딸이 아닌 반밖에 안 찬 딸을 가지고 그보다 나은
   배필을 찾으려 든다는 뜻이며, 그러다가 '온달(보름달)' 같은 온전한 사위는커녕
   '바보 온달' 같은 모자란 사위나 얻는다고 비꼬는 말이기도 하다.
■ 꽃이 좋아야[고와야 · 향기로워야] 벌 나비가 모인다
■ 물건[망건]이 좋아야 값을 받는다

반 잔 술에 눈물 나고 한 잔 술에 웃음 난다   남을 대접할 때는 차별 없이 넉넉히
 대접해야 한다는 말.

■ 반 잔 술에 눈물 나고 한 잔 술에 웃음 난다
 |반 잔과 한 잔은 별 차이가 없다. 하지만 반만 따라주면 나를 이렇게밖에 생각
 안 하나 싶어 서운하고 섭섭하다. 이왕 베풀 거라면 아끼지 말고 제대로 베풀라
 는 말이다. 한 번만 주면 정 없다.

발등에 불 떨어졌다   갑작스럽고 정신없는 일이나 걱정거리가 코앞에 닥쳤다는 말.

   [成語] 초미지급(焦眉之急) · 초미(焦眉) : 눈썹이 불에 그을리고 있는 위급함.
       명재경각(命在頃刻) : 목숨이 한순간에 달렸다
       절체절명(絶體絶命) : 몸과 목숨 모두 끊어질 만큼 위급함.

■ 발등에 불 떨어졌다 / 눈썹에 불붙었다 / 눈썹 밑에 떨어진 재앙 / 간에
 불붙었다

발 없는 말이 천 리 간다 소문이란 것은 금방 퍼지게 마련이라는 말.

■ 발 없는 말이 천 리 간다
  | 말[言]은 다리는 없지만 천리마처럼 멀리까지 간다는 말.

■ 소한테 한 말은 안 나도 어미[처]한테 한 말은 난다 / 처도 남이다²⁺ / 두터울수
  록 샌다
  | 아무리 믿을 만한 사람이라도 '말'을 할 줄 알기에 그 비밀을 끝까지 지키지
  못할 공산이 크다는 뜻이다. 여기서 '소'가 등장한 이유는 아마도 소문(所聞)
  을 '소가 들음(聞)'으로 말장난한 건 아닌가 싶다. 아내와 단둘이 있는 밤중에,
  남편들은 은근히 혼자만 아는 걸 말해버리는 경향이 있다. 그렇지 않더라도
  사람은 '우리끼리 있으니까 하는 말인데'처럼, 단둘이 있으면 뭐라도 말하고
  싶어 한다.
    보(堡) 두터울수록 물이 안 새지만, 입에서는 언제고 봇물 터지듯 말이 쏟아져
  나오니 이 사람이라면 괜찮겠지 싶어 비밀을 털어놓지 말란 뜻이다. 자기도 못
  지킨 비밀을 그 사람이라고 지켜줄까.

■ 들은 말은 들은 데 버리고 본 말은 본 데 버려라 / 알고 있는 일일수록
  더욱 명치에 가둬야 한다²⁺
  | 많은 사람이 저만 아는 걸 말하고 싶어 못 견딘다. 어디서 무엇을 보고 들었다면
  거기서 끝내야 하는데, 이상한 소문 돌게 만드는 입 싼 사람들이 있다. 자신이
  주절거린 몇 마디가 누군가에겐 인생의 급소일 수 있다.¹⁹⁶

■ 떡은 돌릴수록 떼이고 말은 할수록[돌수록] 붙는다
  | 떡은 찐득해서 손을 옮겨 다닐 때마다 묻어나 떼어지지만, 말은 입을 거칠수록
  한층 덧붙어 나중에는 감당하기 어려운 크기가 되어 돌아온다. 전혀 다르게 부
  풀려진 소문의 책임은 처음 퍼트린 사람이 죄다 뒤집어쓰게 돼 있다.

■ 한 입 건너 두 입
  | 한 사람한테 말을 전하면 그 사람이 두 사람에게 말을 퍼트린다는 말이다. "이거
  어디서 들은 말인데, 쉿! 너만 알고 있어."가 "나도 들은 말인데, 쉿! 너희만
  알고 있어." 이렇게 널리 퍼진다.

---

196 영화 〈올드보이〉에서 오대수가 고등학교 때 본 남녀 간의 사실을 이사 가기 직전에 친구에게
말하는 바람에 동네에 소문이 퍼져 여자는 자살하고 남자는 원한을 품어 훗날 오대수를 15년 동안
감금하고 처절하게 복수하는 이야기가 나온다.

발이 효자보다 낫다 그 어떤 효도를 받는 것보다 자신이 건강한 것이 가장 좋다는 말.

[현대] 효자 손이 효자손만 못하다

■ 발이 효자보다 낫다 / 정강이가 맏아들[의붓아들]보다 낫다 / 다리가 효자다
ㅣ집에 앉아 수발받거나 자식의 등에 업혀 다니는 것보다는 다리 멀쩡히 제 뜻대로 돌아다니는 게 낫다는 뜻. 노인들은 거동이 불편해져 '구들장귀신'이 되면 대개 오래 사시지 못한다.

■ 이가 자식보다 낫다 / 자식은 오복이 아니라도 이는 오복에 든다[2+]
ㅣ오복(五福)은 유교에서 이르는 다섯 가지의 복. 수(壽), 부(富), 강녕(康寧), 유호덕(攸好德), 고종명(考終命)으로, 장수하고 부유하며 건강하고 덕행을 쌓고 제 명대로 살다 편하게 죽는 것이다. 유호덕과 고종명 대신 귀(貴 : 고귀)와 중다(衆多 : 자손번창)를 넣기도 한다. 건강한 치아는 '강녕'에 속하니 오복의 하나. 영양이 부실하고 치아 관리가 쉽지 않던 옛날에는 서른만 넘어도 이가 흔들렸다고 한다. 이는 당시 서양도 마찬가지라서 모나리자의 신비한 미소가 어쩌면 썩고 흉한 치아를 드러내지 않으려고 한 데서 나왔다는 설도 있다.

밤에 눈 끔적이기 남이 못 알아챌 방법으로 자기의 뜻과 생각을 표현하는 어리석음을 이르는 말.

■ 밤에 눈 끔적이기[2+]
ㅣ깜깜밤중에 아무리 끔적끔적 눈치를 줘도 상대에게 자기 눈이 보일 리 없다. 남들 모르게 의사 표현을 한답시고 너무 일방적으로 표현하면 한 사람도 못 알아챈다. 사전정보 안 줘서 깜깜밤중으로 까맣게 모르는 상대방에게 눈치채라고 일방적으로 풍기고선, 그것도 못 알아채냐고 도리어 눈치 없다고 타박이다.

밤에 손톱 발톱을 깎으면 도둑이 든다 밤에는 손톱 발톱을 깎으면 안 된다는 말.

■ 밤에 손톱 발톱을 깎으면 도둑이 든다 / 밤에 손톱 발톱을 깎으면 귀신이 해코지한다
ㅣ옛날에는 지금처럼 밝은 전등이 없이 순전히 등잔불이나 호롱불[197] 에 기대 생활했기에 방 안이 매우 어두웠다. 그 어두운 곳에서 손톱을 깎으면 잘려진 손톱

---

197 호롱불은 1876년부터 일본을 통해 석유가 수입되면서 만들어졌다. 석유는 일반적인 기름과 달리 인화성이 강해 불이 쉽게 전체로 옮겨붙고 증발도 심해, 뚜껑을 덮고 심지를 뽑아 지금의 알코올램프처럼 만들었다.

이 어디로 갔는지 못 찾아 방바닥을 굴러다니다 밟히기
일쑤다. 또한 손톱을 깎으면 깎은 자리 거칠다. 그 상태
로 자면 잠결에 얼굴을 긁어 상처도 난다. 다음 날 아침
에 자기 얼굴이 상처투성이가 된 걸 보고 누가 이랬냐고
하면 뭐라고 할까. 아마도 도둑놈이 몰래 와서 그랬을
거라고 겁을 주었겠지. 식구들이 그랬을 리는 없을 테니
까. 같은 이유로 지금도 밤에는 가급적 손톱 발톱을 깎지
않는 편이 좋다.

호롱불. |국립국악박물관

밤에 휘파람 불면 뱀 나온다 밤에는 휘파람을 불거나 피리를 불면 안 된다는 말.

■ 밤에 휘파람[피리] 불면 뱀 나온다

|낮에는 소리가 위로 멀리 퍼져 나가지만 밤에는 공기가 무거워져 소리가 아래로
깔린다. 낮에 떠드는 소리는 그리 시끄럽지 않지만 밤에는 작은 소리도 예민하
게 들린다. 그래서 밤에 휘파람을 불면 신경이 거슬린다. 뱀을 핑계로 밤에는
휘파람이나 피리를 불지 말라는 말이다. 휘파람이나 피리 소리에 뱀이 반응하지
는 않는다. 인도에서 코브라를 피리로 춤추게 하는 건 피리 소리 때문이 아니라
피리를 문 사람의 움직임에 반응하는 것이고, 투우에서 소도 붉은 보자기에 반
응하는 게 아니라[198] 투우사가 흔들어대는 보자기의 움직임과 군중의 함성에
반응하는 것이다. 아무튼 밤에 듣는 휘파람 소리는 뱀처럼 소름끼친다.

밤 자고 나서 문안하기 다 지난 일이나 말을 새삼스럽게 한다는 말.

■ 밤 자고 나서 문안하기[2+]

|손님으로 가서 주인에게 인사를 여쭙지 않고 하룻밤 자고 나서야 한다는 말.
[맥락] 어제 할 말을 않고 있다가 다음 날 이미 끝난 얘기를 새삼스럽게
꺼내서 다시 이야기하려 든다는 뜻이다. 그때는 할 말을 미처 못 한 사람
이 잠자리에서 이 생각 저 생각 해보고, 다음 날 찾아와 새삼스레 묻는다.
"이보게, 간밤에 생각해봤는데 말이야. 그거 혹시…?"

밥 군 것이 떡 군 것만 못하다 안 바꾸니만 못했다는 말.

■ 밥 군 것이 떡 군 것만 못하다[2+]

|떡을 구우면 더 고소한 구운 떡이 되지만 밥을 구우면 누룽지밖에 안 된다.

198 개와 소는 색맹이다.

[맥락] '밥 군'을 빨리 말하면 '바꾼'과 같아진다. '떡 군'은 '더 큰'과 비슷해진다. 저게 더 크다고 생각해서 바꿨더니 더 큰 값을 못 한다는 말이다.

밥그릇이 높으니까 생일만큼 여긴다 조금 나은 대접을 해주니 우쭐해함을 비꼬아 이르는 말.

■ **밥그릇이 높으니까 생일만큼[생일날만] 여긴다**[2+]
|양식이 부족해 밥을 많이 먹지 못하던 시절에, 어느 날 밥을 수북하게 담아주니까 오늘이 자기 생일날이라 생일 대접을 받는 줄 알고 우쭐댄다는 것.
[맥락] 어느 일이나 조직에 오래 몸담았으면 '밥그릇 수가 많다'라고 표현한다. 군대에서는 '짬(밥)이 많다/높다'로 계급과 그에 따른 경험을 드러낸다. 그러므로 여기서 '밥그릇이 높다'는 먹고 난 밥그릇을 포개 쌓은 높이가 높다는 말이며, 그 일의 경험이 다른 사람들보다 더 많다는 뜻이다. 그런 사람에게는 아무래도 예의를 갖춰 대하는 법이다. 그런데 경력자로 대접 좀 해줬더니 자기가 잘나서, '난(나은/나온) 날' 대접해주는구나 여겨 우쭐댄다는 말이다. '잘난 나를'의 '난 날'과 생일(生日) '난 날'이 같은 것을 이용해 만든 속담이다.

■ **청지기가 벼슬인 줄 안다**
|청지기(廳直이)는 양반집이나 부잣집에서 별도로 마련해준 수청방(守廳房)에 살면서 집안일과 머슴, 노비들을 주인 대신 관리하던 하인을 말한다. 집사급에 해당하며 요즘으로 치면 '관리자' 또는 '매니저'다. 똑같은 하인이지만 작은 권한을 주고 조금 나은 대접을 해주니 우쭐해서 대단한 벼슬이라도 되는 줄 착각하고 같은 아랫사람들에게 함부로 군다는 말이다.

밥 먹고 죽벌이 한다 들인 밑천에 비해 거두어들이는 결과가 적다는 뜻으로, 제구실을 옳게 못함을 비웃어 이르는 말.
[현대] 밥값도 못한다

■ **밥 먹고 죽벌이 한다**
|죽은 적은 양의 곡식을 빻아 오래 끓여 몇 배로 불려 먹는 것이므로 '죽벌이'는 겨우 죽이나 끓여 먹을 정도의 벌이, 즉 아주 적은 소득을 말한다.

밥은 바빠서 못 먹고 죽은 죽어도 못 먹고 술 마시는 일을 가장 좋아한다는 말.

■ **밥은 바빠서 못 먹고 죽은 죽어도 못 먹고**[2+]
|각설이타령의 〈권주가〉 한 대목에서 딴 말이다. "밥은 바빠서 못 먹고, 죽은

죽어도 못 먹고, 떡은 떡떡 걸리고, 술은 술술 잘 넘어간다~"

■ 싫은 밥은 있어도 싫은 술은 없다[2+]

밥은 열 곳에서 먹어도 잠은 한 곳에서 자라 외박은 남 보기에도 좋지 않고 자칫 잘못될 수도 있으니 삼가라는 말.

■ 밥은 열 곳에서 먹어도 잠은 한 곳에서 자라

밥이 보약 밥을 잘 먹어야 건강해진다는 말.

[현대] 먹고 죽은 귀신 때깔이라도 곱다

■ 밥이 보약 / 밥이 약보다 낫다 / 밥이 분이다
│그 어떤 보약을 지어 먹는 것보다 밥을 잘 먹는 것이 건강에 더 좋다는 말이다. 잘 먹으면 마치 얼굴에 분(粉)을 바른 것처럼 얼굴색이 뽀얗고 환해진다는 말.

■ 한 밥에 오르고 한 밥에 내린다[2+]
│밥 한 끼 먹을 때마다 살이 오르고 밥 한 끼 굶을 때마다 살이 내려 몸이 축난다는 말.

밥이 얼굴에 더덕더덕 붙었다 잘 먹을 복을 타고난 것처럼 잘살게 생겼다는 말.

[반대] 천생 팔자가 눌은밥이라

■ 밥이 얼굴에 더덕더덕 붙었다[2+]

방귀가 잦으면 똥을 싸게 된다 일정한 징조가 계속되면 마땅히 그에 따른 결과가 나타난다는 말.

■ 방귀가 잦으면 똥을 싸게 된다[2+]
│똥이 마려울 즈음이면 방귀가 자꾸 나오는 법이다.
[맥락] 방귀는 작은 더러움이고 똥은 큰 더러움이다. 사소한 잘못을 고치지 않고 거듭하는 사람은 언젠가 큰 사고를 치고, 야금야금 나쁜 짓을 하는 사람은 필경 천인공노할 나쁜 놈이 되고 마는 법이란 뜻.

■ 구름이 자주 끼면 비가 온다[2+] / 번개가 잦으면 천둥을 한다[2+]
│[맥락] 낯빛이 흐리고 그늘진 얼굴을 하고 다니는 사람은 근심거리가 많은 탓이니, 근심이 쌓이고 치이다 못 견딜 날이 오면 눈 밑에 비가 내리게 마련. 또 번쩍 부릅뜬 눈으로 뚫어져라 쳐다보다 결국 큰소리 벼락도 떨어지게 마련이다.

방귀 길나자 보리양식 떨어진다 일이 공교롭게 서로 빗나가 낭패를 본다는 말.

[반대] 가는 날이 장날

[현대] 돈 있으면 시간 없고 시간 있으면 돈이 없다

■ 방귀 길나자 보리양식 떨어진다[2+] / 입맛 나자 노수 떨어진다[2+] / 돈 떨어지자 입맛 난다

ㅣ'길나다'는 버릇이나 습관이 되어 익숙해진다는 말. 잘 못 먹어서 방귀 뀌기도 힘겹게 장이 엉망이다가 보리밥 먹으며 이제 좀 속이 좋아지고 보리방귀도 북북 뀌게 되니 보리쌀이 다 떨어진다는 말. 노수(路需)는 '노잣돈'의 다른 말.

■ 내가 중이 되니 고기가 천하다 / 내가 상주 되니 개고기가 흔하다

ㅣ'천하다'는 흔하고 귀하지 않다는 말. 옛 서민이 평소 먹어보기 어렵게 귀하던 고기가, 정작 자신이 육식 못 하는 승려가 되고 나니 누구나 쉽게 먹을 만큼 흔해졌다는 말이다. 그리고 상을 당하면 상주는 부정이 탄다 하여 절대 개고기를 먹지 않았다.[199]

방귀깨나 뀌는 집안 상당한 위세나 재력이 있는 집안을 비꼬아 이르는 말.

■ 방귀깨나 뀌는 집안[2+]

ㅣ일반적으로 권력과 재력이 있는 집안에서는 남들보다 훨씬 잘 먹으니 방귀도 많이 뀐다는 뜻으로 알려져 있다.

[맥락] 이 속담에는 말장난이 숨어 있다. 풍선 등이 터지거나 기세 좋게 방귀 뀌는 소리는 '빵빵'이다. 그리고 '배경과 힘이 있어 영향력이 크다'는 말을 속되게 표현하는 말도 '빵빵하다'다. 그러니 '빵빵한 집안'을 '더럽게('아주 심하게'를 속되게 표현하는 말) 빵빵한 집안'이라 했다가 '더럽게 빵빵하다'를 '방귀깨나 뀐다'로 바꾸어 빵빵한 집안을 비꼰 것이다. '깨나'는 명사 뒤에 붙어 '어느 정도 이상'을 나타내는 보조사.

방귀 뀐 놈이 성낸다 잘못을 저지른 사람이 오히려 더 당당하게 행동한다는 말.

[成語] 적반하장(賊反荷杖) : 도적이 되레 몽둥이를 집어 든다.

■ 방귀 뀐 놈이 성낸다 / 똥 싼 놈이 성낸다

ㅣ방귀 뀐 사람한테 뭐라 하니 부끄러워하기는커녕 오히려 이걸 뭐라 한다고 화를

---

199 개는 아무도 없는 허공에 대고 짖는 경우가 많은데, 그래서 개가 귀신을 볼 수 있다고 여겨 행여 혼령을 쫓아버리지 않을까 싶어 상주가 되거나 제사를 지낼 때면 개고기를 먹지 않았다.

낸다는 말이다. 요새도 공공장소에서 이런 일이 많이 벌어진다.

- 도둑이 몽둥이 들고 길로 나선다 / 도둑이 도둑이야 한다
  |"도둑이야!" 하니 도둑이 몽둥이를 들고 길로 나가 "도둑 잡아라!" 소리친다는
  말. 즉, 자기 죄를 감추기 위해서 다른 누군가를 도둑으로 몬다는 뜻이다.

- 도둑이 달릴까 했더니 우뚝 선다 / 도둑이 매를 든다
  |도둑이면 당연히 쫓겨 도망가야 하는데 그러지 않고 도망을 치다 멈춰 서서 오
  히려 대든다는 말이다.

- 뺨 맞을 놈이 여기 때려라 저기 때려라 한다

- 뒷집 짓고 앞집 뜯어내란다
  |예전부터 있던 집 뒤에 자기 집을 지어놓고는, 앞집에 가려 해와 바람이 안 드니
  앞집더러 집을 헐라고 요구하는 것. 지금도 돈 많은 사람이 종종 이런 적반하장
  짓을 한다.

방아허리를 넘어가면 아버지가 죽는다 위험한 곳에 다가가거나 위험할 일은 하지
말라는 말.

- 방아허리를 넘어가면 아버지가 죽는다[운다]
  |디딜방아와 물레방아에는 방앗공이를 끼운 두껍고 긴 막대가 있다. 방아를 찧을
  때 방아허리가 시소처럼 올라갔다 내려오면서 그 무게로 곡식을 찧는다. 그런데
  아이가 재미로 여기를 넘어가다 보면 자칫 내려갔다 올라온 방아허리에 사타구
  니를 맞을 수 있다. 그렇게 되면 자칫 중요한 부분이 다쳐서 나중에 장가도 못
  가고 애도 못 낳는다. 그러면 자손이 없어지는 거니 아버지가 자손을 잇지 못해
  죽은 것이나 마찬가지라는 말이다. 아이가 방아허리를 못 넘어가게 막는 말.

- 가래 장치 뛰는 나라님도 몰라본다
  |가래질은 삽질처럼 가래를 뒤로 쑥 뺐다가 앞으로 세차
  게 미는 행동을 반복하므로, 가래질하는 뒤에 서 있거나
  지나가면 뒤로 길게 확 뺀 가랫자루 끝에 얼굴이나 명치
  를 맞아 치명상을 입는다. 그래서 요즘 아이들에게 자동
  차 뒤에서 놀지 말라고 하듯이, 절대로 가래질할 때는
  뒤로 가지 말라고 했다.
  참고로 가래질은 보통 세 사람이 한 조가 되어 두 사람
  은 양쪽에서 가랫날에 연결된 줄을 잡아당기고, 한 사람
  은 가래의 자루를 잡고 앞으로 밀어 흙을 떠넘기는 방식

가래질 |김준근, 〈가래질하고〉

이다. 다섯 명이나 일곱 명이 한 조가 되기도 한다. 줄을 잡아당기는 사람들을 '줄꾼'이라 하고 가래장부(가래의 날과 자루를 합친 말)를 잡는 사람을 '장부잡이' 또는 '자루잡이'라고 한다. 장부잡이는 가장 힘이 세거나 노련하고 경험 많은 사람이 맡는다. 그리고 가래의 자루를 따로 '장치'라고도 하는데, 사람의 키 남짓으로 길다.

방앗간에서 울었어도 그 집 조상 마음이 중요하지 꼭 찾아가야만 예의는 아니라는 말.

- 방앗간에서 울었어도 그 집 조상²⁺

  | 조상(弔喪)은 조문(弔問)의 옛말. 일이 너무 바빠서 조문은 못 갔지만 멀리서라도 명복을 빌어줬으니 조문한 거나 마찬가지라는 말.

방앗공이는 제 산 밑에서 팔아먹으랬다 무엇이나 산출된 본바닥에서 팔아야 실수가 없지, 이익을 더 남기려고 멀리 가지고 가면 도리어 손해를 본다는 말.

- 방앗공이는 제 산 밑에서 팔아먹으랬다²⁺

  | '방앗공이'는 단단한 나무인 박달나무나 참나무, 소나무 등으로 만든다. 같은 나무로 만든 방앗공이라도 어느 산에서 자란 것이냐에 따라 품질이 다르다. 그러니 그 나무가 난 산 밑에서 팔아야 품질이 보장된다. 여기서 '산'은 산(山)이기도 하고 산(産)이기도 하다. 산출된 곳에서 팔아야 제값을 인정받는다는 말이다.

방죽도 개미구멍으로 무너진다 작은 흠이나 문제를 가벼이 여기면 나중에 큰 문제가 생길 수 있다는 말.

- 방죽도 개미구멍으로 무너진다 / 개미구멍이 둑을 무너뜨린다 / 개미구멍으로 공든 탑이 무너진다

  | '방죽'은 물이 넘치는 것을 막기 위해 쌓은 둑. 많은 물을 가둬 농업용수로 썼다.

- 바늘구멍으로 황소바람 들어온다

배나무 밑에서 삿갓 고쳐 쓰지 말고 외밭에서 신들메를 고쳐 매지 말라 상황을 잘 살펴 남에게 쓸데없이 오해를 살 행동을 하지 말라는 말.

  [成語] 이하부정관 과전불납리(李下不整冠 瓜田不納履) : 오얏나무 아래서 모자(또는 갓)를 고쳐 쓰지 말고 오이/참외밭에서²⁰⁰ 신발을 고쳐 신지 말라.²⁰¹

- 배나무 밑에서 삿갓 고쳐 쓰지 말고 외밭에서 신들메를 고쳐 매지 말라

| '신들메'는 '들메끈'이 맞는 말로, 들메끈은 신발이 벗어지지 않도록 신발을 신은 채 발등과 함께 동여매는 데 쓰는 끈을 말한다.

■ 감[오얏·배]나무 밑에서 갓 쓰지 말고 외밭에서 신발 동이지 말라
| 키 작은 과일나무 밑을 지나다가 두 팔을 들어 갓을 고쳐 쓰려는 것을 누군가 멀리서 본다면 마치 과일을 몰래 따려는 것으로 오해할 수 있고, 오이/참외밭을 지나다가 신발을 고쳐 신으려 쭈그려 앉아 두 손을 아래로 하고 있으면 이 역시 멀리서 볼 때는 몰래 오이/참외를 따 가려는 것으로 오해를 할 수 있다.

신발의 목을 '운두'라고 하는데, 운두가 높은 장화나 부츠처럼 신발 목이 높은 것을 화(靴)라 하고 낮은 것을 리(履)라 한다(그 높고 낮음은 복사뼈를 기준으로 하지 않을까 생각된다). 발목이 낮은 짚신이나 가죽신 같은 것들은 걷다가 자주 벗겨지거나 옆으로 밀린다. 그래서 이 한자성어에는 '신발'을 '화'가 아닌 '리'를 썼다. 불납리(不納履)에서 납(納)은 '들인다'라는 뜻으로, '납리'는 벗겨진 신발에 발을 다시 집어넣는다는 뜻이다.

■ 외밭을 지날 때 신을 고쳐 신지 말고 오얏나무 밑을 지날 때 갓을 다치지 말라
| '다치다'는 '상처를 입다'라는 뜻이 아니라 이북 말로 '닿게 하다', 즉 '손대다'라는 뜻. 즉, 오얏나무 밑에서는 갓에 손을 대지 말라는 뜻이다. 간혹 '오이밭을…'로 쓰기도 하는데, 바닥에 있으려면 참외여야 하니 '외밭을…'이 더 낫다.

배보다 배꼽이 크다 핵심 되는 것보다 주변 되는 것이 외려 더 두드러진다는 말.

[成語] 주객전도(主客顚倒) : 주인과 나그네의 위치와 역할이 바뀌었다.
객반위주(客反爲主) : 나그네가 거꾸로 주인 자리 차지한다.

[현대] 밥값보다 커피값이 비싸다
홀인원에 올인 난다 ▸ 골프에서 홀인원을 기록하면 주변의 축하를 받는 것은 둘째 치고 같이 친 사람들에게 축하 턱을 크게 내야 해서 부담이 만만치 않다. 홀인원(Hole in One)은 티샷으로 친 공이 한 번에 홀로 들어가는 것을 말하고, 올인

---

200 '외'는 오이 또는 참외의 옛말. 참외와 오이에는 매우 많은 품종이 있고 지역마다 달리 불리다 보니 중국에서도 한자를 잘못 적용하고 그 한자를 받아쓰는 우리나라 역시 잘못 쓰게 되는 경우가 많았다. 오이 과(瓜)를 오이로만 해석할 수도 참외로만 해석할 수도 없으므로 상황과 문맥에 맞춰 해석해야 한다. 여기서는 바닥에 있는 것이라 하니 오이보다는 참외일 가능성이 있다.
201 이것은 『악부시집(樂府詩集)』 속 〈군자행(君子行)〉에 나오는 구절이다. 의심받을 만한 행동은 안 하는 게 군자의 옳은 처신이라는 뜻이다. 여기서 이(李)는 배(梨)가 아니라 자두(紫桃)의 순우리말인 '오얏'이다.

(All-in)은 포커게임에서 가지고 있는 돈 모두를 한 판에 거는 것을 뜻하며 여기서 유래하여 모든 능력과 시간, 돈 등을 어느 한군데에 다 쏟아부음을 말한다. 또는 그래서 완전히 거덜이 났다는 것도 의미한다.

■ 배보다 배꼽이 크다[2+] / 발가락이 발보다 크다

|[맥락] 배꼽이 배보다 클 수는 없다. 하지만 이 말은 성립한다. 말장난이 숨어 있는 까닭이다. 두 곱, 즉 두 배를 줄여서 '곱(절)' 또는 '배(倍)'라고도 한다. 그럼 네 곱, 다시 말해 네 배를 줄이면 무엇일까? 두 배의 곱절이니 '배곱'이라고도 표현할 수 있다. 당연히 '배'보다 '배곱'이 크다. 이 사실을 뒤틀어 비꼬듯이 재밌게 표현한 것이 '배보다 배꼽(배곱)이 크다'라는 말이다.

■ 바늘보다 실이 굵다 / 고추장이 밥보다 많다

■ 기둥보다 서까래가 굵다 / 줄기보다 가지가 굵다

|'서까래'는 기와를 얹기 위해 지붕 꼭대기로부터 아래쪽으로 여러 가닥을 줄지어 걸쳐놓은 건축재. 서까래가 이를 받치는 기둥보다 굵을 수는 없다.

서까래가 비록 지붕을 받치지만, 그 서까래까지 받치는 기둥보다는 가늘다.
|경주 양동마을 서백당

■ 구경꾼 셋에 풍각쟁이 일곱이라 / 장꾼보다 엿장수가 많다[2+]

|풍각(風角)쟁이는 악기를 연주하여 그것으로 돈을 벌거나 동냥을 하는 사람을 낮추어 부르는 말. 요새는 '딴따라'라고 부른다.

■ 나그네가 주인 노릇 한다 / 나그네 주인 쫓는 격

■ 향청에서 개폐문하겠다

|향청(鄕廳)은 성종20년(1489)에 만들어져 조선 초기의 유향소(留鄕所)를 이어 지방 군현(郡縣)의 수령(守令)을 보좌하던 자문기관. 타지로부터 부임해 와서 지역 실정을 잘 모르는 수령을 그 지역의 양반들이 돕기 위한 기관으로, 향청의 우두머리는 따로 좌수(座首)라고 한다. 향청은 감영(監營)이나 관가(官家) 아래 소속된 자문기관이나, 지역에 단단히 뿌리내린 조직으로 인해 간혹 수령보다 더 강한 힘을 휘두르기도 했다. 그러한 까닭에 수령이 있는 관아의 문을 여닫는 (관아 업무의 시작과 끝) 권한이 수령에게 있음에도 그 아래 소속된 향청에서 열어라, 닫아라 명령할 만큼 주제 넘는 월권을 하고 나선다는 말이다. 참고로 향청은 관아의 문 밖 근처에 있었다. *향청→ 가난한 양반 향청에 들어가듯

■ 계 타고 집 판다

| 곗돈을 타면 그 기념으로 계원들에게 한턱냈는데, 이것이 지나쳐 집까지 팔아야 할 만큼 큰 손해도 볼 수 있다는 말이다.

- 꼬리가 몸통 흔든다

- 곁방살이 코 곤다
  | '곁방살이'는 남의 집에 세를 얻어 옆방에 얹혀사는 것. 주인집에 얹혀살면 아무래도 매사에 조심해야 하는데, 세 들어 사는 사람이 마치 자기가 주인인 양 조심성 없이 함부로 행동한다는 뜻이다.

- 갓과 신은 귀하게 여기고 머리와 발은 업신여긴다
  | 갓과 신발은 머리와 발을 위해 있는 것인데 그 대접이 반대가 되었다는 말.

배부른 흥정 아쉽고 급할 게 없어 느긋하게 배짱부리며 행동함을 이르는 말.

[반대] 목마른 놈이 우물 판다

- 배부른 흥정

백 번 듣느니 한 번 보는 게 낫다 남의 말을 아무리 많이 들어도 자신이 직접 확인해보는 것이 가장 정확하다는 말.

[成語] 백문불여일견(百聞不如一見) : 백 번 듣는 것이 한 번 직접 보는 것만 같지 않다.

- 백 번 듣느니 한 번 보는 게 낫다 / 귀 소문[장사] 말고 눈 소문[장사] 해라
  | 남의 말만 믿고 덜컥 땅을 사거나 가게를 여는 사람이 많다. 남의 말은 대부분 믿을 것이 못 된다. 이미 돌고 돌아 자기에게까지 올 때쯤이면 모두가 다 아는 사실이라 전혀 경쟁력 없는 정보다. 정말 좋은 것이 있으면 남에게 알려줄 것인가? 명당자리를 봐주는 지관들조차도 가장 좋은 명당은 자기네 못자리로 감추어두고 그렇지 않은 것만 명당이라며 보여주는 법이다. 직접 가서 얼마나 잠재고객이 많고 발전 가능성이 있는지 꼼꼼히 확인하는 것이 장사와 투자의 기본이다. 대박을 낸 사람들이 소문과 권유만 믿고 시작한 경우란 없다. 제 눈으로 정보를 찾고 발품을 열심히 팔아야 대박집이 된다.

백성의 입 막기는 내 막기보다 어렵다 여론은 막아서도 안 되고 또 막기도 어렵다는 말.

- 백성의 입 막기는 내[강물] 막기보다 어렵다

- 백성을 멀리하면 나라가 망한다 / 민심은 천심

백지장도 맞들면 낫다 ①아무리 약한 힘이라도 여럿이 모으면 큰 힘이 될 수 있다는 말. ②아무리 쉬운 일도 여럿이 하면 더 손쉽다는 말.

[반대] 참새 천 마리가 봉황 한 마리만 못하다 / 도둑질은 혼자 해먹어라

■ 백지장도 맞들면 낫다[2+] / 종이도 네 귀를 들어야 반듯하다

|가벼운 종이도 혼자 들면 흐늘흐늘 축 처지므로 맞은편에서 같이 잡아주면 판판하고 반듯하게 들기 좋다.

[맥락] '백지장'은 '종잇장'과 더불어 '핏기 없이 창백한 얼굴빛', 즉 약골이나 병약한 사람을 뜻하는 말이기도 하다. 백지장같이 허약한 사람의 힘도 한데 모으면 큰 보탬이 될 수 있다는 말이다.

■ 먹기는 혼자 먹어도 일은 혼자 못 한다[2+] / 손이 많으면 일도 쉽다

|김홍도, 〈그림 감상〉

■ 개미 천 마리면 바위[맷돌]도 굴린다 / 개미가 절구통 물고 나간다

|이 속담은 다른 의미로, 허약한 사람이 믿을 수 없을 만큼 큰일을 하거나 또는 그래서 믿을 수 없는 이야기라는 뜻으로 쓰이기도 한다.

■ 모기도 모이면 천둥소리가 난다[2+] / 참새 백 마리면 호랑이 눈깔도 빼 간다[2+]

|모기의 희미한 날갯짓 소리도 만 마리, 억 마리 모여 날면 천둥 우는 소리처럼 들릴 수 있다는 말이다.

[맥락] 아주 가냘픈 소리를 '모깃소리'라고 한다. 개개인의 주장은 큰 목소리를 못 내지만, 그런 개인들이 뭉치고 뭉쳐 한목소리를 내기 시작하면 우레 울고 천둥 치듯 경천동지(驚天動地)시킬 수 있다는 말이라 생각된다.

■ 자루도 마주 벌려야 잘 들어간다[2+]

|자루는 처지는 속성이 있으므로 자루의 입구를 한 손으로만 들면 퍼담기 어렵다. 양쪽에서 잡아 벌려야 담기 편하다. 혼자만 얻으려 드는 것보다 협력하는 편이 소득이 더 많다는 뜻이다.

■ 소경 셋이면 못 보는 편지도 뜯어본다 / 말 못 하는 사람은 서울 못 가도 세 봉사는 서울 간다

|비록 앞이 보이지 않아 발에 익은 곳만 다니며 멀리 못 가는 장님도 셋이면 서로 머리 맞대고 '물어물어' 산 넘고 강 건너 서울까지 요령껏 찾아간다.

■ 못난이 열의 꾀가 잘난이 하나보다 낫다 / 신기료장수[구두쟁이] 셋이 모이면 제갈량보다 낫다

|'신기료장수'는 낡은 신발을 고쳐주는 일을 하는 사람으로, 요즘으로 치면 구두 수선공 정도에 해당한다. 우리나라에서는 가죽신을 만드는 갓바치가 수선까지 담당했다. 제갈량(諸葛亮) 또는 제갈공명(諸葛孔明)은 유비(劉備)의 군사(軍師 : 작전참모)로, 명석한 두뇌와 해박한 지식으로 신묘한 전술을 구사했다.

밴댕이 소갈머리   마음이 좁고 성급한 사람을 일컫는 말.

■ 밴댕이 소갈머리

|'밴댕이'는 전어와 비슷하게 생겼지만 전어보다 몸이 얇다. 몸이 얇아서 속(소화기관)이 고작 엄지손톱만 하다.202 게다가 성질도 급해서 잡히면 배가 뭍에 닿기도 전에 스트레스로 파르르 떨다가 죽어버린다. 밴댕이가 속한 청어과 물고기들이 잡히면 이렇듯 금세 죽어버린다고 한다. 그래서 속이 좁고 참을성 없으며 툭하면 삐지고 화내는 사람에게 이 말을 썼다. 서

밴댕이는 몸이 얇아서 멸치보다 크더라도 멸치 똥만 한 내장이 들었다. 15cm 정도까지 자라지만 흔히 보는 국물용은 대개 작다.

울·경기나 남해안에선 말린 밴댕이를 '디포리'나 비슷한 발음으로 부르고, 전라남도에서는 안 말린 밴댕이까지 '디포리'라고 부른다.

뱁새가 황새 따라가다 가랑이 찢어진다   지나친 욕심보다 자기 분수나 격에 맞는 것을 바라야 한다는 말.

[현대] 국어를 배웠으면 주제를 알고 수학을 배웠으면 분수를 알아라
        일시불로 못 사는 건 내 능력으로 못 사는 거다

■ 뱁새가 황새 따라가다 가랑이가 찢어진다 / 뱁새가 황새걸음을 하면 가랑이가 찢어진다

|'뱁새'는 '붉은머리오목눈이'의 다른 이름(이북말로는 '비비새'라고 한다)으로 딱새과에 속하는 몸길이 13cm 정도의 텃새다. 참새보다도 작다. 이 뱁새는 수십 마리씩 무리를 지어서 다니는데, 참새들은 떼를 지어 '날아'다니지만, 뱁새는 떼를 지어 '빠르게 뛰고 걸어' 다닌다. 즉, 뱁새는 참새나 까치처럼 모둠발 뛰기로 총총거리며 뛰어다니지 않고 두 발을 앞뒤로 번갈아 디디며 걷고 뛰어다니는

---

202 말린 밴댕이는 달착지근한 국물을 낼 때 자주 쓰는데, 국물용 큰 멸치보다 서너 배는 크지만 내장이 워낙 적어 멸치와 달리 내장을 따내지 않고 통째로 그냥 넣어 국물을 우린다.

새라서 모둠발로 뛰는 다른 새들보다 뛰는 속도가 매우 빠르다. 뛰는 속도가 빠르니 위험이 닥쳤을 때 참새들이 수시로 날아올랐다가 다른 데 내려앉는 데 비해, 뱁새는 다른 자리로 후다닥 뛰어가 위험을 피하는 일이 많다. 이렇게 걷고 뛸 수 있는 새가 뱁새다 보니 마찬가지로 '걷'는' 새인 황새와 비교해 이런 속담을 만들었다.

뱁새. |@glory_sy [twitter] (제공)

'황새'는 백로보다도 큰 새로(옛말로는 '크다'는 뜻의 '한-'을 쓴 '한새'), 국내에서는 1971년 마지막 한 쌍이 밀렵꾼에게 죽은 이후 멸종한 상태다.[203] 큰 걸음으로 느긋하게 걸어가는 황새는 양반에, 잰걸음으로 뛰어야만 하는 뱁새는 상것(상민)에 비유한 것. '양반걸음'의 다른 말이 '황새걸음'이니, 짧은 다리 뱁새가 황새처럼 양반걸음으로 크게 걸으며 속도까지 따라잡으려면 가랑이가 찢어지기밖에 더할까. 제 걸음, 제 능력을 살려 그에 맞춰 살라는 뜻.

경북 봉하마을의 황새. 백로보다 훨씬 커 개도 쫓아버릴 정도. |SBS, 〈SBS스페셜〉, "안녕! 봉순아!"

■ 송충이는 솔잎을 먹어야지 갈잎을 먹으면 떨어진다

| 식물에 붙어사는 애벌레들을 다 송충이라 하는 경향이 있는데, 송충이란 말 자체가 소나무 송(松)에 벌레 충(蟲)이다. 솔잎을 먹고 사는 솔나방 애벌레가 송충이. 솔잎은 쓰고 억센 데 비해 갈잎, 즉 활엽수 잎은 연하고 부드럽다. 이것이 부러워 송충이가 활엽수로 옮겨 가[204] 다른 애벌레들처럼 갈잎을 먹으면 자기 몸에 맞지 않아 결국은 힘을 잃고 떨어져 죽고 만다. 자기가 가진 능력과 처지는 생각 않고 무턱대고 남들 먹고사는 방식이 부럽다고 섣불리 달려들면 결국 인생이 망할 수밖에 없다고 경고하는 속담이다.

■ 게도 구멍이 크면 죽는다[24]

---

203 최근 일본에서 복원한 황새들 중 한 마리가 경북 봉하마을에 나타나 자리를 잡았음이 확인되었다.
204 소나무와 참나무는 대개 같은 곳에서 자란다. 그래서 솔잎에 살던 송충이가 갈잎으로 옮겨가는 것 역시 매우 쉽다. 실제로 갈잎을 솔잎으로 착각해 참나무로 건너가 갈잎을 갉아 먹다 땅에 떨어지는 송충이를 보고 이런 속담이 나왔는지도 모르겠다.

│'게'는 갯벌 등에 좁은 구멍을 파고 그것을 집으로 삼는데, 구멍에 들어갈 때면 집게발을 착 접어서 불편하게 기어들어 간다. 구멍을 크게 하면 드나들기 편하겠지만 새와 같은 천적에게 쉽게 노출되어 잡아먹히기 또한 쉬워진다. 여기서의 구멍은 '집'을 뜻한다. 제 능력과 분수

구멍 좁고 불편한 게 생존엔 유리하다.

에 안 맞는 큰 집을 갖자면 부정한 짓이 아니고선 불가하니, 그러다 목이 달아난다는 뜻.

■ 오르지 못할 나무는 쳐다보지도 마라

│꿈은 높게 가져야 하지만 꿈만 높다고 되는 게 아니니 그 꿈을 위한 충분한 준비와 노력부터 해야 한다는 뜻이다. 애초에 포기하고 시도조차 하지 말라는 속담은 아니다.

■ 짚신도 제날이 좋다[2+]

│이 속담은 신분이나 지위가 비슷한 사람과 결혼해야 좋다는 뜻으로 쓰인다. '제날'은 짚신이나 미투리를 삼을 때 쓰는 씨줄과 같은 재료로 된 날줄을 말한다.

발(가락)에 네 가닥의 날줄을 걸고 씨줄을 차곡차곡 가로질러 엮는다.
│김득신, 〈여름날의 짚신 삼기〉

미투리는 정교한 신발이라 짚신의 열 배 가격을 받을 수 있었다. 그래서 가난한 양반은 짚신을 신었다. │국립민속박물관

볏짚을 꼬고 엮어 만든 신발을 짚신[205] 이라 하고 삼(麻)이나 모시의 껍질 등을 가늘게 찢어 만든 줄을 꼬고 엮어 만드는 신발은 미투리[206] 라 한다. 짚신이나 미투리를 만들 때는 우선 새끼를 가늘고 길게 한 발 남짓을 꼬아 날줄을 먼저

205　짚신은 생각보다 튼튼하고 편한 신발이라 오랜 세월 우리 민족과 함께했는데, 이 짚신이 일제시대에 고무신이 생산되면서 자취를 감추었다. 그러다가 태평양전쟁 때 고무 물자가 달리자 강제로 조선인들에게 짚신을 신으라 하여 해방 전까지 다시 짚신이 유행하기도 했다. 짚신의 형태는 다양해서 개중에는 부츠 모양의 짚신도 있었다.

206　그래서 미투리의 다른 이름이 '삼신'이다. 미투리의 가격은 매우 비싸서 짚신이 양반과 평민을 가리지 않고 모두 신었다면 미투리는 돈 있는 사람들이 사서 신었다.

만든다(한 '발'은 두 팔을 벌린 폭으로 세는 단위). 그런 다음 양 끝을 모아 묶어 다시 반으로 접는다. 그럼 네 가닥 날줄이 완성된다.207 이 날줄을 '신틀'에 걸어 고정하거나 허리에 돌려 양발이나 발가락에 걸어 고정한다. 팽팽하게 고정된 네 가닥 날줄에 계속 씨줄을 엮어 채우면 신발 바닥이 대략 만들어진다.

이때 날줄이 짚이면 씨줄 역시 짚으로 하는 것이 좋고 날줄이 삼줄이면 씨줄도 삼줄로 하는 것이 좋다. 만약 날줄과 씨줄이 재료가 다르면 마찰로 어느 한쪽이 쉬 닳는 까닭이다.208 수준이 너무 다른 사람끼리 결혼하면 마찰과 갈등으로 어느 한쪽 마음속이 닳을 수 있다는 말이다. '제날'은 '제가 태어난' 곧 '제 신분'으로도 볼 수 있다.

■ 가는 밥 먹고 가는 똥 누어라 / 적게 먹고 가는 똥 누어라
| 벌이가 적으면 더 벌어야겠지만 그게 여의치 않으면 아끼며 분수껏 사는 편이 낫다는 말. 먹는 것이 적으면 나오는 똥도 적고 가늘다. 더 잘 먹어보겠다고 섣부른 짓을 하다 더 망할 수 있다는 뜻이다. '가는 밥'은 알갱이가 작은 조로 지은 밥이나, 곡식을 갈아 끓인 죽 등을 뜻한다. 뒤에 나오는 '가는 똥'과 맞추기 위해 그렇게 표현했다.

■ 보리밥에는 고추장이 제격

뱃가죽이 등에 붙었다 너무 많이 굶주렸음을 표현하는 말.

[成語] 피골상접(皮骨相接) : 살가죽과 뼈가 딱 달라붙을 만큼 말랐다.

■ 뱃가죽이 등에 붙었다 / 뼈[가죽]만 남았다
| 배가 쏙 꺼져 등뼈에 닿을 정도라는 말.

버선목이라 뒤집어 보일 수도 없고 아무리 의심을 풀고자 해도 상대가 믿어주지 않아 답답함을 이르는 말.

■ 버선목이라 뒤집어 보일 수도 없고2+

---

207 미투리는 매우 촘촘하게 짰으므로 날줄이 네 날(줄) 아닌 여섯 날인 경우가 많았고, 지금 전해지진 않지만 8날 미투리도 있었다 한다. 서정주의 시 〈귀촉도〉에도 '육날 메투리(미투리)'라는 말이 나온다. "신이나 삼아줄걸 슬픈 사연의 / 올올이 아로새긴 육날 메투리 / 은장도 푸른 날로 이냥 베혀서 / 부질없는 이 머리털 엮어 드릴걸". 저승길에 신으라고 넣어주는 망자의 짚신이나 미투리에는 가까운 이의 머리칼을 잘라서 같이 삼기도 했다. 특히 남편이 죽었을 때 아내의 머리칼을 잘라 삼았다. 더는 자신을 예뻐할 사람이 없다는 뜻이다.
208 간혹 짚과 삼줄을 섞어서 만들기도 하는데, 그런 신발은 상을 당한 사람들이 주로 신었다.

|버선의 발목 쪽이 버선목으로 몸니가 여기에 잘 숨어 살았다. 그래서 햇볕 아래 앉아 버선목 뒤집어 까서 잡아 죽이곤 했다. 아무리 까놓고 말해도 상대가 자꾸 부정하고 안 믿으니 복장이 터지고 환장할 노릇이다. 그래서 "내 말이 이치(理致)에 안 닿는다니! 내가 그럴 리가 있냐고" 하면서 그럴 리(理) 없다는 걸 버선목 뒤집어 이를 까 보이듯 자기 속의 바른 이치를 내보여주고 싶다는 뜻이다.

번갯불에 콩 볶아 먹는다   ①성격이 매우 급하다는 말. ②행동이 매우 민첩하다는 말.

   [成語] 전광석화(電光石火) : 번개 불빛과 부싯돌 불티. ▸ 번갯불처럼, 그리고 부싯돌에서 불꽃이 튀는 것처럼 매우 빠르다는 말이다.

■ **번갯불에 콩 볶아 먹는다**[2+]

   |번개가 번쩍! 할 때 낙뢰 떨어지는 자리에 콩을 놓아 볶아 먹을 만큼 매우 빠르다는 뜻, 또는 가마솥에 콩 볶는 시간도 못 기다려 번갯불에라도 볶으려 들 만큼 성미가 급하다는 뜻이다.

   [맥락] 번갯불에 볶는 게 하필 콩인 이유는, 단단한 콩이 볶이며 튀는 소리가 낙뢰 소리와 똑같은 '따다당!'이라서다. 그래서 따발총 소리를 표현할 때도 '콩 볶는 소리'가 난다고 한다. 이 속담의 본뜻은 '성미가 원체 급해서 번갯불도 쫓아가 콩 볶아 먹겠다'였다가, 번갯불이 번쩍번쩍하듯 똑같이 번쩍번쩍 나타나고 사라진다며 동작이 빠르다는 뜻으로 바뀌지 않았을까 한다.

범에게 날개   힘이나 능력이 있는 사람이 더욱 힘을 얻게 됨을 이르는 말.

■ **범에게 날개**

법은 멀고 주먹은 가깝다   물리적이나 금전적인 힘이 법보다 앞서 있다는 말.

   [반대] 소가 힘세다고 왕 노릇 하랴

■ **법은 멀고 주먹은 가깝다**[2+]

   |당장의 주먹을 막아주기에는 법이 너무 멀리 있다는 말.

■ **주먹 큰 놈이 어른이다**[2+]

   |힘 센 사람이 우두머리를 차지한다는 말.

베개 밑 송사   잠자리에서 아내가 남편에게 이런저런 일을 호소하여 자기가 바라는 바를 이루려 함을 이르는 말.

■ **베개 밑 송사 / 베갯머리 송사**

｜송사(訟事)는 재판의 옛말. 아내가 잠자리에서 남편에게 이 런저런 집안 문제를 하소연하면서 판결하고 처결해달라는 걸 이렇게 표현했다. 남자들은 잠자리에서 너그러워지는 경 향이 있음을 잘 알기 때문에.

벼는 익을수록 고개를 숙인다 　지식과 능력이 뛰어난 사람일수록 함부로 말하고 행동하지 않는다는 말.

> [成語] 등고자비(登高自卑) : 높은 곳에 오르려면 낮은 데부터 시작하라. ▸ 숨겨진 해석 으로는, 높은 곳에 오르면 스스로 자신을 낮추라는 말.
>
> [반대] 빈 수레가 요란하다
>
> [현대] 겸손은 나를 낮추는 것이 아니라 남을 높이는 것이다

■ 벼는 익을수록 고개를 숙인다

｜알곡이 찬 벼는 이삭이 아래로 숙지만, 병들거나 잘못된 알곡 '쭉정이'는 속이 비거나 썩었기에 가벼이 위로 처든 다. 속이 덜 찬 사람일수록 고개를 세우며 겸손할 줄 모 른다는 말이다. 누가 밥 먹을 줄 안다고 자랑할까. 누가 똥 눌 줄 안다고 자랑할까. 온전히 자기 것이 되지 못했 으니 아기가 부모에게 칭찬 바라듯 우쭐대며 자랑하는 법이다.

9월 초순, 알곡이 찰수록 더 숙인다.

■ 병에 가득 찬 물은 저어도 소리가 안 난다 / 물은 깊을수록 소리가 없다 / 도랑물이 소리를 내지 호수가 소리를 낼까

■ 김 안 나는 숭늉이 더 뜨겁다[덥다]

｜숭늉은 김이 거의 안 난다. 하지만 미세한 밥알 조각들이 열을 잔뜩 머금고 있어 서 맹물 끓인 것보다 더 뜨겁다. 조심성 없이 함부로 입에 댔다간 데기 십상. 툭하면 뚜껑 열리고 머리에 김 펄펄 나는 사람보다 조용히 침묵을 지키는 사람 이 화나면 더 무섭다거나, 끝장을 보려는 마음이 더 뜨겁다는 뜻으로 쓰인다.

■ 강철이 달면 더 뜨겁다

｜강철은 800℃가 넘어야 비로소 물러지며 녹는다. 그 온도까지 오르기가 어렵지 한번 달구어진 쇳덩어리는 쉽게 달아오른 다른 것들이 견줄 수 없을 만큼 매우 뜨겁다. 감정동요 없는 사람이 화나면 누구도 손댈 수 없다.

■ 무는 개는 짖지 않는다 / 무는 개는 소리 없이 문다

■ 벼슬은 높여도 마음은 낮춰라 / 하늘만 보고 다니는 사람은 개천에 빠진다[2+]

| 출세할 생각에 위에 아부만 하고 다니는 사람은 자칫 개천의 거지꼴이 될 수도 있다는 말이다.

벼룩의 간을 빼 먹는다 가진 것 없는 사람에게조차 이익을 챙기려 든다는 말.
[현대] 마른 오징어도 쥐어짜면 물이 나온다

■ **벼룩의 간을[선지] 빼 먹는다 / 벼룩을 등 쳐 먹는다**
| '선지'는 짐승의 피. 선짓국의 선지는 소의 피를 받아 식혀 굳힌 덩어리다. 깨알 같이 피를 쪽쪽 빨고 쥐뿔도 없는 사람에게까지 사기를 친다는 말.

■ **모기 다리에서 피 뺀다²⁺ / 모기 머리에서 골수 뺀다**
| 제대로 못 먹어 다리가 비쩍 마른 사람에게서도 고혈을 뽑아 간다는 말.

■ **개 귀의 비루를 털어 먹는다²⁺ / 개 등의 겨를 털어 먹는다**
| '비루'는 개나 말 등의 가축에게 생기는 피부병의 일종으로, 피부가 헐고 각질이 비듬이나 가루처럼 생기며 털이 빠지는 병. 또한 개는 아무 데나 드러누워 털에 온갖 지저분한 것이 묻는다. 그 지저분한 것들까지 털어서 먹을 정도니 더럽고 치사하다는 말이다. '비루먹다'는 '빌어먹다'와 발음이 비슷하다. 먹을 게 없어 빌어먹는 사람한테도 이자나 세금을 털어 간다는 말이다.

■ **코 묻은 떡도 빼앗아 먹는다**
| 어린애 먹을 몫까지 빼앗아 간다는 말.

■ **얻은 데서 빌어먹는다**
| 가진 게 없어 남에게 얻은 것을 얻어먹으려 든다는 말.

벼르던 제사에 물도 못 떠다 놓는다 잔뜩 마음먹고 기다리던 일이 오히려 더 잘못 될 수도 있다는 말.

■ **벼르던 제사에 물도 못 떠다 놓는다**
| 이번 제사 때는 제대로 차려 올리리라 작정했다가, 정작 그때가 되니 생각지도 못한 급한 일이 생기거나 급히 돈 융통할 데가 생겨 제사조차 못 지냈다는 말.

벼린 도끼가 이 빠진다 공을 들여서 잘해놓은 것이 더 빨리 탈이 난다는 말.

■ **벼린 도끼가 이 빠진다²⁺**
| '도끼'는 용도에 따라 두 종류를 나누어 썼다. 나무를 찍어내기 위한 도끼는 날이 두껍고, 깎아내기 위한 도끼는 날이 얇았다. 그래서 나무 찍는 도끼는 날을 적당

히 벼렸다. 너무 예리하게 벼리면 찍는 충격을 못 이겨 이가 쉬 빠지니까.

[맥락] '벼리다'와 비슷한 '벼르다'는 어떤 일을 이루려고 마음속으로 준비 단단히 하며 기회를 엿본다는 뜻이므로, '도끼'는 어쩌면 독기(毒氣) 아닐까 한다. 독기 품고 단단히 벼르다 꼼꼼함이 지나쳐 오히려 쉽게 탈이 난다는 뜻일 듯하다. 어느 집단에서건 지나치게 잡도리하면 단결보단 분열이 먼저 이루어진다.

벽창호　고집불통에 무뚝뚝한 사람을 일컫는 말.

■ **벽창호**

│평안북도 벽동군과 창성군에서 키우는 소들이 몸집이 크고 매우 억세다는 데서, 원래는 벽창우(碧昌牛)였다가 그 유래가 희미해지면서 봉창에 바른 창호지라 생각해 벽창호로 바뀐 말이라 한다. 봉창(封窓)은 채광, 환기, 보온을 목적으로 만든 열 수 없는 막힌 창이다. *봉창→ 아닌 밤중에 봉창 뜯는다

변덕이 죽 끓듯 하다　말이나 행동이 이랬다저랬다 매우 변덕스럽다는 말.

[成語] 조변석개(朝變夕改) : 아침에 바꾸고 저녁에 다시 고친다.
　　　　조령모개(朝令暮改) : 아침에 명을 내리고 해 질 녘에 다시 바꾼다.
　　　　일구이언(一口二言) : 한 입으로 두 말을 한다.

[현대] 변덕이 롤러코스터 탄다 / 그때는 맞고 지금은 틀리다 /
　　　　안 먹는대서 하나 끓이면 한 젓가락 달래고 먹는대서 두 개 끓이면 생각 없댄다

■ **변덕이 죽 끓듯 하다**

│죽은 국과 달리 불이 셀 때는 용암처럼 맹렬히 끓다가 불 낮추면 언제 그랬냐는 듯 바로 푹 가라앉는다. 다시 화력 올리면 곧장 부그르르 끓다가 낮추면 또 삽시간에 가라앉는다. 시시로 끓다 식다 하는 변덕스러운 마음이 이와 같다.

■ **(양은) 쟁개비 끓듯 하다**[2+]

│'쟁개비'는 프라이팬이나 전골냄비보다는 운두가 높고 냄비보다는 낮은 조리도구다. 아마 운두가 냄비의 절반 높이였지 않을까 싶다. 주로 굽거나 지지는 용도로 썼다고 한다(약을 급히 끓일 때 쓰는 '두구리' 또는 '약두구리'도 흔히 '쟁개비'라고 부르곤 했다). 적은 양을 지지니 빠르게 지글지글 끓었다가 불에서 빼두면 금세 식는다. 잔뜩 끓어오른 열의나 의지가 오래 가지 못할 때 쓴다. 흔히 쓰는 '냄비근성' 대신 사

흔히 '쟁개비'로도 불리는 '두구리'. 약을 급히 데워야 할 때 썼다. 약물만 따라내도록 입을 냈다. 두구리로 쟁개비 모양을 추측해볼 수 있겠다. │가천박물관 홈페이지

전에도 있는 '쟁개비열정'을 써보는 것도 좋겠다.

■ 손바닥 뒤집듯 하다 / 고려공사 삼일[사흘]

ㅣ공사(公事)는 공무(公務)와 같은 말. 조선시대 초기에 만들어진 『고려사(高麗史)』에, 고려시대에는 법령이나 제도가 너무 자주 바뀌어 나라가 혼란해 망했다며 이렇게 적었다. 하지만 어느 나라든 망하기 전에는 다 그러니 꼭 고려 때만 그렇지 않다. 보통 앞 정권을 엎고 새 정권이 들어서면 앞 정권을 비난하고 낮추어 평가함으로써 민심을 회유해 새 정권을 강화하는 법. 의자왕과 공민왕을 퇴폐의 왕으로, 고종황제나 장면정권을 무능으로 묘사하는 일은 역사에 흔하다. 정상적인 방법으로 정권을 이어받지 못한 새 정권이면 특히 더 그런다. 유몽인(柳夢寅)이 『어우야담(於于野談)』에 조선공사삼일(朝鮮公事三日)이라 적은 걸 봐도 이 조변석개 행정은 한 국가의 끝자락에 늘 등장함을 알 수 있다.

■ 문경이 충청도가 되었다 경상도가 되었다 한다[2+]

ㅣ'문경'은 문경새재(聞慶새재)를 뜻한다. 문경새재는 줄여서 '새재' 또는 조령(鳥嶺)이라고도 하는데, 새조차 한 번에 날아 넘기 어려울 만큼 고개가 높고 바람이 거세 그런 이름이 붙었다고 한다. 문경새재는 조령산(1,025m)과 그 동동북쪽에 있는 주흘산(1,106m) 사이 계곡을 경상북도 문경부터 타고 올라가 조령 제1관문[하성문(下城門)·주흘관(主屹關)]-제2관문[중성문(中城門)·조곡관(鳥谷關)]-제3관문[조령문(鳥嶺門)·조령관(鳥嶺關)]을 거쳐 충청북도 충주 지역으로 넘어가는, 영남에서 서울로 올라가는 과거길이자 수많은 장사꾼이 넘나들던 고개다. 그런데 제1,2관문과 제3관문 직전까지는 경상도 땅이지만 제3관문은

제1관문, 제2관문까지는 경상도 문경 땅인데 가장 높은 제3관문은 충청도 땅이다. 또 문경새재 영역은 충청도 땅이기도 하고 경상도 땅이기도 하다. ㅣ카카오맵 (수정)

충청도 땅에 속한다. 그러니 이름만 '문경'새재지 제3관문은 경상북도 문경 땅이 아니다. 같은 문경새재라도 위치에 따라 충청도가 되었다 경상도 땅이 되었다 할 수밖에 없다. 게다가 가장 높은 곳인 3관문은 충청도 땅이다.

■ 그 장단 춤추기 어렵다[2+]

ㅣ장단에 맞춰 춤을 추지 못할 정도로 장단이 이랬다저랬다 한다는 말.

[맥락] 대화하며 장단을 맞출 때는 마주 서서 서로 손바닥을 마주치며 장구 치듯

"그래 그래, 맞아 맞아!" 해준다. 맞다고 해줬더니 아니라 하고, 글렀다고 해줬더니 옳다고 하며 제 마음 따라 말이 바뀌니 말장단 맞춰주기 참 어렵다.

■ 시어머니 웃음은 두고 봐야 한다[2+]

회식 자리 직장 상사 웃음도 두고 봐야 한다. 자기 신경 쓰지 말고 편하게들 놀라며 세상 인자한 표정을 지어놓고, 조금만 심기 불편하면 바로 과장 불러다 앉히고 아래 직원들 교육 똑바로 하란다. 언제든 변덕 부려도 되는 이가 힘 가진 윗사람이다.

변죽을 치면 복판이 운다 한 부분이 영향받으면 그와 연관된 것들도 같이 영향받는다는 말.

■ 변죽을 치면 복판이 운다[2+]

변죽(邊죽)은 물체나 과녁, 북 등의 가장자리. 어떤 물건의 가장자리에 충격을 주면 당연히 복판까지 진동이 전해진다. 주변을 건드리면 핵심이 되는 것에도 영향을 미치게 된다는 말이다.

[맥락] '변죽을 울리다'는 바로 콕 짚어 말하지 않고 에둘러서 알게 한다는 말이다. 대놓고 말하지 않고도 사람 마음을 아프게, 눈물 나게 한다는 뜻인 듯하다.

■ 기둥을 치면 (대)들보가 운다 / 벽을 치면 지붕이 운다

'들보'는 기둥 위에 가로지르는 크고 두꺼운 건축부재. 전통가옥은 대체로 나무로 되어 있어서 기둥에 충격을 가하면 그 위에 가로질러진 들보에까지 진동이 전해진다.

병신 육갑한다 되지 못한 사람이 격에 어울리지 않는 엉뚱한 짓을 함을 얕잡아 이르는 말.

[현대] 생긴 대로 논다 / 잘생기면 인물값 하고 못생기면 꼴값 한다

■ 병신 육갑한다

병신(病身)은 몸의 어느 부분이 온전하지 못한 사람, 즉 장애인을 낮잡아 이르는 말이다. 육갑(六甲)은 육십갑자(六十甲子)의 준말. 육갑을 한다는 것은 태어난 연·월·일·시를 가지고 그 사람의 운세를 점치는 것을 말한다. 연월일시 넷을 집의 네 기둥으로 보아 '사주(四柱)'라고 부르며, 갑자(년)-병인(월)-신미(일)-임진(시)처럼 연월일시 모두 두 글자씩 총 여덟 글자이므로 '팔자(八字)'라고 부른다. 모두 합쳐서 '사주팔자'. 그러므로 이 속담은 자기 몸도 성치 않은 주제에 남의 길흉화복 운세를 봐준다고 비꼬는 말. 보통 장님이나 앉은뱅이들

이 생계수단으로 점치는 일을 많이 해서 생긴 말이기도 하다. 여기서 유래하여 자기 앞도 못 보면서 남의 앞길을 보아준다고, 주제도 모르면서 함부로 나서는 경우를 일컫는 말이 되었다. 〈표〉는 60갑자를 나타낸 것이다. 갑자(甲子)에서 시작해 육갑(六甲), 즉 여섯 번의 갑을 거친 60년 뒤 다시 갑자(甲子)로 돌아간다.[209]

연수	갑수	천간(天干)	지지(地支)	연도
1		갑(甲)	자(子)	1984
2		을(乙)	축(丑)	1985
3		병(丙)	인(寅)	1986
4		정(丁)	묘(卯)	1987
5	1甲	무(戊)	진(辰)	1988
6		기(己)	사(巳)	1989
7		경(庚)	오(午)	1990
8		신(辛)	미(未)	1991
9		임(壬)	신(申)	1992
10		계(癸)	유(酉)	1993
～				
51		갑	인	2034
52		을	묘	2035
53		병	진	2036
54		정	사	2037
55	6甲	무	오	2038
56		기	미	2039
57		경	신	2040
58		신	유	2041
59		임	술	2042
60		계	해	2043
1	1甲	갑	자	2044

■ 지랄도 풍년이다[2+]

|'지랄'은 흔히 '간질'이라고 부르는 뇌전증(Epilepsy)을 낮잡아 일컫는 말로, 뇌 신경세포에 이상이 생겨 의식을 잃거나 발작 등을 일으키는 증상이다. 간질병의 대표적 증상이 갑자기 발작을 일으키는 것인데, 눈이 뒤집히고 입에 게거품을 물며 바닥을 나뒹구는 증세를 보인다. 그래서 이와 비슷한 행동을 하면 지랄을 한다고 했다. 이런 지랄이 풍년처럼 넘쳐난다는 뜻이다.

병은 자랑하랬다 고민이 있으면 혼자 애태우지 말고 주변에 널리 알려 여러 사람의 도움을 받아야 한다는 말.

■ 병은 자랑하랬다

병자년 방죽이다 건방지다는 말을 에둘러 하는 말.

■ 병자년 방죽이다[2+]

|'방죽'은 물 들어오는 걸 막거나 물을 가둬두려 쌓은 둑. 고종13년인 병자년에 큰 가뭄이 들어 전국의 방죽이란 방죽이 모두 말라버렸는데, 마른 방죽을 뜻하는 건(乾)방죽과 '건방지다'가 발음이 비슷해서 건방진 상대를 에둘러 욕할 때

---

209 그래서 6甲을 다 돌아 다시 1갑(甲)으로 돌아오는 것을 환갑(還甲) 또는 회갑(回甲)이라 한다. 태어난 때로부터 60년 뒤이므로 만 60세인 61세에 환갑을 맞는다.

썼다.[210] 마른 방죽에 물이 하나도 안 차 있듯, 속에 찬 게 하나 없는 사람이 잰 체를 한다는 뜻도 담았다.

병 주고 약 주기 남을 해치거나 힘들게 하고서 공연히 위해주는 척한다는 말.

[현대] 담배로 잃은 건강 인삼으로 회복하자 ▸ 실제로 한국담배인삼공사 어느 지점에서 현수막으로 잠깐 내걸었던 내용이다.

■ **병 주고 약 주기 / 등 치고 배 문지른다[어루만진다]**[2+] **/ 술 먹여놓고 해장 가자 부른다**[2+]

│고통을 안겨 몸져눕게 만들고는 남들 이목이 있으니 위로하는 척하거나 허튼 도움을 주고, '약손' 문지르듯 빈말로 위로한다. 괴로운 일을 당해 홧김에 벌컥 벌컥 취하도록 마셨는데, 그 원인 제공자가 와서 해장하자고, 맺힌 속 풀어준답시고 가당찮은 짓을 한다. 자기보다 센 사람이면 발끈도 못 한다.

■ **사람 죽이고 초상 치러주기**[2+]

│견디기 힘든 일을 겪게 해서 상대를 죽음에 이르게 만들고는 주위의 비난을 무마하려 초상 치를 비용으로 입막음한다는 뜻이다.

병풍에 그린 닭이 홰를 치거든 절대로 불가능하거나 말도 안 되는 일이라는 말.

[成語] 어불성설(語不成說) : 말도 안 되는 이야기.
　　　　언어도단(言語道斷) : (어이가 없어) 말문이 막힘.
　　　　연목구어(緣木求魚) : 나무에서 물고기를 구한다.
　　　　건목생수(乾木生水) : 마른나무에서 물이 난다.
　　　　귀모토각(龜毛免角) : 거북이 털과 토끼 뿔.
　　　　육지행선(陸地行船) : 육지로 배를 몬다.

[현대] 개소리를 정성스럽게도 한다 / 이게 말이야 방귀[막걸리]야 / 입으로 똥 싼다 ▸ 구려 터진 소리, 쉬어터진 소리를 한다는 말.
　　　　할많하않 ▸ '할 말은 많지만 하지 않겠다'의 준말. 너무 어이없을 때 쓴다.
　　　　개 풀 뜯어 먹는 소리 ▸ 개가 풀을 뜯어 먹을 때도 있다. 기생충이 있거나 속이 좋지 않을 때 이것을 토해내기 위해 개가 간혹 풀을 뜯어 먹기도 한다. 원래는 '개뿔 같은 소리 한다'에서 '개뿔'을 '개 풀'로 바꾸어 말한 듯하다.
　　　　김밥 옆구리 터지는 소리 ▸ 되지도 않는 소리를 하면 "(입으로) 똥 싸고 있네" 또는 "똥 싸는 소리 하네"라고 한다. 똥 싸는 소리는 '뿌직'이며 이는 잘못 만 김밥이 터지는 소리 '뿌직'과 같다.

210　드라마 〈별에서 온 그대〉에서 "'병자년 방죽'을 부리는군!"이 '건방지다'의 어원이라 표현해서 이 속담도 잘못 알려졌다.

지렁이 하품하는 소리 ‧ 지루해서 하품 나는 소리라는 뜻에서 나온 듯하다.

달밤에 체조한다 ‧ 뭔가 하다 들킨 사람은 괜히 어색해 큰 동작으로 딴전을 피우는 법이다.

- **병풍에 그린 닭이 홰를 치거든 / 삶은 닭이 홰를 친다**

  | ‘홰’는 닭장이나 새장에 닭이나 새가 올라가 앉을 수 있도록 질러놓은 긴 막대로, 닭이 날개를 세차게 퍼덕이며 올라앉은 홰를 때리며 우는 것을 ‘홰를 친다’라고 한다. 그림 속 닭이나 삶긴 닭이 살아나서 홰를 칠 리 없다.

- **고목나무에 꽃 피랴 / 여든에 이가 나랴 / 군밤[볶은 콩]에 싹 나랴**

- **곤달걀이 꼬끼요 울거든**

  | ‘곤달걀’은 곯은 달걀. 썩은 달걀은 부화가 안 되니 아무리 기다린들 그게 자라 닭이 될 리 없다.

- **돌 갖다 놓고 달걀 되기 바란다**

- **거북이 등의 털을 긁지**[2+]

  | 백날 바가지를 긁어도 한 귀로 흘리는 남편을 보고 부인이 복장이 터져서 하는 소리에서 나온 말은 아닐까? “어휴, 저 웬수! 저 인간한테 소용없는 바가지를 긁느니 거북이 등에서 털을 긁지.”

- **가을에 뻐꾸기 소리 한다**[2+] **/ 가을 뻐꾸기 소리**[2+]

  | 뻐꾸기는 탁란(托卵), 즉 다른 새의 둥지에 몰래 알을 낳아 그 새가 자기 새끼를 키우게끔 하는데, 우리나라에서는 주로 흔히 ‘뱁새’라고 불리는 ‘붉은머리오목눈이’ 둥지에 한다.[211] 뻐꾸기 새끼는 부화하면 본능적으로 다른 알들을 모두 둥지 밖으로 밀어내고 어미(붉은머리오목눈이)가 주는 먹이를 독차지하여 무럭무럭 자라 어미 뱁새보다 몇 배로 커진다. 이때쯤(초여름)부터 뻐꾸기 어미는 둥지 근처로 날아와 계속 뻐꾹뻐꾹 울어대는데, 이에 뻐꾸기 새끼는 자신이 뻐꾸기 새끼임을 알아차리고 키워준 어미를 버리고 낳아준 어미를 따라간다. 뻐꾸기는 여름 철새라 가을에는 울음소리를 들을 수 없다.[212]

---

211 뻐꾸기 알은 뱁새 알과 똑같이 푸른빛이며 크기만 꽤 크다. 그래서 뱁새는 자기 알이라 믿어 의심치 않는다. 하지만 뱁새도 번번이 당하지만은 않아, 요새는 흰 알을 낳는 뱁새도 있다.

212 뻐꾸기는 간혹 밤에도 운다. 지금의 휴대폰처럼 개인적으로 연락할 도구가 없던 옛날에는, 사랑하는 애인을 몰래 집 밖으로 불러내기 위해 남자가 담 너머 또는 창밖에서 뻐꾸기 소리 흉내를 신호로 보냈다. 그러면 무신경한 그 집 사람들은 밤에 뻐꾸기가 운다고 생각하고 무심하게 넘기지만, 애인을 기다리던 여자는 바로 알아채고 몰래 빠져나와 둘이 사랑을 속삭였다. 그래서 지금도 이성 간에 상대방을 꾀어내거나 유혹하려고 수작을 부리는 것을 ‘뻐꾸기를 날린다’라고 한다.

[맥락] '뻑뻑'은 억지를 부리며 자꾸 기를 쓰거나 우기는 모양을 뜻하는 말 '벅벅'의 센 말이다. 가을에 들을 수 없는 뻐꾸기 소리처럼 말도 안 되는 소리를 '뻑뻑(뻐국뻐꾹)' 해댄다는 말일 듯하다.

■ 당나귀 뿔 날 때까지 기다려라
| 당나귀는 암수 모두 뿔이 나지 않는다.

■ 솔방울에서 딸랑 소리 나거든 / 태산이 바람에 쓰러지거든
| 솔방울은 이름만, 모양만 방울이지 진짜 방울이 아니므로.

■ 간장이 쉬고 소금이 곰팡 난다

■ 개가 콩엿 사 먹고 버드나무에 올라가겠다

■ 구름 잡아타고 하늘로 날겠다 한다[2+]
| 언젠가 출세해서 훨훨 날 때가 있을 거라고 '뜬구름 잡는 소리' 할 때 어느 세월에, 무슨 재주로 그럴 거냐고 할 때 쓰였을 듯하다.

■ 고양이가 알 낳을 일이다 / 고양이가 소식한다
| 소식(素食)이란 채식과 거의 같은 말로, 고기나 생선이 없는 채소 위주의 식사를 말한다. 고양이가 비록 밥도 먹지만 아무래도 태생이 작은 동물이나 곤충 등을 잡아먹던 육식동물이라서 채식만으론 살 수 없다.

■ 모래로 물 막기 / 거미줄로 방귀 동여매기 / 마른나무에 물 짜기[내기]

■ 쥐구멍으로 황소 몰기 / 바늘구멍으로 코끼리 몰라 한다

■ 중의 망건[상투·빗]
| 머리카락이 없는 스님이 빗질을 하고 상투를 틀고 망건을 두를 리 없다. '망건→
가진 돈이 없으면 망건 꼴이 나쁘다

보기 좋은 떡이 먹기도 좋다 내용뿐 아니라 겉모양도 좋아야 더 낫다는 말.
[반대] 뚝배기보다 장맛

■ 보기 좋은 떡이 먹기도 좋다
| '송편 예쁘게 빚으면 예쁜 딸 낳는다'라는 말이 있는 것처럼, 모든 음식은 아무리 맛이 좋아도 겉모습을 정갈하고 예쁘게 차려내야 먹음직스럽다. 그래서 떡살로 떡에 아름다운 문양을 찍어낸다. 음식은 맛도 좋아야 하지만 차려내는 맵시도 맛있어야 하는 법.

도기 떡살. |국립중앙박물관   나무 떡살. |서울 농업박물관

보릿고개가 태산보다 높다 굶주리는 춘궁기 넘기기가 매우 힘들다는 말.

■ 보릿고개가 태산보다 높다[2+] / 사월 없는 곳에 가서 살았으면 좋겠다[2+]
  |음력 3~4월, 즉 양력 4~5월은 보리는 덜 익고 지난해 양식은 다 떨어진 춘궁기
  (春窮期)다. 음력 4월은 보릿고개의 막바지라 가장 굶주리는 때다.

보리 안개는 죽안개고 나락 안개는 밥안개다 가을에 안개가 끼면 가을걷이가 많지
만 봄에 끼는 안개에는 반대로 줄어든다는 말.

■ 보리 안개는 죽안개고 나락 안개는 밥안개다 / 가을 안개는 쌀안개 봄 안개는
  죽안개 / 가을 안개에는 곡식이 늘고 봄 안개에는 곡식이 준다 / 가을 안개는
  천 석을 올리고 봄 안개는 천 석을 내린다 / 가을 안개는 천 석을 보태준다
  / 가을 안개에 풍년 든다
  |보리가 익기 시작하는 봄에 안개가 끼면 비가 와 수확량이 적어지지만, 가을철
  벼 나락이 익어갈 때 끼는 안개는 날이 맑아 잘 영글게 하므로 수확이 는다.

보약도 쓰면 안 먹는다 자신에게 이로운 일이라도 달갑지 않으면 받아들이지 않는 말.

[반대] 좋은 약은 입에 쓰다

■ 보약도 쓰면 안 먹는다

복어 이 갈듯 원한에 사무쳐 이를 바득바득 갊을 이르는 말.

[成語] 절치부심(切齒腐心) : 분노로 이가 부러질 듯 갈고 썩을 만큼 속을 태움. ▸ 실제
로 턱의 악력만으로 자기 이빨을 부술 수 있다. 그런 일이 생기지 않는 것은 뇌가
그것을 막기 때문인데, 뇌의 본능적 통제까지 벗어날 만큼 분노한 상태라는 말.

■ 복어 이 갈듯[2+]
  |복어는 위험을 느끼면 적에게 위협을 가하기 위해 배를 잔뜩 부풀리고 이를 뿌

득뿌득 갈아 자신을 보호하는 습성이 있다. 복어가 내는 소리는 두 종류가 있는데, 첫째로 공기로 내는 '끗끗'('꿀꿀'로도 들린다) 소리가 있다. 이것은 공기나 물을 위장으로 빨아들여 위를 부풀리고 식도를 죄어 공기가 빠져나가지 않게 한 뒤에 식도를 풀어서 내는 소리다. 우리가 끅끅 신트림하는 소리와 비슷하다. 둘째는 이를 갈며 내는 뿌득뿌득 소리다. 복어 이 가는 소리는 우리가 이를 힘주어 갈 때 나는 소리와 똑같다. 이런 탓에 복어는 성내는 물고기라 하여 성낼 진(嗔)자를 써서 '진어'라고 하거나, 돼지 소리를 내고 뚱뚱하다고 '물돼지' 또는 하돈(河豚)이라고 한다.

복은 누워서 기다린다 속 끓이며 안달하기보다 마음 편히 좋은 일이 있기를 기다리는 편이 낫다는 말.

[반대] 감나무 밑에 누워 입에 홍시 떨어지기 기다린다

■ 복은 누워서 기다린다[2+]

ㅣ찌듯이 더운 복(伏)날에 덥게 애쓰는 것보단 가만 누워서 더위가 물러가길 기다리는 게 낫다는 말이다. 혼자 속 끓이며 안달하지 말고 저절로 일이 잘 풀리는 복(福)이 찾아오길 기다리라는 말.

복은 쌍으로 안 오고 화는 홀로 안 온다 복은 한꺼번에 받기 어렵지만 화는 연이어 오기 쉽다는 말.

[成語] 화불단행(禍不單行) : 나쁜 일은 한 번으로 끝나지 않는다.

■ 복은 쌍으로 안 오고 화는 홀로 안 온다

봄꽃이 가을에 피면 그해 겨울은 춥지 않다 그해 겨울이 얼마나 추울지는 자연의 관찰로 알 수 있다는 말.

■ 봄꽃이 가을에 피면 그해 겨울은 춥지 않다

ㅣ흔히 '따뜻한 겨울(이상난동 : 異常暖冬)'이라 부르는 겨울철 이상기후 현상은 여러 이유가 있지만 대체로 엘니뇨현상과 관계가 깊다고 한다. 엘니뇨현상은 남극에서 흘러드는 한류로 수온이 낮은 페루와 칠레 연안에, 3~5년에 한 번씩 겨울에(북반구 기준. 남반구는 여름이다) 적도 쪽으로부터 따뜻한 바닷물이 흘러들어 어부들이 그 따뜻한 해류를 '엘니뇨'[213] 라고 부른 데서 유래한다. 하지

---

213 엘니뇨는 '아기 예수'라는 뜻. 엘니뇨를 그곳 어부들이나 농부들은 하늘의 축복이라 여겼다.

만 20세기 들어 워낙 다양한 이상기후가 많아 이례적인 기상 상황을 일컬을 때 많이 쓴다. 엘니뇨가 발생하면 동태평양 남쪽은 비가 많이 오고, 캐나다 같은 동태평양 북쪽은 이상난동으로 겨울이 따뜻하며, 일본과 한국도 이에 영향을 받아 겨울이 춥지 않게 된다. 엘니뇨현상이 발생하면 지구상의 약 1/3이 영향받고 어획량, 수확량, 각종 재해 및 상품 출시와 경제활동 등에도 큰 영향을 미치므로 국제적인 관심사다. 철쭉 몇 송이가 입동 지나서 핀 걸 보았다면 그해 겨울은 춥지 않으니 "유래 없는 한파!" 호들갑 뉴스는 한 귀로 흘려도 된다.

■ 가을에 무 꽁지가 길면 겨울이 춥다 / 가을에 무 껍질이 두꺼우면 겨울이 춥다

ㅣ무는 한해살이 또는 두해살이풀로 보통 한여름에 심어 김장 시작하는 늦가을부터 초겨울 무렵에 수확한다. 무는 그해 추위를 감지하면 추운 겨울을 나기 위해 껍질을 두껍게 발달시키고 땅속 깊이 뿌리를 더 내린다. 그래서 옛사람들은 무를 뽑아 껍질을 벗겨보거나, 무 꽁지 뿌리 길이를 보고 그해 겨울이 얼마나 추울지 가늠했다.

■ 입동 날이 따뜻하면 겨울도 따뜻하다

ㅣ입동(立冬)은 본격적으로 겨울로 접어들기 시작하는 시기로 양력 11월 7일 또는 8일이다. 입동은 서리가 내린다는 상강(霜降)이란 절기로부터 보름 뒤이자, 첫눈이 내린다는 소설(小雪)의 보름 앞이다. 따라서 이 시기의 추위를 가지고 그해 겨울의 기온을 짐작해왔다.

봄 꿩이 제 울음에 죽는다   자기 허물이나 약점을 스스로 드러내 공연한 낭패를 본다는 말.

[현대] 무식하면 용감하다

■ 봄 꿩이 제 울음에 죽는다 / 개구리가 울다가 뱀에게 잡아먹힌다

ㅣ이른 봄이면 산자락이 요란하게 수꿩 장끼가 짝짓기를 위해 '꿩꿩 꺽꺽' 암꿩 까투리에게 자기를 과시하는 소리를 내는데, 이 소리가 오히려 사냥꾼에게 자기 위치를 알려주는 빌미를 준다.[214]

■ 내 밑 들어 남 보이기[2+]

이 따뜻한 바닷물이 흘러드는 시기가 마침 크리스마스 무렵인 데다가, 엘니뇨가 발생하면 그 지역에서는 평소 안 잡히던 난류성 어족들이 잔뜩 몰려와 어획량이 늘고 비가 많이 내려 코코아 등의 농사가 잘되니 아기 예수의 탄생과 연관 지어 하늘에 감사하는 뜻에서 지어진 이름이다.

214 늙은 수꿩이 주인공인 성석제의 단편소설 〈이른 봄〉을 읽어보면 더욱 쉽게 이해할 수 있다.

|'밑'에는 엉덩이 밑바닥인 똥구멍, 또는 여성의 성기라는 뜻도 있다. 남에게 안 보이도록 조심해도 모자란데 오히려 남에게 대놓고 보인다는 말이다.

[맥락] 여기서 밑은 그 사람의 인성 '밑바닥'도 뜻한다. 권세와 재물이 있는 사람들이 아무도 뭐랄 사람이 없으니 쓰레기 같은 짓을 하고도 떳떳하다.

■ 가만있으면 중간이라도 가지 / 가만히 있으면 무식이라도 면한다

봄눈 녹듯 하다   사물의 모양이나 좋지 않던 기분이 금세 수그러듦을 이르는 말.

■ 봄눈 녹듯 하다

|'봄눈'은 봄에 내리는 눈. 봄눈은 땅에 닿자마자 바로 사그라져 녹는다. 이렇게 어떤 것이 녹아내리는 것, 또는 맺혔던 마음이 풀리는 것 등을 표현한다.

봄바람은 처녀바람 가을바람은 총각바람   봄에는 처녀가, 가을에는 총각이 마음 들뜨고 싱숭생숭해져 바람나기 쉽다는 말.

■ 봄바람은 처녀바람 가을바람은 총각바람

봄바람은 품으로 기어든다   초봄에 꽃이 필 무렵 날이 춥다는 말.

■ 봄바람은 품으로 기어든다[2+]

|차가운 봄바람이 품속으로 들어와 춥다는 뜻도 되고, 따뜻한 임의 품으로 파고든다는 뜻도 된다.

■ 봄바람은 첩의 죽은 귀신[2+]

|아내는 자기 기분을 참지만 첩은 안 참는다. 토라지면 매우 쌀쌀맞다. 이렇듯 봄바람은 쌀쌀한다는 말.

■ 꽃샘추위[꽃샘잎샘]에 반늙은이[설늙은이] 얼어 죽는다

|꽃 피고 잎 나는 시기에 잠시 다시 추워지는 것을, 꽃과 잎을 샘낸다고 '꽃샘추위' 또는 '잎샘추위'라 한다. '반늙은이'는 다른 말로 '중늙은이'라고 하는데, 젊지도 늙지도 않은 어정쩡한 나이를 말한다. 그리고 '설늙은이'는 젊은 나이지만 몸이 안 좋아 늙은이처럼 기운이 없거나 골골대는 사람이다. 아예 늙은이면 구들 위 화로 앞에 앉아 꼼짝하지 않아도 뭐랄 사람이 없지만, 그럴 나이가 아닌 사람은 그러지 못해 추위를 참아가며 덜덜 떨 수밖에 없다.

봄볕에 타면 보던 임도 몰라본다   봄볕에는 쉽게 피부가 그을린다는 말.

▪ 봄볕에 타면 보던 임도 몰라본다

|봄은 태양으로부터 오는 자외선을 막아
주는 오존층이 가장 얇아지는 시기다.
자외선은 양력 4월부터 강해지기 시작해
양력 5월에 가장 강하다. 자외선 적은 겨
울 동안엔 피부 속 멜라닌 세포의 활동이
줄고 피부 각질층도 얇아진 상태라 자외
선에 의한 피부 손상이 더 많다. 그러니
이성에게 잘 보여야 할 젊은 남녀는 봄볕
을 조심하라는 뜻도 된다.

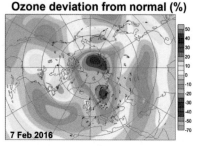

Ozone deviation from normal (%)

7 Feb 2016

봄철의 얇은 오존층. |ⓒsciencemega.org

봄에 깐 병아리 가을에 와서 세어본다   이해타산에 어수룩하다는 말.

▪ 봄에 깐 병아리 가을에 와서 세어본다[2+]

|봄에 부화한 병아리들을 제때 세어보지 않고 그대로 놔둔다는 건 방치한다는
뜻이다. 들어온 수입은 제때 확인하고 관리도 신경 써야 하는데, 어디 안 가겠거
니, 그대로겠거니 내버려두었다가 한참 지나서야 살아남은 닭 세듯, 얼마나 남
았나 세어볼 줄만 안다는 말이다.[215]

봇짐 내어주며 하룻밤 더 묵었다 가란다   속으로는 다른 마음을 먹고 있으면서 말로만
그럴싸하게 인사치레한다는 말.

▪ 봇짐 내어주며 하룻밤 더 묵었다 가란다 / 지팡이 내다 주며 묵어가란다

봉사네 머슴 힘쓰듯   남들이 안 볼 때는 잔꾀 부리며 게을리 일한다는 말.

▪ 봉사네 머슴 힘쓰듯[2+]

|주인이 앞을 못 보니 으쌰! 끙차! 소리로만 열심히 일하는 척한다. 이처럼 남이
볼 때는 열심히 일하는 척, 안 보면 팽팽 노는 사람이 어디나 꼭 있다.

부뚜막의 소금도 집어넣어야 짜다   아무리 훌륭한 것이나 쉬운 일이라도 끝까지 마무
리 지어야 제 가치를 가진다는 말.

---

215 이북에서는 할 일을 제때 안 해서 나중에 급해진다는 뜻으로 쓰인다.

- 부뚜막의 소금도 집어넣어야 짜다[2+] / 가마솥에 든 콩도 삶아야 먹는다

  |손만 뻗으면 닿을 데 있는 소금도 집어서 치지 않으면 간이 안 맞는다. 아무리 쉬운 마무리라도 그걸 안 하면 지금까지의 모든 노력이 빛을 못 본다. 마지막에 소금 안 치면 지금까지 푹 익혀온 일이 '맹탕' 헛일 된다.

- 구슬이 서 말이라도 꿰어야 보배[2+] / 청산 속에 묻힌 옥도 갈아야 빛이 난다[2+]

  |지금은 구슬을 기계로 마구 찍어내 흔하디흔하지만, 옛날에는 옥이나 뿔 등을 사람이 직접 일일이 갈아서 동그랗게 만들고, 거기에 또 하나하나 구멍을 뚫어야 했기에 구슬은 매우 귀한 장식품이었다. 그렇게 힘들게 만든 구슬도 낱알로 두면 제 가치를 갖지 못한다. 끈으로 꿰어야 구슬값을 한다.

  같은 구슬도 어떻게 꿰느냐로 가치가 달라진다. |경남 통영 중섭공방

  [맥락] 아무리 '주옥같은' 지식을 얻었더라도 낱낱의 것들을 하나로 '꿰어' 통찰할 줄 알아야 더 큰 값어치로 거듭난다는 말이라 보인다. 또한 옥과 같이 훌륭한 재능을 타고나도 스스로 갈고닦지 않으면 전혀 빛을 못 본다는 뜻.

부부는 무촌 부부 사이는 매우 가까운 사이지만 또한 남이 되기도 쉬운 사이라는 말.

  [반대] 부부 싸움은 칼로 물 베기
  [현대] 점 하나만 찍으면 님도 남

- 부부는 무촌 / 처도 돌아누우면 남이다[2+]

  |1촌은 부모의─자식, 2촌은 부모의─자식의─자식, 3촌은 자식의─부모의─자식의─자식, 4촌은 자식의─부모의─부모의─자식의─자식이다. 한 단계를 거칠수록 촌수(寸數 : 마디 수)가 늘어난다. 부부는 남끼리 만나 이룬 관계지만 매일 살 맞대고 살기에 그 누구보다도 가깝고 정 또한 깊다. 그래서 1촌인 부모와 자식보다 가깝다 하여 촌수 자체를 따지지 않고 무촌(無寸)이라 한다. 하지만 촌수가 없다는 것은 혈연관계가 아니라서 역시 '남'이라는 말과 같다. 가깝다는 이유로 함부로 대하다, 등 돌리면 바로 남 되는 게 무촌인 부부 사이.

부자는 망해도 삼 년 간다 넉넉하던 이는 어려운 일이 닥쳐도 어느 정도는 견디어 나갈 수 있다는 말.

- 부자는 망해도 삼 년 간다 / 부잣집은 망해도 삼 년 먹을 것이 있다

부자 하나면 세 동네가 망한다 크게 이루어진 뒤에는 그만큼 큰 희생이 있게 마련이라는 말.

■ 부자 하나면 세 동네가 망한다[2+]

| 부자가 돈을 만들어 모아 된 게 아니니 결국 주위 사람들의 돈을 끌어모은 셈이다. 부자 하나 생기자면 세 동네쯤은 가난해져야 한다는 말이다.

부잣집 업 나가듯 까닭 없이 갑작스레 집안이 망해감을 이르는 말.

[현대] 업족제비 비행기 탔다 · 재산을 지켜주는 업족제비가 비행기 타고 날아가듯 업이 아주 멀리 떠났다는 말.

■ 부잣집 업 나가듯[2+]

| 업(業)은 미신에서 집안 살림을 보호하거나 보살펴준다는 동물이나 사람으로, 업이 집 밖으로 나가면 집안이 망한다고 한다. 몇몇 동물을 업이라고 하여 집에 나타나도 잡거나 죽이지 않고 행여라도 놀라지 않게 조심했다. 또한 업이 자꾸 눈에 띄면 집안에 안 좋은 일이 생길 징조라 해서 두려워했다. 업으로 삼는 동물에는 구렁이(업구렁이 · 긴업 · 집지킴)와 두꺼비(업두꺼비), 족제비(업족제비) 등이 있다. 구렁이와 족제비는 곡식을 축내는 쥐를 잡아먹고, 두꺼비는 지네를 잡아먹어 집의 우환거리를 없애주는 역할을 한다.[216]

부잣집 외상보다 거지 맞돈이 좋다 신용 있는 곳에 달아둔 큰 외상보다 당장의 작은 현금거래가 낫다는 말.

■ 부잣집 외상보다 거지 맞돈이 좋다[2+]

| '맞돈'은 현찰(現札)의 순우리말이며 '맞돈거래'는 '현찰거래'와 같은 말이다. 언제 받을지 모르는 외상보다는 당장 받을 수 있는 현찰이 쓸모 있다는 말.

부처 밑을 기울이면 삼거웃이 드러난다 ①겉으로 훌륭해 보이는 사람도 속을 들여다보면 추한 모습이 있다는 말. ②남의 흉을 들추자면 자기 흉도 드러난다는 말.

■ 부처 밑을 기울이면 삼거웃이 드러난다[2+]

| '삼거웃'은 삼(麻) 검불. 부처상을 만들 때 진흙에 삼실 잦는 삼 껍질 썬 것을

---

216 주로 자식이 없는 집 앞에 버려진 아기를 그 집에서 자식 삼아 키울 때 그 아기를 '업둥이'라고 한다. 사람으로서 해야 할 '인업'을 쌓는다는 뜻과, 그 아이가 집안의 복덩어리라는 뜻으로 그리 부르는 듯하다. 업둥이를 키우면 집안에 큰 복이 들어온다는 미신도 있다.

섞어서 빚는다. 그래야 튼튼한 삼 검불이 진흙을 잡아주어 진흙이 말라도 잘 안 떨어진다. 그런 다음 겉에 금물을 바르는데 부처상이 앉은 바닥만 바르지 않는다. 따라서 부처상을 기울여 들추면 삼거웃이 보이게 마련이다. 게다가 '거 웃'은 성기 주변에 난 털 음모(陰毛)의 순우리말이다. 그러니 '삼 거웃'으로 끊어 읽으면, 부처님처럼 훌륭해 보이는 사람도 밑을 들춰보면 추잡한 면이 세 가지 쯤 있다는 말이 된다. 이 속담은 거꾸로, 괜찮은 사람의 흉허물 한 가지를 억지 로 들추려 들면 자신의 추잡한 흉이 세 가지는 드러난다는 뜻으로도 쓰인다.

북어와 계집은 사흘에 한 번씩 패야 한다   아내는 때때로 때려주어야 대들지 못하고 고분고분해진다는 말.

[반대] 조 북데기를 치면 저녁 먹이 나와도 여편네 치면 끼니를 굶는다

■ 북어와 계집은 사흘에 한 번씩 패야 한다[2+]
ㅣ술은 사흘에 한 번씩만 마시고 이튿날 딱딱한 북어를 패서 북엇국으로 해장해야 배 속이 편안하고, 아내는 사흘마다 한 번씩 때려줘야 딱딱하게 굴지 않고 고분 고분해져 제 마음속이 편안하다는 뜻이다. 여자들이 가장 싫어하는 속담이고, 이젠 남자들이 술자리 농담으로라도 결코 입에 못 올릴 속담이 되었다.

북어 한 마리 주고 제상 엎는다   보잘것없는 것을 주고는 대단한 것이나 준 것처럼 큰소리친다는 말.

■ 북어 한 마리 주고 제상 엎는다[2+]
ㅣ천지신명께 바치는 음식은 온전해야지 어느 한 부위라도 빠져선 안 된다는 불문 율이 있어서 통째로 올리는 것이 많다. 북어도 그중 하나인데, 북어는 말린 것이 라 비린내가 나지 않고 말린 뒤에도 모습이 온전해 제상에 꼭 올랐다. 그리고 제사가 있으면 친척들이 제수 음식이나 술 등을 각자 분담해 가져오는 일도 많 았는데, 개중에 값싸고 손 안 가는 게 북어. 그리고 북어는 선물할 때 대개 스무 마리 한 쾌를 준다. 그런데 고작 북어 한 마리 가져다주고는 제사상이나 제사 방식을 놓고 참견하고 화낸다는 말이다. 작은 도움 한 번 줬다고 말끝마다 생색내거나 자기한테 그러면 안 된다고 서운하다는 사람이 꼭 있다.

분에 심어 놓으면 못된 풀도 화초라 한다   못난 사람도 좋은 자리에 앉혀놓으면 잘나 보인다는 말.

■ 분에 심어 놓으면 못된 풀도 화초라 한다[2+]

|분(盆)은 화분(花盆)의 준말. 화분에 꽃과 나무를 가꾸는 건 양반이나 부자의
취미였다. 여기서 분은 신분이나 직분(職分)의 분(分)이기도 하다.

불난 끝은 있어도 물 난 끝은 없다 가뭄이나 화재보다 장마 피해가 더 크고 복구하
는 데도 힘이 더 든다는 말.

■ **불난 끝은 있어도 물 난 끝은 없다**
|불이 나면 모든 것을 잿더미로 만들기는 하지만 새로 집 짓고 세간 다시 장만하
면 된다. 하지만 홍수가 크게 진 뒤에 물이 다 빠져 나간다 해도 흙탕물이 뒤덮은
온 사방을 다 복구해야 하므로 매우 힘들다.

■ **가뭄 끝은 있어도 장마[물난리] 끝은 없다 / 삼 년 가뭄에는 살아도 석**
달 장마에는 못 산다
|가뭄이 들면 농작물도 초목도 말라 죽어 먹을 것이 없지만 그래도 열심히 찾아
보면 근근이 먹을 만한 것은 있게 마련이다. 하지만 물난리가 나면 그 모든 것이
휩쓸려 내려가고 사람이나 가축이 죽거나 다치며, 온갖 전염병이 퍼지고 흙탕물
과 오물이 사방에 넘쳐나니 도저히 살아갈 수 없다.

■ **가물[가뭄] 그루터기는 있어도 장마 그루터기는 없다**
|'그루터기'에는 풀이나 나무 등의 아랫동아리나 그것을 베고 난 아랫동아리, 물
체의 아랫동아리라는 뜻에, 어떤 일이나 사물의 밑바탕이나 기초라는 뜻도 있
다. 가뭄에는 먹고살 바탕이라도 남지만, 장마 물난리는 밑바닥까지 전부 휩쓸
려 가버려 먹고살 바탕이 안 남는다는 말이다.

불난 집에 부채질 남의 고통이나 화를 더 크게 돋우는 경우를 이르는 말.

■ **불난 집에 부채질[풀무질·기름 끼얹기]**[2+] **/ 불난 집에 키 들고 들어간다**[2+]
|'풀무'는 바람을 불어 넣어 대장간 노(爐)의 온도를 더 올리는 데 사용하는 도구
고, '키'는 곡식을 담아 쳐올렸다가 재빨리 내려 받으면서 이때 발생하는 바람
(하강기류)으로 가벼운 껍질이나 쭉정이 등을 밖으로 날려 보내는 데 쓰는 도구.
[맥락] 화가 난 사람을 부추길 때는 "아유~ 너도 참 못났다" 부채질하듯 손짓하
고, 상대에게 "더, 더, 더!" 흥분할 것을 주문할 때는 키질하듯 두 손바닥을 연신
쳐 올린다.

■ **끓는 국에 국자 누르기[휘젓기]**
|국이 끓을 때 국자로 건더기를 누르면 뜨거운 국솥 바닥과 건더기가, 솥 가장자
리와 국물이 맞닿아 더 맹렬히 부그르르 지글지글 끓는다.

비단이 한 끼 잘살다가 가난해지면 귀한 것도 헐값에 내놓게 마련이라는 말.

■ 비단이 한 끼 / 살림이 거덜 나면 봄에 소를 판다

비둘기 마음은 콩밭에 있다 다른 것에 정신이 팔려 정작 해야 할 것은 건성으로 하고 있다는 말.

[현대] 칠판 천장이 당구대로 보인다

■ 비둘기 마음은 콩밭에 있다²⁺ / 비둘기 몸은 나무에 있어도 마음은 콩밭에 있다²⁺

비둘기가 텃밭을 망치지 못하게 보호망까지 씌웠다. |서울 노들텃밭

| 원래 비둘기는 숲에서 사는 새다. 하지만 비둘기란 녀석은 콩을 유난히도 좋아하여 틈만 나면 밭으로 내려와 콩알 주워 먹기에 여념이 없다. 한번 맛 들이면 겁 없이 수시로 내려와 밭에 심어놓은 콩알들까지 귀신같이 찾아내 파헤쳐 먹는다.

[맥락] 지주가 소작농들에게서 소출의 상당분을 거둬 가니 농사를 지어도 남는 게 적다. 그래서 소작농들은 논두렁에 콩이라도 길러서 먹었다. 빌린 논에 지은 작물이지만 이것에 대해서는 지주들이 눈감아주었다. 어쩌면 그마저 세로 거둬 가고 싶지만 세상인심이 있어 차마 그러진 못했으리라. 그래도 지주의 눈길은 항시 콩밭에 가 있었겠다. 그리고 나무에 앉은 비둘기가 내려다보는 모습은 상당히 거만해 보인다. 비둘기 목이 굵고 긴 까닭이다. 나아가 '비둘기'는 어쩌면 '알겨내다(남의 재물 따위를 좀스러운 말과 행위로 꾀어 빼앗아 내다)'의 사투리 '올궈내다'를 이용한 '빚-욹기'일지도 모른다는 생각까지 해본다.

비 온 뒤에 땅이 굳는다 힘든 일을 겪은 뒤에 더 굳건해지고 강해진다는 말.

■ 비 온 뒤에 땅이 굳는다

| 비가 오면 땅 위의 고운 흙들이 빗물과 함께 땅 밑으로 스며들어 굵은 흙 사이사이를 빼곡히 채우므로 땅이 단단해진다. 비는 눈물이나 시련을 뜻하고 땅은 마음이나 관계를 뜻한다.

비지 먹은 배는 약과도 싫다 한다 이미 만족스럽게 양이 찬 뒤에는 아무리 좋은 것도 더 이상 받아들이기 어렵다는 말.

■ 비지 먹은 배는 약과도 싫다 한다

빈대 잡으려다 초가삼간 다 태운다 당장의 마땅치 아니한 것을 없애려다 크게 손해만 본다는 말.

[반대] 독 보아 쥐 못 친다

■ 빈대 잡으려다 초가삼간 다 태운다

| 빈대(bedbug)는 5mm밖에 안 되는 흡혈동물이다. 몸이 납작해서 낮에는 벽의 갈라진 틈이나 벽지 사이에 숨었다가 밤이면 떼로 몰려 나와서 피를 빤다. 모기에게 물리는 것보다 훨씬 가렵고217 훨씬 크게 부어오르며 한두 마리가 아니라 수십 마리가 피를 빨아 옛사람들은 빈대와의 전쟁에 치를 떨었다. 글쓴이도 빈대를 경험한 적이 있어 그 고통을 잘 안다. 빈대는 영리하기까지 해, 피를 빨다 사람이 가려워 잠결에 돌아누우면 가만히 기다렸다가 몸이 돌아오면 다시 빨기도 한다.

훈증형 살충제. 속칭, 연막탄.
|MBC, 〈환상의 커플〉

빈대나 바퀴벌레를 없애기 위해 수십 년 전에 속칭 '연막탄'이라는 것을 밀폐된 방에 피워 그 연기로 죽였다. 빈대 없는 집은 사람 없는 집이고 흉가라 할 만큼 빈대가 없는 집이 거의 없었으므로 옛사람들도 비슷한 방법으로 빈대를 퇴치했다. 빈대가 워낙 좁은 틈에 구석구석 숨으니 당시에도 특정한 재료를 태운 연기가 속속들이 스며들게 하여 빈대 질식시켜 죽였다. 예를 들어, 『지봉유설』에 "『득효방(得效方)』이란 책에 보면

아직 덜 자란 새끼 빈대. 자라면서 점점 어두운 회색으로 바뀐다.

---

217 빈대에 물리면 즉시 가렵지 않고 대략 10시간 정도가 지나야 그때부터 가렵기 시작한다. 빈대에 물리면 모기에게 물린 가려움은 가려움에 들지도 못할 만큼 진저리나게 가렵다. 가려움을 참지 못해 피투성이가 되도록 긁어대야만 할 정도다. 그리고 빈대는 일반적인 살충제나 훈증제로는 퇴치할 수 없다. 빈대 전용 살충제나 훈증제를 써야 하고 그나마도 효과가 없어 방역회사를 부르는 일이 많다.

빈대는 부평(浮萍 : 개구리밥. '부평초'라고도 한다)을 채취해 이를 태워 연기를 내면 없어진다고 하였다"라는 말이 적혀 있고, 『증보산림경제』에서는 "지네를 태워서 빈대를 없앤다"라는 내용과 함께 "종이에 欠我淸州木瓜錢(흠아청주목과전) 일곱 자를 써서 상다리 위에 붙이면 없어진다"라는 말도 안 되는 비법까지 적혀 있다. 또한 『규합총서』에도 "지네와 거미를 꿩의 깃털과 함께 태우면 없어진다"라고 적혀 있다. 이렇듯 예로부터 빈대 퇴치에는 방 안에서 무언가를 태워 독한 연기로 빈대를 죽이는 방법을 썼다. 그런데 방 안에서 불을 피우다 보면 실수로 불을 낼 수도 있는 노릇이다. 아마도 이런 방식으로 빈대 잡으려다 집 태워먹은 일이 드물지만 있지 않았을까 싶다.

■ 쥐 잡으려다 장독만 깼다

빈 수레가 요란하다   알차지 못하고 실속 없는 사람이 겉으로 드러내고 가벼이 행동한다는 말.

[成語] 허장성세(虛張聲勢) : 알차지 못하면서 과장된 소리로 허세를 부림.
자화자찬(自畵自讚) : 자기가 그린 걸 자기가 칭찬한다.

[반대] 벼는 익을수록 고개를 숙인다

[현대] 빈 깡통이 시끄럽다 / 한 권만 읽은 놈이 제일 무섭다 / 욕 잘하는 놈 싸움 못한다 / 아가리 파이터

■ 빈 수레가 요란하다

ㅣ옛 수레는 바퀴를 포함해 대부분을 나무로 만들었다. 그래서 짐이 무겁게 실리지 않으면 수레 여기저기에서 덜그덕 삐그덕 소리가 요란하게 났다. 이처럼 알차지 못한 사람이 늘 요란을 떠는 법이다.

■ 안 먹는 씨아가 소리만 난다

ㅣ'씨아'는 두 개의 둥근 나무막대가 맞붙어 있어 씨아손을 돌리면 맞물려 돌면서 씨앗들은 걸러내고 목화솜만 토해낸다. 이때 솜이 제대로 물리지 못하면 헛돌면서 끽끽 마찰음이 요란하게 난다. 정상적으로 먹는(작동하는) 씨아에서 나는 소리조차 노 젓는 소리나 까마귀 소리와 비슷해 이웃집에서 잠을 설칠 지경이라고 하였다. *씨아→ 씨아와 사위는 먹어도 안 먹는다고 한다

목화솜이 되는 과정. 벌어진 봉우리 하나에 대략 20개 정도의 씨앗이 들어 있다. 따라서 목화솜에 들러붙은 씨를 손으로 일일이 뜯어내기 매우 힘들어 씨아를 사용해 제거했다. ㅣ서울 노들텃밭

■ 겁 많은 개 먼저 짖는다

| 개가 짖는 것은 더 다가오지 말고 나를 건드리지 말라는 위협. 겁나서 짖는 것이다. 겁 없는 개는 대개 안 짖고 가끔 으르렁댄다. 괜히 허세 부리거나 싸움만 났다 하면 욕부터 하는 사람은 하수. 진짜 실력자는 소리 없이 모두를 지배한다.

■ 주제에 수캐라고 다리 들고 오줌 눈다

| 다들 하찮게 여기는 개임에도 꼴에 수캐라고 으스댄다는 말. 수캐가 한쪽 다리를 들고 오줌 싸는 것은 영역표시를 최대한 높은 곳에 해서 이곳에 올 경쟁자에게 자신이 커 보이게 하려는 수작이다.

■ 촌년이 아전 서방을 하면 가재걸음을 하고 육개장이 아니면 밥을 안 먹는다[2+] / 촌년이 아전 서방을 하면 날 샌 줄을 모른다[2+]

| 아전은 그 고을에서만 위세가 있다. 그런데 그곳에서 위세 좀 있는 아전을 서방으로 맞았다고 동네방네 허영 떨고 다닌다는 말이다. 고작 아전의 부인인데 사대부가의 아녀자인 양 조신하게 뒤로 물러 걸으며,[218] 자신이 아는 최고급 음식인 육개장만 매 끼니 찾는다는 뜻. 또 자기가 여러 하인 거느리는 대단한 양반가 부인이라도 된 듯 아침 차릴 생각도 않고 늦도록 잔다는 뜻이다. 어쩌다 돈 좀 벌면 억지로 골프를 취미 삼고 안 먹던 와인만 찾고 갤러리에서 몰래 하품한다. '아점(아침 겸 점심)' 대신 브런치(brunch)는 덤.

■ 쭉정이가 고개를 드는 법이다

■ 자랑쟁이에게 흉이 더 많다

■ 법 모르는 관리 볼기로 위세 부린다

| 법을 잘 모르는 관리는 자기가 모른다는 사실을 감추려고 더 큰소리를 친다. 능력 없는 상사일수록 공포 분위기로 따르게 하고, 능력 있는 상사일수록 부드럽지만 강한 지도력으로 믿고 따르게 한다.

빌려 온 말이 삼경 되었다   잠깐 쓰자고 빌려 와서 시간이 오래됐다는 말.

■ 빌려 온 말이 삼경 되었다[2+]

| 많은 속담 책에서 말[馬]을 빌려 타고 3경(更)인 자정 무렵이 되도록 못 돌려주었다고 풀고 있다.

---

218 '가재걸음' 대신 '가(可)자걸음'이라고 적은 속담도 있는데, 팔(八)자걸음이나 갈지(之)자걸음 같은 건 있어도 그런 걸음은 없다.

[맥락] 여기서 '말'은 '말미'라고 본다. 언제까지를 말미로 돌려주겠다 해놓고 깜박하는 일이 흔하다. 아마도 이 속담은 너무 늦게 되돌려준 사람이 사과하던 말에서 만들어진 듯하다. "돌려준다는 걸 일이 바빠 깜박 잊었지 뭔가. 며칠 쓰자고 빌려 온 말미가 깜깜밤중이 되도록 늦어서 미안하네."

빗자루 드니 마당 쓸란다 스스로 막 하려 할 때 마침 그걸 시켜서 괜히 하기 싫어진다는 말.

■ 빗자루 드니 마당 쓸란다 / 비를 드니 마당을 쓸라고 한다

ㅣ마음 잡고 공부하려고 책 펴들었는데 그때 딱 부모가 방문 열고 "공부 안 하니?" 하면 괜히 제 의지로 하는 게 아닌 것 같아 왠지 공부하기 싫어진다.

빛 좋은 개살구 별 볼 일 없는 것이 오히려 겉만 번드르르하다는 말.

[成語] 외화내빈(外華內貧) : 겉은 화려하나 속은 빈약하다.

[현대] 본편보다 예고편이 낫다

　휴지를 샀더니 과자가 (덤으로) 들었다 ‣ 내용물은 조금만 넣고 포장만 부풀리는 국내 제과업체들의 과대포장 수작을 꼬집으며 생긴 말이다. 실제로 어떤 과자의 경우 포장에서 과자를 빼고 난 빈 공간이 무려 83.2%나 되더라고. 그런데 같은 과자를 외국에 수출할 때는 더 싼 가격에 꽉 채워서 보낸다는 사실. 그런 치사한 짓이나 시키는 주제에 회장입네 사장입네 자기가 큰사람인 줄 안다.

　기사 제목이 스팸 제목 ‣ 사람들이 기사를 보기 위해 클릭하여 언론사 페이지를 많이 방문할수록 그 페이지의 광고 수익이 올라간다. 따라서 '세상에 이럴 수가' '충격' '경악' '알고 봤더니' 등의 궁금증을 유발하는 낚시성 제목들을 많이 다는데, 이런 낚시성 제목을 남발하는 게 주로 우리가 다 아는 그 유명 언론사들이라는 사실이 안타까운 현실이다.

■ 빛 좋은 개살구

ㅣ'개살구'는 산기슭이나 평지의 양지바른 곳에서 저절로 자란 나무로, 한여름이 되면 달걀 모양의 둥글고 노르스름한 열매가 열린다. 개살구는 살구보다 더 노랗고 붉은 기도 살짝 돌아서 보기에 참 먹음직스럽다. 하지만 정작 그 맛은 살구처럼 새콤달콤하기는커녕 시큼하고 떫기만 하다.

개살구. ㅣ두피디아

■ 속 빈 강정

ㅣ'강정'은 곡물을 튀겨서 부풀게 한 뒤에 조청이나 엿, 꿀 등을 발라서 만든다.

풍성하고 크지만 씹어보면 속이 비어 있어 실제의 양은 적다.

빨간 상놈 푸른 양반 드러내놓고 막사는 상것과 서슬 푸르게 점잔 빼고 사는 양반을 대조하여 이르는 말.

■ 빨간 상놈 푸른 양반

|상것들은 늘 땀 흘려 일해야 하므로 대충 벗고 살지만, 양반들은 옥색 두루마기 걸치고 위세 부리며 다닌다는 말이다. 게다가 햇볕에 타면 피부가 벌겋게 된다.

빨리 먹은 콩밥 똥 눌 때 보자 한다 ①무슨 일이든 급하게 하면 꼭 탈이 난다는 말. ②자신이 한 그대로 마땅한 결과를 얻는다는 말.

■ 빨리 먹은 콩밥 똥 눌 때 보자 한다

|콩밥을 제대로 안 씹고 삼키면 덜 씹힌 콩이 위에서 미처 다 소화되지 않아 똥에 콩 형태가 어느 정도 섞여 나온다. 못 먹던 시절이라 항문이 좁아져 있으니 똥 눌 때 무척이나 힘들다.

빼도 박도 못한다 이러지도 저러지도 못한다는 말.

[成語] 진퇴양난(進退兩難) : 나아가기, 물러나기 둘 다 어렵다.
기호지세(騎虎之勢) : 호랑이를 올라탄 상황. ▸호랑이를 만나서 어찌 피하다 보니 호랑이 등에 올라타게 되었다. 범이 자신을 매달고 마구 뛰어다니지만 내리면 잡아먹히니 중간에 뛰어내릴 수도 없어 그저 꽉 붙들고 매달려만 있다는 뜻.

[현대] 직장 가면 죽이고 싶고 백수 되면 죽고 싶다
못 참으면 자살 참으면 암 ▸서울시가 발표한 〈서울시민 연령대별 주요 사망원인〉(2013년)을 보면 10대-20대-30대 사망원인 1위는 자살(35.1%-51.6%- 39.7%)이고, 40대-50대-60대 사망원인 1위는 암(32%-40.8%-48.8%)이었다.
워킹맘은 애 생각에 울고 전업맘은 제 생각에 운다 /
가만있으면 왜 대답 안 해 대답하면 뭘 잘했다고 말대꾸야 /
모르면 물어봤어야지 물어보면 이것도 몰라서 물어?

■ 빼도 박도 못한다

|못이나 말뚝을 박다가 더 안 박히거나 잘못 박혔을 때, 도로 빼자고 안 빠지고, 더 박자니 박히지도 않는 상황이다.

■ 범 꼬리 잡고 못 놓는다

■ 굽도 젖도 못한다[할 수 없다]

|박다가 굽은 못은 굽은 채 박을 수도, 그렇다고 반대로 젖혀 펴기도 어렵다.

■ 가자니 태산이요 돌아서자니 수미산[숭산]이라

│수미산(須彌山)은 세상 한가운데 있다고 믿는 고대 인도의 전설에 나오는 매우
높은 산의 이름으로 높이와 폭이 모두 수백만 킬로미터라고 한다. 태산(泰山 :
1,535m)은 중국에 있는 큰 산의 이름.

사공이 많으면 배가 산으로 간다 관여하거나 참견하는 사람이 많으면 일을 온전히 이루기 어렵다는 말.

　[成語] 작사도방(作舍道傍) : 길가에 집 짓기.

　[현대] 기장이 둘이면 비행기가 북한으로 간다
　　　　이 승객 덥다 틀라 하고 저 승객 춥다 끄라 하고 · 서울 지하철 2호선 차내방송. "아까 덥다고 해서 온도를 내렸습니다. 그런데 춥다고 다시 올렸습니다. 계속해서 덥다 춥다 민원이 들어오고 있습니다. 어떻게 해야 할지 모르겠습니다."

■ 사공이 많으면 배가 산으로 간다
　│타는 사람이나 짐승, 실은 짐의 양 등에 따라 사공 둘이 노질이나 삿대질을 하기도 했다. 하지만 사공이 둘보다 많으면 좁은 공간에선 무리며 한 방향으로도 못 젓는다.

많은 사람에 육중한 소까지 태운 배에서 두 사공이 힘쓰고 있다. |김홍도, 〈나룻배〉 (일부)

■ 어느 장단에 맞춰 춤을 추라는 건지²⁺
　│이 사람 저 사람 제각기 장단을 치니 어느 장단에 맞춰 춤을 춰야 할지 모르겠다는 말. 이 사람 말에도 저 사람 말에도 말장단 맞추기 어렵다는 뜻이다.

■ 길가의 집 삼 년 짓는다 / 길가에 집을 지으면 사람마다 목수다

| 길가에서 짓는 집은 지나는 사람마다 이러쿵저러쿵 참견해서 이리 고치고 저리 고치느라 제때 집 짓기 어렵다는 뜻.

■ 목수가 많으면 집이 무너진다[기울어진다]

| 옛날에는 정확한 설계도를 가지고 집을 짓는 것이 아니라서 목수의 경험과 눈대중이 크게 좌우했다. 목수가 필요 이상으로 많으면 저마다 자신의 경험과 눈썰미로 지으려 드니 의견이 통일되지 않는다.

■ 상좌가 많으면 가마솥을 깨트린다[2+]

| 상좌(上佐)는 스승의 대를 이을 여러 승려 가운데에서 가장 높은 사람. 사찰의 핵심 관리자기도 하다. 관리자는 많은데 총책임자가 없으면 명령권자만 여럿이라 일에 혼선을 빚는다. 한 상좌가 와서 주걱으로 가마솥 땅땅 치면서 밥이 너무 질다며 혼내고 간다. 이어 다른 상좌가 오더니 밥이 왜 그렇게 되냐고 주걱으로 가마솥 땅땅, 물 더 많이 잡고 지으란 뒤 간다. 그러자 또 다른 상좌가 와서 쌀 모자라니 밥 적게 안치라고 땅땅, 또 다른 상좌는 굶겨 죽일 거냐며 넉넉히 지으라고 버럭 땅땅. 가마솥은 의외로 쉬 깨진다. 가마솥의 재질은 무쇠인데, 무쇠는 단단하나 충격에는 약하다(가마솥 공장에서 잘못 만들어진 가마솥도 흔히 '오함마'라 하는 '쇠메'로 깨부순다). 상좌마다 제각기 와서 가마솥 땅땅 치며 똑바로 하라니 그 등쌀에 사미승들 머리부터 깨질 테다.

[맥락] 큰 쇠붙이나 단단한 물건이 세게 부딪쳐 울리는 소리를 잇따라 내는 것이 '떵떵거리다'다. 그리고 권력이나 재력을 뽐내면서 아주 호화롭게 거들먹거리며 사는 것도 '떵떵거리다'. 떵떵거리는 윗사람[上座]이 많으면 누구 말을 들어야 할지 몰라 아무리 단단한 쇠(여긴 아마 '돌쇠'나 '먹쇠' 또는 가마솥 다루는 여종일 것이다)도 머리가 깨질 듯이 아플 거라는 말이 숨은 맥락이라 생각된다.

사나운 개 주둥이 성할 날 없다 사람이 난폭하거나 시비 걸기를 좋아하면 그만큼 자신도 늘 손해 보기 마련이라는 말.

■ 사나운 개 주둥이 성할 날 없다 / 사나운 개 콧등 아물 새 없다

사돈 남 말 한다 자기도 관련이 되어 있으면서 남의 일 얘기하듯이 할 때, 또는 같이 잘못해놓고 자기는 상관없다는 듯이 행동할 때 쓰는 말.

[현대] 유체이탈화법 · 자기와 상관이 있거나 자기 얘기임에도 혼이 빠져나간 듯 어이없이 남 얘기 하듯이 한다는 뜻.

■ 사돈 남 말 한다[2+] / 사돈 남 나무란다[2+]

│사돈끼리는 서로 어렵다. 그래서 사돈이나 그 자식의 흉허물을 말할 때 제3자
이야기를 하듯, 남의 말인 양 은근하게 돌려 말했다. 그래서 간혹 제 얘기, 제
자식 애긴지도 모르고, 맞장구치면서 같이 욕하는 눈치 없는 사람도 있었다. 이처
럼 자신과 관련된 얘긴데 남의 얘긴 줄 알거나, 제 잘못인 줄도 모르고 남의 잘못
으로만 아는 사람에게 이 말을 썼다.

사돈 잔치에 중이 참여한다　연회나 기타 어떤 자리에 아무 관계도 없는 사람이
끼어듦을 이르는 말.

■ 사돈 잔치에 중이 참여한다[2+]

│남이지만 혼인으로 관계를 맺은 집안이 사돈. 서로 관계 있는 사람끼리 모이는
자리에 자식이 없어 혼인관계를 맺을 수 없는 승려가 참여한다는 말이니, 어떻
게 해도 전혀 관계를 맺을 수 없는 사람이 낀다는 뜻이다.

■ 봉치에 포도군사[2+]

│'봉치'는 봉채(封采)가 변한 말. '봉치'는 혼인 전에 신랑집에서 신부집으로 채단
(采緞 : 치마저고릿감으로 쓸 푸른색 비단과 붉은색 비단)과 예장(禮狀 : 편지
형태의 혼약서)을 보내는 일, 또는 그때의 채단과 예장을 말한다. 요즘으로 치면
'함'과 비슷하다. 함진아비가 신부집으로 봉치를 짊어지고 가면 신부집에서 술
과 음식을 거하게 대접했다. 아마 이걸 바라고 자기도 따라간다며, 산적 등이
봉치를 노리지 않겠냐며 여러 군입이 포도군사(포졸)인 양 봉치와 함께 따라온
다는 말일 것이다. 송기숙 소설 〈자랏골의 비가〉에는 이런 문장도 나온다. "이
랬으면 되았제, 봉치(封采)에 포도군사를 딸릴 것이요…."

김학수, 〈납폐(納幣)〉(1967) |인제대학교 김학수기념박물관 홈페이지

사돈집과 짐바리는 골라야 좋다 자식의 행복과 집안의 평안을 얻자면 사돈 자리는 꼼꼼하게 고를수록 좋다는 말.

[반대] 너무 고르다 눈먼 사위 고른다

■ 사돈집과 짐바리는 골라야 좋다[2+]

│말이나 소에 실을 만큼 크고 무거운 짐은 한쪽이 더 튀어나오거나 무거우면 마소가 나르기 어렵다. 그래서 양쪽 짐바리가 똑같도록 매우 정성 들여 매만지고 다듬고 또 손보고 매만진다. 먼 길 오래 걸을 마소를 위해 어느 한쪽도 기울지 않게 잡아주듯, 평생을 함께 걸어갈 배필감도 어느 한쪽이 집안이든 재산이든 재주든 인물이든 그 무엇도 기울지 않도록 부모가 꼼꼼하게 고르고 골라줄수록 부부로 함께 오래 하기 좋다는 말이다. '바리→ 한 바리에 실을 짝이 없다

사또 말씀이야 늘 옳습지 옳다고 또는 잘났다고 크게 우기는 사람에게 빈정거리며 양보할 때 하는 말.

[현대] 목소리 큰 놈이 이긴다 / 니 똥[팔뚝] 굵다 / 니 똥 컬러다

■ 사또 말씀이야 늘 옳습지[2+]

│사또가 뭐라고 말만 하면 기든 아니든 "예예, 옳습죠, 사또 나리. (아이고, 예~, 잘난 나리님)" "지당하신 말씀이십니다, 사또. (흥! 쥐뿔도 모르면서)" 그저 예예 옳습니다, 비위 맞추는 아전인 양, 우겨대는 사람에게 더 따지기도 귀찮아서 그래그래, 너 잘났다 하고 말아버리는 데서 나온 거라 여겨진다.

사또 행차에 비장이 죽어난다 윗사람 수발을 들고 비위를 맞추느라 아랫사람이 고생한다는 말.

[반대] 원님 덕에 나팔 분다

■ 사또 행차에 비장이 죽어난다

│비장(裨將)은 고위관리를 수행하는 무관으로 경호원에 해당한다.

사람 고쳐 쓰는 것 아니다 사람의 품성은 쉽게 바뀌지 않는다는 말.

[반대] 열 고을 화냥년이 한 고을 지어미 된다

[현대] 호박에 줄 긋는다고 수박 되랴 / 젊은 양아치 늙은 양아치 된다 / 사람 바뀌기 기다리는 것보다 버리는 게 빠르다 / 무릎 꿇는 사람은 무릎 꿇을 일을 또 한다

호박에 줄을 그으면 겉은 수박처럼 보일지 몰라도, 갈라보면 그 속이 호박이다.

■ 사람 고쳐 쓰는 것 아니다

|자기가 노력하고 잘하면 상대방이 변하지 않을까 싶어서 애인이나 배우자의 못
된 행동을 꾹 참으며 희망을 품는 사람들이 있다. 그러나 씀씀이가 너무 헤픈
여자, 여자 때리는 남자, 도박하는 사람, 알코올중독자, … 웬만해선 거의 못
고친다. 잠시 정신 들었을 때 미안하다고 싹싹 빌고 용서해달라지만, 한 번 봐주
면 '어라? 봐주네?' 하고 또 한다. 설령 고쳐진대도 그러는 동안 자기 인생 수십
년이 날아간다. 버리는 것이 백번 낫다. 망가진 물건이나 고쳐서 다시 쓸 수
있는 법이다.

■ 까마귀 학[백로] 되랴 / 까마귀 공작 깃 달아도 까맣다 / 병아리 봉황 되랴
/ 닭이 꿩 되랴

■ 각관 기생 열녀 되랴

|각관(各官) 기생(妓生)은 각 관청에 소속된 기생. 다른 말로 관기(官妓)라고 하
며 관원(官員), 즉 공무원들을 위한 기생들이었다. 관기는 관청의 물건으로 취
급되어 일반 기생보다 더 천한 대우를 받았으며 관원들의 성 노리개 역할을 하
였다. 따라서 관기처럼 남자에 닳고 닳은 여자가 한 남편만 평생 섬기고 정절을
지키는 열녀(烈女)가 될 리 없다는 말.

■ 개 꼬리 삼 년 묵혀도[묻어도·두어도] 황모 못 된다

|황모(黃毛)는 족제비 꼬리털을 말한다. 족제비 꼬리털은 탄성이 좋고 매끄러워
이것으로 만든 붓은 황모붓(=황필, 黃筆)이라 하여 최고의 명품으로 쳤고[219]
중국에서도 탐냈다고 한다. 이 족제비 꼬리털을 종이 등에 잘 싸서 굴뚝 밑이나
땅속에 오래 묻어두어 털 안의 기름기를 뺐는데, 붓털에 기름기가 없어야 먹물
이 잘 흡수되기 때문이다. 참고로, 보통 족제비 꼬리털은 꼬리 중간 부분에서
가져다 쓰는데, 꼬리 끝부분은 평소에 족제비가 땅에 끌고 다녀서 품질이 좋지
않기 때문이라 한다.

한개의 족제비꼬리에서 얻어지는 소량의 최상급원모를 모아서 드물게 제작되는 최고급황모필.
필촉 허리를 굵게 하여 먹물의 함유량을 늘렸으며 강하면서도 잘 모아지는 황모필의 특성이
잘 표현되는 최고급 제품입니다.

황모 붓과 그 특성. |ⓒwww.art111.co.kr

---

219 그다음이 청서의 털(청설모는 '청서의 털'이란 말이 청서도 가리키게 된 말)로 만든 청모(靑毛)붓
(=청필, 靑筆), 그 밖에 암노루의 겨드랑이에 있는 매우 부드러운 털로 만든 장액(獐腋)붓(=장필,
獐筆), 쥐의 수염으로 만든 서수필(鼠鬚筆) 등이 있다.

- 나무 뚝배기 쇠 양푼 될까 / 나무 접시 놋접시 될까
- 검둥개 미역 감긴다고 희어지지 않는다[2+]
  |털빛이 검은 개를 아무리 목욕을 시킨들 그 검은색은 어디 가지 않는다는 뜻.
  [맥락] 속 시커멓고 개 같은 인간이 아무리 손 씻고 새사람 되겠다 해도 결국
  그 '개버릇'을 못 고친다는 말이다.
- 게는 똑바로 걷지 못한다[2+] / 게를 똑바로 걷게 할 수는 없다[2+]
  |늘 모로 가고, 옆길로 새는 사람을 백날 가르쳐도 바탕이 그러하니 가르침이
  아무 소용없다는 뜻.
- 돼지는 앞으로 뒤지고 닭은 뒤로 파헤친다 / 돼지는 흐린 물을 좋아한다
  / 개는 나는 족족 짖고 고양이는 나는 족족 할퀸다 / 게는 나는 족족 (꼬)집는다
  / 호랑이 새끼는 자라면 사람을 물고야 만다
- 오리 새끼는 길러놓으면 물로 가고 꿩 새끼는 산으로 간다
- 백정이 양반 행세를 해도 개가 짖는다
  |백정(白丁)은 천민으로, 도살이나 소소한 물건을 만드는 일을 했다. 따라서
  개는 도살하는 백정을 보면 본능적으로 위험한 사람임을 알고 짖는다. 백정이
  돈을 많이 벌어 양반처럼 입고 양반처럼 걷는대도 개의 감각까지 속일 순 없다
  는 말.

사람과 산은 멀리서 보는 게 낫다 가까이서 보면 아무래도 결점이 보일 수밖에
없다는 말.
  [현대] 100미터 미인 / 장미단추(장거리 미남/미녀 단거리 추남/추녀의 준말)
- 사람과 산은 멀리서 보는 게 낫다[2+]
  |〈걸리버 여행기〉에서 두 번째로 표류해 도착한 거인국에서 걸리버는 왕궁 시녀
  들의 성적 노리개도 되면서 그 매끈한 피부에서 흉한 모공과 털을 보고 기겁한
  다. 모든 게 상대적으로 크게 보이니까. 마찬가지로 건너다보기엔 연예인들이
  다 아름답다. 하지만 가까이서 겪어보면 세상 사람들과 똑같고 더 실망스러운
  모습도 본다. 결혼 전에는 아주 멋지고 깔끔하던 사람도 막상 한집에 살아보니
  속았다! 느끼는 것처럼.

사람 위에 사람 없고 사람 밑에 사람 없다 사람은 모두 똑같으므로 함부로 무시해
서는 안 된다는 말.

[현대] 부자든 거지든 요플레 뚜껑부터 핥는다

■ **사람 위에 사람 없고 사람 밑에 사람 없다**[2+]

  |유럽에는 이런 말이 있다. "귀족이 더 잘난 척을 못하는 건 그들도 똥을 누기 때문이다."

사람은 늙어지고 시집은 젊어진다 나이는 들어 늙어가는데 시집살이는 덜어지지 아니하고 오히려 더 힘들어지는 경우를 이르는 말.

■ **사람은 늙어지고 시집은 젊어진다**[2+]

사발 안의 고기도 놔주겠다 주어진 제 몫조차 못 챙기는 무능을 이르는 말.

[현대] 위에 넣어줘도 소화 못 시킨다

■ **사발 안의 고기도 놔주겠다**

  |나이 기껏 챙겨 넣어준 건더기, 받은 밥그릇도 스스로 못 챙긴다는 말이다.

사발 이 빠진 것 그대로 두기도 그렇고 버리기도 그런 것을 이르는 말.

[成語] **계륵(鷄肋) :** 닭의 갈빗살. 살점도 적고 뜯기도 번거롭지만 그렇다고 버리기에는 아까운 것. ‣촉(蜀)나라 유비(劉備)가 한중(漢中) 지역을 먼저 점령하니 위(魏)나라 조조(曹操)가 쳐들어왔다. 하지만 몇 달을 공격해도 별 소득이 없고 군량미도 바닥나서 탈영병이 속출했다. 그러자 조조가 계륵(鷄肋)이라는 비밀명령을 내렸다. 이에 위나라 진영에 양수(楊修)라는, 말뜻을 잘 해석하는 자가 있어 이 명령을 금세 알아듣고 회군 준비를 했다. 이해 못 한 사람들이 까닭을 물으니 이렇게 답했다. "닭의 갈빗살은 먹자니 먹을 것이 없고 버리자니 아까운 것으로, 지금 이 한중(漢中) 지역이 딱 그거라오. 이는 곧 왕께서 회군하신다는 말씀 아니겠소." 그의 말대로 조조는 곧 군대를 철수시켰다. _『후한서(後漢書)』

■ **사발 이 빠진 것**

사시나무 떨듯 하다 매우 심하게 겁을 내어 떠는 모습을 이르는 말.

■ **사시나무 떨듯 하다**

  |사시나무는 잎대가 길고 가늘며 잎이 동그란 모양에 가까워 조금만 바람이 불어도 잎사귀가 부채 돌리듯 마구 팔락거린다. 약한 바람에도 수많은 사시나무 잎과 가지들이 팔락이며 덜덜

사시나무 잎. 잎이 동그랗고 잎대가 길어 약한 바람에도 마구 팔락거린다.
|국립중앙박물관 전통염료식물원

거리는 모습은 마치 무서워서 온몸을 떠는 것처럼 보인다.

사십 넘은 아이 없다　나이를 많이 먹으면 그만큼 나잇값을 하게 된다는 말.
　[반대] 한 살 더 먹고 똥 싼다
- 사십 넘은 아이 없다[2+]
　|수명이 짧던 옛날의 40대는 노년에 가까웠고 불혹(不惑)의 나이라 할 만했다.
　그러나 지금의 40대에는 나잇값 못하는 철부지가 더 많은 듯하다.

사위는 고양이　사위는 아무리 잘 대해주고 위해줘도 얄미운 짓을 잘한다는 말.
- 사위는 고양이[2+] / 사위 섬기기는 고양이 섬기기와 같다[2+]
　|고양이가 먹여주고 귀여워해주는 주인에 대한 고마움을 전혀 알지 못하듯, 사위
　는 아무리 깍듯이 챙겨줘도 자기네 딸인 제 아내를 함부로 대하고 얄미운 짓을
　많이 해서 위해준 보람이 없다는 말이다.

사위는 백년손님이요 며느리는 평생식구라　사위는 처가에서 손님처럼 어렵게 대하
고 며느리는 시댁에서 원래부터 한 식구였던 것처럼 대한다는 말.
- 사위는 백년손님이요 며느리는 평생식구라

사촌이 땅을 사면 배가 아프다　남이 잘되면 시기하고 질투하는 마음이 생기게 마련
이라는 말.
- 사촌[사돈]이 땅을 사면 배가 아프다
　|스트레스를 많이 받으면 배가 사르르 아프고 배탈이 나기도 한다. 사촌과 사돈
　은 엄연한 친척이지만 그들이 잘된다고 내가 이득 될 것은 없다. 그래서 기분
　나쁘고 질투가 나는 것이다. 사촌 간에 성적이나 직장, 재산 등을 비교당하면
　기분이 상한다. 형제간 비교도 기분 나쁜데 하물며 ….220

산골 부자가 바닷가 개만 못하다　산골에서는 아무리 노력해도 먹고살기 힘들다는 말.

220　어떤 사람들은 한민족이 남 잘되는 꼴을 못 보는 시기심 많은 민족이라며 그 증거로 이
속담을 든다. 하지만 서양에도 '이웃이 살찌면 제가 마른다'라는 속담이 있고, 독일어에는 남의
불행이나 고통을 보면서 느끼는 기쁨이라는 샤덴프로이데(Schadenfreude)라는 단어가 있다. 우리말
로는 '쌤통'이나 '잘코사니' 정도에 해당한다. 시기심은 인간 사회 어디에나 다 있다.

■ 산골 부자가 바닷가 개만 못하다

|어촌에는 해산물 찌꺼기나 밀려온 물고기 같은 것이 많아 개가 포식을 하지만, 산골에서는 허리가 휘도록 농사를 지어도 변변한 수확이 없어서 살기 힘들다는 말이다.

산 닭 길들이기는 사람마다 어렵다 제멋대로 행동하는 사람을 다잡아 가르치기란 그 누구도 어렵다는 말.

■ 산 닭 길들이기는 사람마다 어렵다²⁺ / 생마 잡아 길들이기²⁺

|'살다'에는 성질이나 기운 따위가 뚜렷이 나타나다, 즉 '기가 살다'라는 뜻도 있다. 싸움닭마냥 사납게 굴고 여기저기 헤쳐대는 사람을 부드럽게 길들이거나 마음 가다듬게 하는 것은 그 누구에게도 힘든 일이라는 말이다.

생마(生馬)는 '야생마'와 비슷한 말이며 아직 길들이지 않은 거친 말을 뜻한다. 망아지처럼 제멋대로 날뛰는 인간을 얌전히 만들기도 어렵다.

산이 높아야 골이 깊다 품은 뜻이 높아야 생각 또한 깊다는 말.

■ 산이 높아야 골이 깊다²⁺ / 산이 커야 그림자도 크다

|여기서 '골'은 '두뇌', 즉 '생각'도 뜻한다. 품은 뜻이 산처럼 크고 높으면 그만큼 얕은 생각이나 잔꾀 없이 깊고 진중하게 생각하고 행동한다는 말이다.²²¹

산 입에 거미줄 치랴 아무리 먹고살기 힘들어도 사람은 어떻게든 먹고살기 마련이라는 말.

[현대] 살아보면 살아볼 만하다

■ 산 입에 거미줄 치랴 / 세 끼를 굶으면 쌀 가지고 오는 놈이 있다

|사람이 굶게 되면 적든 많든 어떻게든 찾아 먹기 마련이라 입에 거미줄 처질 틈이 없다는 말이다.

■ 굶어 죽기는 정승 하기보다 어렵다 / 가난이 질기다

|가난하면 굶어 죽을 것 같지만 그래도 용케 어떻게든 질기게 살아내기 마련.

■ 사람 살 곳은 가는 곳마다 있다

---

221 〈진도아리랑〉에는 "산이 높아야 구렁(골)도 깊지. 조그마한 여자 소견이 깊을 수 있나"라는 구절이 나온다. 성별이라는 신분에 갇혀 큰 뜻을 펼칠 수 없다는 뜻이다.

산전수전 다 겪었다 온갖 일을 다 겪어보아 경험 많고 노련해졌다는 말.

[현대] 산전 수전 공중전 다 겪었다

■ 산전수전 다 겪었다

  |산에서의 전투와 물에서의 전투 모두를 다 겪어보았다는 말.

■ 단맛 쓴맛 다 보았다 / 밤송이 우엉송이 다 껴 보았다

  |우엉의 꽃이 시들고 씨가 맺힌 부분을 우엉송
  이라고 하는데, 대추알만 한 크기에 마치 밤송
  이처럼 생겼고 따가운 긴 털이 잔뜩 돋아 있다.
  결국 세상의 온갖 '따끔한' 맛을 다 봤다는 뜻.

우성송이의 가시털 끝에는 아주 작은 갈고
리가 있어 손가락 지문 사이에도 걸려 안
떨어진다. 살도 파고들어 아주 따갑다.

산 좋고 물 좋고 정자 좋은 곳 없다 모든 조건이
다 맞아떨어지는 경우는 없다는 말.

[반대] 명찰에 절승이라

■ 산 좋고 물 좋고 정자 좋은 곳 없다

  |자연의 경관과 인공의 운치가 아울러 곁들여지기란 매우 어렵다.

살아가면 고향 정을 붙이고 살다 보면 그곳이 고향과도 같이 된다는 말.

[현대] 제2의 고향

■ 살아가면 고향 / 앉은 데가 본이라

  |여기서 '본'은 본관(本官). 본관은 관향(貫鄕) 또는 향적(鄕籍)이라고도 하는데,
  가문의 시조(始祖)나 그 씨족들이 모여 사는 곳 등을 일컫는 말이다. 특정 지역
  에서 큰 관직을 얻음으로써 그곳에 터를 잡고 시조가 되기도 한다.

삼척동자도 다 안다 어린아이들도 알고 있을 정도로 누구나 다 아는 사실이라는 말.

[현대] 모르면 간첩 ▶ 예전에는 북한에서 간첩이 내려오면 남한 사정에 어두워서 물건 값
    이나 이름 등을 몰라 헤맨다고, 그런 수상한 행동을 하는 사람은 신고하라고 했다.

■ 삼척동자도 다 안다

  |1척(尺)은 대략 30cm 정도. 3척동자면 키가 90cm밖에 안 되는 매우 어린 아이
  다. 교육인적자원부가 내놓은 2012년 어린이표준신장표에 따르면 8세 아동의
  경우 남아 124.1cm, 여아 123.5cm가 평균 키다. 이것을 봐도 키가 90cm라면,
  조선시대 사람들이 지금보다 키가 작았던 것222 을 감안하면, 삼척동자는 아마
  도 유치원생 또래 아닐까 한다.

상 머리에 뿔 나기 전에 재산을 모아라 아이를 기르다 보면 재산을 모으기 힘드니 그 전에 모아두라는 말.

■ 상 머리에 뿔 나기 전에 재산을 모아라[2+]
 |아기가 커서 밥상에 앉을 무렵이면 앉은키가 상 위로 머리가 보일 정도다. 그게 꼭 뿔이 오똑 돋은 것 같다. 또한 '뿔 나다'를 '뿔나다'로 읽으면 먹을 것을 더 달라고, 배가 고프다고 칭얼대며 '화를 낸다'라는 뜻도 된다. 아이가 먹성이 좋아지면 버는 족족 입으로 들어가 사라지니 그 전에 미리 벌어두라는 말이다.

상여 메고 가다 귀청 후빈다 일을 끝까지 성실하게 하지 않고 도중에 엉뚱한 데 정신을 판다고 핀잔하는 말.

■ 상여 메고 가다 귀청 후빈다[2+]
 |장례식의 끝은 시신을 묻는 것이다. 그리고 상여에는 관을 싣는 상여(喪輿)도 있고 상으로 받는 돈이나 물건을 뜻하는 상여(賞與)도 있다. '메다'에는 책임을 짊어진다는 뜻도 있다. 큰일을 진행하다가 막판에 귀찮아 옳게 마무리 지을 생각은 않고 이것저것 지시하니 듣기 싫어 귀 후비며 딴청을 부린다는 말이다.[223] 뒤처리만 많아 지겹고 지치는 마지막 때 일이 가장 재미없고 힘들다.

상전은 미고 살아도 종은 미고 못 산다 가까운 사이끼리는 서로 괴롭히거나 박대하지 말아야 한다는 말.

[반대] 갈치가 갈치 꼬리 문다

■ 상전은 미고 살아도 종은 미고 못 산다[2+]
 |'미다'는 업신여겨 따돌리고 멀리한다는 말. 윗사람과 아랫사람은 주종의 관계라서 친할 수 없다. 하지만 부림을 당하는 사람들끼리 반목하면 일은 일대로 안 되고, 윗사람의 횡포에 합심하여 대응하지도 못한다는 뜻이다.

■ 개도 개뼈다귀는 뜯지 않는다[2+]
 |개의 조상은 늑대며 늑대는 동료들끼리 잡아먹지 않는다. 그 습성이 그대로 이어져 개들끼리는 서로를 잡아먹지 않는다.[224]

---

222 조선시대 성인 남녀를 합한 평균키는 약 155cm 정도였다.

223 이 속담을 통해 '딴청'이란 말이 '다른 귀청'에서 온 것이라 짐작할 수 있다. 못 들은 척하는 사람은 귀 기울이지 않고 본능적으로 귀 방향을 다른 데로 돌리거나 듣기 싫어 귀 막듯 후빈다.

224 하지만 개고기를 개에게 주었더니 개가 잘 먹더라는 것은 실험으로 밝혀졌다. 결국 동족끼리

[맥락] 부모자식, 형제지간처럼 아주 가까운 관계나 사이를 골육(骨肉)이라 한다. 이렇게 가까운 사이끼리는 서로를 헐'뜯지' 말아야 한다는 말이다.

새도 가지를 가려 앉는다 매사에 선택을 신중히 하라는 말.

■ 새도 가지를 가려 앉는다
ㅣ새는 아무 가지에나 앉지 않는다. 부러질 만큼 약한 가지에 앉지 않고, 훤히 드러나 천적에게 들킬 곳에 앉지 않으며, 사방을 살펴볼 수 없는 곳 또한 앉지 않는다. 친구를 사귈 때나 직장을 고를 때도 이처럼 여러 환경이나 상황을 고려해 택해야 한다는 말이다.

새 발의 피 아주 하찮은 일이나 극히 적은 분량을 이르는 말.

[成語] 조족지혈(鳥足之血) : 새 발의 피.

■ 새 발의 피
ㅣ새의 다리는 거의 뼈와 껍질로 이루어져 있으며 혈관 수가 매우 적어 상처가 나도 피가 찔끔 나오고 만다.

새우로 잉어 낚는다 적은 밑천이나 작은 노력으로 큰 이득을 얻는다는 말.

■ 새우로 잉어 낚는다 / 곤쟁이[곤지] 주고 잉어 낚는다
ㅣ'곤지'는 '곤쟁이'의 사투리. 곤쟁이는 크기가 0.2~2cm 정도로 매우 작은, 새우를 닮은 갑각류다. 보통 젓갈로 담그거나 낚시 미끼로 쓴다. 지금도 낚시꾼들이 학꽁치 잡는 미끼로 곤쟁이를 많이 쓴다.

■ 바늘 넣고 도끼[방앗공이] 낚는다[나온다][2+] / 바늘 잃고 도끼 낚는다[2+]
ㅣ바늘로 낚싯바늘을 만들어 도끼를 건진다는 뜻이라 한다. 물에 빠진 도끼를 낚싯바늘로 건질 수 없으니 말이 안 된다. 게다가 낚싯바늘이든 그냥 바늘이든, 낚을 수단인 '바늘 잃고'는 그 무엇도 건지지 못한다.
[맥락] 말장난이라 여겨진다. '낚다'에는 꾀로 명예나 이익을 얻는다는 뜻도 있고, '바늘 넣고'는 '반을 넣고'와 '바늘 잃고'는 '반을 잃고'와 발음이 같다. 반만 투자하거나 반만 잃고 더 큰 이득을 얻었다고 보아야 옳다. 그래서 바늘보다 더 큰 쇳덩이 도끼, 바늘보다 더 굵고 긴 방앗공이를 얻어냈다고 봐야 할 듯하다. '도끼'와 '방앗공이'에도 상징이 있을지 모르나 현재까지는 여기까지다.

잡아먹거나 하지 않을 뿐 동족의 뼈다귀라도 뜯기는 할 것이라 본다.

생일날 잘 먹자고 이레를 굶는다 어떻게 될지도 모를 앞일을 미리부터 지나치게 기대하여 현재를 허투루 한다는 말.

■ **생일날 잘 먹자고 이레를 굶는다**
ㅣ지금도 뷔페 가는 날이면 본전 뽑으려고 아침부터 굶는 사람들이 있다. 그럼 위가 줄어들어 오히려 덜 먹힌다.

서당 개 삼 년이면 풍월을 읊는다 어리석거나 부족한 사람도 훌륭한 사람 곁이나 좋은 환경에 오래 있다 보면 저절로 얻어 배우거나 좋은 영향을 받게 된다는 말.

[반대] 개와 친하면 옷에 흙칠을 한다

[현대] 분식집 개 삼 년이면 라면을 끓인다 · 서당과 개, 그리고 풍월의 상관성을 모르고 만든 이치에 안 맞는 속담이다.

■ **서당 개 삼 년이면 풍월을 읊는다**[2+] / **맹자 집 개가 맹자왈 한다**[2+]
ㅣ동네에 차장수가 와서 "굵고 싱싱한 계란이 왔어요. 따끈따끈한 계란이 왔어요", "고장난 텔레비전 삽니다. 컴퓨터 삽니다" 확성기로 외치며 지나갈 때면 동네 개들이 죄다 목청 빼고 워얼~ 워얼~ 달밤의 늑대처럼 울어댄다. 〈세상에 이런 일이〉 같은 방송 프로그램에서는 클래식 음악이나 트로트 음악에만 반응하여 구슬프게 우는 개들이 나온다. 아직 과학적으로 정확히 밝혀지지 않았고 개마다 다르지만, 특정한 음파나 음률을 들으면 (몇몇) 개들이 이에 반응해 늑대처럼 운다고 한다. 개의 조상은 하울링(Howling)을 하던 늑대다. 하울링은 길고 높은 소리로 무리에게 자신과 사냥감의 위치 따위를 전달하는 늑대들의 정보전달법. 한 마리가 울기 시작하면 다른 늑대들도 따라서 하울링한다. 이 습성이 남은 개는 하울링과 비슷한 소리를 들으면 똑같이 반응하는 것으로 알려져 있다.
　이제 서당으로 가보자. 서당에서 『천자문』이나 『소학』 등을 배울 때는 국어책 읽듯 건조하게 읽지 않고 노래하듯 일정한 음률에 맞춰 읽고 외운다. 구구단을 외울 때와 같은 방법. 서당 마당에서 키우는 개는 매일같이 이 음률을 듣다 어느 때부턴가 이 소리에 반응해 워얼~ 워얼~ 따라 울기도 했을 것이다.
　풍월을 읊는다는 것은 시조를 읊는 것을 말한다. 자연을 노래하는 것을 '바람을 읊으며 달을 가지고 논다'라는 뜻으로 음풍농월(吟風弄月)이라고 하는데, 이 음풍농월을 줄여서 풍월(風月)이라 한다. 시조는 노래하듯이 매우 긴 음률로 읊는데, '청산명월'을 "처어~~~엉 사아~~~아아아~~~으으으안 며어어 어~~~어어~~~으으엉 우~~~우우어~~~얼~~" 식으로 길게 빼 노래한다.

[맥락] '풍월'에는 '어깨너머 풍월'처럼 얻어들은 짧은 지식이란 뜻도 있다. 이 속담은 어디서 주워들은 되잖은 지식을 떠드는 사람을 조롱할 때도 쓴다. '풍월'

의 '월'과 '맹자 왈'의 '왈'은 모두 '개소리'다. 공자 대신 맹자인 것은 '맹한 자(者)'를 나타내기 위해서인 듯하다.

■ 산 까마귀 염불한다[2+]

| 산에서 사는 까마귀가 절간에서 들리는 염불 소리를 오래 듣고는 염불을 따라 배웠다는 말이다.

[맥락] '염불하다'에는 같은 말을 자꾸 되풀이한다는 뜻도 있다. 깜깜무식쟁이가 뭐 하나 좋은 말 얻어듣고 매번 그 말만 지겹도록 써먹는다는 뜻인 듯하다.

■ 큰 나무 덕은 못 봐도 큰 사람 덕은 본다 / 나무는 큰 나무 덕을 못 봐도 사람은 큰 사람 덕을 본다

| 나무가 크면 그 그늘 역시 커서 그 아래서는 다른 나무가 자라지 못한다. 하지만 훌륭한 사람 밑에 있으면 그 사람으로부터 알게 모르게 배우는 것도 많고 좋은 영향도 받아 그 그늘 밑에서 자신도 발전하게 된다는 말이다.

■ 금강산 그늘이 관동 팔십 리까지 뻗친다

| 금강산은 강원도 북쪽에 있는 동서 약 40km, 남북 약 60km에 해당하는 산악지역을 일컫는 말이다. 가장 높은 봉우리는 비로봉(1,638m). 관동(關東)은 다른 말로 영동(嶺東 : 대관령 동쪽)이라고도 하며 태백산맥 동쪽의 강원도 지역을 말한다. 금강산의 빼어난 아름다움 덕분에 그 아래 관동지역도 사람들이 즐겨 찾는 아름다운 곳으로 소문난다는 말. '그늘'에는 의지할 만한 대상의 보호나 혜택이라는 뜻도 있다.

서천에 경 가지러 가는 사람은 가고 장가들 사람은 장가든다   서로 같은 목적으로 동행하다 마음이 바뀌어 각자 좋을 대로 행동함을 이르는 말.

■ 서천에 경 가지러 가는 사람은 가고 장가들 사람은 장가든다[2+]

| 흔히 이 속담을 삼장법사와 손오공 일행의 이야기인 『서유기』와 관련이 있는 것으로 보는데, 서천(西天)이 인도(印度)를 뜻하고 이때의 경(經)은 불경(佛經)을 뜻하기 때문이다. 그러니까 승려 될 사람은 승려 되고 속세에서 결혼할 사람은 결혼한다는 뜻으로 본다는 것이다.

[맥락] 불교에서 말하는 서천(西天)과 충청남도 서천(西川), 불경(佛經)과 거울 '경(鏡)'의 동음이의를 가지고 만든 속담일 거라 본다. 두 장돌뱅이가 서천장에 거울을 떼러 가기로 하고 동행하다가 어느 갈림길에서 돌연 한 사람이 자기는 다른 길로, 다른 일을 보러 가겠다는 상황일 것이다.

"갈림길이 나와서 하는 말인데, 자네는 가던 대로 서천 가게."

석경(石鏡).
|국립민속박물관 아카이브

"응? 같이 서천장에서 거울 떼다 나주장에 팔자더니 이제 와서 무슨 소리야. 그 장에 안 가면 장가라도 갈 텐가? 어제 본 그 처자가 눈에 아른아른하던가?"

"예끼 이 사람! 그냥 다른 장 돌아보며 그곳 경치도 좀 보고 싶으이. 똑같은 길만 다니니 진력이 났달까. 장돌뱅이 그만하고 터 잡아 살고 싶기도 하고."

"그리시게. 난 서천에 경(鏡) 가지러 갈 테니 자네는 이 길로 장가들게. 이쪽 길로 가게. 이 길이 장가로 드는 길일세."

"이 사람 끝까지 농은! 하여튼 잘 다녀오시게. 난 이 길로 빠지겠네. 아참, 내 누이 줄 거니 혹시 서천장에 제물포에서 만든 유리 면경(面鏡)[225] 들어왔거든 따로 좀 사다 주겠나? 어디서 봤는지 누이가 면경 한 번 보고선 석경은 흐릿해서 영 못 보겠다고 어찌나 골을 내던. 하나뿐인 누이인지라 내가 누이 시집살이를 하네. 누이 시집보내면 나도 장가 자리 잡아야지."

서투른 도둑이 첫날 밤에 들킨다 어쩌다 한 번 나쁜 짓을 한 게 들킨다는 말.

[현대] 인생은 타이밍·줄곧 열심히 일하다가 잠깐 다른 화면 볼 때 직장상사가 보거나, 동료와 팽팽 놀다가 이제 일해야지 혼자 업무 화면으로 돌아왔을 때 본다.

■ 서투른 도둑이 첫날 밤에 들킨다[2+]

석수장이 눈깜짝이부터 배운다 일의 내용보다 겉모습부터 챙기는 사람을 비웃어 이르는 말.

[현대] 살 빼려 수영장 끊고 수영장 가려 헬스장 끊는다

젊은 석공이 쇠메를 내리치려니 정을 집은 늙은 석공이 고개 돌려 눈을 질끈 감는다. 일본말 '오함마'의 우리말이 '쇠메'.
|윤두서, 〈석공공석도(石工攻石圖)〉

■ 석수장이 눈깜짝이부터 배운다
|'석수장이'는 돌을 쪼아 물건을 만드는 사람인 석수(石手)나 석공(石工)을 낮잡아 이르는 말. 정과 망치로 돌을 쪼다 보면 튄 돌가루가 눈에 들어가기 일쑤였다. 그래서 돌 쪼는 일을 배우는 사람이 돌 쪼는 기술보다 눈 빨리 감는 기술부터 배우려 든다는 말이다.

---

225 지금과 같이 유리로 된 거울은 1883년에 외국 기술이 도입되며 제물포(인천) 공장에서 처음 만들어졌다. 그 전까지는 구리, 주석 등을 곱게 간 금속 거울이었다. 지금의 은도금에 비치는 것보다 흐렸고 마찰 흠집으로 쉬 뿌예졌다. 금속거울은 무당이 무구(巫具)로 아직 쓴다.

선무당이 사람 잡는다 실력이 없거나 제 구실도 못하면서 함부로 나서다가 큰일을 저지른다는 말.

■ 선무당[선백정]이 사람 잡는다[2+]

｜'선무당'은 아직 서툴고 미숙한 무당. 옛날에는 집안에 우환이 있거나 병명을 알 수 없는 환자가 있을 때 미신에 기대서 굿으로 해결하려는 일이 많았다. 이 과정에서 서툰 무당은 환자한테서 귀신을 쫓아내야 한다며 심한 짓을 억지로 하다가 오히려 증세만 악화시키기도 했다.

[맥락] '무당' 또는 '무당 눈깔'이라 해서, 사전에는 없지만 숨은 사실을 귀신같이 아는 사람을 뜻한다. 잘 알지도 못하면 무당이 살풀이하듯 섣불리 실마리 갖고 풀다가 멀쩡한 사람을 잡는다는 뜻이다.

■ 어설픈 약국이 사람 죽인다[2+] / 서투른 의원이 생사람 잡는다[2+]

｜옛날에는 약방(약국)에서 진료와 치료도 같이 했다. 맥도 모르고 함부로 넘겨짚어 멀쩡히 생사람을 잡는다는 뜻.

■ 반풍수 집안 망친다[2+]

｜풍수(風水)는 풍수지리설에 따라 집터나 묘터 등이 좋고 나쁨을 가려내 골라주는 사람을 뜻하는 지관(地官)의 다른 이름이며, '반풍수'는 선무당처럼 서툰 지관을 뜻한다. '터'무니없는 소리를 퍼트려 멀쩡한 집안을 풍비박산 낸다는 말.

섣달그믐날 개밥 퍼주듯 대충 마구 푹푹 퍼주는 모양을 이르는 말.

■ 섣달그믐날 개밥 퍼주듯[2+]

｜'섣달'은 한 해의 제일 마지막 달, '그믐날'은 그달의 제일 마지막 날이다. 따라서 '섣달그믐날'은 한 해의 가장 마지막 날. 이날이 지나면 해가 바뀌어 새해를 맞는다. 시집 못 간 노처녀는 그렇게 또 나이만 한 살 더 먹으니 자기 신세가 답답하고 복장이 터진다. 한 살이 늘수록 정상적인 혼삿길에서 멀쩡한 신랑감으로부터 점점 멀어지는 까닭이니까. 그래서 개밥을 주다 속상해 밥 '푹푹' 퍼주면서 한숨 '푹푹' 개한테 이렇게 넋두리 짜증을 냈을 게다. "그래 나, 나이 한 살 더 처먹는다. 너도 밥 더 처먹어라."

다음은 전통적인 달과 날의 이름이다.

1월	2월	3월	4월	5월	6월	7월	8월	9월	10월	11월	12월
정월	이월	삼월	사월	오월	유월	칠월	팔월	구월	시월	동짓달	섣달
				오뉴월					상달	동지섣달	

1일	2일	3일	4일	5일	6일	7일	8일	9일	10일
초하루	초이틀	초사흘	초나흘	초닷새	초엿새	초이레	초여드레	초아흐레	열흘
					음력 4월 8일인 부처님오신날만 따로 초파일이라 부른다				

11일	12일	13일	14일	15일	16일	17일	18일	19일	20일
열하루	열이틀	열사흘	열나흘	열닷새	열엿새	열이레	열여드레	열아흐레	스무날
				보름					

21일	22일	23일	24일	25일	26일	27일	28일	29일	30일
스무하루	스무이틀	스무사흘	스무나흘	스무닷새	스무엿새	스무이레	스무여드레	스무아흐레	서른날
								그믐 (그달의 마지막 날)	

세 사람만 우기면 없는 호랑이도 만든다　여러 사람이 우기면 없던 일도 사실처럼 만들 수 있다는 말.

[成語] 삼인성호(三人成虎) : 세 사람이 호랑이를 만든다.・전국시대 위(魏)나라 혜왕(惠王) 때, 태자와 신하 방총(龐蔥)이 볼모로 조(趙)나라에 가게 되었다. 출발을 며칠 앞두고 방총이 혜왕에게 여쭈었다. "지금 누가 와서 저잣거리에 호랑이가 나타났다고 하면 전하께서는 믿으시겠나이까?" "누가 그런 말을 믿겠소." "또 다른 사람이 와서 저잣거리에 호랑이가 나타났다고 한다면 믿으시겠습니까?" "마찬가지로 믿지 않소." "만약 세 번째 사람이 와서 똑같이 전하께 아뢴다면 어찌하시겠습니까?" "그땐 믿을 것 같소." "전하, 저잣거리에 호랑이가 나타날 리 없다는 건 누구나 아는 사실이옵니다. 하오나 세 사람이 모두 똑같이 아뢴다면 저잣거리에 없던 호랑이가 나타난 셈이 되옵니다. 신은 이제 멀리 조나라로 갈 것이고 신이 떠난 뒤 저에 대해서 중상모략을 하는 이가 비단 세 사람만은 아닐 것이옵니다. 청컨대 그들의 헛된 말을 귀담아듣지 마시옵소서." "염려 마시오. 누가 뭐라 하든 과인은 내 두 눈으로 본 것이 아니면 믿지 않을 것이오." 이후 태자와 방총이 조나라로 떠난 뒤 과연 방총을 모략하는 이야기가 올라오기 시작했고, 몇 년 뒤 볼모에서 풀려나 돌아올 때 태자는 돌아왔지만 방총은 혜왕의 의심을 사서 끝내 돌아오지 못했다. _『한비자(韓非子)』・『전국책(戰國策)』

■ 세 사람만 우기면 없는 호랑이도 만든다

세 살 버릇 여든까지 간다　한 번 몸에 밴 버릇은 쉽게 고쳐지지 않는다는 말.

[成語] 양상군자(梁上君子)・후한(後漢) 때 청렴하고 온화하며 공평무사한 진식(陳寔)이란 관리가 있었다. 그가 현감으로 있을 때 도둑이 들보 위에 올라가 숨은 걸 눈치채고 가만히 아들과 손자들을 불렀다. 그리고 말했다. "무릇 사람이란 제 스스로를 갈고닦아 길러야 하느니라. 악인도 처음부터 악인이 아니었다. 다만

평소 자신의 나쁜 버릇을 돌아보지 않아 그렇게 되는 것이니라. 바로 저 들보 위의 군자께서 그러시다." 도둑이 엿듣다가 깜짝 놀라서 얼른 뛰어내려와 엎드려 머리를 조아리며 크게 사죄했다. 그러자 진식은 "그럴 분 같지 않으신데 먹고살기 막막하니 이리 되신 모양입니다. 앞으론 이러지 마십시오." 하며 비단 두 필을 주어 보냈다. 이 이야기가 소문이 나면서 그 고을에는 다신 도둑질하는 사람이 없게 되었다. _『후한서(後漢書)』「진식전(陳寔傳)」

■ **세 살 버릇 여든까지 간다 / 어릴 적 버릇은 늙어서까지 간다**
ㅣ아동의 발달단계에서 생후 12~24개월 무렵에 식습관이나 행동습관을 잡아주는 것이 좋다고 한다. 이때 몸에 밴 여러 습관이 평생을 좌우할 수도 있는 까닭이다. 우리나라는 태어날 때 이미 한 살을 먹고 태어나므로 12~24개월 무렵은 흔히 말하는 '미운 세 살'에 해당한다. 선조들도 경험상 이를 알았다는 얘기다.

■ **든 버릇 난 버릇 / 낙숫물이 떨어진 데 또 떨어진다**
ㅣ한 번 잘못 든 버릇은 천성으로 갖고 태어난 것만큼 고치기 어렵다는 말.

■ **팔자는 길들이기로 간다**[2+]
ㅣ습관이 길들어 타고난 천성처럼 되면 그 사람의 일생을 좌우한다는 말.

■ **강아지[병아리·파리] 똥은 똥이 아닌가**
ㅣ강아지는 똥 크기도 작다. 하지만 크기가 작아도 똥은 똥. 아직 어린애라고 잘못을 바로잡지 않고 놔두면 커서 더 큰 잘못을 저지를 수 있으니 그때그때 바로잡아야 한다는 뜻이다. '약간의 차이는 있어도 (좋지 않은) 본질은 같다'라는 뜻으로도 쓰인다.

■ **한 번 검으면 흴 줄 모른다**
ㅣ흰옷에 먹물 쏟은 걸 다시 희게 만들기란 너무 어렵다. 한 번 안 좋은 물이 들면 다시 깨끗한 사람이 되기 어렵다는 말이다.

세 살에 도리질한다 ①나이에 비해 사람됨이 늦다는 말. ②학문의 진도나 사업의 경영이 남보다 늦다는 말.

■ **세 살에 도리질한다**[2+]
ㅣ어린아이가 어른이 시키는 대로 머리를 좌우로 흔드는 재롱인 '도리질' 또는 '도리머리'는 돌쟁이만 돼도 한다. 그러니 남들보다 성장이 느리다는 말.

세월에 장사 없다 나이를 먹으면 누구나 용모와 기력이 떨어지기 마련이라는 말.
[현대] 나이가 깡패다

■ 세월에 장사 없다

세월이 약이다　무엇이든 시간이 흐르고 나면 자연스럽게 잊힌다는 말.
  [현대] 세월탕이 약이다

■ 세월[시간]이 약이다 / 눈물은 내려가고 숟가락은 올라간다
  |눈물은 볼을 타고 밑으로 내려가고 숟가락은 입으로 올라간다. '내려가다'에는
  격한 감정이 잠잠해지거나 수그러든다는 뜻도 있다. 당장에는 눈물이 한없이
  흐르고 식음을 전폐하며 몸부림치지만, 시간이 흐를수록 눈물은 다 흘러 나가고
  어느새 먹고사는 일상으로 돌아온다는 말이다. 중요한 시험을 망쳤다고 투신하
  려던 학생이 그때 마음을 달리 먹는다면 나중에 이렇게 돌이켜볼지 모른다. '내
  가 그땐 왜 그랬나 몰라. 살아보니 세상이 그게 다가 아니었는데.'

■ 철이 가면 절로 간다[끝난다]²⁺
  |계절의 '철'과 '저절로'의 준말 '절로'의 '절'의 발음이 비슷한 걸 이용한 속담이
  다. 시간이 지나가면 무슨 일이든 감정이든 저절로 따라 지나간다는 말이다.

■ 밤 잔 원수 없고 날 샌 은혜 없다
  |분노도 복수심, 감사와 은혜도 시간이 지나면 흐려지고 시들해지게 마련이다.

세월이 좀먹도록　①매우 더디고 느긋하게 처리함을 이르는 말. ②오랜 시간 동안
적당한 때를 기다림을 이르는 말.

■ 세월이 좀먹도록
  |'좀'은 낡은 책이나 옷가지, 이불, 가구 등을 갉아 먹고 사는 벌레. 곰팡이 나고
  좀 벌레가 나올 만큼, 세월이 썩어 문드러지도록 느긋하게 일하거나 지긋하게
  기다린다는 말. '좀→ 마른나무 좀먹듯 하다

■ 강태공 세월 낚듯 / 강태공 주문왕 기다리듯
  |강태공(姜太公)은 중국 주(周)나라 초기의 정치가로, 본명은 강상(姜尙)이며 태
  공망(太公望) 또는 여상(呂尙)이라고도 불린다. 주나라 무왕(武王)을 도와 은나
  라를 멸망시키고 주나라를 세우는 데 큰 역할을 한 사람이다. 그는 오랜 세월
  백발의 노인이 되도록 물가에서 낚시하며 자기 재능을 써줄 사람을 기다렸는데,
  그러던 어느 날 인재를 찾아 떠돌던, 훗날의 주나라 문왕(文王 : 무왕의 아버지)
  이 그가 범상치 않아 보이고 병법 및 경제에 능한 것을 보고 재상으로 등용하였
  다는 전설이 있다. 그를 태공망(太公望)이라고 부르는 것은 문왕, 즉 태공(太公)

이 그렇게 찾기를 갈망(渴望)하던 인재였기 때문이라 한다. 강태공은 본명인 강상의 성과 태공망을 붙여서 만들어진 말. 낚시꾼을 높여 부를 때 강태공이라고 하는 것도 낚시로 세월을 보낸 강태공 이야기에서 유래한다.

소가 힘세다고 왕 노릇 하랴   힘보다 지혜가 더 낫다는 말.

[반대] 주먹 큰 놈이 어른이다

■ 소가 힘세다고 왕 노릇 하랴

| 소는 사람보다 힘이 세지만 자기보다 힘 약한 인간에게 부림을 당한다. 인간보다 지능이 낮은 까닭이다. 힘자랑하는 사람들은 지금 자기가 최고인 것 같지만, 나중에 가면 결국 머리 쓰는 사람 밑에서 굽실대며 부림을 당한다.

■ 기운 세면 장수 노릇 하나 / 힘쓰기보다 꾀쓰기가 낫다

| 『손자병법(孫子兵法)』에서는 '싸우지 않고 이기는 것'이 가장 좋은 것이라고 말한다. 싸우게 되면 상대뿐 아니라 나도 다치기 때문이다. 『초한지(楚漢志)』에서도 초나라 항우는 자기 힘을 믿고 성을 깨부수며 전진하지만, 한나라 유방은 적을 회유하여 스스로 문을 열게 만들었다. 결과적으로 초나라 군대는 그만큼 사상자를 내면서 악전고투로 뚫고 나가야 했고, 한나라 군대는 적이 유방의 군대를 믿고 성문을 열어주었기에 손실 없이 점령했다. 이후 초나라는 한나라에 패배하고 항우는 모든 것을 잃고 자살한다.

소 귀에 경 읽기   아무리 가르치고 일러주어도 알아듣지 못하거나 건성으로 들음을 이르는 말.

[成語] 우이독경(牛耳讀經) : 소 귀에 경 읽어주기.
　　　대우탄금(對牛彈琴) : 소 앞에서 거문고 연주하기.
　　　마이동풍(馬耳東風) : 말 귀에 부는 동쪽 바람. ▸당(唐)나라 시인 이태백(李太白)이 친구인 왕십이(王十二)가 보낸 〈한야독작유회(寒夜獨酌有懷)〉라는 시에 대한 답시 끝에 '우리 시인들이 아무리 좋은 시를 짓더라도 세상 속물들은 그것을 알아주지 않는다'라는 뜻으로 넣은 구절에서 유래한다. 여기서 봄바람은 세상을 따뜻하게 해줄 좋은 것을 말한다. 말은 귀에 바람이 들어오면 고개를 흔들어 젓는 버릇이 있는데, 이것을 사람들이 듣기 싫다고 고개를 젓는 것에 비유했다.
　　　世人聞此皆掉頭 세상 사람들이 이것(시)을 듣고 모두 고개를 흔드니
　　　有如東風射馬耳 이는 마치 동풍(봄바람)이 말 귀에 닮과 같음이라

[현대] 귀[귓구멍]에 살쪘나 / 귀에 소시지 박았냐?

■ 소 귀에 경 읽기

| 소에게 아무리 훌륭한 경전을 읽어준들 무슨 소린지 모르니 큰 눈만 꿈뻑꿈뻑.

■ 한 귀로 듣고 한 귀로 흘린다

소금에 전 놈이 간장에 절랴 온갖 시련에 단련된 사람이 그보다 덜한 일에 두려워
하겠느냐는 말.

■ 소금에 전 놈이 간장에 절랴

|간장은 물이라도 있기 때문에 음식을 오래 절여도 어느 정도 물기는 가지고 있
지만 소금은 그렇지 않기 때문에 미라(Mirra)처럼 완전히 탈수되어 물기조차
없는 상태가 된다. 그러니 소금에 이미 단단하게 절여진 것이 간장에 넣는다고
해서 더 절여질 리 없다는 말이다.226

■ 간장에 전 놈이 초장에 죽으랴²⁺

|간장은 메주에 소금물을 부어 오랜 기간 발효시켜 만든 장(醬)이다. 간장 속에
음식을 넣어 절이면 삼투압 현상으로 음식의 물기가 빠져나가 크기가 졸아들고
단단해진다. 간장처럼 짜디짠 일을 겪어 단단해진 사람이 그보다 덜한 초장(醋
醬), 즉 식초에 절여진다 한들 결코 겁나지 않는다는 말이다.
[맥락] 여기서 초장은 일을 시작한 첫머리 무렵을 뜻하는 초장(初場)이고, 간장은
중간 장인 간장(間場)이라고 만든 말일 것이다. 중간부터 절었으니 초장부터
죽을 리 없다는 뜻으로, 어쩌면 노름판에서 나온 말은 아닐까 싶다.

소 닭 보듯 같이 있으면서도 서로에 대해 무덤덤하거나 무신경할 때 쓰는 말.

[반대] 고양이 개 보듯

■ 소 닭 보듯 / 닭 소 보듯

|닭이 소 주위에서 매우 부산스럽게 돌아다니면서 땅도 헤집고 흙을 끼얹어 목욕
도 하고 자기들끼리 꼬꼬댁거리면서 싸움질도 하고 난리를 치지만, 소는 그러거
나 말거나 느릿느릿 여물을 먹거나 되새김질을 하면서 별 관심을 두지 않는다.
닭 역시 덩치 큰 소가 옆에 있지만 자신을 해치지 않음을 아니 신경 안 쓰고
제 할 일을 한다. 외양간 여물통 먹이를 닭이 먹거나 말거나 소는 신경도 안
쓴다. 닭도 신경 안 쓰고 열심히 쪼아 먹는다.

---

226 옛날 일본에서는 전쟁 중에 장수나 주군(主君)이 죽으면 병사들의 사기를 위해 그 죽음을
숨겼는데, 대신 나중에 장례를 치르기 위해 부패하지 않도록 큰 소금 항아리에 시신을 넣어두고
얼굴이 비슷한 사람을 내세워 아직 살아 있는 것처럼 꾸몄다. 그 가짜 역할을 맡은 사람을 가게무샤(影
武者 : 그림자무사)라고 한다.

소 뒷걸음치다 쥐 잡은 격 미련한 사람이 한 말이나 행동이 우연찮게 맞아떨어지거나 좋은 결과를 냈을 때 하는 말.

■ 소 뒷걸음치다 쥐 잡은 격²⁺ / 황소 뒷걸음질에 잡힌 개구리
  | 외양간 먹이를 노리고 쥐가 드나드는 일이 많았다. 그 좁은 공간에서 우연찮게 소에게 밟히는 쥐도 있었다 한다.

■ 소경 문고리 잡기
  | 장님이 여기저기 더듬어서 어쩌다 문고리를 찾아 잡는다는 말.

소라가 똥 누러 가니 소라게 기어들었다 잠시 빈틈을 타서 남의 자리를 빼앗아 차지하는 짓을 이르는 말.

■ 소라 똥 누러 가니 소라게 기어들었다²⁺
  | 소라 알맹이는 똥 모양이다. 그래서 똥 누러 간다고 생각한 듯하다.

소라 껍데기 까먹어도 한 바구니 안 까먹어도 한 바구니 무슨 일을 하고 났는데도 흔적이 남지 않는 경우를 비유적으로 이르는 말.

■ 소라 껍데기 까먹어도 한 바구니 안 까먹어도 한 바구니²⁺
  | 소라의 살은 안에 들었으니 아무리 까서 먹어도 양이 줄어들지 않는다. 일거리를 많이 한 것 같은데 돌아보니 하나도 줄어들지 않았을 때 쓴다.

소매가 길면 춤을 잘 춘다 바탕이나 조건, 밑천 등이 좋으면 더 잘할 수 있다는 말.

  [成語] 장수선무 다전선가(長袖善舞 多錢善賈) : 긴 소매면 좋은 춤을 추고, 많은 돈이면 좋은 장사를 한다. ‣ 원래 이 말은 중국의 매우 오래된 속담이다.

  [현대] 전투화만 신으면 태권도 1단 ‣ 전투화는 두꺼운 소가죽이고 단단하기 때문에 그 것만 신어도 육탄전 발차기에서 상당한 공격력을 갖는다. 요새는 군대 태권도 단증을 무시하는 말로 ‘군대 태권도는 소리만 크게 질러도 1단, 전투화만 신어도 1단’이라고 쓰기도 한다.

■ 소매가 길면 춤을 잘 춘다
  | 소매가 길면 조금만 팔을 흔들어도 소매가 길게 휘날리며 아름다운 모양을 만들어 낸다. 그래서 옛 무희(舞姬)들의 무용복은 대개 소매가 길었다.

■ 돈이 많으면 장사를 잘한다 / 돈이 돈을 번다
  | 작은 종잣돈으로 장사하는 것과 큰 자본을 가지고 장사하는 것은 그 출발부터가 다르다. 월급쟁이 출신과 재벌2세, 누가 더 빨리 성공할 수 있을까?

유태인들은 성인식227 때 모든 친척들이 참석해 각자가 성년을 맞이한 아이에게 큰돈을 선물한다. 그럼 부모는 그 돈을 쓰지 않고 은행 등에 넣어두었다가 아이가 진짜 법적 성인이 되었을 때 아이에게 넘겨준다. 그 액수가 그사이의 은행이자까지 더해지면 대개 억 단위인 경우가 많다. 또한 그 돈과는 별도로 그때부터 부모가 자식 앞으로 따로 주식계좌 등을 만들어주는 경우도 있다. 그래서 유태인은 사회에 나올 때부터 경제관념을 철저히 가지면서 비유태인 아이들보다 훨씬 우월한 조건에서 시작한다. 어릴 때부터 돈을 불리는 법을 익히기 때문에 유태인

춘앵전(春鶯囀 : 꾀꼬리의 지저귐) 복장. 꾀꼬리의 노란색을 본떴다. 손목에 끼운 소매가 땅에 끌린다. |국립국악박물관

들이 금융업으로 진출하는 경우가 많고, 금전에 대한 감각이 좋아 다른 분야에 가서도 사업수완이 좋기로 유명하다. 우리나라는 요새 학자금 대출로 빚을 내서 대학 다니는 학생들이 많다. 이 빚은 사회 나가서 버는 족족 갚아나가야 하니 결국 우리의 현실은 빚지고 사회생활을 시작하는 셈이다.

소문난 잔치에 먹을 것 없다   널리 알려진 평판과 다르게 실제로는 보잘것없다는 말.

[成語] 유명무실(有名無實) : 이름만 있고 실속은 없다.

[반대] 이름값 한다

[현대] 혹시나가 역시나다

■ 소문난 잔치에 먹을 것 없다 / 기대가 크면 실망도 크다

소 잃고 외양간 고친다   일이 잘못된 뒤에는 손을 써도 소용이 없다는 말.

[成語] 망양보뢰(亡羊補牢) : 양을 잃고 우리를 손본다.
임갈굴정(臨渴掘井)/갈이천정(渴而穿井) : 목마름에 이르러 비로소 우물을 판다.
만시지탄(晩時之歎) : 때가 늦어 기회를 놓침을 한탄하다.
사후약방문(死後藥方文) : 죽은 다음에 처방전. ▸'약방문'은 옛날의 병원 겸 약국인 약방에서 써준 처방전(處方箋). 많은 사람들이 이 약방문을, 약을 가지고 방문하는 것으로 잘못 알고 있다.

[반대] 돌다리도 두들겨보고 건너라

[현대] 떠난 기차[버스]에 손 흔들기 / 늦었다고 생각할 때가 늦은 거다 / 헤어진 애인 검색하기 / 후회할 거면 그렇게 살지 말고 그렇게 살 거면 후회하지 마라

---

227 법적 성인이 아닌 유태교에서 따지는 성인으로, 13세에 성인식을 한다.

■ 소[말] 잃고 외양간 고친다

| 옛날에 소는 농가에서 재산 1호였다. 소가 있어야 논밭을 갈고 많은 짐을 나를 수 있었기 때문. 그래서 우리나라 최초의 보험도 소에 관한 보험이었고 도둑 중에서 가장 나쁜 도둑이 소도둑이라 했다. 소를 도둑맞으면 거의 집 한 채가 없어지는 것과 같아서 하늘이 무너지는 일이었다. 어떤 이들은 어차피 소를 잃었지만 다시 잃지 않기 위해 더 튼튼하게 고치면 좋은 일 아니냐 하지만, 잃은 건 잃은 거라고 하기엔 그 충격이 어마어마하다는 것을 모르고 하는 말이다. 당시에 소를 잃는 것은 단순한 손해 정도가 아니었다. 괜히 이 속담에 소를 등장시킨 게 아니다.

■ 도둑맞고 사립[빈지] 고친다

| '사립'은 사립문의 다른 말. '빈지'는 판자를 잇대서 끼워 넣어 가게 입구를 막는 일종의 셔터. 널판으로 만들어서 '널빈지'라고도 한다. 빈지는 가게 앞을 막는 방범용으로 썼다.

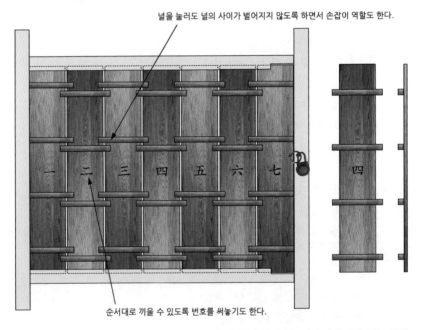

널을 눌러도 널의 사이가 벌어지지 않도록 하면서 손잡이 역할도 한다.

순서대로 끼울 수 있도록 번호를 써놓기도 한다.

(널)빈지의 형태와 빈지를 쳐서 가게 문을 막는 방법

■ 혼인 뒤에 병풍 친다

| 병풍(屛風)은 뒤쪽의 지저분한 것을 가리고 분위기를 내기 위해 세워두는 것으로, 혼례를 치를 때도 반드시 병풍을 쳐서 배경으로 장식했다. 병풍 준비하는

걸 깜박해서 뒤늦게 부랴부랴 병풍 구해서 쳐본들 이미 혼례는 끝났다.

■ **아비 죽은 뒤 나흘 만에 약 구한다**

| 장례는 보통 죽은 날을 포함해 3일장을 치르므로 결국 아버지를 땅에 묻은 뒤에 약을 구해 온다는 말이니 늦어도 한참 늦었다는 얘기.

■ **행차 뒤에 나팔 불기**

| 행차(行次)는 높은 사람이나 웃어른이 온전히 차리고 나서는 길, 또는 그 무리의 대열. 일반적으로는 높은 사람이 여러 아랫사람을 거느리고 큰 무리를 지어 가는 것을 의미한다. 높은 사람의 행렬이기 때문에 밋밋하게 그냥 지나가는 것이 아니라 분위기를 띄우고 행차 사실을 앞에 크게 알리기 위해 나팔을 불었다.

손님도 이럴 손님 있고 저럴 손님 있다 같은 경우라도 사람에 따라 대하는 태도가 달라야 한다는 말.

[현대] 손님은 왕 같을 때만 왕 / 손님 있고 손놈 있다 / 오냐 손님 후레 손님 된다

■ **손님도 이럴 손님 있고 저럴 손님 있다²⁺ / 이렇게 대접할 손님 있고 저렇게 대접할 손님 있다**

| 흔히 '손님은 왕'이라는 말이 있다. 하지만 무조건 모든 손님이 왕은 아니다. 외국의 어느 호텔에 적힌 문구를 보자. '저희는 신사 숙녀 여러분을 모시는 신사 숙녀입니다.' 손님이 신사 숙녀로서 대접을 받고자 한다면 서비스하는 사람에게 그만한 예의와 품격을 먼저 갖춰야 한다는 말이다. 상대하기 매우 피곤한 손님을 '진상 손님'이라 한다. 서비스하는 쪽에서 소비액에 걸맞게 대우하는 것이 '손님은 왕'이다. "손님은 왕²²⁸ 이란 말도 몰라!" 이 말은 VIP 고객도 안 한다. VIP는 이미 왕처럼 돈을 써준 손님이라 알아서 왕으로 모셨다.

[맥락] '이럴'은 '일혈(일할)'로, '저럴'은 '절혈(절할)'로도 읽힐 수 있다. 본체만체 무시하고 제 일이나 할 손님과, 반겨 인사해야 할 손님이 제각기 있다는 말이다. 누구나 반갑지 않은 손님이 있으니까.

■ **사돈도 이럴 사돈 저럴 사돈 있다 / 사돈도 이럴 사돈 다르고 저럴 사돈 다르다 / 설 사돈 있고 누울 사돈 있다**

| 사돈은 예를 갖춰야 해서 대하기 매우 어렵다. 하지만 그중에는 흉허물 없이

---

228 전 세계에 여러 곳에 호텔을 열고 있으며 엄청난 서비스를 자랑하는 리츠칼튼호텔(Ritz-Carlton Hotel) 창업자 세자르 리츠(César Ritz)가 처음 쓴 말이다. 그가 이 말을 쓸 때는 다음과 같은 뜻으로 쓴 것이었다. "왕처럼 돈을 쓰는 손님은 왕으로 모신다."

친하게 지내는 사돈도 있는 법. 앞에서 편하게 누워도 될 사돈이 있으면 아파서
누워 있다가도 힘겹게 일어나 맞이할 사돈도 있다.

손바닥도 마주쳐야 소리가 난다　맞받아주는 상대가 있으니까 일이 생긴다는 말.

[成語] 고장난명(孤掌難鳴) : 한쪽 손바닥만으로는 소리내기 어렵다.

■ 손바닥도 마주쳐야 소리가 난다 / 손바닥도 맞아야 소리가 나지

|아이들끼리 싸웠을 때 이 속담을 들어서 둘 다 나무라는 일이 많은데, 그러면
둘 중 한 아이는 억울하다. 대개는 어느 한쪽이 먼저 시비 걸었거나 때렸기 때문
이니까. 이럴 때는 먼저 시비를 건 아이에게 "사나운 개 주둥이 성할 날 없단다"
타이르고 나서 이 속담을 써야 한다고 본다.

손이 발이 되도록 빈다　자신의 잘못을 간절하게 비는 모양을 이르는 말.

■ 손이 발이 되도록 빈다 / 발이 손이 되도록 빈다

|손이 앞발이 되도록 엎드려서 싹싹 빌거나, 손가락이 닳아 발가락이 되도록 빈
다는 두 가지로 풀 수 있다.

손톱 밑에 가시 드는 줄은 알아도 염통 밑에 쉬스는 줄은 모른다　사소한 일이나
이익에는 밝지만, 큰일이나 깊은 부분에 대해서는 어둡다는 말.

■ 손톱 밑에 가시 드는 줄은 알아도 염통 밑에 쉬스는 줄은 모른다 / 손톱
밑에 가시 드는 줄은[곪는 것은] 알아도 염통 안이 곪는 것은 모른다

|'염통'은 심장(心臟)의 다른 말. '쉬'는 파리의 알을, '쉬슬다'는 파리가 여기저기
알을 낳는 것, 또는 낳은 알이 부화해 구더기가 들끓는 것을 말한다.[229]

솔잎이 버썩 하니 가랑잎이 할 말 없다　매우 심각하고 큰 걱정이 있는데 자기보다
정도가 덜한 사람이 먼저 야단스럽게 떠들어 어이가 없다는 말.

[현대] 온탕에서 열탕 본다고 냉탕 되나·열 받고 힘들어 죽겠다는 사람에게 자기 고생
했던 것에 비하면 그건 아무것도 아니니 더 참고 힘내라는, 위로되지 않는 위로
를 말한다. 연예인 유병재 씨가 한 말에서 유래한다.

■ 솔잎이 버썩 하니 가랑잎이 할 말 없다[2+]

229　특히 쇠파리는 소나 말의 앞다리 털에 알을 낳아, 소나 말이 이를 핥아 먹으면 몸으로 들어가
부화한 뒤 장기를 뚫고 나와 피부 아래서 다 자란 뒤에 가죽을 뚫고 나온다.

│소나무 낙엽은 거의 소리가 안 난다. 소리 낼 것도 없는 솔잎이 더 크게 버썩대니 어이없는 가랑잎은 할 말이 없다는 뜻. *참나무→ 도토리 키 재기

[맥락] 몹시 우기는 모양이란 뜻의 '버썩'도 있다. 이쪽에서 낙엽처럼 말라 죽겠다고 우는소리를 내니, 그건 아무것도 아니라고, 자기는 피가 마를 지경이라고 더 크게 우는소리로 우긴다는 말이다.

솔잎이 새파라니 오뉴월만 여긴다 근심과 우환이 가득한데 한두 가지 좋은 일만 보고 다 좋은 줄 아는 어리석음을 이르는 말.

■ 솔잎이 새파라니 오뉴월만 여긴다[2+]

│솔잎은 사시사철 푸르다. 그것만 보고 오뉴월(양력으로 치면 한여름) 여름인 줄로 착각한다는 뜻.

[맥락] 새파랗게 떨고 있는데 솔잎이 새파라니 추운 계절을 보내고 있다는 걸 모르듯이, 춥고 배고픈 시절을 보내고 있는데 한두 가지가 괜찮아 보이니 멀쩡하게 잘 사는 줄로 안다는 말이다.

송곳 꽂을 땅도 없다 ①많은 사람들이 빽빽하게 모여 있어 조그만 틈도 없음을 이르는 말. ②가난하여 몸 둘 곳이 없다는 말.

■ 송곳 꽂을 땅도 없다 / 입추의 여지가 없다

│입추(立錐)는 송곳을 꽂아 세우는 것, 여지(餘地)는 남는 자리. 매우 빼곡하게 들어차 송곳 하나 꽂을 틈이 없다는 말. 이 속담은 자기 땅이나 집 하나 없는 가난한 살림을 뜻하기도 한다.

쇠뿔도 단김에 빼라 모든 일은 제때가 있으니 마음먹었거나 그것이 한창일 때를 놓치지 말고 하라는 말.

[成語] 물실호기(勿失好機) : 좋은 기회를 잃지 말라.
　　　정송오죽(正松五竹) : 정월(음력 1월)엔 소나무를 음력 5월엔 대나무를 옮겨 심어야 한다.[230]

[현대] 물 들어올 때 노 저어라 /
　　　여행은 가슴 떨릴 때 가야지 다리 떨릴 때 가는 게 아니다

■ 쇠뿔도 단김에 빼라[2+]

---

230 깨끗한 땅에는 소나무를 심고 지저분한 땅엔 대나무를 심는다는, 한자가 다른 '정송오죽(淨松汚竹)'이란 한자성어가 따로 또 있다. 이것은 적재적소에 필요한 인재를 알맞게 가려 넣으라는 뜻이다.

｜소는 버릴 것이 없을 정도로 모든 부위가 다 쓸모 있는데, 뿔은 더 다양한 용도에 쓰였다. 하지만 소의 뿔은 너무 단단히 박혀 있어서 뿔 뿌리를 은근한 열로 오래 지져서 뿌리가 물러지면 그때 한 번에 뽑아야 했다. 뜨겁다고 주저하다간 녹았던 소뿔이 아주 단단하게 굳어버려 뽑기 더 힘들어진다.

[맥락] '단김에'는 달아올라 뜨거운 김에라는 뜻과 함께, 좋은 기회가 지나기 전에라는 뜻도 있다. 또 '달아오르다'에는 분위기나 상태가 몹시 고조되다라는 뜻도 있다.

■ 고사리도 꺾을 때 꺾는다[2+]

｜고사리 채취 시기는 지역에 따라 4월 초에서 5월 초 사이 가운데 대략 2주 정도다. 그때를 넘기면 줄기가 억세져 먹기 좋지 않다. 따라서 고사리 꺾을 시기를 신경 써두지 않으면 때를 놓친다. 4월에 비가 며칠간 내리는 '고사리 장마'가 끝나면 고사리가 쑥쑥 자라는데 이때가 고사리 꺾기 가장 좋은 때. 그런데 일명 '콩고사리'라 하여 고사리 잎이 콩알처럼 돌돌 뭉쳐진 상태의 고사리면 하루 이틀 기다렸다가 아기가 고사리손을 살그머니 편 듯한 느낌일 며칠 사이, 아직 어린 콩고사리와 너무 자라서 억세진 고사리 사이의 때를 맞춰[231] 꺾는다.

[맥락] 아기의 오므라진 손을 고사리손[232]이라 한다. 바로잡아줄 수 있을 때 손목 붙들고 아이의 나쁜 버릇을 꺾어놓아야 한다는 게 속뜻이다. 아직 고사리 같은 애라고 고집부리는 아이를 그대로 두면 억세고 질긴 쇠고집이 되어 나중엔 못 꺾는다.

■ 쇠도 뜨거울 때 두드려야 한다

｜달궈진 쇠가 물러졌을 때 곧바로 모루에 얹고 망치로 모양 잡아가며 두드려야 하는데, 늦게 두드리기 시작하면

콩고사리와 꺾기 알맞은 고사리 ｜국립수목원

---

231 조막손이 갓 풀릴 때의 고사리를 올고사리라 하여 좋은 품질로 치고, 그 단계를 벗어난 것을 늦고사리라 하여 낮은 품질로 친다. 우리 민요 〈나물 뜯는 노래〉에도 이와 관련된 소절이 나온다. "…올라가면 올고사리 내려가면 늦고사리…오골오골 올고사리 너불너불 늦고사리…" 산 위쪽은 온도가 낮아 아직 올고사리가 있고 아래쪽은 이미 잎이 펴기 시작하는 늦고사리라는 뜻이다.

232 간혹 어린아이의 작고 꼬물거리는 손을 '조막손'이라고 하는 걸 보는데, 조막손은 선천적으로 손가락이 없거나 매우 짧은 손, 또는 손가락이 오그라져 펴지 못하는 손이다. 오래전 어느 문인이 어린애의 손을 그 조막손에 비유한 걸, 많은 문인이 의심 없이 그대로 쓰는 듯하다.

쇠가 금세 식어 다시 또 오래 달궈야 한다.

수박 겉핥기 그 내용이나 참맛을 제대로 알지 못하거나, 그럼에도 아는 체를 함을 이르는 말.

> [成語] 주마간산(走馬看山) : 말달리며 먼 산 바라보기. · 지금도 고속도로를 빨리 달리면 시야가 좁아져 주변 풍광을 제대로 못 본다.
>
> [현대] 3박 4일 갔다 와서 그 나라 더 볼 거 없댄다

■ 수박[꿀단지] 겉핥기 / 후추 통째로 삼킨다

ㅣ후추 알갱이는 갈거나 빻아 가루로 즐겨야 진정한 향과 맛을 느낄 수 있다. 옛날에 후추는 금값처럼 비싼 향신료였는데, 이 귀한 후추를 알갱이째 그대로 삼켜버리면 아무 맛도 못 느낀다.

■ 장님 코끼리 만지기²⁺ / 봉사 단청 구경²⁺

ㅣ이 말은 불교의 『열반경(涅槃經)』에 나오는 우화에서 유래한다.

　고대 인도의 어느 왕이 장님 여섯 명에게 코끼리를 만져보고 묘사하라 했다. 상아를 더듬은 이는 코끼리가 무처럼 길쭉하다 했고, 귀를 더듬은 이는 곡식 까부는 키와 같다 했으며, 다리를 더듬은 이는 둘 다 틀렸다며 절굿공이 같다고 했다. 등을 더듬은 이는 상(床)처럼 생겼다, 배를 더듬은 이는 항아리 같다, 꼬리 더듬은 이는 밧줄 같다고 각기 주장했다. 그러자 왕이 신하들에게 이르길 "코끼리는 하나지만 저들은 자기가 아는 것만이 사실이라고 한다. 진실 또한 그런 것이다" 하였다. 전체를 보지 못하고 일부만으로 사람과 세상을 섣불리 판단하는 어리석음을 깨우치는 이야기다.

■ 나무만 보고 숲은 보지 못한다

■ 말 타고 꽃구경 / 달리는 말 타고 비단 보기

■ 개 머루[약과] 먹듯²⁺

ㅣ개나 고양이의 미각은 사람만큼 발달해 있지 않다. 맛을 느끼는 감각세포가 사람의 1/5밖에 되지 않는다. 육식동물들은 과일보다는 고기를 먹었기에 단맛을 느낄 미각을 발달시킬 이유가 없었다. 맛보다는 냄새로 음식을 선호하는 경향을 보인다고 한다. 맛을 잘 모르기 때문에 맛있는 음식을 줘도 음미하기보다는 그냥 먹어치우는 일이 많다. '머루'는 포도의 조상으로, 첫맛은 살짝 시고 끝 맛은 달다. 이 말은 맛도 모르고 그저 바삐 먹어치우거나, 제대로 하는지 아닌지도 상관 않고 건성으로 일할 때, 또는 참맛도 모르면서 아는 척을 할 때 쓴다.

■ 닭 물 먹듯

|닭은 물을 마실 때 부리에 떠 담아 고개를 쳐들어 목구멍으로 꼴꼴 흘려보낸다. 제대로 씹지도 머금지도 않고 후루룩 삼키는 모습을 빗댄 것.

■ 고기는 씹어야 맛을 안다
|아무리 맛있는 고기라도 씹지 않고 삼켜버리면 제맛을 모른다. 못 먹던 시절에 이게 웬 고기냐 싶어, 행여 남이 더 먹을세라 꿀꺽꿀꺽 삼켜버리면 귀한 고기를 무슨 맛인지도 모르고 먹는 셈이 된다.

머루. 머루는 포도보다 알이 몇 배로 작으며 포도와 달리 동시에 익지 않는다.

수염이 석 자라도 먹어야 양반 아무리 좋은 일이나 체면 차림도 일단 배가 고프지 않아야 할 수 있다는 말.

[현대] 호텔의 완성은 조식

■ 수염이 석 자라도 먹어야 양반[샌님][2+] / 구레나룻이 대자 오 치라도 먹어야 양반
|한 자는 대략 30cm 정도이며 한 치는 대략 3cm 정도다. 수염이 석 자라면 약 1m에 해당하니 땅에 끌릴 정도이고, 턱과 귀 사이에 짧게 나는 구레나룻이 오 치라면 15cm 이상이다. 이처럼 풍채가 아주 훌륭한 사람이라도 굶어서는 꼿꼿하게 다닐 수 없으니 일단 잘 먹고 봐야 한다는 뜻. '샌님'은 '생원님'의 준말로 선비를 얕잡아 부르는 말.
[맥락] 체면 차리느라 괜한 수염만 쓰는 상대에게 한 말이라 생각된다. 체면 차리지 말고 먹어야 겉 체면도 유지된다는 말로.

■ 금강산 구경도 식후경 / 악양루도 식후경 / 꽃구경도 식후사
|악양루(岳陽樓)는 중국에서 두 번째로 큰 호수인 동정호(洞庭湖)에 있는 누각 이름. 예로부터 동정호와 더불어 매우 아름다운 풍광을 지녔다고 알려져 있다.233

술에 술 탄 듯 물에 물 탄 듯 주견이나 주책이 없어 말이나 행동, 특색이 분명치 않다는 말.

[현대] 가파도 좋고 마라도 좋고 · 제주도에 있는 두 섬 이름을 가지고 만든 말이다. 이래도 좋고 저래도 좋다는 우유부단 뜨뜻미지근한 태도를 말한다.

■ 술에 술 탄 듯 물에 물 탄 듯[2+] / 물에 물 탄 듯 술에 술 탄 듯[2+]
|술에 같은 주종의 술을 탄다고 더 독해지지 않고, 물에 물을 타도 더 맹맹해지지

---

233 지금 가보면 대부분 크게 실망한다고 한다. 세월이 흐르면 산천도 변하기 마련이니까.

않는다. 사람이 독하지도 않고 싱겁지도 않고 어정쩡하다는 말.

■ 네 맛도 내 맛도 아니다[2+]

ㅣ네 입맛에 맞지도 내 입맛에 맞지도 않는 맛이라는 뜻이니, 결국 그 누구의 입맛
에도 맞지 않는 어정쩡한 맛이라는 뜻.

[맥락] '맛'에는 어떤 것에서 느껴지는 만족스러운 기분이란 뜻도 있다. 누구도
만족시키지 못한다는 말이다.

■ 도끼[조약돌] 삶은 물

ㅣ도끼자루는 손때가 오래 묵었으니 이걸 우리면 혹시 국물 맛이 날까 하여 도끼
자루를 우린다는 말이다. 우려봐야 나무 우린 맛이니 텁텁한 맹맛이다. 조약돌
은 작고 동글동글한 돌로, 매끈해서 흙맛조차 우러나오지 않는다.

■ 이래도 흥 저래도 흥[2+]

ㅣ이 속담은 반대되는 두 가지 뜻으로 쓰인다. 하나는 뭐든 다 좋다는 것이고,
다른 하나는 뭐든 다 싫다는 것이다. '(흐)흥~'은 좋을 때 내는 소리고 '흥!'은
싫을 때 내는 소리기 때문이다.

숭어가 뛰니 망둥이도 뛴다   남이 한다고 자기 분수나 주제도 모르고 덩달아 하거나
줏대 없이 남을 따라 한다는 말.

[成語] 부화뇌동(附和雷同) : 천둥 치는 울림에 세상 만물이 다 같이 따라 흔들린다. ▸
천둥이 크게 치면 주차된 차들의 도난경보기가 일제히 울려대는 것처럼, 남의
말에 흔들려 다같이 따라 한다는 뜻.
서시빈목(西施矉目) : 중국 월(越)나라의 서시(西施)라는 미인은 미간을 찌푸리
는 모습이 매우 아름다웠다고 전해진다. 그래서 예쁘지도 않은 여자들이 이를
따라 하니 더 못생겨 보이게 되었다는 말이다. 빈(矉)은 찡그린다는 뜻.

[반대] 미친 사람의 말도 성인은 가려 쓴다

[현대] 팔랑귀 집엔 없는 게 없다 ▸ 누가 뭐가 몸에 좋다 하면 덩달아 사고, 홈쇼핑 광고
에 혹해서 꼭 필요하지도 않은 걸 사들이는 귀가 얇은 사람들.
자식 교육은 옆집 엄마가 망친다

■ 숭어가 뛰니 망둥이도 뛴다[2+] / 숭어가 뛰니 복어도 뛰다 원담에 배 걸려
죽는다[2+] / 망둥이가 뛰니 꼴뚜기도 뛴다[2+] / 가물치가 뛰니 옹달치도 뛴다

ㅣ숭어는 가까운 바다에서 살다가 민물로 거슬러 올라온다.[234]   숭어는 수면 위

---

234 숭어는 다 자라면 바다로 나가 산란하고 어린 숭어들은 짠물과 민물이 만나는 바닷가로, 다시
강으로 거슬러 올라왔다가 날이 추워지면 다시 바다로 나간다.

로 몸을 똑바로 솟구쳐 한 바퀴 비틀어 떨어지
는 동작을 잘한다.

망둥이도 숭어처럼 기수(汽水 : 강물과 바닷
물이 만나 섞여 염분이 적은 물)와 민물을 오
가며 산다. 주로 짱뚱어와 함께 개펄에서 산
다. 망둥이는 아가미와 폐를 모두 갖고 있어
물속과 물 밖 모두에서 숨쉴 수 있다. 그리고
개펄이나 돌 위를 옮겨 다닐 수 있게 가슴지느
러미가 팔처럼 발달해 가슴지느러미로 바닥을
쳐가며 뛰어다닌다. 숭어는 뛰는 게 장관이지
만 망둥이는 찰박찰박 보기 흉하다.

말뚝망둥어. ㅣKBS, 〈환경스페셜〉, "그들은
왜 갯벌을 선택했나"

복어도 물 위로 뛴다. 하지만 높이는 못 뛴다. '원담'은 제주의 전통 어업
방식 중 하나. 바닷가에 돌로 담을 쌓고 밀물 때 한쪽을 터놓았다가 썰물 전에
막아 못 빠져나간 물고기를 잡는 '돌그물'이다. 제주도 속담에서 나왔다. 제주
도 말로는 '숭에 튀민 복젱이도 튀당 원담에 베
걸령 죽나'다.

꼴뚜기도 물을 뿜어 그 힘으로 물 위로 조금
은 몸을 솟구칠 수 있다.

옹달치는 옹달샘 같은 얕은 물에나 사는 작
은 물고기란 뜻의 이북 말이고, 가물치는 깊은
민물에 사는 최상위 포식자 물고기다.

가물치. ㅣ서울 경동시장

[맥락] 숭어는 원래 수어(秀魚)였다.235 위로 높이 뛰어서, 맛이 좋아서 '빼어날
수(秀)'를 썼다고 한다(秀에는 '높이 솟다'라는 뜻도 있다). 그러므로 이 속담에
서 숭어는 뛰어난 사람을 뜻한다. 어떤 사람이 '뛰어나니' 그만 못한 사람들도
욕심나고 샘나서 따라 '날뛴다'라는 말이다. '복어'는 욕심쟁이 배불뚝이를, '망
둥이'는 '얼간이'의 다른 말인 '얼간망둥이'를, '꼴뚜기'는 음식이나 재물에 욕심
내는 사람 '껄떡이'를 각각 뜻한다.

■ 숭어[망둥이]가 뛰니 전라도 빗자루도 뛴다 / 낙동강 잉어가 뛰니 사랑방
목침이 뛴다 / 낙동강 잉어가 뛰니 부엌에 부지깽이도 뛴다

---

235 '魚'자의 음인 '어'가 조선 중기까지는 지금처럼 소릿값 없는 'ㅇ'의 '어'가 아니라 소릿값 있는
'ㆁ'의 '어'여서 이것이 앞 음절의 받침으로 넘어가 '수어'가 '숭어'로 바뀐 것이다. 붕어[부어(鮒魚)],
잉어[이어(鯉魚)], 상어[사어(鯊魚)], 농어[노어(鱸魚)]도 그런 식으로 바뀐 낱말.

| 빗자루, 목침, 부지깽이 모두 보잘것없는 것들로, 빗자루는 머슴이나 노비, 사랑방 목침은 잠 많고 게으른 사내, 부지깽이는 부엌데기를 각각 뜻한다.

■ **붕어가 꼬리 치니 올챙이도 꼬리 친다**[2+]

| 힘 있는 이가 환심을 사려고 아부하며 꼬리 치니, 초짜나 하급직 관리도 아부하려고 꼬리를 친다는 말인 듯하다.

■ **남이 서울 간다니 저도 서울 간단다**[2+]

| 교통이 발달하지 못한 옛날에는 아주 중요한 일이 있어야만 서울로 올라갔다. 누군가 출세해서 서울 간다니까 능력이 그만 못한 이가 부러움과 시샘으로 자기도 출세하겠다고 분수를 모르고 나선다는 말이다.

■ **남이 장에 간다니 거름 지고 나선다 / 남이 장에 간다니 씨오쟁이 떼어 매고 나선다**

| 똥오줌 담긴 똥지게, 똥장군 짊어지고 한창 거름 주다가, 누군가 장에 가는 길이라니 지저분한 옷차림으로 자기도 가겠다며 따라나선다는 말. 옛날에는 대단한 구경거리가 없었으므로, 장터가 요즘의 멀티플렉스(영화+쇼핑+레저 등이 합쳐진 복합상영시설)에 해당했다. 그러니 그런 곳에 가려면 당연히 말끔하게 차려입고 나서는 게 정상이다.

똥장군 똥오줌을 담아 지고 다니며 밭에 조금씩 흘려 뿌렸다. |서울 농업박물관

　'씨오쟁이'는 씨앗을 담아서 어깨에 둘러메는 짚으로 짠 작은 둥우리로, 크기가 작아서 씨 같은 적은 양만 담을 수 있다. 누군가 장에 간다니 급한 대로 눈에 띄는 씨오쟁이를 장바구니인 양 떼어 매고 따라나선다는 말이다. 다른 뜻으로는 중요한 씨뿌리기를 하다 말고 따라나선다는 말.

■ **남이 장에 간다니 무릎에 망건 씌운다**

| 부랴부랴 따라나설 욕심에 버선 신으려다 이마에 둘러야 할 망건을 정신없이 무릎에 두른다는 말. '망건→ 가진 돈이 없으면 망건 꼴이 나쁘다

■ **남이 은장도 차니 자기는 식칼 찬다**[2+]

| 흔히 '은장도'라고 하는 장도(粧刀)는 여성뿐 아니라 남자들도 품에 지녔다. 호신의 목적보다는 지금의 '스위스 군용칼', 일명 '맥가이버 칼'처럼 일상에서 다용도로 사용했다. 그런데

장도. |코리아나 화장박물관

405

이것은 주로 사대부 남녀가 차고 다녔다. 상당한 미적인 아름다움이 있고 값도 꽤 나가서 평민들은 차고 다닐 엄두를 못 냈다. 하지만 자기도 멋진 장도를 차고 싶어 부엌칼 차고 다닌다면 그 얼마나 볼썽사나울까. 이 속담에는 평민이 양반 행세를 따라 하려 든다는 말이 숨어 있다.

■ 가시내가 오라버니 하니 머슴아도 오라버니 한다[2+]

| 여자애가 오빠를 오빠라고 부르니 남자애가 넋놓고 말하다 "오빠, 아니 형!" 한다는 말이다. 할 말이 급하면 "아빠, 아니 삼촌!" 하는 법이다.

■ 거문고 인 사람이 춤추니 칼 쓴 놈도 춤춘다

| 관가에서 잔치를 벌여 둥더덩 소리가 들리니 그 소리가 감옥에도 들린다. 이때 거문고만 한 육중한 칼을 목에 쓰고 있는 죄인이 제 처지는 생각 못 하고 얼결에 저도 모르게 어깨를 들썩 들썩한다는 말이다. '칼'은 중죄인의 몸을 구속하기 위해 씌웠으며, 거문고와 크기나 모양이 비슷하다. 또한 거문고는 '술대'라는 막대로 줄을 내리치거나 튕겨 올려 연주하므로 마치 어깨춤 추는 것 같다.

■ 눈먼 말 워낭소리에 따라간다 / 눈 감고 따라간다

| 눈먼 말이 어디로 가는지도 모르고 앞서가는 말의 워낭소리만 따라가듯, 아는 게 없는 사람이라 남이 일러주는 대로만 맹목적으로 따라 한다는 말이다.

'워낭'은 소나 말의 목에 거는 작은 종. 워낭을 다는 이유로 아직 명확하게 밝혀진 바 없지만, 이 소리로 가축의 위치나 상태를 안 보고도 짐작하는 용도, 금속성 소리를 싫어하는 고양잇과 맹수의 접근을 막는 용도라는 얘기가 있다.

워낭. |서울 풍물시장

■ 절에 가면 중 노릇 하고 싶다

쉬 더운 방 쉬 식는다 급하게 해놓은 것은 오래가지 못한다는 말.

■ 쉬 더운 방 쉬 식는다

| 바닥에 여러 갈래 고랑을 파고 그 위에 넓적한 돌을 얹어 아궁이의 열기가 고랑을 타고 굴뚝으로 나가면서 이 돌을 데우는 방식이 온돌. 그런데 구들돌이 두껍지 않으면 금세 데워지긴 해도 또 금세 식는다. 큰 돌은 데워지는 데 시간이 걸리는 만큼 식는 데도 오래 걸려, 저녁에 불을 때놓으면 새벽녘까지 따스한 온기가 남는다.

시렁 눈 부채 손 안목은 높지만 자기가 할 수 있는 능력과 재주는 없다는 말.

    [成語] 안고수비(眼高手卑) : 눈은 높은데 손이 형편없다.

■ 시렁 눈 부채 손

| '시렁'은 옛날의 선반으로, 팔을 추켜올려 물건을 꺼내야 할 만큼 눈높이보다 한참 높았다. '부채 손'이라는 말은 손가락이 자유롭게 움직이지 못한다는 뜻이다. 자신이 생각한 대로 그리고 만들어내는 사람을 요즘 금손(金손)이라고 하는데, 그 반대말도 재밌다. 금-은-동 해서 동손(銅손. 사실은 '똥손')이라 한다.

대청마루 안쪽에는 대개 시렁이 있었고 그곳에 소반이나 고리 등을 올려두었다. 시렁은 대개 어른 눈높이보다 높다. 그래야 머리를 부딪히지 않는다. |구례 운조루

시앗 싸움에 요강장수 누군가의 다툼이나 반목을 틈타 다른 사람이 이익을 얻는다는 말.

    [成語] 어부지리(漁父之利) : 어부의 손쉬운 이득. ▸전국시대 제(齊)나라에 많은 군사를 파병한 연(燕)나라에 기근이 들자 조(趙)나라의 혜문왕(惠文王)은 연나라를 침략할 준비를 하였다. 그러자 연나라 소왕(昭王)이 소진(蘇秦)의 동생 소대(蘇代)에게 혜문왕이 침공하지 말도록 설득해달라고 부탁하였다. 이에 소대가 혜문왕에게 가서 이렇게 말하였다. "오늘 조나라에 들어오는 길에 강변을 바라보니 조개가 입을 벌려 해를 쬐고 있었고 이때 도요새가 날아와 조갯살을 쪼았습니다. 깜짝 놀란 조개가 입을 닫아버리고 부리를 놓아주지 않았습니다. 그러자 도요새가 '이대로 있으면 너는 말라 죽을 것'이라 하니 조개는 '내가 놓아주지 않으면 너는 굶어 죽을 것'이라며 서로 팽팽히 맞섰습니다. 그러다가 우연히 지나가던 어부에게 둘 다 잡혀버렸습니다. 전하는 지금 연나라를 치려 하십니다만, 연나라가 조개라면 조나라는 도요새입니다. 두 나라가 싸우면 저 강력한 진(秦)나라가 어부가 되어 둘 다 얻을 것입니다." 그 말을 들은 혜문왕은 당장 연나라 침공계획을 철회했다. _『전국책(戰國策)』

    [반대] 고래 싸움에 새우 등 터진다

    [현대] 의문의 1승 ▸누군가 욕을 먹거나 망하면서 그 사람과 밀접하면서 반대에 서 있는 사람이 의도치 않게, 또는 자신도 모르게 좋은 평가를 받을 때 쓴다.

■ 시앗 싸움에 요강장수

| '시앗'은 첩(妾)의 순우리말. 본처와 첩이 싸우면서 요강을 내던져 깨니 요강장수만 돈 번다는 말이다. 아침에 일어나면 간밤에 용변 본 요강을 들고 나와 씻는데, 자기 남자와 잔 첩을 아침에 요강 부시러(비우고 씻으러) 나왔다 마주치니 흘겨보고 톡톡 쏘다가 결국 말다툼이 커진다. "꼴도 보기 싫으니까 이 집에서 나가!" 하고 첩의 요강을 내던져 깨니, "왜 애먼 내 요강은 깨고 그래요!" 하고

본처의 요강도 내던진다. 요강 부시러 나와서 요강 부순 꼴이고, 그 덕에 요강장수는 요강값을 두 번 번다.

시앗을 보면 길가의 돌부처도 돌아앉는다 부처님처럼 어질고 인자한 부인이라도 남편의 첩을 보고 좋아할 여자는 없다는 말.

> **[成語] 빙탄지간(氷炭之間)·** 얼음과 숯불의 사이. 숯불을 얼음 위에 놓으면 얼음이 녹아나면서 숯불도 꺼트려간다.

■ **시앗을 보면 길가의 돌부처도 돌아앉는다**
ㅣ흔히 웬만한 일에는 꿈쩍 않고 있는 사람을 '돌부처'라고 한다. 조선시대에 결혼한 여자가 해서는 안 되는, 만약 했다간 당장 소박을 맞는 죄악으로 칠거지악(七去之惡)이 있는데, 그 가운데 하나가 투기(妬忌), 즉 남편을 질투해서는 안 된다는 것이다. 남편이 첩을 두건 다른 여자와 놀든 아무 말 못 하고 묵묵히 참아야만 했지만, 아무리 부처님처럼 너그럽고 인자한 부인이라 해도 그것만큼은 참기 어려운 일이다. 돌부처 같은 묵묵한 아내조차 길가에서 남편의 첩이 지나가는 걸 보면 그 꼴이 보기 싫어 외면한다는 말이다. 이 속담을 '부처님도 자기 씨앗(자손)을 얻게 되면 그쪽으로 돌아앉는다'라고 잘못 아는 사람들도 있다.

■ **겉보리를 껍질째 먹은들 시앗이야 한집에 살랴**
ㅣ보리는 쌀보리와 겉보리 두 종류가 있는데, 쌀보리는 우리가 먹는 보리밥에 든 보리쌀을 말하며 껍질이 잘 벗겨지므로 탈곡해서 먹는다. 겉보리는 껍질이 잘 벗겨지지 않으며 흔히 식혜 등을 담글 때 사용하는 '엿기름'이라 부르는 종류다. 껍질이 잘 벗겨지지 않는 거칠고 까끌까끌한 겉보리로 밥을 지어 먹을지언정 남편의 첩과 매일 마주치며 한집 살림을 하는 것만큼은 겉보리 먹기보다도 껄끄러워 싫다는 말이다.

■ **작은댁네 하품은 큰댁네한테는 옮지 않는다**[2+]
ㅣ하품은 감정이입으로 전염된다. 따라서 관계가 밀접하고 서로 공감을 잘하는 사이일수록 하품을 더 잘 따라 한다. 서로 척을 지고 사는 본처와 첩 사이에 하품이 옮을 리 없다.

시어머니 죽으라고 축수했더니 보리방아 물 부어 놓고 생각난다 미워하고 싫어하던 물건이나 사람도 막상 없어지고 나면 아쉽고 생각날 때가 있다는 말.

■ **시어머니 죽으라고 축수했더니 보리방아 물 부어 놓고 생각난다**[2+] **/ 시아버지 죽으라고 축수했더니 동지섣달 맨발 벗고 물 길을 때 생각난다**[2+]

| 축수(祝手)는 두 손 모아 비는 행위. 간절히 빈 덕인지 소원대로 됐지만 몇 번을 나눠 찧어야 하는 힘든 보리방아 찧을 때 시어머니 손 하나가 아쉽고, 한겨울에 짚신 없이 맨발로 춥게 물 길을 때 짚신 삼아주던 시아버지 손이 새삼 아쉽다.

시장이 반찬　배가 고프면 모든 음식이 다 맛있다는 말.

■ 시장이 반찬 / 기갈이 감식

신발 신고 발바닥 긁기　열심히 한다고는 하지만 제대로 시원스럽게 하지 못하는 경우를 이르는 말.

[成語] 격화소양(隔靴搔癢) : 신발 겉에서 가려운 데를 긁는다.

■ 신발 신고 발바닥 긁기 / 목화 신고 발등 긁기

목화. |국립민속박물관

| 목화(木靴)는 가죽부츠 비슷한 신발로, 신하가 사모관대를 갖추어 입을 때 또는 전통혼례 때 신랑이 신는다. 바닥은 나무나 가죽으로 두툼하게 만들고 검은색 사슴 가죽으로 발목을 길게 올려 만든다. 짚신이나 고무신은 발등이 드러나니 시원하게 긁을 수 있지만, 부츠 같은 목화는 벗지 않으면 시원하게 못 긁는다. 참고로 지금은 구별하지 않지만, 발목 위로 목이 올라온 신발은 화(靴)라 하고 그렇지 않고 발등이 드러나는 신발은 리(履)라 했다. 그 흔적은 외밭에서 신발을 고쳐 신지 말라는 '과전불납리(瓜田不納履)'에 남아 있다.

신선놀음에 도끼자루 썩는 줄 모른다　재밌는 일에 정신이 팔려 시간 가는 줄 모른다는 말.

[현대] 한 판만 하려다 엔딩 본다 / 공부하다가는 졸아도 게임하다가는 안 존다

■ 신선놀음에 도끼자루 썩는 줄 모른다

| 이 속담은 조충지(祖沖之 : 429~500)가 쓴 중국 고대소설집 『술이기(述異記)』에서 유래한다고 한다.

진(晉)나라 때 왕질(王質)이라는 사람이 나무를 하러 산에 들어갔다가 어린 동자 둘이 바둑을 두는 걸 발견했다. 그중 한 동자가 왕질에게 대추씨 같은 것을 주어 그것을 먹고는 도끼를 잠시 옆에 내려놓고 두 동자가 바둑 두는 것을 정신없이 구경했다. 그러다 어느 때인가 한 동자가 "도낏자루가 썩었어요" 하여 왕질이 아까 둔 도끼를 바라보니 정말 그 단단하던 도낏자루가 썩어 있었다. 그래서

정신을 차리고 집으로 돌아왔더니 세월이 너무 흘러 자기가 알던 사람들은 모두 죽어버리고 모르는 사람들만 있더란다.

신선놀음(神仙놀음)은 신선처럼 걱정근심 없이 즐겁고 평안하게 지낸다는 뜻으로, 해야 할 일을 잊고 어떤 놀이에 열중하는 것을 뜻하는 말.

신주 모시듯 하다   매우 귀하고 소중하게 다루는 모양을 이르는 말.

■ 신주 모시듯 하다

| 신주(神主)는 죽은 사람의 혼을 대신하여 직함과 이름 등을 밤나무 패에 써넣은 것. 조상의 영령을 대표하는 것이므로 별도의 사당이나 집 안의 중요한 자리에 매우 소중히 모셨다. 그러다 차례나 제사를 지낼 때면 따로 신위를 모셔내어 경건하게 예를 올렸다. 사당에서 신주를 내오는 것을 출주(出主)라 하고, 제사를 지낸 뒤 다시 사당에 모시는 것을 환봉(還奉)이라고 하며, 이 둘을 합쳐 출주환봉(出主還奉)이라 한다. 출주환봉을 할 때 가장 신경 써야 하는 것이 절대로 신주를 얹은 나무판이 흔들려서는 안 된다는 것. 신주를 흔듦은 곧 조상의 혼령을 흔드는 것이니 이처럼 불경스러운 짓이 없다. 그래서 신주를 들어 올릴 때는 태산을 들어 올리듯 무겁게 들고, 신주를 받들어 걸을 때는 넘칠 듯 가득 찬 물그릇을 옮기듯이 해야 한다. 출주환봉 때의 조심 또 조심하는 모습에서 이 속담이 나왔다.

왕가의 신주. 혼령이 드나드는 규(竅)라는 구멍이 상하와 사방, 총 여섯 군데에 뚫려 있다. 그래서 정신이나 혼이 쏙 빠지도록 '혼구멍을 내주다'라는 말이 여기서 나왔다. |종묘

십년공부 도로 아미타불   오랫동안 공들여 해온 것이 물거품이 된 경우를 이르는 말.

[成語] 만사휴의(萬事休矣) : 모든 일이 다 그르쳤다. ▶ 당(唐)나라가 망하고 송(宋)나라가 들어설 때까지 50여 년 동안 다섯 번 왕조가 갈리고 여기저기 나라가 생기고 서로 싸우던 시기를 오대십국(五代十國) 시기라고 한다. 이 가운데 형남(荊南)이란 작은 나라가 있었는데, 고계흥에서 그의 아들 종회로 이어지고 다시 종회의 장남 보융 그리고 종회의 열 번째 아들 보욱(保勗)이 왕위를 이어받았다. 보욱은

어릴 때부터 지나치게 귀여움을 받고 자라서 건실하지 못하고 행동도 가볍기 그지없었다. 그래서 백성들은 '이제 다 끝나버렸다(萬事休矣)'라며 한탄했고, 과연 보욱은 왕이 되자마자 제일 먼저 누각부터 짓고 향락에만 빠져들었다. 결국 보욱이 죽고 나서 얼마 안 가 형남이란 나라는 망하고 말았다. 『송사(宋史)』

[반대] 공든 탑이 무너지랴

[현대] 있었는데요 없었습니다 ▸ 전에 있던 것이 마치 원래부터 없었던 것처럼 흔적도 없이 사라지거나 완전히 망했을 때 쓴다. 김케장 작가의 단편 웹툰 중 〈파도파도 진주만〉편 대사에서 유래했다.

■ 십년공부 도로 아미타불[2+]

아미타여래상. |국립광주박물관

|10년 세월을 열심히 힘들여 공부(여기서는 학습의 공부라기보다는 수련하고 수행정진하는 것으로 보는 게 맞을 듯하다)했지만 한순간의 잘못으로 시작했던 맨 처음으로 되돌아갔다는 말이다. 이 속담이 '십념공부도로아미타불(十念工夫都盧阿彌陀佛 : 누구든 마음을 다해 단지 10번만 아미타불을 외우면 극락왕생한다)'에서 나왔다는 주장도 있지만, 그건 일반 대중이 알고 쓰기에는 너무 어려운 말이라고 생각된다.

[맥락] '도로 아미타불 됐다'라는 말을 쓰기 전에는 도로 아미타불 상황이 되었을 때 어떤 말로 표현했을까. 그 말을 찾는 것이 이 속담이자 관용구의 유래를 푸는 열쇠일 것이다. 글쓴이는 이것을 말장난으로 본다. '도로'는 우리가 잘 아는 뜻 '원래대로'가 맞다. 그럼 '아미타불'은 무엇일까?

물거품이 되어 원래대로 돌아갔다는 '도로 아미타불 됐다'가 쓰이기 전에 했으리라 여겨지는 말은 '도로 아무 일도 아니게 됐다'라고 생각한다. 무위(無爲)로 돌아갔으니까. 여기서 '아무 일도'를 빨리 말하면 '아밀도'가 된다. 여기에 '큰 대(大) 자로 뻗다' '갈 지(之) 자로 걷다' '미간에 내 천(川) 자를 그리다' '참을 인(忍) 자 셋이면 살인도 면한다'처럼 '아니다'를 '아니 불(不)'로, 한자의 훈과 운을 같이 쓰는 말버릇으로 대입하면 '아밀도(아무 일도) 아니 불 됐다'가 된다. 여기서 '아밀도 아니 불'을 더 빨리 말하면 '아밀되니불'이 된다. 이 말과 발음이 비슷한 말로 '아미타불'이 있다. '아미타불!'은 승려가 가여운 중생의 명복을 빌 때나 허망한 상황에 마치 감탄사처럼 흔히 읊조리는 말이다.

따라서 '도로 아무 일도 아니게 됐다 〉 도로 아무 일도 아니 불 됐다 〉 도로 아밀되니불 됐다 〉 도로 아미타불 됐다'의 변화를 거쳐 이 말이 만들어졌다고 본다. 여러 스님, 불자님께 '동심 파괴' 아닌 '불심 파괴'를 드려 죄송하지만,

이렇듯 '도로 아미타불 됐다'는 불교의 심오한 사상과 전혀 상관없이 그저 말장난으로 만들어진 말일 뿐이라고 생각한다.

■ 말짱 도루묵[2+]

|'말짱'은 죄다, 속속들이, 전부라는 뜻. 18세기 말의 『고금석림』과 19세기 초의 『송남잡지』 등에 소개된 '도루묵'이란 생선 이름의 유래는 우리가 익히 알고 있는 선조와 도루묵 이야기다. 임진왜란으로 의주까지 급히 몽진한 선조가 식량 부족으로 마땅한 찬거리 없는 수라를 받자 재상인 유성룡이 생선을 구해다 상에 올렸다. 선조가 먹어보곤 맛이 좋아서 이 물고기 이름이 무엇이냐 하니 유성룡이 대답하길 목어(木魚)라고 했다. 그러자 이 맛 좋은 생선의 이름으로 마땅치 않다 하여 배쪽 빛깔이 은색이니 은어(銀魚)라 부르라 명한다. 이후 환도한 뒤에도 그 맛을 못 잊어 그 생선을 다시 올리라 하여 먹어보니 그때 그 맛이 아니었다. 그래서 "에잉, 도로 목어라 해라" 해서 '도로 목어 〉 도로목 〉 도루묵'이 되었다는 이야기다. 물론 이건 말짱 못 믿을 민간어원이다.

도루묵. |국립수산과학원

우선 도루묵과 은어는 전혀 다른 물고기다. 도루묵은 도루묵과로 먼바다에서 살다 알을 낳을 때 연안으로 오는, 바다에서만 사는 물고기다. 은어는 바닷잉어상과로 근해에 살다가 알 낳을 때 강을 거슬러 올라오는 물고기다. 생김새도 전혀 다르다. 게다가 도루묵은 선조가 의주로 몽진해 있던 여름철에는 깊은 바다에 가 있어서 잡히지도 않는다. 도루묵은 다른 말로 목어(木魚·目魚)라고 하는데, 등 빛깔이 갈색이라 나무색이기 때문 또는 눈이 특이하게도 위쪽을 향하고 있어서 그런 이름이 붙었다고 여겨진다(포식자를 피해 바다 밑 모래펄에 납작 숨어 위를 경계하며 사느라 눈이 위쪽으로 붙은 듯하다).

이 물고기 이름에 관한 민간어원은 '말짱 도루묵'이라는 속담을 풀고자 하는 노력에서 나왔을 거라 생각한다. 이 말이 왜 생겼는지 알자면 우선 도루묵이란 단어부터 풀어야 하기 때문이다. 하지만 민간어원설이 항상 그렇듯, 자신이 아는 지식 이상을 넘어서지 못하니 대개는 비슷한 말을 찾아내 연관 짓거나 그럴듯한 이야기를 꾸며 유래담으로 내세우기 마련이다.

글쓴이는 '말짱 도루묵'도 '도로 아미타불'처럼 말장난으로 만들어졌다고 본다. 그 본모습이 아마 '말짱 도로 무(無) 됐다'였을 것이다. 어떤 일을 진행하다가 엎어지면 '도로 아무 일도 아니게' 되거나 '도로 없던 일'이 된다. 언어는 경제성이고 그래서 속담이나 관용구에는 생략이 많다. '말짱 도로 없던 일이 됐다'를 줄여 말하면 어찌 될까. 설마 '말짱 도로 없일'이라 했을까. 아니다. '도로 아니불 됐다'처럼 한자의 훈-음만으로 긴 말을 줄이는 편이 낫다. 그렇게 '말짱 도로 없을 무 됐다'가 더 줄어서 '말짱 도로 무'로 바뀌고, '도로무'가 '도루묵'이란 생선 이름과 비슷하니 '아밀돠니불'을 '아미타불'로 바꿔치기한 것처럼 '도로무' 대신 '도루묵'을 장난스레 바꿔 넣은 것이라고 봐야 한다.

■ 말짱 황²⁺ / 말짱 꽝²⁺

|'황'은 골패에서 패끼리 짝이 안 맞을 때를 이르는 말이다. 골패 도구는 중국의 마작패와 비슷한데, 다만 패가 뿔이나 뼈가 아닌 검은 나무로 되어 있고 주사위처럼 숫자를 표시하는 점만 뼈나 뿔로 박아 넣었다. 32개의 각 패를 가지고 1-1, 2-2, 3-3, 4-4, 5-5, 6-6, 1-3, 1-5, 1-6, 4-6, 5-6 식으로 짝을 맞춘다. 그리고 화투로 화투점을 보듯 골패로 골패점을 치기도 했다. 그러므로 타산이 안 맞을 때 골패 짝이 안 맞는 걸로 표현했을 거라 생각한다.

■ 공든 탑이 (하루 아침에) 무너졌다

■ 난 나는 해 과거 했다

|오랫동안 공부하고 공부해서 드디어 과거에 합격했는데 하필 그해에 전란(戰亂)이 일어나서 여태 공부한 것이 아무 소용 없게 되었다는 말이다.

■ 심은 나무 꺾어졌다

|묘목을 정성껏 가꾸어 웬만큼 제대로 된 나무로 성장하였는데 그 나무가 뚝 부러져버렸다면 이처럼 허망한 일도 없을 것이다. 부러진 나무를 다시 원래대로 되돌릴 방법은 없는 것이니.

■ 천 리 길 찾아와서 문턱 넘어 죽는다

■ 밤새도록 가도 문 못 들기²⁺

|날이 저물어 성문이 닫히기 전에 들어가야 하는데, 날짜를 맞추려 며칠을 잠도 못 자고 갔는데 당일에 늦었다는 말이다.

십 년이면 강산도 변한다   세월이 흐르면 모든 것이 다 변하게 마련이라는 말.

> **[成語]** 상전벽해(桑田碧海) : 뽕나무 밭이 깊은 바다가 된다. ㆍ마고가 왕방평에게 말하기를, "제가 임을 모신 뒤로 동해가 세 번 뽕나무 밭으로 변하는 것을 보았사온데, 이번에 봉래에 이르니 물이 갈 때보다 대략 반쯤 얕아져 있었습니다. 다시 언덕이 되려는 하는 것이옵니까?" 하니 왕방평이 이르기를, "동해가 다시 흙먼지를 일으키게 될 뿐이다" 하였다. _『신선전(神仙傳)』, 마고선녀 이야기

■ 십 년이면 강산도 변한다 / 태산이 평지 된다

|태산(泰山: 1,535m)은 중국에 있는 큰 산의 이름.

■ 강남 갔던 제비 고향산천 몰라본다

|'제비는 청명(淸明 : 양력 4월 5일 무렵)에 와서 한로(寒露 : 양력 10월 8일 무

렵)에 간다'라는 말처럼, 제비는 날이 추워지면 강남으로 가서 겨울을 따뜻하게 보내고 봄이 되면 살던 곳으로 다시 돌아온다. 여기서 강남(江南)은 중국의 양쯔강(揚子江) 이남 지역. 그런데 가끔 제비가 원래 살던 둥지로 돌아오지 않고 다른 곳에 새로 집을 짓기도 한다. 원래의 환경이 바뀌어 살기 어렵거나 불안을 느끼는 경우. 늘 찾아와 집 짓던 제비가 어느

속옷가게 차양 밑에 튼 제비 둥지. 제비는 천적을 피하려 인간을 보호막 삼는다.
|ⓒ강정호 [Facebook] (제공)

해부터 집에 안 들면 그 제비가 어디서 죽었거나 아니면 집에 무슨 문제가 있어서라고 걱정하곤 했다. 세월이 지나면 사람들이 인공적으로 주변을 이것저것 바꾸어놓아, 제비에게 낯선 환경이 되는 탓에 그곳에 다시 머물러 살기 힘들어질 수 있다. 그 흔하던 제비를 도시에서 찾아볼 수 없게 된 건, 근처 논과 개울이 사라져 집 지을 진흙이 없고 벌레들도 줄었기 때문이다.

싼 게 비지떡 값이 싼 데는 다 그만한 흉이나 문제가 있기 때문이라는 말.

[반대] 값싼 갈치자반

[현대] 싼 게 차이 나 / 중국산은 폭탄 빼고 다 터진다▸값이 싸서 사보면 중국산, 즉 Made in China인 경우가 많다는 말이다. 싼 건 차이가 나도 뭔가 차이가 난다는 말. 중국 제품이 모두 안 좋은 것이 아니다. 중국 제품이나 중국 농작물 중에는 국산보다 월등하게 좋은 것들도 많다. 하지만 매우 싸게 사 와서 비싸게 팔려는 일부 못된 한국 상인들이 엉터리만을 수입해 오기 때문에 그렇게 된 것이다. 위생과 품질을 엄격하게 따지는 일본에서도 중국으로부터 수입하는 것들이

싸서 미심쩍지만 때마침 문 연 가게도 없고 또한 급하기도 해서 샀는데, 삽자루에 새겨진 '품질보증'이란 문구가 무색하게 불과 삽질 서너 번에 목이 뚝 부러졌다.

상당히 많다. 결국 중국산이 문제가 아니라 좋은 제품을 헐값에 사려는 우리의 심리가 이런 문제 있는 제품만 수입하게 만드는 셈이다. 좋은 것은 좋은 만큼의 제값 주고 사려는 마음이 필요하다. 헐값으로 산 건 헐한 것일 수밖에 없으므로.
좋은 컴퓨터란 비싼 컴퓨터

■ 싼 게 비지떡 / 값싼 비지떡
|'비지떡'은 콩으로 두부 만들고 난 찌꺼기인 비지에 쌀가루나 밀가루를 섞어 끈기가 있게 해서 둥글게 부쳐 만든 떡이다. 겉모습만 보면 그냥 떡과 비슷하다.

여기에 고물까지 묻히면 더더욱 모를 일. 떡이란 것은 옛날에 매우 귀한 음식이고 가격도 다소 비싸다 보니 쉽게 사 먹을 수 있는 것이 아니었다. 어느 날 시장에서 떡을 팔고 있기에 "이거 얼마요?" 하니 "두 푼에 다섯 개요" 한다. 아이쿠, 싸다 싶어 웬 떡이냐 얼른 사서 먹어 보니 퍽퍽한 비지떡이렷다. 이런 일은 누구나 한 번쯤 겪어봤을 것이다. 오리털 파카가 싸서 사서 입었는데 나중에 빨아보니 바람 푹 빠지는 닭털이었다거나. 싼 데는 다 이유가 있는 법. 괜히 싼 거란 없다.

쌍심지를 켜다   두 눈에 핏발이 서도록 노려보며 화를 낸다는 말.

   [현대] 눈에서 레이저 나간다

■ **쌍심지를 켜다**

  |옛날의 대표적인 방 안 조명기구에는 촛대와 호롱, 그리고 등잔이 있다. 호롱은 알코올램프 같은 구조이고, 등잔은 작은 잔에 기름을 붓고 천이나 종이로 만든 심지를 걸쳐서 불을 밝히는 구조다. 그런데 심지 하나로 방이 어두우면 심지 하나를 더 걸쳐서 두 개의 불을 밝혔는데, 이것을 쌍심지라고 한다.[236] 그래서 두 눈을 이글이글 태우며 노려보는 것을 '눈에 쌍심지를 켠다'라고 한다.

썩어도 준치   좋은 것은 낡거나 헐어도 어느 정도 제값은 한다는 말.

■ **썩어도[물러도] 준치 / 썩어도 준치 물러도 생치**

  |준치는 예로부터 한국이나 중국에서 가장 맛있는 생선으로 쳤다. 회유성 어종이라 봄부터 초여름까지만 잡히므로 그 귀함으로 인해 더욱 값어치가 있었다. 값진 생선인 까닭에 다소 썩어 물러졌다 하더라도 다른 생선들과 달리 충분한 값을 받았다.

가시 많아 성가셔도 준치. |위키미디어

[맥락] 준치를 '俊値'로 놓으면 '준수한 값'으로 읽을 수 있다. 꿩고기를 뜻하는 생치(生雉) 또한 같은 방식으로 '온전한(멀쩡한) 값'이라고 읽을 수 있다. '무르다'에는 단단한 것이 물렁거리게 된다는 뜻에, 사거나 바꾼 원래 임자에게 돌려주고 돈으로 되받는다는 뜻도 있다. 샀다가 무르면 중고라서 제값을 못 받는다. 하지만 중고라도 꽤 값을 받을 수 있는 것도 있다. 따라서 '물러도 준치'가 먼저

---

236 호롱불은 20세기 초에 생겼다. 호롱불도 쌍심지를 켜게 심지 뿔이 두 개인 형태가 있었다.

나왔고 뒤에 이 말장난을 모르는 이들이 '썩어도'로 바꾼 듯하다.

■ 노닥노닥 기워도 마누라 장옷²⁺

|'장옷'²³⁷은 부녀자가 외출할 때 얼굴을 가리기 위해 뒤집어쓰는 옷. 보통 시집올 때 혼수로 해 오는 경우가 많았고 아주 특별한 외출 때만 썼다. 혼수로 마련해 온 장옷이 지금은 여기저기 기워야 할 만큼 낡았지만 아직 예전 모습과 가치는 어느 정도 남았다는 말이다. '노닥노닥'은 '누덕누덕'의 작은말.

[맥락] 이 속담을 만든 이는 아마도 시집올 때 해 온 낡은 장옷을 노닥노닥 깁고 있는 아내를 측은하게 바라보는 남편일 것이다. 장옷이 곧 아내다. 지금은 고된 살림에 지쳐 볼품없어졌지만, 꽃다웠던 새색시 때 얼굴이 아직도 희미하게 보인다는 말이다.

장옷. |신윤복, 〈이승영기
(尼僧迎妓)〉 (일부)

쏘아 놓은 화살이요 엎질러진 물이라   일이 이미 저질러져서 되돌릴 수 없다는 말.

[현대] 주사위는 던져졌다 / 루비콘강을 건너다 • 율리우스 카이사르(BC.100~BC.44년)²³⁸는 폼페이우스, 크라수스와 더불어 셋이 동일한 지위를 가지고 공동으로 로마를 이끌어나갔는데(3두정치), 카이사르는 7년이라는 짧은 기간에 갈리아(Gallia. 현재의 서유럽 지역) 지방을 정벌하면서 부와 명예, 강력한 군대까지 갖게 되었다. 그러다 보니 로마의 귀족들은 카이사르에게 힘이 쏠리는 것을 불편해했다. 가뜩이나 삼두정치가 원로원을 배제한 세 사람의 독재였으므로. 그러다가 삼두정치를 이끌던 사람 중 한 명인 크라수스가 파르티아 원정에서 전사하니 이를 기회로 삼아 로마의 귀족들은 폼페이우스 쪽을 지지하면서 카이사르에게는 총독의 자리에서 물러나 군대를 해산하고 즉각 로마로 귀환하라고 명했다. 삼두정치를 무너뜨리려는 속셈. 카이사르는 여러 차례 귀족들과 협상을 했지만 번번이 거절만 당했다. 이에 카이사르는 결단을 하고 자기 부대를 이끌고 귀족과 폼페이우스파와 대결하기 위해 로마로 진격해 들어간다. 마치 이성계의 위화도 회군과 비슷한 상황. '주사위는 던져졌다'라는 말은 로마의 본토로 들어가는 루비콘(Rubicon)강을 건너면서 병사들에게 한 말로, 원래는 카이사르가 좋아하던 그리스 아테네의 시인이자 극작가인 메난드로스의 작품

---

237 서민 여성이나 기녀들은 장옷을, 양반가의 여성은 쓰개치마를 주로 썼지만 조선 후기로 갈수록 이런 구분은 점점 사라졌다.

238 우리가 흔히 부르는 '시저'는 영어식 읽기다. 비슷한 예로 정신분석학자 프로이트도 영어식으로는 '프로이드'라고 읽는다. 영화 〈다이노소어〉 역시 원래는 '디노사우르스(Dino-Saurs)'라고 해야 한다. 인명이나 지명, 그리고 용어는 그 지역이나 발견자의 공로를 인정해 해당 언어로 읽는 것이 관례다.

속의 말을 그대로 쓴 것이다. 루비콘강 앞에서 카이사르는 많은 고민했다고 한다. 총독의 지위를 잃은 자가 군대까지 이끌고 본토로 들어온다는 것은 반역에 해당하는 것이기 때문에.

■ 쏘아 놓은 화살이요 엎질러진 물이라 / 시위를 떠난 화살

■ 깨진 그릇[물독ㆍ시루ㆍ사발] 이 맞추기

■ 떨어진 꽃은 나뭇가지에 올라 피지 못한다

아기 버릇 임의 버릇 남편은 아내가 애처럼 챙기고 받아주어야 좋아한다는 말.

[현대] 남자는 애 아니면 개

■ 아기 버릇 임의 버릇²⁺

|뒤집으면 남편 버릇이 꼭 애 같다는 말. 아들이라고 귀하게 챙기며 키우다 보니
아이 때 버릇 그대로 머물러 있다는 뜻이다. 툭하면 삐지고 툭하면 집어던지고
좋아하면 괜스레 괴롭히고, 문주란 〈남자는 여자를 귀찮게 해〉 노래 가사처럼
'밥 달라 사랑 달라' 칭얼대고 졸라댄다. 아들~ 아들~ 키우면 다 커서도 맛있는
반찬 제 입에 먼저 넣고 치킨 다리 먼저 집어든다. 그게 당연하게 컸으니까.

아끼다 똥 된다 너무 아끼고 쓰지 않으면 오히려 잃거나 쓸모없게 된다는 말.

[현대] 장롱면허

■ 아끼다 똥 된다 / 아끼는 것이 찌로 간다

|'찌'는 '똥'의 유아어(幼兒語 : 어린아이들이 쓰는 말). 귀한 음식이라고 아껴 먹
으려고 오래 놔뒀다가 그만 썩어서 못 먹을 똥처럼 됐다는 말, 또는 귀한 손님
오시면 대접하려고 잘 넣어두었는데 애가 홀랑 먹어버렸다는 말이기도 하다.

■ 언제 쓰자는 하눌타리냐²⁺

|'하눌타리'는 하늘타리²³⁹ 라고도 하는 박과에 속하는 다년생의 덩굴성 풀로,
산기슭이나 논밭의 두렁 근처에서 저절로 난다. 하눌타리의 열매와 씨, 뿌리
모두 약재로 사용하는데, 특히 씨앗의 경우 담(痰 : 가래)을 치료하는 거담제로
서 매우 효과가 좋다고 한다.

---

239 중국에서는 하눌타리를 천원자(天圓子)라고 한다. 하늘은 둥글다는 동양의 인식이 바탕이
되어 하늘+울타리가 합쳐져 하늘타리가 되었는지 모른다. 그 흔적인지 '하늘타리'라고도 부른다.

[맥락] 가래 담(痰)은 '다음'의 준말인 '담'과 발음이 같다. "언제 쓰려고 그렇게 묵히고 있어?" "아, 다음에 쓸 거야!" "그놈의 다음, 다음! 하늘타리야? 담에 쓰게?" 지금도 안 쓰고 안 입으면서도 아까워서 못 버리는 사람들이 많다.

■ 궤 속에 녹슨 돈은 똥도 못 산다[2+]
  | 엽전은 구리와 아연의 합금인 황동(黃銅)으로 만든다. 오래 놔두면 공기 중의 수분과 반응해 청동상처럼 푸른 녹이 슨다. 돈에 녹이 안 슬게 하려면 자꾸 만져야 하고, 그러자면 돈을 꺼내 써서 여러 사람을 거치며 유통되게 해야 한다.

■ 두었다가 국 끓여 먹으려고 그러느냐

하눌타리 꽃과 열매. 열매는 참외나 수박과 비슷해서 개수박 또는 쥐참외라고 부르기도 한다. ⓒ杉山龍彦 [위키미디어]

아내가 예쁘면 처갓집 말뚝 보고도 절을 한다
무언가가 매우 마음에 들면 그것과 관련된 모든 것이 마음에 든다는 말.

[반대] 며느리가 미우면 손자까지 밉다

■ 아내가 예쁘면 처갓집 말뚝 보고도 절을 한다[2+] / 아내가 귀여우면 처갓집 문설주[울타리]도 귀엽다[2+]
  | 아내가 마음에 들면 처갓집에 박아놓은 말뚝이건 대문 기둥이건 울타리건 맨 마주치는 처갓집 것들까지 그저 다 반갑고 좋고 그렇다는 말이다. 사랑에 빠지면 그 사람과 관련된 모든 것들이 다 좋아지는 법이니까.
  [맥락] 손 하나 까딱 않고 대접만 받다 와도 뭐라지 않을 백년손님 사위지만, 아내가 정말 마음에 들면 처갓집 일을 뭐라도 거들고 싶은 법이다. 그러니 처갓집 소를 끌고 나가 땀 흘려 밭을 간다. 그러다 소를 쉬게 하려 말뚝에 고삐를 묶는다. 말뚝에 고삐 묶는, 두 손 앞으로 모으고 허리를 깊이 숙인 게 똑 처갓집 말뚝에 절을 하는 모양새다(처갓집 논밭에 있는 말뚝이니 처갓집 말뚝).
  문기둥인 문설주는 나무로 돼 있다. 때마다 기름을 칠해주지 않으면 비바람에 삭고 벌레가 파먹어 썩는다. 사위가 걸레에 기름 묻혀 문기둥을 위아래로 슥슥 기름칠하는 모양이 꼭 귀여워서 팔 쓰다듬는 것 같다.
  싸릿대 등을 엮어서 울타리를 친 바자울은 날이 지나며 들쑥날쑥해지니 간간이 다독다독 매만져주어야 한다. 울타리 매만지는 손길이 마치 귀여워서 머리와 어깨를 토닥토닥해주는 것 같다.

이것들은 모두 처갓집 바깥쪽에 있다. 그러므로 이 속담을 만든 이는 오가면서 이 사위를 지켜본 그 동네 사람들이다. "이보게 정 서방, 그러다 아주 처가가 닳겠네. 색시가 그렇게나 예쁘고 좋던가? 하하하." 남편의 아내 사랑은 사위가 처가에 얼마나 잘하는지로 알 수 있다. 그 동네 사람도 아내도 처갓집도 안다.

아는 게 병이요 모르는 게 약이다 근심거리는 모르는 편이 낫다는 말.

　[成語] 식자우환(識字憂患) : 글자를 아는 게 근심거리. ▸학식이 있으면 제 걱정뿐 아니라 나라 걱정, 세상 걱정, 근심할 것도 많아진다.

■ 아는 게 병이요 모르는 게 약이다 / 들으면 병이요 안 들으면 약이다

■ 모르는 게 부처
　｜근심거리가 될 것을 아예 몰라버리면 부처님 미소로 평온하게 살 수 있다는 뜻.

■ 무소식이 희소식[2+]
　｜마라톤의 기원을 만든 그리스의 전령 페이디피데스 이야기에서 알 수 있듯, 인류 최초의 소식 전달은 사람이 직접 달려가서 전하는 방식이었다. 먼 데까지 숨이 끊어져라 달려가 헐떡헐떡 알렸기에 생긴 말이 소식(消息)일지 모른다. 그렇게 급박하게 알려야 할 것이라면 대개 누가 아프거나 다쳤다, 누가 곧 죽을 것 같다, 도적떼가 몰려온다 등등 대개 좋지 않은 소식일 것이다. 그러니 아무 소식 없으면 아무 일 없이 잘 지낸다는 뜻이다.

아니 땐 굴뚝에 연기 나랴 원인 없는 결과가 어디 있겠냐는 말.

　[현대] 여자의 의심엔 남자의 변심이 있다

■ 아니 땐 굴뚝에 연기 나랴[2+]
　｜아니라고 잡아떼는 사람에게, 뭔 일이 있으니 소문이 연기 퍼지듯 퍼진 거 아니냐고 한 말에서 생긴 듯하다.

■ 아니 친 북에서 소리 나랴

아닌 밤중에 홍두깨 생각지도 못한 일을 급작스럽게 당하거나 상황에 맞지 않는 얘기를 꺼냈을 때 쓰는 말.

　[成語] 청천벽력(靑天霹靂) : 맑은 하늘에 벼락.

　[현대] 못 먹을 약을 먹었나 먹을 약을 안 먹었나

■ 아닌 밤중에 홍두깨 (내밀 듯)[2+] / 그믐밤에 홍두깨[2+] / 어두운 밤에 주먹질[2+]

|'홍두깨'는 주로 다듬이질할 때 쓰는 크고 단단한 몽둥이. 홍두깨에 둘둘 감은 천을 다듬잇방망이로 두들기면 천의 올이 퍼지며 올 사이를 메우고 천이 반들반들해진다. 사진에서처럼 다듬잇방망이보다 두세 배는 길고 굵으며 단단하고 무겁다. 이런 홍두깨를 왜 때아닌 한밤중에 내밀었을까?

홍두깨와 다듬잇방망이. |국립민속박물관

[맥락] '아닌 밤중'은 한밤중이고, 한밤중은 '깜깜밤중'이라고도 한다. 그리고 '깜깜밤중'에는 '깜깜나라'와 함께, 까맣게 전혀 모르는 상태라는 뜻도 있다. '아닌 밤중에 홍두깨 (내밀듯)'는 뜬금없는 말이나 동작을 가리킬 때 쓰는데, 불현듯 떠오른 것을 상대방에게 이르거나 갑자기 어떤 것을 하라고 요구할 때 한다. 이때 상대방의 주의를 끌고자 저도 모르게 팔을 앞으로 '불쑥' 내민다. 그 내민 팔뚝이, 소매로 감싸진 팔뚝이, 길이도 두께도 모양도 어찌 보면 천을 말아둔 홍두깨 같다. "아! 거 있잖아!" "아니, 난 깜깜밤중인데 있긴 뭐가 있어. 그 홍두깨 같은 팔뚝 좀 치워. 누가 보면 주먹질하는 줄 알겠네." 옛 사람 팔뚝은 못 먹어 깡마르고 늘 볕에 그을려 시커멨다. 그 두께와 모양, 색이 딱 홍두깨다.

■ 아닌 밤중에 봉창 뜯는다[두드린다]²⁺ / 뜬구름 잡는 소리 한다²⁺

|봉창(封窓)은 채광이나 통풍을 위해 벽에 뚫어놓은 열 수 없는 창으로, '살창'처럼 창살만 박아두거나 '봉창'처럼 종이도 발라둔다. 밤중에 누군가 자다 말고 일어나 안 열리는 봉창 열려고 발린 종이를 긁어 뜯고 있으면 어처구니없다. 잠결에 달빛으로 봉창이 훤하니 문인 줄 알고 그리로 나가려 들기도 한다. 글쓴이도 어릴 때 잠결에 들창이 훤하길래 오줌 누러 나가려 낑낑거렸다. 그럼 뒤에서 졸린 소리가 들린다. "자다 말고 거기서 뭐 해?"

채광과 보온을 위한 봉창 |창덕궁

[맥락] 얇고 질긴 종이나 천을 자꾸 찢는 소리는 '벅벅'이다. 억지를 부리며 자꾸 기를 쓰거나 우기는 소리도 '벅벅'이다. "아닌 밤중에 봉창을 뜯나, 얘기하다 말고 뜬금없는 소리를 벅벅 해!" 또한 갑자기 뭔가 떠올랐는데 말하기 전에 생각이 또렷하지 않고 정리되지 않으면 저도 모르게 움키려는 손가락 자세로 자꾸 허공을 툭툭 건드

채광 및 환기를 위한 봉창 이런 창은 따로 '살창'이라 부른다. |운현궁

린다. 그게 꼭 봉창 두드리는 모습이다. 이 동작은 또한 먼 하늘 뜬구름을 허위적허위적 잡으려는 동작과도 같다. "아, 그… 뭐더라. 야, 그거 있잖아…."

■ **마른하늘에 날벼락**[2+]

| 비구름도 없는 맑은 하늘에서 떨어지는 벼락이 날벼락. 생(生)벼락이라고도 한다. 아무 예고 없이, 느닷없이 치는 날벼락에는 뜻밖에 당하는 불행이나 재앙, 또는 호된 꾸지람이란 뜻도 있다.

아 다르고 어 다르다 같은 말도 어떻게 하느냐에 따라 다르게 받아들인다는 말.

■ **아 다르고 어 다르다**[2+] / **에해 다르고 애해 다르다**[2+] / **먹으라는 것 다르고 잡수라는 것 다르다**[2+]

| "아! 알았어"와 "어, 알았어"는 말투가 다르다. '에헤'도 '애해'도 가소롭거나 기가 막힐 때 내는 감탄사. 하지만 '애해'는 감탄할 때도 쓴다. "에헤, 고작 그런 걸로"와 "애해, 대단한데?"를 뒷말 없이 감탄사만 뱉어도 억양과 음색으로 반응이 긍정인지 부정인지 상대는 바로 안다.

　　먹든 잡숫든 어차피 먹는 건 똑같다. 하지만 기분 상한 채 먹는 것과 기분 좋게 먹는 건 뒷맛이 다르다. 사과든 칭찬이든, 똑같은 말이라도 말투에 감정이 달리 묻어나면 전혀 다른 말이 된다. "아주 자알 했다!"

■ **길은 갈 탓 말은 할 탓**[2+]

| 길은 곧장 갈 수도 있고 둘러 갈 수도 있다. 말도 마찬가지. 단도직입적으로 말할 수도 있고 에둘러 말할 수도 있다. 똑바른 길을 가듯 평소 바른말을 하는 사람이 있으면, 같은 말도 꼭 삐딱하게 말하는 사람이 있다.

아버지는 아들이 아비보다 낫다 하면 기뻐하고 형은 아우가 형보다 낫다고 하면 성낸다 아버지는 자식이 자기보다 잘난 것을 좋아하지만 형제간에는 그렇지 않다는 말.

■ **아버지는 아들이 아비보다 낫다 하면 기뻐하고 형은 아우가 형보다 낫다고 하면 성낸다**

아이 말 듣고 배 딴다 어리석은 사람의 말을 곧이 믿고 큰 실수를 한다는 말.

■ **아이 말 듣고 배 딴다**[2+]

| [맥락] '배 딴다'를 빨리 말하면 '뱄단다'가 된다. 아이가 잘못 본 정황을 그대로 믿고 쉿! 뱄단다 수군거리거나 나 말고 어느 놈의 애냐고 성낸다는 말인 듯하다.

아주머니 떡도 싸야 사 먹는다 아무리 친한 사이에도 손익은 따진다는 말.

■ 아주머니 떡[술]도 싸야 사 먹는다

|아주머니는 형수, 외숙모, 이모 등을 친근하게 부르는 말.

아홉 가진 놈 하나 가진 놈 부러워한다 이미 충분히 가졌는데도 더한 욕심을 부린다는 말.

[현대] 있는 것들이 더해 / 조물주보다 센 건물주

■ 아홉 가진 놈 하나 가진 놈 부러워한다 / 아흔아홉 가진 사람이 하나 가진 사람보고 백 개 채워달라 한다 / 아홉 섬 추수한 놈이 한 섬 추수한 사람더러 열 섬 채우게 한 섬 달란다 *섬→ 한 되 주고 한 섬 받는다

■ 가진 놈의 겹철릭

|'철릭'은 주로 무관(武官)이 입던 겉옷으로240 고려 말에 원나라로부터 영향을 받았다고 전해진다.241 상의와 하의를 이어 붙여 만든 옷으로 현대의 원피스와 비슷하다. 무예 활동에 편하도록 이어 붙인 허리에 세로 주름을 많이 잡았다. 문관이나 왕도 사냥할 때나 행차할 때, 사신으로 갈 때 또는 전시상황일 때 철릭을 입었다.242 이때는 융복(戎服)이라 하며 군용 철릭보다 더 고급 옷감으로 만들었다. 조선 후기로 오면서 신분상 중인(中人), 특히 관아의 아전들이 철릭을 많이 입었으며 무당도 굿판에서 입고, 활동이 편해 사대부가 일상복으로 종종 입고 장례 때 수의(壽衣)로도 입혔다. 조선 후기에 흔히 '사또 옷'으로 알려진 구군복(具軍服 : 격식을 갖추어 입는 군복)이 등장했으나 기존의 융복도 구한말까지 계속 이어졌다. 구군복은 활동을 더욱 편하게 하려고 옆트임을 넣었고, 받쳐 입는 옷인 동달이와 겹쳐 입는 옷인 쾌자로 구성된다.

철릭에는 활이나 검을 다룰 때 등 필요에 따라 단추 같은 것을 이용해 한쪽 또는 양쪽 소매 모두를 반팔처럼 떼었다 붙일 수 있는 종류도 있다(사진 참조).

---

240 조선 전기에는 색 구분 없이 홍색이 유행하였고 중기 이후에는 당상관(堂上官 : 고급장교에 해당)은 남색, 당하관(堂下官 : 하급장교에 해당)은 청현색(푸른빛이 도는 검은색)으로 구분 지어 입도록 규정(『속대전(續大典)』(영조22년, 1746년))되었다가,—하지만 왕의 행차를 호위할 때는 모두 붉은색으로 통일해 입었다— 말기인 순조 대에 이르면 청색으로 통일하였다. 사극에서는 대체로 당상관은 적색, 당하관은 청색으로 구분해서 입히는 경우가 많다.

241 원나라는 몽골족이 세운 나라로, 몽골족은 전통적으로 남자들도 상의와 치마 일체형인 옷을 입었다.

242 이때는 융복(戎服)이라고도 하며, 일반 철릭보다 고급 소재로 만들었다.

철릭의 종류에는 홑철릭·겹철릭·솜철릭·누비철릭·솜누비철릭 등으로 다양하며 이 가운데 겹철릭은 겉감과 안감 두 겹으로 된 봄가을용 철릭을 말한다. 여름에는 홑철릭을, 겨울에는 솜철릭, 누비철릭 등을 입었다.

[맥락] '겹철릭'은 '겹절 (이)익'으로도 늘여 읽을 수 있다. '겹절'이란 말은 없고 '갑절'만 있으니 가진 자가 갑절로 이익을 얻으면서도 겹으로 더 얻으려 든다는 '겹절익(겹절이익)'을 비슷한 발음의 '겹철릭'으로 바꿔 말한 것이라 여겨진다.

무관의 철릭. 허리주름 원피스 형태다.
|경복궁 광화문 수문장 복장 (조선 전기)

구군복(具軍服).
|덕수궁 대한문 수문장 복장 (조선 후기)

악머구리 끓듯 하다　많은 사람이 무슨 소린지도 모르게 마구 시끄럽게 떠들어대는 모양을 표현한 말.

　　[현대] 도떼기시장 같다·도떼기시장은 정상적인 형태의 시장이 아니다(특정한 날 또는 비정기적으로 열리는 경우가 많고, 불법인 물건을 팔거나 장사를 할 수 없는 곳에서 하기도 했는데, 단속이 시작되면 갑자기 사라지기도 해서 도깨비시장이라고도 부른다). 특정한 곳에 상인들이 모여 중고품, 고물 등 온갖 것들을 잔뜩 정신없이 쌓아놓고 대개 뭉텅이로 사고팔기 때문에 매우 무질서하고 온갖 흥정하는 소리에 매우 시끄럽다.

■ 악머구리 끓듯 하다

　|머구리243 는 개구리의 옛말 가운데 하나로, 개고리(개구리)라는 단어가 나오기

243　쇳덩어리 잠수복을 입고 해산물을 채취하거나 수중작업을 하는 잠수부도 머구리라고 부른다. 이 머구리는 일본어 모구리(潛り : 잠수)에서 유래한다고 한다.

전까지 많이 쓰였다. 머구리, 며구리, 멱장구 같은 개구리의 옛말은 멱(목)으로 운다는 데서 유래한다. 그리고 매우 시끄럽게 악을 쓰듯 울어대는 개구리를 악 머구리라고 한다. 많은 사람이 개구리 떼처럼 와글와글 시끌시끌 떠들어대는 모양을 표현한 것이다.

안 되는 놈은 뒤로 넘어져도 코가 깨진다   재수가 사나운 사람은 하는 일마다 공교롭 게도 잘되는 일이 하나도 없다는 말.

> **[成語]** 계란유골(鷄卵有骨) : 계란마저 곯았다.
>   궁인모사(窮人謀事) : 운수가 좋지 못하고 궁한 사람이 꾸미는 일.▸그런 사람이 벌이는 일은 하는 일마다 되는 게 없다.
>
> **[반대]** 호박이 넝쿨째 굴러들었다
>
> **[현대]** 세차는 기우제 / 물건 사면 내리고 주식 팔면 오른다
>   될놈될 안될안 : 될 놈은 뭘 해도 되고 안 될 놈은 뭘 해도 안 된다.
>   보험이 부적▸여태 건강하고 사고 한 번 안 나서 돈 아까워 보험 해약하면 꼭 아프거나 사고가 나곤 한다는 말.

- 안 되는 놈은 뒤로 넘어져도 코가 깨진다 / 엎어져도 코가 깨지고 자빠져도 코가 깨진다

- 도둑맞으려면 개도 안 짖는다

- 재수 없는 포수는 곰을 잡아도 웅담이 없다[2+]
  | 웅담(熊膽)은 곰의 쓸개로, 한약재로 매우 귀하게 쓰여 비싸게 팔 수 있다. 물론 쓸개 없는 곰은 없다. 힘들여 획득해도 딱히 '쓸 게 없는' 건 있어도.

- 복 없는 가시나는 봉놋방에 가 누워도 고자 곁에 가 눕는다[2+]
  | '봉놋방'은 주막방. 주막방은 여러 손님이 뒤섞여 잤다. 대개 여성은 주모와 같 은 방에서 자는데, 성욕을 풀거나 남자를 새로 만나고 싶은 여성이 몰래 남자들 자는 방에 들어가 괜찮아 보이는 남자 곁에 누워 자기 좀 건드리라고 자는 척을 했는데, 그 남자가 하필 남자 구실 못하는 고자(鼓子)라는 말.

- 모처럼 능참봉을 하니 거둥이 한 달에 스물아홉 번 / 여든에 능참봉을 하니 거둥이 한 달에 스물아홉 번
  | 능참봉(參奉)은 왕릉 등을 관리하는 매우 낮은 직책(종9품). 벌초든 감시든 자신 이 직접 하는 일 없이 아랫사람 시켜 관리만 하면 되는 매우 편한 일이었다. 그래서 너도나도 하고 싶어 하는 보직(補職)으로, 요샛말로 '보직(寶職 : 보물 같은 직책)'이었다. 능참봉은 왕릉을 지키는 상징성 때문에 직급에 비해 지역에 서 영향력도 컸다. 동네 양반인 진사나 생원, 초시[244] 등은 무시할 정도. 그

위세를 이용해 뒤로 부정부패도 많이 저질렀다. 하지만 이런 능참봉에게도 힘들 때가 있었으니, 바로 그 능을 임금님이 찾는 때. 임금님의 행차는 따로 '거둥'이라 한다. 임금님이 오시니 얼마나 피가 마르도록 신경을 써야 할까. 자칫하면 목이 달아날 수도 있다. 임금님이 능행(陵幸 : 임금님이 능에 거둥하시는 것) 오시는 건 1년에 많아야 한두 번인데 한 달에 스물아홉 번 오신다니, 음력으로 한 달은 29일 아니면 30일이므로 거의 매일 행차하신다는 뜻이다. 모처럼 꿀 떨어지는 자리를 얻었으나 재수 없는(?) 효자 임금245 탓에 그 편한 자리가 오히려 가장 힘든 자리가 된 셈. *거둥→ 개미가 거둥하면 비가 온다

■ 모처럼 태수가 되니 턱이 떨어졌다

| 태수(太守)는 한 고을의 우두머리. 태수는 그 고을에서는 왕이나 다름이 없을 정도로 막강한 권한을 가지고 있었다. 태수가 되었으니 죄인을 꾸짖고 벌하며, 아전을 호령하여 고을을 이끌어나가야 하는데, 턱이 빠져서 말을 제대로 못 하고 모습도 흉하니 꼴이 말이 아니다.

■ 재주 다 배우니 눈이 어둡다

■ 노처녀 시집가려니 등창이 난다

| 첫날밤 치르자면 신부가 요에 등 대고 누워야 하는데, 하필 등에 종기가 넓고 크게 나는 바람에 아파서 똑바로 눕지 못하니 늦게나마 겨우 혼인 소원을 이룬 노처녀의 설레는 첫날밤은 완전히 망했다.

■ 소똥에 미끄러져 개똥에 코 박았다

| 소똥은 털푸덕 털푸덕 떨어지도록 물기가 많아 잘못 밟으면 바나나 껍질을 밟은 것처럼 그대로 쭉 미끄러진다.

■ 계란에도 뼈가 있다2+ / 두부에 뼈

---

244 진사(進士), 생원(生員), 초시(初試) 등은 벼슬 이름이 아니라 일종의 상위 시험을 칠 수 있는 자격시험을 통과한 이를 뜻한다. 따라서 지방이나 신위에도 '학생(學生)부군신위'라고밖에 못 적는다. 하지만 능참봉은 '참봉(參奉)부군신위'라고 쓸 수 있다. 벼슬 이름이기 때문이다.
245 이 속담은 정조(正祖)가 아버지 사도세자의 능을 하도 많이 찾아와서, 수원 지역에서 만들어져 퍼지게 된 것이라는 못 믿을 이야기와 함께 전한다.
  융릉(隆陵 : 사도세자의 묘) 능참봉이 꿈을 꿨는데, 조상님이 나타나 "당장 나가서 능을 껴안고 있어라!" 호통을 쳤다. 그래서 억수같이 내리는 빗속에 봉분을 얼싸안고 밤을 새웠다. 정조 역시 비가 너무 쏟아져 아버지 묘가 걱정되었다. 그래서 사람을 내려보냈다. 만약 능참봉이 쿨쿨 자고 있다면 벌하리라 벼르면서. 그런데 돌아온 보고는, 능참봉이 그 비를 다 맞아가면서 봉분 무너지지 말라고 온몸으로 덮어 비를 막고 있더란다. 감격한 정조는 그 능참봉에게 큰 상과 벼슬을 내렸다.

이 말은 흔히 조선시대에 매우 청렴하게 살았다는 황희 정승 이야기[246]에서 나온 것으로 알고 있지만 고려시대 강일용이란 사람의 이야기에서 나왔다고도 한다.

황희 (1363~1452년)

황희 초상. |국립중앙박물관

강일용이란 사람이[또는 황희 정승이] 살림이 가난해서 임금이 이 사실을 알고 어명을 내려 아침에 성문을 열어 저녁에 닫을 때까지 들어온 모든 물건을 사서 그에게 주라 하였는데, 하필 그날 비가 계속 내려 아무도 성문을 오가는 사람이 없었다. 그렇게 날이 저물어 성문을 닫을 무렵에야 겨우 계란 한 꾸러미가 들어와서 고작 그것 하나 주었다 한다. 이거라도 삶아 먹자고 보니 그나마도 곯아 있더라고.

이 이야기를 근거로 계란유골(鷄卵有骨)이란 말이 만들어졌는데, 『대동운부군옥』이나 『태평한화골계전』과 함께 이 이야기를 싣고 있는 『송남잡지』에서는 별도로 골(骨)이란 한자는 이두(吏讀) 식으로 '곯다'를 한자로 바꿔 표기한 것이라 설명하고 있다. 우리말을 그대로 적을 수 있는 한글이 만들어지기 전, 그리고 한글 창제 후에도 사대부들이 한글을 거의 사용하지 않아서 한자로 표기하는 과정에서 '곯다'를 뼈 골(骨)로 표기한 것이라 한다. 다시 말해 유골(有骨)은 '곯아 있다'라는 말(참고 : 최창렬, 『우리 속담 연구』).

글쓴이는 이 주장에 동의하지 않는다. '곯다'를 표기할 한자가 없는 것도 아닌데 굳이 저렇게까지 말을 만들 까닭이 없다. '알 곯을 단(贘)'자가 따로 있으니 계란유단(鷄卵有贘)이라고 하면 그만이다. 글쓴이는 곯은 계란을 훨씬 넘은 '곤계란' 상태를 표현한 말이라고 생각한다.

지금 파는 계란은 대개 무정란이라 부화가 안 되지만, 옛날처럼 유정란이라면 부화되다 만 달걀도 있다. 어릴 적 어머니가 곤계란집을 했다. 곤계란은 계란을 까보면 안에서 생기다 말거나 거의 병아리까지 갖춘 달걀이다. 먹을 게 변변찮던 수십 년 전까지 영양 섭취 및 술안주로 먹었다. 곤계란 가운데는 되다 만 병아리가 털까지 갖춘 채 들었기도 했고, 당연히 그 계란에는 뼈도 들었다. 그러

---

246 우리가 알고 있는 사실과는 달리 황희는 청렴결백하게 살지 않았다. 실제로 조선왕조실록에는 황희가 매관매직, 남의 부인과의 간통, 친인척 부정부패 은폐, 뇌물수수 등으로 여러 차례 물의를 빚었으나 세종이 황희를 아껴 여러 차례 이를 눈감아준 것으로 나와 있다. 또한 황희는 고려의 신하지만 나라와 정권이 바뀔 때마다 기회를 잘 잡아 살아남았다. 황희의 '청빈'이나 '겸손' '지혜' 이야기는 왕을 견제하는 정승 제도가 폐지되지 않도록 후대 양반들이 과장하고 미화하고 꾸며낸 것이라는 게 현재의 통설이다. '황희 정승네 치마 세 어이딸 돌려 입듯' 같은 속담 역시 사실과 다르게 꾸며진 것. 황희에게 딸은 하나뿐이었다.

므로 계란유골은 달걀이 곯아도 한참 곯았다고 해석하는 게 맞겠다.

■ 나 가는 데 강철이 가는 데

| 강철이(强鐵이)는 전설에 등장하는 악독한 용으로, 강철이가 지나가며 불을 뿜으면 나무와 풀, 곡식들이 모두 말라 죽는다고 한다. 결국 가는 곳마다 하필 흉년 든 고장이라 어디서도 먹고살기 힘든 팔자라는 뜻이다.

■ 감옥 담 넘어 달아난 곳이 형방 집이라

| 형방(刑房)은 지방관청에서 소송·형벌·법률·노비 등에 관한 일을 담당하는 지방공무원으로, 특히 소송과 형벌을 담당했기에 지역 백성들에게 위세가 컸다. 지금으로 치면 경찰서장 정도로 볼 수 있다. 기껏 탈옥해서 숨어든 곳이 하필 경찰서장 집이니 운도 억세게 없다.

안에서 새는 바가지 밖에서도 샌다 바탕이 못난 사람은 어디 가서든 그 못난 태를 못 벗는다는 말.

[반대] 제 집 어른 섬기면 남의 어른도 섬긴다

■ 안에서 새는 바가지 밖에서도 샌다[2+] / 집에서 새는 바가지 들에서도 샌다[2+]

| 허점을 '구멍'이라고 하고 깨져 갈라진 것을 '흠'이라 한다. 집에서도 허술하고 흠 많이 사람은 이를 감추려 해도 새어 나와 그대로 드러난다는 말이다. 또한 '새다'에는 비밀이 샌다는 뜻도 있다. 집안 식구끼리도 말을 몰래 전하는 사람은 나가서도 남의 소문 퍼트린다며 이를 경계시킨 말로도 쓰인다. 그리고 '-바가지'는 '고생바가지' '복바가지' '싹퉁바가지' '욕바가지' '주책바가지' 등, 사람의 어떤 성향이나 일의 상태나 상황을 나타내는 말 따위의 뒤에 붙어 '~하는 게 매우 심함'이란 뜻을 나타낸다.

■ 들어서 죽 쑨 놈 나가서도 죽 쑨다[2+] / 경상도에서 죽 쑨 놈은 전라도 가서도 죽 쑨다

| 밥 짓기는 음식의 가장 기본. 밥물 하나 제대로 못 맞추고 불 조절 하나 못하는 사람이, 식재료 풍성하고 음식 잘하는 지방에 간다고 해서 갑자기 잘하게 될 리 없다.

[맥락] 여기서 '죽 쑤다'는 어떤 일을 망치거나 실패한다는 뜻이다. 여기서도 망치는 사람이 다른 데 간들 안 망치겠냐는 말이다.

안인심이 좋아야 바깥양반 출입이 넓다 집에 찾아오는 손님 대접을 잘해야 남편의 활동영역이 커진다는 말.

■ 안인심이 좋아야 바깥양반 출입이 넓다

앉은 자리에서 풀도 안 나겠다 고집이 매우 세다는 말.

[현대] 목에 깁스 했나·고개 숙일 줄 모른다는 말.

■ 앉은 자리에서 풀도 안 나겠다²⁺ / 최씨[강씨] 앉은 자리엔 풀도 안 난다²⁺
  | 최씨, 강씨는 고집이 세다는 속설이 있는데, 그중에서도 강씨 고집이 가장 세다
  고 한다. 물론 속설일 뿐이다. 그런데 왜 최씨가 앉은 자리에서는 풀도 안 날까.
  중국 고전인 『시경(詩經)』에 나오는 다음 구절에서 유래한다고 한다.

척피최외	陟彼崔嵬	내 님이 보일까 저 높은 바위산 오르려 하나
아마훼퇴	我馬虺隤	내 말이 늙고 병들었으니
아고작피금뢰	我姑酌彼金罍	내 잠시 이 금잔에 술을 따라
유이불영회	維以不永懷	오직 이로써 오랜 그리움을 그만두리라

  여기 나오는 '높을 최(崔)'와 최씨 성의 최(崔) 자가 같은 것을 빗대어, 풀 한
  포기 나지 않을 높은 바위투성이 산과 최씨의 고집을 연결시켜 놀린 것이라 한
  다. 때론 여기에 최씨 대신 강씨를 넣어, '강(姜)씨 앉은 자리에는 풀도 안 난다'
  라고 쓰기도 한다.

  [맥락] 속담을 만드는 사람은 학식 있는 양반들이 아니다. 이미 그들은 중국 속담
  인 성어(成語)로 충분한 까닭이다. 민간의 속담은 취미의 영역으로, 그것도 멋
  스럽게 堂狗三年吠風月(당구삼년폐풍월 : 서당 개 삼 년이면 풍월을 읊는다)로
  한역해서 적는다. 자기 문집에 서민과 아녀자나 쓰는 하찮은 한글을 한 글자도
  담지 않으려 든다. 그런 양반들이 『시경』까지 들먹여 속담을 만들어낼 리 없다.
    고집(固執)을 부리면 버티게 마련이다. 꼼짝 않고 오래도록 버틴다. 한자리에
  서 얼마나 오래 꾹꾹 눌러앉았던지 땅이 딱딱하게 굳어 풀도 못 뚫고 나온다는
  뜻으로 봐야 한다. 최씨와 강씨가 그토록 고집이 세다는 속설이다.

■ 산 김가 셋이 죽은 최가 하나를 못 당한다²⁺
  | 이 속담은 불교에서 이야기하는, 저승에서 가
  장 높은 판관인 최판관(崔判官)과 관련이 있다.
  여기서의 최(崔)는 성씨 최가 아니라 가장 높다
  는 뜻의 '높을 최(崔)'다. 최판관은 죽어서 저승
  으로 온 사람들의 잘잘못을 적어 부처님이나
  염라대왕, 시왕[十王]에게 읽어 올리는 역할을
  한다. 현대 법정으로 치면 범죄자의 죄를 밝히

판결 중인 시왕들. |구례 화엄사 명부전

고 형량을 구형하는 검사 정도에 해당한다. 여기서 유래해 나중에 최판관에게 잘 보이려면 살아서 최씨들에게 잘 보여야 한다는 말이 나왔다 한다.

또 다른 유래는 강릉 지방에 전해지는 이야기로, 강릉 김씨 가문으로 시집온 강릉 최씨 여자가 늙어서 죽었는데, 아들 셋(강릉 김씨)이 어머니를 관에 모시고자 시신을 눌러 곧게 펴려 하면 다시 시신의 여기저기가 들고 일어나 애를 먹었다 한다. 그러자 다른 친척이 와서 대신 해주며 "산 김가 셋이 죽은 최가 하나를 못 당하는구나!" 하며 혀를 찼다는 말에서 나왔다고도 하는데, 안 믿긴다.

아무튼 최씨는 악착같고 김씨는 무르다는 속설이 있다.

[맥락] 도저히 못 당하겠다고 혀를 내두를 때 흔히 "당췌 못 당하겠군!" 한다. '당췌'는 당최(當崔 : 최(씨)를 당하다)로도 말장난할 수 있다. '산 김'은 역시 생김(生金)으로 말장난할 수 있다. 이를 연결하면 생김이(생김새가) 당췌 못 당하겠다는 말이 된다. 딱 봐도 고집이 세다는 말이라고 생각된다.

■ **고수머리와 옥니박이와는 말도 하지 말랬다**

| 예로부터 고수머리(곱슬머리)와 옥니박이(앞니 중간이 안으로 옭아 들어간 사람)는 고집이 세다는 속설이 있다.

■ **꼿꼿하기는 서서 똥 누겠다**

| 남에게 고개 숙일 줄 모르니 똥을 눌 때도 앉아서 안 누고 꼿꼿하게 서서 누겠다고 조롱하는 말. 참고로 억지가 세서 남에게 호락호락 굽히지 않는 사람을 놀리며 하는 말로 '목곧이'가 있다.

■ **당나귀 뒷발 / 당나귀 발통처럼 굳다**

| 당(唐)나귀는 '나귀'라고도 부르며, 고집이 매우 센 동물로 여겨져 왔다. 하지만 당나귀는 실제로는 고집이 센 게 아니다. 말은 위험이 닥치면 흥분해 날뛰지만, 당나귀는 그 자리에 버티고 꼼짝 않는 습성이 있다. 이때는 아무리 힘껏 잡아끌어도 뒤로 주저앉을 듯이 뒷발로 '굳게' 버텨서 고집이 세다는 오해를 받았다.

알아야 면장을 하지 무슨 일을 하려면, 특히 윗사람이 되려면, 그만한 실력과 견식부터 갖추고 있어야 한다는 말.

■ **알아야 면장을 하지**[2+]

| 학식 있는 사람들은 이 말이 『논어(論語)』에서 유래했다고 한다. 논어 「양화(陽貨)」편에 "공자께서 아들 백어에게 이르시길(子謂伯魚曰), 너는 주남과 소남을 공부하였느냐(女爲周南召南矣乎). 사람이 되어 주남과 소남을 공부하지 않으면(人而不爲周南召南) 이는 곧 눈앞에 담벼락을 마주하여 서 있음과 같으니라(其

<u>猶正牆面而立也與</u>)"라는 구절이 나온다. 여기 나온 '담장과 마주하다' 장면(墻面)이 '담장을 보다'인 면장(面墻)으로 어순이 바뀌고, 다시 '담벼락 마주치는 상태를 면한다'라는 면면장(免面墻)으로 바뀌었다는 것이다. 하지만 『논어』에 나오는 이렇게 어려운 말을 까막눈 상민들이 어딘가에서 주워듣고 속담처럼 쓴다는 게 말이 안 된다. 한문체를 더 좋아하는 양반들이 몸소 '알아야 면장을 하지'로 우리말로 풀어주셨을 리도 없다.

[맥락] 속담에 유래담이 있으면 대개 지어냈거나 비슷한 걸 찾아서 갖다 댄 것이라 믿는다. 글쓴이는 어렵게 생각지 않는다. 이 속담은 '알아야 뭔(무슨) 장(長 : 윗사람/윗자리)을 하지'의 '뭔 장'을 발음 비슷한 면장(面長)[247]과 바꿔치기한 말장난일 뿐이라고 생각한다.

앓던 이가 빠진 것 같다　평소 걱정거리이던 것이 사라져서 매우 후련하다는 말.

■ **앓던 이가 빠진 것 같다 / 십 년 묵은 체증이 내려간 듯하다**

ㅣ체증(滯症)은 체한 증상으로, 여러 방법으로도 풀릴 듯 말 듯 체기가 내리지 않아 오래가는 일도 많다. 지방에 가면 '체 내려드립니다'라고 써 붙인 집도 간혹 볼 수 있다.

■ **개 호랑이 물어간 것마냥 시원하다**

ㅣ평소 미운 짓만 골라 하고 쓸데없이 마구 시끄럽게 짖어대던 개(개 같은 사람)를 밤에 호랑이가 인가로 내려와 물어간 듯 사라져버려 속이 다 시원하다는 말. 지금도 그런다. "귀신은 뭐 하나. 저런 놈 안 잡아가고."

암탉이 울면 집안이 망한다　아내가 남편보다 주장이 강하고 지나치게 나서면 집안이 잘되지 않는다는 말.

[成語] 부부유별(夫婦有別) : 남편이 관여할 일과 아내가 관여할 일이 따로 있다.

■ **암탉이 울면 집안이 망한다**

ㅣ수탉은 여러 마리의 암탉을 거느리는데, 자신의 영역과 위세를 과시하기 위해 큰 소리로 꼬끼오! 울어댄다. 하지만 암탉은 자신과 알, 병아리를 보호하기 위해

247　조선시대에도 몇몇 동을 하나로 아울러 면(面)을 만들었는데, 지역 자체적으로 꾸린 것이고 법적인 제도는 아니었다고 한다. 면장이 법적으로 힘을 갖게 된 것은 일제강점기인 1910년의 행정구역 개편 때로, 징집과 수탈을 효과적으로 하기 위해 읍과 면 조직을 강화하고 읍장과 면장에 힘을 부여했다. 선출된 이에게는 가슴에 달 휘장(배지)까지 주었다. 이렇게 부여받는 '힘'을 놓고 보면 이 속담은 어쩌면 생긴 지 오래되지 않았을지 모른다.

서 되도록 큰 소리를 안 내고 꼬꼬 한다.248 이를 빗대서 가정에서 아내가 내주장(內主張)하며 바깥일을 자꾸 간섭하면 남편이 힘을 못 쓰고 기가 죽어 제 할 바를 못 한다는 뜻으로 썼다. 한편에서는 이것이 여성을 억압하는 전형적인 속담이라 보기도 하지만, 부부간 지켜야 할 선은 분명 있다고 생각한다. 특히 남자들은 자존심으로 사회생활을 하므로 집에서 업신여기면 밖에 나가 남자 구실을 못하기도 한다. 그렇다고 남편이 아내 위에 군림하라는 것은 아니다. 군림하려 드는 건 스스로 존경받지 못함을 알기에 힘과 위세로 억지를 쓰는 것밖에 안 된다. 요새는 '여자 말을 잘 들어야 집안이 편하다'라는 말이 있다. 바깥일엔 아내가 함부로 나서지 말고 집안일엔 남편이 잔소리 않는, 서로의 영역을 존중해주는 것이 가정 화목에 좋다고 생각해본다.

애매한 두꺼비 떡돌에 치인다 애매한 일로 남의 잘못에 관계없는 사람이 뜻하지 않은 봉변을 당한다는 말.

■ 애매한 두꺼비 떡돌에 치인다²⁺

|두꺼비는 야행성이라 낮에는 축축한 나뭇더미나 큰 돌 밑 따위에 들어가 숨는 습성이 있다. '떡돌'은 떡을 칠 때 쓰는 판판하고 큰 돌. 떡돌은 너무 무거워서 옮기지 않고 그 자리에 그대로 두는데, 두꺼비가 이 떡돌 밑에 기어들어 있다가 그 위에서 떡을 치는 바람에 떡메질 충격으로 다치거나 죽는다는 말이다.

떡돌 위에서 떡을 치는 모습.
|김학수, 〈농가월령도〉, "12월령" (일부)

[맥락] 두꺼비는 미련하고 굼뜬 사람을 뜻하고 '떡돌'은 떡돌만큼 큰 벌이나 호통을 뜻한다. 남의 잘못을 혼내는 매타작 자리를 눈치껏 피하지 못해 같이 맞는다('치다'의 피동형 '치이다'는 '맞다'와 같은 말)는 말. 화가 난 사람은 당사자를 혼내다가 성질에 못 이겨 당사자도 아닌 옆 사람에게도 감정을 터트리는 법. '애매하다'는 아무 잘못 없이 혼이 나 억울하다는 말로, 희미해서 분명치 못하다는 '애매(曖昧)하다'와는 다른 말이다. ˙두꺼비→ 두꺼비 파리 잡아먹듯

■ 경주인 집에 똥 누러 갔다 잡혀간다²⁺

|경주인(京主人)은 경저리(京邸吏), 저인(邸人), 경저인(京邸人)이라고도 하며, 고려 중기부터 조선 후기에 걸쳐 중앙과 지방관청의 연락 사무를 담당하기 위해

---

248 드물게 수탉 흉내를 내며 우는 암탉도 있는데, 그런 비정상(?)적인 경우에는 집안 망하게 할 불길한 닭이라고 해서 곧바로 잡아먹어버렸다.

지방의 수령이 서울에 파견해둔 아전이나 향리(鄕吏)다. 경주인의 주 업무는 중앙으로 차출해 간 노비의 관리, 공물과 납세 주선, 상경한 자기 지역민·관리·군인 등에게 침식 제공 및 보호, 중앙과 지방 사이의 연락 등이다. 그런데 만약 지방에서 올려 보낸 노비가 도망가거나 공물이 제때 도착하지 않으면 경주인이 대신 책임지고 납부하거나 했는데, 공물 대납 후에 지방관청에 몇 배로 이자 붙여 받아내서 이득을 챙기기도 했다. 그 이자를 대려고 지방에서는 백성을 더욱 착취할 수밖에 없었다. 돈이 되는 자리인지라 경주인 자리를 사고팔기도 하였는데, 그 금액이 어마어마했다고 한다.

대신 경주인이 나라에 납부할 것을 제때 못 내면 차사(差使 : 특파 관리)가 와서 그 집에 있는 사람들을 남김없이 다 잡아갔다. 그래서 길 가다가 갑자기 똥이 마려워 경주인 집에 잠시 똥을 누러 들어갔다가, 하필 차사가 사람들을 잡아가는 판이라 아무 잘못도, 아무 관련도 없는 그 사람도 같이 딸려 갔다는 말이다.

[맥락] '경주인'은 '경 주인', 곧 '경(鯨)의 주인(主人)'으로도 읽을 수 있다. 주인은 어떤 것을 소유한 사람이니, '경(鯨) 주인'은 죄를 저질러 이마에 문신 형벌을 받을, 즉 '마땅히 경을 칠 당사자'다. 죄지은 사람 집에 모르고 잠시 들렀다가 그 사람이 끌려가면서 싸잡혀 같이 딸려 간다는 말이라 여겨진다.

■ **동무 사나워 뺨 맞는다 / 모진 놈 곁에 있다 벼락 맞는다**

| '사납다'에는 거칠고 흉하여 좋지 않다는 뜻도 있다. 언행이 나쁘고 버릇이나 성격이 좋지 않은 친구를 가까이하면, 그 친구 때문에 자기도 같은 취급을 당하거나 괜한 '날벼락'도 맞는다. 말끝마다 욕을 달고 사는 사람이나 함부로 주먹을 쓰는 사람, 남에게 못되게 구는 사람과 어울리면 같은 취급을 당하는 건 물론, 어느 순간 똑같이 물들어버린 자신도 발견하게 된다.

약방에 감초 어떤 일에나 빠짐없이 끼어드는 사람이나 꼭 빠지지 않고 들어가는 것을 이르는 말.

■ **약방에 감초[2+]**

| 감초(甘草)라는 식물의 뿌리나 가는 줄기의 껍질은 약재로 쓰이는데, 단맛이 나며 약의 독성도 중화시켜 약이 잘 들게 하므로 거의 모든 한약에 기본적으로 들어간다. 약방(藥房)은 요즘으로 치면 약국이나 한의원(또는 병원). 그런데 여기서의 약방은 그 약방이 아니라 약방문(藥方文), 곧 처방전 약방(藥方)이다. 처방전마다 감초가 꼭 끼어 적힌다는 말.

[맥락] 감초가 처방전마다 꼭 끼어 들어가듯, 어떤 사람이나 사물이 안 끼는 데

없이 다 '낀다'라는 뜻이라 여겨진다.

■ 건재에 백복령[2+]

| 백복령(白茯苓)은 베어낸 지 여러 해 지난 소나
무의 뿌리에 기생해 혹처럼 크게 자란 균사(菌絲)
덩어리다. 적송 뿌리에 자라는 속이 흰 백(白)복
령과, 곰솔 뿌리에 자라는 속이 분홍빛인 적(赤)
복령이 있다. 병을 앓고 난 뒤 허약해진 체질에
쓰는 약재며, 강장제나 진정제 등 거의 모든 병에
효험이 있어 두루 사용된다. 건재(乾材)는 마른
상태의 한약재로, 보통 한약재라고 한다.

감초와 백복령. |서울 종로구 인사동

[맥락] 강원도 정선군에는 백봉령(白茯嶺 : 750m)
고개가 있다. 장돌뱅이들은 이 백봉령을 넘어 정
선장 등 강원도 여러 장에서 백봉령 등 여러 한약
재를 떼어 갔다. 따라서 이 속담은 건재(한약재)를 사려면 백봉령을 꼭 걸어
넘어가야 하듯, 어떤 사람이 사사건건 그냥 지나치지 못하고 매사에 '걸고(걸어)
넘어갈' 때 썼다고 생각한다.

■ 편지에 문안[2+]

| 편지글 첫머리에는 으레 '기체후 일향만강(氣體候一向萬康)[249] 하시온지요' 또는
'가내(家內) 두루 평안(平安)하온지요' 같은 형식적인 문안 인사가 꼭 들어간다.

[맥락] 편지글의 문안(問安)은 예의상 안부를 묻는 인사치레. 따라서 이 속담은
누군가 찾아와 용건은 얘기 않고 쓸데없는 사설로 안부만 시답잖게 자꾸 물을
때 쓰지 않았을까 싶다. 지금도 전화 받으면 용건은 얘기할 생각 않고 요새 어떻
게 지내는지, 키우는 고양이가 올해 몇 살인지, 오늘 날씨가 좋은데 이런 날에
어디 안 가냐는지, 요즘 텔레비전 뭐 보냐느니, 별 시답잖은 소리만 잔뜩 늘어놓
는 사람이 있다. 듣다 듣다 결국 못 참고 버럭 한다. "그래서, 왜 전화했는데!"

얌전한 고양이 부뚜막에 먼저 올라간다　겉으로는 얌전하고 점잖아 보이는 사람이
뒤로 딴짓을 하거나 자기 잇속을 차린다는 말.

■ 얌전한 고양이[강아지] 부뚜막에 먼저 올라간다[2+]

249　기체후(氣體候)는 기력과 건강상태, 일향(一向)은 한결같이 또는 변함없이, 만강(萬康)은 온몸
이 건강함을 의미한다. '여전히 건강하시죠?'라는 뜻.

|'부뚜막'은 부엌에서 음식 만드는 곳으로 지금이 조리대에 해당하며, 부엌 바닥
에서 다리 높이 정도로 낮다. 여자들은 부뚜막에 걸터앉아 간단히 먹기도 했다.
이 속담은 윗분들 드시기도 전에 부뚜막에 걸터앉아 조리된 음식을 저 먼저 먹
는다는 뜻이다. 경우 없이 제 잇속부터 먼저 챙긴다는 말.

■ 얌전한 며느리 시아버지 밥상에 마주 앉는다

|옛날에는 남자 따로 여자 따로, 웃어른과 아랫사람 따로 상을 차려냈다.250
그런데 웃어른 밥상에는 아무래도 좋은 반찬이 많이 올라간다. 그런데 며느리
사랑은 시아버지 사랑이라고, 시아버지가 며느리를 예뻐하니까 자기 자리도 모
르고 아양 떨며 시아버지 밥상에 냉큼 앉는다는 말이다. 시아버지가 말로는 괜
찮다 하겠지만 식구들은 안 괜찮다.

■ 뒤로[뒷구멍으로] 호박씨를 깐다[2+]

|이 속담의 유래담으로 가난한 선비 부부 이야기가 인터넷에 돌아다닌다.

끼니도 잇기 어려운 가난한 선비 부부가 있었는데, 선비가 잠시 출타했을 때
부인이 방을 치우다 호박씨 한 톨을 주웠고, 배가 고파 이것을 까서 먹으려 할
때 마친 선비가 문을 열고 들어온다. 아내는 죄책감에 얼른 뒤로 숨겼고, 선비가
감춘 게 무엇이냐 추궁하자 울면서 사실대로 말하며 호박씨를 다시 보니 그나마
껍질뿐이더라. 그래서 아내를 고생시켜서 미안한 선비와 저도 모르게 제 입에부
터 넣으려 했던 아내가 부둥켜안고 울었다는 이야기.

하지만 이 감동은 실제 맥락을 알고 보면 짜게 식는다.

[맥락] 옛날에는 마땅한 간식거리가 없어서 심심풀이 땅
콩처럼 호박씨를 즐겨 먹었다. 그런데 호박씨는 납작해
서 잘 까지지 않아 먹기 여간 귀찮지 않다. 그게 귀찮아
껍질째 털고 넣고 씹어 먹는 사람들도 많다. 그리고 관용
구 '호박씨를 까다'는 '뒷구멍으로 호박씨를 깐다'라는
속담에서 나왔다. '뒷구멍'은 항문, 즉 똥구멍. 다른 사람

호박씨의 껍질은 잘 소화되지
않는다.

이 보고 달랄까 봐 몰래 입에 호박씨 털어 넣고 씹어 삼키면, 호박씨 껍질은
소화되지 않으니 똥에 그대로 섞여 나온다. 이것을 빗대서, 앞에서는 아닌 척하

---

250 옛날에는 먹을 것이 많지 않아 밥과 국과 반찬 두어 가지만 상에 올리니 사람마다 독상(獨床)을
받았다. 잔치에 가서도 사람마다 한 상씩 받고, 제사 때도 신위마다 한 상씩 올렸다. 독상은 베개
넓이만큼 작았다. 한 상에 여러 사람이 먹는 건 먹을 게 많아진 뒤부터 여러 반찬을 함께 맛보려
바뀐 식문화다. 이는 중국도 마찬가지였다. 중국집의 회전식 테이블도 그런 목적이다. 일본의 온천에
가면 아직도 독상으로 준다.

지만, 뒤를 보면 즉 똥을 누면, 더러운 똥에 섞여 그 더러운 심보가 죄다 '까발려진다'라는 말이다.

■ **뒤로 노를 꼰다**[2+]

|볍씨를 껍질째 삶아 먹으면 껍질인 겨가 소화되지 않아 그대로 똥에 섞여 나온다. 길게 나오는 똥에 겨가 섞여 나오니 흡사 새끼줄 노끈 같다.

[맥락] 흉년이나 보릿고개에 절구질하면 이 집에 곡식이 남은 걸 이웃이 알게 된다. 그럼 여러 이웃이 배고프다고, 사람 살리라고 나눠달라 달려들 건 뻔한 일. 남들 몰래 먹자면 절구질 않고 볍씨째 삶아 먹어야 한다. 그러면 앞서의 까닭으로 똥에 겨가 잔뜩 섞여 나온다. 그리고 못 먹어 나오는 똥은 매우 가늘다. 겨가 섞여 나오는 똥을 새끼줄도 아닌 노(끈)로 표현한 것은 그래서다.

'노'를 성낼 '노(怒)'로 본다면, 앞에서는 웃으며 대하지만 뒤로는 심사가 배배 꼬여 있다는 말도 된다.

■ **장옷 쓰고 엿 먹기**[2+] / **포선 뒤에서 엿 먹는다**[2+]

|여성이 외출할 때는 조신하려고 장옷을 머리에 써서 얼굴과 몸을 가리는데, 눈만 나오게끔 장옷 뒤집어써 여미고는 남모르게 엿을 먹고 있다는 뜻.

포선(布扇)은 다른 말로 상선(喪扇)이라고도 하며, 두 개의 막대기 사이에 네모난 천을 단 가리개다. 두 손으로 들어 얼굴을 가렸다. 상을 당한 사람이 외출할 때 불효한 자의 얼굴을 감히 내놓을 수 없다며 이것으로 얼굴을 가리고 다녔는데, 그 뒤로 몰래 달콤한 엿을 먹고 있다는 말. '장옷 → 노닥노닥 기워도 마누라 장옷

홀로 서 있는 나이 든 양반과 뱃전에 팔 괸 어린 양반 모두 허리춤에 흰 띠를 둘렀으니 아직 탈상(脫喪) 전이다. 상중이라 쾌락을 삼가야 하건만 기녀의 용모에 넋이 나간 늙은 양반에겐 음악소리가 안 들린다(정작 그 기녀는 떠꺼머리총각과 소리로 마음의 하모니를 이루고 있건만). 어린 양반 역시 체면을 잊고 아직 상중이란 것도 잊은 채 앳된 기녀에게 온통 정신이 팔렸다. |신윤복, 〈주유청강(舟遊淸江)〉(일부)

[맥락] '엿 먹어'라는 욕처럼, 엿은 남성기를 뜻하고 엿을 먹는 것은 성행위를 한다는 말이다. 남들 앞에선 조신한 척하면서, 또는 상을 당한 사람이 일상을

삼가는 척하면서 뒤로는 음란한 짓을 한다는 뜻이다. 이 속담으로 볼 때 '엿먹다/먹이다'라는 말은 꽤 오래전부터 쓰인 듯하다.

■ 열녀전 끼고 서방질
|『열녀전』은 중국 한(漢)나라 때 유향(劉向)이 지은 15권짜리 책으로, 역대 유명한 현모 · 양처 · 열녀 · 악처들의 이야기가 100여 편 수록되어 있다.
　평소에는 품행이 바른 옛 여인들 이야기가 실린『열녀전(烈女傳)』을 읽고 있지만, 뒤로는 다른 남자를 만나고 다니거나 음란한 생각을 한다는 말이다.

양반은 빠져 죽어도 개헤엄은 안 친다　양반이 아무리 힘들고 위급해도 위신과 체통을 먼저 지키려 든다고 조롱하는 말.

■ 양반은 빠져 죽어도 개헤엄은 안 친다
|물에 빠져 죽을 지경이 되면 우스꽝스럽고 체신이 없더라도 개헤엄이라도 쳐서 일단 살고 봐야 하는데, 죽을 지경에도 남들 눈과 자기 체면부터 먼저 생각한다는 말. 양반들이 실속보다 체면이라는 허울을 너무 중시한다고 꼬집는 말이다.

■ 양반은 얼어 죽어도 짚불[겻불]은 안 쬔다
|짚불이나 겻불251은 모닥불처럼 활활 타오르지 않아 서서 쬐면 안 따뜻하니 쪼그리고 앉아서 쬐야 한다. 하지만 체통 중시하는 양반은 아무리 추워도 상것들처럼 아무 데서나 멋없게 불을 안 쬔다는 말이다.

■ 양반은 죽어도 문자 쓴다[2+]
|죽을 지경에 닥쳐서도 한문투로 말하며 점잔을 뺀다는 말. "내 필사지경(必死地境)을 당(當)하였으나 무릇 하해(河海)보다 넓은 것이 인정(人情)이라 하였으니 위급사정(危急事情) 피면(避免)케 해주시오." "이 양반아, 그냥 살려달라고 해!"

■ 닷새를 굶어도 풍잠 멋으로 굶는다
|풍잠(風簪)은 망건의 이마 부분에 다는 금이나 옥, 호박, 소뿔 등으로 만든 타원 또는 반달 모양 장식. 바람에 갓이 뒤로 넘어가지 않도록 갓모 안에 밀어 넣어 갓이 넘어가지 않게 걸어준다. 풍잠은 지위 높은 양반들이 주로 착용하였다. 당장 굶어 죽을 지경인데 양반 체면에 남에게 아쉬운 소리 못 하고 잘살던 시절, 위세 있던 시절 생각에서 못 벗어나 그저 쫄쫄 굶고만 있다는 말이다. 그 풍잠 내다 팔면 돈이 얼만데. '풍잠→ 되지 못한 풍잠이 갓 밖에 어른거린다

---

251 '겻불'은 [겯뿔로 소리 나므로, 곁에서 쪼그리고 앉아 쬐는 것도 떠올려 '곁불'로 잘못 쓰기도 한다.

양주 밥 먹고 고양 구실 이쪽에서 보수를 받고 저쪽 일을 해준다는 말.

[반대] 제 밥 먹고 상전 일 한다

■ 양주 밥 먹고 고양 구실[2+]

> 경기도 양주(楊州)와 고양(高陽)은 서로 붙어 있다. 그래서 양주에서 밥 먹고 고양으로 넘어가 일하는 사람도 있었다고 풀이한다.

고양시 마스코트 고양고양이. '오산이 멀다고 생각하면 오산' 처럼 말장난으로 도시를 홍보하는 일이 많다. 고양시 마스코트가 큰 인기를 끌자 고양시를 '야옹시'라고 부르기도 한다. 고양시 홈페이지

> [맥락] '양주'는 바깥주인과 안주인, 즉 부부를 달리 이르는 말 양주(兩主)로도 읽을 수 있다. '고양'은 '고양이'로 읽을 수 있다. 주인이 주는 밥을 먹은 고양이가 주인을 위해 아무것도 않고 잠만 자거나 주인이나 할퀴는 '고양이 구실'을 한다는 말. 속담에서 고양이는 흔히 앙큼한 사람이나 도둑을 뜻한다. 이 속담은 이쪽 집단에 소속되어 있으면서 저쪽 집단 일을 보거나, 저쪽 편의를 더 봐주는 사람을 뭐라 할 때 많이 쓴다. '고양 밥 먹고 양주 구실'이라고도 하는데, 말장난이 맞다면 이 속담은 순서가 잘못됐다.

■ 경기 밥 먹고 청홍도 구실[2+]

> 황제나 왕이 직접 통치하는 경(京)의 왕성(王城)으로부터 반경 500리까지가 본래 기(畿)의 뜻이었는데, 나중에는 수도를 둘러싼 지역을 이르게 됐다. 서울을 감싸고 있어 경기(京畿)라고 한다. 충청도(忠淸道)는 충주(忠州)와 청주(淸州)에서 한 글자씩 따서 만들었다. 그런데 충주에서 반란이 여러 차례 일어나 그때마다 충(忠)자와 어울리지 않는다며 충주를 다른 이름의 현(縣)으로 강등하고 대신 홍주(洪州 : 홍성) 등을 넣은 청홍도(淸洪道) 식으로 몇 차례 바뀠다.

> [맥락] 경기도와 충청남북도가 닿아 있어 경기도에서 밥 먹고 충청도로 일하러 넘어간다는 뜻처럼 보이나, 굳이 '청홍도'라고 썼으니 나랏밥이나 윗사람 은혜를 입고는 반란이나 하극상을 일으킬 궁리를 한다는 말이 된다.

어둑서니는 쳐다볼수록 커 보인다 무슨 일이든 겁낼수록 더 무섭게 느껴진다는 말.

■ 어둑서니[도깨비]는 쳐다볼수록 커 보인다

> '어둑서니'는 어두운 곳에 사람 비슷한 형체로 서 있는 미확인 물체를 말한다. 무서워서 가까이 다가가 확인해볼 용기 없이 힐끔힐끔 쳐다보니 더 겁나기만 하다. 알고 보면 그냥 걸어놓은 옷이나 쌓아둔 물건일 뿐인데. 참고로 풍수지리에서는 현관문 안 바로 앞이나 옆에 거울이나 키 큰 화분 등을 놓지 말아야 한다

고 강조한다. 미신이라기보다, 사람이 어두운 실내로 들어서면서 거울에 비친 자신의 어슴푸레한 형상이나 어둑한 나무 그림자 등을 마주치면 등골이 오싹해지거나 무의식적으로라도 놀라게 되기 때문이다.

어린 중 젓국 먹이듯　어리숙하거나 순진한 사람을 속이고 꾀어 나쁜 짓을 하도록 한다는 말.

■ 어린 중 젓국 먹이듯[2+]

|'젓국'은 새우나 멸치 같은 작은 물고기, 꼴뚜기 등을 소금에 절여 삭힌 뒤 거기서 우러나온 국물이므로 살생(殺生)으로 만든 것이다. 젓국은 국물이라 새우젓 같은 형체가 없다. 먹어선 안 될 젓국을 된장국인 양 속여서 차츰 입맛 들여 고기도 먹게 한다는 말이다.

[맥락] '젓국'은 '젖국'과 발음이 같다. 짜낸 젖을 놔두면 위로 살짝 노르스름한 물이 고이는데 그걸 젖국 또는 유청(乳淸)이라 한다. 여기서 말하는 젖국은 유청이 아니라 아마 젖일 것이다. 또한 '젖'은 모유를 뜻하기도 하지만 젖가슴 자체를 말하기도 한다. 마치 어린 승려처럼 여자를 모르는 순진한 남자를 살살 유혹해서 결국 젖을 물게 만든다는 뜻.

어물전 망신은 꼴뚜기가 시키고 과물전 망신은 모과가 시킨다　무리 중의 못난 사람의 행동이 그 무리 전체에 욕을 입힌다는 말.

■ 어물전 망신은 꼴뚜기가 시킨다[2+] / 과물전 망신은 모과가 시킨다[2+]

모과. |서울 경동시장

|꼴뚜기는 꼴뚜깃과 또는 오징엇과에 딸린 매우 작은 오징어 종류. 대개 손가락보다 작고 다리도 짧다. 꼴뚜기는 너무 작아서 좀 큰 것은 구워도 먹지만 대개 젓갈로 담근다. '어물전252 말아먹고 꼴뚜기 장사 한다'라는 속담이 있을 정도로 꼴뚜기는 하찮은 생선이다.

　모과가 비록 과일은 과일이나 맛이 너무 텁텁해 아무도 그대로 안 먹는다. 과육이 나무 씹는 식감이라 목과(木果)라고 부른 듯하다. 모과는 대개 약재나 방향제, 모과청이나 모과차 정도로만 사용된다. 하지만 과물전(청과물가게)에서는 그래도 과일인지라 모과를 팔았을 것이다.

[맥락] 속담에는 육의전 가운데 거의 '어물전'만 등장한다. '어물전[어물쩐]'은

252　전(廛)은 가게. 좌판이 아닌 제대로 된 상점이다.

'어물쩍'의 사투리 '어물쩡'과 말소리가 닮았다. 그리고 (분수를 모르고) 음식이나 재물을 욕심내는 사람을 '껄떡이'라고 하는데, 이 '껄떡이[껄떠기]'와 '꼴뚜기' 역시 발음이 닮았다. 이 둘을 가지고 다시 적으면 '분수도 모르고 어물쩡 날뛰다가 껄떡이가 (소속 단체를) 망신시킨다'가 된다. *어물쩡→ 명태 한 마리 놓고 딴전 본다

그리고 '모과'는 '뭐가'와 발음이 비슷하다. 집단 망신은 '뭐가' 시킨다는 뜻이다. 따라서 이 속담의 본모습은 '과물전 망신은 모~과 시킨다'였을 것이다.

■ 황아장수 망신은 고불통이 시킨다[2+]

| 황아(荒아)는 자질구레한 상품, 곧 잡화(雜貨). 이런 것을 짊어지고 집마다 찾는 방문판매원이 황아장수다.[253] 트럭에 온갖 생필품을 싣고 다니며 파는, 요즘 말로 '만물장수'나 '차장수'와 비슷하다. 장터까지 나가지 않아도 생필품을 살 수 있어 인기가 있었다. 황아장수가 파는 물건 중에는 '골통'이라고도 하는 '고불통'이 있었는데, 진흙을 구워 만든 담배통이다(담배통

현대의 황아장수. 트럭에 온갖 물건들을 싣고 다니면서 판다.

은 담뱃잎을 꾹꾹 눌러 담고 불을 붙이는 담뱃대의 앞부분). 담배통이 금속으로 된 것은 가격이 있지만, 고불통은 싸구려였다. 그러니 가장 형편없는 고불통 하나 때문에 황아장수가 파는 물건 전체가 싸구려로 취급당한다는 말이다.

[맥락] 여기서 '고불통'은 어쩌면 '고집불통' 아닐까 한다. 조금도 융통성 없이 자기주장만 계속 내세우는 일이나 그런 사람이 고집불통(固執不通). 교통과 통신이 발달하지 못했던 옛날에는 외부 소식은 장터나 외지에 나갔다 온 사람, 그리고 황아장수 등에게 의존했다. 그래서 황아장수는 소식통이었다. 그런 만큼 어딜 가든지 거기서 하는 말에 귀 기울이고, 답답한 사람들의 말상대가 되어주며 듣고자 하는 만큼 바깥의 사정도 다 들려주어야 했다. 그런 황아장수들 가운데는 남의 말을 안 듣고 대화보다는 자기주장만 하고 우기는 고집불통 황아장수도 있었겠다. 황아장수의 상품 가운데 고불통이 가장 형편없듯, 황아장수 가운데 고집불통 황아장수가 가장 형편없다. 또한 황아장수는 두루 다 '파는데', 융통성 없이 한 가지만 '들이파는' 사람에게 뭐라 하는 말이기도 할 것이다.

■ 집안 망신은 며느리가 시킨다

| 며느리는 그 집안 핏줄이 아니나, 며느리가 잘못하면 그 며느리를 들인 집안의 모든 식구가 싸잡혀 욕먹는다.

---

253 잡화점(雜貨店)을 옛날에는 황아전(荒아廛)이라 했다.

■ 친구 망신은 곱사등이 시킨다[2+]

|'곱사등이' 또는 '곱사등'은 병이나 기형으로 인해 허리가 굽고 척추가 등 위로
휘어져 올라온 사람. 곱사등이 허리는 굽어 있어 늘 굽신거리는 것처럼 보인다.
[맥락] 여기서는 진짜 곱사등이 아니라 늘 비굴하게 구는 친구를 뜻한다. 그 친구
하나 때문에 그 친구들마저 비굴한 사람들로 오해받는다.

어물전 털어먹고 꼴뚜기 장사 한다 큰 것을 잃고 하찮은 것을 얻거나 시시한 일을
한다는 말.

■ 어물전 털어먹고[떠엎고] 꼴뚜기 장사 한다[2+]

|어물전(魚物廛)은 해산물 전문매장에 해당한다. 어물전을 운영한다면 그 나름
으로 큰 장사를 하는 셈. 그런 큰 가게 털어먹고, 배운 게 도둑질이라고 할 줄
아는 게 결국 그 장사니 밑천 탈탈 털어 고작 꼴뚜기 장사나 다시 한다는 말이다.
꼴뚜기는 매우 작은 오징어로 손톱만 한 것부터 한 뼘 되는 것까지 있다. 자잘한
것은 '꼴뚜기젓'이라는 젓갈을 담그고 조금 큰 것은 구워서 먹었다.
[맥락] 여기서 '어물전'은 '어물쩍'의 사투리 '어물쩡' 대신 쓴 말이라고 본다. 그
리고 꼴뚜기 장사를 하는 사람은 당연히 꼴뚜기장수다. '꼴뚜기장수'에는 재산
이나 밑천 따위를 모두 없애고 어렵게 사는 사람이란 뜻이 있다. 그러므로 이
속담은 '어물쩍어물쩍 재산 털어먹고 쥐꼬리만 한 장사나 한다'라는 뜻이다. '어
물쩡→ 명태 한 마리 놓고 딴전 본다

■ 기름 엎지르고 깨 줍는다

|지금은 방앗간에서 기계로 깨를 간편하게 볶고
쉽게 짜지만, 옛날에 기름을 짜려면 깨를 타지
않게 뜨거운 가마솥 안을 열심히 휘저어 볶은
다음 자루에 담고 지레의 원리를 이용해 무거
운 돌이나 거기에 사람의 힘도 더해 힘껏 눌러
짜야 해서 매우 힘든 일이었다. 한 자루의 깨로
채 한 병도 안 되는 기름을 얻을 수 있어 노력한
만큼의 결과물도 안 나와 기름은 꽤 비쌌다. 기
름진 일을 엎어버리고 고작 깨알 같은 것들이
나 챙긴다는 말.

전통적인 못. 지금과 달리 대장간에서 일일
이 두드려 만들었다. 이 못은 11cm 크기로,
무엇을 걸기 위해 기둥에 박던 못이다. 서
까래를 고정하는 못은 20~30cm, 추녀
고정에 쓰던 못은 60cm까지 나갔다. 그러
니 '부모 가슴에 대못을 박는다' 하면 현대
의 한 뼘 크기 못이 아니라 팔뚝만 한 못을
부모 가슴에 꽝꽝 박는 셈이다.

■ 집 태우고 못 줍는다[2+]

|실수로 집에 불을 내서 다 태워먹고 잿더미 속

에서 그나마 온전히 남은 쇠못이나 건진다는 말이다.

[맥락] '못 줍는다'는 '줍지 못한다'라는 뜻으로 읽을 수 있다. 집을 태워먹으면 아무것도 못 건진다는 말이다.

■ **노적가리에 불내고 낟알[싸라기] 주워 먹는다**

곡식을 탈곡하기 전에 밖에 크게 쌓아놓은 것을 '노적가리' 또는 노적(露積)이라고 한다. 탈곡할 소중한 노적가리에 실수로 불을 내고는 다 타고 남은 곡식 알갱이나 주워 먹고 있다는 말. 쌀이나 옥수수 등을 팝콘처럼 튀겨낸 것을 '튀밥'이라고 한다.

억지가 사촌보다 낫다   남에게 기대는 것보다는 억지로라도 제힘으로 해내는 것이 낫다는 말.

■ **억지가 사촌보다 낫다**[2+]

'억지를 부리다' '억지를 쓰다'로 많이 쓰이는 '억지'는 '잘 안될 일을 무리하게 기어이 해내려는 고집'이 본뜻이다. 그러니 긍정 표현으로도 쓸 수 있을 듯하다.

언 발에 오줌 누기   급하게 세운 허술한 대책은 비록 잠깐은 효과가 있지만, 나중에는 더 좋지 않은 결과로 나타난다는 말.

[成語] 고식지계(姑息之計) : (눈앞의 것만 생각하는) 아녀자와 아이의 일시적인 계책.
임시변통(臨時變通) : 급한 대로 임시로 가져다 둘러맞춤.
미봉책(彌縫策) : (급하게) 꿰매서 기워 가리는 대책.
하석상대(下石上臺) : 아랫돌 빼서 윗돌을 괸다.

[현대] 카드 돌려막기 / 사고에는 대책 없고 사과에만 대책 있다 /
왼팔 뽑아 오른팔 수혈

■ **언 발에 오줌 누기**

발에 뜨거운 오줌을 누면 잠시 잠깐은 언 발이 녹을 수는 있지만, 이윽고 오줌의 온기가 식으면 발은 더욱 꽁꽁 언다.

■ **아랫돌 빼서 윗돌 고이기**

돌무더기나 축대 쌓은 데서 윗돌이 흔들린다고 아랫돌 중 몇 개 빼서 윗돌에 끼워 고정하면, 아랫돌 빠진 자리가 헐거워 윗돌도 흔들리다 결국 다 무너진다. 불미스러운 일로 회사가 욕을 먹으면 회사를, 아니 사장이나 임원 살리겠다고 부하직원 한두 사람의 잘못인 양 무마하기도 한다. 잠깐은 효과를 보겠지만 다른 부하직원들이 그런 선례를 보면서 회사를 못 믿어 조직 단결이 허술해진다.

얻은 도끼나 잃은 도끼나 결과적으로 이익도 손해도 아닌 같은 상태가 됐다는 말.

　[成語] 득부실부(得斧失斧)/득부상부(得斧喪斧) : 도끼를 얻고 도끼를 잃다.

■ **얻은 도끼나 잃은 도끼나**[2+]

　| 이 속담을 한자로 득부실부(得斧失斧) 또는 득부상부(得斧喪斧)라고 한다. 그런데 이 한자성어가 중국어 사전에는 나오지 않는다. 우리나라에서 만든 건 아닐까 한다. 다시 말해 속담이 먼저 나오고 그걸 한자로 바꾼 게 나중에 생긴 식으로. 굳이 한자로 바꾼다면 그건 양반님네들이 했겠다. 아무튼 여기서 도끼는 아마 비슷한 발음의 토끼일 듯하다. 가는 토끼 잡고 잡은 토끼 놓친 무소득.

업어치나 메치나 이거나 저거나 이러든 저러든 별반 다를 것이 없다는 말.

　[成語] 대동소이(大同小異) : 크게 보면 같고 약간만 다르다.
　　피차일반(彼此一般) : 이거나 저거나 똑같다.
　　오십보백보(五十步百步) : 50걸음 도망친 사람이 100걸음 도망친 사람을 비웃는다. ▸맹자(孟子)가 위(魏)나라에 들렀을 때 위나라 양혜왕(梁惠王)이 "열심히 나라를 잘 다스렸으나 이웃나라 백성들이 이 나라로 살러 와주지 않소" 하니 맹자가 "전쟁터에서 갑옷과 무기를 버리고 도망친 병사 중에 어떤 자는 100걸음 도망가다 말고 어떤 자는 50걸음 도망가다 말았을 때, 만일 50걸음 도망친 자가 100걸음 도망친 자를 보고 비웃는다면 어떻겠습니까?" 하고 왕에게 물었다. "100걸음이나 50걸음이나 도망친 건 마찬가지 아닌가?" 하고 왕이 답하자, "백성을 위해 나라를 다스린다고 하시지만 정작 왕께서는 백성이 아닌 왕께서 가지신 나라를 위해 정치를 하신 건 아닌가 합니다. 오로지 백성들을 위한 정치를 하지 않으신다면 이웃나라 왕들의 그런 정치와 다른 점이 과연 얼마나 있겠습니까"라고 맹자가 말했다. 이에 왕이 부끄러워하며 아무 말도 하지 못했다 한다.
　　오지자웅(烏之雌雄) : 까마귀 암컷과 수컷(의 구별) ▸대부분의 새들은 깃털의 색이나 모양 등으로 암수를 구별할 수 있다. 하지만 까마귀는 부리부터 꽁지까지 모두 새카맣기 때문에 겉만 봐서는 암수를 구별할 수 없다.[254] 나아가 까마귀는 불길한 새라고 생각되고 있었으므로, 이 말은 '옳고 그름을 따질 것 없이 그놈이 그놈'이라는 뜻으로 쓰이게 된다.

　[현대] (이번 역은 대구) 내려도 대구 안 내려도 대구

■ **업어치나 메치나**[2+] / **업으나 메나** / **지나 업으나** / **짐 신고 타나 지고 타나**

　| 등에 물건을 지는 것은 '업다', 어깨에 걸쳐서 들거나 지는 것을 '메다'라고 한다. 뒤에 있는 앞으로 끌어당겨 바닥에 내리치는 것이 업어치기니, 업어치기나 메어치기나 같은 동작이다.

254　까마귀 오(烏)자는 새 조(鳥)자에서 점 하나를 뺀 형태다. 까마귀는 온몸이 검어서 눈이 있는지조차 모를 정도라는 의미로 鳥에서 눈 하나를 빼버린 것이다.

[맥락] 업어치기나 메어치기가 결국 같은 동작이다. '치다'에는 어떠한 상태라고 인정하거나 사실인 듯 받아들인다는 뜻이 있다. 사전에는 다른 뜻으로 나오지만 둘러대는 것을 '둘러치다'라고도 쓴다. 결국 이렇게 둘러치든 저렇게 둘러치든 결국 본질은 똑같다는 말이다.

■ 그 나물에 그 밥[2+] / 그놈이 그놈

| 매 끼니 조금씩 찬이 다르게 올라온다곤 하지만 밥상에 밥과 찬이 거기서 거기로 올라오게 마련. 이 속담의 뜻을 국립국어원에서는 '서로 격이 어울리는 것끼리 짝이 되었을 경우를 이르는 말'이라고 설명하지만, 대부분 '거기서 거기'라는 뜻으로 쓴다.

[맥락] 이 속담은 생략된 형태고 본모습은 '막상 보면 그 나물에 그 밥'이었을 것으로 본다. 막상은 '어떤 일에 실제로 이르러'라는 뜻으로 '(이제) 막'과 같은 말이다. 그런데 그 '막상'을 급하게 막 차린 상인 막상(막床)으로 말장난을 했다 (당연히 사전에 없다). 급하게 차려낸 상이니 그 상에 올라온 음식도 그 나물에 그 밥일 게 뻔하다. 마찬가지로 서로 저 잘났다고 하지만 막상 나와보면 역시 뻔할 거라는 얘기다. "저희끼리 막상막하니 어쩌니 하지만, 막상 보면 그 나물에 그 밥 올라오듯 막상 나와보면 그놈이 그놈이겠지."

■ 센둥이가 검둥이고 검둥이가 센둥이다

| '세다'는 '희다'의 옛말. 그 흔적은 '머리가 세다' 등에도 보인다. 흰둥개나 검둥개나 색만 다르지 이놈이든 저놈이든 결국 개란 뜻.

■ 도긴개긴[2+] / 도나캐나[2+]

| '도찐개찐'이나 '도낀개낀'이란 말은 잘못된 말이다. '도긴개긴'이라고 해야 맞다. 여기서 '긴'은 윷놀이 말판에서 가고자 마음먹은 곳까지의 칸수, 또는 상대 말을 쫓아가 잡을 수 있는 칸수를 뜻한다. 그래서 한 칸 앞에 있으면 '도 긴에 있다' 하고, 두 칸만 가면 말이 난다 하면 '개 긴이면 난다' 했다. 그러므로 도긴 개긴은 자기들끼리 앞서거니 뒤서거니 해봐야 한 칸 차이라 거기서 거기일 뿐이라는 뜻이다.

[맥락] 이 속담은 '하찮은 아무나 다'라는 뜻으로 쓰인다. '도'는 돼지의 옛말 '돝'과 같은 말로, 윷놀이에서도 '도'는 '돼지'다. 마찬가지로 윷놀이에서 '개'는 동물 '개'. 그러니 '도긴개긴'이나 '도나캐나'나 '돼지나 개나'가 된다. 이렇게 보면 '도나 개나'를 소리 나는 대로 적은 게 '도나캐나'였을 듯하다. 그리고 '긴'은 '기다'의 관형형이기도 하므로, 난다 '긴다' 해봐야 하찮은 것들이란 뜻이었을 듯하다. 혹은 '-긴'이 '-건'에서 바뀐 말은 아닐까도 싶다. '도건 개건'(도이건 개이건).

■ 건더기 먹으나[먹은 놈이나] 국물 먹으나[먹은 놈이나]²⁺

| 국 한 그릇으로 건더기만 먹은 사람은 국물이 아쉽고, 국물만 먹은 사람은 건더기가 아쉬우니 서로 부족하긴 매일반.

[맥락] '건더기'에는 노력의 대가라는 뜻이 있고, '국물'에는 작은 부수입이란 뜻이 있다. 둘 다 대가를 속되게 이르는 말이니, 부정한 짓으로 크게 해먹은 놈이나 그거 돕고 얻어먹은 놈이나 그놈이 그놈이라는 뜻이다.

■ 찌나 삶으나 / 계란이나 달걀이나 / 건시나 감이나 / 연시나 홍시나

| 계란(鷄卵)은 한자어고 '달걀'은 '닭의 알'이 줄어서 만들어진 순우리말이다. 건시(乾柿)는 곶감을 말한다. 맛이 살짝 다르고 먹는 느낌이 다를 뿐 곶감이나 그냥 감이나 결국 감은 감이라는 말. 그리고 완전히 익어 붉고 말랑말랑한 홍시(紅柿)의 다른 말이 연시(軟柿).

■ 동태나 북어나²⁺

| 명태(明太)를 얼린 것이 동태(凍太)고, 말린 것이 북어(北魚).

[맥락] 이것은 다음 말을 달리 표현한 것이라고 본다. '한데서 얼어 죽으나 굶어서 말라 죽으나, 이래 죽으나 저래 죽으나 죽기는 매일반'. 몸이 꽁꽁 얼면 '동태가 됐다' 하고 몸이 비쩍 마르면 '북어처럼 말랐다'라고 한다.

■ 가로 지나 세로 지나²⁺

| 무거운 물건을 가로로 해서 지나 세로로 해서 지나, 어떻게 고쳐서 지더라도 무겁기는 마찬가지다.

[맥락] 여기서 '지다'라는 말은 '쓰러지다'라는 말이면서 '죽다'라는 말이기도 하다. 옆으로 쓰러져 죽으나 뒤로 쓰러져 죽으나 어차피 죽기는 매일반이란 소리. 참고로 판소리 〈변강쇠가〉 중 옹녀의 기구한 팔자 이야기에는 다양한 '죽다'가 표현되어 있다.

> 열다섯에 얻은 서방 첫날밤 잠자리에 복상사로 <u>죽고</u>, 열여섯에 얻은 서방 성병에 <u>퇴고</u>, 열일곱에 얻은 서방 문둥병에 <u>펴고</u>, 열여덟에 얻은 서방 벼락 맞아 <u>식고</u>, 열아홉에 얻은 서방 천하의 도적으로 포도청에 <u>목이 떨어지고</u>, 스무 살에 얻은 서방 비상(독약의 일종) 먹고 <u>돌아가니</u> 서방에 물리고 송장 치기 신물 난다.

■ 오른쪽 궁둥이나 왼쪽 볼기짝이나²⁺

| 의자에 앉을 때 바닥에 닿는 부분을 '궁둥이', 그리고 궁둥이의 위쪽 살 많은 부분을 '엉덩이'²⁵⁵ 라고 부르며, 엉덩이에서 가장 뒤쪽으로 튀어나온 부분을

---

255 '짝궁뎅이'라는 말처럼, 궁뎅이를 표준어로 알거나 궁둥이나 궁뎅이를 엉덩이의 사투리로

'꽁무니'라고 부른다. 그리고 궁둥이와 엉덩이를 합쳐서 '볼기'[256]라고 부른다. '짝궁뎅이'라고 하는 말이 있다(사전엔 없다). 양쪽 볼기 크기가 다른 것을 말한다. 하지만 사람마다 양쪽 다리 길이가 근소하게 차이가 나듯, 양쪽 볼기도 누구나 조금씩 크기가 다르다. 하지만 거의 차이가 안 나서 잘 모른다. '이쪽저쪽'을 사투리로는 '이짝저짝'이라고 한다. 양쪽 볼기짝처럼 이쪽이나 저쪽이나 크게 차이 없다는 말이다.

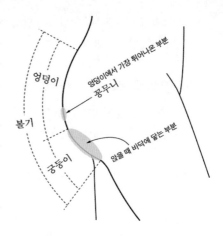

■ 한식에 죽나 청명에 죽나[2+]
| 한식(寒食)은 동지(冬至 : 12월 22~23일 무렵)로부터 105일째 되는 날로 양력 4월 5~6일에 해당하고, 청명(淸明)은 양력 4월 5일 무렵이다. 따라서 한식과 청명은 대개 하루 차이밖에 나지 않는다.[257] 오늘 죽든 내일 죽든 어차피 죽을 목숨이란 뜻이며, 어차피 죽을 거 뭐라도 저질러보자는 뜻이었을 것이다.

엎드려 절 받기 상대편은 마음이 없는데 이쪽에서 요구하여 스스로 대우를 받는다는 말.

■ 엎드려 절 받기[2+] / 옆구리 찔러 절 받기[2+]
| 인사는 모든 예의의 가장 기본이라 만나면 제일 먼저 하는 것이 인사다. 마주쳤으면 서로 인사해야 하는데 상대방이 인사를 않고 뻣뻣하게 있으면 어색할 수밖에 없다. 그래서 이쪽에서 먼저 인사하면 상대도 어쩔 수 없이 마주 인사를 하게 된다. 또 상대가 눈치 없이 인사해야 할 상황에서 인사를 않고 있을 때 곁에 있던 사람이 옆구리를 슬쩍 쿡 찔러 인사하라고 눈치 주어 그제야 인사를 받기도 한다. 어쨌거나 인사받으면서도 그리 썩 기분이 좋은 상황은 못 된다. 절은 상대방을 대우해줄 때나 감사를 표할 때 등에 한다. 지금도 그런다. "너는 어쩜,

잘못 아는 경우도 많다.
256 '볼기짝'은 '볼기'를 낮추어 부르는 말이다.
257 조선 중기까지는 한식 다음 날 청명이 오거나 한식과 청명이 같은 날이던 것이, 1654년부터 시헌력(時憲曆: 태음력에 태양력을 참고해 24절기와 시간을 보다 정밀하게 추산해낸 역법)을 적용하면서 청명이 한식보다 먼저 오게 되었다. 따라서 이 속담은 조선 후기 이전에 생긴 속담이라 생각된다.

그렇게 도와줬는데 고맙다는 말도 안 하냐." "그래, 고맙다, 고마워." "에휴, 옆구리 찔러 절 받기지."

엎어지면 코 닿을 데　매우 가까운 거리라는 말.

- 엎어지면[엎드리면] 코 닿을 데[2+]
  | 엎어져서 코가 닿을 만큼 바로 '코앞'이란 걸 재밌게 표현한 것.

여름에 하루 놀면 겨울에 열흘 굶는다　제때 부지런히 하지 못하면 나중에 손해가 크다는 말.

　[현대] 덥다고 안 하고 춥다고 안 하면 더울 때 더운 데서 일하고 추울 때 추운 데서 일한다 / 지금 놀면 평생 논다

- 여름[봄]에 하루 놀면 겨울에 열흘 굶는다
  | 여름에는 모내기도 하고 논에 물도 잘 관리하고 피도 뽑고 논둑의 잡풀도 베어 내는 등 해야 할 일이 산더미다. 이 중요한 때에 덥고 힘들다고 하루 쉬면 가을에 수확할 게 적어 겨울에 그만큼 여러 날을 굶게 된다는 뜻.

- 가을에 하루 놀면 산 꿩이 열흘 내린다
  | 가을 수확을 앞두고 논밭을 돌아보지 않으면 지키는 사람이 없으니 꿩이 산에서 날아 내려와 마음 놓고 열흘치 먹고 간다는 말.

여우 피하려다 호랑이 만난다　작은 위험을 피하려다 오히려 더 큰 위험에 마주치게 된다는 말.

　[현대] 쓰레기차 피하려다 똥차에 치였다

- 여우[늑대] 피하려다 호랑이 만난다

- 귀신 피하려다 호랑이를 만난다[2+] / 길을 무서워하면 호랑이를 만난다
  | 귀신처럼 무섭고 잔인한 탐관오리를 피해 산속에서 살다 더 위험에 처하거나, 산적 만날까 두려워 길이 아닌 숲을 헤치며 가다 더 무서운 일을 당한다는 말.

- 조약돌 피하려다 수마석에 부딪친다
  | 조약돌은 물에 둥글게 깎인 작은 자갈, 수마석(水磨石)은 물살에 깎여 둥글게 닳은 큰 바위. 날아오는 작은 돌을 피하려다 넘어져 큰 바윗돌에 머리를 부딪친다는 것. 작은 난관을 피하려다 더 큰 난관에 부딪힌다는 말.

수마석. |관악산

여자가 한을 품으면 오뉴월에도 서리가 내린다 여자의 원한이나 복수심은 매우 무섭고 깊이 사무친다는 말.

[현대] 부부싸움 다음 날 끓는 국에 살얼음 낀다

■ **여자가[계집이] 한을 품으면 오뉴월에도 서리가 내린다**

|여자는 남자와 달리 겉으로 화내지 않고 안에 쌓아두는 경향이 있다. 그것이 쌓이고 쌓이다 차가운 마음으로 변해버린다. 남자들이 여자한테서 무서움을 느낄 때가 그 차갑게 변한 눈길과 표정, 말투를 느낄 때. 오뉴월(음력 5~6월)은 양력으로 치면 한여름(양력 7~8월)에 해당한다. 즉, 여자가 원한을 품으면 한여름에도 마치 늦가을 서리가 내린 것처럼 으스스하게 느껴진다는 표현이다.

■ **계집의 곡한 마음 오뉴월에도 서리 친다**

|곡(曲)은 '굽다, 휘다, 삐뚤어지다'라는 뜻. 여자가 토라지고 삐치면 분위기가 냉랭하게 변한다는 말이다.

■ **계집의 악담은 오뉴월에 서리 온 것 같다**

여자 셋이 모이면 그릇이 깨진다 여자들끼리 모이면 야단스럽고 수다가 많기 마련이라는 말.

■ **여자 셋이 모이면 그릇이 깨진다 / 여자 셋이 모이면 사그릇 깬다²⁺ / 여자 셋이 모이면 쇠접시도 뒤집어놓는다 / 그릇 깨겠다**

|여자들의 목소리 톤은 높고 서로 맞장구치고 추임새도 많이 넣어서 요란뻑적지근하다. 그 요란한 진동에 얹어놓은 그릇들까지 흔들려 떨어질 정도라는 말이다. '사그릇'은 '사기그릇'의 준말. '세 여자'보다 하나 더 많은 '네[四] 그릇'이 깨진다는 뜻이다.

■ **여자 열이면 쇠도 녹인다**

|'열'은 숫자 열[十]이기도 하고 뜨거운 열(熱)이기도 하다. 수다 떠는 열기에 쇠도 녹을 지경이라는 말.

■ **여자 셋이면 하나는 저어 저어 한다**

|여자들이 모여 떠들면 너도나도 끼어들고 싶어 셋 중 한 명은 '저기… 말이야, 저기…' 하면서 안달한다는 뜻.

여자 팔자 뒤웅박 팔자 여자의 팔자는 노력보다는 남편이나 제 복에 달려 있으며 어떤 구속에 한 번 들면 쉽게 빠져나올 수 없다는 말.

- 여자 팔자 뒤웅박 팔자[2+]

  | '뒤웅박'은 박의 꼭지 부분을 조그맣게 뚫어 그 구멍을 통해 속을 파낸 뒤 말린 것이다.[258] 이 속담에 대한 일반적인 해석은, 뒤웅박은 입구가 좁아 한 번 안에 든 것은 좀처럼 빠져나오지 못하므로, 남편 잘못 만나면 평생 고생하고, 한 번 신세를 망치면 계속 흉한 일을 겪지만 거기서 빠져나오기 어렵다는 뜻이다. 옛 아내들은 박차고 나가도

뒤웅박. | 서울 농업박물관

  집 말고는 갈 데가 없고, 자기 삶을 스스로 바꿀 수도 없었기에, 죽으나 사나 함께하는 남편의 좋고 나쁨에 따라 일생이 달라졌다.

  [맥락] 뒤웅박은 바닥이 둥글어서 홀로 서지 못한다. 그래서 위쪽에 끈을 달아 매달았다. 이런 뒤웅박처럼 옛 아내들은 남편에게 '매인' 몸이었다. '매이다'라는 말에는 종속 또는 의무 관계에 처하다, 또는 억제나 구속을 당한다는 뜻이 있다. 요즘 여성들은 이렇게 외친다. "돈 많은 남자 찾지 말고 돈 많이 벌어라."

- 문서 없는 종[2+]

  | 노비 문서를 쓰지 않은 노비라는 뜻으로, 부인과 며느리를 뜻한다. 남편과 시댁으로부터 종처럼 부림을 당하기 때문이다.

- 남편 복 없는 년은 자식 복도 없다[2+] / 남편 덕 못 보면 자식 덕도 못 본다[2+]

열 고을 화냥년이 한 고을 지어미 된다   못난 과거를 청산하고 개과천선하여 오히려 남보다 훌륭한 사람이 되었다는 말.

  [반대] 각관 기생 열녀 되랴

- 열 고을 화냥년이 한 고을 지어미 된다[2+]

  | 온 사방에서 기생 짓을 하여 모아둔 거금을 심각한 흉년이 닥친 한 마을을 굶주림에서 구하는 데 내놓았다는 말이다. 기생 출신 제주 거상(巨商) 김만덕의 일화가 그런 경우다. *화낭→ 화냥년 시집 다니듯

열 길 물속은 알아도 한 길 사람 속은 모른다   겉만 봐서는 사람의 마음속을 전혀 예측하기 어렵다는 말.

---

258 여름이 아닌 가을에 늦게 맺힌 박은 미처 다 익지 않은 채 수확하게 되므로 박을 타서 바가지로 만들어두어도 오그라들면서 모양도 나빠져 바가지가 아닌 뒤웅박을 만든다. 뒤웅박으로 만들면 모양이 공처럼 둥글어 오그라드는 것을 웬만큼 막을 수 있기 때문이다.

[현대] 고스톱 쳐보면 밑바닥 보인다
작은 권력이라도 쥐여줘 보면 그 사람이 어떤 사람인지 안다 · 평소 괜찮아 보이
던 사람이 어떤 자리에 오르니 갑자기 사람이 변하더라는 이야기는 흔하게 듣는
다. 그 사람이 높은 자리에 올라 어떻게 행동할지는 식당 종업원이나 주유원에게
대하는 태도를 보면 미루어 짐작할 수 있다. 반말, 폭언, 채근, 턱짓, 무시, ….

■ 열 길 물속은 알아도 한 길 사람 속은 모른다

| '길'은 성인의 평균키 정도의 높이나 깊이를 뜻하는 단위. 조선시대 남자 키 평균
은 약 162cm였다.[259] 따라서 한 길은 약 1.5m로 보는 게 적당하다. 이에 따르
면 열 길 물속은 약 15m 깊이. 아프리카의 말라위 호수는 물이 매우 맑아 수심
최대 가시거리가 20m라고 한다. 열 길이나 되는 물속은 충분히 보이지만, 고작
한 길 키에 불과한 사람은 누구도 그 깊은 속내를 결코 알 수가 없다는 말이다.

■ 천 길 물속은 알아도 계집 속은 모른다[2+]

| 남자들이 죽었다 깨도 모르는 게 여자의 마음이라고 한다. 남자들은 대부분 기
분이 안 좋으면 표정이나 말투에 묻어나지만, 여자들은 아무리 화가 나도 겉으
로는 전혀 티 안 내고 웃을 수 있으며, 아무리 싫은 사람과도 평소 친하게 지낸
다. 남자친구가 이벤트를 해주었을 때 미리 눈치챘거나 전혀 마음에 들지 않고
싱겁기 짝이 없더라도 놀란 척, 진짜 감동한 척도 해준다. 영화 〈해리가 샐리를
만났을 때〉에서 식당에서 음식을 먹다가 샐리가 '여자들은 오르가슴을 느끼는
척할 때가 있다'라고 하자, 해리가 '그건 불가능하다' 반박한다. 그러자 그 자리
에서 샐리가 가짜 오르가슴 흉내를 내고 그걸 본 다른 여자 손님이 저 여자가
먹는 음식과 똑같은 음식을 달라고 주문한다. 남자들은 잠자리에서 자기가 잘하
는 줄 안다.

■ 물은 건너봐야 알고 사람은 겪어봐야 안다 / 대천 바다도 건너봐야 안다[2+]
/ 길이 멀면 말의 힘을 알고 날이 오래면 사람의 마음을 안다

| 물은 겉보기에는 빛의 굴절현상으로 얕아 보인다. 그걸 믿고 섣불리 들어갔다간
생각보다 깊은 물에 놀라 허우적거리기 일쑤. 실제로 발을 담가봐야 물 깊이를
알 수 있듯, 사람도 발을 들이고 겪어봐야 속이 깊은지 제 이익 앞에 생각이
얕은지 알 수 있다. 여기서의 대천(大川)은 충남 대천이 아니라 큰 하천.

■ 낮은 알아도 마음은 모른다 / 말로는 사람 속을 모른다

---

259 1902년에 이탈리아 영사로 조선에 있었던 카를로 로세티(Carlo Rossetti)가 쓴 『꼬레아 꼬레아니』
라는 책에서는 조선인의 평균키는 162cm, 중국인은 161cm, 일본인은 157~159cm라고 적고 있다.
당시 서양인의 평균키는 165~170cm 정도였다.

■ 말로는 속여도 눈길은 속이지 못한다

■ 외모는 거울로 보고 마음은 술로 본다 / 취중진담 / 평시에 먹은 마음 취중에 난다[2+]

　ㅣ조선 후기 실학자 이덕무는 다음과 같은 글을 남겼다. "훌륭한 사람이 술에 취하면 고운 마음을 드러내고, 성급한 사람이 술에 취하면 거친 모습을 드러낸다." 흔히 '술김에', '취해서 그만' 등등 변명으로 말을 흐리지만, 취해서 한 말과 행동이 그 사람의 본심이고 평상시 먹은 마음이다. 우리나라는 유독 취중범죄에 관대하다. 오죽하면 현행범으로 발각되면 얼른 소주 한 병을 들이켜라고 할까. 취하면 무조건 정상참작이 된다고. 취중범죄에 관대한 판사는 자기 거울에 비춰 보고 '나도 취하면 그랬지' 관대하게 끄덕이는 걸까?

■ 사람은 잡기를 해봐야 안다

　ㅣ잡기(雜技)는 잡다한 기술이나 기교를 뜻하지만 여기서는 도박을 말한다. 도박하다 보면 판돈에 눈멀어 진짜 모습이 나오게 마련이다.

열두 가지 재주 가진 놈 저녁거리 간 데 없다　여러 재주를 지닌 사람은 이것저것 관여하고 건드리는 일이 많아 한 가지 재주를 가진 사람보다 성공하기 어렵다는 말.

　[반대] 우물을 파도 한 우물을 파라

　[현대] 일 잘하면 일 더 주지 돈 더 주지 않는다 / 남이 필요로 한다고 네가 중요한 사람이란 건 아니다

■ 열두 가지 재주 가진 놈 저녁거리 간 데 없다

　ㅣ너무 잡다하게 재주가 많으면 이래저래 관여하는 일도 많고 하고 싶은 일도 많아서 하나만 꾸준히 하지 못하는 법이다. 또 주변에서 이것저것 부탁하는 것도 많아 하나둘 해주다 보면 자기 일도 못 하고 자기 것도 못 챙긴다.

열 사람이 백 마디를 해도 들을 이가 짐작　여러 사람이 아무리 이렇다 저렇다 해도 흔들리지 말고 줏대 있게 듣고 판단하라는 말.

　[成語] 화이부동(和而不同) : 남들과 어울리지만 무조건 좇지는 않는다.

　[반대] 숭어가 뛰니 망둥이도 뛴다 /
　　　　한 사람 가는 길로 가지 말고 열 사람 가는 길로 가라

■ 열 사람이 백 마디를[말을] 해도 들을 이가 짐작

■ 개 미친다고 사람도 미치랴

■ 남의 말 다 듣다간 목에 칼 벗을 날 없다

| '칼'은 큰 죄를 지은 사람에게 행동의 제한을 두기 위해 목에 씌우는 두껍고 긴 나무판으로, 줏대 없이 남의 말만 따르는 큰일(큰 죄)도 저지를 수도 있다는 말이다. *칼→ 거문고 인 사람이 춤추니 칼 쓴 놈도 춤춘다

열 사람이 지켜도 도둑 하나 못 막는다
아무리 대비를 해도 나쁜 마음을 먹은 사람을 막기는 어렵다는 말.

- 열 사람이 지켜도 도둑 하나 못 막는다

열 사람 한 술 밥이 한 그릇 푼푼하다
여러 사람이 힘을 조금씩 모으면 큰 힘이 된다는 말.

[成語] 십시일반(十匙一飯) : 열 숟가락 모이면 밥이 한 끼.

- 열 사람 한 술 밥이 한 그릇 푼푼하다
  | '푼푼하다'는 모자람이 없이 넉넉하다는 뜻. 열 숟가락을 모아서 주면 밥 한 그릇이 넉넉하게 찬다는 말이다.

담벼락에 철책 꽂고 철조망 두르고 경고 팻말에, 360도 회전 CCTV, 경광등까지 달아놓았다만….

열 사람 형리를 사귀지 말고 한 가지 죄를 짓지 마라
남의 힘만 믿다 낭패를 보는 것보다 스스로 위험한 일을 만들지 않는 편이 낫다는 말.

[현대] 빽 믿다 빽 간다

- 열 사람 형리를 사귀지 말고 한 가지 죄를 짓지[범하지] 말라
  | 형리(刑吏)는 법률과 소송, 노비, 감옥 등을 관장하는 하급관리. 지방관아에는 보통 한 명이지만 한양처럼 큰 곳은 소송이나 형을 처리해야 할 일이 많아 형리가 수십 명이었던 것으로 보인다.
- 세 정승 사귀지 말고 제 한 몸 조심해라
  | 왕 아래로 가장 높은 관직인 영의정·좌의정·우의정 이 세 정승과 친해둘 생각보다, 스스로 잘못을 저지르지 말고 똑바로 살라는 말이다.

열 손가락 깨물어 안 아픈 손가락 없다
부모에게는 소중하지 않은 자식이 없으므로 그 어느 자식만 편애하지 않는다는 말.

- (열 손가락) 깨물어 안 아픈 손가락 없다

| 손가락은 제각기 길이와 굵기가, 역할도 능력도 다르지만, 어느 한 손가락이든 몸에 붙어 있는 것이라 깨물면 아프다. 자식들이 아무리 많고 잘난 자식과 못난 자식이 있다 해도, 부모는 그중 어느 한 자식이라도 아프거나 잘못되면 자기 생살을 도려내는 것처럼 마음이 아프니, 누구도 편애하지 않는다는 말이다.

열 식구 벌지 말고 한 입 덜어라 더 많이 벌려고 하는 것보다 낭비를 줄이는 것이 더 낫다는 말.

■ 열 식구 벌지 말고 한 입 덜어라 / 흉년에 한 농토 벌지 말고 한 입 덜어라 / 비단 한 필을 하루에 짜려 말고 한 식구를 줄여라

염불에는 관심 없고 잿밥에만 관심 있다 정작 해야 할 일에는 신경을 쓰지 않고 돌아올 이익에만 마음 쏟는다는 말.

[현대] 결혼식은 맛있었다와 맛없었다로만 기억된다

■ 염불에는 관심 없고 잿밥에만 관심 있다
| 중요한 불교 행사 때면 신도들로부터 더 많은 공양을 받게 되어 재260 를 올리는 상이 더욱 풍성하다. 마음이 다른 데 있는 승려는 머릿속에 염불이 가득하지 않고 입안에 군침만 가득하다.

■ 제사에는 맘이 없고 잿밥에만 관심 있다
| 먹을 것이 풍족하지 못하던 옛날에는 명절이나 제사 때 아니면 좋은 음식을 구경하기 힘들었다. 그래서 조상님을 기리는 엄숙한 제사를 치르면서, 제사 끝나면 실컷 먹을 수 있겠다는 생각에 군침 삼키며 절한다.

■ 조상에는 정신이 없고 팥죽에만 정신이 간다[2+]
| 조상(弔喪)은 조문(弔問)의 다른 말. 지금은 상갓집에서 육개장을 주지만, 옛날에는 팥죽을 내어 조문객을 대접했다. 지금은 팥죽을 동지(冬至)에만 주로 먹지만, 옛날에는 전염병이 돌면 귀신의 소행이라 믿어 귀신이 싫어하는 양(陽)의 기운인 붉은색 팥이나 팥죽을 길이나 대문에 뿌렸다. 또한 초상집에 잡귀가 들어오지 말라고 겸사로 팥죽을 끓였고, 집을 새로 지었을 때나 이사를 들어갔을 때도 잡귀를 없애려고 팥죽을 쑤었다.

---

260 재(齋)는, 조상을 기리고 받드는 제사(祭祀)와는 달리 불교에서 죽은 이의 명복을 비는 행사를 말한다. 대표적으로 '49재'가 있는데, 이를 '49제'라고 잘못 쓰는 사람들이 많다. 불교 신자가 아닌 기독교나 천주교 신자이면서 불교적 행사인 49재를 지내는 경우가 종종 있다.

■ 잔치엔 먹으러 가고 장사엔 보러 간다[2+]

|잔치에 가서 축하보다는 먹는 데 마음이 쏠리고, 초상난 집에는 위로하러 가는
게 아니라 울고불고 법석 떠는 걸 구경하러 간다는 말이다.

엿장수 맘대로 일을 좌우하는 것은 그것을 맡은 사람의 손에 달렸다는 말.

■ 엿장수 맘대로 / 엿장수 엿 주무르듯

|엿장수가 오면 돈이나 돈이 될 만한 집 안 고물들을 들고 가서 엿과 바꾸어 먹었
다. 고물을 가져오면 엿장수는 자기 판단에 따라 그 값을 매기고 그에 맞춰 엿가
락을 길게 또는 짧게 끊어서 주었다. 또 엿은 열을 가하면 늘어난다. 얼마든지
늘였다 줄였다 할 수 있다.

■ 칼자루를 쥐었다

|칼자루를 쥐었으니 죽이고 살리는 것은 칼을 쥔 사람에게 달려 있다.

■ 부처님 코 크고 작은 것은 석수장이에게 달려 있다[2+]

|조각가들이 얼굴을 조각할 때 처음에 코는 크게 눈은 작
게 만든다고 한다. 얼굴 형태가 어느 정도 잡히면 얼굴에
맞추어 코는 깎고 눈은 키운다고. 처음부터 눈코를 딱
맞게 만들면 나중에 고칠 수 없으니까.
[맥락] 부처님같이 인자한 윗사람이 남들에게 대접을 받
고 못 받고는 평소 쪼아대는 양에 달렸다는 말이다. 아마
아내가 남편을 잔소리로 쪼아대는 걸 가지고 만든 말은
아닐까 한다. '코가 높다' '야코가 죽다'처럼 코는 자존심
을 나타낸다.

부처상마다 코의 크기나 높이
는 제각각. |국립중앙박물관

오뉴월 감기는 개도 안 걸린다 여름에 감기를 앓는 사람더러 변변치 못하다고 놀리
는 말.

■ 오뉴월 감기는 개도 안 걸린다

|개는 실제로 여름철에는 감기에 잘 걸리지 않는다. 개가 감기에 걸리는 것은
온도의 변화, 특히 밤낮의 기온차 때문에 몸이 약해져 감기 바이러스에 대한
저항력이 떨어져서다.[261] 하지만 여름철에는 기온차가 크지 않기 때문에 더위

---

261 체온이 떨어지면 체온을 끌어올리기 위해 생명을 유지하는 데 가장 필요도가 낮은 것부터
차례로 기능을 떨어뜨리는데, 그 첫 번째가 바로 면역력이다.

는 먹을지언정 감기는 잘 걸리지 않는 법. 하지만 사람은 개와 달리 몸에 보온을 위한 털이 없어서 여름철 밤낮의 기온차만으로도 감기에 걸릴 수 있다. 물론 다른 계절에 비해 사람도 여름감기에 잘 걸리지 않는 편이긴 하나 간혹 걸리는 일도 있다. 그래서 이를 놀리느라고 개도 여름엔 감기에 안 걸리는데 개보다 나은 사람이 왜 여름감기 같은 걸 걸려서 그러고 있느냐는 말이다. 하지만 요즘은 에어컨이 생겨서 실내에서 키우는 애견들이 지나친 냉방으로 여름감기에 걸리는 것도 다반사라고 한다. 참고로 개의 감기균은 사람에게 감기를 일으키는 감기균과 달라서 서로에게 감기를 옮기지 않는다. 고양이의 감기균 역시 마찬가지. 감기 걸렸다고 애완동물 앞에서 너무 조심할 필요는 없다.

오뉴월 개 팔자   ①하는 일 없이 놀고먹는 편한 팔자를 이르는 말. ②힘들게 사는 자신보다 놀고먹는 개의 팔자가 더 편하겠다고 푸념하는 말.

[반대] 편한 개 팔자 부럽지 않다

■ **오뉴월 (응달 아래) 개 팔자 / 댑싸리 밑의 개 팔자 / 개 팔자 상팔자**
| 오뉴월은 양력으로 치면 7~8월인 한여름이다. 이 시기가 되면 땡볕 논밭에 나가 종일 잡초를 뽑고 물이 마를세라 물길 대주고 농작물의 벌레도 잡는 등 정말 눈코 뜰 새 없이 바쁘다. 하지만 집에서 키우는 개는 아무 할 일이 없으니 시원한 응달에서 느긋하게 낮잠이나 잔다. 얼마나 얄미우면서도 부러울까. 또한 사람이 살면서 걱정해야 하는 것, 신경 써야 하는 것, 챙기고 보살피고 키우고 먹이고 입히는 그 많은 근심거리 없이 밥 먹고 돌아다니며 집이나 지키고 있는 개가 사람보다 낫다고 생각할 정도다. 댑싸리[262] 는 키가 1m 남짓 자라는, 자잘한 잎이 매우 무성한 한해살이풀로, 담장 대신으로 마당에 많이 심었다. 잎이 많고 바람도 통해 그 그늘 밑에 있으면 매우 시원하다.

댑싸리를 묶어 말려 빗자루로 사용한다. | 서울 노들텃밭

■ **겨울 소 팔자**
| 겨울에는 농사를 짓지 않으니 소가 하는 일은 하루 종일 먹고 자는 일밖에 없다. 민담인 〈소가 된 게으름뱅이〉에서 주인공 이름은 '겨울백이'다. 풀자면 겨울이 되면 콕

---

262   사투리로 댓싸리, 대싸리라고도 한다.

박혀서 아무것도 않는다는 뜻. 아마도 겨울에는 하는 일 없이 먹고 자기만 하는 소를 떠올려 지은 이름인 듯하다.

오뉴월 낙지는 개도 안 먹는다
음식이 가장 맛없는 시기가 있음을 이르는 말.

[반대] 가을 전어 굽는 냄새에 나갔던 며느리도 돌아온다

■ 오뉴월 낙지는 개도 안 먹는다
|낙지는 봄에 알을 낳고 여름(음력 오뉴월)에는 알이 부화될 때까지 새끼들을 온전히 지키기 위해 제대로 먹지도 자지도 않아 몸의 양분과 기운이 모두 빠져나가버린다. 그래서 이때 잡는 낙지는 부실하고 기운 없이 굼뜨다. 이 시기의 낙지를 '묵은 낙지'라고 부르며 잡지도 먹지도 않았다. 낙지는 여름에 부화해 가을에 가장 맛있어지는데, 이때의 낙지를 '꽃낙지'라고 한다. 낙지 100g에는 기력 보충과 피로회복에 좋은 타우린 성분이 854mg이나 들어 있어 '갯벌의 산삼'이라 불린다. 기운 없는 소에게 낙지 몇 마리 먹이면 벌떡 일어선다고 할 정도로.

■ 봄 문절이는 개도 안 먹는다
|'문절이'는 문절망둑어의 다른 이름. 문절망둑어는 봄에 산란을 하는데, 산란을 마치고 나면 살이 생기를 잃어 맛이 없어진다.

■ 삼월 넙치는 개도 안 먹는다
|넙치(광어)는 음력 3월 무렵에 산란을 하여 마찬가지의 이유로 맛이 없다.

오뉴월 불도 쬐다 나면 섭섭하다
시원찮거나 하찮은 것도 있다가 없어지면 아쉽다는 말.

■ 오뉴월 불도 쬐다 나면 섭섭하다 / 화롯불도 쬐다 나면 서운하다
|불을 쬐다 물러나면 한여름에도 뭔가 허전한 온도 차를 느끼게 된다.

오이는 씨가 있어도 도둑은 씨가 없다
남의 것을 훔쳐 가지려는 마음은 따로 유전되는 것이 아니라 누구에게나 그런 마음이 들 수 있다고 경계하여 이르는 말.

[成語] 견물생심(見物生心) : (좋은) 물건을 보면 누구나 (갖고 싶은) 마음이 저절로 생겨난다.

■ 오이는 씨가 있어도 도둑은 씨가 없다
|오이를 잘라보면 그 안에 거의 반투명하고 무른 씨앗이 없는 듯이 들어 있다. 하지만 탐욕이라는 것은 사람 누구나가 다 가지고 있는 기본적인 심성이다. 그

것을 경계하고 다스리지 못하면 나쁜 마음을 먹고 도둑이 되는 것이다.

옷은 새 옷이 좋고 사람은 헌 사람이 좋다　오래된 정이 더 두텁고 좋다는 말.

[현대] 신정이 구정만 못하다 ‣ 일제강점기에 우리 전통을 말살하기 위해서 음력설인 ‘설날’을 옛날 설이라는 구정(舊正)이라 부르게 하고 양력 1월 1일을 설날로 삼아 이것을 신정(新正)이라 했다. 이것을 비꼬기 위해서 사람들이 ‘새 정이 옛 정만 못하다’라는 속담을 들어 ‘신정이 구정만 못하다’라는 말을 만들어냈다. 지금은 음력 1월 1일은 ‘설날’, 양력 1월 1일은 ‘신정’이라고 쓰도록 나라에서 정했다. 그럼에도 아직도 음력설을 ‘구정’이라고 하는 사람들이 있다. 달력 어디를 봐도 모두 ‘설날’이라고만 나온다. 입에 밴 습관을 빨리 고치도록 하자.

- 옷은 새 옷이 좋고 사람은 헌 사람이 좋다 / 옷은 새 옷이 좋고 친구는 옛 친구가 좋다
- 새 정이 옛 정만 못하다

옷은 시집올 때처럼 음식은 한가위처럼　잘 입고 잘 먹으며 잘살라는 덕담.

- 옷은 시집올 때처럼 음식은 한가위처럼[2+]

옷이 날개다　옷이 좋으면 사람이 돋보이고, 격이 높은 자리에도 어울릴 수 있다는 말.

[현대] 대충 입으면 대충 살게 된다 / 옷이 사람을 만들고 군복이 예비군을 만든다

- 옷이 날개다
  | 날개는 위로 날아오르기 위해 있는 것이다. 옷을 날개에 비유한 것은, 옷을 잘 입으면 그 사람의 격이 높아 보이고 자연히 높은 수준의 사람들과 어울릴 확률도 높아져 지금보다 더 나은 위치가 될 수 있다는 뜻이다. 〈장화 신은 고양이〉나 〈신데렐라〉 같은 이야기를 보아도 이를 잘 알 수 있다. 또 평소에는 점잖고 멋지던 사람도 예비군복만 입으면 행동이 풀어지고 건들거리기 마련. 그러니 결국 무슨 옷을 어떻게 입느냐에 따라 그 사람이 달라진다는 말이다.

- 잘 입어 못난 놈 없고 못 입어 잘난 놈 없다
- 입은 거지는 얻어먹어도 벗은 거지는 못 얻어먹는다
- 하루 굶은 것은 몰라도 헐벗은 것은 안다

외밭 원수는 고슴도치고 너하고 나하고의 원수는 중매쟁이라　사이가 나빠진 부부가 자신들을 맺어준 중매쟁이를 원망하며 하는 말.

[현대] 부부는 전생 원수

■ **외밭 원수는 고슴도치고 너하고 나하고의 원수는 중매쟁이라**[2+]
ㅣ고슴도치 가시에 오이가 찔리거나 박혀서 오이밭이 망하듯, 중매를 잘못 서줘서
자신들 결혼이 망했다는 말. *고슴도치와 오이→ 고슴도치 외 따 걸머지듯

외주둥이 굶는다   혼자 살면 귀찮아서 대충 챙겨 먹기 마련이라는 말.

■ **외주둥이 굶는다**
ㅣ해 먹일 식구 없이 혼자 챙겨 먹다 보면 아무래도 차리기 귀찮아 대충 챙겨 먹거
나 끼니를 거르는 일이 많다. 음식 해 먹는 자취생은 드물다.

■ **과부가 찬밥에 곯는다**[2+]
ㅣ남편 없이 혼자 사는 과부는 매번 따뜻한 밥을 지을 필요가 없어 한 번에 많이
지어놓고 수시로 찬밥 먹으며 지내다 속을 버린다.
[맥락] '찬밥'은 '찬밥 대우'도 뜻한다. 여자 혼자 산다고 냉대나 수모를 겪기도
한다. 그런 꼴을 자꾸 겪고 나면 점점 (마음)속이 곯는다.

용이 물 밖에 나면 개미가 덤빈다   불행한 경우나 의지할 데 없는 환경에 처하면
하찮은 것으로부터도 모욕이나 괄시를 당하게 된다는 말.

■ **용이 물 밖에 나면 개미가 덤빈다[침노한다]**
ㅣ침노(侵擄)는 남의 나라를 침략하거나 성가시게 달라붙어 해를 끼치는 것을 말
한다. 용[263]은 물속에서는 자유자재로 움직이나 땅에서는 그러지 못하므로 하
찮은 개미들조차 지렁이에게 덤비듯 용에게 떼로 덤비며 물어뜯는다는 말이다.
용은 물에서 태어난다고 하는데, 그래서 물과 매우 관련이 깊다고 믿어왔기에
물을 담당하는 신이라 생각하여 용왕(龍王)이라고도 불렀다.

■ **함정에 빠진 호랑이는 토끼도 깔본다**

■ **고향을 떠나면 천해진다**

---

263   용은 상상으로 만들어낸 신령스러운 동물로, 아홉 짐승의 특징을 갖춘 모습을 하고 있다고
전해진다(낙타의 머리, 사슴의 뿔, 소의 귀, 토끼의 눈, 뱀의 몸통, 큰 조개 모양의 배, 잉어의
비늘, 호랑이의 주먹, 매의 발톱). 그리고 입가에 매우 긴 수염이 있으며 여의주를 물거나 쥐고
있다고 한다. 용은 신령한 동물이라서 무궁한 조화를 부릴 수 있다고 믿었다. 역시 상상 속의
동물로 '이무기'가 있다. 이무기는 신령스러운 능력이 있는, 물속에 사는 큰 구렁이라고 하는데,
이무기가 천 년이 지나면 용이 된다고 한다. 하지만 부정이 타거나 잘못을 저질러서 용이 못 되기도
한다고 전해진다. 특히 바다에서 용오름현상이 일어나면 용이 하늘로 승천하는 것이라 믿어왔다.

|고향에 있을 때는 이웃이나 친척, 친구들이 있어 도움을 받고 제소리도 낼 수 있지만, 의지할 데 없는 타향에서는 그러지 못하니 쉽게 괄시를 당하고 천한 대우를 받는다는 것이다.

우거지상 인상을 잔뜩 찌푸리고 있는 모양을 이르는 말.

■ **우거지상 / 썩은 콩 씹은 것 같다 / 저녁[세 끼] 굶은 시어미 상**
|우거지는 채소를 다듬고 난 것 중에 따로 먹을 만한 것을 추려놓은 것이다. 이것을 줄로 묶어 줄줄이 처마 밑에 잘 말려두었다가 겨울 국거리로 끓여 먹는다. 채소 잎새와 줄기가 마르는 과정에서 비틀어지고 잔뜩 우그러들기 때문에 이런 이름이 붙었다.

■ **이마에 내 천 자를 그렸다 / 콧대에 바늘 세우겠다**
|미간을 찌푸리면 눈썹과 눈썹 사이의 살이 접히면서 내 천(川) 자처럼 세로로 골이 진다. 이것을 일러 '골을 낸다 / 골이 났다'라고 한다. 그리고 얼굴을 찡그리면 콧대에 가로로 삼(三) 자처럼 골이 잔뜩 지는데, 골이 매우 깊이 생길 만큼 인상을 써서 그 코 주름에 바늘도 끼워 세울 수 있겠다는 말.

우는 아이 젖 준다 가만히 기다리지만 말고 스스로 적극적으로 요구해야 원하는 것을 얻을 수 있다는 말.
[현대] 자기PR시대 / 구원 삼지 말고 구워삶아라

■ **우는 아이 젖 준다 / 보채는 아이 젖 준다**
| 울지 않는 아이는 아무래도 깜박하고 젖을 잘 주지 않는 법이다. 글쓴이는 어릴 때 부모님이 맞벌이를 하느라 동네 누나들이 대신 맡아 키웠는데, 애가 순하고 잘 울지도 않아 분유 먹이는 걸 자주 잊어버렸고 나중에 영양실조로 급하게 병원에 간 일이 있었다. 너무 생떼를 쓰는 것도 좋지 않지만 그렇다고 마땅히 받아야 할 몫을 알아서 주겠거니 하고 기다리고만 있어서도 안 된다.

우물물은 퍼내야 고인다 있는 것을 묵히지 말고 그때그때 써서 없애야 새로운 것이 생긴다는 말.

■ **우물물은 퍼내야 고인다**
|우물의 물은 퍼내지 않고 너무 오래 그대로 두면 물이 썩는다. 자주 퍼내서 써야만 깨끗한 새 물이 다시 스며들어 오는 법이다.

우물 안 개구리 세상을 넓게 알지 못하는 사람, 또는 그럼에도 자만하는 사람을 이르는 말.

> [成語] 정저지와(井底之蛙) : 우물 밑 개구리.
> 좌정관천(坐井觀天) : 우물 바닥에 앉아 하늘 바라보기.

■ 우물 안 개구리 / 우물 안 개구리는 땅 넓은 건 몰라도 하늘 깊은 건 안다[264]
│우물 밑에서 위를 올려다보면 우물의 구멍이 좁아 하늘도 좁게 보인다. 그리고 개구리가 도약을 잘한다지만 높은 우물 위까지 뛰어오를 수는 없다. 따라서 우물에서 태어나고 자란 개구리는 우물과 우물 구멍으로 보이는 하늘이 세상의 전부라고 생각하지 않을 수 없고, 그렇기 때문에 높고 드넓은 하늘도 우물 속 개구리의 눈에는 좁고 깊어 보일 수밖에 없다. 보다 많은 사람, 더 많은 지식과 경험, 크고 넓은 세상을 겪어보지 못한 사람들일수록 자기가 체험한 얄팍한 지식과 경험만으로 함부로 떠들기 마련이다. 외국에 나가보지 못한 사람, 외국에 대한 정보가 부족한 사람들이 한국만 엉망이라며 입버릇처럼 툭하면 이민이나 가버린다고 하듯이.

■ 바늘구멍[댓구멍]으로 하늘 보기
│'댓구멍'은 대나무 통의 구멍.

우물에 가서 숭늉 찾기 성격이 매우 급해 일의 앞뒤를 가리지 않고 성급하게 덤빈다는 말.

> [成語] 본말전도(本末顚倒) : 뿌리와 끝이 순서가 잘못되었다. ▸ 뿌리가 먼저 나고 이후 가지와 잎이 나야 하는데 그 반대로 잎부터 났음을 이르는 말.
>
> [현대] 죽을 때도 새치기하겠다
> 그렇게 바쁘면 어제 오지 그랬슈 ▸ 충청도에서 쓰는 말이다. 실제로 충청도 경찰서에서 과속금지 현수막으로 이 말을 내걸기도 했다.
> 지퍼 올리며 나오는 남자나 치마 내리며 나오는 여자나

■ 우물[보리밭·타작마당]에 가서 숭늉 찾기 / 싸전에 가서 밥 달란다
│'숭늉'은 밥하고 나서 솥 바닥에 눌어붙은 누룽지에 물 부어 끓인 데서 물만 떠낸 것이다. 식후에 꼭 숭늉을 마셔야 식사를 끝낸 것으로 알았다.[265] 싸전(싸廛)은 쌀가게.

---

264 어떤 사람들은 다방면에 얕게 잘하는 것보다 한 우물을 깊게 파란 뜻으로 이 속담이 쓰였다고 생각하기도 하지만, 이 속담은 '높고 넓은 하늘'을 '깊고 좁은 하늘'로 착각하는 우물 안 개구리를 빗대기 위한 것이다.

265 조상들은 지금의 한국인들의 식후 커피나 해장용 아메리카노처럼, 숭늉을 소화제 삼아 마셨다. 그래서 일본에 간 조선통신사들도 먹고 소화가 안 된다며 식후 숭늉이 간절하다고 적었다.

■ 두레박 놔두고 우물 들어 마신다 / 그렇게 급하면 할미 속으로 날 일이지
  ㅣ어머니 배를 통해 태어날 것도 못 기다릴 만큼 그리 급하면 아예 어머니를 건너
  뛰고 저 위 할머니 배 속을 통해 태어나라고 핀잔을 주는 말이다.

■ 콩마당에 간수 치기²⁺ / 콩밭에서 두부 찾는다
  ㅣ콩을 대여섯 시간에서 열두 시간까지 물에 불린 뒤 껍질을 벗기고 맷돌로 곱게
  갈아서 그걸 끓인 다음, 다시 고운 베보자기 등으로 콩물을 짜내고 그 물에 간수
  를 쳐서 응고시켜야 비로소 두부가 만들어진다. 그럼에도 불구하고 마당에 수확
  한 콩을 널어 말리고 있는데, 거기에 간수부터 치고 있다는 말.
  [맥락] '마음이 콩밭에 가 있다'라는 속담처럼, 다른 데 마음이 가 있으니 이 일을
  어서 끝내고 가볼 생각만 가득해 급히 서두르느라 순서를 건너뛴다는 말.

■ 강[나루] 건너 배 타기
  ㅣ버스 늦게 온다니 앞 정류장으로 뛰어가는 경우랄까.

■ 망건 쓰고 세수하기
  ㅣ망건은 세수를 한 다음에 두르는 것으로, 여자가 화장에 공을 들이듯 남자는
  망건 쓰는 것에 상당한 공을 들였다. 결국 머리 빗질하고 모양 만든 뒤에 세수하
  는 격이다. *망건→ 가진 돈이 없으면 망건 꼴이 나쁘다

■ 밤새도록 울다가 누가 죽었느냐 한다 / 실컷 울고 나서 누구 초상이냐고
  묻는다
  ㅣ어느 집에 초상이 났다고 하니 무턱대고 달려 들어가 아이고 아이고 실컷 다
  울고 나서 그런데 돌아가신 분이 누구냐고 그제야 묻는다는 것.

우물을 파도 한 우물을 파라 꾸준하지 못하고 참을성 없는 사람은 얻는 것도 없다
는 말.

  [반대] 열두 가지 재주 가진 놈 저녁거리 간 데 없다
  [현대] 똑똑한 놈은 나가고 엉덩이 질긴 놈이 남는다

■ 우물을 파도 한 우물을 파라

■ 자발없는 귀신 무랍도 못 얻어먹는다
  ㅣ'자발없다'는 행동거지가 가볍고 참을성이 없다는 말. 그리고 '무랍'은 물에 만
  밥으로, 굿을 시작할 때 대문 앞에 놓아 귀신을 대접하는 음식이다. 굿판은 그
  자체도 오래 걸리지만 굿을 시작하기 전의 준비과정도 길다. 그러니 굿이 시작
  되는 것도 못 기다리고 가버릴 귀신이면 '무랍'조차 못 얻어먹는다. 경솔하고

참을성이 없으면 마땅히 받아야 할 대접이나 이익도 얻지 못한다는 말이다.

■ 굿 구경을 하려거든 계면떡이 나오도록

|'계면떡'은 굿이 다 끝난 뒤 굿
구경을 해준 여러 사람에게 돌
리는 떡이다. 먹을 것이 귀하던
시절에는 동네에서 굿을 하면
그 떡을 받을 요량으로 언제 끝
날지 모를 굿을 끝까지 구경하
곤 했다. 하지만 굿판이란 게
한 번 벌어지면 몇 시간에서 한
나절까지도 하는지라 기다리고
기다려도 쉬 끝나지 않았다. 그
것이 지겨워 자리를 뜨면 떡을
못 받아먹는다. 그러니 일단 시

마려운 걸 참으며 굿 끝나길 기다리다 더는 못 참고 돌담에 싸— 오줌 누는 총각. 힘찬 소리에 새댁이 귀 기울이며 야릇한 눈길로 살짝 돌아본다. 어느 학자는 백성에겐 무속을 금해놓고 저들끼리는 몰래 하는 사대부를 노려보는 청년이라고 풀이했는데, 아니라고 본다. |신윤복, 〈무녀도(巫女圖)〉 (일부)

작했으면 끝까지 참고 기다려 노력한 시간만큼의 결과를 받으라는 말이다.

■ 자주 옮겨 심는 나무 크지 못한다

|나무를 심어놓고 보니 이 자리가 아닌 듯해 저 자리로 옮겨 심으면 잔뿌리를
못 내려 나무가 자라지 못하고 죽기도 한다. 사람도 한자리에서 진득하게 뿌리
를 못 내리면 한자리를 차지하지 못한다. 구르는 돌에는 그래서 이끼가 안 낀다.

■ 새는 앉는 곳마다 깃이 떨어진다[2+]

|직장을 너무 자주 옮기면 실력과 경력이 쌓이지 않아 보수가 낮고, 이사도 많이
다니면 살림살이도 쉬 망가지고 이사비용 등으로 돈도 많이 나간다. 그리고 '깃
털'인 '깃'도 있고, 나누어서 자신이 받아가질 몫 '깃'도 있다. 한자리에 오래
못 있으면 제게 올 몫도 줄어든다.

■ 곡식은 될수록 준다[2+]

|됫박으로 곡식을 이쪽저쪽 퍼 옮기다 보면 낟알을 흘리거나 알갱이가 부서져
조금씩 양이 준다. 이쪽이 좋을까 저쪽이 좋을까, 저울질로 옮겨 다니면 저 먹을
거리만 줄어든다.

우수 경칩에 대동강 물도 풀린다 우수와 경칩이 지나면 춥던 날씨도 풀린다는 말.

■ 우수 경칩에 대동강 물도 풀린다

|우수(雨水 : 양력 2월 18일 무렵)는 24절기의 두 번째 절기, 경칩(驚蟄 : 양력

3월 5일 무렵)은 세 번째 절기다. 평양을 가로지르는 대동강도 겨우내 얼었다
가 이 시기가 되면 얼음이 녹는다고 한다. 보리농사를 시작으로 본격적인 한
해 농사를 시작하는 때이기도 하다.

울력걸음에 봉충다리   여럿이 함께하면 혼자서는 어렵던 것도 할 수 있다는 말.

■ 울력걸음에 봉충다리²⁺ / 여럿이 같이 가면 아픈 다리도 끌려간다 / 여럿이
가는 데 섞이면 병든 다리도 끌려간다

| 여러 사람이 힘을 합쳐서 하는 일이나 그때의 힘을 '울력'이라고 하듯, '울력걸
음'은 여러 사람이 나서는 데 덩달아 끼어 함께 가는 걸음이다. 그리고 '봉충다
리'는 사람이나 물건의 다리 한쪽이 짧은 것을 말한다. 그런 다리로 절뚝거리며
걷는 걸음은 '봉충걸음'이다. 여럿과 함께면 다소 모자란 사람도 따라갈 수 있다
는 말이다.

울며 겨자 먹기   하기 싫은 일을 마지못해 억지로 해야 하는 경우를 이르는 말.

[반대] 나는 새에게 여기 앉아라 저기 앉아라 할 수 없다

[현대] 상사의 부탁은 명령 / 까라면 까야 한다 / 계급이 깡패다 / 거울하고 이길 때까지
가위바위보 시킨다 / 상사 농담엔 웃어야 웃는다 / 영혼 없는 대답[박수]
인제 가면 언제 오나 원통해서 못 가겠네[살겠네] (양구보단 나으리) ‣ 군대 갈
때 강원도 오지 중의 오지인 인제와 원통, 양구 쪽으로 제발 배치받지 않았으면
하는 바람이 담긴 말이며, 그쪽으로 배치받은 사람을 약 올릴 때도 썼다.

■ 울며 겨자 먹기²⁺

| 주인 앞 손님의 입장이라 권하는 걸 마다할 수 없어 마지못해 매운 걸 먹어야
할 때도 있다. 여기서 겨자는 아마도 겨자 자체가 아니라 겨자가 많이 든 음식이
나 갓김치 같은 것일 수 있다. 겨자는 맵싸한 향이 코를 자극해 저절로 눈물
콧물이 나온다.
[맥락] 이 속담은 이런 대화의 맥락에서 나오지 않았을까 한다. "같이 할 거지?"
"어… 그게…" "의리 없이 너만 쏙 빠지기냐? 같이 하자. 그러자. 응? 그러자."
"누가 안 한댔나. 그러자." '그러자'를 일상에서 흔히 '그르자'라고도 발음하는
데, '그르자'를 빨리 말하면 '긔자(겨자)'와 비슷한 소리가 난다. 겨자가 눈을
맵게 하듯, 억지로 그러자고 하면 하기 싫은데도 같이 하면서 속으로 운다.

■ 억지춘향²⁺

| 〈춘향전(春香傳)〉에서 이몽룡과 부부의 연을 맺은 춘향에게 변사또가 수청을
들라 강요한 이야기에서 나온 말이다. 조선시대에 기생의 딸은 어미와 마찬가지

로 천한 신분이었으므로266 춘향 역시 새로 부임한 사또에게 그런 대우를 받았다. 권력이나 지위, 어쩔 수 없는 상황 앞에서 하기 싫어도 받들고 해야만 하는 경우가 많다. 기생이나 일반 여성이 높은 벼슬아치에게 몸으로 시중을 드는 수청(守廳)에는 높은 벼슬아치 밑에서 하는 심부름이란 뜻도 있다.

[맥락] 일부에서는 이 말이 경상북도 봉화군 춘양면과 관련이 있다고 주장한다. 다음은 그 주장의 간략한 내용이다.

춘양면에는 따로 '춘양목'이라고도 불릴 만큼 금강송이 유명했다. 하지만 이곳은 매우 외진 곳이다. 일제강점기인 1940년대에 일제가 영주―춘양 노선을 개설하려다 패망 직전에 현재의 봉화역까지만 철로를 깔다 말았고, 이후 여러 난관을 거친 뒤 춘양면을 거치지 않는 직선 노선으로 다시 개설을 시작했다. 그렇게 공사가 90% 이상 진전된 상태에서, 춘양면 출신 자유당 원내총무 정문흠이 꼭 춘향면을 거쳐 가야

만화가 고병규의 '조삼모사' 패러디. 이건 속이는 게 아니라 아예 선택권이 없다는 협박이다. 이 패러디는 누리꾼들에 의해 말풍선 내용만 바뀌어 다양한 형태로 유행했는데, 억지회식, 강제야근 등 가진 자의 강압적 명령이나 횡포를 웃음으로 비판하는 내용인 점에서는 동일하다.

한다고 교통부 철도국에 압력을 넣어, 직선 노선이 올가미처럼 위로 깊게 구부러져서 춘양역을 통과해 한참 돌아가게 바뀌었다. 이때부터 억지로 춘양면으로 돌아가게 했다고 해서 이 말이 나왔다고 한다.

---

266 조선시대 신분제는 중국보다 엄격했는데, 서얼(庶孼) 출신이라 좌절하는 내용을 사극 같은 데서 많이 볼 수 있다. 양반과 양민(평민) 첩 사이에서 태어난 자식을 뜻하는 서자(庶子)와, 양반과 천민(백정, 기생, 노비, 무당, 광대 등) 첩 사이에서 낳은 자식을 뜻하는 얼자(孼子)가 합쳐진 말이 서얼. 서얼은 과거시험을 볼 수 없고 집안의 대도 잇지도 못했다. 아버지와 본처의 형을 아버지와 형이라 부를 수 없었으며(〈홍길동전〉에도 나온다), 게다가 본처의 자식에게는 아무리 어려도 반말을 하지도 또 나란히 앉지도 못했다. 조선시대에는 일천즉천(一賤卽賤)이라 하여 부모 중 어느 한쪽이 천하면 그 자식도 천한 쪽의 신분을 그대로 이어받고, 천자종모법(賤者從母法)이라 해서 천민의 자식은 어미의 신분을 이어받았는데, 그래서 춘향이는 기생 월매와 양반인 성 참판 사이에서 태어났지만 월매가 천민이라 똑같이 천민이 될 수밖에 없었다. 만약 성 참판이 다른 노비나 천민을 관아의 명부에 대신 올리고 춘향을 면천(免賤 : 천민신분을 벗어나게 함)해주었다면 중인(中人) 정도의 신분을 얻게 되었을 것이나 변학도가 수청을 들라 하는 걸 보면 성 참판이 면천해주지는 않은 듯하다.

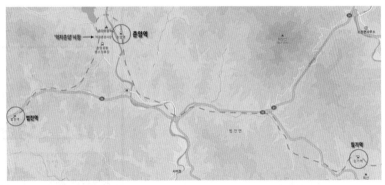

법전역과 임기역을 바로 연결했으면 시간이 절약될 노선이 춘양역으로 불쑥 돌아가고 있다. 춘양면에서는 지역 홍보를 위해서 '억지춘양'을 가져다 시장 이름도 지었다. |카카오맵 (수정)

하지만 이 유래는 조금만 조사해봐도 '억지춘양'이란 걸 알 수 있다. 저 압력 사건이 벌어진 건 대략 1954~1955년 무렵이다. 하지만 1946년 10월에 발표된 채만식의 〈논 이야기〉에 이미 '억지 춘향'이 나온다. "{…} 또 일본이 우리나라다, 나는 일본 백성이다, 이런 도무지 그럴 마음이 우러나지 않는 억지 춘향이 노릇을 시키고 하는 나라의 백성으로도 살아보았다." 또한 1927년의 ≪동아일보≫에도 "격에 맞지 않는 지방부, 사회부, 경제부 의자에 턱턱 걸터앉아서 억지 춘향(억지春香)의 붓대 노동을 머리 골치가 띵하게 종일(終日) 하고 있다"라는 글이 나온다. 따라서 '억지춘양'은 모두에게 잘 알려져 있는 〈춘향전〉에서 유래한 것이 맞다고 본다. 또한 춘향이 변 사또에게 억지로 강요받은 것은 수청(守廳)이다. 이 '수청'에는 우리가 익히 아는 '아녀자나 기생이 높은 벼슬아치에게 몸을 바쳐 시중을 들던 일' 말고도 '높은 벼슬아치 밑에서 심부름을 하던 일'이라는 뜻도 있다. 윗사람이 시키는 심부름을 그 누가 거역할 수 있을까. 그러니 춘향이 변 사또에게 수청을 강요받듯, 자기보다 우위에 있는 사람의 명령 아닌 명령을 강요받는다는 뜻으로 봐야 옳을 듯하다.

■ 푸줏간[관]에 들어가는 소 걸음²⁺

| 벌벌 떨며 무서워하거나 전혀 내키지 않는 것을 억지로 한다는 말이다. '푸줏간'은 정육점(精肉店)의 옛 이름. '관'은 시신이 담기는 관(棺)이기도 하고 관아나 관청을 뜻하는 관(官)이기도 하다.

웃느라 한 말에 초상난다 생각 없이 내뱉은 말이 좋지 않은 결과를 가져올 수 있으니 늘 말을 조심하라는 말.

> **[成語]** 구시화(지)문 설시참신도(口是禍(之)門 舌是斬身刀) : 입은 재앙이 나오는 문이요, 혀는 몸을 베는 칼이다.

삼사일언(三思一言) : 세 번 깊이 생각한 뒤에야 말한다.

[현대] 막역한 사이도 말 한마디로 막연해진다 / 농담도 받아들여야 농담 / 뱉어진 말은 용서될 뿐 잊히는 것이 아니다 / 간지럼은 웃음으로 시작해 눈물로 끝난다 / 총만큼 타당한 게 없다

■ 웃느라 한 말에 초상난다

│처음에는 장난으로 가볍게 한 말이 어느 순간 돌이킬 수 없는 결과가 되어 이 때문에 살인까지 벌어질 수 있다는 말이다. 친한 사이에서 격의 없이 하는 농담이 자칫 상대방의 감정을 상하게 하고 싸움으로 번지기도 한다. 평소 친하다고 해서 그 사람의 결점이나 실수, 또는 곤란한 상황을 웃음거리 삼았다가 다시는 안 보는 사이가 되는 경우도 많다. 가릴 것 없는 사이일수록 말을 가려야 한다.

■ 죽마고우도 말 한마디에 갈라선다 / 정들었다고 정말 마라[2+]

│죽마고우(竹馬故友)는 아주 어릴 때부터 같이 대나무로 만든 말을 타고 놀던 오랜 친구를 말한다. 죽마놀이에는, 긴 대나무 끝에 말머리 비슷한 것을 달고 가랑이에 이 장대를 끼운 뒤 말처럼 타고 노는 것과, 지금의 '스카이콩콩'처럼 대나무 장대에 발받침을 달고 그 위에 올라타고 뛰는 것이 있었다.

정말(正말)은 거짓 없이 말 그대로인 것이나 진실된 말. 친해졌다고 제 감정이나 기분 그대로를 함부로 표현하지 말란 뜻이다.

■ 형제간에도 담이 있다

│아무리 친한 형제 사이라지만 해도 될 말이 있고 해선 안 될 말이 있는 법이다. 절대 넘어서는 안 되는 경계는 그 어떤 사이에도 다 존재한다.

■ 관 속에 들어가도 막말은 말라 / 못 할 말 하면 자손에 앙얼 간다[2+]

│이제 곧 죽는다 해도, 해도 될 말과 안 될 말은 가려서 하라는 말이다. 죽을 때까지 항상 말조심을 해야 한다는 뜻. 그리고 앙얼(殃孼)은 지은 죗값을 앙갚음으로 받는 초자연적인 재앙을 말한다. 꼭 하늘에서 벌을 내리지 않아도 말 함부로 하고 몹쓸 말 지껄이는 사람의 자식은 평생 다른 사람들의 곱지 않은 눈총을 받으며 살아가니 탈이 안 나려야 안 날 수 없다.

■ 들은 귀는 천 년이요 말한 입은 사흘이라

│남에게 모진 말을 한 사람은 며칠만 지나면 자기가 그런 말을 했다는 것조차 잊어버리지만, 수모를 당한 사람은 죽어도 잊지 못할 수 있다.

■ 혀 아래 도끼 들었다 / 코 아래 구멍이 제일 무섭다 / 병은 입으로 들어오고 재앙은 혀에서 나간다 / 혀는 뼈가 없지만 뼈를 부순다

원님 덕에 나팔 분다   좋은 사람이나 환경 덕분에 못난 사람이 분에 겨운 호강과
대접을 받음을 이르는 말.

[반대] 사또 행차에 비장이 죽어난다

[현대] 대기업 사원 중소기업 임원에 인사 받는다

■ 원님[사또] 덕에 나팔 분다[2+]

| 원님은 지금으로 치면 작은 도시의 시장이나 군수 정도에 해당한다. 옛날에는
원님이 행차를 하면 그 앞에서 나팔을 불어 원님의 행차를 알렸다. 다시 말해서
원님 덕에 맨 앞에서 신나게 나팔을 불면서 뽐을 낼 수 있었다는 말이다.

[맥락] '나팔[나발]을 불다'는 술이나 음료를 병째로 들어 마신다는 뜻의 관용구
다. 실컷 먹고 마신다는 말이다.

나팔(▽)과 태평소(△). |국립국악박물관

■ 감사 덕분에 비장 나리 호사한다

| 감사(監司)는 관찰사(觀察使)의 다른 말로, 지금으로 치면 도지사 또는 서울,
부산 같은 광역시급 시장을 말한다. 그리고 비장(裨將)은 고위관리를 보필하는
수행원이자 무관으로, 지금으로 치면 VIP 경호원이다. 윗사람을 모시고 다니다
보면 아무래도 윗사람 덕에 좋은 데서 먹고 자며, 또 윗사람에게 잘 보이기 위해
그 수행원에게도 좋은 대접을 하게 마련이다. 따라서 당시 비장들은 크게 위세
를 부렸다고 한다.

■ 가문 덕에 대접받는다

원수는 외나무다리에서 만난다   꺼리고 싫어하는 대상을 공교롭게도 피할 수 없는
곳에서 마주치게 된다는 말.

[현대] 원수는 회사[군대]에서 만난다

■ 원수는 외나무다리에서 만난다

| 원수를 맺으면 언제고 피할 수 없는 상황에서 맞닥뜨린다는 말이다.

원숭이도 나무에서 떨어질 때가 있다   재주 있고 뛰어난 사람도 지나치게 자만하다
가 낭패를 볼 수 있다는 말.

교병필패(驕兵必敗) : (군사력만 믿고) 교만한 군대는 반드시 패한다. ▸ 전한(前漢) 선제(宣帝) 때 정길(鄭吉)이 흉노족과 손을 잡은 차사국(車師國)을 점령하자 위기를 느낀 흉노족이 강력한 군대를 이끌고 차사국으로 진격해 왔다. 이에 정길이 흉노의 군대에 포위될 상황에 처하자 황급히 조정에 지원군을 요청하였다. 하지만 승상 위상(魏相)은 선제에게 다음과 같이 간언하며 지원군 파병을 막았다. "난세를 구하고 포악한 이를 죽이는 것을 의병(義兵)이라 하며 군대가 의로우니 제왕이 될 수 있습니다. 적이 쳐들어와 부득이하게 싸우는 것을 응병(應兵)이라 하며 응하여 군사가 일어났기에 승리하게 됩니다. 사소한 다툼에 노여움을 참지 못해 싸우는 것을 분병(忿兵)이라 하며 분노에 휩싸인 전쟁은 패하게 됩니다. 남의 것을 탐내서 싸우는 것을 탐병(貪兵)이라 하며 탐욕에 빠진 군대는 격파될 수밖에 없습니다. 그리고 자국의 힘과 백성(인력)이 많음을 내세워 위세를 보이기 위해 하는 싸움을 교병(驕兵)이라 하는데, 군대가 교만한 전쟁을 하면 반드시 멸망당합니다. 이 다섯 가지는 인간사이자 하늘의 법도입니다." 승상 위상의 만류로 조정의 지원군을 기대할 수 없게 되자 정길은 부하들과 함께 필사적으로 적진을 뚫고 탈출할 수밖에 없었다. _『한서(漢書)』「위상열전(魏相列傳)」
천려일실(千慮一失) : 지혜로운 사람이라도 많은 생각 가운데 한두 개쯤 잘못 생각하기도 한다.

[현대] 세탁소 아저씨도 두 줄 잡을 때 있다

■ 원숭이도 나무에서 떨어질 때가 있다

| 원숭이도 나무 사이 뛰어다니다 손을 놓쳐 종종 추락한다. 원숭이처럼 '날고뛰는' 재주를 가졌다고 자만하다간 누구든 한순간에 저 밑바닥으로 떨어진다.

■ 나무 잘 타는 놈 떨어져 죽고 헤엄 잘 치는 놈 빠져 죽는다

| 나무를 못 타는 사람은 나무에 올라가지 않으니 떨어질 일 없고, 헤엄 못 치는 사람 역시 물에 들어가지 않으니 빠져 죽을 일 없다. 하지만 잘한다, 잘한다 소리 듣던 사람은 의기양양 더 높은 나무 오르고 더 깊은 물에 들어간다. 그러다 아차 떨어져 죽고 어푸 빠져 죽는다.

■ 항우도 댕댕이덩굴에 걸려 넘어진다[2+]

| 항우(項羽)는 옛 중국 초(楚)나라의 왕으로 그 힘이 엄청나 역발산기개세(力拔山氣蓋世 : 힘은 산을 뽑아낼 듯하고 기개는 온 세상을 뒤덮을 만하다)라고 불렸다. 하지만 '항우가 제 고집에 망한다'라는 속담이 있듯, 제힘만 믿고 다른 사람의 충고는 듣지 않아 결국 한(漢)나라에 패한 뒤 강물에 뛰어들어 자살한다. 이렇듯 힘이 센 항우조차 자칫하면 하찮은 댕댕이덩굴에 발이 걸려 넘어진다는 말이다. 댕댕이덩굴은 우리나라 전역의 산자락에서 나는 질긴 덩굴로, 옛날에는 댕댕이덩굴로도 바구니를 많이 엮었다.267

[맥락] "나뭇짐 한 번에 너무 많이 쌓은 거 아냐? 그러다 허리 나가겠네." "소도

번쩍 드는데 이쯤이야 거뜬하지. 하하하!" "앞
잘 보고 천천히 가게. 발에 눈 안 달렸네." "이
산길 다닌 지 몇십 년인데. 이젠 눈 감고도 다
닌다니까. 하하하!" 그렇게 자신하다 댕댕이덩
굴이 발목에 턱 걸려서 지게 진 채로 엎어진 사
람이 한둘 아니지 않았을까?

댕댕이덩굴. |서울 북한산(삼각산)

- **이태백도 술병 날 때 있다**[2+]
  |중국 당(唐)나라 때의 유명한 시인인 이태백(李
  太白)은 술을 매우 즐겼다고 한다. 그래서 그를
  아끼던 현종(玄宗)은 행여 이태백이 술로 건강
  을 해칠까 염려하여 금으로 된 술잔을 하사하
  고, 이 잔으로 하루 석 잔 넘게 마시면 벌을 주
  겠노라 명했다. 그러자 이태백은 그 잔을 최대
  한 넓게 두드려 펴서 여전히 말술을 마셨다고
  한다. 그만큼 술 좋아하던 이태백조차 술병이

댕댕이덩굴은 말라도 잘 끊어지지 않을
만큼 질기다.

  날 수 있으니 술 자랑, 건강 자신 말고 언제든
  삼가고 조심하라는 말이다. 끄떡없는 말술도
  까딱하면 간경화다.

- **입안의 혀도 깨물 날 있다**[2+]
  |말발로는 어디 가서 안 진다며 입 함부로 놀리다가 어처구니없는 말실수 한마디
  로 생각 없는 사람, 무례한 사람, 천하의 몹쓸 사람이 된다. 인터넷 논객들 가운
  데도 현란한 필력 자신하며 이 인간, 그 사람, 저놈, 함부로 놀리다 붓 꺾이고
  혀 잘린다.

- **두부[홍시] 먹다 이 빠진다**[2+] / **먹던 술도 떨어진다**[2+]
  |여기서 '술'은 숟가락. 매일 내 몸처럼 다루던 숟가락도 실수로 떨어트릴 수
  있다는 말.
  [맥락] 두부나 홍시처럼 제 것으로 먹기 쉽다고 함부로 해먹다간 다신 못 먹게
  될 수 있고, 수단 삼아 쉬 떠먹던 숟가락도 제 손을 떠난다는 말이다.

- **굵은 목구멍에 잔가시 잘 걸린다**[2+]

---

267 댕댕이덩굴은 등나무처럼 덩굴 형태로 자라는 '나무'다. 댕댕이나무가 따로 있지만 댕댕이덩굴
과는 다른 식물. 1년생일 때는 줄기가 잘 끊어지지만 2년생 이상 되면 웬만한 힘으로도 끊어지지
않는다. 이 질긴 댕댕이덩굴로 만든 바구니를 '댕댕이바구니'라고 한다.

|늘 큼지막하게 떠서 꿀떡꿀떡 잘 삼켰던지라 잔가시쯤 안 발라내도 되겠지, 귀찮다고 그냥 삼켰다가 식도에 걸려 크게 고생한다.

■ **방바닥에서 낙상한다**
|낙상(落傷)은 넘어져 다치는 것.

■ **조조의 살이 조조를 쏜다**
|『삼국지(三國志)』 적벽대전(赤壁大戰) 이야기에서 유래한 말이다.

　강력한 조조의 위(魏)나라를 상대하기 위해 촉(蜀)나라와 오(吳)나라가 연합군을 만들어 적벽강에서 맞서고 있을 때, 오나라 주유(周瑜)가 평소 위험하다 여긴 촉나라의 제갈량(諸葛亮)을 없애기 위한 구실로 도저히 불가능한 임무를 맡긴다. 제갈량이 넓은 강 위에서 싸우는 데는 멀리서 화살을 쏘는 것이 가장 좋다 하니, 주유가 그렇다면 10만 대의 화살을 열흘 안에 만들어내라 한다. 그러자 제갈량은 사흘이면 충분하다며 만약 해내지 못하면 어떤 벌이든 받겠다고 다짐한다. 그리고 배 20척에 풀단 천 개씩을 양쪽으로 나누어 세우고 푸른 장막을 둘러치라 한다. 그리고 사흘째 되는 날 안개가 낀 밤을 이용해 배에 각각 병사 30명씩을 태우고 조조의 수군 근처로 배를 몰고 갔다. 그리고 기습하는 것처럼 크게 북을 치며 마구 함성을 지르게 했다. 이에 머리 좋은 조조가 평소대로 머리를 굴려, 이처럼 제대로 싸우기도 힘든 안개를 뚫고 적이 접근한 것은 분명 매복을 숨겨두고 이쪽을 유인해내기 위한 술책이라 판단했다. 그래서 부하들에게 섣불리 나가서 싸우지 말고 병사 1만 명에게 멀리서 화살을 쏟아부으라고 명한다. 그러자 곧 엄청난 양의 화살들이 배에 세워놓은 풀단에 날아와 박혔다. 부드러운 풀단에 화살이 박히니 촉이 상하지 않은 온전한 화살이 쉽게 얻어지는 셈. 한쪽에 충분한 양의 화살이 박히니 다시 배를 반대로 돌려서 똑같이 하여 반대쪽 풀단에도 화살을 받아낸다. 이에 제갈량은 이 배를 몰고 돌아와 "배마다 화살이 5, 6천 대는 박혀 있소. 다 합치면 10만 대는 족히 넘을 것이오. 이것으로 내일 조조의 군사를 쏘시오" 하며 빙긋이 웃었다 한다.

　천하의 지략가 조조가 머리를 쓰다가 오히려 제갈량의 심리전에 깨끗하게 당한 것. 훌륭한 전술이란 상대가 어떻게 나올지를 미리 꿰뚫어 보는 데서 나온다는 것을 잘 알려주는 이야기다.

윗물이 맑아야 아랫물이 맑다　윗사람이 똑바로 하지 않으면 아랫사람이 제대로 본받기 어렵다는 말.

[현대] 자식 자랑 말고 자식 자랑 돼라 / 자식은 편식 자기는 식성

■ 윗물이 맑아야 아랫물이 맑다 / 꼭뒤에 부은 물이 발뒤꿈치로 흘러내린다

| '꼭뒤'는 뒤통수 한가운데. 뒤통수에 물을 부으면 뒤로 뒤로 발뒤꿈치까지 이르듯, 윗사람이 '뒤로' 나쁜 짓을 하면 아랫사람도 그 본을 받아 모두 '뒤로 줄줄이' 나쁜 짓을 하게 마련이라는 말이다.

■ 나는 바담 풍 할 테니 너는 바람 풍 해라

| 서당에 혀가 짧은 훈장님이 계신다고 하자. 학동들에게 천자문을 가르치면서 "자, 따다해봐라. 바담 풍!" "바담 풍!!" "예끼 이놈들, 바담 풍이 아니고 바담 풍!" "바담 풍…" "아니 이놈드디! 내가 언데 바담 풍이대뗘. 바담 풍 해봐, 바담 풍!" "바…담 풍…"

[맥락] '바담'은 '본받아'를 달리 말한 것이다. 자신들은 주야장천 텔레비전만 보면서 어쩌다 화면 속 잘난 사람이 나오면, 손으로 가리키며 저것 좀 본받으라고, 저 사람처럼 텔레비전 그만 보고 책 좀 읽어, 저것 좀 봐람[바람], 보고 좀 본받암[바담]마! 무턱대고 바람만 받으라고 하는 부모는 자신들의 (혀) 짧은 바람[望]을 결코 이룰 수 없다.

■ 굽은 지팡이 그림자도 굽어 보인다[2+]

| 지팡이는 노인을 뜻하고 드리워진 그림자는 아마 자손일 것이다. 웃어른이 똑바르지 않으면 자자손손 그대로 배워 마찬가지로 똑바르지 못하다. 모 거대 언론사 사주의 어린 손녀가 운전기사에게 퍼부은 그악스러운 말과 태도는 과연 누굴 보고 배운 것일까? 뻔하다.

■ 부모가 온 효자가 되어야 자식이 반 효자가 된다 / 효자 집안에서 효자 난다 / 형 보니 아우 / 동생의 말도 들어야 형의 말도 듣는다

음식 싫은 건 개나 주지 사람 싫은 건 할 수 없다   싫은 사람과도 함께 지내야 하는 답답함을 이르는 말.

[현대] 회사 보고 입사해 상사 보고 퇴사한다 ▸ 회사에서 직원들이 그만두는 가장 큰 이유는 일이 힘들어서도 아니고 월급이 적어서도 아니라 직장 내 인간관계 때문이다. 그중에서는 불합리하고 막무가내인 직장상사가 원인인 경우가 가장 많다. 여행은 어디를 가느냐보다 누구와 가느냐가 중요하다

■ 음식 싫은 건 개나 주지 사람 싫은 건 할 수 없다 / 사람 싫은 건 백 년 원수

| 싫은 사람하고 부부로 함께 평생 산다는 것은 원수와 한집에 있는 것과 마찬가지라는 말.

이고 지고 가도 제 복 없으면 못산다   혼수를 많이 해 가든 적게 해 가든 잘살고 못살고는 저 하기 나름이라는 말.

- **이고 지고 가도 제 복 없으면 못산다 / 얼레빗 참빗 품고 가도 제 복 있으면 잘산다**[2+]

  | 여자가 시집갈 때 혼수와 예물을 많이 해 간다고 해서 꼭 잘사는 법은 아니라는 말이다. 이고 지고 갈 것도 없어 고작 빗만 품고 시집가도 잘 살 사람은 어떻게든 노력한 만큼 잘살게 된다는 말이다. '얼레빗'은 빗살 사이가 성긴 빗.

신행 가는 신부가 탄 가마 위에 호랑이무늬 담요를 덮었고 그 옆에는 혼수를 실은 들것이 따른다. 호랑이가 신부의 액운을 막아준다는 미신으로 처음에는 가마에 진짜 새끼 호랑이 가죽을 덮었으나 조선 후기에 와서 귀해지자 호랑이무늬 담요로 대신했다.
│김준근, 〈시집가는 모양〉

- **삼현육각 잡히고 시집간 사람 치고 잘산 데 없다**[2+]

  | 악공들에게 삼현육각 잡히고 성대하게 결혼한 여자가 남들보다 불행하게 사는 수가 많다는 말이다. 지금도 부잣집에서는 결혼식 마당에 클래식 연주자를 여럿 불러 삼현육각을 잡힌다. 그렇게 결혼한 사람이 팔자 고친 것처럼 보이지만, 어찌 보면 그 큰 집에서 마음대로 할 수 있는 것도 없고 진실한 사랑도 없어 호의호식만이 허전한 마음의 유일한 낙일지 모른다.
  삼현육각(三絃六角)은 주로 무용 반주의 악기 편성을 이르는 용어다.[268] 3개의 현악기와 6개의 관악기라는 뜻인데, 현재는 조선 후기 김홍도의 〈무동〉처럼 현악기는 해금뿐이고 대신 장구와 북이 들어간다. 이 편성은 행사와 의식, 지방과 때에 따라 조금씩 달라진다.

아래서부터 반시계방향으로 해금, 대금, 향피리 2, 장구, 좌고(座鼓).
│김홍도, 〈무동(舞童)〉

이름값 한다   믿었던 만큼 제 역할이나 가치를 충분히 한다는 말

  [成語] 명불허전(名不虛傳) : 이름은 헛되이 전해지지 않는다.

  [반대] 소문난 잔치에 먹을 것 없다

---

268   행차나 제사 등 여러 의식에서도 삼현육각을 울렸다.

[현대] 고스톱 쳐서 딴 게 아니다

■ 이름값 한다

이 방 저 방 좋다 해도 서방이 제일이라 자기 배우자만 한 사람이 없다는 말.

■ 이 방 저 방 좋다 해도 서방이 제일이라[2+] / 이 집 저 집 좋다 해도 내
계집이 제일이라[2+]
ㅣ '이 방'은 이방(吏房)으로도 붙여 읽을 수 있다. 아전(衙前)은 뒤로 챙기는 게
많고 고을의 실세라 위세가 꽤 있었다. 그러니 아전들, 특히 이방과 호방에게
'붙어먹으면' 호사를 누렸다. 그러한들 늙고 병들었을 때 이부자리 갈아주고 지
린내 나는 몸 씻겨줄 사람은 제 서방뿐이다. 그리고 옛사람들은 정실부인은 광
주댁, 서산댁처럼 '-댁'으로 부르고 첩은 해주집, 원산집처럼 '-집'으로 따로
불렀다. 그러므로 '이 집 저 집'은 첩실(妾室), 즉 첩을 뜻할 것이다. 첩이 아무리
미모가 빼어나고 교태로 간장을 녹인들 아플 때 "웬수야, 웬수야" 밤새 보살피
고, 죽고 나서 손등이라도 한 번 쓸어줄 건 제 부인뿐이다.

■ 곯아도 젓국이 좋고 늙어도 영감[할멈]이 좋다
ㅣ자잘한 물고기나 오징어(꼴뚜기), 새우, 생선 알 등을 소금에 절인 것이 젓갈이
다. 젓갈이 삭는 과정에서 소금이 주변의 물기를 흡수하면서 생기는 국물을 젓
국이라고 한다. 짭짜름하고 맛이 있어서 간장 대신으로 많이 쓴다. 이 젓국은
오래 놔두어 더 삭게 되더라도 그 맛은 변치 않거나 오히려 더 좋아진다. 마찬가
지로 인생을 오래 함께 산 자기 배우자만큼 살면 살수록 의지가 되는 사람이
없다는 뜻이다. '곯다'에는 골병이 든다는 뜻도 있다.

이야기 좋아하면 가난하게 산다 일보다 이야기 듣기를 즐기면 가난해진다는 말.

■ 이야기 좋아하면 가난하게 산다[2+]
ㅣ이야기 더 해달라고 조르는 아이를 떼어내려고 거짓으로 한 말이다.

이 장 떡이 큰가 저 장 떡이 큰가 확실히 매듭짓지 못하고 질질 끌며 주저하는
모양을 이르는 말.

[成語] 우유부단(優柔不斷) : 느슨하고 물러서 맺고 끊음이 분명치 못하다.
　　　좌고우면(左顧右眄) : 왼쪽을 돌아보며 오른쪽을 곁눈질한다.
　　　수서양단(首鼠兩端) : 쥐구멍 밖 좌우를 계속 살핀다.
[현대] 이별하자 못 해 이혼한다 / 정리하지 않으면 정리당한다 / 결정 장애
　　　고민은 배송만 늦출 뿐 · 어차피 살 건데 살까 말까 고민해봐야 소용없다.

474　우리말 절대지식

■ 이 장 떡이 큰가 저 장 떡이 큰가[2+]

|이 장터에 와서는 다른 장터에서 파는 떡이 더 커 보이고 다른 장터에 가서는 또 이 장터의 떡이 커 보여 선뜻 사 먹지 못하고 있다는 말이다.

[맥락] '장 떡'은 '장떡'으로도 읽을 수 있다. 이 장떡이 큰가 저 장떡이 큰가 들었다 놨다 선뜻 고르지 못하는 모습을 표현한 것이라 생각한다. 장떡은 고추장이나 된장 같은 장(醬)을 밀가루 등에 섞어 나물과 버무린 뒤 부쳐낸 작은 부침개. 둥글넓적하고, 부쳐낸 것이라 크기가 조금씩 다르다. 그 근소한 크기 차이를 고민하며 고른다는 말.

■ 방에 가면 더 먹을까 부엌에 가면 더 먹을까

■ 간다 간다 하면서 아이 셋 낳고 간다

|보통 산모가 아기를 낳고 추스른 뒤 다시 아기를 갖기까지는 연년생이 아닌 이상 보통 2~3년의 터울이 생긴다. 아이가 셋이면 대략 10년을 같이 살았다는 뜻. 이런 남편이나 시댁과는 도저히 못 살겠다고 친정집으로 돌아가겠다고 입버릇처럼 말해놓고, 정작 실행에는 옮기지 못해 애를 셋이나 낳고야 갈라선다는 말이다. 애 셋 딸린 홀아비와 어떤 여자가 같이 살자 할 것이며, 어미 없이 애 셋을 어찌 키운단 말인가. 애들은 또 무슨 죄. 못 살겠거든 애당초 빨리 결정을 내리든가 해야지 머뭇거리는 사이에 더 힘든 상황만 만들고 만다는 이야기다.

■ 가난한 양반 씻나락 주무르듯 / 소경 아이 낳아 더듬듯

|너무 가난해 농사를 지으려 씨앗은 얻어 왔는데, 농사지어본 적 없는 양반인지라 이걸 어떻게 하나 그저 씨앗만 만지작거리고 있다는 말. 밥을 지어 먹자니 농사지을 씨가 없어지니 이러지도 저러지도 못하고 그저 '주물럭대고만' 있다.

　　소경, 즉 장님은 눈이 보이지 않으므로 아기를 낳아도 예쁜지 못난지 제대로 태어났는지도 알 도리가 없다. 여기저기 아기를 더듬어보면서 손가락이 다섯 개씩 맞는지 눈코입귀는 제대로 달렸는지나 확인해본다. 앞을 못 보니 이 아기를 어떻게 씻기고 먹이고 입힐지 난감한 채 시간만 흘려보낸다.

인사가 만사다　사람 관리가 모든 일에 가장 기본임을 이르는 말.

[成語] 인인성사(因人成事) : 모든 일은 결국 사람을 통해 이루어진다.
　　정송오죽(淨松汚竹)[269] : 깨끗한 땅에는 소나무를 심고 지저분한 땅엔 대나무를 심는다・적재적소에 필요한 인재를 각자의 능력과 재능에 맞추어 심으라는 말

---

269 '정송오죽'은 다른 한자로 '正松五竹'이라고도 하는데, 정월(음력 1월)엔 소나무를 음력 5월엔 대나무를 옮겨 심어야 한다는 말로 때를 놓치지 말고 적절한 때에 해야 할 일을 하라는 뜻이다.

이다. 겨울 한파 속에도 늘 푸른 소나무와 세찬 바람에도 꺾이지 않는 대나무는 예부터 선비와 군자의 덕을 갖춘 식물로 생각해왔다.

■ 인사가 만사다

| 여기서의 인사(人事)는 인재를 등용하고 능력을 평가하며 좋지 않은 사람을 걸러내는 것들을 뜻한다. 사람을 어떻게 키우고 관리하느냐에 따라 조직이 살기도 하고 죽기도 한다.

인사 알고 똥 싼다 사리를 아는 사람이 당치 않은 행동을 하는 경우를 이르는 말.

[현대] 못 먹을 약을 먹었나 먹을 약을 안 먹었나

■ 인사 알고 똥 싼다[2+]

| 여기서의 인사(人事)는 사람으로서 해야 할 일을 뜻한다. 사람들 사이에서 옳게 살아갈 수 있게 갖추는 예의가 '인사'다. 사회생활을 충분히 할 만큼 해본 사람이 제 얼굴에 똥칠하도록 경우 없는 행동을 한다는 말이다.

인왕산 차돌을 씹어 먹더라도 처가살이는 안 한다 ①처가살이는 남자로서 못 할 일이라는 말. ②오죽하면 처가살이를 하겠냐는 말.

■ 인왕산 차돌을 씹어 먹더라도 처가살이는 안 한다[2+]

| 인왕산(仁王山)은 경복궁 서쪽에 있는 바위산이며, '차돌'은 석영(石英)[270] 의 다른 말로 매우 단단한 암석이다. 화강암을 구성하는 여러 암석 중 하나로, 하나의 덩어리로 발견되는 일도 많다. 바위산을, 그보다 더 단단한 차돌을 씹어 먹을지언정 '차갑고 딱딱하고' 마음 불편한 처가살이는 못 하겠다는 말이다.

경복궁 서쪽에 있는 인왕산(仁王山)은 온통 바위산이다.

화강암에 박혀 있는 차돌. '차돌박이'라는 고기 부위 이름도 여기서 생긴 듯하다.

■ 겉보리 서 말만 있으면 처가살이 안 한다[2+] / 처가살이가 굶는 내 집만 못하다

| 보리에는 두 종류가 있는데 하나는 우리가 먹는 보리밥 보리쌀로, 그냥 '보리'

---

270 차돌(SiO_2, SiO_3)은 불순물이 적을수록 투명하여 가장 투명한 상태를 수정(水晶)이라고 한다.

또는 '쌀보리'라 부른다. 쌀보리는 물에 축였다 찧으면 한 차례 방아질로도 껍질이 잘 벗겨진다. 또 하나는 겉보리인데, 식혜 등을 담글 때 사용하는 '엿기름'이라 부르는 종류다(겉보리를 발아시키면 싹이 나면서 배젖의 당도가 매우 높아진다). 겉보리는 껍질이 잘 벗겨지지 않아 물에 축여 찧기를 세 번이나 해야 한다. 쌀보리는 봄에 심어 초여름에 수확하고, 겉보리는 가을에 심어 봄에 수확한다. 그러므로 겉보리 서 말만 거둘 수 있다면 보릿고개도 굶지 않고 어찌어찌 넘을 수 있다. 껍질이 잘 벗겨지지 않아 까끌까끌한 겉보리를 그대로 삶아 먹을지언정, 주눅 들고 눈치 보며 '껄끄러운' 처가살이만큼은 않겠다는 말이다.[271]

일 다 하고 죽은 무덤 없다　일이란 것은 해도 해도 끝이 없으니 일 욕심은 적당히
　부리는 것이 좋다는 말.
　[반대] 일이 되면 입도 되다
　[현대] 죽도록 일하면 죽는다

■ 일 다 하고 죽은 무덤 없다

일 못하는 소 멍에만 탓한다　능력이 부족한 사
　람이 자기 탓은 하지 않고 도구나 환경 탓만
　한다는 말.
　[반대] 명필은 붓을 탓하지 않는다
　[현대] 공부 못하는 것들이 펜이 제일 많아요

■ 일 못하는 소 멍에만 탓한다
　| '멍에'는 소의 목덜미 뒤쪽에 튀어나온 뼈에
　걸치는 휘어진 막대로, 이 막대에 연결된 줄
　에 쟁기나 수레 등을 연결해 끌게 되어 있
　다. 멍에가 자기한테 안 맞아 일 못 하겠다
　고 핑계를 댄다는 말이다. 도구 탓하는 일
　꾼, 지금도 많다.

두 소가 한 멍에로 쟁기를 끌고 있다. 소 한 마리가 끄는 걸 '호리', 두 마리가 끄는 걸 '겨리'라고 한다. |김홍도, 〈논갈이〉

271　17세기까지는 오히려 처가살이가 매우 흔한 풍속이었다. 이순신 장군도 처가살이를 하면서 처가의 도움을 받아 무과에 응시했고, 신사임당도 19세에 결혼해서 20년가량을 친정에서 살다가 38세에 시댁에 들어가 9년만 산다(신사임당의 작품이 왜 많은지 알 만한 대목이다). 아무튼 과거에는 '시집간다'라는 말보다 '장가간다'라는 말이 더 흔했다고 볼 수 있다. 임진왜란과 병자호란을 거치면서 양반의 권위가 땅으로 추락해, 그걸 되살리고자 더 중국 풍습을 따라 하고 권하였다. 중국은 시집을 가지 장가는 안 간다.

■ 글 못하는 놈 붓 고른다

■ 국수 못하는 년이 피나무 안반만 나무란다[2+] / 서투른 숙수가 피나무 안반만
나무란다[2+] / 쟁기질 못하는 놈 소 탓한다 / 서투른[굿 못하는] 무당 장구만
타박한다[탓한다]

|안반(案盤)은 떡을 칠 때나 반죽을 밀거나 치댈
때 반죽을 올려놓는 크고 두꺼운 나무판을 말
한다. 그리고 떡 안반은 느티나무로 만든 것을
최고로 쳤으며, 피나무 역시 가공이 쉽고 말라
도 갈라지거나 터지지 않아 각종 가구 및 함지
박이나 밥상의 상판, 도마를 만드는 용도로 많
이 썼다. 안반은 지금의 도마보다 매우 큰 나무
판을 생각하면 되는데, 큰 음식점이나 중국집
에서 반죽 치고 면 뽑을 때 많이 사용한다. 이
안반 위에 반죽을 올리고 방망이나 홍두깨 등
으로 넓게 밀어 펴서 만 뒤 칼로 썰어 칼국수를
만들었다. 그러니 국수 면발을 제대로 못 만들
고 제대로 촘촘하게 못 써는 여자나 요리를 제
대로 못하는 숙수(熟手 : 주방장)가 자기 실력

피나무. 나이테 간격이 조밀하고 결이 고와
가구나 도마 재료로 많이 썼다. 김정호의
〈대동여지도〉도 이 피나무 위에 정교하게
새겨 만들었다. |국립산림박물관

모자란 것은 인정하지 않고 애꿎게 안반이 패었네, 기울었네 애먼 탓만 한다는
말이다.

[맥락] 다른 재질의 여러 안반을 놔두고 꼭 '피나무 안반'만 속담에 등장하는 건
아마도 '피나무'에 숨겨진 맥락이 있어서일 것이다. 안반은 칼질을 하는 곳이다.
국수는 매우 촘촘히 썰어야 한다. 숙수는 능숙하게 칼질을 해야 한다. 칼질이
서툴면 촘촘히 썰려다 손끝도 썬다. 빠르게 요리를 해서 내가야 하는데 경륜이
받쳐주지 못하면 마음이 급해서 제 손가락을 벤다. 손이 베이면 응당 피가 나온
다. 그렇게 보면 '피나무 안반만'은 '피나므(피나면) 안반만'으로 읽을 수 있다.
유아어로 '~하면'은 '~하므'인 까닭이다.

일색 소박은 있어도 박색 소박은 없다 외모는 잠시 사랑받으나 마음속 됨됨이는
오래도록 사랑받는다는 말.

■ 일색 소박은 있어도 박색 소박은 없다
|소박(疏薄)이란 부인이나 첩을 멀리하거나 아예 없는 사람으로 치는 등 심하게

박대하는 것을 말한다. '소박을 당했다'라고 하면 사실상 이혼을 당한 것과 마찬가지였다. 조선시대에는 이혼을 엄격히 금했는데,[272] 그럼에도 이혼이 가능한, 아니 그냥 아내를 '쫓아낼' 수 있는 구실로 마련된 것이 일곱 가지 부녀자의 악행, 즉 칠거지악(七去之惡)이다.

① 시부모에게 불손함　② 자식을 낳지 못함　③ 행실이 음란함
④ 투기(질투)함　⑤ 몹쓸 병을 지님　⑥ 말이 지나치게 많음
⑦ 도둑질

하지만 칠거지악을 저질렀다 해도 아내를 절대 쫓아낼 수 없는 삼불거(三不去)가 따로 있었다.

① 아내가 시부모의 3년상을 같이 치렀거나,
② 장가들 때는 가난했지만 나중에 부자가 되었거나,
③ 쫓아내도 아내가 돌아가 의지할 친정 등이 없는 경우

예쁜 얼굴만 보고 혼인한 경우에는 그 얼굴에 질리거나 예쁜 얼굴과 달리 성격이 나쁘면 좋았던 마음이 사라지고 차츰 멀리하게 된다. 반대로 못생긴 사람과 결혼한 것은 얼굴이 아니라 마음과 성격을 보고 한 것이니 오래 같이 지낼수록 눈에 익은 그 얼굴이 더 귀여워 보인다. '사람 싫은 건 백 년 원수'라고 하는데, 그 싫은 게 과연 얼굴일까 성격일까? *조선시대 이혼→ 계집 바뀐 건 모르고 젓가락 짝 바뀐 것만 안다

일이 되면 입도 되다　일이 힘들면 힘든 만큼 얻는 것 역시 많아진다는 말.

　[반대] 일 다 하고 죽은 무덤 없다

■ 일이 되면 입도 되다

　| '되다'는 힘들다, 고생하다의 다른 말. 일이 힘들고 고되면 대신 벌어들이는 것이 많아서 열심히 먹어대느라 입도 고될 것이라는 말이다.

임진년 원수다　임진왜란 일으킨 왜적처럼 결코 용서할 수 없는 철천지원수라는 말.

■ 임진년 원수다[2+]

입은 비뚤어져도 말은 바로 해라　말을 왜곡하지 말고 사실을 있는 그대로 말하고 전해야만 한다는 말.

272　사대부에게는 이것이 엄격히 강제되었지만 평민은 자유로이 이혼하는 일이 많았다.

■ 입은 비뚤어져도 말은 바로 해라

| 입이 기형으로 비뚤어져 있다 해도 올바른 말을
해야 하는 것처럼, 말을 삐딱하게 하거나 왜곡
해서 말하지 말고 사실을 있는 그대로 말해야 함
을 강조하는 말이다.

초랭이 탈. |국립중앙박물관

　고성오광대놀이나 하회별신굿탈놀이에는
'초랭이' 또는 '초라니' 등으로 불리는 양반의 하
인이 나오는데, 탐욕과 타락을 고매하게 감춘
양반이나 승려에게 연신 이죽거리면서 입바른 소리를 해댄다. 그 초랭이 탈의
가장 큰 특징은 입이 비뚤어져 있다는 것.

입이 열 개라도 할 말이 없다　잘못이 명백히 드러나 변명의 여지가 없다는 말.

　[成語] 유구무언(有口無言) : 입은 있지만 (변명)할 말이 없다.

　[반대] 핑계 없는 무덤 없다

■ 입이 열 개라도 할 말이 없다 / 입이 광주리만 해도 말 못 한다

■ 쥐구멍에라도 숨고 싶다 / 코 떼어 주머니에 넣었다

| 부끄러운 일을 당하면 대개 고개를 푹 숙이며 이리저리 시선을 피한다. 이것이
마치 숨을 곳을 찾는 것처럼 보인다. 또한 창피하면 저도 모르게 고개를 숙이고
한 손으로 코를 감싸쥐고 코를 감춘다. 이것이 마치 코를 떼려는 것처럼도 보인
다('코를 떼다'라는 관용구는 창피하거나 핀잔을 들었다는 뜻). 손으로 코를 감
추는 걸로도 모자라 떼서 주머니에 숨긴다는 의미라 여겨진다.

■ 얼굴에 모닥불 끼얹은 것 같다

| 너무 창피하고 부끄러워서 불에 닿은 듯 얼굴이 화끈거린다는 말.

입이 원수　가난하면 거저 바라거나 비굴해지며, 저절로 행색도 초라해지고 기가
죽기 마련이니 가난처럼 싫은 게 없다는 말.

　[成語] 빈자소인(貧者小人) : 가난하면 못난 사람처럼 된다.

　[반대] 가난도 비단가난

　[현대] 가난을 거꾸로 하면 난가

■ 입[구복·가난]이 원수

| 가난하면 당장 먹고사는 문제 때문에 아무리 아니꼽고 더럽더라도 꾹 참아야만
한다. 그러니 가난만 한 원수가 따로 없다.

■ 가진 돈이 없으면 망건 꼴이 나쁘다 / 가난과 거지는 사촌 간이다[2+]

　|먹고살기 바쁘면 입성에도 소홀해지기 마련이라 망건도 꼼꼼하게 두르지 않고 대충 둘러 모양새가 좋지 않다. 하루살이처럼 사는 사람은 옷차림도, 집도 어수선하다. 그래서 가난하면 거지꼴과 별반 다를 바 없이 산다는 말이다.

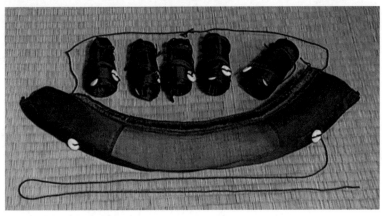

펼쳐놓은 망건과 돌돌 말아둔 망건.
|©국립무형유산원, "국가무형 66호 망건장" [무형유산 디지털 아카이브] (캡처)

망건(網巾)은 말총으로 만들어져 있으며, 상투를 틀고 나서 이마로 흘러내리는 자잘한 앞머리를 정리하는 데 사용하는 넓은 띠다. 망건을 이마에 대고 뒤로 두르고 아래쪽 당줄을 뒤에서 한 번 묶고, 앞으로 당겨 가져온 뒤 이것을 관자에 꿰어 다시 뒤통수에서 당겨 묶는다. 위쪽 당줄로는 상투를 동여매고 뒤통수에서 다시 묶는 게 망건 착용법이다. 이때 귀밑 잔머리를 망건 안으로 밀어 넣을 때는 살쩍밀이('살쩍'은 관자놀이와 귀 사이에 난 잔머리)라는 얇은 막대를, 머리를 빗어 올릴 때는 면빗이라는 조그만 남성용 빗을 사용했다. 남성은 이 망건을 착용하는 데 가장 많은 공을 들였다. 머리숱이 너무 많거나 날이 더우면 '배코머리'라 하여 머리 위쪽 '속알머리'를 잘라내서 '주변머리'로 만두처럼 감싸 올려서 상투를 틀었다. '신체발부 수지부모'라고 머리칼 한 올, 수염 한 올 안 건드린 건 아니다. 떠꺼머리총각에서 어른이 되어 상투를 틀 때도 댕기를 웬만큼 잘라내고 상투를 틀었다.273　안 그러면 상투를 틀지 못한다. '관자→ 떼어 놓은 당상

273　성인이 되지 않았더라도 보부상 등 대회활동이 필요하면 남에게 얕보이지 않으려 일부러 상투를 틀기도 했다. 이렇게 미성년자가 튼 상투를 '외자상투'라고 부른다. 요즘 군대에서도 병장이나 상병의 수가 너무 적거나 다른 부대원과 같이 있어야 할 때, 무시당하지 않도록 상병이나 일병에게 한 단계 위 계급장을 허울로 달아주는 것과 비슷하다.

■ 목의 때도 못 씻는 살림[2+]

| 여기서 '목'은 겉의 목과 목구멍을 뜻하는 속의 목 둘 다 뜻한다. 목구멍에 넘길 것도 없는 가난에 찌든 구질구질한 살림을 하며 산다는 뜻이다.

■ 돈 없으면 적막강산이요 돈 있으면 금수강산이라

| 적막(寂寞)하다는 것은 적적하고 쓸쓸하다는 말. 가난하고 힘들면 아무리 좋은 풍경을 보더라도 쓸쓸하며 슬프고, 반대로 넉넉하고 살기 편하면 세상 모든 것이 아름답게 보인다. '적막강산'에는 아주 적적하고 쓸쓸한 풍경이란 뜻 말고도, 앞일을 내다볼 수 없게 캄캄하고 답답한 지경이나 심정이란 뜻도 있다.

자기 늙는 건 몰라도 남 자라는 것은 안다 사람은 나이를 먹고 어쩔 수 없이 늙게 마련이라는 말.

[현대] 오래될수록 젊은 건 사진뿐이다

- 자기 늙는 건 몰라도 남 자라는 것은 안다[2+]
  |누군가 자라서 어느새 저렇게 큰 걸 보고 그제야 자신이 그만큼 늙었음을 새삼스레 깨닫는다는 말.

- 가는 세월 오는 백발 / 집안이 망하려면 울타리부터 망하고 사람이 망하려면 머리부터 망한다[2+]
  |집안 단속을 옳게 못할 지경이 되면 이놈 저놈 몰래 울타리 비집고 다녀 바자울 모양이 가지런하지 못하다. 마찬가지로 나이가 들면 머리카락은 세는 건 물론이고 듬성듬성 삐죽빼죽 봉두난발이 된다.

자는 짐승은 잡지 않는 법이다 짐승이라 할지라도 생명에게 차마 못 할 짓은 하지 않는 법이라는 말.

- 자는 짐승은 잡지 않는 법이다 / 자는 짐승은 포수도 쏘지 않는다 / 자는 짐승을 잡으면 죄로 간다 / 집에 들어온 꿩은 잡지 않는다 / 새끼 밴 짐승은 잡지 않는다

자라 보고 놀란 가슴 솥뚜껑 보고 놀란다 어떤 물건이나 일에 크게 당한 사람은 비슷한 물건이나 일만 보아도 겁을 낸다는 말.

[成語] 상궁지조(傷弓之鳥)·경궁지조(驚弓之鳥) : 화살에 다친/놀란 적이 있는 새·중국 전국시대(戰國時代) 말에 조(趙)·초(楚)·연(燕)·제(齊)·위(魏)·한(韓) 여섯 나라가 강대국 진(秦)나라에 맞서려 연합을 했다. 조나라에서는 초나라에 위가

(魏加)를 보내 초나라 승상(丞相) 춘신군(春申君)과 이에 대하여 논의케 하였는데, 위가는 춘신군이 임무군(臨武君)을 초나라 사령관으로 내정했다는 이야기에 썩 마음이 내키지 않았다. 임무군은 과거 진나라와의 싸움에서 크게 진 뒤로 진나라를 두려워하고 있다는 소문을 들었기 때문이다. 그래서 위가는 춘신군에게 다음과 같이 말했다. "옛 위나라에 활을 잘 쏘는 이가 있어 왕과 함께 산책을 하는데 기러기 떼가 날아가는 것을 보았습니다. 그래서 그 사람이 화살 없이 시위만 당겨서 쏘니 맨 뒤에서 날던 기러기가 놀라서 땅에 떨어졌습니다. 왕이 놀라 그 재주를 물으니, '저 기러기는 지난날 제가 쏜 화살에 맞아 다친 적이 있는 기러기입니다. 아직 상처가 아물지 않아 맨 뒤에 겨우 따라붙으며 유난히 구슬프게 우는 걸 보고 알았습니다. 시위만 당겼을 뿐인데 이에 놀라 위로 높이 피하려다 상처가 터져 땅에 떨어진 것이옵니다'라고 하였습니다. 저는 과거 진나라와 싸워서 졌던 임무군을 대장군으로 임명함은 적절치 못하다 생각됩니다." _『전국책(戰國策)』

[현대] 바퀴벌레 보고 놀란 가슴 수박씨 보고 놀란다 / 열대야엔 형광등 켜기도 겁난다 / 공중화장실은 변태보다 닫힌 변기뚜껑이 더 무섭다

트라우마 • 트라우마(trauma)는 '정신적 외상 장애'를 뜻한다. 대체로 선명하게 본 기억을 동반하여 머릿속에 그 충격이 오래 기억되었다가 사고 당시와 비슷한 상황이 되면 불안해하며 이상한 행동을 보이는 것을 말한다.

자라. 자라는 사냥이나 공격을 할 때 목이 지금보다 몇 배로 순식간에 쭉 길어진다. |서울 경동시장

■ 자라 보고 놀란 가슴 솥뚜껑 보고 놀란다

|가마솥은 색이 검고 뚜껑의 손잡이는 마치 자라가 목을 길게 빼고 있는 것처럼 길게 위로 솟아 있다. 가마솥 뚜껑은 무거운 무쇠로 만들어져 있어서 일반 솥의 손잡이 꼭지처럼 짧아서는 들지 못한다. 때론 두 손으로 꽉 잡고 들어야 할 만큼, 무겁고 큰 가마솥 뚜껑일수록 손잡이가 더 길다. 자라274 는 거북이처럼 생겼으나 등껍데기에 거북이와 달리 육각형 무늬가 없는 민무늬에 색은 진갈색이며, 목이 매우 길게 늘어나고 콧구멍이 있는 부분이 앞으로 튀어나와 있다. 또한 자라의 이빨은 매우 강해서 손가락을 물릴 경우 손가락이 잘릴 정도라서

가마솥 뚜껑을 언뜻 잘못 보면 뚜껑과 손잡이를 마치 자라의 등과 머리로 착각하여 가슴이 덜컹할 수 있다. |국립민속박물관

---

274 『별주부전』에 나오는 것은 토끼와 거북이가 아니라 토끼와 자라(별 : 鼈)다. 그럼에도 많은 동화책에 들어간 그림은 자라가 아닌 육각 등무늬가 있는 거북이로 잘못 그려져 있는 경우가 많다. 자라는 바다와 민물 모두에서 살 수 있으므로, 바다 용왕의 명을 받아 산에 사는 토끼를 만나서 데려오려면 반드시 거북이가 아닌 자라여야 한다.

함부로 손을 대서는 안 된다. 웅덩이나 저수지에서 자라에게 한 번 물릴 뻔한 경험이 있다면 바닥에 놓인 가마솥 뚜껑만 봐도 흠칫 놀랄 수밖에 없다.

■ 더위 먹은 소 달만 봐도 헐떡인다
| 소는 추위도 타지만 더위는 더 많이 타는 동물이다. 소는 기온이 25℃ 이상이 되면 더위로 인해 스트레스를 받는다고 한다. 그래서 여름이면 새벽같이 몰고 나가 밭을 갈고, 한낮에 소를 쉬게 할 때는 그늘진 나무 밑에 매어놓는다.

■ 불에 덴 강아지 반딧불에도 끙끙 한다[2+]
| 따뜻한 아궁이 근처에서 자다가 장작불에서 튄 불티에 데었으니 불티와 비슷한 반딧불에도 겁을 먹는다는 말.

■ 불에 놀라면 부지깽이 보고도 놀란다
| 부지깽이는 아궁이에 불을 땔 때 불길을 쑤석이는 용도로 사용하는 긴 작대기. 불에 그을린 부지깽이를 보고 불이 나서 고생했던 안 좋은 기억이 불현듯 떠오른다는 얘기.

■ 국에 데면 냉수도 불어 먹는다 / 국에 덴 놈 냉수 보고도 분다 / 몹시 데면 회도 불어 먹는다[2+]
| 여기서 '데다'는 어떤 일에 몹시 혼이 난다는 '데다'일 것으로 여겨진다. 그리고 '불다'도 어쩌면 놀란 마음을 진정시키려 심호흡을 크게 하는 모양을 뜨거운 것을 식히려는 입바람으로 표현한 것 아닐까 싶다.

■ 미친개 눈에는 몽둥이만 보인다 / 고슴도치에 놀란 범 밤송이 보고 놀란다
| 미친개는 아무래도 사람들에게 자주 몽둥이로 두들겨 맞다 보니 뭐만 들었다 하면 그게 몽둥이로 보인다는 말이다. 그래서 미쳐서 날뛰다가도 몽둥이 비슷한 것만 들면 그게 뭔지도 모르고 냅다 꽁무니를 뺀다.

고슴도치의 가시에는 독이 없지만 심하게 찔리면 당연히 아프다. 고슴도치는 위험에 닥치면 자기 몸을 최대한 웅크려 공처럼 만든다. 그러면 흡사 밤송이와도 같게 된다. 이런 고슴도치를 처음 본 호랑이라면 그런 것을 모르고 건드렸다가 당연히 혼쭐이 난다. 그 이후부터는 늦가을 땅에 떨어져 있는 갈색 밤송이[275]만 봐도 흠칫 놀라 뒷걸음질을 치게 될지도 모른다.

고슴도치에게 찔려본 사람이면 이런 걸 보고 흠칫할 듯.

---

275 토종 고슴도치는 털이 갈색이며, 애완용 회색 고슴도치는 아프리카종이다.

자랑 끝에 불붙는다　너무 자랑하면 말썽거리를 만든다는 말.

- **자랑 끝에 불붙는다**[2+] / **자랑 끝에 쉬슨다**[2+]

  |내가 사람 볼 줄 안다고 자랑하면 나는 어떠냐, 이 사람 어떠냐고 봐달란다. 옳게 못 봐주면 체면이 말이 아니니 머리 쓰느라 애가 탄다. 적금통장 여러 개라고 자랑하니 여유 좀 있으니 돈 좀 빌려달란다. 돈 좀 있다 해놓고 돈 없다고 할 수도 없어 속이 쓰리다. '불붙는다'는 속이 탄다는 뜻이고, '쉬슨다'는 속이 썩는다는 뜻이다.

자볼기를 맞겠다　남편이나 사위가 매우 어리석거나 사내답지 못함을 이르는 말.

[成語] 노목궤(櫨木櫃) : 검양옻나무로 만든 궤짝. ▸ 융통성 없이 일러준 대로만 얘기하는 경우를 말한다. 이 말은 홍만종의『순오지(旬五志)』에 실린 노목궤(櫨木櫃) 이야기에서 유래한다. 어느 영감이 영리한 사윗감을 고르기 위해 검양옻나무로 궤짝을 만들어 그 안에 쌀 쉰닷 말을 담고 누구든 이 궤짝이 무슨 나무로 만들었고 그 안에 가득 찬 쌀의 양이 얼마인지 맞히면 딸을 주겠다고 하였다. 이에 여러 총각들이 문제를 풀러 왔지만 아무도 이 어려운 문제를 맞히지 못하기 일쑤였다. 그러다 보니 딸은 점점 나이를 먹고 애가 닳아 시집을 가고 싶은 마음에 아버지 몰래 한 장사꾼에게 정답을 귀띔해주어 "이것은 노목궤요, 쌀이 쉰닷 말 들었겠군!" 하고 알아맞혀 그 딸과 혼인을 하여 영감의 사위가 되었다. 나중에 영감은 이 사위가 바보인 것을 알게 되어 내쫓을 생각으로 장에 가서 소를 골라서 사 오라 시키니, 이 사위가 소를 보고도 예전에 아내가 귀띔해준 것을 그대로 되풀이하여 "이것은 노목궤요, 쌀이 쉰닷 말 들었겠군!" 하여 사람들의 웃음거리가 되었다 한다.

- **자볼기를 맞겠다**[2+]

  |'자볼기'는 옷감의 치수를 재는 나무 자로 볼기를 맞는 것. 남편이 오죽 한심하면 바느질하던 아내에게 자로 볼기를 맞을까. 일은 않고 방구석에서 뒹굴거리는 남편 볼기짝을 보면 열불이 나서 바느질하다 말고 볼기를 칠 일이다.

- **가르친[길러낸] 사위**

  |혼례를 치르기 전에 혼례 치르는 법이나 첫날밤을 보내는 법을 다 알고 와야 하는데, 사위가 자질이 모자라서 그런 것을 잘 모르니 처가에서 일일이 가르쳐서 혼례와 첫날밤을 치르게 했다는 말인 듯하다. 즉, 가르쳐서 겨우 사위를 삼았다는 말이니 사람이 얼마나 모자라고 융통성이 없겠느냐는 말이다.

- **첫날밤에 내소박을 맞는다**[2+]

  |'내소박'은 거꾸로 아내가 남편을 박대하는 것. 새신랑이 오죽이나 못났으면 첫날밤에 사내구실 못하고 새색시한테 구박이나 받았을까.

자식 기르는 것 배우고 시집가는 여자 없다   닥쳐서 해나가며 배우게 되는 것이지 처음부터 잘하는 경험자는 없으니 미리부터 걱정하지 말라는 말.

■ 자식 기르는 것 배우고 시집가는 여자 없다

자식도 많으면 천하다   무엇이든 흔하면 귀하지 않게 된다는 말.

■ 자식도 많으면 천하다[2+]
  |'천하다'의 반대말은 '귀하다'. 자식이 너무 많으면 건사하기도 어려워 애지중지 하지 않고 거의 내놓고 키운다.

■ 흉년의 떡도 많이 나면 싸다

자식 떼어놓고 가는 어미는 걸음마다 피가 고인다   부모의 자식 사랑은 그 어떤 사랑보다도 크고 깊다는 말.

  [현대] 부모 잃은 자식은 고아지만 자식 잃은 부모는 부모다

■ 자식 떼어놓고 가는 어미는 걸음마다 피가 고인다
  |한 걸음마다 멈춰 서서 한참 돌아다보며 피눈물을 흘리니까.

■ 부모가 죽으면 산에다 묻고 자식이 죽으면 가슴에다 묻는다 / 부모 상고에는 먼 산이 안 보이더니 자식 죽으니 앞뒤가 다 안 보인다[2+]
  |상고(喪故)는 상사(喪事)와 같은 말로 사람의 죽음을 말한다. 부모님이 돌아가 셨을 때는 넋을 놓고 눈이 흐려지지만, 자식이 죽으면 눈앞이 캄캄해진다는 말.

자식은 부모가 반팔자   어떤 부모에게서 태어나느냐로 그 사람의 일생이 상당부이 결정된다는 말.

  [현대] 내가 올려다보는 천장이 누군가의 바닥이다 / 부모 덕에 흥한 자 더 흥한다 / 성공은 1%의 재능과 99%의 돈으로 이루어져 있다
  금수저 물고 태어난 놈 못 이긴다·원래는 서양 속담인 'born with silver spoon in one's mouth(은스푼 물고 태어났다)'를 직역한 것이 금수저로 바뀐 것이다. 이와 반대로 매우 불리한 조건이거나 그런 곳 태생이면 '나무수저'나 '흙수저'라 고 한다.

■ 자식은 부모가 반팔자[2+]

자식을 보는 데 아비만 한 눈이 없고 제자를 보는 데 스승만 한 눈이 없다   자식의 능력은 아버지가, 제자의 능력은 스승이 누구보다 가장 잘 알고 있다는 말.

■ 자식을 보는 데 아비만 한 눈이 없고 제자를 보는 데 스승만 한 눈이 없다

자식 자랑은 팔불출 사랑하면 장점만 보이니 사랑하는 사람을 자랑하는 것은 바보 짓이라는 말.

■ 자식[아내] 자랑은 팔불출[2+] / 자식 추기 반 미친 놈 계집 추기 온 미친 놈[2+]
  |'추다'는 정도 이상으로 칭찬한다는 뜻.

작년이 옛날이다 세상의 변화속도가 매우 빠르다는 말.

  [현대] 가장 빠른 새는 어느새

■ 작년이 옛날이다

작년 팔월 추석에 먹은 송편이 올라온다 상대의 말이나 행동이 비위에 거슬려 구역질이 날 것 같다고 할 때 쓰는 말.

  [현대] 엊그제 먹은 라면발이 식도를 찌른다

■ 작년 팔월 추석에 먹은 송편이 올라온다

작은 고추가 맵다 몸집이 작은 사람이 큰 사람보다 옹골지고 야무지다는 말.

  [반대] 키 크면 속없고 키 작으면 자발없다

■ 작은 고추가 맵다 / 대국 고추는 작아도 맵다 / 고추가 커야만 맵나
  | 대개 길쭉하고 무른 고추보다는 작고 단단한 고추가 더 매운 법이다. 작다고 얕봤다가는 매운맛을 본다는 뜻. 대국(大國), 즉 중국 고추가 우리나라 고추보다 작아도 맵기는 훨씬 맵다. 중국 쓰촨(四川)성에서 재배되는 사천고추는 우리나라에서 가장 맵다는 청양고추보다 10배 이상 매워서 먹는 순간 혀가 마비될 정도라고 한다.
  [맥락] '고추'는 '사내'를 뜻한다. '맵다'에는 결기가 있고 야무지다는 뜻도 있다.

■ 고추보다 후추가 맵다
  | 후추 알갱이는 작은 콩알보다도 작지만 같은 양이라면 고추보다 훨씬 더 맵다.

■ 대추씨 같다[2+]
  |'대추씨'는 키나 몸은 작지만 야무지고 단단하며 빈틈이 없는 사람을 뜻하는 말이다. 대추씨는 너무 옹골차게 단단해서 지금도 삼계탕 먹다가 대추씨 잘못 씹어 이빨이 깨지는 일이 꽤 있다. '작은 고추'가 대체로 남자에게만 쓰이니 '대추

씨'는 남녀 모두에게 써봄직하다.

■ 가만히 부는 바람이 대목을 꺾는다

공명(共鳴)현상이란 것이 있다. 모든 물체는 각각 자기만의 진동수를 가지고 있으며 이를 '고유 진동수'라고 한다. 어떤 물체의 고유 진동수와 같은 진동수의 진동이나 힘이 밖에서 계속 전달되면 진동하는 폭이 크게 늘어나는 현상을 보인다. 한쪽의 소리굽쇠를 진동시키고 그 근처에 다른 소리굽쇠를 놓으면 진동시키지 않은 소리굽쇠도 같이 반응해서 울게 되는 것이 대표

약한 바람에 크게 출렁이며 마치 종잇장처럼 휘어지는 터코마 다리 상판

적인 예. 이 진동수가 크지 않더라도 서로의 진동수가 맞아떨어지고 계속 이어지면 큰 힘을 발휘한다. 유명한 사례가, 1940년 11월 7일 미국 워싱턴주 터코마(Tacoma) 해협에 놓인 840m짜리 강철다리 붕괴 사건이다. 이 다리는 풍속 190km/h의 강풍에도 견딜 수 있도록 설계되었지만 그날 불어온 풍속 70km/h의 바람에 종잇장처럼 크게 출렁거리다 무너졌다. 그때 불어온 바람의 진동수가 하필 그 다리의 고유 진동수와 일치한 데다, 지속적으로 바람이 계속 불어와 다리가 점점 더 크게 진동하다 와르르 무너진 것. 또한 수십 년 전 미국의 한 거대한 디스코텍에서 음악소리와 사람들의 춤추는 발소리가 건물의 고유 진동수와 맞아떨어져 붕괴되는 바람에 엄청난 사상자를 낸 일도 있었다. 국내에서도 2011년 강변 테크노마트 건물 전체에 이상진동이 감지돼 사람들이 대피하는 소동이 있었는데, 건물 내 피트니스센터의 뜀뛰기 진동과 그 건물의 수직방향 고유진동수가 맞아떨어졌기 때문이라고 대한건축학회가 밝힌 바 있다. 이렇듯, 바람이 나무의 고유 진동수와 맞아떨어지고 계속 같은 세기로 불어준다면, 거센 폭풍도 견뎌낸 거목일지언정 그저 맥없이 쓰러지고 말 수 있다.

■ 수수깡 키 커도 측간으로 가고 후추는 작아도 수라상에 오른다

수수깡은 옥수수나 수수의 줄기 대를 말한다. 가난한 집에서는 화장실 벽을 이런 옥수숫대나 수숫대로 둘러서 쳤다. '후추'라는 말은 호초(胡椒)에서 유래한다. 고대 인도의 호(胡)나라에서 가져온 산초(山椒)나무라는 뜻이다. 후추는 원산지가 인도이며 우리나라에는 고려시대 때부터 사용한 것으로 알려져 있다. 옛 중국이 인도에서 수입한 것을 다시 고려나 조선에서 수입하였다.[276] 중

수수는 옥수수보다 키가 훨씬 크다.

국 쪽이 아니면 류큐[유구국(琉球國). 현재는 일본령 오키나와]로부터 조공으로 받기도 했다.

잘되면 제 탓 안 되면 조상 탓 일이 잘못되었을 때 자신의 부족함을 탓하지 않고 남 탓이나 세상 탓만 한다는 말.

[현대] 잘되면 노하우 안 되면 불경기 / 첫 단추 잘못 꿰고 마지막 단추 잡고 짜증 낸다

■ 잘되면 제 탓 안 되면 조상[산소·터] 탓 / 집이 망하면 지관만 탓한다
ㅣ지관(地官)은 집이나 묘 등을 쓰기 좋은 자리를 풍수지리설에 따라 골라주는 사람이고, 집이나 묘를 쓰기에 매우 좋은 자리는 명당(明堂)이다. 명당에 집을 짓거나 묘를 쓰면 하는 일마다 잘되고 후손들도 번창하며 아무 탈이 없다고 믿었다. 자신이 똑바로 못 해서 망해놓고 지관 탓을 한다. 실패의 원인을 자신에게서 찾아낼 줄 모르는 사람이 늘 남 탓을 한다.

■ 소경이 개천 나무란다 / 눈먼 탓이나 하지 개천 나무래 무엇하나

■ 제 얼굴 더러운 줄 모르고 거울만 나무란다

■ 잘되고 못되는 거 내게 달렸고 시비하고 칭찬하는 건 남에 달렸다
ㅣ실패는 대개 자기 탓이다. 불경기에도 성공할 사람은 성공한다. 일이 잘 풀릴 때 한 성공은 자기 덕이 아니라 세상 덕이다. 남에게 시비 걸리는 것도 제 탓이다. 그래서 군자는 시빗거리를 아예 만들지 않도록 사소한 몸가짐 하나에도 늘 조심했다.

장가는 얕게 들고 시집은 높게 가라 신붓감은 가난해도 됨됨이가 바른 여자를 고르고, 신랑감은 잘 배우고 훌륭한 남자를 고르라는 말.

■ 장가는 얕게 들고 시집은 높게 가라
ㅣ처갓집이 더 잘살거나 아내가 더 능력 있으면 아무래도 남자가 기를 펴지 못하는 법이다. 능력 없고 못난 남편을 만나면 아무리 노력해도 아내 혼자 힘만으로는 어려운 살림을 벗어나기 어렵다.

장 가운데 중 찾기 매우 찾기 쉬움을 이르는 말.

[반대] 한양에서 김 서방 찾기

---

276 후추는 수입품이라 가격이 매우 비싸 대개 특권층들만 향신료로 사용하였다. 일반 양반들이나 평민들은 천초[川椒]. 산초(山椒)는 일본에서 들어온 명칭이다], 마늘, 겨자 등으로 대신했다.

■ 장 가운데 중 찾기[2+]

장터에는 늘 사람이 북적거린다. 온 사방 여러
동네에서 장날 맞춰 다들 모였으니 사람이 오
죽이나 많을까. 그 많은 사람 속에서 누군가를
찾기란 여간 어려운 일이 아니다. 하지만 온통
흰옷 입은 사람들 가운데서 잿빛 승복을 입고
머리도 민머리에 염주를 걸고 목탁까지 치는
중을 찾는 건 쉬워도 너무 쉬운 일.

[맥락] 이 속담에는 말장난도 있어 보인다. '장에서 중 찾기'라고 해도 충분한데
군이 '장 가운데 중 찾기'로 '가운데'를 살린 이유는 '가운데'와 '중'을 합치면
'가운데 중(中)'이 되기 때문이다. '장 가운데, 중 찾기'는 '장, 가운데 중 찾기'로
끊어 읽을 수 있다. 각자 장을 보곤 파장 무렵에 장터 한가운데서 만나자 약속했
다면, 와글와글 북적북적 속에서 목탁 소리가 장의 가운데가 어디쯤인지 가늠케
해줄 것이다. "이따 장 가운데서 만나자니, 가운데가 도대체 어딘데?" "아, 이
사람아! 장 가운데도 모르나? 목탁 소리 듣고 장 가운데 중(中) 찾으면 될 일
아닌가." 복전함과 후원모집 '알바'는 지금도 사람 많이 다니는 역 앞에 많다.

장구 치는 사람 따로 있고 고개 까닥이는 사람 따로 있나 혼자서 다 할 수 있는데도
나눠서 하자는 사람에게 하는 말.

■ 장구 치는 사람 따로 있고 고개 까닥이는 사람 따로 있나[2+]

장구를 이쪽저쪽 치면 고개도 이리저리 움직인다. 혼자서 이쪽저쪽 장구를 치듯
혼자서도 이리저리 해서 칠 수 있으면서, 이쪽은 내가 할 테니 저쪽은 네가 쳐내
라고 공연히 일을 나누려 들지 말라는 말이다.

장난이 아이 된다 대수롭지 않게 시작한 일이 큰일을 낸다는 말.

■ 장난이 아이 된다[2+]

장난삼아 연애나 수작을 걸다가 사고를 쳐서 아이를 배게 된다는 말이기도 하
고, "아이, 이제 어떡해!" 그 감탄사 '아이고'의 다른 말 '아이'기도 하다.

장마다 꼴뚜기 날까 ①늘 자기에게 유리하거나 구미에 맞는 일만 생기진 않는다는
말. ②빠르게 변하는 세상 물정을 모르는 어리석음을 이르는 말.

[현대] 칠 때마다 홈런이면 좋게?

491

- 장마다 꼴뚜기[망둥이] 날까[2+]

  │꼴뚜기와 망둥이는 흔하고 싼 생선이고 웬만한 장터에서 다 팔지만 어떤 장에서
  는 팔지 않기도 한다. 어제까지 팔았어도 오늘부터 안 팔기도 한다. 이번 장날에
  도 당연히 있겠거니 하고 갔는데 안 팔면 백날 투덜거려봐야 소용없다.
  [맥락] 장(場)은 판이나 마당이란 뜻이기도 하다. 매번 매 판마다 구미가 당겨
  껄떡일 거나 좋아서 팔짝거릴 게 생기지 않는다는 말이다. '껄떡이다'는 몹시
  먹고 싶거나 갖고 싶어 꿀떡 군침을 삼킨다는 말.

- 하늘 울 때마다 벼락 칠까

  │천둥과 벼락은 거의 같이 따라다닌다. 하지만 벼락 없는 우레도 있는 법이다.

장마당의 조약돌 닳듯   성격이 빤질빤질하고 되바라졌다는 말.

- 장마당의 조약돌 닳듯[2+]

  │수많은 사람에게 차여 굴러다닌 조약돌은 윤이 날 만큼 반질반질 매끄럽다. 장
  터에서 사람들을 많이 겪으며 큰 아이는 성격이 반질반질하다 못해 빤질빤질해
  진다. '반질반질'은 '빤질빤질'의 작은말이며, '빤질빤질'에는 성격이 뻔뻔하고
  유들유들하다는 뜻도 있다. 하도 닳고 닳아 뻔뻔한 능구렁이가 됐다는 말이다.

장마 뒤에 오이 자라듯   무럭무럭 부쩍 자라남을 표현하는 말.

  [成語] 우후죽순(雨後竹筍) : 비 온 뒤에 죽순 자라듯 하다. ▸
  죽순은 대나무 뿌리에서 올라오는 대나무 싹이다. 비가
  온 다음에는 죽순이 하루에 두세 뼘씩 자란다고 한다.

- 장마 뒤에 오이 자라듯

  │오이는 수분이 많은 열매라서 물을 많이 필요로 한다.
  따라서 장마가 지나고 나면 많은 물을 흡수해서 오이 여
  러 개가 주렁주렁 한꺼번에 쑥쑥 자란다. 장마 뒤에 오이
  자라는 속도가 얼마나 빠르냐면, 단 하루 만에 반 뼘이
  자란다고 한다.

죽순. |운현궁

장비는 만나면 싸움   툭하면 싸우려 드는 사람을 이르는 말.

- 장비는 만나면 싸움[2+]

  │〈삼국지〉에 나오는 장수 장비는 성격이 거칠고 싸움으로 모든 걸 해결하려 드는
  사람이다.

장비더러 풀벌레를 그리라 한다 큰일에 어울릴 사람에게 자질구레한 일을 해달라고 부탁한다는 말.

■ 장비더러 풀벌레를 그리라 한다[2+]

초충도. |정선, 〈여뀌와 개구리〉

|우락부락한 〈삼국지〉의 장수 장비에게 초충도(草蟲圖)를 그리라 한다는 말. 초충도는 섬세한 그림이다. 여성뿐 아니라 남성도 초충도를 많이 그렸다. 동양에서는 개구리도 벌레의 한 종류로 봤다. 그래서 개구리 와(蛙)에 벌레 충(虫)자가 부수로 붙는다.

장사는 오 리 보고 십 리 간다 장사꾼은 조그만 이익이라도 절대 무시하지 않는다는 말.

■ 장사는 오 리 보고 십 리 간다

|할푼리모(割分厘毛)가 있다. 할=10%, 푼=1%, 리=0.1%, 모=0.01%다. 그러므로 5리(厘)는 0.5%다. 천 원짜리 물건을 팔면 5원이 남는 셈이다. 이렇게 적은 이익을 위해서도 장사꾼은 멀리 10리(里) 길을 이고 지고 가서 판다는 말이다. 그만큼 장사라는 건 단 한 푼이라도 애를 써서 벌어야 남고 모인다. 지금도 박리다매(薄利多賣)라고 하여 싼 값에 파는 대신 많은 양을 팔아서 이윤을 남기는 장사가 있다. 많은 양을 팔자면 얼마나 고되고 힘들겠는가. 그래도 팔아야 남는 게 장사다. 참고로 이 속담은 비율에 사용하는 리(厘)와 거리의 단위인 리(里)의 발음이 같은 점을 이용하여 만들어졌다.

장은 파장인데 국은 한 솥이다 장사가 안 된다는 말.

[현대] 파리 날린다 / 개점휴업

■ 장은 파장인데 국은 한 솥이다

|며칠에 한 번 장이 서면 그때 맞춰서 장터꾼들에게 국밥을 파는 가게도 열게 마련이다. 손님이 많이 올 줄 알고 국을 한 솥이나 끓여놨는데 기대와 달리 손님이 거의 오지 않아서 국이 한 솥 가득 그대로 남았다는 말이다.

장작불과 계집은 쑤석거리면 탈난다 여자는 유혹에 약하다는 말.

■ 장작불과 계집은 쑤석거리면 탈난다[2+]

|'쑤석거리다'에는 자꾸 들쑤신다는 뜻도 있지만, 가만히 있는 사람을 자꾸 꾀어서 마음이 움직이게 만든다는 뜻도 있다. 잘 타고 있는 장작불을 공연히 쑤석거

리면 헛바람 들어가 불이 꺼지고, 남편과 잘 살고 있는 유부녀도 자꾸 유혹하면 결국 바람이 난다는 말이다.

재를 털어야 숯불이 빛난다 자기를 반성하고 자기의 약점과 허물을 없애버려야 자신을 더 빛낼 수 있다는 말.

[현대] 반성은 완성의 절반 • 자기반성이 곧 자기완성의 출발이란 뜻.

■ **재를 털어야 숯불이 빛난다**²⁺

| '재'와 '죄(罪)'는 발음이 비슷하다. 자신의 과오를 깨끗이 털지 않고서는 빛나는 사람이 될 수 없다는 말이다.

재미나는 골에 범 나온다 ①위험하거나 나쁜 짓을 계속하다간 언젠가 큰 화를 입는 다는 말. ②지나치게 재미있는 일은 안 좋게 끝나기 마련이라는 말.

■ **재미나는 골에 범 나온다**²⁺

| 여기서 '재미나는 골(짜기)'이라는 말 은 골짜기 깊이 숨어서 해야 할 어떤 부끄러운 짓이다. 숲이나 골짜기가 깊 어야 범이 나올 수 있으니 말이다. 남 녀 간의 육체적 사랑이나 불륜 등을 '재미본다'라고 한다. 옛날에는 모텔이 란 것이 없었으니 어디로 갔을까? [맥락] 밤에 몰래 빠져나와 정사를 즐기 다가, 그게 쉽지 않아 여러 번 못 하니 낮에 만나자 한다. 낮에는 물방앗간에 사람 드나드니 남의 눈을 피해 깊은 산 속으로 들어간다. 옷 벗고 한창 열을 올리다가 나무하러 또는 사냥하러 온

그믐달도 많이 기운 새벽녘, 연인이 폐가에서 나오고 있다. 남자의 겨드랑이에는 깔개가 끼워져 있고, 망건 에는 머리카락이 삐져나와 있다. "밤도 깊어 새벽인 데 두 사람의 일 두 사람만 알겠지"라는데, 정말 두 사람밖에 모를까? 감상자들마다 슬며시 웃으며 생각 하겠다. '했네, 했어.' | 신윤복, 〈월하정인(月下情人)〉

마을 사람을 만나면? 화들짝 놀라고, 마을에 소문 쫙 퍼질 걸 생각하니 호랑이 마주친 것보다 그게 더 무섭다. 여기서 '골'은 골짜기며 '골몰'이다.

■ **짓독에 바람이 든다**²⁺

| '짓독'은 사전에 올라 있지 않지만 '김칫독'의 전라북도나 제주 등의 사투리다. 요지항아리로 만든 독의 사투리 '요짓독'이 바뀐 말이라 여겨진다. 김칫독은 아 가리만 위로 나오게 땅에 묻고 그 위를 비바람이나 눈 등으로부터 보호하려고

움집을 만들어 얹었다. 추운 바람이 들어가면 김칫독이 자칫 깨질 수도 있었다.
[맥락] '짓독'은 '쥣독'으로도 읽힌다. 쥐가 드나드는 독이라는 말. 쥐새끼처럼
몰래 드나들어야 할 어떤 일에 자꾸 눈독을 들이다가 결국은 바람이 난다는 말
이다. 김칫독은 유부녀를 상징한다.

■ 오래 앉으면 새도 살을 맞는다²⁺

  | 새는 높은 가지에 앉는다. 높은 자리에서 적당한 때 물러나지 않고 오래 해먹으
  려 들다간, 새가 화'살'을 맞듯 언제고 시기나 모함으로 살(殺 : 죽임)을 맞는다
  는 뜻이다.

재하자는 유구무언　아랫사람은 윗사람에게 할 말을 못 하고 지낸다는 말.

■ 재하자는 유구무언²⁺

  | 재하자(在下者)는 나이나 친족 항렬에서 손아랫사람을 뜻한다. 아무래도 윗사
  람에게는 유구무언(有口無言 : 입은 있으나 말이 없다)이 많을 수밖에 없다.

저런 걸 낳지 말고 호박이나 낳았더라면 국이나 끓여 먹지　사람의 행실이나 됨됨이
가 아주 형편없다는 말.

  [현대] 싸가지가 바가지다 / 무지개 같다 ▸ '무지 개 같다'를 에둘러 말하는 것.
  　　　　호루라기 소리를 듣다 ▸ '호로자식!' 욕을 먹는다는 말.

■ 저런 걸 낳지 말고 호박이나 낳았더라면 국이나 끓여 먹지²⁺

  | 호박은 못생긴 여자를 뜻하기도 하지만, '호박에 줄 긋는다고 수박 되랴'처럼
  못난 사람을 뜻하기도 한다.

■ 고기나 되었으면 남이나 먹지

  | 매우 형편없고 못된 사람이라 사람값을 못 하니 그 몸이 한낱 고깃덩어리만도
  못하다는 말이다.

■ 제 아비 아이 적만도 못하다²⁺

  | 그 아버지에 그 아들로 못났는데 그 어리석은 아버지가 아이였을 때보다 더 어
  리석다는 말.

■ 날 적에 봤더라면 도로 몰아넣었겠다²⁺

■ 개차반이다

  | '차반'은 음식의 옛말이기도 하다. 똥개가 먹는 음식은 똥이니 '개차반'은 똥이
  다. 행실 더럽기가 똥과 같다는 말.

저물도록 애 봐주고 욕먹는다 묵묵히 일하는 사람의 공은 잘 모른다는 말.

[현대] 직장이 전쟁터라면 육아는 지옥이다 / 집안일은 집을 나가버려야 끝이 난다

■ 저물도록 애 봐주고 욕먹는다 / 일한 공은 있어도 애 본 공은 없다 / 칠순 노인도 애 볼래 밭 맬래 하면 밭 맨다 한다

어린애를 보는 것은 매우 힘든 일이다. 하지만 그런다고 무슨 결과가 나오는 것도 아니니 애를 잘 봤다고 내세울 것도 없다. 어린애를 먹이고 씻기고 입히고 넘어질까 데일까 다칠까 한시도 쉬지 못하고, 종일 애만 쫓아다닐 수도 없으니 애 보랴 집안일 하랴 그야말로 파김치에 물 먹은 솜이 된다. 그러다 행여 애가 어디 조금 다치기라도 하면 "집에서 놀면서 애 하나 똑바로 못 보고 뭐 했어!" 욕이나 들어먹는다.

아이 돌보느라 절절매는 엄마. 신윤복의 아버지 신한평도 이름난 화원이었다.
|신한평, 〈자모육아도(子母育兒圖)〉(일부)

■ 고양이 덕과 며느리 덕은 알지 못한다 / 고양이 덕은 알고 며느리 덕은 모른다

고양이는 하루에 열다섯 시간도 잔다. 그래서 곡식을 축내는 쥐를 잡아먹어 살림에 도움을 보태지만 평소에는 아무 일 안 하고 잠만 잔다고 오해한다. 며느리는 매일 쓸고 닦고 차리고 치우고 빨고 널고 다리고 개고 먹이고 입히느라 종일 바쁘다. 하지만 집안일은 아무리 해도 티가 안 난다. 하지만 조금이라도 덜 하면 바로 티가 나는 게 또 집안일이다.

저승과 뒷간은 대신 못 간다 자기 일은 자기가 해야지 남이 해줄 수 없다는 말.

■ 저승과 뒷간은 대신 못 간다[2+]

대신 죽어줄 수도 없고 마려운 똥을 대신 눠줄 수도 없다.

[맥락] 죽을죄를 지었으면 스스로 죗값을 치러야 하고, 급한 자기 볼일이면 남에게 부탁하지 말고 자기가 해내야 한다는 뜻이다.

저 중 잘 뛴다니까 장삼 벗어 걸머쥐고 뛴다 거짓 칭찬에 신나서 공연히 헛수고에 힘쓰고 공들인다는 말.

■ 저 중 잘 뛴다니까 장삼 벗어 걸머쥐고 뛴다[2+] / 저 중 잘 달아난다 하니까 고깔 벗어 들고 달아난다[2+]

[맥락] '저 중'은 '저 가운데'로 읽을 수 있다. 여럿 가운데 가장 잘한다고 짐짓

거짓으로 칭찬해주니 정말인 줄 알고 자신에게 이득도 없는 일에 더 열심이라는 말이다. 일 잘한다니 모자에 웃통까지 벗고 땀 흘린다는 말. '저 중'에 맞추려고 모자와 상의를 고깔과 장삼으로 바꾸어 넣었다고 생각한다. 직장상사들이 『칭찬은 고래도 춤추게 한다』를 그렇게 많이 사 읽었다고 한다.

저 혼자 북 치고 장구 친다 ①혼자서 이 일 저 일을 모두 도맡아 처리한다는 말. ②모든 일을 제 주장대로 한다는 말.

■ **저 혼자 북 치고 장구 친다²⁺**
 | 저 혼자 북 치듯 감탄하며 무릎을 치고, 저 혼자 장구 치듯 제 말에 좋아라 맞장구도 친다. 남 상관없이 저 혼자 죄 떠벌인다.

■ **저 혼자 원님 내고 좌수 낸다²⁺**
 | 사또인 원님은 공적인 업무를 담당하고, 고을의 풍속 단속이나 자치규범은 좌수가 담당했다. 좌수는 마을 양반들의 우두머리로, 그 고을의 사정에 어두운 사또를 돕는 역할을 했다. 이처럼 안팎의 모든 일을 혼자서 다 해버린다는 말이다.
 ˙좌수→ 항촌에서 개폐문하겠다

적도 모르고 가지 딴다 사리 분별도 못 하면서 그저 덤빈다는 말.

■ **적도 모르고 가지 딴다²⁺**
 |'적'은 굴 살이 붙은 쪽의 굴 껍데기를 말한다. 따야 할 굴이 어느 쪽에 붙었는지도 모르면서 가지도 따겠다고 덤빈다는 뜻이라고 흔히 푼다.
 [맥락] 여기서 '적'은 '~했을 적' '~한 적' '~할 적'의 과거·현재·미래의 어느 때를 말한다고 생각한다. 그러면 '적도 모른다'는 '철모르다'가 된다. '가지 딴다'는 '가졌단다(가졌단다)'로도 읽힌다. 지금이 뭐 할 적인 줄, 철도 모르고 자기도 일 같이할 재주를 가졌다고 나선다는 말이라 여겨진다. 혹은 아직 달거리 적도 경험해보지 못한 어린 신부가 몸 상태가 좀 이상하니 그건가 싶어 애를 가졌다고 한다는 말일 수도 있다.

절 모르고 시주하기 ①알아주는 이가 없어 애써 한 일이 보람 없다는 말.
 [成語] 금의야행(錦衣夜行) : 비단옷 입고 밤길 가기.·항우(項羽)가 진(秦)나라를 쳐부수고 그냥 고향으로 돌아가려 하자, 부하 한 사람이 이곳 진나라의 수도 함양에 도읍을 정하면 천하를 세울 수 있다고 권하였다. 그러나 항우는 고향에 돌아가 자랑하고 싶은 마음뿐이라 이를 거절하고, "부귀해졌는데 고향에 돌아가지 않는다면 이는 마치 비단옷을 입고 밤길을 가는 것과 같으니 누가 알아주겠는가"

하고 고향인 초(楚)나라로 돌아가버렸다. 이후 항우는 그곳에 도읍한 유방의 한(漢)나라에 패망했다. 나중에 원래의 의미와 다르게 금의야행은 애를 써도 남이 알아주지 못한다는 뜻으로 바뀌어 쓰였다. _『사기(史記)』

■ **절 모르고 시주하기**²⁺ / **동무 몰래 양식 내기**²⁺

|시주(施主)는 '보시하는 주인'이란 말이 줄어 만들어진 말. 사찰이나 승려에게 물질적인 것을 베푸는 사람이나 그런 일을 뜻한다. 시주하면서 염원(念願)도 같이 전하는데, 어느 사찰 어느 부처님인 줄도 모르고 시주하면 공들여 불공(佛供) 드려도 아무 공 없는 '불공(不功)'만 하는 셈이다.

무슨 일에 쓰자고 갹출, 즉 추렴을 하는데 자기도 곡식 냈다는 걸 동료들이 모르면 아무 소용이 없다. 안 낸 걸로 아니, 추렴한 결과의 혜택이나 감사를 못 받는다. 축의금이나 조의금 봉투에 이름 안 쓴 거나 다름없다.

[맥락] '절'은 '저를'의 준말이기도 하다. 시주하듯 남에게 베푼 사람이 '저라는 걸' 아무도 모르고 또 몰라주면 애써 한 일이 무의미해진다는 뜻이다.

■ **비단옷 입고 밤길 가기**

절이 망하려니 새우젓 장수가 들어온다 일이 안 되려니까 생각지도 못한 괴상한 일이 생긴다는 말.

[반대] 대문턱 높은 집에 정강이 높은 며느리 들어온다

■ **절이 망하려니 새우젓 장수가 들어온다[길을 낸다]**²⁺

|불교에서는 살생을 금하기 때문에 절에서는 육류와 어류를 절대 먹지 않는다. 하지만 사찰도 사람 사는 곳이라 개중에는 먹어도 잘 들키지 않을 새우젓 같은 것은 반찬 삼아 몰래 먹기도 했겠다. 새우젓 장수가 하도 뒤로 절을 몰래 드나들어 없던 길도 새로 날 정도라면 거기에 옳게 수행하는 스님이 몇이나 될까. 남몰래 속세 재미나 밝히는 '땡중'이나 우글대겠지.

|오명현, 〈젓갈장수〉

[맥락] 순댓국집에서는 새우젓을 꼭 내준다. 새우젓이 돼지고기의 소화를 도와주는 까닭이다. 이렇듯 돼지고기, 개고기에는 새우젓을 꼭 같이 먹는다. 소고깃국에 새우젓을 넣기도 한다. 새우젓 장수가 산속 사찰까지 무거운 새우젓 독을 지고 낑낑 올라온다면 그만큼 새우젓 소비가 많다는 뜻이고, 그만큼 사찰 승려들이 거의 대놓고 고기를 먹어댄다는 말이 된다.

■ **객주가 망하려니 짚단만 들어온다**

| 객주(客主)는 조선시대에 거래를 중개하고 숙박을 제공하며 금융서비스, 물류 운송 등을 담당하던 상업조직이었다. 그리고 운송할 물건은 가볍고 속이 비어 완충역할을 해주는 지푸라기로 물건을 보관하거나 포장했는데, 정작 팔 물건은 들어오지 않고 포장할 짚단만 계속 들어온다는 말이다.

■ 마방이 망하려니 당나귀만 들어온다

| 마방집(馬房집)은 돈을 받고 말짐을 날라주는 일을 하는 곳을 말한다. 지금으로 치면 용달. 그런데 이 마방에 큰 짐을 실을 말은 안 들어오고, 작은 짐이나 나를 당나귀만 자꾸 들어오니 제대로 돈벌이를 하지 못한다는 말이다. 크게 나르든 작게 나르든 어차피 배송 거리와 시간, 들어가는 품은 똑같으니 결국 대량 배송으로 운임을 많이 받는 쪽이 훨씬 이익이다.

■ 어장이 안 되려니 해파리만 들끓는다

| 해파리는 촉수에 독이 있어 이 촉수가 물고기 피부에 닿으면 죽거나 마비된다. 따라서 해파리 떼가 들끓으면 물고기들이 달아나 잡히지 않는다. 지금도 양식업을 하는 사람들에게 해파리는 여전한 골칫거리다.

■ 집안이 망하려니 맏며느리가 수염 난다[2+]

| 맏며느리가 장남 역할을 하며 집안에서 권력을 휘두른다는 뜻.

■ 망신당하려면 아버지 이름도 안 나온다

| 평소 당연히 잘 알고 있던 것도 중요한 순간에 갑자기 생각나지 않아 망신을 당하는 경우가 있다. 누군가 아버님 성함이 어찌 되시냐 했는데 하필 그때 아버지의 이름이 생각나지 않아 우물쭈물하느라 망신을 당한다는 말. 여기서 어머니 이름이 아닌 이유는, 옛날에는 결혼한 여자가 이름 불릴 일이 없었기 때문.[277]

절이 쇘다   인사할 시기를 놓쳐 어색한 채로 지낸다는 말.

[반대] 정성이 있으면 한식에도 세배 간다

■ 절이 쇘다[2+]

| '명절을 쇘다'를 이용해, 처음에 인사 나누며 절할 기회를 놓쳐 이후 계속 마주치면서도 서로 어색하고 뻣뻣하게 지낸다는 속뜻을 표현했다. 여기서의 '쇠다'는

---

277   지금도 마찬가지다. 친구의 부인이라면 '제수씨' 말고 '누구 씨'라고 이름으로 부르자. 친구 부인이 나이가 더 많은 경우에도 제수씨라 부른다. 형수씨라고 부르면 친구가 형이 되니까. 조금만 친해지면 이름 생략하고 바로 제수씨라고 부르는 건 자기네 남자들 관계를 더 끈끈하게 만들자는 잠재된 의도라고 생각된다. 호칭은 관계며, 관계 안에서도 사람은 저마다 제 이름이 있다.

채소가 너무 자라서 줄기나 잎이 '뻣뻣하고' 억세게 되다라는 뜻.

절이 싫으면 중이 떠나랬다　자신이 속한 집단이 마음에 들지 않으면 자기가 떠나는 것이 상책이라는 말.

■ 절이 싫으면 중이 떠나랬다[2+] / 무거운 절 떠날 것 없이 가벼운 중 떠나랬다
ㅣ건물이나 조직은 움직일 수 없으니 그 자리나 집단이 싫은 사람이 떠나는 게 낫다는 말이다.
[맥락] "저절로 가는 것은?" "중!" 이처럼 이 속담은 말장난이라고 본다. '절이'는 '저리'로 읽힌다. "원, 저리도 싫을까. 저리 싫으면 떠나야지. 중이 떠나야지."

젊어 고생은 사서도 한다　어려움을 겪고 극복한 경험이 훗날 세상을 제대로 살아갈 큰 밑천이 된다는 말.
[현대] 역경을 거꾸로 하면 경력

■ 젊어 고생은 사서도 한다 / 젊어 고생은 금 주고도 못 산다 / 초년고생은 양식 지고 다니며 한다
ㅣ고생으로 배운 경험은 누가 대신해줄 수도, 돈을 주고 살 수도 없는 귀한 것이다. 이 힘든 과정이 나중 세상을 살아가는 데 귀한 도움이 된다. 이력서에 알바 경력도 많이 적을 수 있으면 어학연수만큼 플러스가 된다.

■ 굶어 보아야 세상을 안다

젊은이 망령은 몽둥이로 고치고 늙은이 망령은 고기로 고친다　젊은이의 잘못은 꾸짖어 가르치고 노인의 잘못은 달래서 고쳐야 한다는 말.

■ 젊은이 망령은 몽둥이로 고치고 늙은이 망령은 고기로[곰국으로] 고친다
ㅣ젊은 사람은 크게 꾸짖어 시건방지고 못된 행동을 고쳐야 하지만, 늙어서 하는 망령된 행동은 어린아이에게 맛있는 것을 주어 살살 달래듯 해야 한다는 뜻이다. 늙으면 애가 되기 때문에.

접시 밥도 담을 탓　안 좋은 조건에서도 솜씨나 마음가짐에 따라 좋은 성과를 이룰 수 있다는 말.

■ 접시 밥도 담을 탓[2+] / 접시 굽에도 담을 탓[2+]
ㅣ밥그릇처럼 눌러 담을 순 없지만, 밥은 찰기가 있으니 접시 위라도 잘 모아 담으면 그득 담을 수 있다.

정성이 있으면 한식에도 세배 간다 아무리 때가 늦었어도 마음이 있으면 늦게라도 인사치레를 챙긴다는 말.

[반대] 절이 쉈다

■ 정성이 있으면 한식에도 세배 간다[2+]

ㅣ설날은 양력 2월 무렵이고 한식(寒食)은 4월 초. 설날 못 한 세배를 성묘하는 한식 때라도 할 수 있다는 말이다. 굳이 인사할 마음이 없으니 안 찾는 거지, 마음만 있으면 늦게라도 찾아가 인사를 할 수 있다는 말이다.

정신은 꽁무니에 찼나 정신을 올바로 챙기지 못하거나 잘 잊어버리는 사람에게 쓰는 말.

[현대] 머리는 장식으로 달고 있나 / 머리에 곱창이 들었나 / 머리가 머리카락 기르는 화분이냐
네 머리는 과대포장이냐 ㆍ뇌가 형편없이 작다는 얘기다.
어머님 은혜로 시작해 스승의 은혜로 끝난다 ㆍ〈어머니의 마음〉(제목을 대개 〈어머님 은혜〉로 잘못 알고 있다)이란 노래의 끝 소절인 "어머님의 희생은 가이없어라"와 〈스승의 은혜〉 노래의 후렴 전 "스승은 마음의 어버이시다" 부분의 음률이 너무 비슷해서 넋 놓고 부르다 보면 "어머님의 희생은 가이없어라. 아아아, 고마워라 스승의 사랑. 아아아… 보답하리… 스… 승의…"로 꼬리 내리며 지리멸렬 끝나는 경우가 은근 많다. 깨달았을 땐 더 부르기도 멈추기도 이미 어중간하다.

ㅣ강풀, 〈일쌍다반사〉, "어머님은혜"(일부)

■ 정신은 꽁무니에 찼나[2+] / 정신은 빼서 개 주었나

ㅣ'꽁무니'는 엉덩이에서 가장 뒤로 튀어나온 부분. 흔히 '정신머리'라는 말을 많이 쓴다. 머리에 차 있어야 할 정신을 꼬리처럼 엉덩이에 대롱대롱 차고 있냐는

말이다. 머리에 들어'차다'와 꽁무니에 매달아 '차다'를 이용한 말장난.

*꽁무니→ 오른쪽 궁둥이나 왼쪽 볼기짝이나

■ **까마귀 고기를 먹었나 / 까마귀 정신**

|까마귀는 남은 먹이를 감추어두는 습성이 있는데, 자신이 감추고 못 찾는 일이 많다고 한다. 하지만 이 속담은 '까먹다' '까맣게 잊다'와 소리가 비슷한 까마귀를 연관 지은 속담이다.

■ **처가에 간다 하고 외가에 가겠다 / 정신없는 늙은이 죽은 딸네 집에 간다[2+]**

|처가는 아내의 친정이고 외가는 어머니의 친정이다. 순간 둘을 헷갈려 엉뚱한 곳으로 간다는 말이다. 그리고 딸 없는 사위집에는 갈 일이 없는데, 아무 생각 없이 걷다가 '우리 딸 사는 집이 이 근처지?' 하고 문 들어서 "박 서방~" 하자마자 퍼뜩 정신이 든다. '아차, 우리 딸 죽었지. 아이고, 이 정신머리 없는 늙은이!'

정직한 사람의 자식은 굶어 죽지 않는다   거짓말하기보다 정직한 게 낫다는 말.

[반대] 거짓말도 잘 하면 오려논 다섯 마지기보다 낫다

■ **정직한 사람의 자식은 굶어 죽지 않는다[2+]**

|정직한 삶은, 자신이 못 받으면 자식 때라도 받을 만큼 언젠가는 꼭 보답을 받는다는 뜻. 이웃들이 바르게 산 사람의 자식을 굶도록 놔두지 않는 법이다.

■ **거짓말하고 뺨 맞는 것보다 낫다 / 거짓말하는 놈은 아비가 둘이라**

|거짓말을 하는 사람은 그 어미가 행실이 좋지 않아 몰래 외간남자와 정을 통해 낳은 자식이라는 것으로, 거짓말처럼 못된 행실도 없다는 말이다.

제 눈에 안경   다른 이들이 보기에는 좋아 보이지 않은데 자신의 눈에만 좋게 보인다는 말.

■ **제 눈에 안경**

|안경을 쓰면 안경 너머에 있는 것은 잘 볼 수 있지만 자기가 쓰고 있는 안경은 보이지 않는다. 가장 가까운 이의 흉허물은 너무 가까워서 보지 못한다.278

■ **눈에 콩깍지가[콩꺼풀이] 씌었다**

안경은 조선 중기에 상류층부터 사용하기 시작했다. 안경알은 경주 남산에서 나오는 수정을 갈아 만든 것을 최고로 쳤는데, 상류층 양반들도 거금을 들여야 살 수 있을 만큼 가격이 비쌌다. |국립해양박물관

---

278 많은 이들이 어떤 안경을 썼느냐에 따라 사물이 다르게 보인다는 뜻으로 잘못 알고 있다.

|누군가를 좋아하거나 너무 가까운 사이일 때 그 사람의 단점은 보이지 않고 장점만 보일 때 쓴다. 눈을 감으면 눈꺼풀 위로 눈동자가 볼록 도드라져 보이는데, 이게 마치 콩알 든 콩깍지 같다. 그러므로 이 속담은 아예 눈을 감아버린 것처럼, 남들 다 보는 그 사람의 결점을 홀딱 빠진 사람만 못 본다는 뜻이다.

감은 눈의 눈꺼풀과도 같은 콩깍지.

제 밥 덜어줄 샌님은 물 건너부터 안다 인품이나 언행은 겉만 봐도 짐작할 수 있다는 말.

■ 제 밥 덜어줄 샌님은 물 건너부터 안다[2+] / 대궁 남길 손님은 물 건너부터 알아본다[2+]

|남긴 밥을 '대궁' 또는 '대궁밥'이라 한다. 잔반(殘飯)이라고도 하지만 영 멋없다. 이 속담은 인품과 덕망이 있는 사람은 얼굴만 봐도 알 수 있다는 뜻으로 쓴다. 옛날에는 어렵게 사는 이들이 많아서 손님이 오면 대접을 잘하기 위해 식구 가운데 한 사람은 굶기 일쑤였다. 손님도 그걸 모르지 않으니 배가 덜 찼어도, 반찬이 맛있어도 다 먹지 않고 적당히 남겼다. 손님이 덜 먹고 물린 상은 고스란히 아이들 차지. 손님상으로 차렸으니 평소에 쉽게 못 먹던 찬이 올라온다. 그래서 애들은 손님이 오신다 하면 마중 나간다는 핑계로 미리 나가서 손님 안색부터 살폈다. 딱 봐도 먹성 좋게 생겼으면 대궁은 물 건너갔다.

■ 돈 있는 사람 집만 봐도 알고 덕 있는 사람 겉만 봐도 안다

■ 떡 사 먹을 양반은 눈꼴부터 다르다[2+]

|살 손님인지 물어만 보고 갈 손님인지 장사꾼은 척 보면 금방 안다. 하루 이틀 해보는 장사가 아니고 한두 사람 겪어본 게 아니라서 보는 눈이 거의 정확하다. [맥락] 덕이 없어서 덕을 사서 먹어야 비로소 속에 덕이 찰 사람은 눈매만 봐도 안다는 말이다. 눈은 마음의 창이다.

제 밥 먹고 상전 일 한다 ①제 돈이나 물건을 써가면서 보수도 못 받고 일한다는 말. ②제 할 일은 못 하고 남의 일만 해준다는 말.

[반대] 양주 밥 먹고 고양 구실

[현대] 강제 재능기부 • 좋은 마음으로 한두 번 가진 재능으로 도와주니, 그게 당연한 줄 알고 무료 강연이나 무료 행사, 무료 제작 등을 당당히 요구하기도 한다.

■ 제 밥 먹고 상전 일 한다[2+]

제 배가 부르니 평안감사가 조카 같다 배불리 먹고 나면 세상 부러울 게 없다는 말.

■ 제 배가 부르니 평안감사가 조카 같다[2+]

 |'조카 같다'는 말은 '좆같다'로도 읽을 수 있다. 배부르면 그 좋은 자리에 앉은 평안감사도 '좆같이' 보일 만큼 만족스럽다는 말. *평안감사→ 평안감사도 저 싫으면 그만

제 버릇 개 못 준다 오래된 (좋지 않은) 습성은 쉽게 고쳐지지 않는다는 말.

 [현대] 껌 씹던 버릇 / 개가 똥을 끊지

■ 제 버릇 개 못 준다[2+]

 |흔히 형편없거나 쓸모없는 것이면 '개나 줘'라고 한다. 그렇게 개나 줄 좋지 않은 버릇이지만 못 버리고 계속 가지고 있다가 그 짓을 또 한다는 뜻.

■ 고양이가 쥐를 마다한다 / 까마귀가 고욤[메밀]을 마다한다

 |'고욤'은 감나무의 조상인 고욤나무에서 나는 열매로, 감보다 매우 작고 단맛이 적다. 까마귀와 까치는 단맛을 좋아한다. *고욤→ 감 씨에서 고욤나무 난다

■ 개가 똥을 참겠다 / 개가 똥을 마다한다

■ 고리장이는 죽을 때도 버들가지를 입에 물고 죽는다

 |버드나무는 가지가 하늘하늘하여 잘 휘어지므로 예로부터 이것으로 여러 가지 물건들을 만들어 썼다. 그리고 버드나무 가지나 싸리나무, 대나무 등으로 옷감 등을 보관하는 고리 같은 것들을 만들어 팔던 사람을 '고리장이' 또는 '유기장(柳器匠)'이라고 불렀다. 고리장이가 고리를 만들 때는 두 손으로는 고리를 엮고 입에는 다음에 이어 엮을 버들가지들을 물고 있기 마련이다. 따라서 죽을 때까지 늘 해오던 것을 놓지 못한다는 말이다.

대나무를 가늘게 쪼개서 얇게 다듬은 대오리
|경남 통영 세병관(洗兵館) 12공방(工房)

채상. 채상(彩箱)은 대오리에 색색의 물을 들여 짠 고리로, 채상을 만드는 이를 채상장 이라고 한다. |전남 담양 죽록원

■ 한량은 죽어도 기생집 울타리 밑에서 죽는다

 |한량(閑良)은 양반의 자제로서 관직을 갖지 않은 사람, 또는 무과에 응시했거나 무과 관직을 갖지 못한 사람 등을 아울러 일컫는 말이었다. 이후 뜻이 바뀌어 돈 잘 쓰고 잘 놀면서 하는 일 없이 빈둥대는 사람을 말하게 되었다. 죽을 때조차

기생집 찾아가다 죽는다 하니 그 놀던 버릇이 어디 가겠느냐는 뜻이다.

■ **남산골샌님이 망해도 걸음 걷는 보수는 남는다**

ㅣ관직이 없어 가난한 선비들이 남산 밑자락에 많이 살았는데, 가난해도 자존심은
세서 아무리 허술하게 입고 다닐망정 걸음걸이만큼은 양반걸음이었다. 아무리
신체를 망쳐 천한 위치가 되었다 해도 양반걸음 걷던 버릇만큼은 안 바뀐다는
뜻이다. 보수(步數)는 걸음 숫자. 느긋하건 급하건 언제나 일정한 양반걸음이라
는 뜻이다.

■ **놀던 년이 결단이 나도 궁둥이짓[엉덩이짓]은 남는다**

ㅣ정숙하지 못한 여자가 나이가 들어 더는 인물값 못 하게 끝장이 나더라도, 과거
남자 홀리려 엉덩이 흔들고 다니던 버릇은 몸에 배서 저절로 드러난다는 말.

■ **배운 게 도둑질이다**[2+]

ㅣ한 번 도둑질을 배우면(몸에 배면) 그 버릇을 버리지 못한다. 그래서 자꾸 '습관
적으로 손이 간다'. 그만둬야지, 안 해야지 하면서도 저도 모르게 자꾸 손이 간
다. 손에서 못 놓는 도둑질처럼, 오래 해오던 일이 관성이 되어 다른 일 못 하고
계속 그 일만 하게 된다는 말로 쓰인다. 보통 자기가 하는 일이나 직업, 몸에
밴 습관 따위를 스스로 비하하거나 겸손하게 말할 때 쓴다.

■ **포도군사 은동곳 물어 뽑는다**

ㅣ도둑이 손이 묶여 감옥에 갇히더라도 포졸 상투에 꽂힌
은동곳을 입으로 뽑아 훔친다는 뜻이다. '동곳'은 틀어놓
은 상투가 풀리지 않도록 꽂아서 고정하는 ㄷ자 모양의
핀. 옥문은 낮아서 포졸 벙거지를 뒤에 벗어 걸고 들어갔
을 듯하다.

동곳 상투를 틀고 이를 고정하
는 데 쓴다. ㅣ국립중앙박물관

제삿날 맏며느리 앓아눕는다 중요한 시기에 가장 중심이 되는 사람이 빠지거나
중요한 부분이 틀어졌다는 말.

■ **제삿날[잔칫날] 맏며느리 앓아눕는다**

제 얼굴엔 분 바르고 남의 얼굴엔 똥 바른다 ①저만 위할 줄 알고 남은 전혀 위할
줄 모른다는 말. ②잘된 일은 제가 한 것처럼 내세우고 잘못된 일은 남이 한 것처
럼 꾸민다는 말.

■ **제 얼굴엔 분 바르고 남의 얼굴엔 똥 바른다**[2+]

ㅣ잘된 일이면 생색내며 제 얼굴을 환히 드러내고, 잘못된 일은 남이 했다고 똥칠

로 오명을 뒤집어씌운다는 말.

제 집 어른 섬기면 남의 어른도 섬긴다 자기 집에서 잘하는 사람은 어디 가서든지 틀림없이 잘한다는 말.

[반대] 집에서 새는 바가지 들에서도 샌다

■ 제 집 어른 섬기면 남의 어른도 섬긴다

조는 집에 자는 며느리 들어온다 처지나 취미, 습성이 비슷한 것끼리 모이게 된다는 말.

[成語] 유유상종(類類相從) : 같은 종류끼리 서로 따른다.

[현대] 네가 똥이니 파리가 꼬이지

■ 조는 집에 자는 며느리 들어온다 / 잠꾸러기 집은 잠꾸러기만 모인다
  ┃자기 집에서 자면 타박이나 들으니 속 편하게 자려고 다른 잠꾸러기네 집에 와 서 자게 되는 법이다. 지금도 게임 좋아하는 사람 집에는 게임 좋아하는 친구들 이 모이고, SNS에서도 자기와 취향이 같은 사람끼리 친구를 맺는다.

■ 다리 부러진 노루 한 골에 모인다
  ┃다친 짐승은 천적으로부터 몸을 숨기기 위해 가장 안전한 장소를 찾아가는데, 그런 데 가면 역시 자기와 같은 생각을 한 다친 동물이 와 있게 마련이다.

■ 늑대는 늑대끼리 노루는 노루끼리 / 까치는 까치끼리

■ 축은 축대로 붙는다
  ┃수준이 비슷한 사람끼리 모이고 어울리게 된다는 뜻. 흔히 '~ 축에 낀다' 하듯 '축'은 일정한 특성에 따라 나누어지는 부류를 뜻한다. 결국 끼리끼리 모인다는 말이다.

■ 소 노는 데 소 가고 말 노는 데 말 간다[2+]
  ┃소는 농사꾼, 말은 양반이나 부자를 뜻한다. 하류층은 하류층끼리, 상류층은 상류층끼리만 모이게 마련이다.

조바심하다 초초해하거나 조마조마 마음을 졸인다는 말.

■ 조바심하다 / 조바심을 내다 / 조 비비듯 하다
  ┃"타작을 옛날에는 '바심'이라고 했는데, 조를 추수하면 그것을 비벼서 좁쌀 낟알 을 떨어내야 했다. 그런데 조는 좀처럼 비벼지지는 않고 힘만 들므로 조급해지 고 초조해지기 일쑤다."(박숙희 편저, 『뜻도 모르고 자주 쓰는 우리말 사전』)

국립국어원에서는 '조바심'이란 단어의 정확한 유래를 설명하는 대신 위의 책 내용을 하나의 견해로 참고하라고만 한다.

[맥락] 글쓴이는 달리 생각한다. 초조하면 저도 모르게 손을 비빈다. 이것이 조 이삭을 두 손바닥 사이에 넣고 비벼 떠는 동작과 같다. 조는 낱알이 너무 작고 동글하기까지 해서 다른 곡식과 다르게 타작한다. 방을 비우고 문을 꼭 닫은 채 타작하거나, 멀리 튀어 나가지 않게 손으로 비벼 낱알을 떨궜다.279 그러니 조를 바심하기 위해 하는 손동작을 가지고 초조할 때 하는 똑같은 손동작을 표현한 것이라 본다. 같은 속담 겸 관용구로 '조 비비듯 하다'가 있고, 국어사전에도 '조비비다'라는 말이 있다.

아직 덜 영근 좁쌀. 알이 매우 작고 많아 옛날에는 비비는 것 외에 일반적인 방법으로는 탈곡이 어려웠다.

조 북데기를 치면 저녁 먹이 나와도 여편네 치면 끼니를 굶는다　아내를 때리면 결국 자기만 손해라는 말.

[반대] 북어와 계집은 사흘에 한 번씩 패야 한다

■ 조 북데기를 치면 저녁 먹이 나와도 여편네 치면 끼니를 굶는다[2+]
| '북데기'는 짚이나 풀 따위가 함부로 뒤섞여서 엉클어진 뭉텅이란 뜻. 여기서는 타작한 빈 이삭 뭉텅이를 말한다. 타작한 조 이삭을 다시 모아서 열심히 쳐서 떨어보면 그나마 한 끼 먹을 좁쌀은 건지지만, 아내를 때리면 화가 난 부인이 밥을 안 차려주니 쫄쫄 굶기만 한다는 말이다.

조조는 웃다 망한다　함부로 자만하다가 뜻하지 않게 망신을 당할 수 있다는 말.

[成語] 조조삼소(曹操三笑) : 조조의 세 번의 웃음. ▸적벽강 전투에서 패해 도망치던 조조가 '나라면 이곳에 매복했을 것'이라며 적을 비웃다가 미리 매복한 적에게 쫓기고, 한숨 돌린 곳에서 또 적의 어리석음을 비웃다 다시 매복에 놀라 쫓기기를 세 번 했다는 이야기에서 유래한다.

[현대] 손잡고 식장 들어가봐야 안다 ▸남녀 사이란 언제 어떻게 될지 아무도 모른다는 말이다. 예식장에서 결혼식 올리기 전까지는 그 어떤 굳고 오랜 관계도 어찌 될지 알 수 없다.

279　지금은 땅바닥에 길게 두꺼운 비닐을 깔고 조 이삭을 넓게 펴둔 다음 위에 촘촘한 그물을 덮고선 그 위에 차로 지나가며 타이어로 짓눌러 조를 바심한다.

후까시 훅 간다 · 후까시는 '과시하기, 허풍떨기'라는 뜻의 일본어 후카시(吹か
し)에서 유래한다. 미용실에서 숱 적은 머리를 부풀려주는 것도 후까시라 한다.

■ 조조는 웃다 망한다

이 속담은 『삼국지(三國志)』 중 적벽대전(赤壁大戰) 장면을 바탕으로 만들어
졌다. 적벽강 전투에서 크게 패해 패잔병을 이끌고 도망치던 조조가, 자기라
면 여기에 매복했을 거라며 적을 비웃다가 조조의 말대로 미리 매복해 있던
적에게 쫓기기를 세 번 한다는 이야기다. 다음은 판소리 〈적벽가〉에서 조조
가 웃다 망하는 대목이다(판소리라서 실제 역사와 전혀 다르다).

① 앞을 가는 길에 산세가 험준하고 수목이 울창하니 조조가 묻기를, "여기가 어
다냐?" 좌우에서 여쭙길 "오림(烏林)이오." 조조가 말 위에서 손뼉을 치며 크게
웃자 장수들이 묻기를, "이보시오, 승상님. 부하들 다 죽이고 도망치는 터에 무
슨 좋은 일이 있어 그리 웃으시오." 조조가 대답하되, "주유와 제갈량이 꾀 없음
을 웃는다. 이런 좁은 목에 눈먼 장수 하나라도 매복을 하였다면 우리 남은 목
숨도 독 안의 쥐새끼지." 이 말이 끝나자마자 대포소리 꽝 하며 복병들이 뛰어나
온다. … 조조가 혼비백산하여 말에서 떨어져 주먹 쥐고 도망칠 때 따라오던 장
수와 군사 절반이 다 죽고 …
② 조조가 또 염소웃음을 하니 참모 정욱(程昱)이 여쭙길, "승상의 한 번 웃음 조자
룡을 불러들여 남은 병사와 말 다 죽이고, 어떤 적장을 부르려고 또 웃음을 웃으시
오." 조조가 대답하되, "주유와 제갈량이 여간 재주가 있다지만 하룻비둘기라서
암만해도 재를 못 넘지. 이런 험한 곳에 복병을 두었으면 우리 지금 신세가 묶어놓
은 돼지 꼴이라 살아날 수가 있겠는가." 이 말이 끝나기도 전에 좌우에서 총소리가
콩 튀듯이 일어나며 벌떼 같은 복병들이 불을 지르며 냅다 나서 … 조조가 혼이
나가 벗은 갑옷 내버리고 말 등에 뛰어올라 필사적으로 도망칠 때 …
③ 조조가 왜가리웃음으로 웃어 여러 장수들이 "승상이 하하 웃으시면 번번이 큰일
나는데, 또 저리 웃으시니 우리 다 죽겠소. 싸우자니 군사 없고 도망하자니 길이
없어 어찌하잔 말씀이오." 조조가 장담을 마구 하며, "… 그러나저러나 이렇게 좁은
목에 장수 하나는 고사하고 군사 열 명만 두었다면 내 재주와 네 재주가 여우새끼
같더라도 살아남을 수 있었겠느냐. 하하!" 하고 또 웃더니 웃음이 채 끝나기도 전에
대포소리 울리며 칼과 도끼를 든 500명이 철통같이 길을 막고 … 한 장수가 나오는
데 … 관우가 청룡도 비껴들고 적토마에 높이 앉아 천둥 같은 호령소리에 산악이
무너진다. 조조는 넋을 잃고 장수들도 혼이 나가 서로 바라보고 말이 없다. …

■ 입찬소리는[입찬말은] 무덤 앞에 가서 해라

| '입찬소리' 또는 '입찬말'은 자기의 지위나 능력을 믿고 지나치게 장담하는 말.
함부로 장담하다 무슨 낭패를 볼지 모르니 섣불리 자만하고 장담하지 말고 죽을
때까지 늘 삼가라는 뜻.

족제비도 낯짝이 있다　예의와 염치를 모르고 오히려 뻔뻔함을 나무라는 말.

[成語] 후안무치(厚顔無恥) : 낯이 두꺼워 얼굴에 부끄러움이 나타날 줄 모른다.
　　　 인사불성(人事不省) : 사람으로서의 마땅한 도리를 살피지 않는다.

[현대] 호의가 계속되면 권리인 줄 안다 / 호의가 아홉 번이면 호구로 안다 ‣ 계속 잘해
　　　 주니 나중에는 당연하게 생각하고 왜 해주다 안 해주냐 화를 낸다는 말이다.
　　　 최고의 장애는 염치불구 ‣ 장애인 주차구역에 차를 댔다가 벌금 물고는 신고한
　　　 사람 낯짝 좀 보자는 사람은 정말 염치가 불구다.
　　　 반말 신청은 존댓말로 ‣ "내가 너보다 위니까 반말해도 되지?" 허락 없이 말 놓
　　　 는 건방진 선배나 연상 꼭 있다.
　　　 얼굴에 철판 깔았다 / 양심에 털이 났다 / 양심에 제모 좀 해라 / 말 놓으랬지
　　　 예의 놓으라 안 했다

■ **족제비[벼룩·모기]도 낯짝이 있지**[2+] / **낯가죽이 쇠가죽**

｜족제비는 좁은 틈을 비집고 들어가거나 땅을
파고들어야 해서 몸집이 길쭉하다. 그래서 머
리통도 뾰족하다. 얼굴도 좁다. 그 족제비만 못
하게 부끄러움 모르고 교활하다는 말이다. 벼
룩은 너무 작아서 얼굴이 어딘지 찾아보기도
어렵다. 피 빨아 먹고 사는 벼룩조차, 그 작은
몸에 낯이라는 게 있는데, 벼룩만도 못하게 악
착같이 남의 것을 긁어모은다는 뜻이다. '~도
낯짝이 있다'라는 말은 '~는 낯짝도 없다'라는
뜻을 강조한 것이다. 창피하면 볼이 빨개지는
데, 창피를 모르니 얼굴색 하나 안 바뀐다. 그
렇게 창피를 모르는 사람한테는 낯짝이 두껍다
(워낙 두꺼워서 얼굴에 부끄러운 기색이 나타
나지 않는다), 철면피다(얼굴 가죽이 철판이
다) 손가락질을 한다.

족제비 (박제). ｜국립산림박물관

일본에서 제작되어 국내에도 판매 중인
'고멘네코' 액세서리. 고양이가 엎드려 사
죄하는 듯한 자세로 잠이 들어버리는 걸
일본에서는 '고멘네 자세'라고 한다. 고멘
네는 고멘(ごめん, 미안)과 네루(寝る, 자
다)를 합성한 말. 고멘네(ごめんね!) 자체
가 '미안해'라는 뜻도 가진다. ｜라쿠텐

■ **고양이가 얼굴은 좁아도 부끄러워할 줄은 안다**[2+]

｜창피하면 대개 얼굴을 가리거나 고개를 못 든
다. 고양이는 마치 부끄럽거나 미안하다는 듯
발로 얼굴을 감싸거나 앞발에 머리를 묻는 습
성이 있다. 고양이도 창피한 줄 아는데 사람이
돼서 창피한 줄도 모르고 되레 뻔뻔하다는 말
이다.

■ 미꾸라지도 부레가[백통이·밸통이] 있고 빈대도 콧등이 있다[2+]

| '백통/밸통'이 무엇을 뜻하는지는 알려져 있지 않다. 아마도 부레나 배를 일컫는 말은 아닐까 한다. 미꾸라지도 물고기라서 부레를 가지고 있다는 말이다. 미꾸라지는 다른 물고기들과 달리 부레의 전체 또는 일부가 골낭(骨囊 : 뼈주머니) 안에 들어 있어서 미꾸라지는 부레가 없다고 생각하는 사람들이 많다. 그리고 빈대는 동물의 피를 빠는 벌레로 배가 뚱뚱해져서 터질 만큼 끈질기게 피를 빤다. 하지만 이 빈대가 피를 빨기 전까지는 벽이나 벽지, 가구 틈새에도 파고 들어가 숨을 정도로 몸이 매우 납작하다. 이 납작한 빈대에게 솟은 콧등이 있을 리 없다.

[맥락] 이 속담은 전혀 다른 뜻의 두 속담이 잘못 합쳐진 것 같다. '미꾸라지도 부레가 있다'라는 속담은 '부레끓다(몹시 성나다)'를 이용한, '지렁이도 밟으면 꿈틀한다'와 같은 뜻이라고 생각한다. '밸통'은 '배알('창자'를 속되게 이르는 말)'의 준말 '밸'일 것인데, 화가 잔뜩 났다는 걸 '배알이 꼴리다/뒤틀리다'라고 하기 때문이다. 뒤쪽 속담인 '빈대도 콧등이 있다'는 창피를 모른다는 뜻이 맞다. 창피하면 야코가 죽으니까.

■ 똥 싸고[싼 주제에] 매화타령

| 매화(梅花)타령은 판소리 열두 마당의 하나이지만 그 실제 창은 전하지 않는다고 한다. 그리고 임금님의 대변은 '매화'라고 높여서 불렀다. 그러므로 더럽게 똥을 싸고는 그것을 부끄럽게 여기지 않고 오히려 똥 싼 것을 자랑스럽게 티를 낸다는 말이다. 참고로 배설을 하고 나면 사람이든 동물이든 기분이 좋아지기 마련이다. 아기 중에는 배설하고 기분 좋아서 웃거나 자랑하는 애들도 있다.

[맥락] 양반이 더러운 짓을 해놓고 고귀한 척을 한다는 뜻으로도 볼 수 있다.

■ 족제비 잡으니 꼬리 달란다

| 족제비에서 가장 비싼 부분이 꼬리다. 족제비 꼬리털로 만든 붓을 황모(黃毛)붓이라고 하는데 붓 중에서 가장 좋은 붓이다. 그 황모붓의 재료가 되는 족제비 꼬리털은 아주 비싼 값을 받을 수 있었는데, 염치없이 남이 잡은 족제비에서 가장 값나가는 부분을 가지려 든다는 말이다.

■ 염치없는 조 발막이다[2+]

| 많은 속담 풀이에서 '조발막'이란 사람이 창피한 줄 모르고 노인들이 신는 발막 신을 신고 입궐해서 생겼다고 한다. 유래담이 나오면 대개 지어낸 얘기다. '발막 신'은 신발에 코가 없다. 모아서 꿰맨 솔기가 없는 탓이다. 대신 앞에 둥그렇게 가죽을 대서 막았다. 주로 지체 있는 집안의 남자 어른이 신었지만, 신하들도

흔히 신었다. 따라서 '조발막' 얘기는 거짓이다.

[맥락] '발막하다'는 염치없고 뻔뻔스럽다는 말이며, 어간만 가져다 쓴 것이 '발막'이다. 그리고 '저'를 귀엽게 말하는 말이 '조'다. 어쩌면 염치없고 뻔뻔한 사람을 옛날에 '발막이'라고 불렀을지도 모르겠다.

좁쌀 한 섬 두고 흉년 들기 기다린다　남의 불행을 이용해 제 이익을 꾀한다는 말.

■ 좁쌀 한 섬 두고 흉년 들기 기다린다[2+]

  | 흉년에는 곡식이 귀하다. 그러니 물가가 몇 배로 오른다. 그걸 노리고 좁쌀을 미리 사재기해둔 다음에 어서 흉년이 닥쳤으면 바라고 있다는 말이다. 코로나19 전염병 대유행 초기에 마스크가 품귀현상을 빚었는데, 비양심 업체가 몇 배로 비싸게 팔려고 일부러 안 풀고 쌓아두기도 해서 '황금마스크'가 된 적이 있었다.

■ 남산골샌님 역적 바라듯[2+]

  | 역모 사건이 터지면 한둘이 아니라 수십 명의 목이 달아나거나 귀양을 간다. 그럼 자리가 여럿 비니 벼슬자리 못 얻은 남산골 가난한 샌님에게도 혹시 기회가 올지 모를 일. 그래서 역적 좀 안 나오나, 은근히 바라고 있다는 말이다.

좁은 입으로 말하고 넓은 치맛자락으로 못 막는다　함부로 한 말은 금세 널리 퍼지기 때문에 수습하기 어렵다는 말.

■ 좁은 입으로 말하고 넓은 치맛자락으로 못 막는다

  | 입술을 좁혀서 소곤소곤 비밀스럽게 얘기한 말이라도 금방 소문이 퍼져 나중에는 그 넓은 치맛자락으로도 막기 어렵다는 말이다. 여기서 치맛자락이 나오는 것은 예나 지금이나 여자들끼리 모이면 다른 사람 흉보고 수군수군 입에서 입으로 소문 퍼트리는 일이 많기 때문이다. 이 속담은 여자들에게 말조심을 시킬 때 많이 사용했다.

■ 깨는[쌀은·좁쌀은] 쏟고 주워도 말은 하고 못 줍는다 / 살은 쏘고 주워도 말은 하고 못 줍는다

■ 구슬 이지러진 것은 갈면 되지만 말 이지러진 것은 바로잡을 수 없다

  | '이지러지다'는 고르지 못하고 어그러진 것을 말한다. 한번 어그러지게 한 말은 수습할 수 없다는 뜻이다.

종로에서 뺨 맞고 한강 가서 눈 흘긴다　모욕을 당한 자리에서는 아무 말 못 하고 엉뚱한 데 가서 불평하거나 화풀이한다는 말.

[成語] 노갑이을(怒甲移乙) : 갑에게 난 화를 을에게 옮겨 화풀이한다.

[현대] 자식은[딸은] 감정 쓰레기통

■ 종로에서 **뺨** 맞고 한강[서빙고] 가서 눈 흘긴다[2+] / 종로에서 **뺨** 맞고 행랑 뒤에서 눈 흘긴다[2+] / 한양에서 매 맞고 송도에서 주먹질 한다[2+] / 서울 가서 **뺨** 맞고 시골 와서 분풀이한다[주먹질한다 · 행패한다]

┃한강과 먼 종로에서 당한 치욕을 맞은편에 아무도 없는 강가에 가서 허공에 대고 눈 흘기며 화풀이한다는 말이다. 심약하고 소심한 사람이나 상대적 약자들이 주로 이런 행동을 보인다.

[맥락] 한양을 수도로 삼으면서 종로길 양쪽으로 나란히 상설시장인 시전행랑(市廛行廊)을 세웠다. 현재의 종각역 일대에서 종로3가까지 약 1km 길이로, 이곳에 길 양쪽에 각 1천여 칸씩 시전 건물이 있었다.[280] 이 건물들은 국가에서 지어 상인들에게 임대하였는데, 체계적인 건물에서 장사하게 함으로써 시장바닥처럼 난잡하지 않게 만들고, 잡상인들을 단속할 권한인 금난전권(禁亂廛權)도 주었다. 대신 국가에서 필요한 물품을 바칠 의무를 부과했다. 조선 후기로 가면서 경강상인들이 득세해 힘을 잃지만, 그 전까지는 전국에서 한양으로 올라오는 모든 상품은 일단 시전을 거쳐야지, 그렇지 않으면 판매될 수 없었다.[281]

김학수, 〈남대문(숭례문 밖 옛 칠패시)〉(1994) ┃인제대학교 김학수기념박물관 홈페이지

---

280 1칸[間] 또는 1좌(座)가 점포 하나의 크기로, 가로 10보에 세로 6보라 했다. 당시 조선인 평균 키를 150cm로 잡고, 보폭은 키에서 100을 빼면 되니 가로세로 5×3m 크기가 어림잡은 점포 크기다. 이 건물은 2층 구조로 되어 있고 1층은 판매소, 2층은 창고로 쓰였다고 한다. 그리고 같은 물품을 파는 점포끼리 붙어 있었는데, 그 규모가 수십 칸이었다고 한다.

281 조선 후기로 갈수록 전국 상업망을 장악해가는 경강상인이 시전상인들보다 자본력이 커지고, 운송과 선박 제조, 도매와 숙박업까지 장악하면서 암암리에 다른 시장에 물건을 대거나 직접 판매하게 되었다. 이런 상황이 반영되어 정조 때 신해통공(辛亥通共)이 내려져 시전상인의 금난전권이 폐지되는 결과로 이어졌다. 이후 시전행랑은 점차 힘을 잃고 구한말에 가서는 명색만 남게 되었다.

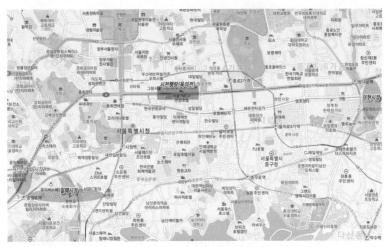

한양의 3대 시장인 종로의 종루시장(시전행랑), 지금의 종로4가 광장시장 일대의 이현(梨峴)시장, 남대문에서 충정로 사이의 칠패(七牌)시장 및 칠패시장과 연결된 서소문 밖 시장. 이현시장과 칠패시장은 값이 저렴해 서민들이 많이 이용했다. |카카오맵 (수정)

겨울에 채취한 얼음덩이를 보관하는 사설 얼음창고들이 서빙고 근처에 많았다. |카카오맵 (수정)

지금은 한강으로 부르지만, 한강 물길 전체를 조선시대에는 '경강(京江)'이라 불렀다. 그리고 주요 나루터들이 있는 지역을 셋으로 나누어, 강 서쪽으로부터 양화진(양화대교)~*서강*~마포진(마포대교)~*용산강*~노량진(한강철교)~*한 강*~한강진(한남대교) 이렇게 나누었다. 서강(西江) 나루터들에서는 생선과 소금이 주로 부려졌고, 용산강(龍山江) 나루터들에는 전국에서 세금으로 받은 쌀이 주로 부려졌으며, 한강 나루터들에는 강원도와 충청도 등에서 오는 화물이 부려졌다. 그 동쪽 뚝섬 나루에서는 땔감이나 숯, 목재가 주로 부려졌다.[282] 그

---

282 조선시대에는 도성 안팎에서 벌목을 금했으므로 땔감이나 숯, 목재는 거의 대부분 강원도에서 북한강, 남한강 물길을 타고 실려 온 것이었다.

리고 반포대교 근처에 서빙고(西氷庫), 동호대교 근처에 동빙고(東氷庫)라는 얼음창고가 있었다. 궁궐 안에 있는 내빙고(內氷庫)는 왕실용, 동빙고는 국가 제사용, 서빙고는 신하 및 환자와 죄수용으로 구분했는데, 성종 때 이후로 개인이 만든 빙고가 늘어나서 후기로 가면 엄청난 양의 얼음을 보관하여 생선의 신선도를 올리는 데 이용했다. 그러므로 '한강/서빙고 가서 눈 흘긴다'라는 건 종로 시전 상점 주인에게 일 처리 똑바로 못 했다고 혼난 심부름꾼이, 경강에서 운송이나 여객, 도매업을 하며 시전에 납품도 하는 경강상인에게 화를 낸다는 말이 된다.

시전행랑은 판매점이고, 행랑 뒤쪽으로 나란히 생긴 피맛골을 사이에 두고 건너편에는 각 시전의 사무실이나 창고가 있었다. 그러므로 '행랑 뒤에서 눈 흘긴다'는 판매점에서 주인이든 손님이든 자기보다 윗사람에게 혼이 나곤 사무실이나 창고에 가서 자기보다 아랫사람들에게 화를 낸다는 말이 된다.

송도(松都)는 현재의 이북 개성(開城) 지방을 말하며(근현대까지도 그 근처 사람들은 개성을 '송도'라 불렀다), 이곳은 개성상인으로 유명한 곳이다. 물건을 이따위로 사 왔냐고, 다시 가서 해 오라고 큰소리를 들은 이가 물건 다시 떼러 간 송도에서 아무 잘못 없는 개성상인에게 분풀이하고 주먹질한다는 말이다.

■ 시어미 미워서 개 걷어찬다[2+] / 홧김에 애꿎은 돌만 찬다[2+]
| 우리말에 '배참' '배참하다'라는 단어가 있다. 꾸지람을 듣고 그 화풀이를 다른 데다 한다는 말로, 아마도 집안 어른이나 상전에게 꾸중을 들은 여성이 따뜻한 부엌 아궁이 앞에 늘어져 있는 개의 배를 홧김에 걷어차던 일이 많아 생긴 말일 테다. 그리고 애꿎게 걷어차이는 '돌'은 어쩌면 하인들 이름에 많은 그 '돌'일지 모른다. 돌쇠, 귀돌이, 쇠돌이, 차돌이, ….

■ 영에서 뺨 맞고 집에 와서 계집 친다
| 영(營)은 옛날의 군부대를 말한다. 직업군인이 군부대에서 상관에게 혼나거나 매를 맞고 자기 아내에게 엉뚱한 분풀이를 한다는 말이다. 예나 지금이나 밖에선 찍소리 못 하다가 집에 와서 큰소리치는 남자만큼 못난 놈도 없다.

■ 사내 못난 게 계집 치고 계집 못난 게 새끼 팬다[2+]
| 오죽 못났으면 밖에서 당하고 들어와 만만한 아내를 때려 분풀이를 할까. 또 그 아내는 남편에겐 대들지 못하니 그 짜증으로 애를 잡을까. 군대에서 상관이나 선임에게 지적을 받고 그 짜증을 자기 밑으로 화풀이하고, 그 괜한 짜증이나 폭력을 받은 이가 또 자기 밑으로 내리면서 밑으로 줄줄이 '분노'가 '분뇨' 터지 듯 내려가는 걸 군대 속어로 '설사'라고 한다.

종의 자식을 귀애하면 생원님 수염에 꼬꼬마를 단다

아랫사람을 너무 받아주면 위아래를 모르고 버릇없이 굴 수도 있다는 말.

[현대] 삥삥이 안 돌리면 막내가 채널 돌린다 ▸ 삥삥이는 군대 속어로, 단체로 뛰어갔다가 반환점 돌아서 선착순 한두 명 남기고 나머지 사람들은 다시 뛰어갔다 오게 하는 얼차려로 다들 기진맥진할 때까지 시킨다. 그래서 개고생을 시키는 것을 '삥삥이를 돌린다'라고도 한다. 그리고 군대 내무반에서 TV채널 선택권은 왕고참들한테만 있다. 막내들은 그저 고참이 틀라는 대로 트는 리모컨에 불과하다.

군졸의 벙거지 위에 붉은 꼬꼬마가 달려 있다. |김홍도, 〈평안감사향연도〉 "연광정 연회" (일부)

■ **종의 자식을 귀애하면 생원님 수염[상투]에 꼬꼬마를 단다²⁺ / 애를 귀애하면 어른 머리에 상투를 푼다²⁺**

| '귀애(貴愛)하다'는 아끼고 사랑한다는 말. 꼬꼬마는 원래 옛날 군인들의 군모 꼭대기에 달던 깃털이나 털뭉치 장식을 말한다. 전투 중 적군과 아군을 구별하는 용도 외에 계급을 표시하는 용도로도 쓰였다. 또한 꼬꼬마는 아이들이 끈에 깃털이나 종잇조각을 매달아 바람에 날리며 흔드는 장난감을 뜻하기도 한다. 요즘으로 치면 어린아이들이 밀고 다니는 바퀴 달린 장난감 나비나 들고 뛰는 바람개비, '고양이 낚싯대'라고 불리는 것들 정도에 해당할 듯하다. 이런 꼬꼬마 장난감을 가지고 놀 나이대 아이를 일컬어 요새 꼬꼬마라고 부른다.²⁸³

영국 TV프로그램 〈텔레투비〉. 머리 위에 독특한 안테나 모양을 하나씩 달고 있어 국내에서 〈꼬꼬마 텔레토비〉라고 번역한 듯하다. 훌륭한 번역이다.

[맥락] '꼬꼬마'는 장난감이고 '수염'은 체통이고 권위다. 애를 너무 오냐오냐 받아주면 어른의 체통을 잃게 하고 장난감 다루듯 함부로 놀린다는 말이다. 또한 상투는 머리 꼭대기에 있다. 지나치게 아끼고 받아주면 머리 꼭대기까지 기어오른다는 말이다.

아이가 들고 있는 게 꼬꼬마. 모양을 보니 바람개비인 듯하다. |김홍도, 〈길쌈〉 (일부)

---

283 〈꼬꼬마 텔레토비〉가 크게 인기를 끌면서 '꼬꼬마'가 '꼬마'의 다른 말인 줄 잘못 알게 되었다.

좋은 약은 입에 쓰다   이롭고 좋은 것 중에는 당장 받아들이기 어려운 것도 있다는 말.

■ **좋은 약은 입에 쓰다**[2+]
  | 독은 대개 쓰다. 독초인지 또는 상했는지 알기 위해 우리는 쓴맛을 느낄 줄 안다. 하지만 독도 잘 쓰면 약이다. 반반에서 어느 쪽이 조금 더 많으냐로 독이 되기도 하고 약이 되기도 한다. 조금 써야 약이고 안 쓰고 달면 외려 독이 될 수 있다. 그러니 듣고 나니 '입에 쓴' 말이라고 괜한 독기 품지 말고, 나 좋아지라는 약이겠거니 받아 삼킬 줄도 알아야 한다.

좋은 일엔 마가 낀다   ①좋은 일에는 방해되는 일도 많이 따른다는 말. ②좋은 일이 있기 위해서는 그만큼 많은 어려움을 겪어야 한다는 말.
  [成語] 호사다마(好事多魔) : 좋은 일에는 좋지 않은 일도 여럿 생긴다.
  [현대] 벚꽃의 꽃말은 중간고사

■ **좋은 일에 마가 낀다[든다] / 좋은 일엔 탈이 많다**
  | 마(魔)는 일을 망치게 하는 어떤 장애요소.

죄는 천도깨비가 짓고 벼락은 고목나무가 맞는다   나쁜 짓을 저지른 사람 대신 엉뚱한 사람이 해를 입는 경우를 이르는 말.

■ **죄는 천도깨비가 짓고 벼락은 고목나무가 맞는다**
  | 도깨비는 고목나무 밑에 뚫린 구멍 속에서 산다고 하는데, 이 도깨비가 죄를 지어 하늘이 벌을 내리기 위해 벼락을 때리니 애꿎은 고목나무만 아무 잘못 없이 벼락을 맞고 불탄다는 말이다. 옛날에는 번개에 대한 지식이 없으므로 벼락은 하늘이 죄를 지은 자에게 벌을 주기 위해 때리는 거라고 믿었다. 또한 지금처럼 번개는 쇠붙이나 높이 솟은 물체에 먼저 떨어진다는 것도 잘 몰랐던 듯. 그러니 고목나무가 벼락 맞은 것을 보고 그 안에 사는 도깨비가 맞을 벼락을 고목나무가 맞았다고 생각한 모양이다. '천도깨비'는 '참도깨비'의 다른 말.

■ **남이 눈 똥에 주저앉는다**[2+]
  | 여기서 똥은 나쁜 짓의 결과물이나 저지른 죄를 뜻한다.

주러 와도 미운 사람 있고 받으러 와도 고운 사람 있다   한번 좋게 보면 계속 좋아 보이고 반대로 한번 안 좋게 보면 계속 안 좋게 보인다는 말.

- 주러 와도 미운 사람 있고 받으러 와도 고운 사람 있다[2+] / 가져다줘도 미운 사람 있고 가져가도 고운 사람 있다[2+]

  | 티만 안 냈지 속으로 싫어하는 사람이 선물을 주면 전혀 기쁘지 않다. 오히려 무슨 꿍꿍이일까 의심부터 든다. 그래도 주는 거라 "요긴하게 쓰겠습니다" 하고 받지만 속마음은 이렇게 말한다. '욕이 나게 쓰겠습니다.' 받은 물건은 쓰레기통에 처박거나 그 사람 생각하며 박살 낸다. 그러니 평소 처신만 한 선물이 없다.

- 사랑하는 사람은 미움이 없고 미워하는 사람은 사랑이 없다[2+] / 고운 사람 미운 데 없고 미운 사람 고운 데 없다

주막 년네 오줌 종작 시간을 모를 때 어떻게든 가늠해보려는 방편을 이르는 말.

- 주막 년네 오줌 종작[2+]

  | '종작'은 대충 헤아려 잡는 짐작.[284] 시간이 얼마나 됐는지 주막방 손님이 옆방 주모가 새벽에 요강에 쐐— 오줌 누는 소리로 얼추 짐작한다는 말이다.

  [맥락] '오줌'은 '오점(5점)'으로도 읽을 수 있다. 조선시대에는 하루를 12간지를 가지고 12시로 나누었다. 그래서 1시(時)는 2시간이다. 시를 다시 8로 나누어 15분마다를 1각(刻)이라 했다. 그리고 저녁 7시부터 새벽 5시까지의 밤 시간은 시(時)라 하지 않고 따로 경(更)이라 했다. 그리고 경(2시간)을 5로 나눈 24분마다를 1점(點)이라 했다.

  날이 새기도 전에 부지런히 행장 꾸려 나서려면 깜깜 새벽에 시간을 짐작해야 한다. 대낮에는 해를 올려다보고 시간을 짐작할 수 있지만 깜깜밤중에는 시간을 짐작하기 어렵다. 여기서 오줌(오 점)이라 했으니 파루(罷漏) 종을 서른세 번 쳐 통행금지 풀고 성문 여는 5경 3점(새벽 3시 + 72분 = 4시 12분)보다 나중인 새벽 5시다. "주모 오줌이면 오 점 종작이지. 성문 벌써 열렸으니 어서 일어나 짐 챙기세."

주머닛돈이 쌈짓돈 한 집단 안에 있는 돈은 그 돈이 그 돈이라 따로 구별할 필요가 없음을 이르는 말.

  [반대] 한 불당에 앉아 내 사당 네 사당 한다

- 주머닛돈이 쌈짓돈

---

284 '종작'의 준말은 '종'이다. '종잡을 수 없다'라는 말의 '종'이 그것. 대충도 짐작 못 하겠다는 말이다.

한복에는 원래 주머니가 없다. 그래서 종이 꼰 것이나 천, 가죽 등으로 '쌈지'를 만들어 여기에 돈,[285] 담뱃잎과 부싯돌, 기타 소소한 물건들을 담아 다녔다. 복주머니처럼 만들어서 허리에 차는 쌈지는 '찰쌈지', 네모지게 만들어서 손에 쥐고 다니거나 소매 등에 넣고 다니게 만든 것은 '쥘쌈지'라고 한다. 남녀 모두 주머니를 찼지만 여성들은 쥘쌈지 대신 찰쌈지만을

쌈지와 부싯돌이 담긴 통. | 국립중앙박물관

찼다. 부부 사이에 고스톱 쳐서 만들 그 돈이 어디 가겠는가. 게다가 주머니나 쌈지에 넣을 만큼의 돈이면 '푼돈'이다.

■ 중의 양식이 절의 양식[2+]

l 승려는 대개 농사를 짓지 않으므로 중이 시주를 받아 간 양식이 절의 양식 전체와 같다. 그러니 푼돈처럼 얼마 안 되는 양식이라는 뜻이다.

주먹구구에 박 터진다   정확하지 않은 대략적인 짐작만으로 하다 보면 자칫 잘못되기 쉽다는 말.

■ 주먹구구[주머니 구구]에 박 터진다

l '주먹구구'는 구구단이 없던 시절에 양 손가락을 꼽아서 하는 간단한 곱셈으로 5단 이하는 이 방법으로 할 수 없어 암산으로 하고, 10단 이상도 할 수 없다. 주먹구구 방법은 이렇다. 7×8이라면 한 손엔 7을 접어 꼽고 다른 손은 8을 접어 꼽는다. 그리고 나서 펴진 손가락끼리는 더하고 접힌 손가락끼리는 곱해서 10의 자리와 1의 자리를 이어붙이면 된다. 왼손엔 2펴3접, 오른손엔 3펴2접이므로 2+3=5, 3×2=6이 나오고 이것을 붙이면 56이 된다.[286] 애초에 어딘가 써서 계산하든가 하면 머리로 기억해두며 다른 계산을 할 필요가 없을 텐데 이것저것 계산한 것들을 다시 더하고 빼자니 골치가 아프다.

'박'은 머리의 속된 말. 〈춘향전〉에도 "암행어사 출또(출두)야!" 소리에 모두들 혼비백산하고 아전들이 역졸들의 육모방망이에 머리를 두들겨 맞으며 "에고

---

285 쌈지는 엽전 얼마간만 넣고 다닐 정도의 크기라서 많은 돈을 휴대할 수 없다. 그래서 푼돈을 '쌈짓돈'이라고 부른다.

286 9단의 경우에는 더 쉽다. 양쪽 손바닥을 펴고 왼쪽 엄지부터 ×1, ×2식으로 손가락을 꼽으면서 꼽힌 손가락 기준으로 좌우에 펴져 있는 손가락 숫자를 합치면 나온다. 예컨대 9×5는 다섯 번째 손가락인 새끼손가락을 접고 나서 왼손의 4와 오른손의 5를 합치면 45가 된다.

고 박 터졌네!"라고 하는 부분이 나온다. 둥글둥글한 박과 머리가 비슷하게 생겼기 때문이다. 지금도 '박 터지게 싸운다'라는 말을 쓰듯이. 다른 속된 말로는 '대갈통' 또는 '대갈박'이라고도 한다. 대충 짐작만으로 일을 처리하다간 머리가 깨지도록 혼나거나 두들겨 맞는다는 말이다.

■ 도감포수 마누라 오줌(으로) 짐작하듯[2+]

왕의 행차를 그린 능행반차전도(陵行班次全圖) 중 일부. 조선시대의 소총수인 포수. 여기선 '무예청 총수(銃手) 40'이라 적혀 있다. ㅣ화성행궁박물관

ㅣ도감포수(都監砲手)는 조선시대에 설치한 훈련도감(訓練都監)의 포수(소총수)를 말한다. 도감포수가, 이른 새벽에 아내가 먼저 일어나 요강에 앉아 오줌 누는 소리를 잠결에 들으며 '영(營 : 부대)에 들어갈 준비 할 때가 되었군' 짐작하고 일어난다는 뜻이다. 참고로 여성이 소변보는 소리는 남자보다 크기 때문에 그 소리를 자명종 삼은 것. 그런데 만약 어느 날은 아내가 소변이 덜 마려워 안 일어나면 어떻게 될까. 또 소변보는 시간이 달라지면 어떻게 될까? 당연히 늦잠 자고 늦는다. 입대 시간에 늦는 건 크게 질책당할 일이다.[287]

[맥락] 그런데 왜 하필 도감포수를 들먹인 것일까? 아침 일찍 병영으로 출근해야 할 군인이 도감포수 말고도 많을 텐데. 이는 아마도 밤새 가득 찬 오줌을 새벽에 세차게 누는 소리 '쏴─'와 총을 쏘라는 말의 '쏴!'를 재미로 연결시킨 것으로 보인다. 게다가 '짐작하다'와 같은 말로 '가늠하다'가 있다. '가늠하다'는 '조준하다'와 또 같은 말이다. 그래서 총에는 겨냥을 위한 '가늠쇠'가 있다. 따라서 이 속담의 본모습은 '도감포수 마누라 오줌 쏴─ 짐작하듯'이었을 듯하다. 게다가 '주막 년네 오줌 종작'처럼 '오줌'은 '5점', 즉 새벽 5시다.

■ 지레짐작 매꾸러기[2+]

ㅣ'매꾸러기'는 장난이 심하거나 잘못을 많이 저질러 자주 매 맞고 혼나는 아이. 지레짐작으로 넘겨짚고는 함부로 말하거나 섣부른 짓을 하다간 수시로 매타작을 당한다는 말이다.

---

287 훈련도감은 임진왜란 중에 만들어졌으며, 처음에는 조총 탓에 패했다 여겨 포수(소총수)로만 구성했으나 이후 살수(창검)와 사수(활)도 편제에 넣어 3수병(三手兵) 체제를 완성했다. 훈련도감 병력은 대부분 직업군인이라 근처에서 출퇴근했으며, 직업군인인 만큼 일반 병사들에게는 지급되지 않는 기본적인 갑옷도 착용했다.

주인 기다리는 개 지리산만 바라본다 넋 놓고 멀건이 바라보고 있다고 놀리는 말.

[현대] 나라 잃은 표정

■ 주인 기다리는 개 지리산만 바라본다²⁺ / 턱 떨어진 개 지리산 쳐다보듯²⁺
|‘지루하다’는 ‘지리하다’라고도 잘못 쓰는 일이 흔하다. 이 속담에서 ‘지리산만’
은 ‘지리(지루하게) 산만’으로 읽을 수 있다. ‘턱이 떨어지다’는 넋이 빠져 입을
벌리고 있는 모습을 말한다.

주인 많은 나그네 조석이 간 데 없다 ①식사할 곳을 여러 군데로 정해놓으면 서로
저 집에서 먹겠거니 하고 식사 준비를 하지 않아 굶는다는 말. ②한군데 집중하지
않고 이곳저곳을 들쑤시면 성공하지 못한다는 말. ③ 관계된 사람이 많으면 서로
미루고 믿다가 일을 그르친다는 말.

■ 주인 많은 나그네 조석이 간 데 없다 / 주인 많은 나그네 밥 굶는다
|조석(朝夕)은 아침과 저녁으로, 옛날에는 아침과 저녁 두 끼만 먹고 점심은 새참
이라 하여 가볍게 먹거나 건너뛰었다. 조석이라 하면 하루 끼니를 말한다.

■ 두 절 개 / 두 절 개 밥 굶는다 / 두 절집 개 노상 굶는다
|불교에서는 살생을 금하고 생명을 존중하기 때문에 개에게도 밥을 잘 주었다.
그런데 이 개가 한쪽 절에서만 밥을 얻어먹지 않고 다른 절에서도 밥을 얻어먹
으면, 양쪽 절에서 서로 저쪽 절에서 먹었겠거니 하고 밥그릇에 밥을 담아주지
않아 개가 굶게 된다는 말이다.

죽과 병은 돼야 한다 힘들더라도 크게 앓고 빨리 낫는 게 낫다는 말.

■ 죽과 병은 돼야 한다²⁺
|죽이 묽으면 숟가락으로 ‘뜨기’ 어렵고, 약한 병세가 계속 이어지면 병 귀신이
몸에서 자리를 ‘뜨지’ 않는다는 말이다. 그러니 되게 아파버리고 빨리 자리 털고
일어나는 게 낫다는 뜻.

죽기는 그릇 죽어도 발인이야 택일 아니할까 잘못된 일이라도 그 뒤처리만큼은
잘해야 한다는 말.

■ 죽기야 그릇 죽어도 발인이야 택일 아니할까²⁺
|어떻게 잘못 죽었든 시신을 묻으러 나가는 발인(發靷) 날을 잘 고르듯, 아무리
그르친 일로 끝났다 해도 마무리는 확실하게 지어야 한다는 말이다.

죽도 밥도 안 된다 무슨 일이 되다 말아서 아무짝에도 쓸모가 없다는 말.

■ 죽도 밥도 안 된다

　밥을 지을 때 물 조절을 잘못하거나 짓다 말면 밥이 매우 질어진다. 이 질어진 밥은 죽도 아니고 밥도 아니다. 먹기도 뭐하고 버리기도 뭐한 어정쩡한 상태다.

죽 쒀서 개 줬다 애써 고생하여 남 좋은 일을 시켰거나 헛수고만 했다는 말.

■ 죽 쒀서 개 줬다[2+] / 죽 쒀서 개 좋은 일 시켰다

　오랜 시간 애쓰고 공들였는데 결국 형편없이 '죽쒔다'라는 말. 개한테나 줄 만큼 형편없는 것을 말할 때는 '개를 주다'는 '개나 주다'라고 한다.

■ 닭 길러 족제비 좋은 일 시켰다

　옛날에는 족제비가 닭장에 들어가 닭을 자주 잡아먹어서 골치였다. 족제비는 몸이 매우 길고 날씬해서 좁은 틈으로 비집고 들어가거나 닭장 밑의 흙을 파내고 들어가 닭을 잡아먹었다.

■ 족제비 잡아 꼬리 남 주었다

　족제비 꼬리털을 황모(黃毛)라고 하는데 이 황모로 만든 붓을 가장 좋은 붓으로 쳤다. 그러므로 그 재료가 되는 족제비 꼬리털은 아주 비싼 값을 받을 수 있었다. 날쌔고 사나운 족제비를 고생 끝에 잡았는데 가장 중요하고 값나가는 부분을 남에게 내줬다는 말이다. 무슨 이유 때문인지는 모르겠지만.

■ 산속 농사지어 고라니 좋은 일 시켰다

　농사는 원래 산 아래 평지나 산기슭에 짓는 것이 보통인데 그런 곳에 마땅한 밭이 없으면 어쩔 수 없이 산을 개간해서 산속에 농사를 짓는다. 고생스럽게 산을 개간하고 힘들게 농사를 지어놨더니 고라니가 와서 다 뜯어 먹어버렸다는 말.

고라니 수컷은 위 송곳니가 길게 나 있다 (대신 사슴처럼 뿔이 나지는 않는다). |KBS, 〈환경스페셜〉, "야생동물 대 인간, 공존은 가능한가"

■ 재주는 곰이 넘고 돈은 왕서방[되놈]이 챙긴다[2+]

　'되놈'은 '짱깨, 떼놈, 대국(大國)놈[때놈]'과 더불어 중국인을 낮추어 부르던 말이었다. '짱깨'는 중국인이 돈을 벌면 돈궤 속에 꼭꼭 인색하게 담아두기만 한다는 데서, 중국에서 종업원이 사장을 부를 때 쓰는 장궤(掌櫃, 짱꿰)라는 말을 가져다 쓴 것이다. 장궤는 돈을 쥐고 있는 사람, 인색한 부자, 가게 주인 등을 뜻한다. 그리고 '떼놈'은 중국인들이 지저분하고 잘 씻지 않는다는

속설 때문에 생긴 말. 그리고 중국인 하면 대표적으로 생각나는 성씨가 왕(王)씨다. 왕서방 하면 곧 중국인을 뜻했다. 중국과 우리나라는 오랜 옛날부터 교역을 많이 했고 다양한 사람들이 서로 드나들었다. 그 가운데는 소규모 서커스단도 들어오지 않았나 싶다.

[맥락] 이는 어쩌면 조선 상인들이 곰처럼 미련스레 온갖 재주로 거래를 이루어 냈으나 결국은 중국 상인 배만 불리게 되었다는 국제무역 이야기일 수도 있다. 화상(華商)은 구한말부터 크게 증가했는데. 일본이 조선을 침탈하려는 눈치를 보이자 이를 막기 위해 청나라는 수백 년을 막았던 해상무역을 허락하고 중국 상인들의 조선 거주도 인정했다. 그 이전까지는 조선과 청나라 사이에 자유무역이나 인적 교류는 극도로 제한되었다. 청나라의 지원과 원세개(袁世凱, 위안스카이)의 활약으로 화상은 조선에 크게 자리를 잡게 된다. 조선에 차관을 제공하는 대신 인천─한성(서울) 간 수상 운송권을 독점하기도 했다. 청일전쟁에서 청나라가 일본에 패한 뒤에도 이 화상의 세력은 거의 그대로 유지되었으며, 일제강점기에도 청나라 영사관들에 의해 보호를 받았다. 인천과 한강에서, 저 국경지역에서 두 나라 상인들끼리 세력을 다투다 보니 여러 싸움이나 소송이 많이 발생하기도 했다. 따라서 이 속담은 조선 상인과 중국 상인이 자주 부딪쳤던 20세기 전후에 만들어진 것은 아닐까 한다.

■ 먹기는 파발이 먹고 뛰기는 역마가 뛴다

ㅣ파발(擺撥)은 중앙과 변방을 오가며 공문서를 돌리는 군인을 말한다. 파발은 주요 교통 지점마다 설치한 역(驛)에서 국가에서 관리하는 공무수행용 말인 역마(驛馬)를 갈아타가면서 계속 달린다. 말 한 마리로만 장거리를 뛰면 말이 지치기 때문이다. *파발→ 의주 파발도 똥 눌 새는 있다

■ 남의 다리 긁는다

ㅣ잠결에 가려워 다리를 긁다 보면 잠에 취해서 자기 다리인 줄 알고 옆 사람의 다리를 긁는 경우도 있다.

■ 남의 다리에 행전 친다 / 남의 발에 버선 신긴다 / 남의 발에 감발

ㅣ행전(行纏)은 한복의 바짓자락이 거치적거리지 않게, 또 튀는 흙물에 바지 밑이 더러워지지 않도록 발목부터 무릎 아래까지 감싸는 끈 달린 천을 말한다. 바짓자락을 다리에 돌려 감은 뒤 행전으로 감싸고 끈을 둘러 묶어 고정한다. 지금도 비 오는 날이면 발길에 튄 흙탕물이 바지와 스타킹을 더럽히기 일쑤다. 특히나 젖은 짚신은

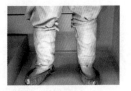

행전. ㅣ전쟁기념관

더욱 축축하고 흥건해서 훨씬 더 많이 튄다. 그리고 감발은 막일을 할 때나 먼 길을 갈 때 버선 대신에 발에 칭칭 감는 천을 말한다. 보통 겨울에 방한용으로 사용한다. 아마도 추위에 발의 감각이 둔해져서 그런 실수를 하지 않았나 싶다.

■ 남의 말에 안장 지운다
ㅣ자기 말인 줄 알고 공들여 안장을 얹어 채우고 봤더니 그게 남의 말이었다는 것. 보통 먼 길을 가려면 해도 뜨지 않은 이른 새벽부터 출발 준비를 하니 어둡고 잠도 덜 깨 그런 착각을 하지 않았을까 싶다.

■ 게 잡아 물에 넣는다[2+]
ㅣ잡은 물고기 가두어두듯 물웅덩이에 게도 그렇게 넣어두면 모두 기어 나간다.

■ 남의 입에 떡 집어넣기

■ 먹지도 못할 제사에 절만 많이[죽도록] 한다
ㅣ제사를 지낼 때는 조상 한 분당 술을 세 차례 올리고 절을 꼬박 두 번 반씩 한다. 옛날에는 사대봉사(四代奉祀)라 하여 부모-조부모-증조부모-고조부모까지 4대의 제사를 받들어 모셔야 했으니 무르팍 까져라 절을 얼마나 많이 했을까. 없는 살림이라 차린 건 별로 없고 참여하는 후손들만 줄줄이 많아 제사 끝나도 먹어볼 것도 없을 텐데 말이다. 그렇다고 절을 안 할 수도 없고.

죽어 석 잔 술이 살아 한 잔 술만 못하다 돌아가신 뒤에 제사에 정성을 들이기보다 살아계실 때 잘해드리는 것이 더 낫다는 말.

■ 죽어 석 잔 술이 살아 한 잔 술만 못하다
ㅣ제사를 지낼 때는 조상에게 석 잔씩의 술을 올리게 되어 있다. 죽은 뒤에 받는 거창한 제사상이 생전에 받는 작은 효도만 못하다는 뜻이다.

죽은 사람 생각에 우나 자기 설움에 울지 초상집에 가서 우는 건 대체로 자기 설움을 실어서 우는 법이라는 말.

■ 죽은 사람 생각에 우나 자기 설움에 울지 / 남의 초상집에 와서 자기 설움으로 자기 울음 운다
ㅣ문상 와서 우는 사람들은 죽은 사람이 불쌍해서 우는 것 같지만, 알고 보면 평소 제 가슴 속에 맺혀 있던 설움을 그 자리를 빌려 실컷 우는 것이기도 하다.

죽은 자식 나이 세기 이미 되돌릴 수 없이 그르친 일을 계속 슬퍼하고 아쉬워한다는 말.

[成語] 망자계치(亡子計齒) : 죽은 자식 이빨 헤아리기 • 매우 어려서 죽으면 이빨이 모두 다 나지 않은 채로 죽는데, 죽은 자식 이빨이 몇 개 났는지 세보는 일처럼 허망한 일도 없다는 것.

■ 죽은 자식 나이 세기²⁺ / 죽은 아들 불알 만지기²⁺ / 죽은 자식 눈 열어보기 / 죽은 아이 귀 만져보기²⁺

| '우리 애가 살았으면 지금 저 나이일 텐데…, 어렵게 난 귀한 아들인데, 복 있고 장수할 거라 그랬는데….' 돌이킬 수 없는 걸 알면서도 미련을 못 버린다.

중년 상처는 대들보가 휜다 자식이 많을 때 아내가 죽으면 남자가 홀로 키우기 힘겹다는 말.

■ 중년 상처는 대들보가 휜다²⁺

| 상처(喪妻)는 아내가 죽었다는 말. 중년이면 대개 딸린 자식이 여럿이다. 남편이 밖에 나가 일하면서 안살림까지 하려다 보면 골이 빠진다. 마찬가지로 중년 상부(喪夫)를 하면 안살림 하면서 돈도 벌어야 하니 부인도 진이 빠진다. 요즘은 이혼한 가정에서 이런 일이 많다. 특히 자식 양육비를 주지 않는 전남편들 때문에 아이 엄마들의 생활이 매우 어렵다. 외국처럼 국가에서 양육비를 미리 주고 전남편에게 걷으면 간단한데 왜 안 하는지, 누가 반대하는지 모르겠다.

중매는 잘하면 술이 석 잔 못하면 뺨이 석 대 ①혼인은 억지로 권할 일이 아니라는 말. ②중매의 어려움을 이르는 말.

■ 중매는 잘하면 술이 석 잔 못하면 뺨이 석 대

| 남녀 간 결혼 중매를 잘 서주면 혼처가 마음에 들어 한 잔 살 것이고, 또 혼사가 잘 이루어지면 또 한 잔 살 것이고, 둘이 잘 살면 또 고마워서 술을 한 잔 살 것이다. 반대로 혼처가 마음에 들지 않고 혼인 후에도 사는 게 삐걱거리면 어디서 이런 사람을 소개해줬냐며 두고두고 중매한 사람을 욕하게 될 것이다. 결국 혼사라는 것은 조금이라도 미심쩍은 것이 있거나 어느 한쪽이 마음에 들어 하지 않는다면 억지로 성사시키려고 밀어붙이지 말아야 한다는 말이다. 지금도 소개팅 잘못 연결해줬다가 친구 사이에 의가 상하는 일이 종종 있다.

■ 중매를 하려면 삿귀를 뜯는다

| '삿귀'는 삿자리²⁸⁸의 가장자리. 삿자리는 갈대 줄기를 엮어서 짠 돗자리로,

---

288 띠는 물가에서 자라는 긴 풀을 베어 말려서 짠 자리는 띠자리라고 하며 이 역시 장판 대신 깔아서 썼다.

옛날에 돈이 없어 바닥에 장판지를 바르지 못하던 집에서 장판 대신으로 많이 깔았다. 양가의 혼사를 위해 중매를 서자면 아무래도 이쪽 눈치도 봐야 하고 저쪽 눈치도 봐야 하니 스트레스가 이만저만 아니다. 뭐라고 말해야 하나 속으로 고민하고 듣기 싫은 말도 참으며 깔고 앉은 삿자리만 애꿎게 손으로 잡아 뜯고 있다는 말이다.

중의 망건 값 안 모인다　필요 없는 지출을 안 하면 돈이 모일 것 같지만 실제로는 그렇지도 않다는 말.

■ 중의 망건 값 안 모인다[2+]

　｜'중'은 불교의 승려를 낮잡아 이르는 말. 승려들은 머리를 밀므로 앞머리를 단정하게 정리하려 이마에 두르는 망건이 필요 없다. 비싼 망건을 사느라 돈을 쓸 일이 없지만, 그렇다고 해서 그 돈이 그대로 모이지도 않는다. 여기서 안 쓰면 꼭 저기서 쓸 일이 이러저러 생기기 마련이다.

　[맥락] 이 속담에 나오는 승려는 훗날 환속할 생각을 하고 다른 스님들 몰래 망건 값을 모으는 것이라 보인다. 그러나 이래저래 씨알같이 돈 들어갈 데가 생기니 환속 못 하고 여전히 절간에 머물 수밖에. 그런데 무소유 승려께서 그 돈은 어디서 나셨을까? 돌아다니며 받은 시줏돈에서 '삥땅'을 쳤을지 모르겠다. 어느 바닥이든 그런 바닥이 있으니까.

중이 밉기로 가사까지 미우랴　①누군가가 밉다고 그 사람과 관계된 것까지 미워할 필요는 없다는 말. ②사람과 결과물은 따로 놓고 인정해야 한다는 말.

　[반대] 며느리가 미우면 손자까지 밉다

■ 중이 밉기로 가사까지 미우랴[2+]

　｜승복(僧服) 위에 덧입는, 왼쪽 어깨에서 오른쪽 겨드랑이 밑으로 걸치는 네모난 천이 가사(袈裟). 가사는 지위나 종파별로 색깔이 다르며 색이 매우 곱거나 화려하다.

가사를 걸치고 있는 고승들의 초상화. ｜구례 화엄사 영각(影閣)

[맥락] '중'은 속과 안을 뜻하는 중(中)으로 읽을 수 있고, '가사'는 집안일 가사(家事)로도 읽을 수 있다. 기분 상하게 한 아내 '속'은 미워도 아내가 해주는 알뜰살뜰한 건사는 좋게 봐줘야 한다는 뜻으로 봐야 할 듯하다. '아내'는 '안해'가 바뀐 말이고, '안해'는 안사람이란 뜻이다. '안'은 과거 '안ㅎ'였고 거기에 처격(處格) 조사 'ㅐ'가 붙어 '안해'가 만들어졌다.[289] 아무리 속으로 미운 사람이라도 그 사람의 성과나 공적까지 폄하하면 안 된다는 뜻.

중이 제 머리 못 깎는다   혼자서는 자기 일을 처리하지 못하는 경우나, 자기 허물을 스스로 고치기는 어렵다는 말.

[현대] 점쟁이도 보험 든다 / 의사 말대로 살면 오래 살고 의사처럼 살면 일찍 죽는다

■ 중이 제 머리 못 깎는다

1984년 영화 〈비구니〉 촬영을 위해 삭도로 삭발하는 영화배우 김지미.

| 승려는 수행을 통해 불법이라는 큰 도를 깨우치는 사람이라 일반적인 속세 사람들이 보기에는 대단한 사람으로 여겨질 수 있다. 하지만 그런 사람들이 저 멀리 아득한 세상의 것은 잘 아는 듯하면서 정작 가장 가까운 제 할 바는 하지 못함을 비꼬아 말하는 것. 지금은 바리캉(프랑스어, Bariquant)이 있어 삭발 정도라면 거울을 보며 혼자 할 수 있지만, 옛날에는 면도날처럼 예리하게 벼린 삭도(削刀)로 둥근 두피 위를 스치듯이 밀어가며 깎아야 해서 혼자서는 절대 못 깎았다.

■ 점쟁이[소경이] 저 죽을 날 모르고 무당이 제 굿 못한다 / 백정네 송아지 저 죽을 날 모른다[2+]

| '소경'은 장님. 옛날에는 장님이나 앉은뱅이들이 생계를 목적으로 점을 치는 일이 많았다.

■ 도끼가 제 자루 못 찍는다 / 칼이[도끼가] 제 자루 깎지 못한다

| 칼이나 도끼는 남의 칼이나 도끼의 자루는 깎아줄 수 있어도 자기가 꽂혀 있는 자루는 못 깎는다.

쥐도 궁하면 고양이를 문다   너무 궁지로 몰면 되레 상대로부터 해를 입는다는 말.

---

289   민간어원에서는 '집 안의 해 같은 존재'라서 '안+해'로 풀지만, 아니다.

■ 개도 (막다른) 골목에 들면 범을 문다 / 노루[양]도 악이 나면 문다 / 궁한
새가 사람을 쫓는다 / 쥐도 궁하면 고양이를 문다 / 궁서가 고양이를 문다
┃새가 곡식을 먹으려 날아들면 후여 후여 하며 새들을 쫓는다. 그런데 만약 먹는
데 정신이 팔려 미처 도망치지 못하다가 사람이 아주 가까이 와서야 놀라 도망
치려는 새도 있을 수 있다. 이런 새를 무리하게 쫓으면 새가 순간적으로 사람을
공격해 오히려 사람이 쫓겨 도망쳐야 할 수도 있다는 말이다. 궁서(窮鼠)는 궁지
에 몰린 쥐란 뜻.

■ 개[도둑]도 나갈 구멍을 보고 쫓아라 / 궁한 도둑은 쫓지 말라

쥐 뜯어 먹은 것 같다 들쭉날쭉하여 볼품없고 보기 흉하다는 말.

■ 쥐 뜯어 먹은 것 같다
┃쥐는 앞니가 끊임없이 자라기 때문에 무언가를 계속 쏠아 이가 닳게 해주지 않
으면 안 된다. 옛날엔 가구부터 책, 나무 기둥까지 온통 쥐가 쏠아놓아 집 여기
저기에 들쑥날쑥 들쭉날쭉한 자국이 많았다.

■ 강아지 깎아 먹던 송곳자루 같다
┃개는 뼈다귀나 신발, 빗자루 등을 너덜너덜해지도록 물어뜯는 습성이 있다.

쥐 죽은 듯하다 한창 요란하고 시끄럽다가 갑자기 조용해짐을 일컫는 말.

■ 쥐 죽은 듯하다
┃옛날에는 집에 쥐가 많았다. 특히 천장에서는 쥐들이 이리저리 우다다 뛰어다니
고 자기들끼리 싸우느라 찍찍 소리가 시끄러웠다. 그러면 어른들은 '허, 쥐들이
운동회라도 하나' 하면서 천장을 쳐다보다가 너무 시끄러워 못 참겠으면 막대기
끝에 바늘을 꽂아 종이로 된 천장을 쿡쿡 쑤시곤 했다. 그런다고 쥐가 찔려 죽을
리 없겠지만 오죽 시끄러웠으면 그랬을까. 하지만 그러다 어느 순간 '이놈의
쥐들이 모두 죽어버렸나?' 할 만큼 갑자기 조용해질 때가 있다. 쥐들이 왜 갑자
기 조용해지는지는 지금도 모른다.

■ 굿 해먹은 집 같다
┃굿을 할 때는 무당이 와서 북과 장구, 징을 치고 방울도 요란하게 흔들면서 덩덩
춤을 추어 집 안이 온통 시끌벅적하지만, 굿이 끝나 무당도 악사도, 구경꾼까지
모두 돌아가면 집 안에는 적막만 감돈다. 우환이 있어서 굿을 했으니 웃을 일도
없고 말이다.

■ **끓는 물에 찬물[냉수] 끼얹은 듯하다**

| 국수 삶을 때처럼, 펄펄 끓는 물에 찬물을 조금 끼얹으면 언제 끓었냐는 듯 삽시간에 푹 가라앉는다. 이와 관련하여 재밌는 얘기가 있다.

현장사무실에서 사무 보는 직원이 있었는데, 밖에서 춥게 일하다 들어온 직원들이 매번 주전자 물이 미지근하다고 투덜대더란다. 그래서 한 번은 골탕 먹이려고 그 사람들 오기 직전에 팔팔 끓는 주전자 안에 찬물을 한 컵 부었더란다. 평소처럼 "주전자에 물도 안 끓이고 뭐 했어! 밖에서 떨다 온 사람들 생각은 안 해!" 잔소리하고는 역시 주전자째 들고 마시더란다. 물론 그 사람은 입안을 홀랑 데었다.

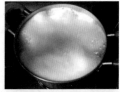
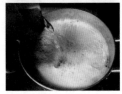

넘칠 듯이 맹렬히 끓어올라도 찬물 조금만 부으면 끓어오르던 것이 바로 가라앉는다.

쥐 줄 것은 없어도 도둑 줄 것은 있다 아무리 가난해도 도둑이 훔쳐 갈 것은 있기 마련이라는 말.

■ **쥐 줄 것은 없어도 도둑 줄 것은 있다 / 동생 줄 것은 없어도 도둑 줄 것은 있다 / 구제할 것은 없어도 도둑 줄 것은 있다**

| 더 어려운 사람을 도와줄 형편이 못 되더라도 도둑맞을 것은 있다는 말.

지난해 고인 눈물 올해 떨어진다 좋지 못한 일의 여파는 뒤늦게 나타난다는 말.

■ **지난해 고인 눈물 올해 떨어진다[2+]**

지성이면 감천 마음이 지극하면 생각지도 못한 기적도 일어날 수 있다는 말.

■ **지성이면 감천 / 정성이 지극하면 하늘도 마음이 움직인다**

| 지성(至誠), 정성이 지극하면 감천(感天), 하늘도 감동한다는 말.

■ **정성이 지극하면 돌 위에 꽃이 핀다 / 효성이 지극하면 돌 위에 풀이 난다 / 효성이 지극하면 동지섣달에도 멍석딸기를 찾는다**

| 동지섣달은 동지(冬至 : 양력 12월 22일 무렵)가 들어 있는 음력 11월과, 음력 12월(양력 1~2월)인 섣달을 합친 말이다. 그러므로 동지섣달이라고 하면 한겨울을 말한다. 멍석딸기[290]는 다년생이며 추위에도 강해 겨울철을 견뎌내며 잘 생존한다. 그렇다 하더라도 멍석딸기가 열매를 맺는 시기는 한여름인 7~8월이

라 한겨울에 멍석딸기 열매가 맺힌 것을 보기란 거의 불가능한 일이다. 그래도 이상난동이든 무슨 일이 있든 열매가 겨울에 맺히지 말란 법은 없다. ˚동지섣달→ 섣달그믐날 개밥 퍼주듯

■ **효자는 앓지도 않는다²⁺**

ㅣ효성이 깊은 사람에게는 몸 아프고 마음 앓을 일도 생기지 않는다는 말로, 하늘도 주변 사람들도 모두 효자를 굽어살피고 챙긴다는 말이다.

지렁이 기어가는 것 같다 글씨가 못 알아볼 만큼 매우 형편없다는 말.

[현대] 휴먼졸림체

■ **개발괴발이다 / 지렁이 기어가는 것 같다**

ㅣ글발(써놓은 글자의 모양)이 개와 고양이가 마구 밟고 문지른 것처럼 무슨 글씨인지 전혀 알아볼 수 없다는 말이다. 고양이의 옛말이 '괴'.²⁹¹ 요새는 '개발새발'로 잘못 쓰는 일이 많다.

지렁이도 밟으면 꿈틀한다 아무리 순하고 약한 사람이라도 업신여기거나 함부로 대하면 언젠가 발끈하기 마련이란 말.

[현대] 분뇨의 역류 ▸ 영화 〈분노의 역류〉를 살짝 바꾼 말이다. 군대에서 위에서부터 계급 타고 줄줄이 내려오는 화풀이를 '설사'라고 한다. 화풀이가 지나치면 하극상으로 설사가 위로 치밀 수도 있다.

■ **지렁이[굼벵이]도 밟으면 꿈틀한다²⁺ / 참새도 죽을 땐 짹 한다**

ㅣ여기서 지렁이는 일자무식에 힘없는 무지렁이 같은 백성을 뜻한다. 그리고 '꿈틀하다'에는 어떤 생각이나 감정이 갑작스레 격하게 일어난다는 뜻도 있다. 다시 말해서 욱한다는 말이다.

■ **고인 물도 밟으면 솟구친다**

■ **만만한[가난한] 놈은 성도 없나 / 느린 소도 성낼 적 있다**

ㅣ아무리 가난하거나 만만해 보인다 해도 모든 사람은 성과 이름이 있는 존재이니 함부로 대하면 안 된다는 말이다.

[맥락] 성씨 성(姓)과 '성(질)을 낸다'의 '성'의 발음이 같은 것을 이용해, 누구나

---

290 논둑이나 밭둑에서 많이 자라는데, 산딸기나 줄딸기, 뱀딸기, 복분자 등과 달리 땅바닥을 따라 덩굴을 사방으로 뻗어 자라므로 마치 멍석을 깔아놓은 것 같다.

291 그래서 옛날에 흰고양이는 센괴, 얼룩고양이는 어룽괴라고 했다.

성낼 줄 아니 만만하다고, 가난하다고 함부로 대하지 말라는 말이다.

■ 한 치 벌레에도 오 푼 결기는 있다
｜전통 길이 단위에서 한 자는 약 30cm, 한 치는 약 3cm, 한 푼은 약 0.3cm(3mm)를 말한다. 따라서 고작 손가락 한 마디만 한 하찮은 벌레라도 성질이 반은 차 있으니 괜히 건드리고 괴롭히면 물거나 쏜다는 말이다. 그리고 결기(決起)는 보통 '결연히 일어섬'으로 많이 쓰이나 여기서는 '못마땅한 일을 참지 못해 발끈함'을 뜻한다.

　이 속담은 여러 속담사전에 우리 속담으로 들어가 있는데, 일본 속담에도 '一寸の虫にも五分の魂(한 치 벌레에도 닷 푼의 혼)'이라는 거의 똑같은 속담이 있다. 단어 배열을 보아도 우리 속담의 배열 방식과 다르다. 아무래도 일본 속담이 넘어온 것으로 여겨진다.

지붕의 호박도 못 따면서 하늘의 천도를 따겠단다　쉬운 것도 못 하면서 어려운 것을 하려 든다는 말.

[현대] 선인장도 죽이면서 난을 키우겠다

■ 지붕의 호박도 못 따면서 하늘의 천도를 따겠단다²⁺
｜천도(天桃)란 옥황상제가 있는 하늘에 열린다는 전설의 복숭아로, 이 복숭아를 먹으면 무병장수한다고 전해진다.
[맥락] 생활 능력 없고 게으른 남편이, 호강시켜주겠노라 큰소리 뻥뻥 칠 때 부인이 한심스럽게 한 말이었을 것이다.

■ 걷기도 전에 뛰려 한다 / 깃털도 안 난 것이 날기부터 하려 한다
｜아직 걸음마도 제대로 못 뗀 아기는 부모에게 가려는 급한 마음에 바닥에 엎어지는 일이 많다. 하늘을 날아다니는 새도 태어난 지 얼마 안 된 새는 깃털이 아닌 솜털이라 깃도 못 친다. 기본도 안 된 사람이 섣불리 날고뛰려 한다는 말.

■ 이도 안 난 것이 갈비부터 뜯으려 든다²⁺
｜어린 아기도 향과 맛은 안다. 하지만 아직 이가 안 나서 물고 빨기만 할 뿐 한 점도 못 뜯는다. 먹을 재주도 없이 욕심만 과하다는 말이다.

■ 겉가마도 끓기 전에 속가마부터 끓으려 한다²⁺
｜가마솥 안쪽 가장자리가 '겉가마'고 중간 부분이 '속가마'다. 액체보다 고체의 열전도율이 훨씬 높으니 솥 가장자리부터 끓기 시작하는 게 정상이다.
[맥락] 재주와 조건이 아직 무르익지 않았는데도 미리부터 안달해 속부터 '끓인다'라는 말이다.

■ 올챙이 될 생각은 못 하고 개구리 된 생각 한다[2+]

| '올챙이'에는 초짜나 말단직이라는 뜻도 있다. 아직 올챙이 단계에도 못 이르러
놓고 마음만 개구리처럼 팔딱댄다는 말이다. *올챙이→ 개구리 올챙이 적 생각 못 한다

지어먹은 마음 사흘을 못 간다   결심이나 의지가 굳지 못해 단단히 먹은 마음이
오래가지 못한다는 말.

[**成語**] 작심삼일(作心三日) : 마음먹은 게 사흘밖에 못 간다.

[**현대**] 러닝머신이란 비싼 빨래건조대 / 헬스란 석 달 끊고 사흘 나가는 것 · 실제로
1월 1일~3일 사이에는 헬스장이 북적거리지만 5일 쯤 되면 신기할 정도로 한산
해진단다.
작심삼월 다이어리 · 새해부터는 계획적으로 다양하게 살아보자. 새 다이어리에
꼼꼼히 적기 시작하지만 2, 3월 넘어가면 펼치기도 귀찮다.
제대할 때 결심 제대로 못 간다 · 전역하면 열심히 살고 부모님께 효도해야지
굳게 다짐하지만, 정작 전역하면 얼마 못 가 입대 전에 하던 대로 똑같이 산다.
군대 가야 사람 된다는 말은 될 만한 사람이 더 사람 되어 나오는 거지, 못된
사람은 '군바리' 물이 들어 더 개가 돼서 나오기도 한다.

■ 지어먹은 마음 사흘을 못 간다

■ 난봉꾼 마음잡아야 사흘

| 착실치 못한 방탕한 짓이 '난봉', 그것을 일삼는 사람이 '난봉꾼'이다.

질동이 깨트리고 놋동이 얻었다   ①좋지 않은 것
을 잃고 더 나은 것을 얻었다는 말. ②더 나은
아내를 얻어 새장가를 잘 갔다는 말.

■ 질동이 깨트리고 놋동이 얻었다[2+]

| '동이'는 한 말(18리터) 분량의 액체를 담을 수
있는 작은 항아리로, 물을 담으면 물동이, 술을
담으면 술동이, 젓갈을 담으면 젓동이라고 부
른다. 아가리가 넓어 수시로 퍼 담고 퍼내기 편
리하다. 한 사람이 손으로 들거나 머리에 일 정
도의 무게를 담을 수 있어 양손으로 들기 편하
게 양쪽에 '귀때'라는 손잡이를 달았다. 진흙으
로 구우면 질동이, 놋쇠를 두드려 만들면 놋동
이라고 한다. 당연히 놋동이의 가치가 훨씬 높

늦은 저녁, 물 길러 온 두 여인과 질동이
둘. 젊은 과부에게 어젯밤 이야기를 홍조
띠며 말하는 눈치 없는 아낙과, 새파란 과
부에 마음 둔 주제넘은 늙은 홀아비일까.
|김홍도, 〈정변야화(井邊夜話)〉(일부)

다. 물동이가 아내를 뜻하므로 예전 아내보다 훨씬 좋은 아내를 얻었다는 말이 된다.

질러가는 길이 돌아가는 길이다   너무 서두르면 오히려 낭패를 보거나 탈이 난다는 말.

[현대] 오 분 먼저 가려다 오십 년 먼저 간다 / 고속 승진은 고속 퇴사의 지름길 / 안달하면 못 달한다
빠름보다 바름 · 삶이란 것은 얼마나 빠르냐가 아니라 늦더라도 옳은 방향으로 가고 있는가가 더 중요하다.

■ 질러가는 길이 돌아가는[먼] 길이다 / 지름길이 종종길
| 바쁘다고 제대로 된 길 놔두고 없는 길을 마구 가로질러 가보지만 오히려 다니던 길이 아니라서 더 늦어지는 경우가 많다. 지름길이라고 생각해 정해진 길을 벗어났다가 갈 길이 아님을 깨달아 결국 되돌아오고, 늦은 만큼 종종걸음을 치게 된다는 말이다.

■ 급하게 먹는 밥이 목 멘다²⁺ / 급히 먹은 콩밥 똥 눌 때 보자 한다²⁺
| 여기서 '밥'은 '각자의 몫'도 뜻한다. 따라서 제 몫부터 서둘러 챙기려 들다간 밥이 식도에 걸려 '목 메'듯 목메어 울 날이 온다는 뜻도 된다. 또한 콩밥을 제대로 씹지 않고 급히 삼키면 콩 알갱이가 그대로 섞여 나와 똥 눌 때 항문에 걸리거나 아프다. 여기서 '보자'는 '어디 두고 보자'라는 뜻이다.

■ 총총들이 반병이라
| 마음이 바빠 물이나 기름을 병에 급하게 들이붓다가는 반병을 아깝게 흘려버린다는 뜻. 여기서 '총총'은 '마음 바쁠' 총(悤) 자를 사용한다. 편지의 맺음 글에 '그럼, 이만 총총' 등에도 쓴다.

집과 계집은 꾸밀 탓   아무리 평범하고 보잘것없어도 제대로 관리나 교육을 받으면 크게 나아진다는 말.

[현대] 세상에 못생긴 여자란 없다 꾸미지 않는 여자만 있을 뿐이다

■ 집과 계집은 꾸밀 탓²⁺
| 연예인 굴욕사진이 인터넷에 많이 떠돈다. 많은 연예인이 원래부터 멋지고 예쁘지 않았다. 관리를 받고 조명을 받으니 그렇게 변하는 것이다. 칭찬은 고래를 춤추게 하고 사랑과 관심은 사람을 훌륭하게 바꿔놓는다.

■ 개똥참외도 가꿀 탓²⁺
| 개똥참외는 척박한 곳에서 되는 대로 자라 볼품이 없지만, 누군가 거기에 물과

거름을 적절하게 주어 기르면 훌륭한 참외로 큰다. 본디 같은 씨앗이기 때문이다. 사람도 바탕은 모두 같다. 얼마나 좋은 환경에서 훌륭한 교육을 받았느냐 그러지 못했느냐의 차이만 있을 뿐. 이 속담은 솜씨나 예의범절이 좀 모자라거나 인물이 못난 색시도 잘 가르치거나 꾸미게 해주면 나아진다는 뜻으로도 쓰인다.

음식물 쓰레기 더미에서 자란 개똥참외.

*개똥참외→ 개똥참외도 임자가 있다

집도 절도 없다 집도 없는 가난한 살림의 설움을 이야기할 때 쓰는 말.

[成語] 남부여대(男負女戴) : 남자는 짊어지고 여자는 머리에 인다. ▸ 가난한 사람이 살 곳을 찾아 몇 없는 살림을 이고지고 떠돌아다니는 모습을 표현한 말.
동가식서가숙(東家食西家宿) : 동쪽 집에 가서 먹고 서쪽 집에 가서 잔다.

■ 집도 절도 없다
ㅣ옛날에 먹고살기 너무 어려운 사람들 중에는 절로 들어가는 사람들도 있었다. 절에 가서 중이 되거나 절 일을 도와주면 최소한 굶어 죽지는 않았기 때문. 그런데 들어갈 절마저 없는 상황이란 얘기.

■ 송곳 꽂을 땅도 없다 / 벼룩 꿇어앉을 땅도 없다 / 가진 것이라곤 그림자밖에 없다

■ 까막까치[달팽이·우렁이·갈매기]도 집이 있다 / 까막까치도 저녁이면 제 집으로 돌아간다
ㅣ'까막까치'는 까마귀와 까치를 함께 아울러 이르는 말. 까마귀와 까치조차도 집이 있는데 사람인 자신은 그렇지 못하니 얼마나 서럽냐는 말이다.

■ 가는 곳마다 내 땅이요 자는 집마다 내 집이다 / 패랭이에 숟가락 꽂고 산다[2+]
ㅣ'패랭이'는 대오리로 성기게 짠 작은 모자로 역졸(驛卒)이나 장사꾼, 천민, 또는 멀리 가야 하는 상주(喪主)가 썼다. 이 가운데 역졸의 패랭이만 검게 칠해서 썼다. 정착하지 못하고 떠돌아다니는 사람의 신세한탄이다.

집 좁은 건 살아도 속 좁은 건 못 산다 속 좁고 꽁한 사람하고는 같이 지내기 어렵다는 말.

[현대] 웃자고 한 말에 죽자고 덤빈다 / 개그를[예능을] 다큐로 받는다 / 세상은 넓고 속 좁은 사람은 많다

■ 집 좁은 건 살아도 속 좁은 건 못 산다

│ 집이 좁으면 좁은 대로 어떻게든 몸을 맞추어 살아갈 수 있지만, 속 좁은 사람에 겐 아무리 해도 마음을 맞출 수 없으니 답답해서 같이 못 산다는 말.

짚신도 짝이 있다 누구에게도 다 자기에게 맞는 짝이 있기 마련이라는 말.

[반대] 한 바리에 실을 짝이 없다

[현대] 짚신벌레도 짝이 있다 · 짚신벌레처럼 하찮고 시답지 않은 것도 어떻게든 짝을 맺을 수 있다는 말(또는 그 주제에 짝을 맺었다고 장난으로 비꼴 때도 쓰인다).

■ 짚신도 짝이 있다

│ 짚신은 원래 짝이 없다. 오른쪽 왼쪽을 구분하지 않고 만들기 때문이다. 하지만 신고 다니다 보면 짚신이 늘어나 저절로 양쪽 발 모양에 맞춰져 왼발과 오른발 에 맞는 짝이 생긴다. 이처럼 사람도 정해놓은 이상형만 기다리지 말고 주변을 잘 찾아보면 어느 정도 맞춰가며 함께 살아갈 사람은 꼭 있는 법이라는 말이다.

■ 고리(짝)도 짝이 있다

│ 고리는 위짝과 아래짝이 있어서 아래짝에 위짝을 뚜껑으로 덮어 하나가 된다. 짝이 맞지 않으면 끼워지지 않거나 너무 헐겁다. 하찮은 고리조차도 자신에게 딱 맞는 짝이 있듯 사람도 마찬가지라는 말이다.

■ 천생연분에 보리개떡[2+]

│ 변변찮은 곡물이나 겨, 싸래기 따위로 대충 둥글넙적하게 만든 게 개떡. 그런 개떡 가운데, 더 형편없는 재료인 보릿겨나 보리 싸래기로 만든 개떡이 보리개 떡. 개떡은 형편없거나 마음에 안 들거나 못생긴 것을 나타낼 때도 쓴다. 못생기 고 개떡 같은 사람한테도 같이 살 만한 짝은 다 있다는 말이다.

짝사랑에 외기러기 가망 없는 짝사랑을 이르는 말.

[반대] 남편 죽었다고 섧게 울던 년이 시집은 먼저 간다

■ 짝사랑에 외기러기 / 외기러기 짝사랑

│ 전통혼례 때 나무로 깎은 기러기를 초례상에 올려놓고[292] 부부의 방에도 기러 기 장식을 많이 둔다. 한 사람만을 평생 아끼고 사랑하며 살라는 뜻이다. 기러기

---

292 초례상에 기러기 목각 외에 소나무 가지도 올리는데, 솔잎은 한 군데에서 두 개의 잎이 갈라져 나오기 때문이다. 게다가 잎이 떨어질 때도 두 개가 함께 떨어지기 때문에, 늘 푸른 소나무처럼 평생 변치 않는 사랑을 하며 한 몸처럼 오래오래 살다가 한날한시에 같이 이승을 떠나라는 뜻이다.

는 한 번 짝을 지으면 평생을 함께하며, 둘 중 한 마리가 죽으면 다른 짝을 맺지 않고 홀로 살아가는 습성이 있다.[293] 짝 잃은 외기러기에게 아무리 구애를 한다 해도 그 기러기가 마음을 받아줄 리 없으니 결코 이루어질 수 없는 짝사랑을 하는 셈이다. 상대는 모르는데 이쪽에서만 좋아하는 것이 '짝사랑'이고, 상대가 받아주지 않는 혼자만의 사랑은 '외사랑'이다.

초례상의 기러기 목각. 혼사가 이루어졌으니 이제 서로의 단점에 대해서는 입을 다물라는 뜻으로 기러기 부리를 실로 꽁꽁 묶었다. |국립민속박물관

쭈그렁밤송이 삼 년 간다 ①약하게 보이는 것이 생각보다 오래 견딘다는 말. ②꽉 차지 않은 탓에 충격을 덜 받아 피해 없이 오래 견딘다는 말.

■ 쭈그렁밤송이 삼 년 간다[2+] / 쭈그렁밤송이 삼 년 달렸다[2+] / 쭉정이 삼 년 간다[2+]

 |'쭈그렁밤송이'는 밤알이 제대로 안 들어 쭈그러진 밤송이로, 알차지 못하거나 보잘것없는 사람이란 뜻도 담겼다. '쭉정이'는 껍질만 있고 속에 알맹이가 안 든 곡식이나 과일로, 쓸모없게 돼서 사람 구실을 제대로 못 하는 사람도 뜻한다.

찍자 찍자 하여도 차마 못 찍는다 어떤 일을 하려고 벼르기만 하고 못 한다는 말.

■ 찍자 찍자 하여도 차마 못 찍는다[2+]

 |나무를 '찍다'가 있고 도장을 '찍다'가 있다. 이혼서류에 도장 못 찍고 사는 부부처럼 결단을 못 내리는 상황인 듯하다.

찢어지게 가난하다 매우 가난하다는 말.

 [成語] 삼순구식(三旬九食) : 한 달에 아홉 끼니. ▸순(旬)은 10(일)을 뜻하는 단위. 10일씩 끊어서 한 달을 초순, 중순, 하순으로 나눈다. 30일 동안 아홉 끼를 먹는다는

---

293 조류의 90%는 번식기에는 일부일처제로 지낸다. 즉, 교미 후 알을 낳고 새끼를 키워 독립시킬 때까지는 다른 짝을 만나지 않는다. 자기 유전자를 받은 새끼를 온전히 지키기 위한 행동이다. 새끼가 독립하면 암수는 서로 헤어져 다른 짝을 만나 새로 번식과 육아를 한다. 그러나 기러기나 두루미 같은 매우 일부의 조류는 평생 다른 짝을 만나지 않고 원래의 짝과 계속 교미와 육아를 한다. 반대로 '한 쌍의 다정한 원앙'이라며 부부금슬을 대표하는 원앙은, 암컷이 알을 낳자마자 수컷은 다른 암컷을 찾아 떠나버린다. 수컷이 암컷 곁에서 떨어지지 않고 다정하게(?) 딱 붙어 헤엄치는 것은 자기 유전자를 다른 수컷으로부터 지키기 위한 '짝지키기(mate guarding)'일 뿐이다. 수컷이 다른 암컷 찾아 떠나면 낳은 알을 품고 새끼를 키우는 것은 오로지 암컷의 몫이다.

말이니 사나흘 만에 한 끼 밥을 먹으며 겨우 목숨을 부지한다는 뜻이다.

조반석죽(朝飯夕粥) : 아침엔 밥, 저녁엔 죽. ▸ 낮엔 힘을 써야 하니 아침에는 밥을 먹지만 자기만 하는 밤에는 죽으로 때우고 허기 달래며 잔다는 뜻.

[현대] 통장이 텅장 / 통장은 월급 지나가는 고속도로

■ (똥구멍이/가랑이가) 찢어지게 가난하다

| 옛날에 먹을 것이 없으면 산에 가서 풀뿌리를 캐서 삶아 먹거나 소나무의 속껍질을 벗겨서 오래 삶아서 곡물 가루와 섞어 죽처럼 만들어 먹었다. 이 소나무 속껍질을 '송구'라고 부르는데, 이것이 먹을 땐 부드럽지만 나중에 양분과 수분이 빠지고 똥이 되면 매우 딱딱해져서 항문에 걸리기 일쑤였다. 안 나오는 똥을 억지로 누려고 안간힘을 쓰다 보면 항문이 버티지 못해 찢어지고 피가 났다. 항문은 두 다리가 만나는 가랑이에 있어 항문이 찢어진다는 것을 가랑이가 찢어진다는 말로 바꾸어 표현했다.

■ 가난한 집 신주 굶듯

| 신주(神主)는 조상의 영령을 상징하는 표식으로, 조상의 이름과 직위 등을 써서 나타낸 나무패다. 그리고 조상단지 또는 신줏단지는 조상신을 모신 작은 항아리다. 매일 또는 중요한 행사 때 신주 앞에 음식을 차려 올리거나 조상단지 안에 햇곡식이나 돈을 담아 바치는 풍습이 있었다. 가난한 집은 조상에게 차려 올릴 것도 변변찮으니 후손은 오죽이나 굶겠냐는 말이다. *신주→ 신주 모시듯 하다

조상단지. |서울 농업박물관

■ 굶기를 (부잣집) 밥 먹듯 한다[2+]

| '밥 먹듯 하다'는 흔하게 한다, 또는 흔한 일이라는 말. 이를 다른 말로 다반사(茶飯事)라고 한다. 굶는 일이 다반사라는 말이다.

■ 고양이[괴] 죽 쑤어줄 것도 없다

| '괴'는 고양이의 옛말. 고양이는 먹는 양이 매우 적다. 한 끼에 종이컵 반만큼도 채 안 먹는다. 이렇듯 적게 먹는 고양이에게, 몇 배로 양 불려 먹는 죽마저 쑤어줄 것이 없을 만큼 먹을 게 없다는 말.

■ 가난한 이에겐 허리띠가 양식

| 배고플 때 허리를 꽉 조이면 그나마 배고픔이 덜해진다. 지금도 어려운 형편을 버티고 극복하자고 할 때 '허리띠를 졸라맨다'라는 말을 많이 쓴다.

■ 책력 봐 가며 밥 먹는다

| 책력(冊曆)은 지금의 달력과 비슷한 것으로, 농사를 지을 때 필요한 절기(節氣)

와 행사 일정을 잡기 위한 길일(吉日), 일식, 월식 등이 적힌 책이다. 매일 밥 먹을 형편이 못 되니 길일과 절기에 맞춰 행사 치르듯 띄엄띄엄 밥을 해 먹는다는 뜻이다. 다음은 〈흥부전〉에서 흥부네의 가난한 살림을 읊는 대목이다.

> 집 안에 먹을 것이라고는 싸라기 한 줌 없어 다 깨진 개다리소반은 엎어 올려둔 채 네 발 들어 하늘에 빌고 있고, 이 빠진 사발 대접들은 시렁 위에서 사흘 나흘 하냥 포개져 있고, 밥을 지어 먹자 하면 책력(冊曆) 긴 줄 보아 갑자일(甲子日) 되어야 솥에 쌀 들어가고, 생쥐가 쌀 알갱이 얻으려 밤낮 열사흘을 분주히 다니다가 다리에 멍울 잡혀 종기 터트리며 앓는 소리나 세 동네 들릴 듯 떠들썩하니 어찌 아니 슬프랴.

■ 황희 정승네 치마 하나 세 어이딸 돌려 입듯
| '어이딸'은 모녀(母女)의 순우리말. 황희(黃喜) 정승이 너무 청빈하게 살아서 그 어미와 딸들이 마땅한 외출용 치마가 없어 치마 하나로 서로 돌아가며 입었다는[294] 이야기에서 만들어진 속담이다. 하지만 이 이야기는 황희 정승이 살던 시대가 아닌 먼 후세 사람들이 만들어낸 것이라 실제와 많이 다르다. 황희는 3남 1녀를 두었으므로 딸은 딱 하나뿐이었다. 게다가 역사적으로 황희 정승이 사실은 부정과 비리가 많고 매관매직에 간통까지 저질러 청렴과는 거리가 먼 사람이었다고 한다. *황희→ 계란에도 뼈가 있다

■ 곰이라 발바닥 핥으랴[2+]
| 자기 발바닥을 핥는다는 뜻이지만, 가진 자의 발밑에 납작 엎드려 설설 기어 간신히 먹고산다는 뜻이다. 내가 아무럼 곰처럼 미련해서 그러겠냐. 오죽하면 그런 구차한 짓까지 다 하겠냐고 한탄하는 말로 보는 것이 맞을 듯하다.

■ 씻은 듯 부신 듯
| 곡식 담을 항아리 또는 밥 담길 그릇이 깨끗이 씻고 헹궈낸 듯이 싸라기도 가루도 하나 남아 있지 않다는 말.

■ 서 발 막대[장대] 거칠 것 없다[2+]
| 방에 아무런 세간이 없어 긴 장대를 휘둘러도 뭐 하나 툭 걸릴 게 없다는 말이다.

찧고 까분다 경솔하게 이리저리 까부는 것을 이르는 말.

■ 찧고 까분다

---

294 옷 하나를 가지고 체격이 비슷한 형제자매 등이 돌려가며 입는 것을 '돌라옷'이라고 하고, 아버지-큰형-작은형 식으로 물려받아 수선해가며 입는 것을 '옷물림'이라고 한다.

| 절구 찧듯이 쿵쿵 콩콩 제자리서 뛰고, 찧은 곡식에서 껍질만 날리기 위해 키질 하듯 두 팔을 위아래로 휠휠 흔든다는 말이다. 키에 찧은 곡식을 얹은 뒤 이를 위로 던져 올린 다음 재빨리 키를 아래로 끌어 내리면 이때 생기는 하강기류에 딸려 가벼운 껍질만 밖으로 날아가 떨어진다. 이 동작을 '까분다/까부른다'라고 한다. '까불다'라는 말이 여기서 유래한다.

찧는 방아에도 손이 나들어야 한다　무슨 일에든 공을 들여야 더 잘된다는 말.

　　[현대] 찍사가 망가질수록 인생샷 ‧ 사진을 찍어주는 사람이 제 몸 던져가며 온갖 괴상 한 자세로 찍어줄수록 찍히는 사람에겐 인생사진이 남는다는 말.

■ **찧는 방아에도 손이 나들어야 한다**[2+]

| 물방아나 물레방아가 물의 힘으로 방아를 찧을 때, 자동으로 찧어준다고 손 놓 고 있으면 곡물이 고루 안 찧어진다. 사이사이 손을 넣어 뒤적이고 섞어줘야 한다. 이처럼 저절로 잘되어가는 일이라도 중간중간 손을 대야 한다는 말이다.

차돌에 바람 들면 석돌보다 못하다   야무진 사람일수록 타락하면 더 걷잡을 수 없게 된다는 말.

■ 차돌에 바람 들면 석돌보다 못하다[2+]

| '차돌'은 석영(石英)으로 희고 단단한 돌, '석돌'은 '푸석돌'의 준말로 화강암 같은 단단한 암석이 풍화작용으로 쉽게 부스러지는 상태가 된 돌이다.

차면 넘친다   너무 지나치면 오히려 좋지 않다는 말.

[成語] 과유불급(過猶不及) : 지나침이 모자람과 같다.

[현대] 친절이 지나치면 진저리 난다 / 아쉬운 사람은 되더라도 아 쉬운 사람은 되지 말라 / 단추 하나 풀면 개성 두 개 풀면 야성 세 개 풀면 실성

청순 자라 청승 된다 ‣ 너무 청순한 척하면 오히려 청승맞아 보인다.

술 단 다음 날 목 단다 ‣ 술이 달게 느껴지는 날이면 저도 모르게 과음하고 다음 날 '이대로 그냥 죽어버렸으면' 싶게 창피한 일을 저지른다.

■ (그릇도) 차면 넘친다[2+]

| 지나치게 채우려 들면 분에 넘치는 일도 저지른다는 뜻. 사람마다 제 역량과 분수라는 그릇이 정해져 있는 까닭이다. 분수를 모르면 푼수가 된다. 이 속담은 '달도 차면 기운다'처럼 흥망성쇠는 돌고 돈다는 뜻으로도 쓰인다.

■ 적게 먹으면 약주요 많이 먹으면 망주라

| 술이란 것은 적당히 조금 먹어야 몸에 좋은 약주(藥酒)가 되지, 많이 마시면 취해서 추태를 부려 망신살만 뻗치게 하는 망주(亡酒)가 된다. 실제로『동의보 감』에는 술이 '약방에 감초'보다 두 배나 더 나온다. 알코올은 물보다 흡수가 빠르고 약 성분이 몸에 빠르게 퍼지게 해주며 혈액순환을 도와주는 등 이보다 좋은 약이 없다. 단, 적게 먹을 때만.

■ 약도 지나치면 해롭다

|요새 영양제니 비타민이니 지나치게 먹는 사람들이 있다. 대개는 가공식품을 피하고 제철 음식과 밥만 골고루 잘 먹어도 충분한데 약까지 먹어 오히려 몸을 해치기도 한다. 본디 약은 독으로 만든다.

■ **찰찰이 불찰**
|지나치게 살피고(察) 살피면(察) 살피지 않음만 못하다는 뜻.

차 떼고 포 뗀다 갖은 이유나 구실을 들어 물건을 덜어내거나 깎으려 한다는 말.

■ **차 떼고 포 뗀다**[2+]
|장기판에서 차(車)와 포(包)는 알짜 능력을 가진 장기 말. 그러니 알짜가 안 남게 상대가 지나치게 헐값에 얻으려 든다는 말이다.

차 치고 포 친다 ①무슨 일에나 당당하게 덤비어 잘 해결한다는 말. ②지나치게 제 마음대로 처리한다는 말.

■ **차 치고 포 친다**[2+]
|장기에서 차(車)는 이 끝에서 저 끝까지 직선으로 쭉 가서 상대 말을 잡는다. 포(包)는 이리저리 넘나들며 상대 말을 잡는다. 이처럼 거침없이 일을 쳐낸다는 말이다.

찬물도 상이라면 좋다 상(賞)으로 받는 것이라면 그게 아무리 보잘것없는 것이라도 다 좋아하게 마련이라는 말.

■ **찬물도 상이라면 좋다**
|흔하디흔한 볼펜 한 자루라도 상이라고 주면 좋아하는 게 사람이다.

찬물도 위아래가 있다 사람 사이에는 지켜야 할 예의와 차례가 있다는 말.

[成語] 장유유서(長幼有序) : 어른과 아이, 늙은이와 젊은이 사이에는 사회적 질서와 순서가 있다.

[현대] 똥물도 파도가 있다 · 변소 똥물 위에 똥이 떨어지면 중앙부터 파문이 일어 차차 주변부로 퍼져간다.

■ **찬물도 위아래가 있다**[2+]
|하찮은 찬물 한 그릇이라도 윗사람에게 먼저 차례가 가도록 해야 한다는 말.295

---

295 이북 지방에서는 이 속담이 '같은 것이라 해도 자세히 살펴보면 얼마간의 차이가 있다'라는,

연암(燕巖) 박지원(朴趾源)의 소설 〈허생(許生)〉에는 감화시킨 도적떼를 무인도에 정착시키고 나오며, 온갖 허례허식 다 필요 없고 오로지 사람으로서 이것만 지키라 당부하는 내용이 나온다. "아이를 낳거든 오른손으로 수저를 쥐도록 가르치고, 하루라도 먼저 난 이가 먼저 먹도록 하라. 그러면 사는 데 아무 문제가 없을 것이로다."

[맥락] '찬물'은 반찬을 뜻하는 찬물(饌物)로 읽을 수 있다. 어른이 먼저 좋은 반찬을 먹고 남기면 비로소 아랫사람이 남은 대궁(남긴 밥이나 반찬)을 먹던 것이 옛 밥상 예절이었다.

■ **수수깡도 아래위 마디가 있다**[2+]

│ 수수깡은 옥수수나 수수의 대. '마디'는 한자로 촌(寸)이다. 이는 윗사람과 아랫사람, 친족 간의 관계를 따질 때 사용하는 촌수(寸數)에 비유된다. 사소한 수수깡에도 먼저 나고 나중 난 위아래 마디가 있듯, 사람 역시 상하와 선후를 분명히 따지고 살아야 한다는 말이다. 수수깡은 주로 변소의 바자울로 둘렀다. 그런데 쓰는 수수깡같이 하찮은 사이에도 촌수는 있다는 말이다.

찬밥 더운밥 가릴 처지가 아니다   급하고 궁해 이것저것 고르고 따질 여유조차 없다는 말.

■ **찬밥 더운밥 가릴 처지가 아니다**[2+] / **빌어먹는 놈이 콩밥을 마다할까**[2+] / **빌어먹는 놈이 이밥 조밥 가리랴**[2+]

│ '가리다'에는 고른다는 뜻 말고도, 제 할 일을 스스로 알아서 한다는 뜻도 있다. 제 앞가림조차 하기 힘든데 일을 가려가며 하겠냐는 말이다.

[맥락] '찬밥'은 찬밥 취급을 뜻한다. 너무 어려운 지경이라 냉대를 받든 환대를 받든 가릴 처지가 아니라는 뜻. 쌀밥과 조밥인 '이밥 조밥'은 '이 밥 저 밥'으로 읽을 수 있다. '조'는 '저'의 작은말.

■ **천봉답이 소나기를 싫어하랴**[2+]

│ 천봉답(天奉畓)은 '천둥지기'라고도 한다. 대체로 산자락에 만들고, 따로 댈 물이 없으므로 하늘에서 내리는 비만으로 농사지어야 하는 논이다. 그러니 잠깐 내리고 마는 소나기도 감지덕지. 이처럼 당장 내가 급하니 아무리 적은 양을 준들 불평하고 따질 여유가 없다는 뜻이다.

───────────

즉 겉만 보지 말고 속속들이 따져보라는 뜻으로 쓰인다. 똑같아 보이는 찬물도 수면 부근과 깊은 곳의 온도가 다르다는 점에서 그렇게 쓰이는 듯하다.

■ 가지나무[가시나무]에 목맨다 / 거미줄에 목맨다 / 접시 물에 코 박고 죽는다 / 접시 물에 빠져 죽겠단다

|가지가 열리는 가지나무는 매우 약한 줄기를 가지고 있어 손으로 살짝 잡아도 휘고 꺾인다. 그런 나무에 목매서 죽겠다는 소리. 채소 '가지'와 '(나뭇)가지'를 이용한 속담이다. 나무에 가서 목매야 하는데 당장 가까이 있는 '가지'나무에라도 목을 맬 만큼 마음이 급하다는 말이다. 그리고 가시나무는 목을 매달기 전에 먼저 수많은 가시에 찔리고 긁혀서 아플 수밖에 없는데, 너무 힘들고 괴로워 죽으려 작정한 사람이 그깟 고통 따위를 겁내겠냐는 말이다. 한강 다리에서 뛰어내리려던 사람도 '물이 아직 차겠지?' 하면 마음을 접는다. 하지만 극도의 감정 상태면 물불 안 가린다. 당장 무엇이든 손에 잡히는 대로 그걸로 죽어버리고 싶을 만큼 너무 원통하고 억울하다는 말.

찬밥 두고 잠 아니 온다 ①대수롭지 않은 것에 미련을 두고 단념하지 못한다는 말. ②자기가 좋아하는 일은 좀처럼 못 잊는다는 말. ③다 먹어치우거나 다 써버리지 않고는 못 견딘다는 말.

■ 찬밥 두고 잠 아니 온다²⁺

|[맥락] 여기서 '찬밥'은 '찬밥 취급'이다. 낮에 누군가에게 냉대받은 일을 잠자리에서까지 잊지 못하고 염두에 두고 있다는 말. 잠자리에 누우면 대개 생각이 많아지는데, 미련이 남은 일이 주로 떠오른다. 이 숨은 맥락을 이해하지 못하게 된 나중 사람들이 ②나 ③의 뜻으로 오해하여 쓴 것으로 보인다.

찬밥에 국 적은 줄 모른다 살림이 가난하면 이것저것 없는 게 많아 오히려 별로 불편하지도 않다는 말.

[반대] 찬밥에 국 적은 줄만 안다

■ 찬밥에 국 적은 줄 모른다²⁺

|여기서 '찬밥'은 '찬 밥'으로 읽을 수 있다. '차다'에는 어떤 높이나 수준에 이르다라는 뜻에 흡족하다는 뜻도 있다. 없는 살림에 밥이라도 그릇에 차도록 먹으니 국 좀 모자라도 그런대로 흡족하다는 말이다.

찬밥에 국 적은 줄만 안다 가난한 살림에는 없는 것이 당연한데 무엇이 부족하다고 마음을 쓴다는 말.

[반대] 찬밥에 국 적은 줄 모른다

■ 찬밥에 국 적은 줄만 안다²⁺

| 여기서의 '찬밥'은 진짜 '찬밥'이다. 찬밥을 더운 국에 말아 먹는데, 찬밥을 국에
말면 밥알이 국물을 흡수한다.²⁹⁶ 그래서 줄어든 국을 보고 투덜거린다는 말.

찰거머리와 안타깨비 일 있을 때마다 착 달라붙어 안 떨어지는 사람을 이르는 말.

■ 찰거머리와 안타깨비²⁺

| 잘 안 떨어지는 거머리 종류를 '찰거머리'라고 하고, 찰거머리는 끈질기게 달라
붙어 남을 괴롭히는 사람도 뜻한다. '안타깨비'는 안달이 나서 귀찮게 조르거나
달라붙는 사람을 말한다. 안타깨비는 '안타깨비쐐기'의 준말이기도 하다. 안타
깨비쐐기는 흔히 '쐐기'라고도 하며, 쐐기나방의 애벌레다. 몸에 잔뜩 솟은 털에
독이 있어서 찔리면 매우 고통스럽다. 밤에 움직이므로 낮에는 초록 보호색을
띠며 잎에 납작 달라붙어 꼼짝하지 않는다.

찰떡궁합 눈치나 마음이 서로 잘 맞고 잘 어울림을 이르는 말.

[成語] 부창부수(夫唱婦隨) : 남편이 노래하면 아내가 따라 부른다 / 남편이 주창하면
아내는 이에 따른다 • 창(唱)에는 노래한다는 뜻도 있지만 어떤 의견을 내고 주
장한다는 뜻도 있다. 이것을 가부장적으로 본다면 아내는 남편의 뜻에 따라야
가정이 화목해진다는 말이 되지만, 지금은 그런 뜻으로 거의 사용되지 않는다.
요새는 '부창부수라더니~'처럼 부부가 같이 살면서 서로 생각과 행동이 닮은
것을 놀리는 말로 쓰인다.

[현대] 개떡같이 말해도 찰떡같이 알아듣는다 • 택시 타고 '전설의 고향' 가자고 하면
알아서 '예술의 전당'에 내려주고, '메소포타미아길' 가자고 하면 '메타세쿼이아
길'로 데려다준다. 그런 정신 놓은 손님을 하루 이틀 태워본 게 아니니까.

■ 찰떡궁합²⁺

| 궁합(宮合)은 무속신앙에서 결혼을 앞둔 남녀의 생년월일시를 오행(五行)에 따
라 비교하고 견주어보아 같이 살기 적합한지 등을 미리 알아보는 점술인데,²⁹⁷
사람과 물건, 사람과 사람, 물건과 물건끼리 서로 어울리는 상태를 일컫는 말로
도 쓴다. 서로 달라붙으면 원래대로 떼어낼 수 없는 찰떡처럼, '떼려야 뗄 수
없는 사이'라는 뜻이다.

---

296 라면 국물에 더운밥 대신 찬밥을 말아야 더 맛있다. 물기 적은 찬밥이 국물을 흡수해 국물은
진해지고 밥알에도 간이 배는 까닭이다.

297 불과 몇십 년 전만 해도 궁합이 나쁘다는 점괘가 나오면 그 어떤 열렬한 사랑이라도 양가
부모가 찢어놓았다. 혼처가 마음에 들지 않으면 거짓 궁합을 핑계로 혼사를 거부하기도 했다.

■ 척 하면 딱이요 쿵 하니 짝이로다²⁺

│무슨 '척'으로 눈치 주면 바로 '딱' 알아채고, 이쪽에서 발 한 번 '쿵' 굴러 낌새를 슬며시 알리니 저쪽에서 아! 이해하고 손뼉을 '짝' 친다는 말이다.

참깨 들깨 노는데 아주까리 못 놀까 남들도 다 하는데 나도 한몫 끼어서 하자고 나설 때 쓰는 말.

■ 참깨 들깨 노는데 아주까리 못 놀까²⁺

│참깨, 들깨, 아주까리, 셋 다 기름 짜는 씨앗²⁹⁸이다. 그리고 기름은 물에 떨어뜨리면 방울져 물 위에서 논다. 그러나 아주까리기름인 피마자유(蓖麻子油)는 참기름, 들기름과 달리 고약한 냄새와 독성이 있어 환영받지 못한다. 잘난 놈, 덜 잘난 놈 함께 둥둥 치며 노는데 못난 자기도 같이 끼어 논들 어떠냐는 말이다.
*아주까리→ 진드기 아주까리 흉본다

[맥락] 이 속담에는 생략된 말이 있다고 본다. '참깨 들깨 (온갖 게[께]) 다 (둥둥) 노는데'. '것이'의 준말 '게'는 앞의 '온갖' 뒤에 오면서 [께]로 소리 난다. 참깨, 들깨처럼 자잘한 온갖 '깨'가 떠 노는데 그만 못한 자신도 끼어 같이 좀 못 놀겠느냐는 말. 물 위에 뜬 상태를 표현하는 의태어 '둥둥'은 북을 치며 흥겹게 놀 때 나는 소리 '둥둥'과 같다.

■ 시누 올케 춤추는데 가운데 올케 못 출까²⁺

│시누부터 올케까지²⁹⁹ 집안 모든 여자가 다 춤추는데 중간에 낀 올케라고 같이 춤 좀 못 추겠냐는 말이다. 참고로 옛날에 여자는 함부로 춤추지 못했다. 그래서 집안에서 굿을 해야만 춤출 수 있었다. 그때는 귀신을 쫓기 위해 무당의 지시로 춤추는 것이라 허락됐다. 이때가 여성이 환희의 욕망을 풀 수 있는 절호의 기회.
[맥락] '춤추다'라는 말에는 남의 말을 좇아서 줏대 없이 앞에 나서서 설친다는 뜻도 있다. 시누와 아래 올케가 설쳐대는데, 가운데 낀 며느리라고 못 설칠까 보냐고 한 소리 하는 말이다.

참나무에서 떨어지는 도토리 멧돼지가 먹으면 멧돼지 것이고 다람쥐가 먹으면 다람쥐 것이다 임자 없는 물건은 먼저 발견한 사람이 임자라는 말.

---

298 아주까리기름은 독성이 있어 식용으로 사용치 않고, 등잔불이나 머릿기름, 목재 방습·방충, 설사와 구토를 유도하거나 상처를 살균하는 약 등으로 사용했다.

299 '시누'는 시누이의 준말로, 남편의 여자 형제다. '올케'는 오빠나 남동생의 아내를 부르는 말. 요새는 오빠의 아내를 '(새)언니'라고 부르는 일이 많다.

[成語] 물각유주(物各有主) : 물건마다 합당한 주인이 있다.

[현대] 세탁기에서 나온 돈은 빨래한 사람 것

■ 참나무에서 떨어지는 도토리 멧돼지가 먹으면 멧돼지 것이고 다람쥐가 먹으면 다람쥐 것이다[2+]

| 멧돼지도 도토리를 즐겨 먹어서 도토리의 옛 이름이 '돝(돼지)의 밤'이란 데서 시작됐다.

■ 개똥참외는 먼저 본 사람이 임자 / 개똥참외도 임자가 있다

| 일부러 기르지 않았는데 참외 씨가 땅에 떨어져 저절로 자란 게 '개똥참외'다. 개도 사람처럼 참외 씨를 소화시키지 못한다. 개가 참외를 먹고 아무 데나 싼 똥에서 싹이 자라는 일이 많아 개똥참외라고 부른다. 누가 키운 게 아니니 정해진 임자가 없다. 먼저 보고 따 먹는 사람이 임자다. '개똥참외→ 개똥참외도 가꿀 탓

참새가 방앗간을 그저 지나가랴 좋아하거나 즐기는 것, 또는 관심 있는 것을 보고 그냥 지나치지는 못한다는 말.

[현대] 여자는 비치는 데마다 비춰본다

■ 참새가 방앗간[올조밭]을 그저 지나가랴[2+]

| 방앗간에는 곡식을 찧다 튀거나 흘린 낟알들이 있기 마련이라 참새가 그곳을 안 들르고 그냥 갈 리 없다. '올조'는 제철보다 일찍 여무는 조의 품종.

[맥락] 여기서 방앗간은 사람들이 모여 '입방아' 찧는 자리다. 그리고 이선희 노래 〈알고 싶어요〉의 '참새처럼 떠들어도 여전히 귀여운가요'라는 가사처럼 수다스러운 사람을 흔히 참새(또는 촉새)라고 한다. 참새는 저들끼리 모여 쉼 없이 재잘거린다. 따라서 이 속담은 여럿이 모여 입방아 찧는 자리에 수다쟁이가 안 끼고 그냥 지나칠 리 없다는 말이다. '올조밭'은 '그럼요! 옳죠, 옳죠!' 맞장구치며 수다 떠는 곳을 말하는 듯하다. '밭'은 무언가가 잔뜩인 곳.

■ 물 본 기러기 산 넘어가랴[2+]

| 기러기는 천적을 피하려 물이나 물가 수풀에 내려앉는다.

[맥락] 물 좋은 곳을 보고 놀기 좋아하는 사람이 안 들르겠냐는 말이다. 이 속담은 한량이 기생집을 드나들며 자주 썼다.

■ 개가 똥을 마다하랴 / 고양이가 쥐를 마다하랴

| 옛날에는 개에게 밥을 잘 주지 않아 동네 돌아다니며 똥을 먹는 일이 많았다. '똥개'라는 말도 여기서 생겼다.

■ 까마귀가 오디를[보리를·고욤을·메밀을] 마다하랴[2+]

|'오디'는 뽕나무의 열매. 달짝지근한 맛이 난다. '고욤'은 감과 비슷하지만 감보다는 덜 달고 크기도 매우 작은 고욤나무의 열매. 까마귀는 잡식성으로 친척인 까치와 식성이 비슷하며 당도 높은 열매를 좋아한다. 그 탓에 까치와 까마귀로 인한 과수농가의 피해가 크다. '고욤→감'씨에서 고욤나무 난다

오디. |국립중앙박물관 전통염료식물원

[맥락] 까마귀는 재수 없는 사람을 뜻한다. 그리고 이 속담에서 '오디'는 말장난이다. 재수 없는 놈이 '어디'를 마다하고 안 나타나며 안 끼겠냐는 말이다. 나머지 '보리' '고욤' '메밀'은 '오디'의 말장난을 이해하지 못해서 까마귀가 좋아하는 먹이들로 바꿔 넣은 것이라 여겨진다.

참새가 어찌 봉황의 뜻을 알리오   보통 사람의 짧은 생각으로는 비범한 사람의 큰 포부와 계획을 이해할 수 없다는 말.

■ 참새가 어찌 봉황의 뜻을 알리오

|봉황(鳳凰)은 임금이나 천자(天子), 군자(君子)를 대표하는 중국 전설 속의 신령스러운 새.300 나라가 태평하고 아름다운 법도가 나라 곳곳에 퍼져 있을 때 이 봉황이 나타난다고 믿었다. 봉황은 살아 있는 벌레나 풀을 먹지 않으며 다른 새들처럼 천박하게 날지 않고, 오동나무301 가 아니면 앉지 않으며 조와 같은 곡식 따위를 먹지도 않고 60년에 한 번 맺는 대나무 열매만 먹는다고

〈봉황도〉 |작자미상

한다. 봉황은 수컷인 봉(鳳)과 암컷인 황(凰)이 합쳐진 말. 세상을 덮을 큰 뜻으로 깃을 치려는 봉황을, 낟알이나 찾아 헤매는 참새 따위가 이해할 수 있겠느냐는 말이다.

■ 제비가 기러기의 뜻을 모른다2+

|제비는 여름 철새고 기러기는 겨울 철새다. 제비가 기러기 보고, 따뜻한 데서

---

300 봉황은 얼굴은 제비, 부리는 수탉, 목은 뱀, 덜미는 숫사슴, 가슴은 기러기, 깃털은 원앙, 용의 무늬에 거북의 등, 꼬리는 물고기의 형태 등을 하고 있다고 상상해왔다.

301 이 오동나무도 그냥 오동나무가 아닌 벽오동나무여야 깃을 들인다고 한다. 벽오동은 원산지가 중국으로, 우리나라에서는 따뜻한 남쪽 지방에서 주로 자란다. 나무가 어릴 때 껍질이 청록색이라서 벽오동(碧梧桐)이라고 불린다.

지내지 왜 군이 춥게 사냐고 갸웃거리고 손가락질한다. 군자가 걷는 춥고 힘든 길을, 배만 부르면 천하태평인 소인들이 결코 알 리 없다는 말이다.

참새 천 마리가 봉황 한 마리만 못하다　자잘하고 형편없는 것 여럿보다 크고 좋은 것 하나가 낫다는 말.

[반대] 백지장도 맞들면 낫다

■ **참새 천 마리가 봉황 한 마리만 못하다 / 고욤 일흔이 감 하나만 못하다**
　|'고욤'은 감나무의 친척인 고욤나무에서 나는 열매로, 감보다 맛이 떨어지고 크기도 지름 1.5cm가량으로 매우 작다. 옛날에는 이 고욤을 늦가을에 따서 단지 등에 넣어두고 익혀가며 군것질거리로 많이 먹었다. *고욤→ 감 씨에서 고욤나무 난다

참외 버리고 호박 먹는다　①좋은 것을 버리고 나쁜 것을 가진다는 말. ②알뜰한 아내를 버리고 나쁜 첩을 취한다는 말.

■ **참외 버리고 호박 먹는다**[2+]
　|호박보다 달고 크며 호박과 운도 맞는 수박이 아닌 참외를 넣은 것은, 참외가 '참애(參愛)'로도 읽히는 까닭이다. 그러므로 참외(참애)는 참사랑이다. 그리고 호박은 '호박같이 못생겼다'라는 말이나 여기서는 '못나다'로 쓰였을 것이다. 남편과 가정에 정성을 다하는 참된 아내를 버리고, 마음씨도 솜씨도 사랑도 못나고 그저 보기 탐스럽기만 한 여자한테 간다는 말이 된다.

참을 인 자 셋이면 살인도 면한다　분하고 화가 나더라도 깊이 생각하고 꾹 참으면 나중에 크게 후회할 일이 없다는 말.

■ **참을 인 자 셋이면 살인도 면한다 / 한때를 참으면 백날이 편하다**
　|아무리 화가 나더라도 '참자' 하고, 그래도 화가 나면 '또 참자' '한 번 더 참자' 이렇게 세 번을 질끈 참으면 괜한 울분으로 큰일을 저지르지 않게 된다는 말. 인(忍)자는 마음 심(心) 위에 칼날 인(刃)자가 붙어 있다. 상대뿐 아니라 나 자신도 다치게 하는 것이 마음의 칼날이다. 불만과 분노는 가슴속에서 날을 갈고 있다가 어느 순간 욱 하고 너, 나 모두를 해친다. 그 '욱'이 항상 문제다.

■ **참는 게 아재비다**[2+]
　|어린 조카가 분별없고 경솔하게 까분다고 어른이 따라 흥분할 게 아니라는 말. 어리석어 저러겠거니, 참는 쪽이 어른이겠거니 해버린다는 뜻이다.
　[맥락] 굳이 삼촌 등을 뜻하는 아저씨의 낮춤말 '아재비'를 쓴 것은 자기 심기를

거슬리게 하는 상대가 '조카'여야 '조카 같은(좆같은)' 일을 당해도 참는 게 낫다는 뜻이 되는 까닭이다. 속담에서 '조카 같다'는 대개 '좆같다'를 에두른 말이다.

채반이 용수 되도록 욱인다   이치에 맞지 않는 것을 바득바득 우긴다는 말.

[成語] 견강부회(牽强附會) : 억지로 끌어다 꿰어 맞춤.

■ 채반이 용수 되도록 욱인다 / 용수가 채반 되도록 욱인다

│채반(菜盤)은 싸릿대나 버들가지 등으로 엮어 만든 둥글넓적한 쟁반 모양의 용기. 요새는 플라스틱으로 만들어져 명절 때 전을 부쳐 늘어 담을 때 쓴다. '용수'는 싸리나 댓살을 엮어서 만든 둥글고 긴 통으로 술독이나 장독에 담가 술과 간장을 거르는 데 쓴다. 채반은 편평 넙적하고 용수는 우묵 길쭉하다. 채반을 억지로 우그려 용수처럼 우묵하게 만들거나, 용수를 눌러 펴 채반처럼 납작하게 편다는 말. 억지를 부려 제 의견을 고집스럽게 내세우는 '우기다'와 '우그리다'의 옛말인 '욱이다'[우기다]를 이용해 만든 속담이다.

채반.   용수. │국립민속박물관

■ 서울 가본 놈과 안 가본 놈이 싸우면 안 가본 놈이 이긴다

│안 가본 사람이 서울은 이렇다고 묘사해서 다녀온 사람이 내가 가봤는데 그렇지 않더라 하면, 창피한 마음에 괜한 억지를 부리며 맞다고 더 크게 우긴다. 오류를 지적했을 때 받아들이는 사람은 드물다. 그래서 대인배인 것이다.

■ 담벼락을 문이라고 내민다

■ 덕석을 멍석이라고 우긴다 / 덕석이 멍석인 듯

│덕석과 멍석은 둘 다 지푸라기로 넓게 짠 것으로, 비슷하게 생겼으나 짜임이나 쓰임이 좀 다르다. 덕석은 얇고 성기게 짜서 덮개나302 보호 용도로 쓰고, 멍석은 두툼하고 치밀하게 짜서 깔개나 농작물 너는 용도로 썼다. 둘이 비슷하게 생겼다고 같다고 우긴다는 말. 일부 지역에서는 덕석을 아예 멍석이라고 부른다.

---

302 소가 춥지 않도록 등에 덮어주는 덕석은 '쇠덕석'이라고 한다.

멍석을 세워두면 울고 찌그러진다. '멍석을 세워놓으면   덕석. |ⓒ김규환(kgh17) [오마이뉴스]
집안에 탈이 난다'라는 금기도 있다. |국립민속박물관

처녀 오장은 깊어야 좋고 총각 오장은 얕아야 좋다   여자는 속이 깊어야 좋고 남자
는 시원시원해야 좋다는 말.

- **처녀 오장은 깊어야 좋고 총각 오장은 얕아야 좋다[2+]**

  |오장(五臟)은 간장, 심장, 비장, 폐장, 신장. 이 모두는 몸속에 있다. 그러므로
  여기서 '오장'은 '(마음)속'을 뜻한다. 여자는 생각이 깊을수록 좋고, 남자는 속
  이 꿍해서는 안 된다는 말이다.

처서가 지나면 모기 주둥이가 비뚤어진다   처서(處暑)가 지나가면 기온이 내려가
곤충이나 식물들이 제힘을 못 쓰거나 생육(生育)이 멈춘다는 말.

- **처서가 지나면 모기 주둥이가[입이] 비뚤어진다**

  |더위가 한풀 꺾이며 가라앉는다는 처서(處暑)는 양력으로 8월 23일 무렵으로
  입추(立秋)가 지난 때다. 슬슬 가을로 접어들기 때문에 낮에는 몰라도 밤공기는
  사뭇 선선하다. 처서 무렵인 8월 말이 되면 하루의 평균온도가 20℃ 정도로
  모기가 왕성하게 활동하는 23℃보다 낮다. 곤충 대부분은 온도가 15℃ 밑으로
  떨어지면 날개 근육이 움직이지 못해 잘 날지 못하는데, 모기도 기온이 20℃
  밑으로 떨어지면 비실거리기 시작한다. 이 무렵 피를 빨려고[303] 팔뚝에 앉은
  모기를 때려잡지 않고 가만 관찰해본 적이 있는데, 모기가 피부에 주둥이를 꽂
  으려 하다가 잘 안 되는지 다른 곳으로 옮겨 가 다시 주둥이를 찔러 넣으려 애썼
  다. 찔러 넣을 힘이 부족해져서인 듯했다. 조상들은 모기 주둥이가 비뚤어져서
  못 찌르는 거라 생각한 모양이다. 사람이 추운 바닥에서 자면 입이 돌아가는
  걸 생각해서 말이다. 요새는 난방이 잘되어 있고 정화조나 지하실 같은 데서

---

303 정확히는 모기가 피를 '빼는' 것은 아니다. 주둥이 대롱을 찔러 넣으면 사람이나 동물의 체내
혈압으로 피가 저절로 모기 몸속으로 밀려 들어간다.

모기가 살아남아 초겨울까지 극성을 부리니 옛 속담만 믿을 수는 없게 되었다.

■ 처서가 지나면 풀도 울며 돌아간다
|처서는 대체로 한가위(추석)와 비슷하게 맞아떨어진다. 추석 1~2주 전에는 미리 조상의 묘를 벌초하는데, 이때 벌초하는 이유가 있다. 처서가 지나면 풀들이 대체로 더 자라지 않고 씨앗도 덜 여문 때다. 이때 벌초하면 성묘 때 다시 자란 풀을 만날 일 없고, 덜 여문 씨앗이라 이듬해 봄에 싹트지 않는 까닭이다. 그래서 너무 이르지도 늦지도 않은 처서 다음 즈음에 벌초한다. '풀도 울면서 돌아간다'라는 말은 풀이 시들면서 쭈글쭈글 울거나 비틀려 꼬여 돌아가는 것을 재밌게 표현한 말이다. 마치 수명이 다해 슬피 울면서 흙으로 되돌아간다는 식으로.

천금사랑은 없어도 일사랑은 있다 일을 잘하면 사람들로부터 사랑받는다는 말.

■ 천금사랑은 없어도 일사랑은 있다[2+]
|천금을 가지고도 남들의 사랑을 억지로 살 수 없지만, 일을 잘하면 모두로부터 사랑받는다는 말이다.

천 냥짜리 서 푼도 본다 ①값은 보기에 달렸다는 말. ②가치가 너무 낮게 평가되었다는 말. ③같은 것도 사람에 따라 평가가 다를 수 있다는 말.

■ 천 냥싸리 서 푼도 본다[2+]

천 리 길도 십 리 똑같은 것도 생각하기에 따라, 환경과 기분에 따라 다르게 다가온다는 말

[成語] 일체유심조(一切唯心造) : 모든 현상은 마음이 빚어내는 것이다. ▸ 이 말은 불교에서 쓰는 말이다. 『채근담(菜根譚)』에는 이런 이야기가 나온다. '마음이 흔들리면 활 그림자도 구불거리는 뱀으로 보이고, 쓰러져 있는 큰 돌도 엎드린 호랑이로 보이니 모두 자길 해칠 것 같은 마음만 가득할 뿐이다. 생각이 가라앉으면 호랑이로 보이던 큰 돌의 곡선도 갈매기 모양으로 여겨지고, 개구리 소리도 음악 소리로 들리니 가는 곳마다 참된 마음만 가지게 되리라.'

[현대] 기분이 감정이 되게 하지 말자

■ 천 리 길도 십 리[2+]
|그리운 사람이나 보고픈 사람을 만나러 갈 때는 아무리 먼 곳까지 가더라도 전혀 고생스러운 마음이 들지 않는다는 뜻이다.

■ 개구리 소리도 들을 탓
|개구리가 떼 지어 울어대는 소리는 워낙 크고 시끄러워 잠을 설친다. 그렇다고

거기에 돌을 던져봐야 조용해지는 건 잠깐이고 다시 개굴개굴 요란하다. 개구리 소리에 얼마나 귀가 아팠던지, 개구리를 조용하게 만드는 비법들이 돌거나 아예 잿물을 물에 뿌려 죽여버리기도 했다. 하지만 어떤 사람은 그 시끄러운 개구리 소리도 '참, 운치 있구나' 여기며 잠만 잘 잔다.

■ 개살구도 맛들이기 나름²⁺

| 개살구는 살구처럼 달짝지근하지 않고 시큼 떨떠름한 맛이 난다. 못 먹을 이 맛도 그 나름의 맛이라 여기며 먹다 보면 이것도 먹을 만하다는 말이다.

[맥락] 눈꼴시고 떨떠름한 일이나 그런 짓을 하는 사람도, 오래 겪으면 그럭저럭 견딜 만해진다는 뜻도 담겼으리라 생각된다.

천 리 길도 한 걸음부터   무슨 일이든 일단 시작부터 하는 것이 중요하다는 말.

[成語] 행원자이(行遠自邇) / 등고자비(登高自卑) ▸『중용(中庸)』에 나오는 말이다. 군자가 가는 길이란(君子之道) 멀리 가자면 가까운 데부터 가야 함에 견줄 수 있고(辟如行遠必自邇) 높이 오르자면 낮은 곳부터 올라야 함에 견줄 수 있다(辟如登高必自卑).

[현대] 오늘 도망치면 내일 두 배의 용기가 필요하다 / 산 밑만 가도 정상

■ 천 리 길도 한 걸음부터 / 시작이 반이다

■ 눈은 아이고 하고 손은 그까짓 것 한다

| 시작하기 전에는 '아이고, 저걸 언제 다 하지?' 지레 겁먹고 시작을 주저하지만, 막상 해보면 "뭐, 별거 아니었네!" 괜한 걱정을 했다는 걸 안다.

천 리 길에 눈썹도 짐이 된다.   여행 갈 때는 조금이라도 짐을 가볍게 해야 고생하지 않는다는 말.

■ 천 리 길에 눈썹도 짐이 된다²⁺ / 길을 떠나려거든 눈썹도 **빼놓고 가라**²⁺

| 여행을 갈 때면 이것도 필요할 거 같고 저것도 필요할 거 같아 이것저것 바리바리 싸서 가는 사람들이 있다. 하지만 정작 여행길에 짐만 될 뿐 써먹지도 못하고 힘들게 도로 지고 온다. 없으면 없는 대로 훌훌 즐길 수 있는 게 여행이다.

[맥락] 굳이 '눈썹'인 것은 아마도 그게 땔나무를 뜻하는 '섶'과 비슷해서는 아닐까 싶다. 섶(땔나무) 지듯 여행 짐을 지게 짐으로 잔뜩 꾸리는 이에게, 눈'섶'도 무거우니 가볍게 꾸려서 지라는 말일 것이다.

천생 팔자가 눌은밥이라   꼴을 보니 평생 가난을 못 면하겠다는 말.

[반대] 밥이 얼굴에 더덕더덕 붙었다

■ 천생 팔자가 눌은밥이라[2+]

|솥 바닥에 눌어붙은 누룽지에 물을 부어 끓인 밥이 '눌은밥'.[304] '눌어붙다'에는 한곳에 오래 있으면서 떠나지 않는다는 뜻도 있다. 언뜻 봐도 제대로 된 밥은 제 차례에 없고 눌은밥이나 먹는 신세가 팔자로 눌어붙었다는 말이다.

천석꾼에 천 가지 걱정 만석꾼에 만 가지 걱정 재산이 많으면 그 나름의 걱정거리도 그만큼 많다는 말.

■ 천석꾼에 천 가지 걱정 만석꾼에 만 가지 걱정

|'천석꾼'은 1천 섬[305] 의 쌀을 생산하는, '만석꾼'은 1만 섬의 쌀을 생산하는 부유한 농부. 요새로 치면 부농(富農) 정도가 아니라 백만장자다. 그렇게 가진 게 많은 사람이라고 과연 걱정이 없을까? 도둑이 들까 걱정, 쌓아둔 곡식이 썩을까 걱정, 가진 게 많다고 위에서 세금 더 내라 할까 봐 걱정, 식구들이 낭비하지 않을까 걱정, 머슴들이 빼돌릴까 걱정, 소작 준 사람들이 제때 소작료 안 낼까 걱정 등등, 없는 사람이 없어서 할 필요 없는 걱정을, 부자는 있어서 한다. *섬→ 한 되 주고 한 섬 받는다

철나자 망령 ①경우를 알 만큼 충분히 나이 먹은 사람이 몰상식한 행동을 할 때 이를 비난하는 말. ②뭐든 할 수 있는 때가 따로 있으니 때를 놓치지 말고 제때에 힘써서 하라는 말. ③함부로 살던 사람이 제대로 해보려 하나 이미 어찌해볼 수 없을 만큼 늦거나 늙었다는 말.

[현대] 어른은 아무나 되지만 아무나 못 된다

■ 철나자 망령 / 철들자 망령 난다

|망령(妄靈)은 정신이 흐려져 말과 행동이 이상해진 상태. 치매 증상과 비슷하다.

첫 마수걸이에 외상 시작부터 잡치고 꼬였다는 말.

---

304 돌솥밥을 먹고 나서 돌솥 바닥에 눌어붙은 누룽지에 뜨거운 물을 부어 불려 먹는 걸 흔히 '누룽밥'이라고 하는데, 누룽밥은 '누룽지'의 사투리다.

305 섬(石)이란 단위는 지금의 '가마(가마니)'라는 단위와 다르다. 가마니 단위는 일제강점기에 들어온 일본식 도량법이다. 한 섬은 대략 열 말(斗)의 분량으로 쌀은 144kg, 보리는 138kg으로 알려져 있다. 참고로 조선시대의 기준법인 『경국대전(經國大典)』에는 13되가 1말, 15말이 1섬이라고 나와 있다. 대충만 봐도 천 섬, 만 섬이라고 하면 정말 엄청난 양이다.

■ **첫 마수걸이에 외상**[2+]

| 상인들은 맨 처음 파는 '마수걸이'로 하루 매상을 가늠하는 버릇이 있다. 개시부터 기분이 잡치면 안 된다며 첫 손님은 많이 깎아주더라도 그냥 보내지 않았다. 상인들이 심리적 미신으로 마수걸이로 기피하는 것들이 꽤 많은데, 이런 첫 손님을 싫어했다고 한다. 푼돈짜리 사러 오는 사람, 외상 긋는 사람, 여자 또는 안경 쓴 여자, 보기만 하고 안 사는 사람 등등. 안경 쓴 여자를 싫어하는 건 자기보다 배움이 많고 똑똑해 보여 심리적 위축을 받는 탓이라고 한다. 시대가 달라졌는데도 아직도 첫 손님이 여자라고 짜증 내는 택시기사나 가게 주인이 있다. 옛날에는 아침 일찍 여자가 길을 돌아다니면 몸 파는 여자거나 무슨 변고가 있는 까닭이었다. '마수걸이'에는 맨 처음으로 부딪는 일이라는 뜻도 있다.

첫술에 배부르랴 처음 한두 번만으로는 만족스러운 결과가 나오지 않는다는 말.

■ **첫술[단술 · 한술 밥]에 배부르랴**

| 여러 숟가락을 떠먹어야 비로소 배가 차듯, 한두 번에 성이 안 찬다고 섣불리 판단하거나 타박하지 말라는 말이다. 처음부터 마음에 차는 사람이나 일은 드물다. 자신이 초짜였을 때를 떠올려야 한다. '단술'은 한 숟가락이란 뜻.

청개구리가 울면 비가 온다 자연의 변화를 잘 살펴보아 다가올 날씨를 미루어 짐작할 수 있다는 말.

■ **청개구리가 울면 비가 온다**

| 우리가 말을 많이 하거나 노래방에서 오래 노래할 때 목이 마른 것처럼, 개구리가 노래할 때도 턱 밑 노래주머니가 팽창하고 수축하면서 수분 손실이 크다. 따라서 보통의 개구리들은 물에 잠긴 채 노래하는데, 청개구리는 무슨 이유에선지 물에 둥둥 떠서가 아니라 논둑이나 물 가운데 진흙더미 같은 데 올라 노래한다. 또한 청개구리는 개구리 가운데 몸집이 가장 작아 몸 안에 담을 수 있는 수분도 적다. 그래서 청개구리는 비 오거나 습한 날이 아니면 수분 손실로 오래 노래하기 어렵고, 탈수가 심해지면 목숨도 위험해진다.

실험과 통계로 확인해본 결과 청개구리는 저기압이거나 습도가 높을 때 자주 울며, 청개구리가 시끄럽게 울고 난 후 30시간 이내에 비가 올 확률은 60~70%(어떤 실험에서는 80%)였다고 한다. 보통 개구리들은 날이 습해지거나 비가 오려 할 때 말고도 맑은 날에도 많이 우는 편이나, 청개구리는 전체 우는 횟수의 2/3가 비가 오려 할 때라고 한다. 그리고 청개구리는 몸집이 작지만 울음소리는

다른 개구리들보다 더 크다.

*청개구리→ 청개구리 같다

■ 개미가 거둥하면 비가 온다 / 개미가
진을 치면 비가 온다

ㅣ개미도 다른 곤충들처럼 공기 중의 습도
를 느끼고 올 비를 감지하는 감각기관을
가졌다. 적은 비쯤은 통로를 무너뜨려 빗
물 침입을 막지만, 큰비가 오면 이것도 소
용없어 스스로 움직이기 힘든 여왕개미
와 알, 식량 등을 안전한 곳으로 옮긴다.
이때 수많은 개미가 떼를 지어 제각기 입
에 하나씩 물고 나르는 모양은 매우 장관
이다. 그리고 진(陣)은 어떤 형태로 늘어
선 모양을 뜻하는데, 개미가 일렬로 길게
이동하는 모습은 마치 장사진306 을 친
것이라 할 만하다. 거둥(擧動)의 큰말 '거
둥'은 왕의 행차를 말한다. 임금님 행차
때면 1만 명까지 신하와 군사, 수행원과
궁녀 등이 줄지어 따라갔는데, 개미가 줄
지어 떼로 이동하는 모습이 마치 왕의 행
차 행렬 같아서 거둥이라고 표현했다.

■ 달무리 한 지 사흘이면 비가 온다

ㅣ엷은 구름에 달빛이 반사되어 달 주변에
동그란 띠 모양의 빛의 테두리가 생기는
것이 달무리. 저기압이 몰려올 때는 그에
앞서 권층운이 오기도 하는데, 권층운은
높은 하늘에 생기는 얇고 엷은 구름이다.
권층운이 끼면 햇빛이나 달빛이 반사되
어 햇무리나 달무리를 일으킨다.

〈화성행행도(華城行幸圖) 8첩병(八疊屛)〉중 제
7첩 환어행렬도(還御行列圖). 정조 19년(1795),
8일간에 걸쳐 정조가 어머니 혜경궁 홍씨를 모시
고 아버지 사도세자의 묘소인 화성 현륭원(顯隆
園)에 행차하는 주요 과정을 그리고 있다. 이
그림에는 6,000명의 사람과 1,400마리의 말이
그려져 있다고 한다. 왕의 행차는 이처럼 엄청난
행렬이다.

---

306 '장사진'을 흔히 장사꾼들이 잔뜩 모여 흥청거리는 모양으로 잘못 알고 있는데, 뱀처럼
구불구불 길게 늘어선 모양이 장사진(長蛇陣)으로 옛 전투대형 중 하나다. 부산포해전 때도
이순신 장군이 사용했다. 지금도 한정판이 발매되는 날에 흔하게 볼 수 있다.

■ 가까운 산이 멀리 보이면 날씨가 좋고 먼 산이 가까이 보이면 비가 온다

│맑은 날이면 공기 중의 먼지에 빛이 반사되어 먼 곳의 물체가 흐릿하게 보이고, 날이 흐려지면 습기가 먼지를 가라앉혀 먼 곳도 또렷이 보인다.

■ 아침 이슬이면 맑고 낮에도 마르지 않으면 다음 날 비가 온다

■ 아침놀 저녁 비요 저녁놀 맑음이라

│편서풍(偏西風)은 서쪽에서 동쪽으로 부는 바람인데, 우리나라는 편서풍 지대에 있다. 습기를 머금은 바람이 다가오면 먼지 많은 공기가 동쪽으로 밀려난다. 아침 햇빛과 동쪽으로 밀려난 먼지가 만나면 아침노을이 진다. 다시 말해 흐린 날씨가 서쪽에서 몰려온다는 뜻이다. 반대로 저녁노을은 지는 햇빛과 먼지가 만나서 생기는 것이니 서쪽 공기가 습하지 않다는 뜻이다.

■ 아침 무지개 비가 오고 저녁 무지개 날이 갠다

│무지개는 햇빛에 수증기가 반사돼 나타나므로 항상 해의 반대편에 생긴다. 아침 무지개는 해 뜨는 동쪽의 반대편인 서쪽에 걸린다. 서쪽에서 수증기가 몰려온다는 뜻이다. 반대로 저녁 무지개면 해 지는 서쪽의 반대편인 동쪽에 무지개가 걸린다. 수증기가 서쪽으로 밀려간다는 뜻이니 날이 점차 맑아진다는 징조다.

■ 거미가 줄을 치면 날씨가 좋다

│비가 오면 거미줄이 망가지고 날벌레조차 안 날아다닌다. 그러니 당분간 비가 안 오겠다 싶을 때 집을 짓거나 수리하는 게 경제적이다.

■ 제비가 낮게 날면 비가 온다 / 제비가 사람을 어르면 비가 온다[2+]

│제비는 시력이 매우 좋다. 하지만 날이 흐려지고 비가 오려 하면, 벌레들이 땅바닥 가까운 곳으로 내려가거나 잎새나 풀포기 틈에 숨으므로 낮게 날아야만 보인다. '어르다'에는 사람이나 짐승을 놀리며 장난하다라는 뜻도 있다. 사람 눈높이로 스치듯 휙휙 난다는 뜻이다.

■ 물고기가 물 위에서 헐떡이면 비가 온다

│저기압이 다가오면 낮아지는 기압 탓에 물속에 녹아 있던 산소가 빠져나가므로 물고기들이 물 위 공기라도 아가미로 보내려 애쓴다.

■ 밥풀이 밥그릇에 붙으면 날씨가 좋다

│날이 흐려질 것 같으면 습도가 높아져 그릇에 붙은 밥풀이 잘 떨어진다.

■ 비 오는 것은 밥 짓는 부엌에서 먼저 안다[2+]

│저기압이 다가오면 연기가 굴뚝으로 잘 빠져나가지 않고 오히려 아궁이로 역류해 불 때는 사람 눈을 맵게 한다.

청개구리 같다   남의 옳은 말을 잘 따르지 않고 엉뚱한 행동만 하는 사람을 이르는 말.

■ 청개구리 같다

|거꾸로 하는 청개구리 이야기는 유명하다.

청개구리를 서양에선 나무개구리라 한다.

평소 엄마 말을 전혀 안 듣고 거꾸로 행동하는 자식 청개구리가 있었는데, 엄마가 죽으면서 자기 무덤을 산이 아닌 물가에 만들어달라는 유언을 남겼다. 워낙 반대로만 행동해서 그렇게 해야 산에다 무덤을 만들어줄 거라 생각하고 한 말이었다. 그런데 자식 청개구리는 엄마가 돌아가시고 나서 자기 잘못을 뉘우치고 후회의 눈물을 흘리며 엄마 말대로 정말 물가에 무덤을 만들고 만다. 그 후로 비만 오면 혹시라도 물이 불어 엄마 무덤이 쓸려 갈까 봐 엉엉 울었다 한다.

부모님이 살아 계실 때 잘하지 못하고 돌아가신 뒤에야 비로소 후회하는 불효자들을 깨우치기 위한 이야기307 다. 그렇다면 왜 이런 이야기가 만들어졌을까? 왜 하필 청개구리일까? 그건 청개구리의 습성을 알면 금세 이해할 수 있다.

청개구리는 어른 엄지 한 마디만큼이나 작은 초록색 개구리다. 청개구리는 다른 개구리들과 달리 물가 아니라 야트막한 산이나 들의 나무에 붙어 산다. 물가로 내려오는 것은 짝짓기할 때나 알을 낳을 때뿐. 영어로 청개구리를 나무개구리(tree frog)308 라고 부르는 것을 봐도 습성을 엿볼 수 있다. 청개구리는 주로 나무에서 많이 발견되는 까닭이다. 그리고 '청개구리가 울면 비가 온다'라는 속담처럼, 비 오기 전에 습도가 높아지면 떼 지어 매우 시끄럽게 울어댄다.

■ 길로 가라 하니 산으로 간다

청기와장수   비법이나 기술 따위를 자기만 알고 남에게는 알려주지 않는 사람을 비유적으로 이르는 말.

---

307   이 이야기는 우리나라 이야기가 아니라 중국에서 옛날부터 전해져 내려오던 이야기다. 당(唐)나라 때 이석(李石)이 쓴 『속박물지(續博物誌)』에 〈청와전설(靑蛙傳說)〉이란 이름으로 기록되어 있는 걸 보면 천 년도 넘은 오래된 이야기가 우리나라와 일본에도 전해진 것으로 보인다. 일본에서는 한국에서 전해진 이야기로 알고 있다.

308   청개구리는 나무만 잘 타는 게 아니라 고층아파트까지 타고 올라가 10층 베란다 창턱에서 발견되기도 한다. 작은 몸집에 비해 발가락 끝에 큰 흡반(빨판)이 있어서 개구리들은 못 하는 수직 등반이 가능하다(모 화장품 광고에서는 청개구리가 고층빌딩을 올라가는 장면을 연출하기도 했다).

■ 청기와장수

|지금의 기와는 시멘트와 모래를 섞어서 만들지
만, 옛날의 기와는 진흙을 구워서 만들었다. 그
리고 청(靑)기와는 도자기처럼 만들어 구워서
광택이 아름답고 더욱 단단하다. 청기와는 만
드는 기술이 매우 어려워 만들 줄 아는 사람이
극히 드문 까닭에 값을 높게 받을 수 있었다.
청기와 굽던 사람들이 자기 이익이 줄어들까
염려해 아무에게도 이 기술을 알려주지 않았다
고 한다. 심지어는 자식들에게도 알려주지 않
아, 청기와 굽는 기술이 세상에서 아예 없어져

고려시대 청기와. |국립중앙박물관

버렸다는 떠다니는 말이 있다. 지금도 혼자만
알고 남에게 절대 지식을 베풀지 않는 사람들
이 있다. 좋은 기술이라면 어느 정도 시간이 흐
르면 다른 사람들에게도 전해주어 모두가 잘되
게 하는 것이 낫지 않을까 한다.

창덕궁 선정전의 청기와 지붕.

　참고로 창덕궁 선정전은 청기와로 되어 있다. 광해군 때 인정전(仁政殿)과
선정전(宣政殿)을 청기와로 하려 하였으나 대신들이 사치스럽다고 반대하여 편
전309 인 선정전만 청기와로 하게 되었다고 한다. '선정전→ 이왕이면 창덕궁

청승은 늘어가고 팔자는 오그라진다　나이 들어 살림이 구차하여지면 궁상을 떨게
　되며 그렇게 되면 좋은 날은 다 산 셈이라는 말.

■ 청승은 늘어가고 팔자는 오그라진다[2+]

|'청승'은 남 보기에 언짢은 궁상스럽고 처량한 태도나 행동이다. 나이 먹고 가난
하면 청승만 점점 늘어가고, 그럴수록 더 쪼그라드는 팔자로 산다는 말이다.

청을 빌려 방에 들어간다　처음에 한 약속을 어기고 야금야금 경계를 넘어오는 것을
　이르는 말.

■ 청을 빌려 방에 들어간다[2+]

|밤이슬만 안 맞게 대청에서 자고 가겠다 해놓고 슬금슬금 이런저런 핑계를 대며

309　편전(便殿)은 임금이 정사를 펼치는, 궁궐에서 매우 중요한 곳이다.

방 안까지 들어온다는 말. 여기서 청은 '대청마루'도 뜻하지만 '부탁'이란 뜻이 청(請)이기도 하다. 처음에는 들어줄 만한 작은 청을 하고, 이어 차츰 부탁이 요구로 바뀌어간다. 이 속담에서는 흑심을 품고 야금야금 선을 넘어보려는 남자가 보인다.

청치 않은 잔치 묻지 않은 대답 물어보지도 않았는데 나서서 대답한다는 말
[현대] 안물안궁 : '안 물어봤어 안 궁금해'의 준말.

■ 청치 않은 잔치 묻지 않은 대답
ㅣ잔치에 초대하지도 않았는데 찾아온 손님이 반갑지 않은 것처럼, 굳이 물어보지도 않았는데 괜스레 나대며 대답하는 사람에겐 고까운 마음만 든다. 뭐든 잘 아는 체하고 나서는 사람을 요즘 설명충(說明蟲)이라고 비꼬는데, 순우리말로 '안다니'가 있다. 뭐든 다 잘 안다는 이.

체수 보아 옷 짓는다 모든 것은 그것의 분수와 격에 맞게 대하고 행한다는 말.

■ 체수 보아 옷 짓는다²⁺
ㅣ체수(體수)는 몸의 크기. 몸에 맞게 옷을 짓는 것은 당연하다.
[맥락] '체수'는 재수(財數)로도 읽을 수 있다. 좋은 일이거나 나쁜 일로. 그리고 '옷 짓는다'외 '옷 찢는다'는 발음이 같다. 재수 있는 사람의 옷이면 공들여 짓고, 재수 없는 사람 옷이면 짓다 말고 북 찢어버린다. '흥, 너 같은 것은 해 입혀 봐야 아무 보람 없어!' 정성은 상대에 따라 달리 들어간다.

■ 체 보고 옷 짓고 꼴 보고 이름 짓는다²⁺
ㅣ체(體), 즉 몸에 맞춰 옷 짓고, 모양 맞춰 이름 짓는 것 역시 당연하다. 코가 길어 '코끼리'라 부르고, 칼처럼 생겨 '갈치'³¹⁰ 라고 부르는 것처럼.
[맥락] 여기서 '체'는 '~하는 체'고, '꼴'은 '~하는 꼴'이라고 생각된다. 잘난 체하고 모른 체하고 아는 체하고 이러면 옷 짓다 말고 에잇! 찢어버리고, 반대로 겸손하고 늘 알은체하고 말을 잘 들어준 사람 옷이면 공들여 짓는다. 하는 꼴에 따라 사람은 별명이 생긴다. 식은 소리를 잘하면 '썰렁이', 동작이 날쌔면 '번개', 고개를 내젖게 만드는 '꼴통' 등. 학교마다 '미친개'란 이름을 얻은 교사가 꼭 한 명 있다. 사람은 어쩌면 자기가 모르는 이름을 갖고 있다.

---

310 '칼'의 옛말이 '갈'. 갈치라는 말은 옛말이 그대로 남은 것이다. 사투리에서는 그대로가 아닌 변한 발음대로 '칼치'라고 하는 곳이 많다.

쳐다보이는 집의 애꾸눈이는 보여도 내려다보이는 집의 양귀비는 못 본다 출세하고자 아첨하는 사람은 식견이 좁다는 말.

■ **쳐다보이는 집의 애꾸눈이는 보여도 내려다보이는 집의 양귀비는 못 본다**[2+]
| '쳐다보다'의 본말은 '치어다보다'. 치어다보다는 고개를 들어 올려다본다는 뜻이다. 권세 있는 사람과 연을 맺는 가장 빠른 방법은 혼인관계를 맺는 것. 그래서 권세가의 못난 딸이 눈에 자꾸 들어오게 마련이다. 반면 권력 없고 돈 없는 집안이면 아무리 그 집 딸이 인물과 재능이 출중해도 눈에 찰 리가 없다.

초가삼간 다 타도 빈대 죽는 것만 시원하다 비록 자기에게 큰 손해가 난다 해도 그것 때문에 미워하던 사람이 잘못되면 좋아한다는 말.

[반대] 독 보아 쥐 못 친다

■ **초가삼간 다 타도 빈대 죽는 것만 시원하다**
| 빈대는 납작한 흡혈벌레로 피를 빨면 제대로 걷지도 못할 만큼 몸이 뚱뚱해진다. 낮에는 벽지 사이나 가구 틈 등에 숨어 있다가 어두워지고 사람이 잠들면 떼지어 나와 피를 빤다. 빈대는 번식력이 좋아 잡고 잡아도 끝이 없고, 워낙 사이사이 잘 숨어서 모두 잡아내기도 어렵다. 그래서 밤마다 빈대들에게 온몸을 뜯겨본 사람이라면 빈대 같은 원수가 없다. 아토피로 온몸을 피가 나도록 긁어대는 것만큼 그 가려움이 매우 심했다. *빈대→ 빈대 잡으려다 초가삼간 다 태운다

초승달 볼 사람이 야밤에 나와 기다린다 뒤늦게 서두르거나 애태운다는 말.

[현대] 준비에 실패하는 것은 실패를 준비하는 것이다

■ **초승달 볼 사람이 야밤에 나와 기다린다**[2+]
| 초승달은 음력 2일부터 며칠까지의 가느다란 달. 초승달이 뜨는 시간은 새벽 5:30 무렵이라 이미 동이 터서 달이 안 보이다가 밤이 찾아오면 서쪽 하늘에 지려고 하는 초승달이 비로소 보인다. 초승달은 밤 9시면 진다. 야밤(夜밤)은 깊은 밤이라는 뜻. '저녁'과 '밤'에 대해 확실한 기준은 없다. 다만 '저녁'이 '저물녘'에서 나왔으니 아주 캄캄하지 않으면 저녁이라 한다. 하지만 계절에 따라 저물녘이 다르니 요새는 밤 9시 이전을 저녁이라 하고 그 이후를 밤이라 하고 자정 무렵을 야밤이라 하는 듯하다. 어쨌든 초승달은 밤 9시 무렵이면 이미 져버렸으니 지나간 다음에 나와서 뜨길 기다리면 헛수고일 뿐이다.

■ **말 태우고 버선 깁는다**[2+]
| 혼례 치르러 가는 신랑이 말에 탔는데, 아직 버선을 깁고 있다는 말이다. 평민

은 대개 맨발에 짚신을 신고 살았으니 버선은 대개 혼례 치를 때 신었다. 그러니 버선도 마련해야 한다는 생각을 미처 못 했을 듯하다. '버선→ 사십에 첫 버선

■ **철 묵은 색시 가마 안에서 고름 단다**[2+]

│노처녀가 뒤늦게 시집을 가면서, 혼례 치르고 시댁으로 가는 가마 안에서 시댁 대문 들어갈 때 머리에 쓸 장옷 짓기 마무리에 바쁘다는 뜻. 옷고름은 옷 짓기의 마지막 단계다.

■ **삼 년 묵은 새댁이 고콜불에 속곳 밑 말려 입고 간다**[2+]

│'고콜불'은 고콜에 피우는 관솔불(송진 많은 소나무 가지로 켠 불). 우리나라도 벽난로가 있었다. 한 방의 벽과 벽이 ㄱ자로 만나는 자리에 붙여 설치하나, 두 방의 벽이 'ㅜ'자로 만나는 자리를 뚫어 방 둘을 데운다. 방바닥에서 한 자 정도 되는, 앉은 자리에서 장작 넣고 쑤석이기 편한 높이에 두어 뼘 가량의 판판한 돌을 바닥 삼아 벽에 박아 붙인다. 그 위로 속이 비도록 진흙을 둘러싸 올려 벽을 뚫어 넣은 연통을 통해 연기가 밖으로 빠져나가게 만든다. 아래쪽에 네모 진 아궁이 구멍을 내서 거기로 불을 때 라디에이터처럼 난방하고, 감자나 고구마를 구워 먹고 밤에는 조명으로도 썼다. 주로 강원도와 경상북도의 산골처럼 추운 지역에서 많이 썼다.

고콜. 지역에 따라서는 코처럼 생겼다 해서 '코골'이라고도 한다. 앉아서 불을 때기 쉽게 아궁이를 높이 만들지 않았다. 난방과 화로 기능을 빼고 조명용으로만 작게 만든 걸로 봐서 최근에 새로 만든 듯하다. |EBS. 〈한국기행〉. "여름 산골 밥상-1부: 덕산기 할머니 밥상" (캡처)

시집온 여자는 시댁에서 3년을 살고 나서야 처음 근친(覲親 : 시집간 딸이 친정 부모를 뵈러 가는 일)을 갈 수 있었는데, 아는 사람 하나 없는 데서 외롭게 보내니 근친 가는 날만 손꼽아 기다린다. 그런데 당장 내일 아침 일찍 근친을 떠나야 하는데 빨아둔 속옷이 덜 말라 떠나기 전에 입은 채로 서서 속옷을 말린

다. 고콜 아궁이 높이가 딱 입은 속곳 밑 높이니까. 집안일로 이것저것 바쁘단 핑계로 미루다 보니 정작 기본적인 준비조차 해놓지 못했다는 말이다.

■ 개 보고 올무 맨다

| '올무'는 새나 짐승을 잡을 때 쓰는 올가미. 올무는 빠져나가려고 밀고 당길수록 더 조여드는 구조로 되어 있다. 옛날에는 키우던 개를 개장수에게 돈 받고 파는 경우가 많았는데,311 개장수는 개의 목에 올가미를 걸어 끌고 갔다. 그런데 개는 싸돌아다니니 언제 집에 들어올지 알 수 없다. 기다리면서 올무라도 미리 매두어야 하는데, 기다리기만 하고 있다가 개가 들어오니 그제야 부랴부랴 올무를 맨다는 것이다. 그사이에 개는 도망쳐 다신 안 돌아오니 일이 꼬인다.

초장 술에 파장 매 첫판부터 까불면 막판에 낭패를 본다는 말.

[현대] 첫 끗발이 개 끗발

■ 초장 술에 파장 매²⁺

| 장이 서는 이른 아침부터 술을 마시면 점심 지나 파장 무렵 만취한 상태가 된다. 낮술에 취하면 에미 애비도 몰라본다고, 취해서 주정 부리다 된통 얻어맞는다. 처음부터 제멋에 취해 함부로 굴다가는 마지막에 곤욕을 치른다는 말이다.

초저녁 구들이 따뜻해야 새벽 구들이 따뜻하다 애초부터 든든하게 잘돼야 끝까지 잘된다는 말.

■ 초저녁 구들이 따뜻해야 새벽 구들이 따뜻하다²⁺

| '초저녁'의 다른 말이 '애저녁'이고, 애저녁은 '애초'의 다른 말이기도 하다. 애저녁(애초)부터 분위기가 달아올라야, 그 영향을 받아 끝까지 그 기세가 '식지' 않는다는 말. 온돌방의 '구들'을 여기서는 '굳다'로 표현한 말이라고 생각한다. 시작부터 뜨거운 열정과 굳은 의지를 가져야 끝까지 그 기세가 유지된다는 말.

초하룻날 먹어보면 열하룻날 또 간다 한 번 재미를 보면 자꾸 해보려 한다는 말.

■ 초하룻날 먹어보면 열하룻날 또 간다²⁺

| 저번에 하루 맛을 보고 나서 맛이 제대로 들리면 열흘도 못 가서 또 그 재미를 맛보러 찾아간다는 뜻이다.

---

311 옛날에는 개고기로 만든 '개장국'을 즐겨 먹고 또 팔았다. 근대에 들어 개고기 대신 소고기를 넣어 '육(肉)개장'이 되었다. 음식에 육(肉)자가 들어가면 쇠고기를 뜻한다. '육계장'이 틀린 이유가 여기에 있다. 그러니 쇠고기 대신 닭고기를 넣어도 '닭개장'이지 '닭계장'이 아니다.

촌놈은 밥그릇 높은 것만 친다 어떻든 양만 많으면 좋아한다고 놀리는 말.

[현대] 질보다 양

- 촌놈은 밥그릇 높은 것만 친다[2+] / 촌놈은 똥배 부른 것만 친다[2+]
 | 밥그릇에 밥이 수북하게 높이 쌓인 걸 '밥그릇이 높다'라고 한다.

촌닭이 관청 닭 눈 빼 먹는다 겉으로 어수룩해 보이는 사람이 잘난 사람을 꼼짝 못 하게 하는 경우를 이르는 말.

- 촌닭이 관청 닭 눈 빼 먹는다
 | 관청에서 곱게 자란 닭이 촌에서 마음껏 헤집고 돌아다닌 건장한 닭을 이길 수 없으니, 어수룩하고 모자라 보인다고 파견된 공무원이 그 지역 사람을 얕보다가 제대로 한 방 먹는다는 말. 참고로 닭은 싸울 때 상대 닭의 눈알을 공격하는 일이 많다. 그래서 투계(鬪鷄. 닭싸움)를 할 때 상대 닭의 눈을 맵게 할 무언가를 발톱에 바르는 반칙도 심심찮게 벌어진다. '촌닭'에는 촌스럽고 어리숙한 사람 이라는 뜻도 있다.

추어주면 엉덩이 나가는 줄 모른다 칭찬하면 사실 여부를 떠나 무턱대고 좋아한다 는 말.

- 추어주면 잉딩이 나가는 줄 모른다[2+]
 | '추다'는 정도 이상으로 칭찬한다는 말. 잘한다, 잘한다 하니까 엉덩이가 떨어져 나가도록 열심히 다니며 어떤 일을 한다는 뜻. 큰 걸음으로 걸으면 엉덩이는 절로 실룩거린다.

- 구렁이도 용왕님 하면 아래턱이 너털거린다
 | 칭찬에 마냥 좋아서 너털웃음을 참느라 아래턱이 들썩인다는 것이다. 구렁이 같은 사람은 제 속을, 욕심을 감추고 있는 사람이다. 그런 사람도 칭찬에는 약해 서 용 났다, 왕이라 추키니 흡족한 웃음을 참기 힘들다. 못난 사람일수록 다른 사람의 아부를 좋아하는 법이다. 과한 칭찬 안에는 독이 들었다.

춘풍으로 남을 대하고 추풍으로 나를 대하라 남에게는 관대하고 자신에게는 엄격 해야 한다는 말.

[반대] 팔은 안으로 굽는다

- 춘풍으로 남을 대하고 추풍으로 나를 대하라[2+]
 | 『채근담(菜根譚)』에 나오는 말이다. 待人春風 持己秋霜.

춘향이집 가는 길 같다　집 찾아가는 길이 매우 복잡하다는 말.

■ 춘향이집 가는 길 같다[2+]

|〈춘향전〉에서 이도령이 춘향에게 네 집이 어디냐고 묻자 춘향이 길을 일러주는 대목에서 유래했다.

"저 건너 돌다리 위로 한 골목 두 골목째에서 조방청 앞 홍살문 앞 대로천변 올라가서 향교 바라보고 동쪽 길로 돌아서 들어오면 모퉁이 집 다음 집 옆집 구석집 건너편 군청골 서쪽 골목 남쪽 둘쨋집 뒤 배추밭으로 가다가 김 서방집 바라보고 최 급창의 누이집 사이 골목 들어서서 사거리 지나 북쪽 골목 막다른 집이요." 그러자 이도령 왈, "너도 여차하면 네 집 못 찾아가겠다."

충주 자린고비　남에게 매우 인색한 사람을 이르는 말.

■ 충주 자린고비[2+]

|〈자린고비 설화〉라든가 〈자린급 열전(列傳)〉은 모두 사실이 아니다. 이 속담에 맞춰 지어낸 것들이다. 자린고비 이야기에는 굴비, 구두쇠, 충주, 이 세 가지가 공통으로 들어간다. 왜 하필 충주일까?

　글쓴이는 굴비가 충주로 운반되는 과정에 주목했다. 지금은 댐으로 막혀 있고 일제강점기 1928년에 충북선이 놓인 후 점차 줄었지만, 충주에서 한강까지 나룻배가 다녔다. 한강에서 충주까지 물길을 거슬러 올라오는 데는 일주일 가까이 걸렸고, 물길을 타고 내려갈 때는 그것의 반 정도만 걸렸다. 한양에서 충주로 실어 나른 대표적인 것이 소금과 해산물이었다. 충청북도는 유일하게 바다가 없는 지역인 까닭이다. 냉장이나 냉동 기술이 없던 시절에 그 오랜 시간에 걸쳐 해산물이 상하지 않고 운반될 수 있었을까?

　서강(西江)과 용산강(龍山江)이 만나는 312 마포나루(마포진)에는 서해에서 들여온 생선이 상인들에게 팔리는 곳이었다. 그 바로 옆의 염창동(鹽倉洞)에는 이름 그대로 소금창고들이 있었고 염리동(鹽里洞)은 그 소금창고에서 일하던 사람들이 살던 동네라고 한다. 이곳에서 멀리 보낼 생선의 염장(鹽藏)이 이루어 졌을 것이다. 안동 간고등어를 생각하면 이해가 쉽다. 동해에서 잡혀 울진, 영해

312　조선시대에 한강을 통한 물자의 이동이 많아서 강의 주요 구역을 따로 불렀는데, 서쪽으로부터 양화진(양화대교)ㅡ서강ㅡ마포진(마포대교)ㅡ용산강ㅡ노량진(한강대교)ㅡ한강ㅡ한강진(한남대 교), 이렇게 서강ㅡ용산강ㅡ한강으로 나누고 지금의 한강 전체를 경강(京江)이라 불렀다. 한강진 동쪽에 있는 두모포(豆毛浦)는 충주로 출발하거나 충주에서 오는 배들이 싣고 내리던 곳이었다. 소금과 해산물 등을 싣고 올라가 그곳 특산품인 베와 청과류 등을 싣고 내려왔다.

(지금의 후포), 영덕의 항구로 들어온 고등어는 수레에 실려 일월산과 주왕산 사이 고개를 넘어 안동 인근으로 넘어온다. 고개를 넘어오는 데 꼬박 하루가 걸린다. 그래서 넘어오자마자 내장이 상하기 시작하는 고등어를 그곳에서 소금을 뿌려 얼간 염장을 한다. 그런 다음에 안동으로 들어가 거기서 다시 고등어의 속을 긁어내고 소금 한 줌을 넣어 경상북도 인근 지역이나 충청도로 보낸 게 '안동 간고등어'가 생긴 이유다. *경강→ 종로에서 뺨 맞고 한강 가서 눈 흘긴다

충주고을 답사 안내도. |©고을학교; 〈프레시안〉. "남한강 물길처럼 도도하다, 충주고을" 재인용.

마찬가지로 서해서 잡힌 조기는 마포나루나 염창동 근처에서 소금으로 얼간하여 굴비를 만들었을 것이다. 그런 다음 배에 실어 일주일 꼬박 걸려 충주에 도착한다. 소금과 해산물을 실은 배들이 충주에 도착하면 며칠에서 일주일까지

파시가 열렸다고 한다. 충주에서 내린 굴비는 거기서 다시 안동 간고등어처럼 마지막 염장을 거쳤을 것이다. 그래야 서해와 남해에만 사는 조기를 충청도, 강원도, 경상도 쪽으로 보낼 수 있다. 조기가 맛있는 때는 산란기인데 발해만까지 거슬러 올라가 산란을 하므로 실제로는 전라남도 영광 앞 칠산바다, 강화도 위 연평도 근처 서해5도에서 잡힌 것이 제맛이었다. 더군다나 제사상에 절대 빼놓을 수 없는 두 가지 생선이 북어와 조기였다. 둘 다 말리고 소금에 절여도 눈알까지 그대로 있어 온전한 제물만 올려야 하는 제사상에 꼭 필요한 생선이었다. 따라서 서해의 조기로 만든 굴비를 경상북도나 강원도에서 맛보자면 남한강 물길로 올라온 굴비를 더 짜게 절여서 보내야 했다. 그러니 충주에서 절인 굴비는 아주 짰을 것이다.

굴비는 조기를 염장한 것이다. 지역마다 '굴비' '구을비' '구비' 등으로 조금씩 이름이 다르지만 그 뜻은 염장하여 새끼줄로 엮어 매달아두어 배가 굽어서 '굽다'에서 '굴비'가 나왔다는 게 국어학계의 주된 의견이다. 또한 한겨울에 손가락이 얼어 굽으면 '손가락이 곱다'라고 한다. 이 역시 손가락이 얼어 안으로 굽기 때문에 나온 말이다. 그렇게 보면 지금은 굽었다는 의미로는 안 쓰이지만 '곱다'는 '굽다'의 작은말이었을 것이다. 앞서 '굴비'의 다른 말 가운데 '구비'가 있었다. 이를 작은말로 바꾸면 '고비'가 된다. 그리고 염장은 소금에 '절이는' 것이다. '굽다'의 작은말이 '고비'면, '절이다'의 작은말은 '잘이다'일 수 있다. 이를 합치면 '잘인 고비(절인 굴비)'가 되고 연음이 되면 '자린고비'가 된다.

사람이 매우 인색할 때 우리는 '사람이 짜다'라고 한다. 그래서 글쓴이는 그 짠 정도를 나타내기 위해서 짜디짠 충주의 절인 굴비를 들먹였을 것이라고 생각한다. "그 사람 보통 구두쇠가 아냐. 충주 절인 굴비만큼 짜더라고." 또한 충주의 목계진(木溪津) 등의 나루터에는 100여 척이 넘는 배가 정박하여 마포나루 다음 가는 큰 하항(河港)이었고 800여 가구가 모여 살았으며 객주들도 넘쳐났다. 이 가운에 생선과 소금을 팔아 큰 부자가 된 사람이 많았다고 한다. 단순히 그 지역에서만 팔아서는 부자가 되기 어려우니 필시 이곳에서 다시 염장해 다른 지역에도 팔았어야 옳겠다. 당시 충주는 문경새재 등을 통해 경상도로 넘어가는 길목이라 상업이 매우 발달했다. 따라서 장사꾼들 수완도 보통이 아니었지 않았을까? 그래서 원래는 충주 장사꾼들이 이문에 밝아 인색할 정도라서 그들을 일컬을 때 '충주 절인 굴비'라고 그곳에서 나는 아주 짠 굴비로 부른 건 아닌가 싶다.

■ 저 먹자니 싫고 개[남] 주자니 아깝다 / 먹자니 배부르고 개 주자니 아깝다 / 저 먹기 싫은 떡 남 주기 아깝다 / 쉰밥 고양이 주기 아깝다 / 나그네 먹던 김칫국도 먹자니 더럽고 남 주자니 아깝다

- **감기 고뿔도 남은 안 준다**[2+]

  |'고뿔'은 감기(感氣)[313] 의 순우리말. 몸을 힘들게 하는 감기조차도 남에게 옮아 가는 것을 아까워한다는 말이다. 남에게 '쥐뿔'만큼 나가는 것도 아까워하니 '고 뿔'조차 남 주기 아까워한다는 뜻이다.

- **돈 한 푼 쥐면 손에서 땀이 난다**

  |매우 인색해서 한 푼이라도 생기면 베풀고 놓을 줄 모르고 손바닥에 땀이 나도 록 꼭 움켜쥐고만 있다는 말이다.

- **하루 죽을 줄은 모르고 열흘 살 줄만 안다**

  |사람이란 당장 내일이라도 허무하게 죽을지 모르는데 자기만은 오래오래 살 것 처럼 남에게 인색하고 혹독하게 구는 것을 이르는 말이다.

춥기는 삼청 냉돌인가 방이 매우 춥다는 말.

- **춥기는 삼청 냉돌인가**

  |삼청(三廳)은 고려·조선시대에 궁궐을 지키며 임금을 호위·경비하던 경호대 인 금군(禁軍)이 속한 관청인 금군청(禁軍廳), 또는 금군청에 속한 내금위·겸 사복·우림위 세 관아를 통틀어 말하는 것이기도 했다. 이 금군청에는 비록 온 돌방은 있지만 불을 잘 때지 않아 겨울에 매우 추웠다고 한다. 그래서 불을 때지 않았거나 충분히 때지 않아 방이 매우 추울 때, 온돌방이 삼청 냉돌방 같다고 빗대서 쓰는 표현이 되었다.

- **강원도 (안 가도) 삼척**

  |흔히 '강원도 삼척'이라고 많이 써서 강원도 삼척(三陟)만 생각하는 경향이 있 다. 하지만 이 속담의 특징은 '동음이의'를 이용한 말장난이다. 속담에서 '삼척' 은 내 코가 석 자(吾鼻三尺 : 오비삼척), 삼척동자 등과 같이 길이/거리 단위로 서의 3척(尺)으로 많이 쓴다.[314] 이 속담의 본모습은 '강원(江原)도 안 가도 코 앞이 삼척'이었을 것이다. 강원도는 예로부터 산이 많고 눈도 많이 내리며 춥기 도 매우 춥다. 그런 강원도에 와 있는 것처럼 지금 있는 이곳이 매우 춥다는 말인 듯하다. 그리고 삼척은 강원도에서도 안 추운 지방에 속한다. 그러니 여기 서의 삼척은 지명 삼척과 길이/거리 단위 3척의 발음이 같은 것을 이용한 '강원 도가 코앞'이란 뜻이다. '강원도'는 '강원도(江原道)'로 읽을 수 있고 '강원(江原)

---

313 이 감기(感氣)도 우리나라에서 만들어진 한자어다.

314 1척은 대략 30cm 남짓이므로 3척이면 약 1m 정도로 바로 앞이란 뜻이다.

도'로도 읽을 수 있다.

이 속담을 '춥기는 삼청 냉돌인가'라는 속담에 견주어 '강원도 삼청'이 잘못 전해진 속담이라고 설명하기도 한다. 추운 강원도에 불을 때지 않는 삼청(三廳)[315] 이니 더 춥다고 해석하는 것. 하지만 왕의 호위부대 건물인 삼청이 강원도에 있을 리 없고, '삼청'이 '삼척'으로 잘못 쓰이게 된 과정이나 근거도 없다. 따라서 속담에서 흔하게 사용되는 동음이의(同音異義)를 사용해, 지명 삼척(三陟)과 길이/거리 단위 삼척(三尺)을 가지고 만든 속담이라 본다. '강원도 안 가도 삼척' 속담을 놓고 보면 '삼척'이 '삼청'일 수 없다.

■ 사명당의 사첫방 같다 / 사명당이 월참하겠다

ㅣ사명당 전설은 『임진록(壬辰錄)』이라는 임진왜란(1592~1599)을 배경으로 한 작자 미상, 연대 미상의 고전소설 등에 나오는 이야기로, 역사적인 사실과 상당히 거리가 있는 이야기다.[316] 임진왜란이 끝나고 사명당(四溟堂)이 나라의 명을 받아 일본으로 건너가 조선인 포로 3,500명을 데리고 돌아오는 역사적 사실 외에 많은 꾸며낸 이야기를 추가해 적고 있다.

사명당이 일본에 도착하니, 일본에서 사명당을 겁주고 시험하려 구리로 된 방에 들어가게 한 뒤 밖에서 구리가 녹을 만큼 뜨겁게 불을 땠다. 사명당이 이를 알아채고 벽마다 서리 상(霜)자를 써 붙이고 방석 밑에는 얼음 빙(氷)자를 써서 깔고 앉은 뒤 팔만대장경을 외우니 방이 얼음장처럼 차갑게 변했다. 이튿날 일본인들이 사명당이 죽었겠거니 여기고 방문을 여니, 오히려 사명당의 수염에는 고드름이 달려 있고 "왜국은 남쪽이라 덥다더니 왜 이리 추운 것이냐. 이런 손님 대접이 어디 있느냐!" 호통을 쳐서 그들을 놀라게 했다.

여기서 '사첫방'은 하처방(下處房)의 발음이 변한 말로 손님이 묵는 방을 뜻한다. 그리고 월참(越站)은 역참(驛站)[317] 에 머무르지 않고 그냥 지나간다는 뜻. 신통력을 지녔다 믿는 사명당조차 역참 방이 워낙 추워 거기서 못 자고, 건너뛰어 다른 역참으로 가겠다는 말이다.

---

315 궁궐을 지키며 임금을 호위·경비하던 경호대인 금군(禁軍)이 속한 관청이 금군청(禁軍廳)이며 그 다른 말이 삼청이다.

316 하찮게 여기던 왜인들에게 전 국토가 유린당하고 철저하게 패배한 참담한 기억에 대한 '힐링을 위해 지어진 듯하다.

317 역참은 조선시대에 공무상 말을 갈아타거나 숙박하도록 만든 시설이다. 대개 25리마다 참(站)을 두고 50리마다 원(院)을 두었다. '꽤 지난 시간'을 뜻하는 '한참'이란 말도 여기서 나왔다. 1참 25리 (10km)를 걷는 데 두세 시간이 걸린다.

치고 보니 삼촌이라 어떤 짓을 하고 보니 매우 실례된 행동이었다는 말.

■ **치고 보니 삼촌이라**²⁺

| 공격한다는 '치다'가 있고, 셈하고 따진다는 '치다'가 있다. 때리고 보니 삼촌이
더라는 말은, 어떤 일을 저지르고 나서 나중에 따져보니 그 피해가 가까운 촌수
처럼 무척 가까운 관계자에게 가서 너무 미안하게 되었다는 뜻으로 읽힌다.

치러 갔다가 맞기도 예사 요구하러 갔다가 도리어 요구당하는 일도 많다는 말.

■ **치러 갔다가 맞기도 예사**²⁺

| '치러'는 '치우러'로, '맞기'는 '맡기'로 읽을 수 있다. 어떤 일 좀 쳐내게 해달라
고 부탁하러 갔다가 도리어 상대방이 자기 일이 더 급하니 이것 먼저 치우게
해달래서 되레 일거리만 더 맡아 돌아왔다는 말이다.

친구 따라 강남 간다 ①친구가 좋으면 무엇이든 함께한다는 말. ②자기는 하고
싶지 않으나 남에게 끌려서 덩달아 하게 된다는 말.

■ **친구[동무] 따라 강남 간다**²⁺

| 친구를 따라 왜 다른 데도 아닌 하필 강남을 가야 했을까? 강남 하면 떠오르는
속담이 '제비는 작아도 강남을 간다'와 '강남 갔던 제비 고향산천 몰라본다'다.
여기서 강남(江南)은 서울 한강 아래 강남을 말하는 것이 아니라 중국 양쯔강(揚
子江) 이남 지역을 말한다. 제비는 여름 철새라 음력 3월 3일 삼짇날 무렵 찾아
와 9월 9일 중양절 무렵 강남으로 다시 날아간다. 그 이동거리가 약 3만 km,
왕복 약 6만 km라고 한다. 최대시속 90km까지 내는 제비로서도 보름 남짓 걸
리는 매우 먼 거리다.

제비는 기러기들처럼 무리를 지어 한 번에 날아가지 않고 이 집에서 한두 마
리가 날아가고 저 집에서 또 한두 마리, 헛간 둥지에서 또 서너 마리 식으로
제각기 10월 초 몇 날에 걸쳐서 따로 날아간다. 이렇게 소규모로 각자 날아간
제비들은 어느 '만남의 광장'에서 다른 소규모 집단과 모이고, 그렇게 이룬 중규
모 집단은 또다시 어느 바닷가에서 다른 중규모 집단과 모여 대규모 집단을 이
룬 뒤 비로소 양쯔강 유역을 향해 먼바다를 날아간다. 그걸 알 리 없던 옛사람들
은 다른 집 친구 제비가 떠나니 허전해서 따라가는 거라 생각했다. 처음에는
'제비가 친구 따라서 강남 간다'라고 표현하다가 나중에 '제비'를 빼고 '친구 따
라 강남 간다'로 쓰지 않았나 생각된다.

[맥락] 제비가 가는 강남은 양쯔강 이남이지만, 사람이 가는 강남은 한강 이남이

다. '친구 따라 강남 간다'는 두 가지 뜻으로 쓰인다. 하나는 친구가 좋아서 무엇이든 함께한다는 것이고, 다른 하나는 하고 싶지 않은데 억지로 같이한다는 것. 이 속담은 대체로 두 번째인, 부정적인 뜻으로 많이 쓴다.

하기 싫지만 따돌림당할까 봐, 괜히 눈치 보여서, 아니면 겁쟁이로 보일까 봐 반강제로 같이하는 일이 많다. 하지만 "우리가 남이가!" 죽이 맞던 친구들이 나중에 사달 나면 남보다 더 못하다. 게다가 뭉쳐 다니면 대개 탈이 난다. "너네, 그거 해봤냐?" 하면 자기만 안 해본 겁쟁이일 수 없어 자기도 따라 하니까. 집단의 광기는 소규모 무리에서도 생기는 법이다. 이렇듯 친구가, 친구들이 하니 자기도 패거리 믿고 같이하다 너무 나가고 자칫 돌아올 수 없는 강을 건너기도 한다(옛 유배지는 흑산도, 보길도, 제주도 등 한강 이남에 많았다). 친구 믿고 같이 부정한 짓을 하다가 좌천되고 유배 간다. 신세 망치고 친구 탓하지만 돌아오는 대답은 뻔하다. "누가 하라고 시켰냐? 네가 따라 했지." 지금도 한강 아래쪽에는 교도소가 많다.

친손자는 걸리고 외손자는 업고 간다 노인은 외손자를 더 귀여워한다는 말.

■ **친손자는 걸리고 외손자는 업고 간다 / 친손자는 봄볕에 걸리고 외손자는 가을볕에 걸린다**

| 외손자는 시집간 딸이 낳은 자식으로, 아무리 출가외인(出嫁外人)이라지만 딸도 엄연한 자식이니 오래 보지 못하다 친정에 들르니 반갑지 않을 리 없다. 그 딸 사랑 그대로 딸의 자식도 예쁘다. 매일 보는 친손자보다 한참 만에 보는 외손자가 더 반갑다. 게다가 외손자는 엄밀하게 말하면 사돈댁 아이다. 행여 이 집에 와서 다치기라도 하면 면목 없으니 더욱 신경 쓰인다. 그래서 친손자는 제가 걸어가라 하지만 외손자는 등에 업고 간다. 길게 늘려 '친손자는 걸리고 외손자는 업고 가면서 아기 갑갑해한다 빨리 걸어라 한다'라고도 쓴다. 얼굴 타는 봄볕에는 외손자를 나가 걷게도 않는다.

칠성판에서 뛰어 났다 위급한 상황을 간신히 빠져나왔다는 말.

[成語] 구사일생(九死一生) : 거의 9할 죽었다 생각했을 때 남은 1할의 천운으로 살아남.

■ **칠성판에서 뛰어 났다 / 범의 입을 벗어났다**[2+]

| 칠성판(七星板)은 관(棺) 바닥에 까는 얇고 긴 널판으로, 북두칠성을 본떠서 일곱 개의 구멍을 뚫었기에 그런 이름이 붙었다. 일·월·화·수·목·금·토 북두칠성으로 대표되는 칠성신이 수명과 평안무사 등 인간의 모든 일을 관장하며, 이 칠성신에게 성심으로 빌면 이를 꼭 들어준다는 칠성신앙을 조상들은 오랜

옛날부터 믿어왔다. 그래서 시신을 칠성판에 올리는 것은, 이 세상에서의 수명이 다한 뒤 다시 칠성신에게 돌아가 새로 태어나라는 뜻이다. 천지신명의 도움을 받아 좋은 곳으로 가라는 명복의 의미를 담고 있다. 따라서 칠성판에 누웠다고 하면 죽어서 관에 들어갔다는 것이고, 여기서 뛰어나왔다면 죽은 줄만 알았는데 다시 살아났다는 뜻이다.

칠성판. 북두칠성 모양으로 구멍이 뚫려 있다. |국립민속박물관 아카이브

■ 그물을 벗어난 새

|새는 총이나 활로도 잡지만 새가 잘 날아다니는 길목에 가늘고 촘촘한 새그물을 쳐서도 잡는다. 새가 그물에 걸리면 날개나 발이 엉켜서 대개 도망치지 못하고 꼼짝없이 잡힌다. 하지만 마구 발버둥을 치다 천운으로 엉킨 그물에서 벗어나는 일도 드물게 있다. 새 입장에선 정말 죽다 살아난 것이다.

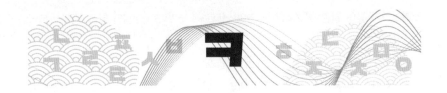

칼로 물 베기 친한 사이끼리는 싸우더라도 쉽게 화해하고 잘 지낸다는 말.

  [반대] 부부는 무촌

▪ 칼로 물 베기 / 부부[형제간] 싸움은 칼로 물 베기

▪ 사랑싸움에 정 붙는다

칼을 뽑고는 그대로 집에 꽂지 않는다 무슨 일이든 한번 결심하고 나면 끝장을 봐야 한다는 말.

  [현대] 남자가 칼을 뽑았으면 무라도 썰어야[베야] 한다 ▸ 말장난이 있다. '무라도'는 '뭐라도'와 발음이 비슷하다. 칼을 빼 들었으면 뭐라도 동강 내야 한다는 말이다. '무'의 옛 표준어는 '무우'였다. '무우라도'의 발음은 '뭐라도'에 더 가깝다.

▪ 칼을 뽑고는 그대로 집에 꽂지 않는다[2+]

칼자루는 저쪽이 쥐었다 훨씬 유리한 조건에 있는 상대를 이기기는 어렵다는 말.

▪ 칼자루는 저쪽이 쥐었다 / 날 잡은 놈이 자루 잡은 놈 못 당한다

커도 한 그릇 작아도 한 그릇 내용은 달라도 결과적으로는 공평하게 같다는 말.

▪ 커도 한 그릇 작아도 한 그릇[2+] / 어른도 한 그릇 아이도 한 그릇[2+]
 │큰 그릇에 담나 작은 그릇에 담나 결국 한 그릇이라는 말. 어른이 큰 그릇에 많이 담아 먹어도 한 그릇 먹은 것이고, 많이 먹지 못하는 애가 작은 그릇에 담아 먹어도 역시 제격에 맞게 한 그릇 먹은 셈이다.
 [맥락] 그릇은 사람의 역량도 나타낸다. 큰사람이 큰 몫을 해내든 그만 못한 사람이 그만큼의 몫을 해내든, 결국 나중에 따지고 보면 각자가 제몫을 다했다는 말이다.

코기러기가 높이 날면 뭇 기러기도 높이 난다 우두머리가 능력이 있고 모범을 보여
야 집단이 강해진다는 말.

- **코기러기가 높이 날면 뭇 기러기도 높이 난다**[2+]
  | 지도자나 우두머리가 먼저 힘을 내면 집단 구성원들도 뒤따라 힘을 낸다는 말.
  *코기러기→ 기러기에도 코기러기가 있다

- **강한 장수 밑에 약한 군사 없다**
  | 집단의 힘을 끌어내는 것이 지도자. 리더가 훌륭하면 보잘것없는 집단도 막강한
  집단이 된다. 회사가 발전하지 못하는 것은, 일 못하는 부하직원들보다 일 못하
  게 만든 윗사람이 문제인 경우가 많다.

코 밑 진상이 제일이라 사람의 환심을 사는 데는 음식 대접이 가장 좋다는 말.
  [현대] 위장을 지배하는 자가 모든 것을 지배한다

- **코 밑 진상이 제일이라 / 입이 서울**
  | 진상(進上)이란 아랫사람이 윗사람에게 좋은 것을 바치는 것. 이 속담은 언뜻
  보면 바로 코밑에 갖다 바치는 것 같지만 실제로는 코의 밑에 있는 '입'에 바친다
  는 말이다. 서울로 올라가 출세하고, 높은 사람에게 잘 보여 이권 챙기자면 떡
  벌어지는 음식 대접만 한 것이 없다. 흡족하게 먹고 나면 긴장이 풀어지고 마음
  이 후해지므로 지금도 비즈니스에서 접대는 빠지지 않는다. 데이트 코스에 맛집
  이 빠지지 않는 것도 이런 이유다.

콧등의 파리를 혓바닥으로 쫓는다 매우 게으름을 이르는 말.
  [현대] 이불 밖은 위험해 / 누울 수 있는데 왜 앉아 있어

- **콧등의 파리를 혓바닥으로 쫓는다**
  | 콧등에 파리가 앉았는데 손 하나 까딱하기 귀찮아 혀를 휘둘러 쫓는다는 말.

- **밥그릇 앞에서 굶어 죽겠다**
  | 반찬과 먹을거리 잔뜩 채워 넣고 친정 다녀오니 남편이 냉장고 앞에서 굶어 죽
  어 있더라는 주부들 사이의 씁쓸한 우스개가 있다.

콩가루 집안 가족 간의 사이가 매우 나쁘고 화합하지 못해 가정불화를 겪는 가족을
  이르는 말.

- **콩가루 집안**[2+]

ㅣ콩가루는 떡가루처럼 뭉쳐지지 않는다. 그래서 콩가루를 입힌 인절미끼리는 들러붙지 않는다. 이처럼 가족 구성원이 모두 콩가루를 바른 듯 몸도 마음도 서로 따로 논다는 뜻이다.

■ **떡 해 먹을 집안**²⁺

ㅣ굿을 하거나 고사를 지내자면 떡을 꼭 올렸다. 굿이나 고사는 집안에 우환이 생겼을 때 지내는 것이니 가족 간에 불화가 생겨 우환이 닥칠 집이라는 뜻이다.

콩나물시루 같다　사람들로 꽉 차거나 사람들이 **빽빽**함을 이르는 말.

■ **콩나물시루 같다**²⁺ / **사람으로 콩나물을 길렀다**²⁺

콩나물시루 안에도 누워 자라는 놈 있다　①모두가 힘들 때 편하게 지내는 사람도 있다는 말. ②이유 없이 특별 대우를 받는 팔자를 타고난 사람도 있다는 말.

■ **콩나물시루 안에도 누워 자라는 놈 있다**²⁺

ㅣ콩나물시루처럼 **빡빡** 끼어 몸 부딪고 사는데, 그 와중에도 여기 와서 편히 쉬거나 누워서 자라고 특별대우를 받는 사람이 있다. 뭐 하나 생기면 슬쩍 챙겨준다. 다들 **빡빡** 고생하는 가운데, 이상하게 남들이 신경을 써주고, 편의를 봐주는 사람들이 자꾸 생기는, 타고난 팔자가 좋은 사람이 꼭 있다. 그래서 간혹 얌체 취급을 받기도 한다.

콩 났네 팥 났네 한다　별 가치 없는 것을 가지고 서로 시비다툼을 하는 것을 이르는 말.

[成語] **와각지쟁**(蝸角之爭) : 달팽이 뿔싸움. •전국시대 위(魏)나라는 제(齊)나라와 동맹을 맺었으나 제나라가 그 동맹을 일방적으로 깨트렸다. 이에 분노한 위나라 혜왕(惠王)은 자객을 보내 제나라 왕을 죽이려 하자 어떤 대신은 그건 왕으로서 체면이 안 서는 일이라며 차라리 군대를 보내자 하고, 또 다른 대신은 전쟁은 모두에게 힘든 일이라 말리고, 또 어떤 대신은 그 의견들에 반박하고 하니 끝없이 논쟁만 이어지고 있었다. 이에 대진인(戴晉人)이란 현자에게 답을 구해보자 하여 그를 불러왔다. 그리고 불려온 대진인은 가만히 사정을 듣고는 이렇게 말했다. "달팽이의 왼쪽 뿔에 나라 하나가 있고 오른쪽 뿔에 또 나라 하나가 있어 서로 싸우는 바람에 수만 명이 죽고 전쟁이 보름 만에야 끝났다고 합니다. 전하는 이 말을 믿으십니까?" "그 무슨 터무니없는 말이오!" "전하, 세상은 끝없이 넓고 큽니다. 이처럼 크고 넓은 세상 속에서 전하가 제나라와 전쟁을 하려 하심은 달팽이의 두 뿔이 사소하게 서로 싸우는 것과 같지 않겠습니까?" 하고는 자리를 떴다. 이에 혜왕은 곰곰이 생각한 뒤 제나라와 싸울 생각을 그만두었다. _『장자(莊子)』

[현대] 태권브이와 마징가제트가 싸우면 누가 이기냐

탕수육 부먹? 찍먹? 처먹! · 탕수육에 소스를 미리 부어서 먹느냐 아니면 소스에 찍어서 먹느냐가 요즘 사람들 사이에 벌어진 논쟁이다. 마치 화장실의 두루마리 화장지를 어느 방향으로 거느냐처럼 끝도 없고 답도 없다. 이런 사소한 논쟁이 의외로 큰 싸움을 만들기도 하는데 〈걸리버 여행기〉에 나오는 소인국은 삶은 계란을 칼로 자르다 누군가 다치자 가로로 잘라야 한다 세로로 잘라야 한다 논쟁이 벌어져 결국 나라가 둘로 나뉘었다. 그냥 각자 하고 싶고 믿고 싶은 대로 살 일이지 정답을 강요할 필요는 없을 듯하다. 커피에 설탕 넣고 세모꼴로 젓는 사람과 동그랗게 젓는 사람 모두 그저 설탕 녹이려는 것이다.

■ 콩 났네 팥 났네 한다 / 콩이야 팥이야 한다

│콩과 팥은 싹이 올라왔을 때는 거의 구별하기 어렵다. 콩이나 팥 둘 다 콩과의 식물이기도 하지만, 둘 다 생육조건이 비슷해서 콩밭에서 팥이 자랄 수 있고 팥밭에서 콩이 자랄 수 있기 때문이다. 그래서 콩밭이나 팥밭에 싹이 난 걸 가지고 그걸 가지고 이게 콩 싹이다 팥 싹이다 서로 다투고 있다는 말이다. 좀 더 자라면 저절로 알 일을.

[맥락] 콩알만 한 결과물을 가지고 서로 공과(功過)를 냈다고 따진다는 말이다.

*공과→ 내 콩이 크니 네 콩이 크니 한다

콩 볶아 먹다 가마솥 깨뜨린다 공연히 붙인 재미로 큰일을 낸다는 말.

■ 콩 볶아 먹다 가마솥 깨뜨린다[2+]

│가마솥에 콩을 넣고 불을 때면 단단한 콩이 열을 받아 맹렬히 튀면서 가마솥과 뚜껑을 요란하게 때려댄다. 콩 볶아 먹는 재미를 너무 들이면 튀는 콩에 가마솥이 깨질지도 모른다는 과장이다.

[맥락] 여기서 '콩'은 쥐어박는 소리 '꽁'의 거센말이라고 생각된다. 그리고 '볶다'에는 성가시게 굴어 사람을 괴롭힌다는 뜻도 있다. '가마솥'은 아내를 뜻하리라 본다. 툭하면 아내를 꽁 쥐어박으며 달달 들볶으며 함부로 대하다가 아내가 다른 남자에게 눈을 돌리거나 바람이 날 수 있다는 뜻으로 보인다.

콩 심은 데 콩 나고 팥 심은 데 팥 난다 ①자신이 한 대로 그에 걸맞은 결과를 얻는다는 말. ②원인이 있으니 결과가 있다는 말.

[成語] 인과응보(因果應報) : 원인이 있으면 그에 맞는 결과를 얻는다.
사필귀정(事必歸正) : 모든 일은 반드시 순리대로 돌아간다.

[현대] 지 팔자 지가 꼰다 / 지인지조 · '지 인생 지가 조진다'를 마치 한자성어처럼 보이게 줄인 말이다.
잘 찌는 체질이 아니라 잘 먹는 체질일 뿐이다 / 내가 먹은 게 내가 된다

덮어놓고 먹다 보면 돼지꼴을 못 면한다 • '덮어놓고 낳다 보면 거지꼴을 못 면한다'라는 새마을운동 시절의 산아제한 표어가 패러디된 것이다.

■ 콩 심은 데 콩 나고 팥 심은 데 팥 난다[2+] / 뿌린 대로 거둔다

| 이 속담에서 왜 쌀과 보리도, 오이와 가지도 아닌 콩과 팥을 들었을까. 그것은 콩과 팥의 생육조건이 거의 비슷하기 때문이다. 콩밭에 팥을 심으면 팥이 자라고 반대로 팥밭에 콩을 심으면 콩이 자란다. 지금도 가끔 콩밭에 실수로 딸려 들어간 팥이 잘 자란 것이 발견되기도 한다. 〈표〉는 콩과 팥이 잘 자라는 환경을 비교해놓은 것이다. 둘의 생육조건이 거의 비슷함을 바로 알 수 있다. 똑같은 조건이란 바탕에서 무엇을 하였느냐에 따라 자신이 한 대로 잘되고 못된 결실을 거둔다는 말이다.

	콩(豆)	팥(小豆)
분류	장미목 콩과	장미목 콩과
온도	22~27℃	20~24℃
수분	충분한 수분	충분한 수분
토양	·물 빠짐이 좋은 식양토 ·산도 pH 6.5 내외	·물 빠짐이 좋은 식양토 ·산도 pH 6.3~7.3 내외

콩과 팥의 생장 조건. | 농촌진흥청 홈페이지 (자료 참조)

[맥락] 여기서 '콩'은 공(功)일 것이다. 공덕을 베풀면 훗날 자신도 은공을 입는다는 말. '팥'은 어쩌면 파투(破鬪)를 줄인 말 아닐까 한다. '동아 속 썩는 건 밭임자도 모른다'라는 속담에서 '밭'은 '밭의'고 '밭의'는 [바트]로도 말할 수 있어 바로 곁을 뜻하는 '바투' 대신 쓴 사례가 있다. 이처럼 '파투'를 [파트]라고 발음하면 '팥'에 가까워진다. 이렇게 보면 이 속담은 헤살질로 남의 일 '파토' 내는 사람은 언제고 똑같이 제가 공들인 일도 없던 일이 된다는 말이 된다.

■ 죄는 지은 데로 가고 덕은 닦은 데로 간다 / 물은 트인 데로 가고 죄는 지은 데로 간다

■ 제 사랑 제가 끼고 있다

| 다른 사람들에게 사랑을 받고 못 받고는 다 자기가 하기 나름이라는 말. 사람들이 자신을 싫어한다면 사람들이 싫어하는 걸 자신이 지니고 있는 탓이다.

■ 소금 먹은 놈이 물 켠다[2+]

| [맥락] 짠 걸 많이 먹으면 당연히 물을 많이 마시게 된다. 이런 당연함이 속담으로 남은 것은 숨은 맥락이 있기 때문일 것이다. 이것도 어찌 보면 말장난 아닐까 한다. 손을 들어 멀리 가리키며 "저기 소가 넘어간다" 하는 장난에 '속아 넘어간

다'가 숨어 있듯, '소금'과 '속음'은 모두 [소금]으로 소리 난다. 아무 말 없이 연신 찬물만 벌컥벌컥 들이켜는 사람이 있다면 필시 누군가에게 된통 속아 큰 낭패를 보았거나 그 비슷한 일이 있었겠거니 짐작할 수 있다. 속이 타고 열불 나면 다들 물로 불을 끄니까.

■ 먹은 놈이 똥을 눈다
ㅣ입 없는 똥구멍 없고, 먹은 게 있으니 똥이 나온다. 아주 잘 먹고 살면 "니 똥 굵다"처럼 굵게 나오고, 없어서 못 먹으면 똥 줄기가 빨랫줄만큼이나 가늘다.

■ 조카 생각하는 만큼 아재비 생각한다
ㅣ'아재비', 즉 큰아버지나 작은아버지가 조카를 챙기는 만큼 조카도 그에 걸맞게 공경하고 따르게 마련이라는 말. 해준 것도 없이 친척이랍시고 '고나리질'318 을 하면 인사치레는 하지만 뒤로는 남보다 멀리 거리를 둔다. 명절 때 모이면 도와줄 것도, 보태줄 것도 아니면서 속만 긁어놓는 친척도 있다.

콩으로 메주를 쑨대도 곧이듣지 않는다 ①평소 거짓말을 많이 하여 아무도 믿지 않게 된다는 말. ②의심이 매우 많다는 말.

[반대] 팥으로 메주를 쑨대도 곧이듣는다

[현대] 차라리 도를 믿겠다 / 맨날 다 왔다지 / 그 거짓말 진짜야? / 늑대가 낙타 낳다

■ 콩으로 메주를 쑨대도 곧이듣지 않는다 / 콩 가지고 두부 만든대도 곧이듣지 않는다 / 소금으로 장을 담근대도 곧이듣지 않는다 / 콩을 콩이라 해도 곧이듣지 않는다

■ 제 그림자도 믿지 못한다

■ 모르고 한 번 알고 한 번2+
ㅣ모르고 한 번 속고, 알고 나서도 또 한 번 속았으니 다신 안 속는다는 말이다.

큰 무당이 있으면 작은 무당은 춤을 안 춘다 자기보다 윗사람이거나 더 나은 재주를 가진 사람이 있으면 앞에 나서기를 꺼린다는 말.

■ 큰 무당이 있으면 작은 무당은 춤을 안 춘다2+
ㅣ'춤추다'에는 앞에 나서 설친다는 뜻도 있다.

---

318 관리(管理)의 흔한 오타가 '고나리'인데, 주로 윗사람이나 상대적으로 우위에 있는 사람이 만만한 사람에게 고깝게 충고하거나 함부로 참견하며 '관리하려 듦'을 '고나리질한다(관리질한다)'라고 한다. '고나리'는 '관리'의 단순한 오타지만 언뜻 보면 '높으신 나리'와도 비슷해 유행하게 되었다.

큰물에 큰 고기 논다 어떤 일이 이루어지려면 그것을 위한 넉넉한 바탕부터 마련되어야 함을 이르는 말.

[현대] 잠재력을 원한다면 잠과 재력을 베풀어라 / 열정은 돈에서 나온다

■ 큰물에 큰 고기 논다 / 물고기도 큰 강에서 노는 놈이 더 크다

■ 말은 나면 제주로 보내고 사람은 나면 서울로 보내라
  | 제주도에서는 지금도 '오름'이라고 하는 기생화산의 흔적으로 생긴 언덕에 말을 풀어서 키운다. 힘차게 달려야 할 말이 좁은 데서 갇혀 큰다면 제대로 튼튼하게 자랄 수 없듯, 인재 역시 폭넓게 활동할 수 있는 서울로 가야 큰 뜻을 펼칠 수 있다는 말이다.
  [맥락] '나다'는 '태어나다'와 '잘나다'의 준말이기도 하다. 그러므로 이 속담의 본래 모습은 다음과 같다. '말은 태어나면 제주로 보내고 사람은 잘나면 서울로 보내라.' 개나 소나 서울 가라는 말이 아니다.

■ 화분에서 만년송을 키울 수 없고 뜰에서 천리마를 키울 수 없다
  | 화분에 소나무를 분재(盆栽)하여 아무리 모양 좋게 다듬어 가꾼다 해도 너른 땅의 반송(盤松)처럼 아름드리로 자랄 수 없다. 마찬가지로 천리마를 담장에 가둬 기르면 타고난 재능이 사라진다. 과보호는 성장을 막는다.

흥선대원군의 별장이었던 석파정의 반송.

■ 큰북에서 큰 소리 난다[2+]
  | 울림통은 악기에서 매우 중요한 역할을 한다. 울림통은 소리를 크게 증폭시켜주므로 바이올린이나 피아노에 울림통이 없으면 모깃소리밖에 안 난다. 북도 울림통이 클수록 더욱 큰 소리가 나고 더 멀리 울려 퍼진다. 그래서 사찰의 법고(法鼓)나 군대의 전고(戰鼓) 역시 매우 크다. 멀리까지 그 울림을 전해야 하기 때문이다.
  [맥락] 여기서 북은 그 사람이 가진 포부라 생각된다. 사람의 울림통은 성대가 아니라 흉부. 가슴팍 큰 사람의 목소리가 더 굵고 크다. 가슴이 크다는 것은 포부가 크다는 것. 당당한 포부를 가지면 제 가슴을 쳐서 미래를 장담한다. 이때

법고. |서울 화계사

가슴이 북처럼 울리며 둥둥 소리가 난다. 더 크게 장담하면 둥둥 더 크게 난다.

■ 수풀[덤불]이 커야 도깨비가 나온다 / 숲이 커야 짐승이 모인다
| 우리가 흔히 아는 뿔 달린 도깨비 모양은 일본 도깨비다. 우리나라 전래 도깨비
는 특별한 형상이 없다. 오래 써서 닳아진 몽당 빗자루, 갈라진 절구, 살이 터진
바구니까지 사람의 손때가 오래 묻은 낡고 버려진 모든 것들이 다 도깨비가 된
다고 믿었다. 이런 것들이 음침하고 사물의 분별이 안 되는 곳에서 갑작스레
눈에 띄었을 때, 또 어둑서니처럼 시커먼 것이 어둑한 데 서 있을 때 사람들은
겁을 먹었을 것이다. 이처럼 도깨비는 사람이 으스스함을 느낄 수 있는 어둡고
깊은 곳에서 나오는 것이다.

■ 낚싯줄이 길어야 큰 고기 잡는다
| 큰 물고기는 깊은 물에 살기 때문에 낚싯줄을 멀리 던져야 잡을 수 있다.

■ 가사에는 규모가 제일이라
| 작은 집에서는 아무리 없는 살림으로 열심히 한다 해도 큰 발전을 기대할 수
없다. 일단 집이 크고 굴릴 재산도 넉넉해야 큰살림을 할 수 있는 법이다.

큰 부자는 하늘이 내고 작은 부자는 사람이 낸다   큰 부자는 운이 따라줘야 하지만,
누구나 노력만 하면 모두 작은 부자는 될 수 있다는 말.

■ 큰 부자는 하늘이 내고 작은 부자는 사람이 낸다[2+]
| 작은 부자 아니었던 큰 부자란 없다. 열심히 노력해 이룬 작은 부자가 누구도
알 수 없는 천운을 만나 큰 부자가 되는 것이다. 노력하지 않고 부자가 된 사람은
졸부(猝富), 즉 벼락부자밖에 없다. 졸부의 재산은 3대도 못 간다.

큰 소가 나가면 작은 소가 큰 소 노릇 한다   윗사람이 없으면 아랫사람이 그 역할을
대신한다는 말.

■ 큰 소가 나가면 작은 소가 큰 소 노릇 한다[2+] / 큰 말이 나가면 작은 말이
큰 말 노릇 한다[2+]
| 소와 말은 짐을 짊어지는 가축이므로 어떤 일을 짊어지고 가는 사람을 뜻한다.
큰 역할을 맡던 이가 그 일을 못 하게 됐을 때, 그보다 작은 역량을 가진 사람이
라도 어찌어찌 그 역할을 맡아 질 수 있다는 말이다.

큰 소 큰 소 하면서 꼴 아니 준다   아이들한테만 먹을 걸 주고 위하면서 어른은
잘 주지 않거나 잘 돌보지 않는다는 말.

■ **큰 소 큰 소 하면서 꼴 아니 준다**[2+]

  | 말로는 "아유, 우리 큰 소. 일 잘하는 우리 큰 소" 하면서 정작 꼴(마소에게 먹이
  는 풀)은 아직 일 못하는 작은 소에게 준다는 뜻이다. 어린 소는 더 자라야 하고
  한창 먹을 때니까 먹이가 부족해도 어떻게든 끼니때마다 챙겨 먹이지만 다 큰
  소는 좀 견디려니 싶어 가끔 굶긴다는 말.

큰일이면 작은 일로 두 번 치러라   어렵고 힘든 일은 한 번에 하는 것보다 조금씩
  나누어서 하는 것이 낫다는 말.

■ **큰일이면 작은 일로 두 번 치러라**

큰집 잔치에 작은집 돼지 잡는다   제 일도 아닌 일에 억울하게 희생하거나 손해를
  본다는 말.

■ **큰집 잔치에 작은집 돼지 잡는다**

  | 옛날에는 집안의 서열이 매우 엄해서 큰집, 즉 형제 중의 맏이가 사는 집에 작은
  집들은 자세를 낮추어야 했다. 그러니 큰집에서 잔치를 한다면 아무 말 안 해도
  작은집은 눈치껏 뭐라도 내놓아야 했다.

    지금도 마찬가지 현상이 있다. 대형마트에 가면 원 플러스 원이니 폭탄세일이
  니 하며 이벤트 행사로 파는 물건들이 많다. 그런데 개중에는 납품하는 업체에
  게 행사용이니 헐값으로 상품을 보내라 하기도 하고, 행사에 필요한 인원을 납
  품업체 직원으로 데려다 쓰기도 한다. 그래도 울며 겨자 먹기로 응할 수밖에
  없는 게, 납품업체는 작은집이고 대형마트는 큰집이기 때문이다. 눈 밖에 나서
  좋을 게 하나도 없으니까.

큰 호박은 얻어먹고 작은 후추는 사 먹는다   가치는 크기에 있지 않다는 말.

■ **큰 호박은 얻어먹고 작은 후추는 사 먹는다**[2+]

키 크면 속없고 키 작으면 자발없다   키 큰 사람은 실없고 알차지 못하며 키 작은
  사람은 참을성이 없거나 점잖지 못하다는 말.

  [반대] 작은 고추가 맵다

■ **키 크면 속없고 키 작으면 자발없다**[2+]

  | '속없다'는 줏대가 없고 알차지 못하다는 말이고, '자발없다'는 행동이 가볍고
  참을성이 없다는 말이다.

키 크고 싱겁지 않은 사람 없다 키가 큰 사람은 싱거운 행동이나 말을 많이 하여 단단해 보이지 않는다는 말.

■ 키 크고 싱겁지 않은 사람 없다[2+]

키 큰 놈의 집에 내려 먹을 것 없다 남들과 다른 능력을 갖췄어도 써먹지 못하니 유리한 것도 아니라는 말.

■ 키 큰 놈의 집에 내려 먹을 것 없다[2+]
  ㅣ키가 크면 높은 시렁에 있는 것도 쉽게 내려 먹을 수 있지만 정작 내려 먹을 게 없으니 키 큰 걸 써먹을 일 없다는 말. *시렁→ 시렁 눈 부채 손

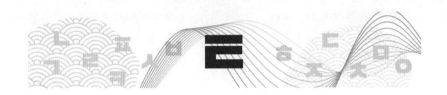

타관 양반이 누가 허 좌수인 줄 아나 어떤 일에 상관없는 사람이 그 일을 알 까닭이 없지 않겠느냐고 반문하는 말.

■ **타관 양반이 누가 허 좌수인 줄 아나²⁺**

| 이 속담은, 우리말 속담을 한문으로 옮겨 적은 것을 20세기 초에 현대적 사전을 만들면서 다시 우리말로 번역한 것이다. 한역 원문은, 조재삼의 『송남잡지』에는 '他官兩班誰許座首'이고, 작자 미상의 『동언해(東言解)』에서는 '他官兩班座首許乎'이다. 그런데 이것을 한글학회 『우리말큰사전』 편찬자가 잘못 번역했다는 주장들이 강하게 제기되고 있다.³¹⁹ 번역자가 타관(他官)을 다른 관할로 봐야 하는데 다른 고향인 타향(他鄕)으로 보았다는 것이다. 글쓴이가 한문을 번역해봐도 각각 '타 관할 양반을 좌수로 누가 허할까(앉힐까)'와 '타 관할 양반을 좌수로 허하리(앉히리)'다. 따라서 '타관 양반을 좌수로 누가 허하랴: 아무 상관없는 외부인에게 중요한 자리를 맡기거나 일에 참여시킬 수 없다'라는 속담과 풀이여야 맞다. 원문 어디에도 '알다'라는 말이 없고, '座首許乎'에는 '허 좌수'도 없다. 지금은 '타관 양반이 누가 허 좌수인 줄 아나'라는 속담으로 쓰이는 만큼 '어떤 일에 상관없는 사람이 그 일을 알 까닭이 없지 않겠느냐고 반문하는 말'이라는 뜻으로만 쓰인다. *좌수→ 향청에서 개폐문하겠다

탐관 밑은 안반 같고 염관 밑은 송곳 같다 탐관오리의 수탈과 축재를 욕하는 말.

■ **탐관 밑은 안반 같고 염관 밑은 송곳 같다²⁺**

| 탐관(貪官)은 탐관오리, 염관(廉官)은 청렴한 관리. 탐관오리는 너무 잘 먹어서

---

319 한국고전번역원 〉 열린마당 〉 민원신청. 홍승균 (2005. 9. 11.). "기타시리즈 2 (표준국어대사전의 오류들)".

궁둥이가 큰 도마처럼 퍼졌고, 청렴한 관리는 너무 못 먹어서 궁둥이 끝이 송곳이 되도록 살이 빠졌다는 말이다. 제대로 못 먹거나 늙으면 엉덩이 살이 빠지면서 개구리 꽁무니처럼 뾰족해진다. *안반→ 서투른 숙수 피나무 안반만 나무란다

터진 방앗공이에 보리알 끼듯 하였다 ①공교로운 방해물이 끼어들었다는 말. ②좁은 틈에 빼곡히 끼었다는 말.

■ 터진 방앗공이에 보리알 끼듯 하였다[2+]
나무공이는 오래 방아 찧다 보면 끝이 갈라져 그 틈으로 곡식 알갱이가 '꼭꼭' 낀다. 공이가 터지면 그 틈새를 헝겊이나 종이 등으로 메꾸어서 쓰곤 했다.
[맥락] 수다 터져 입방아 찧는 틈마다 '꼭꼭' 끼는 누군가를 빼고 말하자니 귀찮고 그대로 두자니 틈날 때마다 또 끼어들 테니 성가시다는 말일 듯하다.

터진 봇물마냥 거침없이 진행됨을 이르는 말.

[成語] 파죽지세(破竹之勢) : 대나무가 쪼개지듯이 거침없이 진행되는 모양새.
요원지화(燎原之火) : 무서운 기세로 번지는 들판의 불길.

■ 터진 봇물마냥[2+]
보(洑)는 지금으로 치면 제방이나 댐(dam)에 해당한다. 농업용수나 홍수방지를 위해 물을 가두거나 막는 것으로 두껍고 높게 쌓는다. 보가 터지면 물이 '콸콸' 쏟아진다. 말이든 눈물이든 꽉 막혔던 것이 터지기 시작하면 걷잡을 수 없다.

■ 들불 번지듯[2+]
불길이 크게 번지는 걸 표현하는 의태어는 '확확'이다. 확확은 어떤 기세나 기운이 거세고 거침없이 퍼지고 달아오른다는 것도 뜻한다.

■ 마루 넘은 수레 굴러가듯[2+]
빠르게 굴러가는 소리는 '우르르' 또는 '우당탕'.

털도 내리쓸어야 빛이 난다 모은 일은 순리대로 해야 좋다는 말.

■ 털도 내리쓸어야 빛이 난다[2+]
결의 반대로 털을 쓸면 부스스 일어나듯, 일을 순리해도 하지 않으면 탈이 난다는 말이다. 일한 결과가 탈 없이 빛을 보려면 순리에 맞게 해야 한다는 말.

털도 없이 부얼부얼한 체한다 귀엽게 생기지도 않았으면서도 귀염을 받으려 아양을 떠는 것을 이르는 말.

■ **털도 없이 부얼부얼한 체한다**

| '부얼부얼'은 살이 찌거나 털이 복슬복슬하여 탐스럽고 복스러운 모양.

털어서 먼지 안 나는 사람 없다   억지로 결점이나 허물을 찾으려 들면 누구나 흠허물이 조금씩은 다 있다는 말.

■ **털어서 먼지 안 나는 사람 없다**[2+]

| 먼지도 신상(身上)도 털 때 모두 '탈탈' 턴다.

■ **옥에도 티가 있다**[2+]

| 깨끗하고 눈부신 피부를 '옥 같은 피부'라고 한다. 그만큼 옥은 이물질이 없는 광물이다. 하지만 그런 옥조차도 티끌만 한 이물질은 포함하고 있는 법이다. 이렇듯 흠집 전혀 없는 물건, 완벽(完璧)한 일, 흠허물 하나 없는 사람이란 세상에 존재하지 않는다는 말이다.

털을 뽑아 신을 삼겠다   받은 은혜를 온 마음을 다해 갚겠다는 말.

[成語] 결초보은(結草報恩) : 풀을 묶어 은혜에 보답한다. • 춘추시대 진(晉)나라의 위무자(魏武子)에게 조희(祖姬)라는 젊은 첩이 있었는데 위무자가 병이 들자 본처의 아들 위과(魏顆)를 불러 "내가 죽으면 네 서모를 다른 데 시집갈 수 있도록 해라" 하였다가 나중에 병이 더 심해지자 다시 "내가 죽으면 네 서모도 같이 묻어라" 하였다. 그리고 위무자가 죽자 아들 위과는 '사람이 병이 심해지면 정신이 혼미할 수 있으니 맑은 정신이셨을 처음 말씀대로 따르리라' 하고 서모인 조희를 다른 곳에 시집을 보냈다. 그 후 진(秦)나라가 쳐들어와 위과가 출병을 하였는데, 적장인 두회가 호랑이 다섯 마리도 때려잡는 천하장사라서 속수무책으로 매일 패전을 거듭하기만 했다. 이길 방도가 없어 고민하던 중 잠시 졸았는데 꿈결에 '청초파(青草坡)'라고 들리는 것을 듣고 혹시나 싶어 청초파 언덕에 올라가 적을 맞이하였다. 그러나 여전히 무시무시한 적장의 힘에 밀려 이기지 못하고 있었다. 그러다 어느 순간 적장이 달려들다가 바닥으로 넘어지고는 제대로 일어서지도 못하여 이를 기회로 적장 두회를 사로잡고 적을 섬멸하였다. 그리고 그날 밤 위과가 잠이 들자 꿈에 한 노인이 나타나 "나는 조희의 아비 되는 사람입니다. 장군께서 제 딸을 죽여 같이 묻지 않고 살려주셔서 저승에서라도 장군을 돕고자 풀을 묶어 적장이 넘어지도록 하였습니다"라고 하였다. _『좌전(左傳)』

각골난망(刻骨難忘) : 은혜가 뼈에 새겨질 만큼 사무쳐 차마 잊기 어렵다.

■ **털을 뽑아 신을 삼겠다 / 머리털 베어 신을 삼는다**

| 자기 머리털을 뽑아서 신발을 삼아 바칠 만큼 받은 은혜에 감사하고 꼭 갚으려 함을 이르는 말이다.

■ 귤껍질 한 조각만 먹어도 동정호를 잊지 않는다

ㅣ아주 작은 은혜라 할지라도 결코 잊지 않는다는 뜻. 동정호(洞庭湖)는 중국 후난성(湖南省) 북부에 있는 중국 제2의 담수호로, 폭이 220km에 달해 실제로 가서 보면 호수가 아니라 바다에 가깝다고 한다. 예로부터 중국과 우리나라 문인들이 동정호의 아름다움을 글로 써서 찬양했는데, 동정호 호수 안에는 섬이 많으며 소상8경(瀟湘八景)의 아름다운 경치나 악양루(岳陽樓) 등으로도 유명하다. 이곳 동정호는 너무나 아름다워서 사람들이 한 번 보면 평생을 그리워했다고 한다. 그리고 또한 동정호 주변에서 나는 귤은 맛있기로 유명했다 하는데, 동정호 특산물인 귤을 먹은 기억에 나중에 어디서 귤을 먹든 동정호가 연상되어 그리워진다는 말이다.

토끼가 제 방귀에 놀란다 잘못을 저지른 사람이 들통날까 봐 겁을 낸다는 말.

■ 토끼[노루]가 제 방귀에 놀란다[2+]

ㅣ토끼와 노루는 겁이 많다. 그래서 제가 낸 소리에도 깜짝깜짝 놀란다. 그래서 신경이 곤두서 깊이 못 자는 잠을 '토끼잠' '노루잠'이라 한다. 여기서 '방귀'는 그릇된 짓을 뜻한다. 실수로 제 잘못을 말하고 급히 입 틀어막는 일도 많다.

토끼 입에 콩가루 먹은 것 같다 뭘 먹은 흔적을 입가에 남기고 있다는 말.

■ 토끼 입에 콩가루 먹은 것 같다

ㅣ토끼는 입을 조금만 벌리고 오물오물 먹기 때문에 묻어나는 음식을 먹으면 주둥이에 다 묻는다. 손 안 대고 밀가루 속 떡 먹기 경기를 한 사람과 똑같이 된다.

토끼 입으로는 가루로 된 것을 코 박고 먹을 수밖에 없다. ㅣ@inselein [twitter] (제공)

토끼 죽으니 여우 슬퍼한다 동류(同類)의 괴로움과 슬픔을 같이 괴로워하고 슬퍼한다는 말.

■ 토끼 죽으니 여우 슬퍼한다[2+]

ㅣ토끼가 다 잡아먹히면 그다음은 여우 자기 차례라는 걸 알기 때문은 아닐까?

■ 난초 불붙으니 혜초 탄식한다[2+]

ㅣ홍만선의 『산림경제(山林經濟)』에는 한 송이의 꽃대를 올려 진한 향을 풍기는 난(蘭)과 예닐곱 꽃대를 올려 조금 덜한 향을 풍기는 혜(蕙)로 구분했고, 강희안

의 『양화소록(養花小錄)』에는 난초는 겨울에서 봄 사이 피고, 혜초는 여름에 꽃핀다 하였다. 그리고 난초류는 누가 알아주지 않아도 홀로 깨끗한 자태로 고고한 향을 뿜는다며 예로부터 군자의 상징이었다. 훌륭한 선비가 화를 입으니 다른 선비가 이를 슬퍼한다는 말이 아닐까 여겨진다.

틈 난 돌이 터지고 태 먹은 독이 깨진다   어떤 좋지 않은 조짐이 있는 것은 끝내 탈이 나고야 만다는 말

■ **틈 난 돌이 터지고 태 먹은 독이 깨진다**
ㅣ돌에 갈라진 틈이 있으면 그 안에 빗물 등이 스며들어 화학작용이나 풍화작용으로 점점 부서지고, 항아리에 실금이 생기면 그 금이 점차 커져 결국 깨지게 된다. '태'는 그릇이나 항아리 등에 생긴 실금.

티끌 모아 태산   아무리 작은 것이라도 그것을 하찮게 여기지 않고, 꾸준히 하다 보면 나중에는 바라던 큰 결과를 이루어낼 수 있다는 말.

　[成語] **우공이산(愚公移山)** : 어리석은 늙은이가 산을 옮긴다. ‣ 북산(北山)이라는 마을은 옆에 있는 두 개의 큰 산 때문에 사람들이 가까운 곳을 매우 멀리 돌아서 다녀야만 했는데, 우공(愚公)이란 90세 노인이 이런 불편함을 없애고자 자식들과 의논하여 그 산들을 옮기기로 결정하고 흙을 퍼서 나르기 시작했다. 그런데 그 흙을 멀리 발해만(渤海灣)까지 퍼 나르고 오는 데 왕복 1년이 꼬박 걸리는 일이라 친구가 무모한 일이라고 크게 말렸다. 그러자 그 노인은 "내가 늙어 죽고 자식이 이어받아 하고 손자가 이어받아 하고 그 손자의 손자, 자자손손이 하다 보면 언젠가는 산을 옮기고 그 자리가 평평해질 날이 올 거 아니겠느냐"라고 하였다. 이에 그 산의 산신령이 혹시라도 그렇게 되면 자기가 큰일이다 싶어 옥황상제에게 이를 말려달라고 간곡히 청을 하니, 오히려 옥황상제는 이 노인의 의지와 마음에 감동하여 힘센 아들을 시켜 두 산을 들어다 옮기도록 명하였다 한다. _『열자(列子)』
　　적토성산(積土成山) : 흙을 쌓아 산을 만든다.

　[반대] **호박씨 까서 한입에 털어 넣는다**

　[현대] **사소함이 모여 위대함을 만든다 / 메모도 십 년 모으면 책**
　　운도 거듭되면 실력 ‣ 행운이 한 번 찾아오면 운이라 하겠지만 거듭 찾아오면 그건 그 사람이 오랜 시간을 해온 많은 것들이 저도 모르게 서로 조합된 것이다.
　　질은 양이 구축한다 ‣ 뭐든 일단 많이 모으고 나서야 좋은 것을 고를 수 있다.

■ **티끌 모아 태산**
ㅣ'티끌'은 잡티와 먼지. 미세하게 작은 것들도 모으고 모으다 보면 태산과도 같이 크게 쌓을 수 있다는 뜻. 태산(泰山 : 1,535m)은 중국에 있는 큰 산의 이름. 중국

에서 가장 큰 산은 아니나 태산이라 하면 보통 크고 웅장한 산을 말한다.

*태산→ 갈수록 태산

■ 개미 금탑 모으듯[2+]

|개미가 한 톨 한 톨 부지런히 물어다 쌓듯, 푼돈이지만 열심히 모으면서 차곡차곡 재산을 탑처럼 높이 쌓아나가는 모습을 표현한 말이다.

■ 개미 메 나르듯

|'메'는 '뫼'와 더불어 산(山)을 뜻하는 순우리말이다. 개미가 흙 한 톨씩 물고 나르니 어느 천년에 산을 옮길까 싶지만, 천 년이고 만 년이고 천 톨 만 톨 억 톨 계속 물고 나른다면 태산이라도 옮길 수 있다. 애초에 안 된다고 단념하는 사람 곁에는 '하다 보면 되겠지' 미련스레 꾸준히 해나가는 사람이 있고, 성공은 그 사람이 한다.

■ 낙락장송도 근본은 종자

|낙락장송(落落長松)이란 가지가 무거워 아래로 축축 늘어진 큰 소나무를 말한다. 크고 우람한 낙락장송도 솔방울 속에 있던 아주 작은 종자(種子 : 씨앗)가 수백 년을 자라서 이루어진 것이라는 말이다. 씨알 같은 시작 없이는 크든 작든 그 어떤 결과도 기대할 수 없다. 처음부터 겁먹고 시도조차 하지 않으면 일이 이루어질 확률은 0퍼센트다.

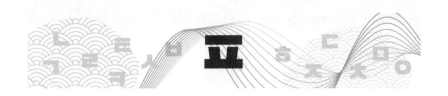

파김치가 되었다 몹시 지쳐서 축 늘어졌다는 말.

■ 파김치가 되었다
  |파김치는 가느다란 쪽파로 담근다. 파는 싱싱할 때는 부러질 만큼 꼿꼿하고 억
  세지만, 소금 뿌려 김치 담그게 되면 풀이 죽어서 축 늘어진다.

파총에 감투 걱정 대단찮은 자리에 있으면서 자랑하거나 쓸데없는 걱정을 수선스
  럽게 한다는 말.

■ 파총에 감투 걱정²⁺ / 하라는 파총에 감투 걱정한다²⁺
  |파총(把摠)은 임진왜란 이후에 생긴 군 직책으로, 600명 단위의 부대 지휘관.
  지금으로 치면 대대장에 해당한다. 지역에 따라서는 고을 수령에게 겸직으로
  내려지기도 했다. 파총은 매우 낮은 벼슬이며 출세와는 거리가 먼 자리라 조정
  에 나아갈 때 쓸 감투를 쓸 일이 없다. 그럼에도 파총이 되었으니 이러다 나중에
  감투도 쓰면 어쩌지 괜한 설레발을 떤다는 말이다.
  [맥락] 무관의 직책인 파총과 다 자란 파의 꽃줄기 '팟종'의 사투리인 '파총'이
  동음이의인 것을 이용했다. 파꽃은 파 줄기에 머리처럼 동그랗게 달린다. 그게
  꼭 파의 머리처럼도 보인다. 그 맨머리에 씌울 감투를 쓸데없이 고민한다는 것
  과 함께, 하라는 직책을 수행할 생각은 않고 출세할 생각에만 빠져 있다는 것을
  함께 뜻하고 있다.

판돈 일곱 닢에 노름꾼은 아홉 보잘것없는 일에 너무 많은 사람이 몰리거나, 매우
  사소한 이득에 여러 사람이 다투는 경우를 이르는 말.

■ 판돈 일곱 닢에 노름꾼은 아홉

팔 고쳐주니 다리 부러졌다 한다 ①염치없이 잇달아 요구한다는 말. ② 사고가 연이어 일어난다는 말.

■ 팔 고쳐주니 다리 부러졌다 한다

팔난봉에 뫼 썼다 자손 가운데 허랑방탕한 사람이 있을 때 한탄하는 말.

■ 팔난봉에 뫼 썼다[2+]

ㅣ'팔난봉'은 가지각색의 온갖 난봉을 부리는 사람이란 뜻. 팔난봉을 산 이름으로 쳐서 산에 묘를 잘못 써서 저런 자손이 태어났다고 한탄하는 소리다.

팔대독자 외아들이라도 울음소리는 듣기 싫다 애들 울음소리는 들어 참아주기 어려운 소리라는 말.

■ 팔대독자 외아들이라도 울음소리는 듣기 싫다

팔백 냥 주고 집 사고 천 냥 주고 이웃 산다 집을 고를 때는 집도 좋아야 하지만 이웃의 인심이나 환경도 신중하게 따져서 정해야 한다는 말.

[현대] 아파트는 이웃보다 위아래 층을 잘 만나야 한다

■ 팔백 냥 주고 집 사고 천 냥 주고 이웃 산다

팔선녀를 꾸민다 옷차림이 요란스럽거나 꼴불견이라고 비꼬아 조롱하는 말.

■ 팔선녀를 꾸민다[2+]

ㅣ팔선녀(八仙女)는 불교나 무속의 그림에 자주 등장하며, 그림 속 팔선녀의 옷차림은 아주 요란하고 화려하다. 이 팔선녀의 옷차림을 하나로 합쳐놓은 듯한 차림이란 뜻이다. 팔선녀는 김만중의 국문소설 〈구운몽(九雲夢)〉에서 유래했다지만, 작품보다는 탱화(幀畵)나 무신도(巫神圖)를 보고 그런 옷차림을 떠올렸다고 보는 게 자연스럽지 않을까 생각한다.

무속도(팔선녀).
ㅣ서울역사박물관 아카이브

팔십 노인도 세 살 먹은 애한테 배울 것이 있다 대단치 않은 사람의 말일지라도 잘 들어보면 배우거나 깨달을 점이 있다는 말.

■ 팔십 노인도 세 살 먹은 애한테 배울 것이 있다 / 팔십 노인도 손자한테 배우다 죽는다

| 어른들은 일을 복잡하게 보지만 어린이들은 직관적이다. 세상과 사물을 있는 그대로 정직하게 보기 때문에 어른들이 미처 생각 못 한 명쾌한 답을 내놓기도 한다. 지혜로운 이들 역시 세상을 복잡하게 보지 않는다.

■ 세 살 먹은 아이 말도 귀담아들으랬다 / 늙은이도 세 살 먹는 아이 말을 귀담아듣는다 / 어린아이 말도 귀담아들어라 / 업은 자식한테도 배운다

팔월 그믐에 마지막 쉰다   ①가을인데도 날이 덥다는 말. ②날이 선선해도 음식이 쉴 수 있다는 말.

■ 팔월 그믐에 마지막 쉰다[2+]

| 음력 8월 마지막 날이면 8월 15일 추석도 지나고, 가을 한가운데인 추분(秋分)도 지난 9월 말에서 10월 초쯤의 완연한 가을이다.

팔은 안으로 굽는다   사람은 대체로 자기 위주로 생각하고 자기 쪽을 더 챙기게 마련이라는 말.

[成語] 아전인수(我田引水) : 자기 논[밭] 쪽으로 물 끌어 대기. ▸논에는 물이 생명수나 다름이 없다. 그래서 물이 귀한 곳에서는 논에 물을 대기 위해 치열한 전쟁이 벌어진다. 흘러오는 물을 조금이라도 더 받으려 슬그머니 자기 논 쪽으로 고랑을 넓혀내면 다른 논 주인이 나타나 다시 자기 논 쪽으로 돌려놓는다. 그러다 시비가 생기고 감정이 격해져 상대방 논둑을 터트려버리고, 서로 멱살잡이에 논바닥에 뒤엉켜 싸우는 등 논에서 물이란 1년 농사의 모든 것이 달린 것이라 상당히 민감한 것이었다.

[현대] 내로남불 : 내가 하면 로맨스 남이 하면 불륜 / 내가 하면 멜로 남이 하면 에로 / 내가 하면 예술 남이 하면 외설 / 내가 하면 관심 남이 하면 간섭 / 내가 하면 의리 남이 하면 비리 / 나는 팬이고 너는 빠 / 예민하다는 사람은 남의 예민함에 예민하지 않다 / 사위는 백년 손님 며느리는 평생 노예
사치란 내가 관심 없는 데 남이 돈 쓰는 것 ▸자기는 피시방에 당구장 다니고 비싼 담배 사 피우면서 남이 카페에 앉아 커피 마시며 시간 좀 보낸다고 손가락질하는 사람들이 있다. 남이야 연예인 굿즈에 돈 쏟아붓건 말건, 각자 제가 좋아하는 데 돈 쓰는 거다.

■ 팔은 안으로 굽는다 / 팔이 들이굽지 내굽나 / 잔 잡은 팔 밖으로 굽지 못한다 / 제 손가락이 안으로 곱힌다

| 사람은 신체 구조상 팔이 안쪽으로만 굽는다. 마음도 마찬가지로 자기나 제 사

람을 더 굽어보게 마련이다.

■ 제 똥[밑] 구린 줄 모른다
| 자기 밑 닦은 휴지는 들여다봐도 남이 똥 누고 물 안 내린 걸 보면 질겁하고 인상 쓴다. 그만큼 사람은 자기 허물에는 관대하나 남의 허물은 못 참는다. 자기도 뒤로 남을 흉보면서 남이 자기 흉봤다면 노발대발한다.

■ 가을볕[밭]에는 딸을 내보내고 봄볕[밭]에는 며느리 내보낸다
| 가을에는 볕에 타도 보기 좋게 탄다. 하지만 봄에는 피부가 심하게 타서 손상된다. 그런 봄볕 밭일에는 딸 아닌 며느리를 내보낸다는 말. 며느리는 이미 시집왔으니 다른 남자한테 잘 보일 필요가 없으나, 딸은 장차 시집가야 하니 피부 상할까 각별히 신경 써준다. 남의 딸보다 내 딸 먼저 챙기는 차별 본능은 아름답지 않은 모성이다. *봄볕과 자외선→ 봄볕에 타면 보던 임도 몰라본다

■ 여름 불은 며느리가 때게 하고 겨울 불은 딸이 때게 한다
| 지금도 여름철에 가스불 앞에서 찌고 삶고 끓이는 주부들은 온몸에 땀이 줄줄 흐르니 그런 고역이 따로 없다. 며느리의 한여름 땀고생은 생각 않고 자기 아들 돈만 아까워 "집에 밥 있는데 무슨 외식이고 배달이냐. 얘, 어서 국솥에 물 올려라" 하는 시부모가 아직 있다.

■ 배 썩은 것은 딸 주고 밤 썩은 것은 며느리 준다
| 배는 크기가 커서 썩은 부분을 빼고도 먹을 부분이 많고 웬만큼 썩지 않은 한 달아서 먹을 만도 하다. 하지만 밤은 썩은 부분을 빼면 먹어볼 것이 적고 썩은 부분은 도저히 먹을 수 없다. 안 썩은 건 누구 줬을까? 아들 줬다.

■ 죽 설거지는 딸 주고 비빔 설거지는 며느리 준다
| 비빔밥을 해 먹은 그릇은 고추장과 갖은양념에 참기름 등으로 매우 지저분하여 닦는 데 많은 수고가 따른다. 요즘처럼 좋은 주방세제가 없던 시절이니 오죽 힘들었을까. 반면에 죽은 물과 곡식으로만 만들기 때문에 물로 한 번 슥 헹구어 씻기만 하면 된다. 아무리 며느리를 딸처럼 생각한다지만 팔은 안으로 굽는 사람의 속내를 말해주는 속담이다. 시어머니들이 흔히 "얘야, 너는 며느리 안 같고 딸 같다"라고 하지만 절대 그럴 리 없다. 딸처럼 시어머니에게 편하게 대해보면 바로 안다.

■ 양식 없는 동자는 며느리 시키고 나무 없는 동자는 딸 시킨다[2+]
| '동자'는 취사(炊事)의 순우리말로 '밥 짓기'라는 뜻. 땔감이 없으면 깻단이든 콩대든 땔거리를 어찌어찌 구해볼 수 있지만, 집에 곡식 한 톨 없는데 밥 지으라 시키면 며느리더러 도둑질이라도 해다 지으라는 것인가.

- **딸의 차반은 재 넘어가고 며느리 차반은 농 위에 둔다[2+]**
  | 여기서의 차반은 새색시가 친정집에 가서 부모를 뵐 때, 다시 시댁으로 돌아갈 때 사돈집에 빈손으로 보내지 않으려고 담는 음식 또는 그것을 담는 쟁반이다. 딸이 친정에 오면 쟁반에 음식 잔뜩 담고 보자기 꽁꽁 싸서, 늦게 돌아가면 미움 받으니 어서어서 가라고 등 떠밀어 보낸다. 하지만 며느리가 친정 간다면 이거 닦아놓고 가라, 저거 치워놓고 가라, 집 며칠 비우니 그만큼 미리 해놓고 가라, 잔뜩 시켜대는 통에 음식 싸 갈 차반이 농 위에서 내려올 줄 모른다.

- **딸 오줌 소리는 은조롱금조롱 하고 며느리 오줌 소리는 쐐 한다[2+]**
  | 같은 소리도 마음에 들면 곱게 들리고 마음에 안 들면 시끄럽게 들린다.

- **딸의 시앗은 가시방석에 앉히고 며느리 시앗은 꽃방석에 앉힌다 / 며느리 시앗은 열도 귀엽고 자기 시앗은 하나도 밉다 / 한 아들에 열 며느리[2+]**
  | '시앗'은 남편의 첩을 이르는 말. 자기 남편이나 사위에게 첩이 생기는 건 싫어하지만 제 아들이 첩을 두는 건 좋아하는, 자기 위주의 시어머니 심리를 비꼬는 말이다.

- **미운 열 사위 없고 고운 외며느리 없다**

- **자기 자식에겐 팥죽 주고 의붓자식에겐 콩죽 먹인다[2+]**

- **내 돈 서 푼은 알고 남의 돈 칠 푼은 모른다**
  | 둘이서 각각 3푼과 7푼, 도합 1전짜리 투자를 했는데 손해를 보았다 치자. 7푼 댄 사람의 손해가 3푼을 댄 사람보다 더 크다. 하지만 사람이란 상대의 7푼보다 당장 자신의 3푼을 더 아깝게 느끼는 것이다.

- **농사꾼은 지게가 둘이다**
  | 농사꾼은 큰 지게와 작은 지게, 두 지게 가지고 있다는 말. 자기네 일을 할 때는 큰 지게를 짊어지고 나가 한 짐 가득 일하고, 남의 집 일하러 갈 때는 작은 지게를 짊어지고 나가 한 짐도 안 되는 일을 하려 꾀를 부린다는 말이다.

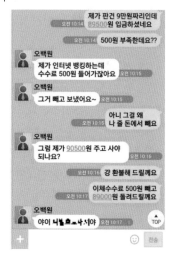

'오늘도 평화로운 중고나라' 시리즈 중 하나. 인터넷 중고거래 카페에서 생긴 어이없는 일들이 올라온다. | 루리웹 게시판

팔자가 좋아서 동이 장수 맏며느리 됐을까

- **팔자가 좋아서 동이 장수 맏며느리 됐을까[2+]**

|'동이'는 동이에 담을 만큼을 세는 단위이기도 하다. 먹고 마실 게 많은 집안에선 동이를 이고 다닐 일이 많다. 하지만 동이 장수네 집은 이고 나를 게 전부 빈 동이다. 겉보기에 있어 보이니 사람들이 먹고살 만하겠다 한다. 그래서 속이 텅 빈 집에서 살림 책임은 무거운 맏며느리가 무슨 좋은 팔자냐고 되묻는 말이다. '동이→질동이 깨트리고 놋동이 얻었다

■ 팔자가 사나우니 의붓아들이 삼 년 맏이라²⁺ / 팔자가 사나우니 (총각) 시아비가 삼간 마루로 하나²⁺ / 팔자가 사나우니 식전에 시어미가 아흔아홉²⁺
|결혼한 남자의 자식이 자기보다 삼 년 위라는 건 남자가 자기보다 적어도 스무 살은 많다는 것. 오죽 복 없는 팔자면 제 아버지뻘과 결혼할까. 시아버지가 삼간 마루로 하나라는 건 시어머니가 바람둥이란 얘기. 샛서방을 두 방에 꽉 채우고도 남아 마루에까지 나앉을 만큼 많다는 것. 그것도 총각들하고 바람을 피운다는 것. 총각을 샛서방으로 둘 정도면 시어머니의 색기와 음란함이 장난 아니라는 뜻. 또 여기서 식전은 밥 먹기 전이 아니라 혼인식 올리기 전인 식전(式前). 혼인 날짜 잡고 보니 예비 시아버지가 천하의 바람둥이라는 것. 그런 집안이면 안 봐도 망조 든 집안인 게 불 보듯 뻔하고 남편 자리도 알 만하다.

팔자는 독에 들어가서도 못 피한다 사람마다 타고난 운명이 있다는 말.
[반대] 쥐구멍에도 볕 들 날 있다

■ 팔자는 독에 들어가서도 못 피한다²⁺ / 독 안에 들어가도 팔자 도망은 못한다²⁺

■ 제 복은 귀신도 못 물어간다²⁺

■ 잘살아도 내 팔자요 못살아도 내 팔자²⁺ / 먹고 자는 식충이도 복을 타고났다²⁺
|식충이(食蟲이)³²⁰ 는 하는 일 없이 밥만 축내는 사람을 이르는 말이다. 그래도 굶어 죽지 않으니 그것도 타고난 제 복이 있는 탓이다.

팔준마라도 주인 못 만나면 삯말로 늙는다 능력 있는 사람도 그것을 발휘할 수 있게 이끌어줄 사람을 못 만나면 쓸모가 없다는 말.

■ 팔준마라도 주인 못 만나면 삯말로 늙는다²⁺
|팔준마(八駿馬)는 중국 주(周)나라 목왕(穆王)이 천하를 돌아볼 때 왕이 탄 수레

---

320 일부러가 아니라 타고나길 멍청해서 정말 아무것도 할 줄 몰라 밥만 축내는 건 '바보'라고 한다. 아마도 '밥보'에서 변한 말인 듯하다.

를 끌던 여덟 마리의 준마로, 각각 화류(華騮), 녹이(綠耳), 적기(赤驥), 백의(白義), 유륜(踰輪), 거황(渠黃), 도려(盜驪), 산자(山子)라는 이름이 있었다. 그런 명마라 할지라도 이를 알아볼 주인을 못 만나면 삯말[321] 취급으로 평생 짐수레나 끌게 된다는 말이다. 아무리 재능 있고 뛰어난 사람도 큰일에 써줄 사람을 만나지 못하면 훌륭한 재능을 썩힌다는 뜻. *삯말→늙으면 용마가 삯말만 못하다

■ 티끌 속의 구슬[2+]

팥으로 메주를 쑨대도 곧이듣는다   지나치게 남의 말을 무조건 믿는다는 말.

　[반대] 콩으로 메주를 쑨대도 곧이듣지 않는다

　[현대] 팔랑귀

■ 팥으로 메주를 쑨대도 곧이듣는다 / 팥으로 두부를 만든대도 곧이듣는다

■ 팥을 콩이라 해도 곧이듣는다

팥이 풀어져도 솥 안에 있다   손해를 본 듯해도 그리 손해 본 것은 아니라는 말.

■ 팥이 풀어져도 솥 안에 있다[2+]

　│팥은 오래 삶으면 풀어져서 죽이 된다. 그렇게 삶아 만드는 게 팥죽이다.

　[맥락] 여기서 '팥'은 어떤 일이 무효가 되거나 없던 일이 되거나 아무 일도 아니게 된 것을 뜻하는 파투(破鬪)라고 생각한다. 공들인 일이 산산조각 흩어져 결실을 못 맺고 풀어졌어도 타격을 입을 정도는 아니라는 뜻. *파투→ 콩 심은 데 콩 나고 팥 심은 데 팥 난다

패장은 말이 없다   무슨 일이건 실패나 실수를 했다면 구구하게 변명을 늘어놓지 말고 마땅히 그 책임을 져야 한다는 말.

　[현대] 패자는 카운터로 / 승자는 세면대로 패자는 계산대로 • 당구장에 써 붙여진 말로, 게임에서 진 사람은 오늘은 컨디션이 별로였다느니, 네 구질이 압삽했다느니 구질구질한 핑계 대지 말고 와서 당구비 계산하라는 말이다.
　　실수를 잘못으로 만들지 마라 • 일을 저질렀을 때 바로 사과하면 끝날 것을 어물쩍 넘어가려 하거나, 책망이 두려워서 실토를 주저하다 일을 더 키우는 경우가 종종 있다. 걷잡을 수 없게 된 뒤에 그제야 실토하면 정말 대책이 없다.

■ 패장은 말이 없다 / 패장은 용맹을 이야기하지 않는다

　│변명하고 핑계 댄다고 상대가 모를 리 없다. 오히려 자기 가치와 신뢰만 떨어트

321　원래 속담에는 '팔준마'에 맞추고자 '삯마'라고 되어 있으나 표준어인 '삯말'로 고쳤다.

릴 뿐이다. 실수하고 잘못했다면 솔직하게 인정하는 것이 가장 멋진 사람이다. 잘못도 실수도 하지 않는 사람이란 이 세상에 없다.

편보다 떡이 낫다 같은 종류지만 한쪽이 다른 한쪽보다 낫게 여겨진다는 말.

■ 편보다 떡이 낫다²⁺
|'편'은 떡을 점잖게 이르는 말. 결국 편이나 떡이나 같다.
[맥락] '편'은 작은 조각을 뜻하는 편(片)으로 읽을 수 있고, '떡'은 '떡이 지다'처럼 한데 뭉쳐진 것을 뜻하는 말로 읽을 수 있다. 조각난 여럿보다 큼직한 한 덩어리가 더 나아 보인다는 뜻으로 여겨진다.

편한 개 팔자 부럽지 않다 아무리 힘들어도 사람으로서 할 일을 하며 살아가는 것이 옳다는 말.

[반대] 오뉴월 개 팔자

■ 편한 개 팔자 부럽지 않다

평생소원이 누룽지 기껏 하는 요구가 너무 하찮다는 말.

■ 평생소원이 누룽지²⁺ / 평생소원이 보리 개떡²⁺
|누룽지와 보리 개떡은 간식. 다반사로 먹는 것 말고 따로 먹는 것이다. 일평생 특별히 바라는 게 죽기 전에 누룽지 좀, 보리 개떡이라도 실컷 먹어봤으면 소원이 없겠다는 말이다. 방문 영업에 지친 사원이 사람 마음을 들여다보는 능력이 있으면 하루에 수백 건도 계약하겠다 하자 선임이 어이없어하며 말한다. "이봐, 그런 능력이 있으면 이걸 왜 해. 엄청 큰 사업을 벌이지!" 사람이란 자기 위치와 수준에서 생각하는 것 이상을 꿈꿀 수 없다.

평안감사도 저 싫으면 그만 아무리 좋은 일이라도 본인이 싫어하면 억지로 권할 수 없다는 말.

■ 평안[경상]감사도 저 싫으면 그만 / 정승[임금]자리도 저 싫으면 안 한다
|이 속담을 흔히 '평양감사도 저 싫으면 그만'이라고 쓰는데 원래대로 하면 '평안감사'라고 해야 한다. 감사(監査)는 관찰사(觀察使)라고도 하는데 지금의 도지사(道知事)와 같은 직책이다. 따라서 시(市)를 관할하는 게 아니라 도(道)를 관할하는 것이므로 평양이 아니라 '평안도'를 관할하는 '평안감사(平安監査)'라고 해야 맞다.³²² 사람들이 평양 기생이나 평양(平壤)의 번화함 등을 연상해 평양

감사로 잘못 쓰고 있는 것으로 추측된다. 게다가 평안감사가 머무르는 평안 감영(監營)이 평양에 있었기에 사람들이 더 착각하기 쉬웠을지 모른다. 아무튼 평안 감영은 평양에 있었고 평양은 비옥한 대동강 유역이며, 동시에 중국으로부터 오는 교역물이 한양으로 가기 전에 거쳐 가는 곳이다. 또한 평양은 제2의 수도로 여겨질 정도로 매우 중요한 도시였으므로 이곳의 벼슬을 거치면 훗날 나라의 매우 중요한 자리까지 올라가는 자리였다. 그러니 모두가 이 평안감사 자리로 못 가서 난리였을 건 뻔한 일. 그런 모두가 탐내는 좋은 자리조차 싫다고 마다하니, 자기가 싫다는 데 뭐 어쩌겠는가.

평안감사가 부임하여 그 축하 잔치로 달빛 아래 뱃놀이 장면을 그렸다. 강가에서 수많은 사람들이 횃불로 조명까지 밝혀준다. 공공연하게 '평양에 있는 감사'라는 뜻으로 평양감사라는 말도 자주 사용되었다는 것을 제목에서 알 수 있다. 혹은 '평양에서 연 감사 향연도'라는 뜻일 수도 있다.
| 김홍도, 〈평양감사향연도〉, "월야선유(月夜船遊)" (일부)

[맥락] '평안감사'는 어쩌면 '평안과 감사'로도 읽힐 수 있다. "평안하고 감사할 일을 해줘도 싫다네. 아이고, 고맙습니다 소리는 못 할망정 대놓고 싫다고 역정을 내니 내가 괜한 짓을 했구먼."

포도청 뒷문에서도 그렇게 싸지 않겠다 비싸다며 많이 깎아달라는 사람에게 그렇게 싸게 파는 데는 어디에도 없다며 하는 말.

■ 포도청 뒷문에서도 그렇게 싸지 않겠다[2+]
| 포도청에는 도둑 등에게 압수한 장물이 보관돼 있는데, 포졸들이 이것을 관아

---

322 경기도청은 수원에 있다. 그렇다고 경기도지사를 수원(도)지사라고는 하지 않는다.

뒷문에서 몰래 처분했다. 신속히 처분해야 하고 제 밑천 들어간 것도 아니니 매우 헐값에 몰래 팔아치웠다. 그런 포졸 뒷거래보다도 싸게 팔라는 건 전혀 당치 않다는 말이다.

풀방구리에 쥐 드나들듯 바쁘게 수시로 들락거리는 모습을 나타내는 말.

■ **풀방구리[밤소쿠리]에 쥐 드나들듯**
| 옛날의 풀은 쌀이나 밀의 가루를 끓여서 만들었으므로 일종의 풀죽이었다. 따라서 겁 많은 쥐가 눈치를 살피면서 들랑날랑 조금씩 이 풀을 먹고 간다는 말이다. '풀방구리'는 도배를 위해 쑤어놓은 풀을 담는, 물동이보다 작은 항아리. 꿀을 담으면 '꿀방구리', 술을 담으면 '알방구리'라고 한다.

■ **반찬단지[조개젓단지]에 고양이 발 드나들듯이**
| 고양이는 개처럼 주둥이를 들이밀고 먹지 않고 앞발로 조금씩 끄집어내서 먹는 습성이 있다.

품마다 사랑이 있다 새 애인을 만나면 또 다른 사랑이 생긴다는 말.

■ **품마다 사랑이 있다**[2+]
| 껴안고 품는 사람마다 다시금 새로운 사랑이 생긴다는 말이다.

풍년거지 더 섧다 ①남들은 모두 풍족한데 혼자만 가난하여 더 서글프다는 말. ②남들 다 하는 일에 자기만 끼지 못해 속상하다는 말.

■ **풍년거지 더 섧다 / 풍년거지 제 쪽박 깬다**
| 풍년이 들면 자연스레 일거리가 많아져 여러 사람이 많은 품삯을 받아 살림살이가 풍족해지는 법이다. 하지만 거지는 일을 시켜주지 않으니 여전히 빌어먹고 다녀야 한다. 남들 모두 먹고살기 좋아졌다고 흥청대는데 거지만 똑같은 상황이니 상대적인 빈곤감에 더욱 서글퍼진다. 서글픔이 지나쳐 자기 팔자에 화가 나면 애먼 쪽박만 내동댕이칠 것이고.

풍년 두부 같다 희고 무르게 살이 찐 모양을 이르는 말.

■ **풍년 두부 같다**[2+]
| 희고 근육 없이 무른 살을 '두부살'이라고 한다. 그런 두부살이 풍년처럼 풍만하다는 말.

피는 못 속인다 한 집안의 내력은 대대로 나타나 속일 수 없다는 말.

■ 피[씨]는 못 속인다[2+]

|뉘 집 자식이 번듯하게 잘 컸다면 사람들이 그런다. "피는 못 속인다더니." 또 뉘 집 자식이 개망나니로 컸다면 사람들이 똑같은 말을 한다. "피는 못 속인다더니." 그 피 앞에 어떤 말이 담기느냐로 그 핏줄, 그 집안 내력을 사람들이 평소 어떻게 생각하고 있는지가 드러난다.

■ 씨도둑은 못 한다

|'씨도둑'은 한 집안에서 대대로 내려오는 버릇, 모습, 전통을 다른 집안으로 가져가는 것. 한 집안에서 대대로 내려온 내력을 아무도 없애지 못한다는 말이자, 또한 그 집안의 내력대로 그 자손도 그대로 닮아갈 수밖에 없다는 말이다.

피는 짚신 삼으면서 잡아야 다 잡는다 피를 다 없애는 데는 많은 시간과 품이 든다는 말.

■ 피는 짚신 삼으면서 잡아야 다 잡는다[2+]

|'피'는 볏과에 속하는 일년생 풀로 척박한 곳이나 높은 지대에서도 잘 자란다. 옛날에는 곡식으로도 먹고 가축의 사료로도 쓰여서 상당히 넓게 재배했지만 이후 거의 재배하지 않고 오히려 잡초로 취급되었다. 피는 영양소가 쌀이나 보리에 못지않지만 다만 맛이 떨어진다. 농부들은 벼보다 높이 자라는 이 피가 벼에게 갈 양분을 빼앗아 간다고 믿어서 수시로 뽑아서 없앴다. 하지만 워낙 생존력이 강해서 계속 벼들 사이에 숨었다가 솟아오르기 때문에 모두 다 제거하기란 불가능했다.

벼 사이로 피가 웃자라 있다.

   여러 속담 책에서 이 피를 뽑다 짚신을 삼아 나가야 피를 모두 없앤다고 풀이하는데, 그게 아니라 짚신이 닳아서 새로 삼을 만큼, 발이 닳도록 들어가서 피를 뽑아야 그제야 없어진다는 뜻이다.

피 다 잡은 논 없고 도둑 다 잡은 나라 없다 논의 피를 아무리 뽑아도 계속 나듯 도둑도 계속 생기게 마련이라는 말.

■ 피 다 잡은 논 없고 도둑 다 잡은 나라 없다[2+]

| 아무리 피를 뽑아도 다 잡히지 않듯, 사람이란 모두 견물생심으로 도둑질할 수
도 있으나 마음속 일이라 미리 잡아내지 못한다.
*피→ 피는 짚신 삼으면서 잡아야 다 잡는다

핑계가 좋아서 사돈네 집 간다　　속으로는 자기가 좋아하는 것을 바라고 하는 거면서
겉으로는 다른 이유 때문인 것처럼 둘러댄다는 말.

■ 핑계가 좋아서 사돈네 집 간다
　| 대체로 사돈 관계는 서로 어색하고 매우 어려운 사이다. 서로 쉽게 드나들지
　못해 돌이나 회갑 같은 잔치, 결혼식이나 장례식 등 큰 행사나 있어야 겨우 얼굴
　을 마주하곤 한다. 수십 년 전까지만 하더라도 시집간 딸은 친정에 자주 오지
　못하고, 또 사돈을 모시고 살기에 찾아갈 엄두도 못 냈다. 그래서 근처에 볼일이
　있어서 왔다가 인사 차 들렀다는 둥, 좋은 게 들어와서 사돈댁에도 드리러 왔다
　는 둥 이런저런 핑계로 딸자식 얼굴 한 번 보려
　고 찾아가곤 했다. 불과 몇십 년 전에도 이랬는
　데 수백 년 전에는 어떠했을까.

지각한 이유

핑계 없는 무덤 없다　　①잘못을 저지르고도 이치
에 안 맞게 변명한다는 말. ②모든 결과에는 그
나름의 핑계가 있다는 말.

　[반대] 입이 열 개라도 할 말이 없다
　[현대] 전철 펑크 나서 늦었냐 / 핑계로 성공한 사람
　　　은 김건모뿐이다

■ 핑계 없는 무덤 없다[2+]
　| 핑계의 뜻 중 하나는 '잘못된 일에 대해 다른 것
　의 탓으로 둘러대는 변명'이다. 무덤은 죽은 사
　람이 묻힌 곳이며 모든 죽음에는 수명이 다해
　서, 사고로, 병들어서, 누군가 해쳐서, 스스로
　죽어서 등 무엇이든 이유가 반드시 있게 마련이
　다. 그런데 오래 살려는 욕심은 끝이 없으니, 노
　인들이 '늙으면 죽어야지, 죽어야지' 하면서도
　마지막 순간까지 조금이라도 더 살고 싶어 한
　다. 그러니 '~만 아니었으면 더 살았을 텐데'라
　는 핑계가 무덤마다 아쉽게 남을 것이다.

백범 김구의 부인 최준례 여사의 묘비. "조
선어학자 김두봉 씨의 지은 순조선문의
비문으로 썼고(국어학자 김두봉 씨가 지은
순우리말 비문으로 썼고)"라는 말이 보인
다. 옛 국어학자가 적었듯, 무덤의 옛말이
'묻엄'이다. 따라서 이 속담의 옛 모습은
'핑계 없는 묻엄 없다'였을 것이다.

[맥락] 여기서 말하는 핑계라는 것은 자기 잘못을 덮기 위해 하는 변명이다. 무슨 탓을 하면서 제 잘못을 묻으려 드는 '묻다'의 명사형 '묻음'은 무덤의 옛말 '묻엄' 과 비슷하다. "또 또 핑계! 뭘 자꾸 잘못을 그렇게 묻으려 들어! 하여튼 이러저러 핑계 하나 없는 묻엄 없지. 그냥 잘못했습니다, 해!"

■ **여든에 죽어도 구들동티에 죽었다 한다 / 여든에 죽어도 핑계에 죽는다**
| '동티'는 절대 해서는 안 되는 어떤 금기를 깼을 때 그와 관련된 귀신을 노하게 하여 받는 재앙. 동티는 한자로는 동토(動土)라고도 하는데, 흔히 '동티가 난다' 라고 하고 이럴 경우 병이 나거나 죽는다고 믿는 미신이다. 〈변강쇠가〉에 보면 변강쇠가 나무하기 귀찮아 장승을 뽑아다 장작 패서 불을 때는 바람에 전국 장 승들의 노여움을 사고, 팔도 장승들이 회의 끝에 변강쇠의 몸에 제각각 병 한 가지씩을 심어 처참하게 죽어가게 만든다는 이야기가 나온다.

> "… 그런 흉한 놈을 쉽사리 죽여서는 설욕이 못 될 터이니 고생을 실컷 시켜, 죽자 해도 못 죽고 살자 해도 살 수 없어, 칠칠이 사십구 한 달 열아흐레 밤낮으로 들볶 이다가 험하게 죽고 사납게 죽어야 장승을 태워 죽인 죄인 줄 저도 알고 남도 알아 확실히 징계가 될 터이니, 우리 숫자대로 병 하나씩 가지고 강쇠를 찾아가, 정수리부터 발톱 끝까지 오장육부 안팎을 (종이)장판에 기름 바르듯 겹겹이 병을 바르는 것이 가장 좋을 듯하오."

옛사람들은 장승을 마을의 수호신으로 생각하여 그 앞에서는 싸우거나 욕을 하 거나 남을 해치지도 않았다 한다. 그런 장승을 뽑아다가 장작으로 패서 아궁이 불을 땠으니 그 동티가 오죽 심할까. 동티와 관련하여 지금도 있는 풍습은, 이사 갈 때 '손(=귀신) 없는 날'을 골라 이사하는 것. 집을 옮기는 큰일을 치를 때는 귀신이 안 볼 때 해야 부정이 안 탄다고 믿는 까닭이다.
'구들동티'는 가만히 방에 앉아 있어 뭔가를 잘못 건드릴 일도 없이 죽은 걸 놀리는 말이다. 옛날에 80세까지 산다는 것은 장수 중에도 장수하는 것인데, 그런 장수한 사람의 죽음마저도 자연스럽게 받아들이지 않고 뭔가를 잘못 건드 려서 그렇게 되었다는 핑계를 댄다는 말이다.

■ **처녀가 애를 낳아도 할 말이 있다**

■ **도둑질하다 들켜도 변명을 한다**

핑계 핑계 도라지 캐러 간다 적당한 핑계를 둘러대고 놀러 간다 말.

[현대] 독서실이 오락실이고 도서관이 영화관이냐 · 집에는 독서실 간다 도서관 간다 하고는 중간에 다른 데로 새거나, 커플로 붙어 앉아 '영화를 찍고' 폰이나 멍하니 들여다보다 매점으로 복도로 우르르 몰려다니는 경우가 많다.

■ 핑계 핑계 도라지 캐러 간다

| '핑계 핑계'는 일부러 '핑계'를 반복시켜, 요샛말로 '딩가딩가' 정도에 해당하는
의태어 용도로 쓴 듯하다. 바깥출입이 쉽지 않은 처녀가 도라지 캐는 걸 핑계
삼아 들과 산으로 친구들과 룰루랄라 놀러 간다는 것이다.

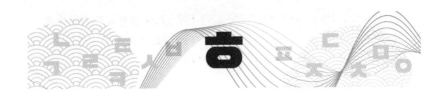

하나를 가르쳐주면 열을 안다   똑똑한 사람은 조금만 암시를 줘도 금세 알아듣거나 작은 가르침에도 큰 깨우침을 얻는다는 말.

　[成語] 거일반삼(擧一反三) : 하나의 예를 들어주면 이를 돌이켜보아 세 가지를 깨닫는다.

　[반대] 하나만 알고 둘은 모른다

■ 하나를 가르쳐주면 열을 안다 / 하나를 들으면 백을 통한다

■ 하나 하면 둘 한다 / 하늘 천 하면 검을 현 한다
　│천자문의 시작은 하늘 천, 땅 지, 검을 현, 누를 황 순서로 되어 있다. 하늘과 땅(天地)은 검고 누렇다(玄黃), 즉 하늘(우주)은 근본적으로 검고 땅의 빛깔은 누른 빛이라는 말이다. 서당에서 훈장님이 학동들을 앉혀놓고 "하늘 천!" 하면 아무 생각 없이 따라만 하는 아이들은 "하늘 천" 하고 그대로 따라 말하거나, 다음 단어인 "땅 지"까지만 떠올리겠지만, 영리한 아이는 한 단계 더 생각해 "해가 없는 하늘은 본디 검으니 검을 현입니다"라고 대답할 수도 있다는 말.

하나를 보면 열을 안다   일부만 또는 대충만 보아도 전체를 충분히 미루어 짐작할 수 있다는 말.

　[成語] 명약관화(明若觀火) : 불을 바라보듯 훤하게 보임.

　[반대] 까마귀 검기로 마음도 검으랴 / 길고 짧은 건 대봐야 안다

　[현대] 안 봐도 비디오 안 들어도 오디오 / 간장인지 콜라인지 마셔봐야 아나
　　관상은 과학·죄를 저지르거나 못된 짓을 하는 사람을 보면 딱 그렇게 생겼고, 같은 범죄를 저지를 사람들에게선 그럴 관상이 보인다는 말이다.
　　하나만 하는 사람은 없다·그릇된 행동 하나를 하는 사람은 분명 또 다른 짓을 한다. 그 본체가 이미 글렀으니 그릇된 행동이 줄지어 나오는 까닭이다.

■ 하나를 보면 열을 안다
　│어떤 사람이 연애를 시작했는데 길을 걷다가 남자가 다 마신 음료수 컵을 달라

고 해서 쓰레기통에 대신 버려주려나 싶어 건네줬더니 그걸 길가 풀밭에 휙 던져버리더란다. 그래서 뒤도 안 돌아보고 헤어졌다고. 기본적인 공중도덕도 안 지키는 사람을 더 봐서 무엇하겠냐 싶더란다.

■ 겉 검은 놈은 속도 검다[2+]

| 여기서 겉이 검다는 것은 피부가 아니라 옷이 더럽다는 말. 지저분하게 입고 다니면서도 창피한 줄 모르니 그 염치인들 안 지저분할까.

■ 겉 볼 안

| 겉만 봐도 그 속을 충분히 짐작할 수 있다는 말이다. 평소 하고 다니는 옷차림이나 말투만 봐도 어떤 사람인지 금방 알 수 있다. 말끝마다 욕을 달고 사는 사람들이 있다. "어제 늦을까 봐 씨× 졸× 뛰어갔더니만 그 새×가 씨× ×같이 더 늦게 오잖아, 그래서 '병×아 왜 이제 와' 하니까. 씨× 그 새×가 뭘 잘했다고 졸× 헛소리를 처하길래, '×까 ×뎅아 꺼져!' 하고 걍 와버렸어. 으씨 열× 짱나!" 이렇듯 욕 없이는 말이 안 되는 사람은 자기 언어뿐 아니라 자기 몸가짐 역시 스스로 못 돌아보는 흔해 빠진 사람이다. 말이 곧 나다.

■ 꼴같잖은 말은 이도 들춰 보지 않는다

| 말을 살 때는 털빛이나 골격 등을 보는 것은 물론 입술을 들춰 이빨을 보고 말의 나이나 건강상태도 가늠한다. 딱 봐도 몰골이 형편없는 말이라면 굳이 나머지를 확인할 필요도 없이 바로 돌아선다. 이렇듯 허튼소리는 더 들어볼 것도 없다는 뜻이다. 말을 하면 이가 드러난다.

■ 척하면 삼천리

| 예로부터 우리나라는 3천 리라고 하였다. 의주에서 서울까지 천 리, 서울에서 부산까지 천 리, 부산에서 제주까지 천 리, 이렇게 삼천리다. 정확한 거리가 아니라 대략적인 상징. 즉, 척 보면 우리나라 방방곡곡을 다 알 수 있다는 말로, 일일이 알아보지 않더라도 짐작만으로 다 알 수 있다고 자신할 때 쓰는 말이다.

■ 건너다보니 절터[2+]

| 이 속담은 세 가지 뜻이 있다. ①일의 결과가 신통치 않을 게 뻔히 내다보인다는 말. ②겉으로만 보아도 거의 틀림없을 만한 짐작이 든다는 말. ③아무리 욕심을 내어도 남의 것이기 때문에 뜻대로 할 수 없다는 말.

②멀리서 지형을 건너다보니 경치 좋고 산세가 훌륭한 곳에 나무도 거의 없이 넓고 평평한 땅이 있으니 대충 봐도 저곳에 절이 있었음을 충분히 짐작하고도 남는다는 말이다. ③집터나 정자터로 삼기 좋은 곳이나 이미 거기에 절이 앉아 있어 입맛을 다시며 단념한다는 뜻이다. 이때의 '건너다보다'는 부럽거나 탐나서

'넘보는' 것을 말한다. 사찰은 왕도 함부로 어쩌지 못했다. 연산군만 빼고.

[맥락] 하나의 속담에 전혀 다른 뜻이 여럿이라면 '도랑 치고 가재 잡는다'처럼 원래의 속담이 가진 말장난을 눈치채지 못한 후세 사람들이 글자 그대로 오해하고 잘못 쓴 뜻이 추가된 것이라고 보아야 할 것이다. 글쓴이는 이 말의 원래 모습이 '(슬쩍) 건너다보니 (딱 봐도 고개) 저을 터'였을 거라 생각한다. 영 아니거나 이미 텄으면 고개를 '절레절레(이 말도 아마 '저을레저을레'에서 왔을 듯하다)' 젓게 마련이니까. '저을 터'를 빨리 말하면 당연히 [절터]로 소리 난다. 그러므로 ①번의 뜻이 원래 이 속담의 본뜻이었을 것이다. 그러다 훗날 이 말장난을 알아채지 못하게 되면서 ②번과 ③번의 뜻이 각각 추가된 것이라 생각한다.

■ 온 바닷물을 다 먹어봐야 짠가[2+] / 똥인지 된장인지 (찍어) 먹어봐야 아나[2+]

| 바닷물은 모두 한 몸이니 어디를 떠서 마신들 다 짜다. 똥과 된장은 겉보기에는 아주 비슷하나 구별 못 할 바보는 없다.

[맥락] 딱 봐도 짜디짠 구두쇠고 딱 봐도 더러운 인간 말종인데, 굳이 불쾌한 맛을 경험해볼 필요가 있겠느냐는 말이다.

이것은 똥일까 된장일까?

하나만 알고 둘은 모른다 두루 보지 못하고 영리하지 못하여 융통성 없고 미련하다는 말.

[成語] 각주구검(刻舟求劍) : 배에 표시를 새겨 물에 빠트린 검을 되찾으려 함. ▸춘추(春秋)시대 초(楚)나라의 한 무사가 나룻배를 타고 양자강(양쯔강)을 건너가다가 실수로 귀한 칼을 물에 빠트렸다. 그러자 무사가 급하게 단검을 꺼내 뱃전에 칼집을 내서 빠트린 자리를 표시하여 나중에 그 표시를 보고 그 보검을 건져 올리려 했다 하여 사람들의 비웃음을 샀다. 옛날의 법으로 지금의 나라를 다스리는 것이 이 경우라 하겠다. 세월이 많이 흘렀으되 법은 바뀌지 않으니 이런 식으로 정치를 하면 어찌 어렵지 않겠는가? _『여씨춘추(呂氏春秋)』

미생지신(尾生之信) : 미생이란 사람의 융통성 없는 믿음. ▸노(魯)나라 때 미생(尾生)라는 사람이 있었는데, 그는 일단 약속을 하면 무슨 일이 있어도 그 약속을 지켰다. 어느 날 한 여인과 다리 아래에서 만나기로 약속하였는데 여인이 그 시간에 나타나지 않았다. 미생이 계속 기다리는 도중에 소나기가 쏟아져 개울물이 불어나기 시작했다. 하지만 미생은 다리 아래에서 만나기로 했다는 사실을 굳게 지키기 위해 물살이 차올라 오는데도 다리 위로 피신하지 않고 다리 기둥만 꽉 붙들고 그 밑을 떠나지 않다가 결국 급류를 이기지 못해 떠내려가 죽고 말았다. _『사기(史記)』

[반대] 하나를 가르쳐주면 열을 안다

[현대] 자판 가릴 줄은 모르고 화면 가릴 줄만 안다 ▸ 비밀번호를 입력할 때 대개 화면에서는 비밀번호가 별표(****)로 가려지므로 화면이 아니라 자판을 가려야 한다.

■ 하나만 알고 둘은 모른다

■ 감출 줄은 모르고 훔칠 줄만 안다[2+]

|몰래 훔쳤다면 잘 감춰야 하는데 그러지 못해 들켜버린다는 말이다. 실제로 2012년 미국 피츠버그에서 10대 세 명이 마트를 털어 물건과 현금 8,000달러를 훔쳤는데, 이것을 누군가에게 자랑하고 싶어 페이스북에 훔친 돈뭉치를 들고 기념 촬영한 사진을 올렸다가 체포되어 전 세계에 웃음거리가 된 일이 있었다.

[맥락] 훔친 물건을 감추는 것보다 더 어려운 게 훔쳤다는 사실을 감추는 일이다. 어색한 표정과 몸짓으로 다 드러나 꼭 들통난다.

갤럭시노트2 팝니다 상태굿입니다 근데 훔쳤는데일주일전에 조회해보니깐 신고가안돼있네요 26에팝니다 통신사A+입니다 나중에 신고할수도있으니 정가에는 못팔겠네요 상태는자부합니다 택배는선입금 직거래는 서울도봉구 창동역에서합니다 010▒▒▒▒▒문의주세요 분명히말씀드리지만 나중에신고먹을수도있읍니다 문자주시면사진드릴게요

멍청한 건지 당당한 건지 도둑질을 고백하고 자기 전화번호까지 노출하고 있다. |중고나라

■ 구름에 표하고 물건 파묻기[2+] / 구름장에 치부한다[2+]

|구름은 흘러가버리는데 바보스럽게 거기에 표시하고 나중에 그 구름 밑에 와서 파내겠다는 소리. 속설에는 까마귀가 먹이를 묻고 그렇게 기억해서 못 찾는다고도 한다.

치부(置簿)는 돈이나 물건이 들고나는 것을 적어두는 것. 흔히 치부책이란 말을 많이 쓰는데 요즘으로 치면 금전출납부에 해당한다. 언제 흩어져 사라져버릴지 모르는 구름을 백지장 삼아 적는다는 말이다.

[맥락] 어디에 똑똑히 적어두지 않고 기억에만 의지한다는 말이다. 시간이 오래 흐르면 기억은 희미해진다. 그래서 내가 그걸 어디다 묻어났더라? 내가 누구한테 얼마를 빌려줬더라? 한참 기억을 떠올릴 때는 먼 구름 쳐다보듯 흐린 초점으로 허공만 올려다보는 법이다.

■ 곰 옥수수 따듯

|곰이 옥수수를 따서 겨드랑이에 끼고 다른 옥수수를 딴다. 그리고 새로 딴 옥수수를 이번에 다른 쪽 겨드랑이에 끼우려다 보니 저쪽에 끼웠던 것이 떨어진다. 그럼에도 또 옥수수를 따서 그쪽 겨드랑이에 끼우면 반대쪽 겨드랑이에 있던 옥수수가 툭 떨어진다. 이런 식으로 어리석게 욕심만 실컷 부리다 결국 맨 마지

막에 가져가는 것은 달랑 옥수수 하나뿐이다.

■ 우물 옆에서 말라 죽겠다
ㅣ우물물 퍼 올릴 줄 몰라 목말라 죽는다는 말. 두레박이 없으면 어떻게든 비슷하
게라도 만들어서 길어 마셔야 하거늘.

하늘 높은 줄만 알고 땅 넓은 줄은 모른다　키만 크고 몸은 마른 사람을 놀리는 말.
[반대] 하늘 높은 줄 모르고 땅 넓은 줄만 안다

■ 하늘 높은 줄만 알고 땅 넓은 줄은 모른다

하늘 높은 줄 모르고 땅 넓은 줄만 안다　몸이 아주 뚱뚱한 사람을 일컫는 말.
[반대] 하늘 높은 줄만 알고 땅 넓은 줄은 모른다

■ 하늘 높은 줄 모르고 땅 넓은 줄만 안다
ㅣ키가 작고 뚱뚱한 사람을 일컫는 말이다.

■ 파주 미륵[2+]
ㅣ경기도 파주시 광탄면에 있는 용암사에 국보
93호 '파주 용미리 마애이불입상(坡州 龍尾
里 磨崖二佛立像)'이 있는데, 아주 넙데데하다.
조선시대에 한양에서 북쪽으로 갈 때는 파주를
거쳐 임진강을 건너야 하는데, 이 석불이 임진
나루로 가는 길목에 있어 오가는 사람들에게
매우 유명했다.

마애이불입상 또는 쌍미륵. (고려시대)
ㅣ국가문화유산포털

하늘도 한 귀퉁이부터 개인다　마음은 한 번에 풀
리지 않고 시간을 두고 천천히 풀린다는 말.

■ 하늘도 한 귀퉁이부터 개인다[2+]
ㅣ마음 한구석도 '귀퉁이'라고 한다. 그리고 '개다'에는 날이 맑아진다는 뜻 말고도
언짢거나 우울한 마음이 개운하고 홀가분해진다는 뜻도 있다. 구름 울고 비 내
리던 하늘처럼, 흐리고 운 얼굴은 단번에 밝아지지 않는다는 말이다. 기분이
쉬 나아지지 않는다는 사람에게 차차 괜찮아질 거라며 건넨 위로였던 듯하다.

하늘을 봐야 별을 따지　무슨 일이든 바탕이 충분히 마련되어야 비로소 원하는 바를
얻을 수 있다는 말.

■ 하늘을 봐야 별을 따지

■ 임을 봐야 애를 낳지²⁺ / 장가를 들어야 애를 낳지²⁺

|부인이 마음에 안 드는 남편은 집에 들어가기 싫어 밖으로 나돈다. 옛날에는 연애결혼이 아니라 집안 어른이 정해준 대로 혼인해서 서로 마음에 안 들어도 어떻게든 참고 맞춰가며 살아야 했다. 애가 왜 안 들어서냐는 성화에 뭐라 말 못 하며, 서방이 집에 들어와야 이불이라도 같이 덮어볼 것 아니냐 푸념한다.

아직 장가 못 간 아들에게 부모는 자꾸 뭐라 한다. "나 살아생전에 손주 한 번 안아볼 수 있겠냐. 대를 못 잇고 죽으면 저승에서 조상님들을 얼굴을 어찌 뵐지…" 그러면 아들이 버럭 한다. "제가 안 가는 건가요? 돈 없어 못 가는 거지. 저도 답답해서 미치겠어요. 장가들 수 있어야 애를 만들어서라도 드리죠!"

■ 굴을 파야 금을 얻지

■ 고추가 붉어야 노란 씨 받지²⁺

|수수께끼 중에 '파란 주머니에 은전 열 냥, 붉은 주머니에 금전 열 냥인 것이 무엇인가'라는 것이 있다. 정답은 고추다. 고추는 푸른색, 즉 풋고추일 때 속을 까면 씨가 흰색이지만 다 익어 붉은색일 때 까보면 씨가 노랗게 되어 있다. 다시 말해서 고추가 붉게 익어야 노란 씨를 얻을 수 있으니 때가 되지 않으면 원하는 것을 얻을 수 없다는 속담이다.³²³

[맥락] 고추를 사내아이의 고추로 보고, 노란 씨를 (우리 황인종인) 아기로 보면 조혼(早婚)한 '꼬마신랑'을 떠올릴 수 있다. 그게 아직 붉게 못 서는데 왜 아직 애가 안 생기는 거냐고 (신랑보다 연상인) 신부 닦달할 일이 아니란 뜻이 된다. 신부는 속으로 이렇게 투덜댈지 모른다. '뭐가 서야 애가 서지.'

■ 한양 가야 급제하지²⁺

|급제(及第)란 과거시험에 합격하는 것. 한양에 갈 수 있어야 하늘의 별 따기라는 급제를 하든 못 하든 일단 과거라도 볼 수 있지 않겠는가. 하지만 조선 후기로 갈수록 과거를 준비하는 데 엄청난 돈이 들었고 한양까지 가는 노잣돈에 시험관에게 먹일 뇌물도 있어서 경제 사정 때문에 공부해놓고도 시험 보러 못 가는 일이 많았다.

■ 잠을 자야 꿈을 꾸지²⁺

---

323 노랗게 익은 고추씨로는 기름을 짤 수 있는데, 고추씨 기름은 매운맛이 나고 음식의 잡냄새를 없애주며 붉은색이 돈다. 순두부찌개나 육개장 등에 도는 붉은 기름이 바로 이 고추씨 기름이다. 그 밖에 음식의 향신료로도 사용되고 민간요법으로 위장병 같은 데도 쓰인다.

|장래를 꿈꿀 시간은커녕 한숨 잘 시간도 없이 밤낮없이 바쁘다는 말.

■ 죽어봐야 저승을 알지

■ 거미도 줄을 쳐야 벌레를 잡는다

■ 산에 가야 범[꿩]을 잡고 강에 가야 고기 잡는다

■ 건더기[건지]가 많아야 국물이 난다[2+]

|'건지'는 건더기의 사투리. '건더기'에는 내세울 만한 일의 내용이나 근거라는
뜻도 있고, '국물'에는 일의 대가로 좀 생기는 이득이나 부수입이란 뜻이 있다.
해볼 만한 일이 있어야 뭐라도 얻을 게 생긴다는 뜻이다.

■ 가죽이 있어야 털이 나지

■ 구름 없는 하늘에 비 오랴

■ 꼬리도 있어야 흔든다

■ 논이 있은 뒤에 물이라

|논은 바닥을 진흙으로 두텁게 다져서 만든다. 논바닥을 물 안 새게 해놓지 않고
물을 대면 대는 족족 땅속으로 새버린다.

■ 물이 와야 배가 온다

|밀물 때가 되어야 배가 뭍 가까이 들어올 수 있다.

하늘이 무너져도 솟아날 구멍이 있다 아무리 어려운 경우가 닥치더라도 끝까지
포기하지 않으면 반드시 해결할 방법이 생긴다는 말.

[成語] 궁즉통(窮卽通) : 궁하면 통한다. ▸『주역(周易)』에 나오는 말이다. 窮卽變(궁즉
변) 궁하면 변하고 / 變卽通(변즉통) 변하면 통하고 / 通卽久(통즉구) 통하면 오
래간다. 해석하자면, 변화의 필요성이 극에 달하면(窮) 이것이 곧 변화의 바탕이
되고(變), 그렇게 새로운 변화를 찾으려는 노력이 이어지면 이윽고 현재의 어려
움을 해결할 수 있는 새로운 길이 트이고(通), 이렇게 맞이한 새로운 길은 잠시
잠깐이 아니라 오래도록 유지된다(久)는 말이다.

[현대] 포기란 배추를 셀 때나 쓰는 말이다 / 자살의 반대말은 살자 / 끝났다고 생각할
때가 시작이다 / 꼼짝없이 죽었구나 싶을 때 꼼짝하면 산다
끝날 때까지 끝난 게 아니다 ▸1973년 뉴욕 메츠 팀이 꼴찌를 달리고 있을 때
이제 끝난 거 아니냐는 기자의 질문에 감독이 답한 말. 그리고 뉴욕 메츠는 월드
시리즈에 진출했다.
야구는 9회말 투아웃부터다 ▸이를 증명하는 유명한 일화가 있다. 제26회 황금
사자기 결승전에서 부산고등학교와 군산상업고등학교가 맞붙은 1972년 7월 19
일의 서울운동장 야구장. 군산상고는 1회말 선취점 1점을 뽑았지만 이후 4점을

607

실점해 9회말 4 : 1로 모든 사람들이 군산상고가 100% 졌다고 생각했다. 그러나 9회말 군산상고의 마지막 공격에서 안타-연속 포볼로 만루를 만들고, 다음 타자가 몸에 맞는 공으로 출루하면서 밀어내기 1점 추가, 그리고 만루 상황에서 안타를 때려 2점 추가로 4 : 4 동점, 그리고 마지막에 황금 같은 안타가 나와 5 : 4라는 야구사에 길이 남을 대역전극을 만들어냈다.

■ 하늘이 무너져도 솟아날 구멍이 있다

| 옛사람들은 지구는 평평하고 그에 맞춰 하늘도 천장처럼 되어 있다고 생각했다. 비가 많이 오면 하늘이 뚫려서 큰물이 샌다고 생각했고, 그런 하늘이 무너지면 세상에 종말이 온다고 믿었다. 세상에 종말이 닥쳐 세상이란 집이 무너져도 깔려 죽지 않고 용케 피해서 멀쩡히 살아날 틈이 있다는 뜻이다.

■ 죽을 수가 닥치면 살 수가 생긴다 / 궁하면 통한다

| 이대로 죽을 수 없다고 생각하면 어떻게 살 수 있는 방법도 떠오른다는 뜻이다. 그리고 '궁하면 통한다'는 궁즉통(窮卽通)에서 나온 속담이다.

■ 호랑이에게 물려가도 정신만 차리면 산다[2+] / 물에 빠져도 정신만 차리면 산다[2+]

| 두렵고 겁이 난다고 정신을 못 차리면 꼼짝없이 죽는다. 호랑이에게 물려 갔다가도 살아 돌아온 사람이 정말 있고, 망망대해를 100일이 넘도록 표류하고도 끝내 구조된 사람이 있다. 두려움에 온통 사로잡히면 무릎밖에 안 오는 깊이에도 정신없이 허우적대다 어이없이 익사한다.

하던 짓도 멍석 깔아주면 안 한다 스스로 곧잘 하던 일도 억지로 또는 대놓고 하라면 주저하거나 내키지 않아 한다는 말.

■ 하던 짓[놀음]도 멍석 깔아주면 안 한다

| 멍석은 지푸라기를 촘촘하고 두툼하게 짠 깔개로, 판소리를 하거나 마당에 잔칫상을 펼 때 등 여러 공연과 행사 바닥에 깔았다. *멍석→ 덕석을 멍석이라고 우긴다

■ 개도 먹으라는 똥은 안 먹는다

| 평소 똥개가 잘 먹던 똥도 먹으라고 억지로 채근하면 불안해서 안 먹는다.

하루가 열흘 맞잡이 무언가를 간절히 기다림, 또는 그래서 시간이 안 가는 것처럼 느껴진다는 말.

　[成語] 학수고대(鶴首苦待) : 학처럼 목을 길게 빼고 애타게 기다림. ▸학이 물고기를 잡을 때는 물가에 가만히 서서 목만 앞쪽으로 길게 빼놓는다. 그렇게 매우 오랜 시간을 꼼짝 않고 기다리다가 물고기가 사정권을 지나가면 바로 쪼아서 낚아챈다.

일각여삼추(一角如三秋) : 짧은 시간이 긴 세월 같다. ▸1각은 15분에 해당하며,[324] 1년을 말할 때 가을 추(秋)를 많이 쓴다. 15분이 3년처럼 여겨진다는 말.

[현대] 아기다리 고기다리 ▸'아 기다리고 기다리던'의 오래된 말장난이다.

■ 하루가 열흘 맞잡이[2+]

| '맞잡이' 또는 '맞들이'는 어떤 것과 거의 비슷한 정도나 분량을 뜻한다. 하루가 열흘같이 길게 느껴진다는 말이다.

■ 굿에 간 어미 기다리듯 / 눈[목]이 빠지게 기다린다

| 어느 집에서 굿판이 벌어지면 너도나도 가서 구경하고 굿이 끝나면 구경꾼들에게 나눠주는 떡(계면떡)도 받는다. 어미가 굿 구경 가면서 '올 때 떡 받아 오마' 하니 이제나저제나 어미가 떡 가지고 오길 기다린다. 하지만 굿은 한나절을 하는 거라 지겹도록 기다려야 한다.

■ 구 년 홍수에 볕 기다리듯 / 구년지수에 해 바라듯

| 구년지수(九年之水)는 고대 중국의 요순시절에 9년 동안 비가 왔다는 데서 유래한 말.

외진 곳에서 목을 빼고 연인을 기다리는 여인 뒤춤에 든 게 승려의 모자 '송낙'이니 그 연인은 다름 아닌 … | 신윤복, 〈기다림〉

하루 물림이 열흘 간다   무엇이나 자꾸 뒤로 미루는 것을 경계하는 말.

[현대] 오늘 일은 내일의 내가 하겠지

■ 하루 물림이 열흘 간다

| 내일 하지, 하면 내일 또 내일, 또 내일 계속 미루다 마감이 닥쳐서야 밤을 새우는 일이 허다하다.

하룻강아지 범 무서운 줄 모른다   자기 주제를 모르고 철없이 함부로 덤빈다는 말.

[현대] 설렁탕은 경찰서에서 먹어야 제맛 ▸고소(告訴) 얘기다. / 강아지 강하지

■ 하룻강아지 범 무서운 줄 모른다[2+]

| 원래는 '하룻강아지'가 아니라 '하릅강아지'다. 하릅강아지는 태어난 지 1년 정

---

324   조선시대에는 하루 24시간을 자시, 축시, 인시, …, 술시, 해시로 두 시간씩 나누어(이 두 시간 단위를 시진(時辰)이라 불렀다. 하루는 열두 시진이다), 이를 다시 15분씩 8개로 나누어 1각, 2각, …, 7각, 정각(正角)으로 불렀다.

도 된 개를 일컫는 말로,[325] 사람의 나이로 치면 청소년기에 해당한다. 이때쯤이 되면 혈기가 왕성하여 짓이 나서 여기저기 돌아다니며 아무한테나 덤벼든다. 특히 사냥개는 생후 1년이 지나야 사냥에 나설 수 있는데, 생후 1년이 지날 즈음의 사냥개는 매우 혈기 왕성하고 두려움도 없어 호랑이 같은 맹수에게 무모할 만큼 덤벼든다고 한다.

[맥락] 여기에는 말장난도 있다. '범 무서운 줄'은 '법 무서운 줄'과 발음이 같다. 급격히 증가한 호르몬에 조종당해[326] 혈기만 믿고 지금의 불량청소년들처럼 함부로 덤벼대다간 무서운 어른에, 그보다 더 무서운 세상에 큰코다치고 인생 죗값을 톡톡히 치른다는 뜻이다.

■ **바닷가 개는 호랑이 무서운 줄 모른다**[2+]
 바닷가에 호랑이가 있을 리 없으니 바닷가 개는 호랑이를 전혀 겪어보지 못해 그 두려움을 모른다.

[맥락] 옛날엔 '갯것'이라며 내륙 사람들이 어촌 사람들을 은근히 무시했는데, 어쩌면 그래서 만든 속담은 아닐까도 한다.

■ **정승[대감·대신]집 송아지 백정 무서운 줄 모른다**[2+] / **정승[대감·대신]집 강아지 범 무서운 줄 모른다**[2+]
 백정은 지금으로 치면 도축업자. 동물들은 감각이 발달해 짐승의 생명을 거두는 백정이 나타나면 꼬리 사리고 숨기 바쁜데, 임금 밑으로 가장 높다는 정승네 송아지고 강아지랍시고 백정 앞에서 날뛰고 짖는다는 말이다.

[맥락] 송아지는 자식, 강아지는 하인으로 놓고 보면, 제 아비나 주인의 위세만 믿고 설쳐대는 사람이 된다. 지금도 부모나 모시는 윗사람의 권력이나 재력만 믿고 그게 마치 자기 힘인 양 안하무인 시건방진 행동을 하는 2세나 아랫것들이 꽤 있다.

■ **과붓집 송아지 백정 부르러 간 줄 모르고 날뛴다**[2+]
 송아지가 날뛰니 힘이 없는 과부가 어쩌지 못 하니 누군가 이 미친 송아지 그냥 확 잡아먹어야겠다고 백정 불러오라 시켰는데, 그것도 모르고 제게 손 못 대니 자기가 힘세고 잘난 줄 알고 기고만장 날뛴다는 말이다.

---

325 소나 말, 개 등 주요 가축들의 나이는 하릅(1살), 두습(2살), 세습(3살), 사습/나릅(4살), 다습(5살), 여습(6살), 이릅(7살), 여듭(8살), 구릅(9살), 담불(10살) 식으로 따로 구분해 불렀다. 그 시기마다 관심을 가지고 때맞춰 관리해주어야 했기 때문이다.
326 청소년기 남자아이에게는 남성 호르몬인 테스토스테론이 성인 남성보다 45배나 많아진다고 한다.

[맥락] 여기서 송아지는 과부의 자식을 뜻한다. 엄한 아비 없이 자라서 위아래 모르고 날뛰는 망나니 자식을 뜻한다. 그리고 백정은 칼을 잘 쓴다. 이 안에 감춰진 욕을 옳게 드러내면 이렇다. "배운 데 없는 호로자식, 저러고 함부로 날뛰다 필경 칼 맞지."

■ 금붕어가 용에게 덤벼든다[2+]

| 금붕어는 연못에서 살고 용은 바다에서 산다. 좁은 경험과 얕은 실력을 가진 사람이 폭넓은 경험과 깊은 실력을 쌓은 이에게 자기 비늘만 빛나는 줄 알고 가당찮게 도전한다는 뜻이다. 금붕어 비늘이 빛난다면 용 비늘은 찬란하다.

하룻밤을 자도 만리장성을 쌓는다 잠깐 사귀어도 깊은 정을 맺을 수 있다는 말.

■ 하룻밤을 자도 만리장성[만리성]을 쌓는다[2+]

| 이 속담은 흔히 남자와 여자가 잠깐을 사귀더라도 깊은 애정을 품을 수 있다는 뜻으로 쓰이는데, 정약용의 『이담속찬(耳談續纂)』에서는 원래 '잠시 머물더라도 마땅한 대비를 해두어야 한다'라는 뜻이었다고 한다. 또한 『송남잡지(松南雜識)』에는 '지금은 남녀가 하룻밤의 인연을 맺음을 일컫는다. 왜구가 우리나라를 쳐들어왔을 때 단 하룻밤을 머물러 자고 가더라도 적을 막기 위해서 반드시 성을 쌓았다'라는 내용이 적혀 있다. 현대의 일부 학자들도 원래는 이 속담이 '하룻밤을 자도 만인(蠻人 : 왜구)은 성을 쌓는다'였을 것이라 한다. 유비무환(有備無患)에 관한 속담이었다는 것이다.

하지만 이는 성적인 속담이 불편한 이들의 궁여지책 해석이라 생각한다. 오래도록 차곡차곡 튼튼한 성을 쌓은 듯 하룻밤 '살정' 쌓기로도 굳건한 '정을 쌓기'도 한다. 그리고 '만리장성'이란 말에도 남녀의 육체관계라는 뜻도 들어 있다. 긴 글이나 긴 편지를 뜻하는 '만리장서', 길고 긴 말을 뜻하는 '만리장설'이 있듯, 어쩌면 만리장성의 성(城)을 성(性)으로 슬쩍 바꾼 건 아닐까도 싶다.

하룻밤 자고 나면 수가 난다 일이나 문제가 풀리지 않을 때는 계속 고민하지 말고 잠시 여유를 가지면 의외로 방법이 떠오르기도 한다는 말.

[현대] 내일은 내일의 태양이 뜬다 · 영화 〈바람과 함께 사라지다〉에 나오는 명대사.

■ 하룻밤 자고 나면 수가 난다

하룻비둘기 재 못 넘는다 지식이나 경험이 부족한 사람은 큰일을 해내기에는 아직 부족하다는 말.

■ 하룻비둘기[강아지] 재 못 넘는다

|태어난 지 1년밖에 안 된 경험 없는 비둘기는 높은 고갯마루를 한 번에 넘지
못한다는 말이다. 비록 힘은 넘치나 요령이 없어 거센 바람이 부는 재를 어떻게
넘는지 잘 모르는 법. 힘과 자신감만으로는 안 되는 것이 분명 있다. 여기서
하룻은 원래는 '하릅'이라 해야 옳다. '하릅→ 하룻강아지 범 무서운 줄 모른다

한날한시에 난 손가락도 길고 짧다　세상 모든 것은 그 모양이나 성질이 제각각
다 다르다는 말.

■ 한날한시에 난 손가락도 길고 짧다[2+]

|'길고 짧은 것은 대봐야 안다'라는 속담처럼, 여기서의 길이는 타고난 재주와
능력을 뜻한다.

■ 한 어미 자식도 아롱이다롱이

|'아롱이다롱이'라는 말은 비슷비슷하면서도 제각기 조금씩 다르다는 뜻.

한 바리에 실을 짝이 없다　짝지을 만한 사람이 없다는 말.

[반대] 짚신도 짝이 있다

■ 한 바리에 실을 짝이 없다

|우리가 흔히 '바리바리 쌌다'라고 하는 말에서의 '바리'는 말이나 소의 등에 실을
정도의 큰 짐을 세는 단위다. 이런 바리 짐을 지울 때는 양쪽에 균형을 맞춰
싣지 않으면 무게가 한쪽으로 치우쳐 제대로 나를 수 없다. 그러므로 이 속담은
자기 재력이나 수준에 맞는 짝을 구하지 못했다는 뜻이다.

한 불당에 앉아 내 사당 네 사당 한다　한집안에서 내 것 네 것을 가리며 제 이익을
찾으려 한다는 말.

[반대] 주머닛돈이 쌈짓돈

■ 한 불당에 앉아 내 사당 네 사당 한다[2+]

|사당(祠堂)은 신주를 모신 작은 집이고, 사당의 다른 말이 사우(祠宇)다. 사우는
또한 사찰, 즉 절도 뜻한다. 한 사찰에 있는 승려끼리 서로 자기 절이라고 한다
는 말이다.

[맥락] 사당과 비슷한 발음으로 사탕(私帑)이 있다. 개인재산이나 사유재산으로
많이 쓰는 '사재를 털다'의 그 사재(私財)의 다른 말이다. 혹시 이 말 대신 '사당'
을 넣은 건 아닌가 시험 삼아 생각해본다. 한집에 살면서 한집 재산 가지고 네

것 내 것 따진다는 말이다. 지금도 그렇지만 한집안 식구, 특히 부부가 벌어들인 수입은 내 돈 네 돈 잘 안 따진다. 하지만 그걸 굳이 따지는 집도 있다.

한 번 실수는 병가지상사　실수는 누구나 하는 것이므로 너무 낙심하거나 탓하지 말라는 말.

■ 한 번 실수는 병가지상사

│병가지상사(兵家之常事)라는 말은 병가(兵家)에 늘 있는 일이라는 말이다. '병가'는 병법 전문가 또는 군(軍)에 있는 사람을 말한다. 싸울 때마다 모두 이길 수는 없는 노릇이고, 전투도 사람이 하는 일이니 질 수 있다. 실수로 한 번 패했다고 장수를 물러나게 한다면 누가 자유롭게 지략을 내서 싸울 것인가. 책임지지 않으려 하는 대로만 싸울 게 뻔하다. 회사에도 부하직원이 재량껏 해보다 망쳤을 때 무턱대고 화내며 책임만 지우는 못난 상사들이 있다. 그런 회사에선 누구도 새로운 발상이나 시도 대신 윗사람 눈치만 보며 시키는 대로만 일한다. 그러니 '가만이 있으면 중간이라도 간다'라며 남들과 똑같은 방식으로 남들과 비슷한 실적만 낼 뿐 도무지 발전이 없다. 실패를 교훈 삼자면서 실패자를 본보기 삼아 징계하는 모순은, 이 속담을 예로 들 때조차 생각 없이 읊조린 탓이다.

한 사람 가는 길로 가지 말고 열 사람 가는 길로 가라　여러 사람의 판단과 의견을 좇으면 대체로 실수가 적다는 말.

[반대] 열 사람이 백 마디를 해도 들을 이가 짐작

■ 한 사람 가는 길로 가지 말고 열 사람 가는 길로 가라

■ 참외도 까마귀 파먹은 것이 다르다[2+]

│까마귀와 까치는 단맛을 좋아한다. 그래서 척 보고도 어느 열매가 달지 알고 그것만 쪼아 먹는다. 따라서 이 속담은 남들이 관심 갖고 욕심내는 것이라면 당연히 그만큼 좋을 것임에 틀림이 없다는 뜻이다.

한 살 더 먹고 똥 싼다　나이를 먹어가면서 더 철없는 짓을 할 때 이르는 말.

[반대] 사십 넘은 아이 없다

■ 한 살 더 먹고 똥 싼다[2+]

│아무 데나 함부로 배변하는 것을 '싸다'라고 하고 때와 장소를 가려 사람답게 배변하는 것을 '누다'라고 한다. 그래서 너무 철없이 굴거나 어린애처럼 굴면

'똥오줌 못 가린다' 한다. 아기들은 스스로 똥오줌을 못 가려 누니 '싼다'.

한양에서 김 서방 찾기   ①아무런 내용이나 바탕 없이 막연하게 찾거나 바란다는 말. ②끝을 볼 가능성이 없는 부질없는 일을 한다는 말.

> [成語] 창해일속(滄海一粟): 드넓은 바다에 떨어진 좁쌀 하나. 많고 넓은 곳에 든 하찮은 작은 것을 뜻한다.
>
> [반대] 장 가운데 중 찾기

■ **한양(서울)에서 김 서방 찾기**

| 우리나라의 성씨는 2000년 통계청 조사 기준으로 286개라고 한다.327   그리고 그 가운데 가장 많은 숫자를 차지하고 있는 것이 바로 김씨다.328   시골 마을에서는 은행나무집 김씨, 대장간 김씨라고만 해도 그 사람이 누군지 금세 알지만 한양, 즉 지금의 서울은 워낙 많은 사람이 살고 있으니 김씨 역시 엄청나게 많다. 남산에서 돌을 던지면 김씨, 이씨, 박씨 중에 한 사람이 맞는다고 할 정도로 김씨가 그렇게나 많은데 단순히 '그 김 서방'만 가지고 드넓고 사람 많은 서울에서 어떻게 '그 김 서방'을 찾을 수 있을까.

■ **검불[잔솔밭]에 떨어진 바늘 찾기 / 검불밭에서 수은 찾기**

이 안에 '바늘' 그림을 실제 비율에 맞춰 합성해 넣었다. 한번 찾아보라.

| 지금이야 바늘이 금이나 은으로 도금돼 있어 빛이 나지만, 옛날에는 쇠 그대로였기 때문에 바늘은 녹물 색깔이거나 거무튀튀한 색깔이었다. 게다가 솔잎 모양은 바늘과 매우 비슷하기까지 하다. 검불은 마른 나뭇가지, 마른풀, 마른 낙엽 따위를 통틀어 이르는 말이면서, 수북하게 쌓인 소나무 낙엽을 뜻하는 '솔가리'의 강원도 사투리기도 하다. 잔솔은 키가 한두 뼘 정도밖에 안 되는 어린 소나무. 삐죽삐죽 바늘 같은 솔잎을 단 어린 소나무들 밭에서 바늘을 잃어버리면 매우 찾기 어렵다.

수은(水銀)은 은(銀) 매장량의 절반 정도에 해당할 만큼 매우 희귀한 액체금

---

327   다문화시대가 되어 한국에 귀화하는 외국인들이 늘어 이들이 굳이 한국 성씨로 바꾸지 않는다면 우리나라의 성씨 숫자는 더욱 늘어날지 모른다.

328   숫자가 가장 많은 성씨 열 가지는 김(金), 이(李), 박(朴), 최(崔), 정(鄭), 강(姜), 조(趙), 윤(尹), 장(張), 임(林)으로, 옛날에도 별다르지는 않았을 것으로 본다. 그리고 가장 숫자가 적은 성씨는 우(字)씨라고 한다—우(禹)씨가 아니다.

속이다. 따라서 가격도 매우 고가였으며 우리나라는 경주 지역에서만 극소량이 나오는 것으로 알려져 있다. 그래서 중국과 일본 등에서 수입하던 일이 많았다.[329] 그런데 자연 상태에서는 우리가 흔히 보는 은색 액체수은이 아니라 대개 다른 물질과의 화합물 형태로 발견된다. 일반적으로 흔하게 발견되는 경우가 광석의 형태로, 여기에 열을 가열해 순수한 수은을 얻었다. 화합물 형태로 발견되는 한 형태가 검붉은 가루인 진사(辰砂, 곧 황화수은[HgS])이며 주사(朱砂) 또는 단사(丹砂)라고도 불린다. 색깔이 검붉으니 비슷한 색의 검불에 떨어지면 금값이라는 귀한 수은을 찾기란 아주 어려워진다.

- **바다에 떨어진 좁쌀 찾기**

  | 창해일속(滄海一粟)을 가지고 만든 우리 속담이다.

- **강가[대동강]에서 모래알 고르기[줍기]**

  | 여기서 '고르다'는 선택한다는 뜻이 아니라 체로 쳐서 고르는 것. 강가에 그 많은 모래를 언제 다 체로 쳐서 굵고 가는 알갱이 따로 고를 것인가. 한도 끝도 없다.

- **갯벌에서 모래알 찾는 격 / 바다에서 토끼 찾기**

  | 갯벌은 진흙 뻘로 되어 있다. 드넓은 갯벌 어딘가 떨어트린 모래 한 알을 어찌 찾는단 말인가.

- **과붓집에서 바깥양반 찾기 / 절간에 가서 참빗 찾기**

  | 바깥양반은 '남편'. 과붓집에 가서 있을 리 없는 바깥양반 안에 계시냐 하니 말도 안 되는 소리.

- **절간에서 새우젓 찾기**[2+]

  | 육식을 금하는 사찰에는 새우젓도, 그것을 찍어 먹을 고기도 없다. *새우젓→ 절이 망하려니 새우젓장수가 길을 낸다

- **거지 꿀 얻어먹기**[2+]

  | 식구들도 쉽게 먹지 못하는 귀한 꿀을 거지가 먹고 싶다 사정한들 내줄 리 없다. 거꾸로 거지에게 꿀을 얻어먹는다는 뜻도 된다. '꿀'은 아주 좋은 것이라는 뜻으로도 잘 쓰인다. 요즘은 큰 이익을 얻을 때 '개꿀' 또는 '꿀을 빤다'라고 한다.

---

329 고대 동서양에서는 수은이 만병통치 및 장생불사(長生不死)의 약으로 취급을 받았으며, 수은에 중독이 되면 피부가 하얗게 되는 부작용이 나타나는데, 수은의 위험성을 모르던 시대에 여성들이 이를 화장품 성분으로 사용하였다. 또한 수은은 광석에서 금과 은을 추출하는 데도 꼭 필요했고, 부적을 쓰는 안료로도 으뜸으로 쳤으므로 순금과 거의 같은 값어치로 수천 년 동안 매우 귀한 대접을 받아왔다.

- **검둥개 미역 감듯[감기듯]**
  | 털빛이 검은 개는 아무리 씻기고 씻겨도 여전히 털빛이 검다. 흰둥이로 만들고
  자 백날 씻겨봐야 소용없는 짓이다.

한 어깨에 두 지게 질까 ①한 사람이 두 가지 일을 할 수 없다는 말. ②한 남자가
두 아내를 두어선 안 된다는 말.

- **한 어깨에 두 지게 질까 / 한 말에 두 안장이 없다 / 한 말에 두 길마 지울까**
  | 지게는 양쪽 어깨에 메어야 제대로 짐을 질 수 있다. 따라서 한 어깨로 한 가지
  일만 해야 한다는 말이다. 또한 지게는 가족부양을 위한 남자의 노동을 뜻하므
  로 두 지게는 남자가 두 집 살림을 차렸다는 것을 의미한다.
      길마는 말에 사람이 올라타거나 짐을 실으려 안장 비슷하게 얹은 틀이다. 힘
  써 지을 수 있는 등허리는 말마다 하나뿐이다. '길마→ 굽은 가지는 길맛가지 된다

- **한 밥그릇에 두 숟가락 두지 않는다²⁺**
  | 한 그릇을 두 사람이 나누어 먹으면 둘 다 배고프다. 한 그릇은 한 사람만 먹게
  해야 한다는 말이다.
  [맥락] '밥그릇'은 밥벌이를 위한 일자리라는 뜻도 있다. 밥벌이 하나로 두 집
  살림을 대면 두 집 모두 힘들고 자신도 힘겹다는 뜻이다.

한 입으로 두말한다 약속이나 장담을 해놓고 나중에 가서 다른 말을 한다는 말.
  [현대] 남아일언 풍선껌

- **한 입으로 두말한다 / 입에 침도 마르기 전에**

- **입 닦는다[씻는다]**
  | 상대로부터 얻어먹고는 그에 대한 보답은 하지 않고 내가 언제 먹었냐고 입에
  묻은 것을 싹 씻는다는 말.

한 자를 가르쳐주려면 천 자를 알아야 한다 가르치기 위해서는 가르칠 내용보다
훨씬 더 많이, 깊고 넓게 공부해야 한다는 말.

- **한 자를 가르쳐주려면 천 자를 알아야 한다**
  | 한 글자라는 '한 자(一字)'와 문자인 한자(漢字), 천 개의 글자라는 '천 자(千字)'
  와 천자문(千字文)의 줄임말 '천자'가 같다는 것을 이용해 만든 속담이다. 누군
  가에게 하나를 가르치기 위해서는 그보다 훨씬 많은 것을 알고 있어야 한다는

말과, 한자(漢字) 한 자를 가르쳐주려면 천자문의 1,000자를 기본적으로 모두 알고 있어야 한다는 말을 함께 뜻한다. 지금도 교사들은 학생들을 더 잘 가르치기 위해 틈틈이 공부하고 새로운 정보를 찾아 모은다. 그렇게 끊임없이 배우는 선생님만이 끝없이 가르쳐줄 수 있다. 세상은 시시각각 변하는데 해마다 똑같은 것만 되풀이해 가르치는 교사는 스승이 될 수 없다. 가르치는 사람은 지식의 업데이트와 교수법의 업그레이드에 줄곧 힘써야 한다.

우리에게 익숙한 석봉 천자문. 명필 한호(韓濩 : 1543~1605)가 양(梁)나라 주흥사(周興嗣)가 지은 천자문을 해서체로 쓴 것으로, 왕실과 관아, 개인들이 앞다투어 인쇄하였다. |국립중앙박물관

한집에 살면서 시어미 성 모른다 당연히 알아야 할 일을 정작 가까운 관계에 있는 사람이 오히려 잘 모르기도 한다는 말.

■ 한집에 살면서 시어미 성 모른다
|옛날에는 여자에게 이름이란 그렇게 중요한 것이 아니었다. 따라서 그 성씨와 이름을 부르기보다는 그 사람의 출신지 등을 가지고 파주댁, 예산댁 식으로 부르거나 만수엄마, 순희엄마 식으로 부르곤 했다. 그러므로 며느리가 알아두려 신경 쓰지 않으면 시어머니 성씨를 알지 못한다. 그러다 누군가 시어머니 성씨를 물으면 모른다는 게 민망해 우물우물한다. 평소 무관심하면 가까이 있거나 밀접한 관계에 있어 마땅히 알아야 할 것도 미처 알지 못한다.

우리나라에서는 결혼하면 여자가 자신의 이름을 잃어버린다는 말이 있다. 그만큼 결혼한 여자가 이름 불릴 일이 적기 때문이다. 어떤 아이는 초등학교에 들어가서야 엄마 이름을 알았다고 한다. 참 안타까운 일이다. 또한 친구들 사이에서도 친구의 부인을 서로 제수씨라고 부르는 일이 대부분이다. 심지어 자기들보다 나이가 많아도 제수씨다. 형수라고 부르면 친구가 형이 되니 그건 못 참는 것인가? 친구의 애인이든 부인이든 그 사람의 이름으로 불러주는 게 바른 예의라고 생각한다. 우리나라에서 결혼한 여자가 남편 성을 따를 필요가 없는 이유가 있다. 성은커녕 아예 이름조차 불리지 않으니 말이다.

■ 삼 년 남의 집 살고 주인 성 묻는다 / 머슴살이 삼 년에 주인 성 모른다
|남의집살이나 머슴은 항상 '주인어른'이나 '영감마님'이라고 부르니 자기 일하는 것과 상관없는 일이라고 관심 두지 않으면 주인의 이름도 성도 모른다. "자네 누구네 집에서 일하나?" 물으면 어버버 답을 못 해 쯧쯧 소리나 듣는다.

한편 말 듣고 송사 못 한다 한쪽 말만 들어서는 잘잘못을 가리기가 어렵다는 말.

■ 한편 말 듣고 송사 못 한다

ㅣ송사(訟事)는 재판의 옛말. 원고와 피고의 말 모두 들어본 뒤에야 판결을 내리듯, 어느 한 사람의 말만 듣고 함부로 판단하고 비난해서는 안 된다는 말이다. 요새 인터넷에 고발성 글이 자주 올라온다. 사실관계를 제대로 확인하지 않고 흥분해서 퍼 나르고 무작정 비난하는 누리꾼이 많다. 억울한 조리돌림으로 무죄한 사람의 인생이, 가게가 송두리째 망하기도 한다.

한 푼을 우습게 여기면 한 푼에 울게 된다 아무리 사소한 것이라도 소중히 여기고 아끼라는 말.

■ 한 푼을 우습게 여기면 한 푼에 울게 된다

ㅣ푼돈이라고 우습게 써버리는 사람은 돈을 모으기는커녕 통장만 가벼워진다. 그리고 하찮게 써버린 그 한두 푼이라도 있었으면 하고 절박해진다. 부자 될 사람의 방에는 동전이 굴러다니지 않는다.

함지박 시키면 바가지 시키고 바가지 시키면 쪽박 시킨다 아랫사람에게 시키면 아랫사람은 다시 자기 아랫사람에게 일을 미룬다는 말.

[현대] 남편 시키면 애 시키고 애 시키면 엄마 시킨다

■ 함지박 시키면 바가지 시키고 바가지 시키면 쪽박 시킨다

ㅣ함지박 또는 함박은 큰 통나무 속을 파내서 만든 것으로, 주로 세숫대야나 빨랫감을 담는 용도 또는 큰 반죽이나 버무림을 할 때 많이 썼다. 흔히 '입이 함지박만 하게 벌어졌다'라는 말에 쓰이는 함지박이 이것.330 그리고 바가지와 쪽박은 모두 박의 속을 파내고 그 껍데기로 만드는데, 수박 반쪽만 한 것을 '바가지', 그것보다 훨씬 작은 것을 '쪽박'331 이라고 부른다. 함

위에서부터 맷돌, 쳇다리, 함지박.
ㅣ국립민속박물관

지박이어야 감당할 일이라 함지박 시켰더니 그 일을 담기엔 모자란 바가지에게

---

330 '다라'나 '고무다라이' 같은 일본말 대신 '함지박' '고무함지' 등으로 쓰는 것도 좋을 듯하다.
331 쪽박은 사투리로 됫박이라고도 하는데, 됫박은 원래 사각 틀의 되 대신으로 곡식을 될 때 쓰는 작은 바가지를 뜻하는 말이다.

미루고, 바가지는 감당도 못 할 쪽박에게 다시 미루니 나중에 보면 일은 일대로 안 되고 내 탓이 아니라며 서로 시킨 쪽 탓만 하다 끝난다.

함지 밥 보고 마누라 내쫓는다   자세히 알아보지도 않고 경솔하게 판단하고 행동한 다는 말.

■ 함지 밥 보고 마누라 내쫓는다
 |옛 가난한 집들에서는 이웃 아낙들끼리 한 집씩 돌아가며 큰 함지(박)에 밥을 퍼 담아 같이 먹었는데, 남편이 그걸 모르고 밥 많이 먹는 여자와는 못 살겠다고 내쫓는다는 말이다. *함지박→ 함지박 시키면 바가지 시키고 바가지 시키면 쪽박 시킨다

항우가 제 고집에 망한다   지나치게 고집을 부려 큰 손해를 본다는 말.

■ 항우가 제 고집에 망한다
 |항우의 고집은 매우 셌다고 전해지는데, 자기주장이 너무 강해서 남의 말을 잘 듣지 않았다고 한다. 초나라 항우와 한나라 유방의 싸움을 그린 『초한지(楚漢志)』에 다음과 같은 얘기가 나온다. 항우가 한나라의 포위망을 뚫고 오강(烏江)에 이르렀을 때 오강의 정장(亭長 : 나라의 별장 등을 관리하는 우두머리)이 배를 물가에 대놓고, 오강 건너 강동이 비록 작은 땅이나 그곳으로 건너가 후일을 기약하라고 하였다. 하지만 항우는 자신의 잘못으로 이미 수많은 병사를 죽게 했는데 혼자 살아 그들의 부모와 형제를 어찌 보겠냐며 사양하고 홀로 한나라 병사 수백 명과 싸우지만 역부족이라 결국 스스로 목숨을 끊었다. 결국 충고를 받아들여 강을 건너 피신해 훗날을 기약했다면 역사가 달라졌을 수도 있었다는 말이다. 힘과 자기 생각만 믿은 항우가 결국, 자기 생각보다는 다른 사람들의 힘과 지혜를 모을 줄 알았던 유방에게 패하고 말았다는 것은 곰곰이 생각해볼 필요가 있다.

■ 곰 창날 받듯
 |옛 사냥꾼들은 곰이 있는 굴을 찾으면 긴 창을 찔러 넣었다 한다. 그러면 곰이 이것을 붙잡고 놓아주지 않아 팽팽한 줄다리기가 시작되는데, 이 과정에서 곰이 미련스럽게 끌어당기기만 하다 제힘에 못 이겨 스스로 계속 자기를 찌르다 붙잡혔다고 한다.

■ 곰 망짝 받듯
 |곰의 미련스러움(실제로 미련하진 않다)을 이용한 또 다른 사냥법으로, 맷돌짝 구멍에 밧줄을 꿰서 곰이 잘 다니는 길에 달아놓으면 곰이 지나가다 머리를 부딪치고, 그럼 성이 나서 끝까지 그 맷돌을 들이받다가 다치고 지쳐 죽는다고

한다. '망짝'은 맷돌의 사투리인 망돌(짝)의 준말. 맷돌질을 사투리로 '망질'이라고도 한다.

행실 배우라 했더니 과붓집 문고리를 뺀다 바르고 크게 되라고 했더니 도리어 위험하고 못된 짓을 한다는 말.

[현대] 주량과 학점은 반비례한다 / 공경하랬더니 공격한다

■ 행실 배우라 했더니 과붓집[포도청] 문고리를 뺀다
|옛날에는 남편이 죽으면 일부종사(一夫從事)라고 하여 여자는 한 남편만을 평생 섬겨 다시 결혼하지 않는 것이 일반적이었다. 이렇게 수절하는 과부를 바른 행실과 예의범절을 배우라 보냈더니 문 걸어 잠그고 자는 과부의 방 문고리를 빼고 몰래 정을 통하러 들어간다는 뜻이다. 그리고 나쁜 짓을 하면 어떻게 되는지 배우라고 포도청에 보내놨더니 오히려 겁 없이 포도청에서 도둑질을 한다는 뜻.

■ 공부하라 보냈더니 개 잡이를 배웠다
|자식을 공부하라고 좋은 스승이 있는 곳으로 보냈더니 자식이 하라는 공부는 않고 못된 친구들과 어울려 다니며 개 잡아 개장국 끓여 먹다 보니 개 잡아 삶는 법만 능숙해졌다는 말이다. 요새도 조기유학을 보냈다가 부모의 손이 미치지 않는다고 공부보다 딴짓에 열심인 경우가 꽤 많다.

향기 나는 미끼 아래 반드시 죽는 고기 있다 달콤한 유혹이나 쉽게 얻어지는 이익에는 늘 위험이 도사리고 있으니 함부로 덤벼들지 말라는 말.

[成語] 견리망사(見利忘死) : 이익에 눈이 멀어 그것 때문에 죽을 줄은 모른다.

■ 향기 나는 미끼 아래 반드시 죽는 고기 있다[2]+
|이 말은 삼략(『三略』)이라는 중국 병법서에서 유래한 말이다. 향기로운 미끼 아래엔(香餌之下) 죽음을 각오한 물고기가 있다(必有死魚). 이 말의 본래 뜻은 큰일을 이루려면 죽기를 각오할 용감한 이가 필요하고, 따라서 그럴 만큼의 혜택과 격려부터 주어져야 사람을 움직일 수 있다는 말이다. 하지만 우리나라에서는 그것을 좇으면 신세를 망친다는 반대의 뜻으로 쓴다.

허울 좋은 하눌타리 겉으로는 번듯하지만 알고 보면 좋지 않은 사람이나 물건을 이르는 말

[현대] 양의 탈을 쓴 늑대

■ 허울[이름] 좋은 하눌타리²⁺

하눌타리 열매는 '쥐참외'라고도 하는데, 보기에는 먹음직스러우나 먹어보면 떫고 맛없다. *하눌타리→ 언제 쓰자는 하눌타리냐

[맥락] 하눌타리는 '한 울타리'로도 읽을 수 있다. 늘 한 식구라느니, 한마음이라느니, 한배를 탔다, 너는 우리 사람이다, 혼자 죽게 놔두겠냐, "우리가 남이가!" 믿음직한 말을 숱하게 해놓고 일이 잘못되면 냉큼 우리 사람 아니라고 울타리 밖으로 내치고 자기만 위험을 면한다.

■ 허울 좋은 과부[도둑놈]

겉으로는 일편단심 수절과부 행세를 하면서 뒤로 외간 남자와 정을 통하면 허울 좋은 과부고, 겉으로는 반듯한 사람처럼 보이지만 뒤로 남의 것을 가로채면 허울 좋은 도둑놈이다.

■ 청보에 개똥²⁺

'청보'는 청색 보자기란 뜻으로 보통 비단으로 만들어져 있다. 여기서 청색은 아마 아청색(鴉靑색) 아닐까 한다. 양반가에서는 귀한 물건을 포장할 때 아청색 보자기로 쌌다. 이 속담은 겉으론 훌륭한 척하면서 속으로 더럽고 추잡하다는 뜻을 갖고 있다. 청보에 싼 건 아마 더러운 뇌물일 것이다.

허파에 바람 들었나 실없는 소리를 하거나 실없이 웃을 때 하는 말.

■ 허파에 바람 들었나²⁺

허파에 구멍이 나서 공기가 흉강(胸腔)으로 새어 나와 가슴 통증과 호흡 곤란, 잔기침을 일으키는 기흉(氣胸)이란 병에 걸리면 숨소리에 바람 새는 소리가 피식피식 난다. 그래서 헛소리를 피식피식 하거나 괜스레 피식피식 웃는 걸 이 병에 빗대서 한 말이다.

■ 사돈이 물에 빠졌나 웃기는 왜 웃어²⁺ / 선떡 먹고 체하였나 웃기는 왜 웃어²⁺

어려운 사이인 사돈이 물에 빠지면 남이 물에 빠진 걸 본 것처럼 대놓고 웃지 못한다. 참는 웃음소리는 "큭큭큭" 아니면 "끅끅끅"이다. 그렇게 저 혼자 웃겨서 소리 죽여 웃는 걸 보고 한 말이라 생각된다.

덜 익어 푸슬푸슬한 '선떡'이 부스러지는 소리는 '푸시시'다. 슬그머니 웃는 모양을 나타내는 말도 '푸시시'다. 체해서 가쁘게 쉬는 숨소리도 '푸시시'다.

허허 해도 빚이 열닷 냥 누구나 남모를 어려운 속사정이 있다는 말.

■ 허허 해도 빚이 열닷 냥

　│겉으론 허허 걱정 없어 보여도, 말을 안 해서 그렇지 그 사람도 살기 팍팍하다. 허허는 슬플 때도 내는 소리인 까닭이다.

■ 쌍가마 속에도 설움은 있다 / 비단옷 속에 눈물이 괸다[2+]

　│쌍가마는 앞뒤에 말 한 필씩 두 마리가 메고 가는 형태의 가마로 고위관리급이 타고 다녔다. 그런 사람들조차도 남모를 아픔과 설움이 있다는 말이다. 또한 비단은 무명처럼 물이 잘 스며들지 않아 눈물이 안에 고인다.

■ 없어 비단옷[2+]

　│옷을 다 내다 팔아 겨우 남은 게 바깥 자리 참석을 위한 비단옷들이라 그것만 입고 다니니 잘사는 줄 안다는 뜻.

헌 갓 쓰고 똥 누기　체면을 세우기는 이미 글렀으니 좀 염치없는 짓을 한다고 하여도 상관이 없다는 말.

　[현대] 이왕 버린 몸

■ 헌 갓 쓰고 똥 누기

　│원래 뒷간(화장실)에서 일을 볼 때는 비싼 갓이 망가지는 것을 조심해, 갓을 벗어서 걸거나 얹어둔다. 또한 갓을 쓰고 용변을 보는 것은 보기에도 좀 볼썽사납다. 그런데 갓이 헐었다면 갓이 좀 망가지든가 말든가 크게 개의치 않게 되고, 또 그런 추레한 차림이니 번거롭게 갓을 벗어가며 용변을 볼 필요까지야 있겠느냐는 말이다. 어쩌면 이 상황은 '노상방분'일지도 모른다.

형만 한 아우 없다　아무리 아랫사람이 잘났다 해도 경험이나 마음 씀씀이 면에서 아무래도 아랫사람이 윗사람만 못하다는 말.

　[반대] 갈모형제

　[현대] 1편만 한 속편 없다

■ 형만 한 아우 없다

　│형제가 있으면 간혹 동생이 형보다 잘났다고 여겨지는 경우가 있다. 하지만 정말 큰일이 닥치거나 깊이 마음을 써야 하는 경우에 '아, 그래도 형은 형이구나' 싶은 모습을 보여준다. 동생보다 윗사람이라는 책임감과, 조금이라도 먼저 더 많은 경험을 했기에 생각하는 깊이와 폭이 다르다. 그래서 중요한 순간이면 형으로서 전체를 아우르고 다독이는 능력이 새삼 돋보이게 되는 것이다.

■ 부모만 한 자식 없다 / 아비만 한 아들 없다 / 어미만 한 딸 없다

형제는 잘 두면 보배 못 두면 원수 가족과 일가친척은 사이가 좋으면 가장 든든하지만 사이가 나쁘면 없느니만 못하다는 말.

[현대] 피는 물보다 진하지만 돈보단 연하다

■ 형제는 잘 두면 보배 못 두면 원수 / 일가 싸움은 개싸움

호랑이가 호랑이를 낳고 개가 개를 낳는다 근본이나 속성은 대체로 그대로 따라간다는 말.

[成語] 부전자전(父傳子傳) : 그 아버지에 그 아들. 아버지가 하던 대로 아들이 따라 닮음.

[현대] 붕어빵 부자[모녀]

■ 호랑이가 호랑이를 낳고 개가 개를 낳는다[2+] / 개가 개를 낳고 매가 매를 낳는다 / 가시나무에 가시 난다[2+]

|용맹한 사람 밑엔 용맹한 자식이 길러지고, 개새끼 같은 사람 아래선 개자식이 길러지고, 작은 일에도 늘 뾰족하니 곤두세우는 사람이 가시 돋친 자식을 기른다는 말이다.

■ 그 아버지에 그 아들 / 그 어머니에 그 딸 / 그 애비에 그 아들 그 남편에 그 여편네[2+]

■ 밤에 보아도 낫자루 낮에 보아도 밤나무[2+]

■ 판에 박았다 / 다식판에 박아낸 듯

|다식판(茶食板)은 다식(茶食)의 모양을 박아낼 때 쓰는 도구로, 좁고 길쭉한 상하 두 짝으로 이루어져 있다. 판 표면에 수·복·강·녕(壽福康寧)이나 만(卍) 자 또는 꽃 문양 등이 음각으로 새겨져 있어 다식 재료를 구멍에 채우고 위아래 판을 포개 누르면 문양대로 찍혀 나온다. 다식판과 비슷한 형태로, 약과를 찍어내는 약과판도 있다.

다식판. |국립중앙박물관

호랑이 그리려다 고양이 그린다 시작할 때는 크게 작정했으나 그에 따른 의지나 노력 등이 부족하여 결과적으로는 초라하거나 어이없게 끝맺는다는 말.

[成語] 용두사미(龍頭蛇尾) : 머리는 용이나 꼬리는 뱀. ▸용의 머리를 그리는 데 너무 치중하느라 기운 빠지고 시간이 모자라 뒤로 갈수록 뱀 꼬리처럼 빈약하거나 대충 그렸다는 말.

중도반단(中途半斷) : 끝까지 마무리 짓지 못하고 중간에 그만두거나 흐지부지 해짐.

태산명동 서일필(泰山鳴動 鼠一匹) : 태산이 떠나갈 듯 요란을 떨더니 고작 쥐 한 마리가 난리친 것.

[현대] 오픈빨 오래 못 간다 ▸가게를 처음 열 때 춤추는 도우미에 풍선장식에 각종 이벤 트까지 하지만 잃지 않는 초심과 좋은 품질, 꾸준한 서비스 정신이 없으면 오래 가지 못한다.

■ 호랑이 그리려다 고양이[개] 그린다 / 용 그리려다 뱀 그린다

｜의지나 집중력이 모자라면 하다가 마는 경우가 많다. 특히 집중력은 그 사람의 목표에 대한 열망과 관계가 깊다. 목표가 크고 그에 대한 의지가 강할수록 집중 력은 더욱 높아져 중도에 포기하는 일이 없다. 뭐 하나 잘하는 것이 없는 사람들 은 대개 확고한 '꿈이 없다'.

■ 호랑이 잡으려다 토끼 잡는다

■ 산이 떠나갈 듯하더니 쥐 한 마리라

호랑이는 죽어서 가죽을 남기고 사람은 죽어서 이름을 남긴다　사람은 훌륭한 일, 좋은 일을 하여 후세에 명예로운 이름을 남겨야 한다는 말.

■ 호랑이는 죽어서 가죽을 남기고 사람은 죽어서 이름을 남긴다

｜호랑이 가죽은 무늬가 아름다울 뿐 아니라 호랑이를 잡는 일은 목숨을 걸 만큼 힘든 일이라 가치가 높았다. 온 산을 쩌렁쩌렁 울리던 호랑이는 비록 죽더라도 아름답고 훌륭한 가죽을 남긴다. 사람도 마찬가지로 훌륭하고 착실하게 살아 후세에 미명(美名), 곧 아름다운 이름을 길이 남겨야 한다는 말이다. 따라서 이 속담의 본모습은 '호랑이는 죽어서 아름다운 가죽을 남기고 사람은 죽어서 아름 다운 이름을 남긴다'였을 것이다. '씻을 수 없는 오명'이란 말도 있듯, 탐욕과 욕정으로 더럽힌 오명(汚名)은 길이길이 못 씻는다.

호랑이도 쏘아 놓고 나면 불쌍하다　아무리 미워하던 사람도 그 사람이 죽거나 매우 불행해지면 측은한 마음이 들기 마련이라는 말.

■ 호랑이도 쏘아 놓고 나면 불쌍하다

호랑이도 제 말 하면 온다 다른 사람에 관한 이야기를 하는데 공교롭게 그 사람이 바로 나타나는 경우를 이르는 말.

- **호랑이[까마귀·시골 놈]도 제 말 하면 온다**[2+]
  | 예로부터 호랑이가 나타날 때 바람이 분다고 했다. 그건 호랑이가 정말 바람을 일으키는 게 아니라 바람이 불 때 호랑이가 접근하기 때문이다. 육식동물들은 대개 사냥감이 자신의 존재나 냄새를 느끼지 못하도록 바람이 불어오는 반대 방향으로 사냥감에 접근한다. 소리는 역시 바람에 실려 가므로 바람이 불어오는 방향에 마주하면 사냥감이 움직이는 소리는 잘 들리지만 자신이 접근하는 소리는 사냥감에게 잘 안 들리게 된다. 그래서 호랑이는 바람이 없을 때는 사냥을 잘 하지 않는다고 한다. 또한 맹수가 나타나면 숲속의 뭇짐승들이 소리를 죽인다고 한다. 특히 새들도 울지 않는다고 한다. 갑자기 주변이 조용해지고 바람이 살살 느껴지면 왠지 으스스해져서 "뭐야, 꼭 호랑이라도 나올 거 같네?" 하니 정말 호랑이가 나오더라는 얘기도 있다.
  [맥락] 호랑이는 무섭고 까마귀는 재수 없다. 여럿이 모여 한창 윗사람을 욕하고 있는데 "무슨 얘기들 해?" 불쑥 그 윗사람이 머리 디밀면 사람들은 '으악!' 놀라서 얼어붙는다. 미운 놈을 실컷 흉보고 있는데 하필 그때 그 재수 없는 인간이 나타난다면 쓴맛을 다시고 쉬쉬한다. 그리고 '시골 놈'은 '벼락 맞아 식을 놈', 다시 말해 벼락 맞고 싸늘하게 식어서 죽을 놈이다. 천벌을 받을 놈이라며 모여서 욕하고 있는데 그놈이 나타났다는 말이다.

- **끝까지 양반은 못 된다 / 끝까지 양반 되기는 틀렸다[텄다·글렀다]**[2+]
  | "감나무집 그 양반 얘기 알아?" "왜, 그 양반이 또 일냈는가?" "푸하하, 그 양반이 글쎄…." "쉿, 그놈 온다!" 이렇게 처음에는 '양반'이라 하다가 당사자가 불쑥 나타나면 중간에 '그놈' 되니 끝까지 양반은 못 된다.

호랑이도 제 새끼 곱다 하면 물지 않는다 자기 자식이나 식구를 칭찬하면 비록 사실과 다르다 해도 좋아하기 마련이라는 말.

- **호랑이도 제 새끼 곱다 하면 물지 않는다**[2+] **/ 고슴도치도 제 자식이 함함하다면 좋아한다**[2+]
  | 아무리 포악하고 무서운 사람도 그 사람의 자식을 칭찬하면 칭찬한 사람을 함부로 하지 않는다는 뜻이다. 고슴도치는 가시 돋친 말만 하거나 성격이 뾰족한 사람을 뜻한다. 날 선 소리만 해대는 사람도 자기 자식이 참 곱고 착하다 하면 그 말에는 뾰족하게 굴지 않는다. 그래서 아부하거나 잘 보이려고 그 사람의

자식을 괜히 칭찬하는 일도 참 많다. 그리고 갚아야 할 것을 치른다는 '물다'도 있다. 윗사람의 자녀를 칭찬하면 세금도 덜 물린다는 뜻으로 보아야 할 것 같다.

■ **아이 곱다니까 종자닭을 잡는다**[2+]
| 자기 아이를 예쁘다 하니 기분이 좋아서 병아리 받으려고 특별 관리하는 종자닭 까지 잡아서 대접한다는 말. 이 속담은 '아이가 곱다'로도 '아이, 곱다!'로도 읽을 수 있다.

호랑이를 잡으려면 호랑이굴로 들어가야 한다 원하는 것을 얻으려면 그만한 어려움은 마땅히 각오해야 한다는 말.

■ **호랑이(새끼)를 잡으려면 호랑이굴로 들어가야 한다**

호랑이 새끼를 길렀다 화근이나 골칫거리를 그대로 놔두어 나중에 해를 입는다는 말.
  [成語] 양호후환(養虎後患) : 호랑이를 길러 나중에 근심거리가 됨.

■ **호랑이 새끼를 길렀다 / 구들 위에 범을 기르는 격**
| 구들은 '구들장'의 준말로 온돌을 뜻한다. 방 안에서 호랑이를 키웠다는 말이다. 맹수는 크면서 야생성이 나타나 사람을 해칠 수도 있다. 산에서 고양이인 줄 알고 주워 왔는데 호랑이 새끼더라는 이야기가 종종 들린다. 얼마 전 중국에서도 산 밑에서 목축을 하던 사람이 고양이 새끼 두 마리를 주워서 길렀는데, 이 고양이들이 크면서 자꾸 양을 물어 죽여 전문가를 불러 확인해보니 멸종위기종인 눈표범이었다고.

호랑이 안 잡았다는 늙은이 없다 아무도 알아주지 않을 헛된 자랑을 한다는 말.
  [현대] 누군 왕년 없나 ▸ 흔히 '왕년에 내가…'로 시작하는 자랑을 늘어놓은 사람에게 하는 말이다.

■ **호랑이 안 잡았다는 늙은이 없다**[2+]
| "내가 소싯적에는 말이야…"로 시작하는 말은 대개 과장이다. 기억이란 추억 속에서 부풀려지고 미화되게 마련이다.

■ **저 건너 빈터에서 잘살던 자랑하면 무슨 소용**
| 옛날에 잘살면 뭐 하나 이미 집이 망해서 빈터만 남았는데. 과거에 잘나갈 때를 자랑하는 것만큼 어리석은 것도 없다.

■ **가난한 집 족보 자랑하기다**

|지금 사는 게 볼품없는 가난한 양반이 과거 잘나갔던 자기 조상들을 자랑한다는
말이다. 자랑할 거 없는 사람들이 꼭 가문이나 조상 들먹인다.

호랑이 없는 산에선 여우가 왕 노릇 한다 뛰어난 사람이 없는 곳에서 보잘것없는
사람이 우쭐대며 함부로 행동한다는 말.

■ 호랑이 없는 산에선 여우가 왕 노릇 한다 / 범 없는 골에선 토끼가 스승이라

호랑이 잡고 볼기 맞는다 좋은 일을 하고도 낭패나 곤욕을 당한다는 말.

　　[현대] 지갑 주워주고 의심받는다

■ 호랑이 잡고 볼기 맞는다²⁺
|호랑이는 사람과 가축을 해쳤기 때문에 모두가 호환(虎患)을 당하지 않을까 싶
어 깊은 산에 가지 못하고, 산 밑에 사는 사람은 밤마다 두려움에 떨었다. 그럼
에도 호랑이는 산신(山神)으로 대접받았다.
[맥락] 여기서 호랑이는 부정비리를 저지르는 포악한 벼슬아치를 뜻하는 듯하다.
그 사람의 비리를 파헤쳐 세상에 알리니, 부정한 사람을 잡아가기는커녕 고발한
사람을 혼낸다는 말이다. 지금도 관청, 기업, 군대의 내부고발자는 불이익을
당하기 일쑤고 고발 대상자는 멀쩡하게 자리를 지킨다. 내부고발자를 혼내는
정도가 아니라 나락까지 떨어트리는 것은, 앞으로 또 있을 다른 내부고발자들에
게 '내부고발 하면 이 꼴 난다'라며 본보기로 경고하는 것이다.

호미로 막을 것을 가래로 막는다 적은 힘으로 해결할 일을, 때를 놓쳐 큰 힘까지
들이게 만든다는 말.

■ 호미로 막을 것을 가래로 막는다
|가래는 최소 장정 세 사람은 필요한 농기구이므로, 한 사람이 제대로 마감하지
못해 결국 장정 셋이나 달라붙도록 일을 키운다는 말이다. '가래→ 가래 장치 뒤는
나라님도 몰라본다

■ 닭 잡아 잔치할 것을 소 잡아 잔치한다 / 닭 잡아 겪을 나그네 소 잡아
겪는다

호박씨 까서 한입에 털어 넣는다 푼푼이 모은 것을 한꺼번에 써버리거나 잃어버린
다는 말.

　　[반대] 티끌 모아 태산

[현대] 버는 건 한세월 쓰는 건 한순간

■ 호박씨 까서 한입에 털어 넣는다

| 호박씨는 납작하고 질겨 껍질을 까는 일이 참 귀찮다. 그래서 애써 까서 모아봐야 한 줌도 안 된다. 그렇게 깐 것을 한입에 털어 넣고 나면 허탈하다.

호박이 넝쿨째 굴러들었다 뜻밖의 횡재를 하거나 연이어 행운을 만난다는 말.

[반대] 안 되는 놈은 뒤로 넘어져도 코가 깨진다

■ 호박이 넝쿨째 굴러들었다[굴러떨어졌다]²⁺

| 옛날에는 양지바르고 야트막한 담장 아래 호박을 많이 심었다.332 그런데 혹여 호박 넝쿨이 담 넘어 이웃집으로 살짝 넘어가 거기서 호박이 맺혔다면 굳이 우리 호박이라고 주장하지 않았다. 호박 몇 개로 인심을 잃을 순 없으니까. 이웃집도 넘어온 넝쿨에 열린 호박을 당연한 듯 따서 먹었다. 그리고 무거운 호박 달린 넝쿨이다 보니 아예 넝쿨째 길게 딸려 넘어오기도 했다. 그렇게 되면 나중에 맺힐 호박들까지 줄줄이 딸 수 있으니, 이처럼 좋은 일이나 이익이 '줄줄이' 생긴다는 말이 된다.

[맥락] 여기서 '호박'은 채소 호박이 아니라 보석 호박(琥珀)일 것이다. 채소 호박은 싸고 흔한 것이라서다. 망건의 풍잠으로 보석 호박이 많이 쓰였는데, 풍잠은 대개 지체 높거나 재산 많은 사람이 다는 사치품이었다. 따라서 권력이 점점 높아지거나 재물이 자꾸 불어날 일이 앞으로도 계속 호박 넝쿨에 주렁주렁 호박 달리듯 줄줄이 생기는 것으로 보아야 한다. '굴러떨어지다'에는 '별 노력을 안들이고 좋은 것이 거저 생기다'라는 뜻도 있다.

혹 떼러 갔다가 혹 붙여 온다 부담을 덜려다 도리어 더 큰 부담만 지게 된다는 말.

■ 혹 떼러 갔다가 혹 붙여 온다

| '혹'은 병으로 불거져 나온 살덩어리를 뜻하지만 짐스러운 물건이나 일 따위도 뜻한다. 그리고 이 속담은 유명한 이야기인 〈혹부리영감〉에서 나왔다.

한쪽 턱에 혹불(혹주머니)을 달고 살지만 노래는 매우 잘하던 영감이 산에서 우연히 도깨비들과 마주쳤다. 영감의 노래 실력을 탐내는 도깨비들에게 이 혹

---

332 호박은 17세기 중반에 우리나라에 들어온 것으로 알려져 있는데, 처음에는 사람들에게 별로 인기가 없어 기껏해야 사찰이나 가난한 농가에서 재배했을 뿐 거의 200여 년을 외면받았다. 호박이 제대로 대접을 받은 것이 19세기 중반이라고 하니, 어쩌면 이 속담은 조선 말기에 만들어진 것이라 볼 수 있겠다.

덕분에 노래를 잘 부를 수 있었다고 속인다.
도깨비들은 그 말을 믿고 혹을 떼어 가는 대
신 도깨비방망이를 주었다. 이 이야기를 들
은, 노래도 못하고 샘도 많은 다른 혹부리영
감이 마찬가지로 도깨비를 찾아가 도깨비방
망이를 얻으려 했으나 앞서 첫 혹부리영감에
게 속은 도깨비들이 되려 나중 온 혹부리영
감을 마구 때려주고 그 전 혹부리영감의 혹
까지 얼굴에 더 붙여줘 혹이 두 개가 되었다.333

옛 일본 교과서에 실린 〈혹부리영감〉 이야기

혼인집에서 신랑 잃어버렸다　어떤 일을 함에 있어 다른 것에 치중하느라 가장 중요
한 것을 빼먹거나 잊는다는 말.

> **[현대] 짐 다 싸니 여권 안 만들었다** ▸ 해외여행을 가려고 꼼꼼하게 여행지 정보 체크하
> 고 짐 꾸리고 나니 정작 여권을 안 만들었단 걸, 또는 공항 도착해 여권 안 챙겨
> 온 걸 그제야 깨닫기도 한다. 어떡하나, 예매 취소하고 짐 다시 풀어야지.
> **폰으로 찍지 말고 포크로 찍어라** ▸ SNS에 올려 자랑할 사진 찍어대느라 정작
> 음식은 다 식고 맛이 없어진다. 적당히 찍자.

■ 혼인집에서 신랑 잃어버렸다

ㅣ옛 혼인식은 신부네 마당에서 치렀기에 신랑은 혼인날 즈음해 먼 동네로부터
온다. 그러니 신랑은 그 동네 지리나 사정에 어둡다. 병풍 치고 멍석 깔고 초례
상 차리고 음식 준비하느라 눈코 뜰 새 없이 바쁘게 혼인 준비하고 신랑을 찾으
니 어디 갔는지 없다.

■ 장가들러 가는 놈이 불알 떼어 놓고 간다

■ 사당치레하다 신주 개 물려 보냈다

ㅣ사당(祠堂)은 조상의 위패(位牌)를 모시는 작은 집. 위패는 다른 말로 신주(神
主)라고도 한다. 신주는 조상을 상징하는 것으로 대개 밤나무를 깎아서 만들었
다. 사당 청소하고 장식(치레)하는 데만 신경 쓰다 정작 사당의 핵심인 신주를
개가 물어 간 걸 못 알아차렸다는 말이다. 개는 뭐든 잘 물고 가 물고 뜯길 좋아
한다. *신주→ 신주 모시듯 하다

---

333 이 이야기는 일본의 민담으로 알려져 있다. 일제강점기 때 조선어 교과서에 수록되어 널리
퍼졌다. 그 이전에는 일본의 교과서에 수록되었다(1887년). 조선 중기의 문신인 강황도 이 이야기는
일본에서 매우 유명한 이야기라고 전하고 있다.

■ 장사 지내러 가면서 관 놓고 간다
  |장사(葬事), 즉 시신을 땅에 묻으려면 당연히 상여에 관을 실어야 한다. 정신없이 여러 가지를 챙기다 보면 가장 중요한 걸 깜박하는 일이 많다. '관은 당연히 실었겠지' 의심치 않다가, 저 먼 장지(葬地 : 시신 묻을 곳)까지 가서야 상여 열고 들여다보니 관은 없고 텅 비었다.

홀아비는 이가 서 말 과부는 은이 서 말 과부는 알뜰하게 살림하므로 경제적으로 걱정이 없지만, 홀아비는 집안일을 잘 모르니 어수선하고 차림새가 나쁘다는 말.

■ 홀아비는 이가 서 말 과부는 은이 서 말 / 홀아비 부자 없고 과부 가난뱅이 없다
  |홀아비는 여태 밥과 빨래 등 살림을 해주던 아내가 없어지니 자연히 먹새와 입새가 나빠져서 더러워진 옷, 구겨진 옷을 그대로 입고 지내는 경우가 많다. 자연히 지저분한 생활을 하는 까닭에 이가 끼기 마련. 반면에 과부는 당장 돈을 벌어다주던 남편이 없으니 대신 뭐라도 해서 생계를 유지해야 하므로 이 일 저 일 가리지 않고 열심히 일한다(그리고 남자들처럼 술을 마시거나 도박을 하는 일이 없으므로 기본적인 생활비 외에는 돈 나갈 일이 없으니 자연 돈이 모일 수밖에). 늘 살림을 해왔으니 집 안이 지저분할 일이 없고 입새 또한 나쁠 리 없다. 지금도 혼자 사는 남자의 방에 들어가면 퀴퀴한 '홀아비냄새'가 난다고들 한다. 홀아비냄새는 솔직히, 잘 안 씻고 빨래나 청소를 대충 해서 나는 냄새다.

■ 과부의 버선목에는 은이 가득하고 홀아비의 버선목에는 이가 가득하다
  |버선목은 버선을 신었을 때 복사뼈 위쪽 부분을 말한다. 옛날에는 잘 씻지 않아서 이곳 또는 온몸에 이가 많이 살았다. '이'는 벼룩과 같은 흡혈을 하는 벌레다. 요즘처럼 위생을 철저히 하는 때에도 알 수 없는 이유로 가끔 머릿니가 유행하기도 한다.

■ 홀아비 집 앞은 길이 보얗고 홀어미 집 앞은 큰길이 난다
  |홀아비는 입새와 먹새가 나쁘고 살림이 어수선해서 아무도 드나들지 않으니 집 앞 길에 잡초가 나고 흙먼지가 뽀얗다. 반면 과부는 살림이 정갈하고 또 조심스럽던 바깥양반도 없으니 드나드는 아녀자들이 많아 길이 넓어진다는 말이다.

홈통은 썩지 않는다 부지런하면 모든 일이 순조롭고 탈도 없다는 말.

■ 홈통은 썩지 않는다[2+] / 돌쩌귀에 녹이 슬지 않는다[2+]
  |여기서의 홈통은 빗물 등을 밑으로 이끌어 흐르게 하는 배관을 말하는 게 아니

라, 미닫이문 등을 좌우로 여닫을 때 레일 역할을 하는 문틀 위아래의 凹형태의 긴 홈을 말한다. 수시로 열고 닫으니 문턱에 파놓은 홈통이 썩을 틈이 없다. 문틀과 문짝을 연결하는 경첩 중에, 암·수 둘로 분리되는 형태를 별도로 돌쩌귀라고 부른다. '돌쩌귀→ 거적문에 돌쩌귀

미닫이문 문지방에는 홈통이라는 홈이 파여 있다. |운현궁

[맥락] 집구석에서 게으르게 누워만 있는 사람은 속이 썩고 몸도 약해지지만, 안팎으로 자주 드나드는 사람은 뭐라도 해보려는 생각에 혼자 속 썩을 일 없고 운동량도 챙겨 건강하다는 말이다.

■ 부지런한 이는 앓을 틈도 없다 / 부지런한 물방아는 얼 새도 없다

홍길동 합천 해인사 털어먹듯 남은 거 없이 싹 비우거나 쓸어 감을 이르는 말.

[현대] 먹고 남은 뼈가 양념이었는지 프라이드였는지 모를 만큼

■ 홍길동 합천 해인사 털어먹듯

| 허균(許筠)이 지은 〈홍길동전(洪吉童傳)〉에 홍길동이 이끄는 도적의 무리가 경남 합천에 있는 거대 사찰인 해인사를 '탈탈' 털어가는 내용이 나온다. 당시 그 사찰의 중들은 수행은 게을리하고 백성들을 괴롭혀 자기들 배만 불리는 데 눈이 멀어 있었다 한다.

> 길동이 종 몇을 거느리고 나귀를 타고 해인사로 가서 홍 정승 댁 자제인데 산천 구경 겸 여기서 공부를 하려 한다고 하니, 중들이 모여 의논하길 정승의 자제가 와서 공부하면 우리한테 돌아올 이득과 힘이 크겠다 싶어 받아준다. 그리고 길동이 말하되 이곳 관아에 말해서 아무 날 쌀 20석을 보낼 테니 음식을 만들어 잔치를 한 뒤 그 뒤로 공부할 것이라 하고 그날은 승려 외의 다른 사람들은 모두 내보내라 한다. 아무 날이 되어 길동의 계획대로 도적들이 쌀을 지고 와서 관아에서 보냈다 하니 중들이 길동이 정승의 자제임을 철석같이 믿는다. 이윽고 승려들을 계곡에서 잔치를 하자 하여 데려간 후 음식을 먹다가 일부러 모래를 입에 넣고 으지직 씹는 다. 그리고는 감히 이런 정갈하지 못한 음식으로 나를 대접하려 했느냐 호통을 치며 중들을 모두 묶어버렸다. 그러자 도적들이 뛰쳐나와 절간의 창고를 열어 수만금의 재물과 곡식들을 수레에 모두 담아서 여유롭게 사라져버렸다. 중들은 묶인 처지라 자신들이 탐욕스럽게 모은 재물들이 깨끗이 털리는 것을 지켜볼 수밖에 없었다.

■ 개 핥은 죽사발 같다

| 개는 혀가 매우 길고 넓게 발달해서 밥그릇을 핥아 먹으면 남는 거 없이 깨끗하

게 '싹싹' 비운다. 그래서 '개는 깨끗하게 먹고 고양이는 지저분하게 먹는다'라는 말도 있다. 고양이는 주변을 경계하며 먹는 습성이 있어 돌아보다 흘린다. 이 말은 사내답지 못하고 얼굴이 여자처럼 너무 미끈하다고 조롱할 때도 썼다.

홍시 먹다 이 빠졌다　쉽게 생각했던 일이 뜻밖에 안 되거나 꼬였다는 말.

■ 홍시[두부] 먹다 이 빠졌다 / 냉수 먹다 이 부러졌다

화약 지고 불로 뛰어든다　어리석게 위험이나 불행을 스스로 불러들인다는 말.

　[현대] 돋보기로[망원경으로] 태양 보기 /
　　　　배고픈 여자와 그날인 여자는 절대 건들면 안 된다

■ 화약 지고 불로 뛰어든다[들어간다]

■ 곤장 메고 매 맞으러 간다 / 매를 번다

■ 송곳 거꾸로 꽂고 발끝으로 차기

■ 자는 범 밑 찌르기 / 자는 범 코침 주기[2+]

　ㅣ여기서의 '밑'은 항문. 자는 호랑이에게 '똥침'을 찌르는 말이다. 그리고 '코침'은 코에 침을 꽂는 것이 아니라 바늘처럼 가늘고 뾰족하게 꼰 심지를 콧구멍에 찔러 넣어 재채기가 나도록 간질이는 것이다.

홧김에 서방질한다　울분을 참지 못하면 차마 못 할 짓까지 저지르게 된다는 말.

　[成語] 자포자기(自暴自棄) : 자기 감정이 격해져 자신을 함부로 내버림.

　[현대] 홧김에 맞바람 / 너 죽고 나 죽자

■ 홧김에 서방질[화냥질]한다

　ㅣ서방질은 유부녀가 남편 외의 다른 남자와 바람을 피우는 것, 또는 처녀가 결혼 전에 남자와 잠자리를 갖는 것을 말한다. 남편이 자신을 심하게 대하거나 다른 여자와 바람을 피웠을 때 너무 화가 나서, 복수심에 해서는 안 될 극단적인 선택을 하는 경우도 가끔 있다. 예를 들어, 자기도 다른 남자와 바람을 피워버린다거나 하는. 사람들은 가끔 복수심에 자살하거나 자신

　이건 실제 기사가 아니라 누군가 장난으로 합성해서 올린 것이다. 저런 일은 있을 수 없다.

을 망가뜨려 상대방이 비난을 당하게 만들려는 심리가 있다. '너 때문에 내가 이렇게 되었다'라는 것이다. 그리고 화냥질은 여자가 돈을 받고 몸을 파는 것을

말한다. 화냥질은 '화냥년'이란 욕에서, 그리고 화냥년은 '환향녀'가 아니라 '화냥녀'에서 유래한다. *화냥→ 화냥년 시집 다니듯

황소같이 벌어서 다람쥐같이 먹어라 힘써 일해서 크게 벌어 모으되 쓰는 데 있어서는 절약하고 아끼며 살라는 말.

■ 황소같이 벌어서 다람쥐같이 먹어라[2+]
ㅣ황소처럼 힘써 일해서 벌고 다람쥐 볼가심할 만큼 적게 먹으라는 뜻.

황아장수 잠자리 옮기듯 ①한곳에 오래 머물지 않고 여기저기 돌아다님을 이르는 말. ②이사나 직업이 자주 바뀌는 것을 이르는 말.

■ 황아장수 잠자리 옮기듯
ㅣ황아장수는 온갖 잡다한 생활용품을 가지고 방방곡곡을 돌아다니며 파는 사람을 말한다. 황아장수는 주로 남자가 하고, 여자는 주로 여성용품을 가지고 다니며 파는 방물장수를 한다. 황아장수는 남자라서[334] 남의 집에서 자는 데 별문제가 없으므로 물건 팔러 간 동네에서 좀 사는 집에 가서 물건값을 깎아주는 대신으로 하룻밤씩 묵고 갔다. 보통은 마을마다 고정으로 묵는 집을 정해놓았다.

효부 없는 효자 없다 며느리가 착해야 아들이 제대로 효도할 수 있다는 말.

■ 효부 없는 효자 없다

효자 노릇을 하려 해도 부모가 받아주어야 한다 성의와 정성을 다해도 받아주는 태도에 따라 가치가 달라짐을 이르는 말.

■ 효자 노릇을 하려 해도 부모가 받아주어야 한다

훈장 똥은 개도 안 먹는다 스트레스를 많이 받을 수밖에 없는 자리의 힘들고 괴로움을 표현한 말.

---

334 남자인 황아장수와 달리 여성용품 위주로 방문판매를 하는 방물장수는 대개 나이가 많은 아주머니나 할머니가 했다. 남자들의 접근이 불가능한 규방 깊은 곳까지 들어갈 수 있었으므로 여성들의 은밀한 이야기나 소문을 전하는 역할도 했다. 방물장수가 자고 간 다음이면 우물가와 빨래터가 시끄러웠다고 한다. 그래서 혼기가 찬 딸이 있는 집에서는 괜한 소문이 돌아 혼삿길이 막힐까 봐 방물장수를 못 들어오게 했다. 사랑하는 남녀의 은밀한 편지나 말도 대신 전해주는 메신저 역할도 방물장수가 했다.

■ 훈장[선생] 똥은 개도 안 먹는다

ㅣ옛날에는 먹을 것이 귀해 개도 먹을 것이 별로
없었다. 따라서 개들은 돌아다니면서 똥을 먹
는 일이 많았는데, 그나마도 없어서 못 먹었다.
하지만 서당에서 아이들을 가르치는 훈장은 워
낙 말을 안 듣는 애들을 가르치느라 스트레스
로 그 속이 이만저만이 아니었을 것이다. 그러
니 훈장 똥은 냄새가 시큼하고 고약해서 개들
조차도 먹지 않을 정도라는 뜻이다.

■ 집장 십 년이면 호랑이도 안 물어간다

ㅣ집장(執杖)은 포도청에서 죄인에게 매질하는 관
리. 아무리 법에 따라 죄에 합당한 형벌을 가한
다지만 매 맞은 사람이나 그 가족들은 그것을 집
행한 집장을 좋아할 수 없다. 게다가 대개 집장
은 같은 마을 사람이니 때리면서도 얼마나 마음
이 괴로울까. 괴로운 속이 썩을 대로 썩어버린
집장은 호랑이조차도 잡아먹지 않고 퉤퉤 하고
그냥 가버린다는 뜻이다.

■ 계집 둘 가진 놈의 창자는 호랑이도 안 먹는다

ㅣ첩을 두면 본처와 첩이 서로 신경전을 벌이고
각자 사내에게 해결을 원하기 마련이라 중간에
끼어 속이 다 썩는다. 자업자득 쌤통이다.

흰 가락을 가락집에 꽂았다 가져와도 좀 낫다　좋
은 환경의 영향을 조금만 받아도 정신적으로 위
안이 된다는 말.

[현대] 조퇴하면 안 아프다

■ 흰 가락을 가락집에 꽂았다 가져와도 좀 낫다 /
가락 바로잡는 집에 갖다 세웠다 와도 좀 낫다

ㅣ여기서 '가락'은 물렛가락, '가락집'은 흰 물렛
가락을 곧게 바로잡아주는 일을 하는 집이다.
실을 잣는 데 사용하는 물레에는 자아져 나온 실을 감는, 쇠로 된 긴 물렛가락이

태(笞)는 회초리보다 다소 굵은 것, 장(杖)
은 그보다 훨씬 두꺼운 체벌 도구. 일부
이슬람국가에서는 아직 태형을 형벌에 넣
고 있는데, 온몸을 실어 회초리를 갈긴다.
ㅣ김준근, 〈조선풍속도〉, "태장치고"

곤장의 일종인 '치도곤'. 곤장은 원래 군인
외에는 쓰지 못하게 법으로 금지할 만큼,
단 몇 대만 맞아도 피가 튀고 살점이 떨어져
나가는 무서운 형벌이었다. 조선 중기 명나
라로부터 전해졌다는 설이 있다. ㅣ김윤보,
〈형정도첩(刑政圖帖)〉(일부)

있는데, 이것이 휘어지면 가락이 고르게 회전하지 않으므로 어느 정도 사용하다 휘었다 싶으면 가락집에 가서 고쳐 와야 했다. 물렛가락은 단순히 눈대중으로 펴서는 곤란했다. 참고로 물렛가락의 양끝은 매우 뾰족하고 날카로워서 자칫하면 손가락을 찔릴 수 있다. 〈잠자는 숲속의 공주〉는 저주가 걸린 이 뾰족한 물렛가락 끝에 찔려 오래 잠이 들었다.

물렛가락과 물레. |국립민속박물관

흥 각각 정 각각　쌓아온 정이나 친하고 멀고를 떠나 일은 늘 객관적이고 공정하게 처리해야 한다는 말.

　[成語] **읍참마속(泣斬馬謖)** : 눈물 흘리며 마속의 목을 벰. ▸촉(蜀)나라 제갈량(諸葛亮)이 위(魏)나라 명장 사마의(司馬懿)의 20만 대군과 대치하는 상황이었다. 중원으로 나아가기 위해 꼭 필요한 보급로를 수비할 중요한 임무를 맡길 사람이 없어 고민하고 있는데, 평소 제갈량이 매우 아끼는 마속(馬謖)이 자원했다. 하지만 그가 젊고 아직 경험이 부족하여 주저하자 마속이 거듭 간청하며 실패할 경우 자기 일가족의 목을 베어도 원망하지 않겠다 하여 허락했다. 마속에게 주어진 임무는 산기슭의 도로를 지켜내는 것이었으나 그는 이를 어기고 적을 산 위로 유인해 공격할 셈으로 산꼭대기에 진을 쳤다. 하지만 위나라 군대는 밑에서 포위만 할 뿐 올라오지 않아 결국 마실 물이 없는 산꼭대기에서 지쳐서 패하고 말았다. 그 책임을 물어 제갈량은 군율대로 마속을 처형하기로 했는데 주변에서 모두 아까운 인재니 한사코 처형하지 말자고 만류했다. 그러나 제갈량은 말했다. "마속이 정말 죽이기 아까운 장수임에는 틀림없으나 사사로운 정에 이끌려 군율을 저버리면 나라의 기강이 무너지게 되오." 그리고 마속이 처형장으로 끌려 나가자 제갈량은 바닥에 엎드려 소맷자락에 얼굴을 묻고 울었다고 한다. 『삼국지(三國志)』
　　지공무사(至公無私) : 지극히 공정하며 사사로움이 없다.
　　불편부당(不偏不黨) : 어느 편에도 치우치지 않고 어느 무리에도 서지 않는다.
　　신상필벌(信賞必罰) : 마땅한 상을 주고 반드시 벌을 준다.

　[반대] 공에도 사가 있다

■ **흥 각각 정 각각 / 공은 공 사는 사 / 콩도 닷 말 팥도 닷 말**[2+]
　|'콩'은 공(功), '팥'은 파(破)로 읽을 수 있다. '파'에는 경상도 사투리 '파이다'처럼 깨지거나 상한 물품이란 뜻도, 사람의 결점이란 뜻도 있다. 그리고 '닷 말'은 '단(短) 말'로 읽을 수 있다. 잘했다고 입이 마르도록 칭찬하고 못했다고 외면하지 않고, 또 못했다고 싫은 소리를 늘어놓지 않는다는 말. 잘한 일도 못한 일도 딱 몇 마디로 똑같이 대한다는 뜻이라 여겨진다.

■ **고운 사람 미운 데 있고 미운 사람 고운 데 있다**

|아무리 평소에 예뻐하고 좋게 본 사람이라도 실수하거나 나무랄 일을 저지른다. 마음에 드는 사람이라고 덮어놓고 감싸주면 안 된다. 마찬가지로 미워하고 싫어하는 사람이더라도 잘한 일, 착한 일을 할 때가 있다. 미운 사람이라고 잘한 일도 시기하고 깎아내려선 안 된다. 미운 건 미운 거고 잘한 건 잘한 거니까.

흘러가는 물도 떠 주면 공덕이라   아무리 쉬운 일이더라도 남을 도와주면 그 사람에게는 적잖은 도움이 된다는 말.

■ 흘러가는 물도 떠 주면 공덕이라

|공덕(功德)은 좋은 일을 하여 쌓은 덕. 은혜를 입으면 이를 고맙게 여겨 언젠가 보답하고자 하는 것이 사람의 마음이다. 마음고생을 하는 사람의 어깨 한번 다독여주고 위로 한마디 건넨 게 상대방에게는 작지만 큰 힘이 되고, 그때의 고마움을 가슴 깊숙이 담고 언젠가 꼭 갚겠노라 다짐하고 살아간다.

> 漢昭烈이 將終에 勅後主曰 勿以惡小而爲之하고 勿以善小而不爲하라
> 소열제(유비)가 아들에게 유언하길,
> "비록 사소한 악행이라도 그것이 작다고 저지르지 말며,
> 비록 티 나지 않는 선행이라도 그것이 작다고 아니하지 말라."
> _『명심보감(明心寶鑑)』「계선편(繼善篇)」

흥정은 붙이고 싸움은 말리랬다   좋은 일은 도와주고 나쁜 일은 말리라는 말.

■ 흥정은 붙이고 싸움은 말리랬다

|파는 사람이나 사는 사람 모두 만족스럽게 거래할 수 있도록 도와주는 것은 모두에게 좋은 일이다. 하지만 말려도 모자랄 판에 옆에서 오히려 싸움을 부추기는 사람도 있다. "바보냐? 그걸 참고 있게? 나 같으면 안 참아!"

우시장에서는 소를 팔려는 사람과 사려는 사람 사이에서 거래를 성사시켜주는 '거간(중개인)'[335]이 있는데, 이 사람들은 소를 한 번 척 보면 나이부터 건강 상태, 임신 여부까지 다 알아낸다. 그렇게 소를 평가해주고 그에 걸맞은 가격을 알려준다. 이러면 한 푼이라도 더 받고 팔려는 소 주인과, 좋은 소를 조금이라도 싸게 사려는 사람 사이에 별문제 없이 거래가 성사된다. 이 거간이 없다면 가격

---

335 이 사람들은 흥정을 도와주고 거래가 성사되면 중개수수료를 받는데, 거래가 성사되면 양쪽으로부터 각각 얼마씩 소액을 받는다. 따라서 짧은 시간 안에 많은 거래를 성사시킬수록 이익이 많이 남으므로, 빠르고 정확한 감정과 적정한 금액을 양쪽에 제시하고 불만 없는 흥정을 유도하는 능력이 탁월하다.

따지며 고집부리다 시간만 낭비하거나 좋은 소를 헐값에 팔고 나쁜 소를 비싸게 사는 문제도 발생한다. 거간들은 노련한 사람들이라 흥정 중에 언성이 높아지기라도 하면 "어헛!!" 한마디로 양쪽의 다툼을 말린다.

■ 흥정도 부조다

  | 부조(扶助)는 결혼, 잔치, 장례 등에 돈이나 물건을 보태 도와주는 것. 재물로 도와주는 건 아니지만, 거래가 잘되도록 도와주는 것도 큰 보탬이 된다는 말.

대표속담 찾아가기

가갸 뒷다리도 모른다>낫 놓고 기역 자도 모른다
가갸 뒷자도 모른다>낫 놓고 기역 자도 모른다
가게 기둥에 입춘>돼지에 진주
가게 기둥에 주련>돼지에 진주
가까운 데를 가도 점심을 싸 가지고 가라 >돌다리도 두들겨보고 건너라
가까운 무당보다 먼 데 무당이 영하다>가까운 무당보다 먼 데 무당이 용하다
가까운 무당보다 먼 데 무당이 영험하다>가까운 무당보다 먼 데 무당이 용하다
가까운 무당보다 먼 데 무당이 용하다>가까운 무당보다 먼 데 무당이 용하다
가까운 산이 멀리 보이면 날씨가 좋고 먼 산이 가까이 보이면 비가 온다>청개구리가 울면 비가 온다
가까운 제 눈썹 못 본다>등잔 밑이 어둡다
가까운 집 며느리일수록 흉이 많다>가까운 무당보다 먼 데 무당이 용하다
가까운 집은 깎이고 먼 데 절은 비친다>가까운 무당보다 먼 데 무당이 용하다
가까이 앉아야 정이 두터워진다>눈에서 멀어지면 마음에서도 멀어진다
가깝던 사람이 원수 된다>가깝던 사람이 원수 된다
가꿀 나무는 밑동을 높이 자른다>귀한 자식 매 한 대 더 들고 미운 자식 떡 하나 더 준다
가난 가난 해도 인물 가난이 제일 서럽다>가난 가난 해도 인물 가난이 제일 서럽다
가난 구제는 나라님도 못한다>노름 뒤는 대도 먹는 뒤는 안 댄다
가난 구제는 나라도 못한다>노름 뒤는 대도 먹는 뒤는 안 댄다
가난 구제는 지옥 늦이라>노름 뒤는 대도 먹는 뒤는 안 댄다
가난과 거지는 사촌 간이다>입이 원수
가난과 도둑은 사촌이다>목구멍이 포도청
가난도 비단가난>가난도 비단가난
가난도 암가난 수가난이 있다>가난도 암가난 수가난이 있다

가난뱅이 조상 안 둔 부자 없고 부자 조상 안 둔 가난뱅이 없다>달도 차면 기운다
가난에 사양처>구관이 명관
가난은 나라도 못 당한다>노름 뒤는 대도 먹는 뒤는 안 댄다
가난이 도둑이다>목구멍이 포도청
가난이 싸움 붙인다>가난이 싸움 붙인다
가난이 원수>입이 원수
가난이 죄 짓는다>목구멍이 포도청
가난이 질기다>산 입에 거미줄 치랴
가난하면 마음에 도둑이 든다>목구멍이 포도청
가난하면 집안싸움이 잦다>가난이 싸움 붙인다
가난한 놈은 성도 없나>지렁이도 밟으면 꿈틀한다
가난한 상주 방갓 대가리 같다>가난한 상주 방갓 대가리 같다
가난한 양반 씻나락 주무르듯>이 장 떡이 큰가 저 장 떡이 큰가
가난한 양반 향청에 들어가듯>가난한 양반 향청에 들어가듯
가난한 이에겐 허리띠가 양식>찢어지게 가난하다
가난한 집 신주 굶듯>찢어지게 가난하다
가난한 집 제사 돌아오듯>갈수록 태산
가난한 집 제삿날 돌아오듯>갈수록 태산
가난한 집 젯날 돌아오듯>갈수록 태산
가난한 집 족보 자랑하기다>호랑이 안 잡았다는 늙은이 없다
가난한 집에 자식이 많다>갈수록 태산
가난할수록 기와집 짓는다>가난할수록 기와집 짓는다
가난할수록 밤마다 기와집만 짓는다>가난할수록 기와집 짓는다
가녀린 쪽박에 밥 많이 담긴다>마른 장작이 잘 탄다
가는 곳마다 내 땅이요 자는 집마다 내 집이다>집도 절도 없다
가는 날이 대사 날>가는 날이 장날
가는 날이 생일>가는 날이 장날
가는 날이 잔칫날>가는 날이 장날
가는 날이 장날>가는 날이 장날
가는 년이 물 길어다 놓고 가랴>가는 며느리가 세간 사랴
가는 년이 보리방아 찧어놓고 가랴>가는 며느리가 세간 사랴
가는 년이 세간 사랴>가는 며느리가 세간 사랴
가는 노루 잡으려다 잡은 노루 놓쳤다>두 마리 토끼 쫓다 둘 다 놓친다
가는 떡이 커야 오는 떡이 크다>가는 말이 고와야 오는 말이 곱다

가는 떡이 하나면 오는 떡도 하나다>가는 말이 고와야 오는 말이 곱다

가는 말에 채질(한다)>달리는 말에 채찍질

가는 말에 채찍질(한다)>달리는 말에 채찍질

가는 말이 거칠면 오는 말도 거칠다>가는 말이 고와야 오는 말이 곱다

가는 말이 고와야 오는 말이 곱다>가는 말이 고와야 오는 말이 곱다

가는 며느리가 물 길어다 놓고 가랴>가는 며느리가 세간 사랴

가는 며느리가 보리방아 찧어놓고 가랴>가는 며느리가 세간 사랴

가는 며느리가 세간 사랴>가는 며느리가 세간 사랴

가는 밥 먹고 가는 똥 누어라>뱁새가 황새 따라가다 가랑이 찢어진다

가는 방망이 오는 홍두깨>되로 주고 말로 받는다

가는 배가 순풍이면 오는 배는 역풍이다>달도 차면 기운다

가는 세월 오는 백발>자기 늙는 건 몰라도 남 자라는 건 안다

가는 손님은 꼭뒤가 예쁘다>가는 손님은 뒤통수가 예쁘다

가는 손님은 뒤통수가 예쁘다>가는 손님은 뒤통수가 예쁘다

가는 정이 있어야 오는 정이 있다>가는 말이 고와야 오는 말이 곱다

가는 토끼 잡으려다 잡은 토끼 놓쳤다>두 마리 토끼 쫓다 둘 다 놓친다

가다가 아니 가면 아니 감만 못하다>가다가 아니 가면 아니 감만 못하다

가던 날이 장날>가는 날이 장날

가락 바로잡는 집에 갖다 세웠다 와도 좀 낫다>휜 가락을 가락집에 꽂았다 가져와도 좀 낫다

가랑니가 더 문다>가랑니가 더 문다

가랑비에 옷 젖는 줄 모른다>가랑비에 옷 젖는 줄 모른다

가랑이가 찢어지게 가난하다>찢어지게 가난하다

가랑잎에 불 달리듯 한다>가랑잎에 불붙듯 한다

가랑잎에 불붙듯 한다>가랑잎에 불붙듯 한다

가랑잎으로 눈 가리기>눈 가리고 아웅 한다

가랑잎으로 앞 가리기>눈 가리고 아웅 한다

가랑잎이 솔잎더러 바스락거린다 한다>똥 묻은 개가 겨 묻은 개 나무란다

가래 장치 뒤는 나라님도 몰라본다>방아 허리를 넘어가면 아버지가 죽는다

가로 지나 세로 지나>엎어치나 메치나

가루 가지고 떡 못 만들랴>가루 가지고 떡 못 만들랴

가루는 칠수록 고와지고 말은 할수록 거칠어진다>말이 많으면 쓸 말이 적어진다

가루 팔러 가니 바람 불고 소금 팔러 가니 비 온다>가는 날이 장날

가르친 사위>자볼기를 맞겠다

가르침은 배움의 반>가르침은 배움의 반

가마가 많으면 모든 것이 헤프다>가마가 많으면 모든 것이 헤프다

가마 검기로 밥도 검으랴>까마귀 검기로 마음을 검으랴

가마목에 엿을 붙여놨나>가마솥에 엿을 붙여놨나

가마솥 검기로 밥도 검으랴>까마귀 검기로 마음도 검으랴

가마솥에 든 콩도 삶아야 먹는다>부뚜막의 소금도 집어넣어야 짜다

가마솥에 엿을 붙여놨나>가마솥에 엿을 붙여놨나

가마솥이 노구솥더러 밑이 검다 한다>똥 묻은 개가 겨 묻은 개 나무란다

가마 타고 시집가기는 다 틀렸다>가마 타고 시집가기는 다 틀렸다

가마 타고 시집가기는 콧집이 앵돌아졌다>가마 타고 시집가기는 다 틀렸다

가마 탄 사람이 채찍질한다>돼지에 진주

가만있으면 중간이라도 가지>봄 꿩이 제 울음에 죽는다

가만히 먹으라니 뜨겁다 한다>도둑질도 손발이 맞아야 한다

가만히 부는 바람이 대목을 꺾는다>작은 고추가 맵다

가만히 있으면 무식이라도 면한다>봄 꿩이 제 울음에 죽는다

가면이 천 리>가면이 천 리

가문 논에 물 대기>밑 빠진 독에 물 붓기

가문 덕에 대접받는다>원님 덕에 나팔 분다

가물 그루터기는 있어도 장마 그루터기는 없다>불난 끝은 있어도 물난 끝은 없다

가물에 도랑 친다>가뭄에 도랑 친다

가물치가 뛰니 옹달치도 뛴다>숭어가 뛰니 망둥이도 뛴다

가뭄 그루터기는 있어도 장마 그루터기는 없다>불난 끝은 있어도 물난 끝은 없다

가뭄 끝은 있어도 물난리 끝은 없다>불난 끝은 있어도 물난 끝은 없다

가뭄 끝은 있어도 장마 끝은 없다>불난 끝은 있어도 물난 끝은 없다

가뭄에 도랑 친다>가뭄에 도랑 친다

가뭄에 비 안 떨어지는 날 없다>달도 차면 기운다

가뭄에 콩 나듯>가뭄에 콩 나듯

가빈에 사양처>구관이 명관

가사에는 규모가 제일이라>큰물에 큰 고기 논다

가시나 못된 게 과부 중매 선다>거지가 도승지를 불쌍타 한다

가시나무에 가시 난다>호랑이가 호랑이를 낳고 개가 개를 낳는다

가시나무에 목맨다>찬밥 더운밥 가릴 처지가 아니다

가시나무에 연(줄) 걸리듯이>대추나무에 연 걸리듯이

가시내가 오라버니 하니 머슴아도 오라버니 한다>숭어가 뛰니 망둥이도 뛴다

가시방석에 앉았다>바늘방석에 앉았다

가을 간식이 봄 양식>가을 간식이 봄 양식

가을걷이에는 대부인 마님이 나막신 들고 나선다>가을에는 부지
깽이도 덤벙인다
가을 곡식을 아껴야 봄 양식이 된다>가을 간식이 봄 양식
가을 날가리 보고 밥 짓단간 여름 밭을 묵힌다>가을 간식이 봄
양식
가을 다람쥐 같다>가을 다람쥐 같다
가을마당에 빗자루 몽둥이를 들고 춤을 춰도 농사 밑이 어둑하다>가을
마당에 빗자루 몽둥이를 들고 춤을 춰도 농사 밑이 어둑하다
가을 메는 부지깽이도 덤벙인다>가을에는 부지깽이도 덤벙인다
가을 물은 소 발자국에 괸 물도 먹는다>가을 물은 소 발자국에
괸 물도 먹는다
가을밭에 가면 가난한 친정에 가는 것보다 낫다>가을밭에 가면
가난한 친정에 가는 것보다 낫다
가을밭에는 딸을 내보내고 봄밭에는 며느리 내보낸다>팥은 안으로
굽는다
가을밭에는 딸을 내보내고 봄밭에는 며느리 내보낸다>팥은 안으로
굽는다
가을 부채>가을 부채
가을 부채는 시세가 없다>가을 부채
가을비는 가시아버지 구레나룻 밑에서도 피한다>가을비는 장인
구레나룻 밑에서도 피한다
가을비는 가시애비 구레나룻 밑에서도 피한다>가을비는 장인
구레나룻 밑에서도 피한다
가을비는 떡 비요 겨울비는 술 비라>가을비는 떡 비요 봄비는
잠 비라
가을비는 떡 비요 봄비는 잠 비라>가을비는 떡 비요 봄비는
잠 비라
가을비는 많이 오지 않는다>가을비는 장인 구레나룻 밑에서도
피한다
가을비는 빗자루 밑에서도 피한다>가을비는 장인 구레나룻 밑
에서도 피한다
가을비는 영감 구레나룻 밑에서도 피한다>가을비는 장인 구레나
룻 밑에서도 피한다
가을비는 오래 오지 않는다>가을비는 장인 구레나룻 밑에서도
피한다
가을비는 장인 구레나룻 밑에서도 피한다>가을비는 장인 구레나
룻 밑에서도 피한다
가을 빚이면 소도 잡아먹는다>가을 빚이면 소도 잡아먹는다
가을 뻐꾸기 소리>병풍에 그린 닭이 홰를 치거든
가을 상추는 문 걸어 잠그고 먹는다>가을 전어 굽는 냄새에
나갔던 며느리도 돌아온다
가을 식은 밥이 봄 양식>가을 간식이 봄 양식
가을 아욱국은 문 걸어 잠그고 먹는다>가을 전어 굽는 냄새에
나갔던 며느리도 돌아온다
가을 아욱국은 부인 내보내고 먹는다>가을 전어 굽는 냄새에
나갔던 며느리도 돌아온다
가을 아욱국은 사위만 준다>가을 전어 굽는 냄새에 나갔던

며느리도 돌아온다
가을 안개는 쌀안개 봄 안개는 죽안개>보리 안개는 죽안개고
나락 안개는 밥안개다
가을 안개는 천 석을 보태준다>가을비는 장인 구레나룻 밑에서
도 피한다
가을 안개는 천 석을 올리고 봄 안개는 천 석을 내린다>보리 안개는
죽안개고 나락 안개는 밥안개다
가을 안개에 풍년 든다>보리 안개는 죽안개고 나락 안개는
밥안개다
가을 안개에는 곡식이 늘고 봄 안개에는 곡식이 준다>보리 안개는
죽안개고 나락 안개는 밥안개다
가을에 내 아비 재도 못 지냈거늘 봄에 의붓아비 재 지내랴>가을에
못 지낸 제사 봄엔들 지낼까
가을에 내 아비 제사도 못 지냈거늘 봄에 의붓아비 제사 지내랴>가을
에 못 지낸 제사 봄엔들 지낼까
가을에 못 지낸 제사 봄엔들 지낼까>가을에 못 지낸 제사 봄엔들
지낼까
가을에 못 한 동냥 봄에 할까>가을에 못 지낸 제사 봄엔들
지낼까
가을에 무 껍질이 두꺼우면 겨울이 춥다>봄꽃이 가을에 피면
그해 겨울은 춥지 않다
가을에 무 꽁지가 길면 겨울이 춥다>봄꽃이 가을에 피면 그해
겨울은 춥지 않다
가을에 뻐꾸기 소리 한다>병풍에 그린 닭이 홰를 치거든
가을에 쉬어버린 밥 김 철에 생각난다>가을 간식이 봄 양식
가을에 쉬어버린 밥 김매기 철에 생각난다>가을 간식이 봄 양식
가을에 쉰밥 김 철에 생각난다>가을 간식이 봄 양식
가을에 쉰밥 김매기 철에 생각난다>가을 간식이 봄 양식
가을에 중 싸대듯>가을에 중 싸대듯
가을에 하루 놀면 산 꿩이 열흘 내린다>여름에 하루 놀면 겨울에
열흘 굶는다
가을에는 대부인 마누라도 나무 신짝 가지고 나온다>가을에는
부지깽이도 덤벙인다
가을에는 부지깽이도 덤벙인다>가을에는 부지깽이도 덤벙인다
가을에는 손톱 발톱이 다 먹는다>가을에는 손톱 발톱이 다
먹는다
가을에는 송장도 꿈지럭거린다>가을에는 부지깽이도 덤벙인다
가을일은 미련한 놈이 잘한다>미련한 놈이 범을 잡는다
가을 전어 굽는 냄새에 나갔던 며느리도 돌아온다>가을 전어
굽는 냄새에 나갔던 며느리도 돌아온다
가을 전어 머리엔 깨가 서 말>가을 전어 굽는 냄새에 나갔던
며느리도 돌아온다
가을 중의 시주 바가지 같다>가을 중의 시주 바가지 같다
가을 판에는 대부인 마누라도 나무 신짝 가지고 나온다>가을에는
부지깽이도 덤벙인다
가자니 태산이요 돌아서자니 수미산이라>빼도 박도 못한다
가자니 태산이요 돌아서자니 숭산이라>빼도 박도 못한다

가재는 게 편>가재는 게 편
가재 뒷걸음이나 게 옆걸음이나>똥 묻은 개가 겨 묻은 개 나무란다
가재 물 짐작하듯>가재 물 짐작하듯
가져다줘도 미운 사람 있고 가져가도 고운 사람 있다>주러 와도 미운 사람 있고 받으러 와도 고운 사람 있다
가죽만 남았다>뱃가죽이 등에 붙었다
가죽 상하지 않고 호랑이 잡을까>가죽 상하지 않고 호랑이 잡을까
가죽이 모자라 눈을 냈나>뜨고도 못 보는 당달봉사
가죽이 있어야 털이 나지>하늘을 봐야 별을 따지
가지나무에 목맨다>찬밥 더운밥 가릴 처지가 아니다
가지 따 먹고 외수 한다>닭 잡아먹고 오리발 내민다
가지 많은 나무 바람 잘 날 없다>가지 많은 나무 바람 잘 날 없다
가진 것이라곤 그림자밖에 없다>집도 절도 없다
가진 놈의 겹철릭>아홉 가진 놈 하나 가진 놈 부러워한다
가진 돈이 없으면 망건 꼴이 나쁘다>입이 원수
각관 기생 열녀 되랴>사람 고쳐 쓰는 것 아니다
간다 간다 하면서 아이 셋 낳고 간다>이 장 떡이 큰가 저 장 떡이 큰가
간도 쓸개도 다 빼 준다>간도 쓸개도 다 빼 준다
간에 기별도 안 간다>누구 코에 붙이라고
간에 불였다>발등에 불 떨어졌다
간에 붙었다 섬에 붙었다 한다>간에 붙었다 쓸개에 붙었다 한다
간에 붙었다 쓸개에 붙었다 한다>간에 붙었다 쓸개에 붙었다 한다
간에 붙었다 염통에 붙었다 한다>간에 붙었다 쓸개에 붙었다 한다
간이 배 밖으로 나왔다>간이 부었다
간이 부었다>간이 부었다
간이라도 빼어 먹겠다>간도 쓸개도 다 빼 준다
간이라도 뽑아 먹겠다>간도 쓸개도 다 빼 준다
간이 콩알만 해지다>간이 콩알만 해지다
간장에 전 놈이 초장에 죽으랴>소금에 전 놈이 간장에 절랴
간장이 쉬고 소금이 곰팡 난다>병풍에 그린 닭이 홰를 치거든
갈매기도 집이 있다>집도 절도 없다
갈모형제>갈모형제
갈수록 수미산>갈수록 태산
갈수록 숭산>갈수록 태산
갈수록 심산>갈수록 태산
갈수록 태산>갈수록 태산
갈치가 갈치 꼬리 문다>갈치가 갈치 꼬리 문다
감기 고뿔도 남은 안 준다>충주 자린고비
감기는 밥상머리에 내려앉는다>감기는 밥상머리에 내려앉는다
감나무 밑에 누워 입에 연시 떨어지기 기다린다>감나무 밑에 누워 입에 홍시 떨어지기 기다린다

감나무 밑에 누워 입에 연시 떨어지기 바란다>감나무 밑에 누워 입에 홍시 떨어지기 기다린다
감나무 밑에 누워 입에 홍시 떨어지기 기다린다>감나무 밑에 누워 입에 홍시 떨어지기 기다린다
감나무 밑에 누워 입에 홍시 떨어지기 바란다>감나무 밑에 누워 입에 홍시 떨어지기 기다린다
감나무 밑에 누워도 삿갓 미사리를 대라>돌다리도 두들겨보고 건너라
감나무 밑에서 갓 쓰지 말고 외밭에서 신발 동이지 말라>배나무 밑에서 삿갓 고쳐 쓰지 말고 외밭에서 신들메를 고쳐 매지 말라
감나무 밑에서도 먹는 수업을 해라>돌다리도 두들겨보고 건너라
감사 덕분에 비장 나리 호사한다>원님 덕에 나팔 분다
감사면 다 평안감사고 현감이면 다 과천현감인가>나한 중에도 모래 먹는 나한 있다
감 씨에서 고욤나무 난다>감 씨에서 고욤나무 난다
감옥 담 넘어 달아난 곳이 형방 집이라>안 되는 놈은 뒤로 넘어져도 코가 깨진다
감옥에 십 년 있으면 바늘로 파옥한다>낙숫물이 바위를 뚫는다
감은 눈 못 본다>감은 눈 못 본다
감출 줄 모르고 훔칠 줄만 안다>하나만 알고 둘은 모른다
감투가 커도 귀가 짐작이라>감투가 커도 귀가 짐작이라
감투가 크면 어깨를 누른다>감투가 커도 귀가 짐작이라
갑갑한 놈이 송사한다>목마른 놈이 우물 판다
갑갑한 놈이 우물 판다>목마른 놈이 우물 판다
갑작사랑 영이별>눈먼 정이 눈 뜬 사람 잡는다
값도 모르고 녹다 한다>맥도 모르고 침통 흔든다
값도 모르고 싸다 한다>맥도 모르고 침통 흔든다
값도 모르고 쌀자루 내민다>맥도 모르고 침통 흔든다
값싼 갈치자반 (맛만 좋다)>값싼 갈치자반
값싼 비지떡>싼 게 비지떡
갓과 신은 귀하게 여기고 머리와 발은 업신여긴다>배보다 배꼽이 크다
갓 마흔에 첫 버선>갓 마흔에 첫 버선
갓방에 인두 달듯>갓방에 인두 달듯
갓 사러 갔다 망건 사 온다>갓 사러 갔다 망건 사 온다
갓 쓰고 구두 신기>돼지에 진주
갓 쓰고 망신>갓 쓰고 망신
갓 쓰고 박치기를 해도 제멋>남이야 지게 지고 제사를 지내건 말건
갓 쓰고 자전거 타기>돼지에 진주
갓쟁이 헌 갓 쓰고 무덤이 남 빌려 굿한다>대장장이 집에 식칼이 논다
강가에 내놓은 어린애 같다>물가에 내놓은 어린애 같다
강가에 아이 세워 놓은 것 같다>물가에 내놓은 어린애 같다
강가에서 모래알 고르기>한양에서 김 서방 찾기
강가에서 모래알 줍기>한양에서 김 서방 찾기

강 건너 배 타기>우물에 가서 숭늉 찾기
강 건너 불 보듯>강 건너 불구경
강 건너 불구경>강 건너 불구경
강 건너 호랑이>강 건너 불구경
강계 색시면 다 미인이란다>맥도 모르고 침통 흔든다
강계 색시면 다 미인인가>경주 돌이면 다 옥석인가
강남 갔던 제비 고향산천 몰라본다>십 년이면 강산도 변한다
강물도 쓰면 준다>가랑비에 옷 젖는 줄 모른다
강물에 배 지나간 자리>꿩 구워 먹은 자리
강물에 소 지나간 자리>꿩 구워 먹은 자리
강물이 돌을 굴리지 못한다>강물이 돌을 굴리지 못한다
갱씨 앉은 자리엔 풀도 안 난다>앉은 자리에서 풀도 안 나겠다
강아지 깎아 먹던 송곳자루 같다>쥐 뜯어 먹은 것 같다
강아지 똥은 똥이 아닌가>세 살 버릇 여든까지 간다
강원도 (안 가도) 삼척>춥기는 삼청 냉돌인가
강원도 포수>강원도 포수
강철이 달면 더 뜨겁다>벼는 익을수록 고개를 숙인다
강태공 세월 낚듯>세월이 좀먹도록
강태공 주문왕 기다리듯>세월이 좀먹도록
강한 말은 매인 기둥을 상하게 한다>강한 말은 매인 기둥을 상하게 한다
강한 장수 밑에 약한 군사 없다>코기러기가 높이 날면 뭇 기러기도 높이 난다
강화도령인가 (왜 우두커니 앉았나)>강화도령인가
갓바치 내일 모레>갓바치 내일 모레
갓바치에게 풀무는 있으나 마나>갓바치에게 풀무는 있으나 마나
같은 값이면 검정돼지 잡아먹는다>같은 값이면 다홍치마
같은 값이면 검정소 잡아먹는다>같은 값이면 다홍치마
같은 값이면 과붓집 머슴살이>같은 값이면 다홍치마
같은 값이면 다홍치마>같은 값이면 다홍치마
같은 값이면 처녀>같은 값이면 다홍치마
같은 과부면 애 없는 과부 얻는다>같은 값이면 다홍치마
같은 과부면 젊은 과부 얻는다>같은 값이면 다홍치마
같은 떡도 맏며느리 주는 떡이 더 크다>같은 떡도 맏며느리 주는 떡이 더 크다
같은 새경이면 과붓집 머슴살이>같은 값이면 다홍치마
같이 우물 파고 혼자 먹는다>같이 우물 파고 혼자 먹는다
같잖은 투전에 돈만 잃었다>떡도 떡같이 못 해 먹고 찹쌀한 섬만 없어졌다
개가 개를 낳고 매가 매를 낳는다>호랑이가 호랑이를 낳고 개가 개를 낳는다
개가 겨를 먹다 끝내 쌀을 먹는다>바늘 도둑이 소 도둑 된다
개가 겨를 먹다 말경에 쌀을 먹는다>바늘 도둑이 소 도둑 된다
개가 똥을 마다카랴>참새가 방앗간을 그저 지나가랴
개가 똥을 마다한다>제 버릇 개 못 준다
개가 똥을 참겠다>제 버릇 개 못 준다

개가 사람보고 꼬리 치나 먹이 보고 꼬리 치지>고양이 쥐 생각
개가 콩엿 사 먹고 버드나무에 올라가겠다>고목나무에 꽃 피랴
개같이 벌어 정승같이 먹는다>개같이 벌어 정승같이 쓴다
개같이 벌어 정승같이 산다>개같이 벌어 정승같이 쓴다
개같이 벌어 정승같이 쓴다>개같이 벌어 정승같이 쓴다
개구리 낯짝에 물 끼얹기>개구리 낯짝에 물 끼얹기
개구리 낯짝에 물 붓기>개구리 낯짝에 물 끼얹기
개구리 소리도 들을 탓>천 리 길도 십 리
개구리 올챙이 적 생각 못 한다>개구리 올챙이 적 생각 못 한다
개구리 주저앉는 뜻은 멀리 뛰자는 뜻이다>개구리 주저앉는 뜻은 멀리 뛰자는 뜻이다
개구리가 울다가 뱀에게 잡아먹힌다>봄 꿩이 제 울음에 죽는다
개구리도 움츠려야 뛴다>개구리도 움츠려야 뛴다
개구리에게 헤엄 가르칠 걱정한다>걱정도 팔자다
개구멍에 망건 치기>개구멍에 망건 치기
개 귀에 방울>돼지에 진주
개 귀의 비루를 털어 먹는다>벼룩의 간을 빼 먹는다
개 꼬라지 미워 낙지 산다>개 미워 낙지 산다
개 꼬락서니 미워 낙지 산다>개 미워 낙지 산다
개 꼬리 삼 년 두어도 황모 못 된다>사람 고쳐 쓰는 것 아니다
개 꼬리 삼 년 묵혀도 황모 못 된다>사람 고쳐 쓰는 것 아니다
개 꼬리 삼 년 묻어도 황모 못 된다>사람 고쳐 쓰는 것 아니다
개 눈에는 똥만 보인다>개 눈에는 똥만 보인다
개는 나는 족족 짖고 고양이는 나는 족족 할퀸다>사람 고쳐 쓰는 것 아니다
개는 도둑 지키고 닭은 홰를 친다>굼벵이도 구르는 재주가 있다
개는 안주인을 따르고 소는 바깥주인을 따른다>개와 어린애는 괴는 대로 간다
개도 (닷새만 되면) 주인을 알아본다>개도 주인을 알아본다
개도 (막다른) 골목에 들면 범을 문다>쥐도 궁하면 고양이를 문다
개도 개뼈다귀는 뜯지 않는다>상전은 미고 살아도 좋은 미고 못 산다
개도 기름 먹고는 안 짖는다>남의 덕 믿고 살려면 머리가 숙여진다
개도 꼬리 치고 밥 먹는다>개도 주인을 알아본다
개도 나갈 구멍을 보고 쫓아라>쥐도 궁하면 고양이를 문다
개도 먹으라는 똥은 안 먹는다>하던 짓도 멍석 깔아주면 안 한다
개도 무는 개를 돌아본다>개도 사나운 개를 돌아본다
개도 부지런해야 더운 똥을 얻어먹는다>거지도 부지런해야 더운 밥을 얻어먹는다
개도 사나운 개를 돌아본다>개도 사나운 개를 돌아본다
개도 사흘 굶으면 몽둥이를 무서워하지 않는다>목구멍이 포도청
개도 세 번 보면 꼬리를 친다>개도 세 번 보면 꼬리를 친다

개도 손 볼 날 있다>돌다리도 두들겨보고 건너라

개도 손님 볼 날 있다>돌다리도 두들겨보고 건너라

개도 얻어맞은 골목엔 가지 않는다>개도 얻어맞은 골목엔 가지 않는다

개도 제 털을 아낀다>개도 제 털을 아낀다

개도 주인을 보면 꼬리를 친다>개도 주인을 알아본다

개도 텃세한다>개도 텃세한다

개 등의 겨를 털어 먹는다>벼룩의 간을 빼 먹는다

개떡에 입천장 덴다>떡도 떡같이 못 해 먹고 찹쌀 한 섬만 없어졌다

개똥도 약에 쓰려면 없다>개똥도 약에 쓰려면 없다

개똥도 약에 쓴다>개똥도 약에 쓴다

개똥밭에 굴러도 이승이 좋다>개똥밭에 굴러도 이승이 좋다

개똥밭에도 이슬 내릴 날 있다>달도 차면 기운다

개똥밭에서 인물 난다>개천에서 용 난다

개똥참외는 먼저 본 사람이 임자>참나무에서 떨어지는 도토리 멧돼지가 먹으면 멧돼지 것이고 다람쥐가 먹으면 다람쥐 것이다

개똥참외도 가꿀 탓>집과 계집은 꾸밀 탓

개똥참외도 임자가 있다>참나무에서 떨어지는 도토리 멧돼지가 먹으면 멧돼지 것이고 다람쥐가 먹으면 다람쥐 것이다

개를 따라가면 뒷간으로 간다>개와 친하면 옷에 흙칠을 한다

개를 따라가면 측간으로 간다>개와 친하면 옷에 흙칠을 한다

개 머루 먹듯>수박 겉핥기

개 머리에 관>돼지에 진주

개 머리에 옥관자>돼지에 진주

개 목에 방울>돼지에 진주

개 못된 것은 들에 나가 짖는다>못된 송아지 엉덩이에 뿔 난다

개 못된 게 부뚜막에 올라간다>못된 송아지 엉덩이에 뿔 난다

개미가 거동하면 비가 온다>청개구리가 울면 비가 온다

개미가 절구통 물고 나간다>백지장도 맞들면 낫다

개미가 정자나무 건드린다>계란으로 바위 치기

개미가 진을 치면 비가 온다>청개구리가 울면 비가 온다

개미구멍으로 공든 탑이 무너진다>방죽도 개미구멍으로 무너진다

개미구멍이 둑을 무너뜨린다>방죽도 개미구멍으로 무너진다

개미는 작아도 탑을 쌓는다>굼벵이도 구르는 재주가 있다

개미 금탑 모으듯>티끌 모아 태산

개미 메 나르듯>티끌 모아 태산

개미 천 마리면 맷돌도 굴린다>백지장도 맞들면 낫다

개미 천 마리면 바위도 굴린다>백지장도 맞들면 낫다

개미 쳇바퀴 돌듯 (한다)>개미 쳇바퀴 돌듯

개 미친다고 사람도 미치랴>열 사람이 백 마디를 해도 들을 이가 짐작

개 밉다니까 우쭐거리며 똥 싼다>못된 송아지 엉덩이에 뿔 난다

개 바위 지나간 격>꿩 구워 먹은 자리

개발괴발이다>지렁이 기어가는 것 같다

개 발에 (놋)대갈>돼지에 진주

개 발에 (주석) 편자>돼지에 진주

개 발에 버선>돼지에 진주

개 발에 짚신>돼지에 진주

개 발에 토시>돼지에 진주

개밥 갖다 주고도 워리 해야 먹는다>개밥 갖다 주고도 워리 해야 먹는다

개밥에 계란>돼지에 진주

개밥에 도토리>개밥에 도토리

개 (입에) 벼룩 씹듯>개 벼룩 씹듯

개 보고 올무 맨다>초승달 볼 사람이 야밤에 나와 기다린다

개 보름 쇠듯>개 보름 쇠듯

개 뼈에 은 올리기>돼지에 진주

개살구 지레 터진다>못된 송아지 엉덩이에 뿔 난다

개살구도 맛들이기 나름>천 리 길도 십 리

개 약과 먹듯>수박 겉핥기

개에게 된장아이 맡기는 격>고양이에게 생선 맡기는 격

개에게 메주 멍석 맡기는 격>고양이에게 생선 맡기는 격

개에게 호패>돼지에 진주

개 옆에 누우면 벼룩 옮는다>개와 친하면 옷에 흙칠을 한다

개와 어린애는 괴는 대로 간다>개와 어린애는 괴는 대로 간다

개와 친하면 옷에 흙칠을 한다>개와 친하면 옷에 흙칠을 한다

개 입에서 개 말 나오고 소 입에서 소 말 나온다>까마귀 열두 소리에 고운 소리 하나 없다

개 입은 벌리면 똥내만 난다>까마귀 열두 소리에 고운 소리 하나 없다

개 잡아먹고 동네 인심 잃고 닭 잡아먹고 이웃 인심 잃는다>개 잡아먹고 동네 인심 잃고 닭 잡아먹고 이웃 인심 잃는다

개 잡은 포수>개 잡은 포수

개장수도 올가미가 있어야 한다>개장수도 올가미가 있어야 한다

개 짖어 담장 무너지지 않는다>개 짖어 담장 무너지지 않는다

개차반이다>저런 걸 낳지 말고 호박이나 낳았더라면 국이나 끓여 먹지

개 창자에 보위>돼지에 진주

개천에 개 지나간 것 같다>꿩 구워 먹은 자리

개천에 나도 제 날 탓>개천에 나도 제 날 탓

개천에 내다 버릴 종 없다>개똥도 약에 쓴다

개천에서 선녀 난다>개천에서 용 난다

개천에서 용 난다>개천에서 용 난다

개 팔아 두 냥 반>되지 못한 풍잠이 갓 밖에 어른거린다

개 팔자 상팔자>오뉴월 개 팔자

개하고 똥 다투랴>똥이 무서워 피하랴

개 핥은 죽사발 같다>홍길동 합천 해인사 털어먹듯

개 호랑이 물어간 것마냥 시원하다>앓던 이가 빠진 것 같다

객주가 망하려니 짚단만 들어온다>절이 망하려니 새우젓 장수

가 들어온다
객줏집 칼도마 같다>객줏집 칼도마 같다
갯벌에서 모래알 찾는 격>한양에서 김 서방 찾기
거꾸로 매달아 놔도 사는 세상이 좋다>개똥밭에 굴러도 이승이
좋다
거둥길 닦아놓으니 거지가 먼저 지나간다>거둥길 닦아놓으니
깍쟁이가 먼저 지나간다
거둥길 닦아놓으니 깍쟁이가 먼저 지나간다>거둥길 닦아놓으니
깍쟁이가 먼저 지나간다
거둥길 닦아놓으니 문둥이가 먼저 지나간다>거둥길 닦아놓으니
깍쟁이가 먼저 지나간다
거목에 갈고랑>계란으로 바위 치기
거목에 갈고랑낫>계란으로 바위 치기
거목에 깔딱낫>계란으로 바위 치기
칼 묻고 인 사람이 춤추니 칼 쓴 놈도 춤춘다>숭어가 뛰니 망둥이도
뛴다
거미가 줄을 치면 날씨가 좋다>청개구리가 울면 비가 온다
거미는 작아도 줄만 잘 친다>굼벵이도 구르는 재주가 있다
거미도 줄을 쳐야 벌레를 잡는다>하늘을 봐야 별을 따지
거미 새끼 풍기듯 한다>거미 새끼 풍기듯 한다
거미 알 까듯 한다>거미 알 까듯 한다
거미 알 슬듯 한다>거미 알 까듯 한다
거미줄로 방귀 동여매기>고목나무에 꽃 피랴
거미줄에 목맨다>찬밥 더운밥 가릴 처지가 아니다
거북이 등의 털을 긁지>고목나무에 꽃 피랴
거저먹을 거라곤 하늬바람밖에 없다>거저먹을 거라곤 하늬바람
밖에 없다
거적문 나들던 버릇>거적문 드나들던 버릇
거적문 드나들던 버릇>거적문 드나들던 버릇
거적문에 돌쩌귀>돼지에 진주
거적문에 피배목>돼지에 진주
거적 쓴 놈 내려온다>거적 쓴 놈 내려온다
거지가 논두렁 밑에 있어도 웃음이 있다>거지가 논두렁 밑에
있어도 웃음이 있다
거지가 도승지를 불쌍타 한다>거지가 도승지를 불쌍타 한다
거지가 밥술이라도 뜨게 되면 거지 밥 한 술 안 준다>개구리
올챙이 적 생각 못 한다
거지가 하늘을 불쌍타 한다>거지가 도승지를 불쌍타 한다
거지 꿀 얻어먹기>한양에서 김 서방 찾기
거지끼리 자루 찢는다>갈치가 갈치 꼬리 문다
거지는 모닥불에 살찐다>거지가 논두렁 밑에 있어도 웃음이
있다
거지도 부지런해야 더운밥을 얻어먹는다>거지도 부지런해야 더
운밥을 얻어먹는다
거지도 손 볼 날 있다>돌다리도 두들겨보고 건너라
거지도 손님 볼 날 있다>돌다리도 두들겨보고 건너라
거지 말 얻은 격>거지 말 얻은 격

거지발싸개 같다>거지발싸개 같다
거지발싸개만큼도 여기지 않는다>거지발싸개만큼도 여기지 않
는다
거지 자루 기울 새 없다>거지 자루 기울 새 없다
거지 자루 크면 자루대로 다 줄까>거지 자루 크면 자루대로
다 줄까
거지 제 쪽박 깨는 격>돌부리를 차면 발부리만 아프다
거짓말도 잘 하면 오려논 다섯 마지기보다 낫다>거짓말도 잘
하면 오려논 다섯 마지기보다 낫다
거짓말은 도둑놈 될 장본>바늘 도둑이 소 도둑 된다
거짓말이 외삼촌보다 낫다>거짓말도 잘 하면 오려논 다섯
마지기보다 낫다
거짓말하고 뺨 맞는 것보다 낫다>정직한 사람의 자식은 굶어
죽지 않는다
거짓말하는 놈은 아비가 둘이라>정직한 사람의 자식은 굶어
죽지 않는다
걱정도 팔자다>걱정도 팔자다
걱정이 반찬이면 상다리가 부러진다>걱정도 팔자다
걱정이 반찬이면 상발이 무너진다>걱정도 팔자다
건너다보니 절터>하나를 보면 열을 안다
건넛마을 불구경>강 건너 불구경
건넛산 보고 꾸짖기>건넛산 보고 꾸짖기
건더기가 많아야 국물이 난다>하늘을 봐야 별을 따지
건더기 먹으나 국물 먹으나>엎어치나 메치나
건더기 먹은 놈이나 국물 먹은 놈이나>엎어치나 메치나
건시나 감이나>엎어치나 메치나
건재에 백복령>약방에 감초
건지가 많아야 국물이 난다>하늘을 봐야 별을 따지
걷기도 전에 뛰려 한다>지붕의 호박도 못 따면서 하늘의 천도
를 따겠단다
걷는 참새를 보면 대과를 한다>걷는 참새를 보면 대과를 한다
걸어가다가도 말만 보면 타고 가잔다>걸어가다가도 말만 보면
타고 가잔다
걸음 느린 황소가 천 리를 간다>느릿느릿 걸어도 황소걸음
걸음 뜬 황소가 천 리를 간다>느릿느릿 걸어도 황소걸음
검기는 왜장 청정이라>검기는 왜장 청정이라
검다 희다 말이 없다>꿀 먹은 벙어리
검둥개 돼지 만든다>눈 가리고 아웅 한다
검둥개 돼지 편>가재는 게 편
검둥개 돼지 흉본다>똥 묻은 개가 겨 묻은 개 나무란다
검둥개 미역 감기듯>한양에서 김 서방 찾기
검둥개 미역 감긴다고 희어지지 않는다>사람 고쳐 쓰는 것 아니다
검둥개 미역 감듯>한양에서 김 서방 찾기
검불밭에서 수은 찾기>한양에서 김 서방 찾기
검불에 떨어진 바늘 찾기>한양에서 김 서방 찾기
검은 고기 맛 좋다>까마귀 검기로 마음도 검으랴
검은 머리 파뿌리 되도록>검은 머리 파뿌리 되도록

겁 많은 개 먼저 짖는다>빈 수레가 요란하다
겉가마도 끓기 전에 속가마부터 끓으려 한다>지붕의 호박도 못
따면서 하늘의 천도를 따겠단다
겉 검은 놈은 속도 검다>하나를 보면 열을 안다
겉 다르고 속 다르다>고양이 쥐 생각
겉보리 서 말만 있으면 처가살이 안 한다>인왕산 차돌을 씹어
먹더라도 처가살이는 안 한다
겉보리를 껍질째 먹은들 시앗이야 한집에 살랴>시앗을 보면 길가
의 돌부처도 돌아앉는다
겉 볼 안>하나를 보면 열을 안다
게는 나는 족족 (꼬)집는다>사람 고쳐 쓰는 것 아니다
게는 똑바로 걷지 못한다>사람 고쳐 쓰는 것 아니다
게도 구럭도 다 잃었다>두 마리 토끼 좇다 둘 다 놓친다
게도 구멍이 크면 죽는다>뱁새가 황새 따라가다 가랑이 찢어진다
게도 제 구멍이 아니면 들지 않는다>게도 제 구멍이 아니면
들지 않는다
게를 똑바로 걷게 할 수는 없다>사람 고쳐 쓰는 것 아니다
게 발 물어 던지듯>낙동강 오리알
게으른 놈 짐 많이 진다>게으른 놈 짐 많이 진다
게으른 놈 짐 탐한다>게으른 놈 짐 많이 진다
게으른 말 짐 많이 진다>게으른 놈 짐 많이 진다
게으른 말 짐 탐한다>게으른 놈 짐 많이 진다
게으른 선비 설날에 다락 올라가 글 읽는다>못된 송아지 엉덩이에
뿔 난다
게으른 선비 책장 넘기듯>게으른 선비 책장 넘기듯
게으른 선비 책장 세듯>게으른 선비 책장 넘기듯
게으른 아낙 애 핑계 대듯>게으른 선비 책장 넘기듯
게으른 여자 삼 가닥 세듯>게으른 선비 책장 넘기듯
게으른 일꾼 밭고랑 세듯>게으른 선비 책장 넘기듯
게 잡아 물에 넣는다>죽 쒀서 개 줬다
겨울바람이 봄바람더러 춥다 한다>똥 묻은 개가 겨 묻은 개
나무란다
겨울 소 팔자>오뉴월 개 팔자
겨울이 다 되어야 솔이 푸른 줄 안다>구관이 명관
겨울이 지나지 않고 봄이 오랴>단풍이 떨어질 때 떨어진다
경기 밥 먹고 청홍도 구실>양주 밥 먹고 고양 구실
경상감사도 저 싫으면 그만>평안감사도 저 싫으면 그만
경성도에서 죽 쑨 놈은 전라도 가서도 죽 쑨다>집에서 새는 바가지
들에서도 샌다
경위가 삼칠장이라>경위가 삼칠장이라
경점 치고 문지른다>경점 치고 문지른다
경주 돌이면 다 옥돌인가>경주 돌이면 다 옥석인가
경주 돌이면 다 옥석인가>경주 돌이면 다 옥석인가
경주인 집에 똥 누러 갔다 잡혀간다>애매한 두꺼비 떡돌에
치인다
곁가마가 먼저 끓는다>곁가마가 먼저 끓는다
곁사람이 먼저 덤벙인다>곁가마가 먼저 끓는다

곁방살이 코 곤다>배보다 배꼽이 크다
곁방에서 불낸다>못된 송아지 엉덩이에 뿔 난다
곁집 잔치에 낯을 낸다>남의 군불에 밥 짓기
계란도 굴리다가 서는 모가 있다>달걀도 굴러가다 서는 모가
있다
계란에도 뼈가 있다>안 되는 놈은 뒤로 넘어져도 코가 깨진다
계란으로 돌 치기>계란으로 바위 치기
계란으로 바위 치기>계란으로 바위 치기
계란으로 백운대 치기>계란으로 바위 치기
계란으로 성 치기>계란으로 바위 치기
계란이나 달걀이나>업어치나 메치나
계모 전처 자식 생각>고양이 쥐 생각
계집 둘 가진 놈의 창자는 호랑이도 안 먹는다>훈장 똥은 개도
안 먹는다
계집 때린 날 장모 온다>가는 날이 장날
계집 바뀐 건 모르고 젓가락 짝 바뀐 것만 안다>계집 바뀐 건
모르고 젓가락 짝 바뀐 것만 안다
계집은 상 들고 문지방 넘으며 열두 가지 생각을 한다>계집은
상 들고 문지방 넘으며 열두 가지 생각을 한다
계집의 곡한 마음 오뉴월에도 서리 친다>여자가 한을 품으면
오뉴월에도 서리가 내린다
계집의 매도 많이 맞으면 아프다>가랑비에 옷 젖는 줄 모른다
계집의 악담은 오뉴월에 서리 온 것 같다>여자가 한을 품으면
오뉴월에도 서리가 내린다
계집이 한을 품으면 오뉴월에도 서리가 내린다>여자가 한을 품으
면 오뉴월에도 서리가 내린다
계 타고 집 판다>배보다 배꼽이 크다
곗술에 낯내기>남의 군불에 밥 짓기
고기나 되었으면 남이나 먹지>저런 걸 낳지 말고 호박이나
낳았더라면 국이나 끓여 먹지
고기는 씹어야 맛을 안다>수박 겉핥기
고기는 씹어야 맛이고 말은 해야 맛이다>고기는 씹어야 맛이고
말은 해야 맛이다
고기는 안 익고 꼬챙이만 탄다>고기는 안 익고 꼬챙이만 탄다
고기는 안 잡히고 송사리만 잡힌다>고기는 안 익고 꼬챙이만
탄다
고기도 먹어본 사람이 많이 먹는다>고기도 먹어본 사람이 잘
먹는다
고기도 먹어본 사람이 맛을 안다>고기도 먹어본 사람이 잘
먹는다
고기도 먹어본 사람이 잘 먹는다>고기도 먹어본 사람이 잘
먹는다
고기도 오래 씹으면 솜 맛이 난다>고기도 오래 씹으면 솜 맛이
난다
고기도 저 놀던 물이 좋다 한다>고기도 저 놀던 물이 좋다 한다
고기 한 점이 귀신 천 마리를 쫓는다>감기는 밥상머리에 내려앉
는다

고깃덩이로 개를 때린다>고깃덩이로 개를 때린다
고두리(살)에 놀란 새마냥>고두리에 놀란 새마냥
고래 그물에 새우가 걸린다>고기는 안 익고 꼬챙이만 탄다
고래 싸움에 새우 등 터진다>고래 싸움에 새우 등 터진다
고려 적 얘기>고리 적 얘기
고려 적 잠꼬대>고리 적 얘기
고려공사 사흘>변덕이 죽 끓듯 하다
고려공사 삼일>변덕이 죽 끓듯 하다
고름이 살 되랴>고름이 살 되랴
고리 적 얘기>고리 적 얘기
고리 적 잠꼬대>고리 적 얘기
고리(짝)도 짝이 있다>짚신도 짝이 있다
고리백정 내일 모레>갖바치 내일 모레
고리장이 내일 모레>갖바치 내일 모레
고리장이는 죽을 때도 버들가지를 입에 물고 죽는다>제 버릇 개
못 준다
고린 장이 더디 없어진다>고린 장이 더디 없어진다
고목나무에 갈고랑>계란으로 바위 치기
고목나무에 갈고랑낫>계란으로 바위 치기
고목나무에 깔딱낫>계란으로 바위 치기
고목나무에 꽃 피랴>병풍에 그린 닭이 홰를 치거든
고무래 놓고 정 자도 모른다>낫 놓고 기역 자도 모른다
고방에서 인심 난다>곳간에서 인심 난다
고비에 인삼>마디에 옹이
고삐가 길면 밟힌다>꼬리가 길면 밟힌다
고사리도 꺾을 때 꺾는다>쇠뿔도 단김에 빼라
고생 끝에 낙이 온다>달도 차면 기운다
고수머리와 옥니박이와는 말도 하지 말랬다>앉은 자리에서 풀도
안 나겠다
고슴도치도 제 자식은 함함하다 한다>호랑이도 제 새끼 곱다
하면 물지 않는다
고슴도치도 제 자식이 함함하다면 좋아한다>고슴도치도 제 자식
이 함함하다면 좋아한다
고슴도치에 놀란 범 밤송이 보고 놀란다>자라 보고 놀란 가슴
솥뚜껑 보고 놀란다
고슴도치 외 따 걸머지듯>고슴도치 외 따 걸머지듯
고양이가 반찬 맛을 알면 도둑질을 하지 않고는 못 견딘다>늦게
배운 도둑질 날 새는 줄 모른다
고양이가 소식한다>병풍에 그린 닭이 홰를 치거든
고양이가 알 낳을 일이다>병풍에 그린 닭이 홰를 치거든
고양이가 얼굴은 좁아도 부끄러워할 줄은 안다>족제비도 낯짝이
있다
고양이가 쥐를 마다하랴>참새가 방앗간을 그저 지나가랴
고양이가 쥐를 마다한다>제 버릇 개 못 준다
고양이 개 보듯>고양이 개 보듯
고양이 덕과 며느리 덕은 알지 못한다>저물도록 애 봐주고 욕먹
는다

고양이 덕 알고 며느리 덕은 모른다>저물도록 애 봐주고 욕먹
는다
고양이똥도 약에 쓰려면 없다>개똥도 약에 쓰려면 없다
고양이 목에 방울 달기>고양이 목에 방울 달기
고양이 발에 덕석>고양이 발에 덕석
고양이 밥 먹듯 하다>고양이 밥 먹듯 하다
고양이 세수>고양이 세수
고양이 앞의 쥐걸음>고양이 앞의 쥐걸음
고양이에게 반찬가게 맡기는 격>고양이에게 생선 맡기는 격
고양이에게 반찬단지 맡기는 격>고양이에게 생선 맡기는 격
고양이에게 생선(가게) 맡기는 격>고양이에게 생선 맡기는 격
고양이에게 어물전 맡기는 격>고양이에게 생선 맡기는 격
고양이에게 제물 맡기는 격>고양이에게 생선 맡기는 격
고양이에게 제수음식 맡기는 격>고양이에게 생선 맡기는 격
고양이와 개 사이>고양이 개 보듯
고양이 죽 쑤어줄 것도 없다>찢어지게 가난하다
고양이 죽은 데 쥐 눈물만큼>고양이 죽은 데 쥐 눈물만큼
고양이 쥐 사정 봐주듯>고양이 쥐 생각
고양이 쥐 생각>고양이 쥐 생각
고양이 쫓던 개 나무만 쳐다본다>닭 쫓던 개 지붕만 쳐다본다
고욤 일흔이 감 하나만 못하다>참새 천 마리가 봉황 한 마리만
못하다
고운 사람 미운 데 없고 미운 사람 고운 데 없다>주러 와도 미운
사람 있고 받으러 와도 고운 사람 있다
고운 사람 미운 데 있고 미운 사람 고운 데 있다>흉 각각 정
각각
고운 일 하면 고운 밥 먹는다>가는 말이 고와야 오는 말이
곱다
고인 물도 밟으면 솟구친다>지렁이도 밟으면 꿈틀한다
고자쟁이 먼저 죽는다>남을 물에 넣으려면 저부터 물에 들어
가야 한다
고자질쟁이 먼저 죽는다>남을 물에 넣으려면 저부터 물에
들어가야 한다
고쟁이 열두 벌 입어도 보일 건 다 보인다>눈 가리고 아웅 한다
고추가 붉어야 노란 씨 받지>하늘을 봐야 별을 따지
고추가 커야만 맵나>작은 고추가 맵다
고추나무에 그네 매달아 뛰고 잣 껍데기로 배 만들어 타겠다>고추나
무에 그네 매달아 뛰고 잣 껍데기로 배 만들어 타겠다
고추밭에서 말 달리기>못 먹는 감 찔러나 본다
고추보다 후추가 맵다>작은 고추가 맵다
고추장 단지 열둘이라도 서방님 비위 맞추기 어렵다>고추장 단지
열둘이라도 서방님 비위 맞추기 어렵다
고향을 떠나면 천해진다>용이 물 밖에 나면 개미가 덤빈다
곡식은 될수록 준다>우물을 파도 한 우물을 파라
곡식은 될수록 줄고 말은 할수록 는다>말이 많으면 쓸 말이
적어진다
곤달걀이 꼬끼요 울거든>병풍에 그린 닭이 홰를 치거든

곤들매기가 바닷물을 흐려 놓는다>미꾸라지 한 마리가 온 우물
물을 흐린다
곤장 메고 매 맞으러 간다>화약 지고 불로 뛰어든다
곤쟁이 주고 잉어 낚는다>새우로 잉어 낚는다
곤지 주고 잉어 낚는다>새우로 잉어 낚는다
곧기는 먹줄 같다>곧기는 먹줄 같다
곧은 나무 먼저 베인다>모난 돌이 정 맞는다
곧은 나무는 가운데 선다>곧은 나무는 가운데 선다
골나면 보리방아 더 잘 찧는다>골나면 보리방아 더 잘 찧는다
골무는 시어미 죽은 넋이라>골무는 시어미 죽은 넋이라
곪은 염통이 그냥 나을까>고름이 살 되랴
곪아도 젓국이 좋고 늙어도 영감이 좋다>이 방 저 방 좋다 해도
서방이 제일이라
곪아도 젓국이 좋고 늙어도 할멈이 좋다>달 밝은 밤이 흐린
낮만 못하다
곰 가재 뒤듯>곰 가재 뒤지듯
곰 가재 뒤지듯>곰 가재 뒤지듯
곰 망짝 받듯>황우가 제 고집에 망한다
곰 옥수수 따듯>하나만 알고 둘은 모른다
곰이라 발바닥 핥으랴>찢어지게 가난하다
곰 창날 받듯>황우가 제 고집에 망한다
곱다고 안아준 아기 바지에 똥 싼다>믿는 도끼에 발등 찍힌다
곳간에서 인심 난다>곳간에서 인심 난다
공든 탑이 (하루 아침에) 무너졌다>십년공부 도로 아미타불
공든 탑이 무너지고 심은 나무 꺾일쏘냐>공든 탑이 무너지랴
공든 탑이 무너지랴>공든 탑이 무너지랴
공부하라 보냈더니 개 잡이를 배웠다>행실 배우라 했더니 과붓
집 문고리를 뺀다
공술 한 잔 보고 십 리를 간다>공짜 좋아하면 머리가 벗겨진다
공에도 사가 있다>도둑놈도 인정이 있다
공연한 제사에 어물 값만 졸린다>긁어 부스럼
공연히 숲을 헤쳐 뱀을 일군다>긁어 부스럼
공은 공 사는 사>흥 각각 정 각각
공자 앞에서 문자 쓴다>공자 앞에서 문자 쓴다
공짜라면 마름쇠도 삼킨다>공짜 좋아하면 머리가 벗겨진다
공짜라면 비상도 먹는다>공짜 좋아하면 머리가 벗겨진다
공짜라면 사족을 못 쓴다>공짜 좋아하면 머리가 벗겨진다
공짜라면 써도 달다 한다>공짜 좋아하면 머리가 벗겨진다
공짜를 먹으면 할 말도 못 한다>남의 덕 믿고 살려면 머리가
숙여진다
공짜 바라기는 무당의 사위>공짜 좋아하면 머리가 벗겨진다
공짜 바라기는 무당의 서방>공짜 좋아하면 머리가 벗겨진다
공짜 좋아하면 머리가 벗겨진다>공짜 좋아하면 머리가 벗겨진다
공짜 좋아하면 이마가 벗겨진다>공짜 좋아하면 머리가 벗겨진다
곶감 꼬지를 먹듯>곶감 빼 먹듯 한다
곶감 빼 먹듯 한다>곶감 빼 먹듯 한다
곶감 뽑아 먹듯>곶감 빼 먹듯 한다

과거를 아니 볼 바에야 시관이 개떡 같다>과거를 아니 볼 바에야
시관이 개떡 같다
과부가 찬밥에 곯는다>외주둥이 곯는다
과부 사정은 과부가 알고 홀아비 사정은 홀아비가 안다>과부 사정은
홀아비가 안다
과부 사정은 홀아비가 안다>과부 사정은 홀아비가 안다
과부 설움은 동무 과부가 안다>과부 사정은 홀아비가 안다
과부 설움은 서방 잡아먹은 년이 안다>과부 사정은 홀아비가
안다
과부의 버선목에는 은이 가득하고 홀아비의 버선목에는 이가 가득하
다>홀아비는 이가 서 말 과부는 은이 서 말
과붓집 송아지 백정 부르러 간 줄 모르고 날뛴다>하룻강아지
범 무서운 줄 모른다
과붓집 수고양이 같다>과붓집 수고양이 같다
과붓집에서 바깥양반 찾기>한양에서 김 서방 찾기
관머정 설렁탕도 먹어본 놈이 먹는다>고기도 먹어본 사람이
잘 먹는다
관머정 설렁국도 먹어본 놈이 먹는다>고기도 먹어본 사람이
잘 먹는다
관 속에 들어가도 막말은 말라>웃느라 한 말에 초상난다
관청 뜰에 좁쌀을 펴놓고 군수가 새를 쫓는다>관청 뜰에 좁쌀을
펴놓고 군수가 새를 쫓는다
관청에 잡아다 놓은 (촌)닭마냥>관청에 잡아다 놓은 닭마냥
광부의 말도 성인이 가려 쓴다>말은 하는 데 달리지 않고 듣는
데 달렸다
광에서 인심 난다>곳간에서 인심 난다
광인의 말도 성인이 가려 쓴다>말은 하는 데 달리지 않고 듣는
데 달렸다
광주리에 담은 밥도 엎어질 수 있다>돌다리도 두들겨보고 건너라
괴 밥 먹듯 하다>고양이 밥 먹듯 하다
괴 죽 쑤어줄 것도 없다>찢어지게 가난하다
구경꾼 셋에 풍각쟁이 일곱이라>배보다 배꼽이 크다
구관이 명관>구관이 명관
구년지수에 해 바라듯>하루가 열흘 맞잡이
구 년 홍수에 볕 기다리듯>하루가 열흘 맞잡이
구더기 무서워 장 못 담그랴>구더기 무서워 장 못 담그랴
구두쟁이 셋이 모이면 제갈량보다 낫다>백지장도 맞들면 낫다
구들 위에 범을 기르는 격>호랑이 새끼를 길렀다
구렁이 담 넘어가듯>구렁이 담 넘어가듯
구렁이도 용왕님 하면 아래턱이 너털거린다>추어주면 엉덩이
나가는 줄 모른다
구렁이 제 몸 추듯>구렁이 제 몸 추듯
구레나룻이 대자 오 치라도 먹어야 양반>수염이 석 자라도 먹어야
양반
구름 갈 때 비 간다>바늘 가는 데 실 간다
구름 없는 하늘에 비 오랴>하늘을 봐야 별을 따지
구름에 표하고 물건 파묻기>하나만 알고 둘은 모른다

구름이 자주 끼면 비가 온다>방귀가 잦으면 똥을 싸게 된다
구름 잡아타고 하늘로 날겠다 한다>병풍에 그린 닭이 홰를 치거든
구름장에 치부한다>하나만 알고 둘은 모른다
구린 장이 더디 없어진다>고린 장이 더디 없어진다
구멍 봐 가면서 말뚝 깎는다>누울 자리 봐 가며 다리 뻗어라
구멍 봐 가면서 쐐기 깎는다>누울 자리 봐 가며 다리 뻗어라
구멍에 든 뱀 긴지 짧은지>구멍에 든 뱀 길이를 모른다
구멍에 든 뱀 길이를 모른다>구멍에 든 뱀 길이를 모른다
구멍에 든 뱀 몇 자인 줄 아나>구멍에 든 뱀 길이를 모른다
구멍은 깎을수록 커진다>긁어 부스럼
구멍 파는 데는 칼이 끌만 못하고, 쥐 잡는 데는 천리마가 고양이만 못하다>무는 말이 있으면 차는 말이 있다
구박하는 시어미보다 말리는 시누이가 더 밉다>때리는 시어미보다 말리는 시누이가 더 밉다
구복이 원수>입이 원수
구슬이 서 말이라도 꿰어야 보배>부뚜막의 소금도 집어넣어야 짜다
구슬 이지러진 것은 갈면 되지만 말 이지러진 것은 바로잡을 수 없다>좁은 입으로 말하고 넓은 치맛자락으로 못 막는다
구운 게도 다리 떼고 먹는다>돌다리도 두들겨보고 건너라
구운 게도 다리 매놓고 먹는다>돌다리도 두들겨보고 건너라
구제할 것은 없어도 도둑 줄 것은 있다>쥐 줄 것은 없어도 도둑 줄 것은 있다
국사에도 사정이 있다>도둑놈도 인정이 있다
국수 못하는 년이 피나무 안반만 나무란다>일 못하는 소 멍에만 탓한다
국수 잘하는 솜씨가 수제비 못하랴>국수 잘하는 솜씨가 수제비 못하랴
국 쏟고 허벅지 덴다>갈수록 태산
국에 데면 냉수도 불어 먹는다>자라 보고 놀란 가슴 솥뚜껑 보고 놀란다
국에 덴 놈 냉수 보고도 분다>자라 보고 놀란 가슴 솥뚜껑 보고 놀란다
군밤에 싹 나라>병풍에 그린 닭이 홰를 치거든
군자는 대로행이라>군자는 대로행이라
굳은 땅에 물이 고인다>단단한 땅에 물이 고인다
굳은 땅에 물이 괸다>굳은 땅에 물이 괸다
굴뚝에 바람 들었나>굴뚝에 바람 들었나
굴러 온 돌이 박힌 돌 빼낸다>굴러 온 돌이 박힌 돌 빼낸다
굴러 온 돌이 박힌 돌 뺀다>굴러 온 돌이 박힌 돌 빼낸다
굴에 든 범>구멍에 든 뱀 길이를 모른다
굴에 든 호랑이>구멍에 든 뱀 길이를 모른다
굴을 파야 금을 얻지>하늘을 봐야 별을 따지
굵은 목구멍에 잔가시 잘 걸린다>원숭이도 나무에서 떨어질 때가 있다
굶기를 밥 먹듯 한다>찢어지게 가난하다

굶기를 부잣집 밥 먹듯 한다>찢어지게 가난하다
굶어 보아야 세상을 안다>젊어 고생은 사서도 한다
굶어 죽기는 정승 하기보다 어렵다>산 입에 거미줄 치랴
굶주린 범에게 가재>누구 코에 붙이라고
굼벵이가 지붕에서 떨어지는 것은 매미 될 셈이 있어 떨어진다>개구리 주저앉는 뜻은 멀리 뛰자는 뜻이다
굼벵이가 지붕에서 떨어질 때도 다 생각이 있어 떨어진다>개구리 주저앉는 뜻은 멀리 뛰자는 뜻이다
굼벵이도 구르는 재주가 있다>굼벵이도 구르는 재주가 있다
굼벵이도 밟으면 꿈틀한다>지렁이도 밟으면 꿈틀한다
굼벵이도 제 일 하는 날엔 재주를 열두 번 넘는다>굼벵이도 구르는 재주가 있다
굽도 젖도 못한다>빼도 박도 못한다
굽도 젖도 할 수 없다>빼도 박도 못한다
굽은 나무 선산 지킨다>굽은 나무 선산 지킨다
굽은 나무는 길맛가지 된다>개똥도 약에 쓴다
굽은 솔이 선산 지킨다>굽은 나무 선산 지킨다
굽은 지팡이 그림자도 굽어 보인다>윗물이 맑아야 아랫물이 맑다
굿 구경을 하려거든 계면떡이 나오도록>우물을 파도 한 우물을 파라
굿도 보고 떡도 먹고>꿩 먹고 알 먹고
굿 뒤에 날장구 친다>굿 뒤에 날장구 친다
굿 뒤에 쌍장구 친다>굿 뒤에 날장구 친다
굿 마친 뒷장구>굿 뒤에 날장구 친다
굿 못하는 무당 장구만 타박한다>일 못하는 소 멍에만 탓한다
굿 못하는 무당 장구만 탓한다>일 못하는 소 멍에만 탓한다
굿 본 거위 죽는다>누울 자리 봐 가며 다리 뻗어라
굿에 간 어미 기다리듯>하루가 열흘 맞잡이
굿이나 보고 떡이나 먹지>굿이나 보고 떡이나 먹지
굿하고 싶어도 맏며느리 춤추는 꼴 보기 싫어 안 한다>개 미워 낙지 산다
굿 해먹은 집 같다>쥐 죽은 듯하다
궁금한 게 많으니 먹고 싶은 것도 많겠다>남의 집 잔치에 감 놔라 배 놔라 한다
궁서가 고양이를 문다>쥐도 궁하면 고양이를 문다
궁하면 통한다>하늘이 무너져도 솟아날 구멍이 있다
궁한 도둑은 쫓지 말라>쥐도 궁하면 고양이를 문다
궁한 새가 사람을 쫓는다>쥐도 궁하면 고양이를 문다
궂은 날 개 사귄 것 같다>개와 친하면 옷에 흙칠을 한다
궤 속에 녹슨 돈은 똥도 못 산다>아끼다 똥 된다
귀 막고 방울 도둑질>눈 가리고 아웅 한다
귀 소문 말고 눈 소문 해라>백 번 듣느니 한 번 보는 게 낫다
귀신 귀에 떡 소리 한 것 같다>귀신 듣는 데 떡 소리 한다
귀신도 떡을 놓고 빈다>귀신도 떡을 놓고 빈다
귀신도 모른다>귀신이 곡할 노릇
귀신도 빌면 듣는다>도둑놈도 인정이 있다

귀신 듣는 데 떡 소리 못 한다>귀신 듣는 데 떡 소리 한다
귀신 듣는 데 떡 소리 한다>귀신 듣는 데 떡 소리 한다
귀신 씨나락 까먹는 소리 한다>귀신 씨나락 까먹는 소리 한다
귀신은 경문에 막히고 사람은 인정에 막힌다>도둑놈도 인정이 있다
귀신은 부적에 막히고 사람은 인정에 막힌다>도둑놈도 인정이 있다
귀신이 곡할 노릇>귀신이 곡할 노릇
귀신 탄복할 노릇>귀신이 곡할 노릇
귀신 젯밥 먹듯>마파람에 게 눈 감추듯
귀신 피하려다 호랑이를 만난다>여우 피하려다 호랑이 만난다
귀에 걸면 귀걸이 코에 걸면 코걸이>귀에 걸면 귀걸이 코에 걸면 코걸이
귀 장사 말고 눈 장사 해라>백 번 듣느니 한 번 보는 게 낫다
귀한 그릇 쉬 깨진다>모난 돌이 정 맞는다
귀한 아이 매 한 대 더 들고 미운 아이 떡 하나 더 준다>귀한 자식 매 한 대 더 들고 미운 자식 떡 하나 더 준다
귀한 자식 매 한 대 더 들고 미운 자식 떡 하나 더 준다>귀한 자식 매 한 대 더 들고 미운 자식 떡 하나 더 준다
귀한 자식 매로 키워라>귀한 자식 매 한 대 더 들고 미운 자식 떡 하나 더 준다
굴껍질 한 조각만 먹어도 동정호를 잊지 않는다>털을 뽑아 신을 삼겠다
그 나물에 그 밥>업어치나 메치나
그렇게 급하면 할미 속으로 날 일이지>우물에 가서 숭늉 찾기
그릇 깨겠다>여자 셋이 모이면 그릇이 깨진다
(그릇도) 차면 넘친다>차면 넘친다
그림의 떡>그림의 떡
그림의 선녀>그림의 떡
그물에 든 물고기>독 안에 든 쥐
그물에 든 새>독 안에 든 쥐
그물을 벗어난 새>그물을 벗어난 새
그물이 삼천 코라도 벼리가 으뜸(이라)>그물이 삼천 코라도 벼리가 으뜸
그물이 열 자라도 벼리가 으뜸(이라)>그물이 삼천 코라도 벼리가 으뜸
그물이 천 코면 걸릴 날이 있다>낙숫물이 바위를 뚫는다
그믐달 보자고 초저녁부터 나선다>그믐달 보자고 초저녁부터 나선다
그믐밤에 홍두깨>아닌 밤중에 홍두깨
그믐에 안 된 것이 초승에 되는 수도 있다>낙숫물이 바위를 뚫는다
그 아버지에 그 아들>호랑이가 호랑이를 낳고 개가 개를 낳는다
그 아버지에 그 아들 그 남편에 그 여편네>호랑이가 호랑이를 낳고 개가 개를 낳는다
그 어머니에 그 딸>호랑이가 호랑이를 낳고 개가 개를 낳는다

그을린 돼지가 달아맨 돼지 타령한다>똥 묻은 개가 겨 묻은 개 나무란다
그 장단 춤추기 어렵다>변덕이 죽 끓듯 하다
그 집 장 한 독을 다 먹어봐야 그 집을 안다>길고 짧은 건 대봐야 안다
그 집안 가풍을 알려거든 그 집 종에게 물어봐라>길고 짧은 건 대봐야 안다
근처 무당 영한 줄 모른다>가까운 무당보다 먼 데 무당이 용하다
근처 무당 용한 줄 모른다>가까운 무당보다 먼 데 무당이 용하다
글 모르는 귀신 없다>글 모르는 귀신 없다
글 못하는 놈 붓 고른다>일 못하는 소 멍에만 탓한다
글 속에 글이 있고 말 속에 말이 있다>글 속에 글이 있고 말 속에 말이 있다
글 잘하는 자식 낳지 말고 말 잘하는 자식 낳아라>말 한마디로 천 냥 빚을 갚는다
긁어 부스럼>긁어 부스럼
굵은 조갑지 닳지 솥이 닳나>계란으로 바위 치기
금강산 구경도 식후경>수염이 석 자라도 먹어야 양반
금강산 그늘이 관동 팔십 리까지 뻗친다>서당 개 삼 년이면 풍월을 읊는다
금관자 서슬에 큰 기침 한다>도둑질을 하더라도 사모 바람에 거들먹거린다
금방 먹을 떡에도 살을 박는다>금방 먹을 떡에도 소를 박는다
금방 먹을 떡에도 소를 박는다>금방 먹을 떡에도 소를 박는다
금붕어가 용에게 덤벼든다>하룻강아지 범 무서운 줄 모른다
급하게 먹는 밥이 목 멘다>질러가는 길이 돌아가는 길이다
급하면 근참 가는 배도 들어먹는다>목구멍이 포도청
급하면 나라님 망건 값도 쓴다>목구멍이 포도청
급하면 밑 씻고 똥 눈다>급하면 밑 씻고 똥 눈다
급하면 산 닭 주고 죽은 닭 못 바꾼다>개똥도 약에 쓰려면 없다
급하면 진상 가는 배도 들어먹는다>목구멍이 포도청
급해도 바늘허리 매어 못 쓴다>바늘허리 매어 못 쓴다
급히 먹은 콩밥 눌 때 보자 한다>질러가는 길이 돌아가는 길이다
긴갈 든 놈은 돌잡자 부순다>몽둥이 세 개 맞아 담 안 뛰어넘을 놈 없다
기갈이 감식>시장이 반찬
기는 놈 위에 나는 놈 있다>뛰는 놈 위에 나는 놈 있다
기대가 크면 실망도 크다>소문난 잔치에 먹을 것 없다
기둥보다 서까래가 굵다>배보다 배꼽이 크다
기둥을 치면 (대)들보가 운다>변죽을 치면 복판이 운다
기둥이야 되든 말든 목침 먼저 자른다>기둥이야 되든 말든 목침 먼저 자른다
기러기는 짝을 잃어도 까마귀와 사귀지 않는다>기러기는 짝을

잃어도 까마귀와 사귀지 않는다
기러기(떼)에도 길잡이가 있다>그물이 삼천 코라도 벼리가 으뜸
기러기(떼)에도 코기러기가 있다>그물이 삼천 코라도 벼리가 으뜸
기르던 개에 다리 물린다>믿는 도끼에 발등 찍힌다
기름떡 먹기라>누워서 떡 먹기
기름 엎지르고 깨 줍는다>어물전 털어먹고 꼴뚜기 장사 한다
기린이 늙으면 노마만 못하다>기린이 늙으면 노마만 못하다
기역 자 왼 다리도 못 그린다>낫 놓고 기역 자도 모른다
기와 한 장 아끼려다 대들보 썩힌다>호미로 막을 것을 가래로 막는다
기운 세면 장수 노릇 하나>소가 힘세다고 왕 노릇 하랴
긴 병에 효자 없다>긴 병에 효자 없다
길기에 집을 지으면 사람마다 목수다>사공이 많으면 배가 산으로 간다
길가의 돌도 연분이 있어야 찬다>길가의 돌도 연분이 있어야 찬다
길가의 집 삼 년 짓는다>사공이 많으면 배가 산으로 간다
길고 짧은 건 대봐야 안다>길고 짧은 건 대봐야 안다
길러낸 사위>자볼기를 맞겠다
길로 가라 하니 산으로 간다>청개구리 같다
길은 갈 탓 말은 할 탓>아 다르고 어 다르다
길을 떠나려거든 눈썹도 빼놓고 가라>천 리 길에 눈썹도 짐이 된다
길을 무서워하면 호랑이를 만난다>여우 피하려다 호랑이 만난다
길이 멀면 말의 힘을 알고 날이 오래면 사람의 마음을 안다>열 길 물속은 알아도 한 길 사람 속은 모른다
김매는 데 주인이 아흔아홉 몫을 맨다>김매는 데 주인이 아흔아홉 몫을 맨다
김 안 나는 숭늉이 더 덥다>벼는 익을수록 고개를 숙인다
김 안 나는 숭늉이 더 뜨겁다>벼는 익을수록 고개를 숙인다
김장은 추울 때 해야 제맛>김장은 추울 때 해야 제맛
김칫국 마시고 수염 쓴다>냉수 마시고 이 쑤시기
깃털도 안 난 것이 날기부터 하려 한다>지붕의 호박도 못 따면서 하늘의 천도를 따겠단다
깊고 얕음은 건너봐야 안다>길고 짧은 건 대봐야 안다
깊던 물도 얕아지면 고기 아니 온다>깊던 물도 얕아지면 고기 아니 온다
까까귀가 고음을 마다하랴>참새가 방앗간을 그저 지나가랴
까까귀가 고음을 마다한다>제 버릇 개 못 준다
까마귀가 까치더러 검다 한다>똥 묻은 개가 겨 묻은 개 나무란다
까마귀가 까치집 뺏는다>갈치가 갈치 꼬리 문다
까마귀가 메밀을 마다하랴>참새가 방앗간을 그저 지나가랴
까마귀가 메밀을 마다한다>제 버릇 개 못 준다
까마귀가 보리를 마다하랴>참새가 방앗간을 그저 지나가랴
까마귀가 아저씨 하겠다>까마귀가 아저씨 하겠다

까마귀가 오디를 마다하랴>참새가 방앗간을 그저 지나가랴
까마귀가 할아버지 하겠다>까마귀가 아저씨 하겠다
까마귀가 형님 하겠다>까마귀가 아저씨 하겠다
까마귀 검기로 마음도 검으랴>까마귀 검기로 마음도 검으랴
까마귀 검기로 살 검고 백로 희기로 살 희랴>까마귀 검기로 마음도 검으랴
까마귀 고기를 먹었나>정신은 공무니에 찼나
까마귀 공작 깃 달아도 까맣다>사람 고쳐 쓰는 것 아니다
까마귀 날자 배 떨어진다>까마귀 날자 배 떨어진다
까마귀도 내 땅 까마귀라면 반갑다>까마귀도 내 땅 까마귀라면 반갑다
까마귀도 제 말 하면 온다>호랑이도 제 말 하면 온다
까마귀 똥도 약이라 하니 오백 냥이란다>개똥도 약에 쓰려면 없다
까마귀 똥도 약이라니까 물에다 깔긴다>개똥도 약에 쓰려면 없다
까마귀 백로 되랴>사람 고쳐 쓰는 것 아니다
까마귀 사촌>까마귀가 아저씨 하겠다
까마귀 열두 번 울어도 까욱 소리뿐이다>까마귀 열두 소리에 고운 소리 하나 없다
까마귀 열두 소리에 고운 소리 하나 없다>까마귀 열두 소리에 고운 소리 하나 없다
까마귀 열두 소리에 신통한 소리 하나 없다>까마귀 열두 소리에 고운 소리 하나 없다
까마귀 울어 범 죽지 않는다>개 짖어 담장 무너지지 않는다
까마귀 정신>정신은 공무니에 찼나
까마귀 하루에 열두 마디를 울어도 송장 먹은 소리>까마귀 열두 소리에 고운 소리 하나 없다
까마귀 학 되랴>사람 고쳐 쓰는 것 아니다
까막까치도 저녁이면 제 집으로 돌아간다>집도 절도 없다
까막까치도 집이 있다>집도 절도 없다
까치는 까치끼리>조는 집에 자는 며느리 들어온다
깎은 밤 같다>깎은 밤 같다
깎은 서방님 같다>깎은 밤 같다
깎은 선비 같다>깎은 밤 같다
깨가 쏟아진다>깨가 쏟아진다
깨는 쏟고 주워도 말은 하고 못 줍는다>좁은 입으로 말하고 넓은 치맛자락으로 못 막는다
깨떡 먹기라>누워서 떡 먹기
깨물어 안 아픈 손가락 없다>열 손가락 깨물어 안 아픈 손가락 없다
깨진 그릇 이 맞추기>쏘아 놓은 화살이요 엎질러진 물이라
깨진 독 이 맞추기>쏘아 놓은 화살이요 엎질러진 물이라
깨진 사발 이 맞추기>쏘아 놓은 화살이요 엎질러진 물이라
깨진 시루 이 맞추기>쏘아 놓은 화살이요 엎질러진 물이라
깨 팔러 갔다>깨 팔러 갔다
꺽꺽 푸드덕 장끼 날아갈 때 아로롱 까투리 따라간다>꺽꺽 푸드덕

장끼 날아갈 때 아로롱 까투리 따라간다
꼬리가 길면 밟힌다>꼬리가 길면 밟힌다
꼬리가 몸통 흔든다>배보다 배꼽이 크다
꼬리도 있어야 흔든다>하늘을 봐야 별을 따지
꼬리 먼저 친 개 밥 나중 먹는다>꼬리 먼저 친 개 밥 나중
먹는다
꼬리 아직 안 들어왔나>거적문 드나들던 버릇
꼬챙이는 타고 고기는 설었다>고기는 안 익고 꼬챙이만 탄다
꼭뒤에 부은 물이 발뒤꿈치로 흘러내린다>윗물이 맑아야 아랫물
이 맑다
꼴같잖은 말은 이도 들춰보지 않는다>하나를 보면 열을 안다
꼿꼿하기는 서서 똥 누겠다>앉은 자리에서 풀도 안 나겠다
꽃구경도 식후사>수염이 석 자라도 먹어야 양반
꽃밭에 불 지른다>꽃밭에 불 지른다
꽃샘잎샘에 반늙은이 얼어 죽는다>봄바람은 품으로 기어든다
꽃샘잎샘에 설늙은이 얼어 죽는다>봄바람은 품으로 기어든다
꽃샘추위에 반늙은이 얼어 죽는다>봄바람은 품으로 기어든다
꽃샘추위에 설늙은이 얼어 죽는다>봄바람은 품으로 기어든다
꽃 없는 나비>끈 떨어진 뒤웅박
꽃은 남의 집 꽃이 붉어 보이고 계집은 남의 계집이 예뻐 보인다>남의
떡이 커 보인다
꽃이 고와야 벌 나비가 모인다>반달 같은 딸 있으면 온달 같은
사위 삼는다
꽃이 좋아야 벌 나비가 모인다>반달 같은 딸 있으면 온달 같은
사위 삼는다
꽃이 지면 오던 벌 나비도 아니 온다>깊던 물도 얕아지면 고기
아니 온다
꽃이 피면 지기 마련이다>달도 차면 기운다
꽃이 향기로워야 벌 나비가 모인다>반달 같은 딸 있으면 온달
같은 사위 삼는다
꾸어다 놓은 보릿자루>꾸어다 놓은 보릿자루
꿀단지 겉핥기>수박 겉핥기
꿀 먹은 벙어리>꿀 먹은 벙어리
꿀 발린 비상>고양이 쥐 생각
꿈도 꾸기 전에 해몽한다>독장수구구
꿈보다 해몽(이 좋다)>꿈보다 해몽
꿈에 본 돈 (천 냥)>그림의 떡
꿈은 어떻게 꾸든지 해몽만 잘 하여라>꿈보다 해몽
꿩 구워 먹은 소식>강원도 포수
꿩 구워 먹은 자리>꿩 구워 먹은 자리
꿩 놓친 매>꿩 놓친 매
꿩 대신 닭>꿩 대신 닭
꿩 떨어진 매>꿩 떨어진 매
꿩 먹고 알 먹고 (둥지 헐어 불 때고)>꿩 먹고 알 먹고
꿩 쓰는 데 닭 못 쓸까>꿩 대신 닭
꿩의 병아리 같다>꿩의 병아리 같다
꿩 잃고 매 잃는다>꿩 잃고 매 잃는다

꿩 잡는 게 매>꿩 잡는 게 매
꿩 장수 매 후리듯>꿩 장수 매 후리듯
끈 떨어진 갓>끈 떨어진 뒤웅박
끈 떨어진 뒤웅박 (신세)>끈 떨어진 뒤웅박
끈 떨어진 망석중>끈 떨어진 뒤웅박
끈 떨어진 연>끈 떨어진 뒤웅박
끓는 국 맛 모른다>끓는 국 맛 모른다
끓는 국에 국자 누르기>불난 집에 부채질
끓는 국에 국자 휘젓기>불난 집에 부채질
끓는 물에 냉수 끼얹은 듯하다>쥐 죽은 듯하다
끓는 물에 찬물 끼얹은 듯하다>쥐 죽은 듯하다
끝 구부러진 송곳>끈 떨어진 뒤웅박
끝까지 양반 되기는 글렀다>호랑이도 제 말 하면 온다
끝까지 양반 되기는 됐다>호랑이도 제 말 하면 온다
끝까지 양반 되기는 틀렸다>호랑이도 제 말 하면 온다
끝까지 양반은 못 된다>호랑이도 제 말 하면 온다
끝 부러진 송곳>끈 떨어진 뒤웅박
끼니 없는 놈에게 점심 의논>끼니 없는 놈에게 점심 의논

•• ㄴ ••

나 가는 데 강철이 가는 데>안 되는 놈은 뒤로 넘어져도 코가
깨진다
나간 머슴이 일은 잘했다>구관이 명관
나간 사람 몫은 있어도 자는 사람 몫은 없다>나간 사람 몫은
있어도 자는 사람 몫은 없다
나갔던 며느리 효도한다>굽은 나무 선산 지킨다
나귀는 샌님만 업신여긴다>나귀는 샌님만 업신여긴다
나그네가 주인 노릇 한다>배보다 배꼽이 크다
나그네 귀는 간짓대 귀>나그네 귀는 석 자
나그네 귀는 석 자>나그네 귀는 석 자
나그네 먹던 김칫국도 먹자니 더럽고 남 주자니 아깝다>충주 자린고
비
나그네 주인 쫓는 격>배보다 배꼽이 크다
나는 바담 풍 할 테니 너는 바람 풍 해라>윗물이 맑아야 아랫물이
맑다
나는 새도 떨어트리고 닫는 짐승도 못 가게 한다>나는 새도 떨어트
린다
나는 새도 떨어트린다>나는 새도 떨어트린다
나는 새에게 여기 앉아라 저기 앉아라 할 수 없다>나는 새에게
여기 앉아라 저기 앉아라 할 수 없다
나다니는 머저리가 앉아 있는 영웅보다 낫다>나그네 귀는 석
자
나도 사또 너도 사또면 아전은 누가 하랴>나도 사또 너도 사또면
아전은 누가 하랴
나라님도 늙은이 괄시는 안 한댔다>나라님도 늙은이 괄시는
안 한댔다

나라님이 약이 없어 죽나>나라님이 약이 없어 죽나
나루 건너 배 타기>우물에 가서 숭늉 찾기
나무는 옮기면 죽고 사람은 옮겨야 산다>나그네 귀는 석 자
나무는 큰 나무 덕을 못 봐도 사람은 큰 사람 덕은 본다>서당 개 삼 년이면 풍월을 읊는다
나무도 고목 되면 오던 새 아니 온다>깊던 물도 얕아지면 고기 아니 온다
나무도 쓸 만한 것이 먼저 베인다>모난 돌이 정 맞는다
나무 뚝배기 쇠 양푼 될까>사람 고쳐 쓰는 것 아니다
나무를 옮겨 심으면 삼 년 뿌리 앓는다>나무를 옮겨 심으면 삼 년 뿌리 앓는다
나무만 보고 숲은 보지 못한다>수박 겉핥기
나무에 오르라 하고 흔드는 격>나무에 오르라 하고 흔드는 격
나무에 올려놓고 흔든다>나무에 오르라 하고 흔든다
나무에도 돌에도 댈 곳 없다>낙동강 오리알
나무 잘 타는 놈 떨어져 죽고 헤엄 잘 치는 놈 빠져 죽는다>원숭이도 나무에서 떨어질 때가 있다
나무 접시 놋접시 될까>사람 고쳐 쓰는 것 아니다
나물 밭에 똥 한 번 눈 개 저 개 저 개 한다>나물 밭에 똥 한 번 눈 개 저 개 저 개 한다
나중 꿀 한 그릇보다 당장의 엿 한 가락이 달다>나중 꿀 한 그릇보다 당장의 엿 한 가락이 달다
나중 난 뿔이 우뚝하다>나중 난 뿔이 우뚝하다
나중에 보자는 사람 무섭지 않다>나중에 보자는 사람 무섭지 않다
나중에 보자는 양반 무섭지 않다>나중에 보자는 사람 무섭지 않다
나중에 삼수갑산을 갈지라도>목구멍이 포도청
나한 중에도 모래 먹는 나한 있다>나한 중에도 모래 먹는 나한 있다
낙동강 오리알 (신세)>낙동강 오리알
낙동강 잉어가 뛰니 부엌에 부지깽이도 뛴다>숭어가 뛰니 망둥이도 뛴다
낙동강 잉어가 뛰니 사랑방 목침이 뛴다>숭어가 뛰니 망둥이도 뛴다
낙락장송도 근본은 종자>티끌 모아 태산
낙숫물이 댓돌을 뚫는다>낙숫물이 바위를 뚫는다
낙숫물이 떨어진 데 또 떨어진다>세 살 버릇 여든까지 간다
낙숫물이 바위를 뚫는다>낙숫물이 바위를 뚫는다
낚싯줄이 길어야 큰 고기 잡는다>큰물에 큰 고기 논다
난가난든부자>난거지든부자
난거지든부자>난거지든부자
난 나는 해 과거 했다>십년공부 도로 아미타불
난다 긴다 하다>난다 긴다 하다
난리에는 앉은뱅이도 삼십 리를 간다>몽둥이 세 개 맞아 담 안 뛰어넘을 놈 없다
난봉꾼 마음잡아야 사흘>지어먹은 마음 사흘을 못 간다

난시에 앉은뱅이 없다>몽둥이 세 개 맞아 담 안 뛰어넘을 놈 없다
난쟁이 키 대보기>도토리 키 재기
난초 불붙으니 혜초 탄식한다>토끼 죽으니 여우 슬퍼한다
낟가리에 불 질러놓고 손발 쬘 놈>낟가리에 불 질러놓고 손발 쬘 놈
낟알산에 오르려면 먼저 거름산에 올라야 한다>낟알산에 오르려면 먼저 거름산에 올라야 한다
날도둑놈한테 짐을 보아 달란다>고양이에게 생선 맡기는 격
날면 기는 것이 능하지 못하다>무는 말이 있으면 차는 말이 있다
날 문은 낮아도 들 문은 높다>날 문은 낮아도 들 문은 높다
날아야 하루살이>뛰어야 벼룩
날아 온 돌이 박힌 돌 빼낸다>굴러 온 돌이 박힌 돌 빼낸다
날아 온 돌이 박힌 돌 뺀다>굴러 온 돌이 박힌 돌 빼낸다
날 잡은 놈이 자루 잡은 놈 못 당한다>칼자루는 저쪽이 쥐었다
날 적에 봤더라면 도로 몰아넣었겠다>저런 걸 낳지 말고 호박이나 낳았더라면 국이나 끓여 먹지
남 떡 먹는데 팥고물 떨어지는 걱정한다>남의 집 잔치에 감 놔라 배 놔라 한다
남산골딸깍발이>남산골샌님
남산골샌님>남산골샌님
남산골샌님 역적 바리듯>좁쌀 한 섬 두고 흉년 들기 기다린다
남산골샌님은 뒤지하고 담뱃대만 들면 나막신 신고 동대문까지 간다>남산골샌님은 뒤지하고 담뱃대만 들면 나막신 신고 동대문까지 간다
남산골샌님이 망해도 걸음 걷는 보수는 남는다>제 버릇 개 못 준다
남새 밭에 똥 한 번 눈 개 저 개 저 개 한다>나물 밭에 똥 한 번 눈 개 저 개 저 개 한다
남생이 등에 풀쐐기 쐼 같다>개 짖어 담장 무너지지 않는다
남생이 등에 활 쏘기>개 짖어 담장 무너지지 않는다
남양 원님 굴회 마시듯>마파람에 게 눈 감추듯
남을 물에 넣으려면 저부터 물에 들어가야 한다>남을 물에 넣으려면 저부터 물에 들어가야 한다
남의 것을 마 베어 먹듯 한다>남의 것을 마 베어 먹듯 한다
남의 고기 한 점 먹고 제 고기 열 점 준다>남의 고기 한 점 먹고 제 고기 열 점 준다
남의 군불에 밥 짓기>남의 군불에 밥 짓기
남의 군불에 익히기>남의 군불에 밥 짓기
남의 굿 보듯>강 건너 불구경
남의 꽃 붉게 보인다>남의 떡이 커 보인다
남의 눈에 눈물 나게 하면 자기 눈에 피눈물 난다>되로 주고 말로 받는다
남의 눈의 티끌은 보면서 제 눈의 대들보는 못 본다>똥 묻은 개가 겨 묻은 개 나무란다
남의 다리 긁는다>죽 쒀서 개 줬다

남의 다리에 행전 친다>죽 쒀서 개 줬다

남의 더운밥이 내 식은 밥만 못하다>남의 집 금송아지가 우리 집 송아지만 못하다

남의 덕 믿고 살려면 머리가 숙여진다>남의 덕 믿고 살려면 머리가 숙여진다

남의 돈 먹기 쉽지 않다>남의 돈 먹기 쉽지 않다

남의 돈 천 냥이 내 돈 한 푼만 못하다>남의 집 금송아지가 우리 집 송아지만 못하다

남의 등불에 게 잡기>남의 군불에 밥 짓기

남의 등불에 조개 잡기>남의 군불에 밥 짓기

남의 등창이 내 뾰루지만 못하다>남의 염병이 내 고뿔만 못하다

남의 등창이 내 여드름만 못하다>남의 염병이 내 고뿔만 못하다

남의 떡에 굿한다>남의 군불에 밥 짓기

남의 떡에 설 쇤다>남의 군불에 밥 짓기

남의 떡으로 선심 쓴다>남의 군불에 밥 짓기

남의 떡에 제 지낸다>남의 군불에 밥 짓기

남의 (손의) 떡이 (더) 커 보인다>남의 떡이 커 보인다

남의 말 다 듣단단 목에 칼 벗을 날 없다>열 사람이 백 마디를 해도 들을 이가 짐작

남의 말도 석 달>남의 말도 석 달

남의 말에 안장 지운다>죽 쒀서 개 줬다

남의 말이라면 쌍지팡이 짚고 나선다>남의 말이라면 쌍지팡이 짚고 나선다

남의 말이라면 점심 싸가지고 다닌다>남의 말이라면 쌍지팡이 짚고 나선다

남의 말 하기는 식은 죽 먹기>남의 말이라면 쌍지팡이 짚고 나선다

남의 바지 입고 새 벤다>남의 군불에 밥 짓기

남의 발에 감발>죽 쒀서 개 줬다

남의 발에 버선 신긴다>죽 쒀서 개 줬다

남의 밥그릇은 높아 보이고 자기 밥그릇은 낮아 보인다>남의 떡이 커 보인다

남의 밥 보고 시래깃국 끓인다>떡 줄 사람은 생각도 않는데 김칫국부터 마신다

남의 밥 보고 장 떠먹는다>떡 줄 사람은 생각도 않는데 김칫국부터 마신다

남의 밥에 든 콩 굵어 보인다>남의 떡이 커 보인다

남의 밥에 바늘 넣는다>못 먹는 감 찔러나 본다

남의 밥에는 가시가 있는 법이다>남의 덕 믿고 살려면 머리가 숙여진다

남의 생손은 제 살의 티눈만 못하다>남의 염병이 내 고뿔만 못하다

남의 소 날뛰는 건 구경거리>강 건너 불구경

남의 아이 떡 주라는 소리는 내 아이 떡 주라는 소리>동서 춤추게

남의 염병이 내 고뿔만 못하다>남의 염병이 내 고뿔만 못하다

남의 옷 얻어 입으면 걸레 감만 남고 남의 서방 얻어 가면 송장 치레만 한다>남의 옷 얻어 입으면 걸레 감만 남고 남의

서방 얻어 가면 송장 치레만 한다

남의 입에 떡 집어넣기>죽 쒀서 개 줬다

남의 자식 흉보지 말고 내 자식 가르쳐라>똥 묻은 개가 겨 묻은 개 나무란다

남의 장에 감 놔라 배 놔라 한다>남의 집 잔치에 감 놔라 배 놔라 한다

남의 주머니에서 돈 꺼내기 쉽지 않다>남의 돈 먹기 쉽지 않다

남의 짐이 가벼워 보인다>남의 떡이 커 보인다

남의 집 금송아지가 우리 집 송아지만 못하다>남의 집 금송아지가 우리 집 송아지만 못하다

남의 집 불구경 않는 군자 없다>남의 집 불구경 않는 군자 없다

남의 집 잔치에 감 놔라 대추 놔라 한다>남의 집 잔치에 감 놔라 배 놔라 한다

남의 집 잔치에 감 놔라 배 놔라 한다>남의 집 잔치에 감 놔라 배 놔라 한다

남의 집 제사에 감 놔라 대추 놔라 한다>남의 집 잔치에 감 놔라 배 놔라 한다

남의 집 제사에 감 놔라 배 놔라 한다>남의 집 잔치에 감 놔라 배 놔라 한다

남의 초상집에 와서 자기 설움으로 자기 울음 운다>죽은 사람 생각에 우나 자기 설움에 울지

남의 팔매에 밤 줍기>남의 군불에 밥 짓기

남의 횃불에 게 잡기>남의 군불에 밥 짓기

남의 횃불에 조개 잡기>남의 군불에 밥 짓기

남의 흉은 앞에 차고 자기 흉은 뒤에 찬다>똥 묻은 개가 겨 묻은 개 나무란다

남이 내 상전 두려워할까>과거를 아니 볼 바에야 시관이 개떡 같다

남이 눈 똥에 주저않는다>죄는 천도깨비가 짓고 벼락은 고목나무가 맞는다

남이 서울 간다니 저도 서울 간단다>숭어가 뛰니 망둥이도 뛴다

남이야 지게 지고 제사를 지내건 말건>남이야 지게 지고 제사를 지내건 말건

남이 은장도 차니 자기는 식칼 찬다>숭어가 뛰니 망둥이도 뛴다

남이 장에 간다니 거름 지고 나선다>숭어가 뛰니 망둥이도 뛴다

남이 장에 간다니 무릎에 망건 씌운다>숭어가 뛰니 망둥이도 뛴다

남이 장에 간다니 씨오쟁이 떼어 매고 나선다>숭어가 뛰니 망둥이도 뛴다

남이 주는 것 다 받아먹고 병어리가 되었다>남의 덕 믿고 살려면 머리가 숙여진다

남이 흉이 한 가지면 제 흉은 열 가지라>똥 묻은 개가 겨 묻은 개 나무란다

남자가 길을 나설 때는 삿갓과 거짓말 하나씩은 가지고 가야 한다>거짓말도 잘 하면 오려논 다섯 마지기보다 낫다
남 잡이가 제 잡이>남을 물에 넣으려면 저부터 물에 들어가야 한다
남편 덕 못 보면 자식 덕도 못 본다>여자 팔자 뒤웅박 팔자
남편 복 없는 년은 자식 복도 없다>여자 팔자 뒤웅박 팔자
남편은 두레박 아내는 항아리>남편은 두레박 아내는 항아리
남편 죽었다고 섧게 울던 년이 시집은 먼저 간다>남편 죽었다고 섧게 울던 년이 시집은 먼저 간다
낫 놓고 기역 자도 모른다>낫 놓고 기역 자도 모른다
낫으로 눈 가리기>눈 가리고 아웅 한다
낮말은 새가 듣고 밤말은 쥐가 듣는다>낮말은 새가 듣고 밤말은 쥐가 듣는다
낯가죽이 쇠가죽>족제비도 낯짝이 있다
낯은 알아도 마음은 모른다>열 길 물속은 알아도 한 길 사람 속은 모른다
내가 상주 되니 개고기가 흔하다>방귀 길나자 보리양식 떨어진다
내가 중이 되니 고기가 천하다>방귀 길나자 보리양식 떨어진다
내 것 없어 남의 것 먹자니 말도 많다>남의 덕 믿고 살려면 머리가 숙여진다
내 돈 서 푼은 알고 남의 돈 칠 푼은 모른다>팔은 안으로 굽는다
내리사랑은 있어도 치사랑은 없다>내리사랑은 있어도 치사랑은 없다
내 말이 좋으니 네 말이 좋으니 해도 달려봐야 안다>길고 짧은 건 대봐야 안다
내 미워 기른 아이 남이 괸다>내 미워 기른 아이 남이 괸다
내 밑 들어 남 보이기>봄 꿩이 제 울음에 죽는다
내 발등의 불을 꺼야 아들 발등의 불을 끈다>내 발등의 불을 꺼야 아비 발등의 불을 끈다
내 발등의 불을 꺼야 아비 발등의 불을 끈다>내 발등의 불을 꺼야 아비 발등의 불을 끈다
내 배 부르니 종의 배 고픈 줄 모른다>내 배 부르니 종의 배 고픈 줄 모른다
내 속 짚어 남의 말 한다>내 속 짚어 남의 말 한다
내시 이 앓는 소리>내시 이 앓는 소리
내 일 바빠 한댁 방아>내 일 바빠 한댁 방아
내일의 닭은 모르고 오늘의 달걀만 안다>당장 먹기에는 곶감이 달다
내 임 보고 남의 임 보면 심화 난다>남의 떡이 커 보인다
내 절 부처는 내가 위해야 한다>내 절 부처는 내가 위해야 한다
내 칼도 남의 칼집에 들면 찾기 어렵다>내 칼도 남의 칼집에 들면 찾기 어렵다
내 코가 닷 발>내 코가 석 자
내 코가 석 자>내 코가 석 자
내 콩이 크니 네 콩이 크니 한다>도토리 키 재기
냉수 마시고 갈비 트림 한다>냉수 마시고 이 쑤시기

냉수 마시고 수염 쓴다>냉수 마시고 이 쑤시기
냉수 마시고 이 쑤시기>냉수 마시고 이 쑤시기
냉수 먹다 이 부러졌다>홍시 먹다 이 빠졌다
너구리 굴 보고 가죽 값 내어 쓴다>독장수구구
너무 고르다 눈먼 사위 고른다>너무 고르다 눈먼 사위 고른다
너무 고르면 뱀 본다>너무 고르다 눈먼 사위 고른다
너무 고르면 지네 고른다>너무 고르다 눈먼 사위 고른다
넘어도 안 가본 고개에 한숨부터 쉰다>넘어도 안 가본 고개에 한숨부터 쉰다
넘어진 김에 쉬어 간다>넘어진 김에 쉬어 간다
네 맛도 내 맛도 아니다>술에 술 탄 듯 물에 물 탄 듯
노는 입에 염불>노는 입에 염불
노닥노닥 기워도 마누라 장옷>썩어도 준치
노루가 제 방귀에 놀란다>토끼가 제 방귀에 놀란다
노루도 악이 나면 문다>쥐도 궁하면 고양이를 문다
노루 친 막대기 삼 년 우린다>노루 친 막대기 삼 년 우린다
노름 뒤는 대도 먹는 뒤는 안 댄다>노름 뒤는 대도 먹는 뒤는 안 댄다
노새 탄 사람이 걸어가는 사람 다리 아픈 줄 모른다>내 배 부르니 종의 배 고픈 줄 모른다
노인 백대는 나라도 못 한다>나라님도 늙은이 괄시는 안 한댔다
노적가리에 불내고 낟알 주워 먹는다>어물전 털어먹고 꼴뚜기 장사 한다
노적가리에 불내고 싸라기 주워 먹는다>어물전 털어먹고 꼴뚜기 장사 한다
노처녀 과부 중매 선다>거지가 도승지를 불쌍타 한다
노처녀 시집가려니 등창이 난다>안 되는 놈은 뒤로 넘어져도 코가 깨진다
논이 있은 뒤에 물이라>하늘을 봐야 별을 따지
논 끝은 없어도 일한 끝은 있다>논 끝은 없어도 일한 끝은 있다
놀던 년이 결단이 나도 궁둥이짓은 남는다>제 버릇 개 못 준다
놀던 년이 결단이 나도 엉덩이짓은 남는다>제 버릇 개 못 준다
농담이 진담 된다>말이 씨가 된다
농부는 굶어 죽어도 씨앗을 베고 죽는다>농부는 굶어 죽어도 씨앗을 베고 죽는다
농부는 굶어 죽어도 씨오쟁이를 베고 죽는다>농부는 굶어 죽어도 씨앗을 베고 죽는다
농부는 굶어 죽어도 종자를 베고 죽는다>농부는 굶어 죽어도 씨앗을 베고 죽는다
농사꾼은 지게가 둘이다>팔은 안으로 굽는다
높은 가지 부러지기 쉽다>모난 돌이 정 맞는다
높은 나무에 바람이 세다>모난 돌이 정 맞는다
누구 코에 붙이라고>누구 코에 붙이라고
누운 나무 열매 안 열린다>나간 사람 몫은 있어도 자는 사람 몫은 없다
누운 소 타기>누워서 떡 먹기

누울 자리 봐 가며 다리 뻗어라>누울 자리 봐 가며 다리 뻗어라
누워 먹는 팔자라도 삿갓 밑을 도려야 한다>돌다리도 두들겨보고 건너라
누워서 떡 먹기>누워서 떡 먹기
누워서 떡 먹으면 눈에 팥고물이 떨어진다>누워서 떡 먹으면 눈에 팥고물이 떨어진다
누워서 침 뱉기>누워서 침 뱉기
누이 믿고 장가 못 간다>떡 줄 사람은 생각도 않는데 김칫국부터 마신다
누이 좋고 매부 좋고>꿩 먹고 알 먹고
눈 가리고 아웅 한다>눈 가리고 아웅 한다
눈 감고 따라간다>숭어가 뛰니 망둥이도 뛴다
눈 감으면 코 베어 간다>눈 감으면 코 베어 간다
눈 뜨고 도둑맞는다>눈 감으면 코 베어 간다
눈 뜨고 봉사질>눈 감으면 코 베어 간다
눈 뜨고 코 베어 갈 세상>눈 감으면 코 베어 간다
눈 뜬 소경>낫 놓고 기역 자도 모른다
눈 뜬 장님>낫 놓고 기역 자도 모른다
눈 먼던 토끼 얼음 먹던 토끼 다르다>눈 먹던 토끼 얼음 먹던 토끼 다르다
눈먼 말 워낭소리에 따라간다>숭어가 뛰니 망둥이도 뛴다
눈먼 소경도 눈멀었다 하면 성낸다>눈먼 소경도 눈멀었다 하면 성낸다
눈먼 자식이 효자 노릇 한다>굽은 나무 선산 지킨다
눈먼 정이 눈 뜬 사람 잡는다>눈먼 정이 눈 뜬 사람 잡는다
눈먼 탓이나 하지 개천 나무래 무엇하나>잘되면 제 탓 안 되면 조상 탓
눈물은 내려가고 숟가락은 올라간다>세월이 약이다
눈썹 밑에 떨어진 재앙>발등에 불 떨어졌다
눈썹에 불붙었다>발등에 불 떨어졌다
눈 어둡다 하더니 다홍고추만 잘 딴다>눈 어둡다 하더니 다홍고추만 잘 딴다
눈에 명태 껍질이 덮였나>뜨고도 못 보는 당달봉사
눈에서 멀어지면 마음에서도 멀어진다▶눈에서 멀어지면 마음에서도 멀어진다
눈에 콩깍지가 씌었다>제 눈에 안경
눈에 콩꺼풀이 씌었다>제 눈에 안경
눈엔 익어도 손엔 설다>눈 익고 손 설다
눈 온 (다음) 날에는 거지가 빨래를 한다>눈 온 날에는 거지가 빨래를 한다
눈으로 우물 메우기>밑 빠진 독에 물 붓기
눈은 아이고 하고 손은 그까짓 것 한다>천 리 길도 한 걸음부터
눈은 풍년이나 입은 흉년이다>눈은 풍년이나 입은 흉년이다
눈이 빠지게 기다린다>하루가 열흘 맞잡이
눈 익고 손 설다>눈 익고 손 설다
눈치가 빠르면 절에 가서도 새우젓 얻어먹는다>눈치가 빠르면 절에 가서도 새우젓 얻어먹는다

눈치가 빠르면 절에 가서도 자반 얻어먹는다>눈치가 빠르면 절에 가서도 새우젓 얻어먹는다
눈치가 빠르면 절에 가서도 젓갈 얻어먹는다>눈치가 빠르면 절에 가서도 새우젓 얻어먹는다
눈치가 빠르면 절에 가서도 조개젓 얻어먹는다>눈치가 빠르면 절에 가서도 새우젓 얻어먹는다
눈치나 있으면 떡이나 얻어먹지>눈치코치가 없다
눈치는 발바닥이라>눈치코치가 없다
눈치는 참새 방앗간 찾기>눈치가 빠르면 절에 가서도 새우젓 얻어먹는다
눈치를 사 먹고 다닌다>눈치코치가 없다
눈치 빠르기는 도갓집 강아지>눈치가 빠르면 절에 가서도 새우젓 얻어먹는다
눈치코치가 없다>눈치코치가 없다
뉘 집 숟가락이 몇 개인 줄 아나>뉘 집 숟가락이 몇 개인 줄 아나
뉘 집에 죽이 끓는지 밥이 끓는지 아나>뉘 집 숟가락이 몇 개인 줄 아나
느린 소도 성낼 적 있다>지렁이도 밟으면 꿈틀한다
느릿느릿 걸어도 황소걸음>느릿느릿 걸어도 황소걸음
늑대는 늑대끼리 노루는 노루끼리>조는 집에 자는 며느리 들어온다
늑대 피하려다 호랑이 만난다>여우 피하려다 호랑이 만난다
늘그막에 된서방 만났다>늘그막에 된서방 만났다
늙어 꼬부라질 때까지>검은 머리 파뿌리 되도록
늙으면 용마가 샛말만 못하다>기린이 늙으면 노마만 못하다
늙은 말이 길을 안다>늙은 말이 길을 안다
늙은이 괄시는 해도 애들 괄시는 안 한다>늙은이 괄시는 해도 애들 괄시는 안 한다
늙은이 기운 좋은 것과 가을 날씨 좋은 것은 믿을 수 없다>늙은이 기운 좋은 것과 가을 날씨 좋은 것은 믿을 수 없다
늙은이 잘못하면 노망으로 치고 젊은이 잘못하면 철없다 한다>늙은이 잘못하면 노망으로 치고 젊은이 잘못하면 철없다 한다
늙은 쥐가 독 뚫는다>늙은 말이 길을 안다
늦게 배운 도둑질 날 새는 줄 모른다>늦게 배운 도둑질 날 새는 줄 모른다
늦게 잡고 되게 친다>늦게 잡고 되게 친다
늦바람이 곱새 벗긴다>늦게 배운 도둑질 날 새는 줄 모른다
늦바람이 용새 벗긴다>늦게 배운 도둑질 날 새는 줄 모른다
늦바람이 용마루 벗긴다>늦게 배운 도둑질 날 새는 줄 모른다

•• ㄷ ••

다 된 농사에 낫 들고 덤빈다>다 된 농사에 낫 들고 덤빈다
다 된 밥에 코 풀기▶못 먹는 감 찔러나 본다
다 된 밥에 재 뿌리기▶못 먹는 감 찔러나 본다
다 된 죽에 코 빠트렸다>다 된 죽에 코 빠트렸다

다람쥐 볼가심할 것도 없다>누구 코에 붙이라고
다람쥐 쳇바퀴 돌듯 (한다) >개미 쳇바퀴 돌듯
다리가 효자다>발이 효자보다 낫다
다리 밑에서 원님 꾸짖기>다리 부러진 장수 성 안에서 호령한다
다리 부러진 노루 한 골레 모인다>조는 집에 자는 며느리 들어온다
다리 부러진 장수 성 안에서 호령한다>다리 부러진 장수 성 안에서 호령한다
다리 부러진 장수 집 안에서 큰소리친다>다리 부러진 장수 성 안에서 호령한다
다리 아래서 원님 꾸짖기>다리 부러진 장수 성 안에서 호령한다
다 먹은 죽에 코 빠졌다 한다>다 먹은 죽에 코 빠졌다 한다
다시 긷지 않는다고 우물에 똥 누랴>다시 긷지 않는다고 우물에 똥 누랴
다시 보니 수원 나그네>다시 보니 수원 나그네
다시 보니 수원 손님>다시 보니 수원 나그네
다식판에 박아낸 듯>호랑이가 호랑이를 낳고 개가 개를 낳는다
단단하다고 벽에 물이 고이나>단단하다고 벽에 물이 고이나
단단한 땅에 물이 고인다>단단한 땅에 물이 고인다
단맛 쓴맛 다 보았다>산전수전 다 겪었다
단삼 적삼 벗고 은가락지 낀다>돼지에 진주
단술에 배부르랴>첫술에 배부르랴
단풍도 떨어질 때 떨어진다>단풍도 떨어질 때 떨어진다
닫는 놈의 주먹만 못하다>닫는 놈의 주먹만 못하다
닫는 데 발 내민다>못 먹는 감 찔러나 본다
닫는 말에 채질(한다) >달리는 말에 채찍질
닫는 말에 채질한다고 경상도까지 하루에 갈까>닫는 말에 채찍질한다고 경상도까지 하루에 갈까
닫는 말에 채찍질(한다) >달리는 말에 채찍질
닫는 말에도 채를 친다>달리는 말에 채찍질
달걀도 굴러가다 서는 모가 있다>달걀도 굴러가다 서는 모가 있다
달걀로 돌 치기>계란으로 바위 치기
달걀로 바위 치기>계란으로 바위 치기
달걀로 백운대 치기>계란으로 바위 치기
달걀로 성 치기>계란으로 바위 치기
달걀 지고 성 밑으로도 못 가겠다>걱정도 팔자다
달고 치는데 안 맞는 장사 있나>달고 치는데 안 맞는 장사 있나
달고 치는데 안 맞는 장수 있나>달고 치는데 안 맞는 장사 있나
달도 둥글면 이지러진다>달도 차면 기운다
달도 차면 기운다>달도 차면 기운다
달래 놓고 눈알 뺀다>고양이 쥐 생각
달리는 말 타고 비단 보기>수박 겉핥기
달리는 말에 채질(한다) >달리는 말에 채찍질
달리는 말에 채찍질(한다) >달리는 말에 채찍질
달면 삼키고 쓰면 뱉는다>달면 삼키고 쓰면 뱉는다

달무리 한 지 사흘이면 비가 온다>청개구리가 울면 비가 온다
달 밝은 밤이 흐린 낮만 못하다>달 밝은 밤이 흐린 낮만 못하다
달팽이도 집이 있다>집도 절도 없다
닭 길러 족제비 좋은 일 시켰다>죽 쒀서 개 줬다
닭 머리가 될지언정 소 꼬리는 되지 마라>닭 머리가 될지언정 소 꼬리는 되지 마라
닭 머리가 소 꼬리보다 낫다>닭 머리가 될지언정 소 꼬리는 되지 마라
닭 물 먹듯>수박 겉핥기
닭 벼슬이 될지언정 소 꼬리는 되지 마라>닭 머리가 될지언정 소 꼬리는 되지 마라
닭 부리가 될지언정 소 꼬리는 되지 마라>닭 머리가 될지언정 소 꼬리는 되지 마라
닭 소 보듯>소 닭 보듯
닭싸움에도 텃세한다>개도 텃세한다
닭이 꿩 되랴>사람 고쳐 쓰는 것 아니다
닭이 진주를 물어도 옥수수 알만 못하다>돼지에 진주
닭이 천이면 봉이 한 마리>닭이 천이면 봉이 한 마리
닭 잡아 겪을 나그네 소 잡아 겪는다>호미로 막을 것을 가래로 막는다
닭 잡아 잔치할 것을 소 잡아 잔치한다>호미로 막을 것을 가래로 막는다
닭 잡아먹고 오리발 내민다>닭 잡아먹고 오리발 내민다
닭 쫓던 개 지붕만 쳐다본다>닭 쫓던 개 지붕만 쳐다본다
담배씨로 뒤웅박을 판다>미주알고주알 캔다
담벼락을 문이라고 내민다>채반이 용수 되도록 욱인다
담살이가 주인집 마누라 속곳 (베) 걱정한다>거지가 도승지를 불쌍타 한다
답답한 놈이 송사한다>목마른 놈이 우물 판다
닷 돈 보고 보리밭 갔다가 명주 속옷 찢었다>기와 한 장 아끼려다 대들보 썩힌다
닷새를 굶어도 풍잠 멋으로 굶는다. >양반은 빠져 죽어도 개헤엄은 안 친다
당나귀 뒷발>앉은 자리에서 풀도 안 나겠다
당나귀 발통처럼 곧다>앉은 자리에서 풀도 안 나겠다
당나귀 뿔 날 때까지 기다려라>병풍에 그린 닭이 홰를 치거든
당장 먹기에는 곶감이 달다>당장 먹기에는 곶감이 달다
대가리에 똥도 안 말랐다>머리에 피도 안 말랐다
대가리에 피도 안 말랐다>머리에 피도 안 말랐다
대감 말이 죽었다면 먹던 밥을 대감이 죽었다면 먹던 밥 다 먹고 간다>대감 죽은 데는 안 가도 대감 말 죽은 데는 간다
대감 죽은 데는 안 가도 대감 말 죽은 데는 간다>대감 죽은 데는 안 가도 대감 말 죽은 데는 간다
대감집 강아지 범 무서운 줄 모른다>하룻강아지 범 무서운 줄 모른다
대감집 송아지 백정 무서운 줄 모른다>하룻강아지 범 무서운 줄 모른다

대국 고추는 작아도 맵다>작은 고추가 맵다

대궁 남길 손님은 물 건너부터 알아본다>제 밥 덜어줄 샌님은 물 건너부터 안다

대동강에서 모래알 고르기>한양에서 김 서방 찾기

대동강에서 모래알 줍기>한양에서 김 서방 찾기

대들보 썩는 줄 모르고 기왓장 아끼는 격>호미로 막을 것을 가래로 막는다

대문 밖이 저승이라>대문 밖이 저승이라

대문턱 높은 집에 무종아리 긴 며느리 들어온다>대문턱 높은 집에 정강이 높은 며느리 들어온다

대문턱 높은 집에 정강이 높은 며느리 들어온다>대문턱 높은 집에 정강이 높은 며느리 들어온다

대신집 강아지 범 무서운 줄 모른다>하룻강아지 범 무서운 줄 모른다

대신집 송아지 백정 무서운 줄 모른다>하룻강아지 범 무서운 줄 모른다

대장장이 집에 식칼이 논다>대장장이 집에 식칼이 논다

대천 바다도 건너봐야 안다>열 길 물속은 알아도 한 길 사람 속은 모른다

대추나무에 연(줄) 걸리듯이>대추나무에 연 걸리듯이

대추씨 같다>작은 고추가 맵다

대학을 가르칠라>대학을 가르칠라

대한 끝에 봄이 있다>달도 차면 기운다

대한 끝에 양춘이 있다>달도 차면 기운다

대한이 소한 집에 놀러 갔다가 얼어 죽는다>대한이 소한 집에 놀러 갔다가 얼어 죽는다

댑싸리 밑의 개 팔자>오뉴월 개 팔자

댓구멍으로 하늘 보기>우물 안 개구리

더러운 처와 악한 첩이 빈방보다 낫다>더러운 처와 악한 첩이 빈방보다 낫다

더부살이 환자 걱정>거지가 도승지를 불쌍타 한다

더운 밥 먹고 식은 소리 한다>더운 밥 먹고 식은 소리 한다

더운술도 불고 마시면 코끝이 붉어진다>더운술도 불고 마시면 코끝이 붉어진다

더워서 못 먹고 식어서 못 먹고>더워서 못 먹고 식어서 못 먹고

더위 먹은 소 달만 봐도 헐떡인다>자라 보고 놀란 가슴 솥뚜껑 보고 놀란다

덕석을 멍석이라고 우긴다>채반이 용수 되도록 욱인다

덕석이 멍석인 듯>채반이 용수 되도록 욱인다

덤불이 커야 도깨비가 나온다>큰물에 큰 고기 논다

덩더꿍이 소출>덩더꿍이 소출

덩덩 하니 굿만 여긴다>덩덩 하니 굿만 여긴다

덩덩 하면 굿으로 안다>덩덩 하니 굿만 여긴다

덴 데 털 안 난다>덴 데 털 안 난다

도감포수 마누라 오줌 (으로) 짐작하듯>주먹구구에 박 터진다

도긴개긴>업어치나 메치나

도깨비 기왓장 뒤지듯>도깨비 기왓장 뒤지듯

도깨비 수키왓장 뒤지듯>도깨비 기왓장 뒤지듯

도깨비 씨름>도깨비 씨름

도깨비는 쳐다볼수록 커 보인다>어둑서니는 쳐다볼수록 커 보인다

도끼가 제 자루 깎지 못한다>중이 제 머리 못 깎는다

도끼가 제 자루 못 찍는다>중이 제 머리 못 깎는다

도끼 가진 놈이 바늘 가진 놈 못 당한다>도끼 가진 놈이 바늘 가진 놈 못 당한다

도끼는 날을 달아 써도 사람은 죽으면 그만>도끼는 날을 달아 써도 사람은 죽으면 그만

도끼는 무디면 갈기나 하지 사람은 죽으면 못한다>도끼는 날을 달아 써도 사람은 죽으면 그만

도끼 들고 나물 캐러 간다>돼지에 진주

도끼 등에 날 달아 쓴다>돼지에 진주

도끼로 제 발등 찍는다>누워서 침 뱉기

도끼를 베고 잤나>도끼를 베고 잤나

도끼머리 빠진 자루>끈 떨어진 뒤웅박

도끼 싫은 물>술에 술 탄 듯 물에 물 탄 듯

도나캐나>업어치나 메치나

도는 개는 배 채우고 누운 개는 옆 채인다>나간 사람 몫은 있어도 자는 사람 몫은 없다

도둑개 꼬리 낀다>도둑이 제 발 저린다

도둑개 살 안 찐다>도둑이 제 발 저린다

도둑고양이 살 안 찐다>도둑이 제 발 저린다

도둑놈 개에게 물린 격>도둑놈 개에게 물린 격

도둑놈 문 열어준 셈>도둑놈 문 열어준 셈

도둑놈 재워주면 쌀섬 지고 간다>도둑놈 문 열어준 셈

도둑놈도 인정이 있다>도둑놈도 인정이 있다

도둑놈에게 열쇠 맡긴 셈>고양이에게 생선 맡기는 격

도둑놈은 한 죄 잃은 놈은 열 죄>도둑맞으면 어미 품도 들춰본다

도둑놈이 제 발자국에 놀란다>도둑이 제 발 저린다

도둑도 나갈 구멍을 보고 쫓아라>쥐도 궁하면 고양이를 문다

도둑맞고 빈지 고친다>소 잃고 외양간 고친다

도둑맞고 사립 고친다>소 잃고 외양간 고친다

도둑맞고 죄 된다>도둑맞으면 어미 품도 들춰본다

도둑맞으려면 개도 안 짖는다>안 되는 놈은 뒤로 넘어져도 코가 깨진다

도둑맞으면 어미 품도 들춰본다>도둑맞으면 어미 품도 들춰본다

도둑에도 의리가 있고 딴꾼에도 꼭지가 있다>도둑놈도 인정이 있다

도둑을 뒤로 잡지 앞으로 잡나>도둑을 뒤로 잡지 앞으로 잡나

도둑을 앞으로 잡지 뒤로는 못 잡는다>도둑을 뒤로 잡지 앞으로 잡나

도둑의 때는 벗어도 자식의 때는 못 벗는다>도둑의 때는 벗어도 자식의 때는 못 벗는다

도둑의 때는 벗어도 화냥의 때는 못 벗는다>도둑의 때는 벗어도

화냥의 때는 못 벗는다

도둑의 찌끼는 있어도 불의 찌끼는 없다>도둑의 찌끼는 있어도 불의 찌끼는 없다

도둑이 달릴까 했더니 우뚝 선다>방귀 뀐 놈이 성낸다

도둑이 도둑이야 한다>방귀 뀐 놈이 성낸다

도둑이 매를 든다>방귀 뀐 놈이 성낸다

도둑이 몽둥이 들고 길로 나선다>방귀 뀐 놈이 성낸다

도둑이 제 말에 잡힌다>도둑이 제 발 저린다

도둑이 제 발 저린다>도둑이 제 발 저린다

도둑이 포도청 간다>도둑이 제 발 저린다

도둑질도 눈이 맞아야 한다>도둑질도 손발이 맞아야 한다

도둑질도 손발이 맞아야 한다>도둑질도 손발이 맞아야 한다

도둑질은 내가 하고 오라는 네가 져라>도둑질은 내가 하고 오라는 네가 져라

도둑질은 혼자 해먹어라>도둑질은 혼자 해먹어라

도둑질을 하더라도 사모 바람에 거들먹거린다>도둑질을 하더라도 사모 바람에 거들먹거린다

도둑질하다 들켜도 변명을 한다>핑계 없는 무덤 없다

도둑질한 놈은 오그리고 자고 도둑맞은 사람은 펴고 잔다>때린 놈은 오그리고 자도 맞은 놈은 펴고 잔다

도랑물이 호수가 소리를 낼까>벼는 익을수록 고개를 숙인다

도랑 치고 가재 잡는다>꿩 먹고 알 먹고

도리깨로 사위는 먹어도 안 먹는다고 한다>며느리 사랑은 시아버지 사위 사랑은 장모

도마 위에 오른 물고기>독 안에 든 쥐

도마 위의 고기가 칼을 무서워하랴>목구멍이 포도청

도살장에 끌려가는 소걸음>고양이 앞의 쥐걸음

도살장에 끌려가는 소마냥>고양이 앞의 쥐걸음

도살장에 든 소>독 안에 든 쥐

도수장에 든 소>독 안에 든 쥐

도 아니면 모>도 아니면 모

도처 소식을 들으려면 시골로 가라>등잔 밑이 어둡다

도토리 키 재기>도토리 키 재기

도투마리로 넉가래 만들기>누워서 떡 먹기

도투 잠에 개꿈>독장수구구

도포 입고 논을 갈아도 제멋>남이야 지게 지고 제사를 지내건 말건

도회 소식을 들으려면 시골로 가라>등잔 밑이 어둡다

독 보아 줘 못 친다>독 보아 줘 못 친다

독수리가 파리 못 잡는다>무는 말이 있으면 차는 말이 있다

독수리는 모기를 잡아먹지 않는다>군자는 대로행이라

독 안에 든 쥐>독 안에 든 쥐

독 안에 들어가도 팔자 도망은 못 한다>팔자는 독에 들어가서도 못 피한다

독 안에서 소리치기▶다리 부러진 장수 성 안에서 호령한다

독장수구구>독장수구구

독장수구구는 독만 깨트린다>독장수구구

독 틈에 탕관>고래 싸움에 새우 등 터진다

돈 나는 모퉁이 죽는 모퉁이>남의 돈 먹기 쉽지 않다

돈 놓고는 못 웃어도 아이 놓고는 웃는다>돈 놓고는 못 웃어도 아이 놓고는 웃는다

돈 떨어지자 입맛 난다>돈 길나자 보리양식 떨어진다

돈만 있으면 개도 멍첨지>돈이면 귀신도 부린다

돈 모아줄 생각 말고 자식 글 가르쳐라>돈 모아줄 생각 말고 자식 글 가르쳐라

돈 앞에 장사 없다>돈이면 귀신도 부린다

돈 없으면 적막강산이요 돈 있으면 금수강산이라>입이 원수

돈이 날개다>돈이면 귀신도 부린다

돈이 돈을 번다>소매가 길면 춤을 잘 춘다

돈이 많으면 장사를 잘한다>소매가 길면 춤을 잘 춘다

돈이면 귀신도 부린다>돈이면 귀신도 부린다

돈이면 지옥문도 연다>돈이면 귀신도 부린다

돈이면 처녀 불알도 산다>돈이면 귀신도 부린다

돈이 양반이라>돈이면 귀신도 부린다

돈이 장사다>돈이면 귀신도 부린다

돈 있는 사람 집만 봐도 알고 덕 있는 사람 곁만 봐도 안다>제 밥 덜어줄 샌님은 물 건너부터 안다

돈 한 푼 쥐면 손에서 땀이 난다>충주 자린고비

돌 갖다 놓고 달걀 되기 바란다>병풍에 그린 닭이 홰를 치거든

돌다가 보아도 마름>개미 쳇바퀴 돌듯

돌다가 보아도 물레방아>개미 쳇바퀴 돌듯

돌다리도 두들겨보고 건너라>돌다리도 두들겨보고 건너라

돌도 십 년을 쳐다보면 구멍이 뚫린다>낙숫물이 바위를 뚫는다

돌 뚫는 화살은 없어도 돌 뚫는 낙수는 있다>낙숫물이 바위를 뚫는다

돌로 치면 돌로 치고 떡으로 치면 떡으로 친다>가는 말이 고와야 오는 말이 곱다

돌부리를 치면 발부리만 아프다>돌부리를 차면 발부리만 아프다

돌아본 마을 꾸어본 방귀>돌아본 마을 꾸어본 방귀

돌절구도 밑 빠질 날 있다>가랑비에 옷 젖는 줄 모른다

돌쩌귀에 녹이 슬지 않는다>흐르는 물은 썩지 않는다

동냥은 못 줄지언정 쪽박은 깨지 마라.>동냥은 못 줄지언정 쪽박은 깨지 마라

동냥은 안 주고 자루만 찢는다>동냥은 안 주고 쪽박만 깬다

동냥은 안 주고 쪽박만 깬다>동냥은 안 주고 쪽박만 깬다

동냥치가 동냥치 꺼린다>갈치가 갈치 꼬리 문다

동무 따라 강남 간다>친구 따라 강남 간다

동무 몰래 양식 내기>절 모르고 시주하기

동무 사나워 뺨 맞는다>애매한 두꺼비 떡돌에 치인다

동생 줄 것은 없어도 도둑 줄 것은 있다>쥐 줄 것은 없어도 도둑 줄 것은 있다

동생의 말도 들어야 형의 말도 듣는다>윗물이 맑아야 아랫물이 맑다

동서보고 춤추란다>동서 춤추게

659

동서 시집살이는 오뉴월에도 서릿발 친다>동서 시집살이는 오뉴월에도 서릿발 친다

동서 춤추게>동서 춤추게

동아 속 썩는 것은 밭 임자도 모른다>동아 속 썩는 것은 밭 임자도 모른다

동정 못 다는 며느리 맹물 발라 머리 빗는다>동정 못 다는 며느리 맹물 발라 머리 빗는다

동지에 팥죽 쉬겠다>동지에 팥죽 쉬겠다

동지에 팥죽 쉰다>동지에 팥죽 쉬겠다

동태나 북어나>업어치나 메치나

동헌에서 원님 칭찬한다>동헌에서 원님 칭찬한다

돝 팔아 한 냥, 개 팔아 닷 돈이니 냥 반인가>되지 못한 풍잠이 갓 밖에 어른거린다

돼지는 앞으로 뒤지고 닭은 뒤로 파헤친다>사람 고쳐 쓰는 것 아니다

돼지는 흐린 물을 좋아한다>사람 고쳐 쓰는 것 아니다

돼지 목에 진주 (목걸이)>돼지에 진주

돼지 발굽에 봉숭아 물>돼지에 진주

돼지에 진주 (목걸이)>돼지에 진주

돼지우리에 주석 자물쇠>돼지에 진주

돼지 잠에 개꿈>독장수구구

되 글 가지고 말 글로 써먹는다>되 글 가지고 말글로 써먹는다

되는 것도 없고 안 되는 것도 없다>되는 것도 없고 안 되는 것도 없다

되는 집에는 가지나무에 수박이 열린다>되는 집에는 가지나무에 수박이 열린다

되로 주고 말로 받는다>되로 주고 말로 받는다

되면 더 되고 싶다>바다는 메워도 사람 욕심은 못 메운다

되지 못한 풍잠이 갓 밖에 어른거린다>되지 못한 풍잠이 갓 밖에 어른거린다

될성부른 나무는 떡잎부터 알아본다>될성부른 나무는 떡잎부터 알아본다

두꺼비 싸움에 파리 치인다>고래 싸움에 새우 등 터진다

두꺼비 씨름>도깨비 씨름

두꺼비 파리 잡아먹듯>마파람에 게 눈 감추듯

두레박 놔두고 우물 들어 마신다>우물에 가서 숭늉 찾다

두 마리 토끼 쫓다 둘 다 놓친다>두 마리 토끼 쫓다 둘 다 놓친다

두말하면 입만 아프다>두말하면 잔소리

두말하면 잔소리>두말하면 잔소리

두말하면 편지 문안>두말하면 잔소리

두부 먹다 이 빠졌다>홍시 먹다 이 빠졌다

두부 먹다 이 빠진다>원숭이도 나무에서 떨어질 때가 있다

두부 살에 바늘 뼈>두부 살에 바늘 뼈

두부에 뼈>안 되는 놈은 뒤로 넘어져도 코가 깨진다

두 소경이 한 막대 잡고 걷는다>두 소경이 한 막대 잡고 걷는다

두었다가 국 끓여 먹으려고 그러느냐>아끼다 똥 된다

두 절 개>주인 많은 나그네 조석이 간 데 없다

두 절 개 밥 굶는다>주인 많은 나그네 조석이 간 데 없다

두 절집 개 나성 굶는다>주인 많은 나그네 조석이 간 데 없다

두터울수록 샌다>발 없는 말이 천 리 간다

둘이 먹다가 하나가 죽어도 모른다>둘이 먹다 하나가 죽어도 모른다

둘째가라면 서러워한다>둘째가라면 서러워한다

둘째며느리 들여야 맏며느리 무던한 줄 안다>구관이 명관

둘째며느리 들여야 맏며느리 착한 줄 안다>구관이 명관

뒤로 노를 끈다>얌전한 고양이 부뚜막에 먼저 올라간다

뒤로 호박씨를 깐다>얌전한 고양이 부뚜막에 먼저 올라간다

뒤주 밑이 긁히면 밥맛이 더 난다>뒤주 밑이 긁히면 밥맛이 더 난다

뒤주에서 인심 난다>곳간에서 인심 난다

뒷간 갈 적 마음 다르고 올 적 다르다>뒷간 갈 적 마음 다르고 올 적 다르다

뒷간 기둥이 물방앗간 기둥을 더럽다 한다>똥 묻은 개가 겨 묻은 개 나무란다

뒷간과 친정은 멀수록 좋다>뒷간과 친정은 멀수록 좋다

뒷구멍으로 호박씨를 깐다>얌전한 고양이 부뚜막에 먼저 올라간다

뒷집 짓고 앞집 뜯어내란다>방귀 뀐 놈이 성낸다

뒹굴 자리 보고 씨름 나간다>누울 자리 봐 가며 다리 뻗어라

다니는 개가 꿩을 문다>거지도 부지런해야 더운밥을 얻어먹는다

드는 정은 몰라도 나는 정은 안다>드는 줄은 몰라도 나는 줄은 안다

드는 줄 몰라도 나는 줄은 안다>드는 줄은 몰라도 나는 줄은 안다

든가난난부자>든거지난부자

든거지난부자>든거지난부자

든 버릇 난 버릇>세 살 버릇 여든까지 간다

듣기 좋은 노래도 한두 번>듣기 좋은 노래도 한두 번

듣기 좋은 말도 한두 번>듣기 좋은 노래도 한두 번

듣기 좋은 소리도 한두 번>듣기 좋은 노래도 한두 번

듣기 좋은 육자배기도 한두 번>듣기 좋은 노래도 한두 번

들까마 참깨더라 잘다 한다>똥 묻은 개가 겨 묻은 개 나무란다

들불 번지듯>터진 봇물마냥

들어서 죽 쑨 놈 나가서도 죽 쑨다>집에서 새는 바가지 들에서도 샌다

들어오는 복도 문 닫는다>들어오는 복도 발로 찬다

들어오는 복도 발로 찬다>들어오는 복도 발로 찬다

들어온 놈이 동네 팔아먹는다>굴러 온 돌이 박힌 돌 빼낸다

들으면 병이요 안 들으면 약이다>아는 게 병이요 모르는 게 약이다

들은 귀는 천 년이요 말한 입은 사흘이라>웃느라 한 말에 초상난다

들은 말은 들은 데 버리고 본 말은 본 데 버려라>발 없는 말이

천 리 간다

둥겨 먹던 개는 들키고 쌀 먹던 개는 안 들킨다>똥 싼 놈은 달아나고 방귀 뀐 놈이 잡힌다

등잔 밑이 어둡다>등잔 밑이 어둡다

등 치고 간 빼 먹는다>고양이 쥐 생각

등 치고 배 문지른다>병 주고 약 주기

등 치고 배 어루만진다>병 주고 약 주기

등 치고 배 짼다>고양이 쥐 생각

따 놓은 당상 (좀먹으랴)>떼어 놓은 당상

딸 셋 둔 집은 문 열어놓고 잔다>딸 셋 시집보내면 기둥뿌리가 흔들린다

딸 셋 시집보내면 기둥뿌리가 파인다>딸 셋 시집보내면 기둥뿌리가 흔들린다

딸 셋 시집보내면 기둥뿌리가 흔들린다>딸 셋 시집보내면 기둥뿌리가 흔들린다

딸 오줌 소리는 은조롱금조롱 하고 며느리 오줌 소리는 쌔 한다>팔은 안으로 굽는다

딸은 내 딸이 예뻐 보이고 떡은 남의 떡이 커 보인다>남의 떡이 커 보인다

딸은 두 번 서운하다>딸은 두 번 서운하다

딸은 예쁜 도둑>딸은 예쁜 도둑

딸의 시앗은 가시방석에 앉히고 며느리 시앗은 꽃방석에 앉힌다>팔은 안으로 굽는다

딸의 차반은 재 넘어가고 며느리 차반은 농 위에 둔다>팔은 안으로 굽는다

딸이 여럿이면 에미 속곳 벗는다>딸 셋 시집보내면 기둥뿌리가 흔들린다

딸 죽은 사위>끈 떨어진 뒤웅박

땅 냄새가 고소하다>대문 밖이 저승이라

땅을 열 길 파봐라 돈 한 푼 나오나>땅을 열 길 파봐라 돈 한 푼 나오나

땅 짚고 헤엄치기>누워서 떡 먹기

때리는 사람보다 말리는 놈이 더 밉다>때리는 시어미보다 말리는 시누이가 더 밉다

때리는 시어미보다 말리는 시누이가 더 밉다>때리는 시어미보다 말리는 시누이가 더 밉다

때리면 우는 시늉이라도 해라>때리면 우는 시늉이라도 해라

때린 놈은 가로 가고 맞은 놈은 가운데로 간다>때린 놈은 오그리고 자도 맞은 놈은 펴고 잔다

때린 놈은 다리 못 뻗고 자도 맞은 놈은 다리 뻗고 잔다>때린 놈은 오그리고 자도 맞은 놈은 펴고 잔다

때린 놈은 오그리고 자도 맞은 놈은 펴고 잔다>때린 놈은 오그리고 자도 맞은 놈은 펴고 잔다

땡감을 따 먹어도 이승이 좋다>개똥밭에 굴러도 이승이 좋다

떡 다 건지는 며느리 없다>떡 다 건지는 며느리 없다

떡도 떡같이 못 해 먹고 찹쌀 한 섬만 없어졌다>떡도 떡같이 못 해 먹고 찹쌀 한 섬만 없어졌다

떡도 떡이려니와 합이 좋다>떡도 떡이려니와 합이 더 좋다

떡도 먹어본 사람이 맛을 안다>고기도 먹어본 사람이 잘 먹는다

떡 돌리라면 덜 돌리고 말 돌리라면 더 돌린다>남의 말이라면 쌍지팡이 짚고 나선다

떡 본 김에 굿한다>떡 본 김에 제사 지낸다

떡 본 김에 제사 지낸다>떡 본 김에 제사 지낸다

떡 사 먹을 양반은 눈꼴부터 다르다>제 밥 덜어줄 샌님은 물 건너부터 안다

떡은 돌릴수록 떼이고 말은 돌수록 붙는다>발 없는 말이 천 리 간다

떡은 돌릴수록 떼이고 말은 할수록 붙는다>발 없는 말이 천 리 간다

떡이 별 떡 있지 사람은 별 사람 없다>너무 고르다 눈먼 사위 고른다

떡 줄 사람은 생각도 않는데 김칫국부터 마신다>떡 줄 사람은 생각도 않는데 김칫국부터 마신다

떡 해 먹을 집안>콩가루 집안

떨어진 꽃은 나뭇가지에 올라 피지 못한다>쏘아 놓은 화살이요 엎질러진 물이라

떨어진 주머니에 마패 들었다>떨어진 주머니에 어패 들었다

떨어진 주머니에 어패 들었다>떨어진 주머니에 어패 들었다

떼꿩에 매 놓기>두 마리 토끼 쫓다 둘 다 놓친다

떼어 놓은 당상 (좀먹으랴)>떼어 놓은 당상

똑똑한 머리보다 얼떨떨한 문서가 낫다>똑똑한 머리보다 얼떨떨한 문서가 낫다

똑똑한 사람도 몰아주면 머저리가 된다>똑똑한 사람도 몰아주면 머저리가 된다

똥구멍이 찢어지게 가난하다>찢어지게 가난하다

똥 뀐 년이 바람맞이에 선다>못된 송아지 엉덩이에 뿔 난다

똥 누고 간 우물도 다시 먹을 날이 있다>다시 긷지 않는다고 우물에 똥 누랴

똥 누러 가서 밥 달란다>똥 누러 가서 밥 달란다

똥 누러 갈 적 마음 다르고 올 적 다르다>뒷간 갈 적 마음 다르고 올 적 다르다

똥 때문에 살인난다>똥 때문에 살인난다

똥 마려운 계집 국거리 썰듯>똥 마려운 계집 국거리 썰듯

똥 묻은 개가 겨 묻은 개 나무란다>똥 묻은 개가 겨 묻은 개 나무란다

똥 묻은 속곳을 팔아서라도>목구멍이 포도청

똥 싸고 매화타령>족제비도 낯짝이 있다

똥 싼 놈은 달아나고 방귀 뀐 놈이 잡힌다>똥 싼 놈은 달아나고 방귀 뀐 놈이 잡힌다

똥 싼 놈이 성낸다>방귀 뀐 놈이 성낸다

똥 싼 주제에 매화타령>족제비도 낯짝이 있다

똥은 건드릴수록 구린내만 난다>똥은 건드릴수록 구린내만 난다

똥이 무서워 피하랴>똥이 무서워 피하랴

똥이 무서워서 피하나 더러워서 피하지>똥이 무서워 피하랴

똥인지 된장인지 (찍어) 먹어봐야 아나>하나를 보면 열을 안다
똥 포대기는 들썩일수록 똥내만 난다>똥은 건드릴수록 구린내만 난다
똬리로 하문 가리기>눈 가리고 아웅 한다
뚝배기보다 장맛>뚝배기보다 장맛
뚱딴지같다>밑도 끝도 없다
뛰는 놈 위에 나는 놈 있다>뛰는 놈 위에 나는 놈 있다
뛰어야 벼룩>뛰어야 벼룩
뜨고도 못 보는 당달봉사>뜨고도 못 보는 당달봉사
뜬구름 잡는 소리 한다>아닌 밤중에 홍두깨
뜬쇠도 달면 어렵다>뜬쇠도 달면 어렵다

•• ㅁ ••

마당 쓸고 돈 줍고>꿩 먹고 알 먹고
마당 터진 데 솔뿌리 걱정>마당 터진 데 솔뿌리 걱정
마디에 옹이>마디에 옹이
마루 넘은 수레 굴러가듯>터진 봇물마냥
마루 밑 응달에도 볕 들 날 있다>달도 차면 기운다
마른나무 꺾듯>마른나무 꺾듯
마른나무를 태우면 생나무도 탄다>마른나무를 태우면 생나무도 탄다
마른나무에 물 내기>병풍에 그린 닭이 홰를 치거든
마른나무에 물 짜기>병풍에 그린 닭이 홰를 치거든
마른나무 좀먹듯 한다>가랑비에 옷 젖는 줄 모른다
마른 논에 물 대기>밑 빠진 독에 물 붓기
마른 땅에 말뚝 박기>마른 땅에 말뚝 박기
마른 장작이 잘 탄다>마른 장작이 잘 탄다
마른하늘에 날벼락>아닌 밤중에 홍두깨
마방이 망하려니 당나귀만 들어온다>절이 망하려니 새우젓 장수가 들어온다
마음에 없는 염불>마음에 없는 염불
마음에 없으면 지게 지고 엉덩춤 춘다>마음에 없는 염불 묘에 벌초하듯
마음에 있어야 꿈도 꾸지>마음에 있으면 꿈에도 있다
마음에 있으면 꿈에도 있다>마음에 있으면 꿈에도 있다
마음이 고와야 옷깃이 바로 선다>마음이 고와야 옷깃이 바로 선다
마음이 고우면 옷 앞섶이 아문다>마음이 고와야 옷깃이 바로 선다
마음이 천 리면 지척도 천 리>마음이 천 리면 지척도 천 리
마음 한번 잘 먹으면 북두칠성이 굽어본신다>마음 한번 잘 먹으면 북두칠성이 굽어보신다
마음 후한 과부 시아버지가 열둘이라>마음 후한 과부 시아버지가 열둘이라
마음 후한 여편네 시아버지가 열둘이라>마음 후한 과부 시아버지가 열둘이라

마지막 고개 넘기가 가장 힘들다>마지막 고개 넘기가 가장 힘들다
마치가 가벼우면 못이 솟는다. >망치가 가벼우면 못이 솟는다
마파람에 게 눈 감추듯>마파람에 게 눈 감추듯
마파람에 곡식이 혀를 빼물고 자란다>마파람에 곡식이 혀를 빼물고 자란다
막내딸 시집보내려면 내가 가지>막내딸 시집보내려면 내가 가지
막대 잃은 장님>끈 떨어진 뒤웅박
막술에 목이 멘다>막술에 목이 멘다
만만한 놈은 성도 없나>지렁이도 밟으면 꿈틀한다
맏딸은 금 주고도 못 산다>맏딸은 금 주고도 못 산다
말 가는 데 소 간다>말 가는 데 소 간다
말고기 다 먹고 나서 무슨 냄새 난다 한다>말고기 다 먹고 무슨 냄새 난다 한다
말꼬리에 파리가 천 리 간다>말꼬리에 파리가 천 리 간다
말 단 집에 장맛이 쓰다>말이 많으면 쓸 말이 적어진다
말똥을 모르고 마의 노릇 한다>말똥도 모르고 마의 노릇 한다
말똥도 세 번 굴리어 제자리에 선다>말똥도 세 번 굴러야 제자리에 선다
말로는 못 할 말이 없다>말로는 못 할 말이 없다
말로는 사람 속을 모른다>열 길 물속은 알아도 한 길 사람 속은 모른다
말로는 속여도 눈길은 속이지 못한다>열 길 물속은 알아도 한 길 사람 속은 모른다
말로 배워 되로 풀어먹는다>말로 배워 되로 풀어먹는다
말로 온 동네 다 겪는다>말로 온 동네 다 겪는다
말만 귀양 보낸다>말만 귀양 보낸다
말 많은 집에 장맛이 쓰다>말이 많으면 쓸 말이 적어진다
말 못 하는 사람은 서울 못 가도 세 봉사는 서울 간다>백지장도 맞들면 낫다
말살에 쇠살>눈 가리고 아웅 한다
말에 꽃피는 사람은 마음에 열매가 없다>말로는 못할 말이 없다
말은 나면 제주로 보내고 사람은 나면 서울로 보내라>큰물에 큰 고기 논다
말은 청산유수다>말로는 못 할 말이 없다
말은 하는 데 달리지 않고 듣는 데 달렸다>말은 하는 데 달리지 않고 듣는 데 달렸다
말을 아니 하면 귀신도 모른다 고기는 씹어야 맛이고 말은 해야 맛이다
말이 고마우면 비지 사러 갔다가 두부 사 온다>가는 말이 고와야 오는 말이 곱다
말이 많으면 쓸 말이 적어진다>말이 많으면 쓸 말이 적어진다
말이 반찬 같으면 상다리가 부러지겠다>말로 온 동네 다 겪는다
말이 씨가 된다>말이 씨가 된다
말이 앞서지 일이 앞서는 사람 본 적 없다>말로는 못 할 말이 없다

말 잃고 외양간 고친다>소 잃고 외양간 고친다
말 죽은 데 체장수 모이듯>말 죽은 데 체장수 모이듯
말짱 꽝>십년공부 도로 아미타불
말짱 도루묵>십년공부 도로 아미타불
말짱 황>십년공부 도로 아미타불
말 타고 꽃구경>수박 겉핥기
말 타면 경마 잡히고 싶다>바다는 메워도 사람 욕심은 못
메운다
말 타면 종 두고 싶다>바다는 메워도 사람 욕심은 못 메운다
말 탄 사람이 걸어가는 사람 다리 아픈 줄 모른다>내 배 부르니
종의 배 고픈 줄 모른다
말 태우고 버선 깁는다>초승달 볼 사람이 야밤에 나와 기다린다
말하면 백 냥 다물면 천 냥>말이 많으면 쓸 말이 적어진다
말 한마디로 온 공을 갚는다>말 한마디로 천 냥 빚을 갚는다
말 한마디로 천 냥 빚을 갚는다>말 한마디로 천 냥 빚을 갚는다
맛없는 국이 뜨겁기만 하다>못된 송아지 엉덩이에 뿔 난다
맛있는 음식도 늘 먹으면 싫다>듣기 좋은 노래도 한두 번
망건 쓰고 세수하기>우물에 가서 숭늉 찾기
망건 쓰다 장 파한다>망건 쓰다 장 파한다
망건 쓰자 파장 된다>망건 쓰다 장 파한다
망건이 좋아야 값을 받는다>반달 같은 딸 있으면 온달 같은
사위 삼는다
망둥이가 뛰니 꼴뚜기도 뛴다>숭어가 뛰니 망둥이도 뛴다
망둥이가 뛰니 전라도 빗자루도 뛴다>숭어가 뛰니 망둥이도
뛴다
망둥이 제 동무 잡아먹듯>갈치가 갈치 꼬리 문다
망둥이 제 새끼 잡아먹듯>갈치가 갈치 꼬리 문다
망석중이 놀리듯>망석중이 놀리듯
망신당하려면 아버지 이름도 안 나온다>절이 망하려니 새우
젓장수가 들어온다
망치가 가벼우면 못이 솟는다. >망치가 가벼우면 못이 솟는다
맞기 싫은 매는 맞아도 먹기 싫은 음식은 못 먹는다>맞기 싫은
매는 맞아도 먹기 싫은 음식은 못 먹는다
매도 맞으려다 안 맞으면 서운하다>매도 맞으려다 안 맞으면
서운하다
매도 먼저 맞는 놈이 낫다. >매도 먼저 맞는 놈이 낫다
매듭은 맺은 사람이 풀어야 하고 자물쇠는 제 열쇠라야 열 수 있다>매
듭은 맺은 사람이 풀어야 하고 자물쇠는 제 열쇠라야 열
수 있다
매를 번다>화약 지고 불로 뛰어든다
매 앞에 장사 없다>달고 치는데 안 맞는 장사 있나
매화도 한철 국화도 한철>달도 차면 기운다
맥도 모르고 침통 흔든다>맥도 모르고 침통 흔든다
맹물에 조약돌 삶아 먹더라도 제멋에 산다>남이야 지게 지고
제사를 지내건 말건
맹자 집 개가 맹자왈 한다>서당 개 삼 년이면 풍월을 읊는다
머리 검은 짐승은 거두는 게 아니다>믿는 도끼에 발등 찍힌다

머리 검은 짐승은 구제하지 말랬다>믿는 도끼에 발등 찍힌다
머리 검은 짐승은 남의 공을 모른다>믿는 도끼에 발등 찍힌다
머리는 끝부터 가르고 말은 밑부터 한다>머리는 끝부터 가르고
말은 밑부터 한다
머리를 삶으면 귀까지 익는다>머리를 삶으면 귀까지 익는다
머리에 똥도 안 말랐다>머리에 피도 안 말랐다
머리에 피도 안 말랐다>머리에 피도 안 말랐다
머리카락 뒤에서 숨바꼭질한다>눈 가리고 아웅 한다
머리털 베어 신을 삼는다>털을 뽑아 신을 삼겠다
머슴보고 속곳 묻는다>머슴보고 속곳 묻는다
머슴살이 삼 년에 주인 성 모른다>한집에 살면서 시어미 성
모른다
먹고 자는 식충이도 복을 타고났다>팔자는 독에 들어가서도
못 피한다
먹기는 아귀같이 먹고 일은 장승같이 한다>달면 삼키고 쓰면
뱉는다
먹기는 파발이 먹고 뛰기는 역마가 뛴다>죽 쒀서 개 줬다
먹기는 혼자 먹어도 일은 혼자 못한다>백지장도 맞들면 낫다
먹는 덴 감돌이 일하는 덴 베돌이>달면 삼키고 쓰면 뱉는다
먹는 일에는 남이요 궂은 일에는 일가다>달면 삼키고 쓰면 뱉는다
먹다가 굶어 죽겠다>누구 코에 붙이라고
먹던 술도 떨어진다>원숭이도 나무에서 떨어질 때가 있다
먹으라는 것 다르고 잡수라는 것 다르다>아 다르고 어 다르다
먹은 놈이 똥을 눈다>콩 심은 데 콩 나고 팥 심은 데 팥
난다
먹은 죄는 접시 굽으로 하나>먹은 죄는 종지 굽으로 하나
먹은 죄는 종지 굽으로 하나>먹은 죄는 종지 굽으로 하나
먹을 때는 개도 안 건드린다>먹을 때는 개도 안 건드린다
먹을 때는 개도 안 때린다>먹을 때는 개도 안 건드린다
먹자니 배부르고 개 주자니 아깝다>충주 자린고비
먹지도 못할 제사에 절만 많이 한다>죽 쒀서 개 줬다
먹지도 못할 제사에 절만 죽도록 한다>죽 쒀서 개 줬다
먹지도 못할 풀이 오월에 겨우 난다>못된 송아지 엉덩이에
뿔 난다
먼저 난 머리보다 나중 난 뿔이 무섭다>나중 난 뿔이 우뚝하다
메고 나면 상두꾼 들고 나면 초롱꾼>목구멍이 포도청
메기가 눈은 작아도 저 먹을 것은 다 본다>굼벵이도 구르는
재주가 있다
메뚜기도 (유월이) 한철>달도 차면 기운다
메밀도 굴러가다 서는 모가 있다>달걀도 굴러가다 서는 모가
있다
메밀이 세 모라도 한 모는 쓴다더니>개똥도 약에 쓴다
멧돼지 잡으려다 집돼지 잃는다>두 마리 토끼 쫓다 둘 다 놓친다
며느리가 미우면 발뒤축이 달걀 같다고 한다>미운털이 박혔다
며느리가 미우면 손자까지 밉다>며느리가 미우면 손자까지
밉다
며느리 늙어 시어미 된다>개구리 올챙이 적 생각 못 한다

며느리 사랑은 시아버지 사위 사랑은 장모>며느리 사랑은 시아버지 사위 사랑은 장모

며느리 시앗은 열도 귀엽고 자기 시앗은 하나도 밉다>팥은 안으로 굽는다

며느리 시어미 되니 시어미 노릇 더 한다>개구리 올챙이 적 생각 못 한다

며느리 자라 시어미 된다>개구리 올챙이 적 생각 못 한다

명주옷은 사촌까지 덥다>명주옷은 사촌까지 덥다

명찰에 절승이라>명찰에 절승이라

명태 한 마리 놓고 딴전 본다>명태 한 마리 놓고 딴전 본다

명필은 붓을 탓하지 않는다>명필은 붓을 탓하지 않는다

명필은 필묵을 고르지 않는다>명필은 붓을 탓하지 않는다

모기 다리에서 피 뺀다>벼룩의 간을 빼 먹는다

모기도 낯짝이 있니>족제비도 낯짝이 있다

모기도 모이면 천둥소리가 난다>백지장도 맞들면 낫다

모기 머리에서 골수 뺀다>벼룩의 간을 빼 먹는다

모기 보고 칼 빼기>모기 보고 칼 빼기

모기 보고 환도 빼기>모기 보고 칼 빼기

모난 돌이 정 맞는다>모난 돌이 정 맞는다

모래로 물 막기>병풍에 그린 닭이 홰를 치거든

모래 위에 성 쌓기>모래 위에 성 쌓기

모로 가도 서울만 가면 된다>모로 가도 서울만 가면 된다

모르고 한 번 알고 한 번>콩으로 메주를 쑨대도 곧이듣지 않는다

모르는 게 부처>아는 게 병이요 모르는 게 약이다

모시 고르다 베 고른다>너무 고르다 눈먼 사위 고른다

모진 놈 곁에 있다 벼락 맞는다>애매한 두꺼비 떡돌에 치인다

모처럼 능참봉을 하니 거둥이 한 달에 스물아홉 번>안 되는 놈은 뒤로 넘어져도 코가 깨진다

모처럼 태수가 되니 턱이 떨어졌다>안 되는 놈은 뒤로 넘어져도 코가 깨진다

목구멍의 때도 못 씻는다>누구 코에 붙이라고

목구멍이 포도청>목구멍이 포도청

목마른 놈이 우물 판다>목마른 놈이 우물 판다

목수가 많으면 집이 기울어진다>사공이 많으면 배가 산으로 간다

목수가 많으면 집이 무너진다>사공이 많으면 배가 산으로 간다

목수 집 문 온전한 것 없다>대장장이 집에 식칼이 논다

목의 때도 못 씻는 살림>입이 원수

목이 빠지게 기다린다>하루가 열흘 맞잡이

목화 신고 발등 긁기>신발 신고 발바닥 긁기

몸 불편한 자식이 봉양한다>굽은 나무 선산 지킨다

몸이 천 냥이면 눈이 구백 냥>몸이 천 냥이면 눈이 구백 냥

몹시 데면 회도 불어 먹는다>자라 보고 놀란 가슴 솥뚜껑 보고 놀란다

못난 놈 잡아들이라면 없는 놈 잡아간다>못난 놈 잡아들이라면 없는 놈 잡아간다

못난 며느리 제삿날에 병난다>못된 송아지 엉덩이에 뿔 난다

못난 색시 달밤에 삿갓 쓰고 나선다>못된 송아지 엉덩이에 뿔 난다

못난이 열의 꾀가 잘난이 하나보다 낫다>백지장도 맞들면 낫다

못된 나무에 열매만 많다>못된 송아지 엉덩이에 뿔 난다

못된 바람은 수구문으로 들어온다>못된 바람은 수구문으로 들어온다

못된 벌레 장판방에서 모로 긴다>못된 송아지 엉덩이에 뿔 난다

못된 소나무에 솔방울만 많다>못된 송아지 엉덩이에 뿔 난다

못된 송아지 뿔부터 난다>못된 송아지 엉덩이에 뿔 난다

못된 송아지 엉덩이에 뿔 난다>못된 송아지 엉덩이에 뿔 난다

못된 시어미 죽은 데 며느리 눈물만큼>고양이 죽은 데 쥐 눈물만큼

못된 일가가 항렬만 높다>못된 송아지 엉덩이에 뿔 난다

못 먹는 감 찔러나 본다>못 먹는 감 찔러나 본다

못 먹는 밥에 재 뿌리기>못 먹는 감 찔러나 본다

못 먹는 죽에 코 빠트리기>못 먹는 감 찔러나 본다

못 먹는 죽에 코 풀기>못 먹는 감 찔러나 본다

못 먹는 호박 찔러나 본다>못 먹는 감 찔러나 본다

못 먹는 호박에 말뚝 박기>못 먹는 감 찔러나 본다

못 본 도둑질은 못한다>못 본 도둑질은 못한다

못 할 말 하면 자손에 앙얼 간다>웃느라 한 말에 초상난다

몽둥이 세 개 맞아 담 안 뛰어넘을 군자 없다>몽둥이 세 개 맞아 담 안 뛰어넘을 놈 없다

몽둥이 세 개 맞아 담 안 뛰어넘을 놈 없다>몽둥이 세 개 맞아 담 안 뛰어넘을 놈 없다

무거운 절 떠날 것 없이 가벼운 중 떠나랬다>절이 싫으면 중이 떠나랬다

무너지지 않는 천장에 장대 버티랴>걱정도 팔자다

무는 개는 소리 없이 문다>벼는 익을수록 고개를 숙인다

무는 개는 짖지 않는다>벼는 익을수록 고개를 숙인다

무는 말이 있으면 차는 말이 있다>굼벵이도 구르는 재주가 있다

무는 범은 뿔이 없다>무는 말이 있으면 차는 말이 있다

무섭다니까 바스락거린다>무섭다니까 바스락거린다

무소식이 희소식>아는 게 병이요 모르는 게 약이다

무쇠도 갈면 바늘 된다>낙숫물이 바위를 뚫는다

무심코 던진 돌에 개구리 맞아 죽는다>무심코 던진 돌에 개구리 맞아 죽는다

무자식 상팔자>무자식 상팔자

묵은 거지보다 햇거지가 더 어렵다>묵은 거지보다 햇거지가 더 어렵다

문경이 충청도가 되었다 경상도가 되었다 한다>변덕이 죽 끓듯 하다

문서 없는 종>여자 팔자 뒤웅박 팔자

문선왕 끼고 송사한다>말꼬리에 파리가 천 리 간다

문어 제 다리 뜯어 먹는 격>문어 제 다리 뜯어 먹는 격

문 연 사람이 닫을 사람>매듭은 맺은 사람이 풀어야 하고
자물쇠는 제 열쇠라야 열 수 있다
문 옆에서 귀를 파면 호랑이가 나온다>문 옆에서 귀를 파면
호랑이가 나온다
문틈으로 보나 문 열고 보나 보기는 마찬가지>문틈으로 보나
문 열고 보나 보기는 마찬가지
문풍지 떨어진 데는 풀비가 제격>무는 말이 있으면 차는 말이
있다
묻지 말라 갑자생>묻지 말라 갑자생
물가에 내놓은 어린애 같다>물가에 내놓은 어린애 같다
물건이 좋아야 값을 받는다>반달 같은 딸 있으면 온달 같은
사위 삼는다
물고기가 물 위에서 헐떡이면 비가 온다>청개구리가 울면 비가
온다
물고기도 큰 강에서 더 크다>큰물에 큰 고기 논다
물라는 쥐나 물지 씨암탉은 왜 물어>물라는 쥐나 물지 씨암탉은
왜 물어
물러도 준치>썩어도 준치
물 본 기러기 산 넘어가랴>참새가 방앗간을 그저 지나가랴
물에 물 탄 듯 술에 술 탄 듯>술에 술 탄 듯 물에 물 탄 듯
물에 빠져도 정신만 차리면 산다>하늘이 무너져도 솟아날 구멍
이 있다
물에 빠지면 지푸라기라도 잡는다>물에 빠지면 지푸라기라도
잡는다
물에 빠진 사람 건져 놓으니 내 보따리 내라 한다>뒷간 갈 적
마음 다르고 올 적 다르다
물에 빠진 사람 건져 놓으니 내 봇짐 내라 한다>뒷간 갈 적 마음
다르고 올 적 다르다
물 위에 수결>꿩 구워 먹은 자리
물은 건너봐야 알고 사람은 겪어봐야 안다>열 길 물속은 알아도
한 길 사람 속은 모른다
물은 깊을수록 소리가 없다>벼는 익을수록 고개를 숙인다
물은 트인 데로 가고 죄는 지은 데로 간다>콩 심은 데 콩 나고
팥 심은 데 팥 난다
물이 맑으면 고기가 모이지 않는다>모난 돌이 정 맞는다
물이 맑으면 고기가 없다>모난 돌이 정 맞는다
물이 아니면 건너지 말고 인정이 아니면 사귀지 말라>물이 아니면
건너지 말고 인정이 아니면 사귀지 말라
물이 아래로 흐르지 위로 흐르지 못한다>내리사랑은 있어도
치사랑은 없다
물이 와야 배가 온다>하늘을 봐야 별을 따지
미꾸라지도 백통이 있고 빈대도 콧등이 있다>족제비도 낯짝이
있다
미꾸라지도 밸통이 있고 빈대도 콧등이 있다>족제비도 낯짝이
있다
미꾸라지도 부레가 있고 빈대도 콧등이 있다>족제비도 낯짝이
있다

미꾸라지 용 됐다>미꾸라지 용 됐다
미꾸라지 한 마리가 온 우물물을 흐린다>미꾸라지 한 마리가
온 우물물을 흐린다
미꾸라지 한 마리가 온 한강물을 흐린다>미꾸라지 한 마리가
온 우물물을 흐린다
미련은 먼저 나고 슬기는 나중 난다>미련은 먼저 나고 슬기는
나중 난다
미련한 놈 가슴의 고드름은 안 녹는다>미련한 놈 가슴의 고드름
은 안 녹는다
미련한 놈이 범을 잡는다>미련한 놈이 범을 잡는다
미운 강아지 보리 멍석에 똥 싼다>못된 송아지 엉덩이에 뿔
난다
미운 놈 떡 하나 더 준다>미운 놈 떡 하나 더 준다
미운 놈 보려면 길 나는 밭 사라>미운 놈 보려면 길 나는 밭
사라
미운 놈 보려면 술장사해라>미운 놈 보려면 술장사해라
미운 놈은 쫓아가 인사한다>미운 놈 떡 하나 더 준다
미운 사위에겐 매생이죽 끓여준다>미운 사위에겐 매생이
죽 끓여준다
미운 세 살>미운 세 살
미운 아이 먼저 품어라>미운 놈 떡 하나 더 준다
미운 열 사위 없고 고운 외며느리 없다>팔은 안으로 굽는다
미운 자식 밥 많이 준다>미운 놈 떡 하나 더 준다
미운 정 고운 정>미운 정 고운 정
미운 풀 죽으면 고운 풀도 죽는다>미운 풀 죽으면 고운
풀도 죽는다
미운털이 박혔다>미운털이 박혔다
미장이에게 호미는 있으나 마나>갖바치에게 풀무는 있으나
마나
미주알고주알 밑두리콧두리 캔다>미주알고주알 캔다
미주알고주알 캔다>미주알고주알 캔다
미친개 눈에는 몽둥이만 보인다>자라 보고 놀란 가슴 솥뚜껑
보고 놀란다
미친년 널뛰듯>미친년 널뛰듯
미친년의 치맛자락 같다>미친년의 치맛자락 같다
미친 사람의 말도 성인은 가려 쓴다>말은 하는 데 달리지 않고
듣는 데 달렸다
민심은 천심>백성의 입 막기는 내 막기보다 어렵다
믿는 도끼에 발등 찍힌다>믿는 도끼에 발등 찍힌다
밀밭만 지나가도 취한다>밀밭만 지나가도 취한다
밑도 끝도 없다>밑도 끝도 없다
밑 빠진 독에 물 붓기>밑 빠진 독에 물 붓기
밑져야 본전>밑져야 본전

•• ㅂ ••

바가지를 긁는다>바가지를 긁는다

665

바느질아치는 가위질을 데데하게 한다>돌다리도 두들겨보고 건너라
바늘 가는 데 실 간다>바늘 가는 데 실 간다
바늘 가진 사람이 도끼 가진 사람 이긴다>도끼 가진 놈이 바늘 가진 놈 못 당한다
바늘구멍으로 코끼리 몰라 한다>병풍에 그린 닭이 홰를 치거든
바늘구멍으로 하늘 보기>우물 안 개구리
바늘구멍으로 황소바람 들어온다>방죽도 개미구멍으로 무너진다
바늘 끝만 한 일을 보면 쇠공이만큼 늘어놓는다>바늘 끝만 한 일을 보면 쇠공이만큼 늘어놓는다
바늘 넣고 도끼 나온다>새우로 잉어 낚는다
바늘 넣고 도끼 낚는다>새우로 잉어 낚는다
바늘 넣고 방앗공이 나온다>새우로 잉어 낚는다
바늘 넣고 방앗공이 낚는다>새우로 잉어 낚는다
바늘 도둑이 소 도둑 된다>바늘 도둑이 소 도둑 된다
바늘로 몽둥이 상대하기>계란으로 바위 치기
바늘로 찔러도 피 한 방울 안 나오겠다>바늘로 찔러도 피 한 방울 안 나오겠다
바늘방석에 앉았다>바늘방석에 앉았다
바늘보다 실이 굵다>배보다 배꼽이 크다
바늘 쌈지에서 도둑이 난다>바늘 도둑이 소 도둑 된다
바늘 잃고 도끼 나온다>새우로 잉어 낚는다
바늘허리 매어 못 쓴다>바늘허리 매어 못 쓴다
바다는 메워도 사람 욕심은 못 메운다>바다는 메워도 사람 욕심은 못 메운다
바다에 떨어진 좁쌀 찾기>한양에서 김 서방 찾기
바다에서 토끼 찾기>한양에서 김 서방 찾기
바닷가 개는 호랑이 무서운 줄 모른다>하룻강아지 범 무서운 줄 모른다
바람 가는 데 구름 간다>바늘 가는 데 실 간다
바람 바른 데 탱자 열매같이>바람 바른 데 탱자 열매같이
바람벽에도 귀가 있다>낮말은 새가 듣고 밤말은 쥐가 듣는다
바람 부는 대로 물결 치는 대로>바람 부는 대로 물결 치는 대로
바람 앞의 등불>바람 앞의 등불
바람(벽)에 돌 붙나 보지>바람에 돌 붙나 보지
바람이 불다 불다 그친다>바람이 불다 불다 그친다
바로 못 가면 돌려 가지>모로 가도 서울만 가면 된다
바로 못 가면 돌려 가지>바로 못 가면 돌려 가지
바른 말 하는 사람 귀염 못 받는다>모난 돌이 정 맞는다
바쁘게 찧는 방아에도 손 놀 틈이 있다>바쁘게 찧는 방아에도 손 놀 틈이 있다
바쁜 살림에 늙는 줄 모른다>바쁜 살림에 늙는 줄 모른다
바위를 차면 제 발부리만 아프다>누워서 침 뱉기
바지랑대로 하늘 재기>바지랑대로 하늘 재기
바지저고리로 안다>바지저고리로 안다
박쥐 노릇>간에 붙었다 쓸개에 붙었다 한다
반달 같은 딸 있으면 온달 같은 사위 삼는다>반달 같은 딸 있으면 온달 같은 사위 삼는다

반딧불로 별을 대적하랴>계란으로 바위 치기
반 잔 술에 눈물 나고 한 잔 술에 웃음 난다>반 잔 술에 눈물 나고 한 잔 술에 웃음 난다
반찬단지에 고양이 발 드나들듯이>풀방구리에 쥐 드나들듯
반풍수 집안 망친다>선무당이 사람 잡는다
받아 놓은 당상>떼어 놓은 당상
받아 놓은 밥상>떼어 놓은 당상
받은 밥상을 찬다>들어오는 복도 발로 찬다
발가락이 발보다 크다>배보다 배꼽이 크다
발등에 불 떨어졌다>발등에 불 떨어졌다
발 없는 말이 천 리 간다>발 없는 말이 천 리 간다
발이 손이 되도록 빈다>손이 발이 되도록 빈다
발이 효자보다 낫다>발이 효자보다 낫다
밤 벗긴 자리는 있어도 소 잡은 자리는 없다>꿩 구워 먹은 자리
밤새도록 가도 문 못 들기>십 년 공부 도로 아미타불
밤새도록 울다가 누가 죽었느냐 한다>우물에 가서 숭늉 찾기
밤소쿠리에 쥐 드나들듯>풀방구리에 쥐 드나들듯
밤송이 우엉송이 다 껴 보았다>산전수전 다 겪었다
밤에 눈 끔적이기>밤에 눈 끔적이기
밤에 보아도 낫자루 낮에 보아도 밤나무>호랑이가 호랑이를 낳고 개가 개를 낳는다
밤에 손톱 발톱을 깎으면 귀신이 해코지한다>밤에 손톱 발톱을 깎으면 도둑이 든다
밤에 손톱 발톱을 깎으면 도둑이 든다>밤에 손톱 발톱을 깎으면 도둑이 든다
밤에 피리 불면 뱀 나온다>밤에 휘파람 불면 뱀 나온다
밤에 휘파람 불면 뱀 나온다>밤에 휘파람 불면 뱀 나온다
밤 잔 원수 없고 날 샌 은혜 없다>세월이 약이다
밤 자고 나서 문안하기>밤 자고 나서 문안하기
밥 군 것이 떡 군 것만 못하다>밥 군 것이 떡 군 것만 못하다
밥그릇 앞에서 굶어 죽겠다>콧등의 파리를 혓바닥으로 쫓는다
밥그릇이 높으니까 생일날만 여긴다>밥그릇이 높으니까 생일만큼 여긴다
밥그릇이 높으니까 생일만큼 여긴다>밥그릇이 높으니까 생일만큼 여긴다
밥 먹고 죽벌이 한다>밥 먹고 죽벌이 한다
밥은 빠빠서 못 먹고 죽은 죽어도 못 먹고>밥은 빠빠서 못 먹고 죽은 죽어도 못 먹고
밥은 열 곳에서 먹어도 잠은 한 곳에서 자라>밥은 열 곳에서 먹어도 잠은 한 곳에서 자라
밥이 보약>밥이 보약
밥이 분이다>밥이 보약
밥이 약보다 낫다>밥이 보약
밥이 얼굴에 더덕더덕 붙었다>밥이 얼굴에 더덕더덕 붙었다
밥풀이 밥그릇에 붙으면 날씨가 좋다>청개구리가 울면 비가 온다
방귀가 잦으면 똥을 싸게 된다>방귀가 잦으면 똥을 싸게 된다

방귀 길나자 보리양식 떨어진다>방귀 길나자 보리양식 떨어진다
방귀깨나 뀌는 집안>방귀깨나 뀌는 집안
방귀 뀐 놈이 성낸다>방귀 뀐 놈이 성낸다
방귀 자라 똥 된다>바늘 도둑이 소 도둑 된다
방립에 쇄자질>돼지에 진주
방망이가 가벼우면 쐬가 솟는다>망치가 가벼우면 못이 솟는다
방망이가 가벼우면 주름이 잡힌다>망치가 가벼우면 못이 솟는다
방바닥에서 낙상한다>원숭이도 나무에서 떨어질 때가 있다
방아허리를 넘어가면 아버지가 운다>방아 허리를 넘어가면 아버지가 죽는다
방아허리를 넘어가면 아버지가 죽는다>방아 허리를 넘어가면 아버지가 죽는다
320방앗간에서 울었어도 그 집 조상>방앗간에서 울었어도 그 집 조상
방앗공이는 제 산 밑에서 팔아먹으랬다>방앗공이는 제 산 밑에서 팔아먹으랬다
방에 가면 더 먹을까 부엌에 가면 더 먹을까>이 장 떡이 큰가 저 장 떡이 큰가
방죽도 개미구멍으로 무너진다>방죽도 개미구멍으로 무너진다
배껍에 어루쇠 붙인 것 같다>눈치가 빠르면 절에 가서도 새우젓 얻어먹는다
배나무 밑에서 갓 쓰지 말고 외밭에서 신발 동이지 말라>배나무 밑에서 삿갓 고쳐 쓰지 말고 외밭에서 신들메를 고쳐 매지 말라
배나무 밑에서 삿갓 고쳐 쓰지 말고 외밭에서 신들메를 고쳐 매지 말라>배나무 밑에서 삿갓 고쳐 쓰지 말고 외밭에서 신들메를 고쳐 매지 말라
배 먹고 이도 닦고>꿩 먹고 알 먹고
배보다 배꼽이 크다>배보다 배꼽이 크다
배부른 흥정>배부른 흥정
배 썩은 것은 딸 주고 밤 썩은 것은 며느리 준다>팔은 안으로 굽는다
배운 게 도둑질이다>제 버릇 개 못 준다
백 번 듣느니 한 번 보는 게 낫다>백 번 듣느니 한 번 보는 게 낫다
백성을 멀리하면 나라가 망한다>백성의 입 막기는 내 막기보다 어렵다
백성의 입 막기는 강물 막기보다 어렵다>백성의 입 막기는 내 막기보다 어렵다
백성의 입 막기는 내 막기보다 어렵다>백성의 입 막기는 내 막기보다 어렵다
백성네 송아지 저 죽을 날 모른다>중이 제 머리 못 깎는다
백정이 양반 행세를 해도 개가 짖는다>사람 고쳐 쓰는 것 아니다
백장도 맞들면 낫다>백지장도 맞들면 낫다
밴댕이 소갈머리>밴댕이 소갈머리다
뱀 머리가 될지언정 용 꼬리는 되지 마라>닭 머리가 될지언정 소 꼬리는 되지 마라

뱀장어가 눈은 작아도 저 먹을 것은 다 본다>굼벵이도 구르는 재주가 있다
뱁새가 황새걸음을 하면 가랑이 찢어진다>뱁새가 황새 따라가다 가랑이 찢어진다
뱁새가 황새 따라가다 가랑이가 찢어진다>뱁새가 황새 따라가다 가랑이 찢어진다
뱁새는 작아도 알만 잘 깐다>굼벵이도 구르는 재주가 있다
뱁새는 작아도 알만 잘 낳는다>굼벵이도 구르는 재주가 있다
뱃가죽이 등에 붙었다>뱃가죽이 등에 붙었다
버선목이라 뒤집어 보일 수도 없고>버선목이라 뒤집어 보일 수도 없고
번개가 잦으면 천둥을 한다>방귀가 잦으면 똥을 싸게 된다
번갯불에 콩 볶아 먹는다>번갯불에 콩 볶아 먹는다
번 자랑 말고 쓴 자랑 하랬다>개같이 벌어 정승같이 쓴다
벌거벗은 은진지 끼기>돼지에 진주
벌거벗고 환도 차기>돼지에 진주
벌집 보고 꿀 값 내어 쓴다>독장수구구
범 꼬리 잡고 못 놓는다>빼도 박도 못한다
범 나비 잡아먹듯>누구 코에 붙이라고
범도 개에게 물릴 때 있다>
범 무서워 산에 못 가랴>구더기 무서워 장 못 담그랴
범 없는 골에선 토끼가 스승이라>호랑이 없는 산에선 여우가 왕 노릇 한다
범에게 개 맡기는 격>고양이에게 생선 맡기는 격
범에게 날개>범에게 날개
범의 입을 벗어났다>칠성판에서 뛰어 났다
범 잡아먹는 담비가 있다>뛰는 놈 위에 나는 놈 있다
법 모르는 관리 볼기로 위세 부린다>빈 수레가 요란하다
법은 멀고 주먹은 가깝다>법은 멀고 주먹은 가깝다
벌거벗은 손님이 더 어렵다>늙은이 괄시는 해도 애들 괄시는 안 한다
벙어리 냉가슴>꿀 먹은 벙어리
벙어리 속은 벙어리가 안다>과부 사정은 홀아비가 안다
벙어리 속은 에미도 모른다>고기는 씹어야 맛이고 말은 해야 맛이다
베개 밑 송사>베개 밑 송사
베갯머리 송사>베개 밑 송사
베주머니에 의송 들었다>떨어진 주머니에 어패 들었다
벼는 익을수록 고개를 숙인다>벼는 익을수록 고개를 숙인다
벼락에는 바가지라도 뒤집어쓴다>물에 빠지면 지푸라기라도 잡는다
벼룩 꿇앉을 땅도 없다>집도 절도 없다
벼룩도 낯짝이 있지>족제비도 낯짝이 있다
벼룩을 등 쳐 먹는다>벼룩의 간을 빼 먹는다
벼룩의 간을 빼 먹는다>벼룩의 간을 빼 먹는다
벼룩의 선지 빼 먹는다>벼룩의 간을 빼 먹는다
벼르던 제사에 물도 못 떠다 놓는다>벼르던 제사에 물도 못

667

떠다 놓는다
벼린 도끼가 이 빠진다>벼린 도끼가 이 빠진다
벼슬은 높여도 마음은 낮춰라>벼는 익을수록 고개를 숙인다
벽을 치면 지붕이 운다>변죽을 치면 복판이 운다
벽창호>벽창호
변덕이 죽 끓듯 하다>변덕이 죽 끓듯 하다
변죽을 치면 복판이 운다>변죽을 치면 복판이 운다
병신 육갑한다>병신 육갑한다
병아리 눈물만큼>고양이 죽은 데 쥐 눈물만큼
병아리 똥이 똥이 아닌가>세 살 버릇 여든까지 간다
병아리 봉황 되랴>사람 고쳐 쓰는 것 아니다
병아리 오줌만큼>고양이 죽은 데 쥐 눈물만큼
병에 가득 찬 물은 저어도 소리가 안 난다>벼는 익을수록 고개를 숙인다
병은 입으로 들어오고 재앙은 혀에서 나간다>웃느라 한 말에 초상난다
병은 자랑하랬다>병은 자랑하랬다
병자년 방죽이다>병자년 방죽이다
병 주고 약 주기>병 주고 약 주기
병풍에 그린 닭이 홰를 치거든>병풍에 그린 닭이 홰를 치거든
보기 좋은 떡이 먹기도 좋다>보기 좋은 떡이 먹기도 좋다
보리밥에는 고추장이 제격>뱁새가 황새 따라가다 가랑이 찢어진다
보리밭만 지나가도 취한다>밀밭만 지나가도 취한다
보리밭에 가서 숭늉 찾기>우물에 가서 숭늉 찾기
보릿고개가 태산보다 높다>보릿고개가 태산보다 높다
보리 주면 외 안 주랴>가는 말이 고와야 오는 말이 곱다
보약도 쓰면 안 먹는다>보약도 쓰면 안 먹는다
보채는 아이 젖 준다>우는 아이 젖 준다
복어 이 갈듯>복어 이 갈듯
복 없는 가시나는 봉놋방에 가 누워도 고자 곁에 가 눕는다>안 되는 놈은 뒤로 자빠져도 코가 깨진다
복은 누워서 기다린다>복은 누워서 기다린다
복은 쌍으로 안 오고 화는 홀로 안 온다>복은 쌍으로 안 오고 화는 홀로 안 온다
붉은 콩에 싹 나랴>병풍에 그린 닭이 홰를 치거든
본 놈이 도둑질한다>못 본 도둑질은 못한다
볼모로 앉았다>꾸어다 놓은 보릿자루
봄 꿩이 제 울음에 죽는다>봄 꿩이 제 울음에 죽는다
봄꽃도 한때>달도 차면 기운다
봄꽃이 가을에 피면 그해 겨울은 춥지 않다>봄꽃이 가을에 피면 그해 겨울은 춥지 않다
봄눈 녹듯 하다>봄눈 녹듯 하다
봄 도다리 가을 전어>가을 전어 굽는 냄새에 나갔던 며느리도 돌아온다
봄 문절이는 개도 안 먹는다>오뉴월 낙지는 개도 안 먹는다
봄바람은 처녀바람 가을바람은 총각바람>봄바람은 처녀바람 가

을바람은 총각바람
봄바람은 첩의 죽은 귀신>봄바람은 품으로 기어든다
봄바람은 품으로 기어든다>봄바람은 품으로 기어든다
봄볕에 타면 보던 임도 몰라본다>봄볕에 타면 보던 임도 몰라본다
봄에 깐 병아리 가을에 와서 세어본다>봄에 깐 병아리 가을에 와서 세어본다
봄에 하루 놀면 겨울에 열흘 굶는다>여름에 하루 놀면 겨울에 열흘 굶는다
봇짐 내어주며 하룻밤 더 묵었다 가란다>봇짐 내어주며 하룻밤 더 묵었다 가란다
봉사네 머슴 힘쓰듯>봉사네 머슴 힘쓰듯
봉사 단청 구경>수박 겉핥기
봉이 김선달 대동강 물 팔아먹듯>눈 가리고 아웅 한다
봉치에 포도군사>사돈 잔치에 중이 참여한다
부뚜막 땜질 못하는 며느리 이마의 털만 뽑는다>동정 못 다는 며느리 맹물 발라 머리 빗는다
부뚜막의 소금도 집어넣어야 짜다>부뚜막의 소금도 집어넣어야 짜다
부모 상고에는 먼 산이 안 보이더니 자식 죽으니 앞뒤가 다 안 보인다>자식 떼어놓고 가는 어미는 걸음마다 피가 고인다
부모가 온 효자가 되어야 자식이 반 효자가 된다>윗물이 맑아야 아랫물이 맑다
부모가 죽으면 산에다 묻고 자식이 죽으면 가슴에다 묻는다>자식 떼어놓고 가는 어미는 걸음마다 피가 고인다
부모만 한 자식 없다>형만 한 아우 없다
부모 속엔 부처가 들었고 자식 속엔 앙칼이 들었다>내리사랑은 있어도 치사랑은 없다
부부는 무촌>부부는 무촌
부부 싸움은 칼로 물 베기>칼로 물 베기
부자는 망해도 삼 년 간다>부자는 망해도 삼 년 간다
부자 하나면 세 동네가 망한다>부자 하나면 세 동네가 망한다
부잣집 업 나가듯>부잣집 업 나가듯
부잣집은 망해도 삼 년 먹을 것이 있다>부자는 망해도 삼 년 간다
부잣집 외상보다 거지 맞돈이 좋다>부잣집 외상보다 거지 맞돈이 좋다
부지런한 물방아는 얼 새도 없다>홈통은 썩지 않는다
부지런한 이는 앓을 틈도 없다>홈통은 썩지 않는다
부처 밑을 기울이면 삼거웃이 드러난다>부처 밑을 기울이면 삼거웃이 드러난다
부처님도 십살스럽게 하면 돌아앉는다>듣기 좋은 노래도 한두 번
부처님 손바닥 안(의 손오공)>뛰어야 벼룩
부처님 코 크고 작은 것은 석수장이에게 달려 있다>엿장수 맘대로
부처님한테 설법한다>공자 앞에서 문자 쓴다
북어와 계집은 사흘에 한 번씩 패야 한다>북어와 계집은 사흘에 한 번씩 패야 한다
북어 한 마리 주고 제상 엎는다>북어 한 마리 주고 제상 엎는다

분에 심어 놓으면 못된 풀도 화초라 한다>분에 심어 놓으면 못된 풀도 화초라 한다
불 꺼진 화로>끈 떨어진 뒤웅박
불난 끝은 있어도 물난 끝은 없다>불난 끝은 있어도 물난 끝은 없다
불난 데 도둑질 간다>말 죽은 데 체장수 모이듯
불난 집에 기름 끼얹기>불난 집에 부채질
불난 집에 부채질>불난 집에 부채질
불난 집에 키 들고 들어간다>불난 집에 부채질
불난 집에 풀무질>불난 집에 부채질
불 없는 화로>끈 떨어진 뒤웅박
불에 놀라면 부지깽이 보고도 놀란다>자라 보고 놀란 가슴 솥뚜껑 보고 놀란다
불에 덴 강아지 반딧불에도 끙끙 한다>자라 보고 놀란 가슴 솥뚜껑 보고 놀란다
붕어가 꼬리 치니 옹챙이도 꼬리 친다>숭어가 뛰니 망둥이도 뛴다
비단 대단 곱다 해도 말같이 고운 것 없다>가는 말이 고와야 오는 말이 곱다
비단옷 속에 눈물이 괸다>허허 해도 빚이 열닷 냥
비단옷 입고 밤길 가기>절 모르고 시주하기
비단이 한 끼>비단이 한 끼
비단 한 필을 하루에 짜려 말고 한 식구를 줄여라>열 식구 벌지 말고 한 입 덜어라
비둘기 마음은 콩밭에 있다>비둘기 마음은 콩밭에 있다
비둘기 몸은 나무에 있어도 마음은 콩밭에 있다>비둘기 마음은 콩밭에 있다
비를 드니 마당을 쓸라고 한다>빗자루 드니 마당 쓸란다
비 맞은 중마냥>귀신 씻나락 까먹는 소리 한다
비 오는 것은 밥 짓는 부엌에서 먼저 안다>청개구리가 울면 비가 온다
비 온 뒤에 땅이 굳는다>비 온 뒤에 땅이 굳는다
비지 먹은 배는 약과도 싫다 한다>비지 먹은 배는 약과도 싫다 한다
빈대 잡으려다 초가삼간 다 태운다>빈대 잡으려다 초가삼간 다 태운다
빈 수레가 요란하다>빈 수레가 요란하다
빌려 간 사람은 잊어도 빌려준 사람은 못 잊는다>뒷간 갈 적 마음 다르고 올 적 다르다
빌려 온 고양이마냥>꾸어다 놓은 보릿자루
빌려 온 말이 삼경 되었다>빌려 온 말이 삼경 되었다
빌려 온 빗자루>꾸어다 놓은 보릿자루
빌어먹는 놈이 콩밥을 마다할까>찬밥 더운밥 가릴 처지가 아니다
빗자루 드니 마당 쓸란다>빗자루 드니 마당 쓸란다
빚 준 상전 빚진 종>남의 덕 믿고 살려면 머리가 숙여진다
빚진 죄인>남의 덕 믿고 살려면 머리가 숙여진다
빛 좋은 개살구>빛 좋은 개살구

빠른 말이 뛰면 굼뜬 소도 간다>말 가는 데 소 간다
빨간 상놈 푸른 양반>빨간 상놈 푸른 양반
빨리 먹은 콩밥 똥 눌 때 보자 한다>빨리 먹은 콩밥 똥 눌 때 보자 한다
빼도 박도 못한다>빼도 박도 못한다
밤 맞는 데 구레나룻도 한 부조>개똥도 약에 쓴다
밤 맞을 놈이 여기 때려라 저기 때려라 한다>방귀 뀐 놈이 성낸다
뺨친다>둘째가라면 서러워한다
뻐꾸기도 (유월이) 한철>달도 차면 기운다
뼈만 남았다>뱃가죽이 등에 붙었다
뿌린 대로 거둔다>콩 심은 데 콩 나고 팥 심은 데 팥 난다

•• ㅅ ••

사공이 많으면 배가 산으로 간다>사공이 많으면 배가 산으로 간다
사나운 개 주둥이 성할 날 없다>사나운 개 주둥이 성할 날 없다
사나운 개 콧등 아물 새 없다>사나운 개 주둥이 성할 날 없다
사내 못난 게 계집 치고 계집 못난 게 새끼 팬다>종로에서 뺨 맞고 한강 가서 눈 흘긴다
사당치레하다 신주 개 물려 보냈다>혼인집에서 신랑 잃어버렸다
사돈 남 나무란다>사돈 남 말 한다
사돈 남 말 한다>사돈 남 말 한다
사돈네 잔치에 중이 참여한다>사돈 잔치에 중이 참여한다
사돈도 이럴 사돈 다르고 저럴 사돈 다르다>손님도 이럴 손님 있고 저럴 손님 있다
사돈도 이럴 사돈 저럴 사돈 있다>손님도 이럴 손님 있고 저럴 손님 있다
사돈 밤 바래기>도깨비 씨름
사돈 사돈 하며 가다가 들리고 오다가 들리고 한다>동서 춤추게
사돈이 땅을 사면 배가 아프다>사촌이 땅을 사면 배가 아프다
사돈이 물에 빠졌나 웃기는 왜 웃어>허파에 바람 들었나
사돈집과 잠바리는 골라야 좋다>사돈집과 잠바리는 골라야 좋다
사또 덕에 나팔 분다>원님 덕에 나팔 분다
사또 말씀이야 늘 옳습지>사또 말씀이야 늘 옳습지
사또 행차에 비장이 죽어난다>사또 행차에 비장이 죽어난다
사람 고쳐 쓰는 거 아니다>사람 고쳐 쓰는 것 아니다
사람과 그릇은 있는 대로 다 쓴다>개똥도 약에 쓴다
사람과 산은 멀리서 보는 게 낫다>사람과 산은 멀리서 보는 게 낫다
사람과 쪽박은 있는 대로 다 쓴다>개똥도 약에 쓴다
사람 살 곳은 가는 곳마다 있다>산 입에 거미줄 치랴
사람 싫은 건 백 년 원수>음식 싫은 건 개나 주지 사람 싫은 건 할 수 없다
사람 위에 사람 없고 사람 밑에 사람 없다>사람 위에 사람 없고 사람 밑에 사람 없다

사람으로 콩나물을 길렀다>콩나물시루 같다
사람은 늙어지고 시집은 젊어진다>사람은 늙어지고 시집은 젊어진다
사람은 집기를 해봐야 안다>열 길 물속은 알아도 한 길 사람 속은 모른다
사람 죽이고 초상 치러주기>병 주고 약 주기
사랑싸움에 정 붙는다>칼로 물 베기
사랑은 내려가고 걱정은 올라간다>내리사랑은 있어도 치사랑은 없다
사랑하는 사람은 미움이 없고 미워하는 사람은 사랑이 없다>주려 와도 미운 사람 있고 받으러 와도 고운 사람 있다
사명당의 사첫방 같다>춥기는 삼청 냉돌인가
사명당이 월참하겠다>춥기는 삼청 냉돌인가
사모에 갓끈>돼지에 진주
사모에 영자>돼지에 진주
사발 안의 고기도 놔주겠다>사발 안의 고기도 놔주겠다
사발 이 빠진 것>사발 이 빠진 것
사시나무 떨듯 하다>사시나무 떨듯 하다
사십 넘은 아이 없다>사십 넘은 아이 없다
사십에 첫 버선>갓 마흔에 첫 버선
사월 없는 곳에 가서 살았으면 좋겠다>보릿고개가 태산보다 높다
사위는 고양이>사위는 고양이
사위는 백년손님이요 며느리는 평생식구라>사위는 백년손님이요 며느리는 평생식구라
사위 섬기기는 고양이 섬기기와 같다>사위는 고양이
사촌이 땅을 사면 배가 아프다>사촌이 땅을 사면 배가 아프다
사흘 굶어 남의 집 담 안 넘을 놈 없다>목구멍이 포도청
사흘 굶어 아니 날 생각 없다>목구멍이 포도청
사흘 굶은 범이 원님을 안다더냐>목구멍이 포도청
산 개가 죽은 정승보다 낫다>개똥밭에 굴러도 이승이 좋다
산골 부자가 바닷가 개만 못하다>산골 부자가 바닷가 개만 못하다
산골 집에 방앗공이가 없다>대장장이 집에 식칼이 논다
산 김가 셋이 죽은 최가 하나를 못 당한다>앉은 자리에서 풀도 안 나겠다
산 까마귀 염불한다>서당 개 삼 년이면 풍월을 읊는다
산 넘어 산>갈수록 태산
산 닭 길들이기는 사람마다 어렵다>산 닭 길들이기는 사람마다 어렵다
산속의 열 도둑은 잡아도 제 마음속의 한 도둑은 못 잡는다>똥 묻은 개가 겨 묻은 개 나무란다
산속 농사지어 고라니 좋은 일 시켰다>죽 쒀서 개 줬다
산에 가야 꿩을 잡고 강에 가야 고기 잡는다>하늘을 봐야 별을 따지
산에 가야 범을 잡고 강에 가야 고기 잡는다>하늘을 봐야 별을 따지

산은 오를수록 높고 물은 건널수록 깊다>갈수록 태산
산이 높아야 골이 깊다>산이 높아야 골이 깊다
산이 높으면 골이 깊다>달도 차면 기운다
산이 떠나갈 듯하더니 쥐 한 마리라>호랑이 그리려다 고양이 그린다
산이 커야 그림자도 크다>산이 높아야 골이 깊다
산 입에 거미줄 치랴>산 입에 거미줄 치랴
산전수전 다 겪었다>산전수전 다 겪었다
산 좋고 물 좋고 정자 좋은 곳 없다>산 좋고 물 좋고 정자 좋은 곳 없다
산통을 깨다>못 먹는 감 찔러나 본다
살림이 거덜 나면 봄에 소를 판다>비단이 한 끼
살아가면 고향>살아가면 고향
살은 쏘고 주워도 말은 하고 못 줍는다>좁은 입으로 말하고 넓은 치맛자락으로 못 막는다
삵이 호랑이를 낳는다>개천에서 용 난다
삶은 닭이 홰를 친다>병풍에 그린 닭이 홰를 치거든
삼 년 가뭄에는 살아도 석 달 장마에는 못 산다>불난 끝은 있어도 물난 끝은 없다
삼 년 간병에 불효 난다>긴 병에 효자 없다
삼 년 남의 집 살고 주인 성 묻는다>한집에 살면서 시어미 성 모른다
삼 년 농사를 지으면 구 년 먹을 것이 남는다>가을마당에 빗자루 몽당이를 들고 춤을 춰도 농사 밑이 어둑하다
삼 년 먹여 기른 개가 (주인) 발등 문다>믿는 도끼에 발등 찍힌다
삼 년 묵은 새댁이 고콜불에 속곳 밑 말려 입고 간다>초승달 볼 사람이 야밤에 나와 기다린다
삼 년 빌던 전답도 다시 돌아보고 산다>돌다리도 두들겨보고 건너라
삼 대 정승 없고 삼 대 거지 없다>달도 차면 기운다
삼월 넘치는 개도 안 먹는다>오뉴월 낙지는 개도 안 먹는다
삼척동자도 다 안다>삼척동자도 다 안다
삼촌 삼촌 하면서 무엇 먹인다>동서 춤추게
삼현육각 잡히고 시집간 사람 치고 잘산 데 없다>이고 지고 가도 제 복 없으면 못산다
삽살개도 하늘 볼 날 있다>달도 차면 기운다
상 머리에 뿔 나기 전에 재산을 모아라>상 머리에 뿔 나기 전에 재산을 모아라
상여 메고 가다 딴청 후빈다>상여 메고 가다 딴청 후빈다
상전은 미고 살아도 좋은 미고 못 산다>상전은 미고 살아도 좋은 미고 못 산다
상좌가 많으면 가마솥을 깨트린다>사공이 많으면 배가 산으로 간다
새끼 많은 소 멍에 벗을 날 없다>가지 많은 나무 바람 잘 날 없다
새끼 밴 짐승은 잡지 않는다>자는 짐승은 잡지 않는 법이다
새끼 아홉 둔 말 길마 벗을 날 없다>가지 많은 나무 바람 잘

날 없다
새끼 아홉 둔 소 길마 벗을 날 없다>가지 많은 나무 바람 잘
날 없다
새는 앉는 곳마다 깃이 떨어진다>우물을 파도 한 우물을 파라
새도 가지를 가려 앉는다>새도 가지를 가려 앉는다
새도 깃을 쳐야 난다>개구리도 움츠려야 뛴다
새 발의 피>새 발의 피
새 사람 들여 삼 년>나무를 옮겨 심으면 삼 년 뿌리 앓는다
새우로 잉어 낚는다>새우로 잉어 낚는다
새우 잡으려다 고래 놓친다>두 마리 토끼 쫓다 둘 다 놓친다
새 정이 옛 정만 못하다>옷은 새 옷이 좋고 사람은 헌 사람이
좋다
생마 길들이기>산 닭 길들이기는 사람마다 어렵다
생일날 잘 먹자고 이레를 굶는다>생일날 잘 먹자고 이레를
굶는다
생쥐 볼가심할 것도 없다>누구 코에 붙이라고
서까랫감인지 도릿감인지도 모르고 길다 짧다 한다>맥도 모르고
침통 흔든다
서당 개 삼 년이면 풍월을 읊는다>서당 개 삼 년이면 풍월을
읊는다
서 발 막대 거칠 것 없다>찢어지게 가난하다
서 발 장대 거칠 것 없다>찢어지게 가난하다
서울 가본 놈과 안 가본 놈이 싸우면 안 가본 놈이 이긴다>채반이
용수 되도록 욱인다
서울 가서 뺨 맞고 시골 와서 분물이한다>종로에서 뺨 맞고
한강 가서 눈 흘긴다
서울 가서 뺨 맞고 시골 와서 주먹질한다>종로에서 뺨 맞고
한강 가서 눈 흘긴다
서울 가서 뺨 맞고 시골 와서 행패한다>종로에서 뺨 맞고 한강
가서 눈 흘긴다
서울 사람은 비만 오면 풍년이란다>맥도 모르고 침통 흔든다
서울 냉떠러지라니 과천서부터 긴다>걱정도 팔자다
서울 냉떠러지라니 남태령부터 긴다>걱정도 팔자다
서울 냉떠러지라니 삼십 리서부터 긴다>걱정도 팔자다
서울 냉이라 하니 과천서부터 긴다>걱정도 팔자다
서울 냉이라 하니 남태령부터 긴다>걱정도 팔자다
서울 냉이라 하니 삼십 리서부터 긴다>걱정도 팔자다
서울 무섭다 하니 과천서부터 긴다>걱정도 팔자다
서울 무섭다 하니 남태령부터 긴다>걱정도 팔자다
서울이 무섭다 하니 삼십 리서부터 긴다>걱정도 팔자다
서천에 경 가지러 가는 사람은 가고 장가들 사람은 장가든다>서천에
경 가지러 가는 사람은 가고 장가들 사람은 장가든다
서투른 도둑이 첫날 밤에 들킨다>서투른 도둑이 첫날 밤에
들킨다
서투른 무당 장구만 타박한다>일 못하는 소 멍에만 탓한다
서투른 무당 장구만 탓한다>일 못하는 소 멍에만 탓한다
서투른 숙수가 피나무 안반만 나무란다>일 못하는 소 멍에만

탓한다
서투른 의원이 생사람 잡는다>선무당이 사람 잡는다
석새짚신에 구슬 감기>돼지에 진주
석수장이 눈깜짝이부터 배운다>석수장이 눈깜짝이부터 배운다
석 자 베를 짜도 베틀 벌리기는 일반>바늘허리 매어 못 쓴다
선떡 먹고 체하였나 웃기는 왜 웃어>허파에 바람 들었나
선무당이 사람 잡는다>선무당이 사람 잡는다
선백정이 사람 잡는다>선무당이 사람 잡는다
선불 맞은 노루 모양>고두리에 놀란 새마냥
선생 똥은 개도 안 먹는다>훈장 똥은 개도 안 먹는다
섣달그믐날 개밥 퍼주듯>섣달그믐날 개밥 퍼주듯
섣달 더부살이가 주인마누라 속곳 (베) 걱정한다>거지가 도승지
를 불쌍타 한다
설마가 사람 잡는다>믿는 도끼에 발등 찍힌다
설 사돈 있고 누울 사돈 있다>손님도 이럴 손님 있고 저럴
손님 있다
세 끼 굶은 시어미 상>우거지상
세 끼를 굶으면 쌀 가지고 오는 놈이 있다>산 입에 거미줄 치랴
세 사람만 우기면 없는 호랑이도 만든다>세 사람만 우기면 없는
호랑이도 만든다
세 살 먹은 아이 말도 귀담아들으랬다>팔십 노인도 세 살 먹은
애한테 배울 것이 있다
세 살 버릇 여든까지 간다>세 살 버릇 여든까지 간다
세 살에 도리질한다>세 살에 도리질한다
세상모르고 약은 것이 세상 넓은 못난이만 못하다>나그네 귀는
석 자
세월에 장사 없다>세월에 장사 없다
세월이 약이다>세월이 약이다
세월이 좀먹도록>세월이 좀먹도록
세 정승 사귀지 말고 제 한 몸 조심하여라>열 사람 형리를 사귀지
말고 한 가지 죄를 짓지 마라
센둥이가 검둥이고 검둥이가 센둥이다>업어치나 메치나
셋방살이가 주인집 마누라 속곳 (베) 걱정한다>거지가 도승지를
불쌍타 한다
소가 힘세다고 왕 노릇 하랴>소가 힘세다고 왕 노릇 하랴
소경 문고리 잡기>소 뒷걸음치다 쥐 잡은 격
소경 셋이면 못 보는 편지도 뜯어본다>백지장도 맞들면 낫다
소경 아이 낳아 더듬듯>이 장 떡이 큰가 저 장 떡이 큰가
소경이 개천 나무란다>잘되면 제 탓 안 되면 조상 탓
소경이 저 죽을 날 모르고 무당이 제 굿 못한다>중이 제 머리
못 깎는다
소 귀에 경 읽기>소 귀에 경 읽기
소금 먹은 놈이 물 켠다>콩 심은 데 콩 나고 팥 심은 데 팥
난다
소금에 전 놈이 간장에 절랴>소금에 전 놈이 간장에 절랴
소금으로 장을 담근대도 곧이듣지 않는다>콩으로 메주를 쑨대도
곧이듣지 않는다

소 노는 데 소 가고 말 노는 데 말 간다>조는 집에 자는 며느리 들어온다
소 닭 보듯>소 닭 보듯
소도 언덕이 있어야 비빈다>낙동강 오리알
소 뒷걸음치다 쥐 잡은 격>소 뒷걸음치다 쥐 잡은 격
소똥도 약에 쓰려면 없다>개똥도 약에 쓰려면 없다
소똥에 미끄러져 개똥에 코 박았다>안 되는 놈은 뒤로 넘어져도 코가 깨진다
소라가 똥 누러 가니 소라게 기어들었다>소라가 똥 누러 가니 소라게 기어들었다
소라 껍데기 까먹어도 한 바구니 안 까먹어도 한 바구니>소라 껍데기 까먹어도 한 바구니 안 까먹어도 한 바구니
소매가 길면 춤을 잘 춘다>소매가 길면 춤을 잘 춘다
소매 긴 김에 춤춘다>떡 본 김에 제사 지낸다
소문난 잔치에 먹을 것 없다>소문난 잔치에 먹을 것 없다
소여 대에에 죽어 가는 것이 한옷 입고 볕에 앉은 것만 못하다>개똥밭에 굴러도 이승이 좋다
소 잃고 외양간 고친다>소 잃고 외양간 고친다
소한에 얼어 죽은 사람은 있어도 대한에 얼어 죽은 사람은 없다>대한이 소한 집에 놀러 갔다가 얼어 죽는다
소한의 얼음이 대한에 녹는다>대한이 소한 집에 놀러 갔다가 얼어 죽는다
소한이 대한의 집에 몸 녹이러 간다>대한이 소한 집에 놀러 갔다가 얼어 죽는다
소한 추위는 꾸어다가도 한다>대한이 소한 집에 놀러 갔다가 얼어 죽는다
소한테 한 말은 안 나도 어미한테 한 말은 난다>발 없는 말이 천 리 간다
소한테 한 말은 안 나도 처한테 한 말은 난다>발 없는 말이 천 리 간다
속 빈 강정>빛 좋은 개살구
손가락으로 하늘 찌르기>바지랑대로 하늘 재기
손님도 이럴 손님 있고 저럴 손님 있다>손님도 이럴 손님 있고 저럴 손님 있다
손바닥 뒤집듯 하다>변덕이 죽 끓듯 하다
손바닥도 마주쳐야 소리가 난다>손바닥도 마주쳐야 소리가 난다
손바닥도 맞아야 소리가 나지>손바닥도 마주쳐야 소리가 난다
손바닥으로 하늘 가리기>눈 가리고 아웅 한다
손샅으로 밑 가리기>눈 가리고 아웅 한다
손 안 대고 코 풀기>누워서 떡 먹기
손이 많으면 일도 쉽다>백지장도 맞들면 낫다
손이 발이 되도록 빈다>손이 발이 되도록 빈다
손톱 밑에 가시 드는 것은 알아도 염통 안이 곪는 것은 모른다>손톱 밑에 가시 드는 줄은 알아도 염통 밑에 쉬스는 줄은 모른다
손톱 밑에 가시 드는 줄은 알아도 염통 밑에 쉬스는 줄은 모른다>손톱 밑에 가시 드는 줄은 알아도 염통 밑에 쉬스는 줄은 모른다

솔개는 매 편>가재는 게 편
솔방울에서 딸랑 소리 나거든>병풍에 그린 닭이 홰를 치거든
솔잎이 버썩 하니 가랑잎이 할 말 없다>솔잎이 버썩 하니 가랑잎이 할 말 없다
솔잎이 새파라니 오뉴월만 여긴다>솔잎이 새파라니 오뉴월만 여긴다
송곳 거꾸로 꽂고 발끝으로 차기>화약 지고 불로 뛰어든다
송곳 꽂을 땅도 없다>집도 절도 없다
송충이는 솔잎을 먹어야지 갈잎을 먹으면 떨어진다>뱁새가 황새 따라가다 가랑이 찢어진다
솥뚜껑에 엿을 붙여놨나>가마솥에 엿을 붙여놨나
솥에 든 물고기>독 안에 든 쥐
쇠도 뜨거울 때 두드려야 한다>쇠뿔도 단김에 빼라
쇠뿔도 단김에 빼라>쇠뿔도 단김에 빼라
수박 겉핥기>수박 겉핥기
수수깡도 아래위 마디가 있다>찬물도 위아래가 있다
수수깡 키 커도 측간으로 가고 후추는 작아도 수라상에 오른다>작은 고추가 맵다
수염이 석 자라도 먹어야 샌님>수염이 석 자라도 먹어야 양반
수염이 석 자라도 먹어야 양반>수염이 석 자라도 먹어야 양반
수제비 잘하는 사람이 국수도 잘한다>국수 잘하는 솜씨가 수제비 못하랴
수풀이 커야 도깨비가 나온다>큰물에 큰 고기 논다
술 먹여놓고 해장 가자 부른다>병 주고 약 주기
술에 술 탄 듯 물에 물 탄 듯>술에 술 탄 듯 물에 물 탄 듯
술 익자 체장수 지나간다>가는 날이 장날
숫돌이 저 닳는 줄 모른다>가랑비에 옷 젖는 줄 모른다
숭어가 뛰니 망둥이도 뛴다>숭어가 뛰니 망둥이도 뛴다
숭어가 뛰니 복어도 뛰다 원담에 배 걸려 죽는다>숭어가 뛰니 망둥이도 뛴다
숭어가 뛰니 전라도 빗자루도 뛴다>숭어가 뛰니 망둥이도 뛴다
숯이 검정 나무란다>똥 묻은 개가 겨 묻은 개 나무란다
숲이 커야 짐승이 모인다>큰물에 큰 고기 논다
쉬 더운 방 쉬 식는다>쉬 더운 방 쉬 식는다
쉬엄쉬엄 걸어도 황소걸음>느릿느릿 걸어도 황소걸음
쉰 길 나무도 베면 끝이 있다>낙숫물이 바위를 뚫는다
쉰밥 고양이 주기 아깝다>충주 자린고비
시간이 약이다>세월이 약이다
시골 놈도 제 말 하면 온다>호랑이도 제 말 하면 온다
시누 올케 춤추는데 가운데 올케 못 출까>참깨 들깨 노는데 아주까리 못 놀까
시렁 눈 부채 손>시렁 눈 부채 손
시루에 물 붓기>밑 빠진 독에 물 붓기
시아버지 죽으라고 축수했더니 동지섣달 맨발 벗고 물 길을 때 생각난다>시어머니 죽으라고 축수했더니 보리방아 물 부어 놓고 생각난다
시앗 싸움에 요강장수>시앗 싸움에 요강장수

시앗을 보면 길가의 돌부처도 돌아앉는다>시앗을 보면 길가의 돌부처도 돌아앉는다
시앗 죽은 눈물만큼>고양이 죽은 데 쥐 눈물만큼
시어머니 웃음은 두고 봐야 한다>변덕이 죽 끓듯 하다
시어머니 죽으라고 축수했더니 보리방아 물 부어 놓고 생각난다>시어머니 죽으라고 축수했더니 보리방아 물 부어 놓고 생각난다
시어미 미워서 개 걷어찬다>종로에서 뺨 맞고 한강 가서 눈 흘긴다
시위를 떠난 화살>쏘아 놓은 화살이요 엎질러진 물이라
시작이 반이다>천 리 길도 한 걸음부터
시장이 반찬>시장이 반찬
시치미를 (잡아)떼다>닭 잡아먹고 오리발 내민다
시침을 떼다>닭 잡아먹고 오리발 내민다
식은 죽도 불어가며 먹어라>돌다리도 두들겨보고 건너라
식은 죽 먹기>누워서 떡 먹기
신기료장수 셋이 모이면 제갈량보다 낫다>백지장도 맞들면 낫다
신발 신고 발바닥 긁기>신발 신고 발바닥 긁기
신선놀음에 도끼자루 썩는 줄 모른다>신선놀음에 도끼자루 썩는 줄 모른다
신주 모시듯 하다>신주 모시듯 하다
실뱀 한 마리가 온 바닷물을 다 흐린다>미꾸라지 한 마리가 온 우물물을 흐린다
실이 와야 바늘 가지>가는 말이 고와야 오는 말이 곱다
실컷 울고 나서 누구 초상이냐고 묻는다>우물에 가서 숭늉 찾기
싫은 밥은 있어도 싫은 술은 없다>밥은 바빠서 못 먹고 죽어도 못 먹고
심은 나무 꺾어졌다>십년공부 도로 아미타불
심은 나무 꺾어지랴>공든 탑이 무너지랴
십년공부 도로 아미타불>십년공부 도로 아미타불
십 년 묵은 체증이 내려간 듯하다>앓던 이가 빠진 것 같다
십 년이면 강산도 변한다>십 년이면 강산도 변한다
십 년 찾지 않으면 벗과 우의가 끊어진다>눈에서 멀어지면 마음에서도 멀어진다
십 리 길에 점심 싸기>돌다리도 두들겨보고 건너라
싸전에 가서 밥 달란다>우물에 가서 숭늉 찾기
싼 게 비지떡>싼 게 비지떡
쌀독에서 인심 난다>곳간에서 인심 난다
쌀은 쏟고 주워도 말은 하고 못 줍는다>좁은 입으로 말하고 넓은 치맛자락으로 못 막는다
쌍가마 속에도 설움은 있다>허허 해도 빚이 열닷 냥
쌍심지를 켜다>쌍심지를 켜다
썩어도 준치>썩어도 준치
썩어도 준치 물러도 생치>썩어도 준치
썩은 콩 씹은 것 같다>우거지상
쏘아 놓은 범>독 안에 든 쥐
쏘아 놓은 화살이요 엎질러진 물이라>쏘아 놓은 화살이요 엎질러진 물이라

씨는 못 속인다>피는 못 속인다
씨도둑은 못 한다>피는 못 속인다
씨아와 사위는 먹어도 안 먹는다고 한다>며느리 사랑은 시아버지 사위 사랑은 장모
씻은 듯 부신 듯>찢어지게 가난하다

‥ ○ ‥

아기 버릇 임의 버릇>아기 버릇 임의 버릇
아끼는 것이 찌로 간다>아끼다 똥 된다
아끼다 똥 된다>아끼다 똥 된다
아내가 귀여우면 처갓집 문설주도 귀엽다>아내가 예쁘면 처갓집 말뚝 보고도 절을 한다
아내가 예쁘면 처갓집 말뚝 보고도 절을 한다>아내가 예쁘면 처갓집 말뚝 보고도 절을 한다
아내 자랑은 팔불출>자식 자랑은 팔불출
아는 게 병이요 모르는 게 약이다>아는 게 병이요 모르는 게 약이다
아는 길도 물어 가라>돌다리도 두들겨보고 건너라
아는 도끼에 발등 찍힌다>믿는 도끼에 발등 찍힌다
아니 땐 굴뚝에 연기 나랴>아니 땐 굴뚝에 연기 나랴
아니 친 북에서 소리 나랴>아니 땐 굴뚝에 연기 나랴
아닌 밤중에 봉창 두드린다>아닌 밤중에 홍두깨
아닌 밤중에 봉창 뜯는다>아닌 밤중에 홍두깨
아닌 밤중에 홍두깨 (내밀 듯)>아닌 밤중에 홍두깨
아 다르고 어 다르다>아 다르고 어 다르다
아랫돌 빼서 윗돌 고이기>언 발에 오줌 누기
아버지는 아들이 아비보다 낫다 하면 기뻐하고 형은 아우가 형보다 낫다고 하면 성낸다>아버지는 아들이 아비보다 낫다 하면 기뻐하고 형은 아우가 형보다 낫다고 하면 성낸다
아비만 한 아들 없다>형만 한 아우 없다
아비 죽은 뒤 나흘 만에 약 구한다>소 잃고 외양간 고친다
아이 곱다니까 종자닭을 잡는다>호랑이도 제 새끼 곱다 하면 물지 않는다
아이 기르려면 무당 반 의사 반이 되어야 한다>귀한 자식 매 한 대 더 들고 미운 자식 떡 하나 더 준다
아이 말 듣고 배 딴다>아이 말 듣고 배 딴다
아이 못 낳는 여자 밤마다 용꿈 꾼다>독장수구구
아저씨 아저씨 하며 길짐만 지운다>동서 춤추게
아주머니 떡도 싸야 사 먹는다>아주머니 떡도 싸야 사 먹는다
아주머니 술도 싸야 사 먹는다>아주머니 떡도 싸야 사 먹는다
아침놀 저녁 비요 저녁놀 맑음이라>청개구리가 울면 비가 온다
아침 무지개 비가 오고 저녁 무지개 날이 갠다>청개구리가 울면 비가 온다
아침 이슬이면 맑고 낮에도 마르지 않으면 다음 날 비가 온다>청개구리가 울면 비가 온다
아홉 가진 놈 하나 가진 놈 부러워한다>아홉 가진 놈 하나 가진

673

놈 부러워한다
아홉 살에는 아홉 동네에서 미움 받는다>미운 세 살
아홉 섬 추수한 놈이 한 섬 추수한 사람더러 열 섬 채우게 한 섬 달란다>아홉 가진 놈 하나 가진 놈 부러워한다
아흔아홉 가진 사람이 하나 가진 사람보고 백 개 채워달라 한다>아홉 가진 놈 하나 가진 놈 부러워한다
악담은 덕담>남의 말도 석 달
악머구리 끓듯 하다>악머구리 끓듯 하다
악양루도 식후경>수염이 석 자라도 먹어야 양반
안 되는 놈은 뒤로 넘어져도 코가 깨진다>안 되는 놈은 뒤로 넘어져도 코가 깨진다
안 먹겠다 침 뱉은 우물 다시 와서 먹는다>다시 긷지 않는다고 우물에 똥 누랴
안 먹는 씨아가 소리만 난다>빈 수레가 요란하다
안방에 가면 시어미가 옳고 부엌에 가면 며느리가 옳다>귀에 걸면 귀걸이 코에 걸면 코걸이
안에서 새는 바가지 밖에서도 샌다>집에서 새는 바가지 들에서도 샌다
안인심이 좋아야 바깥양반 출입이 넓다>안인심이 좋아야 바깥양반 출입이 넓다
앉아서 주고 서서 받는다>뒷간 갈 적 마음 다르고 올 적 다르다
앉은 데가 본이라>살아가면 고향
앉은 자리에서 풀도 안 나겠다>앉은 자리에서 풀도 안 나겠다
알고 보니 수원 나그네>다시 보니 수원 나그네
알고 보니 수원 손님>다시 보니 수원 나그네
알고 있는 일일수록 더욱 명치에 가둬야 한다>발 없는 말이 천리 간다
알아야 면장을 하지>알아야 면장을 하지
앓던 이가 빠진 것 같다>앓던 이가 빠진 것 같다
암탉이 울면 집안이 망한다>암탉이 울면 집안이 망한다
앞에서 꼬리 친 개가 나중에 발뒤축을 문다>믿는 도끼에 발등 찍힌다
앞집 떡 치는 소리 듣고 김칫국 마신다>떡 줄 사람은 생각도 않는데 김칫국부터 마신다
앞집 색시 믿다 장가 못 간다>떡 줄 사람은 생각도 않는데 김칫국부터 마신다
앞집 처녀 믿다 장가 못 간다>떡 줄 사람은 생각도 않는데 김칫국부터 마신다
애도 낳기 전에 기저귀감 고른다>독장수구구
애를 귀애하면 어른 머리에 상투를 푼다>종의 자식을 귀애하면 생원님 수염에 꼬꼬마를 단다
애매한 두꺼비 떡돌에 치인다>애매한 두꺼비 떡돌에 치인다
야장간 집에 식칼이 없다>대장장이 집에 식칼이 논다
약과는 누가 먼저 먹을는지>대문 밖이 저승이라
약과 먹기라>누워서 떡 먹기
약도 지나치면 해롭다>차면 넘친다
약방에 감초>약방에 감초

약 지으러 가니 약방도 굴건 썼더라>가는 날이 장날
얌전한 강아지 부뚜막에 먼저 올라간다>얌전한 고양이 부뚜막에 먼저 올라간다
얌전한 고양이 부뚜막에 먼저 올라간다>얌전한 고양이 부뚜막에 먼저 올라간다
얌전한 며느리 시아버지 밥상에 마주 앉는다>얌전한 고양이 부뚜막에 먼저 올라간다
양도 악이 나면 문다>쥐도 궁하면 고양이를 문다
양반은 빠져 죽어도 개헤엄은 안 친다>양반은 빠져 죽어도 개헤엄은 안 친다
양반은 얼어 죽어도 겻불은 안 쬔다>양반은 빠져 죽어도 개헤엄은 안 친다
양반은 얼어 죽어도 짚불은 안 쬔다>양반은 빠져 죽어도 개헤엄은 안 친다
양반은 죽어도 문자 쓴다>양반은 빠져 죽어도 개헤엄은 안 친다
양반인가 두 냥 반인가>되지 못한 풍잠이 갓 밖에 어른거린다
양식 없는 동자는 며느리 시키고 나무 없는 동자는 딸 시킨다>팥은 안으로 굽는다
양주 밥 먹고 고양 구실>양주 밥 먹고 고양 구실
양지가 음지 되고 음지가 양지 된다>달도 차면 기운다
얕은 물도 깊게 건너라>돌다리도 두들겨보고 건너라
어깃장을 놓는다>못 먹는 감 찔러나 본다
어느 장단에 맞춰 춤을 추라는 건지>사공이 많으면 배가 산으로 간다
어두운 밤에 주먹질>아닌 밤중에 홍두깨
어둑서니는 쳐다볼수록 커 보인다>어둑서니는 쳐다볼수록 커 보인다
어르고 등골 뺀다>고양이 쥐 생각
어르고 뺨치기>고양이 쥐 생각
어른 한 그릇 아이도 한 그릇>커도 한 그릇 작아도 한 그릇
어린아이 말도 귀담아들어라>팔십 노인도 세 살 먹은 애한테 배울 것이 있다
어린애 매도 많이 맞으면 아프다>가랑비에 옷 젖는 줄 모른다
어린 중 젓국 먹이듯>어린 중 젓국 먹이듯
어릴 적 버릇은 늙어서까지 간다>세 살 버릇 여든까지 간다
어물전 떠엎고 꼴뚜기 장사 한다>어물전 털어먹고 꼴뚜기 장사 한다
어물전 망신은 꼴뚜기가 시키고 과물전 망신은 모과가 시킨다>어물전 망신은 꼴뚜기가 시키고 과물전 망신은 모과가 시킨다
어물전 털어먹고 꼴뚜기 장사 한다>어물전 털어먹고 꼴뚜기 장사 한다
어미만 한 딸 없다>형만 한 아우 없다
어미 잃은 송아지>끈 떨어진 뒤웅박
어설픈 약국이 사람 죽인다>선무당이 사람 잡는다
어장이 안 되려니 해파리만 들끓는다>절이 망하려니 새우젓 장수가 들어온다

억지가 사촌보다 낫다>억지가 사촌보다 낫다

억지춘향>울며 겨자 먹기

언 발에 오줌 누기>언 발에 오줌 누기

언 수탉마냥>꾸어다 놓은 보릿자루

언제 쓰자는 하눌타리냐▸아끼다 똥 된다

언청이만 아니면 일색이란다>맥도 모르고 침통 흔든다

얻은 데서 빌어먹는다>벼룩의 간을 빼 먹는다

얻은 도끼나 잃은 도끼나>얻은 도끼나 잃은 도끼나

얼굴에 모닥불 끼얹은 것 같다>입이 열 개라도 할 말이 없다

얼레빗 참빗 품고 가도 제 복 있으면 잘산다>이고 지고 가도 제 복 없으면 못산다

업어치나 메치나>업어치나 메치나

업으나 메나>업어치나 메치나

업은 아이 삼 년 찾는다>등잔 밑이 어둡다

업은 아이 세 이웃 찾는다>등잔 밑이 어둡다

업은 자식한테도 배운다>팔십 노인도 세 살 먹은 애한테 배울 것이 있다

없어 비단옷>허허 해도 빚이 열닷 냥

엎드려 절 받기>엎드려 절 받기

엎드리면 코 닿을 데>엎어지면 코 닿을 데

엎어져도 코가 깨지고 자빠져도 코가 깨진다>안 되는 놈은 뒤로 넘어져도 코가 깨진다

엎어지면 코 닿을 데>엎어지면 코 닿을 데

엎어진 김에 쉬어 간다>넘어진 김에 쉬어 간다

엎친 데 덮친 격>갈수록 태산

에해 다르고 애해 다르다>아 다르고 어 다르다

엑 하면 떽 한다>가는 말이 고와야 오는 말이 곱다

여든에 능참봉을 하니 거둥이 한 달에 스물아홉 번>안 되는 놈은 뒤로 넘어져도 코가 깨진다

여든에 이가 나랴>병풍에 그린 닭이 홰를 치거든

여든에 죽어도 구들동티에 죽었다 한다>핑계 없는 무덤 없다

여든에 죽어도 핑계에 죽는다>핑계 없는 무덤 없다

여럿이 가는 데 섞이면 병든 다리도 끌려간다>울력걸음에 봉충다리

여럿이 같이 가면 아픈 다리도 끌려간다>울력걸음에 봉충다리

여름 불은 며느리가 때게 하고 겨울 불은 딸이 때게 한다>팔은 안으로 굽는다

여름에 하루 놀면 겨울에 열흘 굶는다>여름에 하루 놀면 겨울에 열흘 굶는다

여우 피하려다 호랑이 만난다>여우 피하려다 호랑이 만난다

여의주 잃은 용>끈 떨어진 뒤웅박

여자가 한을 품으면 오뉴월에도 서리가 내린다>여자가 한을 품으면 오뉴월에도 서리가 내린다

여자 셋이 모이면 그릇이 깨진다>여자 셋이 모이면 그릇이 깨진다

여자 셋이 모이면 사그릇 깬다>여자 셋이 모이면 그릇이 깨진다

여자 셋이 모이면 쇠접시도 뒤집어놓는다>여자 셋이 모이면 그릇이 깨진다

여자 셋이면 하나는 저어 저어 한다>여자 셋이 모이면 그릇이 깨진다

여자 열이면 쇠도 녹인다>여자 셋이 모이면 그릇이 깨진다

여자 팔자 뒤웅박 팔자>여자 팔자 뒤웅박 팔자

연시나 홍시나>업어치나 메치나

열 고을 화냥년이 한 고을 지어미 된다>열 고을 화냥년이 한 고을 지어미 된다

열 길 물속은 알아도 한 길 사람 속은 모른다>열 길 물속은 알아도 한 길 사람 속은 모른다

열녀전 끼고 서방질>얌전한 고양이 부뚜막에 먼저 올라간다

열두 가지 재주 가진 놈 저녁거리 간 데 없다>열두 가지 재주 가진 놈 저녁거리 간 데 없다

열두 폭 말기를 달아 입었나>남의 집 잔치에 감 놔라 배 놔라 한다

열 번 갈아서 안 드는 도끼 없다>낙숫물이 바위를 뚫는다

열 번 재고 한 번 짼다>돌다리도 두들겨보고 건너라

열 번 찍어 안 넘어가는 나무 없다>낙숫물이 바위를 뚫는다

열 사람이 말을 해도 들을 이가 짐작>열 사람이 백 마디를 해도 들을 이가 짐작

열 사람이 백 마디를 해도 들을 이가 짐작>열 사람이 백 마디를 해도 들을 이가 짐작

열 사람이 지켜도 도둑 하나 못 막는다>열 사람이 지켜도 도둑 하나 못 막는다

열 사람 한 술 밥이 한 그릇 푼푼하다>열 사람 한 술 밥이 한 그릇 푼푼하다

열 사람 형리를 사귀지 말고 한 가지 죄를 범하지 말라>열 사람 형리를 사귀지 말고 한 가지 죄를 짓지 마라

열 사람 형리를 사귀지 말고 한 가지 죄를 짓지 말라>열 사람 형리를 사귀지 말고 한 가지 죄를 짓지 마라

열 손가락 깨물어 안 아픈 손가락 없다>열 손가락 깨물어 안 아픈 손가락 없다

열 식구 벌지 말고 한 입 덜어라>열 식구 벌지 말고 한 입 덜어라

열 효자가 영감만 못하다>달 밝은 밤이 흐린 낮만 못하다

열 효자가 할멈만 못하다>달 밝은 밤이 흐린 낮만 못하다

열흘 붉은 꽃 없다>달도 차면 기운다

염라대왕이 문밖에서 기다린다>대문 밖이 저승이라

염불에는 관심 없고 잿밥에만 관심 있다>염불에는 관심 없고 잿밥에만 관심 있다

염치없는 조 발막>족제비도 낯짝이 있지

엿장수 맘대로>엿장수 맘대로

엿장수 엿 주무르듯>엿장수 맘대로

영감 밥은 누워서 먹고 아들 밥은 앉아서 먹는다>달 밝은 밤이 흐린 낮만 못하다

영에서 뺨 맞고 집에 와서 계집 친다>종로에서 뺨 맞고 한강 가서 눈 흘긴다

옆구리 찔러 절 받기>엎드려 절 받기

오뉴월 감기는 개도 안 걸린다>오뉴월 감기는 개도 안 걸린다
오뉴월 (응달 아래) 개 팔자>오뉴월 개 팔자
오뉴월 낙지는 개도 안 먹는다>오뉴월 낙지는 개도 안 먹는다
오뉴월 불도 쬐다 나면 섭섭하다>오뉴월 불도 쬐다 나면 섭섭하다
오는 날이 장날>가는 날이 장날
오는 데는 순서가 있어도 가는 데는 순서가 없다>대문 밖이 저승이라
오는 떡이 두터워야 가는 떡이 두텁다>가는 말이 고와야 오는 말이 곱다
오동나무 씨만 보아도 춤춘다>독장수구구
오래 앉으면 새도 살을 맞는다>재미나는 골에 범 나온다
오르막이 있으면 내리막이 있다>달도 차면 기운다
오르지 못할 나무는 쳐다보지도 마라>뱁새가 황새 따라가다 가랑이 찢어진다
오른쪽 궁둥이나 왼쪽 볼기짝이나>업어치나 메치나
오리 새끼는 길러놓으면 물로 가고 꿩 새끼는 산으로 간다>사람 고쳐 쓰는 것 아니다
오얏나무 밑에서 갓 쓰지 말고 외밭에서 신발 동이지 말라>배나무 밑에서 삿갓 고쳐 쓰지 말고 외밭에서 신들메를 고쳐 매지 말라
오이는 씨가 있어도 도둑은 씨가 없다>오이는 씨가 있어도 도둑은 씨가 없다
외밭을 지날 때 신을 고쳐 신지 말고 오얏나무 밑을 지날 때 갓을 다지지 말라>배나무 밑에서 삿갓 고쳐 쓰지 말고 외밭에서 신들메를 고쳐 매지 말라
오지랖이 넓다>남의 집 잔치에 감 놔라 배 놔라 한다
옥에도 티가 있다>털어서 먼지 안 나는 사람 없다
온 바닷물을 다 먹어봐야 짠가>하나를 보면 열을 안다
올챙이 될 생각은 못 하고 개구리 된 생각 한다>지붕의 호박도 못 따면서 하늘의 천도를 따겠단다
올챙이 적 생각은 못 하고 개구리 된 생각만 한다>개구리 올챙이 적 생각 못 한다
옳은 일을 하면 죽어서도 옳은 귀신이 된다>마음 한번 잘 먹으면 북두칠성이 굽어보신다
옷은 새 옷이 좋고 사람은 헌 사람이 좋다>옷은 새 옷이 좋고 사람은 헌 사람이 좋다
옷은 새 옷이 좋고 친구는 옛 친구가 좋다>옷은 새 옷이 좋고 사람은 헌 사람이 좋다
옷은 시집을 때처럼 음식은 한가위처럼>옷은 시집을 때처럼 음식은 한가위처럼
옷이 날개다>옷이 날개다
옹이에 마디>마디에 옹이
외 거꾸로 먹어도 제 재미다>남이야 지게 지고 제사를 지내건 말건
외기러기 짝사랑>짝사랑에 외기러기
외눈에 안질>갈수록 태산
외모는 거울로 보고 마음은 술로 본다>열 길 물속은 알아도 한 길 사람 속은 모른다

외밭 원수는 고슴도치고 너하고 나하고의 원수는 중매쟁이라>외밭 원수는 고슴도치고 너하고 나하고의 원수는 중매쟁이라
외삼촌 묘에 벌초하듯>마음에 없는 염불
외상이면 소도 잡아먹는다>당장 먹기에는 곶감이 달다
외주둥이 굶는다>외주둥이 굶는다
용 가는 데 구름 가고 범 가는 데 바람 간다>바늘 가는 데 실 간다
용 그리려다 뱀 그린다>호랑이 그리려다 고양이 그린다
용수가 채반 되도록 욱인다>채반이 용수 되도록 욱인다
용이 물 밖에 나면 개미가 덤빈다>용이 물 밖에 나면 개미가 덤빈다
용이 물 밖에 나면 개미가 침노한다>용이 물 밖에 나면 개미가 덤빈다
우거지상>우거지상
우는 아이 뺨 때리기>긁어 부스럼
우는 아이 젖 준다>우는 아이 젖 준다
우렁이도 논두렁 넘는 재주가 있다>굼벵이도 구르는 재주가 있다
우렁이도 집이 있다>집도 절도 없다
우물가에 내놓은 어린애 같다>물가에 내놓은 어린애 같다
우물둔덕에 내놓은 어린애 같다>물가에 내놓은 어린애 같다
우물물은 퍼내야 고인다>우물물은 퍼내야 고인다
우물 안 개구리>우물 안 개구리
우물 안 개구리는 땅 넓은 건 몰라도 하늘 깊은 건 안다>우물 안 개구리
우물에 가서 숭늉 찾기>우물에 가서 숭늉 찾기
우물 옆에서 말라 죽겠다>하나만 알고 둘은 모른다
우물을 파도 한 우물을 파라>우물을 파도 한 우물을 파라
우수 경칩에 대동강 물도 풀린다>우수 경칩에 대동강 물도 풀린다
울력걸음에 봉충다리>울력걸음에 봉충다리
울며 겨자 먹기>울며 겨자 먹기
웃고 뺨친다>고양이 쥐 생각
웃느라 한 말에 초상난다>웃느라 한 말에 초상난다
웃는 낯에 침 뱉으랴>가는 말이 고와야 오는 말이 곱다
웃는 얼굴에 침 뱉으랴>가는 말이 고와야 오는 말이 곱다
웃음 끝에 눈물>달도 차면 기운다
웃음 속에 칼이 있다>고양이 쥐 생각
원님 덕에 나팔 분다>원님 덕에 나팔 분다
원님도 보고 환자도 타고>꿩 먹고 알 먹고
원수는 외나무다리에서 만난다>원수는 외나무다리에서 만난다
원숭이도 나무에서 떨어질 때가 있다>원숭이도 나무에서 떨어질 때가 있다
윗물이 맑아야 아랫물이 맑다>윗물이 맑아야 아랫물이 맑다
은행나무도 마주 서야 연다▶눈에서 멀어지면 마음에서도 멀어진다
은혜를 원수로 갚는다>믿는 도끼에 발등 찍힌다

음식 싫은 건 개나 주지 사람 싫은 건 할 수 없다>음식 싫은 건 개나 주지 사람 싫은 건 할 수 없다
의붓딸의 새남하듯>마음에 없는 염불
의붓아비 묘에 벌초하듯>마음에 없는 염불
의붓아비 소 팔러 보낸 것 같다>강원도 포수
의젓잖은 머느리 시흘 만에 고추장 세 바탱이 먹는다>못된 송아지 엉덩이에 뿔 난다
의주 파발도 똥 눌 새는 있다>바쁘게 찧는 방아에도 손 놀 틈이 있다
이가 없으면 잇몸으로>꿩 대신 닭
이가 자식보다 낫다>발이 효자보다 낫다
이고 지고 가도 제 복 없으면 못산다>이고 지고 가도 제 복 없으면 못산다
이도 안 난 것이 갈비부터 뜯으려 든다>지붕의 호박도 못 따면서 하늘의 천도를 따겠단다
이랑이 고랑 되고 고랑이 이랑 된다>달도 차면 기운다
이래도 흥 저래도 흥>술에 술 탄 듯 물에 물 탄 듯
이렇게 대접할 손님 있고 저렇게 대접할 손님 있다>손님도 이럴 손님 있고 저럴 손님 있다
이름값 한다>이름값 한다
이름 좋은 하눌타리>허울 좋은 하눌타리
이리가 짖으니 개가 꼬리 흔든다>가재는 게 편
이마에 내 천 자를 그렸다>우거지상
이마에 땀 내고 먹어라>나간 사람 몫은 있어도 자는 사람 몫은 없다
이 방 저 방 좋다 해도 서방이 제일이라>이 방 저 방 좋다 해도 서방이 제일이라
이부자리 보고 발 펴라>누울 자리 봐 가며 다리 뻗어라
이불 밑에 엿을 묻어두었나>가마솥에 엿을 붙여놨나
이불 속에서 활개 친다>다리 부러진 장수 성 안에서 호령한다
이불깃 보고 발 펴라>누울 자리 봐 가며 다리 뻗어라
이 샘물 안 먹는다고 똥 누고 가더니 그 물 맑기도 전에 다시 와서 먹는다>다시 긷지 않는다고 우물에 똥 누랴
이 아픈 날 콩밥 한다>가는 날이 장날
이야기 좋아하면 가난하게 산다>이야기 좋아하면 가난하게 산다
이왕 맞을 거면 은가락지 낀 손에 맞으랬다>같은 값이면 다홍치마
이왕이면 창덕궁>같은 값이면 다홍치마
이웃집 며느리 흉도 많다>가까운 무당보다 먼 데 무당이 용하다
이 장 떡이 크냐 저 장 떡이 크냐>이 장 떡이 크냐 저 장 떡이 크냐
이제 보니 수원 나그네>다시 보니 수원 나그네
이제 보니 수원 손님>다시 보니 수원 나그네
이 집 저 집 좋다 해도 내 계집이 제일이라>이 방 저 방 좋다 해도 서방이 제일이라
이태백도 술병 날 때 있다>원숭이도 나무에서 떨어질 때가 있다

이판사판>목구멍이 포도청
익은 밥 먹고 선소리 한다>더운 밥 먹고 식은 소리 한다
인사가 만사다>인사가 만사다
인사 알고 똥 싼다>인사 알고 똥 싼다
인삼 녹용도 배부른 뒤에야 약 된다>감기는 밥상머리에 내려앉는다
인왕산 차돌을 씹어 먹더라도 처가살이는 안 한다>인왕산 차돌을 씹어 먹더라도 처가살이는 안 한다
인정도 품앗이>가는 말이 고와야 오는 말이 곱다
일 년 농사를 지으면 삼 년 먹을 것이 남는다>가을마당에 빗자루 몽당이를 들고 춤을 춰도 농사 밑이 어둑하다
일가 싸움은 개싸움>형제는 잘 두면 보배 못 두면 원수
일곱 살에는 일곱 동네에 미움 받는다>미운 세 살
일 다 하고 죽은 무덤 없다>일 다 하고 죽은 무덤 없다
일 못하는 늙은이 쥐 못 잡는 고양이도 있으면 낫다>개똥도 약에 쓴다
일 못하는 소 멍에만 탓한다>일 못하는 소 멍에만 탓한다
일색 소박은 있어도 박색 소박은 없다>일색 소박은 있어도 박색 소박은 없다
일은 내 몫이 많아 보이고 먹을 것은 남의 것이 커 보인다>남의 떡이 커 보인다
일이 되면 입도 되다>일이 되면 입도 되다
일한 공은 있어도 애 본 공은 없다>저물도록 애 봐주고 욕먹는다
잃은 사람이 죄가 많다>도둑맞으면 어미 품도 들춰본다
임금자리도 저 싫으면 안 한다>평안감사도 저 싫으면 그만
임도 보고 뽕도 따고>꿩 먹고 알 먹고
임을 봐야 애를 낳지>하늘을 봐야 별을 따지
임진년 원수다>임진년 원수다
입 닦는다>한 입으로 두말한다
입동 날이 따뜻하면 겨울도 따뜻하다>봄꽃이 가을에 피면 그해 겨울은 춥지 않다
입맛 나자 노수 떨어진다>방귀 길나자 보리양식 떨어진다
입 씻는다>한 입으로 두말한다
입안의 혀도 깨물 날 있다>원숭이도 나무에서 떨어질 때가 있다
입에 침도 마르기 전에>한 입으로 두말한다
입은 거지는 얻어먹어도 벗은 거지는 못 얻어먹는다>옷이 날개다
입은 닫아두고 눈은 벌려두라>말이 많으면 쓸 말이 적어진다
입은 비뚤어져도 말은 바로 해라>입은 비뚤어져도 말은 바로 해라
입이 광주리만 해도 말 못 한다>입이 열 개라도 할 말이 없다
입이 서울>코 밑 진상이 제일이라
입이 열 개라도 할 말이 없다>입이 열 개라도 할 말이 없다
입이 원수>입이 원수
입찬말은 무덤 앞에 가서 해라>조조는 웃다 망한다
입찬소리는 무덤 앞에 가서 해라>조조는 웃다 망한다
입추의 여지가 없다>송곳 꽃을 땅도 없다

있다 없으면 허전하다>드는 줄은 몰라도 나는 줄은 안다

•• ㅈ ••

자기 늙는 건 몰라도 남 자라는 건 안다>자기 늙는 건 몰라도 남 자라는 건 안다
자기 자식에겐 팥죽 주고 의붓자식에겐 콩죽 먹인다>팥은 안으로 굽는다
자는 범 밑 찌르기>화약 지고 불로 뛰어든다
자는 범 코침 주기>화약 지고 불로 뛰어든다
자는 입에 콩가루 떨어 넣기>고양이 쥐 생각
자는 짐승은 잡지 않는 법이다>자는 짐승은 잡지 않는 법이다
자는 짐승은 포수도 쓰지 않는다>자는 짐승은 잡지 않는 법이다
자는 짐승을 잡으면 죄로 간다>자는 짐승은 잡지 않는 법이다
자도 걱정 먹어도 걱정>내리사랑은 있어도 치사랑은 없다
자라 보고 놀란 가슴 솥뚜껑 보고 놀란다>자라 보고 놀란 가슴 솥뚜껑 보고 놀란다
자랑 끝에 불붙는다>자랑 끝에 불붙는다
자랑 끝에 쉬슨다>자랑 끝에 불붙는다
자랑쟁이에게 흉이 더 많다>빈 수레가 요란하다
자루도 마주 벌려야 잘 들어간다>백지장도 맞들면 낫다
자빠없는 귀신 무릎도 못 얻어먹는다>우물을 파도 한 우물을 파라
자볼기를 맞겠다>자볼기를 맞겠다
자식 겉 낳지 속 못 낳는다>무자식 상팔자
자식 기르는 것 배우고 시집가는 여자 없다>자식 기르는 것 배우고 시집가는 여자 없다
자식도 많으면 천하다>자식도 많으면 천하다
자식 떼어놓고 가는 에미는 걸음마다 피가 고인다>자식 떼어놓고 가는 어미는 걸음마다 피가 고인다
자식은 내 자식이 커 보이고 곡식은 남의 곡식이 커 보인다>남의 떡이 커 보인다
자식은 부모가 반팔자>자식은 부모가 반팔자
자식은 애물단지라>무자식 상팔자
자식은 오복이 아니라도 이는 오복에 든다>발이 효자보다 낫다
자식을 길러 봐야 부모의 은공을 안다>내리사랑은 있어도 치사랑은 없다
자식을 낳아 봐야 부모 맘을 안다>내리사랑은 있어도 치사랑은 없다
자식을 보는 데 아비만 한 눈이 없고 제자를 보는 데 스승만 한 눈이 없다>자식을 보는 데 아비만 한 눈이 없고 제자를 보는 데 스승만 한 눈이 없다
자식 이기는 부모 없다>내리사랑은 있어도 치사랑은 없다
자식이 귀할수록 객지로 내보내라>귀한 자식 매 한 대 더 들고 미운 자식 떡 하나 더 준다
자식이 부모 마음 반만 알아도 온 효자 된다>내리사랑은 있어도 치사랑은 없다

자식이 부모보다 낫다>나중 난 뿔이 우뚝하다
자식이 한 자만 하면 두 자로 보이고 두 자만 하면 석 자로 보인다>자식이 한 자만 하면 두 자로 보이고 두 자만 하면 석 자로 보인다
자식 자랑 상건 된다>무자식 상팔자
자식 자랑은 팔불출>자식 자랑은 팔불출
자식 추기 반 미친 놈 계집 추기 온 미친 놈>자식 자랑은 팔불출
자에도 모자랄 적이 있고 치에도 넉넉할 적이 있다>무는 말이 있으면 차는 말이 있다
자주 옮겨 심는 나무 크지 못한다>우물을 파도 한 우물을 파라
작년이 옛날이다>작년이 옛날이다
작년 팔월 추석에 먹은 송편이 올라온다>작년 팔월 추석에 먹은 송편이 올라온다
작은 고추가 맵다>작은 고추가 맵다
작은댁네 하품은 큰댁네한테 옮지 않는다>시앗을 보면 길가의 부처님도 돌아앉는다
잔솔밭에 떨어진 바늘 찾기>한양에서 김 서방 찾기
잔 잡은 팔 밖으로 굽지 못한다>팔은 안으로 굽는다
잔치는 먹으러 가고 장사엔 보러 간다>염불에 관심 없고 잿밥에만 관심 있다.
잔칫날 맏며느리 앓아눕는다>제삿날 맏며느리 앓아눕는다
잘되고 못되는 거 내게 달렸고 시비하고 칭찬하는 건 남에 달렸다>잘되면 제 탓 안 되면 조상 탓
잘되면 제 탓 안 되면 산소 탓>잘되면 제 탓 안 되면 조상 탓
잘되면 제 탓 안 되면 조상 탓>잘되면 제 탓 안 되면 조상 탓
잘되면 제 탓 안 되면 터 탓>잘되면 제 탓 안 되면 조상 탓
잘살아도 내 팔자요 못살아도 내 팔자>팔자는 독에 들어가서도 못 피한다
잘 입어 못난 놈 없고 못 입어 잘난 놈 없다>옷이 날개다
잘 짖는다고 좋은 개 아니다>말로는 못 할 말이 없다
잘해도 한 꾸중 못해도 한 꾸중>미운털이 박혔다
잠꾸러기 집은 잠꾸러기만 모인다>조는 집에 자는 며느리 들어온다
잠을 자야 꿈을 꾸지>하늘을 봐야 별을 따지
잠자리 맹구쟁이 적 생각 못 한다>개구리 올챙이 적 생각 못 한다
잡은 꿩 놓고 나는 꿩 잡는다>두 마리 토끼 쫓다 둘 다 놓친다
장가는 얕게 들고 시집은 높게 가라>장가는 얕게 들고 시집은 높게 가라
장가들러 가는 놈이 불알 떼어 놓고 간다>혼인집에서 신랑 잃어버렸다
장가를 들어야 애를 낳지>하늘을 봐야 별을 따지
장 가운데 중 찾기>장 가운데 중 찾기
장구 치는 사람 따로 있고 고개 까닥이는 사람 따로 있나>장구 치는 사람 따로 있고 고개 까닥이는 사람 따로 있나
장꾼보다 엿장수가 많다>배보다 배꼽이 크다
장난이 아이 된다>장난이 아이 된다

장님이 귀머거리 나무란다>갈치가 갈치 꼬리 문다
장님 코끼리 만지기>수박 겉핥기
장 단 집에는 가도 말 단 집에는 가지 마라>말이 많으면 쓸 말이 적어진다
장마다 꼴뚜기 날까>장마다 꼴뚜기 날까
장마다 망둥이 날까>장마다 꼴뚜기 날까
장마당의 조약돌 닳듯>장마당의 조약돌 닳듯
장마 뒤에 오이 자라듯>장마 뒤에 오이 자라듯
장마 무서워 호박 못 심으랴>구더기 무서워 장 못 담그랴
장모는 사위가 곰보라도 예뻐하고 시아버지는 며느리가 뻐드렁니에 애꾸라도 예뻐한다>며느리 사랑은 시아버지 사위 사랑은 장모
장모 장 떨어지자 사위 국 싫어한다>가는 날이 장날
장비는 만나면 싸움>장비는 만나면 싸움
장비더러 풀벌레를 그리라 한다>장비더러 풀벌레를 그리라 한다
장비하고 쌈 안 하면 그만이지>똥이 무서워서 피하랴
장사 나면 용마 나고 문장 나면 명필 난다>대문턱 높은 집에 정강이 높은 며느리 들어온다
장사는 오 리 보고 십 리 간다>장사는 오 리 보고 십 리 간다
장사 지내러 가면서 관 놓고 간다>혼인집에서 신랑 잃어버렸다
장옷 쓰고 엿 먹기>얌전한 고양이 부뚜막에 먼저 올라간다
장은 파장인데 국은 한 솥이다>장은 파장인데 국은 한 솥이다
장작불과 계집은 쑤석거리면 탈난다>장작불과 계집은 쑤석거리면 탈난다
재를 털어야 숯불이 빛난다>재를 털어야 숯불이 빛난다
재미나는 골에 범 나온다>재미나는 골에 범 나온다
재주 없는 포수는 곰을 잡아도 웅덩이 없다>안 되는 놈은 뒤로 넘어져도 코가 깨진다
재주는 곰이 넘고 돈은 되놈이 챙긴다>죽 쒀서 개 줬다
재주는 곰이 넘고 돈은 왕서방이 챙긴다>죽 쒀서 개 줬다
재주 다 배우니 눈이 어둡다>안 되는 놈은 뒤로 넘어져도 코가 깨진다
재하자는 유구무언>재하자는 유구무언
잰 놈이 뜬 놈만 못하다>느릿느릿 걸어도 황소걸음
잰 말이 성 내 가면 뜬 말도 도긴에 간다>말 가는 데 소 간다
쟁개비 끓듯 하다>변덕이 죽 끓듯 하다
쟁기질 못하는 놈 소 탓한다>일 못하는 소 멍에만 탓한다
저 건너 빈터에서 잘살던 자랑이면 무슨 소용>호랑이 안 잡았다는 늙은이 없다
저녁 굶은 시어미 상>우거지상
저녁 바람에 곱새가 싸다닌다>늦게 배운 도둑질 날 새는 줄 모른다
저런 걸 낳지 말고 호박이나 낳았더라면 국이나 끓여 먹지>저런 걸 낳지 말고 호박이나 낳았더라면 국이나 끓여 먹지
저 먹기 싫은 떡 남 주기 아깝다>충주 자린고비
저 먹자니 싫고 개 주자니 아깝다>충주 자린고비
저 먹자니 싫고 남 주자니 아깝다>충주 자린고비

저물도록 애 봐주고 욕먹는다>저물도록 애 봐주고 욕먹는다
저 중 잘 달아난다 하니까 고깔 벗어 들고 달아난다>저 중 잘 뛴다니까 장삼 벗어 걸머지고 뛴다
저 중 잘 뛴다니까 장삼 벗어 걸머지고 뛴다>저 중 잘 뛴다니까 장삼 벗어 걸머지고 뛴다
저 춤추고 싶어 동서 권한다>동서 춤추게
저 혼자 북 치고 장구 친다>저 혼자 북 치고 장구 친다
저 혼자 원님 내고 좌수 낸다>저 혼자 북 치고 장구 친다
적게 먹고 가는 똥 누어라>뱁새가 황새 따라가다 가랑이 찢어진다
적게 먹으면 약주요 많이 먹으면 망주라>차면 넘친다
적도 모르고 가지 딴다>적도 모르고 가지 딴다
적적할 때는 내 볼기짝 친다>노는 입에 염불
전당 잡힌 촛대>구어다 놓은 보릿자루
절간에서 새우젓 찾기>한양에서 김 서방 찾기
절 모르고 시주하기>절 모르고 시주하기
절에 가면 중 노릇 하고 싶다>숭어가 뛰니 망둥이도 뛴다
절이 망하려니 새우젓 장수가 길을 낸다>절이 망하려니 새우젓 장수가 들어온다
절이 망하려니 새우젓 장수가 들어온다>절이 망하려니 새우젓 장수가 들어온다
절이 쉈다>절이 쉈다
절이 싫으면 중이 떠나랬다>절이 싫으면 중이 떠나랬다
절하고 뺨 맞으랴>가는 말이 고와야 오는 말이 곱다
젊어 고생은 금 주고도 못 산다>젊어 고생은 사서도 한다
젊어 고생은 사서도 한다>젊어 고생은 사서도 한다
젊은이 망령은 몽둥이로 고치고 늙은이 망령은 고기로 고친다>젊은이 망령은 몽둥이로 고치고 늙은이 망령은 고기로 고친다
젊은이 망령은 몽둥이로 고치고 늙은이 망령은 곰국으로 고친다>젊은이 망령은 몽둥이로 고치고 늙은이 망령은 고기로 고친다
점쟁이 저 죽을 날 모르고 무당이 제 굿 못한다>중이 제 머리 못 깎는다
접시 물에 빠져 죽겠단다>찬밥 더운밥 가릴 처지가 아니다
접시 물에 코 박고 죽는다>찬밥 더운밥 가릴 처지가 아니다
접시 굽에도 담을 탓>접시 밥도 담을 탓
접시 밥도 담을 탓>접시 밥도 담을 탓
정강이가 맏아들보다 낫다>발이 효자보다 낫다
정강이가 의붓아들보다 낫다>발이 효자보다 낫다
정들었다고 정말 마라>웃느라 한 말에 초상난다
정담도 길면 잔말이 된다>말이 많으면 쓸 말이 적어진다
정배도 가려다 안 가면 섭섭하다>매도 맞으려다 안 맞으면 서운하다
정성이 있으면 한식에도 세배 간다>정성이 있으면 한식에도 세배 간다
정성이 지극하면 돌 위에 꽃이 핀다>지성이면 감천
정성이 지극하면 하늘도 마음이 움직인다>지성이면 감천
정승 말 죽은 데는 가도 정승 죽은 데는 안 간다>대감 죽은 데는

679

안 가도 대감 말 죽은 데는 간다
정승자리도 저 싫으면 안 한다>평안감사도 저 싫으면 그만
정승집 강아지 범 무서운 줄 모른다>하룻강아지 범 무서운 줄 모른다
정승집 송아지 백정 무서운 줄 모른다>하룻강아지 범 무서운 줄 모른다
정신없는 늙은이 죽은 딸네 집에 간다>정신은 꽁무니에 찼나
정신은 꽁무니에 찼나>정신은 꽁무니에 찼나
정신은 빼서 개 주었나>정신은 꽁무니에 찼나
정직한 사람의 자식은 굶어 죽지 않는다>정직한 사람의 자식은 굶어 죽지 않는다
젖비린내가 난다>머리에 피도 안 말랐다
제가 놓은 덫에 제가 치였다>누워서 침 뱉기
제 고을에 명창 없다>가까운 무당보다 먼 데 무당이 용하다
제 그림자도 믿지 못한다>콩으로 메주를 쑨대도 곧이듣지 않는다
제 꾀에 제가 넘어갔다>누워서 침 뱉기
제 눈에 안경>제 눈에 안경
제 딸이 고와야 사위 고른다>반달 같은 딸 있으면 온달 같은 사위 삼는다
제 똥 구린 줄 모른다>팔은 안으로 굽는다
제 밑 구린 줄 모른다>팔은 안으로 굽는다
제 발등 제가 찍었다>누워서 침 뱉기
제 밥 덜어줄 샌님은 물 건너부터 안다>제 밥 덜어줄 샌님은 물 건너부터 안다
제 밥 먹고 상전 일 한다>제 밥 먹고 상전 일 한다
제 배가 부르니 평안감사가 조카 같다>제 배가 부르니 평안감사가 조카 같다
제 버릇 개 못 준다>제 버릇 개 못 준다
제 복은 귀신도 못 물어간다>팔자는 독에 들어가서도 못 피한다
제 부모 위하려면 남의 부모를 위해야 한다>가는 말이 고와야 오는 말이 곱다
제비가 기러기의 뜻을 모른다>참새가 어찌 봉황의 뜻을 알리오
제비가 낮게 날면 비가 온다>청개구리가 울면 비가 온다
제비가 사람을 어르면 비가 온다>청개구리가 울면 비가 온다
제 사랑 제가 끼고 있다>콩 심은 데 콩 나고 팥 심은 데 팥 난다
제사에는 맘이 없고 젯밥에만 관심 있다>염불에는 관심 없고 잿밥에만 관심 있다
제삿날 맏며느리 앓아눕는다>제삿날 맏며느리 앓아눕는다
제 속 짚어 남의 말 한다>내 속 짚어 남의 말 한다
제 손가락이 안으로 곱힌다>팔은 안으로 굽는다
제 손으로 제 눈 찌르기>누워서 침 뱉기
제 아비 아이 적만도 못하다>저런 걸 낳지 말고 호박이나 낳았더라면 국이나 끓여 먹지
제 얼굴 더러운 줄 모르고 거울만 나무란다>잘되면 제 탓 안 되면 조상 탓
제 얼굴 못나서 거울 깬다>돌부리를 차면 발부리만 아프다

제 얼굴 못 본다>똥 묻은 개가 겨 묻은 개 나무란다
제 얼굴에 침 뱉기>누워서 침 뱉기
제 얼굴엔 분 바르고 남의 얼굴엔 똥 바른다>제 얼굴엔 분 바르고 남의 얼굴엔 똥 바른다
제 오라에 제가 쳤다>누워서 침 뱉기
제자가 스승보다 낫다>나중 난 뿔이 우뚝하다
제 자식 잘못 모른다>똥 묻은 개가 겨 묻은 개 나무란다
제 집 어른 섬기면 남의 어른도 섬긴다>제 집 어른 섬기면 남의 어른도 섬긴다
제 코도 못 닦으면서 남의 부뚜막 걱정한다>거지가 도승지를 불쌍타 한다
조개젓단지에 고양이 발 드나들듯이>풀방구리에 쥐 드나들듯
조는 집에 자는 며느리 들어온다>조는 집에 자는 며느리 들어온다
조리에 옻칠>돼지에 진주
조바심을 내다>조바심하다
조바심하다>조바심하다
조 북데기 치면 저녁 먹이 나와도 여편네 치면 끼니를 굶는다>조 북데기 치면 저녁 먹이 나와도 여편네 치면 끼니를 굶는다
조 비비듯 하다>조바심하다
조상에는 정신이 없고 팥죽에만 정신이 간다>염불에는 관심 없고 잿밥에만 관심 있다
조약돌 삶은 물>술에 술 탄 듯 물에 물 탄 듯
조약돌 피하려고 수마석에 부딪혔다>여우 피하려다 호랑이 만난다
조조는 웃다 망한다>조조는 웃다 망한다
조조의 살이 조조를 쏜다>원숭이도 나무에서 떨어질 때가 있다
조카 생각하는 만큼 아재비 생각한다>콩 심은 데 콩 나고 팥 심은 데 팥 난다
족제비도 낯짝이 있지>족제비도 낯짝이 있다
족제비 잡아 꼬리 남 주었다>죽 쒀서 개 줬다
족제비 잡으니 꼬리 달란다>족제비도 낯짝이 있다
존대하고 뺨 맞으랴>가는 말이 고와야 오는 말이 곱다
좁쌀만큼 아끼다 담 돌만큼 해 본다>기와 한 장 아끼려다 대들보 썩힌다
좁쌀에 뒤웅 판다>미주알고주알 캔다
좁쌀영감>미주알고주알 캔다
좁쌀은 쏟고 주워도 말은 하고 못 줍는다>좁은 입으로 말하고 넓은 치맛자락으로 못 막는다
좁쌀 한 섬 두고 흉년 들기 기다린다>좁쌀 한 섬 두고 흉년 들기 기다린다
좁은 입으로 말하고 넓은 치맛자락으로 못 막는다>좁은 입으로 말하고 넓은 치맛자락으로 못 막는다
종로에서 뺨 맞고 서빙고 가서 눈 흘긴다>종로에서 뺨 맞고 한강 가서 눈 흘긴다
종로에서 뺨 맞고 한강 가서 눈 흘긴다>종로에서 뺨 맞고 한강 가서 눈 흘긴다
종로에서 뺨 맞고 행랑 뒤에서 눈 흘긴다>종로에서 뺨 맞고 한강 가서 눈 흘긴다

종의 자식을 귀애하면 생원님 상투에 꼬꼬마를 단다>종의 자식을
귀애하면 생원님 수염에 꼬꼬마를 단다
종의 자식을 귀애하면 생원님 수염에 꼬꼬마를 단다>종의 자식을
귀애하면 생원님 수염에 꼬꼬마를 단다
종이도 네 귀를 들어야 반듯하다>백지장도 맞들면 낫다
종이 종을 부리면 식칼로 형문 친다>개구리 올챙이 적 생각
못 한다
좋은 노래도 세 번 들으면 귀가 싫어한다>듣기 좋은 노래도
한두 번
좋은 노래도 장 들으면 싫다>듣기 좋은 노래도 한두 번
좋은 농부는 땅을 탓하지 않는다>명필은 붓을 탓하지 않는다
좋은 농사꾼에게는 나쁜 땅이 없다>명필은 붓을 탓하지 않는다
좋은 농사꾼에게는 버리는 땅이 없다>명필은 붓을 탓하지 않는다
좋은 말도 세 번 들으면 귀가 싫어한다>듣기 좋은 노래도 한두 번
좋은 목수에게는 버리는 나무가 없다>명필은 붓을 탓하지 않는다
좋은 노래소리도 세 번 들으면 귀가 싫어한다>듣기 좋은 노래도
한두 번
좋은 약은 입에 쓰다>좋은 약은 입에 쓰다
좋은 일에 마가 든다>좋은 일엔 마가 낀다
좋은 일에 마가 낀다>좋은 일엔 마가 낀다
좋은 일에는 남이요 궂은 일에는 일가다>달면 삼키고 쓰면 뱉는다
좋은 일엔 탈이 많다>좋은 일엔 마가 낀다
좋은 짓은 저희들끼리 하고 죽은 아이 장사는 나더러 하란다>도둑질
은 내가 하고 오라는 네가 져라
좋을 땐 외삼촌 하고 나쁠 땐 돌아선다>달면 삼키고 쓰면 뱉는다
죄는 지은 데로 가고 덕은 닦은 데로 간다>콩 심은 데 콩 나고
팥 심은 데 팥 난다
죄는 천도깨비가 짓고 벼락은 고목나무가 맞는다>죄는 천도깨비
가 짓고 벼락은 고목나무가 맞는다
주려 와도 미운 사람 있고 받으러 와도 고운 사람 있다>주러 와도
미운 사람 있고 받으러 와도 고운 사람 있다
주막 년네 오줌 종작>주막 년네 오줌 종작
주머니 구구에 박 터진다>주먹구구에 박 터진다
주머닛돈이 쌈짓돈>주머닛돈이 쌈짓돈
주먹구구에 박 터진다>주먹구구에 박 터진다
주먹 큰 놈이 어른이다>법은 멀고 주먹은 가깝다
주인 기다리는 개 지리산만 바라본다>주인 기다리는 개 지리산
만 바라본다
주인 많은 나그네 밥 굶는다>주인 많은 나그네 조석이 간
데 없다
주인 많은 나그네 조석이 간 데 없다>주인 많은 나그네 조석이
간 데 없다
주인 장 떨어지자 나그네 국 싫단다>가는 날이 장날
주제에 수캐라고 다리 들고 오줌 눈다>빈 수레가 요란하다
죽과 병은 돼야 한다>죽과 병은 돼야 한다
죽기는 그릇 죽어도 발인이야 택일 아니할까>죽기는 그릇 죽어도
발인이야 택일 아니할까

죽도 밥도 안 된다>죽도 밥도 안 된다
죽마고우도 말 한마디에 갈라선다>웃느라 한 말에 초상난다
죽사발에 웃음이요 밥사발에 눈물이라>개똥밭에 굴러도 이승이
좋다
죽 설거지는 딸 주고 비빔 설거지는 며느리 준다>팔은 안으로
굽는다
죽 쒀서 개 좋은 일 시켰다>죽 쒀서 개 좋다
죽 쒀서 개 줬다>죽 쒀서 개 줬다
죽어도 큰 칼에 맞아 죽어라>같은 값이면 다홍치마
죽어봐야 저승을 알지>하늘을 봐야 별을 따지
죽어서 넋두리도 하는데>고기는 씹어야 맛이고 말은 해야
맛이다
죽어서도 무덤 빌려 말하는데 살아서 말 못 할까>고기는 씹어야
맛이고 말은 해야 맛이다
죽어 석 잔 술이 살아 한 잔 술만 못하다>죽어 석 잔 술이 살아
한 잔 술만 못하다
죽은 사람 생각에 우나 자기 설움에 울지>죽은 사람 생각에
우나 자기 설움에 울지
죽은 석숭보다 산 돼지가 낫다>개똥밭에 굴러도 이승이 좋다
죽은 아들 불알 만지기>죽은 자식 나이 세기
죽은 아이 귀 만져보기>죽은 자식 나이 세기
죽은 자식 나이 세기>죽은 자식 나이 세기
죽은 자식 눈 열어보기>죽은 자식 나이 세기
죽은 정승이 산 개만 못하다>개똥밭에 굴러도 이승이 좋다
죽을 수가 닥치면 살 수가 생긴다>하늘이 무너져도 솟아날
구멍이 있다
줄기보다 가지가 굵다 장이 밥보다 많다>배보다 배꼽이 크다
중년 상처는 대들보가 휜다>중년 상처는 대들보가 휜다
중매는 잘하면 술이 석 잔 못하면 뺨이 석 대>중매는 잘하면
술이 석 잔 못하면 뺨이 석 대
중매를 하려면 삿귀를 뜯는다>중매는 잘하면 술이 석 잔 못하면
뺨이 석 대
중매 보고 기저귀 장만한다>독장수구구
중의 망건>병풍에 그린 닭이 홰를 치거든
중의 망건 값 안 모인다>중의 망건 값 안 모인다
중의 망건 사러 가는 돈이라도>목구멍이 포도청
중의 빗>병풍에 그린 닭이 홰를 치거든
중의 상투>병풍에 그린 닭이 홰를 치거든
중의 양식이 절의 양식>주머닛돈이 쌈짓돈
중이 고기 맛을 알면 절에 빈대가 남아나지 않는다>늦게 배운
도둑질 날 새는 줄 모른다
중이 고기 맛을 알면 절에 파리가 남아나지 않는다>늦게 배운
도둑질 날 새는 줄 모른다
중이 밉기로 가사까지 미우랴>중이 밉기로 가사까지 미우랴
중이 제 머리 못 깎는다>중이 제 머리 못 깎는다
쥐구멍에도 눈 들 날 있다>갈수록 태산
쥐구멍에도 볕 들 날 있다>달도 차면 기운다

681

쥐구멍에라도 숨고 싶다>입이 열 개라도 할 말이 없다
쥐구멍으로 황소 몰기>병풍에 그린 닭이 홰를 치거든
쥐도 궁하면 고양이를 문다>쥐도 궁하면 고양이를 문다
쥐 뜯어 먹은 것 같다>쥐 뜯어 먹은 것 같다
쥐를 때리려 해도 접시가 아깝다>독 보아 쥐 못 친다
쥐 안 잡는 고양이는 낚두어도 일 않는 사내는 낚두어 뭐 하나>나간
사람 몫은 있어도 자는 사람 몫은 없다
쥐 안 잡는 고양이와 일 안 하는 남편도 써먹을 때가 있다>개똥도
약에 쓴다
쥐 잡으려다 장독만 깼다>빈대 잡으려고 초가삼간 다 태운다
쥐 죽은 듯하다>쥐 죽은 듯하다
쥐 줄 것은 없어도 도둑 줄 것은 없다>쥐 줄 것은 없어도 도둑
줄 것은 있다
지나 업으나>업어치나 메치나
지난해 고인 눈물 올해 떨어진다>지난해 고인 눈물 올해 떨어진다
지랄도 풍년이다>병신 육갑한다
지렁이 기어가는 것 같다>지렁이 기어가는 것 같다
지렁이도 밟으면 꿈틀한다>지렁이도 밟으면 꿈틀한다
지레짐작 매꾸라기>주먹구구에 박 터진다
지름길이 종종길>질러가는 길이 돌아가는 길이다
지리산 포수>강원도 포수
지붕의 호박도 못 따면서 하늘의 천도를 따겠단다>지붕의 호박도
못 따면서 하늘의 천도를 따겠단다
지성이면 감천>지성이면 감천
지어먹은 마음 사흘을 못 간다>지어먹은 마음 사흘을 못 간다
지팡이 내다 주며 묵으라란다>봇짐 내어주며 하룻밤 더 묵었다
가란다
진드기 아주까리 흉본다>똥 묻은 개가 겨 묻은 개 나무란다
진상 가는 송아지 배 걷어차기>긁어 부스럼
질동이 깨트리고 놋동이 얻었다>질동이 깨트리고 놋동이 얻었다
질러가는 길이 돌아가는 길이다>질러가는 길이 돌아가는 길이다
질러가는 길이 먼 길이다>질러가는 길이 돌아가는 길이다
짐 싣고 타나 지고 타나>업어치나 메치나
집과 계집은 꾸밀 탓>집과 계집은 꾸밀 탓
집도 절도 없다>집도 절도 없다
집안 망신은 며느리가 시킨다>어물전 망신은 꼴뚜기가 시키고
과물전 망신은 모과가 시킨다
집안이 망하려니 맏며느리가 수염 난다>절이 망하려니 새우젓
장수가 들어온다
집안이 망하려면 울타리부터 망하고 사람이 망하려면 머리부터 망한
다>자기 늙는 건 몰라도 남 자라는 건 안다
집에 들어온 꿩은 잡지 않는다>자는 짐승은 잡지 않는 법이다
집에서 새는 바가지 들에서도 샌다>안에서 새는 바가지 밖에서
도 샌다
집이 망하면 지관만 탓한다>잘되면 제 탓 안 되면 조상 탓
짐장 십 년이면 호랑이도 안 물어간다>훈장 똥은 개도 안 먹는다
집 좁은 건 살아도 속 좁은 건 못 산다>집 좁은 건 살아도

속 좁은 건 못 산다
집 지어놓고 삼 년>나무를 옮겨 심으면 삼 년 뿌리 않는다
집 태우고 못 줍는다>어물전 털어먹고 꼴뚜기 장사 한다
짓독에 바람이 든다>재미나는 골에 범 나온다
짚신도 제날이 좋다>뱁새가 황새 따라가다 가랑이 찢어진다
짚신도 짝이 있다>짚신도 짝이 있다
짚신장이 헌 신 신는다>대장장이 집에 식칼이 논다
짝사랑에 외기러기>짝사랑에 외기러기
쭈그렁밤송이 삼 년 간다>쭈그렁밤송이 삼 년 간다
쭈그렁밤송이 삼 년 달렸다>쭈그렁밤송이 삼 년 간다
쭉정이가 고개를 드는 법이다>빈 수레가 요란하다
쭉정이 삼 년 간다>쭈그렁밤송이 삼 년 간다
찌나 삶으나>업어치나 메치나
찍자 찍자 하여도 차마 못 찍는다>찍자 찍자 하여도 차마 못
찍는다
(똥구멍이/가랑이가) 찢어지게 가난하다>찢어지게 가난하다
찧고 까분다. >찧고 까분다
찧는 방아에도 손이 나들어야 한다>찧는 방아에도 손이 나들어
야 한다

●● 大 ●●

차돌에 바람 들면 석돌보다 못하다>차돌에 바람 들면 석돌보다
못하다
차 떼고 포 뗀다>차 떼고 포 뗀다
차비 삼 년에 제 떡이 쉰다>망건 쓰다 장 파한다
차 치고 포 친다>차 치고 포 친다
착한 며느리도 악처만 못하다>달 밝은 밤이 흐린 낮만 못하다
찬물도 상이라면 좋다>찬물도 상이라면 좋다
찬물도 위아래가 있다>찬물도 위아래가 있다
찬물에 기름방울 떠돌듯>개밥에 도토리
찬밥 더운밥 가릴 처지가 아니다>찬밥 더운밥 가릴 처지가
아니다
찬밥 두고 잠 아니 온다>찬밥 두고 잠 아니 온다
찬밥에 국 적은 줄만 안다>찬밥에 국 적은 줄만 안다
찬밥에 국 적은 줄 모른다>찬밥에 국 적은 줄 모른다
찰거머리와 안타깨비>찰거머리와 안타깨비
찰떡궁합>찰떡궁합
찰떡도 한두 끼>듣기 좋은 노래도 한두 번
찰찰이 불찰>차면 넘친다
참깨 들깨 노는데 아주까리 못 놀까>참깨 들깨 노는데 아주까리
못 놀까
참깨가 기니 짧으니 한다>도토리 키 재기
참나무에서 떨어지는 도토리 멧돼지가 먹으면 멧돼지 것이고 다람쥐가
먹으면 다람쥐 것이다>참나무에서 떨어지는 도토리 멧돼지가
먹으면 멧돼지 것이고 다람쥐가 먹으면 다람쥐 것이다
참는 게 아재비다>참을 인 자 셋이면 살인도 면한다

참빛이 뭔지 모르는 참빛 장사>말똥도 모르고 마의 노릇 한다
참새가 기니 짧으니 한다>도토리 키 재기
참새가 방앗간을 그저 지나가랴>참새가 방앗간을 그저 지나가랴
참새가 아무리 떠들어도 구렁이 안 움직인다>개 짖어 담장 무너지지 않는다
참새가 어찌 봉황의 뜻을 알리오>참새가 어찌 봉황의 뜻을 알리오
참새가 올조밭을 그저 지나가랴>참새가 방앗간을 그저 지나가랴
참새는 작아도 알만 잘 깐다>굼벵이도 구르는 재주가 있다
참새는 작아도 알만 잘 낳는다>굼벵이도 구르는 재주가 있다
참새도 죽을 땐 짹 한다>지렁이도 밟으면 꿈틀한다
참새 백 마리면 호랑이 눈깔도 빼 간다>백지장도 맞들면 낫다
참새 천 마리가 봉황 한 마리만 못하다>참새 천 마리가 봉황 한 마리만 못하다
참외도 까마귀 파먹는 것이 다르다>한 사람 가는 길로 가지 말고 열 사람 가는 길로 가라
참외 버리고 호박 먹는다>참외 버리고 호박 먹는다
참을 인 자 셋이면 살인도 면한다>참을 인 자 셋이면 살인도 면한다
창자에 기별도 안 간다>누구 코에 붙이라고
채반이 용수 되도록 욱인다>채반이 용수 되도록 욱인다
책력 봐 가며 밥 먹는다>찢어지게 가난하다
처가살이가 굶는 내 집만 못하다>인왕산 차돌을 씹어 먹더라도 처가살이는 안 한다
처에 간다 하고 외가에 가겠다>정신은 꽁무니에 찼나
처갓집엔 송곳 차고 간다>며느리 사랑은 시아버지 사위 사랑은 장모
처남댁 병 보듯>마음에 없는 염불
처녀가 애를 낳아도 할 말이 있다>핑계 없는 무덤 없다
처녀 오장은 깊어야 좋고 총각 오장은 얕아야 좋다>처녀 오장은 깊어야 좋고 총각 오장은 얕아야 좋다
처도 남이다>발 없는 말이 천 리 간다
처도 돌아누우면 남이다>부부는 무촌
처삼촌 묘에 벌초하듯>마음에 없는 염불
처서가 지나면 모기 입이 비뚤어진다>처서가 지나면 모기 주둥이가 비뚤어진다
처서가 지나면 모기 주둥이가 비뚤어진다>처서가 지나면 모기 주둥이가 비뚤어진다
처서가 지나면 풀도 울며 돌아간다>처서가 지나면 모기 주둥이가 비뚤어진다
척하면 삼천리>하나를 보면 열을 안다
척 하면 딱이요 쿵 하니 짝이로다>찰떡궁합
천금사랑은 없어도 일사랑은 있다>천금사랑은 없어도 일사랑은 있다
천 냥짜리 서 푼도 본다>천 냥짜리 서 푼도 본다
천 길 물속은 알아도 계집 속은 모른다>열 길 물속은 알아도 한 길 사람 속은 모른다

천 냥 빚에 말이 비단>말 한마디로 천 냥 빚을 갚는다
천 냥 지나 천한 냥 지나 먹고나 보자>목구멍이 포도청
천둥에 개 뛰어들듯>고두리에 놀란 새마냥
천 리 길도 십 리>천 리 길도 십 리
천 리 길도 한 걸음부터>천 리 길도 한 걸음부터
천 리 길에 눈썹도 짐이 된다>천 리 길에 눈썹도 짐이 된다
천 리 길 찾아와서 문턱 넘어 죽는다>십년공부 도로 아미타불
천봉답이 소나기를 싫어하랴>찬밥 더운밥 가릴 처지가 아니다
천생 팔자가 눌은밥이라>천생 팔자가 눌은밥이라
천석꾼에 천 가지 걱정 만석꾼에 만 가지 걱정>천석꾼에 천 가지 걱정 만석꾼에 만 가지 걱정
천자문도 못 읽고 인 위조한다>눈 가리고 아옹 한다
철나자 망령>철나자 망령
철든 큰딸은 남편보다 낫다>맏딸은 금 주고도 못 산다
철들자 망령 난다>철나자 망령
철 묵은 색시 가마 안에서 고름 단다>초승달 볼 사람이 야밤에 나와 기다린다
철이 가면 절로 간다>세월이 약이다
철이 가면 절로 끝난다>세월이 약이다
첩 정은 삼 년 본처 정은 백 년>구관이 명관
첫날밤에 내소박을 맞는다>자볼기를 맞겠다
첫 딸은 세간 밑천이라>맏딸은 금 주고도 못 산다
첫 마수걸이에 외상>첫 마수걸이에 외상
첫 사위가 오면 장모가 신을 거꾸로 신고 나간다>며느리 사랑은 시아버지 사위 사랑은 장모
첫새벽에 문을 열면 오복이 들어온다>나간 사람 몫은 있어도 자는 사람 몫은 없다
첫술에 배부르랴>첫술에 배부르랴
청개구리가 울면 비가 온다>청개구리가 울면 비가 온다
청개구리 같다>청개구리 같다
청기와장수>청기와장수
청보에 개똥>허울 좋은 하눌타리
청산 속에 묻힌 옥도 갈아야 빛이 난다>부뚜막의 소금도 집어넣어야 짜다
청승은 늘어가고 팔자는 오그라진다>청승은 늘어가고 팔자는 오그라진다
청을 빌려 방에 들어간다>청을 빌려 방에 들어간다
청지기가 벼슬인 줄 안다>밥그릇이 높으니까 생일만큼 여긴다
청치 않은 잔치 묻지 않은 대답>청치 안은 잔치 묻지 않은 대답
체 보고 옷 짓고 꼴 보고 이름 짓는다>체수 보고 옷 짓는다
체수 보고 옷 짓는다>체수 보고 옷 짓는다
쳐다보이는 집의 애꾸눈이는 보여도 내려다보이는 집의 양귀비는 못 본다>쳐다보이는 집의 애꾸눈이는 보여도 내려다보이는 집의 양귀비는 못 본다
초가삼간 다 타도 빈대 죽는 것만 시원하다>초가삼간 다 타도 빈대 죽는 것만 시원하다

683

초고리는 작아도 꿩만 잡는다>굼벵이도 구르는 재주가 있다
초년고생은 양식 지고 다니며 한다>젊어 고생은 사서도 한다
초승달 볼 사람이 야밤에 나와 기다린다>초승달 볼 사람이 야밤에 나와 기다린다
초장 술에 파장 매>초장 술에 파장 매
초저녁 구들이 따뜻해야 새벽 구들이 따뜻하다>초저녁 구들이 따뜻해야 새벽 구들이 따뜻하다
초하룻날 먹어보면 열하룻날 또 간다>초하룻날 먹어보면 열하룻날 또 간다
촌년이 늦바람이 나면 속곳 밑에 단추 단다>늦게 배운 도둑질 날 새는 줄 모른다
촌년이 아전 서방을 하면 가재걸음을 하고 육개장이 아니면 밥을 안 먹는다>빈수레가 요란하다
촌년이 아전 서방을 하면 날 샌 줄 모른다>빈수레가 요란하다
촌놈은 똥배 부른 것만 친다>촌놈은 밥그릇 높은 것만 친다
촌놈은 밥그릇 높은 것만 친다>촌놈은 밥그릇 높은 것만 친다
촌닭 관청 구경 온 듯>관청에 잡아다 놓은 닭마냥
촌닭 관청에 간 것 같다>관청에 잡아다 놓은 닭마냥
촌닭 관청에 잡아 온 셈이다>관청에 잡아다 놓은 닭마냥
촌닭이 관청 닭 눈 빼 먹는다>촌닭이 관청 닭 눈 빼 먹는다
촌뜨기 관청 구경>관청에 잡아다 놓은 닭마냥
총명이 둔필만 못하다>똑똑한 머리보다 얼떨한 문서가 낫다
총총들이 반병이라>질러가는 길이 돌아가는 길이다
최씨 앉은 자리엔 풀도 안 난다>앉은 자리에서 풀도 안 나겠다
추어주면 엉덩이 나가는 줄 모른다>추어주면 엉덩이가 나가는 줄 모른다
추우면 다가서고 더우면 물러선다>달면 삼키고 쓰면 뱉는다
축은 축대로 붙는다>조는 집에 자는 며느리 들어온다
춘풍으로 남을 대하고 추풍으로 나를 대하라>춘풍으로 남을 대하고 추풍으로 나를 대하라
춘향이집 가는 길 같다>춘향이집 가는 길 같다
춥기는 삼청 냉돌인가>춥기는 삼청 냉돌인가
춥지 않은 소한 없고 푸근하지 않은 대한 없다>대한이 소한 집에 놀러 갔다가 얼어 죽는다
취중진담>열 길 물속은 알아도 한 길 사람 속은 모른다
치고 보니 삼촌이라>치고 보니 삼촌이라
치러 갔다가 맞기도 예사>치러 갔다가 맞기도 예사
치마가 스물네 폭이다>남의 집 잔치에 감 놔라 배 놔라 한다
치마가 열두 폭이다>남의 집 잔치에 감 놔라 배 놔라 한다
치 위에 치 있다>뛰는 놈 위에 나는 놈 있다
친구 따라 강남 간다>친구 따라 강남 간다
친구 망신은 곱사등이 시킨다>어물전 망신은 꼴뚜기가 시키고 과물전 망신은 모과가 시킨다
친손자는 걸리고 외손자는 업고 간다>친손자는 걸리고 외손자는 업고 간다
친손자는 봄볕에 걸리고 외손자는 가을볕에 걸린다>친손자는 걸리고 외손자는 업고 간다

친애비 장작 패는 데는 안 가도 의붓애비 떡 치는 데는 간다>달면 삼키고 쓰면 뱉는다
칠 년 가뭄에 하루 쓸 날 없다>가는 날이 장날
칠 년 대한에 비 안 오는 날 없고 구 년 장마에 볕 안 드는 날 없다>달도 차면 기운다
칠성판에서 뛰어 났다>그물을 벗어난 새
칠순 노인에게 애 볼래 밭 맬래 하면 밭 맨다 한다>저물도록 애 봐주고 욕먹는다
칠월 더부살이가 주인마누라 속곳 (베) 걱정한다>거지가 도승지를 불쌍타 한다
침 먹은 지네>꿀 먹은 벙어리
침 뱉고 밑 씻겠다>급하면 밑 씻고 똥 눈다

•• ㅋ ••

칼날 위에 섰다>바람 앞의 등불
칼로 물 베기>칼로 물 베기
칼을 뽑고는 그대로 집에 꽂지 않는다>칼을 뽑고는 그대로 집에 꽂지 않는다
칼이 제 자루 깎지 못한다>중이 제 머리 못 깎는다
칼자루는 저쪽이 쥐었다>칼자루는 저쪽이 쥐었다
칼자루를 쥐었다>엿장수 맘대로
커도 한 그릇 작아도 한 그릇>커도 한 그릇 작아도 한 그릇
코기러기가 높이 날면 뭇 기러기도 높이 난다>코기러기가 높이 날면 뭇 기러기도 높이 난다
코 떼어 주머니에 넣었다>입이 열 개라도 할 말이 없다
코 묻은 떡도 빼앗아 먹는다>벼룩의 간을 빼 먹는다
코 밑 진상이 제일이라>코 밑 진상이 제일이라
코 아래 구멍이 제일 무섭다>웃느라 한 말에 초상난다
콩죽은 내가 먹고 배는 남이 앓는다>도둑질은 내가 하고 오라는 네가 져라
콩 팔러 갔다>깨 팔러 갔다
콧대에 바늘 세우겠다>우거지상
콧등의 파리를 혓바닥으로 쫓는다>콧등의 파리를 혓바닥으로 쫓는다
콩가루 집안>콩가루 집안
콩 가지고 두부 만든대도 곧이듣지 않는다>콩으로 메주를 쑨대도 곧이듣지 않는다
콩나물시루 같다>콩나물시루 같다
콩나물시루 안에도 누워 자라는 놈 있다>콩나물시루 안에도 누워 자라는 놈 있다
콩 났네 팥 났네 한다>콩 났네 팥 났네 한다
콩도 닷 말 팥도 닷 말>흥 각각 정 각각
콩마당에 간수 치기>우물에 가서 숭늉 찾기
콩밭에서 두부 찾는다>우물에 가서 숭늉 찾기
콩 볶아 먹다 가마솥 깨뜨린다>콩 볶아 먹다 가마솥 깨뜨린다
콩 심은 데 콩 나고 팥 심은 데 팥 난다>콩 심은 데 콩 나고

팥 심은 데 팥 난다
콩으로 메주를 쑨대도 곧이듣지 않는다>콩으로 메주를 쑨대도
곧이듣지 않는다
콩을 콩이라 해도 곧이듣지 않는다>콩으로 메주를 쑨대도 곧이
듣지 않는다
콩이야 팥이야 한다>콩 났네 팥 났네 한다
큰 나무 덕은 못 봐도 큰 사람 덕은 본다>서당 개 삼 년이면
풍월을 읊는다
큰 나무 밑에 작은 나무 크지 못한다>닭 머리가 될지언정 소
꼬리는 되지 마라
큰 도둑이 좀도둑 잡는 시늉한다>눈 가리고 아웅 한다
큰 말이 나가면 작은 말이 큰 말 노릇 한다>큰 소가 나가면
작은 소가 큰 소 노릇 한다
큰 무당이 있으면 작은 무당은 춤을 안 춘다>큰 무당이 있으면
작은 무당은 춤을 안 춘다
큰물에 큰 고기 논다>큰물에 큰 고기 논다
큰 부자는 하늘이 내고 작은 부자는 사람이 낸다>큰 부자는 하늘이
내고 작은 부자는 사람이 낸다
큰북에서 큰 소리 난다>큰물에 큰 고기 논다
큰 소가 나가면 작은 소가 큰 소 노릇 한다>큰 소가 나가면 작은
소가 큰 소 노릇 한다
큰 소 큰 소 하면서 꼴 아니 준다>큰 소 큰 소 하면서 꼴 아니
준다
큰일이면 작은 일로 두 번 치러라>큰일이면 작은 일로 두 번
치러라
큰집 잔치에 작은집 돼지 잡는다>큰집 잔치에 작은집 돼지
잡는다
큰 호박은 얻어먹고 작은 후추는 사 먹는다>큰 호박은 얻어먹고
작은 후추는 사 먹는다
키 크면 속없고 키 작으면 자발없다>키 크면 속없고 키 작으면
자발없다
키 크고 싱겁지 않은 사람 없다>키 크고 싱겁지 않은 사람 없다
키 큰 놈의 집에 내려 먹을 것 없다>키 큰 놈의 집에 내려
먹을 것 없다

•• ㅌ ••

타관 양반이 누가 허 좌수인 줄 아나>타관 양반이 누가 허
좌수인 줄 아나
타작마당에 가서 숭늉 찾기>우물에 가서 숭늉 찾기
탐관 밑은 안반 같고 염관 밑은 송곳 같다>탐관 밑은 안반 같고
염관 밑은 송곳 같다
태산을 넘으면 평지를 본다>달도 차면 기운다
태산이 바람에 쓰러지거든>병풍에 그린 닭이 홰를 치거든
태산이 평지 된다>십 년이면 강산도 변한다
터진 방앗공이에 보리알 끼듯 하였다>터진 방앗공이에 보리알
끼듯 하였다

터진 봇물마냥>터진 봇물마냥
턱 떨어진 개 지리산 쳐다보듯>주인 기다리는 개 지리산만
바라본다
턱 떨어진 광대>끈 떨어진 뒤웅박
털도 내리쓸어야 빛이 난다>털도 내리쓸어야 빛이 난다
털도 없이 부얼부얼한 체한다>털도 없이 부얼부얼한 체한다
털어서 먼지 안 나는 사람 없다>털어서 먼지 안 나는 사람
없다
털을 뽑아 신을 삼겠다>털을 뽑아 신을 삼겠다
털토시 끼고 게 구멍을 쑤셔도 제 재미다>남이야 지게 지고
제사를 지내건 말건
토끼가 제 방귀에 놀란다>토끼가 제 방귀에 놀란다
토끼도 세 굴을 판다>돌다리도 두들겨보고 건너라
토끼 입에 콩가루 먹은 것 같다>토끼 입에 콩가루 먹은 것
같다.
토끼 죽으니 여우 슬퍼한다>토끼 죽으니 여우 슬퍼한다
틈 난 돌이 터지고 태 먹은 독이 깨진다>틈 난 돌이 터지고
태 먹은 독이 깨진다
티끌 모아 태산>티끌 모아 태산
티끌 속의 구슬>팔준마라도 주인 못 만나면 삯말로 늙는다

•• ㅍ ••

파김치가 되었다>파김치가 되었다
파리 똥은 똥이 아닌가>세 살 버릇 여든까지 간다
파리 한 섬을 다 먹었다 해도 실제로 먹지 않았으면 그만>남의
말도 석 달
파주 미륵>하늘 높은 줄 모르고 땅 넓은 줄만 안다
파총에 감투 걱정>파총에 감투 걱정
판돈 일곱 닢에 노름꾼은 아홉>판돈 일곱 닢에 노름꾼은 아홉
판에 박았다>호랑이가 호랑이를 낳고 개가 개를 낳는다
팔 고쳐주니 다리 부러졌다 한다>팔 고쳐주니 다리 부러졌다
한다
팔난봉에 뫼 썼다>팔난봉에 뫼 썼다
팔대독자 외아들이라도 울음소리는 듣기 싫다>팔대독자 외아들
이라도 울음소리는 듣기 싫다
팔백 냥 주고 집 사고 천 냥 주고 이웃 산다>팔백 냥 주고 집
사고 천 냥 주고 이웃 산다
팔선녀를 꾸민다>팔선녀를 꾸민다
팔십 노인도 세 살 먹은 애한테 배울 것이 있다>팔십 노인도
세 살 먹은 애한테 배울 것이 있다
팔십 노인도 손자한테 배우다 죽는다>팔십 노인도 세 살 먹은
애한테 배울 것이 있다
팔월 그믐에 마지막 쉰다>팔월 그믐에 마지막 쉰다
팔은 안으로 굽는다>팔은 안으로 굽는다
팔이 들이
굽지 내굽나>팔은 안으로 굽는다

팔자가 사나우니 시아비가 삼간 마루로 하나>팔자가 좋아서 동이
장수 맏며느리 됐을까
팔자가 사나우니 사전에 시어미가 아은아홉>팔자가 좋아서 동이
장수 맏며느리 됐을까
팔자가 사나우니 의붓아들이 삼년 맏이라>팔자가 좋아서 동이
장수 맏며느리 됐을까
팔자가 좋아 동이 장수 맏며느리 됐을까>팔자가 좋아서 동이
장수 맏며느리 됐을까
팔자는 길들이기로 간다>세 살 버릇 여든까지 간다
팔자는 독에 들어가서도 못 피한다>팔자는 독에 들어가서도
못 피한다
팔준마라도 주인 못 만나면 삯마로 늙는다>팔준마라도 주인
못 만나면 삯마로 늙는다
팥으로 두부를 만든대도 곧이듣는다>팥으로 메주를 쑨대도 곧이
듣는다
팥으로 메주를 쑨대도 곧이듣는다>팥으로 메주를 쑨대도 곧이
듣는다
팥을 콩이라 해도 곧이듣는다>팥으로 메주를 쑨대도 곧이듣는다
팥이 풀어져도 솥 안에 있다>팥이 풀어져도 솥 안에 있다
패랭이에 숟가락 꽂고 산다>집도 절도 없다
패장은 말이 없다>패장은 말이 없다
패장은 용맹을 이야기하지 않는다>패장은 말이 없다
편보다 떡이 낫다>편보다 떡이 낫다
편안이 가난>나간 사람 몫은 있어도 자는 사람 몫은 없다
편지에 문안>약방에 감초
편한 개 팔자 부럽지 않다>편한 개 팔자 부럽지 않다
편히 살고 싶으면 관에 들어가라>나간 사람 몫은 있어도 자는
사람 몫은 없다
평생소원이 누룽지>평생소원이 누룽지
평생 지팡이>검은 머리 파뿌리 되도록
평시에 먹은 마음 취중에 난다>열 길 물속은 알아도 한 길
사람 속은 모른다
평안감사도 저 싫으면 그만>평안감사도 저 싫으면 그만
포도군사 은동곳 물어 뽑는다>제 버릇 개 못 준다
포도청 뒷문에서도 그렇게 싸지 않겠다>포도청 뒷문에서도 그렇
게 싸지 않겠다
포선 뒤에서 엿 먹는다>얌전한 고양이 부뚜막에 먼저 올라간다
포수 불알만하다>포수 불알만하다
푸줏간에 들어가는 소 걸음>울며 겨자 먹기
풀 끝에 앉은 새>바람 앞의 등불
풀방구리에 쥐 드나들듯>풀방구리에 쥐 드나들듯
풀 베기 싫은 놈 풀단만 센다>게으른 선비 책장 넘기듯
품마다 사랑이 있다>품마다 사랑이 있다
풍년거지 더 섧다>풍년거지 더 섧다
풍년거지 제 쪽박 깬다>풍년거지 더 섧다
풍년 두부 같다>풍년 두부 같다
품 안의 자식>무자식 상팔자

피는 못 속인다>피는 못 속인다
피는 짚신 삼으며 잡아야 다 잡는다>피는 짚신 삼으면서 잡아
야 다 잡는다
피 다 잡은 논 없고 도둑 다 잡은 나라 없다>피 다 잡은 논
없고 도둑 다 잡은 나라 없다
피장이 내일 모레>갖바치 내일 모레
핑계가 좋아서 사돈네 집 간다>핑계가 좋아서 사돈네 집 간다
핑계 없는 무덤 없다>핑계 없는 무덤 없다
핑계 핑계 도라지 캐러 간다>핑계 핑계 도라지 캐러 간다

•• ㅎ ••

하나를 가르쳐주면 열을 안다>하나를 가르쳐주면 열을 안다
하나를 들으면 백을 통한다>하나를 가르쳐주면 열을 안다
하나를 보면 열을 안다>하나를 보면 열을 안다
하나만 알고 둘은 모른다>하나만 알고 둘은 모른다
하나 벗어느 쉬워도 하나 입기는 어렵다>남산골샌님은 뒤지하고
담뱃대만 들면 나막신 신고 동대문까지 간다
하나 하면 둘 한다>하나를 가르쳐주면 열을 안다
하늘 높은 줄 모르고 땅 넓은 줄만 안다>하늘 높은 줄 모르고
땅 넓은 줄만 안다
하늘 높은 줄만 알고 땅 넓은 줄은 모른다>하늘 높은 줄만 알고
땅 넓은 줄은 모른다
하늘도 한 귀퉁이부터 개인다>하늘도 한 귀퉁이부터 개인다
하늘만 보고 다니는 사람은 개천에 빠진다>벼는 익을수록 고개를
숙인다
하늘 울 때마다 벼락 칠까>장마다 꼴뚜기 날까
하늘을 봐야 별을 따지>하늘을 봐야 별을 따지
하늘이 무너져도 솟아날 구멍이 있다>하늘이 무너져도 솟아날
구멍이 있다
하늘 천 하면 검을 현 한다>하나를 가르쳐주면 열을 안다
하던 놀음도 멍석 깔아주면 안 한다>하던 짓도 멍석 깔아주면
안 한다
하던 짓도 멍석 깔아주면 안 한다>하던 짓도 멍석 깔아주면
안 한다
하라는 파총에 감투 걱정한다>파총에 감투 걱정
하루가 열흘 맞잡이>하루가 열흘 맞잡이
하루 굶은 것은 몰라도 헐벗은 것은 안다>옷이 날개다
하루 물림이 열흘 간다>하루 물림이 열흘 간다
하루 죽을 줄 모르고 열흘 살 줄 만 안다>충주 자린고비
하룻강아지 범 무서운 줄 모른다>하룻강아지 범 무서운 줄
모른다
하룻강아지 재 못 넘는다>하룻비둘기 재 못 넘는다
하룻밤 자고 나면 수가 난다>하룻밤 자고 나면 수가 난다
하룻밤을 자도 만리성을 쌓는다>하룻밤을 자도 만리장성을
쌓는다
하룻밤을 자도 만리장성을 쌓는다>하룻밤을 자도 만리장성을

쌓는다
하룻비둘기 재 못 넘는다>하룻비둘기 재 못 넘는다
하품하는 데 딸꾹질>갈수록 태산
한 가랑이에 두 다리 넣는다>급하면 밑 씻고 똥 눈다
한 귀로 듣고 한 귀로 흘린다>소 귀에 경 읽기
한날한시에 난 손가락도 길고 짧다>한날한시에 난 손가락도
길고 짧다
한 달이 길면 한 달이 짧다>달도 차면 기운다
한데 앉아서 음지 걱정한다>거지가 도승지를 불쌍타 한다
한 되 주고 한 섬 받는다>되로 주고 말로 받는다
한때를 참으면 백날이 편하다>참을 인 자 셋이면 살인도 면한다
한량은 죽어도 기생집 울타리 밑에서 죽는다>제 버릇 개 못 준다
한 말에 두 길마 지울까>한 어깨에 두 지게 질까
한 말에 두 안장이 없다>한 어깨에 두 지게 질까
한 바리에 실을 짝이 없다>한 바리에 실을 짝이 없다
한 밥그릇에 두 숟가락 두지 않는다>한 어깨에 두 지게 질까
한 밥에 오르고 한 밥에 내린다>밥이 보약
한번 검으면 흴 줄 모른다>세 살 버릇 여든까지 간다
한 번 실수는 병가지상사>한 번 실수는 병가지상사
한 부모는 열 자식을 거두어도 열 자식이 한 부모를 못 모신다>내리사
랑은 있어도 치사랑은 없다
한 사람 가는 길로 가지 말고 열 사람 가는 길로 가라>한 사람
가는 길로 가지 말고 열 사람 가는 길로 가라
한 살 더 먹고 똥 싼다>한 살 더 먹고 똥 싼다
한솥밥 먹고 송사한다>갈치가 갈치 꼬리 문다
한술 밥에 배부르랴>첫술에 배부르랴
한식에 죽나 청명에 죽나>엎어치나 메치나
한 아들에 열 며느리>팔은 안으로 굽는다
한양 가야 급제하지>하늘을 봐야 별을 따지
한양(서울)에서 김 서방 찾기>한양에서 김 서방 찾기
한양에서 매 맞고 송도에서 주먹질 한다>종로에서 빰 맞고 한강
가서 눈 흘긴다
한 어깨에 두 지게 질까>한 어깨에 두 지게 질까
한 어미 자식도 아롱이다롱이>한날한시에 난 손가락도 길고
짧다
한 입 건너 두 입>발 없는 말이 천 리 간다
한 입으로 두말한다>한 입으로 두말한다
한 자를 가르쳐주려면 천 자를 알아야 한다>한 자를 가르쳐주려면
천 자를 알아야 한다
한집에 살면서 시어미 성 모른다>한집에 살면서 시어미 성
모른다
한 치 벌레에도 오 푼 결기는 있다>지렁이도 밟으면 꿈틀한다
한편 말 듣고 송사 못 한다>한편 말 듣고 송사 못 한다
한 푼 돈에 살인난다>똥 때문에 살인난다
한 푼 아끼다 백 냥 잃는다>기와 한 장 아끼려다 대들보 썩힌다
한 푼을 우습게 여기면 한 푼에 울게 된다>한 푼을 우습게 여기면
한 푼에 울게 된다

함정에 빠진 호랑이는 토끼도 깔본다>용이 물 밖에 나면 개미가
덤빈다
함지 밥 보고 마누라 내쫓는다>함지 밥 보고 마누라 내쫓는다
함지박 시키면 바가지 시키고 바가지 시키면 쪽박 시킨다>함지박
시키면 바가지 시키고 바가지 시키면 쪽박 시킨다
항우가 제 고집에 망한다>항우가 제 고집에 망한다
항우도 댕댕이덩굴에 걸려 넘어진다>원숭이도 나무에서 떨어질
때가 있다
행수 행수 하면서 짐 지운다>동서 춤추게
행실 배우라 했더니 과붓집 문고리를 뺀다>행실 배우라 했더니
과붓집 문고리를 뺀다
행실 배우라 했더니 포도청 문고리를 뺀다>행실 배우라 했더니
과붓집 문고리를 뺀다
행차 뒤에 나팔 불기>소 잃고 외양간 고친다
향기 나는 미끼 아래 반드시 죽는 고기 있다>향기 나는 미끼
아래 반드시 죽는 고기 있다
항청에서 개폐문하겠다>배보다 배꼽이 크다
허수아비도 제 구실을 한다>굼벵이도 구르는 재주가 있다
허수아비로 여긴다>바지저고리로 안다
허울 좋은 과부>허울 좋은 하눌타리
허울 좋은 도둑놈>허울 좋은 하눌타리
허울 좋은 하눌타리>허울 좋은 하눌타리
허파에 바람 들었나>허파에 바람 들었나
허허 해도 빚이 열닷 냥>허허 해도 빚이 열닷 냥
헌 갓 쓰고 똥 누기>헌 갓 쓰고 똥 누기
헌 배에 물 푸기>밑 빠진 독에 물 붓기
헌 섬이 곡식 더 든다>마른 장작이 잘 탄다
헌 집 고치기>밑 빠진 독에 물 붓기
혀 아래 도끼 들었다>웃느라 한 말에 초상난다
헛바닥째 넘어간다>둘이 먹다 하나가 죽어도 모른다
형만 한 아우 없다>형만 한 아우 없다
형 보니 아우>윗물이 맑아야 아랫물이 맑다
형제간 싸움은 칼로 물 베기>칼로 물 베기
형제간에도 담이 있다>웃느라 한 말에 초상난다
형제는 잘 두면 보배 못 두면 원수>형제는 잘 두면 보배 못
두면 원수
호랑이가 호랑이를 낳고 개가 개를 낳는다>호랑이가 호랑이를
낳고 개가 개를 낳는다
호랑이 그리려다 개 그린다>호랑이 그리려다 고양이 그린다
호랑이 그리려다 고양이 그린다>호랑이 그리려다 고양이 그린다
호랑이는 죽어서 가죽을 남기고 사람은 죽어서 이름을 남긴다>호랑
이는 죽어서 가죽을 남기고 사람은 죽어서 이름을 남긴다
호랑이 담배 먹던 시절 얘기 한다>고리 적 얘기
호랑이도 쏘아 놓고 나면 불쌍하다>호랑이도 쏘아 놓고 나면
불쌍하다
호랑이도 제 말 하면 온다>호랑이도 제 말 하면 온다
호랑이도 제 새끼 곱다 하면 물지 않는다>호랑이도 제 새끼

곱다 하면 물지 않는다

호랑이(새끼)를 잡으려면 호랑이굴로 들어가야 한다>호랑이를 잡으려면 호랑이굴로 들어가야 한다

호랑이보고 아이 봐 달란다>고양이에게 생선 맡기는 격

호랑이 새끼는 자라면 사람을 물고야 만다>사람 고쳐 쓰는 것 아니다

호랑이 새끼를 길렀다>호랑이 새끼를 길렀다

호랑이 안 잡았다는 늙은이 없다>호랑이 안 잡았다는 늙은이 없다

호랑이 없는 산에선 여우가 왕 노릇 한다>호랑이 없는 산에선 여우가 왕 노릇 한다

호랑이에게 물려가도 정신만 차리면 산다>하늘이 무너져도 솟아날 구멍이 있다

호랑이 잡고 볼기 맞는다>호랑이 잡고 볼기 맞는다

호랑이 잡으려 토끼 잡는다>호랑이 그리려다 고양이 그린다

호미로 막을 것을 가래로 막는다>호미로 막을 것을 가래로 막는다

호박씨 까서 한입에 털어 넣는다>호박씨 까서 한입에 털어 넣는다

호박이 넝쿨째 굴러들었다>호박이 넝쿨째 굴러들었다

호박이 넝쿨째 굴러떨어졌다>호박이 넝쿨째 굴러들었다

혹 떼러 갔다가 혹 붙여 온다>혹 떼러 갔다가 혹 붙여 온다

혼인 뒤에 병풍 친다>소 잃고 외양간 고친다

혼인집에서 신랑 잃어버렸다>혼인집에서 신랑 잃어버렸다

홀아비는 이가 서 말 과부는 은이 서 말>홀아비는 이가 서 말 과부는 은이 서 말

홀아비 부자 없고 과부 가난뱅이 없다>홀아비는 이가 서 말 과부는 은이 서 말

홀아비 집 앞은 길이 보얗고 홀어미 집 앞은 큰길이 난다>홀아비는 이가 서 말 과부는 은이 서 말

홈통은 썩지 않는다>홈통은 썩지 않는다

홍길동 합천 해인사 털어먹듯>홍길동 합천 해인사 털어먹듯

홍두깨에 꽃이 핀다>달도 차면 기운다

홍시 먹다 이 빠졌다>홍시 먹다 이 빠졌다

홍시 먹다 이 빠진다>원숭이도 나무에서 떨어질 때가 있다

화냥년 시집 다니듯>간에 붙었다 쓸개에 붙었다 한다

화롯가에 엿을 붙여놨나>가마솥에 엿을 붙여놨나

화롯불도 쬐다 나면 서운하다>오뉴월 불도 쬐다 나면 섭섭하다

화분에서 만년송을 키울 수 없고 뜰에서 천리마를 키울 수 없다>큰물에 큰 고기 논다

화약 지고 불로 들어간다>화약 지고 불로 뛰어든다

화약 지고 불로 뛰어든다>화약 지고 불로 뛰어든다

확 깊은 집에 주둥이 긴 개 들어온다>대문턱 높은 집에 정강이 높은 며느리 들어온다

홧김에 서방질한다>홧김에 서방질한다

홧김에 애꿎은 돌만 찬다>종로에서 뺨 맞고 한강 가서 눈 흘긴다

홧김에 화냥질한다>홧김에 서방질한다

황금 천 냥이 자식 교육만 못하다>돈 모아줄 생각 말고 자식 글 가르쳐라

황소같이 벌어서 다람쥐같이 먹어라>황소같이 벌어서 다람쥐같이 먹어라

황소 뒷걸음질에 잡힌 개구리>소 뒷걸음치다 쥐 잡은 격

황소 제 이불 뜯어 먹기>문어 제 다리 뜯어 먹는 격

황아장수 망신은 고불통이 시킨다>어물전 망신은 꼴뚜기가 시키고 과물전 망신은 모과가 시킨다

황아장수 잠자리 옮기듯>황아장수 잠자리 옮기듯

황희 정승네 치마 하나 세 아이딸 돌려 입듯>찢어지게 가난하다

횃대 밑 사내>다리 부러진 장수 성 안에서 호령한다

효부 없는 효자 없다>효부 없는 효자 없다

효성이 지극하면 돌 위에 풀이 난다>지성이면 감천

효성이 지극하면 동지섣달에도 명석딸기를 찾는다>지성이면 감천

효자가 악처만 못하다>달 밝은 밤이 흐린 낮만 못하다

효자 노릇을 하려 해도 부모가 받아주어야 한다>효자 노릇을 하려 해도 부모가 받아주어야 한다

효자는 앓지도 않는다>지성이면 감천

효자 집안에서 효자 난다>윗물이 맑아야 아랫물이 맑다

후추 통째로 삼킨다>수박 겉핥기

훈장 똥은 개도 안 먹는다>훈장 똥은 개도 안 먹는다

훈장 앞에서 문서질>공자 앞에서 문자 쓴다

흰 가락을 가락집에 꽂았다 가져와도 좀 낫다>흰 가락을 가락집에 꽂았다 가져와도 좀 낫다

흥 각각 정 각각>흥 각각 정 각각

흉년에 어미는 굶어 죽고 자식은 배 터져 죽는다>내리사랑은 있어도 치사랑은 없다

흉년에 한 농토 벌지 말고 한 입 덜어라>열 식구 벌지 말고 한 입 덜어라

흉년의 떡도 많이 나면 싸다>자식도 많으면 천하다

흉이 없으면 며느리 다리가 희다>미운털이 박혔다

흘러가는 물도 떠 주면 공덕이라>흘러가는 물도 떠 주면 공덕이라

흥망성쇠 부귀빈천이 물레방아 돌듯 하다>달도 차면 기운다

흥정도 부조다>흥정은 붙이고 싸움은 말리랬다

흥정은 붙이고 싸움은 말리랬다>흥정은 붙이고 싸움은 말리랬다

흰 건 종이요 검은 건 글씨라>낫 놓고 기역 자도 모른다

힘센 놈의 집 져다 놓은 것 없다>도끼 가진 놈이 바늘 가진 놈 못 당한다

힘센 아이 낳지 말고 말 잘하는 아이 낳아라>말 한마디로 천 냥 빚을 갚는다

힘쓰기보다 꾀쓰기가 낫다>소가 힘세다고 왕 노릇 하랴

한자성어 찾아가기

가계야치(家鷄野雉) ▶ 가까운 무당보다 먼 데 무당이 용하다
각골난망(刻骨難忘) ▶ 털을 뽑아 신을 삼겠다
각자무치(角者無齒) ▶ 무는 말이 있으면 차는 말이 있다
각주구검(刻舟求劍) ▶ 하나만 알고 둘은 모른다
간어제초(間於齊楚) ▶ 고래 싸움에 새우 등 터진다
갈택이어(竭澤而漁) ▶ 당장 먹기에는 곶감이 달다
감탄고토(甘吞苦吐) ▶ 달면 삼키고 쓰면 뱉는다
개문납적(開門納賊) ▶ 도둑놈 문 열어준 셈
거안사위(居安思危) ▶ 돌다리도 두들겨보고 건너라
거일반삼(擧一反三) ▶ 하나를 가르쳐주면 열을 안다
거자일소(去者日疏) ▶ 눈에서 멀어지면 마음에서도 멀어진다
건곤일척(乾坤一擲) ▶ 도 아니면 모
건목생수(乾木生水) ▶ 병풍에 그린 닭이 홰를 치거든
걸인연천(乞人憐天) ▶ 거지가 도승지를 불쌍타 한다
격화소양(隔靴搔癢) ▶ 신발 신고 발바닥 긁기
견강부회(牽强附會) ▶ 채반이 용수 되도록 욱인다
견문발검(見蚊拔劍) ▶ 모기 보고 칼 빼기
견물생심(見物生心) ▶ 오이는 씨가 있어도 도둑은 씨가 없다
견원지간(犬猿之間) ▶ 고양이 개 보듯
결자해지(結者解之) ▶ 매듭은 맺은 사람이 풀어야 하고 자물 쇠는 제 열쇠라야 열 수 있다
결초보은(結草報恩) ▶ 털을 뽑아 신을 삼겠다
경궁지조(驚弓之鳥) ▶ 자라 보고 놀란 가슴 솥뚜껑 보고 놀란다
경이원지(敬而遠之) ▶ 고양이 쥐 생각
계란유골(鷄卵有骨) ▶ 안 되는 놈은 뒤로 넘어져도 코가 깨진다
계륵(鷄肋) ▶ 사발 이 빠진 것
고립무원(孤立無援) ▶ 낙동강 오리알
고식지계(姑息之計) ▶ 언 발에 오줌 누기
고신척영(孤身隻影) ▶ 낙동강 오리알
고장난명(孤掌難鳴) ▶ 손바닥도 마주쳐야 소리가 난다
고진감래(苦盡甘來) ▶ 달도 차면 기운다
골육상잔(骨肉相殘) ▶ 갈치가 갈치 꼬리 문다
과유불급(過猶不及) ▶ 차면 넘친다
교각살우(矯角殺牛) ▶ 긁어 부스럼
교병필패(驕兵必敗) ▶ 원숭이도 나무에서 떨어질 때가 있다

교언영색(巧言令色) ▶ 동헌에서 원님 칭찬한다
교토삼굴(狡兔三窟) ▶ 돌다리도 두들겨보고 건너라
교왕과직(矯枉過直) ▶ 긁어 부스럼
구밀복검(口蜜腹劍) ▶ 고양이 쥐 생각
구사일생(九死一生) ▶ 그물을 벗어난 새
구상유취(口尙乳臭) ▶ 머리에 피도 안 말랐다
구시화문(口是禍門) ▶ 웃느라 한 말에 초상난다
군계일학(群鷄一鶴) ▶ 닭이 천이면 봉이 한 마리
궁인모사(窮人謀事) ▶ 안 되는 놈은 뒤로 넘어져도 코가 깨진다
궁즉통(窮卽通) ▶ 하늘이 무너져도 솟아날 구멍이 있다
권불십년(權不十年) ▶ 달도 차면 기운다
귀모토각(龜毛兔角) ▶ 병풍에 그린 닭이 홰를 치거든
귀이천목(貴耳賤目) ▶ 가까운 무당보다 먼 데 무당이 용하다
굴화위지(橘化爲枳) ▶ 개와 친하면 옷에 흙칠을 한다
근묵자흑(近墨者黑) ▶ 개와 친하면 옷에 흙칠을 한다
금상첨화(錦上添花) ▶ 꿩 먹고 알 먹고
금의야행(錦衣夜行) ▶ 절 모르고 시주하기
기우(杞憂) ▶ 걱정도 팔자다
기인지우(杞人之憂) ▶ 걱정도 팔자다
기호지세(騎虎之勢) ▶ 빼도 박도 못한다
남귤북지(南橘北枳) ▶ 개와 친하면 옷에 흙칠을 한다
남부여대(男負女戴) ▶ 집도 절도 없다
낭중지추(囊中之錐) ▶ 눈 가리고 아웅 한다 / 닭이 천이면 봉이 한 마리
낭중취물(囊中取物) ▶ 누워서 떡 먹기
노갑이을(怒甲移乙) ▶ 종로에서 뺨 맞고 한강 가서 눈 흘긴다
노마식도(老馬識道) ▶ 늙은 말이 길을 안다
노마지도(老馬知道) ▶ 늙은 말이 길을 안다
노마지지(老馬之智) ▶ 늙은 말이 길을 안다
노목궤(櫨木櫃) ▶ 자볼기를 맞겠다
노방생주(老蚌生珠) ▶ 개천에서 용 난다
노승발검(怒蠅拔劍) ▶ 모기 보고 칼 빼기
녹피왈자(鹿皮曰字) / 녹비왈자(鹿皮曰字) ▶ 귀에 걸면 귀걸이 코에 걸면 코걸이
당랑거철(螳螂拒轍) ▶ 계란으로 바위 치기
대동소이(大同小異) ▶ 엎어치나 메치나

689

동가식서가숙(東家食西家宿) ▶ 까막까치도 집이 있다
동가홍상(同價紅裳) ▶ 같은 값이면 다홍치마
동병상련(同病相憐) ▶ 과부 사정은 홀아비가 안다
동상이몽(同床異夢) ▶ 고양이 쥐 생각
동족상잔(同族相殘) ▶ 갈치가 갈치 꼬리 문다
득어망전(得魚忘筌) ▶ 꿩 떨어진 매
등고자비(登高自卑) ▶ 느릿느릿 걸어도 황소걸음 / 벼는 익을수록 고개를 숙인다
등롱망촉(得隴望蜀) ▶ 바다는 메워도 사람 욕심은 못 메운다
등하불명(燈下不明) ▶ 등잔 밑이 어둡다
마부작침(磨斧作針) ▶ 낙숫물이 바위를 뚫는다
마이동풍(馬耳東風) ▶ 소 귀에 경 읽기
마중지봉(麻中之蓬) ▶ 개와 친하면 옷에 흙칠을 한다
만사휴의(萬事休矣) ▶ 십년공부 도로 아미타불
만시지탄(晩時之歎) ▶ 소 잃고 외양간 고친다
망양보뢰(亡羊補牢) ▶ 소 잃고 외양간 고친다
망자계치(亡子計齒) ▶ 죽은 자식 나이 세기
맹모삼천(孟母三遷) ▶ 개와 친하면 옷에 흙칠을 한다
명불허전(名不虛傳) ▶ 이름값 한다
명약관화(明若觀火) ▶ 하나를 보면 열을 안다
명재경각(命在頃刻) ▶ 발등에 불 떨어졌다
목불식정(目不識丁) ▶ 낫 놓고 기역 자도 모른다
목석난부(木石難傅) / 목석불부(木石不傅) ▶ 낙동강 오리알
물각유주(物各有主) ▶ 참나무에서 떨어지는 도토리 멧돼지가 먹으면 멧돼지 것이고 다람쥐가 먹으면 다람쥐 것이다
물실호기(勿失好機) ▶ 쇠뿔도 단김에 빼라
미봉책(彌縫策) ▶ 언 발에 오줌 누기
미생지신(尾生之信) ▶ 하나만 알고 둘은 모른다
배은망덕(背恩忘德) ▶ 믿는 도끼에 발등 찍힌다
백년해로(百年偕老) ▶ 검은 머리 파뿌리 되도록
백문불여일견(百聞不如一見) ▶ 백 번 듣느니 한 번 보는 게 낫다
백미(白眉) ▶ 닭이 천이면 봉이 한 마리
백척간두(百尺竿頭) ▶ 바람 앞의 등불
병상첨병(病上添病) ▶ 갈수록 태산
본말전도(本末顚倒) ▶ 우물에 가서 숭늉 찾기
부부유별(夫婦有別) ▶ 암탉이 울면 집안이 망한다
부전자전(父傳子傳) ▶ 호랑이가 호랑이를 낳고 개가 개를 낳는다
부창부수(夫唱婦隨) ▶ 찰떡궁합
부화뇌동(附和雷同) ▶ 숭어가 뛰니 망둥이도 뛴다
불편부당(不偏不黨) ▶ 흥 각각 정 각각
빈자소인(貧者小人) ▶ 입이 원수
빙탄지간(氷炭之間) ▶ 시앗을 보면 길가의 돌부처도 돌아앉는다
사고무친(四顧無親) ▶ 낙동강 오리알
사면초가(四面楚歌) ▶ 낙동강 오리알

사상누각(砂上樓閣) ▶ 모래 위에 성 쌓기
사족(蛇足) ▶ 긁어 부스럼
사필귀정(事必歸正) ▶ 콩 심은 데 콩 나고 팥 심은 데 팥 난다
사후약방문(死後藥方文) ▶ 소 잃고 외양간 고친다
살계취란(殺鷄取卵) ▶ 기왓장 한 장 아껴 대들보 썩힌다
삼순구식(三旬九食) ▶ 찢어지게 가난하다
삼인성호(三人成虎) ▶ 세 사람만 우기면 없는 호랑이도 만든다
상궁지조(傷弓之鳥) ▶ 자라 보고 놀란 가슴 솥뚜껑 보고 놀란다
상전벽해(桑田碧海) ▶ 십 년이면 강산도 변한다
새옹지마(塞翁之馬) ▶ 달도 차면 기운다
서시빈목(西施矉目) ▶ 숭어가 뛰니 망둥이도 뛴다
설상가상(雪上加霜) ▶ 갈수록 태산
성동격서(聲東擊西) ▶ 고양이 쥐 생각
소탐대실(小貪大失) ▶ 기와 한 장 아끼려다 대들보 썩힌다
속수무책(束手無策) ▶ 달고 치는데 안 맞는 장사 있나
수서양단(首鼠兩端) ▶ 이 장 떡이 큰가 저 장 떡이 큰가
수수방관(袖手傍觀) ▶ 강 건너 불구경
수주대토(守株待兎) ▶ 노루 친 막대기 삼 년 우린다
숙맥불변(菽麥不辨) ▶ 낫 놓고 기역 자도 모른다
식자우환(識字憂患) ▶ 아는 게 병이요 모르는 게 약이다
신출귀몰(神出鬼沒) ▶ 귀신이 곡할 노릇
십시일반(十匙一飯) ▶ 열 사람 한 술 밥이 한 그릇 푼푼하다
아전인수(我田引水) ▶ 팔은 안으로 굽는다
양두구육(羊頭狗肉) ▶ 눈 가리고 아옹 한다
양상군자(梁上君子) ▶ 세 살 버릇 여든까지 간다
양호후환(養虎後患) ▶ 호랑이 새끼를 길렀다
어로불변(魚魯不辨) ▶ 낫 놓고 기역 자도 모른다
어부지리(漁父之利) ▶ 시앗 싸움에 요강장수
어불성설(語不成說) ▶ 병풍에 그린 닭이 홰를 치거든
언과기실(言過其實) ▶ 말로는 못 할 말이 없다
언어도단(言語道斷) ▶ 병풍에 그린 닭이 홰를 치거든
엄이도종(掩耳盜鐘) ▶ 눈 가리고 아옹 한다
여리박빙(如履薄氷) ▶ 바람 앞의 등불
여반장(如反掌) ▶ 누워서 떡 먹기
연목구어(緣木求魚) ▶ 병풍에 그린 닭이 홰를 치거든
오비삼척(吾鼻三尺) ▶ 내 코가 석 자
오비이락(烏飛梨落) ▶ 까마귀 날자 배 떨어진다
오십보백보(五十步百步) ▶ 똥 묻은 개가 겨 묻은 개 나무란다 / 업어치나 메치나
와각지쟁(蝸角之爭) ▶ 콩 났네 팥 났네 한다
외친내소(外親內疎) ▶ 고양이 쥐 생각
외화내빈(外華內貧) ▶ 빛 좋은 개살구
요원지화(燎原之火) ▶ 봇물 터지듯 하다
요지부동(搖之不動) ▶ 개구리 낯짝에 물 끼얹기
욕속부달(欲速不達) ▶ 바늘허리 매어 못 쓴다

용두사미(龍頭蛇尾) ▶ 호랑이 그리려다 고양이 그린다
우공이산(愚公移山) ▶ 티끌 모아 태산
우보천리(牛步千里) ▶ 느릿느릿 걸어도 황소걸음
우유부단(優柔不斷) ▶ 이 장 떡이 큰가 저 장 떡이 큰가
우이독경(牛耳讀經) ▶ 소 귀에 경 읽기
우후죽순(雨後竹筍) ▶ 장마 뒤에 오이 자라듯
유구무언(有口無言) ▶ 입이 열 개라도 할 말이 없다
유명무실(有名無實) ▶ 소문난 잔치에 먹을 것 없다
유비무환(有備無患) ▶ 돌다리도 두들겨보고 건너라
유야무야(有耶無耶) ▶ 구렁이 담 넘어가듯
유유상종(類類相從) ▶ 조는 집에 자는 며느리 들어온다
육지행선(陸地行船) ▶ 병풍에 그린 닭이 홰를 치거든
육참골단(肉斬骨斷) ▶ 가죽 상하지 않고 호랑이 잡을까
읍참마속(泣斬馬謖) ▶ 흉 각각 정 각각
이대도강(李代桃僵) ▶ 가죽 상하지 않고 호랑이 잡을까
이란투석(以卵投石) ▶ 계란으로 바위 치기
이심전심(以心傳心) ▶ 과부 사정은 홀아비가 안다
이하부정관 과전불납리(李下不整冠 瓜田不納履) ▶ 배나무 밑에서 삿갓 고쳐 쓰지 말고 외밭에서 신들메를 고쳐 매지 말라
이현령비현령(耳懸鈴鼻懸鈴) ▶ 귀에 걸면 귀걸이 코에 걸면 코걸이
인과응보(因果應報) ▶ 콩 심은 데 콩 나고 팥 심은 데 팥 난다
인면수심(人面獸心) ▶ 바늘로 찔러도 피 한 방울 안 나오겠다
인사불성(人事不省) ▶ 족제비도 낯짝이 있다
인인성사(因人成事) ▶ 인사가 만사다
일각여삼추(一角如三秋) ▶ 하루가 열흘 맞잡이
일거수일투족(一擧手一投足) ▶ 미주알고주알 캔다
일거양득(一擧兩得) ▶ 꿩 먹고 알 먹고
일구이언(一口二言) ▶ 변덕이 죽 끓듯 하다
일석이조(一石二鳥) ▶ 꿩 먹고 알 먹고
일어탁수(一魚濁水) ▶ 미꾸라지 한 마리가 온 웅덩이물을 흐린다
일자무식(一字無識) ▶ 낫 놓고 기역 자도 모른다
일체유심조(一切唯心造) ▶ 천 리 길도 십 리
임갈굴정(臨渴掘井) ▶ 소 잃고 외양간 고친다
자두연두기(煮豆燃豆萁) ▶ 갈치가 갈치 꼬리 문다
자승자박(自繩自縛) ▶ 누워서 침 뱉기
자업자득(自業自得) ▶ 누워서 침 뱉기
자포자기(自暴自棄) ▶ 홧김에 서방질한다
자화자찬(自畫自讚) ▶ 구렁이 제 몸 추듯
작사도방(作舍道傍) ▶ 사공이 많으면 배가 산으로 간다
작심삼일(作心三日) ▶ 지어먹은 마음 사흘을 못 간다
장두노미(藏頭露尾) ▶ 눈 가리고 아웅 한다
장수선무 다전선가(長袖善舞 多錢善賈) ▶ 소매가 길면 춤을 잘 춘다
장유유서(長幼有序) ▶ 찬물도 위아래가 있다

적반하장(賊反荷杖) ▶ 방귀 뀐 놈이 성낸다
적우침주(積羽沈舟) ▶ 가랑비에 옷 젖는 줄 모른다
적토성산(積土成山) ▶ 티끌 모아 태산
전거복철 후차지계(前車覆轍 後車之戒) ▶ 개도 얻어맞은 골목엔 가지 않는다
전광석화(電光石火) ▶ 번갯불에 콩 볶아 먹는다
전철(前轍) ▶ 개도 얻어맞은 골목엔 가지 않는다
전화위복(轉禍爲福) ▶ 달도 차면 기운다
절체절명(絶體絶命) ▶ 발등에 불 떨어졌다
절치부심(切齒腐心) ▶ 복어 이 갈듯
점입가경(漸入佳境) ▶ 갈수록 태산
천고마비(天高馬肥) ▶ 가을에는 손톱 발톱이 다 먹는다
정송오죽(淨松汚竹) ▶ 인사가 만사다
정송오죽(正松五竹) ▶ 쇠뿔도 단김에 빼라
정저지와(井底之蛙) ▶ 우물 안 개구리
조반석죽(朝飯夕粥) ▶ 찢어지게 가난하다
조변석개(朝變夕改) ▶ 변덕이 죽 끓듯 하다
조삼모사(朝三暮四) ▶ 눈 가리고 아웅 한다
조조삼소(曹操三笑) ▶ 조조는 웃다 망한다
조족지혈(鳥足之血) ▶ 새 발의 피
좌고우면(左顧右眄) ▶ 이 장 떡이 큰가 저 장 떡이 큰가
좌불안석(坐不安席) ▶ 바늘방석에 앉았다
좌정관천(坐井觀天) ▶ 우물 안 개구리
주객전도(主客顚倒) ▶ 배보다 배꼽이 크다
주마가편(走馬加鞭) ▶ 달리는 말에 채찍질
주마간산(走馬看山) ▶ 수박 겉핥기
적적심허(做賊心虛) ▶ 도둑이 제 발 저린다
중도반단(中途半斷) ▶ 호랑이 그리려다 고양이 그린다
중요경근(重遙輕近) ▶ 가까운 무당보다 먼 데 무당이 용하다
지공무사(至公無私) ▶ 흉 각각 정 각각
지록위마(指鹿爲馬) ▶ 눈 가리고 아웅 한다
진퇴양난(進退兩難) ▶ 빼도 박도 못한다
차일피일(此日彼日) ▶ 갓바치 내일 모레
창해일속(滄海一粟) ▶ 한양에서 김 서방 찾기
천려일득(千慮一得) ▶ 굼벵이도 구르는 재주가 있다
천려일실(千慮一失) ▶ 원숭이도 나무에서 떨어질 때가 있다
청천벽력(青天霹靂) ▶ 아닌 밤중에 홍두깨
청출어람(青出於藍) ▶ 나중 난 뿔이 우뚝하다
청출어람청어람(青出於藍青於藍) ▶ 나중 난 뿔이 우뚝하다
초록동색(草綠同色) ▶ 가재는 게 편
초미(焦眉) ▶ 발등에 불 떨어졌다
초미지급(焦眉之急) ▶ 발등에 불 떨어졌다
초헌마편(軺軒馬鞭) ▶ 돼지에 진주
췌마억측(揣摩臆測) ▶ 내 속 짚어 남의 말 한다
침소봉대(針小棒大) ▶ 바늘 끝만 한 일을 보면 쇠공이만큼 늘어놓는다
타면자건(唾面自乾) ▶ 개구리 낯짝에 물 끼얹기

691

태산명동서일필(泰山鳴動鼠一匹) ▶ 호랑이 그리려다 고양이 그린다

토사구팽(兎死狗烹) ▶ 꿩 떨어진 매

파죽지세(破竹之勢) ▶ 봇물 터지듯 하다

표리부동(表裏不同) ▶ 고양이 쥐 생각

풍전등화(風前燈火) ▶ 바람 앞의 등불

피골상접(皮骨相接) ▶ 뱃가죽이 등에 붙었다

피차일반(彼此一般) ▶ 업어치나 메치나

하로동선(夏爐冬扇) ▶ 가을 부채

하석상대(下石上臺) ▶ 언 발에 오줌 누기

학수고대(鶴首苦待) ▶ 하루가 열흘 맞잡이

한강투석(漢江投石) ▶ 밑 빠진 독에 물 붓기

함흥차사(咸興差使) ▶ 강원도 포수

해로동혈(偕老同穴) ▶ 검은 머리 파뿌리 되도록

해망구실(蟹網俱失) ▶ 두 마리 토끼 쫓다 둘 다 놓친다

행원자이(行遠自邇) ▶ 느릿느릿 걸어도 황소걸음

허장성세(虛張聲勢) ▶ 빈 수레가 요란하다

혈혈단신(子子單身) ▶ 낙동강 오리알

호가호위(狐假虎威) ▶ 말꼬리에 파리가 천 리 간다

호사다마(好事多魔) ▶ 좋은 일엔 마가 낀다

화무십일홍(花無十日紅) ▶ 달도 차면 기운다

화불단행(禍不單行) ▶ 복은 쌍으로 안 오고 화는 홀로 안 온다

화사첨족(畵蛇添足) ▶ 긁어 부스럼

화이부동(和而不同) ▶ 열 사람이 백 마디를 해도 들을 이가 짐작

화중지병(畵中之餠) ▶ 그림의 떡

후생가외(後生可畏) ▶ 나중 난 뿔이 우뚝하다

후안무치(厚顔無恥) ▶ 족제비도 낯짝이 있다

참고 자료

▶ 단행본

51명의 충청도 할매들. 『요리는 감이여: 충청도 할매들의 한평생 손맛 이야기』. 창비교육. 2019.

강명관. 『사라진 서울: 20세기 초 서울 사람들의 서울 회상기』. 푸른역사. 2009.

강명관. 『조선풍속사』(1-3). 푸른역사. 2010.

강병국. 『낙동강 하구: 생명의 젖줄, 그 야생의 세계』. 지성사. 2008.

강재철. 『기러기 아범의 두루마기: 한국의 통과의례와 상징』. 단국대학교 출판부. 2004.

국립무형유산원 (엮음). 김인 (구술). 한금순 (조사면담). 『김인: 가장 고운 쉰 줄짜리 모자』. 국립무형유산원. 2018.

국립무형유산원 (엮음). 문정옥 (구술). 이상윤, 주병수 (사진). 『문정옥: 모시 하나는 내가 잘혀』. 국립무형유산원. 2018.

국립무형유산원 (엮음). 이수여 (구술). 김영광, 김옥선 (사진). 『이수여: 천천히 구멍구멍 엮어 와수다』. 국립무형유산원. 2018.

권오길. 『꿈꾸는 달팽이』. 지성사. 2002.

권오길. 『권오길 교수의, 흙에도 뭇 생명이』. 지성사. 2009.

권오길. 『권오길 교수의, 갯벌에도 뭇 생명이』. 지성사. 2011.

권오길. 『권오길의 괴짜 생물 이야기』. 을유문화사. 2012.

권오길. 『권오길이 찾은 발칙한 생물들』. 을유문화사. 2015.

김상보. 『조선시대의 음식문화』. 도서출판 가람기획. 2006.

김서령. 『외로운 사람끼리 배추적을 먹었다: 김서령이 남긴 '조선 엄마의 레시피'』. 푸른역사. 2019.

김영조. 『맛깔스런 우리문화 속풀이 31가지』. 이지출판. 2008.

김영조. 『하루하루가 잔치로세』. 인물과사상사. 2011.

김재호 (글). 이제호 (그림). 『생태적 삶을 일구는 우리네 농사연장』. 소나무. 2004.

김종태. 『옛것에 대한 그리움』. 휘닉스드림. 2010.

김창식. 『나도 산삼을 캘 수 있다 (1)』. 서신. 2001.

김홍식 (엮음). 정종우 (해설). 『조선동물기: 조선 선비들 눈에 비친 동물, 그리고 그 속에 담긴 세상』. 서해문집. 2014.

남궁준. 『한국의 거미』. 교학사. 2001.

노명우. 『세상물정의 사회학: 세속을 산다는 것에 대하여』. 사계절. 2013.

다카하시 도루. 박미경 (옮김). 『다카하시 도루의 조선속담집』. 어문학사. 2006.

도도로키 히로시. 『도도로키의 삼남대로 답사기』. 성지문화사. 2002.

리정용, 한경희, 최현숙, 전승권, 김영일, 엄병섭, 리동빈 (엮음). 『조선속담성구사전』. 과학백과사
　　전출판사. 2006.

문국진. 『바우보: 눈길의 교환부터 신체 접촉까지 명화 속 몸짓언어』. 미진사. 2009.

민승기. 『(조선의) 무기와 갑옷』. 가람기획. 2004.

박병상. 『생태학자 박병상 우리 동물이야기』. 북갤럽. 2002.

박성대 (글). 구현 (사진). 『우리 민족의 원조 반려동물, 소 이야기』. (주)북랩. 2018.

박숙희 (엮고씀). 『뜻도 모르고 자주 쓰는 우리말 사전』. 2003.

박영서. 『시시콜콜한 조선의 편지들: 편지 왔습니다, 조선에서!』. 들녘. 2020.

박영원, 양재찬 (엮고씀). 『한국속담・성어 백과사전 1: 속담 편』. 푸른사상. 2002.

박일환. 『미주알고주알 우리말 속담』. 도서출판 한울. 2011.

박형진 (글). 황헌만 (사진). 『농사짓는 시인 박형진의 연장 부리던 이야기: 조선 농기구 산필』.
　　열화당. 2015.

박호석. 『한국의 농기구』. 어문각. 2001.

방성혜. 『조선, 종기와 사투를 벌이다: 조선의 역사를 만든 병, 균, 약』. 시대의창. 2012.

변현단. 『숲과 들을 접시에 담다』. 들녘. 2010.

사사키 후미히코. 박소연 (옮김). 『개는 무엇이 다를까: 개와 사람의 몸을 비교한 쉽고 친절한
　　해부학』. 해나무. 2011.

서울특별시 시사편찬위원회. 『서울의 제사, 감사와 기원의 몸짓』. 서울특별시 시사편찬위원회.
　　2013.

송재선 (엮음). 『農漁俗談辭典』. 동문선. 1995.

송찬섭, 임기환, 신춘호, 김양식, 박준성, 이창연. 『옛길이 들려주는 이야기: 삶과 문화의 현장을
　　찾아서』. 지식의날개. 2017.

심우장, 김경희, 정숙영, 이홍우, 조선영 (글). 문찬 (그림). 『설화 속 동물 인간을 말하다: 이야기
　　동물원』. 도서출판 책과함께. 2008.

양승이. 『한국의 상례: 한국인의 생사관에 대한 인문학적 성찰』. 한길사. 2010.

오찬호. 『나는 태어나자마자 속기 시작했다: 의심 많은 사람을 위한 생애 첫 번째 사회학』. 동양북스.
　　2018.

요네하라 마리. 한승동 (옮김). 『속담 인류학』. 마음산책. 2006.

우리누리, 서지훈. 『그래서 이런 말이 생겼대요』. 꿈소담이. 2002.

우스키 아라타. 강현정 (옮김). 『내 강아지 오래 살게 하는 50가지 방법』. 해든아침. 2009.

우종용. 『(나무의사 우종영의) 바림』. 자연과생태. 2018.

원영섭 (엮음). 『n세대도 궁금한 우리 속담풀이』. 세창출판사. 2000.

유창순. 『李朝語辭典』. 연세대학교 출판부. 1985.

윤덕노. 『음식으로 읽는 한국 생활사』. 깊은나무. 2015.

윤숙자. 『전통부엌과 우리살림』. 도서출판 질시루. 2002.

윤진영. 『조선시대의 삶, 풍속화로 만나다: 관인, 사인, 서민 풍속화』. 다섯 수레. 2015.

이경자. 『진뫼골 이야기: 그리운 우리 동네 사람들』. 지식산업사. 2014.

이광표. 『처음 만나는 문화재 책: 손 안의 박물관』. 효형출판. 2006.

이기문 (엮음). 『개정판 속담사전』. 일조각. 2005.

이두석 외 (엮고씀). 『속담 속 바다 이야기』. 국립수산과학원. 2007.

이민주. 『치마저고리의 욕망』. 문학동네. 2013.

이윤옥. 『사쿠라 훈민정음』. 인물과사상사. 2010.

이재열. 『담장 속의 과학: 과학자의 눈으로 본 한국인의 의식주』. (주)사이언스북스. 2009

이재운. 『우리말 어원 500가지: 뜻도 모르고 자주 쓰는 우리말 사전』. 예담. 2008.

이정희. 『한반도 화교사: 근대의 초석부터 일제의 강점기까지의 경제사』. 동아시아. 2018.

일연(一然). 최호 (옮겨풂). 『三國遺事』. 홍신문화사. 1992.

임종욱. 『한국 한자어 속담사전』. 이회문화사. 2001.

장경희. 『갓일 (중요무형문화재 제4호)』. 화산문화. 2001.

장경희. 『망건장 (중요무형문화재 제66호)』. 화산문화. 2001.

장기근. 『고사성어 대사전』. 명문당. 2004.

장이권. 『야외생물학자의 우리 땅 생명 이야기』. 뜨인돌. 2015.

장인용. 『식전(食傳): 팬더곰의 밥상견문록』. 도서출판 뿌리와이파리. 2010.

재닌 드라이버, 알리스카 반 알스트. 황혜숙 (옮김). 『당신은 생각보다 많은 것을 말하고 있다: 우리가 미처 몰랐던 표정의 행동심리학』. 비즈니스북스. 2011.

정병설. 『나는 기생이다: 『소수록』 읽기』. 문학동네. 2007.

정약전. 정문기 (옮김). 『자산어보: 흑산도의 물고기들』. 지식산업사. 2002.

정연학. 『한중농기구 비교연구』. 민속원. 2003.

정영신. 『한국의 장터: 발로 뛰며 기록한 전국의 오일장』. 눈빛. 2012.

정숙진, 윤여준 (글). 윤여준 (그림). 『그때, 우리 할머니: 25세 손녀가 그린 89세 할머니의 시간』. 북노마드. 2016.

정종진. 『한국의 속담 대사전』. 태학사. 2006.

조병로, 김주홍 (글). 최진연 (사진). 『한국의 봉수』. 눈빛. 2003.

조평환, 이재호 (엮음). 『우리말 속담사전』. 파미르. 2006.

조항범. 『말맛을 더하고 글맛을 깨우는 우리말 어원 이야기』. 위즈덤하우스. 2016.

조희진. 『선비와 피어싱: 조희진의 우리옷 문화읽기』. 동아시아. 2003.

주영하. 『그림 속의 음식, 음식 속의 역사』. 사계절. 2005.

주영하, 임경택, 남근우. 『(제국 일본이 그린) 조선민속』. 한국학중앙연구원. 2006.

지병길. 『1000가지로 분류한 속담 맛보기』. 도서출판 코람데오. 2001.

채금석. 『우리 저고리 2000년』. 숙명여자대학교 출판국. 2006.

최석조. 『단원의 그림책: 오늘의 눈으로 읽는 단원 김홍도의 풍속화』. (주)아트북스. 2008.

최수연. 『논, 밥 한 그릇의 시원(始原)』. 마고북스. 2008.

최열. 『옛 그림으로 본 서울: 서울을 그린 거의 모든 그림』. 혜화1117. 2020.

최인학. 『바가지에 얽힌 생활문화』. 도서출판 민속원. 2004.

최재천. 『생명이 있는 것은 다 아름답다: 최재천의 동물과 인간 이야기』. 효형출판. 2008.

최준경, 정혜경. 『한국인에게 밥은 무엇인가』. 휴머니스트. 2004.

최창렬. 『우리 속담 연구』. 일지사. 1999.

캐럴 킨제이 고먼. 이양원 (옮김).『몸짓언어 완벽 가이드: 상대를 설득하는 몸짓의 비밀』. 날다. 2011.

허균.『사찰 장식, 그 빛나는 상징의 세계』. 돌베개. 2000.

허남오.『너희가 포도청을 어찌 아느냐』. 도서출판 가람기획. 2001.

홍석모. 정승모 (옮겨풂).『동국세시기』. 도서출판 풀빛. 2009.

홍승직.『누구나 알지만 아무나 모르는 한자어 이야기』. 행성B잎새. 2015.

황선도.『친애하는 인간에게, 물고기 올림: 물고기 박사 황선도의 현대판 자산어보』. 동아시아. 2019.

㈜낱말 어휘정보처리연구소 (엮고씀).『우리말 반의어 사전』. ㈜낱말 어휘정보처리연구소. 2010.

㈜낱말 어휘정보처리연구소 (엮고씀).『우리말 방언 사전』. ㈜낱말 어휘정보처리연구소. 2010.

KBS 〈한국인의 밥상〉 제작팀.『한국인의 밥상』. (주)시드페이퍼. 2011.

▶ 언론・잡지

경향신문사. ≪경향신문≫. 칼럼 〈알고 쓰는 말글〉.

문화재청.『월간 문화재사랑』. 2014년 3월호. 2014.3.

불교신문사. ≪불교신문≫. 구미래 칼럼 〈생활 속 우리 불교〉.

▶ 문학

• 한국 현대문학

박완서.『휘청거리는 오후』(상, 하). 창작과비평사. 1977.

박태원. 권은 (옮김).『박태원 작품선: 천변풍경 (한국현대문학전집 13)』. 현대문학. 2011.

성석제.「이른 봄」.『새가 되었네』. 강. 1996.

송기숙.『자랏골의 비가』. 창비. 2012.

오영해.『영산강 아이들』. 반디출판사. 2004.

이문구.『관촌수필』. 솔. 1997.

이문구.『내 몸은 너무 오래 서 있거나 걸어왔다』. 문학동네. 2000.

• 한국 고전문학

판소리 : 변강쇠가 / 적벽가 / 흥보가.

김현룡 (엮고옮김).『열여춘향수절가』. 아세아문화사. 2008.

허균(許筠). 김탁환 (옮김). 백범영 (그림).『홍길동전』. 민음사. 2009.

• 중국 고전문학

나관중(羅貫中).『三國志』, 리동혁 (옮김).『本 삼국지』. 조광출판인쇄. 2005.

손무(孫武),『孫子兵法』,『손자병법: 세상의 모든 전쟁을 위한 고전』. 김원중 (옮김). 글항아리. 2011.

시내암(施耐庵).『水滸誌』. 고우영 (그림).『수호지』. 자음과모음. 2007.

오승은(吳承恩). 임홍빈 (옮김).『西遊記』,『서유기』. 문학과지성사. 2010.

종산거사(鐘山居士).『楚漢誌』. 정비석 (옮김).『초한지』. 범우사. 2003.

▸ 인터넷 검색

공공누리 포털. www.kogl.or.kr/
국가기록원. www.archives.go.kr/
국립국어원. www.korean.go.kr/
국립국어원 표준국어대사전. stdict.korean.go.kr/
국립수산과학원 해양수산연구정보포털. portal.nfrdi.re.kr/
김학수기념박물관. http://museum.inje.ac.kr/
나무위키. namu.wiki/
농촌진흥청. www.rda.go.kr/
두피디아. www.doopedia.co.kr/
문경옛길박물관. http://gbmuseums.org/
문화재청. www.cha.go.kr/
민속아카이브. 210.204.213.146/
서천군 조류생태전시관. www.seocheon.go.kr.dj3.ncsfda.org/
엔하위키 미러. mirror.enha.kr/
위키백과. ko.wikipedia.org/
위키미디어. commons.wikimedia.org/
㈜낱말 어휘정보처리연구소. www.natmal.com/
짚풀생활사박물관. www.zipul.com/
천문우주지식정보. astro.kasi.re.kr/
한국땅이름학회. www.travelevent.net/
한국민속대백과사전. folkency.nfm.go.kr/
한국민족문화대백과사전. encykorea.aks.ac.kr/
한국향토문화전자대전. www.grandculture.net/
kocca 문화컨텐츠닷컴. www.culturecontent.com/

▸ 영상 및 기사 자료

• 다큐멘터리
EBS. 〈극한 직업〉. "갈치잡이". 2008.6.18-19.
EBS. 〈극한 직업〉. "구들 놓는 사람들". 2014.7.2.
EBS. 〈극한 직업〉. "마의". 2014.6.18.
EBS. 〈극한 직업〉. "산삼 캐는 사람들". 2013.6.12-13.
EBS. 〈극한 직업〉. "전통 숭어잡이". 2011.6.15-16.
EBS. 〈극한 직업〉. "한지공장". 2009.12.23-24.
EBS. 〈다큐프라임〉. "무원록. 조선의 법과 정의"(1부). 2014.4.21.
EBS. 〈다큐프라임〉. "바람의 魂, 참매". 2013.10.16.
EBS. 〈다큐프라임〉. "세계문화유산: 양동마을 이야기"(1,3부). 2014.2.3,5.
EBS. 〈다큐프라임〉. "아시아 음식의 비밀, 장(醬)"(1-2부). 2013.5.14-15.

EBS. 〈다큐프라임〉. "인간과 개". 2013.9.18.

EBS. 〈다큐프라임〉. "잡초". 2014.7.23.

EBS. 〈다큐프라임〉. "참매와 나". 2009.10.26.

EBS. 〈다큐프라임〉. "한국의 강"(1, 3부). 2012.12.10,12.

EBS. 〈다큐프라임〉. "한국의 지네". 2014.6.4.

EBS. 〈역사채널ⓔ〉. "도깨비를 찾아라". 2012.9.14.

EBS. 〈역사채널ⓔ〉. "오리의 비밀". 2012.6.8.

EBS. 〈역사채널ⓔ〉. "왕의 초상, 어진". 2014.4.10.

EBS. 〈역사채널ⓔ〉. "조선의 이방인, 백정". 2012.6.15.

EBS. 〈한국기행〉. "여름 산골 밥상-1부: 덕산기 할머니 밥상". 2021.8.9.

KBS. 〈의궤, 8일간의 축전〉(1부). 2013.10.10.

KBS. 〈역사스페셜〉. "국보180호, 세한도에 숨은 비밀". 2011.11.10.

KBS. 〈역사스페셜〉. "한국의 武"(1부). 2012.11.15.

KBS. 〈한국인의 밥상〉.

KBS. 〈환경스페셜〉. "가창오리의 겨울이 불안하다". 2013.3.20.

KBS. 〈환경스페셜〉. "그들은 왜 갯벌을 선택했는가". 2009.7.8.

KBS. 〈환경스페셜〉. "물과 뭍의 연결고리, 양서류". 2012.7.18.

KBS. 〈환경스페셜〉. "뿌리공원, 그곳에 남생이가 산다". 2010.8.25.

KBS. 〈환경스페셜〉. "사랑의 불빛, 반딧불이". 2012.11.21.

KBS. 〈환경스페셜〉. "섬은 살아있다: 1편. 송골매, 굴업도를 날다". 2011.8.24.

KBS. 〈환경스페셜〉. "충격보고, 도시해충이 몰려온다". 2003.2.19.

KBS. 〈KBS 파노라마〉. "꼭꼭 숨어라, 집게다리 보일라!". 2013.8.16.

KBS. 〈KBS 파노라마〉. "한국 무형문화유산"(2부). 2014.10.31.

KBS. 〈KBS 파노라마〉. "한반도 야생은 살아있다: 2편. 숲속의 제왕 담비". 2013.6.14.

MBC. 〈MBC 다큐스페셜〉. "동해 대문어". 2013.10.28.

MBC. 〈MBC 다큐스페셜〉. "소와 할아버지". 2013.7.15.

MBN. 〈천기누설〉. "내 몸을 살리는 힘, 순환". 2014.11.23.

OBS. 〈OBS 스페셜〉. "거미". 2013.05.23.

OBS. 〈OBS 스페셜〉. "인류 생존을 위한 선택, 토종가죽". 2013.7.6.

OBS. 〈OBS 테마스페셜〉. "천연조미료, 액젓". 2013.5.14.

SBS. 〈SBS 스페셜〉. "안녕! 봉순아!". 2014.10.5.

• 영화

〈강화도령〉(1963) / 〈스캔들〉(2003) / 〈올드보이〉(2003) / 〈워낭소리〉(2009) / 〈카게무샤〉(1980)

• 드라마

KBS. 〈불멸의 이순신〉. 2004.-2005.

MBC. 〈환상의 커플〉(3-4회). 2006.10.21.-22.

• 기사 및 동영상

국립무형유산원. 2001. "국가무형 66호 망건장". 무형유산 디지털 아카이브. https://iha.go.kr/ser
vice/record/getFolderView.nihc?contentid=10396 (2016.2.17.)

꼬미의 바느질. 2020.8.8. "주로 사용하는 손바느질| 시침질". Youtube. https://www.youtube.co
m/watch?v=TtkSqH30uiM (2021.4.27.)

무비콘 애니. 2015.7.20. "디즈니 실리 심포니 Disney Silly Symphony – 백조가 된 미운 오리새끼
(The Ugly Duckling)". Youtube. https://www.youtube.com/watch?v=G6y9NZzwV
QM (2016.2.17.)

백운산 심마니. 2020.6.24. "산행 중 구렁이를 만났습니다". Youtube. https://www.youtube.com
/watch?v=9EaCCn04nss (2021.6.26.)

준아-Joona. 2019.12.9. "보양식 까마귀 한 마리 통째로 구워먹어요". https://www.youtube.com/
watch?v=R6HDyZzw5-4 (2021.9.12.)

프레시안. 2014.10.28. "남한강 물길처럼 도도하다, 충주고을". 프레시안. https://www.pressian.
com/pages/articles/121303?no=121303#0DKU (2021.5.19.)

Michelle Ma. 2015.10.28. "Alaskan trout choose early retirement over risky ocean-going
career". University of Washington News. https://www.washington.edu/news/2015
/10/28/alaskan-trout-choose-early-retirement-over-risky-ocean-going-car
eer/ (2021.6.28.)

▶ 박물관 및 수목원

• 박물관

경찰박물관 / 국립경주박물관 / 국립고궁박물관 / 국립공주박물관 / 국립광주박물관 / 국립민속박물
관 / 국립중앙박물관 / 국립진주박물관 / 국립해양박물관 / 국악박물관 / 금융사박물관 / 농업박물관
(서울) / 대한민국 역사박물관 / 말박물관 / 북촌박물관 / 불교역사기념관 / 서울역사박물관 /
쇳대박물관 / 수원박물관 / 신문박물관 / 쌀박물관 / 영집궁시박물관 / 옛길박물관 / 운조루 유물전시
관 / 육의전박물관 / 전쟁기념관 / 조세박물관 / 짚풀생활사박물관 / 통영시립박물관 / 한국은행
화폐금융박물관 / 한양도성박물관 / 허준박물관 / 호림박물관 / 화성행궁박물관

• 수목원

국립수목원 / 평강식물원 / 푸른수목원 / 홍릉수목원

우리말 절대지식

© 김승용, 2021. Printed in Seoul, Korea

초판 1쇄 펴낸날 2016년 10월 9일
초판 6쇄 펴낸날 2019년 1월 16일
개정증보판 1쇄 찍은날 2021년 9월 24일
개정증보판 1쇄 펴낸날 2021년 10월 9일
지은이 김승용
펴낸이 한성봉
편집 하명성·신종우·최창문·이종석·조연주·이동현·김학제·신소윤
콘텐츠제작 안상준
디자인 정명희
마케팅 박신용·오주형·강은혜·박민지
경영지원 국지연·강지선
펴낸곳 도서출판 동아시아
등록 1998년 3월 5일 제1998-000243호
주소 서울시 중구 퇴계로30길 15-8 [필동1가 26]
페이스북 www.facebook.com/dongasiabooks
인스타그램 www.instargram.com/dongasiabook
블로그 blog.naver.com/dongasiabook
전자우편 dongasiabook@naver.com
전화 02) 757-9724, 5
팩스 02) 757-9726

ISBN 978-89-6262-391-8 93710

※ 잘못된 책은 구입하신 서점에서 바꿔드립니다.

만든 사람들
편집 안상준
표지디자인 손소영